Gunnar Take

Forschen für den Wirtschaftskrieg

Jahrbuch für Wirtschaftsgeschichte

Im Auftrag der Herausgeber des Jahrbuchs für Wirtschaftsgeschichte herausgegeben von Alexander Nützenadel und Jochen Streb

Beiheft 25

Gunnar Take

Forschen für den Wirtschaftskrieg

Das Kieler Institut für Weltwirtschaft im Nationalsozialismus

DE GRUYTER
OLDENBOURG

Zugl. Diss. Europa-Universität Flensburg 2019. Die vorliegende Untersuchung wurde 2018 von der Europa-Universität Flensburg als Dissertation mit dem Titel „Das Kieler Institut für Weltwirtschaft im Nationalsozialismus“ angenommen.

Gedruckt mit Unterstützung des Instituts für Weltwirtschaft und der Axel Springer Stiftung.

ISBN 978-3-11-065457-8
e-ISBN (PDF) 978-3-11-065887-3
e-ISBN (EPUB) 978-3-11-065511-7

Bibliografische Information der Deutschen Nationalbibliothek
Die Deutsche Nationalbibliothek verzeichnet diese Publikation in der Deutschen Nationalbibliografie; detaillierte bibliografische Daten sind im Internet über http://dnb.dnb.de abrufbar.

Druck und Bindung: CPI books GmbH, Leck
Einbandabbildung: Hauptgebäude des Instituts für Weltwirtschaft (1920er Jahre)

www.degruyter.com

Inhalt

1 Einleitung

1.1 Erkenntnisinteresse

Unter den deutschen Ökonomen herrschte lange Einigkeit über die Geschichte der eigenen Disziplin im „Dritten Reich“. Auch ein unbelasteter Wissenschaftler wie der ehemalige Direktor des Kieler Instituts für Weltwirtschaft (IfW), Fritz Baade, verteidigte seine Kollegen. 1967 erklärte er etwa: „In den ‚1000 Jahren‘ der Nazi-Herrschaft hat sich die Wirtschaftspolitik in keiner Weise um Forschungsergebnisse der Wirtschaftswissenschaft gekümmert.“[1] Die „Expertenkultur in der Bundesrepublik“ war in vollem Schwung, für die Wirtschaftsforschungsinstitute lief das Beratungsgeschäft ebenso blendend wie die anwendungsorientierte Grundlagenforschung und die Teilnahme am meinungsbildenden Diskurs in der Öffentlichkeit.[2] Eine Reflexion über die eigene Rolle im Nationalsozialismus schien da nur zu stören und den eigenen Nimbus „als Garant für eine interessenpolitisch nicht korrumpierte Wirtschaftspolitik“[3] zu unterminieren. Kritische Nachfragen, etwa zur Tätigkeit des Bundeswirtschaftsministers Karl Schiller im IfW in den Jahren 1935–1941, konnten den breiten vergangenheitspolitischen Konsens nicht erschüttern.[4] In den Institutsgeschichten versicherte man sich lieber selbst der seit jeher verankerten „klaren und sauberen Trennung von Wissenschaft und Politik“.[5]

Eine ernsthafte Auseinandersetzung mit der Tätigkeit im „Dritten Reich“ setzte erst nach Jahrzehnten und einem akademischen Generationswechsel ein.[6] Die Geschichtswissenschaft stellte nun eine „chronische Unterbewertung der Rolle der Wissenschaft im Nationalsozialismus“[7] fest, die nicht durch Einzelbiografien oder Überblicksdarstellungen zu einzelnen Disziplinen oder Universitäten überwunden werden konnte. Endlich wurde in einer *konzertierten Aktion* – um einen im IfW geprägten Begriff zu verwenden – mit umfangreichen empirischen Studien die Vergangenheit großer Forschungsinstitute untersucht.[8] Dabei konnten Erkenntnisse über die tatsächlichen und die intendierten Verwendungszwecke der Auftragsforschung und der Grundlagenforschung erzielt werden sowie auch über die Motivationen und

---

1 Baade (1967), S. 329. Im Folgenden ist die Schreibweise in Zitaten nicht an die neue Rechtschreibung angepasst. Verbessert wurden lediglich Schreib- und Grammatikfehler.

2 Vgl. Nützenadel (2005).

3 Hesse (2016b), S. 390.

4 Seeliger (1968), S. 84–97.

5 So der Leiter der IfW-Redaktionsabteilung, Anton Zottmann (1964), S. 18.

6 Vgl. Heim, Sachse und Walker (2009), S. 5. Zur Universität Kiel: Auge und Göllnitz (2014), S. 48.

7 Heim (2000), S. 77.

8 Publikationen aus dem Forschungsprogramm „Geschichte der Kaiser-Wilhelm-Gesellschaft im Nationalsozialismus“, in: https://www.mpg.de/9787000/kwg-im-nationalsozialismus-publikationen [zuletzt abgerufen am 28.05.2019].

https://doi.org/10.1515/9783110658873-001

die Kontexte der Forschung und ihrer Förderung.[9] Im Zentrum standen dabei jedoch vor allem die Naturwissenschaften, eine Studie über eines der großen deutschen Ökonomieinstitute fehlt bislang. Dies ist erstaunlich, weil spätestens durch die aufsehenerregende Monografie „Vordenker der Vernichtung" aus dem Jahr 1991 ein entsprechender Handlungsbedarf aufgedeckt worden ist. Götz Aly und Susanne Heim erhoben darin schwere Vorwürfe gegen die deutschen Ökonomen und zogen als Belege auch die Veröffentlichungen einiger IfW-Mitarbeiter sowie in diesem Institut ausgebildeter Experten heran. Sie hätten (unter anderem) die Strategie der wirtschaftlichen Ausbeutung Europas vorgedacht, den Großwirtschaftsraum konzipiert, der dann durch Angriffskriege realisiert wurde, und in Südosteuropa das Problem der Überbevölkerung definiert, das in der Folge durch aktive Tötungen, durch Verhungern lassen und durch Vertreibungen „gelöst" wurde.[10] Im Anschluss veröffentlichte der Journalist Christoph Dieckmann einen längeren Aufsatz zum IfW und dem Hamburgischen Welt-Wirtschafts-Archiv (HWWA), in dem er zu dem Schluss kam, in beiden Institutionen „arbeiteten Ökonomen, die auf vielfältigste Weise die Praxis des Dritten Reiches beeinflussten"[11].

Auch wenn dieser Bruch mit der bis dato tradierten Geschichte der Wirtschaftswissenschaften[12] ohne Zweifel eine Leistung war, so lagen dennoch bei den Arbeiten Alys und Heims sowie Dieckmanns große Schwächen vor. Diese betrafen nicht nur in inhaltlicher Hinsicht die bewusst provokant formulierten Thesen, sondern auch die Methodik. Vor allem ist zu kritisieren, dass die vielen eklektisch herangezogenen Ökonomen und deren Stellungnahmen ohne ausreichende Differenzierung bzw. Zuordnung zu einzelnen Denkstilen, Schulen und Instituten untersucht wurden. Auch beschränkte sich die Betrachtung weitgehend auf Veröffentlichungen, sodass Aussagen über Verwendungszwecke und jeweilige Entstehungskontexte weitgehend Spekulation bleiben mussten. Diese Kritik bildet den Ausgangspunkt meiner Arbeit, die auf ein intensives Quellenstudium gestützt die vielfältigen Forschungs- und Beratungstätigkeiten des IfW in den Jahren des Nationalsozialismus rekonstruiert, in ihre jeweiligen Kontexte einordnet, analysiert und bewertet. Selbstverständlich kann dies nicht darauf hinauslaufen, aus der bequemen Position eines in freiheitlicher Demokratie lebenden Historikers heraus über die Entscheidungen von Personen zu urteilen, die von anderen Wertsystemen geprägt wurden, die notwendigerweise über

---

9 Flachowsky, Hachtmann und Schmaltz (2016) Zur Kaiser-Wilhelm-Gesellschaft: Hachtmann (2007). Zur DFG und zum Reichsforschungsrat: Orth und Oberkrome (2010) und Flachowsky (2008).

10 Vgl. Aly und Heim (1991). Das IfW betreffend enthält die Studie viele Fehler. Es fertigte keineswegs „mehr als 1600 Geheimgutachten" (S. 12) an, Otto Donner und Otto Ohlendorf sind nicht dort ausgebildet worden (S. 54 und S. 333) und Andreas Predöhl hat 1945 die Leitung nicht abgegeben, sondern wurde entlassen (S. 333).

11 Dieckmann (1992), S. 184.

12 Im Folgenden wird „Wirtschaftswissenschaften" als Sammelbegriff verwendet, ohne dass eine Wertung beabsichtigt ist. Zur Genese des Begriffs: Hesse (2010), S. 281–285.

andere Leitbilder verfügten und die unter verschiedensten Zwängen vor schwierige Entscheidungen gestellt wurden, deren Folgen kaum absehbar waren.[13]

Meine Intention ist es dagegen, das Versagen des seinerzeit im IfW vertretenen Konzepts der wirtschaftswissenschaftlichen Forschung und Beratung zu dokumentieren. Maßgeblich auf Betreiben des Institutsgründers Bernhard Harms und seiner Schüler war in den Jahrzehnten ein fester Objektivitätsglaube verankert gewesen, der die künftige Betätigung maßgeblich prägte. Man weigerte sich – und dies in zeittypischer Weise – zu akzeptieren, dass die Wirtschaftswissenschaft, wie Joseph Schumpeter sagte, „wie die Philosophie eine *Weltanschauungswissenschaft* [ist], d. h. eine ‚Wissenschaft', in deren Forschung und Lehre notwendigerweise die Anschauungen und Neigungen des Forschers oder Lehrers eingehen müssen."[14] Das teils noch heute verfolgte Ideal des unpolitischen Wissenschaftlers führte dazu, dass das IfW mit den seinerzeitigen großen politischen Zäsuren kaum Probleme hatte. Einerseits bedeutete dies nach dem Ersten Weltkrieg, sich rasch konstruktiv im neuen demokratischen Staat einzubringen. Andererseits bestanden dann aber auch nach der Machtübernahme der Nationalsozialisten 1933 keine Hemmungen, sich dem totalitären Regime anzupassen und ihm bei der Verwirklichung seiner wirtschaftspolitischen und insbesondere ab 1939 auch seiner militärischen Ziele zu helfen. Mit diesem extremen Fallbeispiel aus der NS-Zeit möchte ich das grundsätzliche Verhältnis von Wirtschaftswissenschaft zu Wirtschaftspraxis problematisieren und damit auch eine Reflexion über das gegenwärtige Verhältnis in der Bundesrepublik wie auch in anderen Staaten fördern. In Anlehnung an das Projekt zur Erforschung der Kaiser-Willhelm-Institute gliedere ich mein Erkenntnisinteresse in fünf Fragenkomplexe:[15]

Der erste Komplex betrifft Fragen nach Kontinuitäten und Brüchen über Zäsuren hinweg, in Bezug auf das wissenschaftliche Selbstverständnis, die interne Organisation und das Personal sowie auf das Verhältnis zu Akteuren aus den Bereichen Wissenschaft, Wirtschaft, Politik und Militär. Welche Auswirkungen zeitigten die sogenannte Machtergreifung 1933, die Verkündung des Vierjahresplans 1936, die Politik der Eskalation ab 1938 bzw. der Beginn des Krieges 1939 und das Kriegsende 1945? Wie ging das Institut mit den verschiedenen Anspruchsgruppen um, etwa mit dem Dienstherrn Reichserziehungsministerium, mit den privatwirtschaftlichen Geldgebern und mit in- und ausländischen Stiftungen? Wie reagierte das IfW auf Veränderungen bei bisherigen oder potentiellen Kooperationspartnern, welche Netzwerke wurden gepflegt und welche materiellen, sozialen und sonstigen Ressourcen zu den verschiedenen Zeitpunkten nachgefragt bzw. angeboten?

Zweitens, inwiefern wurde das IfW von der sich wandelnden wirtschaftswissenschaftlichen und wirtschaftspolitischen Mehrheitsmeinung bzw. einzelnen sich her-

---

13 Im Übrigen ist das Stadium, in der die „kriminologische Recherche und Entlarvung von NS-Verbrechen" im Vordergrund stand, bereits lange durchschritten. Heim (2000), S. 91.

14 Schumpeter (2009), S. 1403. Hervorhebung im Original.

15 Knapper Überblick über die leitenden Fragestellungen unter: http://www.mpiwg-berlin.mpg.de/KWG/research.htm [zuletzt abgerufen am 23.04.2019].

ausbildenden Strömungen beeinflusst und in wie weit konnte es hier selbst prägend wirken? Konkret gefragt: Wie kam ein auf den Welthandel ausgerichtetes und seit Gründung maßgeblich von der Privatwirtschaft finanziertes Institut mit einer auf ein hohes Maß an Autarkie abzielenden und stark dirigistisch geführten Wirtschaftspolitik zurecht? In welchem Ausmaß und in welchen Kontexten lassen sich Bestandteile der nationalsozialistischen Weltanschauung, insbesondere Antisemitismus und Rassismus, als rhetorische Elemente oder als inhaltliche Kernbestandteile in den Veröffentlichungen und den geheimen Gutachten nachweisen? Daran anschließend ist zu untersuchen, ob und wie das IfW einen Beitrag zur Legitimation der Wirtschafts-, Sozial- und Außenpolitik des NS-Regimes leistete. Konnte es auf eigene Initiative Öffentlichkeitsarbeit betreiben und welche Entscheidungsmacht besaß es über die Botschaften und die Kommunikationsmethoden? In welchem Ausmaß wurde es selbst aktiv und für welche Zwecke und welche Akteure stellte es seine Räumlichkeiten und Publikationsorgane als Plattformen zur Verfügung?

Drittens ist nach dem Wandel der Forschungsthemen und einer möglichen Fort- oder Rückentwicklung in der Methodik zu fragen. Wurden in inhaltlicher oder geografischer Hinsicht neue Forschungsobjekte und Forschungsgebiete erschlossen? Gab es beispielsweise eine Parallelität zur „Entgrenzung“ des Krieges, sodass ab 1939 oder 1941 erkennbar weitreichendere Planungen betrieben oder besonders radikale Lösungsvorschläge formuliert wurden? Fand ein Wandel in der Durchführung der Forschungstätigkeit statt, etwa, indem sie stärkeren Projektcharakter annahm oder die Gemeinschaftsforschung arbeitsteiliger organisiert war? Inwiefern waren die einzelnen WissenschaftlerInnen in ein *Denkkollektiv* eingebunden und gab es einen verbindlichen *Denkstil?*[16]

Von Interesse ist natürlich auch, viertens, welchen Einfluss das IfW durch seine Beratungs- und Forschungstätigkeit ausüben konnte. Machte es explizite Handlungsvorschläge und arbeitete es konkrete Planungen aus oder erfolgte eine Beeinflussung durch deskriptiv scheinende Studien, in denen Probleme und Sachzwänge implizit definiert wurden? Welche Informationen konnte das Institut den Akteuren aus Privatwirtschaft, Verwaltung und Militär zu Verfügung stellen? Inwiefern waren die verschiedenen Dienstleistungen geeignet, das Regime zu stabilisieren und ihm ein effektiveres Anstreben seiner Ziele zu ermöglichen?

All diesen Fragen übergeordnet ist, fünftens, die stete Suche nach den Motivationen und den Handlungsspielräumen, nicht nur der Institutsdirektoren, sondern auch der AbteilungsleiterInnen sowie der einzelnen wissenschaftlichen MitarbeiterInnen auf den verschiedenen Hierarchieebenen.

16 Denkkollektiv: „Gemeinschaft der Menschen, die im Gedankenaustausch oder in gedanklicher Wechselwirkung stehen“. Denkstil: „gerichtetes Wahrnehmen, mit entsprechendem gedanklichen und sachlichen Verarbeiten“. Ludwik Fleck (2010 [1935]), S. 54 und S. 130.

1.2 Forschungsstand

In einem Beitrag zur Geschichte der wissenschaftlichen Beratung der Wirtschaftspolitik erwähnte Jan-Otmar Hesse – immerhin einer der führenden deutschen Wirtschaftshistoriker – beiläufig, das IfW habe in der Zeit der NS-Herrschaft „ein Schattendasein“[17] geführt. Dass ein kurzer Blick auf die Sekundärliteratur über die Institutsgeschichte einen solchen fehlgehenden Eindruck vermittelt, zeigt die geringe Qualität des bisherigen Forschungsstands auf. Den Grundstein hierzu legte das Institut selbst, indem es früh die Deutungshoheit über die eigene Geschichte beanspruchte. Bereits von 1940 an arbeitete der langjährige Mitarbeiter Friedrich Hoffmann an einer dreibändigen Geschichte des Instituts von der Gründung bis zur Machtübernahme der Nationalsozialisten, die in den Jahren 1942–1944 fertiggestellt wurde.[18] Hoffmanns Glorifizierung des Gründungsdirektors Harms, die Beschreibung des Ersten Weltkriegs als eine patriotische Prüfung und die antisemitisch motivierte Darstellung der mit vielen jüdisch-stämmigen Mitarbeitern besetzten Konjunkturforschungsabteilung als Fremdkörper sind Topoi,[19] die bis in die Gegenwart fortwirken.

Seitdem erschienen anlässlich von Jubiläen einige weitere kleinere und größere Institutsgeschichten. Die von Hoffmann behauptete moralische Integrität des Gründers wurde nun auf das Institut selbst übertragen, das sich als Bastion der Wissenschaftlichkeit in einer grundsätzlichen Abwehrhaltung gegenüber allem Nationalsozialistischen befunden habe.[20] Das Vorzeichen war stets apologetisch. Nachfolgende Direktoren lobten ausdrücklich die kontinuierliche produktive wissenschaftliche Tätigkeit nach 1933, denn dies habe geholfen, das Institut „vor den Zugriffen totalitärer Gewalten zu bewahren und Forschung und Lehre unabhängig zu erhalten.“[21] Gesondert hervorgehoben wurde meist das Ausbleiben einer Bücherverbrennung unter dem Bibliothekar und „Harmsschüler“[22] Wilhelm Gülich. Sie wurde als politische Widerstandshandlung und schlagender Beweis für die Resistenz des ausschließlich der Wissenschaft verpflichteten IfW gedeutet. Besonders einflussreich war die von Anton Zottmann verfasste 50-Jahres-Schrift von 1964, die zum ersten Mal eine Ge-

17 Hesse (2016b), S. 418.

18 Vgl. F. Hoffmann: Die Geschichte des Instituts für Weltwirtschaft. (Von der Gründung bis zum Ausscheiden des Gründers), Band I, II und III, fertiggestellt 1942, 1943 und 1944, als Ms. gedruckt, in: ZBW, IV 2737. Zuvor war zum 25-jährigen Jubiläum nur eine kurze Notiz verfasst worden. Vgl. F. Meyer (1939a). Ferner verfasste Hoffmann noch den historischen Abriss: Das Staatswissenschaftliche Seminar an der Universität Kiel. Eine Denkschrift zu seinem Wiederaufbau, 1946, als Ms. gedruckt, in: ZBW, IV 2907.

19 Z. B. F. Hoffmann: Die Geschichte des IfW III, 1944, S. 71–72, in: ZBW, IV 2737. Betreffend Kriegsforschung: Band I, 1942, S. 46, sowie Band II, 1943, S. 197, in: Ebd.

20 Predöhl: 40 Jahre Institut für Weltwirtschaft, in: Schleswig-Holsteinischer Volks-Zeitung, 29.03. 1951. Fast identisch: Baade: Bernhard Harms, in: IfW (1951), S. 5–15, Zitat S. 10.

21 Schneider: Ansprache: in: Fünfzig Jahre Institut für Weltwirtschaft an der Universität Kiel: Reden und Ansprachen anläßlich des Festaktes am 18. Februar 1964, S. 14, in: ZBW, B 70158.

22 Baade: Bernhard Harms und das Institut für Weltwirtschaft, in: IfW (1951), S. 5–15, Zitat S. 10.

samtdarstellung bot.[23] Darin gab der seit 1938 im IfW beschäftigte Zottmann zu, man habe sich während des Zweiten Weltkriegs „im Wesentlichen auf die Erstattung von Gutachten für staatliche Dienststellen“[24] konzentriert. Ein Fehlverhalten wollte er dabei nicht erkennen und lobte im Gegenteil den ehemaligen Institutsdirektor Andreas Predöhl. Dieser habe sich „in der Zeit des Dritten Reiches wesentliche Verdienste um die Erhaltung und Wahrung des Instituts im Geiste des Gründers erworben“[25]. Die Wissenschaft als eigenständiges Subsystem habe sich nämlich grundsätzlich in einer außerhalb des nationalsozialistischen Regimes stehenden und damit latent bedrohten Position befunden.[26]

Noch 1989 wurde in den Festreden zum 75-jährigen Jubiläum weiterhin mit den üblichen Deutungsmustern operiert. Predöhl habe zwangsläufig mit den Instanzen des Regimes kooperieren müssen, um seine Mitarbeiter zu schützen. Diese hätten derart von der totalitären Ideologie abgeschirmt im IfW „wie unter einer Käseglocke“[27] arbeiten können. Eine Vorlage des IfW-Präsidenten Herbert Giersch, der selbst 1942 sein Diplom im IfW abgelegt hatte, nutzend, exkulpierte sich der bei dieser Gelegenheit mit einer Bernhard-Harms-Medaille ausgezeichnete Schiller ungeniert selbst. Die eigenen Forschungsarbeiten für Wirtschaftsverwaltung und Wehrmacht riss er unter Verwendung des klassischen Topos der „Flucht in die reine Empirie“[28] aus ihrem Entstehungskontext heraus. Abschließend ist noch die 100-Jahres-Schrift von 2014 zu erwähnen, für die der beauftragte Journalist Harald Czycholl kein Quellenstudium betrieben hat. Stattdessen wiederholte er lediglich die seit Jahrzehnten akkumulierten Deutungsmuster in gedrängter Form und fügte ihnen als Korrektiv die ungenügend belegten Behauptungen Dieckmanns hinzu. Folgerichtig stehen bei dieser Vorgehensweise die Jahre 1934–1945 unter dem Motto „Die Gratwanderung“.[29] Nützlicher als die bisher genannten Schriften ist ein mutmaßlich 1953 von Predöhl verfasster Brief, in dem er seinem Nachfolger umfassend seine Tätigkeit als Institutsdirektor von 1934 bis 1945 schilderte.[30] In diesem nicht für die Öffentlichkeit bestimmten Dokument

23 Zottmann (1964). Den Jahren 1933–1945 widmete er nur etwa sieben Seiten. Ein gesondertes Kapitel zur Geschichte der Bibliothek wurde von Frieda Otto verfasst, seit 1928 im IfW beschäftigt.

24 Zottmann (1964), S. 53.

25 Ebd., S. 55.

26 Vgl. hierzu Carola Sachse: Visionen, Expertisen, Kooperationen. Forschen für das Dritte Reich – Beispiele aus der Kaiser-Wilhelm-Gesellschaft, in Hirschfeld und Jersak (2004), S. 265.

27 Schiller: Ansprache, in IfW (1989), S. 50. Denselben Ausdruck benutzte auch Predöhl. „Stellungnahme von Professor Andreas Predöhl“, in: Seeliger (1968), S. 73. Herbert Giersch zog die Metapher eines Schiffes vor, das „die Klippen der Gewaltherrschaft umschifft hat“. Giersch: Ansprache, in: Puf (1975), S. 14.

28 Schiller: Ansprache, in IfW (1989), S. 50. In seinem Grußwort übernahm Ministerpräsident Björn Engholm die Deutung des IfW.

29 Czycholl (2014), S. 63–68. Solche Deutungsmuster sind seit langem überholt, denn, so der Kieler Wirtschaftsprofessor Johannes Bröcker: „Die Geschichte vom ‚Mitmachen um Schlimmeres zu verhindern‘ hat man zu oft gehört, als dass sie noch viel Überzeugungskraft hätte.“ Bröcker (2014), S. 222.

30 Predöhl: Zur Geschichte des Instituts für Weltwirtschaft an der Universität Kiel in der Zeit des Nationalsozialismus, o.D., vermutlich 1953 verfasst und an Baade gesandt, 50 S., in: HS IfW.

finden sich einige für das Quellenstudium wertvolle Hinweise auf Strategien und Kooperationspartner sowie eine Reihe von Fakten, die verifiziert werden konnten. Aufschlussreich ist darüber hinaus, welche aus anderen Quellen rekonstruierbaren Ereignisse und Allianzen Predöhl verschwieg.

Der bis vor einigen Jahren gepflegte Umgang des IfW mit der eigenen Geschichte ist als durchschnittlich zu beurteilen. Auch die Darstellungen der Geschichte des Deutschen Instituts für Wirtschaftsforschung (DIW, bis Juni 1941: Institut für Konjunkturforschung, IfK), des HWWA und des Österreichischen Instituts für Wirtschaftsforschung (WIFO, 1938 – 1945: Wiener Institut für Konjunkturforschung) waren lange von apologetischen Intentionen geprägt.[31] Teils findet noch heute eine frappierende Nichtbeachtung der Quellen sowie des aktuellen Forschungsstands zur Geschichte der Wissenschaft im „Dritten Reich" statt. Vor allem langjährige Institutsmitarbeiter tragen alte Deutungsmuster weiter. Bezüglich des WIFO behauptet beispielsweise der Wirtschaftshistoriker Felix Butschek, der Beginn der nationalsozialistischen Herrschaft nach dem „Anschluss" 1938 sei weitgehend bedeutungslos gewesen, weil man die bisherige „saubere" wissenschaftliche Arbeit habe fortführen können.[32] Viele Jahrzehnte nachdem von Wolfgang Abendroth das „Unpolitische als Wesensmerkmal der deutschen Universität"[33] angeprangert wurde, reflektieren offenbar einige deutschsprachige Wirtschaftsforschungsinstitute noch immer nicht ihr Verhältnis zur Politik und allgemein zur außerakademischen Sphäre.

Von den Historikern der Kieler Universität war in den ersten Jahrzehnten nach 1945 das Streben nach akademischer Autonomie gerne mit einem Widerstand gegen die NS-Ideologie gleichgesetzt worden.[34] Ab den 1990er Jahren war zwar vermehrt der Wille zu einem kritischen Blick vorhanden.[35] Wegen mangelnder Sachkenntnis fiel es aber vielen ProfessorInnen schwer, das Verhalten ihrer Vorgänger einzuordnen. Die Rektorin, Wirtschaftswissenschaftlerin und als solche Schülerin Predöhls, Karin Peschel, gab beispielsweise 1994 im Rahmen einer Ringvorlesung zum Ausdruck, wie ihre Disziplin „reduziert werden konnte auf dieses nationale Gedankengut, ist mir vollkommen unbegreiflich."[36] Schon damals war allerdings bereits die These aufge-

---

31 Betreffend HWWA: Köhler (1959); Betreffend WIFO: Mautner Markhof und Nemschak (1952, 1967). Betreffend IfK/DIW: DIW (1950), Wagenführ (2006 [1954]), Krengel (1986). Teils finden sich alte Deutungsmuster und Begriffe sogar noch in einer Broschüre zur DIW-Geschichte von 2015: https://www.diw.de/de/diw_01.c.507532.de/ueber_uns/das_diw_berlin/90_jahre_diw_berlin/meilenstein_90_jahre.html [letzter Zugriff: 10.05.2019], S. 18 – 21.

32 Butschek (2012), S. 458.

33 So der Titel von Abendroths Antrittsvorlesung 1966. Hierzu Seeliger (1968), Einleitung.

34 Dahlmann (1953), S. 31 und die Monografie des seit 1941 in Kiel lehrenden Karl Jordan (1965), S. 56. Kritischer: Erdmann (1967).

35 Vgl. die Dokumentation der ab 1933 vertriebenen WissenschaftlerInnen in: Uhlig (1991 und 1993). Aus diesem Projekt ging auch hervor: Wieben (1994).

36 Redebeitrag Karin Peschels in Podiumsdiskussion, 14.11.1994, zitiert nach Imke Meyer (1995), S. 39. Bereits 1968 war kritisiert worden, dass Ringvorlesungen sich „zumeist auf isolierte Deklamation ohne

stellt worden, dass die Wissenschaften vom Nationalsozialismus durchaus nicht notwendigerweise „reduziert" worden sind, sondern dass in vielen Fällen die Professoren und die Institute dem NS-Staat ihre volle wissenschaftliche Qualität zur Verfügung stellten.[37] Wissenschaftliche Autonomie und Selbstmobilisierung für die Erreichung gemeinsamer Ziele mit dem Regime waren nicht nur miteinander vereinbar, sondern ermöglichten erst eine produktive Beziehung.[38] Aufgrund dieser Arbeitsteilung zwischen stark und schwach ideologisierten Akteuren helfen traditionelle Begriffe wie „Verstrickung", „Instrumentalisierung" oder „Missbrauch" nicht weiter, sondern wirken tendenziell verharmlosend. Insofern haben beispielsweise auch die Skandalisierungsversuche der DDR-Historiographie die eigentliche Problematik verfehlt. Zwar bemühten sich entsprechende Historiker wie Werner Krause, Ökonomen eine Mitverantwortung an den NS-Verbrechen nachzuweisen. Ihnen wurde jedoch vor allem die Bereitschaft vorgeworfen, sich instrumentalisieren zu lassen und an der Legitimation der NS-Wirtschaftspolitik mitgewirkt zu haben.[39]

Trotz des Dieckmann-Aufsatzes spielte das IfW in der ab den 1990er Jahren anlaufenden Aufarbeitung der Universitätsgeschichte Kiels zunächst keine Rolle.[40] Erst 2009 wurde in einen Sammelband ein Kapitel zum IfW aufgenommen. Der Autor Hans-Christian Petersen dekonstruierte die traditionelle „Selbstviktimisierung"[41] und bemühte sich zu zeigen, dass die angestrebte Bewahrung der Autonomie der Wissenschaften und eines hohen Forschungsstandards keineswegs aus einem Widerstandsgeist resultierte. Da auch er sich für ein Quellenstudium keine Zeit nahm, konnte er über die so wichtige Frage des Verhältnisses zwischen Institut und Praxis keine Aussagen treffen. Entsprechend schloss Petersen mit einem Arbeitsauftrag, den ich aufgenommen habe: „Eine Aufarbeitung dieser Geschichte des Weltwirtschaftsinstituts, als das, was es war, nämlich ein Teil des Nationalsozialismus, steht nach wie vor aus."[42]

Konsequenz im Universitätsbereich beschränkten." Seeliger (1968), S. 6. Unter Peschel wurde immerhin die Aberkennung von Doktorgraden rückgängig gemacht.

37 So schrieb beispielsweise Mechthild Rössler bereits 1990: „Der Nationalsozialismus ist allerdings nicht auf ein rückwärtsgewandtes Herrschaftssystem auf der Grundlage der ‚Blut und Boden'-Ideologie zu reduzieren. Als hochindustrialisierter Staat benötigte er technisch-instrumentelles Wissen und moderne Zweckforschung in effektiven Organisationsformen." Rössler (1990), S. 226.

38 Vgl. Ash (2002), S. 50.

39 Krause (1969).

40 In den 1980er Jahren stießen Studierende noch auf taube Ohren. Allgemeiner Studentenausschuß der Universität Kiel (1982). Eine Aufarbeitung der Geschichte des IfW wurde bereits vor Jahrzehnten angemahnt. Prahl: Die Hochschulen und der Nationalsozialismus, in: Prahl (1995), S. 29. Siehe auch Prahl, Petersen und Zangel (2007). Eine Unter der Leitung von Oliver Auge wurde in den vergangenen Jahren die Beschäftigung mit der Geschichte der Kieler Universität intensiviert. Daraus resultierte das Gelehrtenverzeichnis.de, eine Dissertation zu NS-Studentenführern (Göllnitz 2018) und ein laufendes Dissertationsprojekt, das eine Typisierung der Kieler ProfessorInnen zum Ziel hat.

41 Petersen (2009), S. 78.

42 Ebd., S. 79.

Dass diese Aufarbeitung bisher noch nicht erfolgte, fällt aus drei Gründen besonders ins Auge. Erstens hat die (Vor-)Geschichte des IfW in der Weimarer Republik eine beträchtliche Aufmerksamkeit erfahren und zu einer Reihe hervorragender Publikationen geführt. Hierzu gehören die Arbeiten von Detlef Siegfried sowie Alexander Wierzock und Sebastian Klauke, die das IfW in den ersten Jahren nach dem Ersten Weltkrieg behandeln,[43] sowie die Monografie von Ulf Beckmann und die Aufsätze von Harald Hagemann zur Konjunkturforschung des Instituts von 1926 bis 1933.[44] Zweitens wurden bereits zentrale Akteure aus der Zeit des Nationalsozialismus wie die Direktoren Predöhl und Jens Jessen sowie die Forschungsgruppenleiter Schiller und August Lösch in Aufsätzen und Sammelbandkapiteln[45] oder sogar in eigenen Biografien betrachtet.[46] Der Arbeitsort wurde dabei allerdings meist nur erwähnt und kaum selbst als eigener Faktor in den Blick genommen. Drittens erfuhren die Aktivitäten der juristischen Kollegen in der gemeinsamen Rechts- und Staatswissenschaftlichen Fakultät („Kieler Schule") eine vergleichsweise hohe Aufmerksamkeit.[47] Daneben fällt die Forschungslücke zum IfW im Nationalsozialismus besonders auf.

Über die genannte Literatur hinaus ist vor allem der sehr umfangreiche Forschungsstand zur Geschichte der Wissenschaft im Nationalsozialismus im Allgemeinen und zu den Wirtschaftswissenschaften im Besonderen sowie die Literatur zu den jeweiligen Kooperationspartnern des IfW aus den Feldern Wirtschaft, Politik und Militär von Interesse.[48] Die jüngere Wissenschaftsgeschichte ist stark von Mitchell Ash geprägt worden. Dieser hat, Gedanken von Pierre Bourdieu und Bruno Latour aufnehmend, gefordert, „Wissenschaft und Politik als Ressourcen für einander"[49] zu analysieren. Dies erzwinge einen Fokus auf die Handlungsspielräume und die Motivationen der Akteure und helfe dabei, nicht dem alten Topos einer grundsätzlichen Bedrohungslage der unpolitischen Wissenschaft durch die unwissenschaftliche Politik zu verfallen. Stattdessen seien die spezifischen „Produktionsverhältnisse der

---

43 Vgl. Siegfried (2004, 2010), Wierzock und Klauke (2013). Zur Gründung des IfW und seinem Aufstieg im Ersten Weltkrieg, siehe Take (2015).

44 Vgl. Beckmann (2000), Harald Hagemann: Zerstörung eines innovativen Forschungszentrums und Emigrationsgewinn. Zur Rolle der „Kieler Schule" 1926 – 1933 und ihrer Wirkung im Exil, in: Hagemann (1997) und Hagemann (2008),

45 Zu Predöhl: Puf (1975), Scheuplein (2009), Bröcker (2014), Hein und Kappel (2014), Mizuno (2015); Zu Lösch: Riegger (1971), Mackensen (1990), Heertje (2001), Bröcker (2007, 2014), Ponsard (2007), Todt (2014), Kegler (2015), S. 217 – 220; Zu Mackenroth: Schmid (1985), Henßler (2006).

46 Zu Jessen: Schlüter-Ahrens (2001); Zu Schiller: Hochstätter (2006), Lütjen (2007), Bahnsen (2008).

47 Vgl. J. Eckert (1992, 1995, 2003, 2004), Wiener (2013).

48 Lutz Raphael meinte bereits zu Beginn des Jahrtausends, die Fülle Literatur zu den Wissenschaften im Nationalsozialismus sei kaum noch zu überblicken. Raphael (2001), S. 7.

49 So der Titel des Aufsatzes von Ash (2002). Entsprechend spricht er sich gegen feste Ausgangsdefinitionen der Begriffe „Politik" und „Wissenschaft" aus, weil „theoretisch abgeleitete Festlegungen dieser Begrifflichkeiten nicht dienlich [sind], denn es geht doch gerade um eine Historisierung dieser beiden Größen, die den Namen verdient, und setzt die Möglichkeit eines Wandels im Gehalt solcher Begrifflichkeiten voraus." Mitchell G. Ash: Reflexionen zum Ressourcenansatz, in: Flachowsky, Hachtmann und Schmaltz (2016), S. 537.

Wissenschaften“[50] zu analysieren, mit denen im Nationalsozialismus Anreize für bestimmte Handlungsoptionen geschaffen bzw. Sanktionen für Vergehen angedroht wurden. Verschiedene Tagungen und Sammelbände haben Ashs Überlegungen zum Ausgangspunkt genommen.[51] Für die oben bereits erwähnte verstärkte Betrachtung von außeruniversitären Forschungsinstituten ist dieser Ansatz ebenso fruchtbar wie für Universitäten und ihre An-Institute.[52] Auch kann so die Wissenschaft in die Diskussion um die sogenannte Neue Staatlichkeit des Nationalsozialismus integriert werden. Dabei war die möglichst rasche und vollständige Beschaffung von Informationen für die Funktionsträger besonders wichtig, um politisch wirksam sein zu können.[53] Es ist entsprechend zu fragen, wie sich das IfW in die Politikberatung einbrachte, welchen Anteil und welche Bedeutung das Beratungsgeschäft an der Gesamttätigkeit des Instituts hatte und an welchen Informationsbörsen es partizipierte. Da es insbesondere ab Kriegsbeginn immer schwieriger wurde, an Informationen über das Ausland zu kommen, muss besondere Aufmerksamkeit auf die Kontakte zu jenen Instanzen gelegt werden, über die das Institut die notwendigen Informationsmaterialien erhielt, deren Aufbereitung einen mutmaßlich beträchtlichen Beitrag zu seiner Daseinsberechtigung dargestellt hat.

Für die Geschichte der Wirtschaftswissenschaften existiert ein von Hauke Janssen verfasstes Standardwerk, dessen vierte Auflage von 2012 einen erschöpfenden Überblick über den gegenwärtigen Stand der Forschung gibt.[54] Es handelt sich allerdings um ein dogmengeschichtlich ausgerichtetes Buch, dass sich auf eine Klassifizierung und Analyse der verschiedenen Strömungen in der Disziplin konzentriert.[55] Deshalb wurden vor allem Lehrstuhlinhaber als Akteure und ihre Veröffentlichungen als Quellen berücksichtigt. Forschungsinstitute und ihre nicht veröffentlichten, größtenteils auch anonymisiert versandten Auftragsgutachten spielen dagegen nur eine geringe Rolle. Das liegt zum einen in Janssens Ausrichtung begründet und zum anderen darin, dass der entsprechende Stand der Sekundärliteratur nicht nur bezüglich des IfW eher gering ist. Eine umfangreiche unabhängige Untersuchung zur Geschichte eines wirtschaftswissenschaftlichen Instituts im Nationalsozialismus wurde bisher nur durch Karl Heinz Roth zum Arbeitswissenschaftlichen Instituts (AwI) der Deut-

50 Editorial, in: Flachowsky, Hachtmann und Schmaltz (2016), S. 15.

51 Vgl. vom Bruch und Kaderas (2002); vom Bruch, Gerhart und Pawliczek (2006); Grüttner, Hachtmann, Jarausch, John und Middell (2010); Werner (2013); Mirko Winkelmann: Tagungsbericht: Follow the Money? Wissenschaftspolitik und Wissenschaftsgeschichte in internationaler und globaler Perspektive, 19.04.2013 – 20.04.2013 Berlin, in: H-Soz-Kult, 05.06.2013, https://www.hsozkult.de/conferencereport/id/tagungsberichte-4839 [zuletzt abgerufen am 23.04.2019]. Flachowsky, Hachtmann und Schmaltz (2016).

52 Siehe z. B. die vier Bände zur Geschichte der Universität Wien, u. a.: Ash und Ehmer (2015).

53 Vgl. Hachtmann (2011), insb. S. 60.

54 Vgl. Janssen (2012).

55 Insbesondere ging es Janssen darum, Avraham Barkais These eines wirtschaftswissenschaftlichen „Sonderwegs“ und der Herausbildung eines theoretisch fundierten NS-spezifischen Wirtschaftssystems zurückzuweisen. Janssen (2012), S. 527–529. Vgl. Barkai (1990), S. vii.

schen Arbeitsfront durchgeführt.[56] Zum HWWA existiert bislang nur eine Chronik.[57] Ein Projekt zu einer Geschichte des RWI wurde 2018 abgeschlossen.[58] Vergleichsweise viel Aufmerksamkeit hat das DIW aufgrund seiner Nähe zum Reichswirtschaftsministerium (RWM) und dem Statistischen Reichsamt sowie der Prominenz seines Leiters Ernst Wagemann erfahren.[59]

Das DIW betreffend ist herausgearbeitet worden, dass es vor und während des Kriegs vor allem für staatliche Stellen ziviler und militärischer Art geforscht hat, und zwar mit einem Schwerpunkt auf den Themen der Ernährungs- und Rohstoffversorgung. Die Zusammenarbeit intensivierte sich über die Kriegszeit, sodass es ab 1942 (wieder) die Stellung als „kontrollierende Instanz der staatlichen Wirtschaftsbeobachtung“[60] erobern konnte und spätestens ab 1944 das wissenschaftliche Herzstück des von Albert Speer geleiteten Rüstungsministeriums darstellte.[61] Das AwI wurde beschrieben als „reflektierendes und planendes Zentrum arbeits- und sozialpolitischer Herrschaftsvermittlung“[62], das in einem methodischen Dreischritt die Wirklichkeit möglichst detailliert erfasste, zu erreichende sozialstrategische Ziele beschrieb und für das DAF und weitere Stellen Pläne entwarf, wie diese zu erreichen seien. An diese Befunde anknüpfend ist also insbesondere zu fragen, ob das IfW ähnlich praxisorientiert war und ob die Tätigkeitsbereiche eher in der Erfassung, in der Analyse oder in Handlungsvorschlägen lagen. Hat es sich mit seiner Orientierung auf die internationale Wirtschaft von diesen beiden Instituten abgrenzen bzw. sie ergänzen können und stand es mit dem ebenfalls auf die Weltwirtschaft ausgerichteten HWWA in einem Konkurrenzverhältnis? Hinweise auf eine Kooperation mit dem DIW im letzten Kriegsjahr geben Anlass zu der These, dass es bezüglich der Forschungen zum In- und Ausland eine Arbeitsteilung gegeben haben könnte.

Da die Geschichte des IfW aufgrund seiner im Untersuchungszeitraum dominierenden Stellung weitgehend mit der Geschichte der wirtschaftswissenschaftlichen Hälfte der Kieler Rechts- und Staatswissenschaftlichen Fakultät deckungsgleich ist, sind auch Arbeiten zu vergleichbaren Fakultäten von Interesse. Hier kommen vor allem die mittlerweile gut erforschten Ökonomen der Universitäten Heidelberg und Freiburg in Betracht.[63] So hat Kilian Schultes beispielsweise Thesen belegen können, nach denen eine ambivalente Haltung zum NS-Regime durchaus toleriert und eine inhaltliche Gleichschaltung von NS-Ideologen in der Regel nicht durchgesetzt werden

56 Vgl. Roth (1992, 1993).
57 Vgl. Leveknecht (1998).
58 Fremdling und Pierenkemper (2018).
59 Vgl. Tooze (1993, 1999, 2001, 2006) und neuerdings: Fremdling (2016a) sowie Fremdling und Stäglin (2016a und 2016b).
60 Tooze (1993), S. 19.
61 Vgl. Herbst (1982), S. 439–452.
62 Roth (1993), S. 111.
63 Zu Heidelberg: Klingemann (1990), Brintzinger (1996), Blomert, Eßlinger und Giovannini (1997) und Schultes (2010). Zu Freiburg: Blumenberg-Lampe (1973), Rieter und Schmolz (1993), Goldschmidt (2005) und Haarmann (2015). Zu Frankfurt: Hesse (2016a).

konnte. Dass die (Wirtschafts-)Wissenschaften leistungsfähig bleiben durften und sollten, um ihre praktischen und propagandistischen Aufgaben zu erfüllen, hat auch Frank-Rutger Hausmann in seiner Betrachtung der „Aktion Ritterbusch“ herausgearbeitet.[64] Eine existentielle Bedrohung stellt Schultes selbst für die anfangs mit bekennenden Antifaschisten wie Alfred Weber besetzte Heidelberger Fakultät nicht fest. Dies lag in einer weniger wissenschaftsfeindlichen als eher utilitaristischen NS-Politik begründet, die als Rehabilitationsoption für Unterstützer der Weimarer Republik nicht nur den Weg der demonstrativen politischen Unterwerfung offen ließ, sondern auch die Bewährung als kooperativer Experte.[65] Von dieser Nachfrage zeugt auch, dass zwar die Zahl der geisteswissenschaftlichen Lehrstühle in den 1930er Jahren um knapp 10 % zurückging, dass aber auf der anderen Seite für Institute zusätzliche Mittel bereitgestellt wurden.[66] Lutz Raphael sprach sogar davon, dass die Jahre der NS-Herrschaft „in gewisser Hinsicht goldene Zeiten für staatlich finanzierte anwendungsorientierte Forschung“[67] gewesen seien. Für das IfW ist zu analysieren, ob sich auch hier entsprechende materielle Vorteile ergaben und ob diese möglicherweise über Dienstleistungen im Beratungsgeschäft hinaus auch für wissenschaftliche Fortschritte genutzt wurden.

Raphael war es auch, der in seiner Beschreibung der Gesellschaftssysteme des 20. Jahrhunderts den Ausdruck *Verwissenschaftlichung des Sozialen* prägte. Damit meint er „die dauerhafte Präsenz humanwissenschaftlicher Experten, ihrer Argumente und Forschungsergebnisse in Verwaltung und Betrieben, in Parteien und Parlamenten, bis hin zu den alltäglichen Sinnwelten sozialer Gruppen, Klassen oder Milieus.“[68] Am Beispiel der Wirtschaftswissenschaften analysierte Alexander Nützenadel die Auswirkungen einer solchen Präsenz in seiner Monografie „Stunde der Ökonomen: Wissenschaft, Politik und Expertenkultur in der Bundesrepublik 1949–1974“.[69] Auch in einigen Studien zur Wirtschaftsgeschichte des „Dritten Reichs“ ist das Expertenwesen einbezogen worden. So hat beispielsweise der Einfluss der Volkswirtschaftlichen Abteilung des IG Farben Konzerns auf den Vierjahresplan Berücksichtigung gefunden und in einer Betrachtung der deutschen außenwirtschaftspolitischen Konzeptionen zwischen Weltwirtschaftskrise und Zweitem Weltkrieg wurde auch das IfW erwähnt.[70] Das Institut habe sowohl durch Auftragsarbeiten Informationen zur Verfügung gestellt, als auch versucht, über die Prägung einer re-

64 Vgl. Hausmann (2007); ferner: Hausmann (2005) sowie den Sammelband Hausmann (2002).

65 Vgl. Schultes (2010), S. 628–639.

66 Vgl. Grüttner (2000), S. 577 und Grüttner (2009), S. 46. „Der einzige Weg, an weitere Mittel und damit die gewünschten Stellen zu kommen, gehe, so stellte [der ehemalige IfW-Mitarbeiter Ernst] Schuster 1942 fest, über die Gründung neuer Institute.“ Schultes (2010), S. 633.

67 Raphael (2001), S. 14.

68 Raphael (1996), S. 166.

69 Nützenadel (2005).

70 Vgl. Kube (1984) und Teichert (1984).

gimekonformen und zugleich einen praktischen Nutzen ermöglichenden Wirtschaftstheorie Einfluss auszuüben:

> Es war vor allem [der IfW-Direktor] Andreas Predöhl, der in einer geschickten, skrupellosen und opportunistischen Mischung aus außenwirtschaftlichen Erkenntnissen (Regionalansatz), politischen Zielsetzungen (territoriale Grenzrevision, wehrsichere Güterversorgung) und wirtschaftlichen Interessen (Notwendigkeit des Exports) diese völkische Außenwirtschaftslehre zu systematisieren suchte.[71]

Es ist zu prüfen, ob dieses Urteil Eckart Teicherts einer empirischen Prüfung standhält. Auffallend ist seine Studie alleine schon dadurch, dass er sich nicht nur auf die Betrachtung zentraler Akteure konzentrierte, sondern die im Hintergrund ablaufende Beeinflussung durch eine Auftragsstudie des IfW überhaupt registrierte.[72] Angesichts des „organisierten Chaos“[73] (Dieter Rebentisch) im polykratischen Machtkomplex des NS-Herrschaftssystem ist es inmitten der Vielzahl von Akteuren und Hierarchiestrukturen sowie der Parallelität von institutionalisierten und personellen Netzwerken ohnehin schwer, einen Überblick über die (Wirtschafts-)Politik zu behalten. Entsprechend ist es verständlich, wenn sich beispielsweise Gert C. Lübbers in seiner umfangreichen Studie zum Wehrwirtschafts- und Rüstungsamt auf den Versuch der Machtausübung in Kooperation und Konkurrenz zu Stellen auf hohen Hierarchieebenen wie dem Reichsernährungsministerium, dem Vierjahresplan etc. konzentriert und dabei den Prozess der Informationsgewinnung, in den Forschungsinstitute fest eingebunden waren, außer Acht lässt.[74] Eine Rolle spielt hierbei sicherlich auch die Memoirenliteratur von Akteuren wie dem Wehrwirtschaftsgeneral Georg Thomas oder dem Leiter des Planungsamts im Rüstungsministerium, Hans Kehrl, die lieber über ihren Einfluss als über ihre Beeinflussung Auskunft gaben.[75] Ein Sonderfall ist die Betrachtung des RWM durch Rainer Fremdling. Ausführlich berücksichtigt er die Bedeutung des institutionell eingebundenen DIW, erkennt jedoch nicht die Rolle des insb. ab 1944 ebenfalls mit Forschungen beauftragten und als externe Bibliothek und Wirtschaftsarchiv fungierenden IfW.[76]

Mir geht es in dieser Arbeit insbesondere darum, diesen Konnex zwischen dem IfW und den um Bedeutung ringenden Institutionen wie dem Wehrwirtschafts- und Rüstungsamt, dem RWM und dem Rüstungsministerium herzustellen. Anders als die

71 Ebd., S. 98.
72 Vgl. Ebd., S. 328.
73 Vgl. hierzu den von Otto und ten Cate herausgegebenen Sammelband (1999).
74 Vgl. Lübbers (2010). Lübbers hat dabei die Rolle des IfW durchaus wahrgenommen, entsprechende Passagen aber nicht in seine umfangreiche Dissertation aufnehmen können. Ich danke ihm für die Übersendung der entsprechenden Textbausteine.
75 Thomas (1966 [1943/44]). Kehrl (1973).
76 Fremdling erwähnt das IfW lediglich an einer Stelle, in der er davon spricht, eine Kooperation zwischen RWM und IfW sei im Herbst 1944 nicht realisiert worden. Fremdling (2016a), S. 303–304. Tatsächlich war das RWM im letzten Kriegshalbjahr wichtigster Auftraggeber des IfW.

bisherigen Biografien, Fakultäts- und Dogmengeschichten konzentriert sich mein Beitrag zu einem erweiterten Verständnis der Rolle der Wirtschaftswissenschaften im Nationalsozialismus daher auf die anwendungsorientierte Grundlagenforschung[77] sowie auf die Beratung der Privatwirtschaft, der Wirtschaftspolitik und des Militärs. Eine besondere Bedeutung muss dabei der Kriegsvorbereitung und der Kriegsführung zukommen, da festgestellt worden ist, dass sowohl die Wirtschaft wie auch die Wissenschaft – und an dieser Schnittstelle bewegte sich ja das IfW – „während des ‚Dritten Reiches' in erster Linie dem Primat der Kriegsrelevanz und Aufrüstung"[78] folgte. Die exemplarische Betrachtung eines der seinerzeit größten Institute ermöglicht nicht nur eine bessere Einschätzung des Beitrags der Wirtschaftsforschung zur nationalsozialistischen Expansionspolitik. Sie kann auch die empirische Grundlage für den Streit erweitern, inwiefern diese in Bezug auf Strategie und in Bezug auf Taktik ökonomisch motiviert war.[79]

1.3 Quellen und Arbeitsverfahren

Zur Quellenlage im Hausarchiv des IfW (HS IfW) schrieb Friedrich Hoffmann 1943: „Der vorhandene Stoff ist umfangreich genug, daß er für einige Doktorarbeiten in Frage gezogen werden könnte."[80] Schon im anschließenden Jahr war allerdings ein Großteil der Personalakten, Korrespondenz und internen Memoranda nicht mehr vorhanden, sodass das Hausarchiv heute nur noch geringen Wert besitzt. Der Verlust gründet sich vor allem in den mehrfachen Bombentreffern auf die Institutsgebäude im Jahr 1944, die einen bedeutenden Teil des kaum in Evakuierungsstellen ausgelagerten Hausarchivs vernichteten.[81] Zudem sind auf Weisung Predöhls, wie er später selbst zugab, wenige Tage vor Kriegsende „alle Akten verbrannt worden, die den Geheim-Vermerk trugen. Darüber hinaus habe ich Anweisung gegeben, soweit wie möglich Schriftstücke zu vernichten, die einzelne meiner zahlreichen nichtnazistischen Mitarbeiter unberechtigt belasten könnten".[82] Aus den Jahren 1933–1945 sind entsprechend nur einige Aktensplitter verblieben; Abgesehen von einem Bericht zu den Überfällen der SA auf das IfW im April 1933, einem Brief zu den Umgestaltungsplänen des kurzzeitigen Direktors Jens Jessen und einer Übersicht über die Arbeitsleistung der Abteilung für Marktforschung und Statistik im Zweiten Weltkrieg sind diese zumeist

77 Zur Unterscheidung zwischen anwendungsorientierter und erkenntnisorientierter Grundlagenforschung: Matthias Maier (1997), S. 12–13.

78 Hachtmann (2010), S. 193.

79 Hierzu beispielsweise die gesammelten Aufsätze von Hans-Erich Volkmann (2003).

80 F. Hoffmann: Die Geschichte des IfW II, 1943, S. III, in: ZBW, IV 2737.

81 Vgl. Zottmann (1964), S. 54–55.

82 So Predöhl in seiner Verteidigung, 15.06.1948, in: LASH, Abt. 460, Nr. 4182. „Überall in diesen letzten Kriegstagen wurden Akten verbrannt: im Rathaus, bei der Polizei, der NSDAP und der Gestapo." Dopheide (2007), S. 41.

nur von geringem Interesse. Es ist zudem möglich, dass der selbst durch eine Mitgliedschaft in der NSDAP und einigen weiteren NS-Organisationen belastete langjährige Archivar Fritz Lotsch eine Säuberung des Hausarchivs betrieben oder zumindest zugelassen hat. Dokumente zur Gründung des IfW und aus den anschließenden zwei Jahrzehnten bis 1933 sind bezeichnenderweise in größerem Umfang überliefert. Darüber hinaus scheint der Bestand an gesammelten Zeitungsausschnitten zu Veranstaltungen und Veröffentlichungen des Instituts bis in das Jahr 1944 hinein vollständig zu sein.

Die unbefriedigende Überlieferung im Hausarchiv wird in hohem Maße durch die Bestände der ehemaligen IfW-Bibliothek kompensiert, der seit 2007 eigenständigen Deutschen Zentralbibliothek für Wirtschaftswissenschaften (ZBW). Zwar befinden sich hier keineswegs „ausnahmslos“[83] alle wissenschaftlichen Arbeiten des IfW. Aber neben den annähernd vollständigen, und hervorragend katalogisierten, Veröffentlichungen der Institutsmitarbeiter, ist hier doch auch ein beträchtlicher Teil der nicht veröffentlichten bzw. der geheimen Auftragsarbeiten des Instituts zu finden. Dabei handelt es sich vor allem um die routinemäßig im Institut verbliebenen Exemplare sowie ferner um Auftragsgutachten für die Wehrmacht, die als Dubletten aus dem Bestand des Freiburger Bundesarchivs – Abteilung Militärarchiv (BA-MA) in den 1950er und 1960er Jahren nach Kiel zurückgegeben wurden. Das wichtigste Dokument in der ZBW ist ein nicht zensiertes Verzeichnis aller „Materialsammlungen, Berichte und Gutachten“ des IfW von 1938 bis Januar 1945.[84] Ferner wurde 2017 ein eigenes ZBW-Archiv eingerichtet, das Akzessionsbücher und etwas institutsinternen Schriftverkehr enthält.

Das Universitätsarchiv mit einigen Personalakten, den Fakultätsprotokollen, Rektoratsakten etc. befindet sich im Landesarchiv Schleswig-Holstein (LASH), ebenso wie die Entnazifizierungsakten, von denen jene Predöhls am aufschlussreichsten ist. Der behördliche Schriftverkehr mit den preußischen Kultus- und Finanzministerien sowie den Reichsministerien für Erziehung, Finanzen, Wirtschaft, Rüstung, Ernährung usw. ist im Geheimen Staatsarchiv Preußischer Kultusbesitz (GStA PK) sowie im Bundesarchiv (BA-Berlin) überliefert. Letzteres betreffend sind auch die Bestände der Reichsstelle und der Reichsarbeitsgemeinschaft für Raumordnung sowie der IG Farben hervorzuheben. Ein Teil der Bestände des Reichswirtschaftsministeriums befindet sich im Russischen Staatlichen Militärarchiv (RGVA) in Moskau, wo ein befreundeter Historiker Kopien von Auftragsarbeiten des IfW anfertigte.

Von sehr hohem Wert ist das Freiburger Bundesarchiv – Abteilung Militärarchiv, vor allem wegen der Bestände des Wehrwirtschafts- und Rüstungsamts im Oberkommando der Wehrmacht. Dort sind über 300 Auftragsarbeiten des IfW überliefert. Ferner geben Sachakten, Briefverkehr und die sorgfältig geführten Kriegstagebücher

---

83 Giersch: Begrüßung, in: IfW (1989), S. 4.

84 ZBW, D 5645. Die von Dieckmann (1992, S. 171) genannte und von Petersen (2009, S. 70 – 71) sowie Czycholl (2014, S. 65) übernommene Vermutung, diese Liste sei gesäubert, trifft nicht zu.

Auskunft über Entstehungs- und Verwendungskontexte. Zu den weiteren besuchten Archiven zählte das Politische Archiv des Auswärtigen Amts (PA AA), mit dessen Politischer Abteilung das IfW Kontakt pflegte, das Rockefeller Archive Center (RAC) in Sleepy Hollow, USA, mit den Beständen der Rockefeller Foundation und das Stadtarchiv Kiel (StAK), das unter anderem eine umfassende Sammlung der Rundschreiben an die IfW-Fördergesellschaft enthält.

Die genannten Archivbestände sind zwar reichhaltig, haben aber gleichwohl strukturelle Nachteile: Sie enthalten fast ausschließlich Verwaltungsakten, sie konzentrieren sich auf die administrative Seite und sie sind zu stark auf die Direktoren des IfW fokussiert. Eine entsprechend quellengeleitete Untersuchung müsste, selbst wenn sie die gebotene Quellenkritik beachtet, die Tendenz haben, den Fehler der bisherigen Institutsgeschichten zu wiederholen und sich weitgehend auf die Führungsspitze des IfW zu beschränken. Das limitiert nicht nur die Erkenntnismöglichkeiten, sondern kann sogar zur Übernahme zeitgenössischer Behauptungen wie der Installation eines „Führerprinzips" im Institut verleiten. Aufgrund des oben beschriebenen Erkenntnisinteresses ist es mir möglich, mich bei der Geschichte des IfW an den für Unternehmensgeschichten aufgestellten Leitlinien zu orientieren. Entsprechend muss es um drei Dinge zugleich gehen, um eine „Analyse der Organisation und der Arbeits- und Entscheidungsprozesse", um eine Untersuchung der Gemeinschaftsforschung und der Verwendung der wissenschaftlichen Resultate sowie um eine „Geschichte der Menschen [...], deren Entscheidungen die Entwicklung der Unternehmen prägten".[85] Um die Quellenbasis für diesen letzten Punkt zu erweitern, habe ich zusätzlich einige Nachlässe herangezogen. Von besonderem Wert waren die Autobiografie des bis 1934 im IfW tätigen Dezernenten Anton Fleck in der Schleswig-Holsteinischen Landesbibliothek (SHLB) sowie der Nachlass des von 1940 bis zu seinem plötzlichen Tod im Mai 1945 als Forschungsgruppenleiter aktiven August Lösch im Stadtarchiv Heidenheim (StAH). Zusätzlich zu dem dort enthaltenen Briefverkehr und den Arbeitsunterlagen der Gruppe existiert ein in Auszügen publiziertes Tagebuch Löschs.[86] Des Weiteren wurden Nachlässe der Gruppenleiter und Professoren Gerhard Mackenroth (Archiv der Otto-Friedrich-Universität Bamberg, AUB), Walther G. Hoffmann (LASH) und Karl Schiller (Bundesarchiv Koblenz, BAK) eingesehen.

Anhand dieses Quellenkorpus lassen sich die Aktivitäten des IfW rekonstruieren und analysieren, ohne dass nur auf eine exemplarische Betrachtung ausgewählter Personen ausgewichen werden muss. Gleichwohl sind einige Anmerkungen bezüglich des Forschungsobjekts zu machen. Betrachtet werden fast ausschließlich die *wissenschaftlichen* MitarbeiterInnen, während die sogenannten technischen Kräfte, immerhin etwa zwei Drittel der seinerzeitigen Gesamtbelegschaft, weitgehend außen vor bleiben. Weil es entsprechend größtenteils um männliche Ökonomen geht, wird im

85 Beide Zitate in Berghahn (2003), S. 11–12.

86 Vgl. Riegger (1971), S. 67–120. Die Passagen wurden von seiner Witwe Erika Marga Künkele-Lösch ausgewählt und sind möglicherweise in Bezug auf politische Stellungnahmen in den Jahren ab 1933 nicht repräsentativ. Das Original war nicht auffindbar.

Folgenden auf eine gendergerechte Schreibweise verzichtet.[87] Die Akteure werden an gegebener Stelle soweit wie nötig vorgestellt und im Übrigen auf das online verfügbare Kieler Gelehrtenverzeichnis sowie auf das biobibliographischen Verzeichnis von Janssen verwiesen.[88] Auch die Studierenden und der im Untersuchungszeitraum an Bedeutung abnehmende Bereich der Lehre werden nur am Rande betrachtet.[89] Das hauptsächlich für den Vorlesungsbetrieb zuständige und dem IfW weitgehend untergeordnete Staatswissenschaftliche Seminar wird zwar mit einbezogen, jedoch fast ausschließlich in Bezug auf seine Forschungs- und Beratungstätigkeit. Berücksichtigt werden ferner über die direkt vom IfW herausgegebene Zeitschrift *Weltwirtschaftliches Archiv* (WA) und die Reihen *Probleme der Weltwirtschaft* und *Kieler Vorträge* hinaus auch die weiteren, ab 1935 unter maßgeblicher Beteiligung des IfW-Direktors erschienen Publikationsorgane wie die *Zeitschrift für die gesamte Staatswissenschaft* und der *Wirtschaftsdienst*.

Der Aufbau dieser Arbeit folgt dem Grundsatz: Chronologie, wo nötig, thematische Gliederung, wo möglich. Die ersten Kapitel geben einen Überblick über die Gründung des IfW und seine Entwicklung in den ersten beiden Jahrzehnten. Hier geht es insbesondere darum, welche Strukturen aufgebaut und unterhalten, welche Netzwerke und Austauschbeziehungen geknüpft und welche Traditionen und Denkstile entwickelt wurden. Als Akteure finden die ab 1933 in führende Position aufrückenden Ökonomen besondere Berücksichtigung. Der Kernuntersuchungszeitraum dieser Arbeit reicht vom Beginn des „Dritten Reichs“ bis zur Übernahme des Direktorats durch Baade 1948. In den Kapiteln 5–6 werden die Monate der Machtübernahme der Nationalsozialisten sowie das kurze Direktorat von Jessen rekonstruiert. In den anschließenden beiden Kapiteln arbeite ich die wissenschaftlichen und wirtschaftspolitischen Leitlinien Predöhls heraus und gebe einen Überblick über die Finanzierung, die Organisation, den Apparat, die WirtschaftsprofessorInnen und die wissenschaftlichen MitarbeiterInnen. Entsprechend vorbereitet kann in Kapitel 9 die Kulturpolitik des IfW analysiert werden. Der Forschungs- und Beratungstätigkeit des Instituts sind die Kapitel 10–13 gewidmet. Zunächst werden entlang der in den 1930er Jahren bestehenden Forschungsgruppen und -Abteilungen exemplarisch Projekte der erkenntnisorientierten und der anwendungsorientierten Grundlagenforschung sowie die bedeutendsten Auftragsforschungen betrachtet. Besonderes Augenmerk wird dabei auf rüstungs- und wehrwirtschaftliche Aspekte gelegt. Um entsprechende Entwicklungen

87 Damit soll nicht die seinerzeitige Geschlechterdiskriminierung fortgesetzt, sondern eine einheitliche Regelung gefunden werden, die nicht den falschen Eindruck erweckt, beide Geschlechter seien in annähernd derselben Quantität im wissenschaftlichen Mitarbeiterstab vertreten gewesen.

88 www.gelehrtenverzeichnis.de [zuletzt abgerufen am 23.04.2019]. Janssen (2012), S. 533–640. Ferner das Biographische Handbuch der deutschsprachigen wirtschaftswissenschaftlichen Emigration nach 1933 von Hagemann und Krohn (1999).

89 „Es kamen also wenig Studenten zum Institut. [...] Es wurden übermäßig kurze Vorlesungen gehalten, die Zahl der Übungen war nicht allzu umfangreich“. F. Hoffmann: Die Zukunft des Instituts für Weltwirtschaft, 17.12.1945, S. 4–5, in: LASH, Acc. 172/17 (NL Walther G. Hoffmann).

verfolgen zu können, erstreckt sich die Betrachtung teils über den Kriegsbeginn hinaus und teils wird auch die weitere Karriere von Ökonomen außerhalb des IfW einbezogen. Die Forschung im Zweiten Weltkrieg wird aus drei unterschiedlichen Perspektiven betrachtet: Die empirische Raumforschung als ein thematischer Zugang, die Tätigkeit für einen speziellen Auftraggeber, hier die „kriegswirtschaftlichen Forschungsarbeiten" für das Wehrwirtschafts- und Rüstungsamt, sowie der Blick auf eine IfW-Forschungsgruppe, und zwar die Gruppe unter der Leitung von August Lösch. Es folgt ein knapp gefasstes Kapitel über inhaltliche und organisatorische Brüche und Kontinuitäten zu Kriegsende und in der Nachkriegszeit. Im Resümee sammle ich die Ergebnisse zu den fünf Fragenblöcken meines Erkenntnisinteresses.

2 Gründung und der Aufstieg im Ersten Weltkrieg

2.1 Bernhard Harms und seine Gründung des Instituts

Zu Beginn des 20. Jahrhunderts deutete noch wenig darauf hin, dass die Wirtschaftswissenschaften an der Christian-Albrechts-Universität zu Kiel künftig eine bedeutende Rolle spielen würden.[1] Im spät begründeten Staatswissenschaftlichen Seminar erfolgte die Lehre ohne Konzept, eine eigene Studienordnung gab es nicht und die betriebene Forschung war auf einem niedrigen Niveau.[2] 1908 wurden plötzlich drei Posten vakant: Die einzige ordentliche Professur, die damit verbundene Leitung des Seminars sowie ein Lehrauftrag an der Kieler Marineakademie. Es war nämlich Tradition, dass ein Universitätsprofessor den im Reichskriegshafen Kiel geschulten Marineoffizieranwärtern wirtschaftliche Kenntnisse vermittelte.[3] Zur Besetzung aller drei Posten wurde der junge und dynamische Ökonom Bernhard Harms nach Kiel berufen, mit dem zusätzlichen Auftrag, die kürzlich begonnenen Ansätze zu einer vertieften Erforschung des internationalen Handels fortzuführen.[4]

Der 1876 in eine Kaufmannsfamilie in Ostfriesland hineingeborene Harms hatte sich gemäß dem damals dominierenden Trend in seiner Dissertation und Habilitation mit wirtschaftsgeschichtlichen Themen beschäftigt. Reichsweites Aufsehen erregte er zum ersten Mal im Jahr 1909 mit einer knappen Monografie, in der er der SPD die politischen Positionen Ferdinand Lassalles und eine staatstragende Rolle als „nationale Arbeiterpartei“[5] empfahl. Der Patriarch der jüngeren Historischen Schule, Gustav von Schmoller, meinte daraufhin, dieser „Mann der Tat [...] gehöre mehr der Welt des praktischen Wirkens als der der wissenschaftlichen Forschung an.“[6] Aufgrund seines Strebens nach politischem Einfluss und der Suche nach innovativen wissenschaftlichen Ansätzen galt Harms manchen als einer der Kronprinzen der Nationalökonomie.[7] Mit der Schwerpunktsetzung auf spezialisierte und anwendungsorientierte Forschung unterschied er sich jedenfalls deutlich von den seinerzeit

1 Ausführlichere Darstellung der Gründung des IfW und seines Aufstiegs im Ersten Weltkrieg in: Take (2015).

2 Vgl. Pusback (1988).

3 Notizen Hermann Bentes, in: LASH, Abt. 399.79, Nr. 9.

4 F. Hoffmann: Die Geschichte des IfW I, 1942, S. 5, in: ZBW, IV 2737.

5 Harms (1909), S. 118. Im Jahr 1919 veröffentlichte Harms dieses Lassalle-Buch erneut und es ist festzustellen, dass sich das vom ihm detailliert vorgeschlagene Regierungsprogramm mit der tatsächlichen Politik der SPD in der Weimarer Republik weitgehend deckte.

6 Schmoller (1911), S. 2040. Offenbar hatte Harms 1911 sogar eine Reichstagskandidatur angeboten bekommen, die er jedoch ablehnte. Siehe Harms an Tönnies, 23.04.1911, in: SHLB, Cb 54.56, I:347.

7 Arthur Dix: Ein sozialökonomischer Kronprinz, in: Die Weltpolitik, 16.07.1912.

https://doi.org/10.1515/9783110658873-002

in der deutschen Hochschullandschaft typischen „Mandarinen", bei denen die Beschäftigung mit Praxisproblemen einen minderen Rang einnahm.[8]

In Kiel widmete sich Harms einem neuen Thema, der Globalisierung. Er war überzeugt davon, dass die Disziplin Nationalökonomie in ihrer damaligen Verfassung nicht über das methodische Handwerkszeug und geeignete wirtschaftstheoretische Modelle verfügte, um die rapide zunehmenden internationalen Handelsverflechtungen analysieren zu können. Um das neue Phänomen „Weltwirtschaft"[9] zu studieren unternahm er, finanziert durch ein von Kaiser Wilhelm II. verliehenes Kahn-Stipendium, 1910 eine Weltreise.[10] Besonders beeindruckte ihn das Ostasiatische Wirtschaftsarchiv in Tokio. Die hier in großem Maßstab geleistete Sammlung und wissenschaftliche Bearbeitung von in- und ausländischen Wirtschaftsdaten wurde zum Vorbild, dem in Kiel nachgeeifert werden sollte.[11] Harms war dabei nicht nur von wissenschaftlichem Eifer und persönlichem Ehrgeiz getrieben, selbst etwas „Unsterbliches"[12] zu leisten, sondern ihn bewegten auch soziale und nationalistische Motive. Weil der weltweite Freihandel das stärkste Wirtschaftswachstum und damit den höchsten Wohlstand für alle Bevölkerungsschichten befördere, brauche es eine starke Stimme aus der Wissenschaft, die protektionistischen Maßnahmen die Legitimität entzöge. Außerdem könne mithilfe wissenschaftlicher Durchdringung das System des globalen Handels effizienter gemacht und das Kaiserreich zu einer Fortsetzung seiner „großzügige(n) Sozialpolitik"[13] befähigt werden. Gleichzeitig wollte Harms der deutschen Wirtschaft dabei helfen, sich jene Macht und jene Ressourcen zu sichern, die in der Eroberung von Weltmarktanteilen und der Kontrolle von (See-) Handelswegen lagen. Deutschland müsse sich auch wirtschaftlich „als Volk und Nation behaupten"[14] und die Wirtschaftswissenschaft sollte hierzu ihren Beitrag leisten.

Die Gründung des IfW begann bald nach Harms' Rückkehr von seiner Weltreise, als dem Staatswissenschaftlichen Seminar der Status eines Instituts gewährt wurde.[15] Als wichtigste Neuerung erhielt es 1911 neben einer Statistikabteilung auch eine Ab-

8 Vgl. Ringer (1969), S. 1–13. Zur Rolle der Experten in der modernen Gesellschaft: Raphael (1996), insb. S. 170.

9 Anders als das erst ab den 1940er Jahren gebräuchliche „the world economy", war „die Weltwirtschaft" im Deutschen bereits im späten 19. Jahrhundert verbreitet. Vgl. Slobodian (2015), S. 308.

10 Harms (1912), S. VII.

11 Harms: Betrifft die Errichtung eines „Instituts für Seeverkehr- und Weltwirtschaft", 1913, S. 7, in: ZBW, D 9419.

12 So F. Hoffmann, der Zugang zu Harms' Tagebüchern hatte. Hoffmann: Die Geschichte des IfW I, 1942, S. 58, in: ZBW, IV 2737.

13 Harms (1911a), S. 7.

14 Harms (1911b), S. 3.

15 F. Hoffmann: Die Geschichte des IfW I, 1942, S. 18, in: ZBW, IV 2737.

teilung für Seeverkehr und Weltwirtschaft hinzu.[16] Der Wechsel von der Philosophischen Fakultät in die neu gegründete Rechts- und Staatswissenschaftliche Fakultät im Oktober 1913 bedeutete eine weitere Aufwertung.[17] Hier galt das IfW einige Jahre später sogar scherzhaft als der „große Bruder" der Juristen.[18] Der Prozess wurde am 18. Februar 1914 abgeschlossen, als das Institut seine Grundsatzung erhielt.[19] Im Namen schlug sich eine enge Anbindung an das Königshaus nieder. Anfangs lautete er: „Königliches Institut für Seeverkehr und Weltwirtschaft an der Christian-Albrechts-Universität zu Kiel. Kaiser-Wilhelm-Stiftung" gelautet. Der Name wandelte sich über die Zeit, aber die Stellung als unabhängiges „An-Institut" blieb auch im „Dritten Reich" bestehen. Das Attribut „königlich" wurde erst 1921 aufgegeben, nachdem bereits im Vorjahr die Worte „Weltwirtschaft" und „Seeverkehr" die Plätze getauscht hatten. Der zweite redundante Begriff wurde zunächst nicht gestrichen, weil nach dem Versailler Vertrag der Anspruch auf eine weltweit agierende Handelsflotte in keiner Form unterminiert werden sollte.[20] Jens Jessen war als Nachfolger von Harms zu kurz im Amt, um eine geplante Umbenennung des Instituts umsetzen zu können. Erst 1934 verkürzte sich dann der Name auf das noch heute gültige „Institut für Weltwirtschaft an der Universität Kiel".[21]

Nach Gründung des Instituts existierte das Staatswissenschaftliche Seminar in enger organisatorischer und räumlicher Verbindung zum IfW weiter. Es hatte die Aufgabe, „die Studierenden der Universität Kiel durch seminaristische Übungen wirtschaftswissenschaftlich auszubilden, sie zu selbständiger wissenschaftlicher Arbeit anzuleiten und die Begabteren unter ihnen wissenschaftlichen Spezialstudien zuzuführen."[22] Eine Forschungstätigkeit signifikanten Ausmaßes unternahm das Seminar nur mit der Raumforschung in den 1930er Jahren und de facto erfolgte auch diese im Rahmen des Instituts. Für die Zeit von 1934 bis 1947 kann man es als dem IfW weitgehend zugehörig betrachten. Nur Persönlichkeiten mit einer hohen Reputation

---

16 Gelegentlich wird der 24. Februar 1911 als das eigentliche Gründungsdatum genannt. Siehe Kurzbeschreibung IfW [1932] in: BA, R 4901/1217, Bl. 24; Predöhls Nachruf auf Harms im WA 50, 1939, S. 490; F. Hoffmann: Die Geschichte des IfW I, 1942, S. 70, in: ZBW, IV 2737.

17 Die Verbindung der Ökonomie mit Jura war im späten Kaiserreich üblich. Vgl. Knothe, Regge und Vorholz (2006), S. 226–227.

18 So Walter Jellinek laut Siegfried (2004), S. 50. Von Mai 1914 bis 1921 war dem IfW das Seerechtliche Seminar von Max Pappenheim angegliedert. F. Hoffmann: Die Geschichte des IfW I, 1942, S. 80, in: ZBW, IV 2737.

19 Die Grundsatzung des IfW befindet sich in: HS IfW.

20 Harms in: Schriften des Vereins für Sozialpolitik. Verhandlungen der außerordentlichen Generalversammlung in Kiel, 21. bis 23. September 1920, Bd. 161, S. 190.

21 Obwohl das „Seeverkehr" bereits ab Anfang 1934 aus dem WA verschwand, erfolgte die offizielle Umbenennung erst unter Predöhl, vgl. HS IfW, Hs Allg. 23. Jessens Behauptung, er habe für die Umbenennung gesorgt, ist abzulehnen. Jessen (1940), S. 15.

22 Grundsatzung für das Staatswissenschaftliche Seminar, 12.04.1913, in: GStA PK, I. HA Rep. 76, Va Sekt. 9 Tit. X Nr. 39 A Bd. 1, Bl. 24.

wie Ferdinand Tönnies, August Skalweit oder Erich Schneider konnten eine gewisse Eigenständigkeit entwickeln.

Tabelle 1: Direktoren des Staatswissenschaftlichen Seminars und des Instituts für Weltwirtschaft an der Universität Kiel (1908–1961)[23]

<table>
<tr><th colspan="2">Staatswissenschaftliches Seminar</th><th colspan="2">Institut für Weltwirtschaft</th></tr>
<tr><th>Amtszeit</th><th>Direktor</th><th>Amtszeit</th><th>Direktor</th></tr>
<tr><td>01.10.1908–1914</td><td>Bernhard Harms</td><td>–</td><td>–</td></tr>
<tr><td>1914 – ca. 1916</td><td>Ferdinand Tönnies</td><td rowspan="5">18.02.1914–09.05/20.09.1933</td><td rowspan="5">Bernhard Harms</td></tr>
<tr><td>ca. 1916–1919</td><td>– (geschlossen)</td></tr>
<tr><td>1919–1922</td><td>Richard Passow</td></tr>
<tr><td>1923</td><td>Erwin von Beckerath</td></tr>
<tr><td>1923–16.03.1933</td><td>August Skalweit</td></tr>
<tr><td>16.03.1933–06.12.1934</td><td>Andreas Predöhl</td><td>09.05/20.09.1933–20.02.1934</td><td>Jens Jessen</td></tr>
<tr><td>06.12.1934–Sept. 1941</td><td>Hermann Bente</td><td>02.03.1934–01.12.1945</td><td>Andreas Predöhl</td></tr>
<tr><td>Nov. 1941–April 1947</td><td>Friedrich Hoffmann</td><td>19.03.1946–15.09.1947</td><td>Friedrich Hoffmann (kommissarisch)</td></tr>
<tr><td rowspan="2">Sommer 1947–31.03.1961</td><td rowspan="2">Erich Schneider</td><td>08.10.1947–09.04.1948</td><td>Harald Fick (kommissarisch)</td></tr>
<tr><td>09.04.1948–31.03.1961</td><td>Fritz Baade</td></tr>
</table>

Der Dienstherr, das Preußische Ministerium der geistlichen, Unterrichts- und Medizinalangelegenheiten (kurz: Kultusministerium, ab Mai 1934: Reichsministerium für Wissenschaft, Erziehung und Volksbildung, kurz: REM)[24], stand der Idee des IfW von Beginn an positiv gegenüber. Gleichwohl hatte Harms dessen Gründung nur erreichen können, weil er über große politische und finanzielle Unterstützung verfügte. Es mussten nicht nur Widerstände aus dem preußischen Finanzministerium überwunden werden, sondern es galt auch, sich gegen einen starken Konkurrenten durchzusetzen, das Hamburgische Kolonialinstitut. Dieses besaß unter anderem die Unter-

23 Predöhl und Baade waren beide zunächst kommissarisch im Amt. Außer dem IfW-Direktor waren alle übrigen Wirtschaftsprofessoren Kiels zugleich Direktoren des Seminars, es führte aber nur einer die Geschäfte. Quellen: F. Hoffmann: Das Staatswissenschaftliche Seminar, 1946, in: ZBW, IV 2907; Ders.: Die Geschichte des IfW I, II und III, 1942, 1943 und 1944, in: Ebd., 2737; Fick an Fehling, 08.10. 1947, in: LASH, Abt. 47, Nr. 3824.

24 Das REM wurde zum Mai 1934 gegründet, im Dezember ging das Kultusministerium endgültig darin auf. Vgl. Nagel (2012), S. 65–67.

stützung des Auswärtigen Amts und wollte ebenfalls die für die Erforschung der Weltwirtschaft verfügbaren Geldmittel auf sich konzentrieren.[25] Die politische Unterstützung für das Kieler Projekt rührte ganz wesentlich von der Marine und dem Deutschen Flottenverein her. Die Kooperation begann mit Harms' Dozententätigkeit an der Kieler Marineakademie, als er zur großen Zufriedenheit der Militärs „zwischen der Nationalökonomie und der Seekriegslehre innigere Beziehungen“[26] hergestellt hatte. Der Inspekteur des Bildungswesens der Marine erwartete, die Forschungen des IfW werde die „überseeische Politik [...] der Marine in wirksamer Weise unterstützen“.[27] Öffentlich hatte Harms bereits die maritime Aufrüstungspolitik von Großadmiral Alfred von Tirpitz befürwortet.[28] Im Gegenzug gab dieser politische Rückendeckung für die Gründungspläne.[29] Nützlich war auch ein enger Kontakt zu Prinz Heinrich von Preußen, der als Chef der Marinestation der Ostsee und als Protektor des Deutschen Flottenvereins fungierte und der seinerseits die Unterstützung seines Bruders Kaiser Wilhelm II. und des Chefs des Zivilkabinetts Rudolf von Valentini erwirkte.[30] Dem für die Aufrüstung werbenden finanzkräftigen Flottenverein diente das IfW von Beginn an als Auskunftsstelle für die gemeinsame „wahrhaft nationale Arbeit“.[31]

Finanzmittel warb Harms ferner aus den deutschen Kolonien ein, denen versichert wurde, die Gründung des IfW bedeute „zweifellos eine Unterstützung des ‚Deutschen Gedankens‘ in der Welt“.[32] Vor allem jedoch hatte er von Beginn an beste Verbindungen zu zahlungsbereiten Reedern, Bankiers und Industriellen, was für einen Professor damals ungewöhnlich war.[33] Diese massive Einwerbung von Drittmitteln war durchaus von Kritik begleitet. Damals wie heute waren Sorgen naheliegend, dass eine auf Basis privatwirtschaftlicher Finanzierung agierende Wissenschaft sich

25 Vgl. Van Eyll (1969), S. 28. Zum Kolonialinstitut: Ruppenthal (2007).

26 Jahresbericht der Marineakademie 1908/09, in: BA-MA, RM 3/5182, Bl. 101. Gemäß der IfW-Satzung wurden alle Mitglieder der Marineakademie automatisch Instituts-Mitglieder und die entsprechenden Lehrveranstaltungen von Harms konnten im IfW stattfinden. § 5 Abs. 3 und § 6 Abs. 1 der Grundsatzung des Königlichen Instituts für Seeverkehr und Weltwirtschaft, in: HS IfW.

27 Hans von Dambrowski, in: IfW (Hg.) (1914), S. 38. Dambrowski war bis 1910 Direktor der Marineakademie gewesen.

28 Harms: Die Bedeutung der Marine für die wirtschaftliche und politische Zukunftsentwicklung Deutschlands, in: Marine-Nummer der Illustrierten Zeitung, 02.11.1911. Ferner Harms (1910), S. 22.

29 Tirpitz an Niemeyer, 18.01.1913, in: F. Hoffmann: Die Geschichte des IfW I, 1942, S. 78, in: ZBW, IV 2737.

30 Prinz Heinrich an Valentini, 26.04.1913, in: GStA PK, I. HA Rep. 76, Va Sekt. 9 Tit. X Nr. 39 A Bd. 1, Bl. 28. Mehrere Söhne des Königshauses hatten bei Harms studiert. LASH, Abt 47, Nr. 914, Bl. 26. Vgl. auch F. Hoffmann: Die Geschichte des IfW III, 1944, S. 29–30, in: ZBW, IV 2737.

31 Harms (1911a), S. 28.

32 Harms an Prym (Kultusministerium), 02.08.1913, in: GStA PK, I. HA Rep. 76, Va Sekt. 9 Tit. X Nr. 39 A Bd. 1, Bl. 81. In diesem Fall insb. die Deutsche Kolonie in Colombo, Ceylon (heute: Sri Lanka).

33 Vgl. Auge (2015), S. 429–430.

als Agent derselben geriere.[34] Harms aber sah keine Interessenskonflikte. Wirtschaft, Militär und auch die Wissenschaft sollten dem Kaiserreich gemeinsam zu seinem Platz an der Sonne verhelfen.

Am 23. Dezember 1913 wurde die bis dahin ad hoc besorgte Finanzierung auf innovative Weise institutionalisiert durch die Gründung der *Gesellschaft zur Förderung des Instituts für Seeverkehr und Weltwirtschaft an der Universität Kiel e.V.* (kurz: *Fördergesellschaft*). Von sieben Gründungsmitgliedern wuchs sie sehr rasch auf mehrere tausend und stellte bis in den Zweiten Weltkrieg hinein oft etwa der Hälfte des Institutsetats.[35] Bis 1934 fungierte der Kieler Werftbesitzer und Großkaufmann Heinrich Diederichsen (1865–1942) als Präsident der Fördergesellschaft,[36] das Protektorat übernahm Prinz Heinrich. Bei der Einrichtung der Fördergesellschaft hatte die Kaiser-Wilhelm-Gesellschaft als Vorbild gedient und als eines der ersten Institute überhaupt erhielt das IfW „die Würde einer ‚Kaiser Wilhelm Stiftung'".[37] Die große politische und wirtschaftliche Unterstützung wurde nach außen durch ein prächtiges Institutsgebäude sichtbar gemacht, das nach aufwändiger Renovierung am 20. Februar 1914 bezogen wurde.

Nicht nur die Finanzierung, auch der Aufbau des IfW orientierte sich an naturwissenschaftlichen Instituten. Harms wollte sich nach Möglichkeit ihre Methodologie und Arbeitsorganisation zum Vorbild nehmen. So sollten nicht mehr, wie noch gemäß der Historischen Schule, wirtschaftliche und soziale Phänomene wie die Pauperisierung beobachtet und in ihrer Genese beschrieben werden. Er formulierte demgegenüber den Anspruch, eine innovative theoriegeleitete Forschung betreiben zu wollen. Im Wesentlichen bestand Harms' neuartiger Ansatz darin, die seinerzeit an vielen Orten aus dem Boden sprießenden Wirtschaftsarchive mit der Forschungskapazität einer Universität zu verbinden. Informationen wollte er schneller, systematischer und umfangreicher sammeln und aufbereiten, als überall sonst auf der Welt, um das IfW zu einer „die ganze Erde umfassende(n) Forschungsstelle"[38] zu machen. Um das Gründungskonzept zu verstehen ist es am besten, zunächst kurz den Bereich Materialbeschaffung, -verwaltung und -veröffentlichung vorzustellen.

---

34 Ein Mitarbeiter befürchtete, das IfW werde künftig gehandhabt werden, „wie eine kommerzielle Auskunftei". Eduard Rosenbaum an Harms, 27.09.1913, in: SHLB, CB 54.56, 676.

35 Die Gründungsmitglieder waren der Bankier und Stadtverordnete Ludwig Ahlmann, der Handelskammerpräsident Christian Andersen, der Werftbesitzer und Großkaufmann Heinrich Diederichsen, der Chemieprofessor Carl Harries, der Spirituosenfabrikant Fritz Lehment, der Margarinefabrikant Seibel und Harms.

36 Kurzbiografie Diederichsens in: Kiekel (2010), S. 379.

37 Harms an Kultusministerium, 24.10.1932, in: BA, R 4901/1217, Bl. 82–89, hier Bl. 82. 1927–1933 war Harms einer von 42 Senatoren der Kaiser-Wilhelm-Gesellschaft. Vgl. vom Brocke (1990), S. 275–276 und S. 353.

38 Rundschreiben an die Fördergesellschaft des IfW, 1915, in: BA-MA, RM 2/1882, Bl. 73.

Tabelle 2: Aufbau des Instituts für Weltwirtschaft[39]

<table>
<tr><th colspan="2">Gesamtleitung
(Direktionsabteilung)</th></tr>
<tr><th>Wissenschaftlicher Zweig</th><th>Betrieblicher Zweig</th></tr>
<tr><td rowspan="2">Materialbeschaffung, -verwaltung und -veröffentlichung
Bibliothek (eigene Abteilung ab Februar 1919)
Wirtschaftsarchiv (ab Juni 1914)
Redaktionsabteilung (ab 1914)</td><td>Außenstelle der Fördergesellschaft
(als Sekretariat ab 1915)</td></tr>
<tr><td>Verlagsabteilung (ab Juli 1919)</td></tr>
<tr><td rowspan="2">Forschung
Einzelne Forscher sowie wechselnde Gruppen (ab 1914)
Nachrichtenabteilung (Frühjahr 1915 bis September 1922)
Statistische Abteilung (ab Mai 1920, April 1926 – 1933: Abteilung für Statistische Weltwirtschaftskunde und internationale Konjunkturforschung (Astwik))</td><td>Kanzlei (ab 1914)</td></tr>
<tr><td>Hausverwaltung (ab 1914)</td></tr>
</table>

Tabelle 3: Leitung der Bibliothek (1919 – 1992)

Zeitraum	Leitung
Feb. 1919 – Sept. 1922	Eugen Böhler
Okt. 1922 – Okt. 1924	Hermann Curth
Okt. 1924 – April 1960	Wilhelm Gülich
Okt. 1961 – 1992	Erwin Heidemann

Mit privaten Mitteln und Schenkungen von Behörden wie dem Reichsmarineamt[40] wurde die Bibliothek sehr schnell bis Februar 1919 auf etwa 30.000 Bände ausgebaut und ihr der Status als eigenständige Abteilung verliehen. Der Bibliothekar Wilhelm Gülich führte ab 1924 ein ausgefeiltes und auf Forschungszwecke ausgerichtetes Katalogsystem ein und konnte das Wachstum weiter steigern. Bald handelte es sich um eine der weltweit führenden sozialwissenschaftlichen Fachbibliotheken. 2007 wurde ihr die Bibliothek des Hamburgischen Welt-Wirtschafts-Archivs (HWWA) eingegliedert. Seitdem ist sie eine eigenständige Stiftung des öffentlichen Rechts, die *Deutsche Zentralbibliothek für Wirtschaftswissenschaften. Leibniz-Informationszentrum Wirtschaft* (ZBW).

39 Abwandlung zweier Schemata von F. Hoffmann: Die Geschichte des IfW II, 1943, S. 113, 115, in: ZBW, IV 2737.

40 Tirpitz wurde auch versichert, bei der konzeptionelle Festlegung über die Sammlungsschwerpunkte würden die „Beziehungen des Instituts zur Kriegs- und Handelsmarine" besonders berücksichtigt. Harms an Staatssekretär des Reichsmarineamts, 18.08.1911, in: BA-MA, RM 3/10063, Bl. 291.

Tabelle 4: Leitung des Wirtschaftsarchivs (1917 – 1965)

Zeitraum	Leitung
Sept. 1917 – April 1920	Edith Oske
April 1920 – Dez. 1920	Hero Moeller
Jan. 1921 – Feb. 1922	Reinhold
Feb. 1922 – April 1922	Hans Bötcher
Okt. 1922 – Juli 1954	Fritz Lotsch
Aug. 1954 – 1965	Roman Muziol

Anders als der Aufbau einer Bibliothek war die Gründung eines Wirtschaftsarchivs *innerhalb* des Instituts im Juni 1914 etwas Neuartiges. Wirtschaftsarchive waren seinerzeit zwar Mode, aber das IfW beschritt in mehrerlei Hinsicht neue Wege, die es sowohl für andere Archive als auch für bereits bestehende Forschungsinstitute schnell als ernste Konkurrenz erscheinen ließ.[41] Die meisten anderen zeitgenössischen Wirtschaftsarchive arbeiteten induktiv in der Tradition der Historischen Schule. Im Wesentlichen beschränkten sie sich also darauf, Entwicklungen zu beobachten, ihre Genese zu beschreiben und zu kategorisieren. Harms löste sich von dieser Methode und wollte „auch innerhalb der angewandten Wirtschaftswissenschaften mit aus der Theorie bezogenen Fragestellungen"[42] arbeiten. Zudem war die Dimension der Kieler Sammeltätigkeit eine bis dahin in Deutschland nicht gekannte. Es wurden nicht nur Zeitungs- und Zeitschriftenausschnitte, Karten, Parlamentsberichte, Statistiken und anderes mehr aus aller Welt in großen Mengen akkumuliert, sondern in einem *Geheimarchiv* auch Geschäftsberichte, Handelsverträge und Vertragsentwürfe großer Firmen. Die Beschaffung dieses vertraulichen Materials wurde meist durch den vertrauensstiftenden Rahmen der Fördergesellschaft ermöglicht und stellte einen Rohstoff für die Wirtschaftsforschung dar, über den andere universitäre Institute nicht verfügten. Die Gesamtzahl der ständig erneuerten Einzelstücke im Wirtschaftsarchiv bewegte sich Mitte der 1920er Jahre bei etwa 600.000 und erhöhte sich auf etwas über eine Million zu Beginn der 1940er Jahre.[43] Im Jahr 1922 wurde Fritz Lotsch, wie Gülich ein von Harms promovierter Ökonom, die Leitung des Archivs übertragen. In dieser Position arbeitete er den jeweiligen Forschungsabteilungen für lange Zeit kundig entgegen.

41 Vgl. Ruppenthal (2007), S. 250.

42 Van Eyll (1969), S. 27.

43 Da es nicht um den historisch-archivischen Wert der Informationen ging, wäre der Bezeichnung „Dokumentationszentrale" passender gewesen. Vgl. Van Eyll (1969), S. 65.

Tabelle 5: Leitung der Redaktionsabteilung (1918 – 1973)

Zeitraum	Leitung
April 1918 – März 1920	Hero Moeller
April 1920 – Sept. 1923	Hans Goldschmidt
Juli 1924 – März 1933	Hermann Bente
April 1933 – Mai 1935	Reinhold Bethke
Juni 1935 – Juli 1945	Walther G. Hoffmann
Juli 1945 – März 1947	Karl Schiller
April 1947 – April 1973	Anton Zottmann

Die Hauptaufgabe der Redaktionsabteilung lag in den ersten Jahrzehnten in der Herausgabe der 1913 gegründeten Zeitschrift *Weltwirtschaftliches Archiv* (*WA*, seit 2003: *Review of World Economics*). Mit dem *WA* wollte Harms „die Lücke füllen, die durch das Fehlen einer deutschsprachigen Zeitschrift, die sich mit internationalen Wirtschaftsvorgängen auseinandersetzt, vorhanden war."[44] Die Zeitschrift richtete sich ausdrücklich nicht nur an Leser aus der Wissenschaft, sondern auch an „die in der Weltwirtschaft aktiv tätigen Beamten und Kaufleute".[45] Dass Harms die Internationalität der Leserschaft wie auch der Autoren sehr wichtig war, zeigt unter anderem seine Behauptung, bereits bei der Gründung habe ein internationales Netzwerk mit über 350 Mitarbeitern aus 30 Staaten bestanden.[46] Allerdings schaffte man es zunächst nur sporadisch, den eigenen hohen Ansprüchen gerecht zu werden. Erst ab den 1920er Jahren entwickelte sich das *WA* von einem Potpourri aus Beiträgen verschiedener Disziplinen und Rezensionen zu einem international führenden wirtschaftswissenschaftlichen Fachblatt.

Neben der Zeitschrift habe es noch die Monographie-Reihe *Probleme der Weltwirtschaft*, von der in den Jahren 1910 – 1944 insgesamt 71 Nummern erschienen. Hier sollte vor allem Doktoranden und jungen Institutsmitarbeitern Raum geben werden, ihre empirisch fundierten Forschungen zu veröffentlichen. Diese behandelten zumeist einen Wirtschaftssektor eines Landes, selten nur wurde ein wirklich internationales Thema behandelt. Dem selbst formulierten Anspruch, die Nationalökonomie zu einer Weltwirtschaftslehre auszubauen,[47] wurde die Reihe damit nicht gerecht.

44 Beckmann (2000), S. 23.
45 Werbeschrift des Verlegers Fischer (1913).
46 Harms: Weltwirtschaft und Weltwirtschaftslehre, in: *WA* 1, 1913, S. 10.
47 Harms (1912).

2.2 Forschung für die Kriegswirtschaft und den Wirtschaftskrieg

Die Gründungsjahre des IfW und die Monate bis zum Sommer 1914 verhießen bereits einen gewissen Erfolg. Dennoch war das dann folgende gewaltige Wachstum nur möglich, weil Harms jene Chancen nutzen konnte, welche die im Erste Weltkrieg einsetzende „Verflechtung von Großwissenschaft und moderner Kriegsführung“[48] nicht nur den Naturwissenschaften, sondern auch den Wirtschaftswissenschaften bot. Bis Kriegsende hatte die Fördergesellschaft über 5.000 Mitglieder hinzugewonnen, deren Beiträge eine Vervielfachung des IfW-Etats und die Anstellung von über 100 Mitarbeitern ermöglichten.

Im August 1914 erwartete Harms noch eine kurze Kriegsdauer und glaubte nicht, mit dem IfW eine Rolle in den Kriegsanstrengungen spielen zu können. Deshalb setzte er der Einberufung seiner Mitarbeiter keinen Widerstand entgegen und verließ auch selbst für einige Monate Kiel. Bis Dezember reiste Harms durch Ost- und Südosteuropa, um als „volkswirtschaftlicher Beirat den östlichen Feldzug“[49] zu studieren und Memoranda für das Auswärtige Amt, den Chef des Zivilkabinetts sowie den Kaiser zu verfassen.[50] Schon vor dem Krieg hatte der IfW-Gründer von den „naturbedingten wirtschaftlichen Expansionsbestrebungen des deutschen Volkes“ gesprochen und ein „befriedigtes Nationalgefühl“ kritisiert.[51] In diesem Sinn machte er sich nach Kriegsbeginn umgehend daran, eine Öffentlichkeitsarbeit zu betreiben. Wie sein Kollege Tönnies[52] bemühte er sich, Angehörige der Eliten Norwegens, Dänemarks und des damals ebenfalls noch neutralen Rumäniens pro deutsch zu stimmen. Dabei bediente er sich auch des *WA*-Netzwerks.[53] In der deutschen Öffentlichkeit warb er für ein Durchhalten der Kriegsanstrengungen. Auch darin band er bald das IfW ein, unter anderem, indem zu Beginn des Jahres 1915 seinem Institut die Funktion als Geschäftsstelle der neu gegründeten „Kieler Organisation zur Sicherung der Volksernährung“ übernahm.[54] In seiner propagandistischen Tätigkeit war Harms meist be-

---

48 Ash (2002), S. 37

49 Bernhard Harms: Kriegstagebuch I – IV [1914], S. 6, in: ZBW: C 222004.

50 Siehe Harms an Unterstaatssekretär des Auswärtigen Amts Arthur Zimmermann, 08.09.1914 sowie Harms' Bericht aus Konstantinopel, 06.10.1914, in: PA AA, RZ 201, R 19915. Siehe auch Großes Hauptquartier an Auswärtiges Amt, 21.12.1914, in: PA AA, RZ 201, R 19935, Bl. 103. Ferner: Prinz Heinrich an Harms, 6. und 08. Mai 1915 sowie Harms' Russland-Bericht, in: Ursula und Jörg Menno Harms (Hg.): Die Familie Harms 1861 bis 1939 in Briefen, Bildern und Berichten. Bd. 1, 2015, S. 60 – 67, nicht veröffentlicht. Ich danke Herrn Harms herzlich für die Möglichkeit der Einsichtnahme.

51 Harms: Kaiser Wilhelm II und die Triebkräfte des neudeutschen Sozial- und Wirtschaftslebens, 1913, S. 12 und S. 35, in: ZBW, I 3051.

52 Vgl. Carstens (2005), S. 210.

53 Harms an Zimmermann, 08.10.1914, in: PA AA, RZ 201, R 19915, und: Harms: Kriegstagebuch I – IV [1914], S. 92, in: ZBW: C 222004. Betr. 1916 und 1917, siehe Reisen und Urlaub der Akademiker, in: LASH, Abt. 47, Nr. 151.

54 Ausführlicher zur Propaganda von Harms und anderen Ökonomen an der Heimatfront: Take (2017a).

müht, einen wissenschaftlichen Sprach- und Argumentationsstil beizubehalten und sich die damit einhergehende besondere Überzeugungskraft zu bewahren. Eine Ausnahme hiervon stellte eine an die deutschen Frontsoldaten gerichtete Hetzschrift gegen die Engländer dar, die Kaiser Wilhelms berüchtigter „Hunnenrede" ähnelte.[55]

Als sich eine längere Kriegsdauer abzeichnete war klar, dass die jeweiligen Wirtschaftskräfte der entscheidende Faktor sein würden. Beide Seiten unternahmen deshalb Anstrengungen, die Kriegswirtschaft, also die möglichst effiziente Mobilisierung und der möglichst effektive Einsatz der eigenen Ressourcen, sowie die Führung des Wirtschaftskrieges, der die Störung der gegnerischen Kriegswirtschaft zum Ziel hat, zu optimieren.[56] Harms beschloss es zur Aufgabe des IfW zu machen, die daraus resultierende Nachfrage der Privatwirtschaft, der Wirtschaftspolitik und des Militärs nach Informationen über das Ausland und nach wirtschaftswissenschaftlicher Beratung zu bedienen. Im Mai 1915 stellte er dem Präsidenten der Fördergesellschaft seine Pläne vor. Dazu gehörte, erstens, eine „Sammlung alles Materials über die gegenwärtige wirtschaftliche und finanzielle Lage in den kriegführenden und neutralen Ländern", zweitens, eine „[e]ingehendste Beobachtung aller Bestrebungen unserer Feinde, die bisherigen deutschen überseeischen Absatzgebiete an sich zu reißen" sowie, drittens, „Voruntersuchungen über die wirtschaftlichen und wirtschaftspolitischen Forderungen Deutschlands bei den Friedensverhandlungen."[57] Nach einem Vortrag vor dem Kriegsausschuss der Deutschen Industrie im September 1915 traten viele Firmen (insb. aus den Sparten Handel, Industrie und Bankwesen), Wirtschaftsverbände, Behörden, militärische Stellen und Privatpersonen in die Fördergesellschaft ein. Deren umgebildeten Verwaltungsrat dominierten bald Vertreter der Großindustrie. Die Mitglieder zahlten einen Mindestbeitrag von 100 RM, der mit kurzen Ausnahmen bis ins Jahr 1945 hinein aufrechterhalten erhalten wurde. Damit erwarben sie zunächst einmal ein Abonnement der *Probleme der Weltwirtschaft* und des *WA*, die beide während der Kriegszeit weitererschienen. Auch erteilte ihnen das IfW auf Anfrage Auskünfte, im Jahr 1918 beispielsweise in über 2.100 Fällen.[58] Zu den bisherigen Publikationen traten ab 1915 die insgesamt 17 Hefte der *Kriegswirtschaftlichen Untersuchungen* sowie die Monographie-Reihe *Der Wirtschaftskrieg* hinzu.

Das hauptsächliche Motiv für eine Mitgliedschaft in der Fördergesellschaft wurde aber der exklusive Zugang zu den geheimen *Kriegswirtschaftlichen Nachrichten.*[59] In diesen mehrmals in der Woche herausgegebenen Dossiers lieferte das IfW ab Herbst

---

55 Harms (1915b), S. 147.

56 Vgl. Münkler (2013), S. 567–568.

57 Harms an Diederichsen, 14.05.1915, in: GStA PK, I. HA Rep. 76, Va Sekt. 9 Tit. X Nr. 39 A Bd. 1, Bl. 415.

58 Moeller: Protokoll über die V. ordentliche Mitgliederversammlung der IfW-Fördergesellschaft am 26.07.1919, in: GStA PK, I. HA Rep. 76, Va Sekt. 9 Tit. X Nr. 39 A Bd. 2.

59 Ausnahmen von der Exklusivität wurden für militärische Stellen gemacht, beispielsweise für den Admiralstab der Marine oder das Große Hauptquartier. Siehe beispielsweise Admiralstab der Marine an Oberbefehlshaber der Ostseestreitkräfte, 25.06.1916, in: BA-MA, RM 28/50, Bl. 318 sowie auch Stegemann (1970), S. 53.

1915 aufbereitete Informationen über die Kriegswirtschaft sowie die Wirtschaftskriegsführung des verfeindeten und neutralen Auslands sowie ab 1916 auch der Verbündeten und des Deutschen Reichs.[60] Als Quellen wurden nicht nur die im institutseigenen Wirtschaftsarchiv eingehenden Zeitungen, Zeitschriften etc. genutzt, sondern auch das Insiderwissen der Mitglieder der Fördergesellschaft selbst.[61] Gegenüber Konkurrenten wie beispielsweise dem 1916 gegründeten *Wirtschaftsdienst – Kriegswirtschaftliche Mitteilungen aus dem Ausland* des Hamburgischen Kolonialinstituts war diese Symbiose mit der Fördergesellschaft ein großer Vorteil.[62]

Diese Kriegsforschung war nun ihrem Charakter nach etwas völlig anderes, als die zuvor von Harms erträumte klassische Bildung einer wissenschaftlichen Schule mit ihm als Meister, der zu entwickelnden Weltwirtschaftslehre als Inhalt und von ihm intellektuell inspirierten Doktoranden als Schüler. Es handelte sich um temporäre Forschungsvorhaben mit konkreter anwendungsorientierter Zielsetzung, also um Projekte. In der Gegenwart wird Forschung kaum anders als in Projektform betrieben, aber zu Beginn des Ersten Weltkriegs war dies zumindest in den Wirtschaftswissenschaften eine neuartige Arbeitsweise. Bis zum Jahr 1916 verwandelte sich das IfW immer mehr von einem Forschungsinstitut zu einem Nachrichtendienst. In mindestens zwei Fällen wurden sogar Mitarbeiter als Spione nach Frankreich und nach Russland gesandt. Beide lieferten detaillierte und größtenteils zutreffende Analysen der ökonomischen, sozialen und politischen Situation der beiden Länder.[63]

Zwar wurde auch ein Pazifist am Institut toleriert,[64] die politische Ausrichtung war dennoch zeittypisch nationalistisch. Dem Weltbild widersprechende Forschungsergebnisse waren deshalb ausgeschlossen, wie beispielsweise eine zutreffende Evaluation der ungenügenden Auswirkungen des deutschen U-Boot-Kriegs gegen die Nahrungsmittelimporte Englands. Harms hatte in dieser Frage bis zum Herbst 1917 immer wieder die deutschen Admiräle und die OHL bestärkt.[65] Auch öffentlich erklärte er, ein Sieg Deutschlands im „Wetthungern" könne auf ökonometrischem Wege sicher prognostiziert werden.[66] Ferner bedeutete die starke Konzentration des IfW auf das Beratungsgeschäft und Zusammenstellung von Informationen in den *Kriegswirtschaftlichen Nachrichten*, dass akademische Forschung, insbesondere

60 Sämtliche Kriegswirtschaftliche Nachrichten sind einsehbar in: ZBW, Y 2224.

61 Harms (1918), S. 20.

62 Zur Zentralstelle des Hamburgischen Kolonialinstituts im Ersten Weltkrieg: Ruppenthal (2007), S. 248–253.

63 Sondernr. 1 und 2 der *Kriegswirtschaftlichen Nachrichten*, in: ZBW, Y 2224. Ferner: Harms an Theobald von Bethmann Hollweg, 16.08.1916, in: PA AA, RZ 201, R 20091, Bl. 110.

64 Hans Wehberg (1933).

65 Erst im November 1917 rückte Harms von seiner optimistischen Meinung ab, die Widerstandskraft Englands in absehbarer Zeit brechen zu können. Harms: Kurzer Vorbericht über meine Reise nach Kopenhagen, 19.11.1917, in: PA AA, RZ 201, R 2161.

66 Harms: Der uneingeschränkte U-Bootkrieg und die Nahrungsmittelversorgung Englands, in: *Kriegswirtschaftliche Nachrichten*, Sondernr. 3, 05.03.1917, Zitat S. 27, in: ZBW, Y 2224.

Grundlagenforschung, während des Ersten Weltkriegs kaum betrieben wurde.[67] Unter dem Schlagwort „Weltwirtschaftliche Zentralstelle“ war Harms vielmehr darauf fokussiert, auf dem Tätigkeitsfeld der Materialsammlung über Auslandsmärkte eine Monopolstellung in Deutschland zu erobern.[68]

Ab Beginn des Jahres 1918 bereitete Harms das IfW aber auf die Nachkriegszeit vor. So sollte beispielsweise den Fördergesellschaftsmitgliedern verstärkt Orientierung über die künftige Weltwirtschaftslage und die Import- und Exportchancen nach Kriegsende geboten werden. In den letzten Kriegsmonaten ging das IfW hierfür eine Kooperation mit dem Reichswirtschaftsministerium (RWM) ein und verlagerte im August 1918 ein Dutzend Mitarbeiter seiner Nachrichtenabteilung zeitweilig nach Berlin.[69] Diese Umorientierung zum zivilen RWM als Hauptkooperationspartner unter dem Vorzeichen der Nachkriegsplanung wurde im Herbst 1944 wiederholt.

2.3 Hervorragende Infrastruktur als Grundlage des weiteren Erfolgs

Das enorme Wachstum des IfW machte neue Institutsräumlichkeiten notwendig. Schon im Februar 1918 wurde der Grundstein für ein gigantisches „Idealinstitut“ gelegt.[70] Die Neubaupläne wurden jedoch aufgegeben, als sich im Januar 1919 die Möglichkeit ergab, vom Großindustriellen Gustav Krupp von Bohlen und Halbach einen geeigneten Gebäudekomplex günstig zu erwerben.[71] Es handelte sich um ein im Düsternbrooker Weg 110 – 122 gelegenes großzügiges Hotel, das benachbarte Restaurant sowie um ein Hafenmeisterhaus.[72] Der Komplex lag in einem ruhigen Villenviertel am nördlichen Stadtrand und war per Straßenbahn und Dampfer optimal angebunden. Im gesellschaftlichen Leben Kiels hatten diese Gebäude eine besondere Rolle gespielt. Als Heim des Kaiserlichen Yachtclubs hatte das Restaurant gemeinsam mit

67 So lehnte beispielsweise der Privatdozent Kurt Gerlach die ihm von Harms angetragene Leitung der Herausgabe der *Kriegswirtschaftlichen Nachrichten* ab, weil ihm die Tätigkeit nicht akademisch genug war. Harms an Tönnies vom 27.11.1916, in: SHLB, Cb 54.56: 348.

68 Beispielsweise Harms (1915a), S. 50. Diese geheime Denkschrift „Zur Wiederanknüpfung und Pflege der weltwirtschaftlichen Beziehungen“ ging auch dem Grossen Hauptquartier des Marinekabinetts zu. BA-MA, RM 2/1882.

69 F. Hoffmann: Die Geschichte des IfW II, 1943, S. 237, in: ZBW, IV 2737.

70 IfW (1918).

71 Die Vorgänge sind dokumentiert in LASH, Abt. 47, Nr. 1821. Das alte Institutsgebäude am Schloßgarten 14 wurde an die Handelskammer verkauft. F. Hoffmann: Die Geschichte des IfW I, 1942, S. 215, 145, in: ZBW, IV 2737. Krupp wurde beim Kauf eine patriotische Nutzung versprochen. Diederichsen an Gustav Krupp von Bohlen und Halbach, 10.03.1919, in: HS IfW, Hs Allg. 1b.

72 Heutige Adresse: Kiellinie 66. Ferner wurde noch ein Elektrozentralmaschinenhaus sowie die Landungsbrücke vor den Gebäuden erworben. Beides wurde zeitnah an den Kaiserlichen Yachtclub (heute: Kieler Yacht-Club) verkauft. F. Hoffmann: Die Geschichte des IfW I, 1942, S. 144 – 174, in: ZBW, IV 2737.

dem Hotel, wo Potentaten wie der russische Zar oder der englische König genächtigt hatten, auch stets den zentralen Ort der Kieler Woche dargestellt.[73]

Das Hotel wurde nach einer Renovierung am 22. Juni 1920 als neues Hauptgebäude des IfW eingeweiht. Im Keller befanden sich das Magazin der Bibliothek und die Buchbinderei, im Erdgeschoss die Bibliotheksverwaltung, der Raum des Justiziars Prof. Werner Wedemeyer sowie die Institutsverwaltung.[74] Zusätzlich wurde zur Seeseite ein einstöckiger Vorbau errichtet, der als Lesesaal diente. Er bot Platz für knapp 200 Arbeitsplätze und eine Handbibliothek mit 6.000 Büchern. Im ersten Stock lagen Übungsräume sowie die Büros des Direktors und des Präsidenten der Fördergesellschaft, im zweiten Stock die Statistische Abteilung (später Astwik), die Redaktion und die Verlagsabteilung. Der dritte Stock beherbergte das Wirtschaftsarchiv sowie die von 1930 – 1933 bestehende Volkswirtschaftliche Zentralstelle für Hochschulstudium und akademisches Berufswesen. Bis zur teilweisen Zerstörung des Hauptgebäudes im Januar und Juli 1944 ergaben sich an dieser Aufteilung nur wenige Änderungen wie beispielsweise der Einzug des Staatswissenschaftlichen Seminars im Jahr 1923.[75]

Das Restaurant wurde in Kollegienhaus umbenannt und sofort genutzt. Es erhielt jedoch erst mit Abschluss der Renovierung am 21. März 1926 jene Gestalt, die es bis zu seiner vollständigen Zerstörung im Juli und August 1944 behalten sollte. Das Gebäude umfasste einen Hörsaal mit 160 Plätzen sowie mehrere Seminar- und Leseräume mit teils prächtiger Ausstattung.[76] Eine Küche und Esszimmer wurden behalten und zusätzlich einige Gästezimmer eingerichtet. Das ehemalige Hafenmeisterhaus erklärte Harms zur Direktorwohnung, die er mehrfach umgestaltete. Noch bevor sein Nachfolger Predöhl einziehen konnte, wurde sie 1936 abgerissen, um einer für die olympischen Segelwettbewerbe benötigten Straße Platz zu machen.[77] Seit 1947 heißt diese „Bernhard-Harms-Weg".[78]

Mit dem Bezug der um Institutsgarten gruppierten Gebäude kam Harms seinem Ziel einer Imitation der britischen Colleges nahe.[79] Deren nach außen abgeschlossene klösterliche Atmosphäre erachtete er als ideal für die Produktion und Vermittlung von akademischem Wissen. Die Folgen dieser Abschottung sowie der prunkvollen Ausgestaltung waren jedoch ambivalent. Karl Schiller, der bis 1931 in Kiel zur Schule ging

---

73 Vgl. Fritz Baade: Bernhard Harms und das Institut für Weltwirtschaft, in: IfW (1951), S. 6.

74 Ausführlicher in Jaeger (1965), S. 147.

75 F. Hoffmann: Das Staatswissenschaftliche Seminar an der Universität Kiel, 1946, S. 10, in: ZBW, IV 2907.

76 Harms: Ansprache gehalten anläßlich der Besichtigungsfeier am 21. März 1926, S. 3 – 8, in: ZBW, B 6588.

77 F. Hoffmann: Die Geschichte des IfW I, 1942, S. 137, in: ZBW, IV 2737.

78 Für den Erlös richtete sich Predöhl in einer benachbarten Villa eines ehemaligen Admirals eine neue Direktorwohnung ein, die im Juli 1944 ebenfalls vollständig zerstört wurde. Ebd., S. 199.

79 F. Hoffmann: Die Geschichte des IfW III, 1944, S. 91, in: Ebd. Zu Harms' Bedauern konnten außer ihm selbst keine wissenschaftlichen Mitarbeiter auf dem Institutsgelände wohnen, wohl aber einige technische Kräfte.

und ab 1935 im IfW arbeitete, schilderte rückblickend seinen ersten Eindruck folgendermaßen:

> Als ich, meiner Erinnerung nach, als Gymnasiast das erste Mal am Düsternbrooker Weg an dem großen, ernsten und imponierenden Gebäude vorbeikam, glaubte ich, das ganze, ohne Namensschild, sei womöglich die Heimstatt einer Loge. Später [...] erkannte ich, es war im Gegenteil ein sehr offenes Haus für Lehrende, Forschende und Lernende, durch das der lebendige Geist der Freiheit wehte. Aber das Haus enthielt dennoch etwas Elitäres, eben etwas Logenhaftes.[80]

Aly und Heim greifen in ihrer Täterbiografie Helmut Meinholds, 1937–40 und 1945–47 im IfW tätig, diese von der Architektur mitgeprägte Atmosphäre auf. Wer seinerzeit im Institut arbeitete, habe „sich als jemand besseres“[81] gefühlt. Es ist durchaus plausibel anzunehmen, dass die Räumlichkeiten das Selbstbewusstsein der Mitarbeiter steigerten und diese in der Folge in höherem Maße technokratische Planungskompetenzen beanspruchten. Mit ihrer einseitigen Interpretation, die Atmosphäre habe Meinholds Lebensgefühl als „Herrenmensch“ gefördert, übersehen Aly und Heim jedoch, dass die Architektur auch dazu beigetragen haben könnte, einen Ort für unabhängiges, innovatives und sogar sozialkritisches Denken zu schaffen. Hierfür wiederum könnte die Astwik ein Beispiel darstellen. Belegbar ist, dass die guten Lehr- und Forschungsbedingungen in den neuen Institutsgebäuden eine positive Rückkopplung hervorriefen. Sie zogen talentierte Studierende und Mitarbeiter an, welche die Qualität der Seminare, der Debatten und der Forschungsleistungen erhöhten, was die Attraktivität des IfW weiter stärkte. Außerdem zeigten sich potentielle Förderer wie die Rockefeller Foundation bei Besuchen des Kieler „Mecca for research workers“[82] beeindruckt und gaben zusätzliche Mitteln.[83]

Schließlich ist der Umzug in den Düsternbrooker Weg auch wegen seiner symbolischen Bedeutung bemerkenswert. Es herrschte nach dem Ersten Weltkrieg vielfach die Meinung, von den drei Säulen der Weltgeltung des Deutschen Kaiserreichs, nämlich dem Militär (d.h. in Kiel vor allem die Marine), der Industrie und der Wissenschaft, seien die ersten beiden weggebrochen. Nur in der Wissenschaft läge „dasjenige Kapital, welches das verarmte deutsche Volk in besonderem Maße“[84] noch besitze. Das IfW stand idealtypisch für diesen Wandel. Es übernahm mit Krupps Hotel ein Aushängeschild eines der wichtigsten (Rüstungs-)Industriellen des Landes. Aus dem benachbarten Restaurant vertrieb Harms den Kaiserlichen Yachtclub,[85] der eine der prominentesten Lobbyinstitutionen für den deutschen Weltmachtanspruch durch

80 Karl Schiller: Ansprache, in IfW (Hg.) (1989), S. 49.
81 Aly und Heim (1986), S. 6.
82 Tracy Kittredge: Social Sciences in Germany, 09.08.1932, S. 10, in: RAC, RF, RG 1.1, s. 717.S, b. 20, f. 186.
83 Vgl. Christian Fleck (2007), S. 151.
84 So die Notgemeinschaft der deutschen Wissenschaft 1926, zitiert nach: Wagner, in Orth und Oberkrome (Hg.) (2010), S. 30.
85 F. Hoffmann: Die Geschichte des IfW I, 1942, S. 115, in: ZBW, IV 2737.

eine aufgerüstete Kriegsmarine dargestellt hatte. Der Yachtclub zog allerdings nur zwei Häuser weiter und blieb ein Attraktionspunkt erzkonservativer, monarchistischer und revanchistischer Kreise in unmittelbarer Nachbarschaft. Das IfW bildete hierzu einen scharfen Kontrast, denn Harms reagierte auf das Ende des Krieges und des Kaiserreichs mit einer Neuausrichtung, die das Institut zu einem Ort wissenschaftlicher Innovationen und der politischen Unterstützung der Weimarer Republik machte.

3 Umbruchs- und Experimentierphase (1919 – 1925)

3.1 Politische Neuausrichtung

Die Jahre 1919 – 1925 stellten in mehrfacher Hinsicht eine Phase des Umbruchs und der Experimente dar. Bedeutsam sind sie auch deshalb, weil zu dieser Zeit ein großer Teil der später im Nationalsozialismus entscheidenden Akteure in Kiel studierten und weil damals langfristig am IfW wirksame Weichenstellungen getroffen wurden, welche die Organisation und die Finanzierung des Instituts sowie die Gründung eines Wissenschaftlichen Clubs betrafen.

Der Zusammenbruch des Kaiserreichs, in dem der IfW-Direktor Harms und der Fördergesellschaftspräsident Diederichsen ihre Karrieren begonnen hatten, sowie das verlustreiche Ende des Ersten Weltkriegs, das den beschleunigten Aufstieg des IfW ermöglicht hatte, ließ beide zunächst Schlimmes befürchten.[1] Schnell stellten sie jedoch fest, dass das Privateigentum weitgehend unangetastet blieb und sich auch „das Gefüge wissenschaftlicher, wissenschaftspolitischer und wissenschaftsfördernder Institutionen seit dem späten Kaiserreich vorrangig durch Dauerhaftigkeit und Kontinuität aus[zeichnete].“[2] Harms' Rang als Professor war weiterhin eine Art Ersatznobilitierung[3] und auch in der Republik war die Beratungsexpertise des IfW sofort gefragt.[4] Beispielhaft war die pragmatische Einstellung gegenüber dem Versailler Vertrag, zu dem der ehemalige Monarchist und nunmehrige Vernunftrepublikaner Harms bemerkte: „Die Partie ist verloren, und daraus gilt es die Konsequenzen zu ziehen.“[5]

Wie bereits während des Kriegs mit seiner führenden Beteiligung an der Gründung der Schleswig-Holsteinischen Universitätsgesellschaft[6] entfaltete der IfW-Direktor auch in der Weimarer Republik ein großes zivilgesellschaftliches Engagement. Ein bedeutendes Beispiel der Einbeziehung des Instituts in dieses Engagement stellt die 1920 initiierte „Kieler Herbstwoche für Kunst und Wissenschaft“ dar, die in den kommenden Jahren noch sechs Mal wiederholt wurde.[7] Die Veranstaltungen, an denen Maler wie Emil Nolde, Theatermacher wie Richard Ohnsorg, Wissenschaftler wie Albert Einstein und auch Reichspräsident Friedrich Ebert beteiligt waren, fanden teilweise im Institut statt. Harms hatte die Herbstwoche gemeinsam mit dem Ober-

1 Telegramm der Kieler Dozentenschaft an den Reichskanzler, 02.11.1918, in: LASH, Abt 47, Nr. 1277. Ferner: Diederichsen an die Fördergesellschaft, Weihnachten 1918, in: BA, R 8023/310, Bl. 21.

2 Vom Bruch und Pawliczek, in: vom Bruch, Gerhardt und Pawliczek (Hg.) 2006, S. 13.

3 Vgl. Abendroth (1986).

4 Von Januar bis April 1919 leitete Harms gemeinsam mit seinem Assistenten Ernst Schuster die Kieler Lohnkommission des Demobilmachungsausschusses.

5 Harms: Rentenmark, deutsche Wirtschaft und Sachverständigengutachten (V), in: Wirtschaftsdienst 9 (34), 22.08.1924, S. 1102.

6 Vgl. Jessen-Klingenberg (1971), S. 11 – 14.

7 Vgl. Gaethke und Junghölter (2011), S. 28 – 42.

https://doi.org/10.1515/9783110658873-003

bürgermeister Emil Lueken „unter bewußter Berufung auf den neuen ‚Geist von Weimar'"[8] angeregt. Im Gegensatz zu dem traditionellen Segelfest „Kieler Woche" mit dem Kaiserlichen Yachtclub und der Marine im Zentrum wurde hier der Versuch gemacht, Kiel als Kultur- und Wissenschaftszentrum neu zu erfinden und damit auch politische Gräben zu überbrücken. Vom Erfolg zeugte unter anderem die Teilnahme von 300 skandinavischen Studierenden und Professoren an der Herbstwoche 1921.[9] Als Ergebnis einer ganzen Reihe von weiteren Initiativen, beispielsweise der Gründung eines institutseigenen Auslandsbüros zur Anwerbung und Betreuung ausländischer Studierender oder der Schaffung eines reichsweit einzigartigen Bildungsabschlusses für Ausländer,[10] lag deren Anteil an den Wirtschaftsstudierenden bis 1933 auf dem sehr hohen Wert von meist einem Zehntel.[11]

Die geistige Erneuerung Kiels erlahmte jedoch nach einigen Jahren und wich einer Renationalisierung. 1927 wurde vom späterer Universitätsrektor und „Nordic Prophet"[12] Otto Scheel an prominenter Stelle der Begriff der „Grenzland-Universität" Kiel verwendet.[13] Nach reichsweiten „Deutsche Wochen" 1931 und 1932, reaktivierte der neue nationalsozialistische Oberbürgermeister Walter Behrens im November 1933 die Marke „Kieler Herbstwoche für Kunst und Wissenschaft" und inszenierte sie als eine Propagandaveranstaltung des Kultusministeriums.[14] Statt Völkerverständigung wurde Abschottung und die Rolle Kiels als „Grenzlandstadt" zelebriert. Kultur und Wissenschaft sollten nicht mehr verbinden, sondern in gedanklicher Nähe zu „Siedlungswall"-Ideologien die Randregionen des Reiches vor ausländischen Einflüssen schützen.

Harms befürwortete einen demokratisch verfassten und vor allem handlungsfähigen deutschen Nationalstaat. Deshalb schien es ihm unabhängig von der politischen Ausrichtung der Regierung notwendig, die zentrale Führung zu stärken. Die Forschungs- und Beratungstätigkeit des IfW in der Weimarer Republik sollte damit nicht nur dem wissenschaftlichen Fortschritt, sondern auch als Unterstützung staatlicher Institutionen dienen. Als Fernziel sollte eine Vertiefung der Staatlichkeit des noch recht jungen und krisengeschüttelten deutschen Nationalstaats befördert wer-

---

8 Fleck: Erinnerungen: Kap. IX [verfasst 1952 – 57], S. 10, in: SHLB, Cb 175.

9 Vgl. Jörn Danker (1990), S. 87.

10 Das Auslandsbüro sollte „in planmässiger internationaler Kulturarbeit versucht, wertvolle junge Studierende des Auslandes nach Kiel zu ziehen und späterhin in Kiel selbst für sie zu sorgen." Harms an Reichsinnenministerium, 23.09.1922, in: BA, R 1501/116324, Bl. 12.

11 F. Hoffmann: Die Geschichte des IfW II, 1943, S. 257, in: ZBW, IV 2737. Demgegenüber betrug der Ausländeranteil an allen Studierenden der Uni Kiel insgesamt meist nur 3 – 5 %. Vgl. Bosholm (1983), S. 254.

12 So der Titel einer Kurzbiografie von Kurlander (2005).

13 Scheels Rede anlässlich des Besuchs von Reichstagspräsident Hindenburg in Kiel am 30. Mai 1927, in: Heimatschriften des Schleswig-Holsteiner-Bundes 19, Kiel 1927, S. 3.

14 „Kieler Herbstwoche für Kunst und Wissenschaft", in: Schleswig-Holsteinische Hochschulblätter, Nov. 1933, S. 19 – 20, in: ZBW, Y 2801.

den.[15] Auch in der akademischen Öffentlichkeit übernahm der IfW-Direktor Verantwortung und hielt am 11. August 1929 die Rede auf einer Verfassungsfeier.[16]

Den Versailler Vertrag und die Reparationsforderungen an Deutschland bezeichnete Harms zwar als „furchtbare Tatsache",[17] sprach sich aber gleichwohl gegen eine Fundamentalopposition aus. Auf halboffiziellen Reisen durch Europa und in die USA sowie mit Stellungnahmen in der deutschen Öffentlichkeit setzte er sich intensiv für Kompromisse ein.[18] Als einen Gleichgesinnten sah er unter anderem John Maynard Keynes an, der wohl mehr für seine wirtschaftspolitischen Stellungnahmen als für seine wissenschaftliche Forschungstätigkeit im Jahr 1925 die Ehrendoktorwürde der Uni Kiel erhielt.[19] Es ging Harms weniger darum, die deutsche Schuldenlast zu reduzieren, als vielmehr die deutsche Wirtschaft wieder in Gang zu bekommen und ihr mehr Handelsmöglichkeiten zu eröffnen. Dies lag auch im Interesse der exportorientierten Fördergesellschaftsmitglieder. Als mit dem Young-Plan im Jahr 1929 ein Weg zur Bereinigung der Reparationsfrage vereinbart wurde, verfassten die Ökonomen der Uni Kiel geschlossen eine unterstützende Stellungnahme.[20] Mit solchen Aktionen erhielt das IfW ein klares (wirtschafts-)politisches Profil. Dieses stand nicht nur in einem krassen Gegensatz zur Ausrichtung anderer Universitäten, sondern beispielsweise auch zu der in weiten Teilen stramm rechten Kieler Studentenschaft.[21]

Als Folge der vom Direktor vorgelebten Toleranz waren die ersten Jahre nach dem Ersten Weltkrieg am Institut eine Experimentierphase, deren prägnantestes Merkmal eine politisch links ausgerichtete und gleichzeitig wissenschaftlich innovative Doktorandengemeinschaft war.[22] Harms nahm viele Doktoranden an und machte es dem IfW zur Aufgabe, dass dort „werdende Persönlichkeiten aus allen Schichten herangezogen werden."[23] Mit dieser meritokratischen Leitlinie „im Dienst des sozialen Friedens" holte er Persönlichkeiten wie Kurt Gerlach, Ernst Schuster, Paul Hermberg oder Alfred Meusel nach Kiel.[24] Allgemein bot die seinerzeit von Harms dominierte

15 Eine ähnliche Wertung nimmt Adam Tooze bezügliche des IfK vor. Tooze (2001), S. 76–176. Die öffentliche Verwaltung war ein finanzkräftiger Kunde und so besaßen Humanwissenschaftler aller Art materielle und ideelle Anreize, sich als Experten zur Verfügung zu stellen. Vgl. Raphael (1996), S. 180.

16 Vgl. Heiber (1991), S. 33.

17 Harms an Mitglieder der Fördergesellschaft, 25.06.1919, in: BA, R 57-NEU/1028, Bd. 21.

18 Zur Europa-Reise, siehe den Briefverkehr mit dem Kultusminister Becker aus dem Jahr 1921, in: GStA PK, VI. HA, Nl C. H. Becker, Nr. 840. Zur USA-Reise, siehe Harms an Reichsinnenministerium, 11.05.1923, in: BA, R 1501/116324, Bl. 53. „Fünf Monate in Amerika", in: Kieler Neueste Nachrichten, 18.11.1923.

19 Predöhl an Rektor Wolf, 27.11.1933, in: LASH, Abt. 47, Nr. 1602.

20 „Die Stellungnahme der Kieler Wirtschaftsfakultät", in: Hamburger Nachrichten, 19.10.1929.

21 „Inhalt und Folgen des Young-Plans.", in: Schleswig-Holsteinische Hochschulblätter, Januar 1931, S. 7–10.

22 Vgl. Siegfried (2004 und 2010) sowie Wierzock und Klauke (2013)

23 Harms: Institut für Weltwirtschaft und Seeverkehr an der Universität Kiel, März 1923, S. 19, in: GStA PK, I. HA Rep. 76, Va Sekt. 9 Tit. X Nr. 39 A Bd. 2.

24 Gerlach, der sich selbst als „Anarcho-Kommunist" (Siegfried (2010), S. 155) bezeichnete, wurde von Harms stark gefördert, der ihn nicht nur 1911 promovierte, sondern ihm auch zwei Jahre später eine

Rechts- und Staatswissenschaftliche Fakultät „der sozialdemokratischen preußischen Regierung die Möglichkeit, Wissenschaftlern die Tür zum Ordinariat zu öffnen, die anderwärts schwer unterzubringen waren."[25] Über dieses teils sozialistische und bildungspolitisch sehr aktive Milieu urteilte rückblickend der Soziologe Rudolf Heberle, „that I learned more in that PhD candidates' seminar than in all the other seminars I attended."[26] Auch stellte der als Jugendlicher durchaus konservative Heberle erstaunt fest, „wie sehr ich doch nach links gerückt bin".[27] Letzteres galt auch für den späteren IfW-Direktor Predöhl, der im Jahr seiner Promotion 1921 aufgrund des Einflusses des Abteilungsleiters Hermberg und des Direktorialassistenten Schuster in die SPD eingetreten war.[28]

3.2 Wissenschaftliche Neuausrichtung

Die Gründung des IfW war mit einer Kampfansage verbunden gewesen: „Die historische Richtung in der Nationalökonomie hat [...] heute wirklich nur noch historische Bedeutung."[29] Anders als die traditionellen Vertreter der deutschen Wirtschaftswissenschaften glaubte Harms, dass die Methoden und Prozesse der Erkenntnisgewinnung in den Naturwissenschaften auf die Ökonomie übertragbar seien. Ausgewählte Eigenschaften der Historischen Schule wie Interdisziplinarität und starke empirische Fundierung sollten zwar beibehalten, dabei aber die induktive und historisch vergleichende Vorgehensweise revolutioniert werden. Das IfW sollte also nicht mehr nur dem klassischen Modell des Wissenserwerbs durch kumulativen Faktenwachstum und darauf aufbauenden Generalisierungen folgen. Stattdessen sollte theoriegeleitet vorgegangen und die gesammelten Informationen in der Bibliothek und vor allem im Wirtschaftsarchiv dazu genutzt werden, um Hypothesen zu testen. Im Hinblick auf diese Zielsetzung hatte die Kriegsforschung einen Rückschritt dargestellt. 1922 gelang es, die alten *Kriegswirtschaftlichen Nachrichten* abzustoßen. Sie wurden als *Wirtschaftsdienst – Weltwirtschaftliche Nachrichten* unter Beteiligung einiger ehemaliger IfW-Mitarbeiter fortgeführt.[30] Harms zögerte nicht, im Anschluss die Nachrichtenab-

Habilitation in Leipzig vermittelte. Vgl. Pinn (2002), S. 28. Schuster, Hermberg und Meusel waren alle aktive Mitglieder der SPD bzw. der USPD. Letztere hatten sich im März 1920 an der Abwehr des Kapp-Putsches beteiligt. Vgl. Siegfried (2004), S. 58, 60.

25 Beckmann (2000), S. 47. Insb. der langjährige Kultusminister C.H. Becker verfolgte ähnliche Ziele wie Harms. Vgl. Kurt Düwell (1971), S. 64 – 65.

26 Transkript einer Unterhaltung von David Lindenfeld mit Rudolf and Franziska Heberle, 13.12.1980, in: HS IfW, Hs Harms 12.

27 Tagebucheintrag Heberles, 10.01.1926, zitiert nach Waßner (1995), S. 30.

28 Ferner sollen seine Schwiegereltern in spe ihn beeinflusst haben. Vgl. Predöhl: „Politischer Lebenslauf", 1946, in: LASH, Abt. 460, Nr. 4182.

29 Harms (1911a), S. 7.

30 Ebd., S. 237. 1940 – 1943 und ab 1949 beteiligte sich das IfW wieder an der Herausgabe. Vgl. Leveknecht (1998), S. 31 f. und S. 38.

teilung aufzulösen und entließ die meisten ihrer in wissenschaftlicher Arbeit kaum geschulten Mitarbeiter.

Die frei werdenden Mittel wurden genutzt, um die Schwerpunkte der Institutstätigkeit von Materialaufbereitung und Beratung kurzfristig auf die Lehre und langfristig auf die Forschung zu verlagern. Messbar ist dies an der Veränderung des Verhältnisses von Personal- zu Sachausgaben von 1:1 im Jahresetat 1919 auf 2:1 zehn Jahre später. Parallel wurde eine Professionalisierung durchgeführt. Das Institut erhielt eine eigene Verlagsabteilung und die Verbindung zur Fördergesellschaft wurde gestärkt. Außerdem wurde eine noch im Krieg gegründeten Sonderstelle für Statistik im Mai 1920 zu einer neuen Statistischen Abteilung unter Leitung von Paul Hermberg ausgebaut.[31] Bis zum Umbau der Abteilung zur Astwik im Jahr 1926 ist hier allerdings „theoretisch fundierte Forschungsarbeit [...] nicht geleistet worden."[32] Auch für die weiteren Forschungstätigkeiten gilt das Urteil, dass ein theoriegeleitetes Vorgehen, gar in Form größerer koordinierter Projekte, in der ersten Hälfte der 1920er Jahre noch nicht erreicht werden konnte. Dies lag ganz wesentlich am Unvermögen Harms', seinen „Versuch der Begründung einer Weltwirtschaftslehre" umzusetzen.

3.3 Implementierung eines Objektivitätsdogmas

Der Begriff „Kieler Schule" üblicherweise für zwei Gruppen verwendet: die Astwik-Mitarbeiter am IfW in den Jahren 1926 – 1933 und die Juristen der Jahre 1933/34 bis etwa 1938.[33] Auch wenn Harms selbst keine Weltwirtschaftslehre und damit keine eigene Schule begründen konnte, hinterließ er dennoch ein geistiges Erbe bei seinen Studierenden und jungen Mitarbeitern.[34] Es handelte sich dabei um seine durchaus zeittypische Vorstellung vom Wesen der Wissenschaft und vom Verhältnis zu Politik und Gesellschaft. Dieses implementierte er vor allem in der ersten Hälfte der 1920er Jahre, als er sich stärker als je zuvor und je danach in der Lehre engagierte. Der Werturteilsstreit des frühen 20. Jahrhunderts über die Frage der Zulässigkeit von normativen Aussagen in den Geisteswissenschaften und der „Objektivitätsaufsatz" Max Webers mit seinem Schwerpunkt auf der empirischen Wirtschaftswissenschaft

---

31 Vgl. Beckmann (2000), S. 44. Der gebürtige Schleswig-Holsteiner Hermberg war 1913 von Tönnies promoviert worden, als dieser die Statistische Abteilung im damaligen Staatswissenschaftlichen Institut geleitet hatte. Vor dem Krieg hatte Hermberg bereits einige Zeit als Assistent im IfW gearbeitet und kehrte nach dem Ersten Weltkriegs zurück.

32 Beckmann (2000), S. 44.

33 Vgl. Hagemann: Zerstörung eines innovativen Forschungszentrums und Emigrationsgewinn (1997); Wiener (2013). Ferner die drei Soziologen Tönnies, Heberle und Mackenroth. Henßler und Schmid (2005), S. 281.

34 „Harms liebte es, von der ‚Kieler Schule' zu sprechen. Das ist nicht ganz korrekt. Schulbildend konnte er schon deswegen nicht wirken, weil er keine neue spezifisch wissenschaftliche Konzeption begründet hat." Predöhl: Bernhard Harms und das Institut für Weltwirtschaft, in: WA 92, 1964, S. 7.

hatten einen tiefen Eindruck auf Harms gemacht.[35] Insbesondere die „Objektivität" faszinierte ihn.[36] Hero Moeller, bis 1918 Doktorand und bis 1923 leitender Mitarbeiter im IfW, meinte, Harms sei von einem „schier fanatischen Objektivitätsglauben besessen"[37] gewesen. Immer wieder forderte Harms für die Arbeit seines Instituts die Beschränkung auf die Analyse von „Tatsachen und Tatsachenverbindungen"[38] unter Ausschaltung jeglicher politischer Zielsetzungen.[39] Er war nicht der Ansicht, dass, wie Joseph Schumpeter es bündig zusammenfasste, die Wirtschaftswissenschaft „wie die Philosophie eine *Weltanschauungswissenschaft*"[40] ist, in der die politischen Überzeugungen des Forschenden stets von Bedeutung sind.[41]

Wie Max Weber glaubte Harms, man könne eine Trennung zwischen den beiden „Sphären" Wissenschaft und Politik vornehmen, „wo der denkende Forscher aufhört und der wollende Mensch anfängt zu sprechen".[42] Daraus folgerte er – und impfte dies den im IfW tätigen Ökonomen ein – dass willensmäßige Elemente in der wissenschaftlichen Arbeit zu unterdrücken seien. Damit begann am Institut eine Tradition, die eigenen individuellen weltanschaulichen Überzeugungen, welche Themen- und Methodenwahl in der Forschung, Lehre und Beratung unausweichlich beeinflussen, nicht transparent offen zu legen, sondern ihre Existenz zu leugnen. In diesem Punkt setzte sich Harms' verkürztes Verständnis von Webers „Objektivitätsaufsatz" fort, denn dieser hatte ebenjene Transparenz des Wissenschaftlers ausdrücklich eingefordert.[43] Ein Teil des im IfW verankerten Denkstils (Ludwik Fleck)[44] war also, die Unvermeidlichkeit von Denkstilen zu leugnen und stattdessen an die Möglichkeit eines voraussetzungslosen Beobachtens zu glauben.

Harms tolerierte zwar die Position seiner Mitarbeiter vom Schlage Hermbergs und Meusels, die „zwischen empirischen Feststellungen und Sollensaussagen nicht unterschieden und somit ein normatives Wissenschaftsprogramm vertraten."[45] Von diesen tragenden Säulen der Doktorandengemeinschaft der Nachkriegsjahre blieb jedoch keiner langfristig im IfW. Teils lag dies daran, dass sie an anderen Universitäten

35 Vgl. Ernst Schuster: Bernhard Harms als Mensch und Lehrer, in: WA 92, 1964, S. 27.

36 Vgl. zum Begriff: Porter (1995), S. 3.

37 Moeller (1961), S. 156. Moeller musste es wissen, denn er war von Harms mit einer Arbeit zur „Frage der ‚Objektivität' des wirtschaftlichen Prinzips" mit der Note „vorzüglich" promoviert worden. Siehe auch Harms (1918), S. 38.

38 Einer seiner Kernbegriffe, beispielsweise in Harms (1915a), S. 18. Auch in einem unter seiner Leitung von Predöhl verfassten Gutachten findet sich der Begriff, vgl. Rhein-Kommission (1930), S. XVI. Vgl. ferner: Harms an Darré, 28.01.1933, zitiert in Wendler (2005), S. 210 – 212.

39 „Dies bietet Gewähr für die Sachlichkeit der Arbeitsleistung und sichert zugleich den höchstmöglichen Nutzerfolg." Harms: Das Institut für Weltwirtschaft und Seeverkehr an der Universität Kiel (1930), S. 9.

40 Schumpeter (2009), S. 1403. Hervorhebung im Original.

41 Siehe auch Edgar Salin an Harms, 20.11.1930, zitiert nach Wendler (2005), S. 205.

42 Max Weber (1968 [1904]), S. 11 – 12.

43 Vgl. Max Weber (1968 [1904]), S. 11

44 Vgl. Ludwik Fleck (2015 [1935]), S. 130.

45 Wierzock und Klauke (2013), S. 306.

Aufstiegsmöglichkeiten erhielten, teils war es aber auch eine Entscheidung von Harms, sie in den finanziell schwierigen Jahren der Hyperinflation 1923–1924 nicht mehr weiter zu beschäftigen. Gleichzeitig wurden jedoch in diesen Jahren sehr wohl personalpolitisch nachhaltige Anstellungen getätigt. Die eingestellten Doktoranden waren häufig weniger innovativ (z.B. Fritz Lotsch, Wilhelm Gülich und Wilhelm Greiser) und auch oft politisch weiter rechts verortet (z.B. die DNVP-Mitglieder Hermann Bente und Gülich sowie die stark antikommunistische Gertrud Savelsberg[46]) als jene, die das IfW verließen. Eine Betrachtung des IfW-Führungspersonals des Jahres 1934 ergibt, dass sowohl der Direktor als auch die Leiter der Verwaltung, der Bibliothek und des Archivs sowie einer Forschungsabteilung in den Jahren bis 1926 von Harms promoviert worden waren.

Diese Doktoranden hatten Harms' Objektivitäts-Credo angenommen und auch deshalb später mit der Anpassung an den Nationalsozialismus keine wesentlichen Probleme. Von ihrem Doktorvater hatten sie gelernt, dass die Sphäre des Wollens und damit die Politik von der Sphäre des Forschens und damit von der Wissenschaft getrennt werden müsse. Aus ihrer Sicht war es kein großer Unterschied, ob sie im demokratischen oder im nationalsozialistischen Staat ihrer Forschungstätigkeit nachgingen. So wie Harms bereit war, Durchführbarkeit und externen Effekte geplanter Maßnahmen eines Kabinetts in der Weimarer Republik zu prüfen, tat dies das IfW unter Predöhl auch im „Dritten Reich". Harms hatte dem Zeitgeist entsprechend seinen Schülern nicht vermittelt, dass in der Tätigkeit als Wissenschaftler eine moralische Verantwortung liegt.[47] Wenig überraschend also, dass diese keine Schuld empfanden, wenn sie nach 1933 ihre alten Tätigkeiten im neuen politischen Kontext fortführten und teils, wie etwa Predöhl, die Machtübernahme der Nationalsozialisten sogar begrüßten. Entsprechend erfolgte auch nach Harms' Vertreibung aus dem IfW 1933 keine opportunistische Distanzierung von diesem. Nein, der Anspruch blieb scheinbar konstant: „Wir sind also die Objektiven!"[48] Dass dies keineswegs zutraf und wegen des von Harms implementierten Objektivitätsglaubens auch keinerlei Mechanismen zum Schutz einer politisch unabhängigen Forschung bestanden, war schon im Juli 1933 selbst für Besucher erkennbar. Das Ehepaar Alva und Gunnar Myrdal warnte, sowohl die Auswahl der Forschungsthemen als auch der Bearbeiter und der Publikationen werde künftig einem „political bias"[49] unterliegen.

3.4 Der Wissenschaftliche Club

Ein auf Anhieb florierendes Ergebnis der politischen und wissenschaftlichen Neuausrichtung war die Gründung des *Wissenschaftlichen Clubs* des IfW am 10. November

46 Raehlmann (2005), S. 80.
47 Zur Technokratie als „Hintergrundideologie" des 20. Jahrhunderts, siehe van Laak (2012)
48 Predöhl (1937a), S. 14.
49 Alva und Gunnar Myrdal an Van Sickle, 20.07.1933, in: RAC, RF, RG 1.1, s. 717.S, b. 20, f. 181.

1920. Er bestand bis ins Jahr 1945 hinein und existiert seit seiner Neugründung nach dem Zweiten Weltkrieg als Wirtschaftswissenschaftlicher Club am IfW bis heute. Satzungsgemäß sollte ein mehrköpfiger Vorstand den Club leiten, aber praktisch bestimmte in den ersten Jahrzehnten der jeweilige IfW-Direktor seine Tätigkeiten und Ziele. Diese lagen in vier Bereichen:

Freier Gedankenaustausch: Im Rahmen des Clubs sollte in den komfortablen und bis in den Zweiten Weltkrieg hinein von einer eigenen Köchin bewirteten Räumlichkeiten des Kollegienhauses das traditionell eher steife Verhältnis und die beträchtliche Distanz zwischen Studierenden und dem Lehrpersonal verringert werden. Der Club „sollte der Herstellung einer echten Gemeinschaft dienen, weil Professoren, Mitarbeiter des Instituts und Studenten sich dort zu freiem Gedankenaustausch jederzeit treffen konnten."[50] Wie bei der Herbstwoche, dominierte auch hier ein demokratisches Element. In einem Streit sollte nur der Eigenwert der Argumente zählen, nicht die Stellung der Debattierenden. Auch glaubte Harms, dass Gruppendiskussionen und Arbeitsgemeinschaften wie das Doktorandenseminar Wege zu innovativer wissenschaftlicher Arbeit darstellten. Dies war so nachhaltig prägend, sodass in den 1930er und 40er Jahren der Großteil der Arbeiten in flexiblen Forschungsgruppen durchgeführt werden sollte.

Ebenfalls der Pflege akademischer Kultur und der Schaffung einer Gemeinschaft von Lehrenden und Lernenden sollte die Abhaltung von Feiern dienen. Unter dem „Weltwirt"[51] Harms entwickelte sich eine Tradition großer Semestereröffnungs- und Schlussfeiern, welche die soziale Stellung des Instituts innerhalb der Universität weiter erhöhten. 1933 brach dies ab und es blieben lediglich die „Bierabende" erhalten, die sich meist an Vortragsveranstaltungen anschlossen.

1921 wurde im Wissenschaftlichen Club das neue Format *Kieler Vorträge* geschaffen. Bis 1944 wurden 74 dieser Vorträge gedruckt veröffentlicht, die Gesamtzahl dürfte aber bedeutend höher liegen.[52] Redner waren ausschließlich Auswärtige, häufig aus dem Ausland, wodurch die Studierenden und Mitarbeiter des IfW neue Impulse erhalten und sich vernetzen konnten. Eingeladen wurden nicht nur Wissenschaftler, sondern auch Männer aus der Privatwirtschaft sowie Wirtschaftspolitiker. Letztere sollte über ihre jeweiligen Tätigkeitsfelder referieren, aber es wurde bis 1932 darauf geachtet, dass der Club nicht als Bühne zur Verbreitung parteipolitischer Botschaften benutzt wurde.

Nach dem Vorbild der englischen Debattenkultur, insbesondere der Oxford Union, sollten im Club auch soziale Kompetenzen vermittelt werden, beispielsweise freie

50 Ernst Schuster: Bernhard Harms als Mensch und Lehrer, in: WA 92, 1964, S. 28.

51 F. Hoffmann: Die Geschichte des IfW II, 1943, S. 142, in: ZBW, IV 2737.

52 Die veröffentlichten *Kieler Vorträge* sind in der ZBW einsehbar. Über eine Liste und entsprechende Zeitungsartikel im HS IfW, Hs allg. 19 – 20 sind über 30 unveröffentlichte Vorträge rekonstruierbar. Eine beträchtliche Dunkelziffer ist zu vermuten.

Rede, überzeugende Argumentation oder sich in ein Gegenüber hineinzuversetzen.[53] Dies konnte in kleinem Rahmen geschehen, wie bei den moderierten Debatten über tagespolitische Ereignisse, oder im großen Rahmen, wie bei einer Simulation der Weltwirtschaftskonferenz des Jahres 1927. Bald nach der tatsächlichen Konferenz wurde diese im Wissenschaftlichen Club des IfW nachgestellt, indem die Studierenden miteinander verhandelten, als ob sie selbst die Interessen der Teilnehmerländer vertreten würden.

3.5 Reorganisation der Finanzierung

Für die Institutsfinanzierung standen vier Quellen zur Verfügung, die in wechselndem Maße genutzt wurden: Öffentliche Gelder, die Mitgliedsbeiträge der Fördergesellschaft, Stiftungen und Spenden sowie Auftragsarbeiten und Auskunftserteilung.[54] Zwar hatte der Staat von Beginn an das Institut unterstützt, seinen gewaltigen Aufstieg im Ersten Weltkrieg hatte das IfW aber mithilfe der Fördergesellschaft erreicht. Mit knapp über 6.000 Mitgliedern (natürliche und juristische Personen) erreichte diese zu Beginn der 1920er Jahre ihre maximale Größe. Zu diesem Zeitpunkt befanden sich die Institutsfinanzen jedoch bereits in einer inflationsbedingten Krise. Die Hyperinflation bis Herbst 1923 und die anschließende Stabilisierungskrise bedeuteten dann die erste von drei Rezessionsphasen für das IfW, neben der Weltwirtschaftskrise 1929–1933 und den Nachkriegsjahren 1945–1947.

Harms konzentrierte sich bei den Kostensenkungen auf einen vorübergehenden Personalabbau. Er war der Ansicht, nach Erholung der Finanzen schnell wieder neue Mitarbeiter zu finden, während über die Zeit entstandene Lücken in der Bibliothek und im Wirtschaftsarchiv ungleich schwieriger zu schließen seien. Für die tragenden linksliberalen Säulen der Doktorandengemeinschaft bedeutete dies das Ende ihrer Tätigkeit im IfW. In die zweite Hälfte der 1920er Jahre startete das Institut mit einer Rumpfbesetzung, zu der bereits ein Großteil des Führungspersonals der nächsten Jahrzehnte gehörte. Zugleich bedeutete der kurzzeitige Kahlschlag, dass nach einer Neuordnung und Erholung der Finanzen Mitte der 1920er Jahre Platz für viele neue Mitarbeiter geschaffen wurde, der dann durch die Astwik gefüllt wurde.

Durch verschiedene Einzelzuwendungen und Notzahlungen stieg der Staatsanteil am IfW-Etat bis 1924 auf knapp 40 %. Das Institut fügte sich damit in den allgemeinen Trend zur „Verreichlichung" der Wissenschaftsförderung ein. 1925 wurde dann nach geschickten Verhandlungen mit dem Staat Preußen und dem Reich die Finanzie-

---

53 F. Hoffmann: Die Geschichte des IfW II, 1943, S. 253, in: ZBW, IV 2737. Eine Beschreibung des Wirtschaftswissenschaftlichen Clubs in: Deutsche „debating clubs"?, in: Frankfurter Zeitung, 04.09. 1925.

54 Die Mietzahlungen des Staatswissenschaftlichen Seminars für seine Räume im Institutsgebäude (< 1% des Etats) oder die Einnahmen der Fotokopiereinrichtung der Bibliothek (< 3%) sind vernachlässigbar. Angaben in: BA, R 4901/14813.

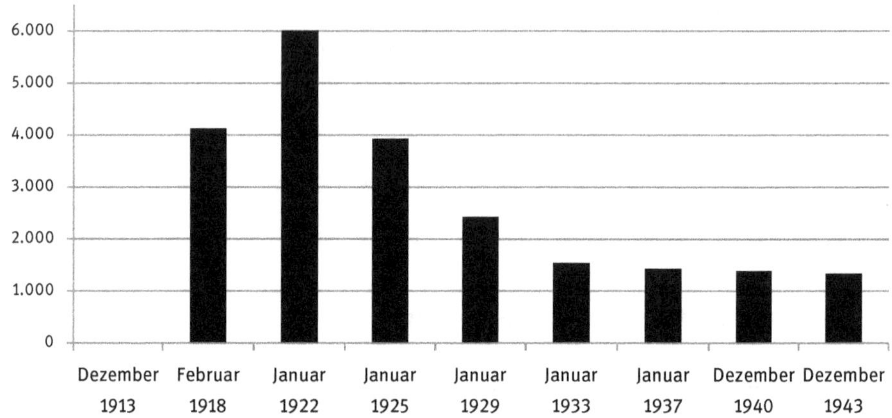

Abbildung 1: Mitglieder der IfW-Fördergesellschaft (1913 – 1943)
Ausgewählte Daten. F. Hoffmann: Die Geschichte des IfW II, 1943, in: ZBW, IV 2737 sowie HS IfW, M1.

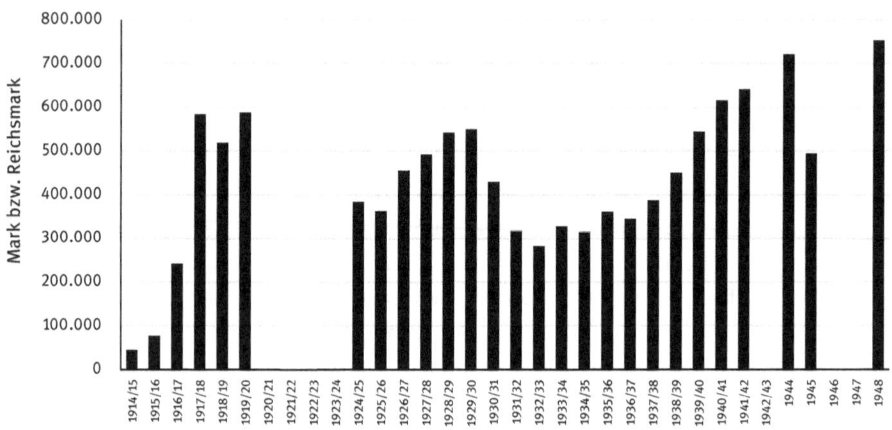

Abbildung 2: Etats des IfW (1914/15 – 1948)
Werte nicht inflationsbereinigt. Vorhandene schwarze Kassen konnten nicht rekonstruiert werden. Die Gehälter der vom Staat bezahlten Dozenten sind nicht inbegriffen. Quellen: BA, R 4901/14813; BA, 4901/1217; LASH, Abt 47, Nr. 1821; ZBW, IV 2737; Greiser an Kurator Uni Kiel, 03.08.1945, in: LASH, Abt. 47, Nr. 3824.

rungsgrundlage festgeschrieben. Paritätisch trug die öffentliche Hand nun 50 % des Instituts-Etats, während die Fördergesellschaft, also im Prinzip die Privatwirtschaft, die andere Hälfte zahlte.[55] Neben dem grundsätzlichen Ziel der Förderung der deutschen Wissenschaften war der Reichszuschuss auch für die Finanzierung der Betei-

55 Die Vorgänge sind dokumentiert in den Akten des Reichsinnenministeriums, siehe BA, R 1501/116325.

ligung des IfW an dem großangelegten „Ausschuss zur Untersuchung der Erzeugungs- und Absatzbedingungen der deutschen Wirtschaft" (siehe Kapitel 4.1) gedacht. Das Kultusministerium erhoffte sich seinerseits auch eine politische Wirkung, nämlich, dass „damit der Universität Kiel im Kampfe um das Deutschtum in der Nordmark eine starke Stütze verbleiben würde."[56] Auch wenn die Finanzierungsvereinbarung während der Weltwirtschaftskrise gebrochen wurde, blieb sie als Leitidee für künftige Verhandlungen wirkmächtig. Mitte der 1930er gelang es schließlich mit Unterstützung des preußischen Finanzministers Johannes Popitz, das IfW als regulären Posten im Staatshaushalt zu etablieren. Die gestiegenen Staatszuschüsse schlugen sich 1926 auch in der Besetzung des Verwaltungsrats der Fördergesellschaft nieder. Zu dem bis dahin einzigen Staatsbeamten, dem Vertreter des preußischen Kultusministeriums, stießen Mitglieder des Reichstags sowie Führungspersonen des Reichswirtschafts-, Reichsjustiz- und Reichsinnenministeriums hinzu. Für die künftige Entwicklung des IfW sollten die Neumitglieder Popitz, Staatssekretär im preußischen Finanzministerium und später Reichsfinanzminister, Friedrich Saemisch, Präsident des Rechnungshofes und Reichssparkommissar, sowie Friedrich Schmidt-Ott, Präsident der Notgemeinschaft der Deutschen Wissenschaft (später: Deutsche Forschungsgemeinschaft, DFG), besonders bedeutend sein.[57] Ferner erhöhte sich der Anteil der Bankiers, die einige der bis dato dominierenden Vertreter der Großindustrie ablösten.

Schmidt-Ott war es, der dem IfW zum ersten Mal den Zugang zu Stiftungsgeldern eröffnet hatte. Als Präsident der Notgemeinschaft – de facto eine Reichswissenschaftsbehörde – leitete er in den Jahren 1924 und 1925 Spenden einer Schwesterorganisation der Rockefeller Foundation an die IfW-Bibliothek weiter.[58] Die Rockefeller Foundation, in der Zwischenkriegszeit die bedeutendste ausländische Geldquelle für die deutsche Wissenschaft, unterstützte das IfW in den nächsten Jahren außerdem durch die Vergabe mehrjähriger Reisestipendien an Predöhl sowie an die Assistenten Rudolf Freund und Walter Egle.[59] Als dann während der Weltwirtschaftskrise die Zahlungen der Fördergesellschaft, der öffentlichen Hand sowie der Notgemeinschaft erneut wegbrachen, waren im IfW massive Einsparungen nötig. Nur weil die Rockefeller Foundation im April 1931 beschloss, das Institut für drei Jahre mit jeweils 10.000 Dollar zu fördern, konnte es überhaupt weiterexistieren. Diese Mittel, die 1932/33 sogar über ein Drittel des IfW-Etats deckten, waren zweckgebunden für den Erhalt der Astwik und den Abschluss der Arbeiten des Enquete-Ausschusses.

Die Bedeutung von Auskunftserteilungen und langfristigen Aufbereitungsleistungen wie den *Kriegswirtschaftlichen Nachrichten* im Finanzierungsmodell des IfW war in den frühen 1920er Jahren stark zurückgefahren worden. Erst 1932 übernahm

---

56 Kultusministerium an Reichsinnenministerium, 05.12.1924, in: BA, R 1501/116324, Bl. 104

57 Besetzung Verwaltungsrat IfW-Fördergesellschaft, März 1926, in: BA, R 1501/116325, Bl. 154.

58 Schmidt-Ott an Beardsley Ruml (Direktor Laura Spelman Rockefeller Memorial), 04.02.1925 und 19.10.1925, in: RAC, LSRM, s. 3.06, b. 61, f. 658. Im Etat-Jahr 1926/27 deckten solche -Gelder knapp 10 % des IfW-Etats.

59 Ausführlich in: Take (2017b und 2018a).

das Institut vom Reichsfinanzministerium wieder einen größeren Forschungsauftrag, der nicht in den Bereich Grundlagenforschung fiel, sondern einen eindeutigen wirtschaftspolitischen Verwendungszweck besaß.[60] Unter Predöhl wurde die anwendungsorientierte Auftragsforschung für staatliche und private Auftraggeber dann ab Mitte der 1930er Jahre zu einer systematisch genutzten Finanzierungsquelle des IfW ausgebaut, die neben die staatliche Grundfinanzierung, die Zuwendungen der Fördergesellschaft und die Spenden der Rockefeller Foundation trat.

60 Siehe Schwerin von Krosigk an Harms, 01.11.1932, in: BA, R 2/12025.

4 „Meeresstille und glückliche Fahrt“ (1926 – 1932)

Die zweite Hälfte der Weimarer Republik wurde rückblickend vom stellvertretenden Institutsdirektor als „Meeresstille und glückliche Fahrt“[1] betitelt. In der Tat war die Leitung sowie das Umfeld stabil und das wissenschaftliche Niveau so hoch wie nie zuvor.[2] Der Institutsdirektor Harms verlegte seinen Tätigkeitsschwerpunkt von der Lehre und Doktorandenbetreuung hin zur Organisation und Leitung von großangelegten Konferenzen und Kommissionen. Dadurch erlangte des IfW eine „ausgesprochene Politikrelevanz“[3]. Die Stellung war so dominant, dass der seinerzeitige Reichsbankpräsident rückblickend schrieb: „Es war ein Hochgenuß mitzuerleben, wie Professor Harms [...] mit eiserner Hand die nationalökonomischen Häupter Deutschlands regierte“.[4] Auch die Rockefeller Foundation war der Ansicht, Harms sei der „‚Doyen‘ of German economists“[5] und Edgar Salin schrieb, er habe im Bereich Ökonomie den Gelehrtentyp „Organisator wissenschaftlicher Forschung und Lehre“[6] erfunden. Seine Nachfolger Jessen und Predöhl konnten diese prominente Stellung nicht erreichen, obwohl beide sich um eine Karriere als Wissenschaftsfunktionäre bemühten.

Bemerkenswert war auch das große Interesse der höheren Ebenden der Wirtschaftspolitik an den Vorschlägen und Forschungsergebnissen der Kieler Ökonomen. Der in Bezug auf das in der Hauptstadt Berlin gelegene IfK formulierte Befund einer neuen und innigen Beziehung zwischen Wissenschaft und Politik[7] lässt sich auch auf das in der Peripherie Kiels angesiedelte IfW übertragen. In der Organisation seiner Großprojekte konnte Harms sich in hohem Maße auf seine Institutsmitarbeiter stützen, insb. auf seine Konjunktur- und Finanzwissenschaftler Adolf Löwe, Gerhard Colm und Hans Neisser. Eingebunden wurden ferner die in Kiel promovierten Predöhl und Bente, der spätere Direktor des dortigen Staatswissenschaftlichen Seminars.

4.1 Konjunkturforschung durch die Astwik

In den Wirtschaftswissenschaften bildete die Konjunkturforschung das wichtigste Thema der Zwischenkriegszeit.[8] Um die „Erzeugungs- und Absatzbedingungen der

1 Fleck: Erinnerungen: Kap. IX, Abschnitt IV, S. 23 – 65, in: SHLB, Cb 175. Der Ausdruck geht auf zwei Gedichte Goethes zurück, die von Beethoven zu einer bekannten Kantate zusammengefügt wurden.
2 Vgl. Beckmann (2000) und Hagemann (2008).
3 Hagemann (2008), S. 55.
4 Hans Luther: „Ist man nun Volkswirt?“, in: Volkswirtschaftliche Blätter, April/Mai 1950.
5 Siehe: RAC, RF, fellowship recorder cards, RG 10.2, Disciple 5, Germany, Bernhard Harms.
6 Edgar Salin: Bernhard Harms in Memoriam, in: Brügelmann (1956), S. XII.
7 Vgl. Tooze (1999), S. 525.
8 Vgl. Hagemann, in: Goldschmidt (Hg.) 2005, S. 19.

https://doi.org/10.1515/9783110658873-004

deutschen Wirtschaft“[9] zu untersuchen, setzte der Reichstag im Jahr 1926 nach angloamerikanischem Vorbild einen Enquete-Ausschuss ein.[10] In dessen Präsidium war Harms der wichtigste Wissenschaftler und unter seiner Führung war eine große Zahl deutscher Ökonomen beteiligt, darunter auch der spätere IfW-Direktor Fritz Baade (1893 – 1974). Die Arbeit wurde in ganz wesentlichem Maße vom Kieler Institut geleistet, das mit seinem umfangreichen Archiv, der Bibliothek und dem Mitarbeiterstab einen Vorsprung vor anderen jüngeren Forschungseinrichtungen besaß, wie beispielsweise dem 1925 in Berlin gegründeten Institut für Konjunkturforschung (IfK, ab 1941: Deutsches Institut für Wirtschaftsforschung (DIW)). Nach der Kriegsforschung im Ersten Weltkrieg war die Arbeit für die Enquete das zweite Großprojekt des IfW, in dessen Dienst der überwiegende Teil der Forschungskapazitäten des Instituts gestellt wurde.

Um den Forschungszweig voranzutreiben und sich in die Arbeit des Enquete-Ausschusses einbringen zu können, wurde im April 1926 die Abteilung für Statistische Weltwirtschaftskunde und internationale Konjunkturforschung (Astwik) gegründet. Erster Abteilungsvorstand wurde Adolf Löwe, der vom Statistischen Reichsamt abgeworben werden konnte.[11] In der Besetzung seiner Abteilung genoss Löwe große Freiheiten, die er hervorragend zu nutzen verstand.[12] Binnen kurzer Zeit holte er vielversprechende junge Forscher in die Astwik, darunter Fritz Burchardt, Gerhard Colm, Rudolf Freund, Hans Neisser, Konrad Zweig sowie später Hermann Christian Hillmann, Walther Gustav Hoffmann (im Folgenden: W.G. Hoffmann), Alfred Kähler und Jakob Marschak. Auch der spätere Wirtschaftsnobelpreisträger Wassily Leontief forschte insgesamt knapp drei Jahre lang in der Astwik.[13] Mit der Berufung Löwes auf eine ordentliche Professur im März 1930, der im Jahr darauf ein Wechsel nach Frankfurt folgte, rückte sein bisheriger Stellvertreter Colm zum Abteilungsvorstand

---

9 Abgedruckt in: WA 1926, S. 270*-273*.

10 Ein Vorbild war das Industry and Trade Committee of Great Britain. Siehe „Vortrag von Prof. Dr. Harms über die Enquete-Methoden in England und Amerika“, in: Ausschuß zur Untersuchung der Erzeugungs- und Absatzbedingungen der deutschen Wirtschaft: Verhandlungen und Berichte (Hg.) (1927), S. 96 – 115. Vgl. ferner Baade (Oktober 1954), S. 4. Auch hatte Harms 1923 die in den USA geleisteten Konjunkturforschung kennen gelernt und zeigte seine Begeisterung über das dort aufgebaute „System weltwirtschaftlicher Zustandserkundung [...], das auch vom wissenschaftlichen Standpunkt Bewunderung verdient.“ Harms: Rede vom 29.05.1926 auf einer Tagung der List-Gesellschaft, in: Mitteilungen der Friedrich-List-Gesellschaft, Nr. 1, 15.09.1926, S. 12.

11 Zu Löwes Entscheidung für Kiel, siehe Lowe (1989), S. 78. Bei der Annahme der englischen Staatsbürgerschaft wurde sein Name 1939 zu Adolph Lowe naturalisiert.

12 Krohn schreibt sogar sämtliche Anstellungen Löwe zu. Vgl. Krohn (1996), S. 27.

13 Mai 1927 bis April 1931 mit einer einjährigen Unterbrechung. Beckmann behauptet, Leontief habe eher allein gearbeitet und sich nur wenig in die Gemeinschaftsforschung eingebracht, siehe Beckmann (2000), S. 77. Dem steht allerdings die Leontiefs Vorbemerkung zu seinem „Versuch zur statistischen Analyse von Angebot und Nachfrage“ entgegen, siehe *WA* 30, 1929, S. 1*.

auf. Unter ihm übernahm das IfW acht Assistenten vom sukzessive aufgelösten Enquete-Ausschuss, darunter Werner Schlote, Walter Egle und Günter Keiser.[14]

Die Astwikmitarbeiter teilten viele Gemeinsamkeiten. Fast alle waren Ende 20 oder Anfang 30 Jahre alt,[15] hatten nach ihrem Studienabschluss gleichwohl bereits praktische Erfahrung gesammelt und verorteten sich politisch im linken Spektrum.[16] Wie Harms, hatten auch sie sich mit dem Methodenstreit auseinandergesetzt, aber zumeist andere Schlussfolgerungen gezogen. Colm beispielsweise war nicht bereit „to admit that exclusion of all evaluation (Wertfreiheit) is a possible postulate for the social sciences as a whole."[17] Ferner hatten viele von ihnen jüdische Vorfahren. Es ist zu bezweifeln, dass talentierte Wissenschaftler in dieser Menge für Kiel hätten gewonnen werden können, wenn nicht politische Intoleranz oder Antisemitismus eine Karriere an anderen Universitäten verhindert hätten. Derselben personalpolitischen Toleranz ist es auch geschuldet, dass Juristen wie Gustav Radbruch (1919–1926), Walther Schücking (1926–1933) oder Hermann Kantorowicz (1929–1933) an die Kieler Rechts- und Staatswissenschaftliche Fakultät geholt werden konnten. Frei von Ressentiments war man aber auch hier nicht. So musste sich Marschak beispielsweise zur Anerkennung seiner in Kiel verfassten Habilitation an die Uni Heidelberg wenden, da ihn in Kiel „viele Mitglieder der Rechts- und Staatswissenschaftlichen Fakultät Marschak als Juden und Sozialdemokraten ablehnten."[18] Der Antisemitismus, der in F. Hoffmanns 1941–1943 verfasster IfW-Geschichte einen deutlichen Niederschlag fand,[19] bestand also in bedeutendem Maße bereits vor 1933. Auch der damalige Spitzname der Astwik, „Palästina-Abteilung",[20] sagt einiges über den Zeitgeist aus.

Mit der Astwik begann zum ersten Mal eine deutsche Einrichtung die internationale Konjunktur systematisch zu beobachten und zu analysieren. „Dabei war die empirische Beobachtung von vornherein verknüpft mit einer kritischen Reflektion der in der empirischen Konjunkturforschung verwendeten mathematischen und statistischen Methoden".[21] Die Leistung dieser Pioniere der Ökonometrie wirkte sich auch auf

---

14 Vgl. Beckmann (2000), S. 68. Keiser wurde im Mai 1930 Generalsekretär der neu im IfW gegründeten „Volkswirtschaftlichen Zentralstelle für Hochschulstudium und akademisches Berufswesen".

15 Krohn zählt sie zu jener „Generation jüngerer Gelehrter [...], die nach dem Schockerlebnis des Ersten Weltkrieges und dem damit verbundenen Zusammenbruch der alten kaiserlichen Ordnung in der neuen Republik nach neuen theoretischen und gesellschaftspolitischen Instrumentarien suchten." Krohn (2002), S. 439.

16 Mit Burchardt, Colm, Hillmann, W.G. Hoffmann, Kähler, Löwe, Marschak und Neisser hatte die Astwik mindestens acht aktive SPD-Mitglieder in ihren Reihen. Als Nebenbeschäftigung leitete Kähler bis 1933 die Arbeitervolkshochschule Harrisleefeld bei Flensburg. In den Jahren 1930–1932 wirkte W. G. Hoffmann dort als Dozent.

17 Colm: Economics Today, in: Colm (1955 [1937], S. 345.

18 Harald Hagemann: Jacob Marschak (1898–1977), in: Blomert, Eßlinger und Giovannini (1997), S. 229.

19 F. Hoffmann: Die Geschichte des IfW II, 1943, S. 146–148, in: ZBW, IV 2737.

20 Fleck: Erinnerungen: Kap. IX, S. 54, in: SHLB, Cb 175.

21 Hagemann (2008), S. 53.

die Zeitschrift *WA* aus, das sich erst jetzt zu einem international führenden Publikationsorgan entwickelte. Auch wurde nun erst die im Wirtschaftsarchiv und in der Bibliothek gesammelte gewaltige Informationsmenge in jener Weise genutzt, wie Harms es sich bei Gründung des Instituts erhofft hatte.[22] Zu den Leistungen gehörte unter anderem eine Neuformulierung der Quantitätstheorie des Geldes (Neisser), die Entwicklung eines rudimentären Input-Output-Modells (Kähler) sowie eines dreisektoralen Produktionsmodells (Burchardt).[23]

In die Enquete war die Astwik über den von Harms geleiteten Hauptausschuss eingebunden, der die Einzelergebnisse zusammenfassen sollte.[24] Insgesamt wurden über 70 Bände publiziert, bis die Enquete ihre Arbeit in der Weltwirtschaftskrise aus Geldmangel abbrechen musste.[25] Eigenständig stellte die Astwik dennoch im Anschluss 1932 einen zweibändigen Abschlussbericht fertig, der „für lange Zeit das Standardwerk über den deutschen Außenhandel"[26] wurde. Auch schalteten sich die Mitarbeiter in die wirtschaftspolitischen Debatten ein. So leisteten sie beispielsweise inhaltliche und organisatorische Beiträge zu den von Harms organisierten Konferenzen über aktuelle Themen, wie die Reparationsfrage oder die Weltwirtschaftskrise. Trotzdem schätzt der Astwik-Biograph Ulf Beckmann die unmittelbare Wirkung der Astwik in der deutschen Fachwelt als eher gering ein.[27] In dieser mangelnden Rezeption sieht er sogar „*eine* der Ursachen für das immer noch andauernde ‚Hinterherhinken' der deutschen Volkswirtschaftslehre."[28] Die Missachtung erklärt sich zu einem großen Teil daraus, dass die Mehrzahl der Astwik-Mitarbeiter 1933 emigrieren musste und ihre Schriften in Deutschland verbrannt, verboten oder nicht mehr beachtet wurden.[29] Nach 1945 waren ihre Schriften dann vergessen und wurden, trotz der hervorragenden Stellung von ehemaligen Mitarbeitern wie Colm, Löwe oder Marschak im Ausland, nicht wiederentdeckt.

---

22 Selbst F. Hoffmann gesteht zu: „Hier in der Astwik wurde zum ersten Mal wirklich der angesammelte Wissenschaftsrohstoff ausgenutzt." F. Hoffmann: Die Geschichte des IfW III, 1944, S. 72, in: ZBW, IV 2737. Durch die Enquete wuchs die Bekanntheit der Bibliothek im In- wie im Ausland. Vgl. Otto (1964), S. 85.

23 Vgl. Beckmann (2000), S. 14 – 15.

24 Vgl. Harms: Strukturwandlungen der deutschen Volkswirtschaft (Deutsche Wirtschafts-Enquete), in: WA 1926, S. 266*.

25 Vgl. Krohn (1981), S. 24.

26 Hagemann: Zerstörung eines innovativen Forschungszentrums und Emigrationsgewinn. Zur Rolle der „Kieler Schule" 1926 – 1933 und ihrer Wirkung im Exil, in: Hagemann (Hg.) (1997), S. 310.

27 Vgl. Beckmann (2000), S. 17.

28 Ebd., S. 461.

29 Trotz ihrer ungebrochenen Produktivität im Ausland wurden Colm, Neisser und Löwe nach 1934 im *WA* nur noch je fünf, drei bzw. ein Mal zitiert. Vgl. www.jstor.org, Suche durchgeführt am 14.06.2017.

4.2 Andreas Predöhl und die Rhein-Kommission

1928 erhielt Harms zusätzlich den Vorsitz über eine „Rhein-Kommission über die Lage der Rheinschifffahrt und der in ihr beschäftigten Arbeitnehmer". Aufgabe war, „für die künftige Rheinschifffahrtspolitik die wirtschaftliche und soziale Struktur der Rheinschifffahrt zu untersuchen und hierbei insbesondere die Wandlungen gegenüber der Vorkriegszeit zu ermitteln."[30] Als Sekretär und Verfasser des Abschlussberichts setzte Harms seinen Schüler Predöhl ein, der seine ersten Erfahrungen in der Politikberatung und in der Durchführung eines größeren Forschungsvorhabens sammelte.[31] Es handelte es sich um eine empirische Fallstudie im Bereich Raumforschung, welcher einer der zentralen Themenbereiche des IfW während Predöhls Amtszeit als Institutsdirektor werden sollte.

Andreas Predöhl wurde am 26. Oktober 1893 in Hamburg als Sohn von Clara, Abkömmling der vermögenden Kaufmannsfamilie Amsinck, und Max Predöhl, promovierter Jurist und mehrmaliger Erster Bürgermeister der Hansestadt, geboren. Nach dem Abitur am Johanneum begann er 1912 ein Studium der Staatswissenschaften, das er jedoch bereits ein Jahr später für den Militärdienst unterbrach. Im Ersten Weltkrieg machte er als hochdekorierter Kampfpilot eine Offizierskarriere.[32] Nach Kriegsende nahm er sein Studium wieder auf, wechselte nach Kiel und wurde dort im 1921 von Harms mit dem Thema „Die Grenzen der Verwendung von Arbeit in der Wirtschaft" promoviert. Anschließend wurde er als Assistent und später als Direktorialassistenten im IfW angestellt. Nach seiner Habilitation bei Harms im zum Thema „Problematik der Standortslehre" rückte er 1924 zum Privatdozenten auf. Seine Karriere wurde in dieser Zeit durch ein dreijähriges Stipendium der Rockefeller Foundation weiter gefördert, das er nutzte, um in England, Kanada und den USA weiter zu seinem Habilitationsthema zu forschen. In Aufsätzen im *Weltwirtschaftlichen Archiv* und im renommierten *Journal of political economy* forderte er eine Art *spatial turn* in seiner Disziplin, eine stärkere Beachtung der räumlichen Dimension in der Wirtschaft.[33] Es gelang ihm jedoch damals wie auch später nicht, innovative Ansätze oder gar „the outline of a general theory of location"[34] zu präsentieren.[35] Wie Harms wollte auch Predöhl theoriegeleitet vorgehen und wie sein Lehrer schaffte auch er es nicht, die eigenen Ansprüche zu erfüllen. Hinter hochgestochenen Formulierungen verbarg sich eine inhaltliche Leere.[36]

---

30 Rhein-Kommission (1930), S. X.

31 Vgl. Ebd., S. XVI. Predöhl wurde von seinem Hilfsarbeiter Kurt Preiss unterstützt, später Doktorand und 1935–1938 IfW-Direktorialassistent.

32 Personalakte, in: BA, R 4901/25239. 1916 war er zeitweise auf demselben Flugplatz stationiert wie Hermann Göring. Vgl. Predöhl: Zur Geschichte des IfW (ca. 1953), S. 30, in: HS IfW.

33 Vgl. Predöhl (1925, 1928, 1949).

34 Predöhl (1928), S. 388.

35 Vgl. Bröcker (2014), S. 212–214

36 Vgl. Ebd., S. 220–221. Abzulehnen ist die Meinung Scheupleins (2009), S. 89.

Obwohl Predöhl in der Rhein-Kommission den bei Harms üblichen riesigen Aufwand betrieb, waren die Ergebnisse und die eingesetzte Technik unzureichend.[37] Methodisch, gerade in der zentralen Unterscheidung zwischen vorübergehenden und dauernden, also konjunkturellen und strukturellen Einflüssen, blieb Predöhl weit hinter dem von der Astwik gesetzten Standard zurück. Problematisch war ebenfalls, dass die politische Rolle des Kommissionsberichts nicht transparent dargestellt wurde. In traditioneller Harms'scher Manier wurde auch hier der Anspruch „objektiver Wissenschaft“[38] erhoben. Man wolle lediglich „gangbare Wege gegeneinander abwägen und zeigen, welche dem wirtschaftspolitischen Ziel fremden Interessen durch diese oder jene Maßnahme günstig oder ungünstig beeinflusst werden.“[39] In der Einleitung zum Bericht wurde behauptet, es sei gelungen, „auf der ganzen Linie zu einheitliche Feststellung von Tatsachen und Tatsachenzusammenhängen, zu einmütiger Würdigung ihrer Ursachen und Wirkungen sowie schließlich zur Übereinstimmung in den Schlussfolgerungen zu gelangen.“[40] Dabei wurde missachtet, dass *Einmütigkeit*, also die Gleichgerichtetheit der Interessen, nicht mit *Objektivität* identisch ist, also der Abwesenheit von Interessen. Im Bericht wird dies beispielsweise fassbar in der wenig überraschenden Empfehlung Predöhls, den Schiffsverkehr auf dem Rhein durch eine Revision der Reichsbahntarifpolitik zu stärken.[41] Alle Kommissionsmitglieder, welche der Schifffahrtslobby als Arbeitgeber, Arbeitnehmer oder betroffene Kommunen nahestanden, konnten sich unproblematisch hinter diese Forderung stellen. Die Reichsbahn, zu deren Lasten dies gehen würde, hatte ein entsprechendes „Forschungsergebnis“ selbstverständlich antizipiert und eine Kooperation entsprechend von vornherein verweigert.[42]

Noch während der Arbeit in der Rhein-Kommission wurde Predöhl 1929 in Kiel zum nicht beamteten Professor ernannt und im November 1930 dann als ordentlicher Professor an die Handelshochschule Königsberg berufen.[43] Von dort aus kehrte er bereits im April 1932 als Nachfolger des überraschend gestorbenen Professor Julius Landmann nach Kiel zurück. Allerdings hatte er nur die dritte Wahl der Fakultät dargestellt, die primär an Erwin von Beckerath interessiert gewesen war.[44] Bis zum April des Jahres 1933 hatte Predöhl keine besondere Position in der Fachwelt inne, er hatte keine nennenswerten innovativen Gedanken zu Papier gebracht und seinen Aufstieg zu großen Teilen Harms und der Unterstützung der Rockefeller Foundation

---

37 Von Beckerath ist anderer Meinung und bezeichnet den von Predöhl verfassten Band als „das Muster einer von Anschauung erfüllten Strom-Monografie [...], die bisher keine gleichwertige Nachahmung gefunden hat.“ Von Beckerath (1964), S. 13.

38 Rhein-Kommission (1930), S. 445.

39 Ebd.

40 Ebd., S. XVI.

41 Vgl. ebd., S. 492.

42 Vgl. ebd., S. XIV.

43 Von dort aus unternahm er unter anderem eine längere Reise durch die Sowjetunion. Siehe Predöhl (1932).

44 Vgl. Dekan Kantorowicz an Kultusministerium, 16.12.1931, in: LASH, Abt. 415, Nr. 821, Bl. 284 – 290.

zu verdanken. Wenig deutete darauf hin, dass Predöhls Karriere in naher Zukunft über die Position eines Ordinarius der wirtschaftlichen Staatswissenschaften mit Schwerpunkt auf dem Verkehrswesen hinausgehen würde.

4.3 Beteiligung an wirtschaftspolitischen Debatten

Zu den wichtigsten wirtschaftspolitischen Debatten der zweiten Hälfte der Weimarer Republik zählten die noch immer ungelöste Reparationsfrage, die richtige Reaktion auf die Weltwirtschaftskrise sowie das Ausmaß der Einbindung Deutschlands in die Weltwirtschaft. Das IfW war an diesen Debatten führend beteiligt.

Reparationen

Die Reparationsfrage war politisch stark aufgeladen und es gab diametral entgegenstehende Auffassungen darüber, was denn die Rolle der Wirtschaftswissenschaften in dieser Angelegenheit überhaupt sein solle. Akut wurde die Frage unter anderem auf zwei Konferenzen der List-Gesellschaft im Jahr 1928 in Berlin, die Harms mit seinem „Kieler Stab" organisierte.[45] Er war der Ansicht, man müsse unvoreingenommen und von einem rein wissenschaftlichen Standpunkt aus untersuchen, ob und in welchen Raten Deutschland Reparationen bezahlen könne. Die gewonnenen Erkenntnisse wurden nicht nur den inländischen Politikern, insbesondere den deutschen Delegierten der Pariser Sachverständigenberatung, die zum Young-Plan führte, sondern auch dem Ausland zur Verfügung gestellt. Harms glaubte mit seiner Strategie der Politikberatung erfolgreich zu sein, denn die Erkenntnisse der Konferenzen würden in Vorbereitung auf die Pariser Verhandlungen „im Augenblick von denen, die es angeht, regelrecht gepaukt".[46]

Die Hauptadressaten, der ehemalige und künftige Reichsbankpräsident Hans Luther sowie der gegenwärtige Reichsbankpräsident und Leiter der Pariser Delegation, Hjalmar Schacht, wandten sich jedoch ausdrücklich gegen das Ideal einer voraussetzungslosen Wissenschaft. Letzterer erhob sogar die auch vom Nationalsozialismus geteilte Forderung eines Primats der Politik über die Wissenschaft[47]: „Wir Deutschen fangen immer an, über die Dinge nachzudenken, anstatt daß wir zuerst unseren Willen formulieren [...]. Meine Herren, ich erkläre Ihnen, ich will nicht zahlen, und deshalb akzeptiere ich keine Theorie, die mir beweist, daß ich zahlen muß."[48] Zu

45 Dazu gehörten die Astwik-Mitarbeiter sowie Sven Helander und Julius Landmann. Brügelmann (1956), S. 76.
46 Harms am 14. Januar 1929, zitiert nach Ebd., S. 94.
47 Vgl. Janssen (2012), S. 32.
48 Hjalmar Schacht auf der Reparations-Konferenz am 6. Juni 1928, zitiert nach Brügelmann (1956), S. 85.

diesem Zeitpunkt konnten und wollten Harms und die meisten seiner Kollegen die ökonomische Disziplin noch gegen eine solche Degradierung zu einem bloßen Erfüllungsgehilfen der Wirtschaftspolitik und zu einem Lieferanten von argumentatorischer Verhandlungsmasse mit wissenschaftlichem Anstrich verteidigen.[49] Zu dieser geschlossenen Front zählten auch Löwe, Colm und Neisser. Harms ordnete diese führenden Köpfe der Astwik gemeinsam mit Walter Eucken und Wilhelm Röpke einer gemeinsamen Strömung zu, die er in Abgrenzung zur Historischen Schule bzw. politischen Ökonomie als „fortentwickelte klassische Theorie“ bzw. „reine“ Ökonomie bezeichnete.[50]

Inhaltlich knüpfte Harms vor allem an „Unmöglichkeitstheoretiker“[51] wie Keynes an. Er wollte die maximale Leistungsfähigkeit Deutschlands zur Zahlung von Reparationen feststellen und mithilfe dieser wissenschaftlich belegbaren Fakten dafür sorgen, dass Frankreich und England von ihren Forderungen abrückten. Sie könnten nicht durch Zölle und Kontingente Deutschlands Exportmöglichkeiten beschränken und gleichzeitig die Erwirtschaftung von Überschüssen erwarten. Predöhl war derselben Meinung, dass die Reparationen einen „Strukturriegel“ darstellten. Sie schüfen ein Kapitalvakuum, das einen wirtschaftlichen Aufschwung Deutschlands und damit mittelbar auch eine Erholung der Weltwirtschaft blockiere.[52] Wenn die Siegermächte des Ersten Weltkriegs an ihren unerfüllbaren Reparationsforderungen festhielten, würden sie sich nur selbst eines Handelspartners berauben.

Ein Glück für das IfW war die Ernennung von Lutz Graf Schwerin von Krosigk zum Reichsfinanzminister im Juni 1932. Anders als die meisten Revisionspolitiker konzentrierte dieser sich nicht auf moralische Appelle, sondern auf wirtschaftliche Argumente. Harms bot ihm an, mithilfe seines IfW „die reparationspolitischen und internationalkreditwirtschaftlichen Strukturwandlungen wissenschaftlich zu untersuchen, die [...] den konjunkturellen Aufschwung der Weltwirtschaft im Allgemeinen und der deutschen Wirtschaft im besonderen hemmen.“[53] Von Krosigk nahm dieses Angebot an, wohl auch um Harms' flehentlichen Bitten zu entsprechen, mit den Projektmitteln „das Kieler Werk vor dem Zusammenbruch zu bewahren.“[54] Nach der Machtübernahme der Nationalsozialisten wurden diese Untersuchung nicht mehr durchgeführt, aber die Projektmittel in Höhe von 40.000 RM, eine Verdreifachung des veranschlagten Reichszuschusses für 1933/34, sicherten den Fortbestand des IfW.

49 Zur Kontroverse um Schachts Beitrag: Ebd., S. 81 – 85. Die Rede wurde in die Dokumentation der Konferenz nicht aufgenommen.

50 Siehe hierzu Janssen (2012), S. 50 – 71.

51 Brügelmann (1956), S. 74.

52 Vgl. Redebeitrag Predöhls nach dem Vortrag Luthers (1932), S. 40 – 42. Siehe auch Harms an Schwerin von Krosigk, 10.08.1932, in: BA, R 1501/116324, Bl. 316.

53 Vgl. Schwerin von Krosigk an Harms, 01.11.1932, in: BA, R 2/12025. Die Ergebnisse sollten dem Auswärtigen Amt, dem Reichsinnenministerium und dem RWM mitgeteilt werden.

54 Harms an von Krosigk, 10.08.1932, in: BA, R 2/12025, Bl.

II Konjunkturpolitische Reaktion auf die Weltwirtschaftskrise

Die Debatte über die richtige Reaktion auf die Weltwirtschaftskrise wurde mit einer Kontroverse über einen Mangel an Investitionskapital in der Privatwirtschaft verbunden. Letztere wurde insbesondere auf einer hochkarätig besetzten Konferenz Ende Oktober 1929 geführt, die von Harms, Colm und Neisser organisiert worden war.[55] Hauptstreitpunkt war die Frage, ob dem Kapitalmangel mit einer Ausweitung oder einer Reduktion des Staatsanteils an der Wirtschaft begegnet werden müsse. Harms war ebenso wie die Mehrheit der Konferenzteilnehmer und wie die großen Industrieverbände der Meinung, dass Steuersenkungen vorgenommen werden müssten.[56] Insbesondere Erleichterungen für die oberen Einkommensklassen würden zur privaten Kapitalbildung beitragen und so die Investitionstätigkeit anregen, was zu mehr Arbeitsplätzen und mehr Wohlstand für alle führe. Es handelte sich also um *trickle down economics.*

Die Astwik nahm eine entgegengesetzte Außenseiterposition ein. Steuersenkungen reichten, so Löwe, nicht im Entferntesten aus, um die gewünschten Effekt zu erzielen.[57] Neisser assistierte mit dem Hinweis auf die externen (nicht beabsichtigten) Effekte, die eine ausschließlich auf private Kapitalbildung ausgerichtete Steuerpolitik hätte.[58] Die Lösung liege, so Löwe und Colm, in der „produktionsfördernde(n) Wirkung der Staatsausgaben“,[59] weil die Selbstheilungskräfte der kapitalistischen Wirtschaft hätten versagt. In der Astwik war man sich jedoch nicht einig, ob der höhere Staatsanteil durch Auslandskredite finanziert und die Bezahlung damit aufgeschoben werden sollte (Löwe) oder ob der Staat die Mittel durch produktivitätsneutrale Steuerhöhungen, beispielsweise über eine Erhöhung der Erbschaftssteuer, sofort einnehmen sollte (Colm).[60]

Es ging also erneut um die Kernfrage: Mehr oder weniger Staat, *pro*zyklische oder *anti*zyklische Wirtschaftspolitik? Wie viele andere Sozialdemokraten auch, gehörten Löwe, Colm und Neisser zu den Befürwortern einer antizyklischen Fiskalpolitik und können damit als frühe deutsche Vertreter des Keynesianismus bezeichnet werden.[61]

---

55 Sie gaben auch die Reden und den Anhang zur Konferenz heraus. Vgl. Colm und Neisser (Hg.) (1930).

56 Vgl. Harms: Die Ergebnisse der Konferenz, in: Colm und Neisser (Hg.) (1930), Bd. 2., S. 155 – 166. Vgl. ferner James (1988), S. 136.

57 Vgl. Löwe: Beitrag zur Generaldebatte, in: Colm und Neisser (Hg.) (1930), Bd. 2, S. 144.

58 Vgl. Neisser: Die produktionspolitische Bedeutung der Ertragssteuer, in: Ebd., S. 301 – 303.

59 Colm: Hohe Einkommenssteuer bedenklicher als hohe Erbschaftssteuer, Ebd., S. 9. Siehe auch Colm: Wege aus der Weltwirtschaftskrise, in: Die Arbeit, 8. Jg., Heft 11, Nov. 1931, S. 820 – 822.

60 Vgl. Löwe: Beitrag zur Generaldebatte, in: Colm und Neisser (Hg.) (1930), Bd. 2, S. 144. Vgl. Colm: Hohe Einkommenssteuer bedenklicher als hohe Erbschaftssteuer, in: Ebd., S. 9 – 10.

61 Vgl. Hagemann (2000), S. 36 sowie Janssen (2012), S. 47. Keynes hatte im Jahr 1930 Neisser seine Anerkennung ausgesprochen. Ein späterer Beitrag Neissers aus der Emigration wird als eine der wichtigsten Reaktionen eines deutschsprachigen Ökonomen auf Keynes’ General Theory gewertet. Vgl. Hagemann (2008), S. 82 – 83.

Anders als die Mehrheit der Zeitgenossen waren sie nicht der Ansicht, dass man die Weltwirtschaftskrise und die anschließende Depression „ausbrennen“ lassen sollte. Der Staat dürfe nicht prozyklisch seine Ausgaben den sinkenden Steuereinnahmen anpassen, sondern müsse intervenieren. Die Krise sei nicht nur unerträglich tiefgreifend, sondern sie erfülle überdies angesichts monopolisierter Märkte keinen wirtschaftlichen Sinn und reinige beispielsweise nicht den Markt von unrentablen Wettbewerbern.[62]

Auch Harald Fick, seit Oktober 1932 Privatdozent in Jena und ab Oktober 1935 bis zu seinem Tod 1954 Professor in Kiel, meldete sich mit einer Monographie zu Wort. Diese wird als „eine der frühesten systematischen Untersuchungen über die Interdependenz zwischen Staatsfinanzen und Konjunktur“[63] bezeichnet. Er bemühte sich, die Handlungsoptionen des Staates strukturiert darzustellen und zeigte die Nachteile der gegenwärtigen prozyklischen Wirtschaftspolitik („Anpassungsmethode“) auf. Zugleich schreckte er jedoch davor zurück, eine konsequente Anwendung der „Reaktionstheorie“, also eine antizyklische Erhöhung der Staatsausgaben als Reaktion auf Konjunktureinbrüche, zu empfehlen.[64] Stattdessen unterstützte er die passive Wirtschaftspolitik des Reichskanzlers Heinrich Brüning.[65] Noch 1933, als die Politik der Ausgabensenkungen gescheitert und die deutsche Wirtschaft massiv geschrumpft und von hoher Arbeitslosigkeit gekennzeichnet war, bezeichnete Fick die „Anpassungsmethode“ zwar als „primitives Mittel“, empfahl sie aber doch als „sichere, erfolgreiche und letztlich ungefährliche Methode.“[66] Es ist deshalb angemessen, Fick für diese Zeit als Vertreter einer *non*zyklischen Wirtschaftspolitik zu bezeichnen. Erst 1934, also nachdem die NS-Wirtschaftspolitik erste Erfolge bei der Bekämpfung der Arbeitslosigkeit gezeigt und sich Keynes mit seinem Traktat „Means to Prosperity“ weit vorgewagt hatte, traute auch Fick sich, eine defizitfinanzierte antizyklische Wirtschaftspolitik zu fordern.[67]

Es war nicht nur die Angst vor einer Außenseiterposition, die Fick von einer konsequenten Übertragung seiner konjunkturtheoretischen Ansichten in wirtschaftspolitische Empfehlungen abhielt. Hinzu kam, dass er wegen der ohnehin hohen Auslandsverschuldung weitere Auslandskredite ablehnte. Mit Steuererhöhungen oder Inlandskrediten würde der Staat wiederum nur der Privatwirtschaft jene Investitionsmittel nehmen, die zur Belebung der Wirtschaft ebenfalls dringend benötigt würden (*crowding out*). Fick ignorierte die dritte Möglichkeit der Geldschöpfung. Das war zeittypisch, denn die Hyperinflation zehn Jahre zuvor war immer noch wirk-

---

62 Vgl. Hagemann (2000), S. 39.

63 Landmann (1981), S. 355. Gottfried Bombach wertet Ficks Buch als „kühne bahnbrechende Leistung“ (zitiert nach Ebd., S. 355) und Janssen behauptet, Fick habe „eine geschlossene Darstellung dessen vorgelegt, was wir heute antizyklische Fiskalpolitik nennen.“ Janssen (2012), S. 507.

64 Zitate in Fick (1932), S. 107. Siehe auch Fick (1933), S. 568.

65 Vgl. James (1988), S. 325.

66 Fick (1933), S. 568.

67 Vgl. Fick (1934), S. 398 – 400. Vgl. hierzu Landmann (1981), S. 359 – 360.

mächtig und ließ vielen Ökonomen und Laien die Möglichkeit einer Inflationierung der Geldmenge indiskutabel erscheinen. Während dieser Hyperinflation hatte Fick seinerzeit sein Wirtschaftsstudium begonnen und den Schwerpunkt Finanzwirtschaft gewählt.[68]

Im Steit um pro- oder antizyklische Wirtschaftspolitik standen sich „nicht klassische Orthodoxie und deutscher Keynesianismus gegenüber, sondern ein von historischen Strömungen gespeister, theoriefeindlicher Reformismus oder Aktivismus, der seinen radikalsten Ausdruck im Nationalsozialismus fand, und eine zu keiner mehrheitlich getragenen Entscheidung fähige akademische Nationalökonomie."[69] Zu letzterer gehörte, wie oben bereits geschildert, an vorderster Front die Astwik-Führung mit ihren konstruktiven Vorschlägen.[70] Aber auch ein Vertreter der theoriefeindlichen Reformer war in den Reihen des IfW zu finden: Hermann Bente.

Nach seiner Promotion bei Harms im März 1923 hatte Bente zunächst in der IfW-Bibliothek und von 1924 bis Ende März 1933 als Repetent und Leiter der Redaktionsabteilung gearbeitet. Während die Astwik-Mitglieder die Marktwirtschaft zwar verändern und sozialer gestalten, sie aber grundsätzlich behalten wollten, zog der nationalkonservative Bente radikalere Schlussfolgerungen aus der Weltwirtschaftskrise. Diese stelle ein grundsätzliches Versagen der „Willkür oder – in liberalistischer Ausdrucksweise – [...] ‚Selbststeuerung' des freien Marktes"[71] dar. Demgegenüber pries Bente die modernen technokratischen Möglichkeiten, mit deren Hilfe die Ungleichgewichte in der Wirtschaft in zentral gesteuerter Weise abgebaut werden könne. Sobald es jedoch um konkrete Themen ging, blieb Bente vage. Für die Lösung des Kapitalmangels bzw. der Deflation schlug er eine umständliche „bewegliche Kapitalabwertung"[72] vor. Das Kreditwesen wollte er gleich ganz abschaffen, ohne zu sagen, was an seine Stelle treten solle. Es handelte sich weniger mit Handlungsvorschläge als um hingeworfene völkische Forderungen. So sollte etwa die Agrarpolitik in der gegenwärtigen Krise darauf achten, dass ein verschuldeter Bauer nicht die Scholle verliere, „auf der seine Vorfahren vielleicht jahrhundertelang gelebt und gearbeitet haben."[73] Die Außenhandelspolitik wiederum müsse die deutschen Exporte nach Südosteuropa lenken, um den politischen Einfluss dort zu erhöhen. Die Bevölkerungspolitik müsse „der Kulturerhaltung dadurch dienen, daß sie die Auswanderung von Bevölkerungsteilen, die in der Fremde volklich untergehen würden, verhütet."[74]

---

68 Damals hatte Ficks Familie ihren angesparten Besitz verloren. 1925 – 26 arbeitete er deshalb bei der Arbeitsstätte für sachliche Politik e.V. in Gießen, danach als Geschäftsführer eines Arbeitgeber- und Wirtschaftsverbandes. Siehe BA, R 4901/24522, Bl. 20 und Bl. 38.

69 Janssen (2012), S. 402.

70 Diese hofften „auf eine rational bestimmte künftige Entwicklung noch in der letzten Phase der Weimarer Republik." Krohn (1981), S. 26.

71 Bente (1932), S. 15.

72 Ebd., S. 22.

73 Ebd. S. 7.

74 Bente (1933), S. 2 – 3.

Solche Phrasen und Positionen beherrschten Bentes Schriften bereits vor der NS-Machtergreifung. Auch ein solcher Ökonom fand also am IfW Platz und auch seine Karriere war von Harms, der Wert auf einen pluralistischen Mitarbeiterstab legte, gefördert worden.

III „Anerkennung des Zwangs zur Weltwirtschaft“ oder „Ruf der Autarkie“?

Neben der Ausweitung oder Verringerung des Staatsanteils wurde auch die Frage einer fortgesetzten Abkehr oder einer erneuten Öffnung zur Weltwirtschaft debattiert. Das IfW und sein *WA* war hierin stark involviert, nahm jedoch keine einheitliche Position ein. Beispielhaft ist der 36. Band der Zeitschrift aus dem zweiten Halbjahr 1932. Darin eine Zusammenfassung des Berichts des Enquete-Ausschusses und damit ein Überblick über die Position der Astwik aufgenommen. Diese warb für den Abbau der seit dem Ersten Weltkrieg und insbesondere seit der Weltwirtschaftskrise errichteten Handelshemmnisse und für eine Steigerung der deutschen Rohstoffimporte und Industrieexporte.[75]

Max Victor, von 1928 bis zum Sommer 1932 Assistent in der Astwik, baute in seinem Beitrag auf einem Standpunkt Jacob Viners auf, einem der Begründer der späteren Chicagoer Schule.[76] Die weltwirtschaftlichen Verflechtungen hätten zwar zur gegenwärtigen Wirtschaftskrise beigetragen. Mit einer auf Autarkie gerichteten Wirtschaftspolitik würde Deutschland es jedoch versäumen, an der bald zu erwartenden Belebung der weltweiten Konjunktur zu partizipieren. Den internationalwirtschaftlichen Entflechtungsbewegungen müsse politisch begegnet werden, und zwar in „Anerkennung des *Zwangs zur Weltwirtschaft*“.[77] Scharf griff Victor die vom Autarkie-Ideologien Ferdinand Fried und anderen Rechtsextremen geforderte Planwirtschaft bzw. weitreichende staatliche Interventionen in die Wirtschaft als undurchführbar an. Dies tat in einem weiteren *WA*-Beitrag auch der Freiburger Walter Eucken, der sich offen als Verteidiger einer „freien kapitalistischen Volkswirtschaft“[78] präsentierte: „Der totale Wirtschaftsstaat würde ein schwacher Staat sein.“[79]

Um auch die Gegenseite abzubilden, wurde ein Aufsatz mit dem Titel „Der Ruf nach Autarkie in der deutschen politischen Gegenwartsideologie“ in diesen 36. Band

75 Vgl. IfW (Astwik): Die Welthandelsentwicklung und das Problem der deutschen Ausfuhrpolitik, in: *WA* 36, 1932, S. 24 – 58, hier S. 58.

76 Vgl. Viner: The Doctrine of Comparative Costs, in: Ebd., S. 356 – 414. Vgl. Victor: Das sogenannte Gesetz der abnehmenden Außenhandelsbedeutung, in: WA 36, 1932, S. 59 – 85.

77 Ebd., S. 85, Hervorhebung im Original. Siehe auch Harms' in diese Richtung gehenden Bemerkungen zu seiner Vorlesung „Nationalwirtschaft und Weltwirtschaft“ aus dem Wintersemester 1935/36, S. 18 – 19, als Ms. gedruckt, in: ZBW, A 52838.

78 Eucken: Staatliche Strukturwandlungen und die Krise des Kapitalismus, *WA* 36, 1932, S. 297 – 321, hier S. 320.

79 Ebd., S. 319.

des *WA* aufgenommen.[80] Autor war Friedrich Hoffmann, seinerzeit Harms' rechte Hand bei der Gründung des IfW, sein Vizedirektor und mittlerweile Professor in Greifswald. Hoffmann bezeichnete die wirtschaftsliberale Richtung als „ziemlich hilflos"[81] und zeigte deutliche Sympathien für das ultrarechte Spektrum. Positiv hob er unter anderem den Nationalsozialisten Otto Strasser hervor, der „den Mut zu letzter logischer Konsequenz"[82] besitze. Zu dieser Zeit war auch Bente von der Radikalität Strassers angetan. Es sei „verständlich", wenn dieser Autarkie als „Voraussetzung der nationalen Freiheit und der völkischen Kulturentwicklung" sehe.[83] Die meisten Sympathien Hoffmanns erlangte jedoch Ferdinand Fried, weil dieser in seinen Schriften Autarkie, Planwirtschaft und Expansionsdenken miteinander verbunden hätte. Eine hegemoniale Position Deutschlands gegenüber Südosteuropa, die Verankerung der Ansprüche auf neue Gebiete im Osten im NS-Wirtschaftsprogramm, die Behebung der angeblich bestehenden Raumnot als Priorität der Politik, alles das waren Ziele, denen Hoffmann damals und auch bei seiner Rückkehr nach Kiel 1941 wohlwollend gegenüberstand.[84]

Und Predöhl? Im Jahr 1932 hatte er noch nicht entschieden, auf welche Seite er sich schlagen wollte, und hielt sich bedeckt. Er glaube, „daß wir vor einer Zwangsautarkisierung stehen. Ich glaube [andererseits] selbstverständlich an die Notwendigkeit einer stärkeren Wiedereingliederung in die Weltwirtschaft in irgendeiner Form."[85] Die Rechtsverschiebung des politischen Spektrums war im Sommer 1932 bereits weit fortgeschritten und anders als viele liberale IfW-Mitarbeiter wollte Predöhl sich ihr auf dem Feld der Wirtschaftspolitik nicht entgegenstellen.

80 Vgl. F. Hoffmann: Der Ruf nach Autarkie in der deutschen politischen Gegenwartsideologie, in: WA 36, 1932, S. 496–511.

81 Ebd., S. 509.

82 Ebd., S. 501.

83 Bente (1933), S. 3. An gleicher Stelle erwähnt Bente allerdings auch Emil Lederers Argument, „daß die Autarkie zur ‚Schrumpfung unseres Herzens und unserer Seele' führe."

84 Vgl. F. Hoffmann: Der Ruf nach Autarkie, in: WA 36, 1932, S. 502–503.

85 Beitrag Predöhls in der Diskussion zum Vortrag von Luther (1932), S. 41–42.

5 Die Machtübernahme der Nationalsozialisten

Bezüglich der Ereignisse im Winter 1932/33 und im kurzen Direktorats Jens Jessens 1933 – 1934 konzentriere ich mich auf die Entscheidungen und Handlungsoptionen der IfW-Mitarbeiter. Es gab zwar durchaus eine NS-Wissenschaftspolitik, deren Kernpunkte die Beseitigung demokratischer Strukturen und die Vertreibung von Wissenschaftlern jüdischer Herkunft und demokratischer oder linker politischer Gesinnung bildete.[1] Diese vorwiegend destruktiven Ziele wurden meist auch rasch umgesetzt, aber die betreibenden Akteure, also vorwiegend Studentenschaft, SA, Partei und Kultusministerium agierten nicht uniform und nicht allmächtig. Sie waren auf Passivität, Konformität und Mittäterschaft seitens der Professoren und des Mittelbaus der Universitäten angewiesen. Zur Frage nach den Handlungsoptionen der (Mit-)Täter wie auch der Opfer gehört deshalb auch jene nach ihren Motiven. War tatsächlich Neid wichtiger als echter Antisemitismus, wie sich das Institut das später rückblickend erklärte?[2] Richtete sich der vereinzelt rekonstruierbare Widerstand gegen die nationalsozialistische Politik an sich oder wurde lediglich versucht, die institutionelle Autonomie aufrecht zu erhalten? Welche Rolle spielte das Objektivitätsdogma? Schließlich, hat Prahl auch bezüglich des IfW recht, wenn er schreibt: „Wie anderswo auch klappte in Kiel das Zusammenspiel von Selbst-Gleichschaltung aus der Hochschule heraus und Gleichschaltung von oben relativ gut“[3]?

5.1 „eine Art von Gewitterstimmung“

Schleswig-Holstein wurde schnell zu einer der braunsten Provinzen des Reiches. Bereits im April 1932 erlangte die NSDAP hier bei den preußischen Landtagswahlen die absolute Mehrheit und wiederholte diesen Erfolg kurz darauf bei den Reichstagswahlen.[4] Bei den Reichspräsidentenwahlen im März und April 1932, in deren Vorfeld Harms sich an einer Wahlempfehlung für Hindenburg und damit gegen Hitler beteiligt hatte,[5] erhielt letzterer in Schleswig-Holstein beide Male die meisten Stimmen. Die sogenannte Nordmark war mittlerweile zu einem nationalsozialistischen „Mustergau“ geworden, der durch besonders radikale Aktionen wie einen Umzug durch das links-dominierte Altona hervorstach.[6] Dieser „Altonaer Blutsonntag“ wurde im Juli 1932 zum Anlass für den „Preußenschlag“ genommen, mit dem nicht nur das preußische Kabinett, sondern auch viele leitende Mitarbeiter aus den Ministerien

1 Vgl. Grüttner (2000), S. 562.
2 Vgl. Zitat Erwin Heidemann, in Czycholl (2014), S. 46.
3 Prahl (1995), S. 31.
4 Vgl. Danker und Schwabe (2005), S. 17.
5 Vgl. „770000 Eintragungen für Hindenburg“, in: Frankfurter Zeitung, Nr. 103, 08.02.1932.
6 Vgl. Uwe Danker (2014), S. 14.

https://doi.org/10.1515/9783110658873-005

entlassen wurden. Harms begrüßte diese Aushebelung des Rechtstaates zugunsten einer – wie er glaubte – starken Führung.[7] Für das IfW waren die Folgen des „Preußenschlags" ambivalent. Einerseits gingen durch die Entlassung des Ministers Adolf Grimme und des Ministerialdirigenten Werner Richter hervorragende Verbindungen zum bisher sozialliberal ausgerichteten preußischen Kultusministerium verloren. Andererseits verbesserten sich die Beziehungen zum preußischen Finanzministerium durch dessen Übertragung an Johannes Popitz grundlegend.[8] Popitz war persönlich mit Harms und auf dessen Vermittlung auch mit Jessen befreundet, unterstützte das IfW jedoch auch unter Predöhls Leitung bis zu seiner eigenen Verhaftung nach dem 20. Juli 1944.

Schleswig-Holstein war auch eine Hochburg des Nationalsozialistischen Deutschen Studentenbunds, der bereits 1927 bei der Kieler Universitätswahl ein Ergebnis von ca. 20% erreichte. Er konnte sich früh mit Attacken gegen den preußischen Kultusminister und engen Vertrauten Harms', Carl Heinrich Becker, profilieren, der die Studierenden hatte zwingen wollen, sich verfassungskonform zu organisieren.[9] Auch konnte der NS-Studentenbund davon profitieren, dass seiner Ausübung politisch motivierter Gewalt im Rahmen der allgemeinen Strategie der „kalkulierten Eskalation"[10] ab 1932 kein entschlossener Widerstand des Rechtstaats mehr entgegengestellt wurde. Zu den bemerkenswertesten frühen Gewaltakten zählte der Wurf einer Tränengasgranate, welcher einige Hörer eines Vortrags des prominenten Völkerrechtlers und Pazifisten Walther Schücking im Juni 1931 leicht verletzte.[11] Nach dem „Preußenschlag" erhöhte sich die politisch und antisemitisch motivierte Gewalt in Kiel enorm, beispielsweise mit einem Sprengstoffanschlag auf die Synagoge im August 1932.

Ab November 1932 wandte sich die Aufmerksamkeit der Angehörigen der Uni Kiel und überhaupt aller reichsdeutscher Universitäten einem Konflikt in Breslau zu, dem sogenannten Fall Cohn.[12] Vordergründig ging es dabei um ein Interview des Breslauer Juraprofessors Ernst Cohn zur Frage eines Asyls Leo Trotzkis in Deutschland. Tatsächlich jedoch ging es um Cohns Eintreten für eine unabhängige Wissenschaft, um seine angeblich linke politische Einstellung und um seine jüdische Herkunft. Rechtsgerichtete Studentengruppen griffen Cohn hart an und die Breslauer Universitätsleitung entschied sich, ihn nicht zu schützen. Harms erkannte die weit über Breslau hinausgehende Dimension des Falles und setzte sich, ebenso wie Tönnies und eine Reihe weiterer Professoren, für Cohn ein: „Wie immer man über die Äußerung Professor Cohns denken mag – der Beschluss von Rektor und Senat Breslaus legt die

7 Siehe hierzu Tagebucheintrag von Hans Schäffer, 07.08.1932, zitiert in Bentin (1972), S. 134.
8 In jenen Wochen vertiefte sich die persönliche und die politische Freundschaft zwischen Harms und Popitz. Vgl. beispielsweise Harms an Popitz, 28.08.1932, in: BAK, N 1262/87.
9 Sog. Beckerstreit. Vgl. hierzu Wieben (1994), S. 24–26.
10 Vgl. Kurt Bauer (2016), S. 154–157.
11 Vgl. Göllnitz (2018), S. 117–122.
12 Eine bündige Darstellung des „Fall Cohn" gibt Ditt (2011), S. 37–43.

Axt an die Würde und Unabhängigkeit der deutschen Hochschulen."[13] Zwar erfuhr Cohn auch Unterstützung aus der Sozialdemokratie, die auch Harms' Eintritt für die Wissenschaftsfreiheit lobte.[14] Anfang Februar 1933 erreichten Drohungen und die Anwendung offener Gewalt dennoch ihr Ziel und Cohns Vorlesungen wurden abgesetzt.

In Kiel und anderswo betrachteten Angehörige des NS-Studentenbunds den „Fall Cohn" als Vorbild.[15] Durchaus glaubwürdig ist deshalb die Erinnerung Flecks, dass über dem Anfang 1933 abgehaltenen Institutsfest „eine Art von Gewitterstimmung lagerte."[16] Es sei dort über einen bevorstehenden Angriff auf das IfW von Seiten der Studentenschaft gemunkelt worden. Zu Beginn des Jahres 1933 wurde diese bereits vom NS-Studentenbund dominiert, der sich insbesondere den seinerzeitigen Rektor und Volkswirtschaftsprofessor August Skalweit als Gegner auserkoren hatte. Dieser beharrte auf der Autorität der Universitätsverwaltung und setzte trotz Androhungen körperlicher Gewalt seine Vorlesungen fort. Unterstützung erhielt er aus dem IfW, dessen Vorlesungssäle er nutzte.[17] Offenbar war zu diesem Zeitpunkt die Präsenz der nationalsozialistischen Studierenden im Düsternbrooker Weg noch geringer als im Universitätshauptgebäude im Schlossgarten.[18]

Eine neue Eskalationsstufe wurde kurz nach der Reichskanzlerschaft Hitlers erreicht. Nach Erscheinen einer Schmähschrift der Freien Kieler Studentenschaft gegen die Rechts- und Staatswissenschaftliche Fakultät („zu 80 Prozent verjudete Professorenschaft"[19]) beschlossen Skalweit und der Senat eine mehrtägige Schließung der Universität ab dem 11. Februar.[20] Dieser Beschluss wurde jedoch nicht konsequent umgesetzt und damit die von der Universitätsleitung beabsichtigte Demonstration der Geschlossenheit unterlaufen. Es wurde nämlich zugelassen, dass F. Hoffmann am 11. Februar im IfW einen Gastvortrag hielt. F. Hoffmann ist zu jener Mehrheit der deutschen Professoren zu zählen, die zu dieser Zeit noch nicht ausdrücklich Hitler unterstützten, jedoch zumindest mit der „radikalisierten konservativen Rechten"[21] sympathisierten. Von seinen Hörern forderte er Gehorsam gegenüber der neuen Führung und „die Unterordnung des Einzelnen unter das Ganze, zum Wohle des Ganzen".[22]

13 „Die Axt an der Würde der Hochschulen". Erste Proteste deutscher Professoren, in: Vossische Zeitung, 27.12.1932. Cohn hatte im Wintersemester 1930/31 in Kiel gelehrt. Siehe Landmann an Kultusministerium, 17.09.1930, in: LASH, Abt. 415, Nr. 821, Bl. 41.

14 „Im Kampfe gegen die Kulturreaktion!", Vorwärts, Nr. 31, 19.01.1933.

15 „Der Fall Cohn: Eine Warnung!", in: Der NS-Student, 10.02.1933.

16 Fleck: Erinnerungen: Kap. IX, S. 79, in: SHLB, Cb 175.

17 Vgl. Heiber (1991, T. 2, Bd. 1), S. 265

18 Fleck behauptete rückblickend gar, es habe unter den Studierenden im IfW „so gut wie keinen" Nationalsozialisten gegeben. Fleck: Erinnerungen: Kap. IX, S. 77, in: SHLB, Cb 175.

19 Zitiert nach J. Eckert (2004), S. 20.

20 Zur Schließung der Uni Kiel, siehe Heiber (1991, T. 2, Bd. 1), S. 75 – 77.

21 Schwabe (1989), S. 294.

22 Die wirtschaftliche Lage, in: Kieler Zeitung, 12.02.1933.

5.2 Februar 1933: Oeynhausener Agrarkonferenz – Keine „Insel der Glückseligen“

Während in Kiel einer der seltenen Versuche zur Abwehr nationalsozialistischer Angriffe auf die Universität stattfand, befand sich die Führungsspitze des IfW fernab in Bad Oeynhausen. Dort eröffnete Harms am 11. Februar 1933 eine viertägige Konferenz der Friedrich-List-Gesellschaft über die Deutsche Agrarpolitik im Rahmen der inneren und äußeren Wirtschaftspolitik (kurz: Agrarkonferenz). In seiner Eröffnungsansprache bat er, die Sphären Wissenschaft und Politik voneinander zu trennen und nun in eben jenen Fachdialog treten, welcher aufgrund der verhärteten politischen Fronten in den Zeitungen und Zeitschriften nicht mehr zu führen sei. Das Tagungshaus sollte nach seinen Vorstellungen eine „Insel der Glückseligen“[23] bilden, auf der man gemeinsamen und unbeeinflusst von den tobenden Kämpfen der Suche nach Wahrheit nachgehen könne.

Harms hatte diese Agrarkonferenz weitgehend eigenmächtig organisiert. In der umfangreichen inhaltlichen und organisatorischen Vorbereitung wurde er wie üblich von der Astwik und insbesondere dem Agrarexperten Freund unterstützt. Eine größere Rolle spielte zudem Bente, der auch die inhaltlichen Schwerpunkte bestimmte.[24] „Während sich im Kieler Arbeitskreis [Astwik] die marktwirtschaftliche Forderung internationaler Konkurrenzfähigkeit als Leitgedanke durchgesetzt hatte, lag nun der Akzent auf der Lebensfähigkeit der deutschen Landwirtschaft.“[25] Damit wurde die in den 1920er Jahren bereits zaghaft begonnene Abkehr des IfW von den Interessen der exportorientierten Industrie fortgesetzt, deren Management und Beschäftigte an niedrigen Nahrungsmittelpreisen und an der Abschaffung von kostspieligen Agrarsubventionen interessiert waren. Die Finanzierung der Konferenz erfolgte diesmal von Seiten der Großgrundbesitzer, des mit ihnen verbündeten Reichspräsidenten Hindenburg sowie des Reichsministeriums für Ernährung und Landwirtschaft (RMEuL).[26] Auf die Agrarkonferenz hatte Harms alle führenden Ökonomen Deutschlands, Vertreter der Privatwirtschaft sowie Politiker aller Richtungen eingeladen.[27] In der Vorbereitung hatte er in einem Brief an Hitler auch um Repräsentanten der agrarpolitischen Forderungen der NSDAP gebeten, deren Teilnahme ihm besonders wichtig war.[28] Fried und Walter Darré sagten zwar ab, aber Herbert Backe, bald darauf

23 Harms: Eröffnung, in Friedrich-List-Gesellschaft (Hg.) (1933, Bd. 1), S. 5.

24 Von Sommer 1931 bis Juni 1932 war der erkrankte Harms in seiner Arbeitsfähigkeit stark eingeschränkt. Siehe Harms an Saemisch, 11.06.1932, in BAK, N 1171/63.

25 Brügelmann (1956), S. 146.

26 Vgl. Ebd., S. 148–149.

27 Aus dem IfW nahmen noch Bente, Colm, Rudolf Freund, Gülich, Predöhl, Ellen Quittner-Bertolasi und Werner Schlote teil, ferner Fördergesellschaftspräsident Diederichsen sowie der Honorarprof. Ludwig Heyde.

28 Den Brief an Hitler schrieb Harms am 15. November 1932. Vgl. Wendler (2005), S. 209. Die Ursprünge der Agrarkonferenz lagen in Plänen zu einer Tagung, die sich ausschließlich mit dem NS-Wirtschaftsprogramm beschäftigen sollte. Vgl. Brügelmann (1956), S. 122.

Staatssekretär im RMEuL und später Autor des berüchtigten „Hungerplans", erschien tatsächlich. Backes künftiger Chef Darré hatte in seiner Absage allerdings keinen Zweifel daran gelassen, dass er eine wissenschaftliche Debatte der Landwirtschaftspolitik für überflüssig halte.[29] Es käme allein auf den ideologischen Standpunkt und die rücksichtslose Umsetzung desselben an. Für die Wirtschaftswissenschaften habe der Nationalsozialismus keine Verwendung. Der IfW-Direktor antwortete unverdrossen, man würde jeder Regierung dienlich sein können und dienlich sein wollen, unabhängig von deren parteipolitischer Ausrichtung.[30]

Bedingt durch die Härte der Auseinandersetzungen und den Zeitpunkt inmitten der Machtübernahme der Nationalsozialisten war die Konferenz fachlich resonanzlos. Folgenlos blieb sie jedoch nicht. Das Feld der Agrarpolitik wurde seit Jahrzehnten von Max Sering dominiert. Als glühender Nationalist hatte sich „Meister Sering"[31] im Ersten Weltkrieg für die gewaltsame Vertreibung von slawischen Bevölkerungsgruppen und die Kolonisierung ihrer Siedlungsgebiete offen gezeigt.[32] Später agitierte er als unversöhnlicher Revisionist gegen den Versailler Vertrag. Es gab aber noch radikalere Teilnehmer, so den damals prominenten Wehrwirtschaftler Wolfgang Muff. General Muff trug eine sozialdarwinistische Weltsicht vor, in der „Friede nur eine Unterbrechung des Krieges sei".[33] Es sei daher die Aufgabe der Agrarkonferenz Wege zu diskutieren, mit denen Deutschland auf dem Weltmarkt konkurrenzfähig gemacht und durch einen „Friedenswirtschaftskampf die wirtschaftliche Kriegsführung in wirksamer Weise"[34] vorbereitet werden könne. Seine Ausführungen deckten sich weitgehend mit den Ansichten von Georg Thomas, der als Leiter des Wehrwirtschaftsamtes später bei der Vorbereitung und Durchführung des Zweiten Weltkriegs mitwirkte und dabei auf die Hilfe des IfW zurückgriff (siehe Kapitel 12). Im Jahr 1933 stellten Muffs Äußerungen zwar keinen Tabubruch mehr dar, aber sie wirkten sich doch auf den akademischen Diskurs aus. Die Forderung, dass die Wissenschaft sich in den Dienst einer Kriegsvorbereitung stellen müsse, wurde so selbst auf einer Fachkonferenz in den Bereich des Sagbaren gerückt. Dem schob Harms keinen Riegel vor, sondern sprach Muff seinen „aufrichtigen Dank"[35] aus.

Auch Bente stellte auf der Agrarkonferenz ein Gutachten vor. Dabei zeigte er sich wie Harms davon überzeugt, die Wirtschaftswissenschaften besäßen kein „objektiv feststellbares, a priori bestehendes außenhandelspolitisches Ziel".[36] Ihre Aufgaben lägen darin, die Ziele der Politik zu kategorisieren, die wirtschaftspolitischen Maß-

---

29 Vgl. Wendler (2005), S. 209.

30 Ebd., S. 210 – 212.

31 Harms: Eröffnung, in Friedrich-List-Gesellschaft (Hg.) (1933, Bd. 1), S. 1.

32 Vgl. Oberkrome (2009), S. 36 – 37. Anderer Ansicht ist Dams (2009), S. 165.

33 Muff: Wirtschaftsstruktur und Landesverteidigung, in: Friedrich-List-Gesellschaft (Hg.) (1933, Bd. 1), S. 139. Gutachten in Teil 4, Nr. VII.

34 Ebd., S. 140.

35 Harms, in: Friedrich-List-Gesellschaft (Hg.) (1933, Bd. 1), S. 147.

36 Bente (1933), S. 2.

nahmen auf ihre Vereinbarkeit hin zu überprüfen und Vorschläge zu machen, wie die gesetzten Ziele mit dem effektivsten möglichen Einsatz der Produktionsmittel erreicht werden könnten. Zur Liste legitimer politischer Forderungen zählte Bente unter anderem die Schaffung einer deutschen Einflusssphäre in Südosteuropa oder die „Bildung eines völkischen Schutzwalles gegen das vordringende Slawentum". Als Beispiele für Handlungsempfehlungen nannte er eine staatliche Lenkung der deutschen Exporte in Richtung Balkan oder eine planmäßige „Besiedlung des Ostens".[37] Die staatliche Wirtschaftspolitik sollte von den Ökonomen bedingungslos akzeptiert und durch ihre Beratungsleistung mit wirtschaftswissenschaftlicher Vernunft möglichst in Einklang gebracht werden. Dies entspricht Predöhls Stellungnahmen Predöhls aus dem Jahr 1934, der dafür das Schlagwort „Völkisches Optimum" prägte (siehe Kapitel 7.2).

In Harms' Schlusswort zur Agrarkonferenz war vom anfänglichen Optimismus nichts mehr geblieben. Die unversöhnlichen Positionen hatten eine von ihm erhoffte Synthese oder wenigstens die Schaffung einer wissenschaftlichen Grundlage für eine konstruktive parteipolitische Auseinandersetzung unmöglich gemacht.[38] Die Konferenz habe gezeigt, dass Wissenschaftler nicht mehr zueinander finden könnten. Auch Harms setzte nun seine Hoffnungen auf eine autoritäre Herrschaft Hitlers.[39] Ebenso wie Bente bediente nun auch er sich der von den Nationalsozialisten vereinnahmten Schlagworte wie „das Bauerntum ist die Quelle der Bevölkerungserneuerung" oder „ein Wall freier Bauern bildet den besten Schutz unserer Landesgrenzen."[40] Die mutige Haltung seines Freundes Tönnies, der in jenen Wochen öffentlich „einen unmittelbaren Zusammenhang zwischen parlamentarischem Staat und Universität, grundrechtlich abgesicherter Lehrfreiheit und Freiheit der politischen Rede"[41] hergestellt hatte, findet sich nun bei Harms nicht mehr. Bereits im September 1932 hatte er festgestellt, die Demokratie sei zwar grundsätzlich die beste Regierungsform, aber in „Krisenzeiten wie den heutigen, die das politische, soziale und ökonomische Gefüge zu zertrümmern drohen"[42], sei eine autoritäre Staatsführung legitim. „Wahre Demokratie, als deren Anhänger ich mich bekenne, bewährt sich in Zeiten der Not durch willige Unterordnung unter die Führung."[43] Damit formulierte er jene Strategie der Passivität und Konformität, der auch die meisten seiner Institutsmitarbeiter in den kommenden Monaten und Jahren folgten. Nur wenige zogen wie Tönnies den ge-

37 Ebd.

38 Außerdem befürchtete Harms ein „Depressionsjahrzehn [...], das sich mutmaßlich bis in die 40er Jahre erstrecken wird." Harms: Schlusswort, in: Friedrich-List-Gesellschaft (Hg.) (1933, Bd. 3), S. 285.

39 Siehe ebd., S. 280.

40 Beide Zitate in: Ebd., S. 277. Harms beteuerte in dem noch 1933 veröffentlichten Protokoll der Konferenz, dass sein Schlusswort nicht nachträglich geändert worden sei. Siehe ebd., S. 274.

41 Schwabe (1989), S. 295.

42 Harms: Planwirtschaft und Sinnhafte Volkswirtschaftspolitik, Vortrag gehalten auf der Hauptversammlung des Deutschen Buchdruckervereins am 4. September 1932 in Bad Pyrmont, S. 21–22, in: ZBW, B 7690.

43 Ebd., S. 23. Vgl. hierzu auch Beckmann (2000), S. 87–88.

genteiligen Schluss, dass für eine Bewahrung der Demokratie der Widerstand der Bürger gegen eine Konzentrierung der Macht in der Exekutive und gegen die Abschaffung von Grundrechten notwendig war.

5.3 März: „weil Recht der Ausdruck staatlicher und gesellschaftlicher Ordnung ist"

Die Machtübernahme der Nationalsozialisten schritt in Kiel wie auch insgesamt im Reich rasch voran. Am 4. März sprachen sich im Vorfeld der Reichstagswahl reichsweit 300 Hochschullehrer, darunter viele aus Kiel, aber keiner aus dem IfW, für die NSDAP aus.[44] Mit dem ehemaligen Hochschulgruppenführer des NS-Studentenbunds Karl Thomann und mit Erich Albert Kautz gab es aber mittlerweile mindestens zwei NSDAP-Mitglieder unter den wissenschaftlichen Mitarbeitern des IfW. Am 5. März wurde der auf akademische Selbstverwaltung pochende Universitätsrektor Skalweit durch Otto Scheel ersetzt. Am 11. März wurde das Kieler Rathaus besetzt und der langjährige Oberbürgermeister Lueken, mit dem das IfW vielfach kooperiert hatte, durch den NSDAP-Kreisleiter Walter Behrens verdrängt.[45] Mit einem Erlass zur Bildung einer aus SA, SS und Stahlhelm bestehenden „Hilfspolizei" hatte Hermann Göring in seiner Funktion als preußischer Innenminister den Gewaltattacken des nationalsozialistischen Mobs einen Anschein der Legalität gegeben. Einer der in diesen Tagen aufsehenerregendsten Morde wurde gleich einen Tag nach Behrens Amtsanmaßung an dem prominenten jüdisch-stämmigen Rechtsanwalt Wilhelm Spiegel begangen.[46] Dies stellte in Kiel einen Markstein zu noch weitergehenden Verfolgungen gegen demokratisch gesinnte und/oder jüdisch-stämmige Personen dar.

Im IfW wurden diese Entwicklungen jedoch nicht zum Anlass genommen Überlegungen anzustellen, wie man mit Angriffen auf eigene Mitarbeiter umgehen würde. Das krasseste Beispiel dieser Nichtbeachtung stellte wohl Fleck dar, Personaldezernent und de facto stellvertretender IfW-Direktor. Fleck hatte schräg gegenüber von Spiegel gewohnt, der in seinem eigenen Hausflur erschossen worden war.[47] Ungeachtet des Aufflammens der Gewalt trat Fleck mit seiner Familie einen geplanten Italien-Urlaub an. Auch als ihn im Verlauf des April Nachrichten über die mehrfachen Angriffe auf das IfW erreichten, unterbrach er seine Reise nicht und blieb 43 Tage lang abwesend.

Ab dem 26. März war auch Harms eine Woche von Kiel abwesend, um den Frühjahrslehrgang der Deutschen Vereinigung für staatswissenschaftliche Fortbildung zu leiten. Diese Großveranstaltung mit 500 Teilnehmern trug den Titel „Aus-

44 Vgl. „Die deutsche Geisteswelt für Liste 1. Erklärung von 300 deutschen Universitäts- und Hochschullehrern", in: Völkischer Beobachter, 04.03.1933.

45 Behrens hatte ab 1922 eine Zeit lang in Kiel Wirtschaft studiert. Vgl. Lehmann (2008), S. 125.

46 Vgl. Jacob (1993).

47 Vgl. Fleck: Erinnerungen: Kap. IX, S. 83, in: SHLB, Cb 175.

gewählte Kapitel aus dem Recht der Gegenwart" und fand ausgerechnet in Weimar statt. Um sich bei seiner Begrüßungsansprache möglichst abzusichern, sandte Harms den Entwurf „mit der Bitte um kritische Durchsicht"[48] an seinen Freund Popitz, der neben einem Kabinettsposten in der Reichsregierung auch über wertvolle Verbindungen zu Göring verfügte. Wie stets bemühte Harms sich um den Anschein wissenschaftlicher Objektivität, begrüßte aber zugleich „das Ziel der deutschen Revolution von 1933" und forderte eine Unterordnung der Wissenschaft unter das Kabinett Hitler.[49] Zur Aushöhlung des Rechtstaats nahm Harms ein ambivalentes Verhältnis ein. Einerseits teilte er den anwesenden Rechts- und Wirtschaftswissenschaftlern mit, dass nun eine Zeit beginne, in der „unser Rechtsleben von Grund aus umgestalten wird, nicht um des Rechts willen, sondern weil Recht der Ausdruck staatlicher und gesellschaftlicher Ordnung ist, die insgesamt zu wandeln und in adäquate Formen zu kleiden, unabweisbare Aufgabe eines auf Totalität gerichteten Revolutionswillens ist."[50] Andererseits betonte er, „daß es Menschenrechte gibt, die ‚droben hängen unveräußerlich'."[51] Mit diesem Satz schränkte er seine rechtspositivistische Grundaussage ein und formulierte eine Position, die – bei sehr wohlwollender Betrachtung – der 1946 verfassten Formel seines langjährigen Kollegen Radbruch glich.[52] Aus dieser Mischung aus Befürwortungen der Machtübernahme und vorsichtigen Ermahnungen hört man deutlich die Hoffnung heraus, weiterhin unbehelligt und in traditioneller Manier Wissenschaft betreiben zu können, wenn man sich nur genügend patriotisch gäbe und dem neuen Regime keine Angriffsfläche böte. An dieser Hoffnung richtete Harms auch seine Tätigkeit als IfW-Direktor und in allen seinen weiteren Funktionen als Wissenschaftsorganisator aus.

Während dem Weimarer Lehrgang wurden in Kiel weitere Attacken auf die Universität vorbereitet. Wenige Tage nach dem „Ermächtigungsgesetz" rief die NSDAP ihre Mitglieder zu antisemitischen Aktionen auf. Teile der Kieler Studierenden nahmen diesen Ruf auf und informierten den Rektor Scheel, dass sie Attacken auf jüdische Mitarbeiter der Universität planten.[53] Am 31. März wurden in der Presse für den folgenden Tag Aktionen zur „Ausschaltung des jüdischen Einflusses an der Hochschule"[54] angekündigt, die als Teil des reichsweiten „Judenboykotts" am 1. April 1933

48 Harms an Popitz, 24.03.1933, zitiert nach den Auszügen in: BAK, N 1262/87.

49 Zitat in: Revolution und Recht. Eine Rede von Professor Bernhard Harms-Kiel, in: Kieler Neueste Nachrichten, 30.03.1933, in HS IfW. Siehe auch Harms: Ansprache gehalten bei Eröffnung des Frühjahrs-Lehrgangs der Deutschen Vereinigung für Staatswissenschaftliche Fortbildung am 26. März 1933, S. 2, in: BAK, N 1262/114.

50 Ebd., S. 6.

51 Ebd., S. 7, Die Ansprache wurde später im Jahr 1933 in Druck gegeben und es ist möglich, dass Harms dieses Schiller-Zitat nachträglich hinzugefügt hat.

52 Gustav Radbruch: Gesetzliches Unrecht und übergesetzliches Recht, in: Süddeutsche Juristen-Zeitung 1 (5), Aug. 1946, S. 107.

53 Vgl. Göllnitz (2018), S. 137–139.

54 „Wir räumen auf!", in: Volkskampf – Kieler NS-Zeitung, 31.03.1933.

durchgeführt werden sollten. Für das IfW bedeutete dies den Auftakt zum schrecklichsten Monat in der Geschichte des Instituts.

5.4 April: Vertreibungen

Im April 1933 erfolgten insgesamt fünf Überfälle auf das IfW, bei denen jeweils zwischen vier und 34 mit Pistolen und teilweise sogar mit Handgranaten bewaffnete Nationalsozialisten in das Institut eindrangen. Die Hauptquelle für diese Angriffe bildet ein zeitnah vom Verwaltungsdezernenten Greiser für Harms erstellter knapper Bericht über einige dieser Angriffe, der als loses Schriftstück im Hausarchiv des IfW belassen wurde.[55] Der Bericht ist problematisch, weil Greiser mit den Angreifern sympathisierte und deshalb ihr Verhalten verharmloste sowie gleichzeitig eigene Möglichkeiten zum Widerstand ausschloss. Zusammengenommen mit einigen Briefen, Zeitungsartikeln, Ministerialakten und rückblickenden Darstellungen lassen sich jedoch die Ereignisse einigermaßen rekonstruieren.

Durch die Ankündigung des „Judenboykotts" gewarnt, waren die jüdisch-stämmigen IfW-Mitarbeiter am Samstag, den 1. April nicht zur Arbeit erschienen.[56] An diesem Tag war Harms zwar noch in Weimar, aber er hatte Greiser, der wegen Flecks Urlaub als sein Stellvertreter agierte, dahingehend instruiert, dass diese Mitarbeiter zur Tarnung als vorübergehend Beurlaubte zu bezeichnen seien. Es handelte sich um Colm, Freund, Neisser und Zweig, also ausschließlich um Astwik-Mitglieder. Wären sie an diesem Tag zur Arbeit erschienen, so wäre ihnen mutmaßlich körperliche Gewalt angetan worden.[57] Diesen ersten Angriff auf das IfW führte eine sieben oder acht Männer umfassende „S.-S. Staffel", durch.[58] Da teils auch die SA (Sturmabteilung) genannt wird, verwende ich im Folgenden stets die Bezeichnung SA, der die SS (Schutzstaffel) damals noch untergeordnet war. Führend beteiligt war der 20-Jährige Wirtschaftsstudent Walter Schmaljohann, der in Kiel die Verbindungen zwischen Studentenschaft und SA herzustellen half. Nach Abschluss seines Studiums wurde er als Referent im SS-Oberabschnitt Stuttgart tätig.[59] Schmaljohann und die anderen SA-Männer gingen offenbar in den dritten Stock des Institutsgebäudes zu ihrer Verbin-

55 Siehe die Berichte Greisers an Harms, April 1933, in: HS IfW, Hs Allg. 22. Weiter von besonderem Interesse: Fleck: Erinnerungen: Kap. IX, S. 80, in: SHLB, Cb 175.

56 Zum „Boykottsabath" in Kiel und zum Mord am Rechtsanwalt Friedrich Schumm: Hauschildt (1983).

57 Einen Überblick zur Geschichte der Universität Kiel im April 1933 bietet Take (2018b). Als Teil des „Judenboykotts" wurde an diesem Tag in Kiel ein weiterer Mord an einem Rechtsanwalt verübt. Gewaltsam wurde auch jüdisch-stämmigen Studierenden und Dozenten durch die Studentenschaft der Zutritt zu Universitätsgebäuden verwehrt und auch einzelne Institute und Wissenschaftler wurden attackiert.

58 Greiser: Bericht über die Vorgänge vom 1. April 1933, 03.04.1933, in: HS IfW, Hs Allg. 22.

59 Adressenliste der ehemaligen Mitglieder des Instituts für Weltwirtschaft, Nov. 1938, in: BAK, N 1256/3.

dungsperson. Dabei handelte es sich um den in der Volkswirtschaftlichen Zentralstelle für Hochschulstudium und akademisches Berufswesen (kurz: Volkswirtschaftliche Zentralstelle) arbeitenden Thomann. Greiser berichtet, es habe anschließend ein Gespräch zwischen der Gruppe, ihm selbst und Gülich gegeben. Dabei seien Drohungen gegen die jüdisch-stämmigen Mitarbeiter der Astwik ausgesprochen worden. Diesen sei von den SA-Männern verboten worden, ins Institut zurückzukehren.

Als Harms kurz nach dem 1. April nach Kiel zurückkam, war seine Reaktion auf den Überfall von eben jener Obrigkeitshörigkeit geprägt, die er in Weimar gepredigt hatte. Über eine der NSDAP angehörende Mitarbeiterin verhandelte er offenbar mit dem Rathaus, um Protektion für die Rückkehr der bedrohten Wissenschaftler zu erhalten.[60] Diese kehrten dann auch ins Institut zurück, was keineswegs selbstverständlich war. Ihr ehemaliger Abteilungsleiter, der dann in Frankfurt lehrende Löwe, hatte beispielsweise direkt auf den „Judenboykott" reagiert und war mit seiner Familie am 2. April in die Schweiz geflohen, nachdem sie „seit Monaten zwei gepackte Koffer in ihrer Wohnung parat"[61] gehabt hatten.

Die in der Astwik beschäftigten Sekretärinnen bekundeten ihre Solidarität und schmückten die Schreibtische ihrer Vorgesetzten mit Blumen. Das war mutig, denn in einer Kieler NS-Zeitung erschien bald ein Hetz-Artikel, der diesen Akt des Widerstands gegen den Nationalsozialismus brandmarkte.[62] Es ist zu vermuten, dass Thomann, Schmaljohann oder ein anderer NS-Sympathisant von innerhalb des IfW Informationen weitergegeben hatte. Durch derartige Anprangerungen sollten die selektierten Opfer von (potentiellen) Unterstützern isoliert werden. Das funktionierte gut. Die überwiegende Mehrheit der IfW-Mitarbeiter scheint diesen ersten Angriff ignoriert zu haben. In seiner Beschreibung der Ereignisse log Predöhl später, er habe, „nichts davon bemerkt"[63]. Greiser, der mit den angreifenden SA-Männern und Studierenden sympathisierte, riet Harms zur Untätigkeit. Mit einem öffentlichen Protest „würden wir doch Gefahr laufen, dass seine Kameraden [gemeint ist ein SA-Sturmführer] [...] irgendwie versuchen werden, dem Institut etwas am Zeuge zu flicken."[64] Offenbar verstand Greiser die Attacke des 1. April nicht als Angriff auf das Institut als Ganzes, sondern entweder nur auf die vier jüdisch-stämmigen Mitarbeiter persönlich oder auf die Astwik als eigene Einheit.

In seiner IfW-Geschichte war F. Hoffmann bemüht, die Legende von den Astwik-Mitarbeitern als „heterogene Elemente"[65] im Institut zu nähren. Er bediente die Kli-

---

60 Fleck: Erinnerungen: Kap. IX, S. 80, in: SHLB, Cb 175.

61 Hoppenstedt (1997), S. 110. Nationalsozialistische Kieler Studierende forderten im April 1933 sogar die Entlassung von Löwe ohne zu wissen, dass dieser seit zwei Jahren schon nicht mehr in Kiel lehrte und bereits aus Deutschland geflohen war. Vgl. Cornelißen und Mish (2008), S. 542.

62 „Lasst Blumen sprechen", in: Kieler Volkskampf, 07.04.1933.

63 Predöhl: Zur Geschichte des IfW (ca. 1953), S. 3, in: HS IfW. Siehe hierzu: Greiser an Harms, 03.04.1933, in: HS IfW, Hs Allg. 22.

64 Ebd.

65 F. Hoffmann: Die Geschichte des IfW III, 1944, S. 77, in: ZBW, IV 2737.

schees von Juden als privilegierte, arrogante und verschworene Sonderlinge, toxisch für die Gemeinschaft.[66] Es ist anzunehmen, dass viele Institutsangehörige gegen die Astwik-Mitarbeiter Groll hegten, sei es aus Neid um deren wissenschaftliches Potential,[67] aus antisemitischen Motiven, aus Abneigung gegen deren sozialdemokratischen Überzeugungen oder aus einer Mischung dieser Faktoren. Wahrscheinlich ist auch, dass viele Anfang April 1933 gegen Colm, Freund, Neisser und Zweig zusätzliche Abneigung entwickelten, weil diese durch ihre Rückkehr das Institut als Ganzes und damit auch sie persönlich in Gefahr brächten. Bei F. Hoffmann findet sich diese Stigmatisierung von Opfern zu Gefahrverursachern einen deutlichen Niederschlag.[68] Ferner liegt die Vermutung nahe, dass sich einige Wissenschaftler nach der Vertreibung ihrer Kollegen selbst Aufstiegschancen erhofften. Die Konkurrenzsituation war nicht nur durch die Verringerung der Anstellungsmöglichkeiten in der Weltwirtschaftskrise, sondern zusätzlich durch eine Akademikerschwemme verschärft worden.

Es gab, abgesehen von der Blumen-Aktion der Sekretärinnen, keine koordinierten Solidaritätsbekundungen seitens des IfW. Wie eine solche aussehen konnte, demonstrierten zu die Mitglieder des Philologischen Seminars, die eine Ehrenerklärung für ihren jüdisch-stämmigen Lateinprofessor Felix Jacoby abgaben.[69] Eine vergleichbare Eingabe machte nur Harms, und zwar in vertraulicher Weise gegenüber dem Kultusministerium für Colm, dessen Status als Offizier des Ersten Weltkriegs Grund zur Hoffnung bot.[70] Das vorherrschende Verhaltensmuster bestand allerdings darin still zu halten und jegliche Aufmerksamkeit zu vermeiden. Selbst aktiv zu werden wagte abgesehen von Harms niemand und auch dieser beschritt lediglich den offiziellen Dienstweg. Wie stark das seinerzeitige Wunschdenken war, wird vor allem daran deutlich, dass Harms das am 7. April erlassene „Gesetz zur Wiederherstellung des Berufsbeamtentums" (Berufsbeamtengesetz) fehlinterpretierte und tatsächlich bejubelte. Damit zeige sich die Regierung bestrebt, „die Universitäten vor Erschütterungen zu bewahren."[71] Weiter entfernt von der Wirklichkeit konnte Harms kaum liegen. Mit dem Berufsbeamtengesetz wurde das Selbstverwaltungsrecht der Universitäten untergraben und die formalrechtliche Grundlage geschaffen, um Beamte aufgrund ihrer Abstammung und religiösen Überzeugung (§3) oder ihrer politischen Haltung (§4) entlassen zu können.

Der zweite Angriff auf das IfW erfolgte am Morgen des 11. April. Unter Berufung auf den neuen Oberbürgermeister Behrens und mit Androhung von Gewalt forderten Schmaljohann und mindestens sechs weitere SA-Männer erneut den Rauswurf der

66 Siehe Ebd, S. 71. Auch Jessen spricht von einem „Tummelplatz von Gruppen, über die Harms sich mit Erbitterung geäußert" habe. Jessen (1940), S. 16.
67 Insb. zu vermuten bei: F. Hoffmann: Die Geschichte des IfW III, 1944, S. 72, in: ZBW, IV 2737.
68 Siehe Ebd., S. 78.
69 Vgl. Erich Hofmann (1965), S. 90.
70 Vgl. Hoppenstedt (1997), S. 109–110.
71 Harms an Edith Landmann, 07.04.1933, in: UAB, NL 198: E, 4 10.

jüdisch-stämmigen IfW-Mitarbeiter. Weil Greiser eine von Harms angeordnete Hinhaltetaktik anwandte, weiteten sie ihre Drohungen auf den zu dieser Zeit in Berlin weilenden Institutsdirektor aus, sofern dieser ihre Wünsche nicht umsetze.[72] Greiser telefonierte daraufhin mit Behrens, der aber nur vage Zusagen der Protektion machte.

Trotz der Bedrohungslage erschienen am nächsten Tag alle bedrohten Mitarbeiter sowie der aus Berlin von Verhandlungen mit den Ministerien zurückgekehrte Harms im IfW. Am Morgen drang erneut Schmaljohann in Begleitung dreier SA-Männer in das Institut ein. Entweder mit Anwendung oder mit Androhung von Gewalt vertrieb er Neisser aus dem Institut. Am Nachmittag desselben 12. April wurde dann ein mindestens 20 Köpfe zählender Mob aus SA-Männern und anderen Personen für einen vierten Angriff mobilisiert. Dieser hat dann, wie es Fleck aus zweiter Hand schildert, „unsere jüdischen Mitarbeiter [Freund und Zweig, versuchsweise auch Colm] unter teils recht üblen Misshandlungen hinausgeprügelt [...] (direkt von ihren Arbeitsplätzen auf die Straße)“.[73] Auch diese Aktion war sorgfältig und unter Kenntnis der Räumlichkeiten vorbereitet. Harms wurde in seinem Büro eingesperrt und die Kommunikation zu Behrens durch Blockade der institutseigenen Telefonzentrale unmöglich gemacht. Es kann aber kein Zweifel bestehen, dass der NS-Oberbürgermeister die Aktion zumindest gebilligt, wenn nicht gar befohlen hat. Ab diesem Tag kehrten die betroffenen vier Mitarbeiter nicht, oder zumindest nicht mehr regelmäßig, ins IfW zurück. Für Colm, der sich im Institut noch gegen Handgreiflichkeiten mit dem Hinweis auf seinen im Ersten Weltkrieg erworbenen Offiziersrang hatte wehren können, war der Schrecken des Tages damit noch nicht vorbei. Am selben Abend drangen SA-Männer mit der Intention in sein Haus ein, ihn zusammenzuschlagen.[74] Weil er sich auf dem Dachboden verstecken konnte und die gerufene Polizei zu Hilfe eilte, blieb er (körperlich) unversehrt.

Der fünfte und letzte Angriff auf das IfW erfolgte am 21. April 1933. Nun wurden insbesondere diejenigen couragierten Astwik-Sekretärinnen zur Zielscheibe, die ihre Chefs symbolisch mit Blumen unterstützt hatten. Laut Fleck stürmte ein gutes Dutzend mit „Pistolen und Handgranaten“ bewaffneter Personen, vermutlich erneut SA-Männer, ins Institut um die Frauen zu „holen“.[75] Was dann geschah, ist symptomatisch für den Umgang der Institutsleitung mit der Bedrohung durch Nationalsozialisten. Fleck führte die Eindringlinge in Harms’ Büro, wo sie gemeinsam Zigaretten rauchten. In der Zwischenzeit unterrichtete Greiser „die betroffenen Sekretärinnen und Hilfskräfte“ davon, dass sie mit sofortiger Wirkung entlassen seien und sorgte dafür, dass sie „nun innerlich vorbereitet auf ihren Abtransport“[76] waren. Die Namen

72 Vgl. Greiser: Bericht über die Vorgänge vom 11. April 1933, 11.04.1933, in: HS IfW, Hs Allg. 22.

73 Fleck: Erinnerungen: Kap. IX, S. 80, in: SHLB, Cb 175. Diese Darstellung findet ihre Bestätigung in: Harms an Kultusministerium, 15.04.1933, in: BA, R 4901/1217, Bl. 117.

74 Vgl. Hoppenstedt (1997), S. 109.

75 Beide Zitate in: Fleck: Erinnerungen: Kap. IX, S. 80, in: SHLB, Cb 175.

76 Ebd., S. 81.

und das Schicksal dieser Personen, ob ihnen beispielsweise Gewalt angetan wurde und ob sie tatsächlich aus dem IfW entlassen wurden, sind nicht rekonstruierbar.

Fleck war auch 20 Jahre später der Meinung, die Reaktion der Institutsleitung sei richtig gewesen. Körperliche Gewalt sei vermieden und den Frauen bestmöglich geholfen worden. Durch seine verkürzte Betrachtung auf den physischen Akt zeigte er jedoch, dass er vom Wesen der Gewalt nichts verstanden hatte. Fleck verwendete die auch von Predöhl und anderen Funktionseliten häufig benutzte Selbstrechtfertigung, Schlimmeres verhindert zu haben. Die NS-Forschung ist jedoch zu dem Ergebnis gekommen, dass diese angebliche Verhütung des Schlimmsten oft maßgeblich zu seiner Ingangsetzung beigetragen hat.[77] Die IfW-Führung fügte sich in diesem Fall widerstandslos der SA und den nationalsozialistischen Studierenden und Greiser vermittelte ihre Forderungen an die Sekretärinnen. Damit agierte man als Komplize der Gewalt und falls es bei irgendeinem der Institutsmitarbeiter den Willen zu aktivem oder passivem Widerstand gegeben hatte, war nun klar, dass auf eine Unterstützung der Institutsleitung nicht zu zählen war.

Viele weitere Beispiele für den Gehorsam gegenüber Gleichschaltungsmaßnahmen ließen sich nennen. Dazu gehört beispielsweise das Aufhängen eines großen NS-Propagandaplakats im Institut bereits im Februar 1933.[78] Auch die verschiedenen Formulare, in denen Mitarbeiter über ihre Herkunft und ihre Parteimitgliedschaften Auskunft geben sollten, wurden reibungslos prozessiert.[79] Es gilt auch für das IfW Ralph Uhligs Fazit: „Gerade die ‚Normalität' der NS-Gleichschaltungsmaßnahmen, die sich des Scheins der bürgerlichen Rationalität bedienten, ließ antifaschistische Hochschulopposition als Tatwiderstand zumeist hilflos ins Leere laufen."[80] Die Institutsleitung förderte diesen Anschein der Normalität. Erkennbar ist dies beispielsweise im Entwurf des letzten Jahresberichts der Astwik, den Colm noch am 13. Juni 1933 an Fleck sandte. Colm hatte sich darin bereits einer heftigen Selbstzensur unterworfen, aber Fleck war gleichwohl nicht einverstanden.[81] Er strich sowohl jegliche Erwähnung der Angriffe auf die Astwik-Mitarbeiter als auch die bisher stets in den Jahresbericht aufgenommene Planung für das kommende Jahr. Faktisch konnten sich die im April aus dem IfW geprügelten Wissenschaftler als entlassen betrachten. Der Jahresbericht verharmloste die Umstände: „Im Zusammenhang mit den politischen Ereignissen erfolgten im April 1933 Beurlaubungen von Prof. Colm, Privatdoz. Neisser, Dr. Freund und Dr. Zweig. Dr. Freund schied im Juni 1933 aus."[82]

Die Vertreibungen der jüdisch-stämmigen und der bekennend demokratischen Mitarbeiter aus dem IfW gehörten zu jenen Gewaltaktionen, mit denen sich 1933 das

77 Vgl. Hirschfeld: Einleitung, in: Hirschfeld und Jersak (Hg.) (2004), S. 14.
78 Fleck: Erinnerungen: Kap. IX, S. 82, in: SHLB, Cb 175.
79 Vgl. beispielsweise IfW-interne Rundschreiben von Greiser, 06.07.1933 und 29.08.1933, in: BA, R 4901/17802, Bl. 17–18.
80 Uhlig: Einleitung des Herausgebers, in: Uhlig (Hg.) (1991), S. 13.
81 Colm an Fleck, 13.06.1933, in: HS IfW, Hs Allg. 20b (Astwik).
82 Colm: Bericht zur Astwik 1932/33, verfasst am 13.06.1933 in Kiel, in: Ebd.

„nationalsozialistische Volk als politischer Souverän“[83] realisierte. Nicht nur die Mittäter, sondern auch die *bystanders* hatten demonstriert, dass sie sich dem neuen Regime unterordnen und auch brutalen unmittelbar vor ihren Augen begangenen Verbrechen weder aktiven noch passiven Widerstand entgegensetzen würden. Abgesehen von der mutigen Aktion der Sekretärinnen ist nur ein einziger Fall eines nicht selbst attackierten IfW-Mitarbeiters rekonstruierbar, der Konsequenzen aus dem Regimewechsel zog. Es handelte sich um den Ökonomen Walter Egle (*30.01.1904), der 1934 von einer Forschungsreise aus den USA nicht nach Kiel (und zu Frau und Kind) zurückkehrte.[84]

Das unmittelbare Ergebnis der fünf Angriffe und der Anwendung des Berufsbeamtengesetzes durch das Kultusministerium war, dass das Institut mindestens acht männliche Mitarbeiter, eine nicht rekonstruierbare Zahl von nichtwissenschaftlichen Mitarbeiterinnen sowie zwei Professoren verlor. Abgesehen vom Direktor Harms, dessen Ausscheiden das Kultusministerium am 25. April beschloss, verteilten sich die Entlassungen ausschließlich auf zwei Abteilungen: die Astwik sowie die Volkswirtschaftliche Zentralstelle. Beide Abteilungen hörten damit de facto auf zu existieren und das IfW verlor einen großen Teil seines wissenschaftlichen Potentials. Die Astwik verlor neben von Colm, Freund, Neisser und Zweig sowie den Sekretärinnen noch drei weitere Mitarbeiter. Der erste war Alfred Kähler, der seit seinem Studium Mitte der 1920er mit dem IfW verbunden war. Der aktive Sozialdemokrat hatte die Arbeitervolkshochschule in Harrisleefeld bei Flensburg geleitet, parallel eine Dissertation verfasst und war eng in die Forschungen der Astwik eingebunden. Der zweite Verlust war Heinrich Dabelstein, Hilfsassistent des a. o. Professors Colm, der ebenfalls aufgrund seines sozialdemokratischen Engagements seine Stelle verlor.[85] Drittens ist John H. Herberts zu nennen, der Anfang 1933 im IfW promoviert und anschließend für einige Monate als wissenschaftlicher Mitarbeiter angestellt worden war. Er wurde aufgrund seiner „nicht-arischen“ Abstammung entlassen.[86]

Im Frühjahr 1933 war die noch von Löwe eingerichtete Volkswirtschaftliche Zentralstelle im IfW, die sowohl personell als auch inhaltlich eng mit der Astwik verknüpft war, von Hans Mayer (1879 – 1955) geleitet worden. Mayer, ein prominenter Vertreter der Österreichischen Schule und Herausgeber der bedeutenden *Zeitschrift für Nationalökonomie*,[87] vertrat seit dem Wintersemester 1931/32 Löwes Professur in Kiel und hatte bereits das Angebot angenommen, zum Sommersemester 1933 ein eigenes Ordinariat zu übernehmen. Auf die Überfälle auf das IfW reagierend widerrief er noch

83 Wildt (2007), S. 374.
84 Vgl. Take (2018a). Ferner emigrierte der eng mit dem IfW kooperierende Kieler Soziologe Rudolf Heberle schließlich 1938 in die USA.
85 Vgl. Heinrich Dabelstein an W.G. Hoffmann, 30.12.1945, in: LASH, Acc. 172/17 (NL Walther G. Hoffmann). Dabelstein konnte sich jedoch mit dem Regime arrangieren und trat offenbar später in die NSDAP ein.
86 Vgl. Uhlig (1991), S. 130.
87 Vgl. Milford (2015), S. 350 – 352.

am 21. April seine Zusage und kehrte zurück an die Uni Wien.[88] Damit kam er einem Rauswurf zuvor.[89] Zu den weiteren Entlassenen gehörte der Assistent Hillmann, der vermutlich wie sein Chef Colm ein Opfer des Angriffs vom 12. April war. Da er als Vorsitzender einer sozialdemokratischen Studentenorganisation aktiv gewesen war, traf ihn ein besonderer Hass und das furchtbare Schicksal einer vier-monatigen Gefangennahme in einem wilden Konzentrationslager der SA.[90] Schließlich sind noch Günter Keiser und Svend Riemer zu nennen. Keiser wurde wie Hillmann aufgrund seines sozialdemokratischen Engagements aus dem Institut verdrängt,[91] Riemer wegen seiner „nicht-arischen" Frau zur Kündigung gezwungen.[92] Die vielen Entlassungen in der Volkswirtschaftlichen Zentralstelle erklären sich wahrscheinlich damit, dass hier der Nationalsozialist Thomann arbeitete, der die Entlassung seiner Kollegen vorantrieb. Auch hatte der nationalsozialistische Landtagsabgeordnete und ehemalige Kieler Studentenfunktionär Joachim Haupt bereits seit 1932 auf eine Schließung der Zentralstelle hingearbeitet.[93]

Die vertriebenen Kieler Ökonomen waren typisch in der Hinsicht, dass sie fast alle emigrierten, dass die USA das bedeutendste Zufluchtsland darstellte und dass keiner nach 1945 an eine deutsche Universität zurückkehrte.[94] Einzig Keiser blieb in Deutschland, arrangierte sich mit dem Regime und betätigte sich als Wirtschaftsjournalist.[95] Die Vertreibung aus der Heimat bedeuteten zwar für die Betroffenen einen großen Schicksalsschlag. Harald Hagemann stellt aber fest, man könne die meisten „angesichts ihres bemerkenswerten beruflichen Erfolges langfristig durchaus zu den ‚Emigrationsgewinnlern'"[96] zählen. Zwar ist bei Kähler und Zweig zu konstatieren, dass diese wegen einer gewissen Entwurzelung an ihre wissenschaftlichen Ansätze

88 Vgl. Hans Mayer an Achelis, 21.04.1933, in: LASH, Abt. 415, Nr. 821, Bl. 403.

89 Vgl. Achelis an Hans Mayer, 29.04.1933, in: Ebd., Bl. 404. Mayer war bereits Mitte der 1920er Jahre in Wien wegen mangelndem Antisemitismus angegriffen worden. Vgl. Taschwer (2015), S. 120. Nach dem „Anschluss" Österreichs im Jahr 1938 passte Mayer sich an, trug die antisemitische Politik mit und konnte auf seinem Wiener Lehrstuhl bleiben. Vgl. Tamarah Ehs: Hans Mayer, in: Olechowski, Ehs und Staudigl-Ciechowicz (2014), S. 560–563.

90 Vgl. Göllnitz (2018), S. 251–252.

91 Vgl. Alva und Gunnar Myrdal an Van Sickle, 20.07.1933, in: RAC, RF, RG 1.1, s. 717.S, b. 20, f. 181.

92 Uhlig (1991), S. 134.

93 Vgl. Göllnitz (2018), 60–61. Siehe auch: „Ist die Beibehaltung einer Volkswirtschaftlichen Zentralstelle in Kiel notwendig?", in: Kieler Neueste Nachrichten, 21.09.1932.

94 Zur Emigration deutschsprachiger Ökonomen, siehe Hagemann (2011) und speziell zur Astwik: Hagemann (1997).

95 Zunächst bei der Vossischen Zeitung, siehe: Alva und Gunnar Myrdal an Van Sickle, 20.07.1933, in: RAC, RF, RG 1.1, s. 717.S, b. 20, f. 181. Später arbeitete Keiser als Finanzexperte für verschiedene Zeitschriften sowie zum Ende des Zweiten Weltkriegs als Abteilungsleiter der Wirtschaftsgruppe Privates Bankgewerbe. In der bizonalen Wirtschaftsverwaltung bzw. im Bundeswirtschaftsministerium war Keiser bis 1951 als Ministerialdirigent tätig.

96 Hagemann: Zerstörung eines innovativen Forschungszentrums und Emigrationsgewinn. Zur Rolle der „Kieler Schule" 1926–1933 und ihrer Wirkung im Exil, in: Hagemann (Hg.) (1997), S. 332.

nicht anknüpfen konnten[97] bzw. keine Anstellung in der Wissenschaft fanden.[98] Die meisten Vertriebenen konnten jedoch im Ausland ihre Forschungen fortführen. Vor allem geschah dies an der New School for Social Research in New York, das ein „Emigrationszentrum“[99] darstellte. Dorthin zog es Colm, Neisser, Kähler sowie weitere ehemalige Astwikmitarbeiter wie Löwe und Marschak.

Etablierten Wissenschaftler wie Colm waren so begehrt, dass die Jobsuche für sie kein Problem darstellte. Ihre proto-keynesianistische Wirtschaftsauffassung, mit der sie in Deutschland eine Außenseiterstellung gehabt hatten, war in den Zeiten des amerikanischen „New Deal“ sehr gefragt.[100] Die Nachwuchswissenschaftler besaßen das Glück im Unglück, bis 1933 massiv von der Rockefeller Foundation gefördert worden zu sein, welche die aus Kiel vertriebenen Ökonomen weiterhin unterstützte.[101] Das Extrembeispiel stellte Neisser dar. Harms hatte ihn im Sommer 1933 zum Schutz unter Verwendung von Mitteln der Rockefeller Foundation auf eine Forschungsreise nach England schickte.[102] Der Stiftung gut bekannt („Neisser is absolutely first-rate.“[103]), wurde er bald in das Deposed Scholar Program aufgenommen und erhielt für drei Jahre eine subventionierte Anstellung an der University of Pennsylvania. Die Universität war auch zufrieden mit Neisser, bot ihm gleichwohl keine volle Stelle an. Eine Rolle scheint dabei der auch in den USA grassierende Antisemitismus gespielt zu haben.[104] Die Rockefeller Foundation sah sich deshalb gezwungen, Neisser weiter zu unterstützen, auch als er schließlich 1939 eine ordentliche Professur in Pennsylvania und 1943 an der New School in New York erhielt.[105]

Neben der New School stellte auch Oxford ein Emigrationsziel dar. Der aus Heidelberg vertriebene Marschak wirkte dort als Gründungsdirektor des Oxford Institute of Statistics.[106] Als Anhänger des „econometric movement“ glaubte Marschak, durch eine Mathematisierung der Wirtschaftswissenschaften die ersehnte Wertfreiheit er-

---

97 Laut Hagemann müsse „Kähler, der erst über den zweiten Bildungsweg zum Studium gekommen war, zu den Ökonomen gerechnet werden, die durch die Emigration regelrecht entwurzelt wurden.“ Ebd.

98 Zweig emigrierte nach London und begann in Ermangelung einer akademischen Stelle eine Karriere bei einem Nahrungsmittelkonzern. Später lehrte er am Morley College. Über den Autor, in: Zweig (1980).

99 Hagemann (1997), S. 21. Zur New School: Krohn (2004 sowie 1987).

100 Siehe beispielsweise: Alvin „The American Keynes“ Hansen an Stacy May, 26.04.1933, in: RAC, RF, RG 2–1933, GC, s. 717, b. 91, f. 725.

101 Hierzu ausführlicher in Take (2017b).

102 Vgl. Memorandum zu Telefonat Van Sickle mit Harms (in Berlin), 04.05.1933, in: RAC, RF, RG 1.1, s. 717.S, b. 20, f. 181.

103 Van Sickle an Joseph Willits (Dekan Wharton School of finance and commerce), 10.07.1933, in: RAC, RF. RG 1.1, s. 241.S, b. 7, f. 107.

104 Siehe Van Sickle: Interview with Willits, 07.02.1936, in: Ebd., f. 108.

105 Musser an Willits (beide Uni Pennsylvania, 15.05.1941, in: RAC, RF. RG 1.1, S. 241.S, b. 7, f. 107.

106 Subventionen leistete die Rockefeller Foundation, die ebenfalls das Pariser Institut Scientifique de Recherches Économiques et Sociales finanzierte, wohin Herberts im August 1933 geflohen war. Vgl. Tournès (2006).

reichen zu können. Zu den Mitarbeitern gehörten der ehemals am IfW tätige und 1933 aus Frankfurt vertriebene Burchardt, der auch von 1948–1958 die Leitung des Oxford Institute of Statistics übernehmen sollte, sowie Hillmann, der in Manchester sein Studium hatte beenden können.[107] Die starke Unterstützung der Rockefeller Foundation sowie die vergleichsweise große Bereitschaft der angloamerikanischen, ferner auch der britischen sowie in zwei Fällen auch der schwedischen Universitäten,[108] leistungsfähige emigrierte Ökonomen zu übernehmen, erleichterte den Vertriebenen das Schicksal. Abgesehen von Harms' Einsatz ist dagegen weder im April 1933 noch später eine materielle oder ideelle Unterstützung aus Kiel rekonstruierbar.[109]

5.5 Gescheiterter Angriff auf den Bibliothekar, kein Angriff auf die Bibliothek

Nicht jeder der nationalsozialistischen Angriffe auf das Institut war erfolgreich. Das Beispiel des Bibliothekars Wilhelm Gülich zeigt, dass es unter bestimmten Voraussetzungen möglich war, diese zu überstehen. Die Attacke auf Gülich begann spätestens am 11. oder 12. April 1933, als Schmaljohann gemeinsam mit Friedrich Paul Siegert, einem Assistenten der IfW-Bibliothek, belastende Aussagen gegen Gülich zusammenstellte.[110] Siegert scheint diese Aktion auch aus Selbstschutz betrieben zu haben, um von Gerüchten gegen eine eigene jüdische Herkunft abzulenken.[111] Das Protokoll wurde unter anderem von drei langjährigen Kollegen Gülichs unterschrieben, und zwar vom Archivar Lotsch, dem Assistenten Kautz und dem Dezernenten Hermann J. Held. Gülich wurde sein gesellschaftlicher Umgang („Judenfreund") sowie seine bisherige pro-demokratische Haltung vorgeworfen. Beispielsweise habe er dem Sohn des kürzlich ermordeten Rechtsanwalts Spiegel beim Führen der Kasse des Republikanischen Clubs geholfen.

Bezüglich Gülichs wechselnder politischer Orientierung ist rekonstruierbar, dass er von 1919 bis 1921 Mitglied der DNVP gewesen war und sich zu dieser Zeit während eines Studienaufenthalts in Wien von dem Ökonomen Othmar Spann hatte beein-

107 Im Zweiten Weltkrieg beteiligte sich das Statistikinstitut am Kampf gegen das „Dritte Reich". Vgl. Hagemann (1997), S. 318.

108 Durch Gunnar Myrdal erhielten Freund und Riemer die Möglichkeit zum Wechsel nach Stockholm. Betr. Riemer: RAC, RF, fellowship recorder cards, RG 10.2, Disciple 5, Germany, Svend Riemer. Stockholm School of Commerce – (Freund, Rudolf), 1932–1939, in: RAC, RF, RG 1.1, s. 800.S, b. 10, f. 102.

109 Eine finanzielle Unterstützung der Emigranten wäre ohne persönliches Risiko möglich gewesen. Anders war dies in Schweden, wo Wissenschaftler sich Ende 1933 dazu entschieden, mit 3% ihres eigenen Gehalts die Mittel für Freund und Riemer aufzustocken. Siehe Aufzeichnungen zum Gespräch von Kittredge (Rockefeller Foundation) mit Bertil Ohlin, 02.12.1933, in: Ebd.

110 Beteiligt war zudem ein Walter Conradi. Die Vorwürfe sind gesammelt im handschriftlichen Protokoll Schmaljohanns betreffend Gülich, 11. oder 12.04.1933, in: LASH, Abt. 47, Nr. 6609, Bl. 78.

111 Greiser: Bericht über die Vorgänge vom 1. April 1933, 03.04.1933, in: HS IfW, Hs Allg. 22.

drucken lassen, einem prominenten Befürworter eines autoritären Ständestaates.[112] Als er dann in Kiel studierte und Teil der Harms'schen Doktorandengemeinschaft wurde, wirkte sich offenbar die linksliberale Atmosphäre des IfW aus. Er trat aus der DNVP aus und wurde später, ebenso wie Neisser, Mitglied des Republikanischen Klubs. Möglicherweise nahm er in diesem eine führende Position ein und es scheint plausibel, dass er etwa um das Jahr 1928 herum eine Verfassungsrede in der Nordostseehalle gehalten haben könnte.[113] Ab 1933 trat er dann rasch in einige NS-Vereine (Rechtswahrerbund, Volkswohlfahrt, Reichsluftschutzbund), nicht jedoch in die Partei oder die SA ein.[114] Nach dem Zweiten Weltkrieg begann er eine politische Karriere als sozialdemokratischer Landtagsabgeordneter, Landesminister und Bundestagsabgeordneter.

Siegert und Schmaljohann griffen Gülich nicht nur persönlich, sondern auch seine Arbeit an. Sie behaupteten, die Entscheidung zur Sammlung nationalsozialistischer Zeitungen habe einer Intervention von Harms bedurft.[115] Das traf wahrscheinlich nicht zu. Bereits im April 1931 hatte der jüdisch-stämmige Student Kurt Nathan sich bei Gülich beschwert, dass dieser überproportional viel nationalsozialistische Literatur anschaffen würde.[116] Zweitens wurde Gülich vorgeworfen, die IfW-Bestände jüdischer und sozialistischer Autoren zu schützen. Ergänzend zum Protokoll wurde eine Hetzschrift verfasst, die Drohungen gegen Gülichs Person und gegen die IfW-Bibliothek („Errichten Sie am Strandweg Scheiterhaufen für Marx und Bebel, Lenin und Rosa Luxemburg") enthielt.[117]

In Gülichs Personalakte sind die Angriffe sorgfältig dokumentiert. Wenige Quellen sind hingegen zu seinen Verteidigungsmaßnahmen überliefert. Gesichert ist, dass Harms fest zu seinem Bibliothekar stand.[118] Er verschaffte Gülich zum 1. Mai 1933 eine planmäßige Assistentenstelle und jener versicherte, „jederzeit rückhaltlos für den nationalen Staat einzutreten".[119] Zusätzlich gelang es Gülich, neue Allianzen einzugehen. Er schaffte es nämlich Siegert aus dem IfW zu drängen, indem er ihn ausgerechnet durch den Nationalsozialisten Karl Thomann ersetzte. Dieser ging also bei seiner Mithilfe an den Attacken auf die jüdisch-stämmigen und sozialdemokratischen Kollegen nicht nur straffrei aus, sondern wurde sogar belohnt.[120] Auch freundete Gülich sich mit einflussreichen Personen wie Hans Steinacher an, Leiter der Zen-

---

112 Vgl. Holger Martens (1998), S. 551. Vgl. Savelsberg, in: Wilhelm Gülich. 7.6.1895 – 15.4.1960, als Ms. gedruckt, S. 11, in: ZBW, A 42945. Zu Gülichs Aktivitäten zählte eine gegen Rosa Luxemburg gerichtete Rede in der Elberfelder Stadthalle 1918. Vgl. Petra Düwel (1994), S. 69.

113 Protokoll Schmaljohann, 11. oder 12. April 1933, in: LASH, Abt. 47, Nr. 6609, Bl. 78.

114 Auskunft Gülichs, 23.02.1938, in: LASH, Abt. 47, Nr. 6610, Bl. 1.

115 Protokoll Schmaljohann, 11. oder 12.04.1933, in: Ebd., Nr. 6609, Bl. 78.

116 Siehe Kurt Nathan: Begründung des Antrages, 21.04.1931, in: ZBW-Archiv, 462.

117 Beide Zitate in: Das braune Herz des Bibliothekars, April 1933, in: LASH, Abt. 47, Nr. 6609, Bl. 78.

118 Siehe Harms an Sitzler, 29.04.1933, in: Ebd., Bl. 67a.

119 Erklärung von Wilhelm Gülich, 28.04.1933, in: Ebd., Bl. 67b.

120 Thomann war bis 1936 im IfW tätig, zuletzt in der Forschungsgruppe Exportindustrie. 1937 wechselte er als Gausachbearbeiter in das Reichspropagandaamt. Vgl. Göllnitz (2018), S. 655.

tralstelle für deutsche Auslandsbüchereien im Auswärtigen Amt und des Volksbundes für das Deutschtum im Ausland.[121] Später unterhielt er auch gute Verbindungen in die SS, bei denen unklar ist, ob sie bereits 1933 begannen.[122]

Oftmals wurde Gülich Anerkennung dafür ausgesprochen, dass er die IfW-Bibliothek vor der Bücherverbrennung auf dem Kieler Wilhelmplatz am 10. Mai 1933 stattfand, geschützt habe.[123] War sie aber überhaupt in Gefahr gewesen? Die Vorbereitungen zu den Bücherverbrennungen begannen in Kiel bereits am 19. April 1933 mit der Konstituierung eines „Kampfausschusses wider den undeutschen Geist" unter der Leitung von Oberbürgermeister Behrens, seinem engen Mitarbeiter Willi Ziegenbein sowie dem Philosophieprofessor Ferdinand Weinhandl. Zu den Autoren beschlagnahmter Schriften zählten Colm, Keiser, Löwe, Neisser und auch Harms.[124] Der „Kampfausschuss" konzentrierte seine Sammeltätigkeit auf die Universitätsbibliothek und die Kieler Leihbibliothek und scheint die Fachbibliotheken nicht beachtet zu haben.[125] Hinzu kam, dass höhere NS-Stellen zu dieser Zeit darauf bedacht waren, negative Berichterstattung im Ausland zu minimieren. Eine französische Zeitung hatte bereits Ende April gewarnt, eine Säuberung der IfW-Bibliothek könne einen irreparablen Schaden verursachen und bei der DFG und der Rockefeller Foundation besaß sie ebenfalls ein sehr hohes Ansehen.[126]

Die oben zitierte Drohung Siegerts und Schmaljohanns scheint eine Randbemerkung geblieben zu sein. Allgemein waren seinerzeit die auf Forschungszwecke ausgerichteten Institutsbibliotheken von den Bücherverbrennungen weit weniger betroffen als die Universitätsbibliotheken und nahmen meist nur eine Sekretierung bestimmter Werke vor.[127] Vorausschauende Nationalsozialisten wussten, dass dieses Material für wissenschaftliche und propagandistische Tätigkeiten genutzt werden konnte. Als beispielsweise 1936 der von den Nationalsozialisten eingesetzte HWWA-Direktors Bernhard Stichel wieder entlassen wurde, zählte ausgerechnet eine Säuberung der Bestände und die Vernichtung wichtiger Informationen zu den Gründen.[128] Es war Gülich während der folgenden zwölf Jahre unangefochten erlaubt, seine in jeder Hinsicht breit gefächerte Sammeltätigkeit fortzusetzen. Entsprechend schaffte er

---

121 Gülich zum Bericht der Dzien Pomorski, 18.07.1934, in: LASH, Abt. 47, Nr. 6609, Bl. 77c.

122 Gülich an Abt. für Entnazifizierung im Innenministerium, 18.10.1948, in: LASH, Abt. 460, Nr. 4182.

123 Vgl. Soeken (1960), S. 173; Otto (1964), S. 86; Eintrag Gülich, Wilhelm, in: Habermann, Klemmt und Siefkes (1985), S. 100 – 101; Petra Düwel (1994), S. 7; Baade: Bernhard Harms, in IfW (Hg.) (1951), S. 10.

124 „Von der Kieler Universität", in: Kieler Neueste Nachrichten 23.04.1933.

125 Vgl. Cornelißen und Mish (2008), S. 533 – 534.

126 Le 3° Reich n'a pas besoin de savants!, in: *Le Populaire*, 27.04.1933. Schmidt-Ott an Ruml, 19.10. 1925, in: RAC, LSRM, s. 3_06, b. 61, f. 658.

127 Vgl. Vodosek und Komorowski (1989), S. 297 – 388.

128 Vgl. Leveknecht (1998), S. 27. Ebenso bereits Köhler (1959), S. 70.

auch anti-nationalsozialistische Schriften an.[129] Nach 1945 wurde diese Kontinuität der Sammeltätigkeit fälschlicherweise als Widerstandshandlung dargestellt.

5.6 Reaktionen auf die „Machtergreifung" und die Ablösung des Institutsdirektors

Wie viele Zeitgenossen war Harms dem Nationalsozialismus gegenüber ambivalent gestimmt und blieb dies bis zu seinem Tod im Jahr 1939.[130] Einerseits lehnte er Kernbestandteile der NS-Ideologie ab, insbesondere den Antisemitismus, die beschworene Abkehr vom internationalen Handel sowie die Wissenschaftsfreiheit. Andererseits war er empfänglich für die Volksgemeinschaftspropaganda und befürwortete eine ganze Reihe von Maßnahmen des „Dritten Reichs", wie beispielsweise die Proklamierung des 1. Mai als Feiertag oder später die Wiederbewaffnung.[131] Harms wollte nicht begreifen, dass vom ehemals liberalen Kultusministerium kein Schutz für die jüdisch-stämmigen und sozialdemokratischen Mitarbeiter zu erwirken war. Deshalb verschwendete er seine Energien in Berlin und ergriff in Kiel keine Abwehr- bzw. Solidarisierungsmaßnahmen für die Opfer. Am 25. April beschloss das Ministerium schließlich unter Anwendung des Berufsbeamtengesetzes für die Universität Kiel eine große Zahl an „Beurlaubungen", ein euphemistischer Begriff für die bevorstehenden Rauswürfe.[132] Genannt wurden unter anderem Colm und Neisser, deren Vertreibung „von unten" durch den Mob damit offiziell „von oben" bestätigt wurde. Aber auch Harms wurde für seine Hinhaltetaktik gegenüber der SA und der NS-Studentenschaft bestraft und es wurde verkündet: „Über Harms und [den Soziologieprofessor] von Hentig bleibt Verfügung vorbehalten."[133] Er verstand, dass dies das Ende für seine Tätigkeit als Professor in Kiel und als Direktor des IfW bedeutete. Harms trat allein deshalb nicht auf der Stelle zurück, weil das „mit dem schnellen Zusammenbruch des Instituts gleichbedeutend wäre."[134] Die Beziehungen zum Ausland würden abreißen und die Rockefeller Foundation sowie die Fördergesellschaft ihre Unterstützung einstellen. Glaubhaft ist Harms' Selbstdarstellung, es sei ihm in den nächsten Wochen allein darum gegangen, das IfW zu erhalten.

---

129 Z. B. Johannes Steel (Herbert Stahl): Hitler as Frankenstein, 1933, in: ZBW, I 17120. Gülich schaffte auch die 1939 von der New School erstellte kritische Übersetzung von Mein Kampf an, in: ZBW, II 18848.

130 Siehe F. Hoffmann: Die Geschichte des IfW II, 1943, S. 289, in: ZBW, IV 2737. Vgl. auch Herbert, in: Hirschfeld und Jersak (Hg.) (2004), S. 38.

131 Harms an Edith Landmann, 15.04.1933, in: UAB, NL 198: E, 4 11. Zum 1. Mai in Kiel: Rundschreiben Rektor Scheel, 29.04.1933, in: Fleck: Erinnerungen: Kap. IX, S. 84a, in: SHLB, Cb 175. Harms an Saemisch, 18.03.1935, in: BAK, N 1171/63.

132 Achelis an Kurator Uni Kiel, 25.04.1933, in: LASH, Abt. 415, Nr. 821.

133 Ebd. Die Verfügung wurde im Wortlaut am 26.04.1933 in der Kieler Zeitung wiedergegeben.

134 Harms an Popitz, 27.04.1933, in: BAK, N 1262/114.

Was aber war „das IfW"? Es ist an dieser Stelle nützlich, zwischen der *Organisation* und den *Institutionen* zu unterscheiden. Unter der *Organisation* verstehe ich das Greif- und Messbare, also die Gebäude, die Bibliotheks- und Archivbestände, die Arbeitsplätze und die Eigenständigkeit als An-Institut. Zu den *Institutionen* zähle ich die Eigenschaften, also die meritokratische und pluralistische Personalpolitik, die jahrelang eingeübten Arbeitsverfahren (z. B. die arbeitsteiligen Prozesse in den Forschungsgruppen) und das der Forschungstätigkeit zugrundeliegende Ideal der vorurteilslosen Suche nach Wahrheit unter Anwendung wissenschaftlicher Methoden. Dabei ist zu beachten, dass die *Organisation* IfW im Frühjahr 1933 kaum in Gefahr war. Einflussreiche Persönlichkeiten wie Popitz und auch die neuen nationalsozialistischen Beamten im Kultusministerium waren der Meinung, das IfW mit seinem physischen Besitz, seiner personellen Größe sowie seinem Status eines selbstverwalteten Instituts stelle auch für das „Dritte Reich" einen Wert dar. Eine Autonomie der Wissenschaften ist ja durchaus mit der politischen Vernetzung vereinbar bzw. sogar deren Voraussetzung.[135] Harms erkannte nicht, dass er sich auf den Schutz der *Institutionen* des IfW hätte konzentrieren müssen.

Spätestens am 27. April entschloss Harms sich zu einem Strategiewechsel. Nun wollte er das IfW bewahren, indem er es scheinbar geordnet an einen dem Regime genehmen Nachfolger übergab. Dabei sollte gegenüber der Fördergesellschaft und anderen in- und ausländischen Finanziers und Kooperationspartnern der eigene Rausschmiss möglichst verschleiert werden.[136] Predöhl behauptete später, die Entscheidung für den Göttinger Professor Jens Jessen (11.12.1895 – 30.11.1944) hätte Harms gemeinsam mit ihm gefällt.[137] Belegt ist, dass Harms bereits am 21. April Jessen als Nachfolger für den nach Wien zurückkehren Hans Mayer vorgeschlagen hatte, allerdings nur als Letzten auf einer sechs Personen umfassenden Liste.[138] Am 26. April schickte dann Professor Hans von Hentig als letzte Tat in seiner Funktion als Dekan der Rechts- und Staatswissenschaftlichen Fakultät der Uni Kiel eine Vorschlagsliste für den Ersatz der bis zu diesem Tag entlassenen Professoren an das Kultusministerium. Sicherlich in Absprache mit Harms und möglicherweise auch mit Predöhl setzte von Hentig Jessen hier auf den zweiten Platz für ein nationalökonomisches Ordinariat.[139]

Ob die Wünsche aus Kiel für relevant erachtet wurden, ist nicht rekonstruierbar. Auf jeden Fall entschied das Kultusministerium am 28. April, Jessen als Vertretungsprofessor nach Kiel zu schicken.[140] Am 4. Mai reisten sowohl Jessen als auch Harms zu Verhandlungen mit dem Ministerium nach Berlin. Die Rockefeller Foundation hatte

135 Vgl. Ash (2002), S. 50.

136 Harms an Popitz, 27.04.1933, in: BAK, N 1262/114.

137 Predöhl: Zur Geschichte des IfW (ca. 1953), S. 3, in: HS IfW.

138 Hinter Erwin von Beckerath, Wilhelm Vleugels, Hans Ritschl, Wilhelm Andrae und Walter Heinrich. Harms an Kultusministerium, 21.04.1933, in: LASH, Abt. 415, Nr. 821, Bl. 439 – 440.

139 Telegramm Hentig an Achelis, 26.04.1933, in: Ebd., Bl. 405.

140 Achelis an Jessen, 28.04.1933, in: Ebd., Bl. 397.

Harms für dieses Treffen stärken wollen und ihm aufgetragen zu verkünden, sie werde die Förderung des IfW einstellen, sollte er entlassen werden.[141] In ähnlicher Weise hatte die Stiftung die Leiter des IfK, einiger Kaiser-Wilhelm-Institute sowie der Notgemeinschaft zu stützen versucht.[142] Harms nutzte diese Munition jedoch nicht und unterließ es, für seinen eigenen Posten zu kämpfen. Er betrachtete es als das einzige noch erreichbar Ziel, die Übergabe des IfW an den von ihm persönlich geschätzten Jessen gegenüber der Öffentlichkeit als seine eigene Entscheidung darstellen zu können. Mit dem Kultusministerium wurde vereinbart, Harms für eine Übergangsfrist auf dem Posten des Institutsdirektors zu belassen und zunächst im In- und Ausland die irreführende Meldung zu verbreiten, er bleibe auf seinem Posten.[143] Bereits wenige Tage später erging dann die Anordnung, Jessen dürfe das IfW „mitbenutzen“.[144]

Mittlerweile war die Umgestaltung der Kieler Universität weiter vorangeschritten. Am 27. April wurde das NSDAP-Mitglied Lothar Wolf zum neuen Rektor bestimmt. Auf seinen Druck hin wurde von Hentig als Dekan der Rechts- und Staatswissenschaftlichen Fakultät abgesetzt und noch am selben Tag durch Predöhl ersetzt.[145] Predöhl war es dann, der einen Monat später dem Kultusministerium den Wunsch übermittelte, Jessen eine ordentliche Professur in Kiel zu verleihen. Die Fakultät sei der Meinung, „daß Jessen einer jener Männer von Charakter ist, die in hervorragendem Maße berufen sind, an den Aufgaben der akademischen Neuordnung mitzuarbeiten.“[146] Einen Tag darauf machte Harms dann den „erforderlichen zweiten Schritt“[147] und bat, zum Herbst als IfW-Direktor von Jessen abgelöst zu werden. De facto wurde das IfW damit vom 9. Mai bis zum 20. September von Harms und Jessen gemeinsam geleitet.[148]

Nach Harms’ Rücktrittsankündigung gab es kaum noch Angriffe auf ihn und es dominierten lobende Worte für sein Lebenswerk.[149] Es bleibt die Frage, warum er ausgerechnet Jessen als Nachfolger aussuchte und tatkräftig unterstützte. Die Antwort besteht wohl aus zwei Teilen. Erstens besaß Jessen im Frühjahr 1933 gute Verbin-

141 Memorandum über Telefonat Van Sickle mit Harms, 03.05.1933, in: RAC, RF, RG 1.1, S. 717.S, b. 20, f. 181.

142 Vgl. Tooze (2001), S. 179 und Schüring (2006), S. 112. Siehe auch Mason an Van Sickle, 27.07.1933, in: RAC, RF, RG I.I, s. 717, b. 16, f. 151.

143 „Hentig und Harms bleiben an der Kieler Universität!“, in: Berliner Tageblatt, Nr. 209, 06.05.1933 und „Reich to retain Prof. Harms“, in New York Times, 06.05.1933, S. 8. Hentigs Tage in Kiel waren ebenfalls gezählt. 1934 wurde er nach Bonn zwangsversetzt und emigrierte bald darauf in die USA.

144 Achelis an Harms, 09.05.1933, in: BA, R 4901/1217, Bl. 137. Vgl. Jessen (1940), S. 2.

145 Predöhl gab an, in seiner Funktion als Dekan eng mit Wolf zusammengearbeitet zu haben. Vgl. Predöhl: Zur Geschichte des IfW (ca. 1953), S. 2, in: HS IfW.

146 Predöhl an Bernhard Rust, 28.05.1933, in: LASH, Abt. 415, Nr. 822, Bl. 7.

147 Harms an Kultusministerium, 29. Mai 1933, in: BA, R 4901/1217, Bl. 150.

148 Die offizielle Übergabe des Direktorats erfolgte am 20. September 1933. Vgl. Harms: An sämtliche Dienststelle, 20.09.1933, in: Fleck: Erinnerungen: Kap. IX, S. 94b, in: SHLB, Cb 175.

149 „Professor Bernhard Harms tritt zurück“, in: Vossische Zeitung, 27.07.1933 und „Professor Harms tritt vom Kieler Institut für Weltwirtschaft zurück“, in: Frankfurter Zeitung, 30.07.1933. Ausnahme: Berthold Richter: „Bernhard Harms oder die fröhliche Wissenschaft“, in: *Schule der Freiheit*, 08./09.1933.

dungen in die Partei und ins Kultusministerium und schien damit für das IfW Stabilität zu gewährleisten. Nach ihrem Kiel-Besuch fasste das Ökonomen-Ehepaar Myrdal die dortigen Meinungen zusammen. Jessen sei „a very important man, [...] by some held to be the Robespierre of this revolution and by others (and by himself) said to be one of the dozen men who are really inside the policy of the new state.“[150] Auch Harms machte sich Illusionen, mit Jessen komme nun ein starker Mann nach Kiel. Dass dieser das Institut völlig umgestalten und neuen Zwecken widmen wollte, mochte Harms sich nicht vorstellen. Zweitens vertraute Harms auf Jessens Persönlichkeit. Kennen gelernt hatten sie sich bereits in den Jahren 1918–1920, als Jessen in Kiel studiert hatte. Als gebürtiger Schleswig-Holsteiner erweckte er den Eindruck eines Lokalpatrioten und aufgrund seiner jahrelangen Reisen durch Nord- und Südamerika konnte er sich auch als Weltbürger ausgeben. Auf der persönlichen Ebene verstand er sich hervorragend mit Harms. Darüber ignorierte dieser, dass Jessen sich vor seinem Wechsel nach Kiel bereits in Göttingen daran beteiligt hatte, die Universität im nationalsozialistischen Sinne und mit entsprechend brutalen Methoden umzubauen.[151]

5.7 Das Projekt „Stoßtruppfakultät“ und die Mitwirkung Predöhls als Dekan

Neben Heidelberg und Frankfurt stellte Kiel mit überdurchschnittlich vielen entlassenen Ökonomen eines der „Vertreibungszentren“ dar.[152] Bei den Juristen wurde ebenfalls ein außergewöhnlich weitreichender Personalaustausch vorgenommen.[153] Drei Gründe sind ursächlich dafür, dass die Rechts- und Staatswissenschaftliche Fakultät der Uni Kiel einen traurigen Spitzenplatz einnahm. Geprägt von der liberalen Personalpolitik des preußischen Kultusministeriums und Harms’ Einfluss, erschien den neuen Machthabern, erstens, ein Umbau der Kieler Fakultät deutlich dringender als bei rechtskonservativer besetzten Lehrkörpern wie beispielsweise in Tübingen.[154] Zweitens wurde es für Kiel, wie auch für Breslau und Königsberg, das Projekt einer „Stoßtruppfakultät“[155] entwickelt, die besondere Rollen erfüllen sollte: Innerhalb der Universität sollte sie als „Kernfakultät“[156] die politische Neuausrichtung vorantreiben, als tragender Pfeiler der „Grenzlanduniversität“ Kiel völkische Ziele unterstützen und

150 Alva und Gunnar Myrdal an Van Sickle, 20.07.1933, in: RAC, RF, RG 1.1, S. 717.S, b. 20, f. 181.

151 Siehe hierzu die Stellungnahme des Kurators der Göttinger Universität, 25.11.1937, in: BA, R 4901/24861, Bl. 9164–9167.

152 Vgl. Hagemann (2011), S. 648.

153 Vgl. J. Eckert (2004), S. 21. Zentrale Quellen sind die Akten des Kultusministeriums zur Kieler Fakultät, in: LASH, Abt. 415, Nr. 821 und Nr. 822.

154 Vgl. Brintzinger (1996), S. 307.

155 Zur Kieler „Stoßtruppfakultät“ bzw. „Kieler Schule“, siehe Döhring (1965), Walkenhaus (1999), J. Eckert (1992, 1995, 2003, 2004), Rudolf Meyer-Pritzl: Die Kieler Rechts- und Staatswissenschaften. Eine „Stoßtruppfakultät“, in: Cornelißen und Mish (2009), S. 151–173 und zuletzt Wiener (2013).

156 Erdmann (1967), S. 9.

schließlich sollten die Professoren als Experten am Umbau des Reiches mitwirken. Drittens gab es mit Predöhl vom 27. April 1933 bis zum 15. Juni 1934 einen Dekan, der eifrig am Umbau der Fakultät mithalf. In dieser Zeit war er auch Prorektor und, in Nachfolge des zwangsversetzten Skalweit, geschäftsführender Direktor des Staatswissenschaftlichen Seminars.[157] Einen Überblick über den Umbruch gibt die Tabelle 6.

Tabelle 6: Die Besetzung Rechts- und Staatswissenschaftliche Fakultät Kiels[158]

Ordinariat	**Inhaber am 27.04.1933**	**Inhaber am 15.06.1934**
Wirtschaftliche Staatswissenschaften	Andreas Predöhl	
Weltwirtschaftslehre bzw. Wirtschaftliche Staatswissenschaften	Bernhard Harms	Jens Jessen (beurlaubt)
Volkswirtschaftslehre	August Skalweit	Hermann Bente
Bürgerliches und Handelsrecht, Deutsches Recht	Karl Rauch	Karl August Eckhardt
Bürgerliches, Handels- und Arbeitsrecht	Heinrich Hoeniger	(ab 1935 a.o. Wolfgang Siebert)
Bürgerliches- und Zivilprozessrecht, Rechtsphilosophie	Gerhart Husserl	Karl Larenz
Arbeitsrecht, Wirtschaftsrecht	Otto Opet	Ernst Rudolf Huber
Bürgerliches und Römisches Recht, Zivilprozessrecht	Werner Wedemeyer	Karl Michaelis
Völkerrecht, Int. Privatrecht	Walther Schücking	(ab 1935 Paul Ritterbusch)
Staats-, Völker- und Kirchenrecht	Walther Schoenborn	
Öffentliches Recht	Friedrich Poetzsch-Heffter	
Strafrecht und Kriminalistik	Hermann Kantorowicz	Georg Dahm
Strafrecht	Hans von Hentig	(ab 1935 Friedrich Schaffstein)

In einigen wenigen Fällen, beispielsweise in Freiburg, setzten sich Professoren der Rechts- und Staatswissenschaften gegen Zwangsmaßnahmen zur Wehr und machten ihre Fakultät zu einem „Hauptkampfplatz der Gleichschaltungskämpfe“[159]. Eine wichtige Rolle kam dabei den Dekanen zu, deren Position infolge der Bekämpfung der demokratischen Selbstverwaltung und der Durchsetzung des „Führerprinzips“ an den

157 Predöhls Prorektorat dauerte vom 28.06.1933–16.06.1934. Die Ernennung hätte eigentlich Scheel zugestanden, vgl. Döhring (1965), S. 207.

158 Quellen: Vorlesungsverzeichnisse der Uni Kiel. Teilweise ist die Zuordnung der Ordinariate nicht eindeutig. Ferner wurde der emeritierte Tönnies per § 4 des Berufsbeamtengesetzes entlassen.

159 Brintzinger (1996), S. 83.

Hochschulen gestärkt worden war.[160] Wenn diese Dekane nun allerdings bereitwillig dem Druck der NS-Studentenschaft, der SA bzw. „Hilfspolizei" und der Kultusministerien entsprachen, war dies ein wichtiger Beitrag, um den Gleichschaltungsmaßnahmen den Anschein einer „Normalität"[161] zu verleihen und vereinzelte Widerstände ins Leere laufen zu lassen. Zu diesen regimekonformen Dekanen gehörte Predöhl.

Predöhl entwickelte rasch gute Beziehungen zum Kultusministerium und konnte diese trotz der dortigen häufigen Personalwechsel die nächsten zwölf Jahre aufrechterhalten. Die entscheidende Stelle war hier jene des Personalreferenten für die Universitäten. Von März 1933 bis September 1934 war dies Ministerialrat Johann Achelis. Sein Fachmann für die Rechts- und Staatswissenschaften war von April bis September 1933 der Hilfsreferent Wilhelm Ahlmann, Sohn des Kieler Bankiers Ludwig Ahlmann, der die Gründung des IfW 20 Jahre zuvor mitfinanziert hatte.[162] Er soll durch Jessen,[163] überhaupt erst ins Kultusministerium vermittelt worden sein und war für Predöhl eine wertvoller Kontaktperson. Dies war auch bei Popitz, dem Finanzminister und „eigentlichen Kulturminister Preußens"[164], der Fall. Aus persönlicher Verbundenheit zu Harms sowie wegen einer Allianz mit Jessen, die bis zu ihrer beider Beteiligung am 20. Juli 1944 reichen sollte,[165] war er stets bereit, sich für die Interessen der Kieler Ökonomen einzusetzen. Als Dank für viele Jahre der Protektion hatte Predöhl noch in der ersten Julihälfte 1944 um eine Ehrenpromotion für Popitz ersucht.[166]

Nach Jessens Ankunft blieb in der Ökonomie nur noch die Professur für Volkswirtschaftslehre des geschassten Skalweit nachzubesetzen. Offenbar auf Betreiben von Predöhl, Jessen und Harms entschied man sich für Bente, der erst Wochen zuvor nach Königsberg berufen worden war.[167] Harms betrachtete ihn als einen seiner Schüler, Jessen und Predöhl konnten in ihm einen Bündnispartner sehen, den sie bereits seit gemeinsamen Kieler Doktorandenzeiten kannten. Predöhl konnte sogar einen kleinen Aufstieg für sich herausschlagen, weil er sein „persönliches Ordinariat" an Bente abgab und selbst das volle Ordinariat des nach Frankfurt strafversetzten Skalweit übernahm.

Die Rechtswissenschaften betreffend waren die Weichen bereits am 28. April 1933 gestellt worden.[168] Von Predöhl wurde die „Neuformierung"[169] der Fakultät dann in Absprache mit dem Kultusministerium förmlich im Juni beantragt. Selbst nach 1945

---

160 Vgl. J. Eckert (2003), S. 21.
161 Uhlig: Einleitung des Herausgebers, in: Uhlig (1991), S. 13.
162 Eine Kurzbiografie Wilhelm Ahlmanns bietet Wulf (2011).
163 Vgl. Schlüter-Ahrens (2001), S. 45.
164 Fechter (1949), S. 382. Vgl. auch Nagel (2012), S. 93–96.
165 Vgl. Christ (2014), S. 332.
166 Vgl. Heiber (1991, T. 2), S. 65.
167 Erlass des Kultusministeriums vom 30.03.1933, in: LASH, Abt. 47, Nr. 6609. Hierzu: Predöhl: Zur Geschichte des IfW (ca. 1953), S. 5–6, in: HS IfW.
168 Vgl. Telegramme von Achelis an Larenz, Huber und Dahm, alle 28.04.1933, in: LASH, Abt. 415, Nr. 821, Bl. 396, 398 und 399.
169 Dekan Predöhl an Kultusministerium, 15.06.1933, in: LASH, Abt. 415, Nr. 822, Bl. 19.

zeigte Predöhl sich von der neuen Besetzung begeistert. Geholt worden seien. „die besten Leute aus der neuen Garnitur, Huber, Larenz und Dahm, später Schaffstein, Michaelis und Siebert, alles heute noch Spitzenleute in ihren Fächern. Die Fakultät beeilte sich, diese Leute zu berufen [...]."[170] Der Plan war, dass diese Juristen eine „Kieler Schule" begründen sollten, mit dem Auftrag, die Rechtslehre „auf die neuen Grundbegriffe von Gemeinschaft und Volk, von Pflicht, Treue und Ehre"[171] umzustellen. Inwieweit ihnen dies bis zur Auflösung der „Kieler Schule" 1937/38 gelang ist umstritten. Der Rechtshistoriker Jörn Eckert konstatiert: „Was die Kieler Schule in jedem Fall leistete, war die öffentliche Bemäntelung nationalsozialistischer Willkür und Verbrechen, die ohne rechtliche Verkleidung offen als Gesetzwidrigkeit erkennbar gewesen wäre."[172]

In seiner Auflistung hatte Predöhl den exponiertesten Vertreter der „Kieler Schule" unterschlagen: Karl-August Eckhardt. Der „Überzeugungstäter"[173] fungierte unter anderem als Hauptreferent der SS für Recht, Staat, Politik und Wirtschaft und arbeitete beispielsweise an der „Verfassung der Strafordnung für Konzentrationslager und bei der Kampagne gegen die Homosexuellen im Schwarzen Korps" mit.[174] Eckhardt war es auch, der das Schlagwort „Stoßtruppfakultät" prägte. Damit sollte ein Bezug zur Keimzelle des späteren SS, dem „Stoßtrupp Adolf Hitler", hergestellt werden.[175] Predöhl nahm diese disziplinübergreifende politische Rolle auf und sprach davon, es seien die

> politischen Vorgrupps von der größten Bedeutung für die Entwicklung der Nationalökonomie am Institut für Weltwirtschaft [...] Die Fakultät hat dem Institut den politischen Auftrieb gegeben, der es erst recht eigentlich in die Lage versetzt hat, seine internationalen Beziehungen für das nationalsozialistische Deutschland mit Nachdruck und Erfolg einzusetzen.[176]

Eckhardt war auch deshalb nach Kiel geholt worden, um hier eng mit dem IfW zu kooperieren, beispielsweise im Rahmen eines zu gründenden „Germanischrechtlichen Instituts".[177] Die interdisziplinäre Kooperation des IfW mit der „Kieler Schule" zeigte sich unter anderem in der gemeinschaftlichen Herausgabe der *Zeitschrift für die*

---

170 Predöhl: Zur Geschichte des IfW (ca. 1953), S. 2, in: HS IfW. Ernst Rudolf Huber, Carl Schmitt nahe stehend, „avancierte im öffentlichen Recht zu einem der wichtigsten Autoren der NS-Zeit." Ingo Hueck: Völkerrechtswissenschaft im Nationalsozialismus, in: Doris Kaufmann (Hg.) (2000), S. 495. Karl Larenz richtete sich in seiner Rechtslehre offen am NS-Parteiprogramm aus. Vgl. J. Eckert (2003), S. 46 – 47. Karl Michaelis wurde als Nachfolger des vorzeitig emeritierten Wedemeyer nach Kiel geholt. Vgl. Hofer (2010), S. 198.
171 J. Eckert (2004), S. 23.
172 J. Eckert (2003), S. 50.
173 J. Eckert (2004), S. 24.
174 Vgl. Hofer (2010), S. 227.
175 Vgl. Ditt (2011), S. 83.
176 Predöhl an Rektor Dahm, 08.05.1936, BA, R 4901/24522, Bl. 104 – 108.
177 Preuß. Kultusministerium an Bayerisches Kultusministerium, 16.09.1933, in: LASH, Abt. 415, Nr. 822, Bl. 55.

gesamte Staatswissenschaft durch Predöhl, Bente und Huber ab 1935. Mit Huber wurde zudem vereinbart, „eine Forschungsgruppe im Institut zu begründen, die zugleich die Verbindung des Instituts zur juristischen Sparte der Fakultät bilden sollte.“[178] Diese ab 1936 bestehende Gruppe Wirtschaftsrecht bildete eine Art Ersatz für das letztlich nicht realisierte Germanischrechtliche Institut.

Über einen bloßen Gehorsam gegenüber dem Kultusministerium hinaus lässt sich auch die Bereitschaft Predöhls nachweisen, proaktiv die nationalsozialistische Umgestaltung der Fakultät voranzutreiben. So wollte er beispielsweise – vergeblich – Heinrich Henkel nach Kiel holen, der sich „neben Dahm und Schaffstein als einer der führenden nationalsozialistischen Strafrechtler“[179] profilieren wollte. Mehr Erfolg hatte Predöhl im bemerkenswerten Fall Hoeniger/von Hippel. Im April 1934 war der jüdisch-stämmige Jurist Heinrich Hoeniger von Kiel nach Frankfurt strafversetzt und damit sozial isoliert worden. Predöhl begrüßte das im Namen der Fakultät, „da ihre Stellung gegenüber der Kieler Studentenschaft dadurch wesentlich erleichtert und eine Verschmelzung der Fakultät zu einem politisch und weltanschaulich homogenen Ganzen ermöglicht wird.“[180] Damit bediente er sich der verbreiteten Praxis, die Verantwortung für die rassistische Wissenschaftspolitik der braunen Studentenschaft zuzuschieben.[181] Den Hinweis auf die weltanschauliche Homogenität flocht Predöhl mutmaßlich als Verweis auf seine politische Zuverlässigkeit ein, da seine endgültige Bestätigung als IfW-Direktor zu dieser Zeit noch ausstand.

Nach den Plänen des Kultusministeriums sollte im Tausch für Hoeniger der Rechtsphilosoph Fritz von Hippel aus dem liberalen Frankfurt nach Kiel kommen. Dies war das übliche Verfahren, einen Professor aus seinem Umfeld zu reißen und durch willkürliche Versetzungen gefügig zu machen. Hippel hätte sich dem gefügt.[182] Predöhl setzte jedoch alles daran, den von den Prinzipien der Rechtstaatlichkeit und friedlicher internationaler Kooperation überzeugten Hippel abzublocken. Dessen Ansichten würden „an die Grundfesten unseres rassischen und völkischen Daseins“[183] rühren und die politische Neuausrichtung der Fakultät gefährden. Predöhl bedrohte auch die körperliche Unversehrtheit Hippels, indem er ankündigte, als Dekan die zu erwartende „scharfe Protestaktion“[184] der Studentenschaft zu unterstützen. Der Einsatz zeigte Erfolg und Ministerialrat Achelis sagte die Versetzung Hippels ab.[185] Damit eröffnete Predöhl jenen Weg, auf dem im November 1934 mit der Nationalsozialist Wolfgang Siebert als Hoeniger-Ersatz nach Kiel kam.[186] Das machte sich für das IfW

---

178 Predöhl: Zur Geschichte des IfW (ca. 1953), S. 8, in: HS IfW.
179 Ditt (2011), S. 104. Ditt spekuliert, der Standort Kiel sei nicht einflussreich genug gewesen.
180 Predöhl an Kultusministerium, 17.04.1934, in: LASH, Abt. 415, Nr. 822, Bl. 132.
181 Vgl. Reimann (1986), S. 40.
182 Fritz von Hippel an Predöhl, 19.04.1934, in: LASH, Abt. 415, Nr. 822, Bl. 130.
183 Predöhl an Kultusministerium, 17.04.1934, in: Ebd., Bl. 135.
184 Ebd., Bl. 136.
185 Kultusministerium an Hippel, 27.04.1934, in: Ebd., Bl. 129.
186 [Unleserlich]: Votum des Referenten, 29.11.1934, in: Ebd., Bl. 261.

bezahlt, denn ebenso wie Huber hat auch Siebert „zu jeder Zeit zum Institut gehalten."[187]

Als Predöhl im Juni 1934 das Dekanat nach 14 Monaten abgab, stellte sein Nachfolger Huber befriedigt fest, die Rechts- und Staatswissenschaftliche Fakultät sei „völlig umgestaltet worden".[188] Außer Predöhl waren lediglich noch der Völkerrechtler Walther Schoenborn, ein SS-Fördermitglied, sowie der Professor für Öffentliches Recht, Friedrich Poetzsch-Heffter, verblieben. Das Projekt „Stoßtruppfakultät" war jedoch nicht von langer Dauer und die meisten der entsprechenden Juraprofessoren der „Kieler Schule" zogen auf der Suche nach besseren politischen Einflussmöglichkeiten bis 1938 nach Berlin oder Leipzig, wo das Reichsgericht lag, weiter.[189] Der Status als politisch bedeutsamste „Kernfakultät" Kiels blieb jedoch erhalten. Dies schlug sich nicht nur in hohen finanziellen Zuwendungen nieder,[190] sondern auch in der Besetzung des Rektorats. Dies hatten von 1935 bis April 1941 die Juristen Dahm und Paul Ritterbusch sowie von November 1941 bis April 1945 Predöhl inne. Dazwischen lag das kurze Rektorat des überraschend verstorbenen Mediziners, SS-Oberführers und Gaudozentenführers Hanns Löhr. Es kann kein Zweifel bestehen, dass Predöhl sich als ns-konformer Dekan für höhere Posten wie jenen des IfW-Direktors empfohlen hatte. Eines der überzeugendsten Argumente, mit denen er 1934 beim Kultusministerium für sich warb, lautete, „daß ich ein Kondominium [Gemeinschaftsherrschaft] mit den jungen Juristen vorschlug, die über einen viel stärkeren politischen Kredit verfügten."[191] Auch die anschließende Vernetzung mit regionalen NS-Größen wie Hinrich Lohse gelang und so konnte Predöhl nachher im Entnazifizierungsverfahren nicht widersprechen als im vorgeworfen wurde, er habe das „Rektorat aus der Hand des Gauleiters" erhalten.[192]

187 Predöhl: Zur Geschichte des IfW (ca. 1953), S. 8, in: HS IfW.

188 Huber an REM, 24.10.1934, in: GStA PK, I. HA Rep. 76 Va Sekt. 9 Tit. 4 Nr. 4 Bd. 4, Bl. 252.

189 Vgl. Wiener (2013), S. 123–125. Ihr weiteres Wirken schließt aber m. E. die Möglichkeit aus, dass „einzelne der Professoren den Unrechtscharakter des Systems erkannten". Ebd., S. 124.

190 Vgl. Göllnitz (2018), S. 190.

191 Predöhl: Zur Geschichte des IfW (ca. 1953), S. 6, in: HS IfW.

192 Heinz Krüger: Denkschrift zum Wiederaufnahmeverfahren über die Entnazifizierung des Professor Andreas Predöhl, Kiel, 15.12.1947, in: LASH, Abt. 460, Nr. 4182 sowie die Antwort Predöhls vom 15.06.1948, in: Ebd. Ferner bestätigte Predöhl die Unterstützung Lohses in einer Bescheinigung für dessen Gerichtsverfahren (o.D., ca. 1950–51), in: LASH, Abt. 399.65, Nr. 32.

6 Das Direktorat von Jens Jessen (Mai 1933 – Februar 1934)

Seit dem 9. Mai 1933 übte Jessen im IfW einen bedeutenden Einfluss aus, seit Ende Juli 1933 traten er und Harms als Doppelspitze auf und am 20. September übernahm er offiziell das alleinige Direktorat.[1] Dieser harmonisch inszenierte Übergang und die ständige Betonung der Kontinuität täuschte auch spätere Institutschronisten.[2] Damit verbunden ist die häufig wiederholte Fehleinschätzung, Jessens Scheitern und die Absetzung als Direktor einige Monate darauf sei eine Art Betriebsunfall gewesen. Kaum beachtet wurden deshalb seine wissenschaftlichen und politischen Motive. Was wollte Jessen mit dem IfW erreichen und welche Rolle sollte das Institut im NS-Staat einnehmen? Welche organisatorischen und inhaltlichen Änderungen wollte er zur Erfüllung seiner Pläne vornehmen? Schließlich ist zu beantworten, ob Jessens Demission tatsächlich ein *persönliches* Scheitern darstellte oder in seiner Betätigung *als Institutsdirektor* begründet lag?

6.1 Werdegang und Motivationen von Jens Jessen

Jens Jessen wurde 1895 in eine alte deutsche Bauernfamilie im deutsch-dänischen Grenzgebiet geboren.[3] Von August 1914 bis zu einer dritten Verwundung im Oktober 1917 nahm er am Ersten Weltkrieg teil. Anschließend studierte er Rechts- und Wirtschaftswissenschaften in Heidelberg, am Kolonialinstitut in Hamburg und in Kiel. Bereits 1920 schloss er sein Studium sowohl mit einer wirtschaftswissenschaftlichen wie auch mit einer juristischen Promotion ab. In Kiel hörte er auch Vorlesungen bei Harms, wählte aber dessen Kollegen Richard Passow als Doktorvater, der ihm für seine Arbeit über schleswig-holsteinische Agrarpolitik die Bestnote gab. Mit der seinerzeit linksliberal ausgerichteten Doktorandengemeinschaft am IfW kam er kaum in Berührung. Nach einigen Jahren privatwirtschaftlicher Tätigkeit in Dänemark und vor allem in Argentinien ging Jessen 1927 an die Universität Göttingen und folgte damit Passow. Schon ein Jahr später konnte er sich habilitieren und wurde 1932 zum a.o. Professor ernannt.

Jessens wesentliche Persönlichkeitsmerkmale scheinen ein enormer Ehrgeiz und hohes Geltungsbedürfnis gewesen zu sein sowie eine Neigung zu politischem Extre-

1 Harms an Achelis, 29.05.1933, in: BA, R 4901/1217, Bl. 150. Harms verkündete seinen Rücktritt am 27. Juli. Die gemeinsame Institutsleitung drückte sich unter anderem in Anträgen an die Notgemeinschaft aus. Siehe BA, R 73/16730. Ende September schob Harms eine Rippenquetschung vor, um eine Übergabezeremonie zu vermeiden. Harms an Tönnies, 04.09.1933, in: SHLB, Cb 54.56: 348.

2 Zuletzt Czycholl (2014), S. 52.

3 Biographische Angaben zu Jessen in Schlüter-Ahrens (2001), S. 21–90.

https://doi.org/10.1515/9783110658873-006

mismus und leidenschaftlichem Nationalismus.[4] Schon früh nutzte er seine wissenschaftliche Stellung für politische Stellungnahmen, die insbesondere gegen den Versailler Vertrag gerichtet waren, und äußerte in Vorlesungen und Veröffentlichungen revisionistische Positionen sowie Verschwörungstheorien.[5] Über den Hannoveraner Gauleiter und späteren Wissenschaftsminister Rust sowie den Göttinger Kreisleiter und späteren Chef des Amtes Wissenschaft, Rudolf Mentzel, knüpfte Jessen bereits 1929 Kontakte zur NSDAP-Parteizentrale.[6] Aus dieser Nähe zum Nationalsozialismus machte Jessen in der Öffentlichkeit keinen Hehl und bezeichnete beispielsweise die wirtschaftspolitischen Bestandteile dieser Ideologie in einem Lexikoneintrag als vernünftige „sozialistische Idee“.[7] Rust stellte rückblickend fest, dass Jessen sich noch vor den großen Wahlerfolgen der NSDAP dazu entschieden habe, „als Nationalsozialist zu wirken und zu gelten“.[8]

Als IfW-Direktor ist vor allem Jessens Positionierung im Spannungsfeld von Freihandel und Autarkie bedeutsam. Harms hatte Anlass zu glauben, Jessen würde hier für Kontinuität stehen[9] und versuchte die außenhandelsorientierte Fördergesellschaft hiervon zu überzeugen:

> Die Aufgaben des Instituts sind künftig nicht minder dringlich als bisher. Volkswirtschaft und Weltwirtschaft bleiben für Deutschland wechselwirksam bedingt und sind in sinnvoller Synthese für sein 65-Millionen-Volk von schicksalhafter Bedeutung. Zu dieser Auffassung bekennt sich auch mein Nachfolger.[10]

In der Tat war Jessen kein Vertreter radikaler Autarkieforderungen. Die Weltwirtschaftskrise hatte zwar auch ihn tief beeindruckt und er vermutete ein Ende des Zeitalters der Globalisierung, weil die Handelsbeziehungen die Volkswirtschaften zu abhängig voneinander gemacht hätten.[11] Allerdings war er der Ansicht, dass auch eine vom NS-Staat gelenkte Wirtschaft nicht von ausländischen Rohstoffen und Exportmärkten abgeschnitten sein dürfe. Das letzte Ziel sei schließlich „eine Hebung der Lebenshaltung der breiten Schichten des deutschen Volkes. Diese Auffassung verträgt sich nicht mit einer Ablehnung der Weltwirtschaft.“[12] Auch den von manchen Ideo-

---

4 Vgl. Ebd., S. 22–29, und die Charaktereinschätzung in: Alva und Gunnar Myrdal an Van Sickle, 20.07. 1933, in: RAC, RF, RG 1.1, s. 717.S, b. 20, f. 181. Laut Paul Fechter war Jessen „kühl und temperamentvoll zugleich, scharf und klug und ein guter Hasser.“ Fechter (1949), S. 407. Günter Schmölders schließt sich diesem Urteil an: Schmölders (1949), S. 5.

5 Siehe beispielsweise Jessen (1933b), S. 36.

6 Vgl. Uhlig (1991), S. 39.

7 Jessen (1933a), S. 341.

8 Rust an Schwarz (Reichsschatzmeister der NSDAP), 07.12.1936, in: BA, R 4901/24861, Bl. 9126.

9 In einem Lexikoneintrag zur „Weltwirtschaft“ hatte Jessen die Ansichten von Harms breit und wohlwollend wiedergegeben. Jessen (1933c).

10 Harms an Mitglieder der Fördergesellschaft von Ende August 1933, in: StAK, 41972, Bl. 65.

11 Jessen (1933c), S. 989–993.

12 Jessen: „Nationalsozialismus und Weltwirtschaft“, in: Kieler Zeitung, 20.5.1934.

logen erhobenen totalen staatlichen Planungsanspruch kritisierte er. Innerhalb bestimmter Rahmenbedingungen müsse man die freie Betätigungsmöglichkeit privater Wirtschaftssubjekte als Motor der Wirtschaft erhalten.[13] Jessen war zwar der erste nationalsozialistische Ökonomieprofessor gewesen, das radikalste Programm vertrat er im Jahr der „Machtergreifung" jedoch nicht.

6.2 Die geplante Umwandlung in eine „Wirtschaftspolitische Forschungsanstalt"

Jessen wollte seinen großen politischen Ambitionen nicht in der Exekutive umsetzen, sondern als Wissenschaftler eine geistige Führungsrolle einnehmen. Einen angetragenen Posten als Erster Bürgermeister Göttingens schlug er aus.[14] Dies unterstrich nicht nur seinen Ehrgeiz, sondern auch seine hohen Erwartungen an die künftige Rolle der Wissenschaften im „Dritten Reich". Am 14. April schrieb er an den Wissenschaftsminister Rust, er hielte „es für dringend erforderlich, eine Stätte zu schaffen, an der die Sozial- und Wirtschaftslehre des Nationalsozialismus ein zentrales Studium findet."[15] Hierfür sei keine Neugründung nötig, sondern man könne ihm einfach eine bestehende Einrichtung übergeben, die er dann umgestalten würde. Damit hatte er seinen Wunsch angemeldet, eines der großen Ökonomieinstitute übernehmen und zu einer Kaderschmiede für die künftige NS-Elite umwandeln zu wollen.

Das zentrale Dokument zur Rekonstruktion von Jessens Plänen bezüglich des IfW ist ein Exposé, das er am 23. Juni 1933 an Otto Wagener sandte.[16] Wagener hatte früher die Wirtschaftspolitische Abteilung (WPA) der NSDAP geleitet und Jessen hoffte, in ihm neben Rust und Popitz einen dritten starken Kooperationspartner des Kieler Instituts zu finden. Ab April 1931 hatte Jessen als Sachbearbeiter des Fachgebietes Wirtschaftswissenschaften in eben jener WPA fungiert.[17] Die hinter seinem Exposé stehende Überzeugung war, dass die Machtübernahme in eine Revolution einmünden müsse, welche die NS-Ideologie in „allen Teilbereichen des menschlichen Daseins verwirklichen"[18] würde. Jessen stellte sich als hoch ideologisiert dar und befürwortete eine totalitäre Gesellschaftsordnung bei gleichzeitiger Aufrechterhaltung der kapita-

13 Vgl. Schlüter-Ahrens (2001), S. 110 – 111.

14 Vgl. Heiber (1991), S. 200 – 202. Für seine Kieler Professur konnte Jessen hervorragende finanzielle Konditionen heraushandeln. Siehe BA, R 4901/1217, Bl. 189.

15 Jessen an Rust, 14.04.1933, zitiert nach: Schlüter-Ahrens (2001), S. 36.

16 Jessen an Hans Thümmel (WPA) zur Weiterleitung an Wagener, 23.06.1933, in: HS IfW, Hs Allg. 23.

17 Protokoll einer Aussage von Otto Wagener am 21.12.1937, in: BA, R 4901/24861, Bl. 9171–9173. Vermutlich hatte Jessen noch keinen Anteil am „Entwurf wirtschaftspolitischer Grundanschauungen und Ziele der NSDAP", aus dem März 1931.

18 Jessen an Thümmel (WPA) zur Weiterleitung an Otto Wagener, 23.06.1933, in: HS IfW, Hs Allg. 23.

listischen Wirtschaftsform. Deshalb bedeute „die geistige Haltung des Menschen alles. Diese kann nur die staatspolitische Erziehung vermitteln."[19]

Dem IfW käme deshalb sowohl in der Umgestaltung des Wirtschaftslebens, wie auch in der Umerziehung des Volkes eine zentrale Rolle zu und es müsse künftig vor allem drei Zwecke erfüllen. Erstens müsse in Kiel die Ausbildung der staatlichen und privatwirtschaftlichen Führungselite konzentriert werden. Das Grundstudium könne noch dezentral erfolgen, aber für den fachlichen und ideologischen Feinschliff müsse künftig jeder Wirtschaftsstudent das IfW besuchen. Zweitens wollte Jessen auch abseits der Lehre die Tätigkeit des IfW auf die Wirtschaftspolitik des Regimes ausrichten. Diese wollte er nicht nur durch Grundlagen- und Anwendungsforschung unterstützen und beraten, sondern auch inhaltlich beeinflussen.[20] Drittens wollte er das Renommee und die Auslandskontakte des IfW nutzen, um mit einer intensiven Öffentlichkeitsarbeit für den Nationalsozialismus zu werben. Er ließ keinen Zweifel daran, dies nur mit einem weiterhin selbstverwalteten An-Institut bewältigen zu können. Den Untertitel des Instituts für Weltwirtschaft wollte er entsprechend der neuen Ausrichtung von Wirtschafts*wissenschaftliche* in „Wirtschafts*politische* Forschungs- und Lehranstalt an der Universität Kiel" ändern.[21] Außerdem erhob er Forderungen nach einer Steigerung des IfW-Etats um mindestens 50 % auf jene Höhe, die in den späten 1920er Jahren erreicht worden war.

Jessens Pläne für einen Umbau der Forschung blieben verworren. Auch taugten das WPA und sein Gründer Wagener spätestens ab Juni 1933 nicht mehr als Patrone für das Vorhaben. Wagener hatte sich mit seiner WPA gegen die Konkurrenz von Gottfried Feder, Wilhelm Keppler sowie die „Arbeitsstelle Schacht" nicht als Architekt einer nationalsozialistischen Wirtschaftspolitik durchsetzen können.[22] Bereits im Herbst 1932 hatte er seinen persönlichen Kontakt zu Hitler verloren. Als Jessen am 23. Juni 1933 sein Exposé abschickte, schien die Lage dennoch aussichtsreich zu sein. Mit Walther Funk und Feder, den Autoren des wirtschaftspolitischen „Sofortprogramms" der NSDAP, hatte Jessen sich zunächst arrangieren können.[23] Wagener wiederum hatte vom neu ernannten Wirtschaftsminister Alfred Hugenberg den Posten als Reichskommissar für die Wirtschaft erhalten und zeigte sich bereit, Jessen zu unterstützen.[24] Außerdem hatte Keppler, Kommissar für Wirtschaftsfragen in der Reichskanzlei, offenbar „Jessen eine vage Zusage gemacht, die in die Millionen ging und ihm zu diesem

19 Ebd.

20 Vgl. Ebd. Eine Mitgliedschaft in dem im Sommer 1933 gebildeten Bank-Enquete-Ausschuss schien hierfür eine Gelegenheit darzustellen. „Der Bank-Enquete-Ausschuß", in: Berliner Börsen-Zeitung, 05.09.1933. Im November 1933 erfolgte die Ernennung zum Mitglied der Akademie für deutsches Recht.

21 Zur Namensänderung, siehe Fleck an Rektor Wolf, 29.01.1934, in: HS IfW, Hs Allg. 23. Hervorhebung GT. Ferner: Sitzler an Predöhl, 03.06.1936, in: Ebd.

22 Vgl. Janssen (2012), S. 210. Vgl. auch Kurzbiografie Wageners, in: Turner (1993), insb. S. 247.

23 Offenbar war Jessen noch bis Juli 1933 für die WPA tätig. Vgl. Protokoll einer Aussage von Otto Wagener am 21.12.1937, in: BA, R 4901/24861, Bl. 9171–9173. Der Kontakt Jessens mit Wagener hielt in abgeschwächtem Maße bis Dezember 1933 an.

24 Vgl. Turner (1993), S. 250.

Zweck eine Audienz bei Hitler in Aussicht gestellt."[25] Diese Einschätzung wird dadurch gestützt, dass eine ganze Reihe der Mitglieder aus dem sogenannten Keppler-Kreis, der bald als „Freundeskreis Reichsführer SS" größere Summen mobilisieren sollte, in dieser Zeit von Jessen geworben werden konnten und in den Verwaltungsrat der IfW-Fördergesellschaft eintraten. Dazu zählten Wirtschaftsminister Kurt Schmitt, der Reeder Emil Helfferich, der Bankier Friedrich Reinhart sowie Karl Lindemann, der neue Aufsichtsratsvorsitzende des Norddeutschen Lloyds.[26] Nicht einmal eine Woche nach Jessens Exposés trat der nationalkonservative Hugenberg jedoch zurück und damit endete jegliche wirtschaftspolitische Wirkungsmöglichkeit Wageners.[27] Auch Keppler erfüllte seine Versprechungen nicht und selbst das preußische Kultusministerium bzw. das preußische Finanzministerium erhöhten die staatlichen Zahlungen an das IfW nicht wesentlich. Seine Pläne zur Umorganisation und Umwidmung des IfW konnte Jessen deshalb aus Mangel an finanziellen Mitteln nicht in der erhofften kurzen Frist umsetzen.

6.3 Ansätze zur Gleichschaltung und die Umbesetzung der Fördergesellschaft

Weil Jessen am 3. Dezember 1933 einen schweren selbstverschuldeten Autounfall erlitt[28] und er mit den gesundheitlichen Folgen sowie auch mit der Verteidigung gegen politische Angriffe beschäftigt war, konnte er nur eine kurze Zeit lang wirklich als alleiniger Institutsdirektor aktiv sein. Den Herbst 1933 nutzte er kaum zu wissenschaftlicher Tätigkeit und selbst kleine Initiativen, wie beispielsweise eine Einladung von Gunnar Myrdal zu einem Vortrag mit anschließender Diskussion,[29] konnten nicht realisiert werden. Jessen unternahm jedoch einige Maßnahmen zur Gleichschaltung und zu einem Personalumbau im Institut sowie Änderungen im Verwaltungsrat der Fördergesellschaft. Zu den Gleichschaltungsversuchen gehörte, dass er die einzelnen Abteilungen des Instituts voneinander abschotten und den Abteilungsleitern ihr bis dato sehr großes Maß an Selbständigkeit nehmen wollte. Alle Vorhaben sollten ausschließlich über den Institutsdirektor selbst laufen. Bereits wenige Monate später kehrte man unter der neuen Leitung Predöhls jedoch wieder zu der von Harms etablierten Arbeitsweise zurück, die von Eigeninitiative und intensiver intrainstitutioneller Kooperation geprägt war.

Jessen richtete auch ein Überwachungssystem ein, dessen Ausmaße schwer einzuschätzen sind. So berichtet Fleck von einem Abhörapparat, den Jessen Anfang

25 Predöhl: Zur Geschichte des IfW (ca. 1953), S. 12, in: HS IfW.

26 Vgl. Diederichsen an IfW-Fördergesellschaft, Ende Dezember 1933, in: StAK, 41972, Bl. 83.

27 Vgl. Turner (1978), S. 482–483.

28 Bei dem Unfall wurden seine Kniescheiben zertrümmert. Vgl. „Autounfall Professor Jens Jessens", Hamburger Anzeiger, 05.12.1933.

29 Siehe Jessen an Kultusministerium, 27.10.1933, in: BA, R 4901/1217, Bl. 176.

Oktober 1933 in seinem Direktorbüro installieren ließ.[30] Dies sei absichtlich mitten am Tag passiert, um die Mitarbeiter einzuschüchtern. Diese hätten vermuten müssen, dass auch in ihren eigenen Zimmern entsprechende Anlagen installiert würden. Ob es diese tatsächlich gegeben hat, ist nicht zu rekonstruieren. Ferner berichtet Fleck, Jessen habe interne und externe Telefonate seiner Mitarbeiter mitgehört. Technisch war dies allerdings wohl bereits vorher möglich gewesen.[31] Unter Predöhl scheint es eine derartige Überwachung nicht gegeben zu haben. Von seinen vielen Gegnern wurden später im Entnazifizierungsverfahren keine entsprechenden Vorwürfe geäußert. Schwer zu beurteilen ist ebenfalls, ob Jessen und nach ihm Predöhl auf den Hitlergruß Wert legten, der per Ministeriumserlass ab Sommer 1933 auch im IfW verpflichtend wurde.[32] Der Privatdozent Heberle berichtet von einem gemischten Verhalten. Etabliertere Nationalsozialisten seien ohne den umständlichen Hitlergruß ausgekommen, während „frischgebackene Nazis“[33] ihn gebraucht hätten.

Die Vertreibungen aus dem April 1933 wurden von Jessen nicht rückgängig gemacht. Auf finanzielle Zusagen abzielend kündigte er der Rockefeller Foundation im Juli zwar eine Rückkehr dieser Mitarbeiter an, aber das gutinformierte Ehepaar Myrdal erkannte, dass Jessens Worten nicht zu trauen sei.[34] Stattdessen nutzte er das Freiwerden dieser Stellen, um Vertraute von der Uni Göttingen mitzubringen. Dabei handelte es sich um Hugo Bischoff, Otto Donner, Otto Ohlendorf, Luise Passow, Friedrich Peters, Eberhard Pott und Reinhold Stisser. Unter den altgedienten IfW-Mitarbeitern seien diese Neuen laut Predöhl spöttisch als „Göttinger Sieben“[35] bezeichnet worden. Damit wurde auf ihren hohen Grad der Politisierung angespielt.

Jessens „Göttinger Sieben“ waren eine recht homogene Gruppe. Fast alle waren männlich, die meisten erst Mitte oder Ende 20 und somit frisch promovierte Ökonomen. Im IfW nahmen sie sofort zentrale Posten ein, jenen des Direktorialassistenten (Bischoff), des persönlichen Assistenten des Direktors (Ohlendorf), des Leiters der Astwik (Donner) und des Leiters einer neuen Abteilung Nationalsozialismus und Faschismus (Pott). Obwohl sie alle Nationalsozialisten waren, stach einer doch heraus, und zwar Jessens rechte Hand Ohlendorf (1907–1951). Er war bereits 1925 als Schüler in die SA, dann in die SS und bereits 1927 auch in die NSDAP eingetreten und damit ein „Alter Kämpfer“.[36] Menschen wie Ohlendorf begriffen sich als „Weltanschauungselite“ und Michael Wildt wählte ihn als sein Einführungsbeispiel zu

---

30 Fleck: Erinnerungen: Kap. IX, S. 94, in: SHLB, Cb 175.

31 Vgl. F. Hoffmann: Die Geschichte des IfW III, 1944, S. 38–39, in: ZBW, IV 2737.

32 Fleck machte den Erlass am 4. Aug. 1933 im Institut bekannt, vgl. Fleck: Erinnerungen: Kap. IX, S. 89, in: SHLB, Cb 175. Predöhl erinnerte später mindestens ein Mal an die Pflicht zur Verwendung des Grußes „Heil Hitler“. Vgl. Predöhl: An alle Dienststellen, 10.01.1940, in: ZBW-Archiv, 470, Bl. 101.

33 Heberle (1965), S. 439.

34 Vgl. Alva und Gunnar Myrdal an Van Sickle, 20.07.1933, in: RAC, RF, RG 1.1, s. 717.S, b. 20, f. 181.

35 Predöhl: Zur Geschichte des IfW (ca. 1953), S. 4, in: HS IfW. 1837 hatten sieben mutige Göttinger Professoren gegen die Abschaffung von Freiheitsrechten protestiert.

36 Vgl. Biografie Ohlendorfs, in: Sowade (1999), S. 188–200.

seiner Studie „Generation des Unbedingten" über die Führungsebene des Reichssicherheitshauptamts (RSHA).[37] Eine gewisse Sonderstellung nahm auch Donner (1902–1981) ein. Als etwas älterer Ökonom und vormaliger leitender Mitarbeiter im Bereich allgemeine Konjunkturbeobachtung am IfK kann er als fachlich für seine neue Aufgabe qualifiziert gelten. Über das wissenschaftliche Potential seines Vorgängers Colm verfügte er allerdings nicht. Bemerkenswert ist, dass alle „Göttinger Sieben" das IfW nach der Demission von Jessen rasch ebenfalls verließen. An der Neubesinnung des Instituts auf wissenschaftliche Forschung wollten sie nicht partizipieren. Predöhl unternahm keine Anstrengungen, sie zu halten.

Von nachhaltigerer Dauer als der Personalumbau war Jessens Umgestaltung des Verwaltungsrats der Fördergesellschaft. Auch hier mussten bekennende Demokraten sowie die meisten jüdischen Mitglieder sofort weichen. Eine Ausnahme bildete Max Warburg, der erst im Februar 1935 und damit nach 20-jähriger Zugehörigkeit ausschied. Die dafür aufgenommenen Neumitglieder verblieben über 1934 hinaus während des Direktorats Predöhls im Gremium. Um das Institut in der Beratung und Ausbildung der führenden Wirtschaftspolitiker an führender Stelle zu etablieren sowie in der Öffentlichkeitsarbeit eine meinungsbildende Rolle zu spielen, musste Jessen sich mit den entscheidenden Stellen vernetzen. Er ging dabei denselben Weg, den schon Harms ab Sommer 1915 begangen hatte, nämlich die Zielgruppe in den Verwaltungsrat der Fördergesellschaft aufzunehmen.[38] Bereits erwähnt wurden Helfferich, Lindemann, Kurt Schmitt und Reinhart aus dem Keppler-Kreis. Weitere prominente Neumitglieder waren der Reichsfinanzminister von Krosigk, der RMEuL-Staatssekretär Herbert Backe sowie Funk, damals Staatssekretär im Reichspropagandaministerium und einige Jahre später Reichswirtschaftsminister. Ferner ist noch Adrian von Renteln zu nennen, Präsident des Reichsstandes des deutschen Handels. Renteln beteiligte sich während der „Machtergreifung" am Herausdrängen von Juden aus dem deutschen Wirtschaftsleben. Später im Krieg wurde er Generalkommissar in Litauen und dort Organisator für Massenmorde.[39] Auch Hermann Reischle wurde aufgenommen, der eine Karriere in der SS machte und dort unter anderem das Rasseamt in Darrés „Rasse- und Siedlungshauptamt" leitete.

Alte Freunde von Harms, am wichtigsten davon der Präsident des Verwaltungsrats Diederichsen sowie der preußische Finanzminister Popitz, verblieben im Gremium. Beide hatte sich, wie von Harms gewünscht, hinter Jessen gestellt. Dieser werde, so zeigte sich Diederichsen in einem Rundbrief an die Gesellschaftsmitglieder überzeugt, „die Arbeiten des Instituts sinnvoll ausrichten auf die Ideenwelt unserer neuen Zeit,

37 Vgl. Raphael (2001), S. 9. Vgl. Wildt (2002), S. 11–15. Ulrich Herbert verglich Ohlendorf mit Werner Best, da beide Biografien „Fragen nach der Persönlichkeit und Überzeugungswelt, nach der politischen Sozialisation und ideologischen Aufladung" erzwängen. Herbert (1996), S. 15.

38 Eine Liste des umgestalteten Verwaltungsrats der Fördergesellschaft befindet sich in: Diederichsen an Mitglieder der Fördergesellschaft, Ende Dezember 1933, in: StAK, 41927, Bl. 83–84.

39 Vgl. Dieckmann (1997), S. 41–43.

der er selbst mit ganzem Herzen angehört."[40] Auch mit Popitz nahm Jessen bald eine enge Kooperation auf. Als man im November 1933 die Reichsausschüsse in der Akademie für deutsches Recht bildete, wurden sie gemeinsam zu Leitern des Ausschusses über die Studienreform bestimmt.[41]

6.4 Konflikt um die Ausbildung der künftigen NS-Elite und der Sturz Jessens

Jessens ehrgeizige Pläne zur Umwandlung des IfW in eine „wirtschaftspolitische Forschungsanstalt" sowie zur zentralen Akademie, in der die künftige NS-Wirtschaftselite ihren fachlichen und ideologischen Feinschliff erhalten sollte, brachten das Institut in eine Konkurrenzsituation zu einer Vielzahl von Stellen, die ebenfalls eine Deutungshoheit in der Ausbildung und Indoktrinierung beanspruchten. Wie umkämpft dieses Feld war, wird dadurch unterstrichen, dass es selbst dem prominenten Ideologen Alfred Rosenberg erst nach einigen Jahren gelang, seine Pläne für die Eliteuniversität „Hohe Schule" umzusetzen.[42] Gerade in Kiel war die Konkurrenzsituation besonders groß. Joachim Haupt, Nationalsozialist der ersten Stunde, mit Hitler und Goebbels persönlich bekannt und Gründer der Kieler Hochschulgruppe des NS-Studentenbunds, war 1933 Ministerialrat im preußischen Kultusministerium geworden.[43] Schon zuvor hatte er sich mit dem IfW beschäftigt und bereits 1932 die Schließung der „Volkswirtschaftlichen Zentralstelle" gefordert.[44] Im Kultusministerium hatte Haupt eine ganze Reihe alter Mitstreiter aus Kieler Tagen in zentrale Positionen gehievt, wie beispielsweise Reinhard Sunkel. Auch Otto Ziegenbein gehörte dazu, später persönlicher Adjutant Hinrich Lohses in dessen Funktion als Reichskommissar für das Ostland. 17-jährig hatte er mit seinem Bruder Willi die örtliche Hitlerjugend gegründet und war seit 1930 SS-Mitglied.[45] Willi Ziegenbein wiederum fungierte im Winter 1933/34 als „Jugendreferent" der Stadt Kiel. Eine erste Konfliktsituation zwischen dem neuen Jessen-Netzwerk und dem alten Haupt-Netzwerk ergab sich aus Haupts Initiative zur Gründung der Nationalpolitischen Erziehungsanstalten (NAPOLAs), von denen eine der ersten nahe Kiel eingerichtet wurde. Der mit Jessen alliierte Popitz lehnte diese ab.[46] Noch bedeutungsvoller war, dass Haupt im Herbst

---

40 Diederichsen an Mitglieder der Fördergesellschaft, Ende Dezember 1933, in: StAK, 41927, Bl. 83.
41 Vgl. „Aufbau der Rechtsakademie vollzogen", in: Der Tag, Nr. 277, 19.11.1933.
42 Eine Außenstelle dieser „Hohen Schule" lag in Kiel und war dem Institut für germanische Forschung angeschlossen. Vgl. Manasse (1997), S. 22 und 49.
43 Vgl. Giles (1985), S. 39. Haupt hatte Hitler u. a. 1929 zu einer Rede vor Kieler Studierenden einladen können.
44 Vgl. Göllnitz (2018), S. 60–61.
45 Einen Überblick über die führenden Nationalsozialisten in der Stadt im Jahr 1933 gibt Lehmann (2008).
46 Vgl. Schlüter-Ahrens (2001), S. 50.

1933 neuer Vorsitzender der Schleswig-Holsteinischen Universitäts-Gesellschaft wurde. Ihr langjähriger Vorsitzender war im Mai 1933 zurückgetreten, woraufhin die Mitgliederversammlung eigentlich einen Dreierausschuss mit der Auswahl eines Nachfolgers beauftragt hatte, dem auch Jessen angehörte. Der Oberpräsident Lohse setzte sich jedoch über diesen Ausschuss hinweg und bestimmte seinen Protegé Haupt für diesen Posten.[47]

Im Zentrum des Konfliktes, der letztlich zu Jessens Sturz führen sollte, stand allerdings das in Kitzeberg an der Kieler Förde gegenüber dem IfW gelegene „Haus Buchenhagen". Betreiber war die Kieler Studentenschaft, die durch ihre Attacken auf den Rektor Skalweit und ihre Beteiligung an den Angriffen auf das IfW und andere Institute ihre Radikalität unter Beweis gestellt und dabei auch die Selbstverwaltung der Universität geschwächt hatte.[48] Das „Haus Buchenhagen" war das reichsweit erste ständige Schulungslager für Studierende und ausdrücklich gegen die „alte" Universität gerichtet.[49] Leiter war der Medizinstudent Gerhard Jungmann, ein enger Vertrauter von Otto Ziegenbein und damit Teil des Haupt-Netzwerks. Nebenan in Kitzeberg entstand im März 1934 auf Betreiben von Haupt auch die erste NS-Dozentenakademie Preußens.[50]

Im Gegensatz zu Haupt und seinen Getreuen wollten Jessen und seine „Göttinger Sieben" die bestehenden akademischen Strukturen und Vermittlungsmethoden beibehalten. So hatte Jessen beispielsweise neben seinen Vorlesungen über „Nationalsozialismus und Faschismus", die bei den Studierenden durchaus Anklang fanden,[51] auch eine von Ohlendorf organisierte „nationalpolitische" Ringvorlesung eingerichtet. Seit Beginn des Wintersemesters 1933/34 konnte die gespannte Situation jederzeit eskalieren. Dies galt umso mehr, als Jessen bereits in Göttingen in einer Auseinandersetzung um seinen Mitarbeiter Pott demonstriert hatte, dass er zu aggressivsten Methoden bereit war.[52] Auch in inhaltlichen Fragen, beispielsweise im Machtkampf um die Hoheit über die wirtschaftstheoretische Ausrichtung des Nationalsozialismus, agierte Jessen mit vollem Risiko. So scheute er sich beispielsweise nicht, den von Hitler einige Jahre zuvor selbst abgesegneten „Grundriss einer nationalsozialistischen Volkswirtschaftstheorie" Hans Buchners abzuqualifizieren.[53]

Der sich dann ab November 1933 entfaltende Konflikt ist im Kontext des seinerzeitigen Kompetenzgerangels von NS-Dienststellen Institutionen des alten Normen-

47 Vgl. Jessen-Klingenberg (2007), S. 74.

48 Vgl. J. Eckert (2004), S. 19.

49 Vgl. J. Eckert (2003), S. 35.

50 Vgl. Göllnitz (2016), S. 57–58. Haupt stieß im selben Jahr die reichsweite Vereinigung der NS-Dozentenschaften an.

51 Vgl. Eckhardt an Rektor Wolf, 16.12.1933, in: LASH, Abt. 47, Nr. 1953.

52 Dabei war es um einen mit Pott befreundeten jüdischen (!) Professor gegangen. Wohl nur wegen der guten Verbindungen zu Rust überstand Jessen diese Affäre. Vgl. Schlüter-Ahrens (2001), S. 34–35.

53 Vgl. Janssen (2012), S. 100–101.

staats zu verorten.[54] Ihr Auslöser war, dass Jessen einen Bericht seiner engen Vertrauten Peters und Ohlendorf über eine Rede Haupts im „Haus Buchenhagen" an das Innenministerium weiterleitete. Der Bericht schrieb Haupt Äußerungen zu, mit denen er den Kieler Universitätsrektor Wolf und den Innenminister Frick beleidigt habe. Jessen behauptete, diesen Bericht „ungeprüft" weitergeleitet zu haben. Wahrscheinlicher ist aber die Darstellung Predöhls, nach der Jessen die Rede Haupts „hatte mitschreiben und dem Innenminister Frick übermitteln lassen."[55] Der Bericht gelangte allerdings nicht zum Adressaten, sondern in die Hände von Haupts Vertrauten im Kultusministerium und im Kieler Polizeipräsidium. Nachdem die Auseinandersetzung einige Wochen lang schwelte, drangen am 22. Januar 1934 die Gebrüder Ziegenbein, einige Studierende sowie Polizisten in Jessens Krankenzimmer, in seine Wohnung sowie in das IfW ein, beschlagnahmten Dokumente und verhörten Pott, Bischoff, Peters und Ohlendorf. Die beiden Letzteren wurden sogar in Gestapo-„Schutzhaft" genommen. Es ging den Ziegenbeins wohl mehr um eine Demonstration ihrer Macht und eine Rehabilitation Haupts als darum, belastende Dokumente zu finden.

Nun machte sich Jessens Mangel an Verbündeten in Kiel bemerkbar. Die Folgen des schweren Autounfalls vom 3. Dezember 1933 behinderten ihn zusätzlich an der Verteidigung. Er bemühte sich zwar, Haupt als Anhänger Strassers und des ausgebooteten linken Flügels der NSDAP darzustellen und zu diskreditieren, aber er war zu isoliert, um eine politische Wirkung zu erzielen.[56] Gegenüber seinen mächtigen und vernetzten Widersachern musste sich Jessen geschlagen geben und wurde am 23. Februar 1934 beurlaubt. Von Seiten des IfW waren fast ausschließlich Angehörige der „Göttinger Sieben" in die Auseinandersetzung verwickelt.[57] Aus den Reihen der etablierten Institutsmitarbeiter scheint allein Fleck Jessen unterstützt zu haben.[58]

Schlüter-Ahrens konzentriert sich in ihrer Biografie Jessens stark auf seine Beteiligung am 20. Juli 1944 und beschreibt ihn als Naivling, der an die „vermeintlich ‚guten' Kräfte in der Partei" geglaubt habe und „stets für eine freie akademische

54 Vgl. Raphael (2001), S. 13. Hauptquellen sind die Akten „Schutz von Volk und Staat" des Oberpräsidiums, in: LASH, Abt. 301, Nr. 4509 und „Differenzen zwischen Dozenten" der Uni Kiel, in: LASH, Abt. 47, Nr. 1597, Bl. 81–104.

55 Predöhl: Zur Geschichte des IfW (ca. 1953), S. 4, in: HS IfW. Predöhls Darstellung von Jessens Initiative ist schlüssig, auch wenn er einige Fakten verwechselt. So bezeichnet er die Universitätsaula als Ort der Rede (dort hielt Haupt eine andere Rede) und er nennt Ohlendorf anstatt des Studenten Langeloh als den Protokollanten.

56 Vgl. Willi Ziegenbein: Vernehmung Professor Jessen, o.D. [22.01.1934?], in: LASH, Abt. 301, Nr. 4509. Haupt wurde 1935 wegen des Vorwurfs der Homosexualität selbst von der Gestapo verhaftet und später aus der NSDAP ausgeschlossen.

57 Eine Ausnahme bildet der Medizinstudent Erwin Buckys, der aushilfsweise in der Volkswirtschaftlichen Zentralstelle des IfW gearbeitet hatte und als ehemaliger Nachhilfeschüler Haupts und Bekannter von Peters polizeilich vernommen wurde. Vgl. Vernehmungsprotokoll Erwin Buckys, in: LASH, Abt. 301, Nr. 4509.

58 Vgl. Fleck: Erinnerungen: Kap. IX, S. 95–97, in: SHLB, Cb 175.

Forschung und Lehre“ eingetreten sei.[59] Es kann allerdings kein Zweifel bestehen, dass Jessens Pläne zum Umbau des IfW den Versuch darstellten, seine damaligen Vorstellungen vom Nationalsozialismus tief in der Wirtschaft und in den Wissenschaften zu verankern und die künftige Elite entsprechend im Studium ideologisch zu formen. Weder war Jessens Sturz als Institutsdirektor das Ergebnis einer beginnenden Opposition zum Nationalsozialismus, noch ging es bloß um ehrgeizgespeiste Rivalität. Auch wenn der Konflikt mit Haupt und seinem Netzwerk als eine komplexe Schlammschlacht mit persönlichen Angriffen geführt wurde, lag doch eindeutig ein Streit um eine Sachfrage zugrunde: Sollte die wirtschaftswissenschaftliche Ausbildung an Universitäten und Instituten eine Indoktrinierung beinhalten oder sollte sie sich auf das Fachliche konzentrieren und die Indoktrinierung an Stellen wie das „Haus Buchenhagen“ ausgelagert werden? Jessen scheiterte also nicht einfach *als Individuum*, das mehr Macht beanspruchte, sondern er scheiterte *als Institutsdirektor*, der erweiterte Kompetenzen hatte akquirieren wollen.

Auch die Erinnerungen an Jessens Vorgänger Harms fokussierten sich nach 1945 auf einen Fluchtpunkt, seinen erzwungenen Rücktritt 1933. Hier wurde ebenfalls ein Narrativ konstruiert, das die Brüche im Lebenslauf ignorierte. Demnach war Harms ein stets aufrechter Demokrat, ein Opfer des NS-Regimes in dem er keinen Platz habe finden können und deshalb bis zu seinem Tod mit 63 Jahren ein gebrochener Mann gewesen sei.[60] In ähnlicher Form wurde übrigens auch versucht, den IfK-Direktor Wagemann zu viktimisieren und das von ihm geleitete Institut als einsames Überbleibsel in einer feindlichen politischen Umwelt darzustellen.[61] Dabei werden die weiteren Karrieren im Nationalsozialismus ausgeblendet. Harms beispielsweise konnte 1935 als Honorarprofessor nach Berlin wechseln und unterwarf sich in seiner dortigen Antrittsvorlesung dem Werk „Adolf Hitlers [...] des Künders und Prägers der deutschen Zeitenwende“[62]. Ob Harms im Rahmen seiner Mitgliedschaft in der Mittwochsgesellschaft an dem regierungskritischen „Kreis im Kreise“ um Popitz partizipiert hätte, muss angesichts seines Todes im September 1939 ungewiss bleiben.[63] Bemerkenswert ist, dass als Nachfolger für seinen Sitz nicht der selbsterklärte Harms-Jünger Predöhl ausgewählt wurde, der als zu regimekonform galt.[64] Man entschied sich für Jessen, der nach seiner Demission in Kiel weich gefallen war und seit 1936 als ordentlicher Professor an der Universität Berlin als einer der „beiden wichtigsten und einflussreichsten Vertreter akademischen nationalsozialistischen Wirtschaftsden-

59 Zitate in: Schlüter-Ahrens (2001), S. 191 und S. 198.

60 Vgl. z. B. Baade: Bernhard Harms, in IfW (Hg.) (1951), S. 10, und auch Edgar Salin: Bernhard Harms in Memoriam, in: Brügelmann (1956), S. XVII, und Czycholl (2014), S. 50 – 51.

61 Vgl. Tooze (1993), S. 12. Für den aktuellen Forschungsstand, siehe Fremdling (2016a), S. 238 – 242.

62 Harms (1936), S. 11. Das schockierte seine alten Freunde. Siehe z. B. Van Sickle an Whyte, 04.03. 1937, in: RAC, RF, RG 1.1, s. 717.S, b. 20, f. 182; Fleck: Erinnerungen: Kap. IX, S. 111 – 112, in: SHLB, Cb 175.

63 Vgl. Scholder (1982), S. 30 – 36, Zitat auf S. 30.

64 Vgl. Popitz an Saemisch, 02.10. und 12.10.1939, in: BAK, N 1171/191.

kens“[65] wirkte. Sein Engagement in der sich entwickelnden Oppositionsgruppe, die ihn möglicherweise bei einem Erfolg des 20. Juli zum „Kron-Volkswirt des Regimes“[66] hätte werden lassen, begann erst lange nach seiner kurzen Phase als IfW-Direktor. Er war, wie Helmut Heiber kühl resümiert, „der einzige deutsche ordentliche Professor wohl nicht nur seiner Zeit, sondern schlechthin, der [im November 1944] auf dem Schafott geendet hat.“[67]

6.5 Das IfW während der „Machtergreifung“: nicht typisch, aber durchschnittlich

Zur Einordnung der von der Machtübernahme der Nationalsozialisten bestimmten Entwicklung des IfW, vergleiche ich sie mit dem Schicksal anderer Wirtschaftsforschungsinstitute. Über die allerorten erfolgten Vertreibungen jüdisch-stämmiger und bekennend demokratischer Mitarbeiter hinaus ist festzustellen, dass die jeweiligen Veränderungen vielfältig waren und es eine „typische“ Entwicklung nicht gegeben hat. Oft wurde beispielsweise der jeweilige Institutsleiter entlassen, wie in den Fällen des InSoSta, des HWWA und auch des Österreichischen Instituts für Konjunkturforschung 1938, Mit dem IfK gab es aber auch ein prominentes Gegenbeispiel. Dessen Direktor Wagemann kam zwar 1933 in große Schwierigkeiten, aber er hatte sich nicht die Feindschaft von Nationalsozialisten zugezogen, sondern „konservativer Wirtschaftskreise, von Teilen der Wirtschaftspresse und großer Teile der orthodoxen Lehrmeinung“.[68] Er verlor deshalb zwar seine Präsidentschaft über das Statistische Reichsamt, konnte sich aber nach Hugenbergs baldigem Sturz das IfK bewahren.[69] Dies lässt die Vermutung zu, dass auch Harms sich an der Spitze des IfW hätte halten können, wenn er, wie Wagemann, umgehend in die NSDAP eingetreten wäre, die Institutssatzung regimekonform umgeschrieben sowie seine ersten ambivalenten öffentlichen Stellungnahmen zur Machtübernahme und vor allem die Versuche zum Schutz seiner Mitarbeiter unterlassen hätte. Zu Widerstandshandlung hat er sich allerdings nicht durchringen können. Eine solche stellte beispielsweise der Versuch Alfred Webers dar, sich gegen SA-Angriffe zu wehren und das Hissen der Hakenkreuzflagge vor dem von ihm begründeten InSoSta zu verhindern.[70]

Während das IfK aufgrund seiner Selbstgleichschaltung weniger stark von außen beeinflusst wurde als das IfW, liegt das InSoSta auf der anderen Seite des Spektrums.

65 Janssen (2012), S. 105.
66 Heiber (1991, T. 1), S. 206.
67 Ebd., S. 199.
68 Tooze (1993), S. 7. Die Geschichte des IfK ist zwar in Krengel (1986) detaillierter beschrieben als in Tooze (1993), aber in ihren Wertungen problematisch. („Es lohnt sich heute nicht mehr, sich mit den Details ausführlich zu befassen.“ Krengel (1986), S. 33.)
69 Vgl. Tooze (2001), S. 178–181.
70 Vgl. Schultes (2010), S. 46–49.

Es wurde auf Lehrstuhlgröße zusammengeschrumpft und die Heidelberger Wirtschaftswissenschaften in verschiedene Institute aufgespalten.[71] Auch das vorwiegend ökonomisch ausgerichtete Breslauer Osteuropa-Institut verlor nicht nur seine Doppelspitze, sondern wurde sogar für mehrere Tage geschlossen.[72] Es war politisch derart beschädigt, dass der SD einige Jahre später mehrere zigtausend Bände aus seiner Bibliothek rauben konnte. Abschließend ist also festzustellen, dass das IfW als Organisation in durchschnittlichem Maße von der Machtübernahme der Nationalsozialisten beeinflusst wurde. Vom nächsten Direktor würde es in ganz wesentlichem Maße abhängen, welche wissenschaftlichen und wirtschaftspolitischen Leitlinien im Institut künftig verfolgt würden.

---

71 Vgl. Brintzinger (1997), S. 69.

72 Zur Geschichte des Breslauer Osteuropa-Instituts, siehe Bömelburg (1995).

7 Die wissenschaftlichen und wirtschaftspolitischen Leitlinien im Direktorat Predöhls

7.1 Predöhl Amtsübernahme

Nachdem Jessen im Februar 1934 aus dem Institut gedrängt worden war, befand es sich in miserabler Verfassung. Gegenüber der Zeit vor der Weltwirtschaftskrise hatte der Etat halbiert werden müssen, weil auf die massive Reduzierung der Zuschüsse des Staates sowie der Fördergesellschaft im Sommer 1933 noch die Absage der Rockefeller Foundation zu weiterer Förderung erfolgt war. Schwer wog auch der Verlust von internationalem Renommee und Auslandskontakten, die mit dem Netzwerk der amerikanischen Stiftung verbunden gewesen waren. Der Mitarbeiterstab des IfW, der aus finanziellen Gründen bereits verkleinert worden war, hatte durch die Vertreibungen und den Ersatz mit Jessens „Göttinger Sieben" auch wesentliche qualitative Einbußen erfahren. Da Jessens Umgestaltungspläne bereits im Ansatz gescheitert waren, stellten sich zudem grundsätzliche Fragen nach der künftigen wirtschafts- und wissenschaftspolitischen Ausrichtung des IfW, nach dem Institutszweck sowie nach der Organisationsform. Im Bereich des Möglichen schien die Umsetzung älterer Vorschläge zu sein, etwa zu einer Umwidmung in ein „Institut für Autarkiewirtschaft"[1] oder eine Lockerung der Bindung zur Universität durch Umwandlung in ein Kaiser-Wilhelm-Institut, gegen die sich Harms bereits nach dem „Preußenschlag" 1932 hatte wehren müssen.

Gleichwohl war das IfW-Direktorat noch immer einer der attraktivsten Posten in den deutschen Wirtschaftswissenschaften. Es ist deshalb erklärungsbedürftig, warum Predöhl diese Stellung erreichen konnte, nachdem er noch ein Dreivierteljahr zuvor keine Rolle in der Nachfolge seines Lehrers Harms gespielt hatte. Fünf Faktoren sind hierfür maßgeblich: Erstens hatte Predöhl sich seit April 1933 in seinen Funktionen als Prorektor und Dekan eine Hausmacht an der Kieler Universität aufbauen und Verbündete wie den Rektor Wolf gewinnen können. Damit verbunden war, zweitens, dass die neu berufenen einflussreichen Juristen der „Kieler Schule" in der gemeinsamen Rechts- und Staatswissenschaftlichen Fakultät ihm gesonnen waren und Predöhl interdisziplinäre Kooperationen ankündigen konnte.[2] Ein frühes prominentes Beispiel war die Herausgabe der *Zeitschrift für die gesamte Staatswissenschaft* gemeinsam mit Bente und dem Juraprofessor Huber. Drittens hatte Predöhl das Scheitern Jessens antizipiert und sich frühzeitig beim Kultusministerium als dessen Nachfolger in Stellung gebracht. Viertens besaß er ein feines machttaktisches Gespür und konzentrierte sich auf die Erlangung von Kompetenzen, anstatt sich auf Titel zu versteifen.

1 Harms an Kultusministerium, 24.10.1932, in: BA, R 4901/1217, Bl. 86.

2 Nach eigenen Angaben wurde Predöhl bei der Erlangung des Direktorpostens von Eckhardt beraten. Predöhl: Zur Geschichte des IfW (ca. 1953), S. 6, in: HS IfW.

https://doi.org/10.1515/9783110658873-007

Nachdem Predöhl am 2. März 1934 zunächst mit der kommissarischen Leitung des IfW beauftragt worden war, gab er sich vier Monate später, am 12. Juli, damit zufrieden, nur zum *geschäftsführenden* und nicht zum *alleinigen* Direktor ernannt zu werden.[3] Rasch konnte er seine Stellung konsolidieren und besaß ungeachtet dieses kleinen formalen Mankos vom Sommer 1934 bis zu seiner Absetzung am 1. Dezember 1945 etwa dieselbe Machtfülle im Institut wie ehedem Harms. In dieser Zeit trat auch er sukzessive einer großen Zahl wirtschafts- und wissenschaftspolitischer Gremien bei. Dazu zählte der NS-Dozentenbund, der Verkehrswissenschaftliche Forschungsrat des Reichsverkehrsministeriums (beides ab 1937), die Kuratoriumsmitgliedschaft im Seegeltungsinstitut Magdeburg (ab 1938), der stellvertretende Vorsitz im Beirat der Gesellschaft für europäische Wirtschaftsplanung und Großraumwirtschaft (ab 1939), die Leitung des Ausschusses Außenwirtschaft in der Akademie für Deutsches Recht (ab 1940), die Mitgliedschaft im Arbeitsausschuss des REM zum internationalen wissenschaftlichen Verbandswesen sowie die Gründungsmitgliedschaft im Wissenschaftlichen Rat des Zentralforschungsinstituts für nationale Wirtschaftsordnung und Großraumwirtschaft (beides ab 1941). Fünftens vertrat Predöhl wirtschafts- und wissenschaftspolitische Positionen, die ihn für die maßgeblichen Stellen des Regimes wünschenswert oder zumindest hinnehmbar erscheinen ließen. Im Januar 1934 stellte er diese Positionen zu einem taktisch idealen Zeitpunkt vor und bekannte sich demonstrativ zum nationalsozialistischen Staat.

7.2 Mit ökonomischem Sachverstand zum „Völkischen Optimum"

Am 18. Januar 1934 hielt Predöhl auf einer Feier anlässlich des 63. Jahrestags der Reichsgründung in der Aula der Kieler Universität eine Rede, die bald darauf im *Weltwirtschaftlichen Archiv* sowie in den *Kieler Universitätsreden* veröffentlicht wurde.[4] Diese Rede mit dem Titel „Staatsraum und Wirtschaftsraum" stellt einen Schlüsseltext zum Verständnis seines wissenschaftlichen und wirtschaftspolitischen Engagements im „Dritten Reich" dar und kann als erfolgreiche Bewerbungsrede für höhere Aufgaben gewertet werden. Hier diente er sich dem Regime öffentlich an, und zwar genau in jener Phase, als der Konflikt um Jessen seinem Höhepunkt zustrebte. Predöhl begann mit der Verkündung, dass die Reichsgründung vom 18. Januar 1871 nun untrennbar mit Hitlers Reichskanzlerschaft vom 30. Januar 1933, der „Geburtsstunde des Dritten Reiches", verbunden sei. Damit widmete er diese traditionelle Feier der deutschen Nation zu einem „Akt des politischen Bekenntnisses"[5] für die nationalsozialistische Ideologie um. Ausdrücklich gerierte sich der mit 40 Jahren für einen Professor eigentlich noch junge Predöhl als Vertreter der „alten akademischen Tra-

3 Vgl. Kultusminister an Predöhl, 02.03.1934 und 12.07.1934, in: BA, R 4901/1217, Bl. 195 und Bl. 226

4 Vgl. Predöhl (1934a) und (1935a).

5 Beide Zitate in: Predöhl (1934a), S. 1.

dition“[6], die das Expertenwissen der eingesessenen geistigen Elite verkörpere und dies nun dem Regime in politisch unbedingt zuverlässiger Weise zur Verfügung stellen wolle. Um darzulegen, was dieses Angebot konkret beinhaltete, stellte Predöhl seine Sicht auf das Verhältnis zwischen Staat und Wirtschaft vor. Diese erfuhr bis 1945 keine wesentlichen Veränderungen oder Vertiefungen.

Predöhl verstand Außenwirtschaftspolitik als Agieren im Spannungsfeld zwischen den beiden Größen *Staatsraum* und *Wirtschaftsraum*. Sein Referenzrahmen war erkennbar die erste Welle der Globalisierung in den Jahrzehnten bis 1914. Weitgehend unbeeinflusst von gestaltender Politik und den Staatsgrenzen habe sich hier ein hochgradig vernetzter und arbeitsteilig organisierter Weltwirtschaftsraum entwickelt, in dem maximales Wachstum möglich gewesen sei. Die „Eigengesetzlichkeit“ der Weltwirtschaft habe ein „System miteinander verflochtener Märkte“ hervorgebracht, das noch weitgehend bestehen würde.[7] Im Zentrum dieser Märkte stünden Industrieagglomerationen der Schwerindustrie mit abgegrenzten Absatzgebieten und Konsumgüterindustrien mit überlappenden Absatzgebieten. Predöhl vermochte es damit nicht, in seinem raumwirtschaftlichen Verständnis über die Ideen Alfred Webers hinauszugelangen, der sich bereits 1909 mit der Agglomerationsbildung auseinandergesetzt hatte.[8] Um die Zentren der industriellen Produktion und damit auch des Konsums der Arbeiter hätten sich konzentrische Ringe agrarischer Produktion gelegt, die mit zunehmender Entfernung und damit steigenden Transportkosten an Intensität abnähmen. Wiederum referierte Predöhl hier lediglich alte Gedanken, in diesem Fall Johann Heinrich von Thünens aus dem 19. Jahrhundert, und nahm die räumliche Differenzierung als gegeben hin, ohne ihre Entstehung zu hinterfragen. Den in den 1920er Jahren selbst formulierten Anspruch auf Entwicklung einer Raumwirtschaftstheorie löste Predöhl nie ein. Was er stattdessen rein deskriptiv und in Harms’scher Tradition beschrieb, gilt als „ein Spätprodukt der historischen Schule“[9]. Predöhl nahm auch die politischen Grenzen als gegeben hin. Ihn interessierte einzig, wie sich die Staatsräume über die drei Zonen des Wirtschaftsraums verteilten und nannte einige Beispiele (siehe Abbildung 3).[10]

Die USA seien der einzige Staat, dessen Gebiet alle drei Zonen umspanne. Die übrigen Länder verfügten dagegen über limitierende Standortbedingungen, aufgrund derer sie mehr oder weniger spezialisierte Rollen in der Weltwirtschaft eingenommen hätten. Lediglich die Sowjetunion besäße die Voraussetzungen, auf dem Wege der Agrarintensivierung und Industrialisierung ebenso wie die USA eine weitgehend autarke Wirtschaft entwickeln zu können. Predöhl argumentierte damit getreu der klassischen angelsächsischen Freihandelslehre, nach der einzelnen Volkswirtschaften durch Spezialisierung die maximale Produktionsleistung erreichen können. Durch

6 Ebd.
7 Beide Zitate in: ebd., S. 3.
8 Vgl. auch Hein und Kappel (2014), S. 18.
9 Bröcker (2014), S. 214.
10 Vgl. Predöhl (1934a), S. 5–9.

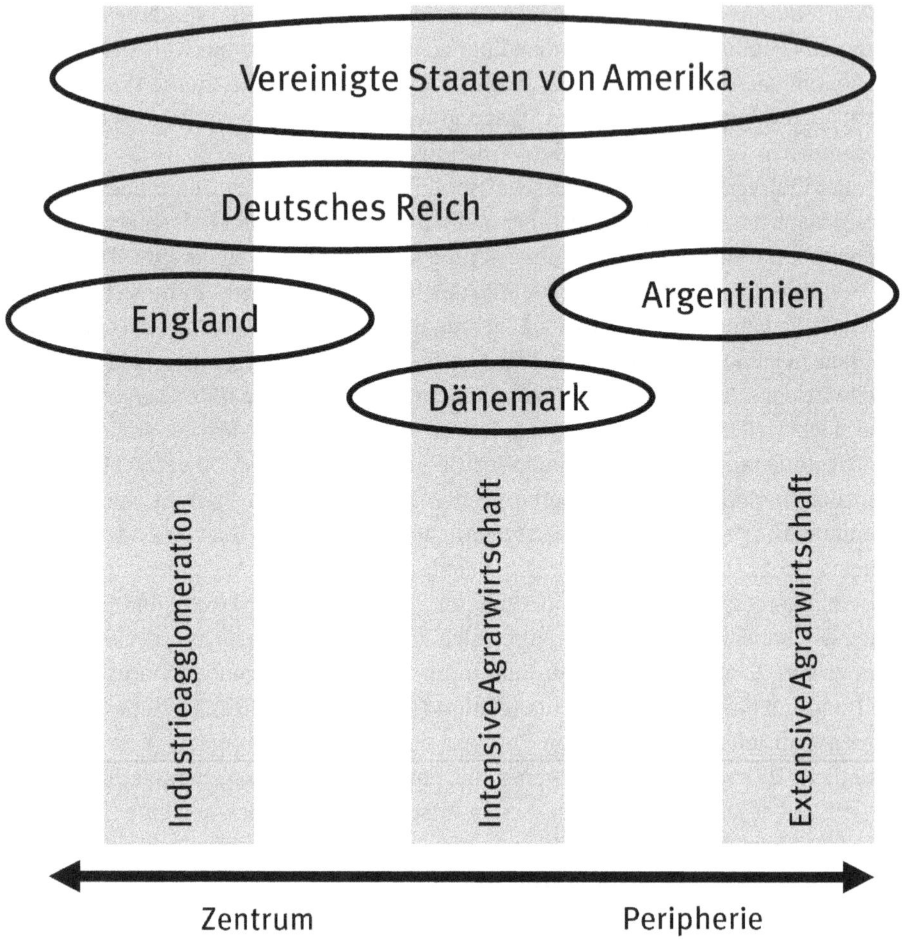

Abbildung 3: Lage ausgewählter Staaten im raumwirtschaftlichen System Predöhls
Eigene Darstellung. Hilfsweise führte Predöhl (1934a) noch „industrielle Teilkerne" auf, die z. B. von Argentinien herangezogen worden seien.

Einbindung in den Welthandel könnte so der höchstmögliche materielle Wohlstand erreicht werden, einen Zustand, den er „Ökonomisches Maximum" nannte. Jegliche (außen-)wirtschaftspolitische Maßnahme des Staates müsse notwendigerweise die Produktion und das Wachstum verringern. Den Punkt, an dem die Staatseingriffe so groß seien, dass sie die Volkswirtschaft als Ganzes unrentabel machten, bezeichnete er als „Ökonomisches Minimum".

Der entscheidende Unterschied Predöhls zu den Neoklassikern war nun, dass er das „Ökonomische Maximum" nicht als die natürliche Zielvorgabe sah. Er teilte die Ansicht seines Lehrers Harms: „höchstmögliche Gütererzeugung und Güterversorgung haben an sich mit wissenschaftlicher Erkenntnis nichts zu tun, sondern sind willkürliche Zielsetzung."[11] Predöhl wechselte allerdings auch nicht in das Lager der gerade in den Jahren 1933–34 besonders lautstarken Vertreter extremer Autarkieforderungen. Jene waren der Meinung, größtmögliche Selbstversorgung und damit die Abschließung der deutschen Volkswirtschaft vom Weltmarkt müsse das Mittel staatlicher Politik sein, um die radikalen ideologischen Ziele möglichst umfassend und rasch umsetzen zu können. Für Predöhl war die Frage nach der richtigen Wirtschaftspolitik gleichbedeutend mit der Suche nach dem erstrebenswertesten Punkt zwischen dem Ökonomischen Maximum und dem Minimum. Es blieb jedoch die Frage, wer die Lage dieses Punktes bestimmen sollte, wer also die Ziele der staatlichen Wirtschaftspolitik festlegte. Auch sein Lehrer Harms hatte vor diesem Problem gestanden, zu dem es aus seiner Sicht nur *subjektive* Antworten geben konnte. Seine Notlösung aus dem September 1932 lautete deshalb,

> daß ‚volkswirtschaftlich richtig' das ist, was diejenigen, die die Volkswirtschaftspolitik machen, jeweils dafür halten. Letzthin ist es somit der Staatswille, der darüber entscheidet, was unter ‚volkswirtschaftlichem Interesse' verstanden werden soll und welche politischen Maßnahmen seiner Wahrnehmung zu dienen vermögen.[12]

Anderthalb Jahre und einen Regimewechsel später griff Predöhl diesen Standpunkt auf. Als Leitidee müsse gelten, dass „sich die Wirtschaft dem staatlich-gesellschaftlichen Ganzen ein- und unterordnen soll."[13] Damit erkannte er das Primat des totalitären NS-Staates an, dem jegliche wirtschaftspolitische Maßnahmen gestattet seien. Als Beispiele führte Predöhl die Subventionen für die Rüstungs- und die Agrarwirtschaft an, die das Deutsche Reich in einen Zustand der Kriegsbereitschaft versetzen sollten. In späteren Jahren nannte er auch einige weitere, mit wirtschaftsrationalen Interessen in Konflikt stehende ideologische Ziele, wie die Sicherung „einer gesunden Bevölkerungsverteilung" und „eines sesshaften Bauernstandes".[14] Aufgabe der Wirtschaftswissenschaft sei es, die unerlässliche Beratung für die praktische Umsetzung der Staatseingriffe zu leisten. Es müssten die Ausgangsvoraussetzungen analysiert, effiziente wirtschaftspolitische Instrumente vorgeschlagen und anschließend die Effektivität sowie mögliche Sekundäreffekte der getroffenen Entscheidungen evaluiert werden.

Für die Implementierung solcher Maßnahmen war bedeutsam, dass sie aus Sicht Predöhls die volkswirtschaftliche Produktion in jedem Fall reduzierten und deshalb nur bis zu einem bestimmten Punkt, dem „Gleichgewichtspunkt zwischen Staatsraum und Wirtschaftsraum",[15] durchgeführt werden sollten. Gingen die Eingriffe darüber

11 Harms: Die Schicksalsstunde der deutschen Handelspolitik, in: *WA* 21, 1925, S. 39.

12 Harms: Planwirtschaft und Sinnhafte Volkswirtschaftspolitik, Vortrag gehalten auf der Hauptversammlung des Deutschen Buchdruckervereins am 4. September 1932 in Bad Pyrmont, S. 20, in: ZBW, B 7690.

13 Predöhl (1934a), S. 6.

14 Beide Zitate in: Predöhl (1937a), S. 6.

15 Predöhl (1934a), S. 11.

hinaus, würde der Staat seine eigene Macht nicht mehr steigern, sondern verringern. Dieser Gedanke ist bei Predöhl zum ersten Mal 1933 nachweisbar.[16] Im selben Jahr hatte Bente auf der Oeynhausener Konferenz mit demselben Trade-Off zwischen maximalem Bruttoinlandsprodukt und der Erreichung staatlicher Ziele operiert.[17] Unter Berufung auf ihn prägte Predöhl schließlich 1937 den Begriff, mit dem er in den kommenden Jahren seinen Kompromiss zwischen Freihandel und Autarkie vermarktete: das „Völkische Optimum"[18].

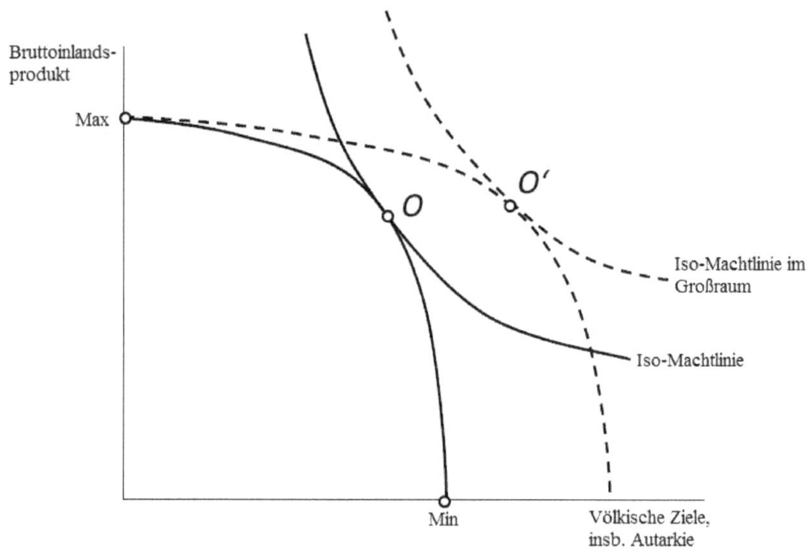

Abbildung 4: Predöhls Konzept des „Völkischen Optimums"
Abbildung mit geringfügigen Änderungen entnommen aus: Bröcker (2014), S. 129.

Predöhl hatte seine Rede von 1934 mit einer Analyse der deutschen Wirtschaftspolitik und damit einer Bestimmung der gegenwärtigen Lage auf der in Abbildung 4 dargestellten Indifferenzkurve. Er kam zu dem Schluss, dass der Staat noch vergleichsweise großen Spielraum zur Erreichung seiner nationalsozialistischen Ziele besäße, ohne dass dies eine übermäßige Reduktion des Bruttoinlandsprodukts nach sich ziehen würde. Man befand sich also seiner Ansicht nach noch auf dem flachen oberen Stück der Indifferenzkurve und sei damit dem ökonomischen Maximum (Max) näher als

16 Vgl. Predöhl (1933), S. 167.

17 Bente behauptete, Außenhandelspolitik sei „nationalpolitisch am günstigsten", wenn ein Ausgleich zwischen der Maximierung des Sozialprodukts und der volks- und wehrpolitisch notwendigen Reagrarisierung gefunden werde. Bente (1933), S. 27.

18 Predöhl (1937a), S. 6.

dem ökonomischen Minimum (Min). Dies bedeutete reichliche Möglichkeiten, sich noch nach rechts zum „Völkischen Optimum" (O) zu bewegen. Politisch war dieses Ergebnis opportun, denn Predöhl gestattete dem Regime damit einen großen Handlungsspielraum. Besonders in der Agrarwirtschaft sei eine weitgehende Angleichung des Wirtschaftsraumes an den Staatsraum und damit eine Annäherung an die sogenannte Nahrungsmittelfreiheit möglich. Mit einer Schutzzollpolitik ließen sich die Lebensmittelpreise in Deutschland erhöhen, was wiederum eine Verlagerung der Investitionen und eine Intensivierung dieses Sektors zur Folge hätte. Diese könnten produktiv eingesetzt werden, da das Land „nach Osten relativ weit in extensive Getreidezonen hinein"[19] reiche. Predöhl warnte jedoch davor, mit derartigen Maßnahmen zu weit zu gehen. Die Preissteigerungen würden auf die Lebenshaltungskosten der nichtagrarischen Bevölkerung durchschlagen und damit die Wettbewerbsfähigkeit der Industrie schwächen. Diese sei in Deutschland immerhin so weit entwickelt, sodass eine vorsichtige „Reagrarisierung" keine zu hohen Kosten verursachen würde. „[D]ie Kurve zunehmender Opfer bei zunehmender Nationalisierung [steigt] erst von dem Punkt scharf an, in dem mit dem Abbau der Exportindustrie begonnen würde."[20] Gerade diese letzte Äußerung, die er in ähnlicher Form auch zu anderen Gelegenheiten wiederholte, war ein Signal Predöhls an die zum großen Teil exportorientierten Mitglieder der Fördergesellschaft. Ebenso wie Harms würde auch er sich weiterhin für ihre Interessen einsetzen.

Predöhls Konzept war für die Nationalsozialisten in mehreren Hinsichten attraktiv. Erstens bot es einen Rahmen, innerhalb dessen ein Ausgleich zwischen den weltanschaulich begründeten NS-Zielen und den Ansprüchen der protektionsheischenden Schichten einerseits sowie den Profitinteressen der Großindustrie andererseits möglich war oder zumindest simuliert werden konnte. Letztere hatten einen bedeutenden Beitrag zur Machtübernahme Hitler geleistet und ihre Unterstützung blieb für die Umsetzung seiner Politik notwendig. Zweitens war das Konzept des „Völkischen Optimums" mit dem Streben nach einem von Deutschland dominierten Europäischen Großraum kompatibel. Dieser Großraum sollte nicht nur ein Machtmittel zur Beherrschung des Kontinents sein, sondern auch der Großindustrie einen Ersatz für jene Profitmöglichkeiten bieten, die sie durch die teilweise Herauslösung aus dem Weltmarkt verloren hatten.[21] In Predöhls Modell verschob jede deutsche Machtausdehnung die Indifferenzkurve des Staates nach rechts (gestrichelte konvexe Linie in Abbildung 4), unabhängig davon, ob sich der Machtzuwachs auf neu eroberte Territorien oder auf neue Einflusssphären gründete. Dies ermöglichte ein neues Optimum (O'), also eine Kombination von einem höheren Bruttoinlandsprodukt bei gleichzeitiger Erfüllung weiterer völkischer Ziele, mithin eine höhere „Iso-Machtlinie". Aus Predöhls „Völkischem Optimum" konnten damit direkt Forderungen nach

19 Predöhl (1934a), S. 8.
20 Ebd., S. 11.
21 Vgl. bereits Radkau (1976), insb. S. 64.

einer Machtexpansion abgeleitet werden. Entsprechend schlug dieser selbst bereits in der Rede von 1934 einen wirtschaftlichen Zusammenschluss der kontinentaleuropäischen Staaten vor, der „einer einheitlichen politischen Willensrichtung untergeordnet“[22] sein müsse. Was er mit dieser nur notdürftig verbrämten Formulierung meinte, war klar, denn sein Konzept hatte ja die Steigerung des *deutschen* Wohlstands und die Verwirklichung *nationalsozialistischer* Ziele zum Zweck. Auf dem Höhepunkt der deutschen Machtausdehnung im Zweiten Weltkrieg 1942 formulierte Predöhl die anvisierte Vormachtstellung in einem solchen „Großraum“ dann unverblümter.[23]

Dass über die Beherrschung Europas hinaus auch überseeische Kolonien wiedererlangt werden sollten, wurde am stärksten in der „Kolonialstadt“ Hamburg betont.[24] Predöhl exponierte sich in dieser Frage zunächst nicht, teilte aber immerhin im Jahr 1937 in einer Rede vor Hamburger Kaufleuten mit, dass er ihren Standpunkt teile. Zum wiederholten Mal erläuterte er auch hier die Expansionslogik des „Völkischen Optimums“:

> Selbst wenn die Kolonien nur eine relativ kleine Ausdehnung der Grundlagen der Volkswirtschaft ermöglichen würden [...] könnte das gerade genügen, um der Volkswirtschaft eine solche Erweiterung ihres Spielraumes zu geben, daß wesentliche völkische Ziele gesichert würden. An diesem Maßstab gemessen ist jede Erweiterung des deutschen Raumes von größter Bedeutung [...].[25]

Predöhl klar, dass er scheitern würde, sollte er wie Jessen versuchen, eine eigene wirtschaftspolitische Agenda zu verfolgen.[26] Ähnlich sollte es beispielsweise1936 auch dem HWWA-Direktor Bernhard Stichel ergehen, der ebenfalls im Zuge der Machtübernahme der Nationalsozialisten an die Leitung eines Wirtschaftsinstituts gelangt war und sich gleichfalls in ideologische Kämpfe verstrickt hatte.[27] Mit dem Konzept des „Völkischen Optimums“ schuf Predöhl einen Aufgabenbereich, der ein Institut wie das IfW für die Gestaltung einer effektiven Wirtschaftspolitik zwar notwendig erscheinen ließ, der aber keinerlei politischen Gestaltungsanspruch erhob und sich strikt auf ein Expertentum beschränkte. Predöhl hatte anders als Jessen die Zeichen der Zeit richtig erkannt, denn das „Dritte Reich“ bedeutete einen Bruch mit dem deutschen Mandarinentum (Fritz Ringer). „An die Stelle des traditionellen Gelehrten, der sich dazu berufen glaubte, die geistigen Maßstäbe der Nation festzulegen, trat der Experte, der über spezialisiertes Wissen verfügte, das auch für die nationalsozialis-

---

22 Predöhl (1934a), S. 8.
23 Siehe Predöhl (1942a), S. 129.
24 Vgl. Linne (2002), S. 323–327 und Linne: Wissenschaft als Standortfaktor. Mobilisierung von Ressourcen für die „Kolonialstadt“ Hamburg, in: Flachowsky, Hachtmann und Schmaltz (Hg.) (2016), S. 123–124.
25 Predöhl (1937a), S. 12.
26 Vgl. Predöhl: Zur Geschichte des IfW (ca. 1953), S. 9, in: HS IfW.
27 Vgl. Leveknecht (1998), S. 27.

tischen Machthaber von Nutzen sein konnte."[28] Dieses Spezialwissen bestand aus Sicht Predöhls vor allem aus der Beherrschung der herkömmlichen wirtschaftswissenschaftlichen Methodik. Versuchen nationalsozialistischer Gesinnungsökonomen zu einer Reform der Disziplin trat er deshalb entgegen.

7.3 Verteidigung gegen Angriffe von innen und von außen

In seinem Einsatz für die Bewahrung der alten Art Wirtschaftswissenschaft zu betreiben und der angeblich entideologisierten Instrumente der neoklassischen Methodik betonte Predöhl stets, dass dies den Interessen des Regimes dienen sollte. Dennoch wurde an seinem Vorgehen Kritik geäußert. An dieser Stelle wird exemplarisch der aus dem IfW heraus erfolgte Angriff von Reinhold Bethke und die von außen geäußerte Kritik des Göttinger Professors Klaus Wilhelm Rath näher betrachtet. Anschließend wird der einzige seinerzeit unternommene Versuch analysiert, Predöhl seine Position als IfW-Direktor streitig zu machen.

I Verteidigung gegen einen Angriff von innen: Der Streit mit Reinhold Bethke

Bethkes Lebenslauf war dem jener Harms-Schüler, die in der Mitte der 1930er Jahre die wichtigsten Posten im Institut besetzten, sehr ähnlich. Nach seiner Promotion in Kiel im Jahr 1926 arbeitete er als Hilfsarbeiter und später als wissenschaftlicher Dezernent im IfW. Als Nachfolger Bentes war er noch von Harms am 1. April 1933 zum Redaktionssekretär befördert worden und Jessen hatte ihn in diesem wichtigen Amt belassen. Da Bethke für eine völkische Ausrichtung der Wissenschaft eintrat, ersetzte Predöhl ihn im Juni 1935 durch seinen Protegé W.G. Hoffmann. Das *Weltwirtschaftliche Archiv* sowie ferner die übrigen Publikationsorgane sollten ein zentraler Bestandteil der internationalen Öffentlichkeitsarbeit des IfW werden. Dieses Vorhaben konnte aus Sicht Predöhls nur gelingen, wenn man die offensichtliche politische Ausrichtung einschränkte und das wissenschaftliche Niveau anhob.[29] Bethke blieb zwar die kommenden zwei Jahre wissenschaftlicher Dezernent im Institut. Aussichten auf Fortschritte in seiner Karriere oder auf eine Habilitation besaß er jedoch in Kiel nicht.

Eine im Dezember 1936 unter dem Titel „Lebendige Wissenschaft" erschienene wirtschaftspolitische Streitschrift bedeutete dann einen Frontalangriff auf Predöhls Modell. Inhaltlich an seine zehn Jahre zuvor erschienen Dissertation anknüpfend behauptete Bethke, keine wissenschaftliche Methode könne als *wertneutrales* In-

---

28 Grüttner (2000), S. 567.

29 Predöhl berichtete, im Ausland würde die Ansicht vertreten, die Zeitschrift „trage Spuren des Niedergangs deutscher Kultur im Zeichen des Nationalsozialismus". Predöhl an REM, 09.01.1939, in: BA, R 4901/3029, Bl. 65 – 66.

strument dienen.[30] Harms' abgebrochene Gedanken zur Objektivität hatten ihn nicht überzeugt und so war er zu einem wissenschaftstheoretischen Fundamentalisten geworden. Es brauche *eine* Theorie, die alle „Mannigfaltigkeit"[31] der erlebten Welt erkläre, und es dürften nur solche Methoden angewandt werden, die mit der von Bethke erhobenen Forderung nach „universalistischer Betrachtungsweise"[32] in Einklang stünden. Es war aus seiner Sicht nicht möglich, sich pragmatisch eine bestimmte Fachfrage vorzunehmen und dann zur Beantwortung irgendein passendes Methodenwerkzeug aus dem zur Verfügung stehenden Angebot herauszugreifen. Stattdessen sollte jeglicher Wissenschaftszweig bis in den Kern durchideologisiert werden, ein Vorhaben, das laut Bethke allerdings nach dem ersten Schwung der Machtübernahme nun ins Stocken geraten sei. Dies konnte der Leser durchaus als Kritik an der nach Etablierung des NS-Regimes erfolgten Auswechslung von Fundamentalisten wie Jessen durch Pragmatiker wie Predöhl verstehen. Wahrheit sei keineswegs eine vom Menschen unabhängige, objektive Größe und deshalb allein durch Benutzung des Verstandes nicht erfassbar. Sie ergäbe sich stattdessen aus der Weltanschauung des Wissenschaftlers, wobei natürlich die nationalsozialistische Weltanschauung die einzig richtige sei.[33] Für die Ökonomie bedeutete dies aus Sicht Bethkes die Notwendigkeit einer Abkehr von naturwissenschaftlichen und mathematischen Erkenntnismethoden – somit eine Abkehr von der „reinen Vernunft"[34] – und eine Hinwendung zu völkischer Philosophie.

Da Bethke sich offenbar nicht traute, Predöhl namentlich anzugreifen, attackierte er stattdessen die Professoren Mackenroth und Bente. Ersterer wurde als Positivist bezeichnet und in die Nähe jüdischer und ausländischer Wissenschaftler sowie des Marxismus gerückt.[35] Auch Bente wurde hart angegangen und seine nationalsozialistische Gesinnung angezweifelt.[36] Eine jenseits der Weltanschauung liegende Wahrheit in weitgehend ideologiefreier wissenschaftlicher Arbeit herauszufinden und die Erkenntnisse dann in einem zweiten Schritt dem NS-Regime zur Verfügung zu stellen, wie sich Mackenroth, Bente, Predöhl und der Mainstream des IfW dies dachten, war aus Sicht Bethkes nicht ausreichend. Die angegriffenen Ökonomen protestierten gegen diesen Angriff. Rektor Dahm, von Bethke mehrfach wohlwollend zitiert, sowie der stark an Einfluss gewinnende Ritterbusch waren aber geneigt, diese Proteste verhallen zu lassen.[37] Letztlich verhinderte aber die geschlossene Front der

30 Vgl. Bethke (1936), S. 42–43.

31 Vgl. Bethke: Bedeutungsanalyse: Prolegomena zu einer Kritik der Wirtschaftswissenschaft, Kiel, Diss., 1926, S. 5, in: ZBW, IV 93.

32 Bethke (1935), S. 14.

33 Vgl. Bethke (1936), S. 17–18 und S. 47 sowie bereits (1935), S. 128.

34 Bethke (1936), S. 3.

35 Vgl. Ebd., S. 44–45. Vgl. hierzu auch Henßler (2006), S. 110–112.

36 „Mir scheint es zweifelhaft, ob Bente die Idee der wahren Weltanschauung [...] deutlich erfasst hat". Bethke (1936), S. 47.

37 Vgl. Dahm an Ritterbusch, 07.01.1937, in: LASH, Abt. 47, Nr. 1598, Bl. 158.

Wirtschaftswissenschaftler eine Habilitation Bethkes sowie eine Einbeziehung in Forschungsprojekte des Instituts. Dieser brach daraufhin seine Zelte in Kiel ab.[38] Damit war der einzige ernsthafte, von innerhalb des IfW erfolgte Angriff auf die von Predöhl und seinen Kollegen praktizierte Art Wissenschaft zu betreiben abgewehrt.

II Verteidigung gegen einen Angriff von außen: Der Streit mit Klaus Wilhelm Rath

Der schärfste Angriff von außen erfolgte auf einer Tagung des NS-Dozentenbunds im April 1939 durch den Göttinger Professor Klaus Wilhelm Rath. Rath war zu dieser Zeit bereits ein prominenter Sprecher jener Gesinnungsökonomen, welche die bisherigen wirtschaftswissenschaftlichen Theorien und Methoden abschaffen wollten, auch wenn sie selbst als Alternative nur völkische Phraseologie anzubieten hatten.[39] Insbesondere griff er die Güterabwägung in Predöhls Konzept des „Völkischen Optimums“ an. Die rationale Kalkulation, dass man bei begrenzten Ressourcen eben wählen musste, ob man Kanonen oder Butter produzierte, ob man einen Aufmarsch veranstaltete oder stattdessen arbeiten ging, hatte in Raths „Wirtschaftstheorie“ keinen Platz. Seiner Ansicht nach würde dadurch ein „politisch-sittlicher“ Faktor wie das nationale Pflichtgefühl des Einzelnen ebenso zu einer quantifizierbaren Größe wie die Produktion und der Konsum.[40] Damit werde der Versuch unternommen, den Wert der NS-Ideologie zu relativieren. Eine solch abstrahierende und Bewertungen in die politische Sphäre verschiebende Betrachtungsweise, wie Predöhl sie pflegte, sei angelsächsisch konnotiert und unerträglich.[41] In dieselbe Kerbe schlugen auch andere Wissenschaftler wie etwa der einflussreiche Funktionär Konrad Meyer.[42] Im IfW wurde jedoch von den Harms-Schülern auch in diesem erneuten „Werturteilsstreit“[43] der 1930er Jahre beharrlich weiterhin der von Max Weber maßgeblich inspirierte traditionelle Objektivitätsglaube gepflegt.

Predöhl formulierte seine Verteidigung auf besagter Tagung des Dozentenbunds sehr sorgfältig und bemühte sich den Anschein zu erwecken, Rath in vielen Punkten zuzustimmen.[44] Tatsächlich jedoch dachte er nicht daran, die herkömmlichen wissenschaftlichen Methoden zugunsten einer „völkischen Lehre“ abzuschaffen.[45] Aufgabe der Wirtschaftswissenschaften sei es nicht, Wertungen vorzunehmen. Stattdes-

38 Vgl. Rektor Dahm an Kurator Uni Kiel, 19.03.1937, in: LASH, Abt. 47, Nr. 1672.

39 Vgl. Roth (1993), S. 195.

40 Vgl. Rath (1939), S. 390.

41 Entsprechend hatte Rath bereits ein Jahr zuvor in einer Rezension Karl Schillers Habilitationsarbeit und Predöhl als deren Herausgeber angegriffen. Finanzarchiv, Neue Folge Bd. 5, 1937/38, S. 147–149.

42 Vgl. Oberkrome (2009), S. 120.

43 Vgl. den Abschnitt zum „Werturteilsstreit in den 1930er Jahren“ in Kruse (1988), S. 72–78, in dem Kruse die unterschiedlichen Standpunkte anhand des Antagonismus’ zwischen Rath und Hans Peter beschreibt.

44 Siehe Predöhl (1939b), S. 408.

45 Vgl. Bröcker (2014), S. 220–221.

sen müsse man voraussetzungslos die wirtschaftlichen Kosten verschiedener politischer Handlungsoptionen berechnen und einander gegenüberstellen, beispielsweise eine Hebung des Lebensstandards der Bevölkerung einerseits und eine Fortsetzung der Aufrüstung andererseits.[46] Wertungen kämen erst in einem zweiten Schritt ins Spiel und seien der Politik vorbehalten, die basierend auf den Erkenntnissen der Ökonomen die Entscheidungen zwischen den verschiedenen Optionen treffen müsse.

Ebenso sah dies auch Bente, der allein der Politik die Entscheidungsmacht über die unterschiedlichen wirtschaftspolitischen Möglichkeiten zugestand. Die Wirtschaftswissenschaft sollten in entscheidenden Fragen ausschließlich eine „nüchterne nationalpolitische Rechnung"[47] aufmachen und ihre Ergebnisse ohne vorherige Bewertungen zur Verfügung zu stellen. Nicht nur Predöhl und Bente übertrugen somit das Objektivitätsgebot für die wirtschaftspolitische Beratung aus dem Kontext der demokratischen Weimarer Republik auf die NS-Diktatur. Auch ihr Lehrer Harms hatte hierzu noch wenige Monate vor seinem erzwungenen Rücktritt eine entsprechende Bereitschaft gezeigt. In einem Brief an Darré, der bald darauf Reichsernährungsminister wurde, hatte Harms ihn Ende Januar 1933 davon zu überzeugen versucht, dass die Wirtschaftswissenschaft ihrem Wesen nach unpolitisch sei und deshalb auch den Nationalsozialisten von Nutzen sein könne.[48]

Predöhl vertrat immer wieder seine Ansicht, man könne die neoklassische Ökonomie aus dem wirtschaftsliberalen Kontext herauslösen und damit unpolitisch machen. Übrig bliebe „ein System von funktionalen Abhängigkeitsverhältnissen"[49], das als Hilfsmittel flexibel zur Lösung konkreter Aufgaben herangezogen werden könne. Als Beispiel führte er die Durchführung von Marktstudien an, die zu dieser Zeit ein Hauptarbeitsfeld des IfW darstellten. In der „Führungswirtschaft" seien solche Studien von zentraler Bedeutung und ließen sich ohne Rückgriff auf quantitative Analyseinstrumente wie den Elastizitätskoeffizienten gar nicht durchführen.[50] Es bedürfe keiner Gleichschaltung der Wirtschaft, sondern einer Kompromisslösung zwischen den Extremen des liberalen Kapitalismus und der sowjetischen Planwirtschaft. Beide hatte Predöhl in eigener Anschauung kennen gelernt. Er war der Ansicht, dass nicht nur Unternehmen in der Privatwirtschaft möglichst frei sein sollten, um ihre eigenen Entscheidungen zu treffen, sondern dass auch Forschungsinstitute wie das IfW möglichst autonom in der Wahl ihrer wissenschaftliche Methodik sein sollten. Geschickt erklärte Predöhl den Pragmatismus einfach zum Kernbestandteil des NS-Wirtschaftsprogramms und nutzte damit Hitlers ausgebliebene Festlegung auf einen der vielen Programmentwürfe aus seiner Partei aus.

Unterstützung erhielt Predöhl unter anderem von Hans Mayer. Nachdem Mayer als Vertreter der von den Nationalsozialisten abgelehnten Österreichischen Schule im

---

46 Predöhl (1939b), S. 409.
47 Vgl. Bente (1933), S. 27.
48 Harms an Darré, 28.01.1933, abgedruckt in: Wendler (2005), S. 210–212.
49 Predöhl (1935b), S. 105.
50 Predöhl (1939b), S. 408.

April 1933 aus Kiel zurück nach Wien geflohen war, hatte er sich fünf Jahre später nach dem „Anschluss“ an das „Dritte Reich“ angepasst. Nun behauptete er, ob eine Wirtschaftstheorie oder eine wirtschaftswissenschaftliche Methode eine Existenzberechtigung besäße, sei einzig daran zu entscheiden, ob sie Wege zu Erkenntnissen darstellten, „die im Kampf eines Volkes um seine Daseinsberechtigung und Entfaltung eingesetzt werden können“.[51] Das Angebot war klar. Experten wie Mayer oder Predöhl würden sich in den Dienst des NS-Regimes stellen und verlangten im Gegenzug eine Autonomie in der Methodenwahl.

Predöhls Konzept des „Völkischen Optimums“ und das damit verbundene Angebot einer dienenden Rolle der Wirtschaftswissenschaft wurde im NS-Regime akzeptiert. Belegt wird dies durch die Tatsache, dass ihm 1934 nicht nur die Leitung des IfW übertragen wurde, sondern dass er sie auch bis 1945 behalten durfte und sein Institut im gesamten Zeitraum staatliche Forschungsaufträge und Gelder erhielt. Vereinzelte Kritik völkischer Ökonomen, die auch seine Kollegen traf,[52] konnten hieran nichts ändern. Predöhl war so sehr von seinem Konzept überzeugt, dass er 1942 in der Rede zum Antritt seines Rektorats auch den anderen akademischen Disziplinen die Entideologisierung ihrer wissenschaftlichen Arbeit empfahl. Gerade weil die nationalsozialistische Weltanschauung nun überall verankert sei und alle Wissenschaftler ihre Ergebnisse selbstverständlich dem Regime zur Verfügung stellen würden, könne die Universität dem Staat am besten dienen, wenn sie sich auf ihre „fachliche Arbeit“[53] konzentriere. Als Lehrbeispiel pries er eine Studie seines Mitarbeiters August Lösch an. Bezeichnenderweise war Lösch einer derjenigen Wissenschaftler am Institut, die am meisten innere Schwierigkeiten mit dem Nationalsozialsozialismus besaßen und er war auch jener Ökonom, der mit den von den völkischen Wirtschaftsprofessoren abgelehnten anglo-amerikanischen Theorien und Methoden am besten vertraut war.

III Verteidigung der Institutsleitung: Die Abwehr eines Konkurrenten aus der NSDAP

Predöhl verfügte rasch über eine gefestigte Position als IfW-Direktor. Für die Zeit bis zu seiner Absetzung durch die britische Besatzung Ende 1945 ist nur ein einziger Fall rekonstruierbar, in dem ernsthaft versucht wurde, ihm seine Stellung streitig zu machen. Diesen Versuch unternahm im zweiten Halbjahr 1934 Dr. Bernhard Endrucks, Leiter der Abteilung Überseeische Ingenieurarbeit im Amt für Technik der NSDAP. Endrucks war offenbar der Meinung, im Prozess der Machtübernahme zu kurz ge-

51 Hans Mayer (1939), S. 417.

52 Beispielsweise wurde Bentes vorgeworfen, eines seiner Bücher enthalte Spuren angelsächsischer Wirtschaftsauffassungen. Vgl. Karl Bockholt: Rezension zu Bentes Landwirtschaft und Bauerntum, in: *Raumforschung und Raumordnung* 2 (4/5), 1938, S. 223.

53 Predöhl (1942b), S. 3.

kommen zu sein, und suchte nun nach Wegen, seine Stellung zu erhöhen und die Wirtschaftspolitik des Regimes mitbestimmen zu können. Im August schrieb er einen Brief an das Wissenschaftsministerium und bat darum, das IfW mit seiner Abteilung zu verbinden und seiner Leitung zu unterstellen.[54] Zu dieser Zeit versuchte Endrucks gerade, an staatlichen Behörden vorbei bilaterale Handelsabkommen mit China und anderen Staaten abzuschließen. Er wollte das Institut in sein Vorhaben einbinden, diese Beziehungen „unter strikter Anwendung nationalsozialistischer Grundsätze“[55] zu gestalten und damit ein Musterbeispiel für weitere bilaterale Abkommen zu schaffen. Verbündete Parteigenossen im REM sollten ihm dabei helfen und auch der Leiter der Hochschulabteilung Franz Bachér schien aufgeschlossen für die vage Idee, dass man Endrucks im IfW „irgendwie einbaut“.[56]

Predöhl wehrte diese Pläne geschickt und ohne große Mühe ab. Vordergründig zeigte er sich kooperationsbereit und machte viele Angebote. Er sei selbstverständlich bereit, Endrucks Einblick in alle Materialien des IfW zu geben, er würde Mitarbeiter für „Gedanken- und Erfahrungsaustausch“ bereitstellen, auf Wunsch auch Auftragsarbeiten durchführen und überhaupt „jede nur denkbare Unterstützung“ leisten.[57] Gleichzeitig wehrte Predöhl sich aber mit allen Mitteln gegen Endrucks eigentliches Ziel, ihn aus seiner gerade erst errungenen Stellung als Institutsdirektor zu verdrängen. Weil er dabei ausreichend Unterstützung durch seine eigenen Verbündeten im REM und über andere Netzwerke erfuhr, musste Endrucks seinen Griff nach dem IfW abbrechen.[58] Es gibt keinen Hinweis darauf, dass das Amt für Technik der NSDAP jemals irgendwelche Forschungsaufträge an das IfW vergeben hat. Predöhl hatte deutlich genug gemacht, dass seine Kooperationsangebote nicht ernst gemeint waren und er mit Endrucks nichts zu tun haben wollte.

---

54 Endrucks an Gall (Kultusministerium), 07.08.1934, in: BA, 4901/1217, Bl. 327–328.

55 Ebd., Bl. 328.

56 Handschriftliche Notiz vom 22.09.1934, in: ebd., Bl. 349. Auch Rusts Referent Sunkel, ehemaliger NSDAP-Kreisleiter Kiels, war mit dem Vorgehen einverstanden.

57 Beide Zitate in: Predöhl an Assessor Müller (REM), 13.10.1934, in: Ebd., Bl. 353.

58 1936 erreichte Endrucks es immerhin, von der TH Berlin zum Honorarprofessor für Deutsche Technik und Weltwirtschaft ernannt zu werden. Vgl. https://cp.tu-berlin.de/person/1977 [zuletzt abgerufen am 23.04.2019].

8 Finanzierung, Organisation und Personal

8.1 „Die Geldgeber mischen ist [...] die beste Gewähr für die Unabhängigkeit“

Bei seinem Amtsantritt sah Predöhl sich gezwungen, die Finanzierung des IfW neu aufzubauen. Harms' Modell mit paritätischen Einnahmen aus der öffentlichen Hand und aus der Fördergesellschaft war während der Weltwirtschaftskrise zusammengebrochen und auch Jessen hatte in seinem kurzen Direktorat keine nennenswerten Gelder akquirieren können. Predöhl verfügte über zwei Ansatzpunkte, nämlich das von Harms gewonnene Wohlwollen des preußischen Finanzministers Popitz gegenüber dem Institut sowie die Mitte der 1920er Jahre getroffene Grundsatzvereinbarung, nach welcher der Zuschuss des Reiches für das IfW dem Zuschuss des Staates Preußen entsprechen sollte. Sofort nach Predöhls Amtsantritt im März 1934 unterstützte Popitz das Institut mit einer großzügigen Finanzspritze und bereits im Juli desselben Jahres gelang es, das Reich zu Zahlungen in gleicher Höhe zu bewegen, sodass die Finanzierung der Öffentlichen Hand insgesamt 260.000 Reichsmark betrug.[1] Wiederum durch Fürsprache von Popitz und möglicherweise auch vom Reichsfinanzminister von Krosigk, der seit 1934 ebenfalls dem Verwaltungsrat der IfW-Fördergesellschaft angehörte, konnte diese Summe bis zum Rechnungsjahr 1940/41 auf über 320.000 Reichsmark gesteigert werden.[2] Dies deckte künftig mindestens die Hälfte, teils bis zu drei Vierteln des IfW-Etats, der von 1934–1944 mehr als verdoppelt werden konnte (siehe Abbildung 2). Predöhl wollte die Finanzierung aber nicht nur erhöhen, sondern sie gleichzeitig auch diversifizieren, um dadurch sowohl die finanzielle Sicherheit als auch die eigenständige Stellung zu stärken. Seinem Nachfolger Baade gab er später die Devise mit auf den Weg: „Die Geldgeber mischen ist in solchen Zeiten, wenn nicht zu allen Zeiten, die beste Gewähr für die Unabhängigkeit eines wissenschaftlichen Instituts.“[3] Entsprechend hatte er sich auch nach dem raschen Erreichen einer hohen staatlichen Grundfinanzierung um weitere Einnahmemöglichkeiten bemüht. Die drei wichtigsten Quellen waren die Fördergesellschaft des IfW, Stiftungen sowie Forschungsaufträge.

I Fördergesellschaft

Die Fördergesellschaft war für das Institut nicht nur als Weg zur Finanzierung von Bedeutung, denn die Mitglieder, insbesondere der engere Kreis des Verwaltungsrats,

1 Entwurf des Etat-Voranschlags für das Rechnungsjahr 1934/35, 31.07.1934, in: BA, R 4901/1217, Bl. 243.

2 REM an Kurator Uni Kiel, 29.07.1939, in: BA, R 4901/14813, Bl. 194.

3 Predöhl: Zur Geschichte des IfW (ca. 1953), S. 30, in: HS IfW.

https://doi.org/10.1515/9783110658873-008

bildeten ein ebenfalls sehr nützliches Netzwerk. Seit seiner Gründung hatte das IfW davon profitieren können, aber ab 1933 stieg die Bedeutung noch einmal, weil persönliche Beziehungen auf Kosten von „überpersonellen Amtswegen“[4] an Bedeutung gewannen. Da Predöhl sehr vorsichtig war niemanden zu verprellen, verblieben die von Jessen in den Verwaltungsrat der Fördergesellschaft aufgenommenen Personen langfristig im Gremium.[5] Zu den wichtigsten zusätzlichen Neumitgliedern zählten das IG Farben Vorstandsmitglied Georg von Schnitzler, Theodor Vahlen als Chef des Amtes Wissenschaft im REM sowie Heinrich Hunke, leitender Mitarbeiter und Präsident des Werberats der Deutschen Wirtschaft und ab 1941 Leiter der Auslandsabteilung im Propagandaministerium sowie Hauptlektor im Zensurapparat.

Vor allem ist Karl Lindemann (1881–1965) zu nennen, der neue Präsident der Fördergesellschaft (siehe Tabelle 7).[6] Sein Vorgänger Diederichsen war nicht aus dem Amt oder aus seinem Geschäft gedrängt worden und er war auch nicht in Reaktion auf die Verdrängung seines guten Freundes Harms zurückgetreten. Die Entscheidung im Dezember 1934 auszuscheiden lag wohl vor allem in einer persönlichen Abneigung gegen Predöhl begründet.[7] Dagegen verstanden sich die beiden Hanseaten Lindemann und Predöhl ausgezeichnet und Reibungen in der mehr als zehnjährigen Zusammenarbeit sind nicht überliefert. Nach dem Krieg rechtfertigte er seine Entscheidung mit der Behauptung, Lindemann sei „dem Regime gerade so weit verbunden [gewesen], daß es seiner Auslandsstellung nicht schadete, eine ideale Lösung für das Institut.“[8] Es stimmte, dass Lindemann die für das IfW nützlichen Kontakte nicht nur im In-, sondern auch im Ausland aufrechterhalten konnte und beispielsweise lange in der Internationalen Handelskammer aktiv blieb. Dem NS-Regime war er gleichwohl eng verbunden und er nutzte die durch die Machtübernahme eröffneten Chancen zu gewaltigen Karrieresprüngen.[9] Neben der von ihm seit vielen Jahren geführten Großhandelsfirma Melchers & Co wurde Lindemann im Jahr 1933 Aufsichtsratsvorsitzender des Norddeutschen Lloyds (bis 1945), später Mitglied im Beirat der Reichsbank (1936–1945) sowie Mitglied im Aufsichtsrat von etwa 17 weiteren Banken und Konzernen, darunter die Dresdner Bank (1934–1945)[10] und die VIAG, eine Dachgesellschaft für Rüstungsbetriebe (1937–1945). Dieser Aufstieg war nur möglich, weil Lindemann gute Verbindungen zu führenden Nationalsozialisten

---

4 Vgl. Hachtmann (2013), S. 79.

5 Siehe „Mitglieder des Verwaltungsrats der Fördergesellschaft“, in: GStA PK, VI. HA, Nl F. Schmidt-Ott, Nr. 929 und Nr. 1151.

6 Kurzbiografie Lindemanns in Kiekel (2010), S. 424–425; Vgl. auch OMGUS (1986), S. 232–236.

7 Laut Predöhls war das persönliche Verhältnis der beiden so miserabel, dass Diederichsen seinen Rücktritt von der Präsidentschaft nicht ihm mitteilte, sondern gegenüber Harms erklärte. Vgl. Predöhl: Zur Geschichte des IfW (ca. 1953), S. 13, in: HS IfW. Vgl. auch Fleck: Erinnerungen: Kap. IX, S. 97, in: SHLB, Cb 175.

8 Predöhl: Zur Geschichte des IfW (ca. 1953), S. 13, in: HS IfW.

9 Vgl. Kiekel (2010), S. 203.

10 Die Dresdner Bank wurde der größte private Kreditgeber der SS und war auch wesentlich an der „Arisierung“ beteiligt. Vgl. Bähr (1999), S. 14.

pflegte, unter anderem durch seine Mitgliedschaft im Keppler-Kreis. Dabei handelte sich um eine Fördergesellschaft der SS, die zugleich auch als Lobbygruppe aktiv war, in der Vertreter der Großindustrie sowie außenhandelsorientierter Unternehmen für einen wirtschaftsfreundlichen Kurs des „Dritten Reichs“ warben.[11] Das IfW hatte sich traditionell ebenfalls für die Interessen dieser Klientel eingesetzt und Predöhl hatte 1934 demonstriert, diesen Kurs fortsetzen zu wollen. So ist das Motiv für Lindemanns Übernahme der Präsidentschaft der IfW-Fördergesellschaft wohl vor allem im Bemühen zu suchen, die wissenschaftliche Unterstützung der eigenen Interessen zu finanzieren.

Tabelle 7: Präsidenten der IfW-Fördergesellschaft (1913 – 1962)

Amtszeit	Präsidenten	Beruf
23.12.1913 – Dez. 1934	Heinrich Diederichsen	Großkaufmann und Reeder
Dez. 1934 – 1945	Karl Lindemann	Großkaufmann und Reeder, Multifunktionär
05.04.1948 – 1957	Dr. Otto Knapp	Seniorchef der Ahlmann-Bank, Präsident der IHK Kiel
1957 – 1962	Hermann J. Abs	Vorstandssprecher der Deutschen Bank, Multifunktionär

Der Verwaltungsrat der IfW-Fördergesellschaft war in seiner Funktion mit den Kuratorien und Verwaltungsausschüssen bzw. Verwaltungsräten des IfK und des 1938 gegründeten Hamburgischen Welt-Wirtschafts-Institut (HWWI) vergleichbar. Ein Vergleich der Gremien ergibt eine nominell stärkere Vernetzung des IfK gegenüber dem IfW, das seinerseits verflochtener war als das HWWI.[12] Da ähnliche Klientele angesprochen wurden, gab es eine von Überschneidungen. So war beispielsweise der Reeder Emil Helfferich Mitglied im Verwaltungsrat der IfW-Fördergesellschaft, zugleich auch Vorsitzender des Verwaltungsrats des HWWI sowie mittelbar auch mit dem IfK verbunden. Die Mitgliedschaft eines Wehrmachtvertreters im Hamburger Kuratorium hebt das Fehlen eines Militärs in der IfW-Fördergesellschaft hervor. Angesichts der engen Kooperation des Kieler Instituts mit dem Wehrwirtschaftsamt ab 1938/39 ist dies ein überraschender Befund. Als einzige Erklärung bietet sich hier die Institutstradition an, nach der auch Harms im Ersten Weltkrieg trotz enger Kooperation mit militärischen Stellen keinen entsprechenden Vertreter in den Verwaltungsrat der Fördergesellschaft aufgenommen hatte.

11 Vgl. Kiekel (2010), S. 85.

12 Für IfK/DIW: vgl. Fremdling und Stäglin (2016a), S. 7 – 9; Für HWWI: vgl. Leveknecht (1998), S. 28 – 29.

Während in das HWWI-Kuratorium auffallend viele Ministeriumsmitarbeiter eintraten (u. a. Otto Ohlendorf für das RWM)[13] und sich das IfK besonders stark mit Verbänden vernetzte, waren im Verwaltungsrat der IfW-Fördergesellschaft vor allem Repräsentanten einzelner Konzerne (u. a. Bosch, IG Farben, Mannesmann) sowie Banken vertreten. Erkennbar war Predöhl auch daran interessiert, den in letzter Zeit stark gesunkenen Anteil an Mitgliedern aus der Industrie wieder zu heben, die im Ersten Weltkrieg den Aufstieg des Instituts ermöglicht hatten.[14] Ein Erfolg dieser Bestrebungen ist aber nicht nachweisbar und die Mitgliedszahlen stagnierten bis Kriegsende bei etwa 1400. Schließlich ist auffällig, dass der Verwaltungsrat in den späten 1930er Jahren nur noch wenige Veränderungen erfuhr und nach 1941 dann gar keine neuen Mitglieder hinzukamen. Weil auch im Zweiten Weltkrieg offenbar nur noch eine Verwaltungsratssitzung stattfand, ist zu schließen, dass Predöhl es nun offenbar nicht mehr als Instrument zur Vernetzung nutzte. Dies hebt sich deutlich von der Strategie Wagemanns ab, der sein Kuratorium noch 1943 um zehn neue Mitglieder erweiterte und damit auf den Umbau der deutschen Kriegswirtschaft reagierte.

Ebenso wie die Mitgliederzahlen (siehe Abbildung 1), stabilisierten sich auch die Einnahmen der Fördergesellschaft durch Mitgliedsbeiträge und Spenden ab 1934 auf einem geringen Niveau (siehe Abbildung 5), verglichen mit den Jahren vor der Weltwirtschaftskrise. Von diesen Einnahmen flossen jedes Jahr etwa drei Viertel direkt in den Etat des IfW. Der übrige Anteil wurde als Druckkostenzuschuss für das *Weltwirtschaftliche Archiv* und in den Jahren 1940 – 1943 auch für den *Wirtschaftsdienst* ausgegeben.[15] Da zur Rekonstruktion der Finanzen fast ausschließlich Ministeriumsakten zur Verfügung stehen, sind keine Bewegungen in der offenbar bestehenden Schwarzen Kasse nachvollziehbar. Später behauptete Predöhl, diese hätte bis zu einer halben Million Reichsmark beinhaltet.[16] Belegbar ist, dass sich die Finanzlage des Instituts über die Zeit so stark verbesserte, dass die Fördergesellschaft ihre laufenden Überweisungen an das IfW spätestens ab 1942 drosselte und (offizielle) Rücklagen im niedrigen sechsstelligen Bereich bildete. Diese Vermögensbildung war zur Abmilderung erwarteter Finanzierungsschwierigkeiten nach Ende des Kriegs gedacht.[17] Außerdem wurde ein Sozialfonds eingerichtet, mit dem kriegsbedingt in Not geratenen Mitarbeitern kurzfristig geholfen werden konnte.

---

13 Neben dem Kuratorium des HWWI gab es noch ein „Gründer-Konsortium", dem die hanseatische Wirtschaftselite angehörte. Vgl. Karsten Linne: Wissenschaft als Standortfaktor. Mobilisierung von Ressourcen für die „Kolonialstadt" Hamburg, in: Flachowsky, Hachtmann und Schmaltz (Hg.) (2016), S. 138.

14 Für 1935 sind z. B. Beitrittsaufrufe in der Reichswirtschaftskammer und in der RGI belegt. Vgl. Leiter der Reichswirtschaftskammer an die Mitglieder, 29.01.1935 sowie Geschäftliche Mitteilungen für die RGI, Nr. 10, 20.12.1935, beide in: GStA PK, VI. HA, Nl F. Schmidt-Ott, Nr. 929.

15 Mitglieder der Fördergesellschaft erhielten beide Zeitschriften im Abonnement. Vgl. Lindemann: Bericht über das Geschäftsjahr 1943 der Förderungsgesellschaft, 03.04.1944, in: BA, R 4901/14814, Bl. 376.

16 Predöhl: Zur Geschichte des IfW (ca. 1953), S. 14, in: HS IfW.

17 Lindemann: Bericht über das Geschäftsjahr 1943, 03.04.1944, in: BA, R 4901/14814, Bl. 376.

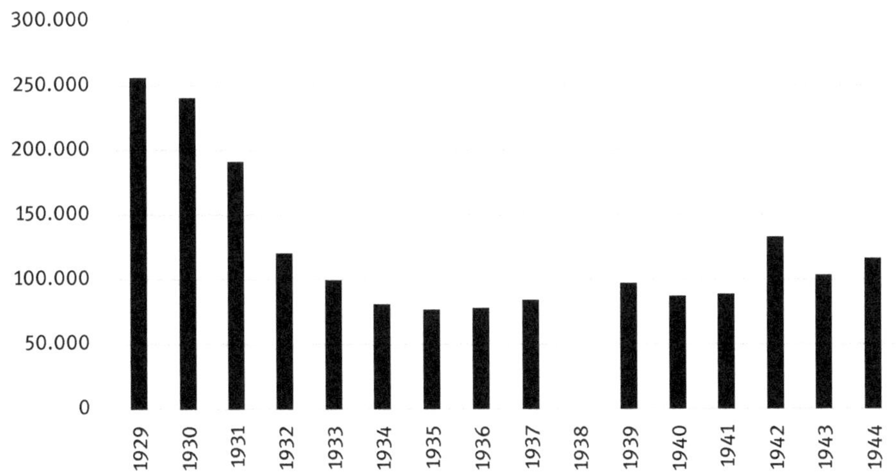

Abbildung 5: Einnahmen der Fördergesellschaft des IfW (1929–1944, in Reichsmark)
Quellen: F. Hoffmann: Die Geschichte des IfW II, 1943, in: ZBW, IV 2737; HS IfW; BA, R 1501/126820; BA, R 4901/14813–14814; GStA PK, I. HA, Rep. 151, Nr. 942–944. Schwarze Kassen nicht berücksichtigt, für 1938 keine Angaben.

II Stiftungen

Stiftungen waren nur in den ersten Jahren von Bedeutung, als die noch von Harms geknüpften Netzwerke genutzt werden konnten. Zunächst ist hier die Notgemeinschaft zu nennen, die im Rechnungsjahr 1934/35 über 10 % des Etats finanzierte.[18] Dieser Zuschuss war noch mit dem alten Notgemeinschaftspräsidenten Schmidt-Ott vereinbart worden, der als langjähriges Fördergesellschaftsmitglied dem IfW zugetan war. Die Mittel wurden dazu genutzt, die Reste der Astwik noch für einige Zeit als „Notgemeinschaftsgruppe" weiterzuführen. Als aber im Sommer 1934 Johannes Stark Schmidt-Ott ersetzte, verlor das IfW seinen privilegierten Zugang zur Notgemeinschaft und die Förderung lief im Frühjahr 1935 aus. Dies war aber verkraftbar, weil zu diesem Zeitpunkt die amerikanische Rockefeller Foundation eine Förderung in vergleichbarer Größenordnung aufnahm. Sie hatte eigentlich im Sommer 1933 ihre Pläne zu einer weiteren Förderung des IfW aufgegeben.[19] Kurz nach Predöhls Ernennung zum Direktor reisten jedoch die Stiftungsmitarbeiter des Europabüros nach Kiel und vereinbarten ein neues Förderprogramm in Höhe von 10.000 US-Dollar für das Jahr 1935, das im darauffolgenden Jahr erneut aufgelegt wurde.[20] Diese Summe entsprach in

18 37.500 RM. Predöhl an Bachér, 28.11.1934, in: BA, R 4901/1217, Bl. 354.
19 Ausführlicher in Take (2018a)
20 Davon wurden 5.000 Dollar an den Privatdozenten Heberle überwiesen, der seine Forschungen in enger Verbindung mit dem IfW betrieb und mit dem Geld u. a. den später leitenden IfW-Mitarbeiter Fritz

beiden Jahren ebenfalls etwa 10 % des IfW-Etats und reichte aus, um eine neue Forschungsgruppe (Marktordnung und Außenwirtschaft) zu begründen und mit zehn Mitarbeitern auszustatten.[21]

Aus Sicht der Rockefeller Foundation handelte es sich dabei um eine kleine Summe und damit um einen risikolos erscheinenden Versuch, die politische Unabhängigkeit der wirtschaftswissenschaftlichen Forschung im „Dritten Reich" zu stärken. Ihr Deutschlandberater August Fehling (1896 – 1964), hauptamtlich bei der Notgemeinschaft beschäftigt, hatte die Stiftung davon überzeugen können, dass das Kieler Institut hierfür die besten Möglichkeiten bot.[22] Nominell waren diese Mittel an bestimmte IfW-Mitarbeiter gebunden, nämlich an ehemalige Rockefeller-Stipendiaten. Diese Regelung hatte Predöhl mit den ihm bis in die späten 1930er Jahre hinein gewogenen Verantwortlichen des Europabüros der Rockefeller Foundation in Paris vereinbart, um die Bedenken der New Yorker Zentrale zu zerstreuen. Dort stand man der nationalsozialistischen Wissenschaftspolitik deutlich kritischer gegenüber und hatte eigentlich die großangelegte Förderung von deutschen Forschungseinrichtungen beenden wollen. Um genügend ehemalige Stipendiaten als vertrauenswürdig scheinende Geldempfänger im Institut zu haben, richtete Predöhl seine Rekrutierungspraxis extra auf dieses Kriterium aus. Die Aufsicht über die Forschungsgruppe Marktordnung und Außenwirtschaft wurde dem ehemaligen Fellow Gerhard Mackenroth übertragen, der im Oktober 1934 ganz plötzlich nach Kiel geholt worden war,[23] damit ab Januar 1935 ein Teil der Gelder über ihn fließen konnte. Erst ein neu ernannter Präsidenten der Rockefeller Foundation beendete 1936 die Förderung. Dies bildete den Ausgangspunkt für einen weitgehenden Rückzug der Stiftung aus den deutschen Sozialwissenschaften.

Neben der Forschungsförderung hatte die Rockefeller Foundation noch einige Reisestipendien an das IfW vergeben. Im Jahr 1935 reiste Bente sieben Monate durch England, 1936 verbrachte Wilhelm Gülich neun Monate in den USA und 1939 hielt sich W.G. Hoffmann von Januar bis wenige Wochen vor Kriegsbeginn ebenfalls in England auf. Die Stipendiaten profitierten vom Netzwerk der Stiftung und erhielten damit auch Zugang zu solchen Personen, die dem Nationalsozialismus ablehnend gegenüberstanden. Zumindest Bente und Gülich versuchten diesen Vorteil für eine Beeinflussung der öffentlichen Meinung im Ausland zu nutzen. Für das Institut war insbesondere Gülichs Reise von großem Wert, denn er betrieb eine intensive Akquise für seine Bibliothek, sammelte kistenweise Bücher und statistisches Material und vereinbarte mit vielen Institutionen einen laufenden Austausch von Druckschriften aller Art.[24] Vermutlich wäre das IfW in seiner Kriegsforschung über die USA im Auftrag des

---

W. Meyer bezahlte. Weitere 2.500 Dollar waren vereinbart worden, konnten jedoch nicht überwiesen werden. RAC, RF, RG 1.1, s. 717.S, b. 20, f. 181 – 182.

21 Abrechnung für 1.1.1936 – 31.12.1936, abgesandt am 24.02.1937, in: Ebd., f. 182.

22 Kittredge: Report of TBK visit to Germany July 13/20, 1934, in: Ebd., f. 181.

23 Siehe Mackenroth an Myrdal, 04.11.1934, in: AUB, Sammlung Schmid (NL Mackenroth), A.I.2.4.

24 Siehe hierzu Gülich an Fehling, 21.06.1936, in: LASH, Abt. 47, Nr. 6609.

Wehrwirtschaftsamts, des Rüstungsministeriums und des RWM ohne diese Sammeltätigkeit deutlich ineffektiver gewesen. Dies ist nur einer von vielen Fällen, in denen das IfW die Unterstützung der Rockefeller Foundation für seine Betätigung im Sinne des NS-Regimes nutzen konnte. Im Gegenzug erreichte die Stiftung in keiner Weise ihr ohne eine durchdachte Strategie verfolgtes Ziel, die Stellung der freien Wissenschaft im „Dritten Reich" zu stärken.

III Forschungsaufträge

Die Forschungsaufträge des IfW durchliefen drei Phasen. In der Mitte der 1930er Jahre fand zunächst kaum Auftragsforschung statt. In der zweiten Hälfte der 1930er bis etwa 1941 intensivierte diese sich dann bei einer gleichzeitig zunehmend diversifizierten Struktur an Auftraggebern und verdrängte fast vollständig die Grundlagenforschung. In der dritten Phase ab 1942 wurde die Auftragsforschung sehr intensiv weiterbetrieben, nun aber wieder konzentriert auf einige wenige Auftraggeber. Zunächst war in der Auftragsforschung nur die noch unter Harms eingerichtete Ernährungsstatistische Abteilung aktiv, die von 1932 bis 1935 Arbeiten für das Reichsernährungs- und das Wehrministerium durchführte. Zusätzlich hatte Predöhl nach eigenen Angaben im Herbst 1934 „einen Auftrag des Siedlungsbeauftragten im Stabe des Stellvertreters des Führers angenommen"[25] sowie Verhandlungen mit der Nordischen Gesellschaft in Lübeck aufgenommen. Während zur Kooperation mit dem Siedlungsbeauftragten keine Quellen überliefert sind, wurden für die Nordische Gesellschaft tatsächlich in den folgenden Jahren einige Auftragsarbeiten durchgeführt. Eine angekündigte „weitergehende systematische Zusammenarbeit"[26] blieb aber aus.

In der zweiten Hälfte der 1930er Jahre übernahm das IfW dann eine thematisch breite Palette an Forschungen für diverse Auftraggeber. Dazu gehörten Verbände wie die Wirtschaftsgruppe Öffentlich-Rechtliche Versicherungen und Reichsministerien. Für das Verkehrsministerium wurden beispielsweise „eine Untersuchung über den Verkehr zwischen den Ostseeländern und Nordwestdeutschland" und „ein internationaler Vergleich der Fernsprechgebührentarife" durchgeführt.[27] Von Unternehmen wurden häufig zunächst testweise kleine Forschungsaufträge angenommen, auf die gegebenenfalls größere Untersuchungen folgten. Ein solcher Fall waren die ab 1936/37 begonnenen „Marktuntersuchungen über Zellwolle"[28] im Auftrag der Vereinigten Glanzstoff-Fabriken AG, damals ein Weltmarktführer in der Chemiefaserproduktion.[29] Die Firma Glanzstoff trat im Januar 1937 auch in die IfW-Fördergesellschaft ein und

25 Predöhl an Bachér, 28.11.1934, in: BA; R 4901/1217, Bl. 354.

26 Predöhl an Verwaltungsrat IfW-Fördergesellschaft, 06.04.1937, in: GStA PK, I. HA, Rep. 151, Nr. 943, Bl 124.

27 Beide Zitate in: Ebd., Bl 125.

28 Ebd.

29 Vgl. Wicht (1992), S. 39.

war von 1938 bis 1941 mit Aufträgen im Wert von jährlich etwa 12–16.000 RM einer der bedeutendsten Auftraggeber.[30] Im April 1941 finanzierte Glanzstoff dann die Gründung einer spezialisierten Forschungsstelle für allgemeine und textile Marktwirtschaft an der Uni Münster, die sich stark am Vorbild des IfW orientierte.[31] Gleichwohl blieb die Auftragsforschung des IfW für Glanzstoff bis Herbst 1942 nennenswert und wurde in abnehmenden Maße bis Sommer 1943 fortgeführt.

Ähnlich den ersten Forschungen zu internationalen Textilmärkten, erschienen ab der Mitte der 1930er Jahre im *WA* Aufsätze in der Reihe „Untersuchung der deutschen Kraftfahrzeugexportmärkte und ihrer Ausweitungsmöglichkeiten als Probe für eine systematische Erforschung der deutschen Ausfuhrmärkte überhaupt".[32] Bald nach Gründung des Volkswagenkonzerns im Jahr 1937 wurden diese Untersuchungen in dessen Auftrag weitergeführt (siehe Kapitel 10.7). Spätestens ab 1939/40 bis 1941/42 erfolgte eine jährliche Vergütung im fünfstelligen Bereich. Ferner überwies auch die IG Farben dem IfW in den Jahren 1938/39 und 1939/40 insgesamt 15.000 RM. Dabei handelte es sich jedoch nur teilweise um Forschungsaufträge.[33] Diese Zahlungen stellten insbesondere eine Aufwandsentschädigung für geleistete Kulturpolitik dar (siehe Kapitel 9.11). Ähnlich verhielt sich dies mit den 12.000 RM, die der Werberat der Deutschen Wirtschaft auf Betreiben von Hunke jeweils in den Jahren 1936/37–1938/39 sowie 1940/41 überwies. Sie wurden auch für eine Subventionierung des Auslandsabsatzes des *Weltwirtschaftlichen Archivs* eingesetzt. Ab 1939 arbeitete das IfW dann auch dem Reichspropagandaministerium selbst zu. Geleistet wurde vor allem eine „laufende Berichterstattung über bestimmte Zeitschriftenaufsätze"[34].

Im letzten Vorkriegsrechnungsjahr 1938/39 waren erstmals militärische Stellen unter den Auftraggebern (Oberkommando der Marine: 900 RM,[35] Wehrwirtschaftsamt: 3.195 RM). Von 1939 bis 1944 war das Wehrwirtschaftsamt der mit Abstand bedeutendste Drittmittelgeber des IfW mit Zahlungen von ca. 35.–78.000 RM pro Jahr. Insbesondere in den Jahren 1942–1944 nahmen die Aufträge einen großen Teil der Forschungskapazitäten des Instituts ein. Folgende Unternehmen gehörten in der ersten

30 Die Glanzstoff AG war vom 11.01.1937 bis zum 31.12.1974 Mitglied der IfW-Fördergesellschaft. Vgl. Karteikarten ausgeschiedener Mitglieder C-F, Enka Glanzstoff AG, in: Besitz IfW (Sander).

31 Vgl. Engels (2007), S. 334–336. 1961 wurde W.G. Hoffmann ihr Direktor. Vgl. 25 Jahre Forschungsstelle für Allgemeine und Textile Marktwirtschaft an der Universität Münster: 1941–1966, in: ZBW, III 16149.

32 Predöhl an Verwaltungsrat IfW-Fördergesellschaft, 06.04.1937, in: GStA PK, I. HA, Rep. 151, Nr. 943, Bl 124.

33 Belegt ist einzig ein im Juli 1940 fertiggestellter Bericht über „Stand, Probleme und Grenzen der Industrialisierung Jugoslawiens". Vgl. IfW: Kriegswirtschaftliche Forschungsarbeiten seit September 1939, Juli 1940, in: BA, R 4901/14813.

34 Predöhl an REM, 29.12.1939, in: BA, R 4901/14813, Bl. 162–163.

35 Die Marine zahlte zusätzlich im darauffolgenden Jahr 600 RM. Mit diesen Mitteln wurde die Aufbereitung von Daten bezahlt, die in den Jahren 1938 bis 1940 in der von der Marine herausgegebenen Zeitschrift *Nauticus* abgedruckt wurden. Vgl. Schlote: Statistischer Teil. B. Wirtschaft, in: Nauticus 21, 1938, S. 379–439, Nauticus 22, 1939, S. 451–513 und Nauticus 23, 1940, S. 316–358.

Hälfte des Zweiten Weltkriegs zu den weiteren bedeutenderen Auftraggebern: Der Mitteleuropäische Wirtschaftstag (MWT), das Rheinisch-Westfälische Kohlen-Syndikat, die Reichsgruppe Industrie (Wirtschaftsgruppen Kraftstoffindustrie, Glasindustrie, Feinmechanik und Optik) sowie die Kontinentale Öl AG.[36] Zu den bedeutendsten Stellen der Öffentlichen Hand gehörten neben der RAG das Verkehrsministerium und der Verkehrswissenschaftliche Forschungsrat. Ferner sind noch einige wissenschaftliche Stellen zu nennen, denen das IfW Materialien zur Verfügung stellte, darunter das Deutsche Auslandsinstitut in Stuttgart und der ehemalige IfW-Mitarbeiter Walter Hahn mit seiner Ernährungswirtschaftlichen Forschungsstelle. Im Rechnungsjahr 1939/40 stiegen die Drittmittel auf etwa 100.000 RM, verdoppelten sich im anschließenden Jahr und machten damit bis Kriegsende etwa ein Drittel des IfW-Etats aus. Ab 1943/44 lösten das Planungsamt im Rüstungsministerium und etwas später das RWM das Wehrwirtschaftsamt als wichtigsten Kooperationspartner ab.

IV Die Finanzierung im Vergleich

Im Vergleich zu anderen Wirtschaftsforschungsinstituten musste das IfW mit eher geringen Mitteln auskommen. Für das Jahr 1939/40 wurde beispielsweise mit etwa 550.000 RM kalkuliert, während das DIW Einnahmen von knapp einer Million RM verzeichnete und diese bis zum letzten Kriegsjahr sogar auf 1,6 Millionen steigern konnte (IfW 1944: 720.000 RM).[37] DIW-Direktor Wagemann verließ sich bei der Finanzierung noch etwas stärker auf Werkverträge (40–45 %) und etwas weniger auf die Beiträge der Kuratoriumsmitglieder (45–49 %), verglichen mit den etwa zwei Dritteln, zu denen das Reich, der Staat Preußen und die Fördergesellschaft den IfW-Etat deckten. Strukturell waren sich damit die Finanzierungsmodelle des IfW und des DIW recht ähnlich, verglichen mit dem Modell des bedeutend jüngeren Hamburger Weltwirtschaftsinstituts. Dessen Direktor Leo F. Hausleiter finanzierte den HWWI e.V. hauptsächlich durch die Beiträge der Vereinsmitglieder (1938: ca. 800, 1944: ca. 2.450), denen als Leistungen exklusiv die *Auslandsstimmen für die deutsche Wirtschaft* sowie die *Weltkartei der Wirtschaftspresse mit Sondersendungen* zugingen.[38] Dabei handelte es sich um unkommentierte und unzensierte Zusammenstellungen von Wirtschaftsberichten aus dem Ausland, die einem politisch zuverlässigen Personenkreis zugesandt wurden.[39] Damit ähnelte Hausleiters Finanzierungsmodell ganz stark jenem des IfW im *Ersten* Weltkrieg, als das Institut die geheimen *Kriegswirtschaftlichen Nach-*

36 „Fertiggestellte Arbeiten der Abteilung ‚Marktforschung und Statistik'", in: HS IfW, Hs Allg. 21.

37 Vgl. Fremdling und Stäglin (2016a), S. 24–26. Noch bis in die frühen 1930er Jahre hatte das IfK stets mit einem geringeren Budget auskommen müssen als das IfW. Vgl. Tooze (1999), S. 528.

38 Vgl. Leveknecht (1998), S. 28–29. Außerdem gab das HWWI noch die Zeitschrift *Wirtschaftsdienst* heraus, an der sich von 1940–1943 das IfW beteiligte.

39 Helfferich: Rede auf einer feierlichen Tagung des HWWI. 09.02.1939, zitiert in Helfferich (1964), S. 82.

richten herausgegeben hatte. Eine solche Zeitschrift gründete Predöhl nicht und begnügte sich mit den Zusatzeinnahmen in Höhe von etwa 35.000 RM (5 – 10 % des IfW-Etats), die sich aus dem fortgesetzten Vertrieb des wissenschaftlich orientierten *Weltwirtschaftlichen Archivs* ergaben.[40]

8.2 Reorganisation der Forschung

Harms hatte die Ansicht vertreten, das IfW müsse auf allen drei Aufgabenfeldern Forschung, Beratung und Lehre aktiv sein, um einen möglichst effektiven Einsatz seiner Gliederungen erreichen zu können. In einem Satz zusammengefasst sollte die in flexiblen Gruppen organisierte Forschung die Grundlage für die Beratung der Wirtschaftspraxis und –politik bilden, die ihrerseits der Forschung die relevanten Themenbereiche aufzeigt sowie vielversprechende Studierende einbindet, die entweder in die Praxis gehen oder in der Wissenschaft bleiben. Ohne eine große Forschungsabteilung würde das Potential des Wirtschaftsarchivs nicht ausgeschöpft, ohne die Lehre verlöre die Bibliothek einen Teil ihrer Zweckbestimmung und ohne eine Grundlagenforschung könne keine effektive Beratung geleistet werden.[41] Predöhl teilte grundsätzlich diese Idealvorstellung, sah sich dann aber später im Zweiten Weltkrieg gezwungen, die Grundlagenforschung und die Lehre deutlich zurückzufahren, ebenso wie dies Harms im Ersten Weltkrieg getan hatte.

Bei seinem Amtsantritt stellte Predöhl 1934 klar, „dass der von Professor Jessen eingeleitete Organisationsplan [...] der fruchtbaren Auswirkung des Instituts in geradezu verhängnisvoller Weise Abbruch“[42] getan habe. Aber mehr noch als die Umkehr der organisatorischen Änderungen ging es Predöhl darum, rasch Jessens Vertraute zu verdrängen. Abgeschafft wurde deshalb der Posten des persönlichen Assistenten des Direktors (Ohlendorf) sowie vorübergehend auch jener des Direktorialassistenten (Bischoff). Dies stärkte den Verwaltungsdezernenten Greiser, der alle Personalangelegenheiten und die Finanzierung beaufsichtigte sowie als Geschäftsführer der Fördergesellschaft fungierte. Damit wurde Greiser in allen nichtwissenschaftlichen Fragen der Stellvertreter Predöhls. Die von Jessen beabsichtigte Gleichschaltung des IfW mit streng beaufsichtigten und voneinander isolierten Forschungsabteilungen wurde nicht realisiert. Gleichwohl sah Predöhl bald doch eine Veranlassung, auch die Koordination der Forschung an einen Vertrauten zu delegieren. Hierzu führte er den Posten des Direktorialassistenten wieder ein,[43] den er selbst in den Jahren 1923 – 1925 und 1928 – 1930 bekleidet hatte und besetzte ihn mit seinem ehemaligen Doktoranden Kurt Preiss. Nennenswerte wissenschaftliche Leistungen sind von Preiss nicht über-

40 Zum Vergleich: DIW-Erlöse aus Veröffentlichungen, 1939/40: 7,1 %, 1944/45: 1,2 %. Vgl. Fremdling und Stäglin (2016a), S. 25.
41 Vgl. Harms (1930).
42 Predöhl an REM, 23.06.1934, in: BA, R 4901/1217, Bl. 232.
43 Vgl. Predöhl (1943), S. 10.

liefert. Sein Nachfolger wurde ab 1939 Fritz W. Meyer, der auch mit eigenen Veröffentlichungen auffiel, sich habilitieren konnte und 1946 auf eine Professur nach Bonn wechselte.

Im Bereich der Forschung schaffte Predöhl die von Jessen initiierten Abteilungen wie etwa jene für Nationalsozialismus und Faschismus ab. Bestehen ließ er allein die noch unter Harms begründete Ernährungsstatistische Abteilung und dies auch nur unter der Bedingung, dass sie sich aus Drittmitteln selbst finanzierte. Im IfW nur geduldet, verließ der Abteilungsleiter Hahn bald Kiel und führte seine Abteilung ab 1935 als eigenständige Ernährungswirtschaftliche Forschungsstelle in Berlin weiter. Auch die personell entkernte Astwik bestand nur bis zum Frühjahr 1935 als „Notgemeinschaftsgruppe" fort.[44] Innerhalb eines Jahres hatte Predöhl sich damit von den Altlasten befreit und konnte ab 1935 die Forschungsorganisation neu aufziehen. Dabei gab er die Devise vor: „Jede starre, umfassende, warenhausmässige Organisation widerspricht dem Wesen geisteswissenschaftlicher Arbeit, ist teuer und unproduktiv."[45] Demgegenüber favorisierte er flexible Forschungsgruppen, die personell zunächst jeweils mit einer Rumpfbesetzung versehen sein sollten, damit

> für alle wirtschaftspolitisch wichtigen Problem- und Sachgebiete geschulte Bearbeiter zur Verfügung stehen [...]. Damit sind die Kader gegeben, an die sich je nach Bedarf und je nach den Aufgaben und Aufträgen, die an das Institut herantreten, Hilfsarbeiter von Fall zu Fall angliedern lassen.[46]

Die Leitung dieser Gruppen wurde zumeist habilitierten Assistenten und außerplanmäßigen Professoren übertragen, teils aber auch Postdoktoranden. Predöhl betonte, die Gruppen nicht zwangsweise in ein vorgegebenes Aufgaben- und Organisationsschema einspannen zu wollen, sondern ihnen Freiräume zu geben und vielmehr umgekehrt die Tätigkeit des Instituts „auf die vorhandenen Persönlichkeiten"[47] abzustellen. Den Forschungsgruppenleitern wurden diplomierte Ökonomen, Doktoranden sowie auch bereits promovierte Wissenschaftler zugeordnet, die sich durch ihre Mitarbeit für höhere Aufgaben empfehlen sollten. Zwar waren die Forschungsgruppen selbstständige Einheiten, deren Leiter auch Auftraggebern gegenüber eigenständig auftreten konnten. Arbeiten sollten sie im Harms'schen Sinne aber eher als Teil einer Gemeinschaft. Ein Austausch zwischen allen wissenschaftlichen Mitarbeitern war ausdrücklich erwünscht und wurde mit Einrichtungen wie dem Wissenschaftlichen Club auch gefördert.

---

44 Vgl. Fehling: „Weiterführung der Gemeinschaftsuntersuchungen über die Krisen des 19. und 20. Jahrhunderts", 06.11.1934, in: BA, R 73/16730.

45 Predöhl an REM, 19.09.1934, in: GStA PK, I. HA, Rep. 151, Nr. 943, Bl. 8.

46 IfW (vermutlich Predöhl): „Vertraulich. Das Institut für Weltwirtschaft an der Universität Kiel", 1938, S. 4, in: HS IfW, Schrank 2 links unten. Ganz ähnlich in: „Vorbemerkungen zum Voranschlag für 1.4.1939 bis 31.3.1940", Juli 1938, in: BA, R 4901/14813, Bl. 94.

47 Predöhl (1943), S. 10.

Die ersten drei im Jahr 1935 von Predöhl gegründeten Forschungsgruppen waren die Gruppe Exportindustrie, die Gruppe Marktordnung und Außenwirtschaft sowie die Forschungsstelle für Schleswig-Holsteinische Wirtschaft (FfSHW) (siehe Tabelle 8). Letztere war nominell Bentes Staatswissenschaftlichen Seminar angegliedert und erhielt ihre Drittmittel vor allem von der RAG sowie von der Landesplanungsgemeinschaft Schleswig-Holstein, mit der sie ebenfalls verbunden war. Mit den Betreuern Bente und Mackenroth (Gruppe Marktordnung und Außenwirtschaft) sowie mit der 1937 erfolgten Gründung der Gruppe Währungs- und Kreditwirtschaft unter der Leitung Ficks hatte Predöhl alle seine drei Professorenkollegen eng in die Forschung des Instituts eingebunden. Die gestrichelten Trennlinien in der kennzeichnen hohe personelle und inhaltliche Kontinuität zwischen den betreffenden Forschungsgruppen. So bestand beispielsweise anfangs das Personal der neugegründeten Forschungsgruppe Exportindustrie ausschließlich aus ehemaligen Mitarbeitern der Notgemeinschaftsgruppe. Dazu gehörte auch Ellen Quittner-Bertolasi, die jedoch bereits im Sommersemester 1936 eine eigene Forschungsgruppe zugewiesen bekam. Mit der Zugehörigkeit zu drei Forschungsgruppen innerhalb eines Jahres (Notgemeinschaftsgruppe -> Exportindustrie -> Währungssystem und Nationalwirtschaften) ist sie ein Beispiel für die häufigen Wechsel der Mitarbeiter zwischen den Gruppen sowie für das meritokratische Aufstiegssystem, das auch Frauen gewisse Karrieremöglichkeiten bot.

Die hohe Flexibilität des IfW wird beispielsweise durch die Rigidität des DIW kontrastiert, das in drei Forschungsabteilungen, neun Sektionen und dann nochmal in Sonderreferate aufgespalten war.[48] Während des Zweiten Weltkriegs machte man in Kiel zwei größere Ausnahmen mit langfristig unterhaltenen Forschungsabteilungen. Im ersten Fall, weil Predöhl der Ansicht war, die „fristgerechte Ablieferung von Terminarbeiten, bei denen es mehr auf kurze, klare Information als auf tiefgründige Gelehrsamkeit ankommt“,[49] insbesondere war hier die Wehrmacht gemeint, verlange den Unterhalt einer gesondert ausgerichteten Abt. für Marktforschung und Statistik. Die zweite Ausnahme bildete die 1942 eingerichtete Abteilung für Ostforschung. Unter der Leitung von Prof. Oskar Anderson arbeiteten hier vor allem neu angestellte Mitarbeiter aus Osteuropa.

Die vergleichende Betrachtung mit dem DIW führt schließlich auch zu der Frage, warum das IfW nicht über den Standort Kiel hinaus expandierte. Wagemann führte bereits seit 1926 eine „Abteilung Westen“ in Essen (ab 1943: Rheinisch-Westfälisches Institut für Wirtschaftsforschung, RWI[50]), gründete ab 1938 eine große Zahl neuer, über das Reichsgebiet verteilter Zweiginstitute und nutzte anschließend die deutsche militärische Expansion zur Okkupation ausländischer Institute.[51] Es wäre Predöhl ohne Schwierigkeiten möglich gewesen, gleichfalls sogenannte Außenstellen einzu-

48 Vgl. Fremdling und Stäglin (2016a), S. 11–15.

49 Predöhl (1943), S. 12.

50 Fremdling und Pierenkemper (2018).

51 Eine Liste der Außenstellen liefert Krengel (1986), S. 48–49.

Tabelle 8: Die wichtigsten Forschungsgruppen und -Abteilungen des IfW (1934 – 1944)

<table>
<tr><th>Jahr</th><th colspan="5">Forschungsgruppen (Leiter)</th></tr>
<tr><td>1934</td><td rowspan="2">Notgemeinschaftsgruppe (Donner, 11.1934–03.1935: Schlote)</td><td></td><td></td><td rowspan="2">Ernährungsstatistische Abteilung (Hahn) (bis Frühjahr 1935)</td><td></td></tr>
<tr><td>1935</td><td></td><td>Außenhandelsformen (Drescher)</td><td rowspan="5">FfSHW (Kautz, ab 1936 Casper, ab 1938 Grimm, ab 1939 Siebke; Betreuer: Bente)</td></tr>
<tr><td>1936</td><td rowspan="3">Exportindustrie (Schlote)</td><td></td><td rowspan="4">Marktordnung und Außenwirtschaft (Schiller; Betreuer: Mackenroth) (bis 07.1939)</td><td>Währungssystem und Nationalwirtschaften (Quittner-Bertolasi)</td></tr>
<tr><td>1937</td><td></td><td rowspan="3">Währungs- und Kreditwirtschaft (Fick)</td></tr>
<tr><td>1938</td><td rowspan="2">Marktbeobachtung (Reichardt, ab Herbst 1938 Casper)</td></tr>
<tr><td>1939</td><td>Statistische Abteilung (Schlote)</td></tr>
<tr><td>1940</td><td colspan="2" rowspan="5">Abteilung für Marktforschung und Statistik (Casper, 1943–07.1944 F. Meyer, ab 07.1944 Brückner)</td><td rowspan="2">Außenwirtschaft und Handelspolitik (Schiller) (bis 05.1941)</td><td></td><td rowspan="5">Gruppe August Lösch</td></tr>
<tr><td>1941</td><td></td></tr>
<tr><td>1942</td><td></td><td rowspan="3">Abteilung für Ostforschung (Anderson) (ab Sommer 1942)</td></tr>
<tr><td>1943</td><td></td></tr>
<tr><td>1944</td><td></td></tr>
</table>

richten. Belegt ist beispielsweise, dass der Gauleiter des Warthegaus in den Jahren 1942/43 Interesse an einer Kooperation des IfW mit seiner neuen Reichsuniversität Posen besaß. Predöhl wehrte jedoch das Angebot zur Gründung einer dortigen Zweigstelle mit der Begründung ab. Es gelte, die Kräfte des IfW an einem Ort zu konzentrieren, um „den diffusen Tendenzen die heute die wissenschaftlichen Einrichtungen und Persönlichkeiten mit Tagungen, Sitzungen und Ausschüssen erfassen, entgegenwirken und seine gesamten Kräfte der wissenschaftlichen Arbeit zuführen zu können."[52] In der von Harms entwickelten und von Predöhl variierten Organisationsstruktur hatten Außenstellen keinen Platz und hätten dem Ideal einer engen Verknüpfung von Forschung, Beratung und Lehre widersprochen. Es war gerade die nach dem Vorbild englischer Colleges erreichte Vereinigung von Hörsälen, Clubräumlichkeiten, Wirtschaftsarchiv, Bibliothek und Büros auf einem Grundstück, die in

52 Predöhl (1943), S. 12.

zuverlässiger Weise die Begeisterung von Besuchern erregte. Predöhl wollte diesen Markenkern unbedingt erhalten, um in der Konkurrenzsituation mit dem DIW und anderen Instituten bestehen zu können. Dies erklärt auch sein Zögern bei der Entscheidung für eine Auslagerung des Archivs und der Bibliothek während des Luftkriegs. Gerade noch rechtzeitig konnte er 1942 hierzu von Gülich gedrängt werden.

8.3 Die wissenschaftlichen Mitarbeiter

Predöhl nutzte die Steigerung der Einnahmen vor allem zu einer Ausweitung des Personaletats, der von 1933/34 bis zum Kriegsbeginn nahezu eine Verdoppelung erfuhr. Nicht nur stellte Predöhl das am Vorabend der Weltwirtschaftskrise 1929 erreichte Verhältnis zwischen Personalkosten und Sachausgaben von 2:1 (1919: 1:1) wieder her, sondern er steigerte es bis zum Beginn des Zweiten Weltkriegs weiter auf etwa 3:1.[53] Dies schlug sich in einer annähernden Verdopplung des Personals auf etwa 140 Mitarbeiter im Juni 1939 nieder. Hierzu müssen noch die beamteten Kräfte addiert werden.[54]

Tabelle 9: Stellenplan des IfW im Juni 1939[55]

Abteilung	Anzahl	Details
Leitung	2	Direktorialassistent: Fritz Meyer 1 Angestellter
Verwaltung	27	Dezernent: Wilhelm Greiser 6 Angestellte, 1 Lehrling, 19 Wochen- und Stundenlöhner
Bibliothek	49	Bibliothekar: Wilhelm Gülich 5 Assistenten, 30 Angestellte, 5 Lehrlinge, 8 Wochenlöhner
Wirtschaftsarchiv	15	Abteilungsleiter: Fritz Lotsch 1 Assistent, 13 Angestellte
Redaktion	8	Redaktionssekretär: Walther G. Hoffmann 2 Assistenten, 4 Angestellte, 1 Lehrling
Statistische Abteilung (im Aufbau)	5	Abteilungsleiter: Werner Schlote 1 Assistent, 3 Angestellte

53 Im Voranschlag für 1939/40 sollten die Personalkosten (ohne beamtete Kräfte) 376.000 RM von insgesamt 505.000 RM ausmachen. Siehe GStA PK, I. HA, Rep. 151, Nr. 944, Bl. 21 und 22.

54 Damit erreichte das Institut fast den Höchststand von Jahr 1917, als es 155 Mitarbeiter gehabt hatte Vgl. F. Hoffmann: Die Geschichte des IfW I, 1942, S. 90, in: ZBW, IV 2737. Zum Vergleich: Anfang des Jahres 1939 hatte das DIW 115 Beschäftigte in Berlin sowie einige weitere Beschäftigte in Außenstellen. Vgl. Fremdling und Stäglin (2016a), S. 16.

55 Stellen- und Beschäftigungsplan, Anfang Juni 1939, in: BA, R 4901/14813, Bl. 170 – 171. Predöhl sowie die anderen Beamten wurden nicht aus Institutsmitteln bezahlt.

Tabelle 9: Stellenplan des IfW im Juni 1939 *(Fortsetzung)*

Abteilung	**Anzahl**	**Details**
Forschungsgruppen	34	2 Gruppenleiter:[56] Karl Casper und Karl Schiller 19 Assistenten, 13 Angestellte
Summe:	140	8 Abteilungs- und Forschungsgruppenleiter, 28 Assistenten, 70 Angestellte, 7 Lehrlinge, 27 Wochen- und Stundenlöhner

I Umgang mit Jessens „Göttinger Sieben"

Es gelang recht problemlos, die von Jessen angestellten „Göttinger Sieben" loszuwerden. Einzig der junge, erst im Dezember 1933 nach Kiel gewechselte Stisser blieb langfristig am IfW, während Bischoff, Luise Passow, Pott und Peters das IfW gleich 1934 verließen. Die Behandlung von Donner und Ohlendorf erforderte dagegen größere Behutsamkeit, da sie politische Ambitionen besaßen und Predöhl deshalb mit ihnen ein gutes Verhältnis wahren wollte. Donner blieb zunächst Leiter der Astwik bzw. der Notgemeinschaftsgruppe und wechselte erst zum Jahresbeginn 1935 an das Statistische Reichsamt nach Berlin. Ziemlich zeitgleich wechselte auch Ohlendorf in die Hauptstadt, und zwar an das Institut für angewandte Wirtschaftswissenschaften. Bis dahin war er im IfW keiner Tätigkeit nachgegangen, sondern hatte seine ganze Kraft für die Konsolidierung seiner politischen Position eingesetzt.[57] In dieser Zeit übten seine Gegner im Kultusministerium einigen Druck auf Predöhl aus, um ihn zu einer Entlassung Ohlendorfs zu bewegen.[58], Predöhl verfügte jedoch über die juristischen Möglichkeiten, dem politischen Druck standzuhalten.[59] Er nutzte diese, weil er sich mit dem „Alten Kämpfer" Ohlendorf einen künftig einflussreichen Verbündeten sichern wollte. Dieses Kalkül ging auf und Ohlendorf ist bis 1945, wie Predöhl später schrieb, ein „~~guter~~ Freund des Instituts geblieben."[60] 1936 wurde Ohlendorf Wirtschaftsreferent beim SD, 1941 übernahm er die Einsatzgruppe D, die hinter der Ostfront

---

56 Insgesamt sieben Forschungsgruppen: Außenwirtschaft und Handelspolitik (beide geleitet von Karl Schiller), die Währungspolitik (a.o. Prof. Fick), Verkehrspolitik (Direktorialassistent F. Meyer), Wirtschaftsrecht (a.o. Prof. Busse), Marktbeobachtung (Casper) und „Wechselnde Aufgaben" (ohne Leiter).

57 Ohlendorfs Aufgabenfeld wurde offiziell mit „Wiss. Forschungsarbeiten. Studienberatungen. Aufnahme d. Institutsmitglieder" angegeben. Stand: Oktober 1934, siehe: BA, R 2/12493.

58 Vgl. Notiz vom 07.03.1934, in: BA, R 4901/1217, Bl. 196–197.

59 Vgl. Kurator Uni Kiel an Kultusministerium, 05.04.1934, in: BA, R 4901/1217, Bl. 202.

60 Predöhl: Zur Geschichte des IfW (ca. 1953), S. 11, in: HS IfW. Im Original mit Bleistift durchgestrichen.

Massenmorde durchführte, und in den letzten Kriegsmonaten wurde er als Unterstaatssekretär im RWM zum wichtigsten Kooperationspartner des IfW. [61]

II Auswahlkriterien

Der Fall Ohlendorf liefert einen ersten Beleg für den recht großen personalpolitischen Spielraum Predöhls. Da er bald hervorragende Kontakte ins Wissenschaftsministerium entwickelte, hatte er von hier keine ernstlichen Eingriffe zu befürchten.[62] Erst wenn es um Habilitationen und die Erteilung der Lehrberechtigung (Venia Legendi) ging, mussten positive Gutachten von Stellen aus dem Maßnahmenstaat wie dem NS-Dozentenbund oder dem NS-Studentenbund beigebracht werden. Grundsätzlich folgte Predöhl dem an den meisten Universitäten vorherrschenden Trend, nach der die alten fachlichen Auswahlkriterien beibehalten, ihnen jedoch neue rassistische und gesinnungspolitische Hürden vorgeschaltet wurden.[63] Wenig überraschend wurde also kein einziger jüdisch-stämmiger Mitarbeiter (wieder-)eingestellt. Die politische Hürde war dagegen von Beginn an vergleichsweise niedrig und wurde nicht – wie anderswo – erst mit dem sich verstärkenden Expertenmangel im Laufe der 1930er Jahre gesenkt. Es galt als Mindestvoraussetzung, dass jeder bereit sein musste, sich mit seiner Arbeitskraft in die Auftragsforschung für die zivilen und militärischen Institutionen des „Dritten Reichs" einzubringen. Diese Voraussetzung erfüllten auch selbstempfundene Nazigegner wie beispielsweise August Lösch, der jene politischen Zugeständnisse verweigerte, die ihm die Lehrbefugnis und damit die nächste Karrierestufe ermöglicht hätten. Auch ehemaligen SPD-Mitgliedern wie W.G. Hoffmann, der noch bis Ende 1932 an einer Arbeitervolkshochschule gelehrt hatte, trat Predöhl – selbst in den frühen 1920er Jahren Sozialdemokrat – ohne Reserviertheit gegenüber.

Herkunft, Nationalität und Geschlecht waren für Predöhl von vergleichsweise geringer Bedeutung. Als im Verlauf des Zweiten Weltkriegs Fachkräfte kaum mehr zu bekommen waren, stellte Predöhl in großer Zahl Ausländer an, insbesondere für die Abteilung für Ostforschung.[64] Mit ihren Sprachkenntnissen besaßen sie wertvolle Zusatzqualifikationen, die auch bei anderen Forschungseinrichtungen begehrt waren.[65] Weiblichen Mitarbeitern boten sich im IfW sogar bereits vor dem Kriegsbeginn

61 Jessen soll Ohlendorf an den SD verwiesen haben, „um dort gegen die Korruption und die Auswüchse der Partei zu kämpfen." Scholder (1982), S. 34. Zu Ohlendorfs Tätigkeit als Chef des Amtes III (SD-Inland) im RSHA und zu seinen Verbrechen als Leiter der Einsatzgruppe D, siehe Angrick (2003).

62 „Die Bürokratie des Kultusministeriums war unser Freund." Predöhl: Zur Geschichte des IfW (ca. 1953), S. 22, in: HS IfW.

63 Einen Überblick zu den Berufungsverfahren gibt Martin Göllnitz: Forscher, Hochschullehrer, Wissenschaftsorganisatoren: Kieler Professoren zwischen Kaiserreich und Nachkriegszeit, in: Auge (2015), S. 502–507.

64 Siehe die entsprechenden Schreiben an das REM, in: BA, R 4901/14814. Bl. 186, 248, 298, 385.

65 Vgl. Roth (1992), S. 14.

gewisse Anstellungs- und Aufstiegschancen, die gemäß dem allgemeinen Trend ab 1939 weiter stiegen.[66] Dies lag nicht nur in der leistungsorientierten Personalpolitik Predöhls begründet, sondern auch an der durchlässigen Organisationsstruktur. Im Gegensatz dazu war zum Beispiel im AwI der DAF die Forschung deutlich strikter und kleinteiliger in Arbeitsschritte aufgespalten, sodass eine „Denkfabrik" mit einer starken internen hierarchischen Ordnung entstand. Dies trug dazu bei, Frauen „in typischer geschlechtsspezifischer Arbeitsteilung in die Schreibbüros und an die subalternen Arbeitsplätze"[67] zu verbannen. In den lockeren Forschungsgruppen des IfW konnten sich dagegen auch Nachwuchswissenschaftlerinnen beweisen. Entsprechend ist schon für die Mitte der 1930er Jahre ein deutlicher Anstieg an Doktorandinnen und auch Postdoktorandinnen belegbar. 1936 wurden dann die wissenschaftliche Dezernentin Claire Russel sowie die Assistentin Ellen Quittner-Bertolasi zu den ersten Forschungsgruppenleiterinnen ernannt.

Es gibt keine Belege dafür, dass Frauen vor oder während des Krieges eher in „weichen" Themengebieten oder vorrangig für zivile Forschungsauftraggeber tätig wurden. Sie scheinen als vollwertige Ökonomen angesehen worden zu sein und konnten beispielsweise tragende Rollen in der Auftragsforschung für die Wehrmacht spielen.[68] Mit Gertrud Savelsberg stieg im Januar 1944 schließlich sogar eine Frau zur außerplanmäßigen Professorin auf.[69] Sie war 1939 nach Kiel gekommen, hatte sich 1941 dorthin umhabilitiert und anschließend unentbehrlich gemacht.[70] Zum Kriegsende wurde die Personalrekrutierung immer schwierigen. Predöhl konstatierte im Mai 1944, „auch weibliche Kräfte sind seit etwa 2 Jahren kaum noch aufzutreiben."[71]

III Generationen

Für die Zeit von 1934 bis in die ersten Jahre des Zweiten Weltkriegs hinein lassen sich fast alle wissenschaftlichen Mitarbeiter zwei Alterskohorten zuordnen: Die in den Jahren 1889–1896 geborenen Angehörigen der Leitungsebene sowie der Mittelbau aus den Jahrgängen 1902–1911. Obwohl zwischen ihnen nur wenige Jahre lagen, erfuhren sie ganz unterschiedliche Lebensverläufe, abhängig davon, ob sie als Angehörige der *jungen Frontgeneration* noch am Ersten Weltkrieg teilgenommen hatten oder zur

66 Vgl. Thomas Erdmann Fischer (1996), S. 77, 83. Zur Situation in der Kaiser-Wilhelm-Gesellschaft, vgl. Hachtmann (2007), S. 946 ff.

67 Roth (1993), S. 191.

68 Beispielsweise Marianne Kraus 1939–1941 mit Berichten zur Türkei und Transjordanien sowie Gisela von Stoltzenberg 1940–1944 zu diversen Ländern in Afrika, Südamerika, Europa und im Nahen Osten.

69 Vgl. Beschluss der Fakultät am 16.07.1943, in: LASH, Abt. 47.5, Nr. 11, Bl. 49. Erst 22 Jahre später gab es dann an der Uni Kiel eine erste ordentliche Professorin. Vgl. Thomas Erdmann Fischer (1996), S. 85.

70 Biografie Savelsbergs und zur „Gläserne Decke" an der Uni Kiel, vgl. Ingrid Bohn et al. (2001), S. 48–53.

71 Predöhl an REM, Mai 1944, in: BA, R 4901/14814.

Kriegsjugendgeneration zählten.[72] Zur *jungen Frontgeneration* zählten der IfW-Direktor Predöhl, der geschäftsführende Direktor des Staatswissenschaftlichen Seminars Bente, der Verwaltungschef Greiser,[73] der Bibliothekar Gülich sowie der Leiter des Wirtschaftsarchivs Lotsch. Über die Erfahrung der Teilnahme am Ersten Weltkrieg hinaus teilten sie weitere wichtige Gemeinsamkeiten. Nach Kriegsende hatten sie alle in Kiel studiert, waren von Harms promoviert worden und direkt im Anschluss in die Dienste des IfW getreten, wo sie in den 1920er und 1930er Jahren ihre Karrieren hatten vorantreiben können. Predöhl wirkte darauf hin, dass es am IfW keine dienstälteren Mitarbeiter gab, die seine Autorität hätten schwächen können.[74] Entsprechend wurde der Direktorialassistent Anton Fleck (*1884 – 1969), der mit Unterbrechungen seit 1911 als Harms' rechte Hand gearbeitet hatte, bereits im Herbst 1934 freigestellt und so schnell wie möglich weggelobt.[75] Während ihrer Promotion waren die Angehörigen der *jungen Frontgeneration* vom etwa gleichaltrigen Direktorialassistenten Ernst Schuster (*1893 – 1979) betreut worden.[76] Dieser gab 1925 einen Einblick in das Seelenleben seiner Generation:

> Wir Jungen kennen die Welt ja nur als Krisis, kennen unser Deutschland nur im Schwebezustand zwischen Leben und Tod. [...] Klassenkampf... Bruderkampf... Parteienkampf; – das ist die Welt unserer eigenen Erlebnisse, das ist die erlebte Welt, die wir unser eigen nennen dürfen.[77]

Schuster legte damit nahe, dass Menschen seines Alters und Standes sich nach persönlicher Sicherheit und nationaler Geschlossenheit sehnten. Anders als die von Günther Gründel beobachteten „zerbrochenen" und „aus dem Gleis geworfenen" Altersgenossen hatten sie es als erfolgreiche Wissenschaftler aber geschafft, sich in der Nachkriegswelt zurechtzufinden, was ihre Radikalität merklich abbremste.[78] Sie passten sich sofort dem NS-Regime an und zeigten eine hohe Bereitschaft das Nötige zu tun, um ihre bisher erreichten Positionen zu halten oder auszubauen.

Zur *Kriegsjugendgeneration* gehörten im IfW jene Ökonomen, die noch in der Weimarer Republik ihr Studium begonnen und zumeist auch abgeschlossen hatten

---

72 Vgl. Gründel (1932), S. 22 – 42. Vgl. auch Lethen (1994).

73 Der zeitweise eingezogene Greiser wurde im Zweiten Weltkrieg von der langjährigen Kanzleisekretärin Maria Kraft (*28.12.1891) vertreten.

74 Vgl. Predöhl: Zur Geschichte des IfW (ca. 1953), S. 17, in: HS IfW.

75 Vgl. REM an Reichsfinanzministerium, Okt. 1934, in: BA, R 2/12493. „ Fleck is nice and goodhearted, scared of what is happening, suffering intensely but not ready to stand up against difficulties." Alva und Gunnar Myrdal an Van Sickle, 20.07.1933, in: RAC, RF, RG 1.1, s. 717.S, b. 20, f. 181. Auf Betreiben von Harms, Popitz und Predöhl erhielt Fleck im April 1935 ein persönliches Ordinariat in Greifswald. Dort war er der einzige Ökonomieprofessor, der nicht in die NSDAP. Deshalb wurde er 1945 nicht entlassen, sondern erst 1950 emeritiert. Vgl. Fleck: Erinnerungen: Kap. X, in: SHLB, Cb 175.

76 Schuster hatte sein Studium 1913 in Kiel aufgenommen und nach einer Verwundung und dem Ausscheiden aus dem Kriegsdienst 1917 mit einer Promotion abschließen können. Von 1920 bis 1923 arbeitete er als Harms' Direktorialassistent. Vgl. Marcon und Strecker (2004), S. 475 – 479.

77 Schuster (1925), S. 4.

78 Gründel (1932), S. 25.

und dann in den Jahren 1935 bis 1941 (und teilweise darüber hinaus) als Assistenten und außerordentliche Professoren die Forschungsgruppen leiteten. Dazu gehörten vor allem Drescher (*1902), Schlote (*ca. 1902), Prof. Fick (*1904), Prof. Martin Busse (*1906), Lösch (*1906), Karl Casper (*1909), Brückner, Reichardt, Schiller, Siebke (alle *1911), die Direktorialassistenten Preiss (*1905) und F. Meyer (*1907), der Redaktionsleiter W.G. Hoffmann (*1903) sowie der Leiter der Akademischen Auslandsstelle Zottmann (*1908). Sie waren zu jung für eine Teilnahme am Ersten Weltkrieg gewesen, hatten aber die Heimatfront miterlebt und damit den Hunger, das Sterben und die Erfahrung der Niederlage. Die Autorität der elterlichen Erziehung war durch den Krieg geschwächt worden und so hatten sie einen geringeren konservativen, gegenüber dem Rechtsextremismus mäßigend wirkenden Einfluss erfahren als ältere Generationen.[79] Die Nachkriegskonflikte, die Hyperinflation und die Ruhrbesetzung konnten dann die meisten von ihnen schon als junge Erwachsene bewusst reflektieren. Für einige öffnete diese Erfahrung den Weg zur politischen Radikalisierung.[80] Die Vita des in Ostpreußen geborenen Fick zeigt dies exemplarisch. Während der Hyperinflation, in der seine Familie große Verluste erlitten hatte, entwickelte er den Wunsch, als Zeitfreiwilliger für die Reichswehr zu kämpfen.[81] Er entschied sich für das Studium der Finanzwissenschaft, begeisterte sich für faschistische Wirtschaftspolitik und ging ab Oktober 1932 für ein Studienjahr nach Italien. Es ist von Zeitgenossen angemerkt worden, dass viele Angehörige dieser *Kriegsjugendgeneration* „eine Haltung der Voraussetzungslosigkeit und Bindungslosigkeit“[82] besäßen. Dies war eine Eigenschaft, die sie besonders anfällig für den im „Dritten Reich“ bestehenden Anpassungsdruck auf jungen Akademiker machte. Das persönlichen Erleben permanenter Krisen förderte eine Sehnsucht nach Berechenbarkeit und Ordnung. Dies hatte beispielsweise den jungen Schiller motiviert, sich 1931 der Ökonomie zuzuwenden.[83] Natürlich gab es auch IfW-Mitarbeiter wie Riemer (*1905) oder Hillmann (*1910), auf die obige Generalisierungen nicht zutrafen. Sie hatten die Notwendigkeit zur Verteidigung der Demokratie erkannt. Nach ihrer Vertreibung im Frühjahr 1933 spielten sie jedoch in der Entwicklung des Instituts keine Rolle mehr.

In der zweiten Kriegshälfte löste sich die scharfe Abgrenzung in zwei Alterskohorten auf. Mit F. Hoffmann (1880–1963) und Anderson (1887–1960) wurden zwei ungewöhnlich alte Professoren berufen, die nun das Staatswissenschaftliche Seminar bzw. die neu eingerichtete Abt. für Ostforschung leiteten. Vor allem aber rückten nun die nach 1911 Geborenen auf, die ihr Studium überwiegend oder ausschließlich im

79 Vgl. Donson (2010), S. 223–241.
80 Vgl. Otto Gerhard Oexle: „Wirklichkeit“ – „Krise der Wirklichkeit“ – „Neue Wirklichkeit“. Deutungsmuster und Paradigmenkämpfe in der deutschen Wissenschaft vor und nach 1933, in: Hausmann (Hg.) (2002), S. 12.
81 Vgl. Lebenslauf Fick, in: BA, R 4901/24522, Bl. 18.
82 Niekisch (1932), S. 23. Vgl. auch Herbert (1996), S. 42–45.
83 Vgl. Lütjen (2007), S. 37.

„Dritten Reich“ absolviert hatten.[84] Als neue Führungskräfte aus dieser *Nachkriegsgeneration* strebten beispielsweise Ludwig Mülhaupt (*1912), Meinhold (*1914) und Lenschow (*1912) nach oben und habilitierten sich.

IV Personalpolitik im Zweiten Weltkrieg

Der bis 1939 erreichte hohe Personalbestand konnte mit zumeist nur geringen Abstrichen über die anschließenden sechs Jahre des Zweiten Weltkriegs gehalten werden. Im Sommer 1940 erreichte das IfW mit insgesamt 152 Mitarbeitern sogar ein nominelles Allzeithoch.[85] Davon waren allerdings drei Bibliothekskräfte und acht Mitarbeiter der Forschungsgruppen zum Kriegsdienst eingezogen.[86] Dies war eine relativ geringe Zahl, weil dem IfW durch seine Kooperation mit dem Wehrwirtschaftsamt eine Menge Uk-Stellungen (Unabkömmlichstellungen) zur Verfügung stand.[87] Auch Predöhl erlangte so seine Wehrdienstbefreiung.[88] Die dennoch eingezogenen Mitarbeiter durften in gewissem Rahmen auf Drittmittelbasis ersetzt werden, eine Möglichkeit, von der Predöhl so reichlichen Gebrauch machte, dass er vom REM gerügt wurde.[89] Auch das preußische Finanzministerium mahnte, „[s]elbst physikalische und chemische Institute, die nahezu ausschließlich und unmittelbar für den Krieg arbeiten“,[90] müssten höhere personelle Einbußen hinnehmen als sein Institut. Selbst die verstärkten Einziehungen ab 1941 hatten kaum einen Effekt.[91] Dies lag auch darin begründet, dass das IfW ebenso wie das DIW im Januar 1943 vom Speer-Ministerium den Status eines Rüstungsbetriebes erhielt und damit personellen Bestandsschutz genoss.[92]

Die geschickt ausgewählten Kooperationen und die Anwerbung ausreichender Geldmittel sicherten jedoch zunächst nur die Anstellungs*möglichkeiten* des IfW. Pre-

84 Der 1936 in Kiel diplomierte und 1938 von Predöhl und Mackenroth promovierte Günter Trittelvitz (*1913) war der erste Assistent am IfW, der ausschließlich während des „Dritten Reichs“ studiert hatte (in Hamburg, Berlin, München und Kiel). Vgl. Lebenslauf, in: Trittelvitz (1940 [01.1938]).

85 Vgl. Liste der Angestellten des IfW, Stand 15.09.1943, in: BA, R 4901/14818, Bl. 189.

86 Vgl. Predöhl an Kurator Uni Kiel, 12.08.1940, in: Ebd., Bl. 397.

87 Möglicherweise war auch ein Faktor, dass Predöhl in Antizipation des Krieges primär „weibliche oder kriegsuntaugliche eingestellt Mitarbeiter“ eingestellt hatte. Predöhl an REM, 06.09.1939, in: BA, R 4901/14813, Bl. 252.

88 Vgl. UK-Bescheinigung Predöhls, in: BA, R 4901/25239, Bl. 2974.

89 Briefverkehr in: GStA PK, I. HA, Rep. 151, Nr. 944.

90 Preußisches Finanzministerium an REM, 06.02.1941, in: BA, R 4901/14814, Bl. 50.

91 Vgl. Flachowsky (2008), S. 433. Im August 1943 waren über ein Drittel aller Hochschullehrer und wiss. Assistenten zum Kriegsdienst eingezogen.

92 Vgl. Predöhl an Ritterbusch, 05.03.1943, in: LASH, Abt. 47, Nr. 2081. In den Rechnungsjahren 1943/44 und 1944/45 ergaben sich gegenüber 1940/41 kaum Veränderungen in der Zahl der Mitarbeiter.
Demgegenüber waren Oktober 1944 von den insgesamt 186 Mitarbeitern der DIW-Zentrale in Berlin 53 für die Rüstung oder die Wehrmacht eingezogen. Siehe Gefolgschaft des DIW (ohne Gauinstitute), 01.10.1944, in: BA, R 3101/21126, Bl. 70.

döhl musste immer auch darum ringen, die Arbeitsplätze mit geeignetem Personal zu besetzen. Dies wurde zunehmend schwieriger, da ein scharfer Wettbewerb um Fachkräfte entstand. Für das IfW sprach aber eine Reihe guter Argumente. Recht hohe Gehälter gehörten dazu, die Predöhl auch dann nicht senkte, als das Institut 1943 eine Rüge der Oberrechnungskammer erhielt.[93] Als weitere Anreize sahen Forschungsinstitute aller Art sich auch gezwungen, ihren Mitarbeitern Aufstiegsoptionen zu öffnen.[94] In diesem Zusammenhang sind die Habilitierungen von Savelsberg (Umhabilitierung nach Kiel 1941, apl. Professorin ab 1944), F. Meyer (1942), Casper, (1943), Mülhaupt (1943), Günther Dillner (geplant für 1943, wegen abgelehnter Uk-Stellung nicht durchgeführt), Meinhold (1944) und Lenschow (beschleunigtes Verfahren im April 1945, später für ungültig erklärt) zu sehen.[95] Auch Hugo Böker (1899–1967), langjähriger Referent am Internationalen Landwirtschaftlichen Institut in Rom, entschied sich nach seiner Flucht aus Italien im Oktober 1943 für das IfW, obwohl ihm ein höher dotiertes Angebot aus dem DIW vorlag. In Kiel wurde er bald darauf Forschungsgruppenleiter sowie beauftragter Dozent und bekam ebenfalls die Möglichkeit zur Habilitation.[96]

Stärker noch als Gehalt und Karriere dürfte jedoch der Schutz vor dem Kriegsdienst für viele wehrfähige Männer ein gewichtiges Argument gewesen sein. Predöhl verteilte die Uk-Stellungen des Instituts nach einem Rotationsprinzip, das an Alter und Leistungsfähigkeit gekoppelt war. Es wurden deshalb zwar insgesamt recht viele Mitarbeiter eingezogen, die meisten aber nur für eine kurze Dauer. Besonders herausragende Wissenschaftler wie Lösch wurden sogar über die gesamte Kriegszeit hinweg geschützt. Einzig vom extrem ehrgeizigen Schiller ist bekannt, dass er seine Uk-Stellung freiwillig aufgab. Er hatte sich dadurch einen schnelleren beruflichen Aufstieg erhofft.[97] Predöhl bescheinigte sich später rückblickend Erfolg bei seinem Primärziel, dem Institut das größtmögliche Leistungspotential erhalten zu haben. Mit dem außerhalb seines unmittelbaren Einflussbereichs in einem Vorort Kiels wohnenden Casper (1909–10.11.1943) habe er lediglich eine einzige „Spitzenkraft" verloren. Entsprechend brüstete er sich nach dem Krieg stolz, „daß mancher bedeutende Wissenschaftler der Gegenwart diesem Handeln das Leben verdankt."[98] Die Kehrseite dieses Vorgehens war, dass Predöhl seine jüngeren und wissenschaftlich weniger profilierten Mitarbeiter in geringerem Maße schützte. Folgende weitere im Kriegs-

93 Predöhl an REM, 20.11.1943, in: BA, R 4901/14814, Bl. 313. Ferner wurde 1942 ein Fonds eingerichtet, mit dem Institutsmitgliedern in Härtefällen kurzfristig geholfen werden konnte. Ebd., Bl. 291, 376.

94 Betreffend das Beispiel des AwI der DAF vgl. Roth (1992).

95 Vgl. Protokolle der Fakultätssitzungen 1938–1954, in: LASH, Abt. 47.5, Nr. 11. Lenschows Habilitation wurde nach Kriegsende für ungültig erklärt und wiederholt. Ebd., Bl. 62 und 71.

96 Die Habilitation erfolgte schließlich im Sommer 1946, Gutachter waren Mackenroth und F. Hoffmann. Vgl. Protokoll der Fakultätssitzung vom 14.08.1946, in: ebd., Bl. 91.

97 Vgl. Lütjen (2007), S 81.

98 Ebd., S. 36–37.

dienst getötete Mitarbeiter sind rekonstruierbar: Dr. Hermann Schmidt (1912- vor 30.01.1942), Dr. Heinz Löfke (1913 – 06.08.1943), Dr. Heinz Müller-Glewe (1913 – 13.07. 1944), Dr. Leonhard Euler (1914 – 1943/44) und der Diplomvolkswirt Gerd Brachmann (1913 – 1945). Weil Predöhl auf die Verteilung der Uk-Stellungen starken Einfluss nehmen konnte, war es für einen beträchtlichen Teil der Institutsmitarbeiter eine Überlebensfrage, ob sie sich durch ihre Leistungen „unabkömmlich" machen konnten. Entsprechend hoch waren ihre Leistungsbereitschaft und die Autorität des Institutsdirektors. Zu Beginn der 1950er Jahre schrieb Predöhl, ihn habe in dieser Frage sein „Gewissen gequält".[99] Dies tat es aber nicht deshalb, weil er bedauerte, zu wenige Mitarbeiter vor dem Einzug zum Militär geschützt zu haben. Im Gegenteil, ihn quälte stattdessen sein „*soldatisches* Gewissen", weil er es im Interesse des Instituts unterlassen habe, noch mehr Mitarbeiter für die Front freizugeben.

8.4 Die Wirtschaftsprofessoren

Ab 1911 waren in Kiel fast alle Ressourcen der wirtschaftswissenschaftlichen Forschung auf das IfW konzentriert. Von den übrigen Wirtschaftsprofessoren konnte höchstens noch der jeweilige geschäftsführende Direktor des Staatswissenschaftlichen Seminars einige Mitarbeiter in seine selbständigen Forschungen einbeziehen. Predöhl orientierte sich an Harms' Vorbild der „Einmannregierung" und schrieb rückblickend:

> Mit Mackenroth habe ich niemals Schwierigkeiten gehabt. Fick dagegen hat zeitweilig Weisungsbefugnisse gegenüber Bibliothek und Wirtschaftsarchiv auf dem Gebiet seiner Forschung verlangt. So sehr ich seine beratende Mitwirkung zugleich im Namen meiner Abteilungsleiter begrüßt habe, so entschieden habe ich mich seinen Forderungen verschlossen.[100]

Während seines Direktorats wurden alle Wirtschaftsprofessoren in die Forschungen des IfW einbezogen und Predöhl konnte mittels seiner Kontrolle über die Räumlichkeiten, über Bibliothek, Archiv, Publikationsorgane und über die Mittel für Mitarbeiterstellen sowie durch sein in den folgenden Jahren ausgebautes Netzwerk ein hohes Maß an Autorität ausüben. Dagegen sank die Bedeutung des Staatswissenschaftlichen Seminars weiter ab, auch weil aufgrund sinkender Studierendenzahlen die Lehre bereits vor Beginn des Zweiten Weltkriegs stark an Bedeutung verloren hatte (1932 – 34: über 80 Studierende, 1935 – 46: ca. 60, 1938 – 39: ca. 30, im Zweiten Weltkrieg meist etwa 20). Die Geschäftsführung des Seminars hatte Predöhl bereits im März 1934 an Bente abgegeben. Anschließend holte er mit Mackenroth und Fick zwei jüngere Professoren ohne eigene Hausmacht nach Kiel. Während sich bei den Juristen in der zweiten Hälfte der 1930er Jahre erneut große Änderungen ergaben, blieb die

99 Predöhl: Zur Geschichte des IfW (ca. 1953), S. 36 – 37, in: HS IfW.
100 Ebd, S. 7.

Besetzung des wirtschaftswissenschaftlichen Teils der gemeinsamen Fakultät bis Ende 1941 weitgehend konstant.

1934 – 1941

Nach der Vertreibung Colms und Neissers, der fluchtartigen Rückkehr Hans Mayers nach Wien, dem erzwungenen Ausscheiden Harms' und der Zwangsversetzung von Skalweit nach Frankfurt im Jahr 1933 und dem erzwungenen Ausscheiden Jessens und der Weglobung Flecks im Jahr 1934 war neben Predöhl und Bente nur noch ein Ökonom in der Kieler Rechts- und Staatswissenschaftlichen Fakultät verblieben.[101] Dabei handelte es sich um den Honorarprofessor Ludwig Heyde (1888 – 1961), von 1924 bis 1945/46 mit Lehrveranstaltungen in den Bereichen Soziologie und Industriepolitik beauftragt.[102] Die Myrdals urteilten 1933, Heyde sei „sentimental, very understanding towards the national component in the new movement, quite a nice man but it is also generally agreed that he has got no backbone."[103] In den folgenden Jahren identifizierte er sich verstärkt mit der NS-Ideologie.[104] Neben seiner Lehrtätigkeit war Heyde etwas in die Öffentlichkeitsarbeit Predöhls eingebunden, spielte jedoch in der Forschung des IfW keine Rolle.[105] Anders die drei Professoren Bente, Mackenroth und Fick.

Hermann Bente war in mehrfacher Hinsicht ein optimaler Partner für Predöhl. Sie kannten sich seit der Promotion, beide hatten sich später bei Harms habilitiert und auch Bente hatte lange im IfW gearbeitet, vor allem als Leiter der Redaktionsabteilung.[106] Zum 1. April 1933 hatte er, ebenso wie Predöhl im Jahr zuvor, einen Wechsel nach Königsberg für den nächsten Karriereschritt zum Professor genutzt. Auf Betreiben von Harms wurde er aber bereits im August auf ein Ordinariat nach Kiel zurückberufen.[107] Da Predöhls und Bentes Ansichten über die Aufgaben der Wirtschaftswissenschaft und ihr Verhältnis zur Politik ähnlich waren, arbeiteten sie entsprechend reibungslos zusammen. In der Öffentlichkeitsarbeit teilten sie sich ihre Rollen auf, um verschiedene Zielgruppen ansprechen zu können. Während Predöhl sich als Repräsentant der deutschen Ökonomik gegenüber der internationalen Wissenschaftsgemeinschaft politisch zurückhaltend präsentieren wollte, drückte Bente

101 Harms blieb bis zu seinem Tod nominell Fakultätsmitglied.

102 Wilhelm Abel an W.G. Hoffmann, 18.02.1946, in: LASH, Acc. 172/17 (NL Walther G. Hoffmann).

103 Alva und Gunnar Myrdal an Van Sickle, 20.07.1933, in: RAC, RF, RG 1.1, s. 717.S, b. 20, f. 181.

104 Vgl. Klaus R. Schroeter: Zwischen Anpassung und Widerstand: Anmerkungen zur Kieler Soziologie im Nationalsozialismus, in: Prahl (Hg.) (1995), S. 313 – 324, insb. S. 322.

105 Predöhl an Locher, 05.11.1942, in: LASH, Abt 47, Nr. 2131 sowie Fick: Vorschläge der Rechts- und Staatswissenschaftlichen Fakultät für die Wehrmachts-Tageskurse in Kopenhagen, 20.08.1943, in: Ebd. Ferner Heyde (1943).

106 Bente an Predöhl, 03.05.1946, in: LASH, Abt. 460, Nr. 4182.

107 Harms habe „damit den Einfluß seiner Schülerschaft in Kiel verstärken" wollen. Predöhl: Zur Geschichte des IfW (ca. 1953), S. 5 – 6, in: HS IfW.

sich gegenüber seinen inländischen Adressaten in aller Deutlichkeit aus. Exemplarisch ist Bentes Beitrag zum 50. Jubiläumsband des *Weltwirtschaftlichen Archivs* im Sommer 1939. Diesen sandte Predöhl Harms zu, „auch wenn Sie nicht alles so sehen sollten, wie Bente es in seinem Aufsatz gesehen hat. Ich bin Bente sehr dankbar, daß er eine Aufgabe übernommen hat, die ich als [unleserlich] nicht so hätte durchführen können."[108] Bente demonstrierte die Bereitschaft zu einer Instrumentalisierung der Wirtschaftswissenschaften im Dienst des Regimes und prophezeite sogar eine von Deutschland dominierte Weltwirtschaft".[109] Auch für eine Klitterung der Geschichte der lange von ihm geleiteten Zeitschrift war er sich nicht zu schade.

Ferner war Predöhl die Bereitschaft Bentes willkommen, die einstige Tradition der Ausrichtung des Staatswissenschaftlichen Seminars auf die schleswig-holsteinischen Regionalforschung aufzunehmen und in Kooperation mit dem IfW eine entsprechende Forschungsgruppe einzurichten.[110] Damit wurde ein Interesse der Gauleitung befriedigt, ohne das auf die Erforschung der internationalen Wirtschaft ausgerichtete Profil des IfW zu schwächen. Da Predöhl sich selbst als Experten für das angloamerikanische Ausland betrachtete, konnten mit den zwei noch unbesetzten Extraordinarien zwei weitere Regionen abgedeckt werden. Mit dem Skandinavien-Kenner Gerhard Mackenroth wurde eine Region gewählt, die an der Universität Kiel aufgrund der geographischen Lage traditionell viel Aufmerksamkeit erhalten hatte.[111] Harald Fick wiederum galt als Experte für das faschistische Italien. Damit waren der Westen, der Norden und der Süden abgedeckt. Ostmitteleuropa sowie die Sowjetunion blieben zunächst bis Ende 1941 außen vor.[112]

Gerhard Mackenroth (1903 – 1955) kam in einem besonders raschen Verfahren bereits im November 1934 als Extraordinarius nach Kiel, damit er umgehend in der Forschung des Instituts mitarbeiten konnte.[113] Er war Predöhl bereits zwei Jahre zuvor auf einer Tagung des Vereins für Socialpolitik mit einer meinungsstarken Rede aufgefallen. Mackenroth war 1926 in Halle promoviert worden und hatte anschließend drei Jahre als Rockefeller-Fellow in Stockholm, London und Cambridge verbracht. Auf diesen Reisen lernte er u. a. Gunnar Myrdal kennen, mit dem ihn eine enge persönliche Freundschaft sowie eine wissenschaftliche Zusammenarbeit verband. Mackenroth habilitierte sich 1932 und damit gerade rechtzeitig, um von den Entlassungen des

---

108 Predöhl an Harms, 11.09.1939, in: Ursula und Jörg Menno Harms (Hg.): Die Familie Harms 1861 bis 1939 in Briefen, Bildern und Berichten. Bd. 1, 2015, S. 423, nicht veröffentlicht, Privatbesitz Familie Harms.

109 Bente (1939), S. 23.

110 Die 1935 gebildete FfSHW war damit eine Nachfolgerin der kurzlebigen „Schleswig-Holstein-Abteilung" des Seminars aus den frühen 1920er Jahren. Hierzu Passow (1921).

111 Mackenroth füllte damit die Lücke eines Skandinavienexperten in Kiel, die seit 1929 durch die Wegberufung des Schweden Sven Helander nach Nürnberg bestanden hatte.

112 Diese mangelnde Prioritätssetzung des IfW bezüglich Kontakten zur Sowjetunion lag auf der von der obersten Führung vorgegebenen Linie. Gesche (2006), S. 118 – 119.

113 Für Mackenroth kam der Wechsel so plötzlich, „daß wir noch nicht recht wissen, wo uns der Kopf steht". Mackenroth an Myrdal, 04.11.1934, in: AUB, Sammlung Schmid (NL Mackenroth), A.I.2.4.

Sommersemesters 1933 profitieren und in Marburg die Vertretung des vertriebenen Professors Wilhelm Röpke übernehmen zu können. Er hatte bereits vor 1933 mit dem Faschismus sympathisiert und hoffte auf einen „sozialrevolutionär geprägten Nationalismus“.[114] In den Jahren 1932–33 hatte er sich in der Organisation von freiwilligen Arbeitslagern engagiert, von denen er glaubte, mit ihnen binnen weniger Jahre „die ganze deutsche Jugend sozialistisch“[115] erziehen zu können. In Ablehnung der Weimarer Republik und dem seiner Ansicht nach von monopolistischen Großkonzernen geprägten Wirtschaftssystem setzte er auf eine Verschmelzung von Sozialismus und Nationalismus.[116]

Mackenroth befürwortete mit der Eugenik und dem Antisemitismus wichtige Bestandteile der NS-Ideologie und bemühte sich, seinen Freund Myrdal entsprechend zu beeinflussen.[117] Auch unterzeichnete er im November 1933 das Bekenntnis der deutschen Professoren zu Hitler, das bei ausländischen Wissenschaftlern Verständnis für den Austritt aus dem Völkerbund wecken sollte.[118] Seine Beitritte zur NSDAP im Mai 1933 und zur Reiter-SA im Januar 1934 erfolgten also nicht aus Opportunismus, sondern aus Überzeugung.[119] Im Antrag zum Wechsel Mackenroths nach Kiel hieß es entsprechend, dieser würde ein Gewinn für das Projekt „Stoßtruppfakultät“ sein: „Seiner menschlichen und politischen Haltung nach würde er vorzüglich in die einheitliche Front der Kieler Fakultät hineinpassen.“[120]

Auch die Studierenden waren mit Mackenroth und insbesondere mit seinem Engagement in der politischen Erziehung zufrieden. Das Studentenwerk erreichte im Juli 1935 seine Ernennung zum Vertrauensdozenten und bald darauf wurde er zusätzlich Vorsitzender der Akademischen Auslandsstelle.[121] In der zweiten Hälfte der 1930er Jahre war er insbesondere durch die Betreuung der Forschungsgruppe Marktordnung und Außenwirtschaft in die Forschungen des IfW eingebunden.[122] Am 10. Januar 1940 wurde Mackenroth zum Ordinarius für theoretische Nationalökonomie, Wirtschaftspolitik und Statistik berufen. Sein Renommee steigerte er weiter, sodass er im Herbst 1941 an die neue Reichsuniversität Straßburg wechseln konnte.

114 Mackenroth 1933, zitiert in Henßler und Schmid (2007), S. 168.

115 Brief Mackenroth an die Myrdals, 30.12.1932, in: AUB, Sammlung Schmid (NL Mackenroth), A.I.2.4.

116 Vgl. Henßler (2006), S. 106–108.

117 Beispielsweise Mackenroth an Myrdal, 27.03.1933, in: AUB, Sammlung Schmid (NL Mackenroth), A.I.2.4.

118 http://pressechronik1933.dpmu.de/aufstellung-zu-den-unterzeichnern-des-appells-an-die-gebildeten-der-welt-11-11-1933/ [zuletzt abgerufen am 09.05.2019].

119 Lebenslauf Mackenroths, in: LASH, Abt. 460.19, Nr. 220.

120 Dekan Huber an REM, 30.07.1934, in: LASH, Abt. 415, Nr. 822, Bl. 278.

121 Reichsstudentenwerk an Rektor Dahm, 17.07.1935, in: LASH, Abt. 47, Nr. 1784. Damit wurde Mackenroth auch Mitglied im Ausschuss für die Reichsförderung.

122 Wahrscheinlich übertrieb Predöhl aber Mackenroths Bedeutung, als er 1955 an dessen Witwe schrieb: „Fast die ganze Forschung des Instituts hat er bis zum Kriegsausbruch getragen.“ Predöhl an Ursula Mackenroth, 29.03.1955, in: Kondolenzpost, in: AUB, Sammlung Schmid (NL Mackenroth).

Nach längerem Kriegsdienst und einem halben Jahr amerikanischer Kriegsgefangenschaft kehrte er am 18. Dezember 1945 mit einem Lehrauftrag nach Kiel zurück. Nach einem mehrjährigen Entnazifizierungsverfahren wirkte er dort ab September 1948 bis zu seinem Tod sieben Jahre später erneut als Ordinarius, diesmal für Soziologie, Sozialwissenschaften und Statistik.

Harald Fick (1904–1954, seit 1951: Harald Gerfin) hatte ab 1923 in Gießen, Berlin und Jena studiert. Währenddessen arbeitete er einige Zeit in der Arbeitsstätte für sachliche Politik e.V. mit, die vergleichsweise unparteiisch Informationen zu reparations- und finanzpolitischen Fragen bereitstellte.[123] 1927 wurde er promoviert, konnte sich dort 1932 auch habilitieren – in beiden Fällen zu finanzwirtschaftlichen Themen – und anschließend eine Privatdozentur übernehmen. Seine Familie hatte in der Hyperinflation offenbar allen Besitz verloren, was Fick als Ursprung seines Forschungsinteresses bezeichnete.[124] Schon zu Beginn seiner Studienzeit hatte er sich am rechten Rand des politischen Spektrums positioniert, war in die DNVP eingetreten und hatte im Dezember 1923 am Ruhrkampf teilnehmen wollen.[125] Ab Oktober 1932 ermöglichte ihm ein Stipendium der Rockefeller Foundation einen einjährigen Auslandsaufenthalt, den er in Italien verbrachte.[126] An die dort geknüpften Kontakte anschließend bemühte Fick sich im folgenden Jahrzehnt, den geistigen und wirtschaftlichen Austausch der beiden faschistischen Staaten zu stärken.[127] Als Nachfolger Flecks übernahm er im Oktober 1935 die Vertretung des Lehrauftrags für Finanzwissenschaft in Kiel und machte sich hier so „unentbehrlich",[128] dass er ab 1936 fest als a.o. Professor in Kiel blieb. Diese Wertschätzung gründete sich auch auf sein Engagement als Betreuer der IfW-Forschungsgruppe Währungs- und Kreditwirtschaft sowie auf seiner Unterstützung von Predöhls Öffentlichkeitsarbeit.[129] Fick schätzte seinerseits ebenfalls die Verbundenheit mit dem Institut und lehnte Rufe an andere Universitäten ab.[130] In politischer Hinsicht machte er einen starken Eindruck, sodass der Gaudozentenführer ihn bald „für den strengsten Nationalsozialisten am Institut für Weltwirtschaft"[131] hielt. Als 1939 der Betriebswirtschaftler Martin Lohmann nach

---

123 Aus unserm Mitgliederkreise, in: Archiv für Rechtsgeschichte 18 (4), 1925, S. 668–669.

124 Dekan Schaffstein an REM, 13.01.1939, in: LASH, Abt. 47, Nr. 6590.

125 Er wurde als Schütze ausgebildet, nahm jedoch nicht an Kämpfen teil. Lebenslauf, in: BA, R 4901/24522, Bl. 18.

126 1924–1932 hatten nur fünf Prozent aller deutschen sozialwissenschaftlichen Rockefeller-Fellows Italien gewählt. „Social Science Fellowships" [Oktober 1932], in: RAC, RF, RG 1.2, s. 100, b. 50, f. 382.

127 Z. B. 1934: Übersetzung von Sergio Panunzios „Allgemeine Theorie des faschistischen Staates". Ende 1941 hielt Fick einen Vortrag bei der Associazione Italo-Germanica über die Europapolitik und von Februar bis April 1943 hielt er Gastvorlesungen in Rom im Rahmen des Kulturabkommens. LASH, Abt. 47, Nr. 2070.

128 Dekan Huber an REM, 06.02.1936, in: BA, R 4901/24522, Bl. 84.

129 Gutachten Predöhls, 1935, in: Ebd., Bl. 48–50; Brandt an REM, 21.07.1941, in: LASH, Abt. 47, Nr. 2048.

130 Siehe beispielsweise Dekan Brandt an REM, 21.07.1941, in: BA, R 4901/24522, Bl. 196.

131 Gaudozentenführer Löhr an Rektor Uni Kiel, 12.02.1936, in: Ebd., Bl. 88.

Freiburg wechselte, erhielt Fick dessen Planstelle als a.o. Professor. Damit zählte Kiel zu den ganz wenigen Universitäten, in denen die Betriebswirtschaftslehre während des „Dritten Reiches“ eine Schwächung erfuhr.[132] Im November 1941 wurde Fick dann zum Ordinarius berufen und blieb bis zu seinem Tod dreizehn Jahre später an der Kieler Universität tätig, unterbrochen nur von Kriegsdiensten in den Jahren 1939, 1940 und 1943 – 1945.[133]

Die Gemeinsamkeiten der Personalien Bente, Fick und Mackenroth weisen auf jene Kriterien hin, die für den in Fragen der Berufung seiner wirtschaftswissenschaftlichen Professorenkollegen sehr einflussreichen Predöhl maßgeblich waren. Erstens mussten die Kandidaten ähnliche Ansichten über das Wesen der Wirtschaft sowie über die Aufgaben der Wirtschaftswissenschaft haben wie er. Zweitens mussten sie die nötigen fachlichen Qualifikationen besitzen und mit ihren Spezialisierungen und Sprachkenntnissen das Portfolio der Kieler Ökonomie sowohl inhaltlich erweitern, als auch die aus Sicht Predöhls wichtigen Regionen des Auslands abdecken. Drittens mussten sie sich politisch so positioniert haben, dass sie die Stellung Kiels bei höheren Instanzen des „Dritten Reichs“ stärkten. Gleichzeitig mussten sie aber, viertens, weiterhin einen guten Zugang zur internationalen Wissenschaftsgemeinschaft besitzen, was im Falle Ficks und Mackenroths durch ihre Stellung als ehemalige Rockefeller Fellows wesentlich begünstigt wurde. Obwohl sie alle längere Zeit an der Universität Kiel blieben, war diese im Bereich der Wirtschaftswissenschaften gleichwohl keine „Endstationsuniversität“.[134] Bente und Mackenroth zogen 1941/42 weiter, weil sie in der Reichshauptstadt bzw. in Straßburg eine höhere Karrieresprosse erklimmen konnten. Predöhl hatte bis zu diesem Zeitpunkt sein Netzwerk weiter ausbauen können und neben einer Vielzahl anderer Posten u. a. das Rektorat der Uni Kiel erlangt. Dadurch war sein personalpolitischer Einfluss in der Fakultät noch gewachsen, sodass er offenbar erneut die Nachfolger seiner Kollegen bestimmen konnte.[135]

II 1941/42 – 1945

Der Jahreswechsel 1941/42 bildete eine Zäsur. In rascher Folge kamen nun als neue Professoren F. Hoffmann, W.G. Hoffmann, Oskar Anderson sowie später Savelsberg hinzu.

132 Vgl. Mantel (2009), S. 190 – 193.

133 Fick an Kurator Uni Kiel, 12.10.1939, in: LASH, Abt. 47, Nr. 6590; Brandt an REM, 21.07.1941, in: BA, R 4901/24522, Bl. 196; Creutzfeld an Kurator Uni Kiel, 07.08.1945, in: LASH, Abt 47, 6590.

134 Eine solche Endstationsuniversität stellte Berlin dar, vgl. Grüttner (2012), S. 543.

135 Andere Personen wie beispielsweise der 30-jährige Dekan und Juraprofessor Hans Brandt spielten kaum eine Rolle. „Rechts- und Staatswissenschaftliche Fakultät 1941 – 1944“ der Uni Kiel, in: LASH, Abt. 47, Nr. 2048.

Friedrich Hoffmann (1880 – 1963) wurde im Oktober 1941 Bentes Nachfolger auf dem Lehrstuhl für Wirtschaftliche Staatswissenschaften und damit auch neuer geschäftsführender Direktor des Staatswissenschaftlichen Seminars. Er entsprach eigentlich keinem der oben genannten Auswahlkriterien von Predöhls Personalpolitik, aber es ist trotzdem davon auszugehen, dass dieser Hoffmanns Berufung betrieben hat. Bereits im Vorjahr war er nämlich an seiner alten Universität Münster für einen Aufenthalt in Kiel beurlaubt worden.[136] Predöhl ging es wohl vor allem darum, auf dem Posten des Seminardirektors erneut jemanden zu haben, der ihm und dem IfW die dominierende Stellung nicht streitig machen würde. F. Hoffmann war in dieser Hinsicht die richtige Wahl, denn er hatte es in den vergangenen Jahrzehnten nicht vermocht, irgendeine wissenschaftliche Leistung zu vollbringen. Das blieb auch so. Er war noch vor Harms' Ankunft in Kiel promoviert worden, hatte sich dort 1909 habilitiert und half in den anschließenden Jahren als Harms' erster Direktorialassistent sowie als Hilfsarbeiter im Kultusministerium bei der Gründung des IfW. 1915 wurde Hoffmann auf eine Wirtschaftsprofessur nach Konstantinopel berufen und kehrte nach Ende des Ersten Weltkriegs für vier Jahre als Honorarprofessur und stellvertretender IfW-Direktor – ein anschließend abgeschaffter Posten – nach Kiel zurück. Währenddessen präsentierte er sich als xenophober Regionalpatriot.[137] Ab 1922 war er an diversen Universitäten tätig (Rostock, Münster, Greifswald), blieb aber als „korrespondierendes Mitglied" und phasenweise Gastprofessor mit dem IfW verbunden. Mit der Machtübernahme der Nationalsozialisten konnte er sich problemlos arrangieren.[138] Ein Antrag zur Aufnahme in die NSDAP scheiterte jedoch, weil er noch vor dem Ersten Weltkrieg einer Freimaurerloge angehört hatte.[139] Predöhl hatte mit Hoffmann vereinbart, dass dieser sich in Kiel zwei Aufgabenbereichen widmete. Erstens sollte er sich mit der Geschichte des Instituts befassen und produzierte bis 1944 auch ein entsprechendes dreibändiges Werk niedrigster Qualität.[140] Zweitens sollte er Bentes Aufgabenbereich der schleswig-holsteinischen Wirtschaft übernehmen.[141] Ein weiteres Projekt zur Textilindustrie Oberschlesiens hatte zum Zweck, die NS-Siedlungspolitik sowie die Eroberung neuen „Lebensraums" zu legitimieren.[142] Erst im April 1947

---

136 Kaser an REM, 28.07.1940, in: LASH, Abt. 47, Nr. 6675.

137 F. Hoffmann (1921).

138 Mit dem bereits angesprochenen Aufsatz im *WA* von 1932 sowie seiner Rede in Kiel im Februar 1933 hatte F. Hoffmann sich zu einem günstigen Zeitpunkt nochmals ausdrücklich auf dem rechten politischen Spektrum positioniert. „Die wirtschaftliche Lage", in: Kieler Zeitung, 12.02.1933.

139 NSDAP-Gauleitung Westfalen-Nord an Kurator Uni Münster, 11.06.1937, in: LASH, Abt. 47, Nr. 6675.

140 F. Hoffmann: Die Geschichte des Instituts für Weltwirtschaft. (Von der Gründung bis zum Ausscheiden des Gründers), Bd. I, II und III [1942 – 1944], in: ZBW, IV 2737.

141 Zuvor hatte er bereits in Münster Regionalforschung betrieben. Ergebnisse u. a. in: F. Hoffmann: Gegensätzliche Gestaltungstendenzen im Raum Westfalen, in: Raumforschung und Raumordnung 1 (2), 1936, S. 81 – 85.

142 Vgl. Baas: Landschaft – Siedlung – Lebensraum. Die Forschungspraxis der Geographen am Beispiel der Universität Münster, in: Flachowsky, Hachtmann und Schmaltz (Hg.) (2016), 214.

wurde F. Hoffmann emeritiert. Etwas darüber hinaus leitete er nach Predöhls Entlassung von März 1946 bis Oktober 1947 kommissarisch das IfW.

Für die Nachfolge Mackenroths war mit W.G. Hoffmann (1903 – 1971) eine interne Lösung gewählt worden.[143] Hoffmann hatte ab 1922 in Tübingen und Kiel studiert und 1929 unter Anleitung von Löwe eine Dissertation angefertigt, die heute als „erste gründliche statistische Studie des historischen Prozesses der Industrialisierung“[144] gilt. Nach fast drei Jahren als Dozent an der Arbeitervolkshochschule Harrisleefeld konnte W.G. Hoffmann dank eines Stipendiums der Notgemeinschaft im Dezember 1932 als apl. Assistent in die Astwik wechseln. Im Juni 1935 übertrug Predöhl Hoffmann die Redaktionsabteilung, ermöglichte ihm im Juli 1936 die Habilitation, ernannte ihn bald darauf zum Repetenten und sorgte auch dafür, dass er im ersten Halbjahr 1939 als Stipendiat der Rockefeller Foundation eine lange Reise durch England unternehmen konnte. Im März 1940 wurde W.G. Hoffmann Dozent für wirtschaftliche Staatswissenschaften, ab 1942 vertrat er das Ordinariat Mackenroths und 1943 wurde er zum a.o. Professor ernannt.

Im Februar 1944 erfolgte dann ein Ruf auf ein Ordinariat in Münster, den Hoffmann zwar annahm, den Wechsel jedoch erst nach Kriegsende vollzog. Im letzten Kriegsjahr blieb er deshalb der für die Herausgabe des *Weltwirtschaftlichen Archivs* zuständige Redaktionssekretär und leitete als solcher eine zu Kriegsende zur Druckerei nach Hamburg verlagerte kleine „Außenstelle“ des IfW, die er am 19. Juli 1945 an Schiller übergab. W.G. Hoffmann war der wichtigste Vertraute Predöhls und vertrat diesen als „Außenminister des Instituts“[145] gegenüber privatwirtschaftlichen und zivilen sowie militärischen staatlichen Kooperationspartnern wie dem z. B. Zwölferausschuss der Südosteuropa-Gesellschaft und dem Wehrwirtschaftsamt. Durch die Ernennung zum Leiter des Pressereferats der Uni Kiel war er auch eng in Predöhls Rektoratsgeschäfte eingebunden.

Oskar Anderson (1887 – 1960), um dessen Wechsel nach Kiel sich Predöhl seit Oktober 1941 intensiv bemüht hatte, erfüllte alle oben genannten Kriterien für einen optimal das IfW ergänzenden Wirtschaftsprofessor. Bei dem in Minsk (Russisches Reich) geborenen Anderson handelte es sich um einen ausgewiesenen Osteuropakenner, der bis dato in St. Petersburg, Kiew, Budapest, Varna und zuletzt in Sofia gewirkt hatte. Diese Region hatte Predöhl in den 1930er Jahren noch als nachrangig betrachtet. Nun aber nach dem deutschen Überfall auf die Sowjetunion im Juni 1941 wollte er in seinem Institut über eine entsprechende Expertise verfügen. Anderson kam schließlich im Sommer 1942 nach Kiel und gründete umgehend eine neue Ab-

---

143 Formell rückte Fick auf das Ordinariat Mackenroth auf, wodurch wiederum dessen Extraordinariat für W.G. Hoffmann frei wurde. Dekan Brandt an REM, 23.10.1941, in: LASH, Abt. 47, Nr. 2048.

144 Hagemann: Zerstörung eines innovativen Forschungszentrums und Emigrationsgewinn. Zur Rolle der „Kieler Schule“ 1926 – 1933 und ihrer Wirkung im Exil, in: Hagemann (Hg.) (1997), S. 302.

145 Predöhl: Zur Geschichte des IfW (ca. 1953), S. 12, in: HS IfW. Vgl. auch den sehr herzlichen Verabschiedungsbrief Predöhls an W.G. Hoffmann vom 20.07.1945, in: LASH, Acc. 172/17 (NL Walther G. Hoffmann).

teilung für Ostforschung, in die er einige Mitarbeiter aus Sofia mitnahm.[146] Im Januar 1943 wurde er zum apl. Professor für Statistik ernannt, blieb nach Kriegsende noch zwei Jahre in Kiel und folgte dann einem Ruf nach München.

Der „Statistiker von Weltruf“[147] hatte einst in Sofia ein Konjunkturforschungsinstitut begründetet und von dort aus auf seinen vielen Reisen mindestens ein Mal 1938 das IfW besucht.[148] Man zeigte sich dort später nicht nur an Andersons Fachkenntnissen interessiert, sondern erhoffte sich von dessen Wechsel nach Kiel auch eine „kulturpolitische Bedeutung“.[149] Aufgrund seiner langjährigen Verbindungen zur Rockefeller Foundation (Stipendiat 1933–1935, anschließende finanzielle Unterstützung bei der Institutsgründung[150]) und der Mitarbeit in Projekten des Völkerbunds war dieser in der internationalen Wirtschaftswissenschaft sehr gut vernetzt. Der im Oktober 1941 entworfene Plan, nach dem Anderson in der Öffentlichkeitsarbeit die „Wirkungsmöglichkeiten des Kieler Instituts [...] vor allem auch im Hinblick auf Amerika“[151] hätte verstärken sollen, zerschlug sich allerdings bereits wenige Wochen später mit der deutschen Kriegserklärung an die USA. Trotz seiner ausländischen Herkunft galt Anderson als politisch unbedingt zuverlässig. Er verstand sich als „Baltikum-Deutscher“,[152] sein Bruder Walter lehrte als Professor in Königsberg, seine Frau entstammte dem Haus Hindenburg-Hirtenberg und seine drei Söhne nahmen alle auf deutscher Seite am Krieg teil.[153]

Zum letzten neuen wirtschaftswissenschaftlichen Fakultätsmitglied vor Kriegsende wurde im Januar 1944 Gertrud Savelsberg (1899–1984) ernannt. Nach ihrem Abitur 1918 hatte sie für kurze Zeit im Rahmen der Kriegsfrauenhilfe in der Heeresnähstelle gearbeitet, was sie anregte, „Fragen nach sozialen und wirtschaftlichen Zusammenhängen zu stellen.“[154] In ihrer Heimatstadt Aachen nahm sie ein Studium auf, wechselte nach einigen Semestern nach Freiburg und schließlich nach Kiel, wo sie 1924 zur „Bedeutung des Arbeiterinnenschutzes“ promovierte.[155] Sie war dabei kein typisches Mitglied der linksliberalen Doktoranden-AG, sondern christlich-konservativ geprägt und demonstrierte in ihrer Dissertation ein entsprechendes Geschlechterrol-

---

146 Bereits in der letzten Juliwoche 1941 reiste Anderson gemeinsam mit W.G. Hoffmann zum Wehrwirtschaftsamt. KTB Wehrwirtschaftsamt (Wi Ausl. VI), Woche bis 31.07.1942, in: BA-MA, RW 19/ 402.

147 Dekan Brandt an REM, 23.10.1941, in: LASH, Abt. 47, Nr. 2048. Siehe auch Coenen (1964), S. 27–31.

148 Der Vortrag behandelte die bulgarische Wirtschaft, erschienen als Kieler Vorträge 52, 1938.

149 Dekan Brandt an REM, 23.10.1941, in: LASH, Abt. 47, Nr. 2048.

150 RAC, RF, fellowship recorder cards, RG 10.2, Disciple 5, Germany, Oskar N. Anderson; European projects receiving current support under the Social Science Program of RF, o.D., in: RAC, RF, RG 1.1, s. 700, b. 22 A, f. 165.

151 Dekan Brandt an REM, 23.10.1941, in: LASH, Abt. 47, Nr. 2048.

152 Auskunft Eike Anderson (Großneffe), 06.02.2017. Vgl. auch Rainald K. Bauer (1960), S. 1.

153 Der älteste Sohn Wilhelm wurde 1943 im Kriegseinsatz getötet. Vgl. Zeitungsannonce der Familie Anderson, 27.03.1943, in: NL Lösch, in: StAH.

154 Vgl. Schultheiß (2007) und Ingrid Bohn et al. (2001), S. 48–51.

155 Anregungen erfuhr sie von Kurt Gerlach und vor allem Tönnies. Vgl. Savelsberg (1924), S. 6–7, 13.

len- und Familienbild. Anschließend kehrte sie in ihre Heimatstadt Aachen zurück, konnte sich an der dortigen Hochschule 1930 habilitieren und profitierte 1933 von den Vertreibungen durch die Übernahme einer Lehrstuhlvertretung.[156] Obwohl sie 1938 in die NSDAP eintrat, wurde ihr die Weiterbeschäftigung in Aachen verbaut und so wechselte im November 1939 zurück ans IfW. Dorthin durfte sie sich zwei Jahre später auch umhabilitieren und übernahm erneut Lehrverpflichtungen.

Durch ihre Mitarbeit in der Bibliothek als Betreuerin des internationalen Schrifttums machte Savelsberg sich unentbehrlich und wurde mit Unterstützung Gülichs 1944 die erste apl. Ökonomieprofessorin Kiels.[157] Nach dem Krieg arbeitete sie Gülich auch in dessen politischem Engagement auf Landes- und Bundesebene zu,[158] entwickelte zusätzlich zu ihrer neuen Stellung als stellvertretende Bibliotheksdirektorin eine rege Publikationstätigkeit und wurde dennoch 1960 bei der Nachfolge Gülichs zugunsten ihres eigenen Schülers, Erwin Heidemann, übergangen. Am Ende einer Karriere, die von politischer Anpassung, dem Verzicht auf Ehe und Kinder und den Widrigkeiten der Geschlechterrollen geprägt war, bedeutete dies schließlich eine gläserne Decke, die nicht zu durchdringen war.

Durch seine dominierende Stellung in der Kieler Wirtschaftswissenschaft konnte Predöhl sicherstellen, dass alle seine ab 1934 berufenen Kollegen einen Großteil der folgenden Kriterien erfüllten: eine ähnliche Auffassung vom Wesen der Wirtschaft und den Aufgaben der Wirtschaftswissenschaft, eine hohe fachliche Qualifikationen und zur jeweiligen Zeit gefragte Spezialkenntnisse, ein guter Zugang zur internationalen Wissenschaftsgemeinde sowie gleichzeitig eine regimekonforme politische Positionierung. Letztere schlug sich u. a. im Beitritt zur NSDAP nieder, den außer Anderson alle entweder vollzogen hatten (Bente, Fick, W.G. Hoffmann, Mackenroth, Predöhl und Savelsberg) oder erfolglos hatten vollziehen wollen (F. Hoffmann). Bis auf Mackenroth traten sie jedoch alle erst nach Aufhebung der Sperre im Jahr 1937 der Partei bei und übernahmen offenbar keine Ämter.

III Verhältnis zum NS-Dozentenbund

Nach 1945 behauptete eine ganze Reihe von Institutsmitarbeitern und IfW-naher Professoren, der Nationalsozialismus im Allgemeinen und seine Institutionen wie der Dozentenbund im Besonderen hätten ihre Karrieren behindert. Sie müssten Predöhl für seinen Schutz vor entsprechenden Angriffen dankbar sein.[159] Damit wurde das im „Dritten Reich" übliche Gerangel um Habilitationen und Berufungen zu einer politi-

156 Vgl. Raehlmann (2005), S. 80.

157 Predöhl: Zur Geschichte des IfW (ca. 1953), S. 40, in: HS IfW. Eine Pionierin war auch ihre Cousine Maria Lipp, geb. Savelsberg, erste Habilitandin und erste ordentliche Professorin der TH Aachen.

158 Vgl. Thomas Erdmann Fischer (1996), S. 84.

159 Z.B. Fritz Meyer an Predöhl, 20.01.1946, in: LASH, Abt. 460, Nr. 4182; Wendland (1977), S. 155; Schiller, in: IfW (1989), S. 50.

schen Bedrohungssituation umgedeutet. Entsprechend wichtig ist es hervorzuheben, dass selbst engagierte Nationalsozialisten politische Vorwürfe erfuhren. Dazu gehörte Fick, dem sowohl von der Kieler Dozentenschaft (Huber), dem Gaudozentenführer (Löhr), dem Rektor (Ritterbusch), dem REM (Kasper) und einem externen Experten (Jessen) eine tadellose Gesinnung bescheinigt worden war.[160] Gleichwohl warf ihm der NS-Dozentenbund eine wirtschaftsliberale Grundhaltung vor[161] und Erwin Wiskemann, ein exponierter Vertreter der völkischen Wirtschaftswissenschaft, monierte einen „Hang zum Intellektuellen".[162] Während Fick aber wegen dieser zweier Einwürfe keinerlei Behinderung seiner Karriere erfuhr, sind andere Fälle wie jene Mackenroths und W.G. Hoffmanns komplexer gelagert. Beide nahmen für sich in Anspruch, mit dem NS-Dozentenbund in bedrohlicher Weise in Konflikt geraten zu sein.[163] Ihre Fälle werden hier exemplarisch analysiert, um einen Einblick in die Mechanismen und die Frontstellungen der Auseinandersetzungen zu erlangen.

Mackenroths Karriere im NS-Regime hatte vielversprechend begonnen. Bald nach seiner Habilitation konnte er im Alter von 29 Jahren die Vertretung des vertriebenen Professors Wilhelm Röpke in Marburg übernehmen, mit 31 wurde er Extraordinarius in Kiel und keine drei Jahre später bemühte Predöhl sich um ein Ordinariat für ihn.[164] Zunächst schien erneut alles gewohnt problemlos abzulaufen. Der Dekan Larenz empfahl ihn als „politisch entschiedener und wissenschaftlich fähiger"[165] Mann und auch der Leiter der Dozentenschaft, Ernst Holzlöhner, hatte zunächst keine Einwände.[166] Der Rektor Dahm war ebenfalls bereit die Beförderung durchzuwinken, auch wenn er kritisierte, Mackenroth engagiere sich zu wenig für die nationalsozialistische „Wissenschaftserneuerung".[167] Dahm folgte aber Predöhls Argumentation und hob hervor, dass Mackenroths „internationales Ansehen ein Aktivum nicht nur für Kiel, sondern für die deutsche Hochschulpolitik überhaupt bedeutet".[168]

Dann jedoch schaltete sich die Studentenschaft ein und griff Mackenroth heftig an.[169] Er sei „in keiner Weise das, was man als Vertreter des nationalsozialistischen

160 Entsprechende Schreiben von 1935 – 1937 in: Personalakte Harald Fick, in: BA, R 4901/24522.

161 Auszugsweise Abschrift von: NS-Dozentenbund an REM, 10.08.1938, in: BA, R 4901/24522, Bl. 180.

162 Wiskemann an Engel (REM), 04.08.1936, in: BA, R 4901/24522, Bl. 136. „Intellektueller" war damals eine übliche abwertende Bezeichnung, mit der auch Jessen bedacht wurde. Vgl. Ottokar Lorenz: Ein Intellektueller über Volk und Wirtschaft, in: Völkischer Beobachter, Norddeutsche Ausgabe, 14.11. 1935, S. 5.

163 Walther G. Hoffmann: Mein Werdegang, in: Ernst Helmstädter (Hg.) (1984), S. 1 – 9, und Mackenroth: Lebenslauf, in: Entnazifizierungsakte Mackenroth, in: LASH, Abt. 460.19, Nr. 220.

164 Predöhl an Dahm, 26.05.1936 und 04.06.1936, in: LASH, Abt. 47, Nr. 1590, Bl. 209 und Bl. 217 – 218.

165 Dekan Larenz an REM, 19.06.1936, in: Ebd., Bl. 230.

166 Holzlöhner an Rektor Dahm vom 30.05.1936, in: Ebd., Bl. 225.

167 Dahm an Engel (REM), 06.06.1936, in: Ebd., Bl. 223.

168 Ebd. Ähnlich bereits in: Dahm an REM, 27.02.1936, in: LASH, Abt. 47, Nr. 1588, Bl. 103.

169 Zu Mackenroths Auseinandersetzung mit dem NS-Studentenbund und dem NS-Dozentenbund siehe auch Henßler und Schmid (2007), S. 179 – 182.

Gedankengutes ansehen kann."[170] Sie gestand ihm zwar durchaus große Fachkenntnisse zu, aber die von ihm betriebene Wissenschaft sei zu sehr sachlich und zu wenig ideologisch orientiert. Dem Einspruch lag auch ein Machtkampf in der Fakultät zugrunde. Der Leiter der Studentenschaft war ein Jurastudent, der versuchte, das freie Ordinariat stattdessen dem außerordentlichen Zivilrechtsprofessor Siebert zuzuschanzen, der wiederum Vorsitzender des Studentenwerks war. Der Jurist Dahm beeilte sich nun, die Ansprüche seines Kollegen zu stützen, ebenso wie der Gaudozentenbundführer Löhr und nun auch Holzlöhner. Siebert habe sich viel stärker für eine Politisierung der Wissenschaft eingesetzt, während hingegen „Mackenroth sich mehr im Rahmen der überlieferten Methoden hält und weniger stark die weltanschaulichen und politischen Gehalte des neuen Wissenschaftsdenkens hervortreten läßt."[171] Damit standen sich zwei Modelle in schroffer Konkurrenz um Ressourcen gegenüber: Auf der einen Seite die hochideologisierte „Kieler Schule" der Juristen und auf der anderen Seite die Ökonomen mit der von Predöhl vorgegebenen Bewahrung der hergebrachten wissenschaftlichen Methodik. Beide Seiten schafften es aber, ihr Gesicht zu wahren. Siebert erhielt 1937 das Ordinariat, wechselte aber bereits im folgenden Jahr nach Berlin. Mackenroth blieb in Kiel und unternahm zusätzliche Anstrengungen seine politische Zuverlässigkeit zu demonstrieren, u. a. durch die Übernahme der Funktion eines NSDAP-Blockleiters, die Teilnahme an einer Militärübung im März 1936, eine Mitgliedschaft im NS-Rechtswahrerbund sowie einen Beitritt zum NS-Dozentenbund.[172] Ab 1938 wusste er dann die ganze Fakultät hinter sich und wurde schließlich im noch immer jungen Alter von 36 Jahren zum Ordinarius berufen.[173] Es kann also im Fall Mackenroths nur von einer kurzfristigen, konkurrenzbedingten Verzögerung und nicht von einer ernsthaften Behinderung seiner Karriere gesprochen werden.

Die Voraussetzungen des fast gleichaltrigen W.G. Hoffmann waren deutlich schlechter. Seine bisherige Vita mit einer SPD-Mitgliedschaft bis Ende 1932 und einer Promotion bei einem jüdisch-stämmigen Sozialdemokraten wies aus nationalsozialistischer Perspektive deutliche Mängel auf. Außerdem hatte er sich zum Zeitpunkt der Machtübernahme noch nicht habilitiert. Belegt ist, dass von Seiten mehrerer (aus den Reihen der Juristen stammender) Dekane, der Dozentenschaft und vom Rektor Ritterbusch Bedenken wegen Hoffmanns SPD-Mitgliedschaft formuliert wurden.[174] Ein wichtiger Schritt zur Überwindung dieser Hindernisse war die Rückendeckung durch Predöhl, die für die Ernennung zum Redaktionssekretär sowie für die Habilitation genügte. Erst für die Verleihung der Lehrbefugnis wurde zusätzliche politische Unterstützung benötigt. Predöhl fand diese beim Gauleiter Lohse, der die Einwände des NS-Dozentenbunds überstimmt und im März 1940 die Ernennung W.G. Hoffmanns

---

170 Stellungnahme der Studentenschaft zu der Lehrtätigkeit und politischen und weltanschaulichen Haltung des Herrn Professor Mackenroth, o. D., ca. Anfang Juni 1936, in: LASH, Abt. 47, Nr. 1590, Bl. 223.

171 Dahm an REM, 10.07.1936, in: Ebd., Bl. 228.

172 Selbstauskunft, in: Entnazifizierungsakte Mackenroth, in: LASH, Abt. 460.19, Nr. 220.

173 Protokoll der Fakultätssitzung vom 22.06.1938, in: LASH, Abt. 47.5, Nr. 11.

174 Larenz an Kurator Uni Kiel, 12.04.1937, in: LASH, Abt. 47, Nr. 1672.

zum Dozenten sowie drei Jahre später zum Lehrstuhlvertreter ermöglicht.[175] Dennoch standen in den folgenden Jahren diverse Stellen W.G. Hoffmann noch reserviert gegenüber. Dazu gehörte die Parteikanzlei, die im Sommer 1943 nur zögerlich ihr Plazet zu einem Wechsel nach Münster gab.[176] Schließlich schaffte es aber auch Hoffmann, noch vor Kriegsende im Alter von 41 Jahren dort eine ordentliche Professur zu erlangen. Aus eigenem Entschluss trat er sie erst nach Kriegsende an. Somit dauerte seine Berufung zwar einige Jahre länger als bei anderen Ökonomen mit vergleichbarer fachlicher Eignung, aber auch seine Karriere im Nationalsozialismus verlief letztlich erfolgreich.

Die Kieler Wirtschaftsprofessoren der Jahre 1934–1945 erfuhren in typischer Weise weniger durch das teils neue Personal in den alten Verwaltungsstrukturen des Kultusministeriums bzw. REM Probleme, sondern erst durch Sonderinstanzen wie den NS-Dozentenbund, den NS-Studentenbund oder auch die „Reichsstelle zur Förderung des deutschen Schrifttums".[177] Wütend über die kurzfristige Verzögerung seiner Karriere schrieb Mackenroth später: „Wenn ich eine Organisation gehasst habe, dann war es der Dozentenbund, der sich – nicht nur in meinem Falle – immer wieder zum Träger von Quertreibereien machte."[178] Mit seiner Entscheidung auch in solche Organisationen einzutreten, die in Konkurrenz zur alten Hochschulverwaltung eingerichtet worden waren, gelang ihm jedoch der weitere Aufstieg. Einzig der Forschungsgruppenleiter August Lösch unterließ diese Art von Anpassung. Neben den Sonderinstanzen konnten noch die Juristen der „Kieler Schule" ein zweites Problem darstellen. Sie waren deutlich stärker ideologisiert als die Ökonomen und bereit, dies im Kampf um Ressourcen gegen Rivalen in der gemeinsamen Fakultät ins Feld zu führen. Gegen beide Problemquellen konnte Predöhl sich wappnen, unter anderem, indem er über den Gauleiter politische Rückendeckung organisierte. Zusätzlich verbesserte sich die Situation, je mehr die ökonomische Expertise des IfW gebraucht wurde. Die Karrieren Mackenroths und W.G. Hoffmanns wurden erkennbar durch die verstärkte Auftragsforschung seit Kriegsbeginn begünstigt. Außerdem hatte Predöhl ab 1937 verstärkte Anstrengungen zu einer weitergehenden politischen Vernetzung betrieben, was sich in Eintritten in die NSDAP sowie in den NS-Dozentenbund niederschlug. Seine nachträgliche Rechtfertigung steht exemplarisch für sein Verhältnis zum Nationalsozialismus: „Wenn zwei Verschwörer an einem Tische sitzen, ist es das beste sich dazu zu setzen".[179] Dies wurde von Seiten der Kieler Ökonomen so fleißig betrieben, dass der NS-Dozentenbund später keinen Grund zur Beanstandung mehr sah. 1944

---

175 Bescheinigung Predöhls für Lohse (o.D., ca. 1950–51), in: LASH, Abt. 399.65, Nr. 32.

176 Ministerialdirigent Südhoff an Predöhl, 31.08.1943, in: LASH, Abt 47, Nr. 2048.

177 Diese Stelle erteilte z.B. 1936 ein negatives Gutachten zu Schillers Habilitationsschrift. Lütjen (2009), S. 57–62.

178 Mackenroth, zitiert nach Henßler (2006), S. 111.

179 Predöhl: Zur Geschichte des IfW (ca. 1953), S. 22, in: HS IfW.

rückte Predöhl sogar in den „engeren Kreis der Berater des Reichsdozentenführers, Gauleiter [Gustav] Scheel“[180] auf.

8.5 Wirtschaftsarchiv und Bibliothek

Dem institutseigenen Wirtschaftsarchiv und der Bibliothek waren stets einen bedeutenden Teil des Etats zur Verfügung gestellt worden. Durch die Anstellung seiner Schüler Lotsch und Gülich als Abteilungsleiter in den Jahren 1923 bzw. 1924 hatte Harms darüber hinaus die Voraussetzungen für einen effektiven Einsatz dieser Mittel geschaffen. Ausländische Besucher urteilten bereits in den frühen 1930er Jahren, das IfW besäße „the finest specialised library in Germany. This library, together with splendid archives and a unique newspaper clipping service, make Kiel a Mecca for research workers interested in international economic problems.“[181] Der eingespielte Apparat des „most perfect place for research“,[182] wie ein begeisterter Besucher das Institut nannte, funktionierte selbst während der Weltwirtschaftskrise und der Machtübernahme der Nationalsozialisten reibungslos weiter.

Auch Predöhl war sich der Bedeutung dieser beiden Abteilungen für die Reputation sowie als Grundlage für die Forschungs- und Beratungstätigkeit sowie für die Öffentlichkeitsarbeit bewusst. Sich an Harms orientierend, legte er in der ersten Phase seines Direktorats den Schwerpunkt in der Ressourcenzuteilung auf die „Erhaltung des Apparats“.[183] In seinem ersten Etat-Voranschlag plante er für das Wirtschaftsarchiv elf Stellen und für die Bibliothek 21 Stellen ein. In den folgenden Jahren wurde insbesondere die Bibliothek am Aufschwung beteiligt, sodass sie bei Kriegsbeginn 43 Mitarbeiter beschäftigte, das Wirtschaftsarchiv 14.[184] Der Anteil beider Abteilungen von knapp der Hälfte aller IfW-Mitarbeiter wurde im Zweiten Weltkrieg gehalten.[185]

---

180 Stellungnahme von Professor Andreas Predöhl, in: Seeliger (1968), S. 72.

181 Kittredge: Social Sciences in Germany, 09.08.1932, S. 10, in: RAC, RF, RG 1.1, s. 717.S, b. 20, f. 186. Tagebuch Van Sickle, in: RAC, RF, officers' diaries, 10.01.1931, S. 31, in: RAC, RF, RG 12, S-Z, b. 482, f. 1931. Research-Aid-Grant Wilhelm Gülich, 31.12.1934, in: RAC, RF, RG 1.1, s. 717.R, b. 18, f. 162.

182 Van Sickle: conversation with W. L. Holland, 10.05.1933, in: RAC, RF, RG 1.1, s. 717.S, b. 20, f. 181.

183 Das Institut für Weltwirtschaft an der Universität Kiel, 1936, als Ms. gedruckt, S. 3, in: HS IfW, Hs Allg. 1.

184 Voranschlag IfW-Etat 1935/36, Stand: Oktober 1934, in: BA, R 2/12493. Voranschlag für 1.4.1939 bis 31.3.1940, Juli 1938, in: BA, R 4901/14813, Bl. 94.

185 Änderungen des IfW-Etats 1943/44 gegenüber 1940/41, in: BA, R 4901/14818, Bl. 184–186. Sonderkassenanschlag für das Rechnungsjahr 1944, Stand 18.01.1945, in: BA, R 4901/1219.

I Fritz Lotsch und das Wirtschaftsarchiv

Der Kaufmannssohn Fritz Lotsch (*1889) hatte zunächst ein Jurastudium begonnen, das er 1911 in Kiel fortsetzte.[186] 1915 wurde er eingezogen, rückte in einen Offiziersrang auf und blieb bis Kriegsende im Einsatz. Nach Kiel zurückgekehrt wechselte er zu den Wirtschaftswissenschaften und wurde von Harms mit einer Dissertation über die „Entwicklung des deutschen Außenhandels in der Zeit von 1800 – 1834" promoviert. Der gewaltige Umfang von 1760 Seiten belegt bereits ein Interesse an wirtschaftsgeschichtlicher Archivarbeit.[187] Zunächst wurde er aber in der Nachrichtenabteilung des IfW angestellt, zu deren stellvertretendem Leiter er anderthalb Jahre später aufrückte. Als der bisherige Leiter des Wirtschaftsarchivs starb,[188] übernahm Lotsch 1922 dessen Stellvertretung und wurde bald fester Abteilungsleiter. Seit 1930 Oberassistent am IfW konnte er erst 1950 weiter avancieren, als Baade für ihn eine Stelle als Oberbibliotheksrat schuf und zu seinem Vertreter als Institutsdirektor ernannte. 1954 trat Lotsch in den Ruhestand und übergab das Wirtschaftsarchiv an seinen Stellvertreter Roman Muziol.

Neben Lotsch waren im Archiv nur zwei bis drei wissenschaftliche Mitarbeiter tätig. Bei den „technischen Kräften" handelte es sich zumeist um Lektorinnen mit teils umfassenden Sprachkenntnissen. Aufgrund des großen Unterschieds im zertifizierten Bildungsgrad konnte Lotsch seine Abteilung in einem patriarchalischen Stil leiten.[189] Nach oben wiederum buckelte Lotsch und passte sich beispielsweise der „Machtergreifung" durch umgehenden Beitritt zur NSDAP und einigen NS-Gliederungen an.[190] Mit Jessens Umgestaltungsplänen hätte er sich arrangiert.[191]

1920 war das „Kriegsarchiv" mit über einer Million Ausschnitten abgeschlossen und eine neue Archivordnung begründet worden.[192] Lotsch behielt diese in den nachfolgenden Jahrzehnten bei. Im Zuge der Weltwirtschaftskrise musste auch das Archiv einige Kürzungen im Materialbezug in Kauf nehmen, erlebte aber nach der Erholung der Finanzlage ebenfalls einen Aufschwung.[193] Dieser wurde von Predöhl

---

186 Personalbogen Fritz Lotsch, in: LASH, Abt. 47, Nr. 7285.

187 Gesuch Lotsch, 15.01.1921, in: GStA PK, I. HA Rep. 76, Va Nr. 10226, Bl. 316. Als Dissertation diente nur der zweite Abschnitt über „Die wirtschaftliche Entwicklung in Industrie und Landwirtschaft".

188 Es handelt sich um den Harms-Schüler Hans Bötcher, der einer alten Kriegsverletzung erlag. F. Hoffmann: Die Geschichte des IfW II, 1943, S. 193, in: ZBW, IV 2737.

189 Dies wurde von seinem Nachfolger in einer Abteilungsgeschichte gefeiert. Roman Muziol.: Das Wirtschaftsarchiv in Geschichte und Gegenwart [1964], S. 55, in: Hs IfW.

190 NSDAP-Beitritt zum 1. Mai 1933 (Mitgliedsnummer 2.734.353), Mitglied im NS-Rechtswahrerbund seit Februar 1934, in der NS-Volkswohlfahrt seit April 1934 und im NS-Dozentenbund seit Januar 1936. Antrag auf Weiterbeschäftigung, 14.03.1940, in: LASH, Abt. 47, Nr. 7286, Bl. 23.

191 [Lotsch]: Wirtschafts-Archiv (2. vorläufige Fassung), März 1934, in: HS IfW, Hs WiA 5.

192 F. Hoffmann: Die Geschichte des IfW II, 1943, S. 194, in: ZBW, IV 2737. Dieses Kriegsarchiv verbrannte nach einem Bombentreffer 1944. Vgl. Zottmann (1964), S. 55.

193 Vgl. Muziol: Das Wirtschaftsarchiv in Geschichte und Gegenwart [1964], S. 21, in: Hs IfW.

begrenzt, der 1936 einige Aufgaben an die Bibliothek übertrug.[194] Zum Materialzugang gehörten Mitte der 1930er Jahre etwa 1.750 Zeitschriften sowie rund 100 Zeitungen. Deutlich weniger als die Hälfte wurde gekauft, die Mehrzahl ging als Geschenk oder im Tausch für Veröffentlichungen ein. Es bestanden etwa 570 Tauschbeziehungen, insbesondere zu Ministerien, Handelskammern und Zentralbehörden sowie Universitäten.[195] Auch die nach der Matchübernahme der Nationalsozialisten verbotenen ausländischen Zeitungen konnten weiterbezogen werden, weil das Regime die permanente Aktualisierung und den Ausbau des im IfW gesammelten Wissensbestands unterstützte. Mit der Gestapo vereinbarte Lotsch, jeden „Kritiker" zu „melden", der den Umgang des Instituts mit solchen Zeitungen beanstandete.[196] Bis zum Vorabend des Zweiten Weltkriegs konnte der Bezug stark gesteigert werden, bei den Zeitungen beispielsweise auf über 150, bei den Zeitschriften auf etwa 2600. Noch im zweiten Kriegsjahr entstammten die Hälfte der Zeitungen und weit über die Hälfte der Zeitschriften dem Ausland und bis 1945 gehörten die „verbotenen" Periodika zu den zentralen Arbeitsmaterialien des Wirtschaftsarchivs.[197]

Mindestens drei Viertel des Bestands wurden im fein aufgegliederten *Hauptarchiv* aufbewahrt.[198] In 17.400 Mappen lagerten etwa eine Million Ausschnitte, zu denen je Arbeitstag etwa 220 ersetzend oder ergänzend hinzukamen. Zu den Nebenarchiven zählte ein *Firmenarchiv* mit 2.700 Mappen, die zu 70 % Unternehmen im Ausland betrafen. Ein *Vereinsarchiv* enthielt Informationen zu 3.200 Organisationen in 65 Ländern. In einem *Formulararchiv* wurden über 4.000 Prospekte öffentlicher Anleihen sowie weitere Drucksachen gesammelt. Ein *Geheimarchiv* beherbergte über 8.000 vertrauliche Verträge, Jahresberichte, Mitgliederlisten etc., die dem IfW von Mitgliedern der Fördergesellschaft überlassen wurden. Im Oktober 1939 wurde noch ein *Z-Archiv* eingerichtet, in dem Ausschnitte aus den in Deutschland verbotenen Zeitungen gesammelt wurden, die das IfW per Sondergenehmigung bezog. Ferner bestand bis zu seiner Zerstörung 1944 noch ein *Hausarchiv* mit Abteilungs- und Personalakten.

Wie seine Vorgänger und sein Nachfolger war Lotsch ein promovierter Ökonom und kein ausgebildeter Archivar. Das Wirtschaftsarchiv sollte nämlich nicht nur Material sammeln und erschließen, sondern auch aufbereiten, um so den Forschungsgruppen entgegenzuarbeiten und externen Interessenten Auskünfte erteilen zu können. Ferner stand es „jedem offen, der seiner Dienste bedurfte",[199] was für die Inanspruchnehmern natürlich nicht kostenlos war. In den 1920ern war gleichwohl noch der Anspruch vorhanden gewesen, einen Beitrag zum Abbau der ungleich ver-

194 Predöhl an Lotsch, 08.01.1936, in: LASH, Abt. 47, Nr. 7286, Bl. 55.
195 Voranschlag IfW-Etat für 1935/36, Oktober 1934, in: BA, R 2/12493.
196 Beide Zitate in Lotsch: Rundschreiben, 30.12.1938, in: ZBW-Archiv, 408, Bl. 18.
197 „Statistik. Quellenmaterial zum Zerschneiden 01.04.1940 – 31.03.1941", in: HS IfW, Hs. WiA 5 sowie Lotsch: Rundschreiben, 26.02.1943, in: ZBW-Archiv 408, Bl. 85a.
198 Deutsche Auslandsorganisationen, 1.5.1942, in: BA-MA, RW 19/930, Bl. 123–124.
199 Muziol: Das Wirtschaftsarchiv in Geschichte und Gegenwart [1964], S. 59, in: Hs IfW.

teilten Informationsdefizite in der Privatwirtschaft zu leisten und damit die Chancengleichheit der Marktteilnehmer zu erhöhen. Zu den Kunden zählten allerdings nicht nur privatwirtschaftliche Stellen, sondern auch Ministerien und das Militär. Ab 1933/34 kamen einige neue dazu, etwa das Stabsamt des Reichsbauernführers, für das großer Aufwand betrieben wurde.[200] Im Vorkriegsjahr 1938/39 bearbeitete das Wirtschaftsarchiv insgesamt 82 externe Anfragen aus der Privatwirtschaft und 1685 interne Materialanforderungen.[201] Dieses Volumen wuchs in den folgenden Jahren beträchtlich, weil das Wirtschaftsarchiv „über die Bedienung der Forschung des Instituts hinaus den Forschungsstellen der deutschen Wehrwirtschaft laufend wichtige Informationen zur Verfügung“[202] stellte.

Mit Kriegsbeginn richtete Lotsch die Arbeit des Wirtschaftsarchivs umgehend neu aus. Er begann eine Erstellung von „Wehrwirtschaftschroniken“ einzelner Länder, die jedoch wenige Monate später mangels Bedarf der Wehrmacht eingestellt wurden. Daraufhin arbeitete das Wirtschaftsarchiv wieder verstärkt direkt den institutseigenen Forschungsgruppen zu. Ohne die permanente Belieferung von vergleichsweise aktuellen Informationen hätten die Wirtschaftswissenschaftler des IfW deutlich weniger effektiv ihre Fachkompetenz den diversen Forschungsauftraggebern zur Verfügung stellen können.

II Wilhelm Gülich und die Bibliothek

Wilhelm Gülich (1895–1960) diente als Freiwilliger im Ersten Weltkrieg, stieg wie Lotsch in einen Offiziersrang auf und erlitt wie dieser schwere Verletzungen.[203] Ab 1919 studierte er Wirtschaftswissenschaften in Marburg, in Wien beim faschistischen Ökonomen Othmar Spann[204] sowie schließlich in Kiel, wo er im Juli 1924 von Harms promoviert wurde. Im selben Jahr übernahm er die Leitung der Bibliothek, erhielt am 1. Mai 1933 eine Planstelle und erreichte bald die höchstmögliche Gehaltsstufe. Um ihm eine weitere Beförderung zu ermöglichen und am IfW zu halten, schuf Predöhl 1942 den Posten des Honorarprofessors für Schrifttumskunde.[205] Vorübergehend übernahm Gülich während des Kriegs die Leitung einiger weiterer Bibliotheken.[206] Er

200 . Lotsch: Das Wirtschafts-Archiv, April/Mai 1934, S. 4, in: LASH, Abt. 47, Nr. 7286, Bl. 40.
201 IfW: Zum Bericht vom 5. Juni 1939, in: BA, R 4901/14813, Bl. 163.
202 Predöhl: Vorschläge für die Verleihung des Kriegsverdienstkreuzes, in: LASH, Abt 47, Nr. 2133.
203 Unter anderem blieb ein Auge Gülichs dauerhaft beschädigt. Medical Examination, 14.11.1936, in: RAC, RF, RG 1.1, s. 717.R, b. 18, f. 162. Lebenslauf Wilhelm Gülich, in: BA, R 4901/1217, Bl. 139.
204 Spann habe Gülich „in großen Zusammenhängen denken“ gelehrt. Savelsberg, in: Wilhelm Gülich in memoriam (1895–1960), in: WA 84, 1960, S. 143.
205 Ab WiSe 1943/44 hielt Gülich Übungen zur wirtschaftswissenschaftlichen Quellenkunde ab und ab dem SoSe 1944 zusätzlich ein Kolloquium über die wirtschaftliche Kriegsliteratur des In- und Auslandes. Vgl. Vorlesungsverzeichnisse der Universität Kiel, in: **www.uni-kiel.de/journals** [zuletzt abgerufen am 23.04.2019].
206 Predöhl an Kurator CAU, 19.06.1944, in: LASH, Abt. 47, Nr. 6610, Bl. 70.

blieb bis zu seinem Tod mit 64 Jahren Leiter der IfW-Bibliothek, engagierte sich aber ab 1946 hauptsächlich in der Politik, zunächst in verschiedenen Funktionen im Land Schleswig-Holstein und ab 1949 im Bundestag. Er war zwei Mal verheiratet, beide Male mit promovierten Wirtschaftswissenschaftlerinnen, die vorher in seiner Bibliothek gearbeitet hatten.

Ambitioniert widmete Gülich sich von Beginn an der Aufgabe, die IfW-Bibliothek nicht nur zu vergrößern, sondern auch qualitativ zu verbessern. Dazu gehörte eine Neuordnung der Kataloge. Dieses später berühmte „Gülich-System“[207] umfasste leicht zu bedienende Titel-, Personen-, Körperschafts-, Behörden-, Regionen- und Sachkataloge, die vom vielköpfigen Bibliothekspersonal mit enormem Aufwand entwickelt und aktualisiert wurden. Ebenso wie Lotsch dies für sein Archiv getan hatte, unternahm auch Gülich viele Reisen zu in- und ausländischen Bibliotheken, um sich Anregungen für Verbesserungen zu holen. Außerdem wurden externe Berater eingeladen, unter anderem um bei der Begriffsbildung für den Sachkatalog zu helfen.[208] Das „Gülich-System“ erwies sich als so vielseitig anwendbar, dass während des Zweiten Weltkriegs auf eine Sondersammlung verzichtet werden und nicht, wie noch 1914, eine „Kriegsbibliothek“ angelegt werden musste.

Der Bestand der ohnehin größten sozialwissenschaftlichen Fachbibliothek des Kontinents konnte bis 1933 auf 170.000 bibliographische Bände mehr als verdoppelt werden (siehe Abbildung 6).[209] In den nur sechs Jahren bis zum Kriegsbeginn erfolgte eine weitere Verdoppelung auf 340.000 Bände. In Gülichs Amtszeit wurde nur ein Viertel aller Bände gekauft. Fast die Hälfte kamen als Geschenk herein, etwa ein Fünftel durch Tausch und ein Zwanzigstel als Besprechungsstücke.[210] Entsprechend waren der Ruf der Bibliothek und die von Gülich sowie von den verschiedenen Direktoren geknüpften Netzwerke von überragender Bedeutung. Harms war hier bereits sehr erfolgreich gewesen, aber Predöhl konnte ihn noch übertreffen. Betrug der Zugang in den Jahren 1924/25 bis 1932/33 im Schnitt 12.000 Bände, lag er von 1934/35 bis 1941/42 in jedem einzelnen Jahr darüber. Weil 1936/37 Bestände einer früheren Ministerialbibliothek übernommen werden konnten, betrug der Zugang in diesem Spitzenjahr sogar 41.000.[211] Für die IfW-Bibliothek war das „Dritte Reich“ also eine Zeit der Hochkonjunktur. Auch in den ersten Kriegsjahren konnten noch recht hohe Wachstumszahlen erreicht werden, sodass man bald nur noch etwas kleiner war als die Kieler Universitätsbibliothek.[212] Während bis 1945 die deutschen wissenschaftli-

---

207 hierzu Winter (1975) und Petra Düwel (1994).

208 Vgl. Otto (1964), S. 101.

209 Bereits in der Mitte der 1920er Jahre waren Erstbesucher wie Adolf Löwe von der Masse des gesammelten Materials begeistert. Vgl. Lowe (1989), S. 78.

210 Vgl. Otto (1964), S. 99 sowie „Zahlen und Fakten zur Geschichte der ZBW“, in: ZBW-Archiv, 485.

211 Predöhl: Bericht an den Verwaltungsrat der Fördergesellschaft, 06.04.1937, in: GStA PK, I. HA, Rep. 151, Nr. 943, Bl 137.

212 Vgl. Schmidt-Künsemüller (1965). Die Bibliothek des Juristischen Seminars war dagegen mit 49.000 Büchern (1929) klein. Vgl. Hofer (2010), S. 170.

chen Bibliotheken einen kriegsbedingten Verlust von etwa einem Drittel ihres Bücherbestandes zu verzeichnen hatten,[213] war die IfW-Bibliothek in jenen Jahren noch um knapp ein Viertel weitergewachsen.

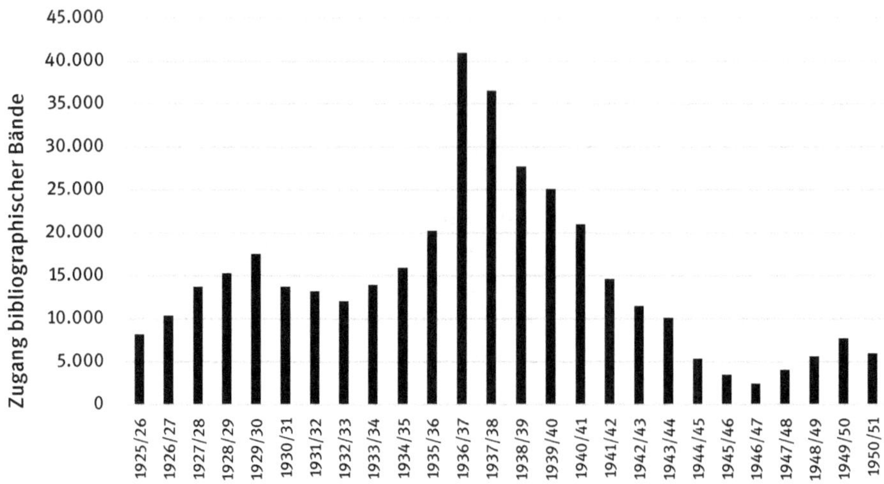

Abbildung 6: Wachstum der Institutsbibliothek (1925/26 – 1950/51)
Quelle: Akzessionsstatistiken, in: ZBW-Archiv, 5 – 7, 19, 20, 31, 32, 37, 38, 323, 324.

Gülich und Predöhl teilten das einst von Harms formulierte Ziel, das IfW zur „Zentralstelle weltwirtschaftlichen Materials"[214] auszubauen. Für die Bibliothek sollten deshalb nicht nur die im Handel erhältlichen Publikationen angeschafft werden, sondern in hohem Maße auch „Graue Literatur", insb. Amtsdrucksachen aller Art sowie Materialien von Unternehmen und Verbänden.[215] Es sollte das Alleinstellungsmerkmal des Instituts sein, dass „etwa die Hälfte des eingehenden Schrifttums auf nicht im Buchhandel erschienene Materialien"[216] entfiel. Außerdem beschränkte Gülich sich nicht auf wirtschaftliche und soziale Angelegenheiten, sondern behielt ein breit gefächertes Sammlungsspektrum bei. Mathematik und Technik, selbst Chemie

213 Vgl. Manfred Komorowski: Die Auseinandersetzung mit dem nationalsozialistischen Erbe im wissenschaftlichen Bibliothekswesen nach 1945, in: Vodosek und Komorowski (1992), S. 273.

214 Predöhl an REM, 29.12.1939, in: GStA PK, I. HA, Rep. 151, Nr. 943, Bl. 230.

215 Gesammelt wurde also fast alles, beispielsweise auch Tätigkeitsberichte des Siebenbürgisch-Sächsischen Landwirtschaftsvereins oder Preiskataloge amerikanischer Versandhäuser. Vgl. Gülich (1939), S. 150 – 154. Vermutlich übertraf man sogar gut ausgestattete Institute wie das ISRES. Vgl. Tournès (2006), S. 53 – 54.

216 Predöhl: Bericht an den Verwaltungsrat der Fördergesellschaft, 06.04.1937, in: GStA PK, I. HA, Rep. 151, Nr. 943, Bl 137.

und Biologie galten ihm als „Hilfswissenschaften" der Ökonomie. Auch „Rassenkunde" und „Wehrwirtschaft" gehörten dazu.[217]

Mit Beginn des Zweiten Weltkriegs veränderte sich die Akquise. Alte Tauschmöglichkeiten und Schenkungen gingen verloren und die Marktpreise für Käufe aus dem Ausland stiegen zum Teil um 700 %.[218] Mithilfe von Geldern des Wehrwirtschaftsamts und anderen staatlichen Stellen konnte das Wachstum dennoch bis 1945 auf knapp 500.000 Bände fortgesetzt werden. Gravierende Probleme ergaben sich erst zu Kriegsende sowie vor allem in den Nachkriegsjahren, als die Kommunikations- und Lieferwege unterbrochen waren. Vier Hauptfaktoren ermöglichten diese Leistung: Erstens ging das IfW Kooperationen mit Unternehmen wie der IG Farben und mit wissenschaftlichen Einrichtungen wie dem Deutschen Institut für Bankwissenschaft und Bankwesen ein, über die das im Handel nicht erhältliche bzw. geheime Material ins IfW gelangte.[219] Zweitens reiste Gülich oft ins Ausland – ab 1940 auch in besetzte Länder – um Schriften aller Art zu erwerben.[220] Drittens stellte die Wehrmacht finanzielle, logistische und politische Unterstützung für die Beschaffung zur Verfügung. Am wichtigsten war, viertens, dass Predöhl es noch im Herbst 1939 erreichen konnte, dass alle jene ausländischen und insbesondere die aus den Feindländern stammenden Fachzeitschriften und Gesetzesblätter, von denen das Reich aus Gründen der Devisenknappheit bzw. wegen der Beschaffungsschwierigkeiten nur ein einziges Exemplar bezog, in Kiel gelagert und ausgewertet werden sollten.[221] Im erfolgreichen Streben nach dem Status als „Depotbibliothek"[222] kam wieder die alte Vorstellung vom IfW als „Zentralstelle weltwirtschaftlichen Materials" zum Tragen. Aus den Kooperation mit staatlichen Stellen ergab sich auch die Erlaubnis, weiterhin „Feindpropaganda" anzuschaffen.[223] Als Gegenleistung stellte Gülich auch dem Propagandaministerium die Dienste der Bibliothek zur Verfügung.[224]

Zum Kerngeschäft gehörten ferner Entleihungen, die allein im Jahr 1938 etwa 39.000 Bände und 17.000 Zeitschriftenhefte umfassten. Viele Nutzer von außerhalb

---

217 Gülich (1939), S. 149. Nachweislich wurden Bücher einschlägiger Autoren wie Hans F. K. Günther und Ludwig Ferdinand Clauß sowie Kurt Hesse und Paul Wiel angeschafft, siehe: Katalog der ZBW.

218 Predöhl an REM, 19.10.1940, in: GStA PK, I. HA, Rep. 151, Nr. 944, Bl. 84; Greiser an REM, 12.09.1942, in: BA, R 4901/14814, Bl. 255.

219 Beispielsweise: Ilgner: Die Exportförderung im Rahmen des Vierjahresplanes [...], vertraulich und persönlich, 06.04.1937, in: ZBW, C 36776 sowie Deutsches Institut für Bankwissenschaft und Bankwesen (im Auftrag des Wehrwirtschaftsamts): Die weltwirtschaftliche Machtstellung Großbritanniens bis zum Kriegsausbruch, Sept. 1941, in: ZBW, D 4999.

220 Gülich erhielt hier finanzielle Unterstützung von der Wehrmacht. Greiser an REM, 12.09.1942, in: BA, R 4901/14814, Bl. 255.

221 Predöhl an Klingelhöfer, 23.11.1939, in: BA, R 4901/14813, Bl. 256.

222 Otto (1964), S. 87.

223 Dazu gehörten Bücher von Schriftstellern wie Thomas Mann oder George Orwell. ZBW, I 23504, I 24046.

224 „In der Bibliothek des Instituts vorhandene Literatur zum Thema ‚Rheinpolitik Frankreichs'", 02.03.1940, in: ZBW, 395.

Kiels reisten nur für eine kurze Zeit ins IfW, stellten sich anhand der Kataloge eine Literaturliste zusammen und entliehen anschließend jene Bücher, die es anderswo nicht gab. Wie Lotsch war auch Gülich daran gelegen, die Aktivitäten seiner Abteilung über die Sammlung und Katalogisierung hinaus auf die Aufbereitung des Materials auszuweiten. Deshalb richtete er 1938 einen profitablen Photokopier- und Auskunftsdienst ein.[225] Zu den ersten Kunden zählte die Studiengesellschaft für Nationalökonomie des Reichsnährstandes. Sie erhielt Kopien der Karteikarten aller 23.000 Titel zur „Kolonialfrage", sowie 100.000 Karten über „den gesamten Agrarkomplex".[226] Auch militärische Stellen nahmen diesen Kopierdienst gerne in Anspruch. Im März 1939 sagte Gülich beispielsweise zu, das Wehrwirtschaftsamt über die Neuzugänge seiner Bibliothek auf dem Laufenden zu halten.[227] Die mit dem Wehrwirtschaftsamt eng verknüpfte Wehrwirtschaftliche Forschungsstelle legte seinerseits eine „Wehrwirtschaftliche Bibliographie" mit 70.000 Titeln an.[228] Sie konnte eine kostspielige Anschaffung der betreffenden Bände vermeiden, da das das IfW sowie auch die Berliner Staatsbibliothek sie ihnen auf Wunsch liehen. Das preußische Finanzministerium urteilte 1941, die Ressourcen der IfW-Bibliothek würden effizient für den Kriegsdienst eingesetzt.[229]

Die Bibliothek besaß schon in den 1920er Jahren eine hohe internationale Reputation und galt als Vorbild.[230] Mehrfach wurde Gülich zur Umgestaltung von Bibliotheken gebeten, beispielsweise in Marburg der Bibliothek des Instituts für Grenz- und Auslandsdeutschtum.[231] Ungeachtet des Angriffs auf ihn im April 1933 blieb er ein gefragter Spezialist und beriet sogar zwei Jahre später den Präsidenten des Rechnungshofs bei dessen Überprüfung deutscher Bibliotheken.[232] 1941 lehnte er die Leitung des Aufbaus der Universitätsbibliothek der Reichsuniversität Straßburg ab. Er half lediglich bei der Einrichtung des dortigen juristischen und des wirtschaftswissenschaftlichen Seminars.[233] Zu den weiteren Interessenten gehörte das Berliner Institut für Staatsforschung, dessen Bibliothek nach dem Vorbild des IfW aufgebaut wurde. Mit Rose Koeppen (ab 1935: Rose Gülich) war daran auch eine in Kiel ausge-

225 An den Einkünften wurde er ab 1942 persönlich beteiligt. Predöhl an Gülich, 27.04.1943, in: LASH, Abt. 47, Nr. 6610, Bl. 38. „Institut für Weltwirtschaft", in: Deutsche Auslandsorganisationen, 01.05.1942, in: BA-MA, RW 19/930, Bl. 122–123.

226 IfW: Zum Bericht vom 5. Juni 1939, in: BA, R 4901/14813, Bl. 163.

227 Wochenberichte Wehrwirtschaftsamt, Gruppe Wi IV, 24.03.1939, in: BA-MA, RW 19/240, Bl. 311.

228 Beständeübersicht der Wehrwirtschaftlichen Forschungsstelle, Okt. 1941, in: BA-MA, RW 19/7237.

229 Vermerk von Ministerialdirigent Becker, 15.01.1941, in: GStA PK, I. HA, Rep. 151, Nr. 944, Bl. 59.

230 1926 wurde Gülich ernsthaft für den Posten des Leiters der Völkerbundsbibliothek in Genf erwogen. Bülow (Auswärtiges Amt) an Gülich, 18.11.1926, in: LASH, Abt. 47, Nr. 6609, Bl. 34. Ferner: Otto (1964), S. 111–112; Gülich: Die Bibliothek des IfW, in: Columbia University Quarterly 24 (3), Sept. 1932, S. 292–293.

231 Vgl. Gülich, Wilhelm, in: Habermann, Klemmt und Siefkes (1985), S. 100–101.

232 Saemisch an IfW, 19.01.1935, in: LASH, Abt. 47, Nr. 6609.

233 Predöhl an Löhr, 06.05.1941, in: LASH, Abt. 47, Nr. 2100.

bildete Bibliothekarin beteiligt.[234] Das Institut für Staatsforschung war vorgeblich ein akademisches Forschungsinstitut, arbeitete jedoch im Wesentlichen der SS zu und entwarf Konzepte zur Verwaltung des angestrebten „Großraumes".[235] Der Direktor Reinhard Höhn, Abteilungsleiter im SD der SS, arbeitete eng mit dem Kieler Juraprofessor Eckart zusammen und war mit dem Direktor des IfW unter anderem durch die gemeinsame Mitgliedschaft im wissenschaftlichen Beirat der Daitz'schen Großraumgesellschaft verbunden.

Auch für die nachfolgenden Jahre sind eine Vielzahl von Kontakten Gülichs zu Mitgliedern der SS belegt, insbesondere zu jenen Gliederungen, die sich mit dem Ausland befassten.[236] Der wichtigste wurde ab 1940 Prof. Franz Alfred Six, Chef des Amts VII „Weltanschauliche Gegnerforschung" im RSHA sowie später Leiter der „Kulturpolitischen Abteilung" im Auswärtigen Amt. Six betrieb seinerzeit die Gründung des Deutschen Auslandswissenschaftlichen Instituts (DAWI) in Berlin und bat Gülich, beim Aufbau von dessen Bibliothek zu helfen.[237] Da Predöhl seinen Bibliothekar nicht abgeben wollte, wurde im Sommer 1941 eine Kompromisslösung gefunden. Als nebenamtlicher wissenschaftlicher Leiter der Bibliothek und auch des Archivs des DAWI sollte Gülich eine Woche im Monat in Berlin weilen.[238] Für Six war die fachmännische Verwaltung der „Forschungsgrundlagen" seines DAWI von großer Wichtigkeit und Gülich, der sein im IfW optimiertes Katalogsystem mitbrachte, damit ein wichtiger Mitarbeiter.[239] Die Bibliothek des DAWI erreichte schnell eine Größe von etwa 300.000 Bänden, weil Gülich Vorgängerbibliotheken übernehmen sowie angeeignete ehemalige Seminarbibliotheken integrieren konnte. Zu den übernommenen Beständen gehört auch Raubgut.[240] Six und seine Mitarbeiter zeigten bei der Akquise ein hohes Maß an krimineller Energie. Michael Wildt konstatiert eine beachtliche „Vehemenz, mit der das Amt VII [des RSHA] aus allen besetzten Gebieten Europas und der Sowjetunion Bibliotheken, Archive und andere Sammlungen raubte."[241]

Six band seine SD-Mitarbeiter intensiv in die Arbeit des DAWI ein und diese bildeten dort auch einen Teil des Mitarbeiterstabs von Gülich. Der wichtigste war Ludwig Förg, der 1945 als Gülichs Nachfolger die kommissarische Leitung der DAWI-Biblio-

234 Gülich an John Marshall, 02.08.1936, in: RAC, RF, RG 1.1, s. 717.R, b. 18, f. 162.

235 Vgl. Saldern (2009), S. 321.

236 Darunter vielleicht Eberhard von und zu Steinfurth, ein Assistent am Institut für Staatsforschung, der in den 1930er Jahren den SD-Abschnitt Kiel und im Zweiten Weltkrieg das Referat „Besetzte Gebiete" im RSHA leitete. Predöhl an Richter, 27.10.1948, in: LASH, Abt. 460, Nr. 4182.

237 Gülich an Innenministerium Schleswig-Holstein, 18.10.1948, in: LASH, Abt. 460, Nr. 4182. Zur Geschichte des DAWI: Botsch (2006).

238 Six an Predöhl, 28.08.1941, in: LASH, Abt. 47, Nr. 6610, Bl. 22.

239 Vgl. Botsch (2006), S. 140. Offenbar verband Gülich seine Ämter im IfW und im DAWI, beispielsweise indem er ab 1943 Teile der DAWI-Bibliothek nach Ratzeburg auslagerte. Ferner diente Ratzeburg auch als Meldestelle für DAWI-Mitarbeiter im Falle einer Evakuation Berlins. Ebd., S. 141–143.

240 Vgl. Rudolph (2003).

241 Wildt (2002), S. 364–377, Zitat auf S. 377.

thek übernahm.[242] Über ihn schreibt Gideon Botsch: „Förg, der frühere Bibliothekar des Deutschen Instituts für Auslandskunde in Münster und V-Mann des SD, wird mit dem von Gülich entwickelten System während einer neunmonatigen Tätigkeit in Kiel vertraut gemacht. Seit Oktober 1941 organisiert Förg als Mitarbeiter des DAWI die Umstellung der Kataloge."[243] Noch vor seiner Weiterbildung im IfW hatte Förg dafür gesorgt, dass seinen ehemaliger Münsteraner Chef in ein Konzentrationslager gebracht wurde. Dessen Institut für Auslandskunde sowie ein zweites Institut für Volkskunde wurden zwangsaufgelöst und die Bücherbestände der SS –möglicherweise sogar teils dem DAWI – zugeschlagen.[244]

Neben dem Aufbau und der Verwaltung der DAWI-Bibliothek beteiligte Gülich sich noch an weiteren Initiativen von Six. Dazu gehörte die Mitarbeit an einem „Handwörterbuch der Außenpolitik", zu dessen sonstigen Bearbeitern vorwiegend SD-Mitarbeiter zählten.[245] Ferner trug Gülich ein Kapitel zur „Schrifttumskunde der Auslandswissenschaften" für einen Studienführer bei, dessen Herausgabe für 1945 geplant gewesen war. Den Studierenden dieses Gebietes, die laut Reichsdozentenführer Gustav Scheel fester als andere Studierende in der NS-Ideologie verankert sein müssten, stellte Gülich eine besonders reizvolle Lehre in Aussicht.[246] An dieser beteiligte sich auch Predöhl, seit 1944 Mitglied des DAWI.[247]

Gülich sah sich in seiner wissenschaftlichen Tätigkeit zeitlebens als unpolitischer Experte. Als Bundestagskandidat behauptete er 1949, in den frühen 1920er Jahren habe ihn Harms' Forderung nach einer politikfernen Wissenschaft überzeugt.[248] Richtig daran war, dass er den von Harms gelehrten Objektivitätsglauben übernommen hatte und von seinem Austritt aus der DNVP im Jahr 1921 bis zum Eintritt in die SPD im Dezember 1945 keine Parteimitgliedschaft besaß.[249] Falsch war jedoch die Behauptung, er habe sich „völlig abseits vom politischen Leben stehend im Dritten Reich als ‚Spezialist' behauptet."[250] Vielmehr stellte er seine außergewöhnlichen Spezialfähigkeiten bis mindestens ins Jahr 1944 hinein bereitwillig hochideologisierten Nationalsozialisten wie Höhn und Six zur Verfügung. Damit half er Institu-

---

242 Förg an Dettmann, 02.07.1945, in: BA, R 4902/1a, Bl. 106–108.

243 Botsch (2006), S. 141.

244 Vgl. Morsey (2012), S. 14–15.

245 Ferner ist die Erstellung der Bibliographie „Die Leistungen der deutschen Auslandswissenschaften" zu nennen. Vgl. Botsch (2006), S. 150–152.

246 Geleitwort des Reichsdozentenführers (o.D., vermutlich 1944/45), in: BA, R 4902/1a, Bl. 4. Gülich: Allgemeine Schrifttumskunde der Auslandswissenschaften, unveröff. Ms. für den Studienführer Auslandswissenschaft (o.D., ca. 1944/45), in: Ebd. Bl. 42.

247 Den hohen Mitgliedsbeitrag zahlte Predöhl aus Institutsmitteln. Vgl. Botsch (2006), S. 86–87. Belegt sind ein Vortrag Predöhls, die Begutachtung einer Habilitationsarbeit sowie eine geplante Veröffentlichung in der Reihe *Studien zur Auslandskunde*. Ebd., S. 163, 140 und 166.

248 Gülich: Wählerbrief, 10.08.1949, in: LASH, Abt. 47, Nr. 6610, Bl. 108.

249 Gülich war in der Weimarer Republik Mitglied des pro-demokratischen Republikanischen Klubs Kiel (1927–1932) gewesen. Lebenslauf in: LASH, Abt. 47, Nr. 6609.

250 Gülich: Wählerbrief, 10.08.1949, in: Ebd., Nr. 6610, Bl. 108.

tionen wie dem Institut für Staatsforschung und dem DAWI bei der Erreichung ihrer nationalsozialistischen Ziele. Aufgrund seiner vielen Dienstreisen sowie seines weitgesponnenen Netzwerks im In- und Ausland ist zu schließen, das Gülich über die intendierten und tatsächlichen Verwendungszwecke seiner Dienstleistungen gut orientiert war. Zum komplexen Charakter Gülichs gehört allerdings auch, dass er während des Kriegs Kontakt zu einem sozialdemokratisch gesinnten Oppositionskreis aufnahm. Nach Kriegsende brachte Gülich dann sowohl sein politisches Engagement, wie auch sein Expertenwissen in den schleswig-holsteinischen Landtag, in die Landesregierung sowie in den Bundestag ein. Dort leitete er die Einrichtung der Bundestagsbibliothek, deren erste Mitarbeiter im IfW ausgebildet wurden und die dessen Katalogsystem zum Vorbild hatte.[251]

251 IfW: Gutachten zum Aufbau einer Bundestagsbibliothek unter Mitwirkung der Bibliothek des Instituts für Weltwirtschaft in Kiel, 08.02.1950, in: ZBW, C 156698. Vgl. auch Petra Düwel (1994), S. 33–40.

9 Kulturpolitik: Selbstmobilisierung für den „geistigen Kampf“

9.1 „seine politische Wirkung [...] darf immer nur durch seine Wissenschaft hindurch wirken“

In der Rede zum Antritt seines Rektorats verkündete Predöhl, die Wirtschaftswissenschaften seien eine „doppelseitige“ Disziplin. Deshalb müsse sie nicht nur, wie die Naturwissenschaften, „praktische Aufgaben, und zwar vor allem auch Aufgaben für unmittelbare Kriegszwecke“, übernehmen. Man habe darauf zu achten, „daß sie [als Geisteswissenschaft] zugleich eine zentrale Stellung einnimmt im geistigen Kampf“.[1] Das vom IfW-Direktor und auch vom Fördergesellschaftspräsidenten stets verwendete Schlagwort „Kulturpolitik“ wurde den Behörden als einer der zentralen Institutszwecke genannt. Dabei versicherte man glaubhaft, nur eine Maxime zu kennen: „richtig ist, was Deutschland dient.“[2] Mit dem Begriff „Kulturpolitik“ wurde der Anspruch auf eine Betätigung auf einem hohen intellektuellen Niveau sowie auf eine völlig andere Methodik der Überzeugung und Argumentation erhoben, verglichen mit dem Mainstream der Kommunikation des NS-Regimes. Dessen Propaganda, die eine „Atmosphäre permanenter öffentlicher Erregung“[3] schuf, war ein Machtpfeiler der Staatsordnung.[4] In ihrer Reichweite wies sie jedoch Grenzen auf und hatte insbesondere Schwierigkeiten, Ausländer oder ideologieskeptische Inländer anzusprechen. Deshalb wollte Predöhl das IfW sowie nach Möglichkeit die Kieler Universität zwar nicht in der pro-nationalsozialistischen Zielsetzung, wohl aber in der Methodik abgrenzen. Zum Akademiker wurde festgestellt: „Wenn er Propaganda treibt, treibt er fast immer schlechte Propaganda und schlechte Wissenschaft zugleich. Seine politische Wirkung [...] darf immer nur durch seine Wissenschaft hindurch wirken.“[5] Kulturpolitik nach dem Ideal Predöhls sollte damit eher unserem gegenwärtigen Verständnis von Öffentlichkeitsarbeit entsprechen, also „die bewusst geplante, dauerhafte Verbreitung interessengebundener Information mit dem Ziel, ein positives Image generell oder bei bestimmten Teilöffentlichkeiten aufzubauen oder zu stabilisieren bzw. ein negatives Image abzubauen.“[6]

Die Öffentlichkeitsarbeit wurde nicht erst nach 1945 als *Public Relations* aus den USA importiert, sondern besaß in Deutschland eine in das Kaiserreich zurückreichende Tradition.[7] Als naheliegendes Beispiel kann die Gründung des IfW dienen, das

1 Predöhl (1942b), S. 4.
2 Predöhl an REM, 09.01.1939, in: BA, R 4901/3029, Bl. 70.
3 Sösemann (2011), S. L.
4 Vgl. Sösemann (2011), S. L.
5 Predöhl (1942b), 11. Ähnlich in: Predöhl an REM, 09.01.1939, in: BA, R 4901/3029, Bl. 69.
6 Kunczik (1997), S. 4.
7 Vgl. ebd., S. 353–355.

https://doi.org/10.1515/9783110658873-009

von Beginn an auch als nationales PR-Instrument gedacht war unter dem Motto: „Deutsche Kultur ebnet deutscher Wirtschaft den Weg".[8] Zu Beginn des Ersten Weltkriegs hatte der Institutsdirektor sogar in Skandinavien und Rumänien für einen Eintritt auf deutscher Seite agitiert. Bis zum Ende seiner Amtszeit wollte der Gründungsdirektor Harms das Institut entsprechend eingesetzt wissen. Während den Reparationsverhandlungen und der Weltwirtschaftskrise wurde etwa der Reichsregierung angeboten, ihre „Weltpolitik und Weltwirtschaftspolitik"[9] unter Gebrauch des eigenen wissenschaftlichen Renommees im Ausland zu bewerben. Aber nicht nur ausländische, auch inländische bzw. regionale schleswig-holsteinische Adressaten hatte das IfW von bestimmten Standpunkten zu überzeugen versucht. Zu nennen wären unter anderem der Aufruf zur Annahme des Young-Planes 1929 oder die lokale Kriegspropaganda der ab 1915 im IfW angesiedelten „Kieler Organisation zur Sicherung der Volksernährung".[10]

Predöhl hat also 1934 die „politischen Möglichkeiten"[11] des IfW keineswegs entdeckt, wie er gegenüber dem REM behauptete, sondern an ein Erbe anknüpfen können. Sein Lehrer und Vorvorgänger Harms hatte gezeigt, dass ein Akademiker seinen besonderen Status nutzen konnte, um die damit verbundene erhöhte Glaubwürdigkeit einzusetzen. Je mehr er seine politische Motivation versteckte, desto effektiver würde die Öffentlichkeitsarbeit sein. Um ein solches Vorgehen in den NS-Kontext zu übertragen und entsprechend arbeitsteilig der NS-Propaganda zuarbeiten zu können, wurde das IfW in die vielfältigen Netzwerke eingebunden, unter anderem über die Fördergesellschaft. In dessen Verwaltungsrat traten gleich drei hochrangige Mitarbeiter aus Goebbels Propagandaministerium ein: Staatssekretär Walther Funk, später Reichswirtschaftsminister und Präsident der Reichsbank, der bis 1939 amtierende Leiter der Auslandsabteilung Oswald Lehnich[12] sowie Heinrich Hunke, Präsident des Werberats der Deutschen Wirtschaft und Nachfolger Lehnichs.

Die Aktivitäten des IfW erstreckten sich über die gesamte NS-Zeit und 1944 wurde sogar noch ein „Sondervermögen zur Förderung der kulturpolitischen Arbeit nach Kriegsende"[13] gesammelt. In diesem Kapitel wird sowohl die regionale als auch die national und international ausgerichtete Öffentlichkeitsarbeit analysiert. Um der großen Bandbreite Herr zu werden, konzentriere ich mich auf die im Zusammenhang mit der deutschen Wirtschaftspolitik und der Vorbereitung sowie Begleitung der

8 Harms an Kultusminister, 1913, S. 11, in: ZBW, D 9419.

9 Harms an Groener, 16.02.1932, in: BA, R 2/12025. Groener schied zwar bald danach aus der Regierung aus, aber Reichsfinanzminister von Krosigk nahm im Sommer 1932 das Angebot an.

10 Vgl. Take (2015), S. 58.

11 Predöhl an REM, 09.01.1939, in: BA, R 4901/3029, Bl. 68.

12 Lehnich war 1933 von Jessen in den Verwaltungsrat aufgenommen worden, als er noch württembergischer Wirtschaftsminister war. Im März dieses Jahres hatte er als a.o. Professor in Tübingen die sogenannte Erklärung der 300 Hochschullehrer für Adolf Hitler unterzeichnet. Zwei Jahre darauf wurde er als förderndes Mitglied der SS in den Rang eines Oberführers befördert.

13 Lindemann: Bericht über das Geschäftsjahr 1943 der Förderungsgesellschaft, 03.04.1944, in: BA, R 4901/14814, Bl. 376. Ende 1943 betrug dieses Vermögen bereits etwa 15–20 % des IfW-Etats.

Kriegsführung stehenden Aktivitäten. Nach Möglichkeit wird der in den relevanten Quellen bestehende Fokus auf Predöhl als Anbahner von Kooperationen, als Vortragsreisender, Redner, Herausgeber etc. aufgebrochen, um ein Bild vom Institut als Ganzem und nicht nur von seinem an der Öffentlichkeitsarbeit hochinteressierten Direktor zu gewinnen.

9.2 Auf die Region ausgerichtete Öffentlichkeitsarbeit

Das IfW und seine einzelnen Mitarbeiter hatten verschiedene Möglichkeiten, im lokalen und regionalen Rahmen Öffentlichkeitsarbeit zu betreiben. Sie konnten sich organisatorisch oder inhaltlich in interne oder externe Veranstaltungen einbringen, in Organisationen mitarbeiten sowie in den *Kieler Blättern* publizieren. Für jeden dieser drei Bereiche ist zu prüfen, inwiefern Predöhls Übernahme des Direktorats im November 1941 eine Zäsur darstellte und seine Übernahme dieses in der NS-Wissenschaftspolitik sehr einflussreichen Postens[14] zu einer signifikanten Erhöhung des Engagements führte.

Im Juni 1937 hatte eine „Woche der Universität" stattgefunden, um den nichtakademischen „Volksgenossen" zu demonstrieren, dass man gemeinsam an den „Zielen und Absichten unseres Führers" arbeite.[15] Im Jahr darauf fand eine politisch noch deutlich aggressivere Nachfolgeveranstaltung statt, die auf die Disziplinen der Rechts- und Staatswissenschaftliche Fakultät beschränkt war. Als Redner erschienen unter anderem Justizminister Hans Frank sowie Reichsfinanzminister von Krosigk. Letzterer sprach über die Bewältigung des „Anschlusses" Österreichs, die Notwendigkeit Kolonien zu erobern und die Finanzierung des Vierjahresplans.[16] Seine Ausführungen wurden durch zwei Vorträge von Predöhl und Mackenroth ergänzt. Ersterer referierte über die Notwendigkeit eines deutschen Kolonialbesitzes zur Sicherung der Rohstoffeinfuhren. Er tat dies demonstrativ vom Standpunkt eines angeblich unabhängigen Wissenschaftlers und vermied es, von Krosigks Argumente wiederzukäuen. Predöhls Kernaussage war, dass die Wiedererrichtung einer Kolonialherrschaft sowie der – nur auf die Vorbereitung einer Kriegswirtschaft abzielende – Vierjahresplan Voraussetzung für die Erholung und Befriedung der Weltwirtschaft darstellten.[17] Mackenroth war ebenfalls bemüht den Vierjahresplan in ein positives Licht zu rücken und versuchte, die Verzerrung der Wahrheit durch Massen an statistischem Material zu kaschieren. Ferner wurde im Institut für Politik und Internationales Recht eine

14 Vgl. Nagel (2008), S. 253

15 Ritterbusch: Die Universität Kiel und Schleswig-Holstein, in: Ritterbusch und Löhr (1937), S. 4.

16 Brandt: Die Rechts- und Wirtschaftswissenschaftliche Woche der Universität Kiel vom 13. bis 18. Juni 1938, in: Kieler Blätter, 1938, H. 3, S. 206–208.

17 Zusammenfassung von Predöhls Rede durch Brand, in: Ebd. Ähnlich auch Anfang 1939 in einer Rede vor der Weltwirtschaftlichen Gesellschaft. „Wohin steuert die Weltwirtschaft?", in: Bremer Nachrichten, 25.02.1939.

Ausstellung über „Die Greuelpropaganda unserer ehemaligen Gegner im [Ersten] Weltkriege“[18] gezeigt. Diese sollte „einen starken Eindruck von den Waffen der Verhetzung [...] gegen Deutschland“[19] vermitteln und so für Hitlers aggressive Außenpolitik werben. Eine ganze Reihe der Ausstellungsstücke wurde vom IfW gestellt, das angeblich in Deutschland die vollständigste Kriegsbibliothek gesammelt hatte.[20] Der Bibliothekar Gülich stellte auch für eine Reihe weiterer Propagandazwecke Material zur Verfügung, unter anderem für den einflussreichen antisemitischen und antibritischen Künstler A. Paul Weber.[21] Auch war Gülich vermutlich an einer Ausstellung beteiligt, welche die Annexion Österreichs feierte.[22]

Als der Rektor Ritterbusch im Herbst 1939 sogenannte Kriegsvorlesungen für das deutsche Volk organisierte, beteiligte sich das IfW allerdings kaum an der dort geübten Kriegspropaganda. Lediglich Schiller hielt drei Mal einen Vortrag über seine damaligen Forschungen zur „ernährungswirtschaftliche[n] Versorgung Europas im heutigen Kriege“.[23] Bedeutungsvoller war eine Tagung, die im April 1940 in Kiel stattfand und die offizielle Eröffnung der großangelegten „Aktion Ritterbusch“ darstellte.[24] Mit dieser reichsweit angelegten Initiative wollte Ritterbusch unter anderem demonstrieren, dass die deutsche Wissenschaft durch die Vertreibung jüdischer Wissenschaftler keinen Verlust erlitten hätte. Auch sollte eine neue europäische Ordnung unter deutscher Vorherrschaft propagiert werden, um die Angriffskriege gegen die Nachbarstaaten in einen Sinnzusammenhang zu rücken.[25] Im Rahmen dieser Aktion wurde eine interdisziplinäre Arbeitsgemeinschaft Kieler Geisteswissenschaftler begründet, die eine regional orientierte Öffentlichkeitsarbeit entfalten sollte. Sie befasste sich mit der „Kriegs- und Greuelpropaganda unserer Feinde im [Ersten] Weltkrieg und heute“[26] und aktualisierte die oben erwähnte fast gleichnamige Ausstellung. Darüber hinaus erarbeiteten ihre Mitglieder Referate, die diskutiert und gegebenenfalls in den *Kieler Blättern* veröffentlicht wurden.

Zu den publizierten Beiträgen zählte W.G. Hoffmanns „Die englische Wirtschaftswissenschaft im Dienste der Kriegsvorbereitung und Kriegspropaganda“.[27]

---

18 Programm der Rechts- und Wirtschaftswissenschaftlichen Woche der Universität Kiel, 13.06 – 18.06.1938, in: HS IfW, Hs allg. 18.

19 Ebd., S. 5.

20 Harms: Das Königliche Institut für Seeverkehr und Weltwirtschaft, 09.02.1918., S. 18, in: ZBW, B 45701.

21 Vgl. Paul (2001), S. 171.

22 Plan der Ausstellung „Österreich“, März 1938, in: ZBW-Archiv, 275.

23 Kriegsvorlesungen für das deutsche Volk (26.11 – 17.12), in: Kieler Blätter 1940/1, S. 132 – 134.

24 Zur „Aktion Ritterbusch“, siehe Hausmann (2007).

25 In diese Richtung wurden insbesondere die Geographen um Oskar Schmieder aktiv, die auf die Hilfe des IfW zählen konnten. Carl Schott: Arbeitstagung der Hochschullehrer der Geographie in Kiel, in: Kieler Blätter, 1940, H. 3/4, S. 400.

26 Alfred Schneyder: Bericht über die Tätigkeit der AG „Kriegs- und Greuelpropaganda unserer Feinde im Weltkrieg und heute“, in: Ebd., S. 404.

27 W.G. Hoffmann (1940c).

Darin bediente er die antienglischen Stereotypen und stellte die Briten als ein nur auf den eigenen wirtschaftlichen Vorteil bedachtes charakterlich verschlagenes Volk dar. Sie hätten die Ordnung der globalen Wirtschaft diktiert und einzig auf ihren Machterhalt ausgerichtet.[28] Damit war Hoffmanns Beitrag einem Harms'schen Text aus dem Ersten Weltkrieg ähnlich, in dem jener ebenfalls gegen das „Krämervolk"[29] gehetzt hatte. Hoffmanns Kernbotschaft war, dass nicht NS-Deutschland, sondern England den Krieg gewollt und sich bereits seit 1936 unter der führenden Beteiligung von Wirtschaftswissenschaftlern auf diesen vorbereitet habe. Auffällig ist, dass alle Vorwürfe dem IfW hätten vorgehalten werden können, auch die Hauptanklage der Bildung einer Art wissenschaftlich-militärisch-industrieller Komplex zum Zweck der Kriegsvorbereitung.

Das IfW als solche organisierte im Krieg keine eigenen Propagandaveranstaltungen. Allerdings wandte der Institutsdirektor sich als Universitätsrektor in vier rekonstruierbaren Fällen an die regionale und lokale Öffentlichkeit. Zunächst ist eine Gedenkfeier für Professor Paul Strack zu nennen, die Predöhl am 10. Dezember 1941 und damit drei Wochen nach Übernahme des Rektorats veranstaltete. Jener war schon vier Monate zuvor beim Angriff auf die Sowjetunion getötet worden, aber Predöhl wollte das in seinem Tod angelegte hervorragende Propagandapotential nutzen. Paul Strack hatte nämlich, wie zuvor sein Vater Max, eine Geschichtsprofessur in Kiel innegehabt. Wie der Vater im Jahr 1914, hatte sich der Sohn freiwillig gemeldet, war ebenfalls mit dem Eisernen Kreuz ausgezeichnet und dann getötet worden.[30] Predöhl war in seiner Ansprache eifrig bemüht auf diesen Parallelen aufzubauen und verkündete, für die männliche wehrfähige Jugend sei „die Möglichkeit, sich im Kampfe für sein Vaterland zu bewähren, ein einzigartiges Glück. [...] Er wäre kein deutscher Mann, wenn er sie nicht mit Leidenschaft ergriffe."[31] Gerade weil Strack kein fanatischer Nationalsozialist gewesen und nicht der Partei beigetreten war, bildete sein Schicksal für Predöhl einen hervorragenden Bezugspunkt. Jener hatte seinen eigenen Kriegsdienst nicht enthusiastisch gefeiert und als Kampf für die NS-Ideologie dargestellt, sondern ihn vielmehr als patriotische und auch akademische Pflicht verstanden. Predöhl wollte mit seiner eigenen Ansprache eben jene Menschen erreichen, die nicht von der NS-Ideologie erfasst worden waren, die aber davon überzeugt werden konnten, sich für ihr „angegriffenes" Land einsetzen zu müssen. Vermutlich sah Predöhl sich auch selbst in einer entsprechenden Kontinuitätslinie. Sein Vater Max

28 Ebenfalls Teil der „Aktion Ritterbusch" war ein Projekt, das die „kapitalistische Wirtschaft als Mittel der englischen Macht" entlarven sollte. Hausmann (2007), S. 381. Während der Göttinger Prof. Rath den theoretischen Teil verantworten sollte, übernahm Predöhl im April 1940 die Leitung des praktischen Teils, für den auch ein Beitrag W.G. Hoffmanns geplant wurde.

29 Harms (1915b), S. 147.

30 Vgl. „Paul Richard Leberecht Strack", in: Historikerin der Praxis (Hg.): Das Historische Seminar im „Dritten Reich", 2003, in: https://www.uni-kiel.de/ns-zeit/allgemein/historisches-seminar.pdf [zuletzt abgerufen am 23.04.2019].

31 Predöhl: Ansprache vom 10.12.1941 zum Tod von Paul Strack, in: LASH, Abt. 47, Nr. 2069.

Predöhl hatte als Erster Bürgermeister Hamburgs im Ersten Weltkrieg seinerseits eine intensive Öffentlichkeitsarbeit geleistet, um für eine Unterstützung des Kriegs zu werben.[32]

Erst am 30. Januar 1942, dem Jahrestag der Reichskanzlerschaft Hitlers und damit als Symbol der Verbindung zwischen Universität und Nationalsozialismus, hielt Predöhl seine offizielle Antrittsrede als Rektor. Sie wurde in den *Kieler Blättern* veröffentlicht und richtete sich nicht nur an die Akademikergemeinde, sondern auch an die breite Bevölkerung sowie die regionalen zivilen und militärischen Herrschaftsträger.[33] Es wurde ein Kniefall vor dem Regime, das der Universität „einen politischen Sinn und damit den inneren Zusammenhang wiedergegeben"[34] habe. Über die üblichen Propagandaphrasen („Feldherrngenie des Führers" usw.) hinaus nutzte Predöhl die Gelegenheit, um seine Vorstellung von einer besonders effektiven Öffentlichkeitsarbeit gegenüber den externen Hörern und Lesern zu bewerben und sie den Universitätsangehörigen nahezulegen. Akademiker seien eine Art Spezialeinheit im „geistigen Kampf" und sollten nicht versuchen die NS-Propaganda zu imitieren, sondern durch eine geschickte und wissenschaftlich fundierte Kulturpolitik zu ergänzen und damit die Reichweite zu erhöhen.

Im Januar 1944 weckte Predöhl das seit 1941 ruhende Format der Universitätswochen wieder auf. Es schien in dieser Phase des Krieges notwendig, den gesellschaftlichen Zusammenhalt und den Durchhaltewillen zu stärken. Auch Fick und F. Hoffmann hielten es für angebracht, dafür ein „Zeichen des unerschütterlichen Lebenswillens unserer Universität"[35] zu setzen. Die Veranstaltung stand nämlich unter dem Eindruck eines kurz zuvor erfolgten schweren Bombenangriffs auf die Stadt, der auch die Universität getroffen hatte. Weil dabei die Aula ausgebrannt und im IfW lediglich der Nordflügel des Hauptgebäudes zerstört worden war, fanden die Vorträge hauptsächlich im IfW statt. Unter anderem sprach dort der Juraprofessor Viktor Böhmert zu den Bürgern Kiels und mittelbar auch zu den Frontsoldaten der Rechts- und Staatswissenschaftlichen Fakultät, denen diese Rede gedruckt zuging. Böhmert befasste sich mit den Luftangriffen auf Deutschland und stellte diese als völkerrechtswidrig, unprovoziert, hinterhältig und grausam dar.[36]

Schließlich hielt Predöhl nach einem erneuten großen Luftangriff auf Kiel im Sommer 1944 auf der Freitreppe der Universität eine „Durchhalterede"[37]. Damit setzte

32 An mindestens einer Veranstaltung nahm Kaiser Wilhelm II. teil. Vgl. Görlitz (1959), S. 313.

33 Morgens frühstückte Predöhl mit Oberbürgermeister Behrens sowie Offizieren der Wehrmacht und SS. Ferner wurde die Rede an verschiedene Ministerien, Militärs, Fördergesellschaftsmitglieder versandt. Siehe LASH, Abt. 47, Nr. 2085.

34 Predöhl (1942b), S. 2.

35 F. Hoffmann u. a.: Zum Geleit, in: Frontsoldatenbriefe der Rechts- und Staatswissenschaftliche Fakultät der Uni Kiel, H. 10, März 1944, in: ZBW, YY 3116.

36 Viktor Böhmert: Der englische Luftkrieg gegen die Zivilbevölkerung und das Völkerrecht, in: Ebd., S. 1–12.

37 Krüger: Denkschrift zum Wiederaufnahmeverfahren über die Entnazifizierung des Professor Andreas Predöhl, 15.12.1947, S. 7, in: LASH, Abt. 460, Nr. 4182. Predöhl antwortete am 15.06.1948.

er eine Tradition seines Vorgängers Löhr fort, der drei Jahre zuvor, als nach einem Großangriff einige besser gestellte Bürger aus der Stadt geflohen waren, ebenfalls für einen Zusammenhalt der Gesellschaft für den totalen Krieg geworben hatte. Für die Moral sei es wichtig, dass die Wissenschaftler ein politisches Zeichen setzten und „solange in Kiel auf ihrem Posten ausharren, solange man dieses von den Arbeitern verlange."[38] Das IfW verließ dennoch im Sommer 1944 zum größten Teil Kiel. Archiv, Bibliothek und die Forschungsabteilung waren für die Führung des Wirtschaftskrieges zu wichtig, als dass man sie dem Bombenhagel hätte aussetzen wollen.

Die beiden im Zusammenhang dieses Kapitels relevanten Organisationen waren die noch am Ende des Ersten Weltkriegs begründete Schleswig-Holsteinischen Universitätsgesellschaft sowie das 1938 an der Uni Kiel entstandene Institut für Volks- und Landesforschung. In beiden hatte der Rektor jeweils den stellvertretenden Vorsitz bzw. die Leitung inne. Das Institut war von Ritterbusch mit dem Ziel begründet worden, die Universität enger mit der Landesverwaltung und der Partei zu vernetzen. Die beteiligten Hochschullehrer sollten politisch relevante Themen wie Volkstumspflege, Grenzland und Flurnamen erforschen und die Erkenntnisse den Bürgern der Provinz präsentieren.[39] Dazu gehörte die Erstellung einer „Judenkartei" auf Basis einer alten Volkszählung.[40] Auch die Raum- und Siedlungsforschung sollte dazugehören. Beiträge des zuständigen Fick oder seines Nachfolgers Bente sind jedoch nicht rekonstruierbar. Predöhl hat dann nach eigenen Angaben „als Rektor versucht, das in Lethargie versunkene Institut zu aktivieren".[41]

Die Universitätsgesellschaft war in der Weimarer Republik teils völkerverbindend, teils den deutsch-dänischen Konflikt schürend aufgetreten. Unter starken Parteieinfluss geraten, konnte sie unter Ritterbusch und Predöhl wieder eine eigenständigere Öffentlichkeitsarbeit betreiben.[42] Gemäß seiner in der Rektoratsrede vorgestellten Leitlinie kündigte letzterer an, dass auch die Tätigkeit der Universitätsgesellschaft „stärker als bisher von der Wissenschaft durchgebildet werden"[43] sollte. Diese Hebung des Niveaus wollte er durch Einbindung des IfW und die Einsetzung von Fick als neuen „Wissenschaftlichen Leiter" erreichen. Die Zielsetzungen blieben jedoch unverändert und so gilt auch für die Zeit von Predöhls Leitung, dass die Universitätsgesellschaft dazu beigetragen hat, „die nationalsozialistische Diktatur und den ver-

---

38 Löhr an Mentzel (REM), 23.07.1941, in: LASH, Abt. 47, Nr. 2081.

39 Vorlesungsverzeichnis der Universität Kiel, SoSe 1939, in: **www.uni-kiel.de/journals** [zuletzt abgerufen am 23.04.2019].

40 Jahresbericht des Instituts für Volks- und Landesforschung 1939, in: ZBW, X 7128. Festgabe zur ersten Jahrestagung, 1939, in: ZBW, B 23089. Bericht über die „Arbeitstagung für Heimatforschung", 1938, in: ZBW, D 4449.

41 Predöhl: Betrifft: Denkschrift des Heinz Krüger, 15.06.1948, in: LASH, Abt. 460, Nr. 4182.

42 Vgl. Jessen-Klingenberg (1971), S. 70–79.

43 Rede Predöhls vor dem Beirat der Universitätsgesellschaft 1942, zitiert in: Ebd., S. 79.

brecherisch geführten Zweiten Weltkrieg zu rechtfertigen sowie die Bevölkerung des Landes in die Irre zu führen.“[44]

Die ab 1938 herausgegebenen *Kieler Blätter* waren das Publikationsorgan der Wissenschaftlichen Akademie des NS-Dozentenbunds. Als erste ihrer Art gegründet, sollte die Akademie die Vorreiterrolle Kiels in der NS-Wissenschaftspolitik und die „Synthese von Wissenschaft, Weltanschauung und Politik“[45] stärken. Obwohl sie ihre Arbeit mit Kriegsbeginn weitgehend einstellte, wurde die Zeitschrift, die sich nicht nur an die Universitätsmitglieder, sondern auch an die Bürger der Provinz richtete, fortgeführt. IfW-Mitarbeiter engagierten sich erst, nachdem Predöhl auch hier als Rektor die Leitung übernahm. Er schmiss sofort den Schriftleiter Hans-Helmut Dietze raus,[46] ersetzte ihn durch seinen Adlatus W.G. Hoffmann – zeitgleich auch zum Leiter des Pressereferats der Uni Kiel ernannt – und ordnete eine Neuausrichtung an. In ihren Beiträgen sollten die Universitätsmitglieder darauf achten, „die politische Grundhaltung in stärkerem Maße als bisher auch in Form fachlicher Beiträge in Erscheinung treten zu lassen.“[47] Die Botschaften sollten subtiler vermittelt werden, die politischen Inhalte auf einem höheren Niveau und mit wissenschaftlicher Fundierung argumentativ vertreten werden. Entsprechend wurde die Polemik eines Philologieprofessors gegen den „Stalinismus“ mangels Qualität zurückgewiesen.[48]

Zu den abgedruckten Einsendungen gehörte ein Beitrag F. Hoffmanns von 1942 über die 1815–19 erschienenen *Kieler Blätter*. Es habe sich um eine „vaterländische Zeitschrift“[49] gehandelt, aktiv im Kampf gegen die französischen Dominanz in Europa als es „kein einheitlich zentrales Widerstandsfeld gegen die westlichen Ideen“[50] gegeben habe. Diese Geschichtsklitterung sollte suggerieren, der Einsatz von Akademikern für das NS-Regime und seine Feldzüge in Ost und West läge in einer historischen Kontinuitätslinie. REM und Propagandaministerium waren zufrieden und ermöglichten bis 1943 das Erscheinen einer auf 700 Exemplare erweiterten Auflage.[51]

9.3 Positionierung zu Kernthemen der NS-Wirtschaftspolitik

Predöhl hatte aus der Nähe miterlebt, wie Jessen mit seinem Versuch, die Wirtschaftspolitik des Regimes mitzugestalten, gescheitert war. Unter seiner Leitung würde das IfW sich nach außen hin stets dem Regime unterordnen und zur Werbung

44 Jessen-Klingenberg (2007), S. 95–96.
45 Löhr: Über die Tagung des NS-Dozentenbundes in Alt-Rehse, in: Kieler Blätter 1938/1, S. 70.
46 Predöhl an Dietze, 11.12.1941, in: LASH, Abt. 47, Nr. 2085.
47 Rektor Predöhl an Lehrkörper Uni Kiel, 19.01.1942, in: Ebd.
48 Predöhl an Walther Steller, 31.05.1943, in: Ebd.
49 F. Hoffmann: Gestaltung und Haltung der alten „Kieler Blätter“, in: Kieler Blätter, 1942/4, S. 230.
50 Ebd., S. 228.
51 Predöhl an Ritterbusch, 05.02.1943, in: LASH, Abt. 47, Nr. 2081. Für das Jahr 1943 war offenbar eine Fürsprache von Ritterbusch notwendig. Predöhl an Ritterbusch, 08.12.1942, in: LASH, Abt. 47, Nr. 2085.

für seine Wirtschaftspolitik gegenüber der Bevölkerung beitragen. Gleichzeitig würde es aber das Regime stabilisieren, indem es über Sachzwänge aufkläre und in der geeigneten Weise, d. h. hinter verschlossenen Türen oder in Fachzeitschriften, konstruktive Kritik üben. Anders als bei dem von allen Seiten begrüßten Abbau der Arbeitslosigkeit, fanden keineswegs alle wirtschaftspolitischen Maßnahmen des „Dritten Reichs" eine ungeteilte Zustimmung oder konnten zügig umgesetzt werden. Überblicksartig zeige ich hier, welche Positionen das IfW zu einigen der wichtigsten wirtschaftspolitischen Themen einnahm: Steigerung der Staatsquote, Kontrolle des Außenhandels, Autarkisierung, wirtschaftliche Ungleichheit sowie „Arisierungen".

Die große Mehrheit der Kieler Ökonomen befürwortete steigende Eingriffe des Staates in die Wirtschaft und die damit verbundene Nachfrage nach Experten wie ihnen selbst. Die Schwaben Lösch und F. Meyer, beide geprägt vom Freiburger Eucken, waren mit ihrer vorsichtigen Kritik an der raschen Erhöhung der Staatsquote Außenseiter. Sie regten an, man solle auf die „praktisch unkontrollierbaren Vorschriften über die letzten Einzelheiten des wirtschaftlichen Alltags"[52] verzichten. Es könnten vielmehr „die ungeheuren Kräfte der Freiwilligkeit, wenn sie nur richtig geleitet werden, einen Bundesgenossen der staatlichen Wirtschaftsführung bilden".[53] Die meisten folgten jedoch Predöhls Leitlinie, dass jede Staatsintervention gerechtfertigt sei, die im Interesse der Nation läge. Predöhl ging aber noch über eine Rechtfertigung der Methoden der NS-Wirtschaftspolitik hinaus, indem er ihr den garantierten Erfolg prognostizierte. Das eindrücklichste Beispiel war eine Rede vor dem „Hamburger Nationalclub von 1919" aus dem Oktober 1941. Mit diesem antidemokratischen Club war das IfW bereits einmal zusammengestoßen, als dieser sich gegen Harms' Unterstützung für den Reichspräsidenten Ebert und die Republik ausgesprochen hatte. Es waren deshalb einige Club-Mitglieder aus der IfW-Fördergesellschaft ausgeschieden.[54] Der gebürtige Hamburg Predöhl lag jedoch politisch näher an der radikal nationalkonservative politischen Linie des Clubs. Mit pompöser Sprachgewalt behauptete Predöhl, „daß hinter der Führungswirtschaft politische Kräfte stehen, Kräfte, die viel stärker sind als die rein ökonomischen Kräfte, die hinter der [...] kapitalistischen Expansion im vorigen Jahrhundert gestanden haben."[55] Damit wurde die nationalsozialistische Wirtschaftspolitik mit seinem Bruch des früheren Austeritätsdogmas und dem auf Kriegsvorbereitung ausgerichteten Vierjahresplan als Naturgewalt dargestellt, gegen die eine Opposition aussichtlos sei.

Im Außenhandel und damit in jenem Bereich der NS-Wirtschaftspolitik, an dem das IfW am meisten interessiert war, bedeutete die Machtübernahme eine in Friedenszeiten nicht gekannte Verstärkung direkter Staatseingriffe. Bereits zwei Jahre vor

52 F. Meyer (1941), S. 3.

53 Lösch (1940), S. 335.

54 Vorstand des Nationalclubs von 1919 an seine Mitglieder, 22.01.1925, in: HS IfW, Hs Harms 1. Als Redner waren dort Hitler (1926, 1930) und Goebbels (1931) aufgetreten. Vgl. Jochmann (1960), S. 33.

55 Rede Predöhls: „Der Großraum und die Weltwirtschaft", gehalten vor dem Hamburger Nationalclub, 31.10.1941, Ausschnitt beigebracht von Heinz Krüger, in: LASH, Abt. 460, Nr. 4182.

dem Vierjahresplan sah der 1934 vom Wirtschaftsminister Schacht verkündete „Neue Plan" eine Intensivierung der Devisenbewirtschaftung und eine stärkere Kontrolle des Warenverkehrs vor.[56] Dies resultierte in bilateralen Handelsverträgen, die schnell zu einer „Zwangsjacke der Zweiseitigkeit"[57] wurden. Sie waren Ausdruck einer Primitivität, die nicht zu der vom NS-Regime beanspruchten wirtschaftlichen Kompetenz und Allmacht passen wollte und deshalb sowohl im Inland wie auch im Ausland einer Legitimation seitens der Wissenschaft bedurfte. Nach 1945 kritisierte Gülich das entsprechende Engagement vormaligen Chefs Predöhl folgendermaßen: „Predöhl gehört zu denjenigen deutschen Professoren, die sich freiwillig haben missbrauchen lassen, dem Nationalsozialismus den Schein einer wissenschaftlichen Erkenntnis zu verleihen. Was bei den Nationalsozialisten ad hoc an unreifen Gesetzen, Verordnungen oder praktischen Anordnungen herauskam, wurde von diesen willfährigen Gelehrten in ein wissenschaftliches System gebracht".[58] Autarkisierungen waren ein schwieriges Thema für das Weltwirtschaftsinstitut. Sich der NS-Agenda unterordnend zeigte man sich grundsätzlich bereit, jede wirtschaftspolitische Maßnahme gutzuheißen, die auf eine Reduktion der Auslands*abhängigkeit* gerichtet war. Gleichzeitig bemühte man sich jedoch, so viel wie möglich vom Außen*handel* zu retten. Für Importsubstitution, wie sie der Vierjahresplan mit seinen Vorhaben der synthetischen Rohstoffgewinnung verfolgte, begeisterten sich nur Vereinzelte wie der Extraordinarius Mackenroth.[59] Mehr Zuspruch bekam, was Reichsfinanzminister und IfW-Fördergesellschaftsmitglied von Krosigk im November 1935 im Institut vortrug. Das Ziel müsste eine Ausweitung des Staatsgebietes oder zumindest die Wiedererlangung von Kolonien sein, denn es sei an der Zeit, „daß wir auch einmal unser Recht anmelden [...], an Gebieten mit Rohstoffen beteiligt zu werden."[60] Wenige Wochen nach Wiedereinführung des Wehrdienstes und der Indienststellung eines ersten U-Boot-Verbands in Kiel, musste diese Forderung besonders drohend klingen. Predöhl unterstützte solche Expansionsforderungen, unter anderem im oben bereits angesprochenen Vortrag vor Hamburger (Kolonial-)Kaufleuten.[61] Vor anderem Publikum betonte er dagegen, dass durch eine geschickte Exportpolitik und den damit erwirtschafteten Devisenbeständen der Import wichtiger Güter fortgesetzt werden könne, ohne damit in Abhängigkeit vom Ausland zu verbleiben. Dieser wirtschaftliche Weg war die im IfW wegen seines geringeren Risikos gegenüber einem militärischen Weg bevorzugte Option.

Als selbsterklärte Alternative zur modernen Industriegesellschaft war für den Nationalsozialismus die Volksgemeinschaftspropaganda ein wichtiger Politikbestandteil.[62] Damit war allerdings nicht das Versprechen auf Beseitigung der wirt-

---

56 Radkau (1976), S. 45.
57 Ebd., S. 53
58 Gülich an Schleswig-Holsteinisches Innenministerium, 18.10.1948, in: LASH, Abt. 460, Nr. 4182.
59 Mackenroth (1938), S. 726.
60 Graf Schwerin von Krosigk: Nationalsozialistische Finanzpolitik, Kieler Vorträge 41, 1936, S. 16.
61 Predöhl (1937a), S. 12.
62 Vgl. Uwe Danker (2014), S. 63 – 68.

schaftlichen Ungleichheit verbunden gewesen, sondern die Aufhebung der Klassengegensätze durch eine Konsensdiktatur. Mittels intensiver Öffentlichkeitsarbeit sollte der Ständestaat die materiellen Interessengegensätze überdecken. Jemand wie Mackenroth, der „von links" zum Nationalsozialismus gekommen war, hatte in den ersten Jahren des „Dritten Reichs" noch geglaubt, dessen Wirtschaftspolitik würde vom zweiten Namensbestandteil bestimmt. Mit seinen Arbeitsbeschaffungsmaßnahmen schien das Regime zunächst den Bedürftigsten zu helfen und senkte das gesellschaftliche Konfliktpotential drastisch. Von den Erfolgen berauscht, war Mackenroth der Überzeugung, dass der Nationalsozialismus zu verstehen sei als „Modifizierung des Begriffes Sozialismus, die sich Art und Struktur des jeweiligen Staates anpasst".[63] Die Abschaffung der liberalen und demokratischen Gesellschaftsordnung sei gar kein primäres Ziele des Nationalsozialismus gewesen. Vielmehr habe es sich um eine notwendige Folge der Unvereinbarkeit mit jenem „Wirtschaftssozialismus"[64] gehandelt, den Mackenroth sich vom „Dritten Reich" erhoffte. Bei einem Besuch in England riet er den dortigen Sozialisten, dem deutschen Beispiel zu folgen, denn in einer Demokratie ließe sich keine nennenswerte Reduktion der wirtschaftlichen Ungleichheit durchsetzen.

Nach Erreichung der Vollbeschäftigung schwächte das Regime systematisch die Kaufkraft der unteren Einkommensschichten, um so Mittel für die Autarkisierung und Aufrüstung zu generieren.[65] Für einen Experten wie Mackenroth mit seinem hervorragenden Zugang zu Statistiken musste das erkennbar gewesen sein. Gleichwohl lehrte er seine Studierenden selbst noch während des Weltkriegs, dass die Wirtschaftspolitik des Nationalsozialismus zu einer „Angleichung von Arm und Reich"[66] geführt habe. Damit leistete er einen Beitrag dazu, dass die Volksgemeinschaftspropaganda ihre benötigte Unterstützung aus den Reihen der Akademiker erhielt. Die „Erfolge" in der Verringerung der Auslandsabhängigkeit und des Ausbaus der Rüstungswirtschaft mussten auch deshalb gefeiert werden, weil sie auf Kosten des privaten Konsums erreicht wurden.

Einen anderen Weg der Rechtfertigung wählte die IfW-Assistentin Savelsberg. Sie leugnete die Ungleichheit nicht, sah aber gleichwohl Handlungsbedarf, da sonst die Motivation der schlecht entlohnten Soldaten geschwächt werde. 1942 verfasste sie einen Beitrag für die *Frontsoldatenbriefe* und bemühte sich ebenfalls um eine regimestabilisierende Öffentlichkeitsarbeit. Es gäbe gegenwärtig Initiativen zur Abmilderung der Ungleichheit und überhaupt sei dies ja eigentlich gar nicht so wichtig. Entscheidender seien doch die allen Bürgern offenstehenden Beteiligungsmöglich-

---

63 Mackenroth: „Eindrücke einer Englandreise 1934", in: AUB, Sammlung Schmid (NL Mackenroth), A.I.2.1

64 Ebd.

65 Vgl. Mattfeld (1991), S. 1001.

66 Zitat aus Mackenroths Vorlesung „Deutsches Wirtschaftsleben", Teil III. Wie lebt das deutsche Volk?, gehalten am 11.02.1941 in Kiel, in: AUB, Sammlung Schmid (NL Mackenroth), A.I.3.1.1.6.

keiten in Parteiorganisationen, was für eine gleichere und gerechtere Gesellschaft sorge.[67]

Ein fünfter zentraler Bestandteil der NS-Wirtschaftspolitik war die sogenannte Arisierung, also die Verdrängung von Juden aus dem deutschen Wirtschaftsleben.[68] Seitens der Leitung des IfW bestanden keine Bedenken, mit Stellen in Kontakt zu stehen, die sich an solchen „Arisierungen" beteiligten bzw. sogar über die große Arbeitsbelastung jammerten.[69] Darüber hinaus lassen sich in verschiedenartigen Quellen judenfeindliche Stereotypen und Phrasen nachweisen. Dazu zählen einige Forschungsberichte für die Wehrmacht und ein Brief Gülichs von seiner USA-Reise, in dem er sich beklagt, dass sowohl die Harvard Universität als auch Russland unter einem jüdischen Einfluss stünden.[70] Anzuführen ist auch eine Bemerkung Predöhls gegenüber dem REM, es gäbe eine „Verjudung der Wirtschaftswissenschaft im allgemeinen".[71] Solche Wortwahl wurde insbesondere dann genutzt, wenn es Interessen des IfW durchzusetzen galt, etwa die Abwehr eines Zugriffs der Marine auf Institutsgebäude.[72] Ein besonders abstoßendes Beispiel stellt Predöhls Versuch dar, dem renommierten Ökonomen Franz Eulenburg seine Position als deutscher Korrespondent der *Revue Économique Internationale* streitig zu machen, um „deutsche Auffassungen in Belgien und noch erheblich über Belgien hinaus zu Gehör zu bringen."[73] Predöhl bezeichnete Eulenburg, der als Gegner von Großraum-Forderungen ein von Predöhl unterstütztes NS-Ziel ablehnte, dabei als „voller Nichtarier". Entsprechende antisemitische Äußerungen in Publikationen von IfW-Mitarbeitern oder in den Bänden des *WA* finden sich jedoch nur sehr selten.[74] Das IfW ignorierte in öffentlichen Stellungnahmen sowie in der eigenen Forschungstätigkeit die antisemitische NS-Politik und Propaganda. Dafür waren andere zuständig. Eine prominente Ausnahme bildet allerdings die Einladung zweier am Holocaust beteiligter Redner aus dem Warthegau im Jahr 1942, denen im IfW eine Bühne geboten wurde.

---

67 Gertrud Savelsberg: Die Grundzüge der deutschen Sozialordnung, in: Frontsoldatenbriefe der Rechts- und Staatswissenschaftliche Fakultät der Uni Kiel, H. 1, Mai 1942, in: ZBW, YY 3116.

68 Vgl. Pollmeier (2007), S. 415–416.

69 Der ehem. IfW-Mitarbeiter Gehrke, nun bei der Reichsstelle für den Außenhandel beschäftigt, schrieb, er habe „durch die Entjudung der Auslandsvertretungen deutscher Firmen eine Arbeit, um die Du uns nicht beneiden würdest, wenn Dir deren Umfang bekannt wäre." Gehrke an Lotsch, 27.06.1941, BA, R 9-I/3182.

70 IfW: Die wirtschaftlichen Kräfte Liberias, März 1941, insb. Bl. 4, in: BA-MA, RW 19/3812. Gülich an Greiser, 24.07.1936, in: LASH, Abt. 47, Nr. 6609, Bl. 107.

71 Der IfW-Direktor über seine Teilnahme an der wirtschaftswissenschaftlichen Konferenz in Pontigny/Yonne, 1.–6. September 1938, 15.09.1938, in: LASH, Abt. 47, Nr. 6913.

72 Predöhl an Kurator CAU, 25.03.1939, in: BA, R 4901/14813, Bl. 137.

73 Ebd.

74 Eine Suche nach dem Stichwort „Jude*" bei JSTOR für die Bände des *WA* im Zeitraum 1933–1945 ergibt 63 Treffer, darunter 19 Abhandlungen. In anderen Fachzeitschriften bewegte sich der Anteil im zweistelligen Prozentbereich Vgl. Heinrich (1991), S. 138.

9.4 Das IfW als Bühne: Zeitschriften und Veranstaltungen

I Das Weltwirtschaftliche Archiv

Mit dem *Weltwirtschaftlichen Archiv* (*WA*) und seinen teils gedruckt veröffentlichten *Kieler Vorträgen* besaß das IfW zwei Publikationsformate mit einem recht hohen Bekanntheitsgrad. Anders als das 1933 zwangseingestellte *Archiv für Sozialwissenschaft und Sozialpolitik* bestand das *WA* nicht nur weiter, sondern hielt neben der *Zeitschrift für Nationalökonomie* seine Position als eines der führenden deutschen Fachblätter.[75] Die einst 5.000 Stück betragende Auflage konnte nach dem Einbruch der Weltwirtschaftskrise zum Ende der 1930er Jahre wieder auf immerhin 2.000 Exemplare gesteigert werden, von denen etwa 800 ins Ausland gingen. Die intensive Auseinandersetzung mit der ausländischen Fachgemeinde blieb in den 1930er Jahren das Alleinstellungsmerkmal.[76] In der Amtszeit Predöhls entstammten 57% aller Abhandlungen der Feder von Ausländern, darunter eine ganze Reihe namhafter angloamerikanischer und französischer Ökonomen. Ab 1939 fielen die meisten angelsächsischen und französischen Beiträge weg und ab 1942 kamen die nun spärlicher werdenden Auslandsbeiträge eigentlich nur noch aus Süd- und Südosteuropa sowie der Schweiz.

Predöhl war von Beginn an bemüht, das *WA* als unschätzbar wertvollen „kulturpolitischen Faktor“[77] zu bewerben. Man könne damit „deutsche nationalsozialistische Wissenschaft vom besten Niveau in die Welt“[78] hinaustragen und würde zugleich auch davon profitieren, wenn ausländische Gelehrte im Gegenzug durch Publikationen ihre Forschungsergebnisse nach Deutschland trügen. Stets hielt er den Anspruch aufrecht, das *WA* sei „mit Abstand die erste deutsche wirtschaftswissenschaftliche Zeitschrift und die einzige [...] mit Weltgeltung“.[79] Nur durch ihr hohes Niveau könne sie politisch wirken. Noch im April 1944 verfocht er seine Strategie:

> Die strenge wissenschaftliche Haltung, die sich das ‚Weltwirtschaftliche Archiv‘ bewahrt hat, [...] ist recht eigentlich auch die Grundlage gewesen, auf der sich die entschiedene Vertretung der Gedanken nationalsozialistischer Wirtschaftspolitik in Fragen der Weltwirtschaft gegenüber dem Ausland geltend machen kann.[80]

---

75 Bis 1938 war die *ZfN* „ohne Frage das führende wirtschaftswissenschaftliche Journal im deutschsprachigen Raum“. Hagemann: Einführung, in: Ders. (Hg.) (1997), S. 13.

76 Vgl. Janssen (2012), S. 31–50 sowie Krohn (1981), S. 21.

77 Predöhl an REM, 31.07.1934, in: BA, R 4901/1217, Bl. 239.

78 Ebd.

79 Predöhl an REM, 29.12.1939, in: BA, R 4901/14813, Bl. 277.

80 Bericht des Direktors des Instituts für Weltwirtschaft über die Tätigkeiten des Instituts in den Jahren 1941–1943 an den Verwaltungsrat der Förderungsgesellschaft, 03.04.1944, in: BA, R 4901/14814, Bl. 371. Ähnlich: Predöhl an REM, 09.01.1939, in: BA, R 4901/3029, Bl. 65–66.

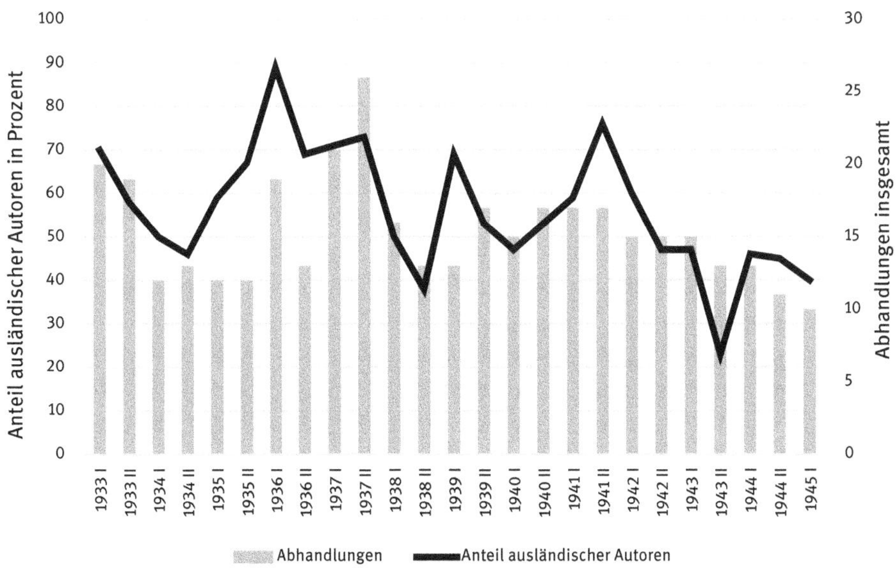

Abbildung 7: Anteil ausländischer Autoren im Weltwirtschaftlichen Archiv (1933–1945)

Das *WA* sollte nicht eines unter vielen Sprachrohren der NS-Propaganda sein, sondern mit seiner Qualität für das Regime werben. Zugleich sollte es ein möglichst offenes Diskussionsorgan sein, mittels welchem sich die Wirtschaftsexperten besser vernetzen und so die deutsche Wirtschaftspolitik besser analysieren und beraten konnten. Dies gelang und so trug die Institutszeitschrift zu jener Normalisierung der Kontakte mit der internationalen Wissenschaftsgemeinde bei, die als genereller Trend für die Jahre 1934 bis 1938 erkannt worden ist.[81] Anerkannt wurde das unter anderem von Göring, der 1939 für den 50. Jubiläumsband ein auch ins Englische, Französische und Italienische übersetztes Grußwort schrieb.[82]

Zu den bemerkenswerteren Ausgaben gehörten zwei Themenhefte über China und Japan von 1937 bzw. 1938, wofür bedeutende Wirtschaftswissenschaftler und -politiker beider Länder gewonnen wurden. Der in die USA emigrierte Emil Lederer urteilte, der Charakter der japanischen Expansion werde nicht problematisiert, die Interessen des Regimes und die völlige Unterordnung der Bürger würden als legitim vorausgesetzt, „but within the limits set by circumstances, the publication is ‚objective'".[83] Auffallend

81 Vgl. Hachtmann (2007), S. 1221. Siehe hierzu auch Predöhl (1934b), S. 224.

82 „Die Zielsetzung des Instituts, das Wissen um die sachlichen Voraussetzungen und praktischen Erfordernisse einer wirtschaftlichen Zusammenarbeit der Völker zu vertiefen, ist ernsthaften Einsatzes wert. Ich wünsche dem Institut für seine wissenschaftliche Tätigkeit weiteren Erfolg." Grußwort Hermann Görings im *WA* 50, 1939.

83 Lederer: Weltwirtschaftliches Archiv, Vol. 64, July 1937, in: Pacific Affairs, März 1938. Ende der 1930er Jahre las Genpachiro Konno, u. a. Mitarbeiter im japan. Erziehungsministerium, als Gastpro-

ist, dass die Japaner zwar ihre proto-„Wohlstandssphäre“ feiern durften, zugleich jedoch die Chinesen, unter ihnen der Finanzminister Hsiang-hsi K’ung, ihrerseits fordern konnten, diesem Eroberungsdrang Einhalt zu gebieten. K’ung reiste zeitgleich zum Erscheinen des Hefts durch Deutschland und warb um Auslandsinvestitionen, um der Ausbeutung seines Landes durch die expandierende Besatzungsmacht begegnen zu können.[84] Nachdem im September 1940 der Dreimächtepakt geschlossen worden war, folgte das IfW sofort dem festgelegten Kurs. Der Institutsassistent Mülhaupt behauptete nun, für Japan sei die Kontrolle der chinesischen und südostasiatischen Rohstoffe „der einzige Ausweg“,[85] um der Abhängigkeit von den USA und England zu entkommen.

Weiterhin erwähnenswert sind eine positive Rezension eines dänischen Ökonomen zu einem Buch des Briten Claude W. Guillebaud über „The economic recovery of Germany“[86] sowie eine ebenfalls im ersten Halbjahr 1939 verfasste Abhandlung Mackenroths, die sich intensiv auf jenes Buch bezog. Dieser Komplex stellt einen Idealfall der von Predöhl angestrebten Öffentlichkeitsarbeit dar. Guillebaud hatte für seine Recherchen Deutschland bereist und dabei auch sechs Wochen im IfW verbringen dürfen. Währenddessen hatten die Kieler und insbesondere Mackenroth, einer von Predöhls „in Dingen der Auslandspropaganda unvergleichlich zielsicheren und geschickten Kollegen“, ihn intensiv bearbeitet und vor dem Druck sogar die Fahnen zur Durchsicht zugesandt bekommen.[87] Das wurde natürlich nicht transparent gemacht. Der Brite wurde als Kronzeuge präsentiert um die Behauptung zu stützen, der deutsche Wirtschaftsaufschwung basiere auf einem soliden Fundament und es handele sich keineswegs um eine überhitzte Rüstungswirtschaft, die auf einen baldigen Kriegsbeginn ausgerichtet war.[88] Mit Werner Schlote berief sich im folgenden Jahr ein weiterer IfW-Mitarbeiter auf Guillebaud.[89] In diesem Fall ging es um Wirtschaftsdaten, die Schlote in den Jahren 1938 bis 1940 im Auftrag der Reichsmarine für die Zeitschrift *Nauticus* aufbereitete.[90] Ausdrücklich verbürgte Schlote sich mit der wissenschaftlichen Integrität des IfW dafür, dass die Angaben korrekt seien. Das waren sie aber nicht. Auf Verlangen des Wehrwirtschaftsamts hatte man sie gefälscht.[91]

---

fessor im IfW zu „Japans Stellung und Politik im pazifischen Wirtschaftsraum unter besonderer Berücksichtigung der wehrwirtschaftlichen Probleme“. Nordische Rundschau, 18.05.1938.

84 H. H. K’ung: Chinas Industriewirtschaft im Aufbau, in: WA 45, 1937, S. 203–232.

85 Mülhaupt (1940), S. 903.

86 Pedersen: Rezension zu: Guillebaud: The economic recovery of Germany, in: *WA* 50, 1939, S. 1*-7*.

87 Predöhl an REM, 09.01.1939, in: BA, R 4901/3029, Bl. 67. Das IfW sollte zu einem „Anziehungspunkt ausländischer Gelehrter“ ausgebaut werden, die sich „ein unbefangenes Urteil über die nationalsozialistische Wirtschaftspolitik erarbeiten wollen.“ Predöhl an REM, 09.07.1938, in: BA, R 4901/14813, Bl. 102.

88 Mackenroth (1939a). Siehe auch Guillebaud (1939), S. vii, 232–233.

89 Schlote: Über den wirtschaftsstatistischen Teil des Nauticus, in: Nauticus 1940/23, S. 256.

90 Schlote: Statistischer Teil. Wirtschaft, in: Nauticus 1938/21, S. 379–439; 1939/22, S. 451–513; 1940/23, S. 316–358.

91 Wochenberichte Wehrwirtschaftsamt, 21.11.1939, in: BA-MA, RW 19/243, Bl. 96.

Das *WA* als Instrument einer geschickten und möglichst hochwertigen Öffentlichkeitsarbeit gegenüber den ausländischen Wirtschaftswissenschaftlern und –Eliten unterschied sich deutlich von den anderen beiden Fachzeitschriften, an deren Herausgabe Predöhl ab 1935 bzw. ab 1940 beteiligt war, der *Zeitschrift für die gesamte Staatswissenschaft* (*ZgS*) und dem *Wirtschaftsdienst*.[92] Bezüglich der *ZgS* konnte Predöhl sich gegenüber seinen Kieler Mitherausgebern Bente und Huber nicht durchsetzen und klagte, es habe „die stark politische Ausrichtung der Zeitschrift den Zugang zu ausländischen Lesern in einer Reihe von Fällen sicherlich nicht erleichtert."[93] Mit seinen Initiativen, etwa im Frühjahr 1940 in der Phase der deutschen Angriffskriege in West- und Nordeuropa eine entschärfte Version der *ZgS* herauszugeben und diese gratis ins Ausland zu versenden, drang er nicht durch.

Der *Wirtschaftsdienst*, an dessen Herausgabe sich das IfW ab 1940 gemeinsam mit dem HWWI beteiligte, versorgte als Wirtschaftszeitung „Staat und Wirtschaft mit politischen und wirtschaftlichen Informationen sowie eigenen Forschungsergebnissen. Die Veröffentlichungen dienten darüber hinaus der staatlichen Propaganda."[94] Er war also – anders als das *WA* – gar nicht als „Clearingstelle"[95] der Gedanken der wirtschaftswissenschaftlichen Avantgarde gedacht, sondern sollte die Phänomene der internationalen Wirtschaft journalistisch aufbereiten und im Sinne des Regimes in ein Narrativ einbetten.[96] Während der *Wirtschaftsdienst* 1943 in der noch offensichtlicher propagandistisch ausgerichteten Zeitschrift *Die deutsche Volkswirtschaft* aufging und die *ZgS* 1944 zum letzten Mal in abgespeckter Auflage erschien, konnte das *WA* trotz aller Probleme bis März 1945 fortbestehen.[97] Auch das spricht für die Zustimmung, welche die IfW-Strategie der Öffentlichkeitsarbeit bei den für Papiergenehmigungen, Subventionen etc. relevanten staatlichen Behörden erfuhr.[98]

---

92 Die notwendige Differenzierung unterlässt beispielsweise Teichert (1984), S. 96.

93 Predöhl an Ritterbusch, 24.04.1940, in: LASH, Abt. 47, Nr 2045. Die *ZgS* sei eine der „radikalsten profaschistischen Fachzeitschriften des Reiches" gewesen. Krause (1969), S. 68. Zustimmend Janssen (2012), S. 187. Vgl. auch Ditt (2011), S. 225.

94 Leveknecht (1998), S. 7.

95 Bericht des Direktors..., 03.04.1944, in: BA, R 4901/14814, Bl. 371.

96 Predöhl betonte, das IfW werde seine Fachkompetenz einbringen, während die „journalistische Schulung" vom HWWI erfolge. Hausleiter und Predöhl: Dienst an der Wirtschaft: Gemeinschaftsarbeit, in: *Wirtschaftsdienst*, 05.01.1940.

97 Die Redaktion konnte selbst das Maiheft noch vorbereiten, das allerdings nicht mehr in den Druck ging. W.G. Hoffmann: Protokoll für die Übergabe der Redaktionsabteilung an Professor Dr. Schiller, 19.07.1945, in: LASH, Acc. 172/17 (NL Walther G. Hoffmann).

98 1936/37–38/39 sowie 1940/41 erhielt das IfW vom Werberat der Deutschen Wirtschaft jeweils 12.000 RM u.a. für den Auslandsabsatz des WA. Der Werberat bemühte sich seit längerem, sich in die Unterstützung des deutschen Exports einzuschalten. Vgl. Rücker (2000), S. 291–297.

II Kieler Vorträge

Die *Kieler Vorträge*, 1921 gemeinsam mit dem Wissenschaftlichen Club gegründet, hatten sich rasch zu einem bekannten Vortrags- und Debattenformat entwickelt, zu dem externe Wissenschaftler und Wirtschaftspolitiker eingeladen wurden. Bis 1944 wurden 74 Vorträge publiziert. Die Gesamtzahl betrug mindestens einige Dutzende mehr.[99] Während bis 1933 sowie nach der Wiederbegründung 1951 der Ausländeranteil an den publizierten *Kieler Vorträgen* 30 % bzw. 17 % betrug, lag er im Zeitraum 1934–44 bei 65 % (22 von 34). Zu den wenigen deutschen Rednern gehörten vor allem Hochkaräter wie Reichsbankpräsident Schacht, der Reichskommissar für Preisbildung und Gauleiter Schlesiens Josef Wagner, Großraumideologe Werner Daitz, der Präsident der Reichswirtschaftskammer Albert Pietzsch, Wehrwirtschaftsgeneral Georg Thomas, IG Farben-Funktionär Max Ilgner und Reichsfinanzminister von Krosigk. Letzterer nutzte im November 1935 die gebotene Bühne, um für seine kreditfinanzierte antizyklische „Nationalsozialistische Finanzpolitik" zu werben, die nun nicht mehr der Arbeitsbeschaffung, sondern der Wiederaufrüstung diene. Die „Konzentrierung der gesamten Ausgaben des Etats auf dieses eine Ziel und ferner die Konzentrierung des Kapitalmarktes ebenfalls auf das eine Ziel" verharmloste er als „Rückkehr zu einem normalen und notwendigen Zustand".[100] Der Vortrag löste ein großes Presseecho aus und die Zunft der Ökonomen akzeptierte die vorgegebene Leitlinie.[101]

Noch vergleichsweise wenig prominent war Arthur Greiser, als er im Februar 1935 das erste Mal in Kiel sprach. Der Präsident des Senats der Freien Stadt Danzig wurde nicht in Absprache mit dem entsprechend verärgerten Auswärtigen Amt, sondern über seinen Bruder, den IfW-Verwaltungschef Wilhelm Greiser, eingeladen.[102] Arthur Greiser verkündete, die vom Völkerbund sanktionierte demokratische Verfassung wirke sich hemmend auf die ökonomische Entwicklung der Stadt aus. Er erhob die völkerrechtswidrige Forderung, Danzig müsse an das Reich angeschlossen und so „die deutsche Brücke im Ostraum"[103] werden. Greisers Rede muss nicht nur im Zusammenhang mit der aggressiven NS-Außenpolitik gesehen werden, sondern auch mit einer entsprechenden Öffentlichkeitsarbeit der Kieler Universität. Bereits im Sommer

99 Für den Zeitraum 1921–1944 sind über 30 nicht veröffentlichte Kieler Vorträge im Hausarchiv des IfW belegt.

100 Lutz Graf Schwerin von Krosigk: Nationalsozialistische Finanzpolitik, Kieler Vorträge 41, 1936, S. 11–12.

101 Im Hausarchiv des IfW sind die entsprechende Zeitungsausschnitte gesammelt. Rezension von Fritz Terhalle in Jahrbücher für Nationalökonomie 143 (6), 1936, und von Wilhelm Vleugels: Graf Schwerin von Krosigk in Schmollers Jahrbuch 60 (2), 1936.

102 Das IfW hatte zunächst zwei hochrangige polnische Ministerialbeamte in Aussicht genommen. Deutsches Generalkonsulat an Auswärtiges Amt, 18.10.1934, in: BA, R 4901/1217, Bl. 298. Auswärtiges Amt an REM, 26.10.1934, in: Ebd., Bl. 299.

103 Die Rede erschien nicht in der Reihe des IfW, sondern unter dem Titel: Danzig als politisches Problem, in: Hochschule und Ausland: Monatsschrift für Kulturpolitik und zwischenvölkische geistige Zusammenarbeit, Mai 1935, S. 1–14.

1933 waren Kieler Ökonomen nach Danzig und Ostpreußen gereist und schworen laut dem Reisebericht in der Zeitung, „die deutsche Erhebung zu fördern und Ostpreußen zu helfen, denn wir wissen, daß dort das Land der Zukunft liegt.“[104] Um solche Bestrebungen zur Revision des Versailler Vertrags weiter zu fördern, war im Frühjahr 1934 eine weitere IfW-Delegation unter der Führung von Ohlendorf in den östlichen Ostseeraum gereist.[105]

Greiser machte in den folgenden Jahren eine steile Karriere. Nach dem Überfall auf Polen wurde er im Oktober 1939 zum Reichsstatthalter des Warthegaus und betätigte sich dort als „Motor der ‚Endlösung‘“.[106] Dieser Mann wurde für den Juni 1942 erneut zu einem Vortrag nach Kiel eingeladen. Später im Entnazifizierungsverfahren behauptete der Bibliothekar Gülich, er habe sofort bei Predöhl protestiert, weil „sich inzwischen ja soviel über die Greiserschen Grausamkeiten, insbesondere seine Judenverfolgungen, herumgesprochen hätte, dass er unter gar keinen Umständen diesen Mann einladen dürfe.“[107] Der Vortrag scheint aber doch reibungslos und offenbar vor mehreren hundert Hörern (800 laut Gülich) stattgefunden zu haben. Die veröffentlichte Fassung basierte auf einem Stenogramm, das Predöhl gemeinsam mit seinem Schriftleiter W.G. Hoffmann etwas entschärft hat.[108] Selbst das war aber noch eine extreme Hetzrede. Greiser beschwor einen „Volkstumskampf“, den man in den eroberten Gebieten gegen „das polnische Untermenschentum“[109] „von vornherein mit aller Härte führen“[110] müsse. Ausdrücklich erwähnt wurde die systematischen Ausbeutungen von jüdisch-stämmigen Menschen in den Textilbetrieben Litzmannstadts (Lódz), die die Strategie der „Vernichtung durch Arbeit“ umschrieben.[111] Abschließend forderte Greiser, die Welt müsse nicht nur durch die Wehrmacht, sondern „nach diesem Kriege ebenso stark, ich möchte sagen noch stärker, durch den deutschen Wissenschaftler die Richtigkeit, Notwendigkeit und Gerechtigkeit unseres Anspruchs auf diesen Raum erkennen lernen.“[112] In seiner Abmoderation versprach der IfW-Direktor, diesen Auftrag an die Wissenschaft wahrzunehmen.[113]

---

104 Egon Vollstedt: Die Studienfahrt Kieler Ökonomen nach Danzig und Ostpreußen, in: Kieler Neueste Nachrichten, 03.08.1933.

105 Otto-Anatole von Lilienfeld-Toal: Bericht über die Exkursion, 08.02.1935, in: LASH, Abt. 47, Nr. 1453, Bl. 284–293. Siehe auch: Studienreise des Weltwirtschaftsinstituts in Kiel, in: Revalsche Zeitung, 19.05.1934.

106 So Ian Kershaws Titel einer Kurzbiografie Greisers, in: Smelser, Syring und Zitelmann (1999), S. 116–127. Vgl. auch Dingell (2003), S. 39–40, und Niels Gutschow: Stadtplanung im Warthegau 1939–1944, in: Rössler und Schleiermacher (1993), S. 232.

107 Gülich an S-H Innenministerium, 18.10.1948, S. 2R, in: LASH, Abt. 460, Nr. 4182.

108 Siehe die Darstellungen von Gülich und Heinz Krüger, in: LASH, Abt. 460, Nr. 4182. Predöhl: Das Stenogramm zum Vortrag Greiser, 17.12.1945, in: Ebd. Siehe auch Hoffmann an Predöhl, 04.01.1946, in: LASH, Acc. 172/17 (NL Walther G. Hoffmann).

109 Nordische Rundschau und Lübecker Zeitung berichteten beide am 11. bzw. 12.06.1942, dass Greiser diesen Ausdruck verwendete.

110 Arthur Greiser: Der Aufbau im Osten, Kieler Vorträge 68, 1942 [10. Juni 1942], S. 6.

111 Ebd., S. 11 und S. 9.

112 Ebd., S. 20.

Noch in Kiel hatte Greiser eine Einladung zu einem Gegenbesuch ausgesprochen, die auch angenommen wurde.[114] Mitte Oktober 1942 reiste also eine IfW-Delegation bestehend aus Predöhl, seinem Direktorialassistenten Fritz Meyer und dem für die Auftragsforschung zuständigen Karl Casper durch den Warthegau.[115] Unter anderem besuchten sie zwei Textilfabriken in Lódz, wo Juden Zwangsarbeit leisteten. Dabei erlangten sie mutmaßlich genaue Kenntnis über dieses Großghetto, in dem knapp 90.000 Menschen lebten und das einen großen Wirtschaftsfaktor in der Stadt darstellte.[116] Ob Predöhl das Ghetto nach der Rückkehr in Kiel lobte ist nicht gesichert.[117] Kritische Worte sind jedenfalls nirgends belegt. Eine von Greiser gewünschte Forschung des IfW für Stellen im Warthegau, eine Arbeitsgemeinschaft mit der Reichsuniversität Posen und eine Kooperation mit der dortigen „Reichsstiftung für die deutsche Ostforschung" wurden zwar angebahnt, dann jedoch seitens des IfW durch eine Verzögerungstaktik vermieden.[118] Man demonstrierte also eine politische Nähe zum Gauleiter des Warthegaus, bot ihm für seine Propaganda eine Bühne, nahm jedoch aus unklaren Gründen keine Forschungstätigkeit für ihn auf. Dies zeigt, erstens, den beachtlichen Handlungsspielraum der IfW-Leitung und zweitens, dass nicht jede verfügbare Möglichkeit zur Erlangung von Geldern, wirtschaftspolitischem Einfluss oder sonstigen Ressourcen ergriffen wurde.

Der Kontakt mit dem Warthegau wurde zunächst aufrechterhalten. Dies belegt ein weiterer *Kieler Vortrag* aus dem Dezember 1942, gehalten von Karl Weber, Präsident der Industrie- und Handelskammer in Lódz, Wehrwirtschaftsführer und später Leiter der Wirtschaftsgruppe Textilindustrie.[119] Antipolnischer Rassismus spielte bei ihm nur eine geringe Rolle, dafür waren seine Ausführungen von antisemitischem Geist erfüllt. Laut Weber ermöglichte die „Ausschaltung des Juden [...] eine Bereinigung der Produktionsverhältnisse, indem die schlecht eingerichteten Kleinstbetriebe zum großen Teil beseitigt wurden."[120] Diese Argumentation war typisch für viele in den

---

113 Nicht gesichert ist allerdings die Authentizität vom „Stenogramm zum Vortrag Greiser. Abschrift der Einleitungs- und Schlussworte von Prof. Predöhl", in: LASH, Abt. 460, Nr. 4182. Hierzu: Predöhl: Das Stenogramm zum Vortrag Greiser, 17.12.1945, in: Ebd.

114 Der Ost-Auftrag der deutschen Wissenschaft. Gauleiter Greiser sprach in Kiel", in: Ostdeutscher Beobachter, 28.06.1942.

115 Siehe den mutmaßlich verharmlosenden Bericht F. Meyers vom 09.11.1947 über die Reise in: LASH, Abt. 460, Nr. 4182.

116 Predöhl stritt ab das Ghetto besichtigt und es gelobt zu haben. Predöhl: Betrifft: Denkschrift des Heinz Krüger, 15.06.1948, in: Ebd.

117 Auf Gülich gestützt behauptete dies Krüger: Denkschrift zum Wiederaufnahmeverfahren..., S. 8, in: Ebd.

118 Predöhl: Das Institut für Weltwirtschaft an der Universität Kiel [o.D., 1942–43], in: BA, R 8033/68, Bl. 20. Entsprechende Stelle gestrichen in: Predöhl (1943), S. 12.

119 Weber besetzte ferner einen einen Leitungsposten im regionalen Ableger der Dresdner Bank und kannte somit den IfW-Fördergesellschaftspräsidenten.Vgl. Madajczyk (1987), S. 555.

120 Karl Weber: Litzmannstadt. Geschichte und Probleme eines Wirtschaftszentrums im deutschen Osten [9. Dez. 1942], Kieler Vorträge 70, 1943, S. 10. Auf das tatsächliche Schicksal der Juden, ihre Vertreibung ging Weber andeutungsweise ein. An einer Stelle heißt es: „Die Gesamtbevölkerung des

eroberten Ostgebieten tätige Wirtschaftsexperten wie beispielsweise auch den zuvor am IfW tätigen Meinhold.[121] Antijüdische Vorurteile verbanden sich mit einer tiefsitzenden Abneigung gegen das wenig kapitalintensive und in kleinen Betriebsgrößen organisierte Handwerk und gegen die vergleichsweise extensiv betriebene Landwirtschaft. Was nicht ihren Effizienzansprüchen genügte, verdiente nicht zu existieren. Die Ausführungen Webers wurden von Rezensenten als vorbildhaft angesehen, sie hätten „im Rahmen von Raumforschung und Raumordnung planerische Bedeutung!“[122] Möglicherweise reiste Predöhl auf Einladung von Weber im Februar 1943 ein weiteres Mal nach Lódz.[123]

Nach 1945 musste Predöhl sich für die Einladung der genannten Redner rechtfertigen. Dabei verwies er auf die Tradition der *Kieler Vorträge*, die seit Gründung „*nicht* dem Grundsatz strenger wissenschaftlicher Objektivität“[124] hatten genügen müssen. Richtig war, dass das Format im Geist der jungen Weimarer Demokratie geschaffen worden war, um unorthodoxe Thesen formulieren und debattiert zu können. Dieser „Grundsatz vollkommener Freiheit und Vorurteilslosigkeit“ hatte jedoch ausdrücklich nicht bedeutet, führenden Persönlichkeiten der Wirtschaftspolitik schlicht eine Bühne zur Verfügung zu stellen. Als beispielsweise 1932 Reichsbankpräsident Luther kam, durfte dieser nur einen Impulsvortrag halten, den er dann in einer kontroversen Diskussion verteidigen musste.[125] Im Gegensatz dazu erlaubte Predöhl Rednern wie Hunke, von Krosigk oder A. Greiser, das IfW als Bühne zur Verbreitung ihrer Botschaften zu nutzen, ohne eine Diskussion oder gar Kritik fürchten zu müssen. Die Entscheidung gegen die Veröffentlichung einer Reihe von Vorträgen in der Zweiten Hälfte der 1930er Jahre und die Abschwächung des zweiten Greiser-Vortrags diente wohl dem Zweck, auf wissenschaftlichem Parkett respektabel zu bleiben. Gerade die große Reputation im Ausland war ja die Voraussetzung für jene Art der Öffentlichkeitsarbeit, wie sie Predöhl betreiben wollte.

Ferner rekurrierte Predöhl auf die Verteidigungsstrategie, sich durch regimekonformes Verhalten Freiräume für regimekritisches Verhalten geschaffen zu haben. Er habe Nazis einladen müssen, um im Gegenzug die Erlaubnis zur Einladung von „Pazifisten und Liberalisten“[126] erreichen zu können. Als Beispiele führte er unter

---

Regierungsbezirks ist infolge polnischer und jüdischer Abwanderungen – die Juden wurden in abgegrenzte Wohnbezirke (‚Gettos‘) eingewiesen – zweifellos zurückgegangen“. Ebd., S. 14. Da den Juden bereits seit über einem Jahr die Ausreise verboten war, konnte ein zeitgenössischer Hörer bzw. Leser nur zu dem Schluss kommen, dass die zahlenmäßige Verringerung von Ermordungen herrührte.

121 Vgl. Esch (1998), S. 97–98.

122 E. R. Fugmann: Weber, Karl: Litzmannstadt, in: Petermanns Geograph.-Mitteilungen 11/12, 1943. Auch Meinholds Mitarbeiter Hans-Kraft Nonnenmacher lobte Webers Vortrag, in der Zeitschrift *Die Burg* 4/4, Okt. 1943, S. 265.

123 Predöhl an REM, 10.12.1942, in: LASH, Abt. 47, Nr. 6913.

124 Predöhl: Die „Kieler Vorträge“ und der Vortrag Greiser, 11.12.1945, in: LASH, Abt. 460, Nr. 4182. Hervorhebung im Original.

125 Das Protokoll dieser Diskussion ist mit dem Vortrag abgedruckt, siehe Luther (1932)

126 Predöhl: Die „Kieler Vorträge“ und der Vortrag Greiser, 11.12.1945, in: LASH, Abt. 460, Nr. 4182.

anderem den Norweger Wilhelm Keilhau und den Niederländer Frits Fentener van Vlissingen an. Allerdings besaßen diese und fast alle anderen ausländischen Gäste keine politische Ausrichtung, wegen der den zuständigen Stellen des Staates und der NSDAP eine Erlaubnis zur Einladung hätten abgerungen werden müssen. Keilhau war im Gegenteil als besonders deutschfreundlich bekannt und Fentener van Vlissingen war für seinen Einsatz für bilaterale wirtschaftliche Kooperationen von Hitler persönlich ausgezeichnet worden.[127] In Konflikt mit dem NS-Regime gerieten sie erst viel später.[128] Als einziger belegbarer Fall der Einladung eines NS-Gegners ist der bekannte polnische Sozialist Prof. Edward Lipinski zu nennen.[129]

Bei aller Vorsicht angesichts der schlechten Quellenlage kann man folgende Periodisierung vornehmen: 1935–1937 besuchten noch renommierte ausländischen Gäste aus einer Vielzahl von Ländern das IfW, darunter aus Polen, Frankreich, den USA und Südafrika. 1938 und 1939 kamen vor allem Skandinavier, Italiener und Ökonomen vom Balkan. Hervorzuheben sind der rumänische Faschist Mihail Manoilesco, Professor Mitsutaro Araki, der die Finanzierung der japanischen Angriffe auf das asiatische Festland feierte, und der kroatischen Agrarökonomen Otto Frangeš, welcher das Problem einer „agrarischen Überbevölkerung“ in Südosteuropa konstruierte.[130] Während des Weltkriegs beschränkten sich die Besuche zumeist auf Gäste aus den mit Deutschland verbündeten oder deutschfreundlichen Ländern Europas. Dazu gehörten der belgisch-niederländische Nationalsozialist Robert van Genechten und der finnische Ökonom Carl Axel Johann von Gadolin, welcher gleich drei Mal zu Vorträgen nach Kiel kam. Beide waren eingeladen worden, um sich als Ausländer für die Einrichtung eines Europäischen Großraums unter deutscher Dominanz einzusetzen und für eine Fortführung der Kriegsanstrengungen zu werben.[131]

Den letzten veröffentlichten *Kieler Vortrag* hielt am 15. Juni 1944 Román Perpiñá Grau, Leiter eines kleinen Wirtschaftsforschungsinstituts in Valencia und Präsident der Wirtschaftskommission für Spanisch-Guinea. Das Auswärtige Amt beurteilte ihn „als reaktionär, aber deutschfreundlich, seine wissenschaftliche Bedeutung soll gering sein.“[132] Zu diesem Zeitpunkt, kurz nach der Landung der Alliierten in der Nor-

127 Frits Fentener van Vlissingen sprach am 25. Mai 1936 in Kiel über die Auswirkungen staatlicher Massnahmen auf den Welthandel (Kieler Vorträge 45), Keilhau am 11. Februar 1938 über die Volkswirtschaft und weltwirtschaftliche Stellung Norwegens (Kieler Vorträge 54).

128 Zu Fentener Van Vlissingen: http://resources.huygens.knaw.nl/bwn1880–2000/lemmata/bwn5/fentener/. Zu Keilhau: https://nbl.snl.no/Wilhelm_Keilhau [letzter Zugriff: 25.4.2019].

129 Edward Lipinski: Deflation als Mittel der Konjunkturpolitik in Polen, Kieler Vorträge 42, 1936.

130 Vgl. Ian Innerhofer: „Agrarische Überbevölkerung“ in Südosteuropa. Zur Konstruktion eines Problems bei Otto Frangeš und Rudolf Bicanic (1931–1941), in: Sachse (Hg.) (2010), S. 286. Nur Frangeš’ Vortrag wurde publiziert (Kieler Vorträge 59, 1939). Zu Manoilescos Vortrag, siehe „Zusammenarbeit zwischen Ost- und Westeuropa auf neuer Grundlage“, in: Kieler Neueste Nachrichten, 27.01.1935. Zu Arakis Vortrag: „Wie Japan seine Wehrwirtschaft finanziert“, in: Magdeburgische Zeitung, 20.12.1938.

131 Für Gadolin sollte beispielsweise der Großraum als Abwehrbollwerk gegen den Bolschewismus dienen. Siehe: Ostsee und Großraum, in: Kieler Zeitung, 16.02.1943.

132 Deutschen Botschaft Spanien an REM, 29.03.1941, in: BA, R 4901/3029, Bl. 210.

mandie und dem Rückzug der Wehrmacht aus der Toskana, war das Ende der faschistischen Regime in Europa absehbar. Grau pries unverdrossen „die große europäische Gemeinschaft“[133] und behauptete, mit der Kolonialherrschaft in Afrika gäbe es ein verbindendes und moralisch verpflichtendes Projekt.[134] Somit diente das IfW als Bühne für eine Durchhalterede und trug einen kleinen Teil dazu bei, das NS-Regime auch im völlig aussichtlosen letzten Kriegsjahr weitgehend stabil zu halten.

9.5 Soldatenbetreuung: „Zeichen eines innigen Zusammenhaltes zwischen Front und Heimat“

In der Betreuung von Soldaten konnten die Universitäten allgemein und auch das IfW im Besonderen an eine Reihe von Erfahrungen aus dem Ersten Weltkrieg anknüpfen. Diese reichten vom Versand von „Schützengrabenliteratur“[135] über das Abhalten von Frontvorträgen bis hin zur Einrichtung von sogenannten Etappenhochschulen. In der Zwischenkriegszeit war es weitgehend versäumt worden, dieses Engagement aufzuarbeiten. Im Nationalsozialismus war Kriegspropaganda auch unter Akademikern wieder salonfähig und sogar ein Regimegegner wie der Kieler Professor Tönnies wurde nun für seinen Einsatz im vorherigen Krieg gelobt.[136] Die anfangs engen Bindungen zwischen IfW und Kriegsmarine hatten sich nach Ende des Ersten Weltkriegs gelöst. Bald nach Wiedereinführung der Wehrpflicht bemühte sich der IfW-Direktor ab 1936 mit Erfolg, dieses Verhältnis zur Marine und auch zur Luftwaffe wiederherzustellen.[137]

Wie in der auf die Region konzentrierten Öffentlichkeitsarbeit, war das Engagement der Kieler Ökonomen in der ersten Hälfte des Zweiten Weltkriegs eher schwach.[138] Überliefert ist eine Anfrage der Luftwaffe aus dem April 1940 an die Kieler Universität, Frontvorträge zu halten, um die Soldaten geistig aufzufrischen und ihre Moral zu stärken. Zu jenen Angeboten, die auch für „in den besetzten Gebieten geeignet“ erklärt wurden, gehörten Vorträge Bentes über „Deutschland und England im Kampf um die Neuordnung der Weltwirtschaft“ und „Fragen der Kriegsfinanzierung“

133 Grau: Das Kolonisations- und Wirtschaftssystem Afrikas, Kieler Vorträge 74, 1944, S. 23.
134 Ziel sei „die physische und moralische Hebung der afrikanischen Stämme [...], ihre Erlösung aus dumpfer Primitivität.“ Ebd.
135 Siehe Harms’ Beitrag zu den „Liebesgaben“ des Akademischen Hilfsbunds, Harms (1915b).
136 Hanns Löhr: Zum Beginn der Kriegsvorlesungen für das deutsche Volk, in: Kieler Blätter 1940, H. 1/2, S. 18.
137 Initiativen zur Zusammenarbeit zwischen Universität und Marine kamen auch vom seinerzeitigen Rektor Dahm, der mit Unterstützung des IfW im Juni 1936 ein Treffen organisierte. Einladung und Protokoll der Sitzung des Senats der Uni Kiel, 07.04.1936, in: LASH, Abt. 47, Nr. 2005, Bl. 121 und Bl. 187.
138 Für die Deutsche Gesellschaft für Wehrpolitik und Wehrwissenschaften ist beispielsweise keine Aktivität nachweisbar und auch als im März 1940 in der Uni Kiel Vorträge für die Wehrmacht organisiert wurden, beteiligte sich das IfW nicht. LASH, Abt 47, Nr. 2131.

sowie von Schiller über „Die ernährungswirtschaftliche Versorgung Europas".[139] Nach der Übernahme des Rektorats durch Predöhl stieg ab Ende 1941 die Intensität erheblich. Dies fiel zeitlich mit den ersten ernsthaften militärischen Niederlagen Deutschlands und einer Ausweitung der Einziehungen zum Kriegsdienst zusammen, was beides eine verstärkte Soldatenbetreuung notwendig erscheinen ließ.

Predöhls Fakultätskollege, der eng in die Arbeit des IfW eingebundene Fick, übernahm eine Funktion als „Wehrbetreuer für Jungakademiker der Staats- und Wirtschaftswissenschaften", die er in Kooperation mit dem „Reichspropagandaamt-Wehrkreiskommando" ausfüllte.[140] Auf die guten Kontakte der Universität zur Luftwaffe aufbauend, hielt er ebenso wie andere Professoren Anfang 1942 in Kiel und Dänemark Vorträge vor eingezogenen Studenten.[141] Schwülstig bewarb er die deutsche Wirtschaftspolitik und versprach den jungen Soldaten, dass sie sich nach der mit hohem persönlichem Risiko verbundenen Eroberung Europas zur Belohnung an dessen Ausbeutung beteiligen durften. Fick bemühte sich also, drei Ziele zu erreichen. Er rechtfertigte die Angriffskriegsführung, er betrieb Werbung für sein Fach und er motivierte die Soldaten, indem er ihnen verlockende Perspektiven für die Nachkriegszeit in Aussicht stellte.

Predöhl war von diesen Vorträgen so begeistert, dass er sie als Sammelband unter dem Titel „Soldat sein und doch studieren!" herausbrachte. Die Luftwaffe finanzierte eine erste Auflage von 25.000 Stück,[142] auf die 1943 eine weitere folgte. Dabei arbeitete er eng mit dem Juraprofessor Hans Brandt zusammen, der als „Beauftragter für die Wehrmachtsbetreuung bei der Universität Kiel" im Vorwort pathetisch gelobte, als Wissenschaftler „[m]it unseren Kräften und in unserer Art Deutschland zu dienen."[143] Offenbar machte dieser Einsatz Schule, denn Predöhl verkündete: „Die Betreuung der Luftwaffenstudenten ist so erfolgreich gewesen, dass die von Kiel vorgeschlagenen Methoden vom Oberkommando der Wehrmacht übernommen worden sind."[144] Im April 1944 erfolgte dann auf Anfrage des Befehlshabers der Besatzungstruppen in Dänemark eine ganze „Universitätswoche" mit Vortragenden aus Hamburg und Kiel, darunter die Ökonomen Predöhl, F. Hoffmann und W.G. Hoffmann.[145] Ziel war eine

139 Rektor Ritterbusch an Oberbefehlshaber der Luftwaffe, 11.06.1940, in: Ebd.

140 BA, PK C 178, Nr. 221 ff. Fick hatte an der Besetzung Dänemarks und Frankreichs teilgenommen.

141 Siehe LASH, Abt. 47, Nr. 2132. Der Vortrag wurde gedruckt als Fick: Die wirtschaftlichen Berufe und ihre wissenschaftlichen Grundlagen, in: Luftwaffenführungsstab Ic/VIII (Hg.): Soldat und Studium! Wegweiser für Kriegsteilnehmer durch die akademischen Berufe und ihren Ausbildungsgang, nicht veröffentlicht, 1942, S. 46–54, in: ZBW, B 29740.

142 Predöhl an Hoffmann (Führungsstab der Luftwaffe), 29.04.1942, in: LASH, Abt. 47, Nr. 2132.

143 Brandt: Vorwort, in: Luftwaffenführungsstab (Hg.): Soldat und Studium!, 1942, S. 3, in: ZBW, B 29740.

144 Predöhl an Kurator Uni Kiel, 11.06.1943, in: LASH, Abt 47, Nr. 2133.

145 Das Programm der Universitätswoche in Aarhus vom 17.-22.04.1944 ist aufgeführt im Schreiben von Predöhl an Wehrmachtbefehlshaber Dänemark, 01.03.1944, in: LASH, Abt 47, Nr. 2131.

„Stärkung des Wehrgeistes“[146] sowie ferner eine inhaltliche Fortbildung. Im Namen der Kieler Uni macht Predöhl auch dem Marineoberbefehlshaber Erich Raeder eine Reihe von Angeboten, von denen beispielsweise ein einwöchiger Kurs für Verwaltungsoffiziere der Marine realisiert wurde.[147]

Nicht nur mit Vorträgen, sondern auch durch die Versendung zweier Zeitschriften wandte sich die Uni Kiel gezielt an die Soldaten. Eine waren die bereits genannten *Kieler Blätter*, die ab 1942 „an sämtliche im Felde stehenden Dozenten und Studenten“[148] der Universität gesandt wurden als „außerordentlich wirksames Mittel der Truppenbetreuung [...] [und] besonders gutes Bindeglied zwischen Front und Heimat“.[149] Als spezielle Neugründung entstanden im Mai desselben Jahres die *Frontsoldatenbriefe der Kieler Rechts- und Staatswissenschaftlichen Fakultät*. Sie erschienen etwa vierteljährlich mit einer Auflage von zunächst 250, im März 1944 dann zuletzt 600 Exemplaren.[150] Die *Frontsoldatenbriefe* wurden ebenso wie die *Kieler Blätter* nicht nur den von der Fakultät betreuten Studenten, sondern auch „allen im Felde stehenden Professoren, Dozenten und Assistenten kostenlos übersandt“.[151] Man war der Auffassung, dass diese „Betreuung der Jungakademiker in einem ganz besonderen Masse der Erhaltung und Stärkung der Wehrkraft dient“ und auch die Verbundenheit mit der Heimatfront stärke.

Inhaltlich waren die Beiträge der Ökonomen zumeist sachlich und auf recht hohem Niveau, wie die Beiträge W.G. Hoffmanns über Wirtschaftsrecht, Mülhaupts über Grundfragen der Betriebswirtschaftslehre und Ficks über aktuelle geldpolitische Probleme belegen.[152] Keine Indoktrination, sondern die durch die Zusendung der Zeitschrift ausgedrückte Verbundenheit und Dankbarkeit der Heimat, geistige Stimulation sowie die Hilfe dabei, wissensmäßig nicht allzu weit hinter die unabkömmlich gestellten Kollegen zurückzufallen, sollten an der Front ihre Wirkung entfalten. Auch einige Beiträge der Juristen folgten diesem Modell. Andere waren jedoch unumwunden politisch und hoben sich deutlich ab. Larenz beispielsweise versuchte zu begründen, warum bei den Anordnungen Hitlers Recht und Gerechtigkeit not-

146 Entwurf eines Schreibens von Predöhl an Major Müller (Wehrmachtbefehlshaber Dänemark), 03.05.1944, in: Ebd.

147 Predöhl an Martin Baltzer (Chef des Marinepersonalamtes), 01.09.1943, in: LASH, Abt. 47, Nr. 2100. Predöhl an Locher, 05.11.1942, in: Ebd., Nr. 2131.

148 Predöhl an Ritterbusch (REM), 08.12.1942, in: Ebd., Nr. 2085.

149 Ebd. Unterstützt wurde dies vom REM und dem Reichspropagandaministerium. Predöhl an Ritterbusch, 05.02.1943, in: Ebd., Nr. 2081.

150 Hefte 1–3, 6 und 8–10 überliefert in: ZBW, YY 3116.

151 Brandt (über Rektor Predöhl) an REM, 21.09.1942, in: LASH, Abt 47, Nr. 2132.

152 Ficks Beitrag bewegte sich sogar auf demselben Niveau wie seine Veröffentlichungen in Fachzeitschriften. Auch Predöhl gab in seinem Beitrag Argumente aus einer Veröffentlichung wieder: Wirtschaftswissenschaft als politische Wissenschaft, in: Frontsoldatenbriefe der Rechts- und Staatswissenschaftliche Fakultät, H. 9, Dezember 1943, S. 1–7, in: ZBW, YY 3116.

wendigerweise identisch seien, während Schoenborn sich bemühte zu beweisen, dass die Achsenmächte für eine Erneuerung des Völkerrechts kämpften.[153]

Um die Verbindungen zu den eingezogenen Mitarbeitern und Studenten noch weiter zu stärken, institutionalisierte das IfW den Feldpostbriefverkehr. Mit der Betreuung wurde Fritz Lotsch beauftragt, der im Ersten Weltkrieg selbst an der West- und Ostfront gekämpft hatte.[154] Aber auch andere Mitarbeiter hielten Kontakt, wie etwa der Forschungsgruppenleiter Lösch. In den wenigen überlieferten Briefwechseln versicherten sich die zum Angriff auf die Sowjetunion eingezogenen und die daheimgebliebenen Ökonomen der Gerechtigkeit des Krieges und der Möglichkeit ihn zu gewinnen.[155] Lotsch verbreitete auch Durchhalteappelle, in denen er auf die durchgestandenen Entbehrungen seines eigenen Kriegsdienstes verwies. Zur Soldatenbetreuung gehörten auch Weihnachtspakete, die im Wirtschaftsarchiv zusammengestellt wurden. Im Institut wurde sogar gewitzelt, dass die Gründung einer neuen Poststelle erwogen werden müsse, „da das Hauptpostamt nicht mehr die vielen Pakete bewältigen kann, die das Wirtschafts-Archiv an die Front schickt."[156] Den Erfolg dieses Einsatzes belegt der Dank des in Kiel ausgebildeten und am IfW angestellten Karl-Heinz Schmidt von der Ostfront Ende 1941: „Ich nehme sie [die Weihnachtspakete] als ein neues Zeichen eines innigen Zusammenhaltes zwischen Front und Heimat, das uns das Bewusstsein, für eine gerechte Sache zu kämpfen und zu arbeiten und unseren Willen zum Siege stärkt. [...]. Man darf wohl mit Recht stolz sein, einem solchen Betrieb angehört zu haben."[157] Schmidt starb 1944 in Rumänien.

9.6 Einsatz für die „Europäische Großraumwirtschaft"

Mit dem Begriff „Europäische Großraumwirtschaft" wurde jene angestrebte wirtschaftspolitische Ordnung bezeichnet, welche die nationalsozialistische Hegemonie über den Kontinent sichern sollte. Alte deutsche Hegemonialträume hatten bereits im Ersten Weltkrieg mit dem sogenannten Mitteleuropaplan Friedrich Naumanns eine Blüte erlebt. Auch der seinerzeitige IfW-Direktor Harms hatte die Vorstellung gestützt, ein kontinentaleuropäischer Machtblocks müsse sich gegen die angloamerikanischen

153 Larenz: Recht und Gesetz, in: Ebd., H. 1, 1942; Schoenborn: „Völkerrecht", in: Ebd., H. 2, S. 1–6.
154 Personalbogen Fritz Lotsch, in: LASH, Abt. 47, Nr. 7285.
155 Karl-Heinz Harder sprach von einem „mit bolschewistischem Gift infizierten Volkskörper". Harder an Lösch, 22.12.1941, in: StAH, NL Lösch. Helmut Langeloh, an der Aushungerung Leningrads beteiligt, schrieb über die gigantischen Todesraten: „Und darüber sind wir nun gar nicht traurig. [...] Die Hauptsache ist, dass die Bolschewiken ordentlich eins zwischen die Hörner bekommen." Langeloh an Lösch, 19.12.1941, in: Ebd. 1943 gab Lotsch Auskunft über den Kieler Vortrag von Herbert Gross, der über angeblich akute Mängel in der Kriegswirtschaft der USA referiert hatte. Lotsch an K.-H. Schmidt, 30.01.1943, in: HS IfW, Hs Allg. 34.
156 Wi-A-Sonderheft, Januar 1942, in: HS IfW, Hs Allg. M25.
157 Karl-Heinz Schmidt an Lotsch, 29.12.1941, in: HS IfW, Hs Allg. 34.

und russischen Einflusssphären in West und Ost behaupten.[158] Die Diskussion fand auch im *WA* statt, wo Perspektiven zur Integration Südosteuropas in einen vom Reich dominierten Wirtschaftsgroßraum aufgezeigt wurden.[159] In der Weimarer Republik wurde das IfW jedoch – ebenso wie andere Weltwirtschaftsinstitute[160] – wieder zu einem Verfechter des Freihandels. Harms erklärte: „Was an Gestaltung zwischen Volkswirtschaft und Weltwirtschaft steht, ist zur Rückbildung, wenn nicht zum Absterben verurteilt."[161] Ein ausführlicher Angriff des Berliner Professors Franz Eulenburg auf Konzepte der Grossraumwirtschaft und Autarkie" in einem *Kieler Vortrag* 1932 fand im In- und Ausland Beachtung.[162]

Predöhl sah dies ganz anders. Wie bereits erwähnt vertrat er die Ansicht, dass jeder Staatsraum aufgrund seiner Faktorausstattung mit entsprechender Spezialisierung einen potentiellen „ökonomischen Maximumzustand" besitzt, der sich bei vollständiger Autarkisierung auf einen „Minimumzustand" reduziert.[163] Ein Staat sei dann am mächtigsten, wenn ein spezifischer Zustand erreicht werde, der zwischen diesen Extremen liegt: das „Völkische Optimum". Der Zusammenschluss mehrerer Länder zu einer Wirtschaftsunion erhöhe nun die Faktorausstattung gegenüber dem vorherigen isolierten Zustand und erlaubte so ein höheres Optimum ohne in die Abhängigkeit von fremden Mächten zu steigern. Befürwortet werden konnte dies aus Sicht Predöhls jedoch nur, „when such unions are created between states that have a feeling of political unity or are at least subject to a unified political orientation. Otherwise, customs unions represent nothing but a partial return to free-trade."[164] Im Jahr 2019 klingen solche abstrakt formulierten Worte angesichts der Debatten um die Zukunft der Europäischen Union merkwürdig aktuell. Im Kontext der zweiten Hälfte der 1930er Jahre konnte die von Predöhl geforderte „unified political orientation" aber nur eine verklauslierte Formulierung für den Willen des NS-Regimes sein, dem Kontinent seine Politikziele zu diktieren. Die in jenen Jahren auf Initiative des IfW-Direktors nach Kiel geholten Ökonomen vertraten vielfach ähnliche Ansichten. Ma-

---

158 Vgl. Volkmann (2003), S. 21. Siehe hierzu die Inhaltsangabe eines Berichts von Harms aus dem Herbst 1914, in: PA AA, RZ 201, R 19915 sowie Kriegswirtschaftliche Nachrichten, Sondernr. 2, 27.09. 1916, streng vertraulich, S. 17–18, in: ZBW, Y 2224.

159 Z.B. K. Weiß-Bartenstein: Bulgariens Wirtschaftspolitik und wirtschaftliche Entwicklungsmöglichkeiten, in: WA 8, 1916, S. 94–126.

160 Karl Thalheim: Zur Weltwirtschaftslehre und Weltwirtschaftskunde, in: Der Praktische Betriebswirt 1933/3, S. 235.

161 Harms (1927), S. 243.

162 Eulenburg: Grossraumwirtschaft und Autarkie, Kieler Vorträge 37, 1932. Hierzu: P. Harsin: Autarkie économique nationale ou groupements de nations?, in: Annales histoire Economique et sociale, 31.01.1934 ; Henry Hornborstel: Echanges internationaux et politique douanière, in: Revue d'Economie Politique 1934/4.

163 Zitate in: Predöhl (1934a), S. 5.

164 Predöhl (1936), S. 154.

ckenroth etwa schrieb, ein geschlossener Wirtschaftsraum könne nur geschaffen werden, wenn man zugleich eine „politische Zentralgewalt“[165] installiere.

Konzepte zur Großraum-Frage wurden im „Dritten Reich“ von einer Vielzahl von Instituten, Gesellschaften, Konzernen, Ministerien und militärischen Stellen entworfen.[166] Eine Einigung auf die konkurrierenden Entwürfe erfolgte nicht und so blieb das nationalsozialistische Hegemonialstreben ohne eine wirtschaftstheoretische Fundierung. Dies hatte Vorteile, denn die Existenz rivalisierender Pläne und das daraus entstehende organisierte Chaos in der Verwaltung der besetzten Länder besaß für die Führungsebene des Regimes eine herrschaftssichernde Funktion. Auch konnten so Ökonomen mit verschiedendsten wirtschaftspolitischen Überzeugungen dem Regime entgegenarbeiten, denn ihnen wurden ja viele Interpretationsmöglichkeiten von dessen Zielen gelassen.[167] Zwei der wichtigsten Großraum-Propagandisten waren Werner Daitz und Karl Haushofer.[168] Daitz vertrat eine völkisch-biologische Denkschule, die sich primär aus antisemitischen Vorurteilen gegen weltwirtschaftliche Verflechtungen wandte und auch weil die internationale Arbeitsteilung angeblich eine in sozialer, politischer und kultureller Hinsicht zersetzende Wirkung habe. Ferner seien die rassisch überlegenen Völker durch ein Blutsband verbunden und müssten deshalb eine wirtschaftliche Einheit bilden. Haushofer vertrat dagegen eine stärker militärisch motivierte geopolitische Schule, die nicht vom Blut, sondern vom Boden ausging.

In den späten 1930er Jahren intensivierte Predöhl seinen öffentlichkeitswirksamen Einsatz für die Idee eines Europäischen Großraums. Dabei war er jedoch bemüht, es sich und dem IfW in den komplizierten Machtgeflechten mit niemandem zu verscherzen. Unter anderem trat er in den Wissenschaftlichen Rat des „Seegeltungsinstituts Magdeburg“ ein, dem auch Haushofer und der HWWI-Chef Hausleiter angehörte. Predöhl meldete dem REM, Direktoren wie er würden eigebunden, um „für die praktische propagandistische Arbeit dieses Instituts einen gewissen Rückhalt an wissenschaftlichen Instituten zu finden, die an ähnlichen Fragen interessiert sind.“[169] Wesentliche Aktivitäten des IfW sind allerdings nicht rekonstruierbar. Bedeutungsvoller wurde die Kooperation mit Daitz. Dieser fungierte als Leiter der Außenpoliti-

---

165 Mackenroth (1935), S. 18. Er hatte dabei Konstrukte wie Giselher Wirsings „Zwischeneuropa“ vor Augen. Vgl. hierzu Pöpping (1997).

166 Vgl. Schröter (1999), S. 160 – 162.

167 Vgl. Wendt (1987), S. 61 – 62. Siehe auch Rolf-Dieter Müller: Triebkräfte des Krieges oder: Die Suche nach den Ursachen der deutschen Katastrophe, in: Volkmann (2003), S. 9.

168 Zu den im Folgenden wiedergegebenen Ansichten von Daitz und Haushofer, siehe Li (2007), S. 17 – 45.

169 Predöhl an REM, 22.12.1937, in: BA, R 4901/25239, Bl. 2866. Offizieller Name der am 15.01.1938 unter der Schirmherrschaft von Großadmiral Raeder gegründeten Organisation war „Reichsbund deutscher Seegeltung“.

schen Abteilung der NSDAP,[170] war Mitglied im Rat der Nordischen Gesellschaft und verfügte als Leiter der „Verbindungsstelle der Provinz Schleswig-Holstein" über Kontakte zum Gauleiter Lohse. Als Teil seines Bestrebens, auf Reisen quer durch das Reich den Begriff „Großraumwirtschaft" zu besetzen und zu einem Kampfbegriff zu schärfen, hielt Daitz 1937 auch im IfW einen Vortrag.[171]

Am 21. September 1939, nur wenige Wochen nach dem deutschen Überfall auf Polen, gründete Daitz in Berlin die „Gesellschaft für europäische Wirtschaftsplanung und Großraumwirtschaft" (kurz: Großraumgesellschaft). Sie sollte durch geheime Planungsstudien den künftigen Großraum mitgestalten und mit einer intensiven Öffentlichkeitsarbeit zur Erreichung dieser Ziele mobilisieren. Der „Führerring" dieser Gesellschaft war mit Spitzenkräften aus dem Propagandaministerium oder auch mit dem SS-Oberführer Prof. Theodor Vahlen, Präsident der preußischen Akademie und ehemaliger Chef des Amtes Wissenschaft im REM, prominent besetzt. Vahlen übernahm auch den Vorsitz des mit namhaften Akademikern gespickten Wissenschaftlichen Beirats. Von ihnen nahm Predöhl als Stellvertreter Vahlens den höchsten Rang ein. Die Zusammenarbeit funktionierte vermutlich gut, denn beide hatten bereits 1934 beim Umbau der Fakultät und später 1941 in einem Arbeitsausschuss des REM kooperiert.[172] Auch die Kooperation mit Daitz hatte Predöhl sorgfältig angebahnt und diesen unter anderem im Juni 1939 im Anschluss an ein Treffen mit dem Reichswirtschaftsminister Funk besucht, der zu dieser Zeit ebenfalls Großraumplanungen vorantrieb.[173]

Um die vom Ausland vermutete Machtstellung als eine Art „Kontinentalsperrenchef"[174] und Vordenker tatsächlich zu erreichen, unternahm Daitz Anstrengungen, seine Großraumgesellschaft als Think-Tank zu etablieren.[175] Als Vorbote eines regelrechten Bombardements an Denkschriften an verschiedendste Stellen sandte er im November 1939 zwei Studien an den Chefideologen Rosenberg zu der Frage, „wie sich mit dem Aufbau einer europäischen Grossraumwirtschaft zugleich eine wirksame Blockade Englands und Frankreichs [von Rohstoff- und Absatzmärkten] verbinden

170 Vgl. Janssen (2012), S. 547. Teilnehmer eines APA-Schulungsprogramms besuchten im Januar 1939 das IfW. Siehe Anmerkung auf dem Zeitungsausschnitt „Werdende Außenpolitiker besuchen Kiel", in: HS IfW, Hs. Allg. 13.

171 Vgl. Li (2007), S. 27. Entsprechend bereits Bay (1962), S. 6. Daitz' Kieler Vortrag aus dem Dezember 1937 trug den Titel „Die Lebensgesetzlichkeit als Grundlage ihrer Innen- und Außenpolitik". Siehe ferner die Liste seiner Vorträge in den Jahren 1938–1939, in: BA, NS 8/216.

172 Dieser sollte „die Politik einer Neugestaltung der internationalen wissenschaftlichen Organisationen [...] umsetzen". Hammerstein (1999), S. 514.

173 „Dienstreisen des Direktors des IfW in der Zeit vom 1.1 bis 1.7.1939", in: BA, R 4901/14813, Bl. 218.

174 1. Tätigkeitsbericht der Gesellschaft für europäische Wirtschaftsplanung und Großraumwirtschaft e.V., Sept. 1940, in: ZBW, X 8142, S. 11.

175 „Die ‚Neuordnungs'-Expertokratie entwickelte ein Konzept, das einerseits durchaus und ausschließlich dem Zweck diente, die politische Propaganda zu untermauern, das aber gleichzeitig den Versuch unternahm, dessen propagierten Thesen ‚wissenschaftlichen' Modellcharakter zu verleihen." Kletzin (2002), S. 211.

lässt."[176] Um dem Ganzen mehr Gewicht und den Anschein einer wissenschaftlichen Fundierung zu verleihen behauptete er, das IfW sei in die Erstellung involviert gewesen. Auch im ersten Tätigkeitsbericht der Großraumgesellschaft wurde auf die angeblich fruchtbare Zusammenarbeit mit wissenschaftlichen Instituten hingewiesen.[177] Das war aber wahrscheinlich gelogen. Entsprechende Forschungen des IfW für Daitz sind nirgends belegt, wohl aber für andere Auftraggeber. Und da vertraten die Ökonomen in den Sachfragen widersprechende Auffassungen.[178] Anders als der durch sein rassistisches Weltbild in der Wahrnehmung eng limitierte Daitz, der insbesondere die Völker Skandinaviens umwerben und mit der Vision eines wirtschaftlich vorteilhaften Großraums locken wollte, war man in Kiel nicht blind für die Schwierigkeiten. In vertraulichen Berichten sah man durchaus die von Deutschland verursachten Nachteile für die Großraum-„Partner", zum Beispiel für den skandinavischen Holzexport.

Im IfW war man nicht bereit, die eigene wissenschaftliche Linie zugunsten einer ideologisierten „biologischen Wirtschaftsauffassung"[179] zu verlassen. Daitz klagte der NSDAP-Zentrale sein Leid: „Die bisherigen Institute haben sich leider als wenig geeignet erwiesen, das nationalsozialistische Gedankengut einer europäischen Großraumwirtschaft zu erforschen, weil es ihrer bisherigen weltwirtschaftlichen Einstellung und ihren Gedankengängen widerspricht. Sie folgen in diesem Fall nur in allzu weitem Abstand der Politik des Führers [...]."[180] Die Eigenständigkeit des IfW blieb jedoch unangetastet, weshalb Daitz sich gezwungen sah, mit dem von der SS kontrollierten Institut für Staatsforschung zusammenzuarbeiten oder neue Organisationen zu gründen, welche die geforderte Forschung leisten sollten.[181] Neue Kooperationspartner wie ein wenig renommierter Dresdner Professor lieferten ferner plumpe Propaganda.[182] Die mutmaßlich einzige Forschung, die das IfW für die Großraumgesellschaft leistete, bestand in der Erarbeitung einer „Handelspolitischen Chronik". Diese stellte eine wiederkehrende Rubrik in einem vertraulich herausgegebenen Mit-

---

176 Werner Daitz an Alfred Rosenberg, 03.11.1939, in: BA, NS 8/216, Bl. 78. Weitere Studien sandte Daitz an das Auswärtige Amt, das RWM und das Reichsforstamt. Ferner wollte er den Wehrwirtschaftsstab und Kerrls RfR beeinflussen. Daitz an Hans Heinrich Lammers, 21.08.1941, in: BA, R 43-II/1031.

177 1. Tätigkeitsbericht der Gesellschaft für europäische Wirtschaftsplanung und Großraumwirtschaft, Sept. 1940, in: ZBW, X 8142, S. 11–12. Siehe auch Daitz' Denkschrift: Errichtung eines Reichskommissariats für Grossraumwirtschaft, 31.05.1940, in: BA, R 43-II/311, Bl. 28.

178 Siehe die IfW-Berichte „Kohleversorgung Europas durch Großdeutschland" und die „Holzversorgung Großbritanniens und Frankreichs [...]" aus dem Herbst 1939, in: BA-MA, RW 19/4054, 4890.

179 2. Tätigkeitsbericht der Gesellschaft für europäische Wirtschaftsplanung und Großraumwirtschaft, Sept. 1942, S. 20, in: ZBW, X 8142.

180 Daitz an Bormann, 06.12.1940 in: BA, R 2/1335, Bl. 8. Ähnlich: 2. Tätigkeitsbericht der Gesellschaft für europäische Wirtschaftsplanung und Großraumwirtschaft, Sept. 1942, S. 13, in: ZBW, X 8142.

181 Z. B. das „Zentralinstitut für nationale Wirtschaftsplanung, Wirtschaftslenkung und Großraumwirtschaft e.V." als Teil der TH Dresden. Widerstand kam u. a. von Bormann, siehe Schreiben an alle Gauleiter, 29.10.1941, in: BA, NS 6/335, Bl. 136–138.

182 Z. B. Karl Krüger: Kolonialanspruch und kontinentale Wirtschaftsplanung, 1940, in: ZBW, A 17160.

teilungsblatt der Großraumgesellschaft dar und erschien von 1940 bis Anfang 1942 mindestens sechs Mal, im bescheidenen Umfang von zwei bis fünf Seiten.[183] Enger eingebunden wurde das IfW dagegen in den frühen 1940er Jahren in die Tätigkeit der Reichsstelle für Raumforschung, die unter anderem der Abwehr der Ambitionen der Daitz'schen Großraumgesellschaft diente.[184]

Daitz' Kieler Vortrag von 1937 war nicht veröffentlich worden und auch im *WA* publizierte er nicht. Dort wurde er immerhin ein Mal von Predöhls als derjenige gelobt, „dem das Verdienst gebührt, den Gedanken des europäischen Großraumes im politischen Bereich am stärksten vorgetrieben zu haben."[185] Das IfW stellte ihm also kaum die eigenen Bühnen zur Verfügung, sondern leistete seinen Beitrag zur Öffentlichkeitsarbeit der Großraumgesellschaft in fremden Organen. Prominentestes Beispiel war der 1942 erschienen Sammelband „Das neue Europa"[186] mit gleich drei Beiträgen von Daitz und je einem von Karl Schiller und Predöhl. Schiller schloss an die (möglicherweise von ihm selbst erstellte) Chronik an und bemühte sich, einen generalisierenden Überblick über die Entwicklung von Handelsverträgen und eine Prognose zu geben. Dabei lobte er den Trend der „fortschreitenden Durchdringung der Handelsvertragspolitik mit nationalsozialistischem Gedankengut".[187] Als nächstes müsse die Errichtung eines europaweiten Wirtschaftsraumes erfolgen und Schiller erweckte den Anschein, dies sei eine unausweichliche historische Notwendigkeit. Ins gleiche Horn stieß Predöhl mit seinem Beitrag, der so ähnlich bereits 1941 im Jahrbuch der Großraumgesellschaft abgedruckt worden war.[188] Auch wenn er das Ende der „Vorherrschaft des Weltwirtschaftsmechanismus"[189] gekommen sah, warnte er vor übersteigerter Abschottung und führte die Sowjetunion als abschreckendes Beispiel an. Richtig sei weder eine liberale noch eine ausschließlich bilateral organisierte Außenwirtschaft, sondern ein multilateraler „Zusammenschluss mit nahegelegenen, im Kriegsfall erreichbaren Räumen des europäischen Kontinents."[190]

Das IfW folgte also keineswegs Daitz' völkischer und pseudobiologischer Argumentationsweise, unterstützte allerdings mit seinem Habitus wissenschaftlicher Objektivität dessen Großraum-Forderungen. Ein besonderes Anliegen Predöhls war es, in der Öffentlichkeit die Aggressivität der deutschen Pläne zu verschleiern und die Illusion zu nähren, auch andere Länder könnten profitieren. Dies resultierte in Formulierungen wie dieser: „Das solidarische Interesse an der größtmöglichen Ent-

---

183 „Informationsdienst" bzw. das Blatt „Nationale Wirtschaftsordnung und Großraumwirtschaft" in: ZBW, YY 2656 und 1868.

184 Vgl. Venhoff (2000), S. 59.

185 Predöhl (1940b), S. 204.

186 Dieser Band enthielt Beiträge von der zweiten Tagung des Vereins Deutscher Wirtschaftswissenschaftler in Weimar am 9.–11. Oktober 1941. Die Vorträge der ersten Tagung aus dem Februar 1940 über das Thema Kriegsfinanzierung waren im *WA* veröffentlicht worden

187 Schiller (1941), S. 203.

188 Predöhl (1941a) und ausführlicher in (1942a).

189 Ebd., S. 122.

190 Ebd., S. 129.

wicklung aller Großraummitglieder verlangt also, daß die industriellen Kernländer eine gewisse Industrialisierung der peripheren Agrarländer nicht nur dulden, sondern daß sie sie sogar betreiben. [...] [S]ie müssen die Industrialisierung durch Kredithilfe fördern."[191] Auch Daitz log immer wieder, seine Gesellschaft wolle die Prosperität aller Mitglieder des anvisierten Großraumes erhöhen.[192] Tatsächlich verfolgte jedoch Daitz und ebenso auch Predöhl folgende PR-Strategie: „Wir müssen grundsätzlich immer nur von Europa sprechen, denn die deutsche Führung ergibt sich ganz von selbst aus dem [...] Schwergewicht Deutschlands und seiner geografischen Lage."[193]

Predöhl schaffte es, sich und das IfW im öffentlichen Diskurs als Befürworter eines Europäischen Großraumes zu etablieren.[194] Einen Bruch mit der Institutstradition stellte dies nur zum Teil dar, denn bereits im Ersten Weltkrieg war der seinerzeitige Direktor Harms dem Zeitgeist gefolgt und hatte den Kampf für einen freien Weltmarkt aufgegeben. Anders als Daitz, für den die Errichtung des Großraums selbst das ideologiegetriebene Ziel darstellte, sah Predöhl ihn als Instrument auf dem Weg zu einem höheren „Völkischen Optimum" und damit zu wirtschaftlichen Vorteilen. Zielgruppe der Werbung für den Großraum scheinen sowohl Deutsche als auch Ausländer gewesen zu sein. Für Erstere sollte die Darstellung der neuen Wirtschaftsordnung des Kontinents motivierend wirken. Den Ausländern sollte im Namen der Wissenschaft, also von möglichst „objektiver" und glaubwürdiger Seite, versichert werden, dass eine Kollaboration mit Deutschland für sie wirtschaftlich vorteilhaft sei und dass sie bei auf die Gestaltung Einfluss ausüben könnten.

Das IfW wurde keineswegs in die Öffentlichkeitsarbeit der Großraumgesellschaft „eingespannt". Vielmehr lag eine gleichberechtigte Kooperation vor, die beide in dem Maße eingingen, wie Methoden und Ziele kompatibel waren. Sie war weder intensiv noch langlebig und erschöpfte sich in Predöhls Mitgliedschaft in Daitz' Großraumgesellschaft, in der Erstellung der Handelspolitischen Chronik sowie in wenigen Publikationen. Dass die Zusammenarbeit mit Daitz nicht vertieft wurde, lag ganz wesentlich daran, dass Predöhl ihn auf Distanz hielt. In den wissenschaftlichen Werken bezog sich das IfW fast gar nicht auf Daitz und ein Zugang zu den Publikationsorganen des Instituts wurde ihm nicht eröffnet.

---

191 Ebd., S. 134–135. Ähnlich Schiller (1941), S. 212.

192 Siehe Zweckbeschreibung Großraumgesellschaft, in: Deutsche Auslandsorganisationen,01.05. 1942, in: BA-MA, RW 19/930, Bl. 59. Fast wortgleich in einer Broschüre der Großraumgesellschaft (BA, R 43-II/1031, Bl. 96) und im 1. Tätigkeitsbericht von 1940, S. 40, in: ZBW, X 8142.

193 Daitz: Denkschrift zur Errichtung eines Reichskommissariats für Grossraumwirtschaft, 31.05. 1940, in: BA, R 43-II/311, Bl. 30. Siehe hierzu z. B. Predöhl (1940b), S. 218 oder (1942a), S. 138.

194 Allein 1941 konnte Predöhl eine ganze Reihe entsprechender Veröffentlichungen platzieren, sowohl in Fachzeitschriften wie *Der deutsche Volkswirt*, einen Leitartikel im *Wirtschafts-Ring* und in Publikationen wie dem *Jahrbuch des Auslandsamtes der Deutschen Dozentenschaft*. Im WiSe 1941/42 wurde Predöhl in eine Vortragsfolge über die „Europäische Wirtschaftsgemeinschaft" einbezogen, wo er ebenso wie RWM Funk und RMEuL-Staatssekretär Backe sprechen sollte. Siehe geheimer Abdruck einer Rede Heinrich Hunkes, 02.12.1941, in: BA, NS 18/1335.

9.7 Auslandspropaganda (1934 – 1940): Beschwichtigung

Andreas Predöhl und selbst sein der Sympathien mit dem „Dritten Reich" unverdächtiger Nachfolger Fritz Baade bemühten sich nach 1945, die vielen Auslandskontakte des IfW als Zeichen der Resitenz gegen das NS-Regime zu deuten: „Die Tür zur Weltwirtschaft schlug das nationalsozialistische Regime zu [...] ein Fenster zur Weltwirtschaft aber blieb offen hier in diesem Institut."[195] Die Geschichtswissenschaft hat mittlerweile viele derartige Deutungen dekonstruiert und belegt, dass dem Regime durchaus an der ab 1934 erfolgten „vorübergehenden Normalisierung der internationalen Wissenschaftskontakte"[196] gelegen war. Entsprechend hatte selbst der hochideologisierte Kurzzeitdirektor Jessen solche Kontakte nicht abbrechen wollen, sondern sich ein ambitioniertes PR-Programm vorgenommen und das IfW als „Mittel für die Verbreitung der Kenntnis deutscher Art in der Welt"[197] einsetzen wollen.

Auch Predöhl erkannte eine wichtige Schwäche der NSDAP, des Auswärtigen Amts und des Propagandaministeriums, nämliche jene Menschen im In- und vor allem im Ausland zu erreichen, die der totalitären Ideologie skeptisch, ablehnend oder feindlich gegenüberstanden. Das IfW sollte bei der Schließung dieser Zielgruppenlücke helfen und zwar, wie er dem REM erklärte, als „echter Vertreter deutscher Wissenschaft. Gerade darin liegt das Vertrauen, das es im Auslande genießt, und auf diesem Vertrauen beruhen der Einfluss und die Möglichkeit, nationalsozialistisches Gedankengut in seinem Bereich zur Geltung zu bringen."[198] Als Wolf im Schafspelz wollte man den in den Jahrzehnten bis 1933 erworbenen guten Ruf der deutschen Wissenschaft im Allgemeinen und des IfW im Besonderen missbrauchen, um „Träger nationalsozialistischen Kulturwillens auf einem Gebiet zu sein, auf dem andere Mittel versagen."[199] Das IfW, so prahlte sein Direktor 1937 gegenüber der Fördergesellschaft, sei „in der kleinen aber einflussreichen Schicht der Wirtschaftswissenschaftler in aller Welt ein Faktor geworden, mit dem sich selbst die auseinandersetzen müssen, die uns aus politischen Gründen nicht wohlgesinnt sind."[200]

Die Zielrichtung der IfW-Öffentlichkeitsarbeit war bis ins Jahr 1940 hinein eindeutig apologetisch. Es wurde nicht das illusorische Vorhaben verfolgt, für eine aktive Unterstützung der NS-Politik zu werben, sondern diese lediglich in verharmlosender Weise dargestellt und umgedeutet. Insbesondere ging es darum zu verschleiern, dass die deutsche Kontrolle des Außenhandels und des Devisenverkehrs darauf gerichtet war, die eigene Aufrüstung zu ermöglichen. Reaktionen des Auslands, etwa eine

195 Fritz Baade: Bernhard Harms und das Institut für Weltwirtschaft, in: IfW (1951), S. 10. Siehe auch „Stellungnahme von Professor Andreas Predöhl", in Seeliger (1968), S. 69.

196 Hachtmann (2007), S. 1221.

197 Jessen an Wagener (WPA der NSDAP), 23.06.1933, in: HS IfW, Hs Allg. 23.

198 Predöhl an REM, 09.07.1938, in: BA, R 4901/14813, Bl. 103.

199 Predöhl an REM, 09.01.1939, in: BA, R 4901/3029, Bl. 64.

200 Predöhl an Verwaltungsrat der IfW-Fördergesellschaft, 06.04.1937, in: GStA PK, I. HA, Rep. 151, Nr. 943, Bl 123. Ferner: Predöhl: Zur Geschichte des IfW (ca. 1953), S. 10, in: HS IfW.

Behinderung deutscher Rohstoffimporte oder sonstiger Maßnahmen, welche die geplante militärische Expansion gefährden konnten, sollten verhindert werden. Mit den maßgeblichen Stellen, also der Universitätsleitung, dem REM und dem Auswärtigen Amt stand Predöhl in laufendem Kontakt und erfuhr fortwährende Unterstützung. Im Februar 1939 lobte der Gauleiter Lohse anlässlich des 25-jährigen Jubiläums entsprechend: „Es ist das bleibende Verdienst unseres [sic] Instituts, durch seine exakte wissenschaftliche Forschungsarbeit auch unter den Wirtschaftswissenschaftlern des Auslandes weitgehend Verständnis geschaffen zu haben."[201] Fördergesellschaftspräsident Lindemann lobte ebenfalls im Winter 1938/39, der Nutzen, der „allein durch die Aufklärung des Auslandes für die deutsche Außenwirtschaft geleistet wird, kann gar nicht hoch genug veranschlagt werden."[202] Aus Sicht seiner Stakeholder hatte das IfW also einen Anteil daran, dass sich die ausländischen Staaten trotz der eskalierenden militärisch-diplomatischen Expansion Deutschlands nach Danzig, Österreich und der Tschechoslowakei nicht zu einem politischen Einschreiten oder zu einem Wirtschaftsembargo entschlossen.

Kontakte zu ausländischen Eliten ließen sich insbesondere über die Teilnahme an internationalen Konferenzen und die Mitgliedschaft in Organisationen, den Austausch in eigenen und ausländischen Publikationsorganen sowie die Einladung ausländischer Wirtschaftswissenschaftler und -praktiker herstellen. Eine nähere Betrachtung verdienen insbesondere die Aktivitäten des Institutsdirektors Predöhl sowie die Veranstaltungen während der Kieler Wochen 1938 und 1939.

Das Fundament für Predöhls Auslands-Öffentlichkeitsarbeit stellte die 1935 wieder aufgenommene Unterstützung des IfW durch die Rockefeller Foundation dar.[203] Sie eröffnete ihm Zugang zu internationalen Konferenzen und Kooperationen und wirkte auf dem internationalen Parkett wie ein Gütesiegel. Wahlen in Präsidien von Kongressen und in die Direktionskommittees von Vereinen wie dem in Paris gegründeten Institut International de Finances Publiques zeugen davon, dass Predöhl im Ausland als einer der renommiertesten und kooperationsbereitesten Ökonomen galt. Dabei besprach Predöhl vorher die Strategie mit dem REM ab, betrieb dann teils eine Obstruktionspolitik im Sinne seiner Regierung und erstattete hierüber Bericht.[204] So bemühte er sich etwa, die Kompetenzen des Finanzinstituts zu beschränken und verweigerte die Herausgabe von Wirtschaftsdaten. In Gutachten verteidigte das IfW

---

201 „Gauleiter Lohse an Professor Dr. Predöhl. Glückwünsche zum 25jährigen Bestehen des Instituts für Weltwirtschaft in Kiel", Titelseite der *Nordischen Rundschau*, 18./19.02.1939.

202 Lindemann an die Mitglieder der IfW-Fördergesellschaft, Ende Dezember 1938, in: StAK, 41972.

203 Hierzu ausführlicher: Take (2018a).

204 Predöhl: Bericht über Tagung des Internationalen Instituts für Finanzwissenschaft (17.-19.07. 1939), in: BA, R 4901/3029, Bl. 21. Es

ferner einzelne Bestandteile der deutschen Wirtschaftspolitik.[205] Gegenüber dem Dienstherren brüstete Predöhl sich für diesen Einsatz.[206]

Teilnehmen durfte Predöhl auch an der International Studies Conference (ISC) des Jahres 1936, die unter dem Motto „Economic Policies and Peace" stattfand. Er beteuerte, mit seiner Teilnahme ein politisches Zeichen in Deutschland und Europa setzen zu wollen.[207] Bedeutsam war das auch deshalb, weil gerade auf diesem Wege der Beratung internationaler Experten technokratische Lösungen gesucht wurden, die auf politischer Ebene mit der Hitler-Regierung nicht mehr gefunden werden konnten.[208] Entsprechend unterschrieb Predöhl im September auch den Aufruf eines hochrangig besetzten internationalen Expertengremiums des Carnegie Endowment for International Peace.[209] Darin hieß es, durch Verständigung, Frieden und den guten Willen aller Beteiligten sei ein großer Wohlstandszuwachs für alle möglich. Nur wenige Tage nachdem dieser Aufruf in der *New York Times* abgedruckt worden war, trat Predöhl einen zweimonatigen militärischen Lehrgang an.[210] Die Initiative hierzu war von ihm selbst ausgegangen.[211] Das unterstreicht, wie wenig Substanz seine Simulation einer deutschen Friedenswilligkeit besaß.

Bis in den „Sitzkrieg" hinein verteidigte Predöhl die deutsche Wirtschaftspolitik. Als Ende August/Anfang September 1939 auf einer ISC-Tagung in Norwegen auch über die deutsche Devisenbewirtschaftung debattiert werden sollte, erstellte die IfW-Forschungsgruppe Währungspolitik ein Memorandum und stellte dies einem Propagandisten des Auswärtigen Amts zur Verfügung.[212] Ende März 1940 und damit kurz vor dem deutschen Überfall fand in Den Haag eine Sitzung des „Studienausschusses für Wirtschaftsfrieden" der Internationalen Handelskammer statt. Auch hier machte Predöhl es sich zur Aufgabe, die Suche nach Vorschlägen für wirtschaftliche Rahmenbedingungen eines dauerhaften Friedens zu sabotieren.[213] Er tat dies sehr geschickt, denn selbst das teilnehmende Carnegie Endowment hielt ihn für eine anständige Persönlichkeit aus NS-Deutschland, mit der man sich verständigen konnte.

---

205 F. Meyer (1939b). Siehe auch „International Studies Conference", 22.04.1938, in: RAC, RF, RG 1.1, s. 100, b. 106, f. 958. Ferner Predöhl (1937a), S. 13 – 14. Außerdem Predöhl (1936), Predöhl und Fick (1936) sowie Fick (1937).

206 Predöhl an REM, 09.01.1939, in: BA, R 4901/3029, Bl. 69. Predöhl: Bericht über Reise nach Paris (29.-30.04.1938) an REM, in: LASH, Abt. 47, Nr. 6913.

207 Kittredge: Policy with regard to grants in Germany, 24.07.1936, in: RAC, RF, RG 1.1, s. 717.S, b. 20, f. 182.

208 Siehe hierzu: Walker: Present Program in International Relations, 09.10.1936, in: RAC, RF, RG 3, s. 910.1, b. 7, f. 66

209 „Nations are urged to create a boom", in: New York Times, 21.09.1936; Rosengarten (2001), S. 63.

210 Personalakte Andreas Predöhl, in: BA, R 4901/25239.

211 Predöhl: Zur Geschichte des IfW (ca. 1953), S. 18, in: HS IfW.

212 Predöhl an REM, 26.07.1939, in: LASH, Abt. 47, Nr. 6913.

213 Predöhl an Lindemann: Bericht über die Sitzung des „Studienausschusses für Wirtschaftsfrieden" der Int. Handelskammer in Den Haag am 27. und 28. März 1940, weitergeleitet an REM am 17.04.1940, in: Ebd.

Erst im Oktober 1941 gab die Stiftung „with great regret" Hoffnungen auf eine Zusammenarbeit in der nächsten Zukunft auf.[214]

Wie gewohnt verfolgt Predöhl auch im Weltkrieg größtenteils seine Leitlinie, laut der Vorträge „deutscher Gelehrter im Auslande umso wirksamer sind, je akademischer sie aufgezogen sind. [...] Dabei wirken sie viel stärker gerade propagandistisch und politisch, wenn sie bei ihrem Fach bleiben."[215] Dies sei eben die besondere „Feinheit wissenschaftlicher Propaganda". Vorhaltungen rief das nur vereinzelt hervor, etwa bei der radikal-nationalsozialistischen Kieler Studentenschaft. Diese äußerte „gelegentlich Bedenken gegen die angeblich allzu liberalistische und zurückhaltende Einstellung des Instituts für Weltwirtschaft".[216] Die maßgeblichen Stellen jedoch, in diesem Fall der seinerzeitige Rektor und eifrige Nationalsozialist Dahm, stützten den Kurs.[217] Dass Predöhl mehrmals zum Leiter der deutschen Delegationen bestimmt wurde, belegt, dass auch sein Dienstherr mit ihm zufrieden war. Er wurde dabei überzeugten NS-Ökonomen wie Klaus Wilhelm Rath oder dem SS-Mitglied Günter Schmölders vorgezogen. Der IfW-Direktor kooperierte nicht nur mit dem REM, sondern auch mit dem Auswärtigen Amt sowie der Auslandsorganisation der NSDAP.[218] Von diesen Stellen wurde keine Kritik an Predöhls Öffentlichkeitsarbeit geäußert und dessen Bestreben, die Stellung des IfW als wirtschaftswissenschaftlicher Vertreter Deutschlands nach Möglichkeit zu monopolisieren,[219] wohlwollend begleitet.

Neben Auslandsreisen waren auch Einladungen ausländischer Besucher ein gerne genutztes Instrument der NS-Propaganda. Bei der Konstruktion eines positiven Deutschlandbildes kam der Kulturpolitik dabei eine zentrale Stellung zu, wie beispielsweise während der Olympischen Spiele des Jahres 1936, deren Segelwettkämpfe in der Kieler Förde unter Beteiligung des IfW abgehalten wurden.[220] Die zunehmende Eskalation der deutschen Rüstungs- und Außenpolitik in den späten 1930er Jahren machte eine entsprechende Öffentlichkeitsarbeit aber zunehmend schwieriger. Um den Außenhandel aufrechterhalten und jene Devisen erwirtschaften bzw. Rohstoffe importieren zu können, die für den Aufbau der deutschen Kriegswirtschaft benötigt wurden, unternahm insbesondere der machtvolle IG-Farben Konzern Anstrengungen, um die „deutsch-ausländische Verständigung über Probleme und Methoden der Wirtschaftspolitik"[221] zu verbessern. Mit diesem Konzern, seiner Auslandsorganisa-

---

214 Abschrift eines Briefes von Shotwell an Predöhl, 10.10.1941, in: LASH, Abt. 47, Nr. 3826.

215 Predöhl an Heinz Stender, 10.06.1943, in: LASH, Abt. 47, Nr. 2071.

216 Gutachten von Rektor Dahm über Predöhl, 09.10.1936, in: BA, R 4901/25239, Bl. 2930.

217 Ebd.

218 Dahnke (REM) an Predöhl, 08.07.1939, in: BA, R 4901/3029, Bl. 4R.

219 Bericht Predöhls über Tagung des Internationalen Instituts für Finanzwissenschaft (17.-19.07. 1939), in: Ebd., Bl. 23. Predöhl: Bericht über Teilnahme am Congrès International des Sciences Economiques et Sociales (15.-17.07.1937) in Paris, 22.07.1937, in: LASH, Abt. 47, Nr. 6913.

220 Einige Teilnehmer waren im Clubhaus des IfW untergebracht; Das Institutsgelände fungierte als offener Kaffeegarten. Zum Propagandawert der Segelwettbewerbe, vgl. Paul (2001), S. 108 – 119.

221 Ilgner 1937, ziitiert im Bericht des DAC zum Auslandstreffen 1939, S. 1, in: ZBW, C 37995.

tion und dem einflussreichen Manager Max Ilgner („Außenminister der Privatwirtschaft") stand das IfW in engem Kontakt.[222]

In einem *Kieler Vortrag* verkündete Ilgner Anfang 1938, die Kontakte zu ausländischen Wirtschaftseliten müssten dringend verbessert werden. Hierzu müsse man sich der „Unterstützung der deutschen Kultureinrichtungen"[223] bedienen. Die kommenden Monate mit der im Ausland mit großer Beunruhigung beobachteten Annexion Österreichs erhöhten die Dringlichkeit. Gemeinsam mit gleichgesinnten „Wehrwirtschaftsführern" aus den Bereichen Industrie, Finanzwirtschaft und Handel, darunter IfW-Fördergesellschaftspräsident Karl Lindemann, initiierte Ilgner ein „Auslandstreffen",[224] um „in einem privaten Rahmen mit führenden Wirtschaftlern [...] in Gedankenaustausch zu treten und dabei vor allem ein besseres Verständnis für die deutschen Wirtschaftsmassnahmen zu wecken."[225] Multifunktionär Lindemann unterstützte die Idee, das im Juni eines jeden Jahres stattfindende populäre Segelfest Kieler Woche als Rahmen für das Treffen zu nutzen.[226] RWM, Propagandaministerium, Vierjahresplan etc. gaben sofort ihre Zustimmung.[227]

Die Verschleierung der Initiatoren war zentral für das Gelingen des „Auslandstreffens" vom Juni 1938. Die von Ilgner, Lindemann und Co. ausgewählten Gäste wurden deshalb nicht von der IG Farben eingeladen, welche insgeheim die Finanzierung aufbrachte, sondern vom Deutschen Auslands-Club (DAC).[228] Wie der DAC erweckte auch die Beteiligung des IfW erfolgreich den Anschein, man besuche alte Eliten und keine Vertreter NS-Deutschlands.[229] Die meisten Gäste waren Bankiers und Großindustrielle, aber mit Carl Jacob Burckhardt, Hoher Völkerbundkommissar Danzigs, war auch ein bedeutender Politiker anwesend.[230] Die deutsche Teilnehmer-

---

222 Das IfW erhielt 1937 eine geheime Denkschrift Ilgners (ZBW, C 36776). Zu dessen Kooperation mit dem PR-Strategen des Rockefeller-Konzerns Ivy Lee, siehe Kunczik (1997), S. 298 – 305. IG Farben-Vorstandsmitglied Georg von Schnitzler war seit 1935 Mitglied der IfW-Fördergesellschaft. Siehe auch von Schnitzler: Die Auslandsorganisation der I.G., in: Roscher (Hg.) (1937).

223 Ilgner (1938), S. 20.

224 Weitere Teilnehmer: Herbert Göring, Carl Lüer, August Diehn und Hermann Reyss. Ilgner an Helmuth Wohlthat, 05.05.1938, in: BA, R 8128/325, Bl. 298 – 301.

225 Betrifft: Zusammenkommen mit ausländischen Wirtschaftsführern [o.D., ca. Mai 1938], in: Ebd., Bl. 264.

226 Die Wirkung der Kieler Wochen im Ausland wurde sorgfältig geplant. Vgl. Jörn Danker (1990), S. 65 – 70.

227 Ferner: Reichswirtschaftskammer, Reichsbank, Auswärtiges Amt. Siehe Briefverkehr aus der ersten Maihälfte 1938, in: BA, R 8128/325.

228 Betrifft: Zusammenkommen mit ausländischen Wirtschaftsführern [o.D., ca. Mai 1938], in: Ebd., Bl. 264.

229 Clubpräsident war mit Herzog Adolf Friedrich zu Mecklenburg ein ehemaliger Kolonialgouverneur. Siehe Auszüge von Briefen von Riascoff und von Rosen (o.D., Sommer 1939), in: ZBW, C 37995, S. 56 und 57.

230 Aus Frankreich z. B.: Jean Tannery, ehem. Gouverneur der Banque de France, Maurice Boyer, stellvertretender Direktor in der Banque de Paris et des Pays-Bas, der Bankier und Industrielle Baron

schaft war mit Reichsbankpräsident Schacht, RWM Funk sowie einflussreichen Vertretern der deutschen Privatwirtschaft wie Ilgner oder Hermann J. Abs noch hochrangiger besetzt.[231] Seitens des IfW nahm Predöhl an sämtlichen Veranstaltungen teil und einige leitende Mitarbeiter wie W.G. Hoffmann, Gülich und Fick an ausgewählten Programmpunkten. Ferner waren noch einige ehemalige IfW-Mitarbeiter anwesend, beispielsweise Otto Ohlendorf, mittlerweile Wirtschaftsreferent beim Sicherheitsdienst der SS. Unter den insgesamt über hundert Teilnehmern sollten aber die Deutschen in der Überzahl sein, „damit die Ausländer auch richtig behandelt werden können".[232] Die entsprechende Strategie wurde im Vorhinein abgesprochen und man vereinbarte, argumentativ nicht zu aggressiv vorzugehen, denn es ging ja gerade darum, der Politik des „Dritten Reichs" den Anschein einer friedlichen wirtschaftlichen Kooperationsbereitschaft zu verleihen.

Zum bunten Programm gehörten Ausflüge und Segeltörns, Einladungen vom Admiral und Kieler Ehrendoktor Erich Raeder auf ein im Spanischen Bürgerkrieg eingesetztes Panzerschiff sowie eine große Zahl gemeinsamer Festessen.[233] Zwei davon – ebenfalls insgeheim von den IG Farben bezahlt – wurden im IfW veranstaltet, dessen Direktor auch eine Rede hielt.[234] Dabei wiederholte er sein ewiges Mantra, eine staatliche gelenkte deutsche Wirtschaft sei ein stabilerer und damit besserer Handelspartner für das Ausland. Das NS-Regime sorge dafür, dass Deutschland nicht „einseitig und unorganisch in die internationale Arbeitsteilung verflochten"[235], sondern in einen Gleichgewichtszustand gebracht würde. Predöhl lenkte davon ab, dass die deutsche Wirtschaft in Wirklichkeit bereits ein völlig überhitztes Gebilde war, dem aufgrund seiner Devisen- und Ressourcenknappheit ohne einen baldigen Krieg der Kollaps drohte. Um Friedenswilligkeit zu demonstrieren verwies er auf sein Institut, das angeblich verkörperte „Bekenntnis zur Wissenschaft, es ist ein Bekenntnis zur internationalen Zusammenarbeit in dem gleichen Geiste, der Sie hier zusammenführt."[236] Predöhls Rede gefiel den IG-Farben so sehr dass die Firma beschloss, sie zu

---

Charles de Wouters, Léon Wenger, Leiter der Pétrofina und Jacques Raindre, Bankier und Aufsichtsratsmitglied des größten Montankonzerns Luxemburgs.

231 Zur letzten Gruppe gehörten u. a. der Vorstandsvorsitzende der AEG, Hermann Bücher, und der für das Auslandsgeschäft der Deutschen Bank zuständige Hermann J. Abs, später Präsident der IfW-Fördergesellschaft. Vgl. Teilnehmerverzeichnis, in: BA, R 8128/303, Bl. 15–16.

232 Notiz von Frank-Fahle (IG Farben), 18.05.1938, in: BA, R 8128/325, Bl. 58.

233 Nach einer Unterbrechung nach Ende des Zweiten Weltkriegs gehören die Besuche von Kriegsschiffen seit 1957 wieder zum Programm der Kieler Woche. Vgl. Kapitel „Ohne die Marine geht es nicht", in: Kroll (2007).

234 Vom Gesamtetat des Programms (30.000 RM) überwies die IG Farben dem IfW 10 %. Greiser an IG-Farben, 28.07.1938, in: BA, R 8128/325. An den Abendessen nahmen mind. zwölf Personen vom IfW teil, die somit an allen Tischen präsent waren.

235 Predöhl: Ansprache nach dem Abendessen im Wissenschaftlichen Klub, Juni 1938, S. 13, in: ZBW, A123470. Ähnlich u. a. Predöhl (1937a).

236 Predöhl: Ansprache nach dem Abendessen ..., Juni 1938, S. 16, in: ZBW, A123470.

übersetzen und dem IfW die Drucke zur Verfügung zu stellen, damit das Institut sie den Gästen zur weiteren Verbreitung in Ihren Heimatländern zusenden konnte.[237]

An die „Erfolge" anknüpfend, wurde das „Auslandstreffen" in der darauffolgenden Kieler Woche im Juni 1939 wiederholt. Erneut wurden ausländische Eliten umgarnt und mit „Argumenten für eine Verteidigung der deutschen Außenpolitik"[238] versorgt. Wieder war man bemüht nationalistische Töne zu vermeiden[239] und sprach lieber über gemeinsame Gegner wie beispielsweise die Gewerkschaften.[240] Predöhls Rede auf dem neuerlichen IfW-Festessen war in diesem Jahr weniger auftrumpfend. Der „Anschluss" des Sudetenlandes im Herbst 1938 und die Besetzung der „Rest-Tschechei" im März 1939 hatten den Charakter des NS-Regimes zu deutlich offenbart. Ausdrücklich wollte Predöhl nicht von grundsätzlichen Fragen oder gar vom „schwerübersetzlichen Wort Weltanschauung"[241] sprechen, sondern sich auf einige konkrete Wirtschaftsthemen konzentrieren. Auch der DAC stellte fest, dass es schwerer geworden war, die ausländischen Gäste, insbesondere jene aus Westeuropa, politisch zu überzeugen. Deshalb hatte man auch Gäste wie etwa den norwegischen „Quisling" Lorenz Vogt, Direktors des norwegischen Industrieverbunds, oder den ehemaligen rumänischen Außenminister Mihail Manoilesco eingeladen. Sie priesen Hitler als „Exponenten germanischen Geistes" bzw. propagierten offen eine enge Kooperation Deutschlands mit Südosteuropa in einer „Solidarität der Unbefriedigten".[242] Angesichts einer solchen Verschiebung des Sagbaren konnten die deutschen NS-Apologeten als gemäßigt erscheinen.

Die „Auslandstreffen" während der Kieler Wochen 1938 und 1939 erfüllten wohl die von den Initiatoren gesteckten Ziele. Zunächst spricht hierfür die Tatsache, dass die Veranstaltung überhaupt wiederholt wurde und eine dritte Auflage nur wegen des Kriegs abgesagt wurde. Weiterhin ist bemerkenswert, dass eine ganze Reihe von Gästen, darunter auch viele französische Bankiers, 1939 wiederkamen. Auch die vielen Dankesbriefe der Gäste deuten darauf hin, dass die IG-Farben-Strategie der Schaffung und Aufrechterhaltung persönlicher Beziehungen erfolgreich war. So zeigte sich beispielweise der ehemalige bulgarische Finanzminister Marco Riascoff überzeugt, dass den „objektiv-denkenden" Ausländern nach diesem Besuch klargeworden

---

237 Vgl. Notiz für Direktionsabteilung und Volkswirtschaftliche Abteilung der IG Farben, 28.06.1938, in: BA, R 8128/325, Bl. 269.

238 Bericht des DAC über das Auslandstreffen anlässlich der Kieler Woche 1939, S. 6, in: ZBW, C 37995.

239 So war es z. B. kein Deutscher, der anlässlich des Besuchs des Panzerkreuzers Nürnberg von „dem Ruhm der deutschen Kriegsmarine und ihrer Bedeutung für die Erhaltung des Friedens" sprach, sondern der ehemalige jugoslawische Bergwerksminister Dr. Milan Ulmansky. Siehe die Beschreibung der Rede, in: Ebd., S. 17.

240 Bericht des DAC über das Auslandstreffen anlässlich der Kieler Woche 1939, S. 8, in: Ebd. Noch 1945 äußerte sich Mihail Manoilesco entsprechend im WA (Nr. 61, S. 1 – 12).

241 Predöhl: Ansprache, in: Bericht des DAC über das Auslandstreffen anlässlich der Kieler Woche 1939, S. 40 – 41, in: ZBW, C 37995.

242 Ansprachen von Vogt und Manoilesco in: Bericht des DAC über das Auslandstreffen anlässlich der Kieler Woche 1939, S. 46 – 51, in: ZBW, C 37995.

sei, dass die angeblich verzerrte Darstellung der NS-Politik in ihren Heimatländern keineswegs den Tatsachen entspräche.[243] Auch der englische Bankier Hermann Anton Andreae zeigte sich überwältigt von der „weit über das Maß gewöhnlicher Höflichkeit hinausgehende(n) Wärme und Aufrichtigkeit".[244] Aufgrund dieser Atmosphäre sei es möglich gewesen, politische und wirtschaftliche „Missverständnisse" zu überwinden. Schwieriger ist die Frage zu beantworten, ob auch jene politisch beeinflusst werden konnten, die wie der Völkerbundkommissar Burckhardt der deutschen Politik reserviert gegenüberstanden. Predöhl selbst war zumindest der Ansicht, hier erfolgreich gewesen zu sein. So berichtete er später Burckhardt habe betont, „eine so weltaufgeschlossene, freie Atmosphäre wie im Kieler Institut in Deutschland weder erwartet noch bisher gefunden"[245] zu haben. Das IfW leistete also einen Beitrag dazu, die aggressiven Ziele der NS-Politik zu verschleiern und so der deutschen Wirtschaft dabei zu helfen, in der Zeit unmittelbar vor Beginn des Zweiten Weltkrieg einen Boykott durch das Ausland oder einen entschiedenen Widerstand an Schlüsselorten wie etwa Danzig zu vermeiden.

9.8 Auslandspropaganda (1940 – 1945): „geistige Eroberung"

In Bezug auf die Kaiser-Wilhelm-Gesellschaft ist für 1941/42 ein Paradigmenwechsel beobachtet worden, nun der „politisch-militärischen Herrschaft des Hitler-Regimes [...] die wissenschaftliche Hegemonie folgen"[246] zu lassen. Auch Predöhl wollte die selbstgesteckte Restriktion, lediglich im „neutralen Ausland das Verständnis"[247] für die deutsche Wirtschaftspolitik zu steigern, beenden. In seiner Rektoratsrede aus dem Januar 1942, die er auch an hochrangige Militärs und Politiker verschickte, forderte nun auch Predöhl eine aggressivere Kulturpolitik: „[W]ir müssen uns darüber klar sein, daß keine militärische Eroberung die geistige Eroberung erspart."[248] Deutschland müsse eine derartige intellektuelle Machtposition erlangen, wie England sie früher gehabt habe, um damit das wichtigste Ziel von allen zu erreichen, „die Gewinnung Europas".[249] In diesem „Kampf des Geistes"[250], wie er ihn gegenüber der Fördergesellschaft nannte, sollte ein zweischrittiges Verfahren angewandt werden.

---

243 Beide Zitate aus dem Auszug eines Briefes von Riascoff an Frank-Fahle (IG Farben) (o.D., Sommer 1939), in: ZBW, C 37995, S. 56.

244 Auszug eines Briefes von Andreae an Frank-Fahle, (o.D., Sommer 1939), in: Ebd., 58.

245 Predöhl: Zur Geschichte des IfW (ca. 1953), S. 33 – 34, in: HS IfW.

246 Hachtmann (2007), S. 1222.

247 Predöhl (1940d), S. 38.

248 Predöhl (1942b), S. 10. Ähnlich eine nicht veröffentlichte Passage in: Predöhl: Das Institut für Weltwirtschaft [o.D., vermutlich 1943], in: BA, R 8033/68, Bl. 21.

249 Predöhl (1942b), S. 11.

250 Bericht des Direktors des Instituts für Weltwirtschaft über die Tätigkeiten des Instituts in den Jahren 1941 – 1943 an den Verwaltungsrat der Förderungsgesellschaft, 03.04.1944, in: BA, R 4901/14814, Bl. 370.

Zunächst müssten die aktuellen ökonomischen Probleme analysiert werden, um eine eigene wissenschaftlich fundierte Position zu gewinnen. Anschließend sollte auf internationalen Kongressen und in internationalen Gremien eine „Zersetzung der feindlichen Position"[251] betrieben werden.

Allerdings, und hier blieb Predöhl sich treu, könne die Öffentlichkeitsarbeit von Wissenschaftlern auch weiterhin nur dann ihren besonderen Wert behalten, wenn sie sich von jener der Partei oder der Reichsministerien abhebe. Möglichst viele Zielgruppen sollten erreicht werden. Ein Beispiel bildet das *WA*-Heft aus dem Herbst 1940, in dem der Dreimächtepakt mit Italien und Japan gefeiert wurde. Der Beitrag eines Handelskammerpräsidenten, der gleich mit einem Hitler-Zitat einstieg, fand bei italienischen Ökonomen Anklang.[252] Predöhls Beitrag, der sich subtilerer Formulierungen und Argumente für die Bildung der Achse und das deutsche Streben nach einem Großwirtschaftsraum bediente, fand sogar im neutralen Ausland positive Aufnahme. Eine schwedische Fachzeitschrift urteilte, im Gegensatz zu Mosts Behauptungen müssten Predöhls Argumente „in mancher Beziehung auch von denen akzeptiert werden, die nicht die gleichen Schlussfolgerungen [...] ziehen."[253]

Im Kampf um die öffentliche Meinung in Europa meinte man 1940 im IfW, eine „handelspolitische Propagandaoffensive der Westmächte"[254] erkannt zu haben, dessen Ziel es sei, „die Intelligenzschicht der südosteuropäischen Völker allmählich mürbe zu machen."[255] Dieser Region kam in den auch von Predöhl unterstützten Großraumplänen eine eindeutig definierte Rolle als von Deutschland auszubeutendem „Ergänzungsraum" zu. Der IfW-Direktor gehörte zu jenen Ökonomen, die versuchten, „die deutschen Kriegsziele mit den Ideen von der ‚Neuordnung' Europas zum ‚Großraum' [...] in einer Weise zu beschreiben, die die rein deutschen Ambitionen mit dem Deckmantel ‚europäischer' Interessen versah"[256]. Hierfür reiste er mehrfach 1940, 1941 und 1943 auf den Balkan, wo er eine recht bereitwillige Aufnahme fand.[257] Allerdings sei auch dort „ein politischer Widerstand gegen den mächtigen Nachbarn unverkennbar."[258] Seine Zielgruppe bestand aus hochrangigen Angehörige der Wissenschaft, Privatwirtschaft und Politik, kurz: „wohlgesinnten Männer, die etwas von

251 Vgl. Predöhl (1942b), S. 9.
252 Otto Most (1940). Abschriften von Briefen von Giuseppe Ugo Papi, Minister Riccardi und Weiteren, in: HS IfW, Hs We A.
253 „Världsekonomi genom Grosswirtschaftsräume. Den tyska vetenskapen deklarerar.", in: *Industria*, 12.10.1940, S. 608.
254 So der Titel von Meinholds Aufsatz im Wirtschaftsdienst (1940a).
255 Ebd., S. 313.
256 Kletzin (2002), S. 210.
257 Predöhl: Fragebogenanlage 2: Reisen im Ausland, 29.06.1946, in: LASH, Abt. 460, Nr. 4182.
258 Siehe Predöhls Bericht an das REM über seine Ungarnreise vom 07.03.1940, in: BA, R 4901/25239, Bl. 2936. Predöhl erfüllte diese Funktion keineswegs exklusiv. H. J. Seraphim reiste z. B. in den Jahren 1942/43 zu denselben Zielen (Budapest, Agram, Belgrad) und kooperierte dort mit denselben Personen (Surányi-Unger, Freyer). Vgl. Grobelý (1973), S. 63 und S. 67.

den Dingen verstehen.“[259] Dabei ging es nicht nur um eine allgemeine Präsentation seiner schöngefärbten Großraumtheorien, sondern auch um konkrete Belange. Beispielsweise verteidigte Predöhl auf seiner Reise durch die Slowakei, Ungarn und Rumänien im April 1943 die passive Zahlungsbilanz gegenüber den Balkanstaaten. Sie sei keineswegs ein Beleg für eine Ausbeutung Südosteuropas, sondern „selbstverständlich“ darin begründet, dass das Reich eben einen größeren Beitrag für die Kriegsführung leiste. Die außenwirtschaftlichen Ungleichgewichte und damit die in vielen Ländern entstandene hohe Inflation seien unvermeidlich und würden im Übrigen nach Kriegsende schnell wieder behoben werden.

Diese letztgenannte Reise wurde maßgeblich vom Werberat der Deutschen Wirtschaft bezahlt. Weitere Unterstützung leisteten die hochideologisierten Deutschen Wissenschaftlichen Institute in Budapest und Bukarest sowie auch in Paris und Kopenhagen.[260] Noch im April 1944 reiste Predöhl zu einem anderen Verbündeten, nämlich in die von sowjetischen Truppen bereits bombardierte finnische Hauptstadt, und präsentierte auch hier seinen „Vortrag, den ich in den letzten beiden Jahren in allen möglichen Varianten und mit gelegentlich wechselndem Titel im In- und Ausland gehalten habe.“[261] Die alte Weltwirtschaftsordnung sei ein Produkt angelsächsischen Eigeninteresses gewesen. Im Großraum jedoch böte Deutschland als „Kernland“ den Ländern an der Peripherie Stabilität und fördere das wirtschaftliche Aufblühen der „Partner“.[262]

Zu einem immer wichtigeren Betätigungsfeld wurde auch Italien, dessen Bevölkerung aufgrund der militärischen Niederlagen und der zusammenbrechenden Wirtschaft zunehmend kriegsmüde wurde. Um dem entgegenzuwirken, wollte das REM den Austausch intensivieren und den deutschen Einfluss auf die italienischen Wirtschaftsdebatten vergrößern. Mit dieser Aufgabe betraute es den IfW-Südeuropabeauftragten Fick, der hierfür mindestens im November 1941, im Februar und Oktober 1942 sowie von Februar bis April 1943 nach Italien reiste.[263] Erhalten ist nur einer von vielen Vorträgen, in denen er die „Achse“ und deren positive wirtschaftliche Auswirkung auch auf Italien lobte.[264] Seine Argumente fruchteten dort jedoch mit zunehmendem Kriegsverlauf immer weniger. Deshalb drängte er das REM zu einer noch

259 Predöhl: Bericht über Vortragsreise nach Pressburg, Budapest und Bukarest vom 5. bis 17. April 1943, in: LASH, Abt. 47, Nr. 6913.

260 Der Leiter des Budapester Instituts, ein ehemaliger Kieler Philosophieprofessor, spionierte gemeinsam mit seinem Assistenten Helmut Schelsky ungarische Intellektuelle aus. Vgl. Van Dyk und Schauer (2010), S. 127. In Kopenhagen betrieb der ehemalige Kieler Rektor Otto Scheel eine so extreme Propagandatätigkeit, dass die NSDAP ihn zur Mäßigung aufrief. Vgl. Kurlander (2005), S. 207.

261 Predöhl an Benningen (Rüstungsministerium), 01.07.1944, in: BA, R 3/4041, Bl. 182.

262 Ähnlich Mackenroth: Der Marktordnungsgedanke in der Weltlandwirtschaft, in: Roscher (Hg.) (1937), S. 178.

263 Auslandsreisen A-H 1941–1944, in: LASH, Abt. 47, Nr. 2070. Fick: Bericht über Gastvorlesungen an der Universität Rom und den damit verbundenen Aufenthalt in der Zeit vom 22. Februar bis 20. April 1943, in: Ebd.

264 Fick (1941a).

verstärkten Kulturpolitik unter Einbeziehung aktueller und ehemaliger Kieler Ökonomen, da deren Argumente ganz entscheidend dafür sein würden, das Vorhaben der Alliierten zu vereiteln, Italien ins eigene Lager ziehen.[265] Nach dem Abfall weiter Teile Italiens vom hitlertreuen Mussolini im Sommer 1943 wurde eine Fortführung solcher Öffentlichkeitsarbeit unmöglich. Auch deshalb entzog das REM Fick seine Uk-Stellung und er wurde im Herbst 1943 für die restliche Kriegszeit eingezogen.[266]

Der Wert des IfW als kulturpolitischer Akteur wurde durch die Bereitschaft gesteigert, mit vielfältigen Interessengruppen zu interagieren. So war Predöhl beispielsweise der einzige Ökonom, der einen Ausschuss (Außenwirtschaft) in der Gruppe Wirtschaftswissenschaft der Akademie für Deutsches Recht leitete und zugleich führend im rivalisierenden Verein Deutscher Wirtschaftswissenschaftler aktiv war.[267] So war der IfW-Direktor an vielen international besetzten Tagungen beteiligt, u. a. auch bei jenen zum „Europäischen Großraum" und zu „Europa und der europäische Osten" in Weimar im Oktober 1941 und 1942. Mit der ersten Tagung, eingerahmt von einer Begrüßung durch den Thüringer Gauleiter Fritz Sauckel sowie einen Abschlußvortrag Predöhls, verfolgte man das Ziel, „den Führungsanspruch des Großdeutschen Reiches in seinem Machtbereich auf wissenschaftlichem Gebiet auch leistungsmäßig zu begründen."[268] Die renommierten eingeladenen Ökonomen erschienen allerdings nicht, sondern vor allem wenig bedeutende Kollaborateure.[269] Sie bekamen von Predöhl und anderen die Botschaft eingehämmert, alle von Deutschland besetzten oder dominierten Länder sollten auf den Sieg der Achsenmächte hinarbeiten, denn dann würden „die eigentlichen Vorteile der Großraumbildung erst wirksam in Erscheinung treten."[270]

Auch ins IfW wurden während des Zweiten Weltkriegs weiterhin gerne ausländische Ökonomen eingeladen. Hier sollten sie jedoch nicht nur beeinflusst werden, sondern auch selbst Vorträge halten, die vielfach auch gedruckt veröffentlicht wurden. Es wurden insbesondere solche Gäste eingeladen, die sich für den Großraum aussprachen und als Kronzeugen den Eindruck erweckten, die deutsche Politik und die Kriegsführung decke sich mit den wirtschaftlichen Interessen ihrer Länder. Zu

---

265 Fick an REM, 03.11.1942, in: LASH, Abt. 47, Nr. 2070. Beteiligt werden sollten u. a. Bente, Predöhl, Donner und Jessen.

266 Predöhls Versuche Fick zu halten blieben wirkungslos. Predöhl an Dahnke (DAAD), 04.09.1943, in: BA, R 4901/3029, Bl. 179.

267 Predöhl berichtete dem REM Interna aus beiden Organisationen. Siehe z. B.: Franzen (REM): Vermerk über eine Besprechung mit Predöhl, 14.08.1940, in: Ebd., Bl. 111.

268 Dahnke (REM) an Heinrich Bechtel (Verein Deutscher Wirtschaftswissenschaftler) und Predöhl, o.D. ca. Januar 1941, in: Ebd., Bl. 194.

269 Der norwegische Jurist Herman Harris Aall, der dänische Geograph Gudmund Hatt, der später prominente Italiener Corrado Gini, der Schweizer Friedrich Vöchting-Oeri, dem 1943 der Lehrauftrag wegen frontistischer Betätigung entzogen wurde, der Belgier Albert Michielsen und der Slowake Rudolf Briška.

270 Thesen von Predöhls Vortrag „Grundsätzliche Gestaltungsfragen in der Großraumwirtschaft" auf der Tagung des Vereins Deutscher Wirtschaftswissenschaftler 1941, in: Ebd., Bl. 251.

nennen sind insbesondere der Rumäne Gheorghe N. Leon,[271] der Niederländer Robert van Genechten[272], der Finne C.A.J. von Gadolin und der Spanier Román Perpiñá Grau.

Außerdem war seit Anfang des Jahres 1939 eine Arbeitstagung im IfW in Planung. Damit sollte insbesondere der Stadt Paris mit ihren vielen, u. a. von der Rockefeller Foundation finanzierten, Konferenzen und Veranstaltungen Konkurrenz gemacht werden.[273] Deshalb sollten die Gäste auch „weniger vom politischen als vom rein fachlichen Gesichtspunkt ausgewählt"[274] werden und neben den üblichen ausländischen Partnern des IfW (Surányi-Unger, Oskar Anderson etc.) auch so renommierte Ökonomen wie die späteren Nobelpreisträger Tinbergen und Ragnar Frisch umfassen. Die Logik dahinter war dieselbe, mit der Predöhl sich gegen die Zerstörung ausländischer Forschungsinstitute wandte. Man sei „aufs höchste daran interessiert, in den Ländern unseres künftigen Grossraumes akademische Gegenspieler vorzufinden."[275] Mit dem REM und Ritterbusch war diese Strategie eng abgesprochen, ebenso wie das Thema der Konferenz: Die Stabilisierung der wirtschaftlichen Entwicklung. Hinter dieser Wahl verbarg sich Predöhls übliche Strategie, seine Werbung für den Großraum mit einem Stabilitätsversprechen an die kleinen Länder zu verbinden. Das REM fasste Predöhls Strategie intern bündig zusammen: „Das Konjunkturproblem soll zum Vorwand der Erörterung einer Neuordnung der Wirtschaft im europäischen Raum genommen werden."[276]

Weil eine ganze Reihe von Reichskommissaren und Botschaften die Genehmigung zur Einladung von Ausländern verweigerten, weil Predöhl zwischenzeitlich erkrankte und auch wegen der zunehmenden Kriegsniederlagen konnte die Konferenz nach vielen Verzögerungen erst im Juni 1942 stattfinden.[277] Ursprünglich waren über 30 Teilnehmer geplant, später 20 und letztlich kamen nur zwei Ausländer nach Kiel.[278] Diese beiden, der Ungar Surányi-Unger und der Bulgare Georgi Swrakoff, waren Befürworter einer „Schicksalsgemeinschaft" ihrer Länder mit Deutschland.[279] Weil man

---

271 Vgl. Gheorghe N. Leon: Struktur und Entwicklungsmöglichkeiten der rumänischen Volkswirtschaft, Kieler Vorträge 66, 10. Juni 1941.

272 Vgl. Robert van Genechten: Die Stellung der Niederlande innerhalb der wirtschaftlichen Neuordnung Europas, Kieler Vorträge 69, 12. Juni 1942.

273 Predöhl an Klett (DAAD), 30.01.1941, in: BA, R 4901/3029, Bl. 116.

274 Franzen (REM): Vermerk über eine Besprechung mit Predöhl, 14.08.1940, in: Ebd., Bl. 111.

275 Predöhl an Dahnke (REM), 27.07.1940, in: BA, R 4901/3029, Bl. 115. Als Beispiel nannte Predöhl hier Rists ISRES in Paris und das l'Institut de recherches économiques et sociales von Léon H. Dupriez in Leuven.

276 Aktennotiz Scurla (REM), 21.01.1941, in: Ebd., Bl. 118.

277 Es verweigerten z. B. die Reichskommissare der Niederlande und Norwegens die Genehmigung zur Einladung von Tinbergen und Frisch. Die Botschaft in Spanien bezeichnete den in Aussicht genommenen Germán Bernácer als „nicht unbedingt deutschfreundlich". Schreiben an das REM in: Ebd., Bl. 129, 134 und 172.

278 Notiz auf dem Hotelverteilungsplan, in: HS IfW, Hs allg. 18.

279 Georgi Swrakoff: Vom Liberalismus zur Neuordnung der europäischen Wirtschaft, in: Jahrbuch des Auslandsamtes der Deutschen Dozentenschaft, 1941, H. 1, S. 117–126, Zitat S. 126. Ders.: Ungarische Wehrwirtschaft, in: *WA* 53, 1941, S. 76.

sich über die wirtschaftspolitischen Leitlinien einig war, konnte man inhaltlich in die Tiefe gehen und Themen wie Preisstabilisierung und Produktionslenkung debattieren. Konstruktive Kritik an der Wirtschaftspolitik des Regimes war erlaubt und so griff beispielsweise der IfW-Forschungsgruppenleiter Lösch das gegenwärtige System staatlicher Planung „als miserabel“[280] an.

Gemessen an dem enormen Aufwand der dreieinhalbjährigen Vorbereitung war die Arbeitstagung ein voller Misserfolg. Ab Sommer 1943 plante Predöhl eine Wiederholung in einem größeren Maßstab. Im Verbund mit Fick wollte er zu dazu neben Südosteuropäern insbesondere auch Italiener einladen. Die Vorbereitungen wurden jedoch erneut wegen schleppender Genehmigungen der vielen einzubeziehenden Stellen verzögert und schließlich 1944 fallen gelassen. Das IfW hatte somit nicht von den Kriegsumständen profitieren und sich nicht zu einer Schaltstelle in der europäischen wirtschaftswissenschaftlichen Diskussion weiterentwickeln können.

9.9 Zwischenergebnis: „Der Gelehrte soll nicht politische Propaganda als solche machen.“

Ebenso wie seine Vorgänger als Institutsdirektoren war Predöhl die klar dominierende Person in der Öffentlichkeitsarbeit des IfW und der wirtschaftswissenschaftlichen Fakultätsmitglieder. Er initiierte sowohl im lokalen und regionalen wie auch im nationalen und internationalen Rahmen fast alle Initiativen und gab die Strategie vor. Freilich wurde die Betätigung als kulturpolitischer Akteur weder in den Jahren nach 1934 noch im Zweiten Weltkrieg zum Hauptzweck des Instituts. Gleichwohl war dieser politische Einsatz im Sinne des NS-Regimes eine geschätzte Funktion, die Predöhl persönlich und unter Einbeziehung seines Instituts übernahm, ohne dass er auf aktiven oder – soweit nachweisbar – passiven Widerstand seiner Kollegen und Mitarbeiter stieß. Die Wirkung war wohl gemischt und reichte von den gelungenen „Auslandstreffen“ der Kieler Wochen 1938 und 1939 bis zum Misserfolg der Arbeitstagung aus dem Juni 1942. Dass die Stakeholder, also Fördergesellschaft und REM, sowie Kooperationspartner aus Regional- und Reichspolitik sowie Militär sich noch bis mindestens ins Jahr 1944 hinein mit dem IfW zufrieden zeigten, deutet auf ein Mindestmaß an Erfolg hin, zumindest in der Wahrnehmung dieser Stellen des NS-Regimes.

Die von Predöhl selbst, seinen Kollegen und seinen Mitarbeitern im IfW durchgeführten Aktivitäten können als die „systematische Verbreitung politischer, weltanschaulicher o. ä. Ideen und Meinungen mit dem Ziel, das allgemeine Bewusstsein in bestimmter Weise zu beeinflussen“ beschrieben werden.[281] Die Definition des Begriffs Propaganda ist damit erfüllt. Gleichwohl beschrieb Predöhl seine Strategie in dem

280 Tagebucheintrag von Lösch aus dem Juli 1942, zitiert nach Riegger (1971), S. 106.
281 Vgl. http://www.duden.de/rechtschreibung/Propaganda [zuletzt abgerufen am 23.04.2019].

bereits zitierten Grundsatzmemo an das REM aus dem Jahr 1939 durchaus zutreffend mit den Worten: „Der Gelehrte soll nicht politische Propaganda als solche machen."[282] Weiter führte er aus: „Niemals wird dabei der wissenschaftliche Boden verlassen, der die Voraussetzung unserer politischen Wirksamkeit ist. Und trotzdem werden in unserem Bereich politische Erfolge erzielt, die weit über die Wissenschaft hinaus wirken." Im Einzelnen mochte Predöhl gegenüber dem Wissenschaftsministerium das Engagement und wohl auch die Wirkungsmöglichkeiten des IfW übertrieben sowie sicherlich die Unterwürfigkeit gegenüber dem REM überbetont haben. Grundsätzlich jedoch agierte er in Einvernehmen mit seinem Dienstherrn und stellte diesem die Aktivitäten des IfW transparent und zutreffend dar. Für jenes nach 1945 behauptete Doppelspiel, dem vordergründigen Gehorsam gegenüber „dem Regime"[283] bei gleichzeitigem insgeheimen Widerstand, finden sich keine Belege.

Die von Predöhl vorgegebene Strategie sah eine Öffentlichkeitsarbeit vor, die von einer betont wissenschaftlichen Warte aus betrieben werden sollte. Sie war geprägt durch einen sachlichen Tonfall und wollte mit Argumenten auf einem hohen intellektuellen Niveau überzeugen. Nur ein solches Vorgehen passte zu Predöhls Selbstverständnis als Akademiker und nur dies ließ sich mit der demonstrativ auf „Objektivität" angelegten Forschungstätigkeit des IfW in Einklang bringen. Damit sollte das Institut eine von Predöhl identifizierte Marktlücke bedienen. Man wollte nicht zu Jenen zählen, die den Parteijargon imitierten und damit die besondere Legitimitätsbasis als respektable Akademiker verschenkten, an welcher den führenden Propagandisten des Regimes ja gerade gelegen war. SS-Professoren wie Reinhard Höhn auf der anderen Seite, der ebenfalls für die Großraumgesellschaft tätig war, konnten sich ein wissenschaftliches Renommee vom Ausmaß des IfW und jene echte akademische Reputation nie wirklich aneignen, auf die sie mit ihren Habilitationen, Ordinariaten und Institutsgründungen abgezielt hatten. Predöhl war bemüht, die Schwachstellen beider Seiten zu vermeiden und die NS-Propaganda zu ergänzen, indem er deren Reichweite erhöhte. Im Zuge der „Verwissenschaftlichung des Sozialen" war den religiösen und ideologischen Argumentationsmustern durch die Akademiker und sonstigen zertifizierten Sachexperten eine ernsthafte Konkurrenz entstanden.[284] Deshalb benötigte auch der Nationalsozialismus die Unterstützung der Ökonomen, um eine möglichst umfassende Legitimation seiner Wirtschafts- und Sozialpolitik zu erreichen. Im In- wie im Ausland gehörten zu Predöhls Zielgruppe vor allem jene Personen, die nicht durch Phrasen, sondern durch sachliche Argumente oder durch Appelle an ihre Partikularinteressen erreicht werden konnten. Insbesondere in der Vorkriegszeit sollten auch jene Personen überzeugt werden, die einzelnen Punkten der NS-Wirtschaftspolitik kritisch gegenüberstanden. Dazu gehörten beispielsweise Inländer denen die steigende Staatsverschuldung nicht behagte oder die Handelsbe-

282 Predöhl an REM, 09.01.1939, in: BA, R 4901/3029, Bl. 69.
283 Predöhl: Zur Geschichte des IfW (ca. 1953), S. 10, in: HS IfW.
284 Vgl. hierzu Raphael (1996), insb. S. 168.

schränkungen ablehnenden Ausländer. Selbst in jenen Fällen, in denen kein wissenschaftlicher Gehalt mehr in seinen politischen Aussagen vorhanden war, achtete Predöhl gleichwohl sorgsam darauf, den Anschein der Wissenschaftlichkeit, das was er als *corporate identity* des IfW bewahren wollte, nicht zu verlieren.

Inhaltlich war die Öffentlichkeitsarbeit des IfW in den ersten Jahren ab 1934 vor allem defensiv ausgerichtet. Durch eigene Stellungnahmen, über die Einladung von deutschen Wirtschaftswissenschaftlern und Wirtschaftspolitikern oder unter Berufung auf selbst beeinflusste ausländische Ökonomen wurde die deutsche Wirtschafts-, Finanz-, Handels- und Sozialpolitik gegenüber dem In- und Ausland beworben bzw. verteidigt. Auffälliger Weise fehlten in dieser Themenpalette die nicht zweckrationalen Aspekte der NS-Politik,[285] insbesondere der Antisemitismus und der Rassismus. So war man im IfW bemüht, den in den Kieler Vorträgen der beiden Redner aus dem Warthegau gefeierten antisemitischen und antipolnischen Maßnahmen möglichst wenig Raum in den Druckversionen zu geben. Die entsprechende Diskriminierungs- und Vernichtungspolitik hatte natürlich auch eine wirtschaftliche Dimension, die vom IfW jedoch in seiner Öffentlichkeitsarbeit – wie übrigens auch in seiner Forschungstätigkeit – weitgehend ignoriert wurde. Indem sie jedoch beispielsweise die angeblichen wirtschaftlichen Vorzüge des Europäischen Großraums breit darstellten und mit Ideologen und Hasspredigern wie Daitz kooperierten, legitimierten Predöhl, seine Kollegen und Institutsmitarbeiter wie Mackenroth und Schiller mittelbar auch die Ausbeutungen und Ermordungen, die mit der Errichtung eines von NS-Deutschland dominierten Großraums einhergehen mussten.

Die Öffentlichkeitsarbeit war von zwei Zäsuren bestimmt. Mit Predöhls Rektoratsantritt und nach den militärischen Niederlagen im Winter 1941/42 wurde das Engagement im lokalen und regionalen Rahmen sowie bezüglich der Soldatenbetreuung deutlich erhöht. Ab diesem Zeitpunkt übernahm Predöhl die Leitung der Veranstaltungs- und Veröffentlichungsformate der Universität und sorgte dafür, dass die IfW-Mitarbeiter sich stärker darin einbrachten. Auch kamen jetzt erst die Frontvorträge und der enge briefliche Kontakt zu den in zunehmender Zahl eingezogenen Studierenden und Mitarbeitern wirklich zum Tragen. Bezüglich des Auslands ist eine markante Zäsur bereits für den Jahreswechsel 1940/41 festzustellen. Bis dahin ging es vor allem darum, die deutsche Wirtschaftspolitik zu rechtfertigen und negative Reaktionen wie beispielsweise den Abbruch von Handelskontakten oder einen stärkeren politischen Widerstand zu verhindern. Als dann mit der zunehmenden deutschen Dominanz über den Kontinent die Großraumpläne realistisch zu werden schienen, verlegte er sich auf ein aktives Werben, insbesondere in Südosteuropa. Dies kann man als Betätigung an der „Dritten Front" bezeichnen, also dem Propagandakrieg, der zusätzlich zu den Kämpfen an der Ost- und Westfront ausgefochten wurde.[286] Die erreichbaren Zielgruppen und Kooperationspartner schrumpften aber mit zuneh-

285 Vgl. Gesche (2006), S. 14.
286 Vgl. Hausmann (2005).

mender Kriegsdauer und der sich abzeichnenden Niederlage auf eine Gruppe von Kollaborateuren und deutschfreundlichen Wissenschaftlern zusammen. Obwohl Predöhl sich weiterhin bemühte, mit seiner ursprünglichen Zielgruppe in Kontakt zu kommen, folgten entweder renommierte Ökonomen seinen Einladungen nicht oder Stellen wie das Auswärtige Amt und die Reichskommissariate in besetzten Gebieten legten ein Veto ein. Bestrebungen, das IfW und seine Publikationsorgane zu einer Schnittstelle des kontinentaleuropäischen Austauschs in den Wirtschaftswissenschaften zu machen, oder gar einen dominierenden geistigen Einfluss auszuüben, kamen nicht zur Entfaltung.

10 Forschungen in den 1930er Jahren

10.1 „Man kann auf die Dauer nicht Wissenschaft bewirtschaften, ohne selbst Wissenschaft zu treiben."

Seit seiner Ernennung zum Direktor war Predöhl bemüht, die unmittelbare Nützlichkeit des Instituts für die Beratung der Wirtschaftspolitik des neuen Regimes herauszustellen. Seinem Wissenschaftsverständnis gemäß konnten entsprechende Dienste langfristig aber nur dann geleistet werden, wenn durch Grundlagenforschung ausreichende Vorarbeiten geleistet würden. Den Finanziers der Fördergesellschaft erklärte er beispielsweise ein Mal: „Man kann auf die Dauer nicht Wissenschaft bewirtschaften, ohne selbst Wissenschaft zu treiben. Wir müssen also unter allen Umständen die Forschung auf breitester Grundlage aufnehmen."[1] Diesem hohen qualitativen Anspruch und dem Bemühen nach Diversifikation in der wissenschaftlichen Arbeit lag dasselbe Sicherheitsbedürfnis wie in der Streuung der Institutseinnahmen zugrunde. Praktisch führte dies dazu, dass nach Abwicklung älterer Forschungsprojekte ab 1935 eine ganze Reihe kleinerer Forschungsgruppen neu begründet wurden, die zusammengenommen eine große Themenbreite abdeckten. Mit der in diesem Kapitel unternommenen Analyse ausgewählter Forschungsgruppen der 1930er Jahre sollen drei Leitfragen beantwortet werden. Lassen sich Gemeinsamkeiten zwischen den verschiedenen Forschungsprojekten in Bezug auf Themen- und Methodenwahl nachweisen? Gab es ein grundsätzliches Streben nach praktischer Relevanz der zu erzielenden Forschungsergebnisse für Privatwirtschaft und Wirtschaftspolitik? Wurden die Ergebnisse von der Praxis wahrgenommen, nachgefragt und verwendet?

Dieses Kapitel folgt einer weitgehend chronologischen Ordnung. Zunächst wird die Ernährungsstatistische Abteilung behandelt, die als einzige unter allen drei Direktoren Harms, Jessen und Predöhl bestand. Anschließend folgt eine Betrachtung des gescheiterten Versuchs, die Astwik fortzuführen bzw. eine Nachfolgegruppe im Bereich der Konjunkturforschung zu installieren. Im weiteren Verlauf werden die Gruppen Marktordnung und Außenwirtschaft sowie die verschiedenen mit den Themen Währungs- und Kreditpolitik befassten Forschungsgruppen in den Blick genommen. Ausgewählt wurden sie nicht nur wegen ihrer Größe bzw. potentiellen politischen Bedeutung, sondern auch, weil sie mit Mackenroth und Fick von den beiden seinerzeitigen a.o. Kieler Wirtschaftsprofessoren geleitet wurden. Hier ist insbesondere zu fragen, inwiefern diese beiden Kollegen Predöhls in die Tätigkeit des Instituts miteinbezogen wurden. Ein ähnliches Erkenntnisinteresse leitet die Untersuchung der interdisziplinären Forschungsgruppen Wirtschaftsrecht sowie Arbeitsrecht und Arbeitspolitik, deren Leitung bzw. Betreuung von Juraprofessoren übernommen wurde. Welche praktischen Folgen zeitigte der von Predöhl zu Beginn seines Direktorats

1 Predöhl an Verwaltungsrat IfW-Fördergesellschaft, 06.04.1937, in: GStA PK, I. HA, Rep. 151, Nr. 943, Bl 126.

https://doi.org/10.1515/9783110658873-010

geäußerte Wunsch nach Kooperation mit den Rechtswissenschaftlern der „Kieler Schule“ in der gemeinsamen Fakultät? Abschließend wird exemplarisch am Fallbeispiel der Tätigkeit für den Volkswagenkonzern die Auftragsforschung für ein Unternehmen untersucht.

10.2 Ernährungsstatistik und Autarkie (1932 – 1935)

Die Ernährungsstatistische Abteilung bestand von 1932 bis Frühjahr 1935 unter der Leitung des wissenschaftlichen Referenten Dr. phil. Dr. sc.pol. Walter Hahn (1885 – 1945). Nach der Teilnahme am Ersten Weltkrieg war er 1919 in die Nachrichtenabteilung des IfW eingetreten. Bei seinen zwei Dissertationen handelte es sich um eine historische Arbeit über die Ernährung Konstantinopels im 16. Jahrhundert „durch staatliche Zwangswirtschaft“ sowie um eine von Harms betreute wirtschaftswissenschaftliche Arbeit.[2] Später brachte Hahn sich verstärkt in Forschung der Astwik ein, wo er fortgeschrittene Kenntnisse im Bereich der Statistik erlernte.[3] Zum 1932 erschienenen Abschlussbericht des Enquete-Ausschusses trug er eine Überblicksdarstellung über die Entwicklung der Landwirtschaft in Ost- und Südosteuropa bei. Das zu dieser Zeit intensiv diskutierte und beforschte Thema der staatlichen Sicherung der Nahrungsmittelversorgung bildete künftig sein Forschungsgebiet. Da es vor allem um eine Steigerung der deutschen Selbstversorgung ging, bildeten die Jahre des Ersten Weltkriegs, als das Reich weitgehend von überseeischen Importen abgeschnitten war, den typischen Referenzzeitraum. Einige Ökonomen wie beispielsweise der Kieler Professor Skalweit kamen zum Ergebnis, angesichts der Standortvoraussetzungen besäße weder im vergangenen noch in einem künftigen großen Krieg irgendeine auf Selbstversorgung ausgerichtete deutsche ernährungswirtschaftliche Strategie Erfolgsaussichten.[4] Hahn gehörte allerdings zu einem anderen, revanchistisch ausgerichteten Lager. Er wollte in vergleichender Weise die gegenwärtige Situation sowie die Lage im Ersten Weltkrieg ausdrücklich mit der Maßgabe untersuchen, Probleme und Fehler zu entdecken, deren Lösung bzw. Vermeidung die erfolgreiche Führung eines erneuten Krieges ermöglichen würde.[5]

Direkt an seine Beteiligung am Abschlussbericht der Enquete anschließend übernahm Hahn im Verlauf des Jahres 1932 erste Aufträge für das RMEuL. Seine dortigen Kontakte waren Ministerialdirigent Ewald Bose, der u. a. für landwirt-

2 Walter Hahn: Die Verpflegung Konstantinopels durch staatliche Zwangswirtschaft: nach türkischen Urkunden aus dem 16. Jahrhundert, in: Vierteljahrschrift für Sozial- und Wirtschaftsgeschichte, Beiheft 8, 1926, und Hahn: Die Verstaatlichung des Kredits in Russland, in: WA 26, 1927, S. 126 – 155 und S. 341 – 374.

3 Hahn (1929), S. VIII.

4 Entsprechend widersprach Hahn der Dolchstoßlegende. Vgl. Skalweit (1927), S. 1 – 3, und das Vorwort von James T. Shotwell. Vgl. auch Kurz (1984), S. 72 – 74.

5 Vgl. Corni und Gies (1997), S. 402.

schaftliche Notprogramme und Agrarpropaganda zuständig war und auch dem Reichsausschuss für Ernährungsforschung vorsaß, sowie der ihm untergeordnete Ministerialrat Wilhelm Weber.[6] Die Arbeit war so organisiert, dass Hahn Rohdaten aus dem Wirtschaftsarchiv des IfW sowie vom Statistischen Reichsamt erhalten und auf dieser Basis einen umfassenden Überblick über die deutsche Landwirtschaft geben sollte (siehe Abbildung 8). Ferner war eine Kooperation mit dem Agrarökonomen Hans von der Decken aus dem IfK vereinbar worden. Wegen des Unvermögens oder Unwillens beider Stellen, arbeiteten sie jedoch kaum direkt zusammen, sondern beschäftigten sich unter der Koordination von Weber mit komplementären Forschungsthemen.

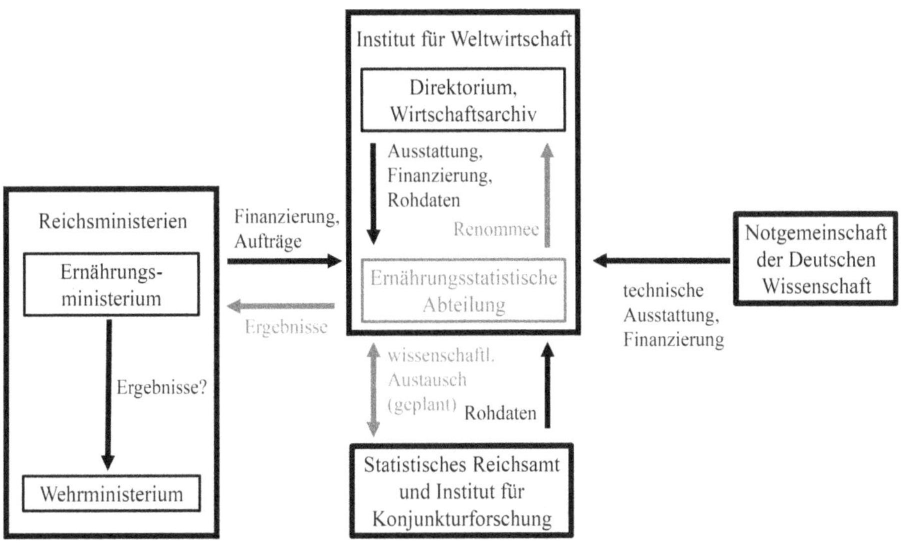

Abbildung 8: Vernetzung der Ernährungsstatischen Abteilung (1932–1935)

Das erste rekonstruierbare Bericht Hahns aus dem Oktober 1932 behandelte die „Struktur des Futterverbrauchs in deutschen Wirtschaftsgebieten".[7] Er warb darum, detailliertere Analysen anstellen zu dürfen und bot auch an, die Nahrungsmittelproduktionen weiterer Länder zu untersuchen.[8] Im IfW seien ihm beispielsweise die notwendigen Daten für die ehemaligen Kriegsgegner England, USA und Russland zugänglich. Das Ministerium nahm dieses Angebot an und so erarbeitete Hahn bis Anfang Februar 1933 einen Überblick über die Entwicklung der deutschen Ernährungssituation in den vergangenen 25 Jahren sowie einen Vergleich mit der Situation

6 Die Kooperation ist dokumentiert in: BA, R 3601/3319.

7 Hahn: Die Struktur des Futterverbrauchs in deutschen Wirtschaftsgebieten 1930. Statistiken. Am 18.10.1932 an das RMEuL als Ergänzung zu einem vorherigen Bericht zugesandt, in: Ebd., Bl. 5–32.

8 Ebd., Bl. 1–4.

in England und den USA.[9] Diese Unterlagen dienten Weber für seine Teilnahme an der von Harms organisierten Oeynhausener Agrarkonferenz.[10] Offenbar war das Netzwerk des IfW-Direktors für Hahn von großer Bedeutung. Die Bereitstellung einer teuren Rechenmaschine zur Durchführung weiterer Auftragsforschungen Anfang 1933 von der Notgemeinschaft ist vermutlich auf den guten Kontakt Harms' zum Notgemeinschaftspräsidenten Schmidt-Ott zurückzuführen.[11] Hahn kam es auch zugute, dass ihm die „in Kiel planmäßig gesammelten kriegswirtschaftlichen Archivalien"[12] benutzerfreundlich zur Verfügung gestellt wurden.[13]

In schneller Folge erstellte Hahn nun statistische Zusammenstellungen, darunter regional aufgeschlüsselte Übersichten über die deutsche Nahrungsversorgung.[14] Sowohl im Briefverkehr wie auch in den Veröffentlichungen demonstrierte Hahn eine bellizistische Einstellung und präsentierte sich ausdrücklich nicht nur als Ernährungsfachmann, sondern auch als Kriegsexperte.[15] Offen legte er dar, dass es bei seiner Untersuchung der Versorgungslage Deutschlands mit landwirtschaftlichen Produkten um eine Erkenntnisgrundlage für eine möglichst autarke und damit kriegsbereite deutsche Nahrungsmittelversorgung gehen sollte. Um eine Verwendung seiner Forschungen durch die Praxis bemüht bat er das RMEuL darum, das Reichswehrministerium von seinen Ergebnissen in Kenntnis zu setzen.[16] Hahn demonstrierte damit früh und sogar noch deutlich vor Initialisierung des Vierjahresplans die Bereitschaft, seine Forschungen als Beitrag zu den deutschen Rüstungsanstrengungen auszugestalten.

Hahn zielte in seiner Analyse auf eine *Optimierung* und nicht auf eine *Maximierung* der deutschen Nahrungsmittelproduktion ab. Die Stoßrichtung lag deshalb auch nicht in einer Erhöhung der Lebensqualität der Bevölkerung, sondern in der möglichst effizienten Deckung des zum Überleben und zur Aufrechterhaltung einer adäquaten Arbeitsfähigkeit notwendigen Bedarfs.[17] Um hier über die nötige Expertise zu verfügen, pflegte er einen engen interdisziplinären Austausch mit dem Kaiser-Wilhelm-Institut für Arbeitsphysiologie.[18] Der Ausgangspunkt von Hahns Überlegungen war,

---

9 Hahn an Wilhelm Weber, 09.02.1933, in: Ebd., Bl. 102.

10 Das Sering-Institut arbeitete dem RMEuL in ähnlicher Weise zu. Wilhelm Weber: Chronik der deutschen Agrarpolitik 1914–1932, in: Friedrich-List-Gesellschaft (1933, Bd. 2), S. 93–135.

11 Hahn an Schmidt-Ott, 14.01.1933, in: BA, R 3601/3319, Bl. 75–77.

12 Muziol: Das Wirtschaftsarchiv in Geschichte und Gegenwart [1964], S. 29, in: Hs IfW.

13 Von seinen Kollegen leistete insb. Bente Unterstützung. Vgl. Hahn (1933), Schlußwort.

14 Siehe u. a. Hahn: Deutschlands Ernährungsbilanz 1930/31, 31/32, 32/33 in Naturalmengen (1000 t =T) und Nährwerten (Milliarden Kalorien), 12.01.1933, in: BA, R 3601/3319, Bl. 50–54. Meist übermittelte er seine Ergebnisse vertraulich an das RMEuL, verfasste jedoch auch einen Beitrag für einen von Weber herausgegebenen Sammelband. Hahn (1933).

15 U. a. durch Verwendung von Militärmetaphern und der neuerlichen Selbstbezeichnung als „Hauptmann a.D.". Ebd., Schlußwort.

16 Hahn an Weber, 05.04.1933, in: BA, R 3601/3319, Bl. 184.

17 Hahn (1933), S. 51–56.

18 Vgl. Heim (2003), S. 108–110.

dass es rechnerisch unerheblich sei, ob ein Verbraucher eine bestimmte Menge an Kalorien über den Konsum von Brot, Milch oder Fleisch aufnähme, dass diese Güter jedoch von der Produktionsseite her ganz unterschiedlich zu bewerten seien. Er errechnete, dass es, verglichen mit Brot, bei Milch den dreifachen und bei Fleisch sogar den sechsfachen Ressourceninput bräuchte, um dieselbe Menge an Kalorien zu erzeugen. Bisherige Berechnungen über die deutschen Selbstversorgungsmöglichkeiten auf dem Ernährungssektor seien nicht zielführend gewesen, da sie sich allein auf die Endprodukte konzentrierten. Es sei stattdessen die „Bodenleistung" maßgeblich, also die „Reduktion aller Nährwerte auf primäre Nährwerte".[19] Hahn kam in seiner Berechnung einer Autarkiebilanz zu dem Ergebnis, dass eine von außen unabhängige Ernährung der deutschen Bevölkerung, „nährwertmässig gesehen, keine grossen Schwierigkeiten"[20] bereite. Bedingung hierfür sei eine Umstellung auf eine möglichst vegetarische Ernährung der Bevölkerung, insbesondere eine Reduktion des Fettkonsums. Mit dieser Forderung bewegte sich Hahn im Rahmen einer seit langem bestehenden Mehrheitsmeinung. Schon der „Schweinemord" des Ersten Weltkriegs war von der Auffassung motiviert gewesen, Viehhaltung sollte nur in dem Ausmaß betrieben werden, wie es zur Deckung des Fett-, Eiweiß- und sonstigen Bedarfes der Bevölkerung unbedingt notwendig sei. Hahn sah die volkswirtschaftlich nützliche Rolle der Viehhaltung vor allem in einer Veredelung der vom Menschen nicht verwertbaren Produkte zu Eiweiß und Fetten.[21]

Hahns wichtigster Mitarbeiter war Erich Albert Kautz, ebenfalls ein langjähriger IfW-Mitarbeiter, der später als Leiter der Wirtschaftsabteilung in der Landesplanung Schleswig-Holsteins mit dem Institut verbunden blieb.[22] Bis Dezember 1934 erstellte Kautz für das RMEuL den vertraulichen Bericht „Die deutsche Einfuhr an Nahrungs- und Futtermitteln während des Weltkrieges und ihre Lehren für die deutsche Ernährungswirtschaft".[23] Kautz analysierte darin primär die seinerzeitige inländische Produktion, beschränkte seine Betrachtung aber nicht auf die Möglichkeiten zur der Erreichung einer autarken Selbstversorgung. Stattdessen versuchte er aufzuzeigen, welche europäischen Staaten im Ersten Weltkrieg als Lieferländer eine Rolle gespielt hatten und in welchem Maße im Falle eines erneuten Kriegs eine Nahrungsmitteleinfuhr einkalkuliert werden müsste bzw. könnte. Er stellte fest, dass in Südosteuropa große landwirtschaftliche Überschusskapazitäten bestünden, derer sich Deutschland

19 Hahn: Zusammenfassende Bemerkungen zur Deutschen Ernährungs- und Selbstversorgungsbilanz, 10.02.1933, in: BA, R 3601/3319, Bl. 164.

20 Hahn: Methodik einer Berechnung einer Autarkiebilanz für Deutschland, 23.01.1933, in: Ebd., Bl. 85.

21 Hahn (1933), S. 51–56.

22 Kautz war 1930 vom Kieler Gastprofessor Helander mit einer Dissertation über das „Standortproblem der Seehäfen" mit Bestnote promoviert worden. Vgl. Kautz (1934 [1930]).

23 Kautz: Die deutsche Ernährung im Weltkrieg: Die deutsche Einfuhr an Nahrungs- und Futtermitteln während des Weltkrieges und ihre Lehren für die deutsche Ernährungswirtschaft, 14.12.1934, Schriftenreihe der Wissenschaftlichen Akademikerhilfe der DFG, Notarbeit 25, vertraulich, in: ZBW, B 32492.

bedienen könnte. Gemeinsam mit Skandinavien wurden diese Länder als „Ernährungsreserve“[24] bezeichnet. Dieser Begriff war eng mit der seinerzeit verbreiteten Vorstellung von Südosteuropa als einem „Ergänzungsraum“ verknüpft, über dessen Ressourcen und Bevölkerung Deutschland als künftig dominierende Macht einer vernetzten europäischen Wirtschaft verfügen könnte. In der Ernährungsstatischen Abteilung wurde damit nicht auf das Ziel einer nationalen Autarkie hingeforscht, sondern auf eine Versorgung aus dem Kontinent, die sich problemlos mit der „Großraum“-Idee verbinden ließ.

Kautz warnte, dass nicht nur die theoretische Verfügbarkeit der Importmenge, sondern auch die Sicherung einer stabilen Einfuhr notwendig sein werde. Entsprechend bedeutsam seien die Handelswege nach Südosteuropa,[25] die kaum anfällig für Attacken der künftig denkbaren westeuropäischen Kriegsgegner sein würden. Anders sähe dies bei den Niederlanden aus, die in rein ökonomischer Betrachtung eigentlich in Friedenszeiten ein naheliegenderer Handelspartner für Deutschland seien. Es verbliebe als zu lösendes Problem nur die Frage der Erreichung des nötigen politischen Drucks auf die Länder des Balkans zur Lieferung der benötigten Waren. Hier schlug Kautz vor, diese Gebiete frühzeitig von Importen deutscher Industriegüter abhängig zu machen, um sie so gegebenenfalls durch wirtschaftlichen Druck zum Agrarexport zwingen zu können. Diese handelspolitische Maßnahme müsse bereits in Friedenszeiten vorbereitet werden, um dann im Kriegsfall anwendbar zu sein.

Es ist festgestellt worden, dass in der Zwischenkriegszeit der Erste Weltkrieg den „Fixpunkt aller wehrwirtschaftlich bestimmten, einen militärischen Konflikt einschließenden agrarökonomischen Versorgungskonzeptionen“[26] bildete. Das Beispiel der Ernährungsstatistischen Abteilung bietet hierzu einen weiteren Beleg. Auch Hahn glaubte, durch die Untersuchung historischer Fallbeispiele einen größeren Beitrag zur wirtschaftlichen Kriegsvorbereitung leisten zu können als durch abstrakte Überlegungen. Anfang 1934 reflektierte er in einem Aufsatz über sein Verhältnis zur Wirtschaftstheorie.[27] Hierfür wählte er das politisch aufgeladene Beispiel der Reparationszahlungen und nahm zu der These Stellung, dass die im Versailler Vertrag geforderten deutschen Kapitalexporte Sekundäreffekte auf die deutsche Wirtschaft gehabt hätten, die den negativen Primäreffekt des Kapitalabflusses abmilderten. Die einzelnen Schritte der aus Sicht Hahns von angelsächsischen Ökonomen vorausgesetzten Gleichgewichtsvorstellungen (Reparationsverpflichtungen -> Geldabfluss -> Geldverknappung -> Deflation -> Exportsteigerung -> Geldzufluss) besäßen jeweils nur eine gewisse Eintrittswahrscheinlichkeit. Entsprechend sei die Vollendung eines solchen vollständigen „Kettenschlusses“ ein unwahrscheinliches Ereignis und es

24 Ebd., S. 14.

25 Kautz ging hier auch auf Details ein. So forderte er, dass Importe vor allem aus Tierprodukten bestehen müssten, da volumenreichere Agrarprodukte die Transportwege zu stark belasteten. Ebd., S. 12–13.

26 Volkmann (2003), S. 358.

27 Hahn (1934).

könne – so das denklogisch etwas abrupte Fazit – die mittels der neoklassischen „isolierenden Methode" angeblich gewonnenen ökonomischen Gesetze gar nicht geben. Nicht die Ausnutzung einer wirtschaftswissenschaftlich fundierten Logik, sondern einzig ein „hinreichend starker staatlicher Wille"[28] könne mit voller Sicherheit einen bestimmten wirtschaftlichen Effekt erzielen. Aufgabe der Ökonomen müsse es deshalb sein, in einer empirischen Analyse der Geschichte – und damit in der Tradition der Historischen Schule – die wirtschaftlichen „Fernwirkungen" bestimmter Ereignisse oder Entscheidungen zu identifizieren. Auf Basis dieser Erkenntnisse sollte die aktiv zu betreibende Wirtschaftspolitik beraten werden.

In der Agrarpolitik herrschte vom Kabinett Brüning über die deutschnationale Politik des Landwirtschaftsministers Hugenberg bis zum Beginn der NS-Agrarpolitik ein hohes Maß an Kontinuität.[29] Entsprechend ist es nicht überraschend, dass die Forschungen Hahns über die Jahre 1932 bis 1934 hinweg gefördert und die Ergebnisse nachgefragt wurden. Erklärungsbedürftiger ist, warum diese Arbeiten ausgerechnet im IfW durchgeführt wurden. Harms hatte nämlich das Institut mitsamt der Fördergesellschaft so ausgerichtet, dass eine weitgehende Interessenskongruenz mit der exportorientierten Industrie bestand. Deren Vertreter setzten sich gegen Agrarsubventionen und staatliche Maßnahmen zur Erhöhung der Nahrungsmittelpreise ein und standen so in einem grundsätzlichen Interessenskonflikt mit den Agrareliten und dem deutschnational ausgerichteten RMEuL.[30] Harms war allerdings im Zuge der Weltwirtschaftskrise von seiner Weltmarktgläubigkeit etwas abgerückt und hatte sich dem rechten politischen Spektrum angenähert. Dazu trug auch seine Freundschaft zu Max Sering bei, laut Willi Oberkrome „eine der imposantesten Gestalten in der deutschen Wissenschaftslandschaft des frühen 20. Jahrhunderts".[31] Sering vertrat kraftvoll die sogenannte Innere Kolonisation und hatte hierzu in Berlin das Deutsche Forschungsinstitut für Agrar- und Siedlungswesen (Sering-Institut) gegründet, das als nachgeordnete Stelle des RMEuL fungierte und deutschlandweit einige Zweigstellen unterhielt.[32]

Auf der Oeynhausener Konferenz hatte Harms im Februar 1933 seine Annäherung an die auf eine Autarkie ausgerichtete Agrarpolitik demonstriert und nun ebenfalls behauptet, aus ökonomischen Gründen sei ein höherer Selbstversorgungsgrad anzustreben. Diese Konferenz war ein starker Ausdruck des Bestrebens der deutschen Agrarwissenschaftler, militärische Überlegungen in ihren Forschungsbereich einzubeziehen und damit die Ernährungswirtschaft künftig verstärkt als ein Wehrproblem

28 Ebd., S. 92.

29 Vgl. Kluge (2005), S. 88–94.

30 Vgl. Volkmann (2003), S. 324. Die Befürchtung war, Preissteigerungen bei Nahrungsmitteln würden die Kaufkraft der Industrielöhne senken und Druck zur Lohnerhöhung erzeugen, was die Profitrate schmälern könnte.

31 Oberkrome (2007), S. 13.

32 Vgl. Müller-Jabusch (1931), S. 37.

zu behandeln.[33] Reichsministerien und die Notgemeinschaft förderten bereitwillig entsprechende Gemeinschaftsarbeiten.[34] Im Nationalsozialismus stellte die Dolchstoßlegende nicht bloß ein zynisch eingesetztes Propagandainstrument dar, sondern wurde in einem Maße geglaubt, dass sie Ängste vor einem Zusammenbruch der Heimatfront in einem erneuten Krieg verursachte. Entsprechend wurde im Prozess der Kriegsvorbereitung in den 1930er Jahren Wert darauf gelegt, dass die Bevölkerung wesentlich besser vorsorgt sein würde als im Ersten Weltkrieg.[35] Anknüpfend an die seinerzeitige intensive Kooperation zwischen Wissenschaft und moderner Kriegsführung erachteten es viele Forscher aus den Natur- und Geisteswissenschaften erneut als ihre Aufgabe, Analysen und Vorschläge zur Lösung der potentiellen Versorgungsprobleme bereitzustellen, um einen künftigen Krieg siegreich führen zu können.[36] Diesen anvisierten Verwendungszweck machte auch Hahn 1934 im Vorwort zu Kautz' vertraulicher Studie deutlich.[37]

Harms' Nachfolger Jessen schätzte Hahns Beitrag zur kriegswirtschaftlichen Vorbereitung und half beim Ausbau seiner Ernährungsstatistischen Abteilung.[38] Als Finanzierungshilfe wurde ein Zuschuss vom RMEuL in Höhe von 8.400 RM erreicht, der vermutlich vollständig an Hahn weitergereicht wurde.[39] Zusätzlich konnten seine Forschungen im Notgemeinschaftsprogramm „Erweiterung oder Verbesserung der deutschen Rohstoffbasis und Bevölkerungsverteilung“[40] untergebracht werden. Mit sieben bewilligten Mitarbeitern war Hahns Förderung höher als bei den meisten anderen Projekten dieses Programms und er wurde zu einem der wichtigsten Abteilungsleiter im IfW. Die Notgemeinschaft diente zusätzlich als Plattform zum Austausch mit Wissenschaftlern und Praktikern. Im Dezember 1934 konnte Hahn an einer vom neuen Präsidenten Stark geleiteten Arbeitstagung teilnehmen und sich mit Vertretern anderer Disziplinen (z. B. Medizin) sowie mit Männern aus der Verwaltung (z. B. Reichsnährstand) besprechen.[41] Entsprechende Wirtschaftspolitiker wie Staatssekretär Backe und Hermann Reischle, der als leitender Mitarbeiter im Rasse-

33 Vgl. Volkmann (2003), S. 357–358.

34 Vgl. Flachowsky (2010), S. 56–58.

35 Vgl. Corni und Gies (1997), S. 399.

36 Vgl. Flachowsky (2010), S. 53–55.

37 Es gehe um „die Hebung und Auswertung unserer nationalen Widerstandskraft“, die Analysen seien als „Erfahrungsmaterial für die Zukunft wichtig“. Hahn: Vorbemerkung, in: Kautz: Die deutsche Ernährung im Weltkrieg, 1934, in: ZBW, B 32492.

38 „Eine sehr wichtige Aufgabe ist schliesslich die Nutzbarmachung der Kriegswirtschaft für den Fall künftiger Verwicklungen. Untersuchungen dieser Art sind im Auftrage des Reichsernährungsministeriums bereits begonnen worden.“ Die künftige Organisationsform des Instituts, o.D., in: HS IfW, Hs Allg. 20a.

39 Predöhl an REM, 23.06.1934, in: BA, R 4901/1217, Bl. 229.

40 Notarbeiten der Wissenschaftlichen Akademikerhilfe, die der Erweiterung oder Verbesserung der deutschen Rohstoffbasis und Bevölkerungsverteilung dienen, 05.06.1934, in: LASH, Abt. 47, Nr. 1062, Bl. 148.

41 Rascher: Neue Impulse für die Ernährungsforschung. Wissenschaftler und Praktiker über die zukünftige Gestaltung der Volksernährung, in: Völkischer Beobachter, 10.12.1934.

und Siedlungshauptamt der SS ebenfalls dem Ernährungsminister Darré zuarbeitete, waren mit dem IfW sowieso über ihre Mitgliedschaft im Verwaltungsrat der IfW-Fördergesellschaft verbunden.

Auch Predöhl war sich bewusst, dass die Forschung der Ernährungsstatistischen Abteilung in politischer Hinsicht nützlich war. Um seinen ersten eigenen Instituts-Etat durchzusetzen, stellte er gegenüber dem REM die von Hahn geleisteten „ernährungsstatistischen und kriegswirtschaftlichen Arbeiten“[42] heraus und sandte dem Ministerium die Kautz-Studie „als Beispiel einer Arbeit des Instituts“[43] zu. Obwohl Predöhl einen Werbewert der Abteilung erkannte und kurzfristig nutzte, unternahm er keine Anstrengungen für ihren Weiterbetrieb. Er stellte ihr keine zusätzlichen finanziellen oder personellen Ressourcen zur Verfügung, er nahm sie nicht ins Vorlesungsverzeichnis der Universität auf und als erster Schritt zu einer Abwicklung bezeichnete er sie als nur „in den ersten Anfängen vorhanden“.[44] Viele Motive sind möglich. Plausibel wäre, dass Predöhl den Einfluss des RMEuL auf das IfW sowie auch die eigenständige Stellung des acht Jahre älteren Hahn im Institut als Bedrohung seiner eigenen, neugewonnenen Position als Direktor empfand. Möglich wäre ebenfalls, dass Predöhl das RMEuL wegen dessen ideologiegetriebener Blut-und-Boden Politik auf Abstand halten und die aggressive Fokussierung auf agrarische Autarkie nicht unterstützen wollte. Da sich ab 1935 die Forschungsgruppe Marktordnung und Außenwirtschaft mit ausländischen Regulierungen von Agrarmärkten beschäftigte liegt, liegt ebenfalls der Verdacht nahe, dass Predöhl das Profil des Weltwirtschaftsinstituts schärfen wollte. Auch wenn die Gründe nicht eindeutig bestimmbar sind, so ist das Ergebnis klar. Hahn erfuhr von Predöhl keine Unterstützung und so war es naheliegend, dass er sich nach neuen Möglichkeiten außerhalb Kiels umsah.

Zwei Jahre nach der Machtübernahme der Nationalsozialisten hatte sich auf dem Feld der Ernährungswissenschaften eine neue Förderungsstruktur etabliert. Der Agrarexperte Konrad Meyer hatte sich im Mai 1935 eine Schlüsselstelle als Funktionär geschaffen, indem er den „Forschungsdienst“ als neue Koordinierungsinstanz für die Vergabe von Forschungsmitteln einrichtete.[45] Insbesondere ging es Meyer um eine engere Einbindung seines Faches in den Prozess der kriegswirtschaftlichen Vorbereitung, eine Zielsetzung, die Hahn teilte. Bereits im Herbst 1933 hatte es Pläne gegeben, die Ernährungsstatistische Abteilung mit dem Sering-Institut zu vernetzen, bzw. in dessen Zweigstellennetz einzuklinken. Diese Bemühungen wurden jedoch aufgegeben, als Sering nach einer Kritik an Darrés Erbhofgesetz jegliche Unterstützung des RMEuL entzogen wurde und er seine herausragende Stellung einbüßte.[46]

42 Voranschlag IfW-Etat für 1935/36, Oktober 1934, in: BA, R 2/12493.

43 Handschriftliche Bemerkung auf einem Exemplar von Kautz: Die deutsche Ernährung im Weltkrieg, in: BA, R 4901/1217, Bl. 267, dem REM von Predöhl am 19. September 1934 zugesandt.

44 Predöhl an REM, 23.06.1934, in: Ebd., Bl. 229.

45 Vgl. Stoehr (2001), S. 3 – 10.

46 Vgl. Stoehr (2002), S. 60 – 67. Bis dahin war der Wechsel des Agrarexperten und einstigem Kollegen von Hahn, Rudolf Freund, zum Sering-Institut im Tausch für den bis dahin dort arbeitenden Leo

Ende 1934 hatte Meyer dann die Auflösung des Sering-Instituts erreichen können, ein Coup, der ihm auch deshalb gelang, weil er mit dem ambitionierten Hahn einen Ersatz präsentieren und damit einen reibungslosen Fortgang der Forschungen für das RMEuL garantieren konnte.[47] Hahn zog entsprechend im Sommersemester 1935 „mit seinem ganzen Apparat“[48] von Kiel nach Berlin um. Aufgrund dieses hohen Maßes an Kontinuität werde ich im Folgende die weitere Entwicklung nachzeichnen.

Aus seiner Kieler Abteilung nahm Hahn mehrere Wissenschaftler mit, darunter Dr. Mary Egle, Ehefrau des 1934 aus politischen Gründen nicht von einer Forschungsreise aus den USA an das IfW zurückgekehrten Walter Egle.[49] Mit Unterstützung Meyers formte Hahn seine Abteilung zu einer „Ernährungswirtschaftlichen Forschungsstelle“ um, die als „unmittelbare Nachfolgerin dieses Sering-Instituts“[50] dem RMEuL unterstellt wurde. Damit war eine bedeutende Erweiterung des Etats und des Personals verbunden.[51] Gemessen an der ehemals großen Bedeutung Serings und der engen Beziehung seines Nachfolgers Hahn nicht nur zum RMEuL, sondern auch zu dem Netzwerk aus jenen Kaiser-Wilhelm-Instituten, die landwirtschaftliche Forschung betrieben, hat die Ernährungswirtschaftliche Forschungsstelle bisher wenig Beachtung gefunden.[52] Dies erklärt sich wohl vor allem daraus, dass er sich nicht in potentiell karriereschädigenden politischen Debatten exponierte. Aus dem Scheitern seines Vorgängers Sering zog er also einen ähnlichen Schluss wie Predöhl aus dem Scheitern Jessens.

Hahns Wechsel nach Berlin fiel in die zweite Phase der nationalsozialistischen Ernährungswirtschaft, gekennzeichnet von einer Ablösung der nach italienischem Vorbild ausgerufenen Erzeugungsschlacht durch die Einbeziehung in den Vierjahresplan sowie von der stärkeren Einbeziehung wissenschaftlicher Expertise anstelle der von Darré befeuerten völkischen Rhetorik.[53] Zunächst setzte Hahn seine alte Tä-

Drescher das einzige Ergebnis. Vgl. RAC, RF, fellowship recorder cards, RG 10.2, Disciple 5, Germany, Ernst Leo Drescher sowie Kittredge: Conversation with Freund, 12.12.1933, in: RAC, RF, RG 1.1, s. 800.S, b. 10, f. 102. Freund verließ das Sering-Institut bereits nach wenigen Monaten und emigrierte nach Schweden.

47 Vgl. Stoehr (2002), S. 90.

48 F. Hoffmann: Die Geschichte des IfW II, 1943, S. 151, in: ZBW, IV 2737. Vgl. auch Piegler (1940), S. 98.

49 Ferner: Franz von Oy, der 1925 von Harms promoviert worden war, sowie Kurt Häfner, ursprünglich ein Doktorand Colms, dessen Betreuung von Predöhl übernommen worden war. Vgl. Häfner: Politik und Theorie der mengenmässigen Einfuhrregulierung, Kiel, Univ., Diss., 1935, Lebenslauf, in: CAU UB, TU35 1956.

50 Vgl. Stoehr (2002), S. 90.

51 Im Jahr 1939 verfügte die Stelle über sieben wissenschaftliche und elf technische Mitarbeiter, darunter: Dipl. Vw. Werner Blech, Dr. Mary Egle, Dr. Kurt Häfner, Dr. Leopold von Lübbe, Viktor von Lübbe, Dr. Franz von Oy, Vizeadmiral a.D. Max Reymann. Piegler (1940), S. 98.

52 In vielen Studien, welche die Agrarwissenschaften und -politik im „Dritten Reich“ behandeln, wird Hahn gar nicht erwähnt. Vgl. z. B. Frank (1987), Klemm (1992), Stoehr (2001) und Susanne Heim (Hg.) (2002).

53 Vgl. Oberkrome (2009), S. 104.

tigkeit fort.[54] Eine im Herbst 1935 präsentierte „wissenschaftliche Grundlage zu deutscher Ernährungs- und Wirtschaftskunde zum Neubau des Reiches"[55] bildete offenbar eine Art Abschlussbericht zu den im IfW begonnen Forschungen. Bereits im selben Jahr beteiligte Hahn sich ganz konkret an der Kriegsvorbereitung. Überliefert ist ein für das RMEuL und den Reichsnährstand erarbeiteter und mit der höchsten Geheimhaltungsstufe versehener „Ernährungsplan für Kerndeutschland. A-Fall [Angriffsfall] am 1. April 1935. Bearbeitet in der Ernährungswirtschaftlichen Forschungsstelle".[56] Detailliert führten Hahn und seine Mitarbeiter hier auf, wie viele Kalorien, Gramm Fett etc. pro Person zur Verfügung ständen und wie „Nahrungs-, Futter- und Veredelungswirtschaft"[57] aufeinander abgestimmt sei, sofern an dem angegebenen Datum ein Krieg begonnen würde. Ihre Ergebnisse glichen sie mit den zuvor in Kiel erarbeiteten Daten betreffend den Ersten Weltkrieg ab und kamen so zu dem Ergebnis, dass die Ernährungslage kein Hindernis für einen Krieg darstellte.[58] Hahn aktualisierte diesen Kriegsernährungsplan laufend, zunächst jährlich und ab 1938 sogar halbjährlich.[59] Dabei kooperierte er weiterhin mit dem Statistischen Reichsamt, mit dem IfK sowie mit weiteren Stellen.[60] Außerdem gab er geheime Wochenberichte heraus, in denen er über die Ernährungssituation im Ausland berichtete.[61]

Parallel zu diesen Forschungen brachte Hahn sich auch in die Öffentlichkeitsarbeit ein, die zur Vorbereitung des angestrebten Kriegs beitrug. So kooperierte er beispielsweise mit Kurt Hesse, einem lautstarken Wehrwirtschaftstheoretiker und späteren Leiter der Abteilung Heerespropaganda der Wehrmacht.[62] In dessen *Kriegswirtschaftlichen Jahresberichten* zog Hahn Lehren aus der Ernährungssituation in urbanen Ballungszentren während des Ersten Weltkriegs.[63] Einige Monate vor dem Angriff auf Polen erschien dann in einer anderen von Hesse herausgegebenen Reihe

---

54 Zum Kerngeschäft von Hahns Stelle gehörte die Aufbereitung und Auswertung von Statistiken über Nahrungs- und Futtermittelverbrauch, Berechnungen über die Rentabilität von Viehhaltung etc. „Arbeiten der Ernährungswirtschaftlichen Forschungsstelle, angefertigt im Auftrage des REM als Unterlagen für den vorliegenden Plan", in: Kriegsernährungsplan des REM für den 1.4.1937, S. III-IV, in: BA, R 16/1292.

55 „Volksernährung. Eine deutsche Forschungsaufgabe", in: Magdeburger Zeitung, 02.10.1935. Laut diesem Artikel waren dem Bericht 40 Karten und acht Einzelarbeiten beigefügt.

56 Ernährungsplan für Kerndeutschland. A-Fall am 1. April 1935, Geheime Reichssache, in: BA, R 16/1291.

57 Ebd.

58 Die „Ernährungsstatistik des [Ersten] Weltkrieges" blieb ein Kernbestandteil der Forschungen Hahns. Piegler (1940), S. 98.

59 Dabei wurde auch der Umfang gesteigert. Ernährungspläne sind überliefert in: BA, R 16/1292–1295.

60 Kriegsernährungspläne vom 01.10.1938 und vom 01.04.1939, in: BA, R 16/1294 und 1295.

61 Vgl. Heim (2003), S 108.

62 Vgl. Sywottek (1976), S. 92.

63 Hahn wies dabei auch auf die bis dato unübersehbaren Folgen des künftig zu erwartenden Luftkriegs hin, den die deutsche Luftwaffe seinerzeit im spanischen Bürgerkrieg ausprobierte. Vgl. Hahn (1936).

eine „Gemeinschaftsarbeit der Ernährungswirtschaftlichen Forschungsstelle" mit dem Titel „Der Ernährungskrieg. Grundsätzliches und Geschichtliches". Hahn analysierte darin die Schwächen aus dem Ersten Weltkrieg, ermutigte aber gleichwohl zur Führung eines erneuten totalen Krieges gegen eine ähnliche Feindkonstellation. Der nächste Wirtschafts- bzw. Ernährungskrieg könne auf Basis der gezogenen Lehren aus der Geschichte und der angeblich höheren Moral des deutschen Volkes im nationalsozialistischen Regime gewonnen werden, selbst aus einer materiell unterlegenen Situation heraus.[64]

Hahns Stelle setzte ihre Arbeit bis zum Ende des Zweiten Weltkriegs fort und bemühte sich dazu beizutragen, dass die deutsche Ernährungswirtschaft besser funktionierte als 25 Jahre zuvor. Zwar zeigte sich jene „Fettlücke", vor der Hahn früh gewarnt hatte. Insgesamt konnte aber das Vorhaben umgesetzt werden, das nationalsozialistische Regime auch durch eine vergleichsweise gute Versorgung der Zivilbevölkerung bis in den letzten Kriegswinter hinein stabil zu halten.[65] Es ist festgestellt worden, dass die Agrarwissenschaft daran einen „nicht zu vernachlässigenden Anteil"[66] hatte. Die Ernährungspolitik konnte ihre Ziele nur erreichen, weil sie „Ausbeutung, Hungerexport und Völkermord"[67] betrieb und über Experten verfügte, welche die notwendigen Berechnungen vornahmen und Empfehlungen abgaben. Als einer jener Experten schlug Hahn dem RMEuL im Jahr 1941 vor, den sowjetischen Kriegsgefangenen nur extrem niedrige Rationen zuzuteilen, die nicht zum Überleben reichen würden.[68] Trotz Beschwerden jener Betriebe, die lieber über arbeitsfähige als über verhungernde Zwangsarbeiter verfügen wollten, lehnte RMEuL-Staatssekretär Backe in den folgenden Jahren eine Erhöhung der Sätze ab. Der Vorschlag des AwI der DAF zur Lösung dieses Problems war auch in der IfW-Bibliothek einsehbar: „Ausscheidung" der unproduktiven Zwangsarbeiter und Umverteilung ihrer Rationen auf jene, die überleben durften.[69] Über die verbrecherische Logik in der deutschen Ernährungspolitik konnten die IfW-Mitarbeiter sich leicht informieren.

Die Verbindungen zwischen der Ernährungswirtschaftlichen Forschungsstelle und dem IfW brachen nie ab. Nachweislich sandte beispielsweise der Forschungsgruppenleiter Lösch im Februar 1941 einen im Auftrag des Wehrwirtschaftsamts er-

---

64 Hahn (1939), S. 67–69. In einer Rezension wurde Hahns Orientierung an Lehren aus dem Ersten Weltkrieg gelobt. Flößner: Rezension zu Hahns „Der Ernährungskrieg", in: Die Ernährung: Zeitschrift für das gesamte Ernährungswesen in Forschung, Lehre und Praxis Bd. 4, 1939, S. 222.

65 Vgl. Corni und Gies (1997), S. 597.

66 Oberkrome (2009), S. 92. Nach Ansicht von Huegel waren zwei Entscheidungen ursächlich für den großen Unterschied zum Ersten Weltkrieg, nämlich die Ausbeutung ausländischer Arbeitskräfte in der eigenen Landwirtschaft und der Raub landwirtschaftlicher Produkte aus den eroberten Gebieten. Vgl. Huegel (2003), S. 316–317. Beides wäre vermutlich ohne langfristige organisatorische Vorbereitungen und die Bereitstellung von großen Mengen an Informationen nicht durchführbar gewesen.

67 Vgl. Gerlach (1998), S. 167–257, Zitat auf S. 246.

68 Vgl. Heim (2003), S. 108.

69 AwI (Hg.): Arbeitseignung und Leistungsfähigkeit der Ostarbeiter in Deutschland, März 1944 (Zitat S. 11), am 29.09.1944 in IfW-Bibliothek, heute in: ZBW, D 5535.

stellten Bericht über die englische Nahrungsmittelversorgung an Hahn.[70] Im Gegenzug sandte dieser bis in die letzten Kriegsmonate hinein einige der in seiner Forschungsstelle angefertigten geheimen Berichte.[71] Auch ist eine Kooperation beider Institutionen durch ihre gemeinsame Tätigkeit für die „Wissenschaftliche Beratungsstelle" des Rüstungsministeriums sowie in dem vom RWM gegründeten Ernährungswirtschaftlichen Ausschuss des Arbeitskreises für Außenwirtschaftsfragen nachweisbar.[72] Auch publizierten Hahn und seine Mitarbeiter in den Organen des IfW. Am prominentesten war der 1942 in den *Problemen der Weltwirtschaft* erschienene Titel „Die Ernährungswirtschaft Europas". Darin appellierte Hahn an die „ehrenvoll Unterlegenen"[73], also an die von Deutschland überfallenen und unterworfenen Völker, sich nicht gegen die Ausrichtung ihrer Landwirtschaft auf die deutschen Bedürfnisse zu wehren. Hahn ging es darum, die europäische Agrarproduktion zu optimieren und das Erzeugte gemäß den eigenen Bedürfnissen zu verteilen, sodass die Achsenmächte ihre Kriegführung durchhalten konnten, bis die vom Hungerplan-Autor Backe angekündigten Nahrungsmittel aus den im Vorjahr überfallenen Gebieten der Sowjetunion einträfen.

Eine positive Rezension durch den in Sachen Öffentlichkeitsarbeit mit dem IfW kooperierenden Finnen von Gadolin deutet darauf hin, dass die Nachricht im Ausland durchaus verbreitet werden konnte.[74] Auch in der deutschen Presse fand Hahns Schrift ein Echo. Hier zielte die Berichterstattung vor allem darauf ab, die Bevölkerung zu beruhigen. Es wurde behauptet, mit dieser Studie sei die langfristig stabile Nahrungsmittelversorgung mathematisch bewiesen und durch das Projekt der Europäischen Großraumwirtschaft sei Festlandeuropa in der Ernährung nahezu autark.[75] An die Monografie anschließend erschien 1944 im *Weltwirtschaftlichen Archiv* ein weiterer Aufsatz Hahns und seiner Mitarbeiterin Irmgard Heidemanns.[76] Auch Mary Egle publizierte im *WA* und rechtfertigte dort das angeblich effiziente und gerechte Rationierungssystem.[77] Neben diesen politischen Botschaften wurden die Publikationsorgane des IfW von der Ernährungswirtschaftlichen Forschungsstelle auch als

---

70 Lösch an Hahn, 06.02.1941, in: StAH, NL Lösch, Ordner „Verschiedenes".

71 Lotsch an F. Meyer, 09.02.1945, in: ZBW-Archiv, 408.

72 Liste der Mitarbeiter der Wissenschaftlichen Beratungsstelle, o.D., ca. 06.1944, in: BA, R 3/1954. Vgl. Ernährungswirtschaftlicher Ausschuss: Der Weltmarkt der agrarischen Hauptprodukte, Vorbemerkung, Jan. 1945, in: BA, R 3101/32129, Bl. 66.

73 Hahn (1942), S. 1.

74 Axel v. Gadolin: Europeisk självförsörjning, in: Ekonomiska Samfundets tidskrift 58, 1943, S. 103 – 110.

75 Robert Platow: „Neue Rationen" bzw. „Die neuen Rationen", in: Lübecker Zeitung, Neues Wiener Tageblatt, Neue Leipziger Tageszeitung, alle 11.05.1943. „Ernährungswirtschaft Europas. Eine neue Veröffentlichung des Instituts für Weltwirtschaft", in: Kieler Zeitung, 16.10.1942.

76 Hahn und Heidemanns: Die Ernährungswirtschaft in den wichtigsten außereuropäischen Gebieten, in: WA 60, 1944, S. 170 – 220.

77 Mary Egle: Wesen und Formen der Verbrauchsrationierung in Europa, in: WA 58, 1943, S. 305 – 334.

wissenschaftliche Kommunikationsplattformen genutzt, um dort Forschungsergebnisse zu präsentieren und auf anderswo erarbeitete Erkenntnisse hinzuweisen.[78]

Die Ernährungsstatistische Forschungsstelle hörte offenbar erst auf zu existieren, als Hahn bei der Eroberung Berlins am 2. Mai 1945 getötet wurde. Er hatte noch Unterlagen seiner Forschungsstelle verstecken können. Im Dezember 1945 bot Heidemanns, mittlerweile im German Interregional Food Allocation Committee tätig, dieses Material dem IfW an.[79] Der mittlerweile nach Münster gewechselte, in die Angelegenheiten des IfW aber noch involvierte, W.G. Hoffmann antwortete ihr, es sei „sinngemäß und auch im Interesse von Dr. Hahn selbst, daß etwa das Kieler Institut als Rechtsnachfolgerin [der Ernährungswirtschaftlichen Forschungsstelle] auftritt."[80] Aus Quellenmangel ist nicht rekonstruierbar, ob das IfW tatsächlich diese oder andere Unterlagen erhalten hat. Auch eine offizielle Rechtsnachfolge ist nicht dokumentiert. Das Angebot ist aber ein weiterer Beleg für die bis zum Kriegsende reichende Verbindung der eng in die Vorbereitung wirtschaftspolitischer Entscheidungen auf dem Ernährungssektor eingebundenen Forschungsstelle mit dem IfW.

10.3 Die Notgemeinschaftsgruppe: Versuch einer Astwik-Nachfolge (1933 – 1935)

Nach dem finanziell bedingten Aus des Enquete-Ausschusses über die Erzeugungs- und Absatzbedingungen der deutschen Wirtschaft und nach der Publikation des Abschlussberichts hatte sich der IfW-Direktor Harms um die dringend benötigte Anschlussfinanzierung für die Astwik bemüht. Hierzu traf er sich im Oktober 1932 mit dem Notgemeinschaftspräsidenten Schmidt-Ott und dessen Mitarbeiter August Fehling.[81] Sie vereinbarten, dass die Notgemeinschaft eine Reihe von Stipendienstellen für ein größeres Gemeinschaftsprojekt zur Verfügung stellen würde. Dabei sollte es sich um eine vergleichende Untersuchung der Wirtschafts- und Finanzkrisen des 19. und 20. Jahrhunderts in England, Frankreich, den USA und Deutschland handeln.[82] Den wirtschaftshistorischen Teil sollten Werner Schlote, Rudolf Freund und W.G. Hoffmann übernehmen, während die gegenwärtige Weltwirtschaftskrise von Walter Egle sowie den Abteilungsleitern Colm und Neisser analysiert werden sollte. Zusätzlich blieben der Astwik eine Handvoll technischer Kräfte sowie Kapazitäten des Wirtschaftsarchivs zugeteilt, sodass weiterhin ein wesentlicher Teil der Institutstätigkeit auf diese Abteilung ausgerichtet bleiben sollte. Das Projekt war ausdrücklich

78 Z. B. Rezensionen von Franz von Oy, in: WA 56, 1942, S. 117*-118*; WA 59, 1944, S. 36*-37*; WA 60, 1944, S. 15*-17*.

79 Heidemanns an IfW, 30.12.1945, in: LASH, Acc. 172/17 (NL Walther G. Hoffmann).

80 W.G. Hoffmann an Irmgard Heidemanns, 27.02.1946, in: Ebd.

81 Anwesend war ebenfalls der ehemalige Staatssekretär im Reichsfinanzministerium, Hans Schäffer, der 1933 nach Schweden emigrierte. Aktennotiz über Besprechung am 27.10.1932, in: BA, R 73/16730.

82 Vermerk Dr. Fehling, 02.11.1934, BA, R 73/16730.

als ergebnisoffene Grundlagenforschung angelegt, die nicht auf eine bestimmte wirtschaftspolitische Agenda ausgerichtet war.

Die Vertreibungen des Frühjahres 1933 sowie die sich aus der Direktoratsübernahme von Jessen und dann Predöhl ergebenden personellen Wechsel und Umstrukturierungen behinderten ganz wesentlich das langfristig und kooperativ ausgerichtete Projekt. Harms' Nachfolger wollten es gleichwohl beide fortsetzen und in dem langjährigen IfK-Mitarbeiter Otto Donner wurde im Sommer 1933 auch ein qualifizierter neuer Leiter gefunden. Nach der Ausbootung Schmidt-Otts konnte jedoch die nur bis März 1935 gesicherte Finanzierung der nunmehr „Notgemeinschaftsgruppe" genannten Astwik nicht mehr verlängert werden.[83] Weitgehend in Eigenregie erarbeiteten anschließend Schlote und W.G. Hoffmann die beiden Abschlussberichte, die allerdings erst 1938 bzw. 1940 publiziert wurden.[84] 1952 bzw. 1955 erschienen sie mit finanzieller Unterstützung der Rockefeller Foundation in englischer Übersetzung.[85]

Tabelle 10: Wissenschaftliche Mitglieder der Astwik und der Notgemeinschaftsgruppe (1933 – 1935)[86]

<table>
<tr><th>Astwik</th><th>Notgemeinschaftsgruppe</th></tr>
<tr><td>Gerhard Colm (04.1927 – 04.1933, Leiter: 03.1930 – 04.1933)</td><td>– (vertrieben, emigriert)</td></tr>
<tr><td colspan="2">Leo Drescher (Sommer 1933 – 03.1935)</td></tr>
<tr><td colspan="2">Otto Donner (Sommer 1933 – 11.1934, Leiter: Sommer 1933 – 11.1934)</td></tr>
<tr><td>Walter Egle (mind. 1932 – 09.1933</td><td>– (emigriert)</td></tr>
<tr><td>Rudolf Freund (mind. 1930 – 04.1933)</td><td>– (vertrieben, emigriert)</td></tr>
<tr><td colspan="2">Walther G. Hoffmann (12.1932 – 03.1935)</td></tr>
<tr><td>–</td><td>Krause (mind. 1935)</td></tr>
<tr><td>Hans Neisser (03.1930 – 04.1933)</td><td>– (vertrieben, emigriert)</td></tr>
<tr><td colspan="2">Ellen Quittner-Bertolasi (06.1933 – 03.1935)</td></tr>
<tr><td colspan="2">Otto Röhlk (01.1933 – 1934)</td></tr>
<tr><td colspan="2">Werner Schlote (03.1932 – 03.1935, Leiter: 11.1934 – 03.1935)</td></tr>
<tr><td>–</td><td>Reinhold Stisser (12.1933 – 03.1935)</td></tr>
<tr><td>Konrad Zweig (1926 – 1930, 12.1932 – 06.1933)</td><td>– (vertrieben, emigriert)</td></tr>
</table>

83 Neuer Präsident der nunmehr in DFG umbenannten Notgemeinschaft wurde der Physiker Johannes Stark, der den Geisteswissenschaften und auch dem IfW weniger zugetan war. Vgl. Mertens (2002), S. 29.

84 Schlote (1938) und W.G. Hoffmann (1940a).

85 Schlote (1952) und W.G. Hoffmann (1955).

86 Colm: Bericht der der Astwik für das Rechnungsjahr 1932/33, 13.06.1933, in: HS IfW, Hs Allg. 20b; Fehling: Weiterführung der Gemeinschaftsuntersuchungen, 06.11.1934, in: BA, R 73/16730.

Im Herbst 1934 war das Forschungsprojekt in zweifacher Hinsicht ganz wesentlich abgeändert worden. Erstens musste wegen des Ressourcenmangels der vergleichende Ansatz wegfallen und die Notgemeinschaftsgruppe beschäftigte sich nun nur noch mit England. Dies war aber aus Sicht Predöhls zu verkraften, weil es sich dabei um „ein ausgezeichnetes Schulbeispiel für die wirtschaftliche Entwicklung der letzten 150 Jahre und die Struktur der kapitalistischen Krisen“[87] handele. Zweitens wurde die Forschung nun gegenüber der Notgemeinschaft als ein anwendungsorientiertes Unterfangen präsentiert, deren Zweck Fehling folgendermaßen zusammenfasste:

> Sie wird zeigen, welche Spannungen zu Krisenerscheinungen geführt haben, und gleichzeitig darauf hinweisen, wo und in welchem Umfange unter gegebenen Verhältnissen eine einheitliche staatliche Wirtschaftssteuerung zielsicher einsetzen mußte, um eine gleichmäßigere (krisenlosere) Entwicklung der Volkswirtschaft zu erreichen.[88]

Die Forschung war ausdrücklich dafür gedacht, als Grundlage für die Beratung der nationalsozialistischen Wirtschaftspolitik zu dienen, sollte aber gleichwohl in der bisherigen Weise durchgeführt werden. Gemäß der seit 1926 etablierten Arbeitstradition der Astwik sollten, so zumindest der Anspruch, die „wirtschaftlichen Theoreme“[89] empirisch überprüft sowie die selbst angewendete Forschungsmethodik transparent dargestellt und reflektiert werden. Dabei gelte es herauszufinden, ob sie „in ihrer Gültigkeit an die Voraussetzung einer bestimmt gelagerten Wirtschaftsstruktur gebunden sind.“[90]

Im recht kurzen Zeitraum ihrer Existenz erstellte die Notgemeinschaftsgruppe auf Basis der im Wirtschaftsarchiv und in der IfW-Bibliothek in langwieriger Arbeit eine große Anzahl von Statistiken. Dazu zählten zwei Indices der britischen Industriesowie Agrarproduktion, die inklusive einer ausführlichen Beschreibung der verwendeten Quellen und Erarbeitungsschritte vorab im *Weltwirtschaftlichen Archiv* veröffentlicht wurden.[91] Predöhl ging es nicht nur um die in Zahlen ausgedrückten Ergebnisse, sondern auch um methodische Innovationen, die von der internationalen Wissenschaftsgemeinschaft anerkannt werden würden. Gegen England gerichtete politische Wertungen, welche dieselben Ökonomen ebenfalls vornahmen, wurden auf externe Publikationsorgane ausgelagert und nicht als Ergebnisse der Notgemeinschaftsgruppe präsentiert.[92]

87 Ebd.
88 Ebd.
89 Ebd.
90 Ebd.
91 W.G. Hoffmann (1934) und Drescher (1935).
92 Siehe beispielsweise Dreschers in den *Jahrbüchern für Nationalökonomie und Statistik* herausgegebenen Aufsatz über die Geschichte der US-amerikanischen Agrarpolitik (1936b, S. 168). Mit der Erwähnung des britischen Sklavenhandels und der religiösen Verfolgung bis zum 18. Jhd. versuchte Drescher das politische und ökonomische System Englands zu diskreditieren und anti-englische Stereotypen zu bedienen.

Mit seiner 1936 weitgehend abgeschlossenen Habilitationsschrift über „Wachstum und Wachstumsformen der englischen Industriewirtschaft von 1700 bis zur Gegenwart“ stellte W.G. Hoffmann das erste größere Ergebnis der Notgemeinschaftsgruppe fertig, das jedoch erst im Januar 1940 publiziert wurde.[93] Die Arbeit schloss sich an seine zehn Jahre zuvor unter der Anleitung Löwes angefertigte Dissertation über Stadien und Typen der Industrialisierung an.[94] Diese hatte die „erste gründliche statistische Studie des historischen Prozesses der Industrialisierung“[95] dargestellt und war ein Versuch gewesen, „die klassische These von der tendenziell steigenden Kapitalintensität der kapitalistischen Produktion [...] zu quantifizieren und empirisch zu untersuchen.“[96] W.G. Hoffmann hatte seinerseits die These aufgestellt, die wirtschaftliche Entwicklung eines jeden Landes unterliege einem typischen Wandel, der sich in einer Stärkung des Produktionsmittelsektors in Relation zum Konsumgütersektor ausdrücke.[97] Seine neuere Studie über die Geschichte der englischen Industriewirtschaft wurde breit rezipiert, kriegsbedingt zunächst nur in Deutschland,[98] nach 1945 und insbesondere durch die englische Übersetzung auch im Ausland.[99] Die überwiegend positive Aufnahme gründete sich, wie der Breslauer Ökonom Günter Schmölders dies formulierte, „in der strengen Beschränkung auf das Tatsächliche und an Hand konkreten, zahlenmäßigen Materials Nachprüfbare“.[100] Mit dieser Konzentration auf statistische Fleißarbeit war verbunden, dass das Werk keine direkten politischen Wertungen über den seinerzeitigen Kriegsgegner enthielt und deshalb eine Nachkriegskarriere erfahren konnte. Andererseits unterließ es W.G. Hoffmann, vom

93 In die Arbeit flossen noch Erfahrungen aus seiner Reise durch England im ersten Halbjahr 1939 ein, die er Dank eines Fellowships der Rockefeller Foundation hatte unternehmen können. RAC, RF, fellowship recorder cards, RG 10.2, Disciple 5, Germany, Walther Hoffmann. Betreffend Schweden wurden zeitgleich von Myrdal und anderen Ökonomen ähnliche statistische Arbeiten unternommen, die gleichfalls von der Rockefeller Foundation gefördert wurden. Sie gelten als einer der größten Erfolge des Förderprogramms des seinerzeitigen Leiters der Abteilung für Sozialwissenschaften, Edmund Day. Vgl. Craver (1986), S. 214.

94 W.G. Hoffmann (1931).

95 Hagemann: Zerstörung eines innovativen Forschungszentrums und Emigrationsgewinn. Zur Rolle der „Kieler Schule“ 1926 – 1933 und ihrer Wirkung im Exil, in: Hagemann (Hg.) (1997), S. 302.

96 Hardach (1985), S. 542.

97 1. Stadium: Größenverhältnis von Konsumgütersektor zu Produktionsmittelsektor etwa 5:1, 2. Stadium: etwa 2:1, drittes Stadium: etwa 1:1. Ergänzung: 4. und potentielles 5. und 6. Stadium: Produktionsmittelsektor (viel) größer als Konsumgutsektor. Vgl. W.G. Hoffmann (1969).

98 Besprechungen von Ferdinand Friedensburg, in: Zeitschrift der Gesellschaft für Erdkunde 1941, S. 351 – 352 sowie von Günter Schmölders, in: Finanzarchiv 8, 1940/41, S. 213 – 214.

99 Besprechungen von S.P. Stevens, in: The economic record 24, 1948, S. 162 – 163; Phyllis Deane in: Economic Journal 66, 1956, S. 493 – 500; J.F. Wright in: Journal of Economic History 16, 1956, S. 356 – 364; George W. Hilton in: American Economic Review 46, 1956, S. 434 – 435. 1965 wiederholte Hoffmann einen solchen aufwändigen Versuch einer Faktensammlung. Dieses Werk wurde zuletzt kritisiert, weil irreführende Angaben aus einer 1939 erschienenen Publikation des Reichsamts für Wehrwirtschaftliche Planung für die Festsetzung der Indices verwendet wurden. Fremdling und Stäglin (2012), S. 334.

100 Schmölders, in: Finanzarchiv 8, 1940/41, S. 214.

Material abzuheben und eine wirtschaftswissenschaftliche Theorie zu entwickeln, welche die beschriebenen Konjunkturschwankungen und den von ihm beobachteten 20 Jahre dauernden Trendzyklus erklären würde. Für die vagen Aussagen („eine gewisse Wahrscheinlichkeit", „nicht ohne Einfluß")[101], die er über die Lebensdauer von Produktionsanlagen und die Wechselwirkungen zwischen Investitionen und technischen Entwicklungen traf, hätte es seiner Studie nicht bedurft.

„Unpolitisch" war die Schrift jedoch weder in ihrem Inhalt noch in ihrem Kontext. W.G. Hoffmann maß seiner Beobachtung hohes Gewicht zu, dass die britische Industrie in der Freihandelsepoche sinkende Wachstumsraten gehabt habe und seit dem Ersten Weltkrieg stagniere, während in den vergangenen 20 Jahren die von Zollmauern protegierten Industrien anderer Länder höhere Wachstumsraten aufwiesen.[102] Ein amerikanischer Wirtschaftshistoriker kritisierte später den ungenügend belegten gegen den Freihandel gerichteten Grundton des Werks.[103] Nationalsozialistischen Funktionären war nicht nur diese implizite Legitimation von Staatseingriffen in den Außenhandel, sondern auch die weitgehende Beschränkung auf eine empirische Beschreibungen sehr willkommen. Friedrich Bülow, einer der führenden Akteure in der Raumforschung,[104] schrieb im September 1940 während der „Luftschlacht um England", es sei nun erstmals möglich, „in quantitativ exakter Weise die strukturelle Lage Großbritanniens im gegenwärtigen Zeitpunkt zu beurteilen."[105] In der Zeitschrift *Der Vierjahresplan* drückte Bülow sich zwei Jahre später noch deutlicher aus. Hoffmanns Beitrag sei „vor allem im Hinblick auf die Probleme einer kontinentaleuropäischen Großraumwirtschaft und nicht zuletzt mit Rücksicht auf eine bewusste Lenkung und Steuerung der Gründung von Industriebetrieben"[106] von hoher praktischer Bedeutung.

Schlotes zu Beginn des Jahres 1938 publizierte Darstellung der „Entwicklung und Strukturwandlungen des englischen Außenhandels von 1700 bis zur Gegenwart" erhielt ein ganz ähnliches Echo wie Hoffmanns Werk. Die zusammengetragene Masse an Material sahen auch ausländische Ökonomen als „extremely useful" an, die daran anschließende Analyse sei allerdings „not highly sophisticated".[107] Die Qualität der Forschung der Notgemeinschaftsgruppe war damit deutlich hinter jener der Astwik zurückgeblieben. Das positive Urteil der Rockefeller Foundation aus dem Jahr 1932, in

---

101 W.G. Hoffmann (1940a), S. 207.

102 Ebd., S. 206.

103 George W. Hilton in: American Economic Review 46, 1956, S. 435.

104 Einen biographischen Überblick zu Bülow gibt Rieter (2010), S. 92–106.

105 F. Bülow, in: Raumforschung und Raumordnung 4, 1940, S. 379–380, hier S. 379.

106 Friedrich Bülow: Rezension zu W.G. Hoffmann, in: Der Vierjahresplan, 15.08.1942, S. 391.

107 Walt Whitman Rostow, in: Journal of Political Economy 63 (4), 1955, S. 359. Weitere Rezensionen: Reinhard Kamitz, in: Zeitschrift für Nationalökonomie 10 (3/4), 1943, S. 549–550. Jean Weiller, in: Revue économique, 5 (1), 1954, S. 118–119. Die Myrdals hatte geurteilt, Schlotes „abilities are not so pronounced." Alva und Gunnar Myrdal an Van Sickle, 20.07.1933, in: RAC, RF, RG 1.1, s. 717.S, b. 20, f. 181.

Kiel sei die geleistete Arbeit nicht „minutely descriptive“[108] und unterscheide sich damit grundlegend von den meisten deutschen Universitäten, wo die jüngere Historische Schule noch stark vertreten war, besaß nun keine Gültigkeit mehr. Dass die herausgearbeiteten Statistiken auch nach 1945 im In- und Ausland als Grundlage für weitere Forschungen eine Wertschätzung erfuhren, darf nicht davon ablenken, dass sie während des Zweiten Weltkriegs für die Informierung der deutschen Politik und Kriegführung gegen England für nützlich befunden worden waren.

10.4 Die Gruppe Marktordnung und Außenwirtschaft (1935 – 1939)

Die Forschungsgruppe Marktordnung und Außenwirtschaft (im Folgenden: Gruppe Marktordnung) wurde 1935 eingerichtet und blieb bis zu ihrer Auflösung im Juli 1939 die größte Forschungsgruppe des Instituts. Ihr zentrales Thema war die „Marktregulierung und Marktordnung in der Weltagrarwirtschaft“. Zusammengefasst wurden die Ergebnisse Anfang 1940 in einer gleichnamigen Monografie, die zugleich die Habilitationsarbeit des langjährigen Forschungsgruppenleiters Karl Schiller darstellte.[109] Die Ursprünge der Gruppe gingen auf den Juli 1934 zurück, als Predöhl Projektideen evaluierte.[110] Von Beginn an bemühte er sich, tatkräftig von Harms unterstützt, um Finanzierungshilfen der Rockefeller Foundation für das noch zu bestimmende Projekt. Deshalb versprach er, die bereits im IfW tätigen ehemaligen Rockefeller Fellows wie Drescher daran zu beteiligen sowie zusätzlich ehemalige Fellows wie Mackenroth dafür nach Kiel zu holen. Der Agrarexperte Drescher wurde denn auch für das erste halbe Jahr der Leiter der Forschungsgruppe. Als solcher konnte er sich 1935 habilitieren, wurde im November zum Dozenten für Landwirtschaftspolitik in Kiel ernannt, verließ das Institut dann aber bereits Anfang 1936. Mackenroth fungierte anschließend als Betreuer der Gruppe sowie auch des jungen Habilitanden Schiller, der sie von Februar 1936 an leitete.[111] Auch aus dieser Personalsituation heraus ergab sich das Forschungsthema der Gruppe Marktordnung, die „Weltagrarwirtschaft“. Eine geplante parallele Untersuchung der deutschen Auslandsabhängigkeit bei Rohstoffen konnte nicht durchgeführt werden, weil der hierfür eingeplante Bearbeiter Egle im Herbst 1934 aus politischen Gründen nicht von einer Forschungsreise aus den USA

---

108 Kittredge: Social Sciences in Germany, 09.08.1932, S. 9, in: Ebd., f. 186.

109 Schiller (1940a).

110 Zu den nicht realisierten Überlegungen zählten eine Analyse zwischenstaatlicher Handelsbeziehungen mit den Fallstudien Frankreich-Deutschland und China-Japan sowie eine Studie über die nationalen und internationalen Auswirkungen der Industrialisierung von Entwicklungs- und Agrarländern. Kittredge: Report of visit to Germany July 13/20, 1934, S. 3, in: RAC, RF, RG 1.1, s. 717.S, b. 20, f. 181.

111 Das Verhältnis der beiden war offenbar sehr eng. Vgl. Schiller an Ursula Mackenroth, 02.05.1955, in: AUB, Sammlung Schmid (NL Mackenroth), Kondolenzpost.

zurückkehrte.[112] In den ersten zwei Jahren wurden die bis zu sechs wissenschaftlichen sowie die weiteren nichtwissenschaftlichen Mitarbeiter der Gruppe vollständig aus den Mitteln der Rockefeller Foundation bezahlt, anschließend aus Staatsgeldern.

Noch unter Dreschers Leitung wurde damit begonnen, in Länderstudien die Marktregulierungen einzelner Agrarprodukte zu erfassen.[113] Daran sollte sich eine Analyse der Auswirkungen der Regulierungen anschließen. Evaluiert werden sollte, mit welchen Mitteln man neue Exportmärkte erschließen, alte Exportmärkte halten, die eigenen Märkte für heimische Produzenten schützen und die auf den Weltmarkt orientierten Produktivkräfte auf die Befriedigung des eigenen Bedarfs (Importsubstituierung) hin ausrichten könne. Gegenüber der Rockefeller Foundation wurde dieses Programm als reine Grundlagenforschung dargestellt und Predöhl betonte bei jeder sich bietenden Gelegenheit, sein Institut könne unabhängig von politischem Druck agieren.[114] Dabei unterschlug er jedoch, dass die Kieler sich ohne Zwang selbst für die Politikberatung mobilisierten und Drescher seine Forschung ausdrücklich auf diesen Zweck hin ausgerichtet sehen wollte. Gemäß dem Predöhl'schen Ideal sollten in möglichst wertfreier Weise Erkenntnisse gesammelt werden, die dann zur Beratung der Wirtschaftspolitik mit ihren nationalsozialistischen Zielsetzungen verwendet würden.[115] Die Forschungen des Instituts sollten dabei mithelfen, die zur Krisenüberwindung ad hoc eingesetzten Maßnahmen der Wirtschafts*regulierung* zu einer Wirtschafts*lenkung* fortzuentwickeln.[116]

Bezugspunkt war zunächst der „Neue Plan". Dieser sah scharfe Eingriffe in den Außenhandel, insbesondere eine zentral gelenkte Zuteilung der knappen Devisen, und „ein Netz von Einfuhrkontrollen vor, um die Warenströme zentral zu lenken".[117] Um die deutsche Wirtschaft gegen eine angelsächsische Wirtschaftsblockade zu rüsten und damit den politischen und militärischen Handlungsspielraum zu vergrößern, bemühte sich Wirtschaftsminister Schacht um eine „weitgehende Verlagerung des Außenhandels von Übersee auf Kontinentaleuropa und dort auf mehrere rohstoffreiche und agrarische Überschussgebiete".[118] Das sollte durch devisenfreien Handel geschehen, also über Kompensationsgeschäfte und Clearingvereinbarungen.[119] Bereits 1935 wurden drei Viertel des gesamten deutschen Außenhandels durch

---

112 Predöhl an Kittredge, 25.09.1934, in: RAC, RF, RG 1.1, s. 717.S, b. 20, f. 181. Damit verlor das IfW nicht nur das Fachwissen Egles, sondern auch eine Förderung von 2.000 $ der Rockefeller Foundation.

113 Kittredge: Summary of report on research program of Kiel Institut f. Weltwirtschaft, 16.12.1935, in: Ebd. Zu diesem Zeitpunkt hieß die Forschungsgruppe noch „Außenhandelsformen". Vorlesungsverzeichnis Universität Kiel, WiSe 1935/36, in: www.uni-kiel.de/journals [zuletzt abgerufen am 23.04. 2019].

114 Siehe Briefverkehr in: RAC, RF, RG 1.1, s. 717.S, b. 20, f. 181–182.

115 Drescher (1937), S. 10, ferner S. 21–27.

116 Vgl. Janssen (2012), S. 497.

117 Corni und Gies (1997), S. 378.

118 Volkmann (2003), S. 306.

119 Schacht stimmte sich u. a. mit dem Wehrwirtschaftler Georg Thomas ab. Vgl. Wendt (1987), S. 128.

bilaterale Clearingabsprachen abgewickelt.[120] Dreschers Programm war darauf ausgerichtet, zu dieser Außenwirtschaftspolitik die Begleitforschung zu betreiben und zu untersuchen, in welcher Weise und zu welchen volkswirtschaftlichen Kosten die zentralen Ziele eines höheren Selbstversorgungsgrades auf dem Ernährungssektor sowie einer Steigerung der Rentabilität der heimischen Landwirtschaft erreicht würden.[121] Ausdrücklich sollte es dabei nicht um die Bedürfnisse der Bürger oder gar um eine „bestmögliche Befriedigung der Konsumentenwünsche"[122] gehen. Der Staat sollte seine Bevölkerung bewirtschaften und ihr nur einen beschränkten Raum für individuelle Entscheidungen lassen.

Unter der Leitung Schillers und Mackenroths richtete sich die Forschungsgruppe ab 1936 in noch stärkerem Maße auf eine Begleitforschung zur Wirtschaftspolitik des Reichsnährstands aus.[123] Man beobachtete die Forschung im Ausland sehr genau, beispielsweise jene des Brookings Institut über die Innovationen in der amerikanischen Agrarpolitik,[124] und glaubte sich ebenfalls berechtigt, der eigenen Regierung wissenschaftliche Erkenntnisse zu verschaffen. Die Vernetzung der Gruppe Marktordnung mit dem Reichsnährstand war Teil eines größeren Kooperationsvorhabens. Parallel übermittelte die IfW-Bibliothek Kopien ihres umfangreichen Katalogs an die Studiengesellschaft für Nationalökonomie, einem wissenschaftlichen Institut des Reichsbauernführers Darré.[125] Außerdem erhielt der Jurist Martin Busse (1906 – 1945), der als leitender Mitarbeiter im Stabsamt Darrés an der Vorbereitung der Erbhofverfahrensordnung beteiligt gewesen war, ab Oktober 1937 einen Arbeitsraum sowie zwei Mitarbeiter vom IfW gestellt, um die Forschungsprojekte des Instituts zu ergänzen.[126]

Mackenroth unterstützte die nationalsozialistischen Blut-und-Boden Ideologie in ihrer Radikalität.[127] Anders sah dies beim konservativeren, im Sering-Institut ausgebildeten Drescher aus. Er hieß zwar Eingriffe des Staates in die Wirtschaft aus „kulturpolitischen und volkserzieherischen Gründen"[128] gut, wollte aber grundsätzlich ein höheres Maß an Privatinitiative und die Freiheit der Berufswahl bewahren. Macken-

120 Vgl. Corni und Gies (1997), S. 378. Wie politisch diese in hohem Maße bürokratisch-technokratisch anmutenden Regelungen waren, verdeutlicht die Priorisierung der Importeure bei der Devisenzuteilung: An erster Stelle stand die Nahrungsmittelindustrie, gefolgt von der Wehrmacht. Vgl. Ebi (2004), S. 130.

121 Kittredge: Summary of report on research program of Kiel Institut f. Weltwirtschaft, 16.12.1935, in: RAC, RF, RG 1.1, s. 717.S, b. 20, f. 181. Bereits 1934 hatte Drescher vorgeschlagen, dass der Staat einen „gleitenden Festpreis" für Nahrungsmittel festlege, der für die Produzenten rentabel und für die Konsumenten erschwinglich sei und dadurch für eine Risikoentschärfung der Wirtschaft sorge. Drescher (1934), Zitat auf S. 418.

122 Drescher (1936a [13.07.1935]), S. 47 – 48.

123 Mackenroth: Einführung, in Schiller (1940a), S. V.

124 Drescher (1936b und 1937), Schiller (1934), Mackenroth (1939b) und Dillner (1938).

125 IfW: Zum Bericht vom 5. Juni 1939, in: BA, R 4901/14813, Bl. 163.

126 Larenz an Kurator Uni Kiel, 30.09.1937, in: BA, R 4901/14813, Bl. 7.

127 So befürwortete er beispielsweise eugenische Maßnahmen, die darauf gerichtet waren bestimmte Menschen zu exkludieren, zu verstümmeln und zu töten. Vgl. Henßler und Schmid (2007), S. 205 – 207.

128 Drescher (1936a [13.07.1935]), S. 48.

roth unterstützte auch aktiv die NS-Propaganda, nach der „die Bauernbevölkerung als ein staatspolitisch wichtiges Element in ihrer ökonomischen Existenz auf eine dauerhaft gesicherte Grundlage gestellt werden muß."[129] Wegen seiner Gegnerschaft zu den konservativen Großgrundbesitzern gefiel ihm der Ansatz des Reichsnährstands, nicht bloß punktuell in die agrarische Produktion einzugreifen, sondern Produktion und Absatz planwirtschaftlich zu lenken und damit sowohl Preise als auch Handelsspannen bestimmen zu wollen.[130] Seiner Ansicht nach war es die Aufgabe der Wissenschaft, Wege zu einer Vereinbarkeit zweier Ziele aufzuzeigen, und zwar „die Bedeutung des gesicherten Bauerntums einerseits und die Aufgabe der wohlfeilen Versorgung einer breiten Verbraucherschicht andererseits. Beide Gesichtspunkte sind auch von starkem politischen und wehrpolitischen Interesse".[131]

Mackenroth zeigte sich überzeugt, die verstärkten Eingriffe Deutschlands sowie anderer Staaten im Bereich der Landwirtschaft würden die Avantgarde eines weltweiten Trends zur „Durchsetzung einer mehr sozialistischen Note der Regulierungen"[132] bilden. Er wollte beweisen, dass die Zeit der grundsätzlich liberalen Wirtschaftsordnung abgelaufen sei und der Trend von vereinzelten Markt*interventionen* wegführe, hin zu Markt*regulierungen*, die wiederum zu systemischen Markt*ordnungen* zusammengefügt würden, sodass die Leitidee nicht mehr der freie Markt, sondern die Wirtschafts*lenkung* sei.[133] Diese Haltung besaß natürlich eine starke propagandistische Komponente. Der Begriff *Regulierung* sollte umgedeutet werden, sodass er nicht mehr als ein Handelshemmnis verstanden und damit negativ konnotiert sei, sondern als Stabilität schaffende staatliche Maßnahme positiv gewertet würde.[134] Schiller verstieg sich sogar zu der Behauptung, je stärker ein Staat die Produktion reguliere, desto mehr sei er, „[s]o paradox es klingen mag",[135] auf Zusammenarbeit mit den Handelspartnern angewiesen. Dies gelte selbst dann, wenn er auf einen höheren Grad der Autarkie abziele. Damit wurde Predöhls Vorhaben unterstützt, den auf militärische Aggression ausgerichteten Charakter der nationalsozialistischen Wirtschaftspolitik zu verschleiern und Deutschland als einen gewöhnlichen Teilnehmer im internationalen Warenaustausch und als akzeptablen bzw. wünschenswerten Handelspartner darzustellen.

Die Gruppe Marktordnung sollte zwar zeigen, dass neoklassisches Denken auf die Gegenwart nicht mehr anwendbar war, aber dieses sollte gleichwohl nicht durch eine „allgemeine Theorie des regulierten Marktes"[136] ersetzt werden. Stattdessen sollten die Voraussetzungen geschaffen werden, um Predöhls Forderung einzulösen und die

129 Mackenroth (1937), S. 616.
130 Vgl. zum Reichsnährstand: Frank (1987), S. 180 – 194.
131 Mackenroth (1940), S. VII-VIII.
132 Mackenroth und Krebs (1935), S. 95.
133 Mackenroth: Einführung, in Schiller (1940a), S. XVIII-XX.
134 Konjunkturen würde es also nicht mehr geben. Vgl. Ebd., S. XI.
135 Schiller (1940a), S. 415.
136 Mackenroth: Einführung, in Schiller (1940a), S. XVI.

Wirtschaftswissenschaft in die Lage zu versetzen, der Politik bei der Erreichung des „Völkischen Optimums" zu helfen. Es handelte sich damit um eine anwendungs- und nicht um eine erkenntnisorientierte Grundlagenforschung.[137] Die entwickelte „wirtschaftspolitische Technologie"[138] sollte einen effizienten Ausgleich zwischen Output-Maximierung und möglichst weitgehender Umsetzung der nationalsozialistischen Ideologie ermöglichen. Dass auch das „Dritten Reich" auf die Beratung durch wirtschaftswissenschaftliche Experten angewiesen war, davon zeigte sich auch Mackenroth fest überzeugt: „Man kann bekanntlich gute oder schlechte Politik treiben, und der Marktordnungsgedanke enthält nicht in sich eine Garantie, daß man gute Politik treibt."[139]

Um die entsprechenden Techniken herauszuarbeiten, setzte die Forschungsgruppe ein rigides und umfangreiches Arbeitsprogramm um, das schließlich fünf Jahre in Anspruch nahm. Zunächst wurden unter Zuhilfenahme des institutseigenen Wirtschaftsarchivs und der Bibliothek Statistiken zur landwirtschaftlichen Produktion sowie zu einzelnen staatlichen Regulierungsmaßnahmen insbesondere aus den Jahren 1925 bis 1936 gesammelt und aufbereitet. Auf dieser Basis wurden von den einzelnen wissenschaftlichen Mitarbeitern unter Aufsicht Schillers „Länderbearbeitungen" erstellt, die den staatlichen Einfluss auf Produktionsvolumen, Preise, Konsum und Export bestimmter Güter herauszuarbeiten suchten. Betrachtet wurden insgesamt 33 Länder, darunter ganz Europa mit Ausnahme der Sowjetunion (siehe Tabelle 11). Der Aufbau und der Umfang dieser „Länderbearbeitungen" schwankte stark, insgesamt wurden mindestens 3.250 Seiten unveröffentlichte Zwischenergebnisse produziert. In ihrer deskriptiven Form, ihrer zumeist minutiösen Darstellung, ihrem chronologischen Aufbau und ihrem auf Sammlung und Kategorisierung ausgerichteten Stil atmeten diese Arbeiten den Geist der Historischen Schule. Parallel wurden einige Aufsätze sowie in den Jahren 1936–1938 und 1941 zwölf Einzelstudien im *Weltwirtschaftlichen Archiv* publiziert, welche die Marktregulierungen ausgewählter Länder darstellten, vor allem in den Bereichen Getreidewirtschaft und Viehhaltung.[140] Schiller oblag es, die Ergebnisse zusammenzufassen und einer Gesamtanalyse zu unterziehen.

---

137 Zu dieser Unterscheidung, vgl. Matthias Maier (1997), S. 12–13

138 Mackenroth: Einführung, in Schiller (1940a), S. XVII.

139 Mackenroth (1937), S. 626.

140 Auflistung in Mackenroth: Einführung, in Schiller (1940a), S. XVIII, und Dillner: Weltzuckerwirtschaft und Marktregulierungen, in: WA 53, 1941, S. 432–468 und S. 627–646. Insgesamt handelte es sich um 383 Seiten.

Tabelle 11: Mitarbeiter und Länderberichte der Gruppe Marktordnung und Außenwirtschaft[141]

Mitarbeiter (Zugehörigkeit zur Gruppe)	**Die Marktregulierungen in der Land-/Ernährungswirtschaft von**	**Seiten**
Günther Dillner (1935–1939)	Vereinigte Staaten von Amerika	252
	Argentinien	.
	Polen	112
	Estland, Lettland, Litauen	153
	Tschechoslowakei (Diss., 1937)	271
Leo Drescher (Leiter: 1935–01.1936)	–	–
Günther Harms (1935)	–	–
Charlotte Heydemann (1937–1939)	–	–
Gerhard Lenschow (10.1936–1939)	Neuseeland	26
	Australien	50
	Südafrikanische Union (1939)	66
	Kanada	211
Vladimir Pertot (1936–1938)	Ungarn (gemeinsam mit Schiller)	14
	Jugoslawien, Bulgarien, Rumänien	405
Karl Schiller (ab 09.1935, Leiter: 02.1936–1939)	Niederlande	213
	Portugal	.
	Spanien	.
	Türkei	.
	Griechenland	.
Fridel Schürmann-Mack (1935–1937)	Dänemark	174
	Norwegen, Schweden, Finnland	84
Werner Schüttauf (1935–1938)	Japan (+ vorläufiger Bericht 1937)	106+56
	Schweiz	102
	Irland	115
	Großbritannien	130
	Österreich	59
	Belgien	37

141 Sofern nicht gesondert angegeben, sind alle „Länderbearbeitungen" 1938 fertiggestellt worden und unveröffentlicht geblieben. Quellen: Mackenroth: Einführung, in: Schiller (1940a), S. XII sowie die in der ZBW erhaltenen Berichte.

Tabelle 11: Mitarbeiter und Länderberichte der Gruppe Marktordnung und Außenwirtschaft *(Fortsetzung)*

Mitarbeiter (Zugehörigkeit zur Gruppe)	**Die Marktregulierungen in der Land-/Ernährungswirtschaft von**	**Seiten**
	Frankreich	136
	Italien	414
Reinhold Stisser (1936 – 1938)	Deutschland	66

Als Forschungsgruppenleiter stellte Schiller keine selbstverständliche Wahl dar, war er doch jünger als eine ganze Reihe der ihm unterstellten Mitarbeiter. Nach dem Abitur in Kiel im Jahr 1931 hatte er ebendort sein Studium der Nationalökonomie begonnen. Dies entsprach „seinem Drang, den Dingen eine feste Ordnung und einen vorhersehbaren, kalkulierbaren Ablauf zu geben."[142] Diesen vermutlich durch die Krisen seiner Kindheit und Jugend geförderten Antrieb teilte er mit Mackenroth, der ebenfalls auf eine „Durchordnung"[143] bzw. „Durchrationalisierung"[144] der Wirtschaft hinarbeitete. Nach einem Semester wechselte Schiller nach Frankfurt, dann nach Berlin und schließlich nach Heidelberg, wo er bereits 1935 im Alter von 24 Jahren promoviert wurde. Löwe und Lederer hatten einen Einfluss auf ihn ausgeübt, ferner Ökonomen wie Colm und Neisser. Die von ihnen erhobenen Forderungen nach einer aktiven Konjunkturpolitik als Reaktion auf die Weltwirtschaftskrise überzeugten Schiller. Als Dissertationsthema wählte er das hochaktuelle und politisch aufgeladene Thema der „Arbeitsbeschaffung und Finanzordnung in Deutschland". Die zeitgenössische Diskussion über eine antizyklische Konjunkturpolitik rezipierend, befürwortete er in Zeiten der Krise eine Erhöhung der Staatsausgaben, um die Rückgänge in Produktion und Beschäftigung auszugleichen.

Schiller lobte zwar die nationalsozialistischen Arbeitsbeschaffungsmaßnahmen. Sein eigentliches Ziel ging aber darüber hinaus und war auf die Verstetigung der sogenannten „Arbeitsschlacht" hin zu einer dauernden Gestaltung der Wirtschaft und Sicherung der Vollbeschäftigung durch den Staat gerichtet.[145] Dabei lag er inhaltlich weniger bei Keynes, sondern eher bei Colm, der während seiner Zeit in Kiel und dann auch in der US-amerikanischen Emigration forderte, nicht bei Korrekturen der kurzfristigen wirtschaftlichen Schwankungen stehen zu bleiben, sondern langfristig planerisch zu gestalten.[146] Während Colm jedoch darauf achtete, seinen Planungsansatz auf eine aktive Stabilisierung der Demokratie hin auszurichten,[147] formulierte Schiller

142 Die beste Biografie zu Schiller bietet Lütjen (2007), Zitat S. 37.
143 Mackenroth (1937), S. 627.
144 Mackenroth: Einführung, in: Schiller (1940a), S. XV.
145 Schiller (1936), S. 1 und S. 15 – 18. Vgl. Barkai (1990), S. 170.
146 Vgl. Krohn (1987), S. 135.
147 Colm: Economics Today [1937], in: Colm (1955), S. 333 – 345.

seinen konjunkturtheoretischen Überlegungen so, dass sie mit allen Staatsformen kompatibel war. Ökonomen wie Rath griffen ihn gleichwohl „von rechts" aufgrund dieses pragmatischen Ansatzes an.[148] Im IfW war man jedoch vom jungen Schiller beeindruckt und Predöhl stellte ihn nicht nur ein, sondern beförderte ihn bald auch zum Forschungsgruppenleiter.

In seiner Habilitationsschrift von 1940 setzte Schiller die von Mackenroth angekündigte Entwicklung einer wirtschaftspolitischen Technologie um. Detailliert beschrieb und kategorisierte er Möglichkeiten der Import-, Export- und Binnenmarktregulierung und bemühte sich auch zu zeigen, wie diese unter verschiedenen sozialen und wirtschaftlichen Bedingungen in der Praxis umsetzbar waren. In gewohnter Manier betonte er, sie seien in ihrer Verwendbarkeit nicht ideologisch gebunden,[149] es handele sich also um Werkzeuge, verschiedensten politischen Zwecken dienen könnten. Obwohl Schiller auf eine Diskussion der möglichen „volks-, rasse-, wehr-, sozial- und wirtschaftspolitischen Fernziele"[150] der ausländischen und der deutschen Marktregulierungen verzichtete, war seine Schrift gleichwohl hochpolitisch. Dies geht auch aus dem Vorwort des kürzlich in die Daitz'sche Großraumgesellschaft eingetretenen Predöhl hervor, der davon träumte, diese Gemeinschaftsarbeit seines Instituts würde „ein Hilfsmittel für die Neuordnung der Weltwirtschaft"[151] sein. Dem Institut stünden in der Beratung der deutschen Wirtschaftspolitik „nach der siegreichen Beendigung des Krieges", also nach der erlangten Dominanz über den Kontinent, „gewaltige Aufgaben" bevor.[152] Auch Mackenroth sprach zu mehreren Gelegenheiten von den neu zu errichtenden Austauschbeziehungen „zwischen geordneten Nationalwirtschaften innerhalb politisch befriedeter Räume".[153] Damit war ebenfalls der unter nationalsozialistischer Herrschaft stehende Europäische Großraum gemeint.

Bei der Aufgabenverteilung dieser Nationalwirtschaften wurde die alte Thünen'sche These zum Maßstab genommen, nach der sich um wirtschaftliche Zentren herum Ringe agrarischer Produktion bilden würden, die mit zunehmender Entfernung vom Zentrum an Intensität abnähmen. Entsprechend wurden die 33 untersuchten Länder in sieben Kategorien eingeteilt, nämlich in europäische Zuschussländer (z. B. England, Deutschland), alte Veredelungsländer Europas (z. B. Dänemark), neue Veredelungsländer Europas (z. B. Norwegen), europäische Ackerländer (Polen und Südosteuropa), periphere Agrarländer Europas (z. B. Griechenland), überseeische Expansivländer (z. B. Südafrika) und überseeische Kontraktivländer (Japan und USA).[154] Mackenroth behauptete, da das Britische Empire einen Ring agrarischer Produktion

148 Rezensionen von Klaus Wilhelm Rath, in: Finanzarchiv 5, 1937/38, S. 147–149 und Günter Schmölders, in: Weltwirtschaftliches Archiv 44, 1936, S. 19*-21*.

149 Schiller (1940a), S. 9.

150 Ebd., S. 8.

151 Predöhl: Vorwort des Herausgebers, in: Schiller (1940a), S. III.

152 Ebd.

153 Mackenroth (1937), S. 627. Ähnlich in: Mackenroth: Einleitung, in: Schiller (1940a), S. XXXIV.

154 Schiller (1940a), 2. Kapitel.

um England herum geschaffen habe, müsse man nun auch selbst die Produktionszonen in Kontinentaleuropa auf Deutschland ausrichten. Die Länder Südosteuropas nahmen in diesem Denken als Getreidelieferant und „Ergänzungsraum" eine wichtige Rolle ein. Wie dieser von den jeweiligen Staaten durchgeführte Handel idealtypisch und unter Verwendung der zuvor von ihm selbst analysierten Techniken durchgeführt werden sollte, umriss Schiller folgendermaßen:

> Die [südosteuropäischen] Ausfuhrorgane greifen mit Festpreisen und Sammelstellen bis auf die heimischen Erzeuger zurück, und die [deutschen] Einfuhrstellen schleusen die Liefermengen mit Hilfe von Preisregulierungen und Mühlenkontingenten reibungslos in das innere Ordnungssystem ein.[155]

Für die Länder Südosteuropas sei ein solches Vorgehen in doppelter Weise vorteilhaft. Zu Deutschland ergäben sich stabile Handelsbeziehungen, die gezahlten Preise würden sogar jene auf dem Weltmarkt übertreffen, und zugleich ergäben sich Anreize zum technischen Fortschritt in der Agrarproduktion. Über die politischen und militärischen Motive Deutschlands zur Konzentration seiner Getreideimporte auf jene Länder, die es dominieren konnte und die auch im Krieg gesicherte Handelswege boten, ging er hinweg. Ausweichend verwies er lediglich auf eine angebliche Zwangsläufigkeit der „allgemeinen Kräfteverschiebungen in der zwischenstaatlichen Kooperation".[156]

Schillers Abschlussarbeit der Gruppe Marktordnung und Außenwirtschaft erhielt überwiegend positive, allerdings keine enthusiastischen Rezensionen. Wie auch bei den aus der Notgemeinschaftsgruppe hervorgegangenen Monografien wurde vor allem der Arbeitsaufwand und der Umfang des gesammelten Materials gelobt.[157] Einzig Willy Meinhold, ein meinungsstarker, fest in der NS-Ideologie verankerter Agrarökonom und Wehrwissenschaftler, äußerte Kritik an Schillers Ausblendung der politischen Strukturen der untersuchten Staaten.[158] Der Aufbau der jeweiligen Organisationsapparate sei keineswegs indifferent für die Durchführung der Marktregulierungen und es müsse erforscht werden, warum die jeweiligen Typen (Staatliche Zwangsstellen, Genossenschaftsverbände, privatwirtschaftliche Verbände etc.) gewählt worden seien, um sie beurteilen zu können. Trotz dieser Einschränkung begrüßte Meinhold ausdrücklich die von Schiller und Mackenroth hervorgehobene Beobachtung: Die Weltagrarwirtschaft habe einen so hohen Regulierungsgrad erreicht (knapp 60 %), dass es sich um einen unumkehrbaren und auch die ehemals auf Freihandel drän-

155 Ebd., S. 415.

156 Schiller (1940b), S. 351.

157 Rezensionen von Schillers Doktorvater Carl Brinkmann in: Schmollers Jahrbuch 64, 1940, S. 634 – 636, von Walter Blickensdorfer in: Zeitschrift für Schweizerische Statistik und Volkswirtschaft 77, 1941, S. 538 – 539 und von Siegfried Wendt in: Finanzarchiv 10, 1945, S. 206 – 209.

158 Rezension von W. Meinhold in: Jahrbücher für Nationalökonomie und Statistik 152, 1940, S. 619 – 621.

genden Staaten erfassenden Trend handele.[159] Anders als bei den Reaktionen auf seine Dissertation gab es nun keine Vorwürfe, dass Schiller das „spezifisch Nationalsozialistische“[160] des Themas nicht genügend beachtet habe. Dies mochte daran liegen, dass eine weitgehende Konzentration auf die fachliche Arbeit wieder akzeptabel geworden war. Darüber hinaus hatte Schiller seine politische „Zuverlässigkeit“ durch Mitgliedschaften in der SA (Juli 1933 – 1938) und in der NSDAP (seit Mai 1937, seit 1938 „politischer Leiter“ in einer Kieler Ortsgruppe) sowieso genügend bewiesen.[161] Möglicherweise trug dazu auch, wie von Schillers Frau kolportiert, Predöhls Anweisung bei, vor der Veröffentlichung noch „am Vokabular zu arbeiten“.[162]

Nachfolger der Gruppe Marktordnung und Außenwirtschaft wurde ab August 1939 die ebenfalls Schiller unterstellte Forschungsgruppe Außenwirtschaft und Handelspolitik. Ihre Mitarbeiter wurden vom Kriegsdienst freigestellt, weil sie „für dringende kriegswirtschaftliche Arbeiten“[163] gebraucht würden. Die Gruppe bearbeitete die in rascher Folge eingehenden Forschungsaufträge ab und konnte sich dabei zum Teil auf ihre in den vergangenen Jahren gewonnenen Kenntnisse stützen. Das Extrembeispiel stellte in dieser Hinsicht Dillner dar, der neben anderen Länderberichten im Rahmen der Gruppe Marktordnung auch eine unveröffentlicht gebliebene Dissertation über die Marktregelungen in der tschechoslowakischen Landwirtschaft verfasst hatte.[164] Aufgrund seines Fachwissens wurde er dann bereits ein Jahr vor Kriegsbeginn mit einem geheimen Forschungsauftrag zur „Struktur der sudetendeutschen Wirtschaft“ bedacht. Außer dem in großer Eile fertiggestellten 145 Seiten umfassenden Bericht selbst sind hierzu keine Quellen überliefert, weshalb auch der Auftraggeber nicht rekonstruierbar ist. Das Abgabedatum 18. Oktober 1938, also nur acht Tage nach dem Abschluss des Einmarsches der deutschen Truppen in das Sudetenland, lässt allerdings eine hohe Praxisrelevanz vermuten. Der Schwerpunkt des Gutachtens lag auf der „Berücksichtigung einiger Eingliederungsprobleme“, die Dillner für größer hielt als in den vorherigen Fällen des „Anschlusses“ vom Saarland und Österreich.[165] Zu seinen Lösungsvorschlägen gehörte beispielsweise eine Förderung der sudentendeutschen

---

159 Mackenroth: Einleitung, in Schiller (1940a), S. XXIII. Schiller, ebd., S. 417–418 sowie bereits Schiller (1937).

160 Gutachten der Reichsstelle zur Förderung des Deutschen Schrifttums, 22.09.1936, in: Lütjen (2007), S. 58.

161 Ebd., S. 71–72.

162 Lolo Schiller, zitiert in: Ebd., S. 67. In der Beschreibung der deutschen Landwirtschaftspolitik findet sich beispielsweise die Behauptung, diese leite der „elementare Wille, das Landvolk als Blutquell der Nation gegen jeden Widerstand zu erhalten.“ Schiller (1940a), S. 32. Diese Passage stellt einen sprachlichen Fremdkörper dar und es wäre möglich, dass sie zur politischen Absicherung nachträglich eingefügt wurde.

163 Kurator Sitzler an REM, 13.10.1939, in: BA, R 4901/14813, Bl. 189.

164 Dillner: Die Marktregelungen in der tschechoslowakischen Landwirtschaft: Ziele, Formen und Wirkungen, Kiel Diss. 1937, in: ZBW, IV 3038.

165 Dillner: Die Struktur der sudetendeutschen Wirtschaft (mit Berücksichtigung einiger Eingliederungsprobleme), 18.10.1938, S. 137–145, in: ZBW, C 6530.

Steinbrüche, um damit sowohl die deutsche Nachfrage zu befriedigen als auch den zu erwartenden Anstieg der Arbeitslosigkeit in den neugewonnenen Gebieten abzumildern. Dillner blieb mit Forschungen zu dieser Region befasst und erarbeitete zwei Jahre später im Auftrag der RAG eine Denkschrift zur intensivierten Ausbeutung des „deutschen Südostraums".

Parallel zu Dillners geheimen Sudetenland-Gutachten beteiligte sich Werner Schüttauf (1904–1996), ebenfalls zuvor in der Gruppe Marktordnung beschäftigt, an der mit enormem Aufwand betriebenen Propaganda, welche die Annexion begleitete. In einem Aufsatz in der *Internationalen Agrar-Rundschau* schilderte er die wirtschaftlichen Folgen als ausnahmslos positiv und verschwieg die von seinem Kollegen herausgearbeiteten Probleme.[166] Die Tschechoslowakei habe als Staat in seinen bisherigen Grenzen sowieso keine Existenzberechtigung besessen („von Osten her in den mitteleuropäischen Wirtschaftsraum hineingetriebener Pfahl"[167]) und sei nun durch die Abtretungen der industriell geprägten Gebiete ernährungswirtschaftlich besser aufgestellt.

Schiller selbst war in Sachen Auftragsforschung insbesondere für das Wehrwirtschaftsamt der Wehrmacht tätig und fertigte im Jahr 1940 eine Reihe von Zusammenstellungen zur Wirtschaft Italiens und Palästinas an.[168] Im September verfasste er eine Denkschrift für den Verkehrswissenschaftlichen Forschungsrat im Reichsverkehrsministerium über die bestmögliche wirtschaftliche Ausnutzung der jüngst eroberten niederländischen und belgischen Häfen.[169] Dabei konnte auch er sich auf die umfangreichen Studien stützen, die er selbst zwei Jahre zuvor zu den „Marktregelungen in der niederländischen Landwirtschaft"[170] durchgeführt hatte. Ausführlich diskutierte er in dieser Denkschrift Möglichkeiten zur Eingliederung des besetzten Gebietes in den „Deutschen Großraum"[171] aus. Schiller demonstrierte, dass ihm keineswegs, wie noch ein Dreivierteljahr zuvor behauptet, nur an einer für alle europäischen Handelspartner förderlichen wirtschaftlichen Zusammenarbeit gelegen war, sondern allein am wirtschaftlichen Interesse Deutschlands. Die Eroberungen seien „sinnlos", wenn man nicht daran anschließend eine „engere Verflechtung von

166 Schüttauf (1938). Der Aufsatz schloss an einen Beitrag von Reischle an, der Darrés Landwirtschaftspolitik verherrlichte. Möglicherweise war Schüttauf zu diesem Zeitpunkt bereits an das Institut für bäuerliche Rechts- und Wirtschaftsordnung nach Berlin gewechselt.

167 Ebd., S. 13.

168 Italien-Berichte in: ZBW, C 6504–6507, C 7387 und in: BA-MA, RW 19/ 3987. Betreffend Palästina, siehe Schiller: Die wirtschaftlichen Kräfte Palästinas (I-IV), Nov.-Dez. 1940, in: ZBW, C 6619.

169 Schiller: „Die deutschen Nordseehäfen und die verkehrspolitischen Probleme der Einbeziehung von Rotterdam und Antwerpen", 56 S., September 1940, in: BAK, N 1229/25. Parallel wurde der Bericht „Möglichkeiten und Grenzen der Verwertung von Handelsfahrzeugen Belgiens, Hollands und Norwegens für den Wiederaufbau der Grossdeutschen Handelsschiffahrt" erstellt. Zum Forschungsrat: Hascher (2006), S. 126–131.

170 Schiller: Die Marktregelungen in der niederländischen Landwirtschaft, 213 S., 1938, in: ZBW, C 6638.

171 Schiller: „Die deutschen Nordseehäfen...", September 1940, S. 1, in: BAK, N 1229/25.

Rheinhinterland und Rheinmündung"[172] herstellen würde. Diese habe dann als „Ausgangspunkt eines Angriffs gegen die wirtschaftliche Stellung Londons und der anderen Seehäfen der englischen Insel"[173] zu dienen. Der enthusiastische Ton Schillers erklärt sich wohl nicht allein daraus, dass es sich im Gegensatz zu seiner Habilitationsschrift nun um ein vertrauliches Auftragsgutachten handelte, das eine andere Ausdrucksweise erlaubte. Nach den schnellen militärischen Erfolgen der vergangenen Monate und der erwarteten „siegreichen Beendigung des Krieges gegen England"[174] hatte sich der Planungshorizont gewaltig erweitert. Völlig neue Möglichkeiten zur Umsetzung der sorgfältig vorbereiteten wirtschaftspolitischen Maßnahmen schienen sich aufzutun, als der von Mackenroth ersehnte „politisch befriedete Raum", also die deutsche Kontrolle über Europa, in greifbare Nähe rückte. Der Angriff auf England wurde jedoch von Hitler zugunsten des Überfalls auf die Sowjetunion vertagt. Dafür wurde im Mai 1941 auch Schiller eingezogen, was zur Auflösung seiner Forschungsgruppe führte.

10.5 Währungs- und Kreditpolitik (1936 – 1939/40)

Keineswegs auf eine Betrachtung der Realwirtschaft fixiert, hatte sich das IfW früh mit Währungs- und Kreditfragen beschäftigt. Bis in die Mitte der 1920er Jahre verfügte das Institut allerdings nur über wenig fachliche Kompetenz. Harms wurde vom seinerzeitigen Reichsbankpräsidenten Luther rückblickend eine „unglückliche Liebe"[175] zur Wirtschaftstheorie attestiert, die sich in monetären Fragen besonders deutlich gezeigt habe, und auch Fleck war als Honorarprofessor für Finanzwissenschaft nur leidlich begabt. Dies änderte sich dann mit der Einrichtung der Astwik, welche die internationale Geld- und Kreditwirtschaft als eines ihrer Schwerpunktthemen behandelte.[176] Colm und Kähler beschäftigten sich auch im amerikanischen Exil mit der deutschen Kreditwirtschaft. Sie zeigten, dass das Tempo und das Ausmaß der Aufrüstung die finanziellen Ressourcen überstrapaziere und die langfristigen Folgen nur durch eine Ausbeutung von eroberten Gebieten bewältigt werden könnten.[177] Auch wenn im Münchner Abkommen „peace in our time" beschworen worden war, so war doch erkennbar die systeminhärente Logik der nationalsozialistischen Kreditpolitik auf „war in our time"[178] ausgerichtet. Entsprechend barg die deutsche und europäische Wäh-

172 Beide Zitate in: Ebd.
173 Ebd.
174 Ebd., S. 52.
175 Luther (1960), S. 255.
176 Vgl. Beckmann (2000), S. 215 – 297.
177 Vgl. Hoppenstedt (1997), S. 124.
178 So der Titel eines von Alfred Kähler und Hans Speier im ersten Halbjahr 1939 in New York herausgegebenen Sammelbandes, der u. a. einen Beitrag von Kähler und Colm zu den finanziellen Aspekten der deutschen Kriegsvorbereitung enthielt.

rungs- und Kreditwirtschaft als wissenschaftliches Forschungsthema sowohl vor als auch während des Zweiten Weltkriegs eine hohe politische Brisanz.

Da Jessen seine Pläne zu einer Einrichtung einer Abteilung für Währungspolitik nicht mehr hatte umsetzen können, blieb dieses Themengebiet nach der Vertreibung der Astwik-Führung im Jahr 1933 und dem Ausscheiden Flecks im Jahr 1934 zunächst unbesetzt. Geschlossen werden sollte die Lücke durch die im Jahr 1936 gegründete Forschungsgruppe Währungssystem und Nationalwirtschaften unter der Leitung von Quittner-Bertolasi, die allerdings bald wieder aufgelöst wurde. Auf sie folgten die von Professor Fick beaufsichtigten Gruppen Währungs- und Kreditwirtschaft (1937–1939/40, sukzessive Leiter: Helmut Reichardt, Hermann Schmidt und Pauline Hopf) und Währungspolitik (1939, F. Meyer).

Quittner-Bertolasi beschäftigte sich vor allem mit dem Zusammenhang zwischen Staatsverschuldung und internationalem Handel. In scheinbar übernationalem Interesse trat sie in einem Aufsatz im *WA* für Maßnahmen ein, die sich insbesondere für Deutschland günstig auswirken mussten. Insbesondere schlug sie eine weltweite Reduktion oder Stundung von Staatsschulden sowie handelspolitische Zugeständnisse seitens der Gläubigerländer vor, was zu einer Belebung des globalen Handels führen würde.[179] Außerdem verteidigte sie, wiederum ohne Deutschland ausdrücklich zu nennen, die Durchführung einer aktiven staatlichen Devisen- und Handelspolitik, die sich stabilisierend auf den Welthandel auswirke. Über vertrauliche Daten der Anmeldestelle für Auslandsschulden verfügend wusste sie allerdings um die enorme Höhe der deutschen Staatsverschuldung und dass die bisherigen Anstrengungen zu einer Reduktion keinen Erfolg haben konnten.[180] Ihre Forschung passte damit in das Schema der zu diesem Zeitpunkt von Predöhl durchgeführten Öffentlichkeitsarbeit, die mit vorgeblich rein sachlicher Argumentationsweise auf eine Verteidigung der deutschen Wirtschaftspolitik und auf die Erreichung internationaler Zugeständnisse abzielte. Entsprechend war der IfW-Direktor auch gemeinsam mit Fick seit September 1935 als Sachverständiger im internationalen Komitee für Währungsstabilisierung aufgetreten.

Nach kurzer Zeit wurde Quittner-Bertolasis Forschungsgruppe aufgelöst[181] und unter der Aufsicht Ficks eine Nachfolgerin gebildet, die sich mit „Untersuchungen über die Zusammenhänge zwischen Währungspolitik und Kreditpolitik“[182] befassen sollte. Produktivster Mitarbeiter war sein Doktorand Hermann Schmidt („Kredit-Schmidt“). Er schloss im Frühjahr 1939 eine Dissertation über die Struktur der fran-

179 Quittner-Bertolasi (1936a), S. 229 – 232.

180 Quittner-Bertolasi: Kapitalverflechtung und Warenverkehr, o.D. [1935 oder Anfang 1936], als Ms. gedruckt, S. 12–13, in: ZBW, C 36779.

181 Quittner-Bertolasi blieb bis Ende 1937 im IfW und verfasste noch einen Aufsatz über den Finanzplatz London (1936b). Anschließend wechselte sie vermutlich an das Institut für Bankwissenschaft und Bankwesen.

182 Predöhl an Verwaltungsrat der IfW-Fördergesellschaft, 06.04.1937, in: GStA PK, I. HA, Rep. 151, Nr. 943, Bl 124.

zösischen Bankwirtschaft ab, die aber erst im Herbst 1940 veröffentlicht wurde. Schmidt hatte sich darin auf eine Analyse der Lenkungsmöglichkeiten des Staates auf dem Kreditsektor konzentriert. Er begrüßte es, dass diese Lenkung sich nach dem Sieg des „Dritten Reichs“ über Frankreich künftig autoritärer gestalten und den deutschen Bedürfnissen anpassen werde.[183] Auch Predöhl freute sich über die bei Aufnahme des Dissertationsvorhabens noch ungeahnte hohe wirtschaftspolitische Relevanz des Themas und publizierte sie prominent in den institutseigenen *Problemen der Weltwirtschaft*, damit sie bei dem Vorhaben der Beherrschung Europas zur Kenntnis genommen werde.[184]

Die mehrmaligen Einberufungen von Hermann Schmidt, der bald im Kriegseinsatz starb, und von Fick zum Militärdienst sowie eine geringe Priorität weiterer Forschungen zu Themen der nationalen oder internationalen Währungs- und Kreditwirtschaft verhinderten weitere größere Studien.[185] Auch von der im Wintersemester 1939/40 dieser Forschungsgruppe zugeteilten Pauline Hopf sind keine entsprechenden Veröffentlichungen überliefert. Ihre im Vorjahr in Erlangen unter der Betreuung des ehemaligen Kielers Hero Moeller abgefasste Dissertation „Zur Zinstheorie von J.M. Keynes“ schien eigentlich weitere wirtschaftspolitisch verwertbare Arbeiten zu versprechen. Darin hatte sie behauptet, Keynes’ General Theory sei gerade für das nationalsozialistische Deutschland von besonderem Wert. Sie liefere eine theoretische Begründung für Richtigkeit der Abkehr vom Laisser-faire-Prinzip und helfe, die noch an liberalen Vorstellungen festhaltende Mehrheitsmeinung in den deutschen Wirtschaftswissenschaften in die richtige, d.h. in eine regimekonforme Richtung zu wenden.[186]

Das IfW blieb gleichwohl im öffentlichen Diskurs zu diesen Themen engagiert. Insbesondere seit Beginn des Jahres 1939 bemühte sich das Institut, die steigende Staatsverschuldung zu verharmlosen und gegenüber dem Ausland jenen auf einen Angriffskrieg wirkenden finanzwirtschaftlichen Druck zu leugnen, den Colm und Kähler klarsichtig herausgearbeitet hatten. Als eines der Foren wurde das Institut International de Finances Publiques genutzt. Auf dessen Brüsseler Tagung im Juli 1939 führte Predöhl mit fachlicher Unterstützung Ficks und in Absprache mit dem REM, der NSDAP und dem Auswärtigen Amt die prominent besetzte deutsche Delegation an.[187] Im Wesentlichen ging es darum, die Ökonomen der übrigen Länder davon zu über-

---

183 Hermann Schmidt (1940), S. 171–174.

184 Sein Vorwort hatte Predöhl eine Woche nach der französischen Kapitulation abgefasst und darin verkündet, die Arbeit dürfe „im Hinblick auf die künftige Neuordnung der europäischen Volkswirtschaften mit besonderem Interesse rechnen“. Predöhl: Vorwort des Herausgebers, in: Ebd., S. III.

185 Hermann Schmidt verfasste lediglich noch 1941 einen Aufsatz zum französischen Geldmarkt.

186 Hopf (1939), S. 5. Sie vertrat damit dieselbe Auffassung wie ihr Doktorvater Moeller, die Wirtschaftswissenschaften hätten sich in ihren grundlegenden Auffassungen dem Nationalsozialismus unterzuordnen. Vgl. Janssen (2012), S. 440–441.

187 Dokumente zu den Tagungen des Int. Wirtschaftswissenschaftlichen Instituts (16.-18.07.1939) und des Int. Instituts für Finanzwissenschaft (17.-19.07.1939) in: BA, R 4901/3029, Kladde 1, Bl. 1–26.

zeugen, dass die NS-Wirtschaftspolitik es vollbracht habe, die binnenwirtschaftliche Konjunktur auszuschalten und die Wirtschaft stabil zu steuern.[188] Gemäß seiner Selbstdarstellung hatte Predöhl es gemeinsam mit Fick meisterhaft verstanden, glaubhaft zu wirken, ohne statistische Angaben über den tatsächlichen Zustand der deutschen Staatsfinanzen enthüllen zu müssen.[189] Offenbar verhielten sie sich in der Tat geschickter als beispielsweise Hans Herbert Hohlfeld, ein überzeugter Nationalsozialist und Direktor des Kölner Seminars für Bank- und Finanzwirtschaft. Bei seiner Verteidigung der deutschen Wirtschaftspolitik hatte Hohlfeld seine eigenen weltanschaulichen Motivationen herausgestellt und damit nach Meinung der anderen Delegationsmitglieder in unnötiger und ineffektiver Weise polarisiert.[190]

Auch innerhalb Deutschlands entstand eine rege Debatte um die Finanzpolitik. Verschärft wurde sie nach der Entlassung Schachts als Reichsbankpräsident im Januar 1939 aufgrund seiner Kritik an den massiv gestiegenen Staatsausgaben. In den 51. Band des *WA* aus dem ersten Halbjahr 1940 nahm Predöhl gleich fünf Abhandlungen zur deutschen Kriegsfinanzierung auf, sowie zusätzlich eine Abhandlung W.G. Hoffmanns England betreffend.[191] Zu den Autoren zählten vor allem die Mitglieder von Predöhls Delegation auf der Tagung des Institut International de Finances Publiques. Sie setzten die dortige Linie fort:

> Bis auf wenige Ausnahmen bagatellisierten sie das Verschuldungsproblem und zeigten wiederum das Bild einer zum Opportunismus neigenden Wissenschaft. Der Leser mußte um 1940 den Eindruck gewinnen, nennenswerte Probleme seien kaum aufgetreten und mit einigen Sondermaßnahmen zur Überbrückung von kurzfristigen, kriegsbedingten Finanzierungsstörungen hätten die Verantwortlichen die Probleme in den Griff bekommen.[192]

Typisch war die Äußerung, im sogenannten Totalen Krieg sei die „Finanzierung also im wesentlichen eine technisch zu meisternde Verrechnungsaufgabe".[193] Aufgrund dieser Verweigerungshaltung, die enormen durch die Kriegskredite entstehenden Probleme und die so wachsenden Nachkriegsschwierigkeiten zu benennen, blieben Äußerungen wie jene von Otto Donner unwidersprochen. Der hochrangige Mitarbeiter im Vierjahresplan durfte 1942 im *WA* behaupten, ein großer Teil der Staatsverschuldung könne auf kaufkraftmäßig neutrale Weise abgetragen werden, indem man die im Krieg eroberten Grundstücke und Anlagen einfach gegen Staatsschuldtitel verkaufen

---

188 Bericht Predöhls über die Tagung des Internationalen Instituts für Finanzwissenschaft (17.-19.07. 1939), in: Ebd., Bl. 17 – 23.

189 „Wir haben sehr wenige Männer in unserem Fach, die mit Ausländern wirklich umzugehen verstehen. Fick gehört zu diesen wenigen [...]." Predöhl an Scurla, 23.08.1943, in: Ebd., Bl. 181.

190 Vgl. Gaugler und Mantel (2005), S. 464 – 465.

191 Es handelte sich um den Abdruck von Referaten, die kurz zuvor auf der ersten Arbeitstagung des von Predöhl mitbegründeten Vereins Deutscher Wirtschaftswissenschaftler gehalten worden waren.

192 Janssen (2012), S. 511.

193 Hans Kretschmar: Kriegswirtschaft, Kriegsfinanzpolitik und Mindestlebensbedarf, in: *WA* 51, 1940, S. 595.

würde.[194] Es ist herausgestellt worden, dass solche von maßgeblicher Stelle durchgeführten Kalkulationen, nach welcher der Eroberungskrieg sich selber finanzieren sollte, einen „Zwang zum Siegfrieden"[195] erzeugten. Wie im Ersten Weltkrieg wurde damit dem Eingeständnis der militärischen Niederlage und einer wirksamen Opposition zum Durchhaltekurs der politischen Führung ein weiterer Riegel vorgeschoben.

Ausdrücklich auf die erheblichen Schwierigkeiten in der Kriegsfinanzierung wurde nur im Hinblick auf die Kriegsgegner hingewiesen. In seiner Betrachtung Englands stellte W.G. Hoffmann ferner die Ungleichheiten in der Verteilung der Vermögen und Kriegslasten heraus. Damit suggerierte er ein beträchtliches gesellschaftliches Konfliktpotential. Er ging sogar so weit zu behaupten, England müsse „in jedem Falle einen Wandel der politischen Grundstruktur"[196] vornehmen – ein Wandel, der sich am deutschen Vorbild orientieren würde –, um die Kriegsfinanzierung mittelfristig bewältigen zu können. Unklar muss bleiben, ob Hoffmann ehrlich oder wider besseren Wissens den sozialen Zusammenhalt der britischen Gesellschaft, die Robustheit ihrer politischen Ordnung sowie die Bereitschaft der USA zur finanziellen Unterstützung unterschätzte.

In verschiedenen weiteren Zeitschriften und Gremien, darunter die Arbeitsgemeinschaft „Geld und Kredit" der Akademie für Deutsches Recht und der Forschungsausschuss der Deutschen Weltwirtschaftlichen Gesellschaft, wurde im weiteren Verlauf des Krieges mit Kieler Beteiligung über die deutsche Währungs- und Kreditpolitik diskutiert. Hinter verschlossenen Türen ging es dabei durchaus kontrovers zu. So erfuhr beispielsweise F. Meyer im Jahr 1941 mit seinem entschlossenen Eintreten für eine starke Reichsmark und eine staatliche Lenkung des Exports durch das sogenannte Zusatz-Ausfuhr-Verfahren heftige Kritik.[197] Seine Ansicht, die Wissenschaft solle nicht lediglich der Politik hinterherhinken und die bisher geschaffenen Institutionen nur nachträglich rechtfertigen, wurde keineswegs von allen geteilt. Es wurde aber akzeptiert, im Bereich der Finanzwirtschaft Vorschläge zu machen, beispielsweise zu einer „Weiterentwicklung des Systems der Devisenbewirtschaftung von einer mehr oder weniger starren bilateralen Organisation des Außenhandels zum multilateralen Handel in einem von Deutschland beherrschten Großraum."[198]

Zur selbstauferlegten Aufgabe der konstruktiven Kritik gehörte auch, auf mögliche Nachkriegsschwierigkeiten hinzuweisen. Dies tat beispielsweise Fick in einem Vortrag in Rom im April 1943, der ein Jahr später auch in der *Zeitschrift für die gesamte Staatswissenschaft* erschien. Hier legte er dar, dass sich durch die Erhöhung der No-

---

194 Donner (1942), S. 222.

195 Vgl. Aly (2006), S. 339.

196 W.G. Hoffmann (1940b), S. 590.

197 Aktenvermerke, Sitzungsprotokolle und Schriftverkehr von Bernhard Benning (Volkswirtschaftliche Abteilung der Reichskreditgesellschaft), in: BA, R 8136/1833.

198 Janssen (2012), S. 505. Fick unterstrich den eigenen Anspruch: „In allen Phasen der geschilderten Entwicklung [der internationalen Finanzwirtschaft seit dem Ersten Weltkrieg] haben wissenschaftliche Volkswirte auf das praktische Geschehen Einfluß gehabt." Fick (1941b), S. 496.

minaleinkommen bei gleichzeitiger Güterrationierung und Preiskontrolle ein Kaufkraftüberhang gebildet habe.[199] Um diesen unter Vermeidung einer Währungsabwertung abzutragen, sei es notwendig, sich nach Friedensschluss für einige Jahre auf die Produktion von Konsumgütern zu konzentrieren und öffentliche Arbeiten zurückzustellen. Gerade von den in der Verwaltung tätigen Wirtschaftsexperten wurde dagegen glatt geleugnet, dass die hauptsächlich auf dem Kreditwege besorgte Kriegsfinanzierung negative Folgen wie etwa einen Inflationsdruck entfalte und dass sich zwangsläufig Zielkonflikte in der deutschen Wirtschaft anbahnten, etwa zwischen dem Konsumnachholbedarf und dem Wiederaufbau der Kriegszerstörungen. Donner beispielsweise behauptete im *WA*, die massiv gesteigerte Staatsschuld könne im Fall des erwarteten Sieges auch langfristig aufrechterhalten werden.[200] Die in der deutschen Öffentlichkeit und in Fachkreisen – auch im *WA* – mit Unbehagen gestellte Frage „Was soll aus diesen Schulden werden?“[201] sollte so ausgeräumt werden. Während das IfW also trotz der Existenz einer Reihe von Gruppen nur wenig tatsächliche Forschung zu den Themen Währungs- und Kreditwirtschaft betrieb, war es im Fachdiskurs durch eigene Beiträge und vor allem durch das *Weltwirtschaftliche Archiv* als Debattenplattform doch präsent. Dabei wurden auch gegenwärtige und potentielle künftige Probleme angesprochen und Lösungsmöglichkeiten vorgeschlagen und diskutiert. Es wurde jedoch darauf geachtet, die Kontrolle des Staates über die wirtschaftliche Situation hervorzuheben und im Gegenzug zu zeigen, dass die Probleme der Kriegsgegner größer seien als die eigenen.

10.6 Die Gruppen Wirtschaftsrecht, Arbeitsrecht und Arbeitspolitik (1936 – 1939)

Die Gruppe Wirtschaftsrecht und die Gruppe Arbeitsrecht und Arbeitspolitik wurden Anfang 1936 bzw. im Sommer 1937 eingerichtet und bestanden etwa bis zum Kriegsbeginn im Sommer 1939. Sie sollte jenes Versprechen auf interdisziplinäre Kooperation mit den Juristen in der gemeinsamen Fakultät einlösen, mit dem Predöhl seit dem Antritt seines Dekanats im Frühjahr 1933 um politische Rückendeckung geworben hatte.[202] Entsprechend fungierte mit Ernst Rudolf Huber auch ein Mitglied der sogenannten Kieler Schule der Rechtswissenschaften als erster Betreuer der Gruppe Wirtschaftsrecht und nicht etwa Walther Schoenborn, ein in fachlicher Hinsicht ebenfalls naheliegender Kandidat. Letzterer hatte zwar vor kurzem das in den vergangenen zwanzig Jahren mehr oder weniger eng mit dem IfW kooperierende Institut

199 Fick (1944 [15.04.1943]), S. 232 – 233.

200 Donner (1942), insb. S. 223 – 224. Ähnlich der direkt an Donners Beitrag anschließende Aufsatz von Bernhard Benning. Siehe hierzu auch Janssen (2012), S. 511.

201 Zentrale Frage in: Robert von Keller: Ausstattung, Konsolidation und Tilgung staatlicher Arbeitsbeschaffungs- und Investitionskredite, in: WA 53, 1941, S. 469 – 521, hier S. 470.

202 Predöhl: Zur Geschichte des IfW (ca. 1953), S. 8, in: HS IfW.

für Internationales Recht übernommen, versprach als alteingesessener und konservativer Professor im neuen Regime jedoch keine größeren politischen Vorteile.[203] Um die Kooperation noch stärker hervorzuheben und sich dem REM auch entsprechend anbiedern zu können,[204] sollte die Leiterin der Gruppe Wirtschaftsrecht, Claire Russell, ihre Forschungsergebnisse vor allem in der von Predöhl, Bente und Huber gemeinsam herausgegebenen *Zeitschrift für die gesamte Staatswissenschaft* veröffentlichen. Ihre Beiträge befassten sich mit dem Kartellrecht, jenem Gebiet, zu dem sie 1933 an ihrer vorherigen Universität in Bonn ihre Promotion verfasst hatte, sowie in Ergänzung zur zeitgleichen Forschung der Gruppe Marktordnung und Außenwirtschaft mit der Funktionsweise des Reichsnährstands.[205] Bei ihrer Datenerhebung stützte Russell sich auf ihre Mitarbeiterin Ingeborg Godbersen, die im Sommer 1937 in die neue Gruppe Arbeitsrecht und Arbeitspolitik wechselte.

Gegenüber dem REM kündigte Predöhl über die folgenden Jahre hinweg immer wieder eine Intensivierung der Kooperation mit den Rechtswissenschaftlern an, dabei stets auf eine Stärkung seiner eigenen Position bedacht. Zuletzt war dies Ende 1942 der Fall, als er in seiner Funktion als Rektor maßgeblich daran beteiligt war, Hermann von Mangoldt als neuen Direktor des in der Zwischenzeit durch Ritterbusch umgestalteten und umbenannten „Instituts für Politik und internationales Recht" nach Kiel zu holen. Großspurig wurde der Plan entworfen, es nun als „juristisches Schwesterinstitut zum Institut für Weltwirtschaft"[206] zu positionieren und gemeinsam Auftragsforschungen für die Kriegsmarine zu übernehmen. Tatsächlich bauten die beiden Institute in den letzten beiden Kriegsjahren keineswegs eine solch enge Beziehung in der praktischen Forschungstätigkeit zueinander auf. Die Allianz mit dem im deutschen Admiralstab in Paris tätigen Mangoldt sollte wohl vor allem den Zweck erfüllen, das Interesse der Marine auf Übernahme der IfW-Gebäude abzumildern.

Im Unterschied zur wissenschaftlichen Dezernentin Russell, die 1938 aus dem IfW ausschied, waren die übrigen vier leitenden Mitarbeiter der Forschungsgruppen Wirtschaftsrecht sowie Arbeitsrecht und Arbeitspolitik als Rechtsreferendare im Institut tätig. Sie fassten unter Benutzung der dort verfügbaren Quellen und Literatur ihre Dissertationen ab, betreut nicht von Ökonomen, sondern von verschiedenen Juraprofessoren. Dass keiner von ihnen im *WA* oder in den *Problemen der Weltwirtschaft* publizierte und keiner nach der Promotion im IfW blieb, deutet auf eine nur schwache

203 Vgl. Claus-Nis Martens (1990), S. 85–112. Das Gleiche galt für den Juristen Hermann J. Held, seit 1921 als Dezernent für Weltwirtschaftsrecht am IfW angestellt und bis zu diesem Zeitpunkt eine Verbindung zu den Rechtswissenschaftlern. Ab 1937 waren aber dessen „persönlichen Beziehungen zu fast allen Fakultätsmitgliedern entweder völlig abgebrochen oder doch sehr getrübt". Schaffstein an REM, 28.04.1938, in: LASH, Abt. 47, Nr. 7216. Zu diesem Zeitpunkt wurde er bereits nicht mehr in die Forschung des IfW einbezogen.

204 Predöhl an Verwaltungsrat der Fördergesellschaft, 06.04.1937, in: GStA PK, I. HA, Rep. 151, Nr. 943, Bl 125.

205 Russell (1936 und 1937).

206 Antrag an REM, 17.12.1942, in: BA, R 4901/14800, Bl. 80.

Einbindung in die Forschungstätigkeit des übrigen Instituts hin. Godbersen wurde noch 1937 von Karl Michaelis mit einer Arbeit in dessen Spezialgebiet Zivilprozessrecht promoviert, Annelise Cüny und Marie Luise Hilger verfassten bis 1939 unter der Betreuung von Siebert zwei Dissertationen zum italienischen und französischen Arbeitsrecht und Adolf Budde schrieb im gleichen Jahr bei Martin Busse eine wirtschaftshistorische Abhandlung zum Bauernrecht. Die Gruppe Arbeitsrecht und Arbeitspolitik fungierte damit als Ergänzung zu dem von Siebert geleiteten Institut für Arbeitsrecht, das dieser mitsamt Cüny und Hilger als Assistentinnen bei seinem Wechsel an die Universität Berlin im Jahr 1938 mitnahm.[207] Belege für die tatsächliche Durchführung einer öffentlich verkündeten Kooperation mit der DAF gibt es nicht, angesichts von Sieberts reger politischer Betätigung ist eine solche allerdings nicht auszuschließen.[208]

Während Siebert als Ordinarius über eigene Mittel verfügte, war Busse bis zu seiner Berufung auf eine ordentliche Professur im Jahr 1940 auf Unterstützung angewiesen. Da ihm seine Jurakollegen keine Mittel geschweige denn ein von ihm gefordertes Institut zusagen wollten, wandte sich der Bauernrechtler an Predöhl. Dieser sagte zu, die zwischenzeitlich eingestellte Forschungsgruppe Wirtschaftsrecht wiederzubeleben und ihm zu unterstellen. Dies bedeutete, ihm einen Raum, den Referendar Budde als wissenschaftlichen Mitarbeiter sowie eine Schreibkraft zu überlassen.[209] Busse hatte als langjähriger Stabsleiter des Reichsbauernführers an der Vorbereitung der Erbhofverfahrensordnung mitgewirkt und absolvierte nun in der zweiten Hälfte der 1930er Jahre mit Unterstützung Predöhls und vor allem seines Protektors, des „prototypischen Nationalsozialisten“[210] Wilhelm Saure, eine erfolgreiche wissenschaftliche Karriere.[211] Busses Wissenschaftsverständnis war abstrus („eine Gewißheit, die aus der völkischen Art als artgemäß erwächst“[212]), seine juristischen Ansichten zeittypisch. Die Aufgabe des Rechts lag für ihn nicht im Dienst der Gerechtigkeit, sondern in der Durchsetzung der vom Staat angestrebten Gesellschaftsordnung.[213] Die IfW-Ressourcen wollte er nutzen, um zu den Themen „Volkskunde und bäuerliche Sippenkunde, aus der Rechtsgeschichte und der Praxis [...] des Bauernrechts“,[214] zu forschen. Buddes 1940 veröffentlichte Dissertation „Das mittelhochdeutsche Bauernrecht alter Zeit und seine Bedeutung für die Deutsche Ostsied-

---

207 Beide machten später in der Bundesrepublik Karriere und erreichten Posten als vorsitzende Richterin am Bundesarbeitsgericht (Hilger) bzw. als Richterin am Oberlandesgericht Karlsruhe (Cüny).
208 „Universität mitten im Leben“, Nordische Rundschau, Nr. 380, 01.07.1937. Zu Siebert: Wiener (2013), S. 100 – 102.
209 Larenz, an Kurator Uni Kiel, 30.09.1937, in: BA, R 4901/14813, Bl. 7.
210 Halfmann (1998), S. 125.
211 Vgl. Wiener (2013), S. 97 – 98.
212 Busse (1936), S. 13.
213 Siehe z. B. Busses Vortrag im Rahmen der Aktion Ritterbusch, gehalten wenige Tage nach dem Angriff auf die Sowjetunion, Busse (1941), S. 45 – 46.
214 Busse an Dr. Grüninger, 06.10.1937, in: BA, R 4901/14813, Bl. 5.

lung" war Teil dieses in hohem Maße ideologisch ausgerichteten Forschungsprogramms.[215]

Gemessen an den Ankündigungen in der Presse und im ministeriellen Schriftverkehr blieb die tatsächliche Zusammenarbeit des IfW mit den Juristen der Kieler Schule sowie mit deren Nachfolgern in der gemeinsamen Rechts- und Staatswissenschaftlichen Fakultät auf einem niedrigen Level. Gegenseitige wissenschaftliche Einflüsse sind nicht rekonstruierbar und die beiden wirtschaftsrechtlichen Forschungsgruppen zählten sowohl in ihrer Größe wie auch in ihrer Bedeutung nicht zu den wichtigsten Elementen des IfW in jenen Jahren. An einer echten inhaltlichen Kooperation scheint Predöhl kein Interesse gehabt zu haben, sondern vor allem auf eine Stärkung seiner Machtstellung durch die Vernetzung mit den Juristen gehofft zu haben. Gleichwohl brachte er das IfW in einen Zusammenhang mit Persönlichkeiten wie Busse und Siebert, die sich nach Kräften in die NS-konforme Umgestaltung des deutschen Rechtswesens einbrachten.

10.7 Forschungen zu einem Export des Volkswagens (1936 – 1941)

Aufgrund des großen staatlichen Interesses an einem Ausbau der Infrastruktur schlug mit der Machtübernahme der Nationalsozialisten die „Stunde der Verkehrswissenschaft"[216]. Als Professor für „wirtschaftliche Staatswissenschaften, insb. Verkehrswirtschaft"[217] wollte Predöhl auch sein IfW an diesem Forschungsboom beteiligen. In eigener Anschauung hatte er auf seinen Reisen durch die USA in den 1920er Jahren gesehen, wie das nun auch in Deutschland in hohem Maße geförderte Automobilwesen innerhalb eines vergleichsweise kurzen Zeitraums zum bedeutendsten industriellen Wachstumszweig eines Landes werden konnte.[218] Im Jahr 1936, kurz nachdem Hitler bei der Eröffnung der Internationalen Automobilausstellung seinen Willen zur Entwicklung und millionenfachen Produktion eines „Volkswagens" bekräftigte,[219] wurde im IfW eine „Untersuchung der deutschen Kraftfahrzeugexportmärkte und ihrer Ausweitungsmöglichkeiten als Probe für eine systematische Erforschung der deutschen Ausfuhrmärkte überhaupt"[220] aufgenommen. In einem ersten Schritt vergab Predöhl entsprechende Dissertationsthemen an zwei Mitarbeiter.

---

215 Ferner fertigte Busse im Rahmen der RAG ein Gutachten über Bauland in Kiel an. Bewilligte RAG-Anträge 1937, in: BA, R 113/93.

216 Hascher (2006), S. 311.

217 Vorlesungsverzeichnisse Universität Kiel, in: www.uni-kiel.de/journals [zuletzt abgerufen am 23.04.2019].

218 Predöhl (1928b), S. 282.

219 Vgl. Mommsen und Grieger (1996), S. 99.

220 Predöhl an Verwaltungsrat der Fördergesellschaft, 06.04.1937, in: GStA PK, I. HA, Rep. 151, Nr. 943, Bl 124.

Der erste, Wilhelm Dohrn (*09.07.1912)[221], unternahm eine Bestandsuntersuchung der deutschen PKW-Produktion und fertigte eine Standortanalyse an.[222] Er kam zu dem Ergebnis, die Absatzmöglichkeiten dieser „Schlüsselindustrie“[223] auf dem deutschen Markt lägen bei deutlich über 700.000 Stück, sofern man in der Lage wäre, einen besonders billigen Volkswagen mit einem Verkaufspreis von etwa 1.000 RM herzustellen.[224] Diese Kalkulation zeigt die enge Anbindung an den politischen Diskurs, denn der Verkaufspreis des Volkswagens wurde entsprechend den Forderungen Hitlers später tatsächlich auf diesen Betrag taxiert. Dohrn teilte die im Nationalsozialismus verbreitete Städtefeindlichkeit, sowohl aus ideologischen Gründen („den entwurzelten Industriearbeiter wieder an den Boden zu binden“[225]) wie auch aus militärstrategischen Überlegungen („Gefahr des Luftkriegs“[226]). Entsprechend befürwortete er eine Herauslösung der PKW-Industrie aus den großen Industrieagglomerationen, die im antizipierten Kriegsfall Ziel von Bombardements sein würden, und empfahl auch eine möglichst weitgehende Verlagerung von den gefährdeten Ost- und Westgrenzen des Reichs.[227] Als Standort für ein neues Werk empfahl er Norddeutschland, insbesondere die eigene Provinz Schleswig-Holstein. Dabei handele es sich um eine kriegswirtschaftlich sichere, durch den Nord-Ostsee-Kanal verkehrsmäßig gut angebundene und auch wegen der Nähe zu Hamburg geeigneten Region. Vor allem für eine Exportproduktion sei sie ein geeigneter Standort.[228] In der Presse fanden Dohrns Ergebnisse einen gewissen Widerhall.[229]

An Dohrns Forschungen anschließend befasste sich Reinhold Stisser (*28.05.1907) in seiner Promotion mit den Exportmöglichkeiten der deutschen Kfz-Industrie, mit der Wettbewerbslage auf dem Weltmarkt sowie in einer Fallstudie mit den Möglichkeiten eines deutschen Automobilexports in die Niederlande.[230] Auch er begründete sein Forschungsvorhaben politisch. Von einer Steigerung der deutschen Ausfuhr und des damit verbundenen Devisenerwerbs hinge „die Sicherung der Ernährung, die innerdeutsche Wirtschaftsbelebung und die Aufrüstung entscheidend“[231] mit ab. Die

---

221 Dohrn hatte von 1932 bis 1937 in Kiel studiert und dabei das zeittypische wilde Sammelsurium von Professoren erlebt: Bente, Colm, Fleck, Harms, Hoeniger, Huber, Jessen, Larenz, Lohmann, Mackenroth, Hans Mayer, Neisser, Predöhl, Schoenborn, Schücking, Skalweit, Wedemeyer. Dohrn (1937), S. 47.
222 Dohrn (1936 und 1937).
223 Dohrn (1936), S. 613.
224 Ebd., S. 629.
225 Dohrn (1937), S. 24.
226 Ebd., S. 25.
227 Damit waren insbesondere Daimler-Benz in Stuttgart und Mannheim sowie das (General Motors gehörende) Opel-Werk in Rüsselsheim gemeint, weil Dohrn einen Krieg mit Frankreich für wahrscheinlich hielt. Vgl. Ebd.
228 Ebd., S. 33 – 36.
229 Robert Platow: Wie groß ist der Autobedarf? Ein Bericht aus dem Institut für Weltwirtschaft, in: Oberhessische Zeitung, 13.11.1936. Wahrscheinlich verfolgte der Wirtschaftsjournalist Platow die Forschungen des IfW besonders aufmerksam, weil er von Harms in Kiel promoviert worden war.
230 Stisser (1936 und 1938).
231 Stisser (1938), S. 143.

Automobilproduktion war seiner Ansicht nach einer der vielversprechendsten Exportsektoren, auf dem sich Investitionen trotz der notwendigerweise beträchtlichen und teuren Rohstoffimporte rechnen würden. Seit der Weltwirtschaftskrise und dem damit verbundenen Kaufkraftverlust habe sich die deutsche PKW-Produktion auf vergleichsweise billige Kleinwagen spezialisiert. Daran müsse man anknüpfen, weil sich auf dem Weltmarkt eine entsprechende Nische böte. Die technisch weiter fortgeschrittene Konkurrenz, insbesondere die amerikanischen Firmen, würden sich nämlich auf die Produktion von leistungsfähigeren und damit sowohl in der Anschaffung wie auch im Unterhalt kostspieligeren Autos konzentrieren.[232] Stisser empfahl deshalb die Einrichtung einer Großserienfabrikation eines preisgünstigen Standardmodells – das seit 1934 von Ferdinand Porsche entwickelt wurde – sowie den Aufbau einer zentralisierten Absatzorganisation für den Vertrieb im Ausland.[233] Am Ausgangspunkt dieses Vertriebs müssten wissenschaftlich fundierte Marktanalysen stehen.

Die beiden Doktoranden Dohrn und Stisser führten ihre Forschungen im Rahmen der 1935 unter der Leitung Schlotes eingerichteten Forschungsgruppe Exportindustrie durch. Zu den weiteren Mitgliedern der Gruppe zählten der in Kiel ausgebildete Hubert Schmarsoch (*03.11.1914) sowie der aus Österreich stammende Ökonom Anton Zottmann (*03.04.1908).[234] Beide veröffentlichten in den folgenden Jahren 1938 und 1939 Aufsätze im *WA*, die sich mit den Absatzmöglichkeiten deutscher Kraftfahrzeuge in Schweden, Polen sowie in Britisch-Indien und Niederländisch-Indien (Indonesien) beschäftigten.[235] Schmarsoch kam bezüglich der von ihm untersuchten beiden europäischen Länder zu demselben Fazit wie Stisser. Eine für deutsche Exportchancen günstige Marktlücke im Bereich der Kraftfahrzeuge bestünde jeweils vor allem bei Kleinwagen, nicht jedoch bei leistungsstarken Automobilen, bei Omnibussen oder bei Motorrädern. Zu diesem Ergebnis gelangte er durch eine Analyse verschiedener Faktoren, wie der Aufnahmefähigkeit der schwedischen und polnischen Märkte, der Straßenverhältnisse und der in- und ausländischen Konkurrenz. In seiner Beschäftigung mit den zwei Kolonialmärkten schätzte Zottmann das Exportpotential aufgrund des schwierigen Marktzugangs sowie der geringen Kaufkraft niedrig ein. Eine gewisse Chance für deutsche Exporteure böte sich aber auch hier, falls man – so die auch von Stisser geäußerte Empfehlung – durch aggressives Marketing die Käufer davon über-

232 Stisser (1936), S. 408.

233 Stisser (1938), S. 146 – 147, 155 – 156.

234 Beide gehörten der Abteilung bis zu ihrer Auflösung im Wintersemester 1938/39 an. Die weiteren wissenschaftlichen Mitarbeiter waren Quittner-Bertolasi, Karl Thomann und Hans Schachtschnabel.

235 Schmarsoch: Der schwedische Kraftfahrzeugmarkt unter besonderer Berücksichtigung der deutschen Absatzmöglichkeiten, in: WA 48, 1938, S. 177 – 206 und Schmarsoch: Der polnische Kraftfahrzeugmarkt unter besonderer Berücksichtigung der deutschen Absatzmöglichkeiten, in: WA 49, 1939, S. 137 – 165; Zottmann: Britisch-Indien als Absatzmarkt für Kraftfahrzeuge, in: WA 49, 1939, S. 382 – 414 und Zottmann: Niederländisch-Indien als Absatzmarkt für Kraftfahrzeuge, in: WA 50, 1939, S. 446 – 461.

zeugen könne, „daß der deutsche Kraftwagen mit seinem benzinsparenden Motor im Gebrauch viel billiger ist als der amerikanische Wagen, was sogar einen höheren Anschaffungspreis rechtfertigen kann.“[236]

Auf der obersten politischen Ebene stand allerdings der Inlandsabsatz und nicht der Export im Vordergrund. Hitler plante im Verbund mit dem Autobahnausbau die sogenannte Volksmotorisierung, also die breite Ausstattung der propagierten Volksgemeinschaft mit Kleinwagen, zu einer der zentralen Erfolgsgeschichten seines Regimes zu machen. Am 28. Mai 1937 wurde hierfür die Gesellschaft zur Vorbereitung des Deutschen Volkswagens gegründet, die bald darauf zur Volkswagenwerk GmbH wurde. Als Geschäftsführer fungierten der für die Konstruktion zuständige Ferdinand Porsche, Hitlers langjähriger Vertraute Jakob Werlin von Daimler-Benz sowie der für die betriebswirtschaftlichen Aspekte und den Vertrieb zuständige Bodo Lafferentz. Letzterer war zugleich Leiter des Kraft-Durch-Freude (KdF) Amtes Reisen, Wandern und Urlaub und ein enger Mitarbeiter des DAF-Leiters Robert Ley. Als Standort des neuen Werkes wurde die neu zu gründende „Stadt des KdF-Wagens“ (Wolfsburg) ausgewählt. Damit war die Entscheidung nicht, wie vom IfW empfohlen, auf Schleswig-Holstein gefallen. Gleichwohl waren aber viele der von Dohrn genannten Voraussetzungen (Lage in einem dünn besiedelten Gebiet Norddeutschlands, unmittelbare Nähe zu einem Kanal, mittlere Entfernung zu Großstädten etc.) erfüllt. Die zentrale Person in der Standortsuche war Lafferentz gewesen, der sich offenbar ohne Absprache mit Reichsministerien oder der Reichsstelle für Raumordnung für die entsprechende Stelle entschieden hatte.[237] Bei Lafferentz handelte es sich um einen im IfW ausgebildeten und 1926 in Kiel promovierten Ökonomen,[238] der später als Obersturmbannführer in der SS sowie vor allem in der KdF-Organisation Karriere machte. Mit dem IfW war er durch seine Verwandte Petra Lafferentz, wahrscheinlich seine jüngere Schwester, verbunden geblieben, die sich dort zu einer leitenden Sekretärin in der Forschung hocharbeiten konnte.[239] Entsprechend ist es möglich, dass Bodo Lafferentz bereits seit 1936 die Kieler Forschungen zu Standort und den Exportmöglichkeiten der deutschen Kfz-Produktion verfolgte und dass die Kieler Analysen in seine Entscheidungsfindung einflossen. Mit Quellen zu belegen ist ein Kontakt jedoch erst ab dem Jahr 1938, als W.G. Hoffmann ihn – erfolglos – zu einem Vortrag in das Institut einlud.[240]

---

236 Zottmann: Britisch-Indien als Absatzmarkt, in: WA 49, 1939, S. 408.

237 Vgl. Nelson (1965), S. 88 – 92 und Hopfinger (1971), S. 108 – 112.

238 Bodo Lafferentz: Wirtschaftsplan und Preisordnung, Kiel Diss., 1926, in: ZBW, IV 188.

239 Petra Lafferentz, geboren am 18.06.1903 in Kiel, mindestens von 1929 bis in die 1950er Jahre im IfW beschäftigt, hatte seit „Kriegsbeginn unmittelbar in der wehrwirtschaftlichen Forschung gearbeitet und namentlich auf statistischem Gebiet entscheidend dazu beigetragen, daß die wehrwirtschaftlichen Berichte und Gutachten ihren Zweck in vollem Umfange erfüllen konnten.“ Predöhl: Vorschlagsliste, 13.01.1945, in: LASH, Abt. 47, Nr. 2133.

240 W.G. Hoffmann an Robert Platow, 02.06.1938, in: BA, R 26-I/127, Bl. 9. Hoffmann bemühte sich weiter um einen Vortrag im anschließenden Wintersemester, war dabei aber vermutlich nicht erfolgreich.

Da in den anschließenden Jahren nur eine vernachlässigbare Anzahl Volkswägen für den zivilen Gebrauch hergestellt wurden, konzentrierte sich die Historiographie bisher auf die politische Präsentation des Vorhabens, auf die Konstruktions- und Produktionsprozesse mit den eingesetzten Zwangsarbeitern und auf den späteren Beitrag des Unternehmens zur Rüstungsproduktion.[241] Mommsen und Grieger beschreiben in ihrem Standardwerk den großen propagandistischen Wert des Volkswagenprojekts sowie den bereits lange vor Fertigungsbeginn von Lafferentz' KdF-Organisation eingerichteten Apparat zur reichsweiten Distribution des Produkts.[242] Sie vermerkten dabei auch eine „mangelnde Einschätzung der Vermarktungsbedingungen",[243] weil die Verantwortlichen ursprünglich davon ausgegangen seien, mit ihrer projektierten Produktion die bestehende Nachfrage in Deutschland ohnehin nicht befriedigen zu können. Über mögliche Pläne zum Export des Volkswagens in den späten 1930er und frühen 1940er Jahren ist dagegen fast nichts bekannt.[244] Hinweise aus der zeitgenössischen Presse, Hitler wolle mit dem Volkswagen „den europäischen Markt"[245] erobern, wurden nicht aufgegriffen.

Dass Volkswagen erst 1948 eine Gruppe Statistik und Marktbeobachtung einrichtete und nicht bereits früher, wie bei vergleichbaren Konzernen üblich, eine volkswirtschaftliche Abteilung unterhielt, konnte den Eindruck erwecken, die Autobauer hätten sich zuvor nicht um Marktanalysen gekümmert. Unbekannt war bisher, dass die Volkswagenwerk GmbH an ihrem Standort in Berlin allerdings bis mindestens zum Jahr 1942 eine „Abteilung Export" besaß, die fortwährend Forschungsaufträge an das IfW sowie möglicherweise auch an weitere externe Institute vergab.[246] Die Kooperation mit dem IfW hatte Volkswagen nachweislich bereits 1938 aufgenommen.[247] Möglicherweise war die Motivation dahinter die von Lafferentz im selben Jahr getätigte Feststellung, dass die Zahl abgeschlossener Sparverträge für den Volkswagen trotz eifriger Werbebemühungen hinter den Erwartungen zurückblieb (stets unterhalb von 350.000) und dass er also – ebenso wie Dohrn in seiner Dissertation – die In-

---

241 Vgl. Nelson (1965), Hopfinger (1971), Mommsen und Grieger (1996), die Schriftenreihe „Historische Notate" (http://www.volkswagenag.com/de/group/history.html [zuletzt abgerufen am 23.04.2019], Rieger (2013), Mark C. Schneider (2016) und Aust und Ammann (2016).

242 Vgl. Mommsen und Grieger (1996), S. 189 – 202.

243 Ebd., S. 189.

244 Dies ist auch deshalb auffällig, weil die Geschichtswissenschaft die gewaltigen Exporterfolge ab den 1950ern Jahren mit großer Aufmerksamkeit belegte. Vgl. Reibstein (2016). Einzige Erwähnung findet eine Reise Werlins zum ägyptischen König, auf der er Exportmöglichkeiten sondiert habe. Mommsen und Grieger (1996), S. 139.

245 „Chancellor Adolf Hitler's cheap people's car [...] with which the Fuehrer dreams of conquering the European market will remain a myth for at least two years." Hitler ‚Volkswagen' remains a mystery, in: New York Times, 02.05.1937.

246 „Fertiggestellte Arbeiten der Abteilung ‚Marktforschung und Statistik'", 02.1942, in: HS IfW, Hs Allg. 21. Diese Abteilung fehlt in den Organigrammen von Mommsen und Grieger (1996).

247 Predöhl: Zum Bericht vom 5. Juni 1939, in: BA, R 4901/14813, Bl. 162.

landsnachfrage überschätzt hatte.[248] Bei der anvisierten gigantischen Produktion von 450.000 Fahrzeugen schon im Jahr 1940 würde damit ein bedeutender Überschuss bleiben, der nicht im Inland abgesetzt werden konnte.[249]

Das IfW entfaltete in den späten 1930er Jahren ein großes Interesse an Aufträgen für ein „Hinaushorchen in den Markt“[250] und war um enge Kontakte zu Konzernen bemüht. In einer Festschrift beschrieb Forschungsgruppenleiter Casper den Reiz dieser Aufgabe:

> Sie hat neben der Ermittlung nationaler Eigenarten im Bedarf und der vielseitigen Bestimmungen für den Absatz die Feststellung über die Konkurrenzverhältnisse und preispolitischen Möglichkeiten einzugliedern in eine gesamtwirtschaftliche Beobachtung und strukturelle Darstellung der fremden Volkswirtschaft.[251]

Die entsprechenden von Volkswagen erteilten Aufträge wurden zunächst von der Forschungsgruppe Exportindustrie durchgeführt, anschließend von der in den Jahren 1937 – 1939 bestehenden Gruppe Verkehrspolitik und danach von der Gruppe Marktbeobachtung, die wiederum 1940 zur Gruppe Marktforschung und Statistik umgebildet wurde. Innerhalb dieser verschiedenen Gruppen handelte es sich oftmals um dieselben Bearbeiter, die sich in jahrelanger Kontinuität betätigten. Für die Etatjahre 1939/40 sowie 1940/41 sind Zahlungen der Volkswagenwerk GmbH in Höhe von 13.500 RM und 12.000 RM belegt, die im folgenden Jahr wohl noch in ähnlicher Höhe fortgesetzt wurden

Es war vor allem Zottmann, der sich umgehend nach seiner Anstellung am 28. März 1938 im IfW als Experte für den Automobilexport etablierte und zeitweise auch die Gruppe Verkehrspolitik leitete.[252] Studiert hatte er in seiner Geburtsstadt Wien und war dort 1937 vom Austrofaschisten Othmar Spann mit einer kriegsverherrlichenden Schrift über die Wirtschaftspolitik Friedrichs des Großen promoviert worden.[253] Bald nach dem Wechsel seiner Staatsbürgerschaft infolge der Annexion

248 Um mehr „KdF-Sparer“ zu gewinnen, wurde 1938 der Mindestbetrag von fünf RM pro *Woche* auf fünf RM pro *Monat* verringert. Auch im Ausland wurde die enttäuschende Inlandsnachfrage registriert, vgl. „Hitler Auto payment cut as demand lags“, in: New York Times, 12.11.1938.

249 Vgl. Mommsen und Grieger (1996), S. 190.

250 Casper (1939), S. 2.

251 Ebd., S. 6. Auch der Konsumforscher Wilhelm Vershofen und sein Schüler Ludwig Erhard lieferten Beiträge zu dieser Festschrift. Erhard zeigte sich überzeugt, gerade die „Wirtschaftsführung des totalitären Staates“ sei auf eine Marktforschung angewiesen, weil sie die ehemaligen Signale des Kapitalismus, etwa Wechselkursänderungen oder freie Preisentwicklungen, reguliere, nicht jedoch den Markt an sich abgeschafft habe. Erhard (1939), S. 42. Vgl. auch Hentschel (1996), S. 26 – 72.

252 Aus politischen Gründen hatte Zottmann sich bereits im Winter 1937/38 um eine Anstellung in Deutschland bemüht eine Zusage von Predöhl wenige Tage vor dem „Anschluss“ Österreichs erreicht. Briefverkehr zwischen Zottmann und dem IfW, in: LASH, Abt. 47, Nr. 7446.

253 Zottmann (1937). Zu Spann: Tamarah Ehs: Othmar Spann, in: Olechowski, Ehs und Staudigl-Ciechowicz (2014), S. 581 – 590.

Österreichs („meine nunmehr befreite Heimat“[254]) trat Zottmann in die NSDAP ein.[255] Er war es auch, der im Mai 1938 den mutmaßlich ersten Forschungsauftrag des Volkswagenkonzerns ausführte.[256] Das Thema war hochaktuell, denn es ging um die „Lage des österreichischen Kraftfahrzeugmarktes vor dem Anschlusse Österreichs an das Deutsche Reich“.[257] Als ein starker Verfechter des Straßenverkehrs bemühte Zottmann sich, eine angeblich systematische staatliche Benachteiligung dieses Transportmittels durch den Völkerbund (!) sowie durch die ehemalige österreichische Regierung zu behaupten. Beide hätten bisher einen Erfolg des Autos zugunsten seines großen Konkurrenten, dem Schienenverkehr, behindert. Er schätzte, dass in Österreich grundsätzlich ein „starkes Bedürfnis nach einem billigen Kraftwagen“[258], bestünde. Über die Höhe der kaufkraftgestützten Nachfrage war er allerdings nicht besonders optimistisch, sowohl was den Ersatz veralteter PKW wie auch potentielle Neukäufe betraf. Als sei dies ein normaler Berechnungsfaktor vermerkte er, „dass die Ausschaltung der 300,000 Juden aus der österreichischen Wirtschaft geplant ist“[259]. Gerade diese würden aber jenen Schichten angehören, die sich einen Volkswagen hätten leisten können. Nun würden sie nicht nur als Neukäufer ausfallen, sondern dazu noch binnen kurzer Zeit durch den Verkauf ihrer bereits erworbenen Automobile den Markt sättigen. Entsprechend sei die Aufnahmefähigkeit für Neufahrzeuge in der nächsten Zeit vermutlich gering. Zottmann ließ in seiner Darstellung erkennen, dass er extremen Antisemitismus für ein legitimes Politikziel hielt, auf dessen negative wirtschaftliche Folgen er als Ökonom aber hinweisen müsse.

Weiterhin war es Zottmann wichtig anzumerken, dass eine Erhöhung des zivilen Automobilbestandes zugleich ein Weg zur Schaffung einer durch das Militär im Kriegsfall requirierbaren Reserve an Kraftwagen sei und damit ein wichtiger Beitrag zur Rüstung, bzw. „Landesverteidigung“[260]. Zum selben Zweck müsse man zudem das mangelhafte Straßenwesen ausbauen,[261] eine Meinung, die hochrangige Wehrwirtschaftler wie Georg Thomas teilten.[262] Schon vor der Umwandlung des Volkswagens zum speziell für die Wehrmacht produzierten „Kübelwagen“ im Jahr 1940 wurde also eine militärische Nutzung in einem künftigen, hochgradig motorisiert geführten Krieg

254 Zottmann an Greiser, 16.03.1938, in: LASH, Abt. 47, Nr. 7446, Bl. 30.

255 Beantragt am 22. Juni 1938, NSDAP-Mitgliedsnummer 6.195.195. BA, PK C 161, Nr. 2157.

256 Materialsammlungen, Berichte und Gutachten des Instituts für Weltwirtschaft an der Universität Kiel. Anfang 1938 bis Januar 1945, o.D., vermutlich 1945, in: ZBW, D 5645.

257 Zottmann: Die Lage des österreichischen Kraftfahrzeugmarktes vor dem Anschlusse Österreichs an das Deutsche Reich, Mai 1938, 90 S., in: ZBW, C 6422.

258 Ebd., S. 3.

259 Ebd., S. 38.

260 Ebd., S. 37.

261 Ebd., S. 6–11.

262 Als Thomas im Februar 1939 das IfW besuchte, hob er hervor, insbesondere durch den „Anschluss“ Österreichs sei „die Transportlage auf dem Kraftwagengebiet in den Vordergrund des Interesses gerückt“. Thomas: Wehrwirtschaftliche Erfahrungen des Jahres 1938, in BA-MA, RW 19/1257, Bl. 41R.

einkalkuliert. Entsprechende Überlegungen vollzogen nicht nur die Generäle im Rahmen ihrer Kriegsvorbereitung, sondern auch das IfW.[263]

Die Auftragsforschung des IfW für Volkswagen durchlief drei Phasen. Beginnend mit Zottmanns Bericht dauerte die erste Phase bis Januar 1939 und wurde durch ein Gutachten Schlotes mit dem Titel „Stellung und Problematik der deutschen Kraftwagen-Ausfuhr“[264] abgeschlossen. Erwähnt wurden darin sieben Länderberichte als Anlagen, wobei es sich vermutlich um Versionen der fünf bereits 1938 bzw. im folgenden Jahr im *WA* veröffentlichten Aufsätze zu den potentiellen Absatzmärkten in Polen, Jugoslawien, Britisch-Malaya, Niederländisch-Indien und Britisch-Indien,[265] um den vertraulichen Österreich-Bericht sowie um ein im September 1938 erstattetes Gutachten zu Japan handelte.[266] Auch dieses zuletzt genannte Gutachten stammte von Zottmann, der mittlerweile eine standardmäßige Struktur für seine Berichte verwendete, bestehend aus einem historischem Überblick, einer Darstellung der Wettbewerbsverhältnisse auf dem jeweiligen Kfz-Markt und dem deutschen Exportpotential. Japan betreffend stellte Zottmann einen hohen Investitionsbedarf und beträchtliche Möglichkeiten für ein deutsches Engagement fest. Die dortige Produktion sei bisher zu teuer, die Autos für das anspruchsvolle Terrain zu schwach motorisiert. Die deutsche Produktion könne dagegen günstige PKW herstellen, die gleichwohl den Anforderungen der japanischen Berge gerecht würden. Außerdem sei die Sparsamkeit dieser Modelle im Verbrauch hervorzuheben, worauf Japan angesichts seiner schwierigen Treibstoffversorgung besonders zu achten habe. Für einen Export sei außerdem die politische Nähe der beiden Nationen von Vorteil, was auch die Einrichtung eines gemeinsam betriebenen Montagewerkes sowie eines Kundendienstes erleichtern würde.[267] Zottmann erkannte nämlich einen akuten Mangel an Reparaturwerkstätten in Japan, der mit deutscher Hilfe ausgeglichen werden könne. Einen entsprechenden Befund hatte er bereits bezüglich Britisch-Indien sowie Niederländisch-Indien getätigt und auf eine nachhaltige Kundenbetreuung und -Bindung vor Ort gedrungen.[268] Die entsprechend ausgerichtete Strategie der US-amerikanischen Unternehmen sowie

263 Zottmanns Gruppenleiter Schlote wechselte keine zwei Jahre später in Thomas' Wehrwirtschaftsamt. Wochenberichte des Wehrwirtschaftsamts, Gruppe Wi Va, 02.01.1940, in: BA-MA, RW 19/244.

264 Schlote: Stellung und Problematik der deutschen Kraftwagen-Ausfuhr, Januar 1939, 81 S., in: ZBW, C 6245.

265 Sieh die Nummern 42a, 45a, 15a/16a, 148a und 50a, in: Materialsammlungen, Berichte und Gutachten des Instituts für Weltwirtschaft an der Universität Kiel. Anfang 1938 bis Januar 1945, o.D., , in: ZBW, D 5645. Bis auf den Polen-Bericht sind sie auch überliefert in: ZBW, C 6309, C 6255, C 6461 und C 6252.

266 Zottmann: Der japanische Kraftfahrzeugmarkt unter besonderer Berücksichtigung der deutschen Absatzmöglichkeiten, Sept. 1938, 33 S., in: ZBW, C 6251.

267 Ebd.

268 Zottmann: Britisch-Indien als Absatzmarkt, 1939, S. 39, in: ZBW, C 6252 und Zottmann: Niederländisch-Indien als Absatzmarkt, 1939, S. 39, in: ZBW, C 6461.

deren intensive Werbetätigkeit hatte die Kieler Ökonomen beeindruckt und sie empfahlen eine Nachahmung.[269]

Schlote ging in seinem zusammenfassenden Gutachten davon aus, dass sich die Weltnachfrage nach PKW proportional zur gesamten Kaufkraft und damit langsamer als im Boom der 1920er Jahre entwickeln würde.[270] Exportpotentiale für eine gesteigerte deutsche Produktion sah er insbesondere in den skandinavischen und südosteuropäischen Ländern, ferner in Südafrika, Argentinien und Brasilien, aus handelspolitischer Sicht dagegen weniger in den fremden afrikanischen und asiatischen Kolonien sowie auch nicht auf dem nordamerikanischen Markt. Ausdrücklich forderte er eine wirtschaftspolitische Unterstützung für den Volkswagenexport. Es müsse ein „Ersatz für die Vorteile eines geschützten Kolonialabsatzes“[271] geschaffen werden, welche die englische, französische und italienische Konkurrenz genösse. Konkret schlug er vor, in der Tradition des „Neuen Plans“ mit den nord- und südosteuropäischen Ländern bilaterale Handelsabkommen zu schießen, um damit die Konkurrenz von jenen Märkten zu verdrängen. Vom Produkt Volkswagen zeigte auch Schlote sich begeistert und sah dafür eine Lücke auf dem Weltmarkt. Man müsse sich auf die eigenen Stärken (niedriges Preissegment, Verbrauchssparsamkeit, große Bodenfreiheit für schlechte Straßenverhältnisse) konzentrieren und nicht versuchen, mit den leistungsstarken amerikanischen Modellen oder den britischen Geländewägen zu konkurrieren.

Zu Beginn der zweiten Phase, die von Februar 1939 bis April 1941 dauerte, wurde der Kontakt zur Volkswagenwerk GmbH zur Chefsache. Nachweisbar ist, dass Predöhl auf mindestens zwei seiner Reisen nach Berlin zu Besprechungen mit dem Wehrwirtschaftsamt und mit der Vierjahresplanbehörde im März und im Mai 1939 auch Lafferentz aufsuchte. Auf dem Rückweg besichtigte er auch die im Aufbau begriffene Fabrik.[272] Eine Aufnahme des Exports der zu diesem Zeitpunkt immer noch in den Anfängen steckenden Volkswagenproduktion scheint eine von Lafferentz ernsthaft erwogene Option gewesen zu sein, über die er Informationen einholte. Casper und Schlote als die beiden führenden Mitarbeiter im Bereich der Marktforschung erarbeiteten bis Juli 1939 ein weiteres Gutachten über den „Weltabsatz für Personenkraftwagen unter besonderer Berücksichtigung der deutschen Ausfuhr“.[273] Sie kamen zu dem Schluss, dass in der näheren Zukunft das gesamte deutsche Potential zum Export von Kleinwägen auf allen Märkten der Welt bei etwa 70.000 Stück läge.[274] Dies sei jedoch nicht identisch mit dem Exportpotential des Volkswagens, denn es gelte die

---

269 Schlote: Stellung und Problematik der deutschen Kraftwagen-Ausfuhr, Jan. 1939, S. 66 – 70, in: ZBW, C 6245.

270 Ebd. S. 45.

271 Ebd. S. 73.

272 Predöhl an REM, 07.07.1939, in: BA, R 4901/14813, Bl. 218.

273 Casper und Schlote: Der Weltabsatz für Personenkraftwagen unter besonderer Berücksichtigung der deutschen Ausfuhr, 67 S., Juli 1939, in: ZBW, C 6225. Statistischer Anhang in: ZBW, C 6226.

274 Casper und Schlote: Der Weltabsatz für Personenkraftwagen, Juli 1939, S. 58 – 59, in: ZBW, C 6225.

innerdeutsche Konkurrenz miteinzuberechnen, die nicht vollkommen verdrängt werden könne bzw. solle. Die Firma Opel beispielsweise, die bisher etwa drei Viertel des deutschen Exports ausmache, werde „propagandistisch, absatz- und kundenmäßig von General-Motor unterstützt".[275] Eine Verdrängung dieser Firma sei politisch nicht erstrebenswert. Von einer Exportoffensive, beispielsweise mittels eines Preisdumpings zur kurzfristigen Gewinnung von Marktanteilen, riet das IfW wegen der Stellung der amerikanischen und britischen Konkurrenz ab, die innerhalb ihrer jeweiligen Außenhandelsblöcke eine marktbeherrschende Rolle ausüben würden. Exportmöglichkeiten bestünden insbesondere nach Skandinavien und in Südosteuropa, auch weil man diesen Ländern im Zuge bilateraler Handelsabkommen eine entsprechende Einfuhr aufzwingen könnte. Vor einer *offenen* staatlichen Subvention des Volkswagenexports wurde dagegen gewarnt, um nicht im Ausland das verkaufsschädigende Image vom „Naziwagen"[276] zu erzeugen. Hier teilte das IfW die Meinung Ferdinand Porsches, der ebenfalls um das Image seines Produkts im Ausland besorgt war und sich entschieden gegen den von der DAF bevorzugten Namen „KdF-Wagen" aussprach.[277] Abschließend wurde im IfW-Gutachten auf die möglichen positiven Effekte eines Automobilexports im Sinne der deutschen Auslandspropaganda hingewiesen. Casper und Schlote nahmen die sehr positive Aufnahme des Volkswagens in den 1950er Jahren in den USA und in anderen Ländern sowie seinen bald erlangten Kultstatus vorweg, wenn sie davon sprachen, es handle sich um „ein ausgezeichnetes dauerndes Werbemittel für das produzierende Land".[278]

Nach Kriegsbeginn wurden die bisherigen Fertigungspläne auf Eis gelegt. Ein Teil der Produktionskapazitäten lag brach, ein Teil wurde zur Produktion des „Kübelwagens" verwendet und ein Teil für andere Rüstungsprojekte.[279] Gleichwohl führte das IfW im Auftrag der Volkswagenwerk GmbH von August 1939 bis April 1941 Untersuchungen über die deutschen Exportmöglichkeiten in insgesamt 21 europäische und drei außereuropäische Ländern durch.[280] Dabei wurden die von Casper und Schlote hervorgehobenen Märkte in Nord- und Südosteuropa vorrangig behandelt. Es scheinen also die Hoffnungen auf einen Export in der näheren Zukunft noch nicht aufgegeben worden zu sein. Erst vergleichsweise spät wurden mit Italien, Frankreich und England jene Länder analysiert, die selbst über nennenswerte Kapazitäten in der Automobilproduktion verfügten. Forschungen über die Absatzmöglichkeiten inner-

275 Ebd., S. 60.

276 Ebd., S. 66.

277 Vgl. Mommsen und Grieger (1996), S. 184.

278 Casper und Schlote: Der Weltabsatz für Personenkraftwagen, Juli 1939, S. 67, in: ZBW, C 6225.

279 Vgl. Mommsen und Grieger (1996), S. 343.

280 Materialsammlungen, Berichte und Gutachten des Instituts für Weltwirtschaft an der Universität Kiel. Anfang 1938 bis Januar 1945, o.D., ca. 1945, in: ZBW, D 5645. Etwa die Hälfte dieser Bericht ist überliefert in: ZBW, C 6470, C 6463, C 6234, C 6151, C 6159, C 6175, C 6253, C 6160, C 6429, C 6503, C 6403.

halb der Grenzen des Altreichs fehlen vollständig.[281] Nur in einem Fall zeigte sich das IfW direkt euphorisch, und zwar in seiner Beschreibung der Absatzbedingungen im besetzten Polen im Februar 1940. Zu erwarten sei eine Zunahme des PKW-Bestands um etwa 180.000 Stück. Wenn man die eigene Machtstellung ausnütze und die ausländische Konkurrenz von diesem Wachstumsmarkt ausschlösse, könne sich Volkswagen davon den Löwenanteil von etwa 75 % sichern.[282]

In der dritten und letzten Phase der Kooperation von Mai bis Dezember 1941 lieferte die Abteilung Marktforschung und Statistik der Volkswagenwerk GmbH 14 Materialzusammenstellungen über die PKW-Märkte von Ländern in Übersee sowie zwei Berichte zu den USA (Juli) und zu Japan (September).[283] Anschließend erteilte das IfW noch bis Juni 1943 kleinere Auskünfte in abnehmender Intensität. Das Ende der im größeren Stil unternommenen Auftragsforschung resultierte vermutlich aus der Einsicht, dass eine Rückkehr zu einer zivilen Automobilproduktion in der näheren Zukunft nicht erfolgen würde.[284] Aufgrund der weiteren Eskalation des Krieges mit dem Angriff auf die Sowjetunion sowie mit der deutschen Kriegserklärung an die USA musste selbst der größte Optimist die Planung eines deutschen Autoexports zurückstellen.

Das IfW konnte auch in seiner Forschung für andere Auftraggeber von seiner gesammelten Expertise profitieren. Als das Wehrwirtschaftsamt beispielsweise im Sommer 1941 einen Überblick über „Entwicklung und Stand der englischen Automobilindustrie bei Ausbruch des gegenwärtigen Krieges" sowie ein ausführliches Verzeichnis entsprechender Firmen in Auftrag gab,[285] konnten die alten Recherchen wiederverwertet werden.[286] Ferner waren Zottmann sowie sein Kollege Brückner in der kurzen Zeitspanne von Juni bis Oktober 1941 in der Lage, einen Auftrag des im Reichsverkehrsministerium angesiedelten Verkehrswissenschaftlichen Forschungsrats abzuarbeiten. Dabei ging es um eine Beschreibung des Wettbewerbs zwischen Eisenbahn und PKW in Frankreich, Italien, Belgien, der Schweiz, Schweden und den

281 Es ist möglich, dass eine Arbeitsteilung mit dem AwI der DAF oder mit dem IfK bestand, das sich in seinen *Wochenberichten* mit dem Inlandsabsatz beschäftigte, z. B. 1938 in den Nummern 3, 14/15, 19 und 24.

282 IfW: Der Markt für Personenkraftwagen im ehem. Polen mit einem Anhang über die Frage des Kleinwagenabsatzes im deutschen Interessengebiet, Feb. 1940, S. 39 – 41, in: ZBW, C 6253.

283 „Fertiggestellte Arbeiten der Abteilung ‚Marktforschung und Statistik'", in: HS IfW, Hs Allg. 21.

284 Vgl. Mommsen und Grieger (1996), S. 453.

285 Zottmann: Entwicklung und Stand der englischen Automobilindustrie bei Ausbruch des gegenwärtigen Krieges, 11.08.1941, in: ZBW, C 28467 und in: BA-MA, RW 19/3954.

286 Auch die RGI erhielt im Februar 1941 einen Bericht über die deutsch-italienische Konkurrenz auf dem europäischen PKW-Markt nur wenige Monate, nachdem das IfW sein Italien-Gutachten für Volkswagen abgefasst hatte. „Fertiggestellte Arbeiten der Abteilung ‚Marktforschung und Statistik'", in: HS IfW, Hs Allg. 21.

Niederlanden.[287] Ob es diesem über wenig Einfluss verfügenden und von Staatsbetrieben wie der Reichsbahn finanzierten Gremium, dem seit 1937 auch Predöhl angehörte,[288] um Lehrbeispiele für die eigene innerdeutsche Planung oder eher um die wirtschaftspolitische Beeinflussung der betreffenden Staaten ging, ist nicht rekonstruierbar.

Insgesamt fertigte das IfW zwischen Mai 1938 und Ende 1941 mindestens 54 Forschungen im Auftrag der Volkswagenwerk GmbH durch, zuzüglich einer Vielzahl von Aktualisierungen statistischer Daten sowie der Erteilung kleinerer Auskünfte. Bei insgesamt etwa 650 Berichten und Materialsammlungen in diesem Zeitraum lag der Anteil der Untersuchungen zum Automobilexport bei annäherungsweise acht Prozent der gesamten Forschungstätigkeit des Instituts. Als Auftraggeber lag der Volkswagenkonzern damit auf dem zweiten Rang der bedeutsamsten Kooperationspartner des IfW, etwa gleichauf mit der Glanzstoff AG, aber mit deutlichem Abstand hinter dem Wehrwirtschaftsamt.[289] Dieser hohe Aufwand lässt vermuten, dass in den Jahren 1938 bis 1941 ein Export des Volkswagens ernsthaft erwogen wurde. Fraglich bleibt die Motivation. Lag sie hauptsächlich im Erwerb von Devisen zur Absicherung der Importmöglichkeiten und der Rüstungsanstrengungen oder sollte der Auslandsabsatz als Ersatz zur überschätzten Inlandsnachfrage dienen? Das IfW verwies in seinen Berichten vor allem auf den Devisenerwerb; Lafferentz war wohl eher an dem restlosen Vertrieb seines Produkts interessiert. In der Nachkriegszeit trug das Exportgeschäft dann einen großen Anteil zum Erfolg der wieder aufgenommenen Volkswagenproduktion bei.[290] Es wurde konnte nun jene internationale Nachfrage nach einem günstigen Kleinwagen mit geringem Verbrauch bedient werden, die das IfW bereits einige Jahre zuvor als erfolgversprechend erkannt hatte.

10.8 Zwischenergebnis

Die Ernährungsstatistische Abteilung, die in der Astwik-Nachfolge gebildete Notgemeinschaftsgruppe sowie auch die ab 1935 sukzessive eingerichteten Gruppen und Abteilungen besaßen in hohem Maße auf praktische Verwendbarkeit der Ergebnisse ausgerichtete Forschungsprogramme. Damit setzte sich die bereits in den 1920er

287 Bis auf den Italien-Bericht sind diese überliefert in: ZBW, C 6297, C 6312, C 6289, C 6248 und C 6481. Im Dezember 1941 erstatte das IfW zudem einen Bericht über die Straßenverkehrsgesetze in diesen Ländern, siehe ZBW, C 6313.

288 Vgl. Hascher (2006), S. 126 – 131.

289 Die Glanzstoff AG erhielt mindestens 72 Zusendungen. Da sich diese aber fast ausschließlich auf bloße Materialzusammenstellungen beschränkten, dürfte der Arbeitsaufwand seitens des IfW sich in vergleichbarer Höhe zu den 54 Materialien und Berichten für Volkswagen bewegt haben. Diese Vermutung wird gestützt durch die Tatsache, dass beide Konzerne dem IfW pro Jahr etwa gleich hohe Beträge überwiesen.

290 In den frühen 1950er Jahren lag der Exportanteil bei 44 %. Vgl. Reibstein (2016), S. 15.

Jahren bestehende „ausgesprochene Politikrelevanz“[291] des IfW fort, allerdings unter völlig anderen Vorzeichen. Es lag auch bei jenen Arbeiten die nicht in direktem Auftrag des Staates oder eines Unternehmens durchgeführt wurden und damit der Grundlagenforschung zuzurechnen sind zumeist eine Anwendungsorientierung vor. Im Fall der Untersuchungen der Agrarregulierungen handelte es sich beispielsweise um die Entwicklung einer „wirtschaftspolitische[n] Technologie“,[292] mit der die nationalsozialistischen Ziele unter möglichst geringen Produktionseinbußen erreicht werden konnten, im Fall der Kreditwirtschaft um eine Evaluation staatlicher Lenkungsmöglichkeiten. In der Auftragsforschung, beispielsweise für die Volkswagenwerk GmbH, ist mit den über Jahre hinweg gezahlten Drittmitteln sowie den vielen Dutzenden Auftragserteilungen eine hohe Nachfrage belegbar. Schwieriger ist der Nachweis bezüglich der wirtschaftshistorischen Arbeiten der Notgemeinschaftsgruppe oder der Grundlagenforschungen zur Währungspolitik. Auch hier deuten aber positive Rezensionen von Wirtschaftsfunktionären, beispielsweise für W.G. Hoffmanns Analyse des Wachstums der englischen Industrie, oder die Aufnahme in wirtschaftspolitische Beratungsgremien, beispielsweise von W. Meyer in den Forschungsausschuss der Deutschen Weltwirtschaftlichen Gesellschaft, auf ein Interesse der Praxis an den Erkenntnissen hin. Im Fall von Hahn und seinen Mitarbeitern wird die Relevanz für den Auftraggeber durch die Eingliederung in das RMEuL Anfang des Jahres 1935 doppelt unterstrichen.

Die Tätigkeit von Hahns Abteilung und ihre Umwandlung zur „Ernährungswirtschaftlichen Forschungsstelle“ ist ein weiterer Beleg für die These, dass die Kriegsvorbereitung auf dem Nahrungsmittelsektor bereits deutlich vor dem Vierjahresplan des Jahres 1936 einsetzte.[293] Auch in anderen Forschungsgruppen wurde die Möglichkeit eines Krieges miteinbezogen und damit ein bewusster Beitrag zur Rüstung geleistet. Vor allem war dies bei den Forschungen zum Volkswagenwerk der Fall, wo beispielsweise bereits 1937 der Luftkrieg als Faktor in Überlegungen zum Standort einer neuen Fabrik aufgenommen und die Volkswägen für die Beschlagnahmung durch die Wehrmacht eingeplant wurden. Auch lagen offenbar keine Hemmungen vor, Marktanalysen zu solchen Ländern zu erstellen, die kürzlich annektiert oder überfallen worden waren. Ebenso wenig war dies in der Forschungsgruppe Marktordnung und Außenwirtschaft der Fall. Basierend auf einem Länderbericht über die Tschechoslowakei wurde unmittelbar nach der teilweisen Besetzung des Landes im Herbst 1938 ein geheimer Bericht über die Wirtschaft des Sudetenlandes verfasst. Auch im Vorwort von Schillers Abschlussbericht äußerte der Institutsdirektor im Dezember 1939 die Hoffnung auf eine Nutzung der Erkenntnisse für den Ausbau der bald errungenen militärischen Herrschaft über den Kontinent zu einer wirtschaftlichen Dominanz.

291 Hagemann (2008), S. 55.
292 Mackenroth: Einführung, in: Schiller (1940a), S. XVII.
293 Vgl. Kutz (1984), S. 62.

Die in den 1930er Jahren in den Forschungsgruppen behandelten Themen waren breit gestreut. Neben den traditionellen Schwerpunkten der Beschäftigung mit internationalen Märkten und der Außenwirtschaftspolitik wurden unter anderem Projekte zu den Themen Landwirtschaft, Industrie, Währungs- und Kreditpolitik, Wirtschafts- und Arbeitsrecht sowie Verkehrspolitik durchgeführt. Auffallend abwesend waren wirtschaftssoziologische Forschungen, sodass das IfW sich, anders beispielsweise als das neu gegründete Arbeitswissenschaftliche Institut der DAF, fast nur im Rahmen seiner Raumforschung mit der für die Nationalsozialisten besonders wichtigen Sozialpolitik beschäftigte. Es wurde weitgehend dem von 1929 bis zu seiner Emigration 1938 als Privatdozent der Soziologie in Kiel tätigen Rudolf Heberle überlassen, wirtschaftswissenschaftliche Untersuchungen um „Rasse, Sitte, Religion und andere ‚außerwirtschaftliche' Tatsachen"[294] zu ergänzen. Heberle hatte ein gespanntes Verhältnis zum Nationalsozialismus und wurde schließlich 1938 aus politischen und antisemitischen Gründen zur Emigration gezwungen.[295] Bis zu diesem Zeitpunkt unterhielt das IfW enge Verbindungen zu ihm.[296] Auch hielt Heberle 1936 gemeinsam mit Mackenroth eine Vorlesung zu Bevölkerungslehre und -politik ab.[297] Mackenroth befasste sich zwar in seinen Lehrveranstaltungen intensiv und zustimmend mit nationalsozialistischen Rassevorstellungen.[298] Eine entsprechende Grundlagen- oder Auftragsforschung führte aber auch er nicht durch. Während also zu Zeiten der „Weimarer Koalition" nach dem Ersten Weltkrieg im IfW eine Phase intensiver Beschäftigung mit politikwissenschaftlichen und soziologischen Themen angebrochen war, wurde im Direktorat Predöhls entschieden, die im Nationalsozialismus erneut bestehende gewaltige Nachfrage nach Forschungen in diesen Bereichen nicht zu bedienen. Wahrscheinlich lag der Grund in der hohen ideologischen Aufladung, die es beispielsweise auch Heberle erschwert hatte, mit den „vernünftigen Nationalsozialisten"[299] zu kooperieren.

Die Methodik betreffend war zunächst einmal bedeutsam, dass Predöhls Vorgabe einer Beibehaltung des bisherigen wissenschaftlichen Instrumentariums und die Ablehnung völkischer Pseudowissenschaft von seinen Mitarbeitern befolgt wurde.

294 Heberle (1929), S. 101

295 Vgl. die Biografie Heberles von Waßner (1995) sowie Klaus R. Schroeter: Zwischen Anpassung und Widerstand: Anmerkungen zur Kieler Soziologie im Nationalsozialismus, in: Prahl (Hg.) (1995), S. 275–336.

296 Heberle und Meyer (1937). Der Funktionär Friedrich Bülow lobte diese Studie. Bülow: Rezension, in: Raumforschung und Raumordnung 2 (9), 1938, S. 461–462. Die ursprünglich größer angelegte Erforschung der Binnenwanderung in Nordwestdeutschland musste wegen Quellenmangel aufgegeben werden. Heberle (1938), S. 158.

297 Vgl. Heberle (1976).

298 So behauptete er u. a., es sei die „[r]assische Zusammensetzung eines Volkes von eminenter Bedeutung für sein wirtschaftliches Leben u. Gestalten [...] Jede Rasse [hat] gewisse Leistungsfähigkeiten [und] Spezialbegabungen". Aus: Notizen zu: Vorlesung „Deutsches Wirtschaftsleben" (WS 1937/38, SoSe 1941, WS 1941/42), in: AUB, Sammlung Schmid (NL Mackenroth), A.I.3.1.1.6.

299 Heberle (1965), S. 444, auch im Original in Anführungsstrichen.

Sichtbarstes Zeichen war, dass Hitler-Zitate oder Verweise auf den „Führer“ ebenso selten verwendet wurden, wie jene Standardphrasen, die sich anderswo „wie eine Seuche in der deutschen volkswirtschaftlichen Literatur“[300] ausbreiteten. Der anfangs im November 1934 von Predöhl gegenüber der Notgemeinschaft formulierte Anspruch, theoriegeleitet vorzugehen, diese Theorien auch zu testen und den Einsatz der selbst verwendeten Methodologie transparent zu reflektieren, wurde jedoch nicht eingelöst. Selbst bei den von W.G. Hoffmann und Schlote verfassten Abschlussarbeiten der Notgemeinschaftsgruppe wurde die Qualität der vom Material abhebenden Analyse durchgängig bemängelt. Das von der Astwik erreichte Niveau, deren ehemalige Mitglieder auch in der Emigration zumeist weiterhin zur Weltspitze gehörten, hatte nach 1933 nicht gehalten werden können.

Für den Qualitätsrückgang waren neben den aus den Vertreibungen resultierenden personellen Verlusten auch die Schwerpunktsetzungen im Prozess der Auftragsforschung und der anwendungsorientierten Grundlagenforschung ursächlich. Häufig wurde der Großteil der Arbeitszeit nicht für Denkarbeit, sondern für das Sammeln von Statistiken und die Rekonstruktion wirtschaftlicher Entwicklungen und wirtschaftspolitischer Entscheidungen aufgewandt. Beispielhaft für den in der Tradition der Historischen Schule stehenden Zugang war neben den ab Ende 1934 nur noch in reduziertem Umfang durchgeführten Untersuchungen über die Wirtschaftskrisen des 19. und 20. Jahrhunderts vor allem das Projekt zu „Marktregulierung und Marktordnung in der Weltagrarwirtschaft“. Die Mehrzahl der Bearbeiter musste sich auf die Erarbeitung von jeweils Hunderten von Seiten zu Länderberichten beschränken und selbst der Projektleiter wendete in seinem Abschlussbericht viel Aufwand für die Zusammenfassung dieser Befunde auf. Da es sich in diesem Fall um den ambitionierten Schiller handelte, wurden dennoch abstrahierende Analysen und Erkenntnisse herausgearbeitet, die nicht bloß in rückblickenden Betrachtungen stecken blieben. Während die mit Grundlagenforschung beschäftigten Forschungsgruppen mit Beginn des Krieges eine Zäsur erfuhren und größtenteils ihre Tätigkeit einstellten bzw. zu einem raschen Abschluss brachten, wurde die Auftragsforschung nun massiv gestärkt. Auf diese „Bewirtschaftung“ der Wissenschaft war das IfW durch die thematisch vielseitigen und zumeist anwendungsorientierten Forschungen der 1930er Jahre gut vorbereitet.

300 Janssen (2012), S. 492. Auch bewegte sich das IfW nicht in medizinischen Metaphernwelten, die seinerzeit „gewaltförmige politisch-administrative Interventionen“ verharmlosten. Raphael (2001), S. 25.

11 Empirische Raumforschung (1935 – 1945)

Raumplanung kann definiert werden als die „Gesamtheit aller zur Erarbeitung, Aufstellung und Durchsetzung der erstrebten strukturräumlichen Ordnung eingesetzten planerischen Mittel.“[1] Ziele und Methoden müssen nicht aus wissenschaftlichen Erkenntnissen abgeleitet werden, aber eine Raumforschung bietet vielseitige Potentiale, um eine Umsetzung zu erleichtern bzw. zu verbessern. Wie viele andere Ökonomen, hatten auch die Kieler an der „einzigartigen Möglichkeit zur Mitarbeit der Wissenschaft“[2] bei der Raumplanung als einem bedeutenden Instrument nationalsozialistischer Wirtschafts- und Sozialpolitik partizipieren wollen. Später wurde dies in der Institutsgeschichte unterschlagen und ist nicht systematisch aufgearbeitet worden.[3]

Nach vereinzelten geschichtswissenschaftlichen Studien zur Raumforschung im „Dritten Reich“ richtet sich der Blick seit den 1980er Jahren verstärkt auf „Traditionen, Zielvorstellungen und Konzepte ihrer Realisierung“.[4] Dekonstruiert wurden somit Entlastungserklärungen von Hauptakteuren wie dem IfW-Kooperationspartner Konrad Meyer, der nach 1945 „auf den angeblich rein wissenschaftlichen und nicht verbrechensrelevanten Charakter seiner Planungen“[5] verwiesen hatte. Entgegen der alten These von einem Missbrauch durch die Politik betont die Historiographie heute die „Selbstmobilisierung“ als dominantes Verhaltensmuster der Wissenschaftler und konstatiert eine „Begeisterung, mit der Geistes- und Sozialwissenschaftler der politischen Führung Vorschläge für die Neuordnung Europas unterbreiteten.“[6] Die Aufrechterhaltung der Verwaltungsautonomie der Hochschulen auch im Bereich der Raumforschung „machte diese Konzeption so effektiv: die Selbstausrichtung jedes einzelnen Wissenschaftlers in einer Forschungsgruppe auf nationalsozialistische Zielsetzung hin“.[7] Eine ganze Reihe von Monographien und Sammelbänden haben sich seit den 1990ern sowohl mit dem Einfluss der Raumforscher auf die Ziele der NS-Raumplanung als auch mit ihrer Rolle bei der Umsetzung beschäftigt.[8] In den Blick

---

1 Gottfried Müller (1970), S. 2542.

2 Fick: Universität Kiel, in: Konrad Meyer (Hg.) (1938), S. 458.

3 Vgl. Zottmann (1964) sowie Czycholl (2014), S. 61 – 63. Predöhl selbst erwähnte lediglich die Existenz einer „unauffälligen, ~~angegliederten~~ Abteilung für Raumforschung“. Predöhl: Zur Geschichte des IfW (ca. 1953), S. 12, in: HS IfW.

4 Rössler (1990), S. 6, ferner S. 30 – 31. Als Beispiele seien angeführt: Bay (1962), Volkmann (1979 und andere Arbeiten aus den 1970ern (2003 zusammengefasst)), Kube (1984) und Teichert (1984). Impulse gaben auch Fahlbusch, Rössler und Siegrist (1989) sowie Heinrich (1991), der versuchte, eine grundsätzliche Affinität zwischen geographischer Forschung und „dem Faschismus“ nachzuweisen.

5 Heinemann, in Heinemann und Wagner (Hg.) (2006), S. 66.

6 Heinemann und Wagner: Einleitung, in: Heinemann und Wagner (Hg.) (2006), S. 9. Zur Freiwilligkeit der Mitarbeit: Konrad Meyer (1971), S. 106.

7 Rössler (1987), S. 181.

8 In Bezug auf die Einordnung des IfW sind insb. von Interesse: Gutberger (1996), Heinemann und Wagner (2006) sowie Kegler (2015). Ferner: Li (2007) und Freytag (2012).

https://doi.org/10.1515/9783110658873-011

genommen wurden vor allem der monströse Generalplan Ost,[9] zentrale Institutionen wie die RAG,[10] Institute wie das AwI der DAF, die als verlängerter Arm einer politischen Organisation agierten, sowie einzelne Forscher wie Walter Christaller.[11] In jüngerer Zeit erfuhr auch das IfW ein gewisses Interesse.[12] Der gegenwärtige Konsens geht dahin, dass die Raumforscher „durch konzeptionelle Planung wesentlich die Umsetzung"[13] von NS-Zielen ermöglichten. Entsprechend konzentrierte sich die neuere Forschung auf die Verflechtung der Wissenschaften mit dem polykratischen Raumplanungskomplex und untersucht, wie ihre teils „ideologiefreie" Forschung in die „Kleinarbeit" einfloss und die nationalsozialistische Herrschaft stabiler und effektiver machte.[14]

Eine andere Deutung boten Götz Aly und Susanne Heim in ihrem 1991 erschienenen Buch „Vordenker der Vernichtung. Auschwitz und die deutschen Pläne für eine neue europäische Ordnung". Sie wiesen nicht nur tatnahen Wissenschaftlern wie Konrad Meyer und Christaller, sondern auch am IfW tätigen Ökonomen wie Donner, Meinhold und Predöhl eine Vordenkerfunktion für die NS-Politik zu.[15] An dieser These orientierte sich eine Fallstudie Christoph Dieckmanns über das IfW und das HWWA, in der er behauptete, dass die Ökonomen „auf vielfältigste Weise die Praxis des Dritten Reiches beeinflussten [...] Es handelte sich um Technokraten, deren ‚moderner' Rassismus eine enge Symbiose mit ihren wissenschaftlichen Analysen und pragmatischen Handlungsvorschlägen einging."[16] Es gilt also zu prüfen, wie bedeutsam die Stellung des IfW war, zu welchen Themen die Institutsmitarbeiter normativ Stellung nahmen und ob der Ideologisierungsgrad tatsächlich jenem der führenden Raumplanungsfunktionäre entsprach.[17] Wurden in Kiel „nur" Einzelfragen im Auftrag der befassten Stellen bearbeitet oder umgekehrt überhaupt erst Probleme definiert und dadurch ein Handlungsbedarf generiert?[18] In diesem Zusammenhang ist zu fragen: Wie wurde die Forschung organisatorisch durchgeführt und wie autonom waren Gruppenleiter bzw. Sachbearbeiter in der Wahl der Themen und in der Durchführung ihrer Tätigkeit gegenüber der Institutsleitung und den Multifunktionären? Welche spezifisch nationalsozialistischen Elemente und welche methodischen und denklogischen Kontinuitäten zur Forschungspraxis vor 1933 lassen sich nachweisen? Welche

---

9 Vgl. Rössler und Schleiermacher (Hg.) (1993), Madajczyk (1994) und Heinemann: Wissenschaft und Homogenisierungsplanungen für Osteuropa, in: Heinemann und Wagner (Hg.) (2006).

10 Vgl. Herzberg (1997), Venhoff (2000) sowie Mäding und Strubelt (Hg.) (2009).

11 Vgl. Roth (1993), Fehn (2008) und Todt (2014).

12 Vgl. die Beiträge von Bröcker, Todt und Rieter in Trautwein (2014). Ferner: Kegler (2015), S. 217 – 220.

13 Bongards (2004), S. 8.

14 Vgl. Gutberger (1996), S. 172 – 173, Zitate S. 476 und S. 173.

15 Als einziges Institut erhielt das IfW einen Infokasten. Vgl. Aly und Heim (1991), S. 333.

16 Dieckmann (1992), S. 184 – 185. In der Einleitung spitzten die Herausgeber die vermutete Bedeutung der IfW-Forscher nochmals zu. Vgl. Aly und Kahrs (1992), S. 8.

17 Siehe beispielhaft den prominenten Konrad Meyer: Planung und Ostaufbau, in: Raumforschung und Raumordnung 5 (9), 1941, S. 393, sowie Ders. (1971), S. 104. Vgl. Leendertz (2009), S. 23 – 24.

18 Vgl. Heinemann und Wagner: Einleitung, in: Heinemann und Wagner (Hg.) (2006), S. 1 ff.

räumlichen, thematischen und moralischen Entgrenzungen sind festzustellen und wie hingen diese mit politischen Zäsuren zusammen? Schließlich: Wie „modern" war die Raumforschung des IfW? Bestätigen sich die neueren Forschungsergebnisse über innovationsfördernde Forschungsorganisationen und eine hohe inter-universitäre und interdisziplinäre Vernetzung im Rahmen einzelner Themenkomplexe in den RAG-Forschungsprogrammen?

Die Berichte des IfW sind nur zum Teil publiziert worden. Neben einigen Aufsätzen in der Zeitschrift *Raumforschung und Raumordnung* wurden auch Zusammenfassungen im *Wirtschaftsdienst* veröffentlicht, sodass diese ab 1940 vom IfW mitherausgegebene Zeitschrift ebenfalls zu einem Koordinierungsorgan in der Raumforschung wurde. Überliefert sind allerdings auch die meisten geheimen Studien, vornehmlich in den Bundesarchiven und in der ZBW. Die im Auftrag der Wehrmacht erstellten Studien werden nach Möglichkeit im Kapitel 12 behandelt. Gleichwohl können auch die hier behandelten Forschungen nicht als „zivil" bezeichnet werden, weil jene Behörden und Verbände, denen die Ergebnisse zugingen oder zugehen sollten, sich ab der zweiten Hälfte der 1930er Jahre in den Dienst der Kriegsvorbereitung und der Kriegsführung stellten.

In diesem Kapitel gebe ich zunächst einen Überblick über das Umfeld und die Kooperationspartner der Raumforschung im „Dritten Reich". Die anschließenden Unterkapitel beschäftigen sich mit einzelnen Projekten des IfW und sind aufsteigend nach deren geographischem Horizont geordnet. Dass diese Ordnung im Wesentlichen einer Chronologie entspricht, deutet bereits auf eine räumliche Entgrenzung der IfW-Raumforschung im Nationalsozialismus hin.

11.1 Umfeld, Abläufe und Phasen

Die wissenschaftlich unterfütterte Raumplanung erwies sich als ein effektives Instrument zur Umsetzung der NS-Ideologie und entsprechend machte die vom Staat ab 1933 zunehmend nachgefragte Raumforschung Fortschritte.[19] Sie war jedoch keine Erfindung des „Dritten Reichs". Schon zuvor hatte man nach Wegen gesucht, die Lebensbedingungen der Menschen zu verbessern oder anzugleichen, den Raum effizienter und krisenresistenter zu bewirtschaften, als problematisch angesehene Ballungsräume zu attackieren sowie, insbesondere nach 1929, die Arbeitslosigkeit zu verringern.[20] Zu einem neuen Wissenschaftszweig wurde die Raumforschung aber erst im Nationalsozialismus.[21] Überwölbende Vorstellungen wie die Ideen über einen Europäischen Großraum hatten Traditionen, die mindestens zum Ersten Weltkrieg

19 Vgl. Gutberger (1996), S. 2 und S. 143.
20 Vgl. Leendertz (2009), S. 210 – 212.
21 Vgl. Rössler (1987), S. 177.

zurückreichten.[22] Die Kontinuität erstreckt sich jedoch teils auch in die Zukunft. Hans-Erich Volkmann bezeichnete die Großraumforschungen sogar als eine „theoretische Vorstufe der nach 1945 gegründeten Europäischen Wirtschaftsgemeinschaft“.[23] Auch für diese setzten sich später unter anderem Predöhl und W.G. Hoffmann ein, die ihre Forschungen vielseitig verwendbar gestalteten.[24]

Die Raumforschung im „Dritten Reich“ lässt sich in fünf Phasen gliedern.[25] Die erste Phase bis 1935 war geprägt von einer großen Zahl neugegründeter und rivalisierender Institute, die sich mit dem recht neuen Themenbereich beschäftigen und Politikberatung betreiben wollten.[26] Außerdem gab es bereits eine Vielzahl von Landesplanungsverbänden, die auch schon in einer Arbeitsgemeinschaft zusammengefasst waren.[27] In der zweiten Phase von 1935 – 37 fand eine „Institutionalisierung von Raumplanung, -ordnung und -forschung auf höchster staatlicher Ebene“[28] statt, die als Ausdruck eines gewissen innovativen Potentials des „Dritten Reiches“ zu werten ist. Im Juni 1935 wurde die Reichsstelle für Raumordnung (RfR) als direkt Hitler unterstellte oberste Planungsbehörde gegründet. Ihr Leiter Hanns Kerrl, in einer merkwürdigen Personalunion ebenfalls Reichskirchenminister, vermochte es jedoch im Gerangel der NS-Institutionen nicht, diese formal sehr hohe Stellung auch auszufüllen. Die RfR wurde schnell zu einer bloß koordinierenden Mittelinstanz für die Forschung und die Tätigkeit der Landesplanungsbehörden.[29] Nach Kerrls Tod 1941 folgte ihm Hermann Muhs in beiden Ämtern, wie Kerrl ebenfalls ein Jurist und „Alter Kämpfer“.

Noch 1935 gründete die RfR gemeinsam mit dem REM die Reichsarbeitsgemeinschaft für Raumforschung (RAG) zur „planmäßige(n) Zusammenfassung und Ausrichtung aller wissenschaftlichen Kräfte für die Raumforschung“.[30] Gründungsleiter der RAG war Konrad Meyer, später wissenschaftlicher Hauptverantwortlicher des

---

22 Vgl. Theiner (1984) und Kube (1984), S. 209. Bereits Fritz Fischer wies auf den Harms-Freund Sering hin, laut dem Deutschland nur durch eine Erweiterung seines Wirtschaftsraumes Weltmacht sein könnte. Fischer (1964), S. 194 – 5.

23 Volkmann (1979), S. 162.

24 Eine Kontinuität von Predöhls und W.G. Hoffmanns Forschungen über die „Tabula Rasa“ Osteuropas im Zweiten Weltkrieg zu den sogenannten Entwicklungsländern nach 1945 erkennen auch Heinemann und Wagner (2006), S. 20 – 21.

25 Vgl. Venhoff (2000), S. 3 – 4.

26 Standorte insb. Heidelberg, Dresden und Berlin. Zur Motivation, vgl. Brintzinger (1996), S. 111.

27 Vgl. Kübler (2007), S. 296. Einer der frühesten Landesplanungsverbände war in Hamburg, vgl. Rössler (1991).

28 Venhoff (2000), S. 3.

29 Vgl. Pahl-Weber (1993), S. 148 – 153.

30 Reichsgesetzblatt 1936, zitiert nach Venhoff (2000), S. 15. Die Besonderheit der RAG war, dass sie „den Ideen einer nationalsozialistischen, volksbezogenen Wissenschaft entsprach und dabei gleichzeitig umfassende zweckrationale technokratische Forschung für Planungsaufgaben betrieben wurde.“ Rössler (1987), S. 180. Nachfolgerin wurde 1945 die noch heute bestehende Akademie für Raumforschung und Landesplanung.

Generalplan Ost.[31] Der im Rang eines SS-Oberführers stehende Multifunktionär war unter anderem Chef der Planungsabteilung des Reichskommissariats für die Festigung des deutschen Volkstums (RKF), der Planungsbeauftragte für Siedlung und ländliche Neuordnung beim RMEuL sowie ferner Ordinarius in Berlin. Im Amt als RAG-Obmann folgte ihm von September 1939 bis 1944 der Jurist Paul Ritterbusch, zu dem die IfW-Führung ausgezeichnete Verbindungen besaß.

Formal organisierten RfR und RAG die Forschungsarbeit folgendermaßen (siehe Abbildung 9): Die RfR erstellte bis Juli eines Jahres Grundlinie und Richtung der wissenschaftlichen Arbeit des kommenden Programms.[32] Auf dieser Basis erarbeitete die RAG in enger Absprache mit ausgewählten Wissenschaftlern und an Forschungsergebnissen interessierten Exekutivstellen bis zum November ein Programm mit Rahmenthemen, Verantwortlichen, Terminen und Mitteln. Hierbei hatten gut vernetzte Ordinarii wie Predöhl bedeutende Möglichkeiten zur Einflussnahme. Anschließend bewarben sich einzelne Professoren in Eigeninitiative mit ihren Projekten unter Angabe des Ziels, eines Arbeitsplans und der benötigten Mittel.[33] Mit Beginn des Zweiten Weltkriegs wurden die Schwerpunktfestlegungen durch die RAG wesentlich konkreter und sie bildete Themengruppen, innerhalb welcher die Forschung der Professoren verschiedener Hochschulen in höherem Maße vernetzt sein sollte. Der RAG standen bedeutende Geldmittel zur Verfügung, auch weil eine ihrer Funktionen im Ersatz von ausgeschiedenen ausländischen Forschungsförderern lag.[34]

Das tatsächliche Vergabeverfahren ist jedoch kaum rekonstruierbar. Es ist beispielsweise nirgends überliefert, ob je einer der im Vorhinein abgesprochenen Anträge des IfW abgelehnt oder nur teilweise akzeptiert wurde.[35] Die fertigen Berichte wurden der RAG und der RfR zugestellt und teils in der Zeitschrift *Raumforschung und Raumordnung* mit dem langjährigen Hauptschriftleiter Frank Glatzel publiziert. Predöhl zählte bald zu den Herausgebern dieser 1936 gegründeten Zeitschrift und die Bibliothek sowie das Wirtschaftsarchiv des IfW arbeiteten ihr zu, indem sie Glatzel mit Informationen über das ausländische Schrifttum versorgten.[36] Geheime Gutachten wurden an interessierte Stellen weitergeleitet. In der Wahl ihrer Methoden waren die Wissenschaftler weitgehend autonom und ein wissenschaftlicher Diskurs, also abweichende Meinungen und konstruktive Kritik, waren durchaus zugelassen.[37]

Ab 1936 bedeckte bald ein Netz von 40, später über 50, neugegründeter „Hochschularbeitsgemeinschaften" der RAG das Reich. Diese bildeten den zentralen Ent-

---

31 Vgl. Madajczyk (1994), S. XVI.

32 Vgl. Venhoff (2000), S. 15.

33 Siehe z. B. Anträge zur „Europäischen Raumordnung" 1943/44 vom 19.11.1943, in: BA, R 164/352.

34 Vgl. Klingemann (1990), S. 92–98. Der Etat des RAG-Forschungsprogramms lag 1937 bei 434.000 RM und stieg bis 1944 auf 743.000 RM.

35 Siehe Bestand R 113 (Reichsstelle für Raumordnung) sowie R 164 (RAG), in: BA Berlin.

36 Für diese Dienste erhielt das IfW 5.500 RM. Siehe den Überblick über die Projekte der Uni Kiel im RAG-Programm des Jahres 1942/43, in: BA, R 164/352.

37 Vgl. Gutberger (1996), S. 172–173.

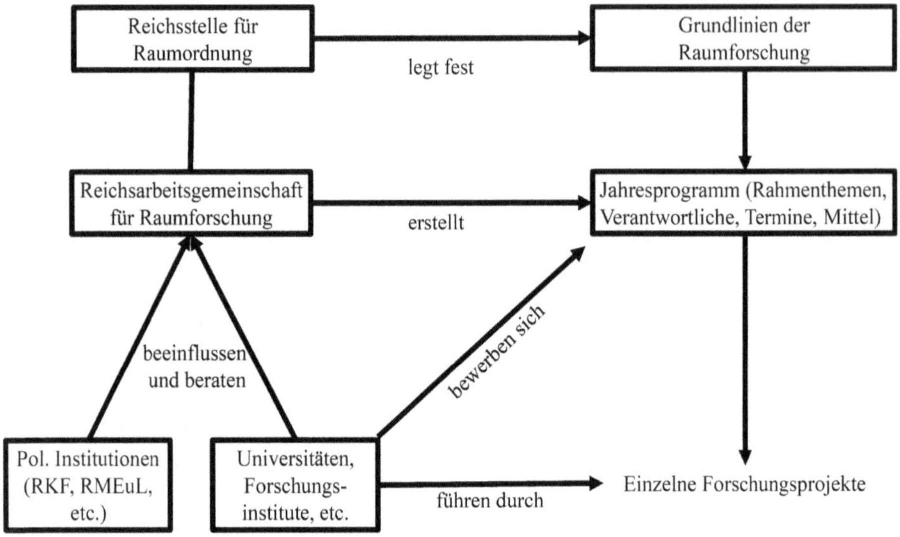

Abbildung 9: Organisation der Raumforschung ab 1935

stehungsort von Raumforschungsstudien und waren schwerpunktmäßig auf die eigene Region ausgerichtet.[38] Schleswig-Holstein wurde durch die Hochschulgruppe Kiel abgedeckt, zu deren Leiter das REM auf Vorschlag des Rektors Dahm Hermann Bente bestimmte. Eine bedeutende Rolle spielte auch Fick, der um 1938 sogar als ihr Leiter geführt wurde.[39] Nach Bentes Weggang nach Straßburg Ende des Jahres 1941 übernahm Predöhl selbst den Posten. Später wurde auch F. Hoffmann aktiv, der bereits zuvor an der Uni Münster stark in der Hochschularbeitsgemeinschaft engagiert gewesen war.[40] Auch Mackenroth übernahm nach seinem Wechsel an die Reichsuniversität Straßburg 1942 die Leitung der dortigen RAG-Hochschularbeitsgemeinschaft, sodass also früher oder später alle Kieler Ökonomieprofessoren involviert gewesen sind. Komplementär zu den RAG-Hochschularbeitsgemeinschaften wurden 1937 unter der RfR reichsweit 23 sogenannte Landesplanungsgemeinschaften (LPGs) zur besseren Ausrichtung auf die Praxis gegründet.[41] Auch dies war Ausdruck einer Regionalforschungseuphorie, die zu empirischen Untersuchungen über weite Teil des Reiches in den 1930ern führte.[42] Mit der Landesplanungsgemeinschaft Schleswig-

38 Vgl. Venhoff (2000), S. 19.

39 Vgl. Konrad Meyer (1938), S. 453.

40 So wurde F. Hoffmanns Arbeit über „Westfälische Notstandsgebiete" (ca. 1937) von der RAG lobend hervorgehoben, siehe: BA, R 113/14.

41 Vgl. Dams (2009), S. 165 – 166, und Venhoff (2000), S. 19.

42 Einige dieser Lokal- und Regionalstudien sind aufgelistet in Gutberger (1996), S. 307 – 309.

Holstein (LPG S-H) war das IfW durch die Professoren Bente, Fick und Predöhl sowie durch jeweilige Referenten aus dem IfW eng verbunden.[43]

In der dritten Phase von 1938–40 radikalisierte sich die Raumforschung. Zu den Zielen gehörten nun verstärkt die Erhöhung des militärischen Potentials sowie Rasseideologien. Durch den Wechsel Konrad Meyers in das Planungsamt des RKF war die RAG mit dieser kurz nach Kriegsbeginn gegründeten Organisation Himmlers eng verbunden. Entsprechend lenkte die RAG ihre Mittel nun in Forschungen zu den eroberten oder zu erobernden Gebiete östlich des „Altreiches" und zu „Siedlungsfragen".[44] Zunehmend wurden mit der räumlichen Ausweitung des Kriegs auch neue Regionen unter raumplanerischen Aspekten erforscht, so ab 1940 der „koloniale Ergänzungsraum" Afrika.[45]

In der vierten Phase 1941–42 wurden bestehende Raumplanungsinstanzen, vor allem die RfR, weitgehend entmachtet. Sie waren technokratische Planungsorgane geblieben und hatten es nicht geschafft, eine reichsweite zentralisierte Raumordnung zu etablieren.[46] 1942 wechselte die RAG deshalb zum reorganisierten Reichsforschungsrat über und wurde damit Teil des Speer-Ministeriums.[47] Der Reichsforschungsrat erwies sich „als eine zentrale Finanzierungsstelle für genau jene Forschungsprogramme, die für die Expansionsziele des NS-Regimes wichtig waren",[48] beispielsweise die Begleitforschung zum „Generalplan Ost". Die RAG bekam mehr Mittel zugewiesen als Rasseforschung, Veterinärmedizin und Bevölkerungsforschung zusammen.[49] Weiterer Beleg für die Bedeutung der Wissenschaftler ist ihre Exklusion vom Militärdienst, denn das IfW wurde, ebenso wie das DIW, im Januar 1943 vom Speer-Ministerium zu einem geschützten Wehrwirtschaftsbetrieb erklärt.[50]

In der fünften und letzten Phase rückte ab 1943 mit der Schrumpfung des deutschen Machtbereichs das Gebiet des sogenannten Altreichs notwendigerweise erneut in den Mittelpunkt der RAG-Programme.

Neben den Geldern und dem Mitarbeiterschutz war die Raumforschung aus drei weiteren Gründen für das IfW attraktiv. Erstens setzte sie einen großen Informationsbestand über verschiedene Gebiete voraus, welchen das IfW als Generalinstitut mit seinem Wirtschaftsarchiv und der Bibliothek besaß. Zweitens hatte die Raumplanung einen interdisziplinären Charakter, der im IfW traditionell geschätzt wurde. Drittens – und dies war auch für andere Institute wohl am wichtigsten – winkte eine große

43 F. Hoffmann: Das Staatswissenschaftliche Seminar, 1946, S. 10–11, in: ZBW, IV 2907.

44 RAG und RKF waren die wichtigsten Institutionen der NS- Raumforschung. Vgl. Leendertz (2009), S. 22–23.

45 Vgl. Linne (2002).

46 Vgl. Pahl-Weber (1993), S. 152.

47 Ab 1942 war der Reichsforschungsrat dem Reichsministerium für Bewaffnung bzw. dem Rüstungsministerium untergeordnet. Vgl. Flachowsky (2008 und 2010).

48 Flachowsky (2010), S. 65.

49 Vgl. Rössler (1990), S. 77.

50 Predöhl an Ritterbusch, 05.03.1943, in: LASH, Abt. 47, Nr. 2081. Vgl. Flachowsky (2010), S. 67

Chance auf praktische Umsetzung.[51] Selbst regimekritische Wissenschaftler wie Rudolf Heberle und August Lösch konnten sich der Anziehungskraft der Praxisnähe kaum entziehen.[52] In diesem Zusammenhang ist zu betonen, dass auch jene Raumforschungen, die nicht zu umgesetzten Plänen führten, keineswegs zwangsläufig bedeutungslos waren. Potentiell stellten sie überzeugten Nationalsozialisten und Mitläufern „eine vermeintlich realistische Zukunftsvision vor Augen [...], „welche die verübten Verbrechen zu legitimieren schien“.[53]

11.2 Forschung für die Landesplanung in Schleswig-Holstein

In Schleswig-Holstein war die Wissenschaft besonders eng in die Arbeit der dortigen Landesplanungsgemeinschaft eingebunden. Die Wirtschaftsabteilung der beim Oberpräsidenten Lohse angesiedelten LPG S-H wurde seit 1935 von einen nebenamtlich beschäftigten IfW-Assistenten geleitet.[54] 1938 wurde die Planung in Kiel konzentriert, um die Beratung der Raumordnung durch das Weltwirtschaftsinstitut zu vereinfachen.[55] Dort war 1935 eine „Forschungsstelle für Schleswig-Holsteinische Wirtschaft“ (FfSHW) unter der Leitung von Bente, dem Chef der Kieler RAG-Hochschularbeitsgemeinschaft, gegründet worden.[56] Räumlich war sie im IfW untergebracht und mit diesem eng verknüpft, formell gehörte sie zum Staatswissenschaftlichen Seminar der Fakultät und unterstellt war sie der LPG S-H. Praktisch fungierte sie wie eine kleine Forschungsgruppe des Instituts mit zumeist drei wissenschaftlichen Mitarbeitern.[57] Die FfSHW kooperierte in der Tätigkeit für die LPG S-H mit anderen Wissenschaftlern, beispielsweise mit den Geographen der Universität, und war ver-

51 Siehe z. B. das Vorwort in Trittelvitz (1940 [01.1938]), S. 5. Ferner: F. Hoffmann: Gegensätzliche Gestaltungstendenzen im Raum Westfalen, in: Raumforschung und Raumordnung 1 (2), 1936, S. 81. Vgl. Rieter (2014), S. 248.

52 Siehe u. a. Zusammenfassung eines Interviews mit Heberle von 1934, in: RAC, RF, RG 1.1, s. 717.S, b. 20, f. 181. Vgl. Gutberger (1996), S. 81 – 82.

53 Heinemann und Wagner: Einleitung, in: Heinemann und Wagner (Hg.) (2006), S. 18. Vgl. Heim (2000), S. 89.

54 Sukzessive Erich Kautz, Karl Casper, Grimm sowie Bruno Siebke. Siehe BA, R 3901/21082. Der Gehaltszuschuss betrug 5.000 RM pro Jahr.

55 Siehe die Halbjahresberichte der LPG S-H für April 1938 bis März 1939, in: BA, R 113/763 und R 113/762. Landeshauptmann Wilhelm Schow hielt am 6. Januar 1939 im IfW einen Vortrag über „Die praktische Durchführung der Raumgestaltung in der Nordmark“. Bente: An alle Dienststellen, 05.01.1939, in: ZBW-Archiv, 470, Bl. 39.

56 Bente: Landschaft und Volkswirtschaftslehre, in: Schleswig-Holsteinische Hochschulblätter, 20.07. 1934, S. 10. Noch 1935 hieß sie „Planung Schleswig-Holstein“, dann „Wirtschaftsplanung S-H“ bzw. „Wirtschaftsplanung Nordmark“ und ab Herbst 1937 FfSHW. Früher hatte es eine „Schleswig-Holstein-Abteilung“ gegeben, siehe Passow (1921).

57 Predöhl: Zur Geschichte des IfW (ca. 1953), S. 12, in: HS IfW. Mitarbeiter u. a. Grimm, Casper, C. Wiese, R. Flemes, Siebke, M. Franz, Fritz W. Meyer, Meinhold und Trittelvitz.

einzelt auch in die Forschung für die RfR eingebunden.[58] Die Zusammenarbeit mit Reichsministerien funktionierte dagegen schlecht, denn weder die Ressorts für Arbeit, noch für Wirtschaft oder Ernährung waren bereit, Informationen herauszugeben.[59] Sie fürchteten den aus einem Wissenstransfer resultierenden Kompetenzverlust an die regionale Landesplanung, weil sie nicht an die vom IfW behauptete radikale Trennung von (wissenschaftlicher) Analyse und (politischer) Entscheidungsfindung glaubten. Tatsächlich stand die Raumforschung von Beginn an unter politischen Vorzeichen und hatte zum Ziel, völkische und militärische Belange mit ökonomischen Überlegungen in Einklang zu bringen.

Zu den ersten Themen gehörten statistische Untersuchungen über die Bevölkerung sowie Analysen der Verkehrsinfrastruktur, der Industrie, der Landwirtschaft und der Fischerei.[60] Die einzelnen Berichte befassten sich detailliert mit Einzelfragen und -Vorschlägen, etwa der Ansiedlung von Fischkonserven- und Textilfabriken in Flensburg, einem Ölkreidebergwerk bei Heide, dem Hafenausbau in Büsum oder der Muschelwirtschaft bei Föhr.[61] Das Schwerpunktthema der Industrieansiedlung im Norden der Provinz wurde nicht nur betriebswirtschaftlich begründet, sondern in den größeren Zusammenhang des Vierjahresplans und der völkischen Siedlungspolitik gestellt.[62] Als „Grenzprovinz" müsse Schleswig-Holstein, gegen die Dänen einen „lebendigen Schutz- und Grenzwall" errichten,[63] der nicht allein aus landwirtschaftlichen Siedlungen bestehen könne. Ein solches Motiv einer völkischen Abgrenzung lag auch jenen rassistischen Schutzwall-Konzepten zugrunde, die sich in Plänen zur Besiedlung und Neuordnung der eroberten Ostgebiete nachweisen lassen. Die Vorschläge zum Ausbau der Muschelwirtschaft wiederum wurden sowohl im Hinblick auf den Abbau der Arbeitslosigkeit, wie auch als Beitrag zum Autarkieziel und damit als Rüstungsmaßnahme begriffen. Die deutsche „Ernährungsbasis" müsse für den Fall eines Konflikts mit dem Ausland gestärkt werden.[64]

---

58 Fick: Universität Kiel, in: Konrad Meyer (Hg.) (1938), S. 453. Z. B.: W. Heine: Die Einwirkungen der Großstadt Kiel auf ihre ländliche Umgebung, 1938, in: BA, R 164/34. Casper: Gutachten über die Möglichkeit der industriellen Holzverwertung in der Nordmark, 1936, in: ZBW, 24088.

59 Briefwechsel in: BA, R 3901/21082.

60 Regierungspräsident Schleswig an Oberpräsident Lohse, 29.09.1935, in: BA, R 3901/21082, Bl. 72–73. Bente, in: Bericht über die Arbeitstagung der RAG am 9.-10.12.1937, zweiter Sitzungstag, S. 51, in: BA, R 113/55.

61 Berichte aus den Jahren 1935–37 sind überliefert in: ZBW, C 24093, C 24086, C 37720, C 24084, C 24104 und C 24078. Ferner Fick (1938), S. 457, und Halbjahresbericht der LPG S-H (10.1938–03.1939), in: BA, R 113/762.

62 Casper: Zur Frage der Errichtung einer Kunstseidenzellstoffabrik in Flensburg im Rahmen des neuen Vierjahresplans, 1937, S. 15–16, in: ZBW, C 24086.

63 Beide Zitate in: Casper: Die Industrie in Schleswig-Holstein, in: Deutsche Zeitschrift für Wirtschaftskunde 3, 1938, S. 241 und S. 242.

64 Casper: Zur Frage der Muschelbewirtschaftung in der Nordmark. Die bisherige Entwicklung in Wyk und die Ausbaumöglichkeit in Flensburg, 1937, S. 3, in: ZBW, C 24078.

Kieler Ökonomen waren auch an der Begleitforschung zu kleinräumigen Wirtschafts- und Siedlungsplänen der Provinzialverwaltung beteiligt, etwa zur Insel Sylt. In einer rhetorischen Konzession an die „Blut-und-Boden"-Propaganda gestanden sie zwar zu, dass die Praxis einiger Sylter, nebenbei Landwirtschaft zu betreiben, gut für die Verwurzelung der Menschen sei. In zeitgenössischer medizinischer Terminologie bezeichneten sie die aus mangelnder Spezialisierung auf den Tourismus entstehenden Effizienzeinbußen allerdings als „fraglos ungesund".[65] Der Staat solle landwirtschaftliche Dörfer strikt von Badeorten trennen und es seinen Bürgern verbieten, ihre Kräfte nach eigenem Willen einzuteilen. In dieser Begleitforschung zur technokratischen Planung ermächtigte das IfW sich also selbst zur Forderung nach tiefen Einschnitten in die seit 1919 eigentlich verfassungsrechtlich geschützte Berufsfreiheit, nicht aus nationalsozialistischen, sondern aus wirtschaftsrationalen Motiven. Von Dimensionen wie dem bekannten Würzburger „Dr. Hellmuth-Plan" blieb man aber weit entfernt.[66]

Der zeitgenössische Begriff für strukturschwache Regionen wie der Norden Schleswig-Holsteins lautete „Notstandsgebiete". Diese leisteten nicht nur einen ungenügenden Beitrag zur wehrpolitisch wichtigen „Nahrungsfreiheit"[67] Deutschlands, sondern widersprachen auch der Volksgemeinschafts-Propaganda mit ihrem Versprechen auf gleichartige Lebensbedingungen.[68] Ihre Sanierung war bis zum Kriegsbeginn das Hauptthema der NS-Raumplanung und ihrer Erforschung wurde beispielsweise im Jahr 1936 die Hälfte des Forschungsetats der RAG gewidmet.[69] Die Definition und Ursachen waren in der Zunft umstritten. Neben ökonomischen Kriterien wurde teils auch eine „negative rassisch-biologische Auslese" als Faktor identifiziert und entsprechend eine „Betreuung in hygienischer und bevölkerungspolitischer Hinsicht" vorgeschlagen.[70] Unter diesen Euphemismus wurden seinerzeit auch Zwangsumsiedlungen und die Tötung von geistig oder körperlich behinderten Menschen gefasst.

Die IfW-Assistenten Karl Casper und Fritz Meyer beteiligten sich an der Suche nach „Methoden zur Ermittlung von Notstandsgebieten".[71] Anders als die Mitarbeiter einiger anderer Institutionen argumentierten sie stringent und ließen dabei nur wirtschaftliche Argumente gelten.[72] Meyer, ein Schüler des ordoliberalen Walter Eu-

---

65 Casper und Fritz W. Meyer: Bevölkerungs- und wirtschaftsstatistische Zusammenstellungen für den Wirtschaftsplan Sylt. 1. Teil: Zusammenfassender Bericht, 1936, S. 42, in: ZBW, C 24097.

66 Vgl. Venhoff (2000), S. 29.

67 Bente (1937), S. 240.

68 Vgl. Fehn (2004), S. 133–134, und Kübler (2007), S. 297. Zur Langlebigkeit des Postulats gleichwertiger Lebensverhältnisse, siehe Leendertz (2009), S. 210, und Art. 72 des Grundgesetzes.

69 Vgl. Venhoff (2000), S. 27. Leendertz (2009), S. 25–26.

70 Schlussbericht Dr. Hensens im streng vertraulichen Bericht über die Arbeitstagung der RAG am 9.-10.12.1937, zweiter Sitzungstag, S. 18, in: BA, R 113/55.

71 F. Meyer (1937). Casper und Meyer (1938).

72 Vgl. Strubelt (2009), S. 16. Siehe z.B. Konrad Meyer und Udo Froese: Entwicklung und Lage der Rückstandszonen des alten Reiches, o.D., in: ZBW, D 4893.

cken und in Freiburg mit Bestnote promoviert,[73] schlug die Einbeziehung verschiedener Messzahlen in einem neukonzipierten „Notstandsindex“ vor.[74] Casper wandte sich ebenfalls gegen simplifizierende Vorschläge wie etwa das auf die Besiedlungsdichte fokussierte Tragfähigkeits-Konzept.[75] Auf der Suche eines „objektiven statistischen Wohlstandsschlüssels“ verwarf er auch die Volkseinkommenszahl als allgemeingültiges Kriterium und bezweifelte schließlich, dass „überhaupt ein eindeutiger statistischer Schlüssel gefunden werden kann“.[76] Die RAG urteilte knapp, die Arbeit sei mit ihrem „Nachweis, daß kein exakter Maßstab vorhanden ist, richtig, bleibt aber im Negativen stecken“.[77] Das stimmte allerdings nicht. Der in Kiel diplomierte, promovierte und seit 1935 im IfW angestellte Casper vertrat schlichtweg die Überzeugung, dass regional unterschiedliche Einkommensniveaus eine Existenzberechtigung haben können, sofern sie auf standortwirtschaftlichen Ursachen fußen. Ungleichheiten hätten dann – und hier folgte er klassischen ökonomischen Vorstellungen – einen Sinn, wenn sie einen Zwang zur Anpassung der Privatwirtschaft an „Strukturverschiedenheiten“[78] ausübten. Eine künstliche Nivellierung von Einkommen durch wirtschaftspolitische Maßnahmen, also eine Behandlung der Symptome bei Missachtung der Ursachen, würde zu einer Reduktion der Volkswohlfahrt führen und vertrüge sich deshalb „nicht mit den nationalsozialistischen Zielen“.[79] Auf die neuen Möglichkeiten technokratischer Planung, die durch die Abschaffung demokratischer Verfahren und rechtstaatlicher Sicherungen eröffnet worden waren, wollte Casper freilich nicht verzichten. Sie sollten jedoch für die Einzelfälle durch „unvoreingenommene Sachbearbeiter“[80] – also Ökonomen wie er selbst – eruiert werden, die Probleme identifizierten und damit Eckpfeiler für Maßnahmen definierten. Die Rolle der Landesplaner wäre so auf eine lediglich ausführende Funktion zurückgestuft worden.

Die Themenfelder Landwirtschaft, Siedlungsplanung und Infrastruktur bildeten auch in den späten 1930er Jahren den Schwerpunkt der schleswig-holsteinischen Raumforschung. Insbesondere die Dezentralisierung der Industrie, laut Predöhl „aus wehrpolitischen Gründen und Gründen der Rassenpflege erwünscht“,[81] war ein

---

73 Lebenslauf Meyers, in: RAC, RF, RG 1.1, s. 717.S, b. 20, f. 181. Der Begriff „Ordoliberalismus“ wurde von einem ehemaligen Kieler geprägt. Moeller (1950).

74 F. Meyer (1937), S. 69. Der Bericht war wohl geheim. Siehe Blätterlein an RAG, 29.06.1939, in: BA, R 113/1152.

75 Vgl. Fehn (2004), S. 124.

76 Casper und Meyer (1938), S. 42 und S. 53.

77 Anmerkung zu Caspers Arbeit in: BA, R 113/95.

78 Casper und Meyer (1938), S. 44. Ähnlich argumentierte später Predöhl. Ein Notstandsgebiet definiere sich durch ein gestörtes Verhältnis der drei Produktionsfaktoren. Predöhl (1952).

79 Casper: Die Volkseinkommenszahl als Notstandsschlüssel am Beispiel der Nordmark, S. 4, in: BA, R 164/17.

80 Casper und Meyer (1938), S. 53, ferner S. 42.

81 Wortbeitrag Predöhls auf der Tagung des NS-Dozentenbunds im April 1939, in: Predöhl (1939b), S. 410.

Thema. Das IfW sollte der Landesplanung die wissenschaftliche Expertise zur Verfügung stellen auf deren Grundlage erst entschieden werden konnte, ob sich in den diversen Fällen eine Verlagerung oder eine Neugründung an einem ökonomisch weniger geeigneten Ort (was Opportunitätskosten verursacht) lohnen würde. Bereits 1935 waren Bemühungen zur Industrieansiedlung in Flensburg damit begründet worden, Städte im Norden der Provinz lägen „militärisch-strategisch eher günstiger als das südliche Schleswig-Holstein mit den Industrieballungen".[82] Vor dem Hintergrund der sich infolge des Luftwaffeneinsatzes im Spanischen Bürgerkrieg abzeichnenden Bedeutung eines Bombenkriegs wurde seinerzeit im ganzen Reich für die Industrieansiedlung in ländlichen Regionen geworben.[83] Auch in anderen IfW-Studien findet sich exemplarisch dieser Zielkonflikt der nationalsozialistischen Raumplanung, gleichermaßen eine Dezentralisierung zum Schutze der Rüstungswirtschaft und eine Erweiterung bestehender Rüstungskapazitäten anstreben zu wollen.[84] Militärischen Gründen zur Industrieansiedlung in Regionen mit ungünstigen Standortbedingungen wurde dabei stets hohe Priorität beigemessen.[85]

Zu den fleißigsten Raumforschern zählte der Doktorand Helmut Meinhold mit Berichten zur Milcherzeugung und zum Kartoffelanbau in der Provinz, zum Bahntarif nach Bargteheide oder zu den Fehmarner Wanderarbeitern.[86] Letztere waren ihm verhasst, denn ihre geringe Sparquote und die Begnügung mit Saisonarbeit passten nicht in sein auf Effizienz und Produktionsmaximierung ausgerichtetes Weltbild. Er äußerte sogar Verständnis für die Forderung, „Arbeitsscheue"[87] in Lagerhaft zu nehmen. Im Klassenkonflikt stellte Meinhold sich klar auf die Seite des Kapitals und baute ähnliche Argumentationsmuster auf wie sie das AwI für die DAF entwarf. Eine Leistungsgemeinschaft mit minimaler Kompensation des Produktionsfaktors Arbeit sollte entstehen, was Karl Heinz Roth als „schrankenlos gemachten kapitalistischen Verwertungsdespotismus"[88] bezeichnet. Gegen „Euthanasie" sprach Meinhold sich zwar aus, aber nicht aus ethischen Gründen, sondern ausschließlich, weil es nach entsprechenden Ermordungen zu wenige Landarbeiter gäbe.[89]

Meinhold gehörte eindeutig zu den radikalsten IfW-Raumforschern. Er unterschied kaum zwischen den verschiedenen Merkmalen der Raumstruktur,[90] sondern erkannte der NS-Raumplanung eine totale Gestaltungsmacht zu. Diese wollte er auch selbst ausüben, sah dafür aber in seiner Beschäftigung in einem akademischen For-

---

82 Casper: Standortanalyse, 1935, S. 60, in: ZBW, C 24093.

83 Vgl. Kübler (2007), S. 306.

84 Meinhold: Die Güterverkehrsbedingungen im Raum der Provinz Schleswig-Holstein, Kiel Diss., 1939, vertraulich, S. 156–157, in: CAU UB, TU62 9794. Vgl. Venhoff (2000), S. 29–32.

85 Siehe auch Trittelvitz (1940 [01.1938]), S. 59 und S. 9.

86 Berichte von 1937–38 in: ZBW, C 24090, C 24081, C 24094, ferner: C 24114 und C 24092.

87 Meinhold: Die Landarbeiterfrage in Schleswig-Holstein im Lichte dörflicher Einzeluntersuchungen, 1938, in: BA, R 164/11, S. 56.

88 Roth (1993), S. 122.

89 Meinhold: Die Landarbeiterfrage in Schleswig-Holstein..., 1938, S. 64, in: BA, R 164/11.

90 Vgl. Bröcker und Hayo Hermann: Grundzüge der Raumstruktur, in: Bröcker und Fritsch (2012).

schungsinstitut keine genügendes Potential. Deshalb nutzte er die in der deutschen Besatzung Osteuropas liegende Chance und bewarb sich Anfang 1941 in der Sektion Wirtschaft des Krakauer Instituts für Deutsche Ostarbeit. Ihn würde dort endlich „eine Tätigkeit erwarten, die nicht nur selbständig ist, sondern auch von mir verlangt, aus eigenem Können heraus etwas Neues zu schaffen. Das reizt mich natürlich außerordentlich."[91] Durch den Wechsel ins Generalgouvernement verließ er die Kieler Schranken der Begleitforschung und wurde deutlich stärker planerisch tätig. Außerdem war er nun nicht mehr den im Altreich bestehenden Beschränkungen durch alte Entscheidungsinstanzen unterworfen. Auf polnischem Gebiet bestanden viel mehr Möglichkeiten, bestehende Strukturen und Lebensweisen der Bevölkerung gewaltsam zu zerschlagen.

Als Bente 1941 nach Berlin wechselte übernahm sein Lehrstuhlnachfolger Friedrich Hoffmann die Verantwortung für die Schleswig-Holstein betreffenden Raumforschungen. Wollte man die zuvor in der FfSHW geleistete Arbeit wegen ihres militärischen und rassistischen Charakters als Tragödie bezeichnen, so war das, was F. Hoffmann zu bieten hatte, eine Farce. In seiner Antrittsvorlesung, der unter anderem Landeshauptmann Wilhelm Schow beiwohnte, zeichnete er ein wirres Bild von einer Provinz, die seit dem späten 18. Jahrhundert „in immer größere Räume hinein"[92] gewachsen sei und dessen Probleme nicht mehr in ihr entstünden, sondern an sie herangetragen würden. Auf Basis dieses Plattitüdenwusts benannte F. Hoffmann seinen Forschungsschwerpunkt, nämlich wie eine Eingliederung Schleswig-Holsteins „in den neuen kontinentalen Großraum" gelingen könne. Ergebnisse sind nicht überliefert. Einen Eindruck davon, wie F. Hoffmann ein mögliches Verhältnis zwischen einer Region im Altreich und dem Großraum sah, liefert seine frühere Beteiligung an Forschungen zu „Aussiedlungsmöglichkeiten" von Kleinbauern während seiner Zeit an der Universität Münster.[93] Sie fanden im Kontext von Planungen zu gewaltsamen Umsiedlungen statt, die dem Ziel einer „Festigung des deutschen Volkstums" in Ostmitteleuropa dienen sollten.[94]

Als einziges wirklich neues Regionalraumforschungsprojekt wurde im Oktober 1943 bei der RAG die Untersuchung über die „Wirtschaftsstruktur des schleswig-holsteinischen Raumes unter besonderer Berücksichtigung seiner Beziehungen zu den angrenzenden Wirtschaftsgebieten"[95] angemeldet. Der potentielle Rezipient LPG S-H war zu diesem Zeitpunkt wohl nicht mehr handlungsfähig und wurde, wie alle Landesplanungsgemeinschaften, Ende 1944 aufgelöst. Bei dem Versuch des RAG-Funk-

91 Zitiert nach Aly und Heim (1991), S. 194.

92 Dieses und folgendes Zitat in: Schleswig-holsteinische Wirtschaftsvorlesung. Antrittsvorlesung von Prof. Friedrich Hoffmann, in: Kieler Neueste Nachrichten, 20.01.1942. Ferner: F. Hoffmann: Richtungen und Probleme schleswig-holsteinischer Wirtschaftsordnung, in: Kieler Blätter, 1943/1, S. 22–40.

93 Landesplanungsgemeinschaft Westfalen an Ritterbusch, 17.02.1940, in: BA, R 113/93.

94 Siehe hierzu die Richtlinien für das neue RAG-Forschungsprogramm aus dem Oktober 1939 in: BA, R 113/14 sowie den Bericht über die Reichsarbeitstagung der RAG am 11.-13.04.1940, in: BA, R 113/91.

95 Antrag F. Hoffmanns an die RAG, 02.10.1943, in: BA, R 164/352.

tionärs Glatzel im Juni 1945, solche Forschungsunterfangen herausfiltern, die den Besatzungsmächten politisch unverdächtig erscheinen sollten, wurde er bei F. Hoffmann fündig.[96] Er lag damit wohl richtig, denn aus F. Hoffmanns Aufsätzen und Vorträgen lässt sich keine These und kein Ergebnis, mithin also kein brauchbarer Inhalt herauslesen.

11.3 RAG-Kriegsforschungsprogramme und „Wirtschaftserschließung des Ostens"

Mit Beginn des Zweiten Weltkriegs war die Schleswig-Holstein betreffende Regionalforschung erheblich reduziert, wenn auch nicht vollständig aufgehoben worden. Zudem wurden viele alte RAG-Projekte hastig beendet oder vorzeitig abgebrochen. Institute wie das IfW konnten nun Forschungsvorhaben beantragen, die sich vermehrt mit der Raumplanung eroberter oder noch zu erobernder Gebiete beschäftigten. Dies geschah vor allem im Rahmen der neuen Kriegsforschungsprogramme der RAG. Sie sollten die Forschung durch eine Erhöhung der Fördermittel ausweiten und mit dem Ziel koordinieren, „der politischen Führung diejenigen gesicherten wissenschaftlichen Ergebnisse an die Hand zu geben, die sie bei der Durchführung ihrer Massnahmen nicht entbehren kann."[97] Die Forschungen sollten weniger isoliert voneinander an den einzelnen Hochschulen ausgeführt werden. In Arbeitskreisen zusammengefasst, sollten sie nun besser auf die nationalsozialistischen Politikziele abgestimmt und entsprechend gelenkt werden. Insbesondere ging es von nun ab um die Planung der Gebiete östlich des Altreiches, insbesondere in den Arbeitskreisen „II. Umsiedlung" und „V. Struktur und zentrale Orte des Ostens". Um die Abstimmung zu erreichen, nahmen Forschungsgruppenleiter wie Karl Casper auf der Reichsarbeitstagung der RAG nun ebenfalls an allen Sitzungen teil. Casper, mindestens auch seine engeren Mitarbeiter im IfW und natürlich die Institutsleitung waren also sehr gut über das politische Gesamtbild informiert, zu dem ihre Forschungen sich als Puzzleteil einfügen sollten.

Die konkrete Verwendung von IfW-Raumforschungsberichten nachzuvollziehen ist bei der gegebenen Quellenlage sehr schwer. Die praktische Bedeutung von Berichten für RAG und RfR muss ungewiss bleiben, wenn noch nicht einmal eingeschätzt werden kann, ob die RfR überhaupt selbst durch ihre beratende Tätigkeit, beispielsweise zur Infrastrukturplanung im eroberten Osten, Einfluss ausüben konnte.[98] Das fieberhafte Bemühen der RfR eigene Kompetenzen für die Raumplanung des Ostens zu erhalten blieb erfolglos und konkurrierende Institutionen wie das RKF waren bemüht, ihre Kompetenzen auf das Altreich zu begrenzen.[99] Die Institution sicherte ihren Be-

96 Gläß an Glatzel, 25.06.1945, in: BA, R 164/352.

97 Bülow: Das kriegswichtige Forschungsprogramm der RAG, April 1940, in: BA, R 113/2263.

98 Vgl. Pahl-Weber (1993), S. 149 – 150.

99 Vgl. Rössler (1990), S. 153.

stand aber „mittels ihrer Europaplanungen“.[100] In diesen Trend passen die in diesem Abschnitt untersuchten Arbeiten des IfW.

Gemäß der Logik der NS-Rasseideologie sollte sich die Nutzung des ab 1939 eroberten Gebietes nicht allein auf eine Ausbeutung erstrecken. Mit dem Herrschaftsrecht der „Arier“ und der brutalen Volkstumspolitik war ein wirtschaftlicher Entwicklungsauftrag verbunden. So ergab sich aus der Eroberung Polens nicht nur die Berechtigung, sondern sogar ein ideologischer Zwang, das Entwicklungsniveau der Landschaft (nicht jedoch der dort bisher lebenden Bevölkerung) zu erhöhen. In die Raumplanung involvierte Ökonomen waren also Bestandteil des Legitimationsapparates der NS-Besatzung sowie, immanent, auch der weiteren Expansionen ab 1940. Ferner trugen die Planungen der neuen Gebiete zur Stabilisierung des Regimes bei. Entgegen der Propaganda hatten viele klein- und mittelständische Unternehmen zu den Verlierern der vom Vierjahresplan geprägten Wirtschaftspolitik gehört. Dem zwar beschäftigten, aber trotzdem wegen ausbleibendem Wohlstandszuwachs oftmals unzufriedenen Mittelstand des Binnenwirtschaftsraums sollten im Osten neue Chancen geboten werden.[101] Um den sozialen Sprengstoff abbauen zu können, waren Investitionen in die dortige Wirtschaft und Infrastruktur nötig.

Das erste „Kriegswichtige Forschungsprogramm“ der RAG 1939/40 wurde mit Verspätung im Februar 1940 fertiggestellt. Es war insbesondere darauf angelegt, die durch den Überfall auf Polen eröffneten wirtschaftlichen Möglichkeiten zu eruieren.[102] Wie die Planung war auch die Raumforschung in arbeitsteilig zu erledigende, eng miteinander vernetzte Teilprojekte zerlegt. Der Schwerpunkt lag auf der Frage, wie die Nahrungsmittel- und Rohstoffproduktion der östlich des Altreichs ausgebeutet und für Deutschland nutzbar gemacht werden konnten.[103] Bekannt ist etwa, dass sich das IfK daran beteiligte und schon im Herbst 1939 entsprechende Berichte über das eroberte Polen fertigstellte.[104] Auch das juristische Schwesterinstitut des IfW, das Kieler Institut für Politik und internationales Recht, erarbeitete „Staatspolitische Grundlagen der Raumforschung unter besonderer Berücksichtigung der Ostprobleme im Zeichen einer gesamteuropäischen Raumordnung“.[105]

Auch das IfW wollte sich beteiligen und bewarb sich erfolgreich mit dem zweiteiligen Projekt: „Welche Bedeutung hat der Ausbau der Weichsel als Großschiffahrtsstrasse und der Ostseehäfen für die künftige Ordnung des Ostseeraumes?“[106] Komplementär zum Weichsel-Teil wurde im Rahmen der RAG-Themengruppe IV in

---

100 Venhoff (2009), S, 52.

101 Vgl. Volkmann (2003), S. 187.

102 Siehe u.a. Bülows Beitrag im Bericht zur RAG-Tagung vom 11–13.04.1940, in: BA, R 113/91. Kriegswichtiges Forschungsprogramm der RAG 1939/1940, in: BA, R 113/93.

103 Martin Kornrumpf an Köster (beide RAG), 28.09.1939, in: BA, R 113/14.

104 Vgl. Volkmann (2003), S. 227.

105 Die Untersuchung wurde 1939 beantragt und mit 1.500 RM von der RAG gefördert, siehe BA, R 113/14.

106 Ebd.

Danzig zu den technischen Aspekten eines Flussausbaus und in Königsberg zur verkehrspolitischen Bedeutung geforscht. Empfänger des im März 1940 fertiggestellten IfW-Berichts waren das RfR, die RAG „und 3 weitere Stellen“.[107] Hierzu könnten Konrad Meyers Planungsamt im RKF oder das RMEuL gehört haben, mit denen die RAG kooperierte.[108] Diese Stellen setzten für ihre Planungen die Vertreibung oder Ermordung der jüdischen Bevölkerung Polens voraus.[109] Um interessierte Forscher und weitere Praktiker zu informieren, erschienen im Mai 1940 in der RAG-Zeitschrift *Raumforschung und Raumordnung* Zusammenfassungen der Forschungsergebnisse.[110] Bearbeiter des Weichsel-Teils war Karl Casper, der zuvor zur Raumplanung in der Provinz Schleswig-Holstein geforscht hatte. Als Allrounder forschte er später zur bulgarischen Forstwirtschaft, zur Raumordnung Rumäniens sowie zur Rüstungsproduktion der USA im Ersten Weltkrieg. Rasch hatte Predöhl sich ab Herbst 1939 bemüht, den Mangel des IfW an gut ausgebildeten Experten mit Kenntnissen über Mittel-Osteuropa auszugleichen. Ein belegter Rekrutierungsversuch scheiterte jedoch, weil der beim „Höheren SS- und Polizeiführer Warthe“ tätige Kandidat lieber vor Ort tätig sein wollte, als an einem Schreibtisch im Reich mitzuwirken.[111]

Casper dachte großräumig und bezog in seine Evaluation nicht nur das Wartheland, sondern auch das Generalgouvernement mit ein. Er schlug vor, die Weichsel zur wichtigsten europäischen Großwasserstraße hinter Donau und Rhein auszubauen, was mindestens 30 % zusätzliches Wachstum generieren würde.[112] Damit unterstützte er unter anderem den Oberpräsident Schlesiens, Josef Wagner, der in Oberschlesien das zentrale Industriegebiet des künftigen „Ostraumes“ sah. Das Wirtschaftswachstum ergäbe sich nicht nur durch die verbesserten Transportbedingungen, sondern auch aus spill-over Effekten, wie der Gewinnung von Ackerland und der Verhütung von Überschwemmungsschäden. Darüber hinaus sollte die infrastrukturelle Anbindung und wirtschaftliche Vernetzung ein zusätzliches Machtmittel zur Beherrschung der eroberten Gebiete sein.[113] Die Entwicklung der Region rechtfertige zudem auch

107 IfW: Kriegswirtschaftliche Forschungsarbeiten seit September 1939, Juli 1940, S. 7, in: BA, R 4901/14813.

108 Frank Glatzel (1941), S. 52.

109 Vgl. Bongards (2004), S. 7–8.

110 Karl Casper: Die Bedeutung des Ausbaus der Weichsel für die wirtschaftliche Entwicklung des neuen deutschen Ostraumes, in: Raumforschung und Raumordnung 1940/4 (3/4), S. 204–205. Daran anschließend: Friedrich Ross: Die Weichsel im deutschen Wasserstraßennetz, S. 205–207.

111 Predöhl an Dekan, 08.02.1940, in: BA, R 4901/14813, Bl. 307; Werner Girgensohn an Predöhl, 06.05.1940, Bl. 325.

112 Casper: Die Bedeutung des Ausbaues der Weichsel für die wirtschaftliche Entwicklung des neuen deutschen Ostraumes, März 1940, S. 39, in: BA, R 164/128. Geplant wurde aber – entgegen Caspers Ratschlägen – zunächst ein Oder-Donau-Kanal und erst anschließend ein Oder-Weichsel-Kanal. Vgl. Kaczmarek (1997), S. 265. Auch Helmut Meinhold wollte die Weichsel zu einem Verbindungsglied nach Osten ausbauen. Meinhold: Die Weichsel im europäischen Wasserstraßennetz, Ende Juli 1941, in: BA, R 52-IV/144, Bl. 29–33.

113 Der Flußausbau habe das Potential, „allgemein den neuen Ostraum wirtschaftlich zu erschließen“. Casper: Die Bedeutung des Ausbaues der Weichsel ..., März 1940, S. 81, in: BA, R 164/128.

nachträglich die eindeutig völkerrechtswidrige Eroberung durch das Reich, so Caspers nationalistisch-revisionistische Argumentation. Es habe nämlich seit dem Versailler Vertrag „das Warschauer Regime nicht nur eine unzulängliche, sondern vor allem eine völlig falsche Wirtschaftspolitik betrieben".[114]

Auf einer RAG-Reichsarbeitstagung in Berlin Mitte April 1940 wurden erste Ergebnisse des Kriegsforschungsprogramms diskutiert.[115] Der Kieler Rektor und RAG-Obmann Ritterbusch, hatte das Motto „Die Wissenschaft hilft den Neuaufbau im Osten vorbereiten"[116] vorgegeben. Zu den Teilnehmern gehörten auch Mitarbeiter von Konrad Meyers Abteilung im RKF mit richtungsweisenden Kompetenzen, sowie Landesplaner und Vertreter diverser Ministerien. Es wurde recht offen gesprochen und durch persönliche Anwesenheit (Casper, wahrscheinlich Fick) oder durch den Bericht über die Tagung hatten also mutmaßlich die meisten IfW-Forscher Kenntnis über die mit ihrer Arbeit in Zusammenhang stehenden Themen der Arbeitskreise „Umsiedlung" sowie den Arbeitskreis „Zentrale Orte", der in einer engen Beziehungen zum Generalplan Ost stand. Die Sitzung des Arbeitskreises IV („Wissenschaftliche Grundlage für eine Verkehrs- und Wirtschaftserschliessung des Ostens") wurde von Casper mit einem Referat über seine Weichsel-Arbeit eröffnet. Dabei betonte er den politischen Aspekt des Weichselausbaus und zog dadurch mittelbar eine Verbindung zu einem parallel laufenden Arbeitskreis, in dem „Rasseuntersuchungen" über die Region durchgeführt wurden.[117] Diese sollten die „Eindeutschung" des besetzten Gebietes vorbereiten helfen. Anschließend sprach unter anderem ein Ingenieur, der berechnete, ein Weichselausbau ginge mit einer zwangsweisen Umsiedlung von etwa 30.000 Menschen einher.[118] Casper sprach sich gegen eine kleinere Lösung aus und es gibt keinen Hinweis, dass er zu diesen sozialen Modernisierungskosten Überlegungen anstellte. Heinemann und Wagner wiesen darauf hin, dass großangelegte Umsiedlungsprogramme im 20. Jahrhundert nicht notwendigerweise „Konzepten der ethnische Homogenisierung folgen mußten."[119] Häufig resultierten sie aus dem Willen „zur Überwindung von vermeintlichen Fortschrittsbarrieren", die von Experten identifiziert worden waren. In diese Kategorie eines systemkonformen Technokraten ist auch Casper einzuordnen, der vorrangig das Ziel verfolgte, das eroberte Gebiet mit dem Reich zu einer wirtschaftlichen und auch sozialen Einheit werden zu lassen.[120]

---

114 Karl Casper: Die Bedeutung des Ausbaus der Weichsel..., in: Raumforschung und Raumordnung 1940/4 (3/4), S. 205.

115 Am 9.11.1940 fand Folgesitzung der RAG statt: „Wie können die bisher politisch und wirtschaftlich getrennten Industriegebiete im Gesamtraum Oberschlesien raumpolitisch zu einem einheitlichen Wirtschafts- und Lebensorganismus gestaltet werden?" Einladung von Ritterbusch, 29.10. 1940, in: BA, R 113/14.

116 Bericht über die Reichsarbeitstagung der RAG am 11.-13.04.1940, in: BA, R 113/91, Bl. 18.

117 Vgl. Gutberger (1996), S. 365.

118 Stellungnahme Jendrysik, in: Bericht der RAG-Reichsarbeitstagung vom 11–13.04.1940 – Arbeitskreis IV, S. 7, in: BA, R 113/91.

119 Heinemann und Wagner: Einleitung, in: Heinemann und Wagner (Hg.) (2006), S. 20.

120 IfW: Die Bedeutung des Ausbaues der Weichsel..., März 1940, S. 1., in: BA, R 164/128.

Der zweite Teil des IfW-Projekts behandelte die Bedeutung der deutschen „Ostseehäfen für die künftige Ordnung des Ostseeraumes“ und wurde vermutlich vom Seeverkehrsexperten Hugo Heeckt bearbeitet.[121] Dieser Teil wurde in das nächste RAG-Forschungsprogramm 1940/41 übertragen und der geheime Bericht Anfang Mai 1941, also gut sechs Wochen vor dem Angriff auf die Sowjetunion, fertiggestellt.[122] Über die Pläne zum Überfall war man im IfW nicht orientiert und untersuchte, übrigens auch im Auftrag der Wehrmacht, auf der Grundlage des Hitler-Stalin-Pakts, wie über den Ostseehandel auch mit der Sowjetunion die „Blockadefestigkeit des Großdeutschen Reiches (einschl. Protektorat Böhmen und Mähren) in einem längeren Wirtschaftskrieg gegen das Britische Weltreich und Frankreich“[123] gestärkt werden könne. Zunächst sah Heeckt die Notwendigkeit, eine stärkere Einbeziehung des Ostens mit dem Verweis auf die „Grundsätze nationalsozialistischer Wirtschaftsführung“[124] zu rechtfertigten. Sodann erklärte er die Häfen für die kommenden Jahre zur Erfüllung der „verkehrswissenschaftlichen, wehrpolitischen und sonstigen Aufgaben“[125] für groß genug. Das IfW behielt damit eine bereits seit Dezember 1939 vertretene Meinung bei, auch wenn diese seinerzeit vom Wehrwirtschaftsamt als „irrig“ bezeichnet worden war.[126] Die RAG lobte hingegen den Bericht und bat Ende Mai 1941 um die Zusendung weiterer Exemplare, da sie „dringend an dieser Arbeit interessiert ist.“[127]

Obwohl es räumlich auf Osteuropa spezialisierte Forschungsinstitute gab, hatte es das IfW vermocht, sich über seine Fachkompetenz im Bereich verkehrswissenschaftlicher Planung in den neuen Forschungsbereich zu den 1939 und 1940 eroberten Gebieten einzuschalten. Im Januar 1942 folgte für einen nicht rekonstruierbaren Auftraggeber ein weiterer Bericht, in dem der Autor Heeckt die Verbindungen der Ostsee mit dem Schwarzen Meer durch den Ausbau der vorhandenen Wasserstraßen auslotete.[128] Der Kontrast mit dem thematisch vergleichbaren Bericht über den Ausbau der Weichsel knapp zwei Jahre zuvor ist drastisch. Caspers Vorschläge bedingten zwar massenweise Vertreibungen und die Unterwerfung einer ganzen Region unter die

---

121 Originaltitel des Großprojekts war: „Welche Bedeutung hat der Ausbau der Weichsel als Großschiffahrtsstrasse und der Ostseehäfen für die künftige Ordnung des Ostseeraumes?“, siehe: Kriegswichtiges Forschungsprogramm der RAG 1939/1940, in: BA, R 113/93.

122 Die verkehrswirtschaftlichen Aufgaben der wichtigen deutschen Ostseehäfen unter besonderer Berücksichtigung ihrer künftigen Bedeutung für den deutschen Ostraum, Mai 1941, in: BA, R 164/153 und in: ZBW, C 6552. Die Fördersumme von 2.000 RM wurde 1940/41 um 3.000 RM ergänzt und betrug damit 1% des gesamten RAG-Etats. Heeckt veröffentlichte auch zu diesem Thema, Heeckt (1941).

123 IfW: Das russische Wirtschaftspotential und die Möglichkeit einer Intensivierung der deutsch-russischen Handelsbeziehungen, Sept. 1939, Bl. 3, in: BA-MA, RW 19/4032.

124 IfW: Die verkehrswirtschaftlichen Aufgaben..., Mai 1941, S. 122, in: ZBW, C 6552.

125 Ebd., S. 123.

126 Notiz von Wehrwirtschaftsamt (Chefgruppe) in: BA-MA, RW 19/3899, Bl. 1. IfW: Die Struktur des Ostseeverkehrs und seine Bedeutung für die deutsche Kriegswirtschaft, Dez. 1939, in: BA-MA, RW 19/3899.

127 Vgl. Notiz zu der Arbeit sowie Bülow an Predöhl, 31.05.1941, beides in: BA, R 164/153.

128 Heeckt: Die Verbindung der Ostsee mit dem Schwarzen Meer durch die Wasserstraßen, Januar 1942, in: ZBW, C 6308.

deutsche Planung, aber sein Kernziel war die ökonomische Optimierung des betroffenen Gebietes. Am Schwarzen Meer und an den Wasserstraßen in den eroberten Gebieten der Sowjetunion sollte dann 1942 nichts mehr entwickelt werden. Es ging nur darum, das Gebiet auszubeuten. Insbesondere die Möglichkeiten zum Raub von Nahrungsmitteln und Rohstoffen aus der besetzten Ukraine wurden als sehr günstig geschildert. Zusätzlich könne auch Holz eingeführt werden, nun da Deutschland die angeblich „russische planlose Wirtschaft, die sich in den Händen jüdischer Kaufleute befand,“[129] abgelöst habe.

Bemerkenswerter Weise führte das IfW offenbar keine Forschungen im Auftrag der ab Sommer 1941 geschaffenen Besatzungsorgane durch. Insbesondere beim Reichskommissariat Ostland hätte dies nahegelegen, denn Kommissar Hinrich Lohse hatte dorthin viele Mitarbeiter aus seiner Provinzialverwaltung mitgenommen und das Ostland zu einer Art „Kolonie“ Schleswig-Holsteins gemacht.[130] Anders geartete Verbindungen bestanden aber durchaus und Lohse begrüßte insbesondere die Kulturpolitik des IfW-Direktors.[131] Eine persönliche Bindung bestand beispielsweise auch durch den in Kiel promovierten Harald Seehusen, der von September 1941 bis 1943 als Direktor in der Ostlandgesellschaft mbH in Riga arbeitete.[132] Dort konnte er seine in den Vorjahren als IfW-Mitarbeiter gesammelten Erfahrungen aus der Landesplanung Schleswig-Holstein einbringen. Mindestens zu Predöhl behielt Seehusen den Kontakt aufrecht. Als Beamter im schleswig-holsteinischen Wirtschaftsministerium half er diesem nach dem Krieg im Entnazifizierungsverfahren.[133]

11.4 Die Bedeutung des „deutschen Südostraumes“ 1940/41

Das RAG-Programm für 1940/41 zielte auf eine „Ausdehnung der bisher vorwiegend auf den deutschen Nordostraum beschränkten kriegswichtigen Untersuchungen auf den deutschen Südostraum.“[134] Nachdem die Funktionäre und Wissenschaftler sich nach dem Überfall auf Polen unverzüglich auf die Nutzung der dadurch hervorgerufenen wirtschaftlichen Potentiale gestürzt hatten, sollte nun auch der außenpolitischen Zielsetzung einer verstärkten Kontrolle über Südosteuropa entgegengearbeitet werden.[135] Das Herrschaftsverhältnis sollte zwar mit militärischen Mitteln errichtet,

---

129 Ebd., S. 31.

130 Vgl. Lehmann (2012), S. 10. Vgl. Uwe Danker (2003), S. 99. Siehe ferner zu Lohses Tätigkeit in Schleswig-Holstein: Lehmann (2007), S. 375–407.

131 Lohse (Reichskommissar für das Ostland) an Predöhl, 15.05.1942, in: LASH, Abt. 47, Nr. 2085.

132 Seehusens Personalakte in: LASH, Abt. 691, Nr. 2105.

133 Predöhl: „Die Hintergründe meiner Entnazifizierung“ (15.07.1948), in: LASH, Abt. 460, Nr. 4182.

134 Kapitel IV des RAG-Kriegsforschungsprogramms 1940/41, in: BA, R 113/93.

135 Schon der Begriff *Südosteuropa* sollte das untergeordnete Verhältnis zu dem beherrschenden „mitteleuropäischen“ Zentrum signalisieren. Vgl. Carola Sachse: Einführung, in: Sache (Hg.) (2010), S. 15–19.

anschließend aber durch eine stärkere wirtschaftliche Verflechtung gesichert und perpetuiert werden. Es ging dabei sowohl um die Erreichung eines Kriegs*zieles*, der Autarkisierung des anvisierten Großraums, als auch um die Erlangung von Kriegs*mitteln*, insbesondere Nahrungsmittel- und Rohstoffimporte.[136]

Das IfW beteiligte sich bereitwillig an der entsprechenden Südosteuropaforschung. Ein erster Schritt war die Übernahme eines extern initiierten Projektes über das nahe der Weichsel gelegene Industriegebiet Oberschlesien durch Fick im Laufe des Jahres 1940.[137] Es ging darum, wie anhand zusammenhängender Projekte anderer Hochschulen ersichtlich, Oberschlesien zum zentralen Industriegebiet des gesamten anvisierten Ostraumes zu machen. Im November fand zu diesem Thema eine gemeinsame Sitzung der Spitzen von RAG, RfR und der Landesplanungsgemeinschaft Schlesien statt, wobei allerdings unklar ist, ob Fick daran teilnahm und ob er seinen Bericht überhaupt fertigstellte. Die Zeit dazu hätte er gehabt, denn nach der Teilnahme an den Angriffen auf Dänemark und Frankreich verschafften ihm nun die Raumforschungen bis 1943 Schutz vor weiteren Einziehungen zum Kriegsdienst.[138]

Ficks Kernkompetenzen lagen jedoch in den Wirtschaftsbeziehungen zu Italien sowie in finanzwirtschaftlichen Fragen. Als Hauptverantwortlicher des IfW in Sachen Ost- und Südostforschung fungierte W.G. Hoffmann.[139] Durch seine Stellung als Leiter der Redaktionsabteilung und damit Manager des *Weltwirtschaftlichen Archivs* war er in der Wissenschaftslandschaft gut vernetzt und das weitreichende Vertrauen von Predöhl gab ihm die Möglichkeit, nach außen als Repräsentant des IfW aufzutreten. Die beiden bedeutendsten und miteinander verknüpften Foren Hoffmanns waren die 1940 gegründete Südosteuropagesellschaft, wo er mit hochrangigen Vertretern der Industrie zusammenarbeiten konnte, sowie die RAG. Letztere hatte ihr Programm für 1940/41 im November 1940 entworfen, als gerade der RAG-Arbeitskreis „Verkehr" unter führender Beteiligung Hoffmanns über die Wasserverkehrsinfrastruktur des eroberten Ostens diskutierte.[140] Dabei wurde vereinbar, dass es das IfW übernehmen sollte, die mögliche Rolle des 1938 annektierten Sudetenlandes als verbindende Region nach Süden zu untersuchen.[141] Bereits im März 1941 konnte der entsprechende Bericht über „Die verkehrswirtschaftliche Bedeutung des deutschen Südostraumes in den wirt-

---

136 Vgl. Wendt (1981), S. 417–418.

137 Titel des ursprünglich vom Dresdner Prof. Walter Weddigen begonnenen Projektes: „Die Stellung des grossoberschlesischen Industriebezirks im Wirtschaftsleben des mittleren und südlichen europäischen Ostraumes und seine innere Struktur". Kriegswichtiges RAG-Forschungsprogramm – Kapitel II, 15.11.1940, in: BA, R 113/93.

138 Brandt an REM, 21.07.1941, in: BA, R 4901/24522, Bl. 196. Ferner brach Fick das 1939 genehmigte Grundlagenforschungsprojekt Projekt „Volkswirtschaftliche Studien"ab. Siehe BA, R 113/14.

139 Hoffmann hatte auch bereits Caspers Weichsel-Arbeit im März und April an RAG und RfR abgeliefert. Aufstellung der zum kriegswichtigen Forschungsprogramm eingegangenen Arbeiten, in: BA, R 113/93.

140 Kriegswichtiges Forschungsprogramm der RAG für 1940/41 (aufgestellt am 15.11.1940), in: Ebd.

141 Der Zusammenhang ergibt sich aus dem Bericht über die Sitzung des Arbeitskreises „Verkehr" am 2.11.1940, in: Raumordnung und Raumforschung 5 (1), 1941, S. 32–33.

schaftlichen Beziehungen zwischen dem Altreich und den südosteuropäischen Ländern“ abgeliefert werden.[142] Sachbearbeiter dieses mit 3.000 RM geförderten Projekts war Günther Dillner. Dillner war bereits 22-jährig im Jahr 1935 in die Forschungsgruppe „Marktordnung und Außenwirtschaft“ eingetreten und in seiner Arbeit zwei Mal durch Kriegsdienstverpflichtung von September 1939 bis zum Januar 1941 und dann wieder ab April 1941 bis Kriegsende unterbrochen worden. Er wurde explizit für das Südosteuropa-Projekt unabkömmlich gestellt.[143] Er galt als Experte für dieses Thema, weil er 1937 mit einer Dissertation über die Marktregulierungen in der tschechoslowakischen Landwirtschaft promoviert worden war.[144] In Absprache mit dem RMEuL und dem REM wurde diese Studie jedoch seinerzeit auf Grund der komplizierten politischen Lage rund um den erzwungenen „Anschluss“ des Sudetenlandes geheim gehalten und nur intern genutzt.[145]

Dillners Forschung bildete den Auftakt einer verstärkten Beschäftigung des IfW mit der Region Südosteuropa, insbesondere unter dem Aspekt einer gesamteuropäischen Landwirtschaft. Er ging von einem „historischen Auftrag“ aus, den der „deutsche Südostraum“, also die annektierten Gebiete Sudetenland, Böhmen- und Mähren (Tschechien) sowie die Ostmark (Österreich), zu erfüllen hätten.[146] Wegen ihrer geographischen Lage, ihrer Struktur und nicht zuletzt ihrer Geschichte hätten diese Gebiete die „Sendung“ – also einen Auftrag übernatürlicher Herkunft – eine „verkehrswirtschaftliche Mittlerstellung“ einzunehmen.[147] Es schien Dillner offenbar notwendig, die Funktionszuweisung als Transitraum insbesondere politisch und nicht nur mit wirtschaftlichen Argumenten zu legitimieren. Ähnlich historisch und politisch aufgeladen sah im darauffolgenden Jahr auch Heeckt die „uralte Tradition“[148] einer Wasserstraßenverbindung zwischen Ostsee und Schwarzem Meer. Vielleicht war Dillner tatsächlich von seiner Aussage überzeugt. Möglich ist allerdings auch, dass der junge verheiratete Assistent und Artillerieleutnant besonders eifrig erscheinen wollte, um sich weitere Uk-Stellungen zu verschaffen. Dieser und die nachfolgenden Berichte des IfW unterstützten die deutschen Bemühungen, durch die Forcierung einer engeren

142 Dillner: Die verkehrswirtschaftliche Bedeutung des deutschen Südostraumes in den wirtschaftlichen Beziehungen zwischen dem Altreich und den südosteuropäischen Ländern, 18.03.1941, in: ZBW, C 6288.

143 Der Uk-Antrag wurde von Predöhl sofort nach Übernahme des Projekts gestellt. BA, R 4901/14813, Bl. 403. Ablehnung vom 29.04.1941 in: BA, R 4901/14814, Bl. 84.

144 Dillner: Die Marktregelungen in der tschechoslowakischen Landwirtschaft: Ziele, Formen **und** Wirkungen, 271 S., Kiel Diss. 1937, in: ZBW, IV 3038.

145 1943 erhielt die RAG ein weiteres Exemplar. „Fertiggestellte Arbeiten der Abteilung ‚Marktforschung und Statistik‘“, März 1943, in: HS IfW, Hs Allg. 21. Ferner hatte Dillner am 18. Oktober 1938 einen geheimen Bericht über die Wirtschaftsstruktur des Sudentenlands „mit Berücksichtigung einiger Eingliederungsprobleme“ verfasst.

146 Dillner: Die verkehrswirtschaftliche..., 18.03.1941, Vorbemerkung, in: ZBW, C 6288. Ähnlich in: Dillner (1941).

147 Dillner: Die verkehrswirtschaftliche ..., 18.03.1941, Vorbemerkung, in: ZBW, C 6288.

148 Heeckt: Die Verbindung der Ostsee ..., Januar 1942, S. 1, in: ZBW, C 6308.

Verbindung mit dem industriell schwachen „Südostraum“ dem langfristigen Trend einer engeren Verzahnung der west- und mitteleuropäischen Industrienationen entgegenzuwirken. Rückblickend ist allerdings festgestellt worden, dass dieser politisch motivierte Austausch zwischen ungleichen Partnern das wirtschaftliche Wachstum eher hemmte als förderte. Selbst in den militärisch für Deutschland günstigen Jahren 1939 – 41 konnten wesentliche Fortschritte auf dem Weg zu einer blockadesicheren Versorgung aus Südosteuropa nicht erzielt werden.[149]

11.5 „Intensitätssteigerung in der europäischen Landwirtschaft“

Bereits im Januar 1940 hatte das IfW behauptet, anders als im Ersten Weltkrieg könne man nun den Wirtschaftskrieg gegen die Alliierten gewinnen, weil bei der Nahrungsmittelversorgung jetzt „dem Reich der Weg nach Südosten und Süden offensteht“.[150] Um diesen Weg zu beschreiten erforschte das Institut ab 1941 „Möglichkeiten der Intensitätssteigerung in der europäischen Landwirtschaft“. Bis Kriegsende förderte die RAG diese und andere Bestrebungen, die Ausbeutung der Agrarproduktion Südosteuropas wissenschaftlich zu begleiten.[151] Das dahinterstehende Ziel der Errichtung eines „Ergänzungsraums“ als Teil des angestrebten Großraums, an dem auch IfW-Kooperationspartner wie die Südosteuropagesellschaft und das Wehrwirtschaftsamt interessiert waren, besaß eine längere Vorgeschichte. Bereits im Ersten Weltkrieg war ein „Mitteleuropa-Plan“ zu Prominenz gelangt, laut dem die Länder Südosteuropas dem dominierenden deutsch-österreichischen Industriekern die nötigen Agrarüberschüsse zur Sicherstellung einer Autarkie liefern sollten. Führende Ökonomen hatten gefordert, die Koordination und Vernetzung der Nationalwirtschaften wissenschaftlich zu begleiten.[152] Auch das IfW hatte in einer geheimen Studie, die unter anderem verschiedenen militärischen Stellen zuging, eine deutsche Hegemonie über Südosteuropa bis zum Persischen Golf gefordert.[153]

Mitte der 1930er Jahre stellte sich die Situation so dar, dass das Deutsche Reich mittels privatwirtschaftlicher Durchdringung und bilateraler Handelsabkommen bereits weitgehend eine Hegemonialstellung mit den „daraus resultierenden Möglich-

149 Vgl. Wendt (1981), S. 414.

150 IfW: Die Versorgung Großdeutschlands und des neutralen Europas mit Getreide (Weizen, Roggen, Gerste, Hafer, Mais) im Kriege, Januar 1940, in: BA-MA, RW 19/4053, Bl. 8.

151 Die Fördersummen betrugen 1941/42 4.000 RM sowie 1942/43 und 1943/44 jeweils 9.000 RM. Siehe RAG-Forschungsprogramme, in: BA, R 164/100 und 164/352. Möglicherweise war dieses Projekt verknüpft mit einem weiteren RAG-Vorhaben Hoffmanns über „Probleme der Kapitalversorgung des europäischen Raumes“.

152 Heinrich Herkner (Hg.): Die wirtschaftliche Annäherung zwischen dem Deutschen Reiche und seinen Verbündeten, T. 1 und 2, insb. Vorrede.

153 Kriegswirtschaftliche Nachrichten aus dem Institut für Seeverkehr und Weltwirtschaft, Sondernr. 2, streng vertraulich, 27.09.1916, S. 17 – 18, in: ZBW, Y 2224. Ferner: Vom Auswärtigen Amt am 23.10.1914 erstellte Inhaltsangabe eines Berichts von Harms, in: PA AA, RZ 201, R 19915.

keiten informeller politischer Einflussnahme"[154] erlangt hatte. Die militärisch-diplomatischen Annexionen der Tschechoslowakei und Österreichs erweiterten die „geostrategische Öffnung nach Mittel- und Osteuropa",[155] wodurch der Druck auf Südosteuropa überwältigend wurde. Für die Ausbeutung dortigen Landwirtschaften bestand zwar kein einheitliches Programm, wohl aber ein grundsätzlicher Konsens von Wissenschaft und Politik, der die übliche Mehrstimmigkeit überwölbte.[156] Demnach wurde Deutschland die „Doppelfunktion des Hauptlieferanten für Produktionsmittel und des sichersten Abnehmers landwirtschaftlicher Produkte und industrieller Rohstoffe zugewiesen."[157] Gemäß dieser Logik sollten die Ökonomien des Balkans bereits in Friedenszeiten von Importen deutscher Industriegüter abhängig gemacht werden, um so über ein Druckmittel für die Aufrechterhaltung oder Ausweitung von Agrargüterexporten im Kriegsfall zu verfügen. So war dies auch bereits 1934 von der Ernährungsstatistischen Abteilung des IfW formuliert worden (siehe Kapitel 10.2).

Das ab 1941 laufende IfW-Projekt wurde im RAG-Forschungsprogramm im prioritären Kapitel „Untersuchungen zur europäischen Raumordnung" geführt.[158] Ziel war es, die Möglichkeiten einer Ertragssteigerung der europäischen Landwirtschaft zu identifizieren und „unter besonderer Berücksichtigung der räumlichen Möglichkeiten"[159] geeignete Maßnahmen vorzuschlagen. Bei der Entscheidung über die Forschungsförderung bestand „kein Zweifel über die Kriegswichtigkeit."[160] Nach den Großraumvorstellungen Predöhls bildete Deutschland das industrielle Zentrum und konnte nur dann auf eine Reagrarisierung verzichten, wenn landwirtschaftliche Überschüsse aus der Peripherie des Großraums genutzt werden könnten. In Ernährungsfragen könne Afrika keine Rolle spielen, da dies eine zu große Abhängigkeit von angreifbaren Verkehrswegen bedeutet hätte. Bei den „Möglichkeiten der Intensitätssteigerung" sollte nicht nur das Potential einer reinen Produktionserhöhung pro Hektar aus agrartechnischer Sicht bewertet werden. Die Ökonomen des IfW sollten vielmehr Raumplanungen anstellen und bestimmen, welche Produktionssteigerungen an welchen Orten überhaupt angestrebt werden sollten und wie diese entsprechend den deutschen Machtinteressen optimal umgesetzt und genutzt werden konnten.

Der ursprüngliche Forschungsplan hatte drei Stufen vorgesehen: Zunächst wurden im mutmaßlich von W.G. Hoffmann selbst im März 1943 verfassten ersten Teil

---

154 Hans-Jürgen Schröder (1976), S. 32.

155 Kube (1984), S. 199.

156 Dieser Konsens wurde schon 1937 durch den späteren IfW-Mitarbeiter Hermann Gross in dessen Habilitationsschrift angesprochen, vgl. Gross (1937).

157 Thomas M. Bohn (1995), S. 112. Der „Tat-Kreis" forderte sogar eine „rücksichtslose Agrarisierung der Völker Ost- und Südosteuropas". Theiner (1984), S. 145.

158 Forschungsprogramm der RAG 1942/43, in: BA, R 164/352. Vgl. Engels (2007), S. 340–345.

159 Antrag Predöhls: Möglichkeiten der Intensitätssteigerung in der europäischen Landwirtschaft, 25.02.1943, in: BA, R 164/352.

160 Anmerkung von Boyens vom 16.10.1943, in: Ebd.

grundsätzliche Fragen geklärt. Parallel und im Anschluss dazu wurden repräsentative „Fallbeispiele“ von solchen Ländern erarbeitet, deren Landwirtschaft jeweils als hoch, mittel und niedrig intensiv eingeschätzt wurden. Fertiggestellt wurden solche zu Frankreich, den Niederlanden, Dänemark und als letzter Länderbericht im Januar 1945 einer zu Rumänien. Geplant waren weitere Arbeiten zu Skandinavien und dem Balkan.[161] In einem dritten – nicht mehr fertiggestellten – Teil sollten die Leitlinien aufgegriffen und die Ergebnisse der Einzeluntersuchungen zusammengefasst werden. Obwohl auf die in früheren Jahren im Rahmen der Forschungsgruppe Marktordnung und Außenwirtschaft erarbeiteten Länderberichte zurückgegriffen werden konnte, verzögerte sich das Projekt immer wieder.

W.G. Hoffmann hatte sich von der in den Angriffskriegen errungenen neuen Machtstellung ähnlich begeistert gezeigt wie Predöhl. Raumforschern wie ihm schienen sich ungeahnte Möglichkeiten zu bieten, denn man habe „die engen Fesseln des alten deutschen Wirtschaftsraumes gesprengt und die Verwirklichung einer europäischen Grossraumwirtschaft in greifbare Nähe gerückt.“[162] Als Aufgabe der Wirtschaftswissenschaft begriff er es Möglichkeiten aufzuzeigen, wie die kontinentale Nahrungsmittelproduktion im Interesse „der gesamten europäischen Völkergemeinschaft“[163] auf die vollständige Bedarfsdeckung gesteigert werden könne. Exkludiert war Großbritannien, gegen welches sich das in Wirklichkeit hochaggressive kriegswirtschaftliche Programm ja richtete. Hoffmann betrachtete die Wirkung des blockadebedingten Abschlusses Kontinentaleuropas von Importen offenbar als äquivalent zu einem Erziehungszoll im Sinne Friedrich Lists. Es sei ganz automatisch ein wirtschaftlicher Druck entstanden, eine ganzheitlich geplante Industrie mit dem dazu notwendigen koordinierten landwirtschaftlichen Fundament zu schaffen. Deutschland sei zu diesem speziellen Weg zur Autarkie über den Großraum gezwungen worden, weil ihm, anders als den Kolonialmächten, keine Agrarüberschüsse aus beherrschten Gebieten zur Verfügung gestanden hätten.

Als innereuropäische Ersatzkolonie mit „landwirtschaftlicher Überschußbevölkerung“ bliebe den südosteuropäischen Ländern laut Predöhl nur die Rolle eines Nahrungsmittelexporteurs, höchstens ergänzt durch „arbeitsorientierte Industrien der geringen Qualität“.[164] Diese vom IfW vertretene Großraumvorstellung war ein typisches „wirtschaftspolitisches Ordnungsmodell, mit dessen Hilfe die Hegemonie Nazi-Deutschlands über Europa festgeschrieben werden sollte“.[165] Scheinheilig forderte Predöhl im Beisein ausländischer Wissenschaftler eine „vollkommene Solidarität der

---

161 Vgl. Antrag von Predöhl vom 25.02.1943: Möglichkeiten der Intensitätssteigerung in der europäischen Landwirtschaft, in: BA, R 164/352. Überliefert sind nur die Arbeiten über die Niederlande und Rumänien.

162 W.G. Hoffmann: Die Intensivierungsmöglichkeiten in der europäischen Landwirtschaft. I. Teil: Grundsätzliche Fragen der landwirtschaftlichen Intensivierung, März 1943, S. 2, in: BA, R 164/100.

163 Ebd.

164 Beide Zitate in Predöhl (1942a), S. 136 – 137.

165 Teichert (1984), S. 265.

beteiligten Volkswirtschaften".[166] Diese „Solidarität" sollte daraus bestehen, dass die Länder Südosteuropas ihre Wirtschaftspolitik an Deutschland ausrichteten. Damit unterstützte Predöhl die grundsätzliche Strategie des Vierjahresplans, die auf den Import von Rohstoffen, Vorprodukten und Agrarprodukten und den Export von Fertigwaren in diese Region setzte. Gesamteuropäisch wurde das IfW-Konzept dadurch, dass es nicht auf lediglich zweiseitigen Austauschbeziehungen beruhte, sondern ein kontinentales Netz mit Deutschland als dem Zentrum knüpfte. Die Länder Südosteuropas sollten ihre Landwirtschaft nicht weiterentwickeln und die kapitalintensive Viehwirtschaft nicht ausbauen. Stattdessen sei es, so schrieb das IfW bereits im Mai 1939 in einem Bericht für die Wehrmacht, „wirtschaftlicher, die vorhandenen Getreideüberschüsse Südosteuropas [...] im Kriegsfall in Dänemark für deutsche Rechnung viehwirtschaftlich verwerten zu lassen"[167] Gemäß dieser Arbeitsteilung sollte das „Dritte Reich" die Rolle des Konsumenten der Nahrungsmittelproduktion anderer Länder einnehmen und ein Quasimonopol auf die (Rüstungs-)Industrie behalten. Damit wäre die erlangte Hegemonie über den Kontinent wirtschaftlich konsolidiert und militärische Kräfte für die Eroberung neuer Gebiete freigesetzt worden.

Auch W.G. Hoffmann war der Ansicht, nur Deutschland könne eine solche arbeitsteilige Vernetzung zustandebringen.[168] Sein extrem simples Modell der europäischen Landwirtschaft basierte auf den Thünen'schen Gedanken aus dem vorigen Jahrhundert. Vom „Intensitätszentrum" im Nordwesten des Kontinentes gingen einzelne „Ringe" mit immer extensiverer Landwirtschaft aus, wovon der letzte den äußersten Norden sowie Südosteuropa umfasste. Anders als in Island, wo klimatische Bedingungen eine höhere Intensität verhinderten, seien die suboptimalen Zustände auf dem Balkan „letzten Endes in den kulturellen Verhältnissen [...] begründet".[169] Entsprechend formulierte Hoffmann eine sozialpolitische Agenda zur Zerschlagung gesellschaftlicher Strukturen und (vermeintlicher) Modernisierungsbarrieren dieser als rückständig identifizierten Landwirtschaften. Die Bestandteile des Maßnahmenkatalogs sind weitgehend bereits in diversen früheren IfW-Berichten nachweisbar. Dazu gehörten Flurbereinigungen, eine Erhöhung der durchschnittlichen Größe landwirtschaftlicher Betriebe und ein verstärkter Kapitaleinsatz zur Hebung der Arbeitsproduktivität. Eine von oben verordnete Senkung des Konsums zur Erhöhung der Spar- und Investitionsquote war dafür ebenso eine Voraussetzung wie Kredite aus Deutschland. Diese Kredite waren als weiteres Druckmittel gedacht und sollten, wie auch Predöhl kaum verhohlen formulierte, als Gegenleistung für Gehorsam gewährt

166 Predöhl: Vortragsthese für die Arbeitstagung des Vereins deutscher Wirtschaftswissenschaftler, Okt. 1941, in: BA, R 4901/3029, Bl. 251.

167 IfW: Die Bedeutung Südosteuropas für die Fettversorgung Großdeutschlands, in: BA-MA, RW 19/2469, Bl. 24.

168 W.G. Hoffmann (1941), S. 690 – 691.

169 W.G. Hoffmann: Die Intensivierungsmöglichkeiten ..., März 1943, S. 45, in: BA, R 164/100.

werden.[170] Das ehemalige SPD-Mitglied Hoffmann nannte jedoch auch soziale Forderungen, wie etwa eine Mechanisierung von Kleinbetrieben zur Reduktion der Arbeitsbelastung von Müttern.[171]

Als Musterbeispiel für eine hochintensive europäische Landwirtschaft wählte das IfW die Niederlande aus. Alfons Mutter, Autor des im November 1943 fertiggestellten Berichts, feierte das hohe Leistungsniveau „als Ergebnis zielbewußter Intensivierung und Rationalisierung".[172] Wohlgefallen fand insbesondere die aktive staatliche Wirtschaftspolitik, etwa die großangelegten Programme zur Landgewinnung. Diese Eindeichungen, die auch an der deutschen Nordseeküste unter großem propagandistischem Aufwand betrieben wurden, sah Mutter aus der „Notwendigkeit der Erweiterung des eigenen Nahrungsspielraums"[173] motiviert.

Zu den Adressaten der IfW-Agrarforschungen gehörten neben den Finanziers RAG und RfR auch das RWM sowie die Südosteuropagesellschaft e.V. (SOEG) in Wien. Diese Gesellschaft wurde 1940 unter der Schirmherrschaft von Reichswirtschaftsminister Funk gegründet und stand bis 1944 unter der Leitung des Geschäftsführers August Heinrichsbauer, mit dem SS-Oberführer und NSDAP-Gauwirtschaftsberater Walter Rafelsberger als einem engagierten Vizepräsidenten. Sie hatte sich das ambitionierte Ziel gesetzt, die Wirtschaft und den Außenhandel betreffend „alle Südostaktivitäten in Wien zu bündeln".[174] Wien selbst betreffend hatte Rafelsberger bereits NS-Ideologie und geographische Neuordnung der Wirtschaft erfolgreich verbinden können, beispielsweise in einer gleichförmigeren Verteilung vom Einzelhandel über die Stadt. Letzteres war allerdings nur möglich, weil die negativen Folgen für die Angehörigen der „Volksgemeinschaft" durch Ausplünderung der Ausgegrenzten ausgeglichen wurden.[175] Die SOEG konnte sich jedoch mit ihren großen Ansprüchen nicht durchsetzen und blieb weitgehend ein Forum des wirtschaftswissenschaftlichen Austauschs.[176]

Nach längerer Vorbereitung richtete die SOEG einen „Ausschuss für wirtschaftliche Planung bei der Südosteuropagesellschaft" („Zwölferausschuss") ein, der An-

---

170 Predöhl: Vortragsthese für die Arbeitstagung des Vereins deutscher Wirtschaftswissenschaftler, Okt. 1941, in: BA, R 4901/3029, Bl. 252.

171 W.G. Hoffmann: Die Intensivierungsmöglichkeiten ..., März 1943, S. 36 – 40, in: BA, R 164/100.

172 Mutter: Die Intensivierungsmöglichkeiten in der europäischen Landwirtschaft. II. Teil: Die Möglichkeiten in einzelnen Ländern. 2. Die hochintensive Landwirtschaft der Niederlande, ihre Probleme und Möglichkeiten, Nov. 1943, hier Kapitel 2, in: ZBW, C 7323.

173 Ebd., S. 44.

174 Freytag (2012), S. 290. Ferner: Breza an Surányi-Unger, 06.08.1942, in: BA, R 63/295, Bl. 193. Zu den weiteren Mitgliedern der SOEG gehörten Ernst Kaltenbrunner und der Propagandist Heinrich Hunke, langjähriger Partner des IfW. Die SOEG stand auch mit dem Wehrwirtschaftsamt in Kontakt. Vgl. Petra Svatek: „Das südöstliche Europa als Forschungsraum". Wiener Raumforschung und „Lebensraumpolitik", in: Flachowsky, Hachtmann und Schmaltz (Hg.) (2016), S. 82 – 120.

175 Vgl. Aly und Heim (1991), S. 38 – 43. Vom RWM aus war auch der ehemalige IfW-Mitarbeiter Donner beteiligt.

176 Einen Abriss zur SOEG und seiner Beziehungen zum MWT gibt Freytag (2012), S. 289 – 311.

fang 1942 zum ersten Mal zusammentrat.[177] Ihm gehörten Vertreter des MWT, der Reichsgruppe Industrie (RGI), verschiedener Reichsministerien sowie wirtschaftswissenschaftlicher Institute wie des DIW und später auch des IfW an. Mit dabei war auch Multifunktionär Max Ilgner, Vorstandsmitglied von IG-Farben, Vizepräsident des MWT und Leiter des Südostausschusses der RGI. Mit Ilgner hatte das IfW bereits 1938 und 1939 in der Kulturpolitik eng kooperiert (siehe Kapitel 9.7). Aber auch durch Auftragsforschungen war man eng verbunden, denn seit 1940 erstellte das IfW Länderberichte für die RGI.[178] Mit seinem im November 1941 gegründeten Südostausschuss der RGI hatte Ilgner es sich vorgenommen, die Industrieplanung für den Balkan zu dominieren. Zur besseren Erfassung setzte er sieben Unterausschüsse ein, von denen binnen weniger Monate mindestens sechs durch spezielle IfW-Länderberichte versorgt wurden.[179] Laut Milan Ristović bildete der Ausschuss „das Fundament der Pyramide des RGI und war ein Teil des organisatorischen Instrumentariums für die planmäßige Einwirkung auf die Wirtschaft Südosteuropas als Teil des europäischen Großraumes."[180] In der Praxis fand die letztlicht beabsichtigte Ausbeutung allerdings häufig nicht geplant, sondern improvisiert statt.

Durch seine bisherigen Raumforschungen hatte sich das IfW ein solches Renommee erworben, dass sich die SOEG extra bemühen musste, um die „Kieler Herren"[181] zur Teilnahme am Zwölferausschuss zu bewegen. Um den Ansprechpartner W.G. Hoffmann zu locken, hob die SOEG die Durchsetzungsfähigkeit des neuen Gremiums und den „voraussetzungslosen" Charakter der Planung hervor.[182] Zusätzlich wurde dem seit langem habilitierten, aber noch nicht auf eine Professur berufenen Hoffmann die Stellung als Koordinator eines „Hauptproblemkreises" mit Beauftragungskompetenz angeboten inklusive völliger Freiheit über das Forschungsobjekt. Hoffmann hatten nämlich die im Arbeitsplan des Zwölferausschusses angelegten Themen nicht zugesagt. Es war angedacht gewesen, dass sich das IfW dem italienischen Einfluss auf die südosteuropäische Wirtschaft oder der wirtschaftlichen Veränderung seit Kriegsbeginn widmen sollte. Das Institut selbst wollte jedoch lieber „auf dem Gebiete der grossraumwirtschaftlichen Ergänzung der Südost-Industrie"[183] tätig

177 Protokolle über die erste Sitzung vom 24.01.1942, in: BA, R 63/295, Bl. 205–210.

178 Teils überliefert in ZBW, C 6825, und BA-MA, RW 19/4029. Ferner Einträge zur RGI in: „Fertiggestellte Arbeiten der Abteilung ‚Marktforschung und Statistik'" (01.1941–06.1944), in: HS IfW, Hs Allg. 21. Bereits 1935 sollten RGI-Miglieder der IfW-Fördergesellschaft beitreten. Geschäftliche Mitteilungen, 10.12.1935, in: BAK, N 1229/24.

179 Ungarn (Juli 1941), in: ZBW, C 6865; Rumänien (Okt. 1941), in: ZBW, C 6860; Griechenland (Dez. 1941), in: ZBW, C 6864; Kroatien (Feb. 1942), in: ZBW, C 6859; Bulgarien (April oder Mai 1942), in: ZBW, C 6862; Serbien (Mai 1942), in: ZBW, C 6861. Slowakei nicht überliefert. Auch dem MWT arbeitete das IfW zu und erstellte z. B. im Juli 1941 bibliographische Auszüge zu fünf der genannten Länder.

180 Ristović (2013), S. 10 und ferner S. 12.

181 SOEG an Heinrichsbauer, 02.02.1942, in: BA, R 63/295, Bl. 191. Notiz vom 28.10.1941, Bl. 60–62.

182 SOEG an Heinrichsbauer, 02.02.1942, und Briefentwurf Heinrichsbauer an W.G. Hoffmann, 11.06.1942, in: Ebd., Bl. 191 bzw. Bl. 174–176.

183 Briefentwurf SOEG an IfW, o.D. [ca. 08–10.1942], in: BA, R 63/304, Bl. 11.

sein. Erkennbar schaltete sich das IfW systematisch in der Südostraumplanung sowohl im Bereich Landwirtschaft als auch im Bereich Industrie ein. Dabei war man an der Ausarbeitung konzeptioneller Planungen und an einem tatsächlichen Einfluss auf die Praxis interessiert und wollte sich nicht auf Grundlagenforschungen oder die Belieferung von Basisinformationen in Länderberichten beschränken. Leider sind nur wenige Quellen zur Erstellung und Wirkung der IfW-Analysen im Zwölferausschuss beziehungsweise in der RGI überliefert.[184]

Erneut kooperierte das IfW mit langjährigen kulturpolitischen Partnern wie Prof. Surányi-Unger und Velimir Bajkić. Sie arbeiteten von ungarischer bzw. serbischer Seite aus mit der SOEG und dem MWT zusammen.[185] Ihre Hilfe war ebenfalls notwendig, denn es kam dem Zwölferausschusses laut einem internen Schreiben „im Grunde auf weiter nichts an [...] als darauf, dass die künftige politische Neuordnung so geschickt gemacht wird, dass sie dem Optimum an Einwirkungsmöglichkeiten auf die Gestaltung der südosteuropäischen Industrie entspricht."[186] Spätere verharmlosende Selbstdarstellungen sind damit widerlegt.[187] Das Südosteuropa-Forschungsprogramm an sich wurzelte nicht nur in Raum-, sondern auch in Rassegedanken. Auch hier galt: „Hitlers intentional unbegrenztes ‚Lebensraum'-Programm wurde durch wirtschaftliche Integrationsstrategien vorbereitet und ermöglicht."[188] Ganz offen wurde im Zwölferausschuss das Ziel der „Arisierung und Nationalisierung der südosteuropäischen Industrie"[189] erklärt, zu dessen Durchsetzung die Analysen des IfW unter anderem dienen sollten. Dessen Beitrag lag in der wirtschaftswissenschaftlichen Legitimation und begleitenden Erforschung der deutschen Hegemonie. Der Antisemitismus wurde arbeitsteilig von den politischen und wirtschaftlichen Entscheidungsträgern eingebracht.

Das letzte Fallbeispiel im Rahmen des RAG-Forschungsprojektes zur Agrarintensivierung wurde schließlich im Januar 1945 fertiggestellt. Zu diesem Zeitpunkt war das Forschungsobjekt, die „Landwirtschaft im ehemals grossrumänischen Raum",[190] der deutschen Kontrolle längst entglitten. Der Bericht wurde trotzdem nicht nur der RAG,

---

184 Von einer Einbindung des IfW zeugt ferner der Bezug eines geheimen RAG-Katalogs. ZBW, D 5294 (1/2).

185 Breza: Besprechung mit Professor Dr. Surányi-Unger am 31. Juli 1942", 04.08.1942, in: BA, R 63/295, Bl. 194–195. Bajkić, der im Januar 1935 einen Vortrag im IfW gehalten und diesen auch im 42. Band des *WA* veröffentlicht hatte, fungierte auch als Berater des Generalbevollmächtigten für die Wirtschaft in Serbien.

186 Unbekannt: „Zum Generalgutachten", 04.06.1942, in: BA, R 63/295, Bl. 75. Hierzu: Angebot der SOEG an W.G. Hoffmann (Entwurf), 11.06.1942, in: Ebd. 174–176.

187 Z. B. Schönfeld (1988), S. 140, und Hermann Gross (1979), S. 129. Gross hatte von 1927–1929 und erneut ab 1948 im IfW gearbeitet und aus ihm „[e]ines der ostwissenschaftlichen Zentren in der Bundesrepublik" gemacht. Jens Hacker (1963).

188 Kube (1984), S. 210.

189 So der Titel des Oberthemas III des Zwölferausschusses. Briefentwurf SOEG an IfW, o.D., ca. 08.–10.1942, in: BA, R 63/295.

190 IfW: Die Landwirtschaft im ehemals grossrumänischen Raum, Januar 1945, in: BA, R 164/178.

sondern auch dem Wehrwirtschaftsamt und dem RWM-Unterstaatssekretär Ohlendorf zugesandt. Der unbekannte Autor zog eine positive Bilanz des jüngeren deutschen Einflusses auf Rumänien und ganz Südosteuropa, was maßgeblich der eigenen wirtschaftswissenschaftlichen Beratung zugeschrieben wurde. Das Reich habe „auch durch Übermittlung von konkreten Ratschlägen und Entsendung von Fachleuten und Sachkennern einen unmittelbaren Einfluss auf die wirtschaftliche Entwicklungsrichtung und Wirtschaftspolitik dieser Länder"[191] genommen. Die Realität hatte freilich größtenteils aus planlos erfolgter Ausbeutung bestanden.[192] Nach dem angeblichen Aufschwung werde Rumänien nun unter sowjetischer Herrschaft „der erneuten Zerrüttung und völligen Ausblutung"[193] anheimfallen.

Trotzdem enthielt auch dieser Bericht Pläne zum Umbau der rumänischen Landwirtschaft. Obwohl sich die Hoffnungen auf den Großraum nun zerschlagen hatten, wurde weiterhin auf „weitgehende organische Ergänzungsmöglichkeiten"[194] mit Deutschland hingewiesen. Die Rolle des Balkan sollte nun jedoch nicht mehr auf jene einer Kornkammer beschränkt bleiben, sondern in der Region sollte im Sinne einer kurzfristig notwendigen Arbeitsintensivierung der Anbau von Feldfrüchten ausgebaut werden. Damit sollten die „Arbeitsreserven",[195] also der als unterbeschäftigt identifiziert Teil der Landbevölkerung, ausgeschöpft werden. Eine weitere Neuheit war, dass der Region nun die Entwicklung einer heimischen Industrie vorgeschlagen wurde. Noch 1940 hatte dagegen Casper gefordert, die „kleine und trotzdem zum Teil zu stark ausgebaute Industriewirtschaft"[196] zurückzufahren. Diese alten Hoffnungen, Rumäniens Wirtschaft ganz auf den Agrarexport und damit auf die Bedürfnisse Deutschlands auszurichten, wurden nun Anfang 1945 nicht mehr gehegt. Rekonstruierbar ist, dass immerhin das RWM für seine *Nach*kriegsplanungen noch in den letzten Kriegsmonaten Interesse an solchen Berichten zeigte und das IfW diese gerne lieferte.[197]

Das RAG-Projekt über die „Möglichkeiten der Intensitätssteigerung in der europäischen Landwirtschaft" und die ebenfalls von W.G. Hoffmann geleiteten Forschungen im Rahmen der SOEG waren typisch für die Forschung des IfW im Nationalsozialismus. Hoffmanns eröffnender Bericht war apodiktisch formuliert und die daran anschließenden Länderstudien sollten nicht vorher aufgestellte Thesen überprüfen, sondern Wirtschaftsinformationen sammeln und weitere Politikempfehlun-

191 Ebd., S. 89.
192 Vgl. Ristović (2013), S. 11–12.
193 IfW: Die Landwirtschaft im ehemals grossrumänischen Raum, Januar 1945, S. 89, in: BA, R 164/178.
194 Ebd., S. 88.
195 Ebd., S. 71.
196 Casper (1940), S. 982.
197 Nicolae Crişan: Volkswirtschaftliche Entwicklung und die Industrialisierung Rumäniens von der Weltmarkterschließung bis zum Ausbruch des Weltkrieges 1829–1914, Dez. 1944, in: ZBW, C 6323. Der Bericht wurde im Februar 1945 an Ohlendorf gesandt. BA, R 3101/33420, Bl. 47.

gen geben. Von Seiten des Staates und der Industrie war die Begleitforschung zu den nationalsozialistischen Projekten sehr begehrt, so auch an der brutalen und zumindest im Versuch sehr groß angelegten wirtschaftliche Ausbeutung Südosteuropas. Entsprechend wurde das IfW von der RAG finanziert und von der SOEG umworben. Die geleistete Forschung blieb in ihrer Methodik wissenschaftlich, war gleichzeitig aber in ihrer Motivation und in ihrem Kontext nationalsozialistisch. Es wurde sogar in Südosteuropa eine „Überbevölkerung" identifiziert, allerdings nicht genau beziffert. Dies wurde anderswo geleistet, beispielsweise durch den ehemaligen IfW-Mitarbeiter Meinhold im Krakauer Institut für deutsche Ostarbeit[198] und durch den künftigen IfW-Mitarbeiter Todor Zotschew im Breslauer Osteuropa-Institut. Zotschew basierte seine Kalkulationen unter anderem auf bulgarischen Statistiken Oskar Andersons. Er kam zu dem Ergebnis, dass „720.000 Arbeitskräfte für andere Beschäftigungsarten abgegeben werden können."[199] Anderson hatte Auszüge seiner eigenen Berechnung bereits 1938 in seinem Kieler Vortrag vorgestellt. Dabei war er zu dem Schluss gekommen, dass ein Druck von bis zu einer Million „überflüssigen oder nur halb verwerteten Arbeitskräfte[n]"[200] auf der Landwirtschaft Bulgariens laste.

Solche Berechnungen, die auch in der von Otto Donner geleiteten Forschungsstelle für Wehrwirtschaft (FfW) geleistet wurden, konnten im Kontext der NS-Vernichtungspolitik während des Zweiten Weltkriegs als Legitimation einer Vertreibung oder Tötung dieser „Überbevölkerung" gewertet werden.[201] Berechnungen und Forderungen dieser Art waren allerdings nicht Inhalt und Ergebnis der Kieler Forschungsprojekte. Dessen Analysen waren vielmehr geeignet jene Angehörigen südosteuropäischer Eliten anzusprechen und zu einer Kooperation zu bewegen, die aus innenpolitischen Erwägungen in der Integration in den europäischen „Großraum" eine Lösung der nationalen wirtschaftlichen Probleme Landes sahen.[202] Man lieferte Argumente für eine „Großraumwirtschaft" unter deutscher Führung, die nicht nur in praktischer Raumplanung, sondern auch im Rahmen eines „kulturpolitischen" Engagements im In- und Ausland eingesetzt werden konnten.

---

198 Als eine seiner ersten Tätigkeiten nach dem Wechsel an das Institut für deutsche Ostarbeit machte sich Meinhold daran, für das Gebiet des Generalgouvernements den Anteil der in der Landwirtschaft „überflüssigen" Menschen zu errechnen. Er kam auf eine Zahl von 3,75 Millionen, etwa 30 % der Gesamtbevölkerung. Meinhold: Industrialisierung des Generalgouvernements, 1941, in: BA, R 52-IV/144d, Bl. 96 f. und 43.

199 Zotschew (1943), S. 231.

200 Anderson: Struktur und Konjunktur der bulgarischen Volkswirtschaft, Kieler Vorträge 52, 1938, S. 10.

201 Vgl. Aly und Heim (1991), S. 347 – 349.

202 Im Falle Bulgariens identifizierte Thomas M. Bohn hier Hochschullehrer, Ökonomen und Techniker. Bohn (1995), S. 128.

11.6 „Die Bedeutung der russischen Landwirtschaft zur Versorgung Europas/Deutschlands“

Nach den in den ersten beiden Kriegsjahren intensivierten Forschungen zu den annektierten Gebieten Mittelosteuropas sowie zu Südosteuropa, bedeutete der Überfall auf die Sowjetunion im Juni 1941 für die deutschen Raumforscher die Aufschließung eines weiteren Forschungsgebietes. Nochmals stieg der Beratungsbedarf derjenigen (teils neu geschaffenen) staatlichen Stellen an, die an der Gestaltung der eroberten Gebiete interessiert waren. Die Bereitschaft des IfW diesen Bedarf zu bedienen resultierte in einem von 1942 bis Anfang 1945 laufenden Forschungsprojekt mit dem Titel „Die Bedeutung der russischen Landwirtschaft zur Versorgung Europas [später: Deutschlands] mit agrarischen Produkten“.[203] Predöhl hatte zuvor im Herbst 1941 realisiert, dass sein Institut im Konkurrenzwettbewerb um derartige Aufträge nicht würde bestehen können, wenn es nicht entsprechend qualifiziertes Person rekrutierte. Gemäß der noch aus der Vorkriegszeit stammenden Arbeitsteilung der Kieler Wirtschaftsprofessoren waren nur der Westen (Predöhl), Norden (Mackenroth) und Süden (Fick) abgedeckt. Einen Experten für Osteuropa im Rang eines Professors gab es noch nicht. Um diesen nun akut gewordenen Mangel zu beheben, stellte der Dekan der Rechts- und Staatswissenschaftlichen Fakultät im Auftrag von Predöhl im Oktober 1941 den Antrag, Prof. Dr. Oskar Anderson eine apl. Professur für Wirtschaftsstatistik zu verleihen.[204] Dieser kam schließlich nach längerem Werben Anfang Mai 1942 nach Kiel.[205] Bereits im Januar 1943 wurde ihm aufgrund seiner hohen Kenntnisse über „mathematische Methoden“,[206] eine für das genannte Forschungsprojekt zentrale Fähigkeit, eine Professur verliehen.

Dem IfW war Anderson als Kenner der osteuropäischen Ökonomien seit langem bekannt und man hatte auch auf kulturpolitischem Gebiet kooperiert, um den Einfluss des nationalsozialistischen Deutschland in der Region zu erhöhen.[207] Unter Andersons Leitung entstand im Sommer 1942 die „Abteilung für Ostforschung“. Als Mitarbeiter wurden vor allem gebürtige Osteuropäer gewonnen. Aus unbekannten Gründen blieben jedoch ausgerechnet die von Anderson mitgebrachten hochqualifizierten Bulgaren nur kurze Zeit in Kiel.[208] Zu den drei oder vier langfristig beschäftigten

---

203 Titel des Projekts laut RAG-Forschungsprogrammen 1942/43 – 1944/45, in: BA, R 164/352.

204 Dekan Brandt an REM, 23.10.1941, in: LASH, Abt 47, Nr. 2048.

205 Predöhl: An alle Dienststellen, 07.05.1942, in: ZBW-Archiv, 470, Bl. 199.

206 Stellungnahme des Beauftragten des Führers für die Überwachung der gesamten geistigen und weltanschaulichen Schulung und Erziehung der NSDAP, 04.12.1944, in: BA, NS 15/122, Bl. 16.

207 Anderson sollte auch zur Kieler Tagung von 1942 kommen. Predöhl an DAAD, 30.01.1941, in: BA, R 4901/3029, Bl. 116, ferner Bl. 59 und Bl. 188. Anderson: Struktur und Konjunktur der bulgarischen Volkswirtschaft, Kieler Vorträge 52, 1938.

208 Angestellt wurden Dentscho Dentscheff, ehemals Abteilungschef im bulgarischen Statistischen Amt (am 26.08.1942), Dr. A.J. Christophoroff, ehemals Leiter der Informationsabteilung in der bulgarischen Handels- und Industriekammer (14.09.1942), dipl.math. und dipl.stat. Sdravko Sugareff und

Mitarbeitern der Ostforschung gehörten vor allem Russen. Hervorzuheben ist der ab Februar 1943 im IfW beschäftigte Ivan Gladzin, der vor allem geographische und landwirtschaftliche Themen bearbeitete.

Nach Gründung dieser Abteilung konnte das IfW schließlich im vierten Kriegsforschungsprogramm der RAG 1942/43 unter dem Kapitel „III. Untersuchungen zur europäischen Raumordnung – 2. Ostforschungen" sein Vorhaben beantragen.[209] Die Fördersumme lag bei insgesamt 75.600 RM (1942/43: 5.000 + 12.100, 1943/44: 31.000, 1944/45: 27.000).[210] Diese Summe war für RAG-Verhältnisse außerordentlich hoch und es handelte sich vermutlich um das teuerste geschlossene Drittmittelprojekt des IfW im „Dritten Reich" überhaupt.[211] Es ergänzte das oben dargestellte Projekt über „Möglichkeiten der Intensitätssteigerung in der europäischen Landwirtschaft (ausschl. Russland)".[212] Eine Verbindung der beiden in Bezug auf Methodik oder eingesetztes Personal ist jedoch nicht feststellbar. Die Wehrmacht war aber ein gemeinsamer Adressat, worauf ein Besuch der jeweiligen Projektleiter Andersons und W.G. Hoffmanns bei der für die Sowjetunion zuständigen Gruppe im Wehrwirtschaftsamt Ende Juli 1942 hinweist.[213]

Das Arbeitsprogramm der Abteilung für Ostforschung war zwar Modifizierungen und Verzögerungen unterworfen, folgte aber grundsätzlich dem ursprünglich geplanten Schema.[214] Es sollten zunächst bis Mai 1943 Daten über die Getreideproduktion einzelner Gebiete der Sowjetunion aus den Jahren 1911 bis 1937 detailliert aufbereitet werden.[215] Hierfür reichte das Material in der eigenen Bibliothek und im Wirtschaftsarchiv nicht aus, obwohl man beispielsweise mit den Publikationen des Reichsnährstandes über die Sowjetunion vergleichsweise gut versorgt war. Die Datenreihe des IfW blieb wohl unvollständig, weil die für Quellen benötigten Partner wie das Wannsee-Institut des SD nicht kooperierten.[216] Bis Ende 1943 sollte dann auf 7.200 Karteikarten das landwirtschaftliche Potential der Sowjetunion bis ins Kleinste erfasst werden.[217] Diese „Kartothek" wurde jedoch wohl wegen der Beeinträchtigung durch Bombenangriffe nur mit Verzögerungen angelegt und nie in der geplanten Vollstän-

---

dipl.sc. Stefanka Genowa (beide am 12.11.1942), dipl.landw. Boris Dschabaroff (01.05.1943) und Bonka Schiffmann.

209 Forschungsprogramm der RAG 1942/43, in: BA, R 164/352.

210 RAG-Forschungsprogramme 1942/43 und 1943/44; Ritterbusch: Programmrundschreiben 1944/45, 25.04.1944, alle in: BA, R 164/352.

211 Venhoff (2000, S. 62) schätzte die Gesamtsumme fälschlicherweise auf nur 31.000 RM und bezeichnete selbst das schon als „schwindelerregend".

212 Dieses Projekt wurde auch unter dem Titel „Möglichkeiten der Intensivierung der europäischen Landwirtschaft" geführt. Vgl. Forschungsprogramm der RAG 1942/43 sowie 3/44, in: BA, R 164/352.

213 KTB Wehrwirtschaftsamt, Wi Ausl. VI, Woche bis 31.7.42, in: BA-MA, RW 19/402.

214 Anderson: Die UdSSR als Getreideproduzent, S. 1, in: ZBW, C 8584.

215 RAG-Antrag Predöhls: Die Bedeutung der russischen Landwirtschaft für die Versorgung Europas mit agrarischen Produkten, 25.02.1943, in: BA, R 164/352.

216 Gladzin: Geographie des ostsibirischen Raumes Teil 1 (04.1944), S. 2, in: ZBW, C 8004.

217 RAG-Antrag Predöhls, 25.02.1943, in: BA, R 164/352.

digkeit fertiggestellt. In der Kartothek sollte nicht die statistisch schwer erfassbare landwirtschaftliche Erzeugung direkt ermittelt werden. Stattdessen wurde mittels der Daten über Nahrungsmittelverfrachtungen an den Bahnstationen auf Mangel- und Überschussgebiete geschlossen. Dabei konnten die Ökonomen jedoch nur den Vorkriegszustand darstellen und keine Aussagen über die maßgeblichen Veränderungen seit dem deutschen Überfall treffen.

Eine ganze Reihe von Berichten der Abteilung für Ostforschung sind nur aus einer im Juli 1945 angefertigten Zusammenstellung bekannt, was eine Dunkelziffer vermuten lässt.[218] Auch der im Bundesarchiv überlieferte Bestand der RAG enthält allgemein ausgesprochen wenige universitäre Russlandforschungen, die mutmaßlich kurz nach Kriegsende Säuberungen zum Opfer fielen.[219] Die überlieferten IfW-Berichte sind vier Kategorien zuzuordnen: Erstens Einzel- und Gesamtdarstellungen der bisherigen und künftigen Getreideernte in der Sowjetunion.[220] Erste Berichte könnten schon Ende 1942, abgeschlossen worden sein. Die zweite Kategorie behandelte die von Gladzin im April 1944 und im Januar 1945 in zwei Teilen fertiggestellte „Geographie des ostsibirischen Raumes".[221] Diese Berichte waren für das Wehrwirtschaftsamt von großem Interesse und es hatte um schnelle Fertigstellung gebeten.[222] Dieses Interesse ist mir unerklärlich, denn sie bestanden aus einer Ansammlung von Trivialitäten. Nach dem Krieg arbeitete Gladzin ungerührt weiter und erstellte einen geographischen Abriss über Mittelsibirien sowie eine Analyse der „Rolle Sibiriens im russischen Wirtschaftsraum".[223] Eine dritte Kategorie bildet der Bericht „Über die Möglichkeit der Berechnung des russischen Menschenpotentials", den Anderson im März 1944 abschloss.[224] Dieser war komplementär zu einem zwei Monate zuvor fertiggestellten Bericht über das amerikanische „Menschenpotential", der ebenfalls an das Wehr-

---

218 Die in der IfW-Bibliothek (heute: ZBW) überlieferten Exemplare aus dem Juli 1945 sind wohl eine Zusammenstellung oder Aufarbeitung mehrerer Berichte aus der Kriegszeit für die englische Besatzungsmacht.

219 Vgl. Rössler (1990), S. 159.

220 Der Hauptbericht ist wohl: Anderson: Die UdSSR als Getreideproduzent. Eine statistische Untersuchung über die Getreideüberschuß- bzw. Zuschußgebiete Rußlands zu Beginn des Krieges. [unglaubwürdige Angabe: 07.1945, vermutlich Mai 1943], in: ZBW, C 8584 und D 7059. Die naturbedingten Grundlagen der Getreidewirtschaft in der osteuropäischen Steppenzone, in: ZBW, C 8003. Nicht überliefert: Die wahrscheinlichen Ernten von Winter- und Sommerweizen und Winterroggen in den Trockengebieten der südlichen Ukraine und des Asow-Schwarzmeergebietes unter Anwendung einer modernen sowjetischen Agrotechnik (bulgarisch) und Vergleich der Getreidebilanzen von 1925/28 und 1937 (bulgarisch).

221 Gladzin: Geographie des ostsibirischen Raumes Teil 1, April 1944, und Teil 2: Transbaikalien und Russischer Ferner Osten, Jan. 1945, beide in: ZBW, C 8004.

222 Wehrwirtschaftsamt an Lösch, 05.05.1944, in: StAH, NL Lösch.

223 Gladzin: Mittelsibirien (Geographischer Abriss), 1946, in: ZBW, C 8005. Gladzin: Die Rolle Sibiriens im russischen Wirtschaftsraum, 1948, in: ZBW, C 8006.

224 Anderson: Über die Möglichkeit der Berechnung des russischen Menschenpotentials, Anfang März 1944, in: ZBW, C 8634.

wirtschaftsamt sowie das Rüstungsministerium gesandt wurde.[225] Viertens beteiligte sich das IfW am ab 1944 unternommenen Versuch des Wehrwirtschaftsamts, den „Beitrag" der besetzten und dominierten Staaten Europas für die eigene Kriegswirtschaft zu evaluieren.[226] Dabei konnte man auf einen hohen Informationsstand zum Ausmaß der Ausbeutung und Zwangsarbeit zurückgreifen.[227] Zu prüfen ist nun, ob die Tätigkeit der Abteilung für Ostforschung auch als „Begleitforschung"[228] zu den beiden größten wirtschaftlich motivierten nationalsozialistischen Verbrechen zu werten ist, dem „Hungerplan" sowie dem „Generalplan Ost".

Als Adressat der Ergebnisse der Abteilung für Ostforschung hob das IfW das RMEuL gegenüber der RAG gesondert hervor.[229] Der entscheidende Mann im Ernährungsministerium war der Staatssekretär und „Hungerplan-Autor" Herbert Backe. In Abstimmung mit Göring und Wehrwirtschaftsgeneral Thomas hatte er noch vor dem Angriff auf die Sowjetunion erklärt, dort müssten etwa 30 Millionen Menschen verhungern und die Nahrungsmittelproduktion vollständig auf die Bedürfnisse der deutschen Besatzung abgestimmt werden, sodass sich diese ab dem dritten Kriegsjahr aus dem Land ernähren könne.[230] Die Zielmarke von 30 Millionen Toten kursierte im Wehrwirtschaftsamt bereits Ende 1940.[231] Auffallend ist, dass das IfW während der gesamten Zeit des Zweiten Weltkriegs ausschließlich in den Monaten vor dem Überfall im größeren Stil Auftragsforschungen für das Reichsernährungsministerium übernahm. Ende April 1941 wurde ein Bericht über den „Außenhandel Europas mit Weizen" fertiggestellt, im Mai folgten Berichte zu den Produkten Roggen, Gerste, Mais, Hafer, Reis und Butter, im Juni zu Eiern, Käse und Roggenmehl, sowie im Juli zu Weizenmehl.[232] Die naheliegende Vermutung, diese statistischen Angaben seien die wirtschaftliche Vorbereitung der eskalierten Kriegführung genutzt wurden, lässt sich mangels Quellen nicht überprüfen. Über die an der extrem gewalttätigen Ausbeutung der eroberten Gebiete beteiligten Firmen, wie beispielsweise die im Juli 1941 gegründete Zentralhandelsgesellschaft Ost, war das IfW durch die seinem Wirtschaftsarchiv zufließenden offenen und vertraulichen Quellen gut informiert.[233]

---

225 Wehrwirtschaftsamt an Lösch, 26.02.1944, in: BA-MA, RW 19/1338, Bl. 50.

226 Beteiligt waren auch die Kollegen von der FfW, vgl. Buchheim (1986).

227 IfW: Der kriegswirtschaftliche Beitrag Osteuropas für das Deutsche Reich 1936 – 1944 (o.D., vermutlich Anfang 1945), in: BA-MA, RW 19/3898 und ZBW, C 27920.

228 So bezeichnet Flachowsky die zum Generalplan Ost gehörenden Programme des Reichsforschungsrates (2010), S. 65.

229 RAG-Antrag Predöhls, 25.02.1943, in: BA, R 164/352.

230 Vgl. Gerlach (1999), S. 46 – 59.

231 Vgl. Dieckmann (2011), S. 197. Auch das RSHA zielte auf diese Größenordnung ab. Vgl. Madajczyk (1994), S. VII.

232 Arbeiten der Abteilung Marktforschung und Statistik, in: HS IfW, Hs Allg. 21.

233 Siehe die in BA, R 33-I/24 überlieferte Mappe des IfW zur Zentralhandelsgesellschaft Ost für Landwirtschaftlichen Absatz und Bedarf mbH. Darin u. a.: vertrauliche Gründungsurkunde und Erlasse Görings.

Der Multifunktionär Backe war ein Hauptprotagonist bei der Ausbeutung der Landwirtschaft der besetzten sowjetischen Gebiete. Er war der Ansicht, „die europäische Lebensraumgemeinschaft und damit die Nahrungsfreiheit Kontinentaleuropas"[234] anstreben zu müssen. Die Nahrungsmittelüberschüsse der überfallenen Gebiete sollten mittels einer mörderischen „Strategie des Hungers" erhöht werden. Backe war überzeugt von der „Idee einer europäischen Großraumwirtschaft",[235] in deren Rahmen dies geschehen sollte. Entsprechend gehörte er auch dem Führerring von Daitz' Großraumgesellschaft an, dessen wissenschaftlichem Beirat Predöhl angehörte. Eine noch bedeutungsvollere Verbindung zwischen Backe und dem IfW bestand in dessen seit Dezember 1933 andauernder Mitgliedschaft im Verwaltungsrat der Fördergesellschaft.[236] Ferner hatte die dem RMEuL unterstellte Ernährungswirtschaftliche Forschungsstelle ihren Ursprung im IfW (siehe Kapitel 10.2).

Tatsächlich erfolgte die „Hungerpolitik"[237] in der Praxis nicht nach einem Masterplan, sondern situativ, sodass je nach Bedarf geraubt wurde. Aufgrund der massiven Zerstörungen durch die eigenen Truppen und die russische Politik der verbrannten Erde verloren Strategen wie Backe und Thomas den Überblick darüber, was einzelnen Gebieten abgepresst werden konnte. Ihr Bedarf nach statistischen Informationen erstreckte sich deshalb selbst noch auf die Phase des Rückzugs.[238] Es ist anzunehmen, dass die Abteilung für Ostforschung seine Forschungen auch zu diesem Zweck betrieb. Bereits für den Mai 1943 wurde ein Vorabbericht über die „Getreideüberschuss- und Zuschussgebiete Russlands" der Jahre 1911–1937 angekündigt und wohl auch geliefert.[239] Nicht nur die Kieler Forscher, sondern auch die praktischen Hungerplaner stellten ihre Planungen während des Kriegs auf historische Datenreihen ab und damit war die Informationslage des IfW nicht überdurchschnittlich veraltet. Nach Kriegsende datierte Anderson diesen und weitere Berichte auf den Juli 1945, um sie unverdächtig erscheinen zu lassen. In einer entsprechenden Vorbemerkung wurde auch der Kontext geleugnet.[240] Die Hungerplaner benötigten die Kenntnisse über die unter anderem vom IfW identifizierten russischen Defizitregionen, weil sie durch systematisches Aushungern die Nahrungsmittelüberschüsse aus den Jahren vor dem Ersten Weltkrieg erreichen wollten.[241] Als Ziele wurden insbesondere die kürzlich rasant gewachsenen Metropolen Moskau und St. Petersburg definiert, deren Bewohner als Nahrungsmittelkonkurrenten des „Dritten Reiches" verstanden und entspre-

234 Backe (1942), S. 238.
235 Vgl. Lübbers (2010), S. 131–149, Zitat S. 132.
236 Rundschreiben der Fördergesellschaft, in: StAK, 41972, Bl. 83, und BA, R 4901/14814, Bl. 34.
237 Dieckmann (2015), S. 107.
238 Vgl. Lübbers (2010), insb. S. 135–138.
239 Zitat in: Antrag von Predöhl bei der RAG,25.02.1943: Die Bedeutung der russischen Landwirtschaft..., in: BA, R 164/352.
240 Anderson: Die UdSSR als Getreideproduzent (vermutlich Mai 1943), S. 1, in: ZBW, C 8584.
241 Vgl. Gerlach (1999), S. 48, und Gerlach (1995), S. 10.

chend attackiert wurden (z. B. Leningrader Blockade).[242] Die so „frei gewordenen" Überschüsse sollten nicht vorrangig ins Reich verbracht, sondern von der Wehrmacht noch im besetzten Gebiet verbraucht werden.

Der Generalplan Ost war ein arbeitsteilig entworfenes Planungswerk, zu dessen maßgeblichen Urhebern das RSHA der SS zählte. Auch Wehrwirtschaftsamtschef General Thomas war noch bis 1942 beteiligt.[243] Unter der Koordination von DFG, dem Reichsforschungsrat und der RAG – unter führender Beteiligung von Konrad Meyer – wurde in diversen Projekten Begleitforschungen betrieben.[244] Eindeutig gehören hierzu Vorhaben, die komplementär zum IfW ebenfalls aus dem RAG-Fördertopf III.–2 Ostforschungen bezahlt wurden.[245] Hervorzuheben sind ein Polen betreffendes Projekt Hans-Jürgen Seraphims sowie ein sehr umfangreiches „Gesamtprogramm Ukraine" vom fanatischen Nationalsozialisten Hans-Bernhard von Grünberg.[246] Ab 1943 gehörte ebenfalls ein Doppelprojekt der Professoren Paul Berkenkopf und Wladimir (Waldemar) von Poletika über die Ost-Verlagerung der russischen Industrie und den asiatischen Einfluss auf Russland dazu.[247] Sie hatten ihr Projekt gemeinsam mit dem „Obmann für Russland-Vorhaben" und engem Mitarbeiter Ritterbuschs, John Boyens, sowie dem RSHA und dem Ostministerium geplant.[248] Boyens hatte auch das IfW-Projekt genehmigt. Die bei General Thomas und Boyens abgelieferten Arbeiten des IfW wurden wahrscheinlich ebenso wie jene des Berkenkopf/Poletika-Projekts an die SS und das Ostministerium weitergeleitet. Die Förderhöhe bewegte sich in ähnlichen Dimensionen. Die Tatsache, dass Poletika an wissenschaftlichen Expertisen mitgearbeitet hatte, die in Backes konkrete Politik eingeflossen sind,[249] deutet darauf hin, dass man auch den Ergebnissen der Forschungsgruppe um Anderson eine praktische Verwendbarkeit zugesprochen hat. Eine Gruppe um Grünberg, H. J. Seraphim und Berkenkopf traf sich im September 1942 zu einer Besprechung über Forschungen zur Ukraine, wohin einige zuvor bereits gereist waren.[250] Mit Seraphim war das IfW eng verbunden, was später dazu führte, dass dessen Osteuropa-Institut ab

---

242 Vgl. Dieckmann (2015), S. 93.

243 Vgl. Birkenfeld (1966), S. 22.

244 Vgl. Heinemann: Wissenschaft und Homogenisierungsplanungen für Osteuropa, in: Heinemann und Wagner (2006), S. 45 ff. Vgl. auch Madajczyk (1994).

245 Bzw. „B. Osteuropa", siehe RAG-Forschungsprogramme 1942/43 und 1943/44, in: BA, R 164/352.

246 Hermann Rauschning nutzte die Wiedergabe eines Dialoges mit Grünberg, um die wissenschaftliche Begleitung deutscher Großmachtpläne aufzuzeigen. Rauschning (1942), S. 247–257.

247 Antrag Berkenkopf, 10.03.1943, in: BA, R 164/352. Poletika gehörte zu den „Experten mit weitreichendem genozidalen Potential". Fahlbusch (2004), S. 185.

248 Anmerkung von Boyens vom 16.10.1943 auf dem Antrag Berkenkopfs, in: BA, R 164/352.

249 Poletika, der eine brutale Hungerpolitik forderte, war an der Universität Berlin und 1941 auch in der Chefgruppe Landwirtschaft im Wirtschaftsstab Ost beschäftigt. Vgl. Gerlach (1999), S. 57–58. Backe legte auf Grundlage der Arbeiten dieser Chefgruppe Landwirtschaft in der „Gelben Mappe" die Verhaltensrichtlinien der örtlichen Landwirtschaftsfunktionäre fest. Vgl. Dieckmann (2011), S. 208–209.

250 Vgl. Rössler (1990), S. 160.

Dezember 1944 dem IfW angeschlossen wurde.[251] Er erreichte auch, dass die im Auftrag der RAG tätigen Ostforscher Zugang zum Wannsee-Institut erhielten.[252] Das IfW hatte angenommen, ebenfalls dieser exklusiven Gruppe anzugehören. Als aber Gladzin dort für seine Russland-Forschungen recherchieren wollte, wurde er abgewiesen.[253]

Gladzin stellte seine zweiteilige „Geographie des ostsibirischen Raumes" im April 1944 und Januar 1945 fertig. Die Einrichtung eines „Sonderbeauftragten für erdkundliche Forschung" im Reichsforschungsrat und die 1943 von Göring erfolgte Umbenennung der untergeordneten „Forschungsstaffel z.b.V. beim OKW" in „Beauftragter für Sonderaufgaben der erdkundlichen Forschung" zeigt, dass bei der Wehrmacht, dem Vierjahresplan sowie auch SS-Stellen wie dem „SS- und Polizeiführer Russland Süd" selbst noch zu diesem Zeitpunkt ein hohes Interesse an geographischer Forschung bestand.[254] Um dieses zu bedienen, wurden Aufträge an eine große Zahl deutscher Universitäten vergeben und auch die Forschungen der IfW-Abteilung für Ostforschung gehören in diesen Zusammenhang. Vom ersten Berichtsteil erhielt das Wehrwirtschaftsamt der Wehrmacht mehr Exemplare als üblich. Eines davon gab sie an die Russlandbücherei der SS weiter.[255]

Auch wenn eine konkrete Verwendung von Forschungsergebnissen des IfW in den Planungen der Hungerpolitik oder des Generalplan Ost nicht nachweisbar ist, sind die Arbeiten der Abteilung für Ostforschungen in den erweiterten Kreis der Begleitforschungen einzuordnen. Ihre Berichte waren für die Benutzung durch Stellen wie die der SS, dem RMEuL und der Wehrmacht gedacht und hierfür auch geeignet. Ein enger Kontakt zu Entscheidern, insbesondere Backe und Wehrwirtschaftsgeneral Thomas, bestand und es ist anzunehmen, dass die IfW-Berichte sie und ihre Mitarbeiter nicht nur erreichten, sondern auch von ihnen wahrgenommen wurde. Für Backes Hungerpläne zur Generierung eines Nahrungsmittelüberschusses in der Ukraine wie auch für die Durchführung der in ausgewählten Zonen konzentrierten Besatzung der Sowjetunion war die Identifikation von Überschuss- und Defizitregionen zentral. Genau dies wollte das Kernstück des IfW-Projekts „Die Bedeutung der russischen Landwirtschaft zur Versorgung Europas/Deutschlands mit agrarischen Produkten" mit der Kartothek und dem ersten Bericht aus dem Mai 1943 über „Getreideüberschuss- und Zuschussgebiete Russlands" leisten. Eine Verwendung ist noch für das Jahr 1943

---

251 Predöhl: Zur Geschichte des IfW (ca. 1953), S. 46, in: HS IfW; Predöhl an Ohlendorf, 19.12.1944, in: BA, R 3101/33420, Bl. 43. Biografie Seraphims in: Förster (2012).

252 Vgl. Rössler (1990), S. 160. Vgl. Bukert (2000), S. 214–215.

253 Gladzin: Geographie des ostsibirischen Raumes T. 1, April 1944, S. 2, in: ZBW, C 8004. Ab Herbst 1944 war das Wannsee-Institut des SD vom SS-Hauptsturmführer Gerhard Teich geleitet worden, der ab 1956 in der IfW-Bibliothek tätig war. Ab den späten 1960ern spionierte Teich dort für die DDR. Vgl. Leide (2011).

254 Vgl. Rössler (1990), S. 201–207.

255 Feldwirtschaftsamt/Ausland an Lösch, 05.05.1944, in: StAH, NL Lösch.

denkbar, beispielsweise in Bezug auf die Herbsternte, wenn auch aufgrund der schlechten Quellenlage nicht nachweisbar.

11.7 Der „Ergänzungsraum“ Afrika

Das IfW zählte im Zweiten Weltkrieg mit dem HWWA, dem Hamburgischen Kolonialinstitut und der Staatlichen Forschungsstelle für Kolonialwirtschaft Bremen zu den vier Zentren kolonialwirtschaftlicher Forschung. Ähnlich wie über den Umgang mit Südosteuropa, wurde auch seit längerem eine Debatte über die künftige wirtschaftliche Rolle Afrikas geführt.[256] In der NS-Politik war die Rückgabe der Kolonien anfangs eher ein beiläufiger Bestandteil der Forderungen nach Revision des Versailler Vertrags gewesen. Eine Planungseuphorie setzte erst nach Beginn des Zweiten Weltkriegs ein. Die Vision vieler Kolonialforscher lautete, durch die Beherrschung eines bedeutenden Teils Afrikas und der Benutzung als „Ergänzungsraum“ die europäische – und damit deutsche – Stellung gegen die angeblich bestehenden amerikanischen und asiatischen Großräume zu stärken.[257] Innerhalb dieses Konsenses wichen die konkreten Pläne voneinander ab. Manche sahen den drei Mal größeren afrikanischen Kontinent mit seinem gigantischen Ressourcenreichtum als „natürliche Ergänzung“ Europas, andere schätzten sein Exportpotential vorsichtiger ein.[258] Wieder andere wollten Afrika als Siedlungsgebiet nutzen, um den angeblichen europäischen Raummangel zu lösen.[259] Predöhl hatte bereits 1937 in einem Vortrag in der ehemaligen „Kolonialstadt“[260] Hamburg betont, ein Kolonialerwerb würde ein wesentlicher Schritt zur Erreichung des „Völkischen Optimums“ bedeuten.[261] Entscheidend sei weniger die Quantität als vielmehr die Rarität afrikanischer Exportgüter, die, so Predöhls militärisches Kalkül, die im angestrebten Kriegsfall zu erwartenden Lücken in der deutschen Rohstoffversorgung schließen könnten.

Die drei wesentlichen staatlichen Planungsinstitutionen waren das Wehrwirtschaftsamt, die RAG und das Kolonialpolitische Amt der NSDAP. Das IfW forschte für alle. Das Wehrwirtschaftsamt hatte seine Aktivitäten ab Sommer 1940 intensiviert und

256 Vgl. Linne (2002), S. 205 und S. 218.

257 Beispielsweise Heinz-Dietrich Ortlieb: Eingeborenenernährung und Ernährungspolitik im tropischen Afrika, Hamburg 1941, S. VII.

258 Vgl. Linne (2002), S. 220. Linne nennt hier beispielsweise Franz Heske, Leiter des Reichsinstituts für ausländische und koloniale Forstwirtschaft.

259 Vgl. Venhoff (2000), S. 44 – 45 und S. 57. Manche Planungen entwarfen eine Art Apartheidsystem.

260 Vgl. Karsten Linne: Wissenschaft als Standortfaktor. Mobilisierung von Ressourcen für die „Kolonialstadt“ Hamburg, in: Flachowsky, Hachtmann und Schmaltz (2016), S. 121 – 152.

261 Vgl. Predöhl (1937a), S. 10 – 12. Predöhl war hier möglicherweise von den Ansichten seines Mentors Harms geprägt, der bereits vor und im Ersten Weltkrieg eine Ausweitung des Kolonialbesitzes und die Schaffung eines „Deutschen Zentralafrika“ gefordert hatte. Vgl. Harms (1916), S. 47, und Harms: Die Bedeutung der Marine für die wirtschaftliche und politische Zukunftsentwicklung Deutschlands, in: Marine-Nummer der Illustrierten Zeitung, 02.11.1911.

eine Sondergruppe „Wehrwirtschaft der Kolonien“ sowie einen Stab Afrika eingerichtet.[262] Letzterer wurde sofort von den im IfW und im HWWA stationierten „Arbeitsgruppen“ unterstützt, die den anderen Gruppen des Wehrwirtschaftsamts Zeitungsausschnitte zusandten.[263] Diese Bestrebungen fielen zusammen mit einer Rede Hitlers, in der er bekräftigte, die im Ersten Weltkrieg verlorenen Kolonien zurückgewinnen zu wollen. Auch die RAG intensivierte in Abstimmung mit dem Kolonialpolitischen Amt der NSDAP ihr Kolonialforschungsprogramm.[264] Als Plattformen für die Diskussion der wirtschaftlichen Aspekte des neuen deutschen Kolonialismus fungierte nicht nur die RAG-Zeitschrift, sondern auch das *WA*.[265] Dieses IfW-Organ diente nicht nur zur Kommunikation zwischen Wirtschaftswissenschaftlern, sondern auch mit Wirtschaftspolitikern. Friedrich Bülow hatte es beispielsweise genutzt, um die methodische Vorgehensweise der Raumforschung zu koordinieren und die politische Richtung vorzugeben.[266] In Erwartung eines baldigen Erwerbs neuer Kolonien verstärkte sich 1941 auch das Interesse der RfR an diesem Thema und sie überwies der RAG für vier Forschungsaufträge zusätzliche Mittel. Eine Beteiligung des IfW war bereits seit längerem im Gespräch und so wurde ihm nun im April 1941 die Ausführung von zwei „zunächst in grossen Umrissen festgelegten Untersuchungsthemen“[267] angeboten. Einmal sollte es sich um eine Tragfähigkeitsanalyse handeln, also in Anlehnung an ein Konzept Johann Wilhelm Ludowicis eine Feststellung der maximalen möglichen Bevölkerungsdichte und damit der verfügbaren Arbeitskräfte. Die zweite Untersuchung sollte die „Siedlungslenkung“ betreffen.

Die übliche inter-institutionelle Rivalität scheint im Fall der Kolonialplanung weitgehend ausgeblieben und das Wehrwirtschaftsamt als zuständig anerkannt worden zu sein. Es wollte mit seinem Arbeitsprogramm „den Ausbau der Versorgungsmöglichkeiten durch eine Einbeziehung Afrikas prüfen, die Erschließung von Bodenschätzen und die Gewinnung von Rohstoffen untersuchen, ‚Eingeborenen‘- und Arbeiterfragen sowie Verkehrsfragen behandeln.“[268] Hierbei wurde in gewohnter Manier auf die Wirtschaftswissenschaften zurückgegriffen und das mit der RAG und dem Wehrwirtschaftsamt bestens vernetzte IfW besaß hierfür eine gute Ausgangs-

---

262 Vgl. Linne (2002), S. 229. Organigramm des Wehrwirtschaftsamts (1939 – 1942), in: BA-MA, RW 19/595.

263 Vgl. Linne (2002), S. 212. Wochenberichte und Wochenmeldungen von Wi/ Ausl. II, Woche bis 11.8.42, in: BA-MA, RW 19/402.

264 Vgl. Venhoff (2000), S. 44 – 45. Rössler (2001), S. 70.

265 Albert von Mühlenfels, Leiter des für den Reichsforschungsrat und das Kolonialpolitische Amt forschenden Hamburger Kolonialinstituts, publizierte beispielsweise 1942 und 1943 Aufsätze zum „Kolonialbegriff in der Wirtschaftswissenschaft“, bzw. „Koloniale Handelspolitik“. Vgl. Linne (2002), S. 207.

266 *WA* 47, 1938, S. 300 – 321, und *WA* 49, 1939, S. 129 – 136. Vgl. Rieter (2014), S. 302.

267 Schrameier (RfR) an Predöhl, 12.04.1941, in: BA, R 113/1586. Ferner Bericht zur Sondersitzung „Kolonialforschung“ am 13.04.1940, in: ebd., Bl. 27 – 28.

268 Linne (2002), S. 228. Sondergruppenleiter Dr. Detzner fungierte auch als Verbindungsoffizier zum Kolonialpolitischen Amt.

position. Selbst als die Planungen 1943 weitgehend eingestellt wurden, forderten die Stellen noch vom IfW einige wenige Berichten über Afrika an.[269] Der Forschungsschwerpunkt jener Arbeiten, die nicht bloß aus Materialsammlungen oder überblicksartigen Schnellinformationen bestanden, sondern zum Teil Planungscharakter besaßen, lag jedoch in den Jahren 1941–1942. Damit liegt das IfW im Trend der reichsweiten Kolonialforschung, die zu dieser Zeit ihren Höhepunkt erreichte.[270]

Die Afrika-Forschung wurde im IfW keiner neu gegründeten Abteilung, sondern der vielseitig verwendeten Forschungsgruppe Lösch zugewiesen. Zusätzlich bestand mindestens seit Anfang 1941 eine „Arbeitsgemeinschaft über Kolonialfragen von Prof. Mackenroth". Es könnte sich dabei um eine Diskussionsplattform mit militärischen und politischen Stellen gehandelt haben.[271] Der in diesem Forschungsbereich aktivste Kieler Ökonom war Gerhard Lenschow, dessen Arbeiten ich hier exemplarisch betrachte. Lenschow hatte ab 1931 in Kiel studiert und war dort 1938 promoviert worden. Seit 1936 im IfW beschäftigt arbeitete er zunächst in der Gruppe „Marktordnung und Außenwirtschaft" und wechselte 1940 zur neuen Gruppe Lösch. Aufgrund seiner Sprachkenntnisse wurde er in den ersten beiden Kriegsjahren vielseitig eingesetzt und forschte zum amerikanischen Schiffbau, zur kanadischen Industrie, zu Handelsabkommen und zum französischen Kapitalmarkt.[272] Ab 1941 konzentrierte er sich auf das sub-saharische Ostafrika.[273] Zeitweise war er in Straßburg und Hamburg tätig, kehrte aber noch vor Kriegsende an das IfW zurück. Er durfte sich in Kiel habilitieren und blieb bis zu seiner Pensionierung 1971 im IfW tätig.[274]

Lenschow wollte klären, mittels welcher Wirtschaftsform ein durch Deutschland dominierter Europäischer Großraum die Region Ostafrika bestmöglich für seine eigenen Zwecke als „Ergänzungsraum" nutzen könnte. Somit mischte sich das IfW in die zeitgenössische Debatte unter Kolonialplanern ein, die sich darum drehte, ob „Eingeborenenwirtschafts- oder Farmwirtschaftskolonien" eingerichtet werden sollten.[275] Meistens wurde eine Kombination befürwortet, gemäß der eine „Europäerwirtschaft", also von Europäern betriebene Mustergüter, Berechtigung fand. Für die RAG, die eine dieser Arbeiten förderte, besaß der Kieler Beitrag eine große Relevanz. Im Dezember 1941 bat deshalb der RAG-Hauptabteilungsleiter Wissenschaft, Bülow, das IfW bald-

269 Vgl. ebd., S. 229. Siehe demgegenüber Berichte, die das IfW noch im Oktober 1944 in Angriff nahm, in: BA-MA, RW 19/1338, Bl. 217. Ferner: IfW: Die wirtschaftlichen Kräfte Südwestafrikas, April 1944, in: BA-MA, RW 19/3788.

270 Vgl. Rössler (2001), S. 70.

271 Belegt ist ein Vortrag eines Marineoffiziers Pietsch: „Die Deutschen Kolonien unter dem Mandatssystem", Januar 1941, in: AUB, Sammlung Schmid (NL Mackenroth), A.I.3.1.1.3.

272 Verweise in „Berichte der Forschungsgruppe Lösch", in: StAH, NL Lösch.

273 Lenschow: Die wirtschaftliche Macht der Inder in Ostafrika, in: Wirtschaftsdienst 26 (11), 1941, S. 249–250, und Lenschow (1941) und (1942).

274 Die Habilitation musste allerdings 1946 wiederholt werden. Protokolle der Sitzungen der Rechts- und Staatswissenschaftlichen Fakultät, in: LASH, Abt. 47.5, Nr. 11, Bl. 62 und Bl. 71.

275 Lenschow (1942b). Für eine Darstellung der Debatte, siehe Linne (2002), S. 237–240.

möglichst um Ergebnisse, die „für unsere weiteren Verhandlungen dringend“[276] benötigt würden. Diese Verhandlungen wurden unter anderem mit dem Kolonialpolitischen Amt der NSDAP geführt und so wurde das IfW aufgefordert, „vor allem die Beziehungen zur Raumforschung unter besonderer Beachtung der Lebensraumgestaltung des Grossdeutschen Reiches zu berücksichtigen.“[277] Auch Lenschow war an einer praktischen Verwendung und einem politischen Effekt seiner Berichte gelegen. Seine Forschung richtete er ausdrücklich nach den aktuellen „Diskussionen in Berlin“[278] und wollte dazu einen streng wissenschaftlichen Beitrag leisten. Das hieß für ihn, als Maßstab allein die wirtschaftliche Effizienz und keine (NS-)ideologischen Gesichtspunkte zu akzeptieren. Er bezeichnete deshalb die englische Kolonialverwaltung aus der Zeit vor dem Ersten Weltkrieg als Vorbild, weil sie aus rein ökonomischen Motiven den Charakter ihrer Kolonialwirtschaft geändert habe. Auch Deutschland müsse sich von vorgefassten Annahmen lösen und seine Kolonialpolitik ebenfalls rationalisieren. Für Lenschow war die deutsche Kolonialherrschaft weniger ideologisch, sondern vor allem funktionell begründet. Damit lag er auf einer Linie mit von Mühlenfels, der im *WA* die Ansicht vertrat, dass derjenige eine richtige (und damit gerechtfertigte) Kolonialpolitik betreibe, welcher anstelle eines „Raubbaus an den kolonialen Produktivkräften eine Politik der ‚Nutzbarmachung‘“[279] setze.

Methodisch führte Lenschow einen Ansatz von Mackenroth fort. Er behandelte die beiden ostafrikanischen Kolonien Kenia und Uganda als natürliche Versuche und wertete die jeweilige Input-Output-Leistung empirisch aus.[280] Obwohl beide Länder ähnliche landschaftliche Voraussetzungen hätten, sei Kenia als „Siedlungskolonie“ eingerichtet worden, während Uganda der Status einer „Eingeborenenwirtschaftskolonie“ zugewiesen wurde. Ein Vergleich lasse den eindeutigen Schluss zu, dass ein hoher Einsatz europäischer Arbeitskräfte und europäischen Kapitals sich nicht rentiere.[281] Die Profitpotentiale einer europäischen Siedlungsbewirtschaftung überwögen nicht die Opportunitätskosten einer reduzierten Ausbeutung der afrikanischen Arbeiter. Deshalb votierte er für den Einsatz einer eng begrenzten Zahl von Kolonisatoren. Zu dieser Wirtschaftsstrategie passe das britische politische Verwaltungskonzept des *indirect rule.* Über diesen Bericht diskutierte Lenschow mit seinem Supervisor Lösch Der stark theoretisch arbeitende Lösch sah die empirische Methode als ungeeignet an, denn die Unzuverlässigkeit der statistischen Grundlage gestatte kein Urteil. Er fällte in diesem Zusammenhang ein vernichtendes generalisierendes Urteil über das

---

276 Bülow an Casper, 02.12.1941, in: StAH, NL Lösch, Box 1, Mappe Kenia.

277 Ebd.

278 Lenschow an Lösch, 19.09.1942, in: Ebd.

279 Albert von Mühlenfels: Koloniale Handelspolitik, in: WA 57, 1943, S. 497.

280 Lenschow: Probleme der Wirtschaftsplanung in Ostafrika (Eingeborenenwirtschafts- oder Farmwirtschaftskolonie?), Sept. 1942, in: ZBW, C 6317. Siehe Disposition von Mackenroth: „Die englische Kolonialwirtschaft in Kenya“, 22.11.1940, in: AUB, Sammlung Schmid (NL Mackenroth), A.I.3.1.1.3.

281 „Die Eingeborenen können stärker geschröpft werden.“ Lenschow: Probleme der Wirtschaftsplanung in Ostafrika, Sept. 1942, S. 70, 71–73, in: ZBW, C 6317.

eigene Institut: „Die meisten unserer berühmten Indices, Verhältniszahlen, volkswirtschaftlichen Aufwand- und Ertragsrechnungen usw. unterscheiden sich in ihrem Erkenntniswert kaum vom Hokuspokus eines afrikanischen Medizinmanns.“[282] Auch Lenschows Kriterien für die staatliche Planung hielt Lösch für „willkürlich“. Ohne eine wissenschaftliche Begründung anzugeben habe jener nämlich apodiktisch einen möglichst sparsamen Einsatz von europäischen Produktionsfaktoren als erstrebenswert vorausgesetzt.

Lösch schien jedoch einverstanden gewesen zu sein mit der Ansicht, die Erhaltung der afrikanischen Arbeitskraft sei für die Wahl der Wirtschaftsform maßgeblich. Lenschow hatte diesbezüglich bereits früher ausgeführt, eine gewaltsame Umsiedlung eines zu großen Teiles der kolonisierten Bevölkerung, beziehungsweise die Wegnahme eines ausgedehnten Gebietes von einer bestimmten Bevölkerungsgruppe, habe fatale Folgen für die Ernährungssituation und sei als „Raubbau am wichtigsten Produktionsfaktor“[283] zu bezeichnen. Dieses Eintreten gegen die Wegnahme der Ernährungsgrundlage von ganzen Volksgruppen und gegen ihre Vertreibung in Reservate lag nicht in humanitären Motiven, sondern in einem rein ökonomischen Kalkül begründet. Lenschow befand sich damit im zeitgenössischen Mainstream.[284] Die kolonialisierten Menschen werden bei Lenschow vollkommen auf den Produktionsfaktor Arbeit reduziert. Dieser wiederum wird entsprechend einer auf wirtschaftliche Effizienz fokussierten Denkweise und ohne moralische Barrieren gleich den anderen Produktionsfaktoren Kapital und Boden behandelt. In einer Vorlesung im Wintersemester 1941/42 brachte Mackenroth dieses menschenfeindliche Weltbild auf den Punkt: „Der Schwerpunkt der Entwicklung liegt immer da, wo Völker von hohem Leistungsstand auf einem relativ niedrigeren Konsumstand leben“.[285] Um also die Kapitalbildung zu fördern, müsse der Staat für eine Senkung des Konsums sorgen. Da aber die „Neger“ zu einer selbständigen Organisation nicht fähig seien, bedürfe es der Herrschaft durch die genetisch höherwertigen Europäer.

Dieses rassistische Weltbild vertrat Mackenroth in den 1950er weiterhin und forderte, die Wirtschaftspolitik großer Teile Afrikas müsse „von einsichtigen Männern der europäischen Kolonialpolitik“[286] bestimmt werden. In den Afrikaplanungen des IfW sollte der Kontinent einzig für die Ausbeutung durch Europäer dienen.[287] Die in der Kulturpolitik behauptete Gegenseitigkeit zwischen „Großraum“ und „Ergän-

---

282 Lösch an Lenschow, 12.09.1942, in: StAH, NL Lösch, Box 1, Mappe Kenia.

283 Lenschow: Die Wirtschaft der Kolonien Kenia und Uganda, Mai 1941, S. 4, in: ZBW, C 28377.

284 Siehe z. B. die Meinung des Hamburgischen Kolonialinstituts (1941), S. VII und S. 3.

285 Vorlesung „Allgemeine Volkswirtschaftspolitik“, AUB, Sammlung Schmid (NL Mackenroth), A.I.3.1.1.7a. Aus heutiger Perspektive sind diese Ausführungen nicht nur moralisch abzulehnen, sondern auch irrational. Die Hebung des Lebensstandards soll ja gerade der Endzweck des „Wirtschaftens“ sein.

286 Mackenroth (1953), S. 191.

287 Die dritte bedeutende ethnische Gruppe in Ostafrika, die Inder, sah er in einer störenden Mittelposition. Lenschow (1941).

zungsraum“, die sich auch zum Wohle des letzteren auswirke, fiel in der praktischen Planung ersatz- und kommentarlos weg. Dies implizierte die extreme rassistische Annahme, das Leben der afrikanischen Menschen besitze keinen Wert für sich. Das musste gegenüber den Empfängern der Berichte nicht umständlich ausformuliert werden. In der Ausbildung der Studierenden schien dies dagegen notwendig.

Nach der Klärung der grundsätzlichen Frage der Wirtschaftsorganisation und der Feststellung, dass die bisherige Kapazität Afrikas von nur einem Prozent der europäischen Importe Steigerungsmöglichkeiten besitze, entwarf Lenschow konkrete Maßnahmen für eine künftige Kolonialverwaltung. Darunter fiel eine Extensivierung der Ernteflächen bei gleichzeitiger Sicherung des Trinkwasserverbrauchs, eine Hebung der landwirtschaftlichen Kenntnisse der Kolonisierten durch europäische „Erzieher“ sowie die Verkürzung von Arbeitswegen.[288] Einen Bezug auf Ludowici hatte Lenschow vermieden und damit die starke Stellung des IfW genutzt, um den im April 1941 gestellten Arbeitsauftrag recht frei zu interpretieren. In einem zweiten RAG-Projekt machte Lenschow sich über die Verkehrsplanung „als Voraussetzung für die wirtschaftliche Erschließung afrikanischer Räume“ Gedanken. Das Gutachten ist nicht überliefert, aber aus der Disposition ergibt sich, dass er vorschlug, „für Mittelafrika ein zentralgeleitetes Verkehrssystem zu konstruieren, welches eine weitere Entwicklung des Gebietes begünstigt.“[289] Kernelement sollte wohl eine Aufhebung, beziehungsweise Enteignung, der einzelnen privatwirtschaftlichen Monopole von den Verkehrsbetrieben sein. An ihre Stelle sollte eine zentrale staatliche Planung unter Einbeziehung von Wirtschaftsexperten treten, welche die Wirtschaftlichkeit von Investitionen und Preisgestaltung zu prüfen hätten. Lenschows technokratischer Traum rückte allerdings aufgrund der nahenden Kriegsniederlage in weite Ferne.

Mit Gisela Freiin von Stoltzenberg (1895 – 1990) beschäftigte sich ab 1941 eine weitere IfW-Mitarbeiterin intensiv mit der Afrikaforschung. Sie erstellte zwei entsprechende Länderberichte für das Wehrwirtschaftsamt[290] sowie eine umfangreichere Studie über „Probleme der Wirtschaftsplanung in Tropisch-Mittelafrika“ im Auftrag der RAG.[291] Stoltzenberg hatte in den 1920er Jahren Jura in Berlin und Frankfurt studiert, anschließend bis zum Kriegsbeginn in der Wirtschaftsabteilung des Völkerbundsekretariats in Genf gearbeitet und war im Februar 1940 zum IfW gekommen. In ihrer Planungsstudie „Tropisch-Mittelafrika“ von 1942, die ihr mit kleineren Anpas-

288 Ebd., S. 69 – 70.

289 Lenschow: Disposition für ein Gutachten über die Verkehrsplanung in Mittelafrika (Kongo, Port. Westafrika, Kenia, Uganda, D-Ostafrika, Port.Ostafr.) Eisenbahnen und Binnenschiffahrtswesen, in: StA, Heidenheim, NL Lösch, Box 1. Siehe hierzu: Lenschow (1942a).

290 Stoltzenberg: Die wirtschaftlichen Kräfte Port.-Guineas, März 1941, in: BA-MA, RW 19/4011; Die wirtschaftlichen Kräfte Kameruns unter französischem Mandat, 28.07.1941, in: RW 19/3832.

291 Stoltzenberg: Probleme der Wirtschaftsplanung in Tropisch-Mittelafrika, Mai 1942, in: ZBW, C 6553.

sungen vier Jahre später als Dissertation diente,[292] ging sie noch einen Schritt weiter als Lenschow. Stoltzenberg sah im Kontinent größeres Potential und wollte ihn zum „primären wirtschaftlichen Ergänzungsraum Europas“[293] ausbauen. Auch fiel ihr Urteil über die frühere Kolonialpolitik deutlich positiver aus. Insbesondere lobte sie die „Vorarbeiten“ der Verwaltung Belgisch-Kongos. Diese Privat-Kolonie des belgischen Königs Leopold II. galt damals wie heute als besonders grausam.[294] Zugleich war dieser Rückgriff auch ein Verweis auf die Tradition der Kolonialpolitik des Deutschen Reiches. Es war vor allem Bismarck und der Berliner Konferenz von 1884/85 zuzuschreiben, dass diese Kolonialverwaltung nach privatwirtschaftlichem Vorbild errichtet werden konnte. Um an diese „Vorarbeiten“ anzuknüpfen und die Bewohner Afrikas nachhaltiger und effektiver auszupressen, war von Stoltzenberg bereit, deutlich mehr europäisches Kapital zu investieren und die Leitung von Plantagen und sonstigen Betrieben stärker in staatlicher Hand zu konzentrieren als Lenschow. Von der Forschungsgruppen- und der Institutsleitung wurden diese divergierenden Ansichten toleriert.

11.8 Kontrastierung mit anderen Forschungsinstituten

Es ist hilfreich, die Strategie des IfW in Bezug auf die Raumforschung im Nationalsozialismus mit drei anderen Instituten zu kontrastieren, dem Heidelberger Institut für Großraumforschung, dem DIW sowie dem AwI der DAF. In seiner vergleichenden Studie stellt Brintzinger fest, als Reaktion auf die neuen Einfluss- und Forschungsförderungsmöglichkeiten im „Dritten Reich“, sei es „an den meisten deutschen Universitäten, zur Gründung oder zur Angliederung von Instituten für Raumplanung oder Raumforschung bzw. für angewandte Wirtschaftspolitik“[295] gekommen. Im Fall Kiels war dies wegen der Übernahme dieser Aufgaben durch das IfW und die Bildung der FfSHW nicht nötig gewesen. Eine der spätesten Gründungen war das Heidelberger Institut für Großraumforschung, das im Oktober 1941 entstand. Dieses war allerdings nicht einmal das einzige, das sich explizit der *Groß*raumwirtschaft widmete, sondern musste sich gegen Konkurrenz aus Dresden und Berlin sowie natürlich gegen etablierte Institute wie das IfW behaupten, welche den geographischen Rahmen der Raumforschungen stark ausweiteten. Seine Entstehung verdankte das Heidelberger Institut für Großraumforschung der Unterstützung durch das RWM, das sich wissen-

292 Stoltzenberg: Probleme der Wirtschaftsplanung in Tropisch-Mittelafrika, 1946, in: CAU UB, TU45 7379.

293 Stoltzenberg: Probleme der Wirtschaftsplanung in Tropisch-Mittelafrika, Mai 1942, S. 5, in: ZBW, C 6553.

294 Einen Überblick über die Forschungen zur Kolonialverwaltung Belgisch-Kongos gibt Vanthemsche (2012).

295 Brintzinger (1996), S. 111.

schaftliche Hilfe bei der Wirtschaftspolitik in den neu eroberten Gebieten erhoffte.[296] Der Institutsleiter Walter Thoms machte jedoch zwei Fehler, die Predöhl sorgfältig vermied. Erstens blieb er in einem Zustand großer Abhängigkeit vom RWM als Auftraggeber und Finanzier. Zweitens wollte er das Ministerium vorrangig auf propagandistischem Weg unterstützen und scheiterte so daran, die gewünschte und benötigte wissenschaftliche Zuarbeit zu leisten.

Das DIW blieb wohl auch nach seiner Trennung vom Statistischen Reichsamt 1933 das führende deutsche Wirtschaftsforschungsinstitut. Adam Tooze formulierte die These, dass ausgerechnet diese formale Trennung vom Staatsapparat zu einer größeren Abhängigkeit von, häufig staatlichen, Drittmittelgebern führte und dass es gezwungen gewesen sei, sich zwischen Machtblöcken „hindurch zu manövrieren."[297] Eine Diversifizierung der Auftraggeber war hierfür ein geeignetes Mittel, welches das DIW in mindestens demselben Ausmaß wie das IfW angewandt zu haben scheint. Sie wurden in einem Instituts-Kuratorium aufgenommen, eine Strategie die der Aufnahme der IfW-Auftraggeber in die eigene Fördergesellschaft entsprach. Schneller noch als die Kieler reagierten die Berliner in ihrer Raumforschung auf den Kriegsbeginn und entwarfen bereits im Herbst 1939 in Raumforschungsberichten „ein detailliertes Bild dessen, was man wirtschaftlich in Polen antreffen würde und was bei energischer Arbeit produktiv geleistet werden konnte."[298]

Einen Weg zur Diversifizierung der eigenen Tätigkeit, welchen das IfW nicht ansatzweise beschritt, war die Gründung von Außenstellen des DIW, die sich um die Wirtschaftsforschung in der jeweiligen Region kümmern sollten. Bereits 1938 wurde das Niederschlesische Institut für Wirtschaftsforschung in Breslau gegründet und das Österreichische Institut für Konjunkturforschung „angeschlossen". Von 1940 bis 1943 folgten weitere Außenstellen in München, Braunschweig, Danzig, Kattowitz, Halle (Saale), Magdeburg, Hamburg sowie in Reichenberg (Sudetenland), Prag, Paris und Amsterdam, „zu deren Errichtung die politischen Ereignisse und Kriegsgeschehnisse den Anlass gaben".[299] So drückte es später der langjährige DIW-Mitarbeiter Krengel in seinem Buch über die Geschichte des Instituts euphemistisch aus. Neben einem Leiter waren dort jeweils 2–8 Referenten beschäftigt, sodass bei Kriegsende die Zahl der Außenstellenmitarbeiter etwa so groß war wie in der Zentrale in Berlin.[300] Abgesehen von der Außenstelle der Redaktionsabteilung in Hamburg zu Kriegsende, die Predöhl ausschließlich wegen der dortigen Druckereien unterhielt, richtete das IfW lediglich Evakuationsstellen ein. Dass der Weg des DIW auch für die Kieler gangbar gewesen wäre, scheint plausibel, gerade auch wegen der exzellenten Verbindungen von Pre-

296 Vgl. ebd., S. 235.
297 Tooze (1993), S. 21 sowie ferner S. 15–16. Das DIW erhielt im Zweiten Weltkrieg unter anderem Aufträge von dem RMEuL, dem RWM, der Reichsbank, dem Wehrwirtschaftsamt, dem Propagandaministerium, dem Auswärtigen Amt, dem Rüstungsministerium und dem Reichsverkehrsministerium.
298 Volkmann (2003), S. 227.
299 Krengel (1986), S. 49.
300 Vgl. ebd., S. 79

döhl in besetzte Gebiete. Bei dem Besuch der IfW-Delegation bei Gauleiter Greiser im Warthegau beispielsweise, machte dieser das Angebot, dorthin umzusiedeln.[301] Predöhl jedoch nahm diese Initiative nicht auf und nutzte sie nicht einmal zur Errichtung einer dortigen Außenstelle. Stattdessen versicherte er in den *Ostraum-Berichten*, einer Publikation des Breslauer Osteuropa-Instituts, sofern es einen Forschungsbereich betreffend einen Konfliktfall mit einem spezialisierten Regionalinstitut gäbe, würde das IfW sich zurückziehen.[302]

Das AwI war in seiner Anlage deutlich praxisnäher als IfW und DIW. Neben der Zuarbeit für die DAF und dem Forschungsbereich Arbeitswissenschaft, widmete es sich in zweifacher Hinsicht der Raumforschung.[303] Das AwI hatte, erstens, im Rahmen der Vorbereitung und Durchführung der Feldzüge „zahlreiche Studien zur Sozial- und Wirtschaftsstruktur der anzugreifenden Länder, vor allem über Ost- und Südosteuropa sowie Afrika erstellt."[304] Es entwickelte sich so mit seinen Berichten „zu einem festen Bestandteil der gesamten Okkupationsplanung".[305] Wie das IfW steigerte es seine Produktion in Reaktion auf den Überfall auf die Sowjetunion erheblich.[306] Zweitens entwarf das AwI ebenfalls ab 1940 Planungen für ein unter deutscher Hegemonie stehendes Nachkriegseuropa. Es hatte hierfür personell viel größere Möglichkeiten als das IfW. Im September 1940 beschäftigte es allein in der Forschung knapp 200 Mitarbeiter, zusätzlich über 150 in Archiv und Bibliothek sowie über 100 weitere in der Statistischen Zentralstelle.[307] Aus seinen Beständen geht hervor, dass sich das AwI über das IfW auf dem Laufenden hielt, eine Kooperation lässt sich aber nicht nachweisen.[308]

Eine Besonderheit des Arbeitsprozesses im AwI war, dass am Schluss des ohnehin arbeitsteilig und gleichförmig organisierten Forschungsprozesses eine Kontrolle der in den Berichten verwendeten Sprache und Formulierungen stattfand. Der Zweck war, die Berichte einheitlich zu gestalten und damit das AwI monolithisch und unangreifbarer erscheinen zu lassen.[309] Die inhaltlich und sprachlich auffälligen politischen Äußerung Dillners in der Vorbemerkung zu seinem Südosteuropabericht aus dem März 1941,[310] wie auch viele weitere Unterschiede in der Gestaltung der Raum-

301 Fritz Meyer: Bericht über die Reise in den Warthegau im Oktober 1942, 09.11.1947, in: LASH, Abt. 460, Nr. 4182.
302 Vgl. Predöhl (1943), S. 6.
303 Vgl. Raehlmann (2005), S. 142 – 148.
304 Ebd., S. 142.
305 Karl Heinz Roth: Das Arbeitswissenschaftliche Institut der Deutschen Arbeitsfront und die Ostplanung, in: Rössler und Schleiermacher (Hg.) (1993), S. 217.
306 Roth spricht sogar von „einem umfangreichen Denkschriftenkonvolut", ebd., S. 220.
307 Vgl. Raehlmann (2005), S. 140.
308 Siehe z. B. die IfW-Broschüre im Bestand des AwI, in: BA, NS 5-VI/13188, und den Zeitungsartikel zum IfW, in: BA, NS 5-VI/13193.
309 Vgl. Roth (1993), S. 189 – 191.
310 Dillner: Die verkehrswirtschaftliche Bedeutung des deutschen Südostraumes, 18.03.1941, Vorbemerkung, in: ZBW, C 6288.

forschungsberichte durch die jeweiligen Autoren weisen darauf hin, dass im IfW keine auf einen einheitlichen Ausdruck abzielende rigide Endkontrolle stattfand. Predöhl scheint es bei einer lose gehandhabten Inhaltskontrolle durch die Forschungsgruppenleiter und einer inkonsequent durchgeführten Anonymisierung der Autoren belassen zu haben.

11.9 Zwischenergebnis

Die Ökonomen des IfW teilten die diversen Ideologiebestandteile des Nationalsozialismus in unterschiedlichem Maße. Jene von Aly und Heim als „Vordenker" identifizierten Meinhold und Donner, die das IfW verließen um tatnähere Beschäftigungen am Institut für deutsche Ostarbeit bzw. im Vierjahresplan zu suchen, stellen ein Extrem eines breiten Spektrums dar. Bei den Schleswig-Holstein betreffenden Forschungen aus den späten 1930ern fielen die nahe an der Blut-und-Boden-Ideologie liegenden Berichte Siebkes sowie die gegen A. Webers Standorttheorie gerichteten Berichte Meinholds aus dem IfW-Mainstream der Verwendung klassischer wirtschaftswissenschaftlicher Denkweisen und der Fokussierung auf ökonomische Effizienz heraus. Meinhold entschloss sich im Jahr 1941 ins Generalgouvernement zu wechseln, um nun endlich aus seinen Forschungen konkrete Politik werden zu lassen und den kleinräumigen Landesplanungen zu entkommen. Den von Jessen nach Kiel geholten Donner hielt es noch kürzer dort und er wechselte auf einen führenden Posten in die Vierjahresplanbehörde.

Länger am IfW blieben jene, die sich mehr am technokratischen Ende der Bandbreite der im IfW erlaubten Meinungen befanden, wie beispielsweise W.G. Hoffmann. Dieser hatte ja in seinem Bericht über die Intensivierungsmöglichkeiten in der Landwirtschaft auch soziale Verbesserungen in Südosteuropa gefordert und wohl tatsächlich geglaubt, Kredite und wirtschaftswissenschaftliche Hilfen aus Deutschland seien hierfür ein gangbarer Weg. Der Kontext seiner Arbeit war zwar darauf gerichtet, eine deutsche Dominanz über Europa zu erreichen, aber nationalsozialistischen Vorstellungen einer „Herrenrasse" hing er selbst nicht an. Auch antisemitische Äußerungen oder spezifische gegen Juden gerichtete wirtschaftspolitische Vorschläge finden sich nicht bei IfW-Mitarbeitern, wohl aber bei ihren Partnern. Diese erwarteten von den Kieler Ökonomen fachwissenschaftliche Arbeit und brachten ihrerseits den Antisemitismus arbeitsteilig in die Kooperation ein. Beispielsweise war dies in der SOEG der Fall, wo Rafelsberger tätig war, der sich, unter anderem in Zusammenarbeit mit dem nun im RWM beschäftigten Donner, an der Ausgrenzung und Ausbeutung von Juden in Wien beteiligt hatte.[311]

Behauptungen über eine in Deutschland bestehende Raumnot, ein Kernbestandteil nationalsozialistischer Ideologie mit der ein notwendiges Expansionsstre-

311 Vgl. Aly und Heim (1991), S. 38 – 43.

ben, ein Kampf mit anderen „Rassen“ um „Lebensraum“ und die Vernichtung von zig Millionen Menschen begründet wurde, finden sich in den IfW-Gutachten nicht. Dies liegt wohl vor allem daran, dass in der zweiten Hälfte der 1930er Jahre standortbedingt die Provinz Schleswig-Holstein das hauptsächliche Studienobjekt der Raumforschung darstellte. Dort gab es keine „überfüllten“ Großstädte und der Agrarsektor war von einer Landflucht betroffen, sodass selbst Meinhold hier eine „Euthanasie“ ablehnte. Allerdings zeigt die intensiv betriebene Raumforschung für die Landesplanung der Provinz, dass sich die Mitarbeiter des Instituts sehr ernsthaft und aus eigenem Antrieb bemühten, dem Regime bei der Erreichung seiner rüstungswirtschaftlichen und völkischen Ziele (z. B. Luftschutz, Siedlungsbollwerk nach Norden) zu helfen. Anders als in den Forschungen über Ost- bzw. Südosteuropa der ehemaligen und künftigen IfW-Mitarbeiter Anderson, Donner, Meinhold und Zotschew, findet sich selbst im Projekt zur „Intensitätssteigerung in der europäischen Landwirtschaft“ nicht die Konstruktion eines „Überbevölkerungsproblems“. Allerdings wurde eine Rückständigkeit und ineffiziente Nutzung des Produktionsfaktors Arbeit festgestellt, die zu beseitigen – und damit die gesamte Wirtschaftsstruktur Südosteuropas umzugestalten – in der Kompetenz deutscher Ökonomen liege. Auch in den Forschungen über die „Wirtschaftserschließung des Ostens“ und des „Ergänzungsraums Afrika“ finden sich keine Behauptungen über eine Überbevölkerung. Ein brutaler Umgang mit der lokalen Bevölkerung wurde allerdings befürwortet, beispielsweise bei Zwangsumsiedlungen von polnischen Bürgern für den Weichselausbau oder der Ausbeutung der Menschen Ostafrikas.

Im Gegensatz zu Aly und Heim habe ich mich nicht auf die Leiter wissenschaftlicher Institute konzentriert und auch nicht auf jene Ökonomen, die es in die tatkräftige Realisierung ihrer sozial- und wirtschaftspolitischen Pläne drängte. Die von mir in den Blick genommenen IfW-Raumforscher waren im doppelten Sinn keine *Vor*denker, sondern *Nach*denker. Erstens zeigt die von der Mitte der 1930er Jahre bis 1942/43 erfolgte Ausweitung und dann bis zum Kriegsende 1945 sich rasch verringernde Ausdehnung des geographischen Rahmens der Forschung, dass diese den sich verändernden Rahmenbedingungen nicht vorgriff, sondern stets reagierte. Erst nach der Schaffung der Landesplanungsbehörden wurde die FfSHW eingerichtet und ebenfalls erst nach der Eroberung Polens begann das IfW im Rahmen des ersten RAG-Kriegsforschungsprogramms mit seinen Weichsel- und Ostseeprojekten. Die Abteilung für Ostforschung wurde ebenfalls erst in Reaktion auf den Angriff auf die Sowjetunion gegründet und auch die Afrikaforschung begann erst dann so richtig, als bei den diversen politischen Stellen bereits entsprechende Stäbe eingerichtet waren.

In der rückblickenden Bewertung bedeuten diese zeitlichen Abfolgen jedoch keineswegs eine „Entlastung“ für das IfW. Es zeigte sich nämlich durchaus bereit, sich in typischer Weise als „Nachplaner bereits beschlossener oder zentral vorangetriebener Maßnahmen“[312] zu betätigen. Die Betrachtung der Russland-Forschung zeigt

---

312 Raphael (2001), S. 38.

exemplarisch, wie das IfW sich ohne gedrängt zu werden und mit großem eigenem Aufwand an der Begleitforschung von so ungeheuren Verbrechensplänen wie dem Generalplan Ost oder dem Hungerplan beteiligen wollte. Auch besteht keinerlei Zweifel am Willen des IfW, in seinen vielen Berichten offene oder versteckte Handlungsvorschläge zu machen, um dem Regime bei der Erreichung seiner Ziele zu helfen. Ferner belegt das Einkalkulieren eines Luftkriegs in der schleswig-holsteinischen Raumforschung bereits in der Mitte der 1930er Jahre die Hilfe des Instituts bei der Vorbereitung auf den angestrebten Krieg – auch wenn es keine Anstöße zur Führung eines solchen leistete. Im nachfolgenden Kapitel werde ich am Beispiel Norwegen zeigen, wie das Institut zudem in die Vorbereitungen eines Angriffskriegs eingebunden war. Auch hier ist keine Vordenkerposition festzustellen, sondern die Leistung bestand aus dem Nachdenken über die wirtschaftlichen Implikationen des bereits beschlossenen Angriffs und einer Besatzung sowie aus der Lieferung militärisch verwendbarer Informationen.

Der zweite Grund für meine Charakterisierung der Kieler Ökonomen als „Nachdenker" liegt in der zeitgenössisch nicht untypischen und seit Gründung des IfW als Objektivitätsdogma verankerten vorgeblich unpolitische Haltung. Auf den Punkt gebracht wurde dies vom Doktoranden Trittelvitz, der betonte, seine rein wirtschaftswissenschaftlichen Überlegungen seien noch nicht „auf das politische Moment der Raumordnung abgestimmt".[313] Die IfW-Mitarbeiter betrieben keine Pseudowissenschaft, sondern suchten durch eine stark empirisch fundierte Methodologie echte Erkenntnisse über die Wirklichkeit zu gewinnen. Mit diesen sollte die Politik des NS-Regimes mit ökonomischer Vernunft versehen werden. Sofern es sich in den entsprechenden Berichten um Kritik handelt, war diese konstruktiv gemeint. Überblickt man die stete Akquise von Raumforschungsaufträgen, dann wussten die verantwortlichen Exekutivstellen diese offenbar zu schätzen. Aus Kiel wurden ihnen Angebote gemacht, die bei der Erreichung ihrer Raumplanungsziele helfen sollten. Beispielhaft ist die Forschung W.G. Hoffmanns zur „Intensitätssteigerung in der europäischen Landwirtschaft". Die groben Züge, nämlich die Ausbeutung der Getreideproduktion des Balkans und die Durchsetzung der eigenen Rassepolitik, wurden vom IfW als von der Politik gelieferte Leitlinien registriert und akzeptiert. Das Institut verstand sodann seine eigene Aufgabe darin, bei der Umsetzung zu helfen, indem es ein Großraummodell unter Einbeziehung weiterer beherrschter Ökonomien (in diesem Fall die Viehwirtschaft Dänemarks) entwarf, das geeignet war, die deutsche Hegemonie über die militärische Dominanz hinaus weiter zu festigen. Der erhoffte Erfolg in der Ausnutzung dieses Großraums blieb allerdings aus, was hinter verschlossenen Türen auch Kooperationspartner des IfW eingestanden.[314]

---

313 Trittelvitz (1940 [01.1938]), S. 9.

314 So beispielsweise Emil Woermann, Leiter des Berliner Instituts für Europäische Landbauforschung und Ernährungswirtschaft, im Frühjahr 1943, vgl. Corni und Gies (1997), S. 553–554. Das Institut war erst kurz zuvor gegründet worden und hatte insbesondere von Januar bis März 1943 vom IfW

Die Frage der Motivation der IfW-Forscher ist mangels Ego-Dokumenten nur schwer zu beantworten. Es waren wohl auch bei ihnen die bereits in der neueren Geschichtsforschung bekannten Beweggründe bestimmend. Dazu gehörten die Faszination für die riesige Dimension der neuartigen Raumplanung, die Anziehungskraft reichlich vorhandener Forschungsförderung, die technokratische Machtoptionen bei weitgehender Abwesenheit von einschränkenden Tabus sowie die Nähe zur Praxis.[315] In diesem Zusammenhang erscheint bedeutsam, dass das IfW nur selten Westforschung betrieben hat. Angesichts seiner personellen und institutionellen Ressourcen wäre es wohl möglich gewesen, es dem RWI gleichzutun und sich an „der Schnittstelle zwischen West- und Raumforschung“[316] zu positionieren. Die Frankreich und die Benelux-Länder betreffende Raumplanung war aber nicht nur von viel kleinerer Dimension als die Ostraumforschung. Hier wären auch hemmende moralische Bedenken zum Zuge gekommen, da die westeuropäischen Nationen und ihre Wirtschafts- und Gesellschaftsordnung einen höheren Stellenwert in dem im „Dritten Reich“ vorherrschenden Weltbild besaßen als Osteuropäer oder Afrikaner. In ihren Raumforschungsarbeiten über den Balkan oder Ostafrika konnten die IfW-Ökonomen nur deshalb bedenkenlos tiefgreifende Änderungen des bestehenden Aufbaus der Wirtschaft und Gesellschaft diskutieren und vorschlagen, weil sie den dort lebenden Menschen weder als Individuen noch als Kollektive einen eigenen Wert beimaßen. Dass sie das Recht hatten, die Zerstörung des historisch Gewachsenen in Betracht zu ziehen und die jeweiligen Bevölkerungen zu entmündigen und brutal zu behandeln, war für die Ökonomen selbstverständlich. In den Berichten Lenschows und Stoltzenburgs ist die Fixierung auf wirtschaftliche Effizienz deutlich zu erkennen.

Die Raumforschung des IfW lieferte mit der Verwendung von eigentlich im Regime verpönten Denkmustern (z. B. Standorttheorie A. Webers, Homo Oeconomicus) nicht selten Ergebnisse, die außerhalb der herrschenden Meinung lagen. Ergebnisse wie jene zur Frage eines Indexes der Notgemeinschaftsgebiete wurden sogar von führenden Wissenschaftsfunktionären abgelehnt. Die Kieler verließen jedoch nie die „‚breite Konsenszone‘ zwischen der weltanschaulich nur vage festgelegten NS Bewegung und einer dominanten Strömung deutscher Wirtschaftswissenschaft.“[317] Abweichungen waren keineswegs systemkritisch, sondern systemstabilisierend gemeint. Damit nutzte das IfW den im Regime gestatteten Freiraum und ist ein Beleg dafür, dass die Aufrechterhaltung der Verwaltungsautonomie der Wissenschaft in Verbindung mit ihrer Selbstausrichtung funktioniert hat. Entsprechend forderte sei-

Auftragsarbeiten über den „Außenhandel Europas“ mit Nahrungsmitteln erhalten. Arbeiten der Abteilung Marktforschung und Statistik, in: HS IfW, Hs Allg. 21.

315 Vgl. Heim (2000), S. 90. Möglicherweise kam auch der von Heim noch genannte Aspekt der Loyalität mit der „im Krieg befindlichen Nation“ hinzu. Auch Klaus Schwabe vermutet einen „Solidarisierungseffekt, der sich mit der Gefährdung der nationalen Existenz Deutschlands durch den Krieg einstellte.“ Schwabe (1989), S. 332.

316 Engels (2007), S. 15.

317 Heinemann und Wagner: Einleitung, in: Heinemann und Wagner (Hg.) (2006), S. 9.

nerzeit auch Predöhl zu erkennen, dass der „Eindruck der Zersplitterung [...] nichts anderes ist, als ein Zeichen inneren Reichtums."[318] Mit dieser Selbstausrichtung und geduldeten Mehrstimmigkeit war ein hohes Maß an arbeitsteiliger Kooperation verbunden. Es gab andere speziell auf die betreffenden Regionen ausgerichteten Institute, die beispielsweise auch 1939/40 am Themenbereich „Wirtschaftserschließung des Ostens" interessiert waren. Das IfW wurde jedoch ebenfalls beteiligt, weil ihm im Bereich Verkehrsplanung hohe Kompetenzen zugeschrieben wurde. Ebenso verhielt sich dies bei der Südosteuropaplanung, wo es für die Einordnung in den Gesamtzusammenhang der Europäischen Großraumwirtschaft zuständig sein wollte, während die kleinräumigeren Analysen anderen Stellen überlassen wurden.

Eine Mehrstimmigkeit wurde auch innerhalb des IfW geduldet. Dies betraf nicht nur die sprachliche Gestaltung und die Methodik, sondern auch konkrete Politikvorschläge. Schlug Casper 1940 einen Ausbau der Weichsel anstelle der Oder vor, votierte ein Jahr darauf ein anderer Bericht für die Oder anstelle der Weichsel. Wollte Lenschow in Afrika nur mittels einiger Kolonisatoren unter Beibehaltung bisheriger Stammesordnungen ausbeutend tätig werden, so verlangte Stoltzenberg eine unmittelbare deutsche Kontrolle und Investitionen in eine in hohem Maße staatlich gelenkte Wirtschaft. Im Effekt war diese Mehrstimmigkeit geeignet, eine sehr breite Palette an Auftraggebern zu bedienen und in verschiedenen politischen Kontexten zu funktionieren. Wichtig war, dass gerade im Zweiten Weltkrieg viele Institutsberichte ohne Nennung des Verfassers ausgegeben wurden und das Institut nur durch wenige ausgewählte Personen in den RAG-Arbeitskreissitzungen und in Gremien wie die SOEG vertreten war. Dies sicherte zum einen ein geschlosseneres Auftreten des IfW und stärkte damit seine Stellung. Zum anderen wurden die Verfasser der anonymisierten Berichte vielfach auf Abstand von den Auftraggebern gehalten und ihnen somit ein höheres Maß an Denkfreiheit ermöglicht.

Die IfW-Raumforscher strebten danach, NS-Ziele mit wirtschaftlicher Vernunft zu verbinden und die angewandte Politik zu optimieren, ganz so wie dies Predöhl mit seinem „Völkischen Optimum" modellhaft dargestellt hatte. Wie etwa auch die Wiener Raumforscher stellten sie wissenschaftliche Ressourcen für die deutsche Eroberungs- und Besatzungspolitik bereit.[319] Die Grundzüge der Politik wurden nicht vorgedacht, oftmals aber als Ergebnis wirtschaftlicher Notwendigkeiten dargestellt und in der Öffentlichkeit legitimiert. Eine deutsche Hegemonie über Europa mache die Wirtschaft der einzelnen Staaten effizienter und sei damit angemessen, so die Logik. Die afrikanischen Kolonialbevölkerungen würden bisher verschwendet und müssten nachhaltiger ausgebeutet werden. Wen die Behauptung von der Minderwertigkeit der „Neger" oder der Osteuropäer nicht überzeugte, der konnte also auf die IfW-Berichte verwiesen werden. Dort wurden die Betroffenen entmenschlicht und als Produkti-

318 Predöhl: Wirtschaftswissenschaft als politische Wissenschaft, in: Frontsoldatenbriefe der Rechts- und Staatswissenschaftliche Fakultät, Heft 9, Dezember 1943, S. 7, in: ZBW, YY 3116.

319 Vgl. Petra Svatek: „Das südöstliche Europa als Forschungsraum". Wiener Raumforschung und „Lebensraumpolitik", in: Flachowsky, Hachtmann und Schmaltz (2016), S. 117–118.

onsfaktor gleich dem Kapital behandelt, mit den Kategorien Produktivität und Verschleiß als maßgeblichen Parametern. Das im Institut gepflegte Wirtschaftsverständnis war mit genuin nationalsozialistischen Raumplänen nicht nur vereinbar, sondern ergänzte es und schuf damit der Politik ein weiteres Standbein.

Vor dem Hintergrund der damals wie heute offenen Verwendungsmöglichkeiten der Raumforschung ist es wichtig, in die eingangs dieses Kapitels zitierte Definition auch normative Elemente einzuschließen.[320] Das Bestreben eine unpolitisch-objektive Wissenschaft betreiben zu wollen bietet hingegen nicht nur keinen Schutz vor der Vereinnahmung durch verbrecherische Regime, sondern hat, wie dieses Kapitel zeigt, ein entsprechendes Funktionieren der Wissenschaft begünstigt.[321]

320 Vgl. Gerd Turowski: Raumplanung (Gesamtplanung), in: ARL (2005), S. 893 – 898, Zitat S. 895.
321 Ähnlich bezüglich der Kaiser-Wilhelm-Gesellschaft: Carola Sachse: Visionen, Expertisen, Kooperationen: Forschen für das „Dritte Reich“ – Beispiele aus der Kaiser-Wilhelm-Gesellschaft, in: Hirschfeld und Jersak (Hg.) (2004), S. 282.

12 „Kriegswirtschaftliche Forschungsarbeiten“ (1938–1945)

Im November 1939, keine 100 Tage nach dem deutschen Angriff auf Polen, meldete der IfW-Direktor Predöhl dem REM:

> Die Kriegsdienste des Instituts sind in der Tat von allen entscheidenden Stellen – OKW, AA, RWM, Oberprisenhof, Reichspropagandaministerium u. a. – in einem Ausmaß und mit einer Anerkennung in Anspruch genommen worden, die meine Erwartungen noch erheblich übertroffen haben.[1]

Zu den „u. a.“ gehörten das „Stabsamt Ministerpräsident Göring“, alle drei Teilstreitkräfte (Luftwaffe, Marine und Heer) sowie in einem Fall die Reichsführung SS.[2] Der mit Abstand bedeutendste Auftraggeber in diesen Monaten und während des Krieges bis 1942 war allerdings das Wehrwirtschaftsamt.[3] In diesem Kapitel wird zunächst diese Wehrmachtsdienststelle mit ihren Aufgaben in der Kriegswirtschaft und in der Führung des Wirtschaftskrieges vorgestellt. Anschließend untersuche ich, wann und wie das IfW seine Auftragsforschungen für die Militärs aufnahm und welche Motivationen beide Seiten verfolgten. Nach einer Vorstellung der Produkttypen, Schätzungen zum Umfang der Forschung sowie einer Betrachtung der extra eingerichteten Abteilung für Marktforschung führe ich eine Analyse anhand einzelner Fälle durch. Um zu erfahren, ob das IfW bei der Vorbereitung und Durchführung von Angriffskriegen eine Rolle spielte, wird exemplarisch die Forschung zu Norwegen in den Jahren 1939–40 sowie zur Sowjetunion in den Jahren 1939–42 untersucht. In Berücksichtigung der engen Verflechtung des deutschen Militärs mit der Industrie folgt ein Unterkapitel zur Kontinentalen Öl-Aktiengesellschaft (Konti Öl). Die exemplarischen Zugänge sind von folgenden Hauptfragen geleitet: Welche Dienstleistungen lieferte das IfW und wie wandelten sich diese mit der Zeit? Wie waren Wissenschaftler in die Beratung und die Informationsbeschaffung des Wehrwirtschaftsamts eingebunden und wofür wurden die Auftragsarbeiten verwendet? Welche Haltung nahmen das IfW und sein Direktor Predöhl zur strategischen Ausrichtung des Wehrwirtschaftsamts ein?

1 Predöhl an REM, 23.11.1939, in: BA, R 4901/14813, Bl. 256.

2 IfW: Kriegswirtschaftliche Forschungsarbeiten seit September 1939, Juli 1940, in: Ebd. Der (verschollene) bericht für die Reichsführung SS lautete: Die Auswirkungen einer Blockade der Zufuhr aus den Ostseeländern und Norwegen auf die britische Versorgungslage.

3 Dies gab Predöhl später auch zu. Predöhl: Zur Geschichte des IfW (ca. 1953), S. 37, in: HS IfW.

https://doi.org/10.1515/9783110658873-012

12.1 Das Wehrwirtschaftsamt und seine Aufgaben in der Kriegswirtschaft

Der Vorschlag zur Gründung des Wehrwirtschaftsamts war bereits im Jahr 1928 vom Weltkriegsveteranen Georg Thomas (1890 – 1946) gemacht worden.[4] Das damit verbundene Vorhaben, die deutsche Wirtschaft in einen Zustand der Kriegsbereitschaft zu versetzen, wurde völkerrechtswidrig bereits vor 1933 mittels schwarzer Kassen begonnen und wird rückblickend als einer der Vorläufer des Vierjahresplans bezeichnet.[5] Die Machtübernahme der Nationalsozialisten eröffnete Thomas erweiterte Möglichkeiten zur Realisierung seiner Pläne und ab 1934 leitete er jene Dienststelle, aus der schließlich das Wehrwirtschaftsamt wurde (auch Wehrwirtschafts- und Rüstungsamt bzw. Feldwirtschaftsamt genannt).[6] Im Zweiten Weltkrieg wurde es als Amtsgruppe direkt dem Oberkommando der Wehrmacht (OKW) unterstellt und Thomas 1940 in den Generalsrang befördert. Im Laufe des Jahres 1942 wurde er jedoch weitgehend kaltgestellt und wesentliche Teile der Kompetenzen seines Wehrwirtschaftsamts abgespalten und Speers Rüstungsministerium zugeschlagen. Unter Speer wurde bald ein Planungsamt mit Hans Kehrl als Leiter gegründet, dessen „Wissenschaftlicher Beratungsstelle“ ähnliche Aufgaben bearbeitete (siehe Kapitel 13.8). Thomas’ erzwungenes Ausscheiden Anfang 1943 gründete sich auf dessen konstruktiv gemeinter, aber gleichwohl unerwünschter Kritik an der Rüstungspolitik und Kriegsstrategie. Kontakte zur Militäropposition wurden ihm später zum Verhängnis, als er wegen angeblicher Beteiligung am 20. Juli verhaftet wurde.[7] Letztlich konnte Thomas ebenso wenig wie andere Angehörige der alten Militärelite verhindern, dass die Kriegswirtschaft des Reiches „ein verwirrender bürokratischer Apparat [war], hinter dessen Fassade zahlreiche Machtkämpfe abliefen“.[8]

Mit seinem Wehrwirtschaftsamt hatte Thomas sich in vier Tätigkeitsbereiche einschalten wollen. Erstens wollte er die strategischen Leitlinien der Wirtschaftskriegführung mitbestimmen. Er glaubte – selbst nach den Erfolgen der Angriffe der Jahre 1939 und 1940 – nicht an den Erfolg der Blitzkriegstrategie und setzte sich für eine nachhaltige Strategie ein, die auf eine langfristigere Kriegsführung ausgelegt war. Hierbei scheiterte er weitgehend, weshalb er als einer der „erfolglosesten Generale des Dritten Reiches“[9] gilt. Zweitens wollte Thomas die Ressourcenzuteilungen in der Rüstungswirtschaft koordinieren. Auch hier hatte er es schwer, sich gegen unzählige

4 Zum Amt und zu Thomas, siehe Lübbers (2010) und Peter (2011). Die Denkschrift ist abgedruckt in: Birkenfeld (1966), S. 489 – 497.

5 Vgl. Peter (2011), S. 248. Göring verschaffte sich einen großen Einfluss auf das Wehrwirtschaftsamt.

6 1935 – 1939: Dienststelle „Wehrwirtschafts- und Waffenwesen“, 11.1939 – 1942: Wehrwirtschafts- und Rüstungsamt. Im Frühjahr 1942: Aufspaltung in ein Rüstungsamt und ein Wehrwirtschaftsamt/-stab. Ab 03.1944: Feldwirtschaftsamt.

7 Vgl. Birkenfeld (1966), S. 9 und S. 4. Thomas starb in US-amerikanischer Kriegsgefangenschaft.

8 Peter (2011), S. 249.

9 Geyer (1980), S. 450.

Rivalen im „organisierten Chaos“ (Dieter Rebentisch)[10] durchzusetzen. Drittens sollte das Wehrwirtschaftsamt bedeutende Aufgaben im Bereich der Informationsbeschaffung über die Wirtschaft und das Rüstungspotential gegenwärtiger und künftiger Kriegsgegner sowie der Verbündeten und Neutralen übernehmen. Um diese Aufgabenfelder zu bearbeiten, wurden mehrere Gruppen eingerichtet, die sich mit einzelnen geographischen Regionen beschäftigten.[11] Daneben existierte praktisch während der gesamten Kriegszeit die „Sondergruppe N“ (Nachrichtenmaterial).[12] Letztere zählte zu ihren Aufgaben die Verwaltung einer Bücherei und eines Geheimarchivs, die Beschaffung von wissenschaftlichem Arbeitsmaterial, die Pflege der Verbindungen zu einem dichten Netz von wissenschaftlichen Instituten sowie die Vergabe von Forschungsaufträgen.[13] Viertens sollten Thomas’ Untergebene dafür sorgen, dass bei Militäroffensiven die eroberten wirtschaftlich interessanten Anlagen und Bestände gesichert und rasch nutzbar gemacht wurden.

General Thomas und sein Wehrwirtschaftsamt haben in Übersichtsdarstellungen über die deutsche Kriegswirtschaft im Zweiten Weltkrieg einen festen Platz.[14] Vor allem die Beteiligung am Überfall auf die Sowjetunion[15] sowie an der Besetzung und Ausbeutung anderer Staaten wurde ausgiebig untersucht.[16] Trotz dieser Prominenz darf die Rolle des Wehrwirtschaftsamts nicht überschätzt, sondern muss als eine Institution im Rang der „militärischen Mittelinstanz“[17] gewertet werden, die es zwar versucht, aber nur in Ansätzen vermocht hatte, eine Stellung als Schaltzentrale zu erlangen.[18] Thomas zählte nicht zur Elite der Generäle,[19] hat aber die Aufnahme seines Amtes in die Geschichtsbücher wesentlich selbst begünstigen können. Nachdem er kaltgestellt worden war, machte er sich daran, eine Rechtfertigungsschrift zu verfas-

10 Siehe hierzu den von Gerhard Otto und Johannes Houwink ten Cate herausgegebenen Sammelband (1999).

11 Schemata der Wehrwirtschaftsorganisationen, 1939 bis Sommer 1942, in: BA-MA, RW 19/595, Bl. 1–15.

12 Diese Gruppe firmierte von 1939–1942 als „Wi Ausland“, bzw. „Wi VIII“, 1942 zeitweise als „3. Abteilung (Z)“, ab 1943 als „W Stab (Ausl.) N“ und ab 1944 als „Sondergruppe N“.

13 Siehe beispielsweise die auch für andere Jahre zutreffende Aufgabenverteilung im KTB des Wehrwirtschaftssamts für das zweite Quartal 1943, in: BA-MA, RW 19/399, Bl. 84.

14 Vgl. Kehrl (1973), Teichert (1984), ten Cate (1999), Volkmann (2003) und Tooze (2006). Herbst (1982) streift Thomas dagegen nur. Eichholz (2003, 2006a, 2006b) sowie ferner der DDR-Historiker Schnitter (1962).

15 Vgl. Rolf-Dieter Müller (1984), Gerlach (1999) und insbesondere Lübbers (2010).

16 Vgl. Klemann und Kudryashov (2012) sowie beispielsweise Norwegen betreffend Robert Bohn (2000) und Schröter (1999).

17 Fröhlich (2013), S. 101.

18 Rolf-Dieter Müller spricht sogar von einem „kläglich gescheiterte[n] Versuch“ (1999a), S. 344. Fröhlich hat dieses Urteil abgeschwächt, vgl. Fröhlich (2013).

19 Smelder und Syring (1997) zählen ihn nicht zu den Top 27 der „Militärelite“ des Reiches. In den von Gerd Ueberschär herausgegebenen Kurzbiografien der 68 bedeutendsten Militärs des „Dritten Reichs“ ist er dagegen vertreten, vgl. Peter (2011).

sen, die posthum veröffentlicht wurde.[20] Damit verbunden war eine Sammlung, Ordnung und Sicherung der Akten des Wehrwirtschaftsamts.[21] Anschließend wurden die Akten hauptsächlich von britischen und amerikanischen Truppen erbeutet, was bedeutete, dass der Bestand des Wehrwirtschaftsamts zusammengehalten und sorgfältig behandelt wurde. Ab den 1950er Jahren wurden sie an das Bundesarchiv-Militärarchiv zurückgegeben.[22] Entsprechend bilden das dort recht vollständig erhaltene „Geheimarchiv“ der Sondergruppe N, in dem auch hunderte Auftragsarbeiten des IfW überliefert sind, sowie die detaillierten Kriegstagebücher des Wehrwirtschaftsamts eine hervorragende Quellengrundlage. Von einer Vielzahl der grundsätzlich in zwei Exemplaren an das Wehrwirtschaftsamt gelieferten Berichte des IfW kam dann in den 1950er und 60er Jahren jeweils eines nach Kiel zurück und ist heute in der ZBW einsehbar.

Trotz der recht intensiven Beschäftigung mit dem Wehrwirtschaftsamt wurden dessen Kooperationen mit wirtschaftswissenschaftlichen Forschungseinrichtungen noch kaum beachtet.[23] Dabei war bereits 1968 ein Problemaufriss formulierte worden: „Die von ihm [Predöhl] selbst erläuterte Tätigkeit des Weltwirtschaftsinstituts für den ‚Wehrwirtschaftsstab der sich generalstabsmäßig auf alle Schachzüge der Kriegsführung vorbereitete‘ zeigt in aller Deutlichkeit, wie die Wirtschaftswissenschaft in den Dienst der nationalistischen Eroberungspolitik gestellt wurde.“[24] Diesem und späteren Hinweisen wurde bisher noch nicht nachgegangen und die exkulpierenden Selbstdarstellungen von Instituten wie dem IfW oder dem DIW noch nicht hinterfragt.[25]

12.2 „seit geraumer Zeit auf den Ernstfall vorbereitet“

Um eine kriegsbedingte Schließung zu verhindern, schrieb Predöhl eine Woche nach Beginn des Zweiten Weltkriegs an das REM: „Das Institut für Weltwirtschaft hat sich bereits seit geraumer Zeit auf den Ernstfall vorbereitet.“[26] Diese Vorbereitung war

---

20 Vgl. Thomas (1966).

21 Vgl. Birkenfeld (1966), S. 22.

22 Vgl. Astrid M. Eckert (2004), insb. S. 44 und S. 117

23 Thomas nahm früh an einer Arbeitsgemeinschaft der Gesellschaft für Wehrpolitik und Wehrwissenschaft teil. Vgl. Sywottek (1976), S. 92. In Lübbers (2010) tauchen wirtschaftswissenschaftliche Institute nicht auf. Ich danke ihm sehr für die Zusendung seiner nicht veröffentlichten Abschnitte. Der sonst umsichtige marxistische Historiker Eichholtz konzentrierte sich auf die Privatwirtschaft. Eichholtz (2003, 2006a, 2006b).

24 Seeliger (1968), S. 11.

25 Vgl. Volkmann (2003), S. 227. DIW-Selbstdarstellungen: Wagenführ (2006 [1954]) und Krengel (1986).

26 Predöhl an REM, 06.09.1939, in: BA, R 4901/14813, Bl. 186.

tatsächlich bereits einige Jahre zuvor begonnen worden.[27] Im Herbst 1936 hatte Predöhl an einem zweimonatigen Reserveoffizierskurs teilgenommen, teils aus intrinsischer „Liebe zum Militär", teils aus der Motivation heraus, dem IfW und sich selbst ein gutes Verhältnis zur „zunehmend mächtiger werdenden Wehrmacht" zu sichern.[28] Als das Wehrwirtschaftsamt dann im Frühjahr 1938, kurz nach der Blomberg/Fritsch-Krise und dem in Anschluss eingeschlagenen Kurs auf militärische Eskalation, bezüglich einer möglichen Kooperation an das IfW herantrat, zeigte sich dessen Direktor hierfür sehr offen.

Ein wesentliches Aufgabengebietes des Wehrwirtschaftsamts lag im „Studium der wehrwirtschaftlichen Kraft der vermutlichen Feind- und Freundesstaaten".[29] Ab 1938 sondierte Thomas hierfür Informationsquellen. Dazu gehörten von Beginn an öffentlich-rechtliche Forschungsinstitute, wie beispielsweise das Kaiser-Wilhelm-Institut für Internationales Recht. Ein halbes Jahr vor der Annexion des Sudetenlands beriet es die Wehrmacht über „Völkerrecht und Verkehrsfragen der Tschechoslowakei und deren wehrwirtschaftliche Auswirkungen".[30] Im März 1938 wurde dann ein von der Wehrmacht kontrolliertes Institut für wehrwirtschaftliche Forschungen aufgelöst und durch eine größere Wehrwirtschaftliche Forschungsstelle unter der Leitung von Dr. Paul Wiel ersetzt.[31] Kurz darauf nahm das Wehrwirtschaftsamt zeitgleich mit dem IfW und dem HWWI Kontakt auf und vergab testweise erste Aufträge.[32] Im Fall des IfW war das Ergebnis ein im Mai fertiggestellter Bericht über „Die wehrwirtschaftliche Bedeutung West- und Nordeuropas für Deutschland". Darin wurde die Abhängigkeit des Reichs von Skandinavien hervorgehoben, insbesondere wegen des Eisenerzbezugs aus Schweden und der landwirtschaftlichen Veredelungsproduktion Dänemarks.[33] In den Jahren 1939/40 sollten diese beiden Themen dann einen Schwerpunkt der Auftragsforschung des IfW bilden. Eine Auslandsabhängigkeit bestand aus Sicht des IfW nicht nur bezüglich der Nahrungsmittel- und Rohstoffimporte, sondern wegen der Exporte. Die Länder West- und Nordeuropas bezogen nämlich mehr als 40 % aller

---

27 Nach eigenen Angaben hatte das IfW bereits 1934 Forschungen für das Reichswehrministerium aufgenommen. Predöhl an Bachér (REM), 28.11.1934, in: BA, R 4901/1217, Bl. 354.

28 Beide Zitate in: Predöhl: Zur Geschichte des IfW (ca. 1953), S. 18, in: HS IfW.

29 Thomas (1966), S. 84.

30 Wochenberichte der Gruppe Wi IV des Wehrwirtschaftsamts, 26.03.1938, in: BA-MA, RW 19/238, Bl. 315.

31 Wochenberichte des Wehrwirtschaftsamts, 24. und 31.03.1938, in: BA-MA, RW 19/238, Bl. 318, 310. Für das von Joseph Bader geleitete Instituts für wehrwirtschaftliche Forschungen hatte das Wehrwirtschaftsamt über 100.000 RM ausgegeben. BA-MA, RW 19/3258. Zu Weil, siehe Reichherzer (2012), S. 181–184. Wiels Stelle ist nicht mit Otto Donners Forschungsstelle für Wehrwirtschaft (FfW) im Vierjahresplan zu verwechseln.

32 Auch Wiel besuchte das IfW, ebenso das DIW und das Osteuropainstitut in Königsberg. Wiel: Erinnerungen. Band 2: Auszüge zur Entwicklung der Wehrwirtschaftlichen Forschungsstelle. Ich danke Oliver Werner für die Weiterleitung dieser unveröffentlichten Schrift.

33 Vgl. IfW: Die wehrwirtschaftliche Bedeutung West- und Nordeuropas für Deutschland, Mai 1938, S. 68, in: ZBW, C 28384 und BA-MA, RW 19/3902.

deutschen Ausfuhren. Ein Ausfall dieser Abnehmer würde im Hinblick auf die überaus angespannte deutsche Devisenlage „sehr bedenklich“[34] sein. Bei diesen qualitativ zumeist hochwertigen Exportwaren könnten andere Staaten nicht einfach an ihre Stelle treten. Damit widersprachen die Kieler den zu dieser Zeit häufig geäußerten Behauptungen, ein südosteuropäischer „Ergänzungsraum“ könnte die nord- und westeuropäischen Handelspartner ersetzen.

Das IfW stellte militärstrategische Überlegungen an und kalkulierte, dass die im Außenhandel auf die deutsche Wirtschaft angewiesenen Skandinavier sich an einer von Westeuropa – also den wahrscheinlichen Kriegsgegnern Frankreich und Großbritannien – initiierten Sanktionsfront mutmaßlich nicht beteiligen würden. Das Institut riet deshalb zu einer weiteren Verlagerung des deutschen Außenhandels von Westeuropa auf Skandinavien, um dessen Abhängigkeit zu erhöhen. Die Möglichkeiten Großbritanniens, im Kriegsfall plötzlich das Deutsche Reich als Handelspartner der Skandinavier zu ersetzen, würden damit deutlich verringert.[35] Es handelte sich weniger um ein wirtschaftswissenschaftliches Forschungsergebnis, als vielmehr um ein Memorandum zur Kriegsvorbereitung. Mit dieser Arbeitsprobe bewarb sich Institut beim Wehrwirtschaftsamt für die Vergabe weiterer Auftragsforschungen.[36]

Einige Wochen später im Juni 1938 hielt Thomas einen geheimen programmatischen Vortrag in der Reichsbank mit dem Titel „Weltwirtschaft oder Autarkie“. Darin befürwortete er eine „industrielle Wachstumsstrategie, die begrenzt vom Weltmarkt abhängig sein sollte, und zwar auf der Exportseite weniger als auf der Importseite.“[37] Statt die deutsche Wirtschaft systematisch dem Zustand der Autarkie anzunähern, um dann bei Kriegsbeginn keine großen Umstellungen wegen des Wegfalls von bisherigen Handelspartnern vornehmen zu müssen, wollte Thomas den Welthandel für die Aufrüstung und Vorratssammlung nutzen.[38] Daraus erwuchs die Forderung, die überhitzte Rüstungswirtschaft zu drosseln und durch Exportsteigerungen den stark geschrumpften Bestand an Gold und Devisen zu erhöhen. Ausdrücklich bezog er sich dabei auf „die Wissenschaft, und zwar Professor Predöhl“.[39] Tatsächlich sind Übereinstimmungen der Positionen deutlich erkennbar und auch ein Einfluss des IfW-Berichts aus dem Mai ist festzustellen. Auch öffentlich hatte Predöhl sich ganz ähnlich geäußert, beispielsweise im November 1937: „Export und Weltwirtschaft stehen nicht etwa im Gegensatz zu autarkistischen Bestrebungen auf dem Gebiete der Ernährungs- und Wehrwirtschaft, sondern sie bilden ihre notwendige Ergänzung und Vorausset-

34 Ebd., S. 71.

35 Ebd., S. 86 – 89.

36 Parallel untersuchte die Wehrwirtschaftlichen Forschungsstelle Möglichkeiten der Versorgung aus dem Südosten bei Abschnürung aller sonstigen Handelsbeziehungen in einem Kriegsfall. Wochenberichte des Wehrwirtschaftsamts, 23.06.1938, in: BA-MA, RW 19/238, Bl. 226.

37 Teichert (1984), S. 188 – 189.

38 Vgl. hierzu auch Lübbers (2010), S. 40.

39 Thomas: Weltwirtschaft oder Autarkie als Betrachtung von Seiten der Landesverteidigung, 21.06. 1938, in: BA-MA, RW 19/1285, Bl. 8.

zung."[40] Damit setzte der IfW-Direktor seine bereits 1934 eingenommene Position fort, von allen Ländern der Welt hätten nur die USA und die Sowjetunion das Potential, einen Krieg allein auf Basis der eigenen wirtschaftlichen Ressourcen zu führen.[41]

Thomas hatte für seinen Vortrag die Reichsbank ausgesucht, um sich mit dessen Präsidenten Schacht abzusprechen. Die Fraktion um Thomas, Predöhl und den bald darauf entlassenen Schacht drang jedoch mit ihren Argumenten für eine *Tiefenrüstung* nicht durch. Diese „war durch die industrielle, rohstoffmäßige und über den notwendigen Export außenwirtschaftlich abgesicherte Basis gekennzeichnet, die es der kriegführenden Macht erst ermöglichen würde, seine Kriegsmaschinerie mit dem laufend Notwendigen an Nachschub zu versorgen."[42] Hitler und Göring waren jedoch willens, den gegenwärtigen Kurs der *Breitenrüstung*, die eine hohe Quantität an Kriegsmaterial für einen kurzen Krieg bereitstellen sollte, selbst um den Preis einer Überhitzung der deutschen Wirtschaft fortzuführen. Die Wehrmacht sollte sich nach den ersten Feldzügen ganz wesentlich durch die Ausbeutung der eroberten Gebiete finanzieren.[43]

An der Vereinnahmung der Wirtschaftskraft Österreichs im März 1938, des Sudetenlands im Oktober und der „Rest-Tschechei" im März 1939 hatte das Wehrwirtschaftsamt keinen großen Anteil.[44] Deshalb war es an einer weiteren Aktivierung seiner aufgenommenen Kontakte zu externen Forschungseinrichtungen zunächst nicht interessiert. Diese zeigten jedoch nach der „Sudetenkrise" ihrerseits Initiative und intensivierten ihre Kriegsvorbereitung.[45] Mitte Oktober 1938 reisten fast täglich die Direktoren von Instituten wie IfW, IfK und HWWI zu Besprechungen ins Wehrwirtschaftsamts.[46] Ihnen ging es weniger um die Akquise von Forschungsaufträgen und Drittmitteln, sondern vor allem darum, sich in einem Kriegsfall Uk-Stellungen zu sichern. Sie befürchteten, dass wie zu Beginn des Ersten Weltkriegs die wehrdiensttauglichen Männer eingezogen und ihre Institute de facto lahmgelegt oder sogar geschlossen werden könnten. Das Wehrwirtschaftsamt ließ sich jedoch noch nicht auf entsprechende Vereinbarungen ein, sondern wollte zunächst die Leistungsfähigkeit

---

40 Predöhl (1937a), S. 10.

41 Predöhl (1934a), S. 6–7.

42 Lübbers (2010), 39. Siehe auch Thomas' „Vortragsnotizen über Zweck, Notwendigkeit und Umfang der wirtschaftlichen Aufstellungsvorarbeiten", in: Thomas (1966), S. 489–497. Vgl. auch Geyer (1980), S. 449–463.

43 Hierzu: Jonas Scherner: The Institutional Architecture of Financing German Exploitation: Principles, Conflicts, and Results, in: Scherner und White (2016), S. 43–66.

44 Vgl. Thomas (1966), S. 127–131.

45 Siehe Predöhl: Zur Geschichte des IfW (ca. 1953), S. 35, in: HS IfW. Bereits im Mai 1938 waren Luftschutzübungen abgehalten worden. Greiser: An alle Dienststellen, 13.05.1938, in: ZBW-Archiv, 470, Bl. 2 und Luftschutzgemeinschaft, 15.09.1938, Bl. 15.

46 Am 17.10.1938 erfolgte ein Treffen mit Greiser (IfW), am 20.10.1938 mit Stuebel (IfK) und am 22.10.1938 mit Hausleiter (HWWI). Wochenberichte des Wehrwirtschaftsamts, in: BA-MA, RW 19/238.

der Institute weiter testen und Uk-Stellungen erst versprechen, sobald „die Bewährung der Zusammenarbeit sich zeigt".[47]

Besonders diskret zeigte sich das IfK und ernannte einen institutseigenen „Abwehrbeauftragten" um die Kommunikation mit dem Wehrwirtschaftsamt abzuwickeln. Damit sollten die Institutsmitarbeitern vom Kontakt zum Auftraggeber abgeschirmt werden.[48] Diese Praxis wurde mindestens bis Herbst 1944 fortgeführt: „In vielen Fällen wird [...] den Bearbeitern gar nicht mitgeteilt, wer den Auftrag gegeben hat."[49] Im IfW verfolgte man einen gänzlich anderen Ansatz. Hier wurde den Sachbearbeitern ein hohes Maß an Selbständigkeit belassen und damit sie möglichst nützliche Berichte verfassen konnten, mussten sie über die jeweiligen Auftraggeber und potentiellen Verwendungszwecke Bescheid wissen. Für die gesamte Zeitspanne bis zum Kriegsende gibt es keine Hinweise auf eine Verschleierung durch die Institutsleitung.

Ob sich eine Forschungseinrichtung zur Kooperation eignete, beurteilte das Wehrwirtschaftsamt grundsätzlich anhand zweier Kriterien:

> 1. Es muss ein reichliches wirtschaftswissenschaftliches Bibliotheks- und Archivmaterial vorhanden sein, das als Arbeitsgrundlage für aktuelle Stellungnahmen zu allgemeinen und speziellen Wirtschaftsfragen des Auslands dienen kann. 2. Es müssen in ausreichender Zahl wissenschaftliche Fachkräfte vorhanden sein, die in der Lage sind, Urteile über die Wirtschaftslage des Auslands abzugeben.[50]

Um Thomas von der Eignung zu überzeugen, wurde er Anfang Februar 1939 ins IfW eingeladen. Der General durfte einen Vortrag im Wissenschaftlichen Club halten und erhielt damit auch die Möglichkeit, sein Wehrwirtschaftsamt und dessen Ausrichtung den IfW-Mitarbeitern sowie auch einigen Militärs und Politikern in Schleswig-Holstein vorzustellen. Kiel bildete den Abschluss einer Vortragsreise, die Thomas an sorgfältig ausgewählte Orte in alle Teile des Reichs geführt hatte, nämlich nach Weimar vor ein Offiziers-Korps, in die Wirtschaftskammer Köln, in die Berliner Handelsgesellschaft und nach München zum „Großen Lehrgang" der Kommission für Wirtschaftspolitik der NSDAP.[51] Seine „Wehrwirtschaftliche Erfahrungen des Jahres 1938" trug er im IfW vor über hundert Zuhörern vor. Es handelte sich keineswegs um eine Propagandarede, sondern um eine sachliche Darstellung dessen, was seiner Meinung nach für die Vorbereitung von Angriffskriegen noch getan werden müsse. Er erwartete einen

47 Ebd., Bl. 342, 367.

48 Wochenberichte des Wehrwirtschaftsamts, 20.10.1938, in: BA-MA, RW 19/239, Bl. 307–308. Bald darauf wurde im IfK ein Sonderreferat „Wehrwirtschaft" gegründet und dem „Abwehrbeauftragten" Kapitän zur See Dr. Stuebel übergeben. Vgl. Stäglin und Fremdling (2016a), S. 14–15.

49 Wagemann am 30.10.1944, zitiert in: Ebd., S. 38.

50 Wehrwirtschaftsamt, Gruppe Wi VIII a an REM, 05.12.1941, in: BA, R 4901/933, Bl. 215.

51 Schriftverkehr, in: BA-MA, RW 19/1258.

„Materialkrieg von größtem Ausmaß“[52] und warnte auch zwei Jahre später vor einem Vertrauen in die Blitzkrieg-Strategie beim Angriff auf die Sowjetunion.[53]

Seit einem Jahrzehnt präsentierte Thomas sich als Vertreter eines Wirtschaftsnationalismus, der frühneuzeitliche Ideen aufgreifend den Zweck des Staates in der Aufbietung von Ressourcen für militärische Konflikte sah. Dies bedeutete jedoch keineswegs, dass er „ultraautarkistische“ Positionen vertrat. Wie Predöhl glaubte auch er, dass eine Autarkie hohe Kosten verursachen würde, und er gehörte jenen Wehrwirtschaftlern, die eine an Rentabilitätskriterien ausgerichtete, kriegsvorbereitende Wirtschaftspolitik befürworteten.[54] Bereits Zeitgenossen merkten kritisch an, dass Thomas, selbst Sohn eines Fabrikbesitzers, seine Informationen primär aus der Privatindustrie bezog.[55] Das Wehrwirtschaftsamt habe sich zu einer Lobbyorganisation der Konzerne entwickelt und würde so wenig wie möglich mit hochideologisierten Nationalsozialisten zusammenarbeiten.[56] Das IfW mit seiner Nähe zur exportorientierten Industrie passte in das Schema der von Thomas gesuchten Kooperationspartner.

Thomas und seine Berater lehnten es also ab, eine „unverwundbare Wirtschaft“[57] durch möglichst weitgehende Abkoppelung von außen anzustreben. Selbst im Vierjahresplan wurden teils ähnliche Einschränkungen des Autarkieziels gemacht. So hatte Görings Staatssekretär Erich Neumann in einem von Otto Donner verfassten Vortrag im April 1941 eingeräumt, eine zu extreme Autarkisierung sei nicht zielführend, wenn sie unter zu hohen Opfern erkauft würde. Anzustreben sei eine „Grossraumlösung. In diesem Fall verbindet sich die autarkisierende Produktions- und Verbrauchslenkung mit der Erweiterung des Staatsgebietes bezw. des politischen Einflussbereichs bis zur Stufe eines Grosswirtschaftsraums.“[58] Damit stimmte Donner mit seinem Chef Predöhl überein.

Zu den zentralen Forderungen in Thomas’ Vortrag vom 1. Februar 1939 gehörte die Schaffung einer Infrastruktur für die „richtige Einschätzung der wirtschaftlichen Wehrkraft des Gegners.“[59] Becker, einer der leitenden Offiziere im Wehrwirtschaftsamt und schließlich Thomas’ Nachfolger, konkretisierte dies einige Monate später:

52 Thomas: Wehrwirtschaftliche Erfahrungen des Jahres 1938, Vortrag gehalten am 01.02.1939 in Kiel, in: BA-MA, RW 19/1257, Bl. 30–42, Zitat Bl. 36.

53 Vgl. Lübbers (2010), S. 229.

54 Vgl. Teichert (1984), S. 186. Fröhlich nennt ihn sogar einen Anhänger einer „für Vertreter der Wehrmacht verhältnismäßig moderaten, wirtschaftsliberalen Einstellung“. Fröhlich (2013), S. 99.

55 Vgl. Sohn-Rethel (1992), S. 105–106.

56 Die Nähe zu Firmen wie der IG Farben war in der Tat sehr groß. In deren Räumlichkeiten fand z. B. 1940 die Weihnachtsfeier des Wehrwirtschaftsamts statt. Ankündigung vom 16.12.1940, in: HS IfW, NL Herbert Bräunlich.

57 Petzina (1975), S. 71.

58 Vortrag Neumanns, gehalten am 29.04.1941, in: BA, R 26-I/6, Bl. 1–25.

59 Thomas: Wehrwirtschaftliche Erfahrungen des Jahres 1938, Vortrag gehalten am 01.02.1939 im IfW, in BA-MA, RW 19/1257, Bl. 33.

> Die Erkundung muss auch im Wirtschaftskrieg, wie auf jedem anderen Gebiet des Krieges, die Grundlagen für die Beurteilung der Lage durch die Führung für den Einsatz der Kampfmittel schaffen. Die genaueste Kenntnis der eigenen Wehrwirtschaft und derjenigen des Gegners ist damit die Voraussetzung für alle Fragen des Angriffs und der Abwehr im Wirtschaftskrieg.[60]

Insbesondere sollten die Engpässe der eigenen wie der gegnerischen Ökonomien, die Ergänzungsmöglichkeiten mit verbündeten und neutralen Staaten sowie die Möglichkeiten der Blockade von Handelsbeziehungen laufend erforscht werden. Dies müsse das Wehrwirtschaftsamt leisten und ihm stünden hierfür „zahlreiche Forschungsstellen und Institute der Wirtschaft zur Verfügung, deren Einsatz planmäßig erfolgen muss.“[61] Eine Liste der Hauptquellen für die Erkundung belegt die gute Eignung und hohe Bedeutung des IfW mit seinen Forschungsgruppen, seiner Bibliothek und seinem Wirtschaftsarchiv: 1. Amtliche Statistiken des Auslands, 2. Wirtschaftsliteratur des Auslands, 3. In- und ausländische Tagespresse, 4. Industriehandbücher, 5. „Untersuchungen und Darstellungen deutscher und ausländischer Institute wie zum Beispiel des Instituts für Weltwirtschaft“.[62]

Thomas' Besuch in Kiel war mit einem Rahmenprogramm verbunden, das aus einer Besichtigung des Instituts und einem Bierabend. Diese Bierabende waren noch von Harms eingeführt worden und pflegten „rein kameradschaftliche Veranstaltungen zu sein“[63], auf denen sich die Teilnehmer in formlosem Rahmen austauschen konnten. Von Seiten des IfW nahmen elf leitende Mitarbeiter und Professoren teil.[64] Sie waren auf die unterschiedlichen Tische verteilt und konnten sich sowohl mit Thomas' Mitarbeitern austauschen wie auch mit hochrangigen Militärs aller Waffengattungen. Es ist zu vermuten, dass die Angehörigen des Wehrwirtschaftsamts recht offen darüber sprachen, was sie in der nahen Zukunft erwarteten, nämlich:

> Der Wirtschaftskrieg wird bei der Auseinandersetzung europäischer Großmächte untereinander zwangsläufig zum Vernichtungskrieg. Es gibt deshalb in ihm keinerlei ethische Gesetze. [...] Hierbei darf kein Kriegsmittel, das diesem Ziel zu dienen geeignet ist, sei es auch noch so brutal und treffe es, wen es wolle, unbeachtet bleiben.[65]

Spätestens nach der Veranstaltung aus dem Februar 1939 musste jedem im Institut klargeworden sein, was für eine Art Krieg das „Dritte Reich“ anstrebte und dass die Kooperation des IfW mit der Wehrmacht zur Vorbereitung und Durchführung dienen

60 Becker: „Der Wirtschaftskrieg“, Vortrag vom 20.06.1939, in: BA-MA, RW 19/1272, Bl. 4.

61 Ebd., Bl. 5.

62 Die 13 Punkte umfassende Liste ist abgedruckt in Thomas (1966), S. 117.

63 Wi VI (gibt Aussage W. Greisers wieder) an Adjutant W Stb, 16.01.1939, in: BA-MA, RW 19/1257, Bl. 96.

64 Bente, Casper, Fick, Greiser, Gülich, Otto Iden, Lotsch, Mackenroth, Fritz W. Meyer, Predöhl, Schiller sowie der japanische Gastprofessor Konno. Zu den weiteren Gästen zählten u. a. der Kieler Gestapo-Chef Karl Haselbacher und der Gaurichter Lütt. Liste in: BA-MA, RW 19/1257, Bl. 100–103.

65 Becker: „Der Wirtschaftskrieg“, Vortrag gehalten am 20.06.1939, in: BA-MA, RW 19/1272, Bl. 5.

sollte. Bereits eine Woche später fand eine erste Vergabe von Forschungsaufträgen an das IfW statt. Im März reiste Predöhl zu einem „wehrwirtschaftlichen Lehrgang" des Wehrwirtschaftsamts, wo Direktoren von Forschungseinrichtungen über die Erwartungen an sie unterrichtet wurden. Im Mai 1939 besuchte er Thomas' Stelle erneut und einen Monat später besprach er sich auch mit der Wehrwirtschaftlichen Forschungsstelle.[66]

Bis August 1939 stellte das Kieler Institut zehn Auftragsarbeiten fertig. Erledigt wurden sie durch die rechtzeitig vor Kriegsbeginn erweiterte Forschungsgruppe von Karl Casper, bei dem „der gesamte kurzfristige Auskunfts-, Gutachten- und Nachrichtendienst zusammengefasst"[67] wurde. Diese Arbeiten betrafen vor allem die Nahrungsmittelwirtschaften einzelner europäischer Länder, insbesondere die Fettproduktion und Getreidewirtschaft in Südosteuropa, sowie Skandinavien mit der schwedischen Lebensmittelversorgung und der dänischen Landwirtschaft und Viehhaltung.[68] Durch die Arbeit der Forschungsgruppe Marktordnung und Außenwirtschaft hatte sich das IfW in den vergangenen Jahren zu diesen Themen bereits einen hohen Wissensstand erarbeitet. Mit seinen Forschungen beteiligte sich das Institut daran, den deutschen Militärs die Sorge vor einem Nahrungsmittelmangel im Kriegsfall zu nehmen. In Rumänien beispielsweise gäbe es „eine erhebliche Getreidereserve, die im Kriegsfall auf Deutschland umgelagert werden könnte."[69] Der Bericht ließ zwar offen, ob diese sogenannten Umlagerungsmöglichkeiten sich allein auf die rumänischen Überschüsse beschränkten oder ob Deutschland gegebenenfalls die rumänische Bevölkerung zu Senkungen ihres sich teils am Existenzminimum bewegenden Konsums zwingen sollte. Zumindest aber widersprach man nicht den Gutachten der im Vierjahresplan verankerten FfW unter der Leitung Donners. Dort wurde ebenfalls mit einer „Kriegsreserve" geplant, die sich aus der gewaltsamen Wegnahme von Nahrungsmitteln aus Südosteuropa speisen würde.[70]

Das Wehrwirtschaftsamt war offenbar sehr zufrieden. Gleich zu Beginn des Zweiten Weltkriegs erteilte es eine ganze Reihe neuer Aufträge und trug damit wesentlich dazu bei, dass dem IfW nicht – wie noch im August 1914 – ein großer Teil seiner männlichen Mitarbeiter entzogen oder das Institut gar geschlossen wurde. Elf Tage nach dem deutschen Angriff auf Polen berichtete Predöhl enthusiastisch in einem Brief an den Institutsgründer Harms: „Ich kann Ihnen melden, daß die Umschaltung gelungen ist. Das Institut arbeitet auf vollen Touren an frischen [unleser-

66 Predöhl an REM: Liste der Reisen im Zeitraum 1.1.1939 – 1.7.1939, 07.07.1939, in: BA, R 4901/14813, Bl. 218. Thomas schrieb später, er habe „die betreffenden Persönlichkeiten in Orientierungskursen in die Forderungen der Wehrwirtschaft eingewiesen und so den Forscher- und Erfindergeist des deutschen Volkes für die deutsche Aufrüstung dienstbar gemacht hat." Thomas (1966), S. 97.

67 Rundschreiben Lindemanns an die IfW-Fördergesellschaft, Dezember 1938, in: BA, R 4901/14813, Bl. 114.

68 BA-MA, RW 19/4077, 3829, 3916, 3934, 3935, 3989, 4025, 3903, 3904. Ferner 3829.

69 IfW: Stand und wehrwirtschaftliche Bedeutung der rumänischen Getreidewirtschaft, April 1939, in: BA-MA, RW 19/4025, Bl. 22.

70 Vgl. Aly und Heim (1991), S. 347–349.

lich] aktuellen Aufgaben und steht in enger fast herzlich telefonischer Verbindung mit der für das Institut im Augenblick vernünftigsten Stelle."[71]

12.3 Motivation und Bezahlung

Für seinen ersten Bericht vom Mai 1938 hatte das IfW 3.195 RM erhalten, was gemessen an der Seitenzahl etwa im Rahmen dessen lag, was auch die RAG überwies. Das Wehrwirtschaftsamt wollte jedoch langfristig nicht für jedes einzelne Gutachten zahlen, sondern Werkverträge mit allen regelmäßig beauftragten Forschungsinstituten abschließen und die Vergütung durch Pauschalbeträge regeln. Ein solcher Vertrag wurde mit dem IfK bereits im November 1938 abgeschlossen,[72] mit dem IfW jedoch erst am 8. August 1940.[73] Dass beide Seiten sich so lange mit einer mündlichen Übereinkunft zufriedengaben weist auf ein hohes gegenseitiges Vertrauen hin. Ferner zeigt es, dass das IfW im ersten Kriegsjahr nicht dringend auf diese Drittmittel angewiesen war. Rückwirkend erhielt das Institut die Summe von 34.949 RM und 41.331 RM für das Rechnungsjahr 1940/41.

Tabelle 12: Aufwendungen des Wehrwirtschaftsamts für Forschungsarbeiten (1938 – 1944, in RM)[74]

Empfänger	1938/39	1939/40	1940/41	1941/42	1942/43	1943/44
IfW	3.195	34.949	41.331	35.000	70.920	78.000
Wehrwirtschaftliche Forschungsstelle	50.256	80.777	92.681	96.000	48.000	0
IfK bzw. DIW	4.000	16.000	18.995	33.000	25.555	0
Gmelin-Institut	.	0	38.331	118.487	71.196	36.354
Reichsinstitut für ausländische und koloniale Forstwirtschaft	.	0	8.560	2.300	0	0
HWWI und HWWA	.	0	4.133	4.233	5.971	2.410
Studiengesellschaft für deutsche Wirtschaftsordnung	.	0	0	8.000	5.600	0
Sonstige	.	0	9.334	8.463	9.050	5.115
Insgesamt	57.451	131.726	213.365	305.683	236.292	121.879
Anteil des IfW	5 %	26 %	19 %	11 %	30 %	64 %

71 Predöhl an Harms, 11.09.1939, zitiert nach: Ursula und Jörg Menno Harms (Hg.): Die Familie Harms 1861 bis 1939 in Briefen, Bildern und Berichten. Bd. 1, 2015, S. 423, nicht veröffentlicht.

72 Wochenberichte des Wehrwirtschaftsamts (W Wi VI), in: BA-MA, RW 19/239.

73 Vortragsnotiz für Chef Ausland im Wehrwirtschaftsamt, 15.09.1944, in: BA-MA, RW 19/460, Bl. 23.

74 Aufgeführt sind nur Empfänger, die mindestens 10.000 RM erhielten. Quelle: BA-MA, RW 19/1338, Bl. 3, 190, 244 und RW 19/460, Bl. 23.

Wenig überraschend erhielt die von 1938 bis Mai 1942 bestehende Wehrwirtschaftliche Forschungsstelle die höchsten Zahlungen. Nur einmal wird sie vom Gmelin-Institut für Chemie übertroffen, das im Rechnungsjahr 1941/42 mit einer außerordentlich hohen Zahl von Forschungen über die Sowjetunion beauftragt wurde. Bei den wirtschaftswissenschaftlichen Instituten sind das IfK (ab Juni 1941: DIW) und das IfW am bedeutendsten. Ab 1942 verdoppelten sich die Zuwendungen für das IfW. Das gleichzeitige Sinken der Zuwendungen für das DIW[75] sowie die Auflösung der Wehrwirtschaftlichen Forschungsstelle geben einen ersten Hinweis darauf, dass die Kieler deren Aufgaben übernahmen. Die Forschungsstelle hatte bereits seit der enormen Personalbeanspruchung durch den Angriff auf die Sowjetunion keine eigenständige Forschung mehr betrieben, sondern wurde nur noch „mit Auswertungsarbeiten und der Sammlung und Verwaltung des eingehenden Schrifttums und des wissenschaftlichen Nachrichtenmaterials beauftragt."[76] Die Kooperation mit dem IfW funktionierte mittlerweile so reibungslos, dass der Tätigkeitsbereich komplett ausgelagert werden konnte. Die im Wehrwirtschaftsamt für die Forschungsaufträge zuständige Sondergruppe N meldete 1943, dass die angestrebte Konzentration auf die leistungsfähigsten externen Institute gelungen war: „Praktisch teilen sich das Institut für Weltwirtschaft Kiel und das [naturwissenschaftliche] Gmelin-Institut – Berlin 80 % der Aufträge."[77]

Weil die deutsche Kriegsführung nun allerdings zunehmend in Abwehrkämpfe gezwungen wurde, reduzierte sich ihr Bedarf an Auslandsforschungen. Im August 1944 teilte das Wehrwirtschaftsamt dem IfW schließlich mit, dass für die Zukunft keine größeren Aufträge mehr zu erwarten seien. Im Rechnungsjahr 1944/45 wurden allerdings noch ca. 70.000 RM nach Kiel überwiesen und selbst für 1945/46 wurde noch mit der Hälfte dieser Summe geplant.[78] War die finanzielle Lage des IfW bereits um 1939 wieder gefestigt, wurde sie zur Mitte des Krieges so komfortabel, dass die laufenden Überweisungen der Fördergesellschaft an das IfW gesenkt und Rücklagen für die Nachkriegszeit gebildet werden konnten.[79] Der Anteil der Überweisungen des Wehrwirtschaftsamts am Gesamtetat des IfW bewegte sich in diesen Jahren meist bei etwa 10 %. Damit konnten die etwa zwölf Mitarbeiter der Abt. für Marktforschung, welche den Löwenanteil der Auftragsforschung für die Wehrmacht abwickelte, sowie deren Sachausgaben bezahlt werden.[80]

Das IfW war jedoch nicht ausschließlich an materiellen Gütern interessiert. Wie die Leiter der anderen wirtschaftswissenschaftlichen Institute auch, wollte der Institutsdirektor einen möglichst großen Teil des Mitarbeiterstabs und damit die Arbeits-

75 Ab 1943 forschte das DIW verstärkt für das Planungsamt. Vgl. Stäglin und Fremdling (2016a), S. 26.
76 KTB Wehrwirtschaftsamt, Gruppe Wi VIII, 01.07–30.09.1942, in: BA-MA, RW 19/455, Bl. 5.
77 KTB Wehrwirtschaftsamt, 1.4–30.6.1943, in: BA-MA, RW 19/399, Bl. 85.
78 KTB Wehrwirtschaftsamt, 13.-19.08.1944, in: BA-MA, RW 19/460, Bl. 12–13 sowie Telegramm von Pöpperle an IfW, 31.12.1944, in: BA-MA, RW 19/1338.
79 Lindemann: Bericht über das Geschäftsjahr 1941 der Förderungsgesellschaft, 23.03.1942, in: BA, R 4901/14814, Bl. 208.
80 Predöhl an REM, 06.11.1940, in: Ebd., Bl. 15.

fähigkeit erhalten. Die vom Wehrwirtschaftsamt gegengezeichneten Anträge auf Uk-Stellung waren deshalb eine wesentliche Motivation für die Kooperation mit dieser militärischen Stelle. Zwar war nur etwa ein Viertel aller IfW-Mitarbeiter männlich und in wehrfähigem Alter. Dieses Viertel war jedoch zum überwiegenden Teil als hochqualifizierte Kräfte in der Forschung beschäftigt und deshalb mit zunehmender Kriegsdauer immer schwerer ersetzbar. Bereits im Herbst 1940 waren zwölf Mitarbeiter – unter Fortzahlung ihres Gehalts – eingezogen worden. Wie bei Hochschulinstituten üblich, durfte nur die Hälfte dieser Stellen neu besetzt werden.[81] In den Quellen ist für die folgenden Jahre eine permanente Bettelei um die Befürwortung neuer Uk-Stellungen belegt. Von unschätzbarem Wert war dabei die Unterstützung des Wehrwirtschaftsamts, das bescheinigte, die Wissenschaftler seien an ihren Arbeitsplätzen in Kiel nützlicher für die Wehrmacht als an der Front. Diese Uk-Stellungen mussten quartalsmäßig erneuert werden. Dabei entwickelte Predöhl ein Rotationsprinzip, nach dem die in Frage kommenden Mitarbeiter sich in der Erfüllung des Kriegsdienstes ablösten. Es dienten also viele Kieler Ökonomen im Militär, dafür aber jeweils oft nur für eine vergleichsweise kurze Dauer. Das hatte für die Institutsleitung den Vorteil, das Reservoir an Mitarbeitern möglichst groß halten zu können und nicht auf eine Kernbelegschaft angewiesen zu sein. In den Fällen wo einer der Männer einen Nervenzusammenbruch erlitt, sich im Institut eines Vergehens schuldig machte oder getötet würde, waren damit Möglichkeiten für den Nachschub oder Austausch vorhanden.[82]

Die Personalsituation des IfW war nicht nur wegen der Einziehungen der Wehrmacht, sondern auch aufgrund von Abwerbeversuchen von anderen staatlichen Organisationen oder volkswirtschaftlichen Abteilungen privatwirtschaftlicher Unternehmen latent angespannt. Insbesondere der Angriff auf die Sowjetunion verschärfte den Fachkräftemangel. Ende 1941 klagte der Personaldezernent Greiser, dass „Ersatzkräfte von außen schlechterdings nicht in der erforderlichen Qualität zu bekommen sind, da der Wirtschaftsaufbau im Osten alle noch irgendwie verfügbaren Wirtschaftswissenschaftler benötigt.“[83] Aus Sicht des Wehrwirtschaftsamts konnten in den anschließenden Jahren lediglich das Gmelin-Institut sowie das IfW jenen Zustand vermeiden, der im Sommer 1943 konstatiert wurde: „So wurde u. a. eine Reihe von Instituten durch die Einberufung von Mitarbeitern mehr oder weniger lahmgelegt, so dass die Tendenz einer Konzentration der Auftragsvergebung von Ausarbeitungen auf nur wenige Institute noch stärker hervorsteht.“[84] Diese faktische Monopolstellung in der Wirtschaftsforschung über das Ausland hatte das IfW jedoch nicht nur der starken Anlehnung an das Wehrwirtschaftsamt zu verdanken. Es hatte ebenfalls erreicht, im

---

81 Rundschreiben REM an Universitäten, 07.06.1940, in: GStA PK, I. HA, Rep. 151, Nr. 944, Bl. 52

82 Zum gesundheitlichen Zusammenbruch von Carl Diez und zum Plagiatsfall Wittmaack, siehe: IfW an REM, 31.12.1940, in: BA, R 4901/14814, Bl. 9.

83 Greiser an REM, 05.12.1941, in: BA, R 4901/14814, Bl. 190.

84 KTB W Stb Ausl, 1.4 – 30.6.1943, in: BA-MA, RW 19/399, Bl. 85. KTB Wehrwirtschaftsamt, Woche bis 28.11.1941, in: BA-MA, RW 19/245, Bl. 255.

Januar 1943 vom Speer-Ministerium zu einem kriegswichtigen Betrieb erklärt zu werden. Danach waren die Institutsmitarbeiter besser geschützt und die Unterstützung des Wehrwirtschaftsamts für Uk-Anträge verlor schlagartig an Wert.

Ein weiteres immaterielles Gut, mit dem die Militärs das IfW versorgen konnte, waren Orden. Gemessen an der unterschiedlichen Länge der Kriege und der jeweiligen personellen Stärke des Instituts bewegte sich die Ordensverleihung in beiden Weltkriegen in vergleichbarer Größenordnung. In beiden Fällen erfolgten die Verleihungen spät, mit dem Löwenanteil anlässlich der Grundsteinlegung eines neuen Institutsgebäudes im Februar 1918 beziehungsweise in der Spätphase des Zweiten Weltkriegs ab Anfang 1945.

Tabelle 13: Auszeichnungen für IfW-Angehörige in beiden Weltkriegen[85]

Erster Weltkrieg	
Eisernes Kreuz 2. Klasse am Weiß-Schwarzen Bande, Fürstl. Lippisches Kriegsverdienstkreuz, Geheimer Regierungsrat, Ehrenkreuz 2. Klasse mit Eichenlaub d. Fürstl. Lippischen Hausordens	Bernhard Harms
Verdienstkreuz für Kriegshilfe	Antonie Borgwardt, Bernhard Harms, Frieda Joost, Edith Oske, Paul Zietlow
Königlicher Kronen-Orden 2. Klasse	Heinrich Diederichsen (als Präsident der Fördergesellschaft)
Roter-Adler-Orden 4. Klasse	Waldemar Koch
Zweiter Weltkrieg	
Kriegsverdienstkreuz 1. Klasse (ohne Schwerter)	Andreas Predöhl (Sept. 1944)
Kriegsverdienstkreuz 2. Klasse (ohne Schwerter)	Andreas Predöhl (Mai 1942), Walther G. Hoffmann (Feb. 1944), Fritz Meyer (Sept. 1944), Wilhelm Gülich, Hugo Heeckt, Maria Kraft, Fritz Lotsch, Albert Schiessel, Anton Zottmann (alle Jan. 1945), August Lösch (Feb. 1945)
Kriegsverdienstmedaille	Anne-Rose Dettmer, Maria Kraft, Luise Krogmann, Petra Lafferentz, Elisabeth Lagoni, Hedwig Lund (alle Jan. 1945)

Das Kriegsverdienstkreuz ohne Schwerter war für Zivilisten geschaffen worden, welche für die Kriegsführung unabdingbare Leistungen erbracht hatten.[86] Predöhl erhielt

85 Aufgeführt sind nur Auszeichnungen, die Mitarbeitern für ihre Tätigkeit im IfW verliehen wurden. In Klammer: Verleihungszeitpunkt. Quellen: Sondergruppe N an Adjutant, 14. und 15.03.1944, in: BA-MA, RW 19/1338, Bl. 242 und Bl. 241; Reichsverteidigungskommissar S-H an IfW, 03.03.1945, in: LASH, Abt. 47, Nr. 2074; IfW (1918); Eintrag „Harms“, in: Marcon und Strecker (2004), S. 354–366.
86 Vgl. Scherzer (2015), S. 49.

das Kriegsverdienstkreuz 2. Klasse, also der „Einstiegsklasse“, im Mai 1942 als erster. Sieben seiner leitenden Mitarbeiter, darunter mit der Kanzleisekretärin Maria Kraft auch eine Frau, erhielten es später ebenfalls, zuletzt Lösch am 13. Februar 1945. Die Initiative zur Verleihung ging vom Institut selbst aus, die sich der Fürsprache des Wehrwirtschaftsamts bediente.[87] Die Verleihung erfolgte, wie schon im Ersten Weltkrieg, repräsentativ an Mitglieder aller Abteilungen und Forschungsgruppen des IfW. Anfang März 1945 folgten Kriegsverdienstmedaillen an sechs weibliche technische Kräfte, die damit, wie bereits im Ersten Weltkrieg, mit niedrigeren Orden bedacht wurden.[88] Die Kriegsverdienstmedaille und das Kriegsverdienstkreuz 2. Kl. waren Allerweltsorden. Vom Kriegsverdienstkreuz 1. Kl. ohne Schwerter wurden dagegen während des Zweiten Weltkriegs nur 72 Stück verliehen,[89] davon eines an Predöhl.[90] Das Wehrwirtschaftsamt begründete seinen Vorschlag im Mai 1944 damit, der IfW-Direktor habe „die Angehörigen des Amtes bei kleineren und größeren Fragen mit Rat und Tat unterstützt sowie der beim Institut eingesetzten Arbeitsgruppe des Amtes jederzeit alle Hilfe zuteil werden lassen, durch die das Höchstmaß an Arbeitsleistung ermöglicht wurde.“[91]

Ob die meist zu Kriegsende verliehenen Orden eine Wirkung entfalteten, also beispielsweise das Prestige einzelner Mitarbeiter oder des Instituts als Ganzes stärkten, ist nicht nachweisbar. Die Reaktion Löschs, der in seinem Tagebuch gekränkt schrieb, das Kriegsverdienstkreuz „[a]ls Letzter von allen“[92] empfangen zu haben, deutet jedoch darauf hin, dass selbst bei ihm, der die Chance einer weiteren Karriere im Regime nicht ergreifen wollte, die Ordensverleihung eine gewisse Reaktion auslöste. Von größerer Bedeutung dürften jedoch die vom Wehrwirtschaftsamt überwiesenen Geldmittel sowie vor allem die Unterstützung bei den Uk-Anträgen gewesen sein. Der mangelnde Nachdruck, mit dem sich das Institut um die Gelder bemühte und beispielsweise erst im Sommer 1940 rückwirkend die Zahlungen von April 1939 bis März 1940 erhielt, zeigt, dass auch hier nicht die primäre Motivation lag. Unterstrichen wird dieser Befund dadurch, dass spätestens ab 1942 die finanzielle Lage so gut war, dass neben der Schwarzen Kasse sogar offizielle Rücklagen gebildet wurden. Es bleiben damit die Unterstützungen für die Uk-Anträge als die aus Sicht Predöhls und sicherlich auch der betroffenen Mitarbeiter wichtigste Ressource, die das Wehrwirtschaftsamt dem Institut verschaffte. Der Wert der Uk-Stellungen erfuhr eine eindeutig nachvollziehbare Entwicklung. Zunächst steigerte er sich mit den zunehmenden Einziehungen der Jahre 1939 und 1940 sowie insbesondere für den Angriff auf die

87 Major Baier (Sondergruppe N) an Predöhl, 11.08.1944 in: BA-MA, RW 19/1338, Bl. 228.

88 Reichsverteidigungskommissar S-H an IfW, 03.03.1945, in: LASH, Abt. 47, Nr. 2074.

89 Vgl. Scherzer (2015), S. 54 und S. 51.

90 Predöhl an Major Baier (Sondergruppe N), 25.09.1944 in: BA-MA, RW 19/1338, Bl. 221. Eine Verleihung des Kriegsverdienstkreuzes 1. Kl. ohne Schwerter an Gülich, für die sich Ohlendorf eingesetzt hatte, ist wohl nicht mehr erfolgt. Vermerk von Lück (RWM), 09.09.1944, in: BA, R 3101/32120, Bl. 2.

91 Sondergruppe N an Stab Z, 17.05.1944, in: BA-MA, RW 19/1338, Bl. 240.

92 Tagebucheintrag August Lösch, 13.02.1945, zitiert in: Riegger (1971), S. 117.

Sowjetunion ab 1941. Als das IfW aber Anfang 1943 zu einem Wehrwirtschaftsbetrieb erklärt wurde, sank der Wert schlagartig.

12.4 Bestandteile der Auftragsforschung und die Abteilung für Marktforschung

Das IfW unterschied bei seiner Auftragsforschung grundsätzlich vier Produktkategorien, abgestuft nach Arbeitsaufwand und wissenschaftlichem Gehalt: 1. *Berichte*, auch Gutachten genannt, 2. *Materialien*, Statistiken und kurze schriftliche Auskünfte, 3. angefertigte *Ausschnitte*, beispielsweise aus Zeitungen, Zeitschriften sowie 4. persönlich oder telefonisch erteilte mündliche *Auskünfte*. Statistisch erfasst wurden seinerzeit lediglich die ersten drei Produktkategorien und auch hier gab es keine strikten Definitionen, sodass beispielsweise Forscher oder Forschungsgruppenleiter vergleichbare Produkte mal den Berichten und mal den Materialien zuordneten. Es ist deshalb nicht möglich, präzise anzugeben, wie viele Produkte der jeweiligen Kategorien das IfW im Zweiten Weltkrieg überhaupt bzw. konkret im Auftrag des Wehrwirtschaftsamts anfertigte. Es sind allerdings einige Listen überliefert, die eine gute Basis für Schätzungen bieten. Eine im Jahr 1945 angefertigte Aufstellung listet 890 vom IfW angefertigte „Materialsammlungen, Berichte und Gutachten" (also die Produktkategorien 1 und 2) für den Zeitraum von Anfang 1938 bis Januar 1945 auf (siehe Abbildung 10).[93] Ausweislich dieser Liste wurden davon 317 (36 %) im Auftrag des Wehrwirtschaftsamts erstellt. Dieser Prozentsatz stellt jedoch eine Mindestangabe dar, denn nicht alle Titel sind einem Auftraggeber zugeordnet. Außerdem ist dem Wehrwirtschaftsamt eine beträchtliche Zahl von im Auftrag Dritter angefertigter Arbeiten in Kopie zugegangen.[94]

Es muss natürlich die Frage gestellt werden, ob diese kurz vor oder kurz nach Kriegsende erstellte Liste systematisch um solche Titel gesäubert wurde, welche die Instituts- bzw. die Bibliotheksleitung zu diesem Zeitpunkt als belastend eingeschätzt hätte.[95] Auf Basis meiner Recherchen in der ZBW, im Freiburger Militärarchiv sowie in weiteren Archiven habe ich eine eigenständige Liste von knapp 700 Berichten und Materialien des IfW aus dem Zeitraum von 1938 bis 1945 zusammengestellt.[96] In etwa 650 Fällen sind diese vollständig an mindestens einem Ort überliefert, in etwa 50

---

93 Materialsammlungen, Berichte und Gutachten des Instituts für Weltwirtschaft an der Universität Kiel. Anfang 1938 bis Januar 1945, o.D., vermutlich 1945, in: ZBW, D 5645. Die Liste wurde vermutlich in der letzten Kriegsphase oder kurz nach Kriegsende zusammengestellt, möglicherweise im Auftrag Predöhls. Predöhl: Betrifft: Denkschrift des Heinz Krüger, 15.06.1948, in: LASH, Abt. 460, Nr. 4182.

94 In den Beständen BA-MA, RW 19 und RWD 16 sind über 300 Titel des IfW überliefert.

95 Eine Säuberung vermuten Dieckmann (1992), S. 171 und sich auf ihn stützend auch Petersen (2009), S. 70 und Czycholl (2014), S. 64–65.

96 Den Grundstock zu dieser Liste erarbeitete Lukas Leichtle im Auftrag von Johannes Bröcker. Ich danke für die freundliche Überlassung.

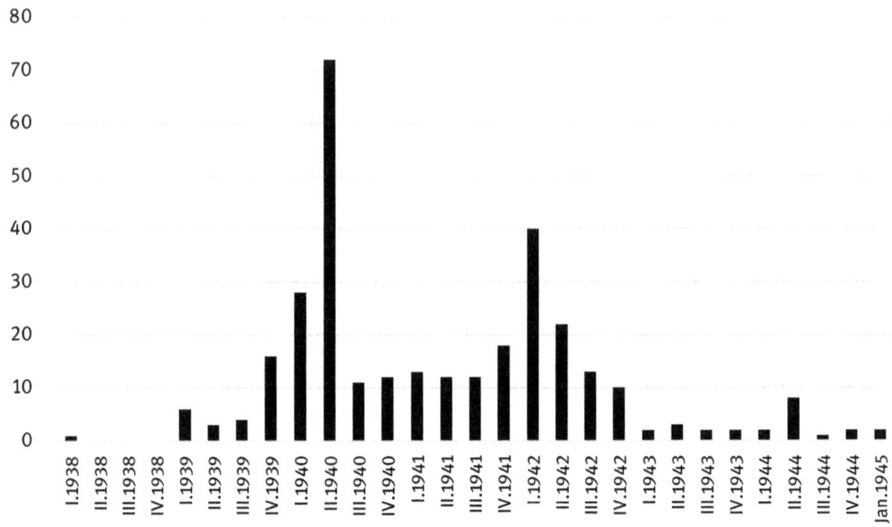

Abbildung 10: Im Auftrag des Wehrwirtschaftsamts angefertigte Berichte und Materialien (1. Quartal 1938 – Januar 1945)
Quelle: Materialsammlungen, Berichte und Gutachten des Instituts für Weltwirtschaft an der Universität Kiel. Anfang 1938 bis Januar 1945, o. D., in: ZBW, D 5645.

Fällen konnte ich immerhin den Titel rekonstruieren. Aufgrund der Vielfältigkeit der Fundorte der überlieferten Berichte und Materialien (insbesondere Bestände der Wehrmacht, der ZBW, der RAG, des RWM, im Nachlass von Lösch) bzw. der in den Kriegstagebüchern des Wehrwirtschaftsamts oder im Briefverkehr des IfW mit Stellen des Militärs, Reichsministerien, der SS etc. erwähnten Titel glaube ich, dass diese 700er-Liste einen repräsentativen Ausschnitt der Auftragsforschung des IfW in dieser Zeit darstellt.

Ein Abgleich der 890er-Liste mit der 700er-Liste ergibt zwar, dass sie nicht ganz vollständig ist. Es fehlen allerdings nicht überproportional viele „belastende“ Titel, sondern auch eher Harmloses, wie beispielsweise ein dem Wehrwirtschaftsamt überstellter „Agrarzensus 1936/37 der Südafr. Union“.[97] Hingegen führte das IfW selbst ebenfalls eine sehr große Zahl von Titeln auf, die aus heutiger Sicht schon auf den ersten Blick einen belastenden Eindruck erwecken, wie z. B. „Die Bedeutung der Ostseeblockade für Englands Nahrungsmittelversorgung“ (Mai 1940),[98] „Das Rekrutierungspotential der USA“ (August 1944)[99] oder „Das sowjetrussische Rüstungspotential auf dem Gebiet der Grundstoffe“ (o.D., gelistet zwischen Berichten des Jahres

97 IfW: Agrarzensus 1936/37 der Südafr. Union (Vorläufige Zahlen), März 1939, in: BA-MA, RW 19/3829.
98 IfW: Die Bedeutung der Ostseeblockade für Englands Nahrungsmittelversorgung, Mai 1940, in: ZBW, C 28470.
99 Lösch, Walder und Zottmann: Das Rekrutierungspotential der USA, 04.08.1944, in: BA-MA, RW 19/6966.

1944). Dieser letzte Bericht ist in keinem der von mir besuchten Archive und Bibliotheken überliefert und wurde auch in keinem erhaltenen Brief erwähnt. In diesem Fall wäre also eine Verheimlichung, wenn sie denn versucht worden wäre, von Erfolg gekrönt gewesen. Außerdem sind nicht nur fast alle im Auftrag des Wehrwirtschaftsamts erstellten Berichte enthalten, sondern es wird auch ein im Auftrag der Reichsführung SS erstellter Bericht aufgeführt.[100] Eine Säuberung 890er-Liste schließe ich deshalb aus.

Der Löwenanteil der Auftragsforschung wurde von der Abteilung für Marktforschung und Statistik (kurz: Abt. für Marktforschung) durchgeführt. Sie entstand im Januar 1940 durch eine Verschmelzung von Caspers Forschungsgruppe Marktbeobachtung und der Statistischen Abteilung, deren Leiter Schlote ins Wehrwirtschaftsamt überwechselte.[101] Im Jahr 1943 wurde Casper eingezogen und einige Monate lang als Abteilungsleiter von Fritz Meyer vertreten, bis im Juli 1944 der langjährige Abteilungsmitarbeiter Herbert Brückner an diese Stelle aufrückte. Als Vorbereitung auf die mit Beginn des Kriegs rasch ansteigenden Auftragseingänge vom Wehrwirtschaftsamt hatte Predöhl das Personal dieser Abteilung bereits zum Sommersemester 1939 massiv erweitert. Casper standen nun sieben wissenschaftliche Mitarbeiter sowie fünf technische Kräfte „für statistische Rechenarbeiten usw."[102] zur Verfügung. Damit war die Abt. für Marktforschung bereits zu Kriegsbeginn die größte Forschungseinheit innerhalb des IfW. Mit Schlote besaß sie ab Januar 1940 eine hervorragende Kontaktperson im Wehrwirtschaftsamt und im Kriegsverlauf nahmen die personellen Verbindungen noch weiter zu.

Wie andere Forschungsgruppen auch, wurde die Abt. für Marktforschung in hohem Maße von der Bibliothek und dem Wirtschaftsarchiv unterstützt. In der Begründung für den Antrag auf Verleihung des Kriegsverdienstkreuzes für Gülich heißt es, dieser habe „als Leiter der Bibliothek des Instituts für Weltwirtschaft mit größter Umsicht und Sachkenntnis und auf schwierigen Wegen das für die Beurteilung der wirtschaftlichen Feindlage notwendige Material ermittelt, beschafft und zur Verfügung gestellt."[103] Lotsch habe gemeinsam mit seinen Mitarbeitern im Wirtschaftsarchiv „die für die wehrwirtschaftlichen Arbeiten erforderlichen Archivalien mit größter Sachkenntnis beschafft, aufbereitet und der wissenschaftlichen Forschung zur Verfügung gestellt."[104] Nur aufgrund dieser Zuarbeit konnten die Mitarbeiter der Abt. für Marktforschung ihre hohe Produktivität erreichen. Von dieser Abteilung ist immerhin

---

100 Dieser Bericht aus dem Dezember 1939 behandelte „Die Auswirkungen einer Blockade der Zufuhr aus den Ostseeländern und Norwegen auf die britische Versorgungslage". Der Auftraggeber ergibt sich aus einem Abgleich mit der Liste über „Kriegswirtschaftliche Forschungsarbeiten seit September 1939", in: BA, R 4901/14813.

101 Offiziell erfolgte die Verschmelzung erst im Dezember 1940. Predöhl: An alle Dienststellen, 24.12. 1940, in: ZBW-Archiv, 470, Bl. 147.

102 Stellen- und Beschäftigungsplan Anfang Juni 1939, in: BA, R 4901/14813, Bl. 171.

103 Sondergruppe N an Adj. W. Stb. (Ausl.), 15.03.1944, in: BA-MA, RW 19/1338, Bl. 241.

104 Ebd.

eine laufend geführte Aufstellung aller von Januar 1941 bis Juni 1944 durchgeführten Aufträge erhalten.[105] Darin sind die monatlich erstellten Berichte (in diesem Zeitraum insg. 187) sowie Materialien und Statistiken (also die Produktkategorien 2 und 3 gemeinsam, in diesem Zeitraum insg. 367) aufgelistet (siehe Abbildung 11). Auch in diesem Fall ergibt eine stichpunktartige Kontrolle mit der 700er-Liste, dass kein Themenbereich und auch kein Auftraggeber unterrepräsentiert ist, sodass ich auch hier eine nachträgliche Säuberung ausschließe.

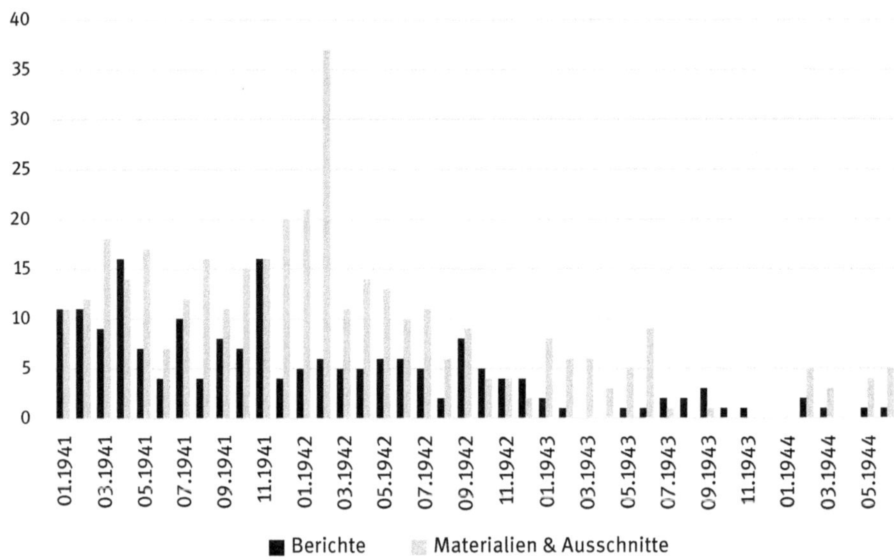

Abbildung 11: Berichte sowie Materialien & Ausschnitte der Abt. für Marktforschung (Januar 1941 – Juni 1944)
Quelle: HS IfW, Hs Allg. 21.

Von den Berichten der Abt. für Marktforschung aus diesem Zeitraum wurden 89 (48 %) für das Wehrwirtschaftsamt erstellt. Damit war es der mit Abstand größte Auftraggeber vor Wirtschaftsunternehmen wie der Vereinigte Glanzstoff-Fabriken AG, der Volkswagenwerk GmbH, der Konti Öl, Verbänden wie der RGI sowie anderen staatlichen Einrichtungen wie der RAG und den Wirtschafts- und Ernährungsministerien. Ein Vergleich der Abbildungen 10 und 11 ergibt (auch unter Beachtung der Tatsache, dass in ersterer nur die Produktkategorien 1 und 2, in letzterer zusätzlich die Kategorie 3 enthalten ist) entsprechend eine hohe Korrelation, beispielsweise bezüglich der jeweils großen Spitzen in den ersten Monaten des Jahres 1942 oder den beiden Tälern für das Jahr 1943. Die Berichte der Abt. für Marktforschung für das Wehrwirtschaftsamt gehörten zum überwiegenden Teil zwei Kategorien an: 1. Überblick über einzelne

105 Arbeiten der Abteilung Marktforschung und Statistik, in: HS IfW, Hs Allg. 21.

Wirtschaftszweige einzelner Länder und 2. Überblick über die gesamte Wirtschaftskraft einzelner Länder.

Die frühesten unter der Leitung von Casper fertiggestellten Berichte und Materialien aus dem ersten Halbjahr 1939 hatten sich fast alle jeweils mit einem Wirtschaftszweig eines Landes beschäftigt. So waren beispielsweise vier Berichte über „Stand und Leistungsfähigkeit“ der ungarischen, bulgarischen, jugoslawischen und rumänischen Getreidewirtschaft fertiggestellt worden.[106] Diese vom Aufbau her identischen Berichte wurden dann einen Monat später in „Die Bedeutung der südosteuropäischen Getreidewirtschaft und ihre wehrwirtschaftliche Beurteilung“[107] zusammengefasst. Zu den weiteren Wirtschaftsbereichen, die in den folgenden Jahren jeweils für eine Vielzahl von Ländern untersucht wurden, gehörten: Die feinmechanische und optische Industrie, die Lebensmittelindustrie, die Ernährungswirtschaft, die Mineralölwirtschaft, die Kohlewirtschaft, der Lokomotivbau, das Eisenbahnwesen, die Eisen- und Stahlwirtschaft, NE-Metalle, die Papierindustrie, die Spinnfaserversorgung, die Lederindustrie, die Kautschukindustrie, die wirtschaftlichen Kräfte von gegebenenfalls vorhandenen Kolonien, der Staatshaushalt, das Geldwesen, Staatsausgaben allgemein, die Kriegsfinanzierung und die Rüstungsindustrie.

Ein Extrembeispiel stellt in dieser Hinsicht die Forschung des IfW über Italien dar. Allein in den Monaten April bis Juni 1940 wurden in insgesamt 22 Berichten weite Teile der italienischen Wirtschaft untersucht.[108] Von diesen sind 19 überliefert mit einem Mittelwert von 19 Seiten und einem Median von nur 12 Seiten. Die Mehrzahl dieser Berichte war also recht kurz, während es mit der 95-seitigen Analyse der Textilindustrie und den 53 Seiten über die Gasindustrie deutliche Ausreißer gab (siehe Abbildung 12).[109] Im Fall des Gasindustrie-Berichts lag dies darin begründet, dass Kopien italienischer Angaben über die Versorgung einzelner Bereiche enthalten waren. Dem Textilindustrie-Bericht wiederum wurde vom Verfasser Mülhaupt ein umfangreiches Firmenverzeichnis dieser Branche beigegeben.

Eine solche Vielzahl von Kurzberichten verfasste das IfW nicht nur über Einzelaspekte der italienischen Wirtschaft, auch wenn dieses Beispiel aufgrund der gedrängten Bearbeitungszeit heraussticht. Allein im Jahr 1940 wurde eine Vielzahl ähnlicher Berichte über Wirtschaftssektoren und einzelne Industrien Bulgariens, Dänemarks, Griechenlands, Großbritanniens, Jugoslawiens, Norwegens, Rumäniens und Schwedens sowie in geringerem Ausmaß zu Belgien, Frankreich, Irland, den Niederlanden und einigen weiteren Staaten verfasst. Eine Darstellung mit den jeweiligen Seitenzahlen würde meist ein ähnliches Bild ergeben wie Abbildung 12. Diese Masse an Kurzberichten ist in Abbildung 10 als hohe Spitze in den ersten beiden

106 Quelle: BA-MA, RW 19/4051, 3916, 3989 und 4025.

107 BA-MA, RW 19/3903.

108 IfW: Kriegswirtschaftliche Forschungsarbeiten seit September 1939, Juli 1940, in: BA, R 4901/14813.

109 Ludwig Mülhaupt: Die Textilindustrie Italiens, Juni 1940, in: ZBW, C 6525 und IfW: Die italienische Gasindustrie, Mai 1940, in: BA-MA, RW 19/3977.

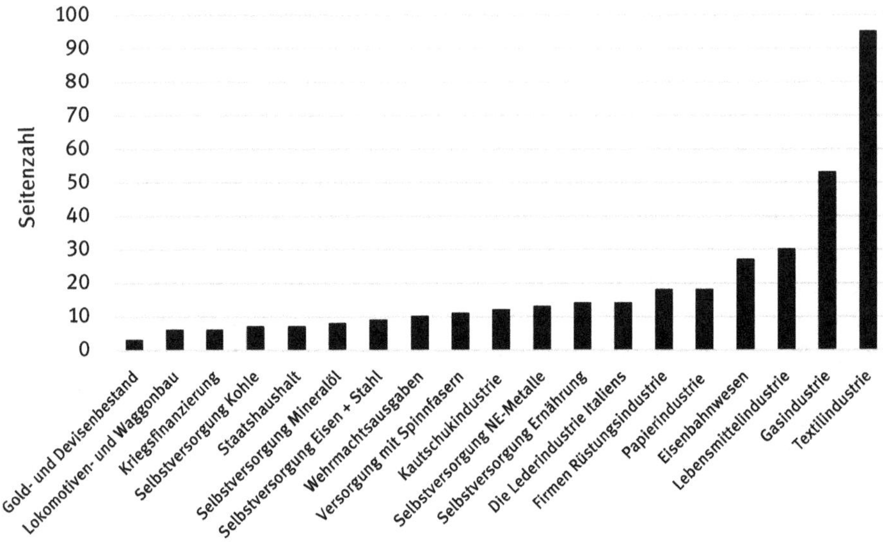

Abbildung 12: Im Auftrag des Wehrwirtschaftsamts erstellte Arbeiten über Bereiche der italienischen Wirtschaft (April – Juni 1940)
Quelle: Bestand BA-MA, RW 19

Quartalen des Jahres 1940 dargestellt. Würde die Quellenbasis für die Abbildung 11, die nur die Produkte der Abt. für Marktforschung ab 1941 beinhaltet, auch noch das Vorjahr umfassen, würde zweifellos dort eine ebenso hohe Spitze abgebildet sein. Anhand der Fallbeispiele Dänemark und Norwegen gehe ich unten näher auf den Zusammenhang und den Verwendungszweck der Berichte im Rahmen der Kriegsführung ein.

Im Zeitraum vom Oktober 1939 bis 1944 erstellte das IfW über 60 Berichte mit dem Titel „Die wirtschaftlichen Kräfte von *Land X/Region X*“. Sie befassten sich mit solchen Ländern bzw. Regionen, über die das Wehrwirtschaftsamt zwar einen schnellen Überblick zur Hand haben wollte, bei denen jedoch keine detaillierte Analyse einzelner Wirtschaftszweige notwendig schien. Entsprechend ging es hier vor allem um Länder in Übersee, insbesondere in Asien und Afrika. Behandelt wurden selbst kleine und wirtschaftlich vergleichsweise unbedeutende Regionen und Kolonien, wie beispielsweise die Inseln São Tomé und Príncipe, Fernando Poo, die Azoren oder Nyassaland (Malawi).[110] Im überlieferten Bestand des Wehrwirtschaftsamts sind diese ‚exotischen‘ Gebiete betreffend deutlich weniger Berichte von anderen Forschungsinstituten enthalten. Daraus lässt sich schließen, dass das IfW in seiner Informati-

110 Der Bericht über São Tomé und Príncipe wurde im November 1940 von Karl Schiller angefertigt, in: ZBW, C 6509. Die anderen Berichte fertigte Albert Schiessel ebenfalls im November 1940 bzw. im Januar 1942 an, in: BA-MA, RW 19/4046, 4013 und 3820.

onsbasis außergewöhnlich breit aufgestellt war und sich die Sammeltätigkeit der Bibliothek und des Wirtschaftsarchivs in den Jahren zuvor auf weiteste Teile des Globus erstreckt hatte.

Diese Überblicksberichte folgten meist einem standardisierten Aufbau. Nach einer Einleitung über die für Deutschland interessanten Charakteristika der Region bzw. des Landes wurden nacheinander die Landwirtschaft, die Rohstoffe und die Industrie (sofern in nennenswertem Maß vorhanden) sowie die verkehrsmäßige Lage und Infrastruktur dargestellt. Statistiken wurden reichlich verwendet und die Sprache war zumeist knapp, präzise und wertneutral gehalten. In Fällen, wo es um die Rolle von verbündeten bzw. befreundeten Mächten wie Italien oder Japan ging, wurden jedoch durchaus rhetorische Zugeständnisse gemacht. So hieß es beispielsweise im Juni 1940 in einem von Bräunlich angefertigten Bericht über die im nachfolgenden Jahr bereits verlorenen italienischen Kolonien optimistisch: „Es besteht kein Zweifel, dass der in Italienisch-Ostafrika gemachte hohe Einsatz seine Früchte tragen wird.“[111] Über die deutschen Fähigkeiten als Kolonialmacht gab man sich im IfW ebenfalls sehr sicher. Ilse Michaelis aus der Forschungsgruppe Lösch behauptete bezüglich der geringen wehrwirtschaftlichen Bedeutung der ehemaligen Kolonie Südwestafrika (Namibia): „Es kann kein Zweifel darüber bestehen, daß die wirtschaftliche Entwicklung des Landes bei Fortbestehen der deutschen Schutzherrschaft einen anderen Verlauf genommen hätte.“[112]

Auch die „japanische Durchdringung“ der Mandschurei wurde in einem IfW-Bericht als Chance für die Region dargestellt und die Ausbeutung durch die Besatzungsmacht verklärt als „Beginn der Industrialisierung. Gleichzeitig fällt dem Land die Aufgabe zu, das mit Rohstoffen unzureichend ausgestattete Japan zu ergänzen.“[113] Japan und die Mandschurei sind auch die einzigen rekonstruierbaren Fälle, in denen das IfW zur Aktualisierung eines angefertigten Überblicks über „die wirtschaftlichen Kräfte“ aufgefordert wurde. Dieser zweite Japanbericht vom 17. Juli 1941, der den früheren aus dem Januar 1940 ersetzte,[114] ist sehr bemerkenswert. Anders als bei den meisten Berichten dieser Kategorie war er inhaltlich nicht offen und allgemein gehalten, sondern zielte auf zwei ganz bestimmte Fragestellungen, die offenbar vom Wehrwirtschaftsamt vorgegeben waren: War eine Fortführung der bisherigen Politik der japanischen Regierung mit dem gegenwärtigen wirtschaftspolitischen Kurs realistisch? War ein möglicher Krieg gegen die USA wirtschaftlich durchzuhalten?

Die 186 Seiten umfassende Antwort aus dem IfW war eindeutig und unverblümt negativ. Der Aufbau der Industrie sei in den vergangenen Jahren unkoordiniert erfolgt, eine Ausbeutung der eroberten Gebiete auf dem asiatischen Festland verschlinge in

---

111 Herbert Bräunlich: Die wirtschaftlichen Kräfte Italienisch-Ostafrikas, Juni 1940, in: BA-MA, RW 19/3785, Bl. 49.

112 Ilse Michaelis: Die wirtschaftlichen Kräfte Südwestafrikas, April 1944, in: BA-MA, RW 19/3788, Bl. 78.

113 IfW: Die wirtschaftlichen Kräfte Mandschukuos, Oktober 1939, in: BA-MA, RW 19/3866, Bl. 5.

114 IfW: Die wirtschaftlichen Kräfte Japans (II) Industriewirtschaft, 17.07.1941, in: ZBW, IV 3670.

kurzer Frist mehr Ressourcen, als diesen entnommen werden könnten, und die ohnehin schwachen Rohstoffeinfuhren wären im Fall eines Kriegszustandes mit den USA ohnehin in hohem Maße gefährdet. Damit wurde die in einem früheren IfW-Bericht bereits formulierte Einschätzung aufrechterhalten, die wirtschaftlichen Vorteile der von Japan propagierten „Großostasiatischen Wohlstandssphäre" seien in Wirklichkeit eher gering.[115] Offenbar war man sich im Wehrwirtschaftsamt zu diesem Zeitpunkt unsicher über die Möglichkeiten Japans, seine Wirtschaftspolitik und seine militärische Expansion voranzutreiben. Zur Vertiefung seiner Überlegungen wurde das IfW gebeten, eine Schätzung der Mineralölvorräte vorzunehmen. Ende Oktober 1941, und damit wenige Wochen vor dem Angriff auf Pearl Harbor sowie dem kurz darauf auch von Hitler erklärten Kriegszustand mit den USA, kam das IfW unter Verwendung dreier unterschiedlicher Berechnungsmethoden drei Mal zu dem gleichen Ergebnis, die Versorgungslage Japans sei „problematisch".[116] Auch die gegenwärtige Forschung hebt die Unzulänglichkeit der japanischen Bevorratungspolitik zu diesem Zeitpunkt hervor.[117]

Die deutsche Rohstoff- und insbesondere Erdölversorgung war dem Wehrwirtschaftsamt natürlich ebenfalls ein wichtiges Anliegen. Am 22. November 1939 beauftragte es das IfW mit „Ausarbeitungen über die wirtschaftlichen Kräfte und Rohstoffvorkommen der vorder- und mittelasiatischen Länder."[118] Daraufhin produzierte unter anderem Bräunlich drei Berichte über die wirtschaftlichen Kräfte Afghanistans, des Irak und des Iran. Auch hier konzentrierte er sich ungewöhnlich stark auf einen Blickwinkel, unter dem er diese Länder betrachtete, und zwar, wie sie durch Exporte zu dem Ziel einer Blockadefestigkeit eines von Deutschland beherrschten Kontinentaleuropas beitragen konnten. Im Iran-Bericht hob Bräunlich beispielsweise hervor, dass „wenn Deutschland sich auf längere Zeit hin seine auswärtige Ölbasis verbreitern will, die Erbohrung neuer Quellen in Nordiran einen gangbareren Weg [...] bieten"[119] würde und nannte anschließend mögliche Importrouten. Interessiert gab das Wehrwirtschaftsamt eine Anschlussarbeit über die iranischen Ausfuhrmonopole in Auftrag, an der wiederum auch das Reichsluftfahrtministerium Interesse hatte und es ebenfalls zugesandt bekam.

Der Kontext für die Erstellung solcher Überblicksberichte konnte ganz verschieden sein. In diesem Fall ging es um Hintergrundinformationen, welche das IfW und auch die Volkswirtschaftliche Abteilung der IG Farben zur Abwicklung eines Imports des begehrten Öls bzw. Flugzeugbenzins gegen deutsches Kriegsgerät liefern soll-

115 IfW: Die Versorgungsbilanz des ostasiatischen Großwirtschaftsraumes für wichtige Rohstoffe (Textlicher Teil), November 1940, in: BA-MA, RW 19/3836, Bl. 47–48.

116 IfW: Die Schätzung der Mineralölvorräte Japans 1940/1941, 28.10.1941, in: BA-MA, RW 19/4740.

117 Vgl. Miwa (2015), S. 191–192.

118 Wochenberichte des Wehrwirtschaftsamts, 22.11.1939, in: BA-MA, RW 19/243, Bl. 93.

119 Bräunlich: Die wirtschaftlichen Kräfte Irans, Nov. 1939, in: BA-MA, RW 19/3865, Bl. 58–59, im Original unterstrichen und von einem Leser markiert.

ten.[120] Mit Kriegsbeginn waren die alten Transitwege durch die Türkei und den Persischen Golf blockiert worden. Das IfW riet deshalb zu einer Ausfuhr über die Nordgrenze des Iran durch die Sowjetunion, wobei als Voraussetzung „eine vertrauensvolle Verständigung Irans mit Russland über alle den Transitverkehr berührenden Fragen"[121] gegeben sein müsse. Ob diese Empfehlung einen Einfluss darauf hatte, dass mit einem Handelsvertrag aus dem März 1940 tatsächlich ein Import iranischen Öls auf diesem Weg ermöglicht wurde,[122] ist nicht rekonstruierbar.

In den Italien und Japan betreffenden Berichten wurde in einigen Formulierungen die offizielle politische Linie besonders berücksichtigt. Gleichwohl liefern sie Belege dafür, dass die meisten IfW-Mitarbeiter die Vorgabe zu erfüllen versuchten, unvoreingenommen an ihre Forschungsobjekte heranzutreten, sie unter Verwendung wissenschaftlicher Methoden zu studieren und ihre Ergebnisse dem Wehrwirtschaftsamt sachlich darzulegen. Gleichwohl ist aus nicht wenigen Berichten auch ein deutschnationales Überlegenheitsgefühl herauszulesen. Ein Rassismus, der über das auch vor 1933 verbreitete Maß hinausging, sowie ein starker Antisemitismus sind jedoch selten nachweisbar. Die im Folgenden wiedergegebene Passage aus einem Bericht über Liberia, der wie die Mehrzahl der Berichte keinem Verfasser zugeordnet werden kann, stellt eine Ausnahme dar:

> *Das Staatsexperiment Liberia* [...] *hat sich als ein Fehlschlag erwiesen.* [...] Dieser Fehlschlag erklärt sich zu einem Teil in dem *Versagen der rückgewanderten Neger gegenüber den Aufgaben des Staats- und Wirtschaftsausbaus, das man wohl als rassisches Versagen bezeichnen kann.* Es liegt entscheidend auf soziologisch-sozialem Gebiet. Jene ‚Amerikoliberianer' betrachteten sich von vornherein als Herrenschicht, standen sich allein das Bürgerrecht zu, das die ‚Eingeborenen' nur unter bestimmten Bedingungen erwerben können. [...] Die Art der wirtschaftlichen Betätigung der Amerikoliberianer entspricht in manchem jüdischer Art. Handel, Vermittlung- und Grundstücksgeschäfte sind ihre Hauptbetätigungsfelder [...]. So ist eine Ausbeutung der ‚Eingeborenen' durch Übervorteilungen im Landerwerb und im Handel und selbst das Bestehen von sklavereiähnlichen Ausbeutungsverhältnissen nicht verwunderlich.[123]

Die schwarze Bevölkerung wird hier nicht nur wegen ihrer angeblich angeborenen Eigenschaften verunglimpft.[124] Den mangelnden Erfolg der Wirtschaft Liberias könne das nämlich nicht vollständig erklären. Deshalb behauptet der Autor, die ehemaligen Sklaven hätten eine starke kulturelle jüdische Prägung aus den USA mitgebracht. Das antisemitische Topos von den faulen Juden, die ihren Lebensstandard nur halten können, indem sie sich gegen den Rest der Bevölkerung verschwören und diese un-

120 KTB des Wehrwirtschaftsamts, 12.-14.12.1939, in: BA-MA, RW 19/243, Bl. 119–120.

121 Bräunlich: Die wirtschaftlichen Kräfte Irans, Nov. 1939, in: BA-MA, RW 19/3865, Bl. 84.

122 Vgl. Forsmann (2009), S. 40.

123 IfW: Die wirtschaftlichen Kräfte Liberias, März 1941, S. 1–2, in: ZBW, C 6316. Hervorhebung im Original.

124 Diese Passage deckt sich mit Botschaften aus Mackenroths Vorlesungen. Vgl. beispielsweise Mackenroth: Vortrag vor der Verwaltungsakademie der Nordmark, Wintersemester 1935/36, in: LASH, Abt. 309, Nr. 38002.

terdrücken sowie nichtjüdische Bevölkerungsgruppen mit ihren eigenen negativen Eigenschaften irgendwie infizieren würden, scheint bei dem Verfasser tief verankert gewesen zu sein. Diese antisemitischen Inhalte sind dem Bericht nicht aufgepfropft, sondern stellen die tatsächlich vermutete Ursache für den empirisch messbaren gegenwärtigen Zustand dar.[125]

Ein ähnlicher Befund lässt sich für einen Bericht aus dem Januar 1942 über die Sowjetunion machen. Der Verfasser Heeckt beschreibt darin eine „russische planlose Wirtschaft, die sich in den Händen jüdischer Kaufleute befand“.[126] Es ging ihm allerdings um mehr, als nur generell die deutsche Eroberung der Gebiete in der Sowjetunion durch die angeblich höhere deutsche (und damit implizit: „arische“) Befähigung zur Bewirtschaftung zu rechtfertigen. Heeckt bedient sich auch in subtiler Weise eines länger bestehenden und von den Nationalsozialisten fleißig gepflegten Topos, nämlich einer besonderen Beziehung der Deutschen zum Wald. Deutsche Siedler hätten das Baltikum aufgeforstet, Juden hätten sich dieser Bestände bemächtigt und ihrer Natur gemäß daran Raubbau getrieben und nun sei es an den Deutschen, die Aufforstung zu wiederholen und den jüdischen Einfluss auszumerzen.[127] In dieser Heeckt’schen Darstellung flossen nationalsozialistische Ideologie, wirtschaftshistorische Analyse und wirtschaftspolitische Empfehlungen zusammen.

Während der Liberia-Bericht einen antisemitischen Inhalt hatte, ohne dass Juden thematisch behandelt worden waren, verhielt sich dies bei dem vierteiligen Bericht Schillers über „Die wirtschaftlichen Kräfte Palästinas“ aus dem November und Dezember 1940 umgekehrt.[128] Er verwendete zwar zeitgenössische Terminologie und so ist zum Beispiel von der „jüdischen Kapitalmacht“[129] die Rede oder es wird eine Statistik mit Unterscheidungen zwischen Arabern, Juden und Christen als „Aufgliederung der einzelnen Rassen“[130] bezeichnet. Dies erfolgte jedoch ohne eine antisemitische Konnotation. Schiller war deshalb in der Lage, beispielsweise die positive Wirkung des von den jüdischen Einwanderern mitgebrachten Investitionskapitals auf das Wirtschaftswachstum Palästinas herauszustellen. Für die Bedürfnisse des Wehrwirtschaftsamts war Schillers streng wirtschaftswissenschaftlicher Stil deutlich besser geeignet und diesem Stil folgten auch die Mehrzahl der IfW-Mitarbeiter in der Bearbeitung der Forschungsaufträge.

Ein weiterer Beleg für das Bemühen der Institutsleitung um Beachtung wissenschaftlicher Standards in der Kriegsforschung war der Plagiatsfall Hellmuth Witt-

125 Wenn beispielsweise die mangelnde Verkehrserschließung festgestellt wird, so wird auch dies den charakterlichen Eigenschaften der „Amerikoliberianer“ angelastet. IfW: Die wirtschaftlichen Kräfte Liberias, März 1941, S. 6, in: ZBW, C 6316.

126 Heeckt: Die Verbindung der Ostsee mit dem Schwarzen Meer durch die Wasserstraßen, Januar 1942, S. 31, in: ZBW, C 6308.

127 Ebd.

128 Schiller: Die wirtschaftlichen Kräfte Palästinas I-IV, Nov. und Dez. 1940, in: ZBW, C 25442.

129 Ebd. Teil II, S. 7.

130 Ebd. Teil I, S. 4.

maack. Der 1912 in Kiel geborene Wittmaack studierte ebendort und wurde im Juni 1938 mit der Note „gut" promoviert.[131] Im Anschluss war er in Caspers Forschungsgruppe Marktbeobachtung tätig, unterbrochen von einem Wehrdienst, den er von Dezember 1939 bis Herbst 1940 in einer Nachrichteneinheit der Wehrmacht auf dem Westfeldzug ableistete.[132] Entsprechend dem Rotationsprinzip erreichte Predöhl dann eine Uk-Stellung, sodass Wittmaack ans IfW zurückkehren konnte und wieder in der Erstellung von Auftragsgutachten eingesetzt wurde. Innerhalb kurzer Zeit hatte Wittmaack sich jedoch, so Predöhl gegenüber dem REM, „bei der Vorbereitung eines Gutachtens eines so groben Vertrauensbruches (Plagiats) schuldig gemacht, dass seine fristlose Entlassung geboten war".[133] Weitere Informationen über die Wittmaack angelastete Verfehlung sind nicht überliefert, aber in dieser vermutlich sehr harten Entscheidung Predöhls ist gleichwohl das Bemühen erkennbar, in der Auftragsforschung dieselben Standards anzusetzen wie in der Grundlagenforschung.

12.5 Ein erster Schwerpunkt: Die Ausnutzung der dänischen Viehwirtschaft

Als Beispiel für die ersten Schwerpunkte in der Auftragsforschung des IfW in Anbahnung und zu Beginn des Zweiten Weltkriegs untersuche ich die Beschäftigung mit der dänischen Viehwirtschaft. Fast alle der ersten Forschungen zu Beginn des Jahres 1939 beschäftigten sich mit der Nahrungsmittelproduktion diverser europäischer Länder sowie mit der Fähigkeit Deutschlands, den Ernährungsbedarf aus der inländischen Produktion decken zu können. Thomas war der Meinung, dass die Nahrungsmittelsituation des Reiches zwar für kurze Feldzüge genügen würde, nicht jedoch für den von ihm selbst vermuteten längeren Kriegszustand. Er erkannte eine langfristige Auslandsabhängigkeit von insgesamt 20 %, wobei einzelne Nahrungsmittelarten Schwerpunkte bilden würden. Übereinstimmend mit dem IfW – und möglicherweise unter Verwendung von dessen gelieferten Daten – erkannte er insbesondere eine „Fettlücke" Deutschlands sowie eine Unterversorgung mit Fleisch.[134]

Die Frage war nun, wie diese antizipierte Versorgungslücke zu schließen sei und welche Rolle Exporteuren von Fleisch und Fetten zugewiesen werden solle, beispielsweise Dänemark. In die Beantwortung dieser Frage konnte sich das Wehrwirtschaftsamt einschalten, weil es ihm gelang, im NS-typischen „organisierten Chaos", das auch die Besatzungsverwaltung Dänemarks kennzeichnete, sowohl an der An-

131 Protokoll der Sitzung der Rechts- und Staatswissenschaftlichen Fakultät, 29.06.1938, in: LASH, Abt. 47.5, Nr. 11, Bl. 10.

132 Predöhl an REM, 14.09.1940, in: BA, R 4901/14813, Bl. 385.

133 Predöhl an REM, 31.12.1940, in: BA, R 4901/14814, Bl. 9.

134 Vgl. Thomas (1966), S. 146. IfW: Die aussenhandelsmäßige Verflechtung und wirtschaftliche Bedeutung der dänischen Landwirtschaft, März 1939, in: BA-MA, RW 19/4072, Bl. 31. Vgl. Corni und Gies (1997), S. 408.

griffsplanung wie auch an der ersten Besatzungsphase ab dem 9. April 1940 zu partizipieren.[135] Um das nötige Expertenwissen einzuholen, wurde unter anderem das IfW mit Forschungen beauftragt. Bereits im März 1939 stellte es zwei Berichte über die allgemeine Außenhandelsverflechtung der dänischen Landwirtschaft sowie die „Fettschweine-Ausfuhr nach Deutschland" fertig.[136] Dabei konnten die betreffenden nicht rekonstruierbaren Bearbeiter vermutlich davon profitieren, dass sich die Forschungsgruppe Marktordnung und Außenwirtschaft bereits in den vergangenen zwei Jahren intensiv mit diesem Thema beschäftigt hatte.[137] Das IfW gelangte zu der Erkenntnis, dass die hochentwickelte dänische Veredelungswirtschaft den deutschen Bedarf decken könnte. Bedingung hierfür sei jedoch, dass ihr genügend Getreide- und Kraftfutterimporte zur Verfügung gestellt würden.[138] Entsprechend stellte das Wehrwirtschaftsamt die Frage: „Und wer liefert Dänemark die Produktionsmittel?? [sic]"[139] Auch hierauf hatte das Institut eine Antwort, indem es in einem dritten Bericht aus dem Mai 1939 vorschlug,

> unter Beachtung der allgemeinen politischen und militärischen Konstellationen und wehrwirtschaftlichen Bedingungen [...] eine Arbeitsteilung zwischen der Getreidewirtschaft Südosteuropas und der Viehwirtschaft Dänemarks (und evt. auch der Randstaaten) anzustreben.[140]

Damit schloss sich das IfW den seit langem kursierenden Plänen an – die auch bereits in den frühen 1930er Jahren in Hahns Ernährungsstatistischer Abteilung vertreten worden waren Dänemark und den Staaten Südosteuropas die Rolle als deutsche „Ernährungsreserve"[141] aufzuzwingen. Mit der Einbeziehung Dänemarks war die Empfehlung gegen eine Intensivierung der südosteuropäischen Landwirtschaft verbunden. Es sei wirtschaftlicher, dessen Getreideüberschüsse nicht vor Ort viehwirtschaftlich verwerten zu lassen, sondern nach Dänemark zu transportieren und von dort die veredelten Produkte nach Deutschland einzuführen.[142] Nach Abschluss des

---

135 Vgl. Schröter (1999), S. 171. Laut Schröter war das Wehrwirtschaftsamt allerdings nicht sehr erfolgreich und der Wehrwirtschaftsstab in Dänemark mehr mit der Erlangung, als dem Ausfüllen von Kompetenzen beschäftigt. Ebd., S. 152 – 153.

136 Betreffende IfW-Berichte in: BA-MA, RW 19/3934 – 3935.

137 Siehe Aufsätze Fridel Schürmann-Macks in *WA* 45, 1937, S. 148 – 170 und *WA* 46, 1937, S. 544 – 568 sowie den unveröffentlichten Bericht „Die Marktregulierungen in der dänischen Landwirtschaft", 1938, in: ZBW, C 6543.

138 IfW: Die aussenhandelsmäßige Verflechtung..., März 1939, in: BA-MA, RW 19/4072, Bl. 31.

139 Handschriftliche Notiz in: Ebd., Bl. 34.

140 IfW: Die Bedeutung Südosteuropas für die Fettversorgung Großdeutschlands (Zur Frage der Ausfuhr und Produktionsleistung von Butter und Schweinefett), Mai 1939, in: BA-MA, RW 19/2469, Bl. 23 – 24. Entsprechend ebenfalls: IfW: Die Lebensmittelversorgung Schwedens, Februar 1940, in: BA-MA, RW 19/4077, Bl. 17 – 18.

141 Kautz: Die deutsche Ernährung im Weltkrieg, 1934, S. 14, in: ZBW, B 32492.

142 IfW: Die Bedeutung Südosteuropas für die Fettversorgung..., Mai 1939, S. 22, in: BA-MA, RW 19/2469.

Hitler-Stalin-Pakts wies das IfW ferner auf die Möglichkeit von Getreidezufuhren aus der Sowjetunion hin.[143]

Das IfW war nicht die einzige Forschungsstelle, die das Wehrwirtschaftsamt bezüglich dieses Themas konsultierte. Weitere Stellen die routinemäßig zu dieser wie auch zu vielen anderen Fragen um Rat gebeten wurden waren der Stab des Ernährungsministers, das Stickstoffsyndikat, die Volkswirtschaftliche Abteilung der IG Farben sowie das IfK. Gerade das IfK vertrat eine deutlich pessimistischere Einstellung als das IfW. Es würde nämlich „Dänemark die gesamte Ausfuhr an landwirtschaftlichen Veredelungsprodukten einstellen müssen."[144] Um zu einer Synthese der unterschiedlichen Ergebnisse zu kommen, forderte das Wehrwirtschaftsamt Mitte Oktober beide Institute zu einer Überarbeitung ihrer Gutachten auf und vereinbarte ein Treffen der entsprechenden Ökonomen. Das IfW wurde durch Casper sowie seinen Mitarbeiter Harald Seehusen vertreten.[145] Sie blieben bei ihrer Meinung, während das IfK die eigenen Schätzungen revidieren und sich den Kielern anschließen musste.[146] Ende November 1939 erfolgte eine weitere, diesmal höherrangige Besprechung von Vertretern des IfW, IfK sowie der IG Farben mit Thomas, der die sehr optimistischen Ansichten des IfW über die Leistungsfähigkeit Dänemarks übernahm und auf dieser Basis Planungen in Kooperation mit anderen Stellen wie dem RMEuL anstellte.[147] Dieser Sieg in einer fachwissenschaftlichen Auseinandersetzung dürfte das Ansehen des IfW bei den Männern der Praxis weiter gestärkt haben.

Sowohl aus den überlieferten Akten des Wehrwirtschaftsamts wie auch aus den Berichten des IfW wird deutlich, dass das Militär und die ökonomischen Experten gleichermaßen davon ausgingen, eine weitgehende Verfügungsmacht über die Nahrungsmittelproduktion des nominell immer noch autonomen Dänemarks zu besitzen. Sie glaubten, diese in ein europaweites Wirtschaftssystem einspannen zu können und einspannen zu dürfen, dessen Zweck einzig die Deckung des deutschen kriegsbedingten Bedarfs sein sollte. Dies entlarvt einmal mehr Predöhls Werbung für eine vorgebliche wirtschaftliche „Kooperation" europäischer Länder mit dem nationalsozialistischen Deutschland. Auf der Kieler Woche 1938 hatte er beispielsweise in geheimer Absprache mit Görings Vierjahresplanbehörde behauptet:

143 IfW: Der Rückgang der tierischen Veredelungsproduktion Dänemarks bei einem Ausfall der ausländischen Getreide- und Futtermittelzufuhren, Oktober 1939, in: BA-MA, RW 19/3936, Bl. 23, und IfW: Dänemarks Landwirtschaft im Umbruch, Mai 1940, in: BA-MA, RW 19/3927, Bl. 5–6. und Bl. 29.

144 KTB Wehrwirtschaftsamt Wi IV (Westen), 18.10.1939, in: BA-MA, RW 19/243, Bl. 46.

145 Seehusen war eine Woche zuvor mit einer Arbeit über die „deutschen Ausfuhrmöglichkeiten, insbesondere des Maschinenexports, nach Dänemark" promoviert worden. Personalakte Seehusen, in: LASH, Abt. 691, Nr. 2105.

146 IfW: Der Rückgang der tierischen Veredelungsproduktion ..., Okt. 1939, in: BA-MA, RW 19/3936; KTB Wehrwirtschaftsamt, 18.10.1939, in: BA-MA, RW 19/243, Bl. 56.

147 KTB Wehrwirtschaftsamt, 28.11.1939 und 02.12.1939, in: Ebd., Bl. 100 und Bl. 110.

> Organisch entwickelte, nämlich an den Zielen des Volksganzen orientierte Volkswirtschaften sind eben auf die Dauer bessere Partner im internationalen Güteraustausch als Volkswirtschaften, die einseitig und unorganisch in die internationale Arbeitsteilung verflochten sind.[148]

Tatsächlich war die auch von Predöhl insbesondere ab 1939 propagierte Europäische Großraumwirtschaft „not the free trade area of German-controlled Europe, but a German instrument to obtain what Berlin needed from the occupied countries.“[149] Volkswirtschaftlich wäre es nämlich für Dänemark besser gewesen, nicht nach Deutschland, sondern nach Belgien zu exportieren. Belgien benötigte nämlich ebenfalls dessen hohen Überschuss an Schweinefleisch, Eiern und Butter und hätte im Gegenzug Kohle liefern können, damals Mangelware in Dänemark. Das „Dritte Reich“ verhinderte jedoch gezielt solche Handelsbeziehungen. Sein primäres Interesse lag darin, „mit möglichst geringem Eigenaufwand die bisherigen deutschen Importraten zu sichern und möglichst zu steigern“.[150]

Im Bemühen, sich der Konkurrenz durch externe Forschungsinstitute zu erwehren, hatte Paul Wiel im Dezember 1939 über die von ihm geleitete Wehrwirtschaftliche Forschungsstelle behauptet, sie sei die einzige, deren Forschungen keine „rein friedenswirtschaftliche Betrachtungsweise zugrunde“[151] liege. Das Beispiel des IfW zeigt, dass Wiels Aussage nicht zutraf. Nicht nur der Bewerbungsbericht aus dem Mai 1938, sondern auch die frühen Dänemark betreffenden Berichte aus dem ersten Halbjahr 1939 belegen dies. Das IfW hatte dem Wehrwirtschaftsamt beispielsweise im März 1939 geraten, die Nahrungsmittelimporte aus Dänemark erst dann zu steigern, wenn das Reich Großbritannien den Krieg erklärt habe.[152] Die dahintersteckende Logik war, dass Großbritannien, das bisher aus Dänemark jene Nahrungsmittel bezog, auf die es Deutschland abgesehen hatte, dann nach der Besetzung Dänemarks durch die Wehrmacht von einem plötzlichen Ausfall der Nahrungsmitteleinfuhren überrascht werden würde. Erhöhte Deutschland nun seine Importe aus Dänemark bereits in

148 Predöhl: Ansprache nach dem Abendessen im Wissenschaftlichen Klub des Instituts anläßlich des vom Deutschen Ausland-Club während der Kieler Woche veranstalteten Treffens in- und ausländischer Wirtschafter, Juni 1938, S. 13, in: ZBW, A123470. Den anwesenden Wirtschaftsvertretern aus Nord- und Westeuropa sandte das IfW die Rede in ihrer jeweiligen Landessprache gedruckt zu. Bezahlt und organisiert wurde dies von der Direktionsabteilung des IG Farben-Konzerns. Vgl. Rudolf Brinkmann (Staatssekretär im RWM) an Göring, 14.05.1938, in: BA, R 8128/325.

149 Klemann und Kudryashov (2012), S. 257.

150 Schröter (1999), S. 157. Allerdings erlitt Dänemark von allen besetzten Ländern wohl die geringsten ökonomischen Nachteile. Vgl. Steen Andersen: A Mild Occupation? Denmark, 1940 – 1945, in: Scherner und White 2016), S. 296 – 319.

151 Wiel: Die Futtermittelfrage in der deutschen Schweinezucht, 23.12.1939, in: BA-MA, RW 19/1289, Bl. 19.

152 IfW: Die aussenhandelsmäßige Verflechtung..., März 1939, in: BA-MA, RW 19/3934, Bl. 32 und 38. Dieser Bericht ging allein dem Wehrwirtschaftsamt in fünf Exemplaren zu. Dieselbe Argumentation findet sich auch im zeitgleichen Bericht in: IfW: Zur Frage der Umstellung Dänemarks von der Baconschweine-Ausfuhr nach England zur Fettschweine-Ausfuhr nach Deutschland, März 1939, in: BA-MA, RW 19/3935, Bl. 15.

Friedenszeiten auf Kosten Großbritanniens, dann wären die Briten sofort gezwungen, eine teilweise Umstellung vorzunehmen. Der von deutscher Seite beabsichtigte Schock eines plötzlichen Importausfalls nach dem herbeigeführten Kriegszustand würde dadurch abgemildert. In Kiel war man also nicht erst seit dem Angriff auf Polen, sondern bereits in Friedenszeiten bereit gewesen, eine in hohem Maße kriegsstrategische Betrachtungsweise einzunehmen.

12.6 Vorbereitung deutscher Angriffskriege: Das Beispiel Norwegen

In diesem Abschnitt wird untersucht, wie sich das IfW in die Vorbereitung des Angriffs und der Besetzung Norwegens durch die deutsche Wehrmacht ab dem 9. April 1940 einbrachte. Zunächst ist festzuhalten, dass der Angriff auf Norwegen – gemeinsam mit der zeitgleichen Besetzung Dänemarks – den ersten Fall deutscher Aggression überhaupt darstellte, an dem sich das IfW beteiligte. Weder in die Vorbereitung der diplomatisch-militärischen Besetzungen der Tschechoslowakei und Österreichs, noch in die Planung des Angriffs auf Polen war das IfW eingebunden worden, anders als beispielsweise das IfK.[153] Das Fallbeispiel Norwegen ist aber noch aus einem zweiten Grund von besonderem Interesse. Es haben sich nämlich über die wehrwirtschaftliche Vorbereitung der „Weserübung“, so der Deckname der Operation, noch lange Zeit zwei Mythen in der Geschichtsschreibung halten können. Eine eingehende Betrachtung der bisher noch nicht in den Fokus genommenen Rolle eines Wirtschaftsforschungsinstituts kann wichtige Informationen über die militärischen Planungsprozesse liefern.

Der erste Mythos besagte, dass die deutsche Entscheidung zum Angriff erst spät gefallen sei und dass ihr ausschließlich ein militärtaktische Motiv zugrunde gelegen habe, nämlich einer englischen Besatzung zuvorzukommen.[154] Diese Ansicht ist seit langem überwunden und es steht nun fest, dass die von Großadmiral Raeder forcierte und bereits im Herbst 1939 von Hitler getroffene Entscheidung auch wirtschaftlich motiviert war. Der damit verbundene zweite Mythos lautete, dass die wehrwirtschaftliche Vorbereitung extrem mangelhaft gewesen sei. Olivier Desarzens berichtet die Anekdote, dass der zuständige Wehrmachtbefehlshaber Nikolaus v. Falkenhorst sich nach seiner Beauftragung mit der „Weserübung“ am 21. Februar 1940 erst einmal einen Baedeker Reiseführer besorgt habe. Im Einsatz hätten dann deutsche Truppen ein nicht mehr existierendes norwegisches Fort einnehmen wollen, weil es in einer alten Baedeker-Auflage aufgelistet war.[155] Auch Hubatsch behauptete: „Mit primi-

153 Vgl. Volkmann (2003), S. 227.

154 Vgl. Robert Bohn (2000), S. 14–16. Im Folgenden stütze ich mich stark auf Bohn. Vgl. auch: Harald Espeli: The Economic Effects of the German Occupation of Norway, 1940–1945, in: Scherner und White (2016), S. 235–265.

155 Vgl. Desarzens (1988), S. 53–55.

tivsten Mitteln, Reisehandbüchern und ähnlichen wenig geeigneten Aushilfen wurden die ersten operativen und taktischen Befehle bearbeitet.“[156] Teils mag dies im Einsatz durch mangelhafte Informationsweitergabe tatsächlich der Fall gewesen sein, aber bezüglich der Planungsphase der Besetzung Norwegens ist mittlerweile klar, dass die Wehrmacht sich durchaus professionell vorbereitete.

Die wehrwirtschaftlichen Aspekte betreffend geschah dies unter anderem, indem gezielt Gutachten bei privaten und staatlichen Forschungseinrichtungen in Auftrag gegeben wurden. Während die Berichte der Volkswirtschaftlichen Abteilung der IG Farben in der Historiographie Beachtung fanden, wurde die Vielzahl der in diesem Zusammenhang erstellten IfW-Gutachten zwar bemerkt, jedoch bisher nicht erforscht.[157] Die Einbeziehung des IfW erfolgte über die Beteiligung des Wehrwirtschaftsamts an der Vorbereitung des Angriffs auf Norwegen. Bereits im Dezember 1939 war im OKW eine Planungsgruppe für die Invasion eingerichtet worden. Auf dieser aufbauend erhielt der bisherige Gruppenleiter von General Thomas' Rohstoffabteilung im Wehrwirtschafts- und Rüstungsamt, Major Hermann Neef, am 8. März 1940 den Auftrag zur wehrwirtschaftlichen Vorbereitung der Besatzung innerhalb der Gruppe von v. Falkenhorst.[158] Am 27. April 1940 ging aus dieser wiederum der Wehrwirtschaftsstab für Norwegen hervor.

In seiner Analyse der administrativen Ansätze der NS-Großraumwirtschaftsplanung bezüglich Norwegen und Dänemark unterscheidet Harm Schröter zwischen kurz-, mittel- und langfristigen Perspektiven.[159] Die kurzfristige Perspektive umfasste die Sicherung von kriegswichtigen Rohstoffen und Fertigungskapazitäten bei der Besetzung der entsprechenden Gebiete. Die mittelfristige Perspektive richtete sich auf die anschließende Ausnutzung der eroberten Wirtschaftskraft für die eigenen Zwecke der Kriegsführung. Die langfristige Perspektive betraf Nachkriegsplanungen und blieb im Fall Norwegens unbearbeitet. Für den Kontext der entsprechenden IfW-Forschung ist entscheidend, dass sich General Thomas mit seinen wirtschaftsstrategischen Überlegungen letztlich nicht gegen Konkurrenten wie den von Göring lancierten Reichskommissar für Norwegen, Josef Terboven, und gegen rivalisierende Teilstreitkräfte durchsetzen konnte.[160] Deshalb endete im Frühjahr 1940 bereits die Erteilung von Norwegen betreffenden Forschungsaufträgen an das IfW durch militärische Stellen (siehe Tabelle 14). In meiner Analyse der bis dahin geleisteten Forschung orientiere ich mich an Schröters Einteilung der Perspektiven. Ich stelle die These auf, dass die IfW-Berichte aus der Zeit von Oktober 1939 bis in die erste Januarhälfte 1940

156 Hubatsch (1952), S. 35.

157 Vgl. Robert Bohn (2000), S. 138 – 139. Bohn listet hier einen großen Teil der betreffenden IfW-Gutachten im Bestand des Wehrwirtschaftsamts auf, geht jedoch nicht näher auf diese ein.

158 Vgl. Schröter (1999), S. 146 – 147.

159 Vgl. Ebd.

160 Auch der Wehrwirtschaftsstab Norwegen konnte sich im Kampf um Kompetenzen nicht durchsetzen und entfaltete später nur noch eine Bedeutung in der Versorgung der Wehrmacht mit Treibstoff und der Steuerung der Infrastruktur. Vgl. Robert Bohn (2000), S. 138 – 140.

hinein eine mittelfristige Perspektive einnahmen und wirtschaftsstrategische Fragen behandelten. Als es dann ab Februar 1940 in die konkrete Vorbereitungsphase ging, wurden vom IfW keine Planungs*berichte* mehr benötigt, sondern es wurden in schneller Folge *Materialien* verlangt, welche die für die Durchführung des Angriffs benötigten Informationen lieferten.

Tabelle 14: Auftragsarbeiten für militärische Stellen zu Norwegen (1938 – 1940)[161]

Titel (Seitenzahl)	Datum	Auftraggeber, weitere Empfänger
Die wehrwirtschaftliche Bedeutung West- und Nordeuropas (92)	Mai 1938	Wehrwirtschaftsamt
Die Holzversorgung Großbritanniens und Frankreichs und die kriegswirtschaftliche Belastung der neutralen Nordischen Länder (24)	Oktober 1939	Reichskommissar beim Oberprisenhof, Stabsamt Göring, Wehrwirtschaftsamt, RWM, 6 weitere
Die Versorgung der skandinavischen Textilindustrie (inkl. Kurzbericht) (40)	November 1939	Stabsamt Göring, Oberkommando des Heeres, Wehrwirtschaftsamt, RbO, FfW, 5 weitere
Die Exportkraft Großdeutschlands (24)	November 1939	FfW, Wehrwirtschaftsamt
Die Struktur des Ostseeverkehrs und seine Bedeutung für die deutsche Kriegswirtschaft (43)	Dezember 1939	RbO, Wehrwirtschaftsamt, FfW, RWM und 5 weitere
Die Versorgung Europas mit Aluminium (34)	Dezember 1939	Wehrwirtschaftsamt, FfW, RbO, 3 weitere
Die Auswirkungen einer Blockade der Zufuhr aus den Ostseeländern und Norwegens auf die britische Versorgungslage (nicht überliefert)	Dezember 1939	Reichsführung SS
Die Eisenerzversorgung Großdeutschlands (22)	Dezember 1939	Wehrwirtschaftsamt, FfW, RWM, Propagandaministerium, Stabsamt Göring, RbO, 3 weitere
Norwegens Schiffbauindustrie und Seehäfen (31)	Erste Januarhälfte 1940	Wehrwirtschaftsamt, RWM
Norwegens Holz- und Holzveredelungsindustrie (23)	Februar 1940	Wehrwirtschaftsamt, RWM

161 Manche Titel sind gekürzt. Quellen: Materialsammlungen, Berichte und Gutachten des Instituts für Weltwirtschaft an der Universität Kiel. Anfang 1938 bis Januar 1945, o.D., in: ZBW, D 5645; IfW: Kriegswirtschaftliche Forschungsarbeiten seit September 1939, Juli 1940, in: BA, R 4901/14813.; Ferner die Berichte selbst in ZBW und in BA-MA, RW 19.

Tabelle 14: Auftragsarbeiten für militärische Stellen zu Norwegen (1938 – 1940) *(Fortsetzung)*

Titel (Seitenzahl)	Datum	Auftraggeber, weitere Empfänger
Norwegens Metallindustrie (20)	Februar 1940	Wehrwirtschaftsamt, RWM
Norwegens Bergbau (12)	Februar 1940	Wehrwirtschaftsamt
Norwegens Mineralölversorgung und Tankanlagen (11)	März 1940	Wehrwirtschaftsamt, RWM
Die monatl. Ausfuhr Skandinaviens (25)	März 1940	RbO, Wehrwirtschaftsamt
Norwegens Mühlen und Silos (15)	März 1940	Wehrwirtschaftsamt, RWM
Norwegens Textilindustrie (33)	April 1940	Wehrwirtschaftsamt
Die außenwirtschaftliche Verkehrslage Norwegens und Schwedens (30)	April 1940	Wehrwirtschaftsamt, RWM, Stabsamt Göring, 10 weitere

I Die mittelfristige Perspektive: Ausnutzung der eroberten Wirtschaftskraft für die eigenen Zwecke der Kriegsführung (Oktober 1939 bis Januar 1940)

Aus welchem Blickwinkel das IfW die Wirtschaft der skandinavischen Staaten betrachtete, wurde bereits im ersten Bericht aus dem Mai 1938 deutlich. In einer vom Wehrwirtschaftsamt, möglicherweise von Thomas selbst, markierten Passage heißt es:

> Als Lieferant von wichtigen Erzen und Metallen und Nahrungsmitteln [letzteres bezog sich auf Dänemark] stellen sie ein bedeutendes wehrwirtschaftliches Reservoir dar. Dies ist besonders für Deutschland sowohl wirtschaftlich als auch verkehrsgeographisch von besonderer Bedeutung.[162]

Die Rohstoffe und die Produktionskapazitäten dieser Länder sollten für die deutsche Kriegsführung nutzbar gemacht werden und die Kieler Ökonomen erachteten sich selbst als fähig und ermächtigt, entsprechende Strategien zur Ausnutzung zu entwerfen. Im Fall Norwegens ging es vor allem um vier Produkte: Holz, Eisenerz, Aluminium und Textilwaren. Im Oktober 1939 erstellte das IfW einen ersten Bericht über die Holzversorgung der Alliierten und die Lage der Holz exportierenden Staaten Skandinaviens, die damals noch neutral waren.[163] Den Auftrag hierzu hatte der

---

162 IfW: Die wehrwirtschaftliche Bedeutung West- und Nordeuropas für Deutschland, Mai 1938, in: BA-MA, RW 19/3902, Bl. 79.

163 IfW: Die Holzversorgung Großbritanniens und Frankreichs und die kriegswirtschaftliche Belastung der neutralen Nordischen Länder (unter besonderer Berücksichtigung der Holzausfuhr Rußlands in die Feindstaaten), Oktober 1939, in: BA-MA, RW 19/4753. Laut Aufschrift auf dem Aktendeckel wurde

Reichskommissar am Oberprisenhof erteilt, aber der Bericht ging auch dem Wehrwirtschaftsamt, dem „Stabsamt Göring“, das in der Planung der norwegischen Wirtschaft eine einflussreiche Rolle spielen sollte, sowie weiteren Stellen zu.[164] Die Analyse der bisherigen Handelsströme mündete in zwei Ergebnisse. Erstens könne Deutschland Großbritannien mit einer Abschnürung der skandinavischen Holzexporte schwer treffen. Eine massive Unterversorgung dieses für die Rüstungsproduktion unerlässlichen Rohstoffes ergäbe sich selbst dann, wenn Russland die Blockade durchbräche und auch Kanada seinen Export erhöhen würde. Zweitens könne Deutschland nicht problemlos als Abnehmer der nordischen Forstwirtschaft einspringen, weil es sich durch die Ausbeutung der polnischen Bestände bereits autark gemacht habe.[165] Deshalb würden die skandinavischen Staaten bei einer deutschen Blockade Gefahr laufen, auf ihrer Überschussproduktion sitzen zu bleiben.

Der IfW-Bericht riet nun nicht nur zur Blockade der britischen Holzimporte durch die deutsche Marine – dies galt als Selbstverständlichkeit –, sondern empfahl auch, die dadurch unweigerlich ebenfalls hervorgerufene Wirtschaftskrise der nordischen Staaten auszunutzen. Ohne die Erlöse für den Holzexport stünden sie unter erhöhtem Druck andere Waren zu exportieren. Deutschland könne sich so das dringend benötigte Eisenerz sichern.[166] Die Notsituation der skandinavischen Staaten würde so groß sein, dass sie für das Erz keine hohen Preise verlangen könnten. Zusammengefasst wurde dies mit dem Satz: „Die Krisenlage gäbe außerdem die Möglichkeit, den Einfuhrbedarf der skandinavischen Länder auf einem niedrigen Niveau zu halten.“[167] Hinter dieser verklausulierten Formulierung verbarg sich eine brutale Aussage: Mithilfe der Blockade der Exporte an die Alliierten könne Deutschland die skandinavische Bevölkerung beim Warenaustusch übervorteilen und sie zu einer Senkung ihrer Einfuhren und damit ihres Lebensstandards zwingen. Dabei müsse jedoch eine gewisse Grenze beachtet werden. Die wirtschaftliche Not dürfe nicht so hochgetrieben werden, dass man eine militärische Reaktion provoziere. Zum Abschluss des Berichts sicherte sich das IfW mit der Formulierung ab, es handele sich letztlich um „eine Frage, die nur politisch entschieden werden kann“.[168] Dies täuscht aber nicht darüber hinweg, dass strategische Ratschläge zur Führung des Wirtschaftskriegs geliefert worden waren.

Im Gegensatz zu Holz waren Eisenerz und das Leichtmetall Aluminium zwei Produkte, die Deutschland zur Aufrechterhaltung seiner Kriegsproduktion unbedingt aus Schweden und Norwegen importieren musste. Im Dezember 1939 beschäftigte sich

---

dieser Bericht nach der Beschlagnahmung 1945 von einer Spezialabteilung der Admiralität der sowjetischen Kriegsmarine eingesehen.

164 IfW: Kriegswirtschaftliche Forschungsarbeiten seit September 1939, Juli 1940, in: BA, R 4901/14813.

165 IfW: Die Holzversorgung..., Oktober 1939, S. 4, in: BA-MA, RW 19/4753.

166 Ebd., S. 18.

167 Ebd, Ergebnis des Berichts.

168 Ebd., S. 22.

das IfW in zwei Berichten mit der „Eisenerzversorgung Großdeutschlands“ und der „Versorgung Europas mit Aluminium“. Die Berichte wurden beide in Eigeninitiative ohne einen konkreten Auftraggeber erstellt. Das IfW antizipierte hier ein Interesse einer Vielzahl von staatlichen Stellen, an den diese Berichte gesandt wurden, darunter auch das Wehrwirtschaftsamt. Bezüglich des Eisenerzbedarfs empfahl der IfW-Bericht zwar eine Senkung des deutschen Verbrauchs, aber es zeigte sich, dass kurzfristig weder eine Reduzierung der Rüstungsproduktion noch der Konsumgüter für die Zivilbevölkerung oder gar der von Hitler permanent angestoßenen Bauprojekte erfolgen würde. Daher blieb als Lösung nur eine Steigerung der Eisenimporte aus Skandinavien. Dies wiederum setzte voraus, dass Deutschland in der Lage kommen müsse, Schweden und Norwegen zu einer Umlenkung ihrer bisherigen Ausfuhren an die Alliierten nach Deutschland zu zwingen.[169] Offen gelassen wurde, auf welche Weise dieser Zwang ausgeübt werden sollte. In dem Aluminium-Bericht blieb das IfW ähnlich vage. Die entsprechenden Förderstätten in Norwegen befänden sich weitgehend unter der Kontrolle von Unternehmen aus dem verfeindeten Ausland. Für eine Umlenkung der Exporte nach Deutschland müsste man „schon einen sehr starken Druck ausüben“.[170] Als konkretes Druckmittel wurde allerdings auch hier nur eine Wirtschaftsblockade genannt. Im Krieg war es dann neben militärischen Drohungen auch ein möglicher Entzug von dringend benötigten Nahrungsmittellieferungen, mit denen das Reich Rohstoffimporte aus dem nicht besetzten Schweden erzwang.[171]

Das IfW ging in seiner Betrachtung auch wieder auf die Auswirkung auf Großbritannien ein. Anders als bei den Holzimporten könnten die Briten einen Ausfall der Aluminiumeinfuhren aus Skandinavien verschmerzen. „Erst eine Abschnürung der kanadischen Lieferungen würde die englische Versorgung – dann allerdings tiefgreifend – gefährden.“[172] Wie bereits im Ersten Weltkrieg setzte sich das IfW auch in den Jahren ab 1939 für eine umfassende Blockade der stark in die Weltwirtschaft eingebunden britischen Wirtschaft ein. Im Unterschied zu Harms sprachen sich allerdings weder Predöhl noch seine Mitarbeiter ausdrücklich für einen U-Boot-Krieg gegen Handelsschiffe aus. Während im Ersten Weltkrieg die höchsten Stellen der Marine regelmäßig mit IfW-Gutachten versorgt wurden, ist nicht belegt, ob das Oberkommando der Marine Ende des Jahres 1939 von diesen IfW-Gutachten Kenntnis erlangte. Möglich ist aber, dass entweder das IfW selbst oder das Wehrwirtschaftsamt diese Arbeiten an die Marine weiterleitete.[173] Marinechef Raeder drängte zu dieser Zeit

---

169 IfW: Die Eisenerzversorgung Großdeutschlands während der gegenwärtigen kriegerischen Verwicklungen, Dezember 1939, S. 10 und S. 19 – 20, in: BA-MA, RW 19/4056.

170 IfW: Die Versorgung Europas mit Aluminium, Dezember 1939, S. 13, in: BA-MA, RW 19/4062.

171 Vgl. Eric Golson: Sweden as an Occupied Country? Swedisch-Belligerent Trade in World War II, in: Scherner und White (2016), S. 266 – 295.

172 IfW: Die Versorgung Europas mit Aluminium, Dezember 1939, S. 25, in: BA-MA, RW 19/4062

173 Mindestens im Frühjahr 1940 leitete das IfW drei Berichte an das Oberkommando der Marine weiter. IfW: Kriegswirtschaftliche Forschungsarbeiten seit September 1939, Juli 1940, in: BA, R 4901/14813. Beim IfW-Bericht über „Die Struktur des Ostseeverkehrs und seine Bedeutung für die Deutsche

unter Verwendung ähnlicher wirtschaftlicher Argumente darauf, Norwegen zu besetzen, um sich dessen Eisenerzproduktion und das aus Schweden über das norwegische Narvik ausgeführte Erz für sein Flottenbauprogramm zu sichern.[174] Im April 1940, also zeitlich sehr nach an dem am 9. April erfolgten Angriff auf Norwegen, wurde in Kiel ein Bericht über „Die außenwirtschaftliche Verkehrslage Norwegens und Schwedens unter dem Einfluss der gegenwärtigen kriegerischen Verwicklungen" angefertigt. Darin lobte das IfW die geplante Besetzung Norwegens und wies darauf hin, dass damit ebenfalls auf das von deutschen Truppen eingekreiste Schweden ein noch stärkerer wirtschaftlicher Druck ausgeübt werden könne. Hierfür sei die Kontrolle des Hafens von Narvik unerlässlich.[175] Die Stadt fiel nach längerem Widerstand am 7. Juni als letzte Bastion der Alliierten.

Diese Berichte des IfW waren nicht geeignet, bei militärischen oder sonstigen deutschen Stellen großen Widerspruch oder Kontroversen auszulösen. Anders verhielt sich dies bei einem Bericht über die „Exportkraft Großdeutschlands", den das Institut im November 1939 im Auftrag der FfW erstellte. Darin wurde eine Förderung der Industrialisierung der damals noch neutralen europäischen Staaten, also auch der skandinavischen Staaten, gefordert. Als Argument wurde angeführt, dass dies bei richtiger Lenkung „zu einer gesteigerten Ausfuhr dieser Länder an Rohstoffen, Halb- und Fertigwaren führt, die Deutschland zur Festigung seiner wehrwirtschaftlichen Stellung benötigt."[176] Im Wehrwirtschaftsamt erntete diese Passage wie auch der ganze Bericht einen scharfen Widerspruch. Jede Industrialisierung führe im Gegenteil zu einer Verringerung der Rohstoffexporte der betreffenden Länder und entsprechend könne eine wirtschaftliche Entwicklung der Neutralen nicht im deutschen Sinne sein.[177] Die apodiktische Behauptung des IfW ist in der Tat aus wirtschaftswissenschaftlicher Sicht hochproblematisch. Der Kern der Meinungsverschiedenheit war jedoch politisch: Sollte man die dominierten bzw. die später besetzten Staaten dazu zwingen, ihre Rohstoffe nach Deutschland auszuführen und diese dann selbst verarbeiten? Oder sollte man im Rahmen einer europaweit vernetzten Produktionskette einen Teil der Verarbeitung vor Ort erledigen lassen und dann diese (Vor-)Produkte der eigenen Kriegswirtschaft zuführen?

Die Vertreter der großen deutschen Industriekonzerne bemühten sich, in dieser Frage eine Entscheidung zu erreichen, die ihren auf Profitmaximierung gerichteten Interessen entsprach. Vor allem der mächtige IG Farben-Konzern formulierte über

---

Kriegswirtschaft" diskutierte das Wehrwirtschaftsamt seinerseits eine Weiterleitung an die Seekriegsleitung. Siehe die Bemerkung zu dem Bericht vom 16.01.1940, in: BA-MA, RW 19/3899, Bl. 1–2.

174 Vgl. Robert Bohn (2000), S. 16.

175 IfW: Die außenwirtschaftliche Verkehrslage Norwegens und Schwedens unter dem Einfluss der gegenwärtigen kriegerischen Verwicklungen, April 1940, S. 23, in: BA-MA, RW 19/3906.

176 IfW: Die Exportkraft Großdeutschlands mit besonderer Berücksichtigung der Ausfuhr qualifizierter Ausfuhrwaren unter den gegenwärtigen kriegerischen Verwicklungen, November 1939, S. 5–6, in: BA-MA, RW 19/4055 sowie in: RGVA Moskau, F. 1458K, p. 35, d. 447, e. 1.

177 Anmerkung zu diesem Bericht vom 01.12.1939, in: BA-MA, RW 19/4055, Bl. 25–26.

seine Volkswirtschaftliche Abteilung eine entsprechende wirtschaftspolitische Agenda und vertrat diese in aggressiver Form gegenüber politischen und militärischen Stellen. Betreffend Norwegen hieß das, es sollten die industriellen Fertigungskapazitäten grundsätzlich abgebaut werden und im Fall Aluminium beispielsweise die wertschöpfungsmäßig bedeutende Weiterverarbeitung zu Legierungen nach Deutschland übertragen werden. Damit stimmte die IG Farben mit dem aus dem Ruhrgebiet stammenden Terboven überein, dem es vor allem darum ging, sein neues Reichskommissariat Norwegen für die deutsche Großindustrie aufzuschließen.[178] Auch Thomas, der von der Volkswirtschaftlichen Abteilung des Chemiekonzerns reichlich mit Memoranden versorgt wurde,[179] war auf einen Raub der Rohstoffe fixiert. Dies wurde in den kommenden Jahren so exzessiv betrieben, dass selbst die norwegischen Nationalsozialisten der Nasjonal Samling protestierten.[180]

Um ähnliche Fragen ging es u. a. in einem Bericht über die skandinavische Textilindustrie aus dem November 1939, der erneut ohne Auftraggeber erstellt und unter anderem dem Wehrwirtschaftsamt offenbar unaufgefordert zugesandt wurde.[181] Das IfW schlug hier vor, dass Deutschland seine eigene Textilindustrie reduzieren solle. Es wäre besser, Skandinavien mit Textilrohstoffen zu beliefern, beziehungsweise ihm solche aus Drittstaaten zuzuleiten, und so dort den Ausbau einer verarbeitenden Textilindustrie zu fördern. Damit sollte, erstens, Englands Weltmarktposition geschwächt werden und zweitens der eigene Bedarf an Fertigprodukten befriedigt werden, ohne dass in Deutschland selbst eine Herstellung im größeren Stil aufgebaut werden müsste. Dadurch könnte eine weitere Belastung der deutschen Produktionsfaktoren, insbesondere das Arbeitskräfteangebot, vermieden werden. Auch dieser mittelfristig bis langfristig angelegte strukturpolitische Vorschlag wurde abgelehnt.

Dem IfW ging es durchaus nicht um eine Schwächung des deutschen Industriepotentials, sondern um eine möglichst effiziente Spezialisierung der Produktion in den kontinentaleuropäischen Ländern. Selbst Ende 1939 ging das Institut noch davon aus, dass „die Exportkraft Großdeutschlands auch während des Krieges erhalten werden sollte, wenn nicht sogar erhöht werden muß.“[182] Die Logik dahinter lautete folgendermaßen: „Es wäre falsch, die bisherige deutsche Exportindustrie zu einseitig für die Rüstungsindustrie zu beanspruchen, wenn nicht Gründe dafür sprechen, daß eine vergrößerte Rüstungskapazität zur Erlangung eines schnellen Sieges notwendig ist. In einem langen Kriege kommt der Exportindustrie eine entscheidende Bedeutung zu und es wäre falsch, sie jetzt zu vernachlässigen, wenn nicht mit einem kurzen Krieg

---

178 Vgl. Robert Bohn (2000), S. 126.

179 Die Kooperation war zu Beginn des Jahres 1940 schon Routine. Siehe z. B. Wochenberichte des Wehrwirtschaftsamts, 06.01.1940, in: BA-MA, RW 19/244, Bl. 4.

180 Beispielsweise endete ein mit der Nasjonal Samling abgesprochener Besuch des Literaturnobelpreisträgers Knut Hamsun bei Hitler im Juni 1943 in einem Eklat. Vgl. Rem (2016), S. 281 – 287.

181 IfW: Die Versorgung der skandinavischen Textilindustrie mit den wichtigsten Rohstoffen und Garnen während der gegenwärtigen kriegerischen Verwicklungen, Nov. 1939, in: BA-MA, RW 19/3907.

182 IfW: Die Eisenerzversorgung Großdeutschlands..., Dez. 1939, in: BA-MA, RW 19/4056, Bl. 19.

gerechnet werden kann."[183] In nicht zu missverstehender Weise betätigte sich das IfW hier immer noch als die Lobbyeinrichtung für die Interessen der Großindustrie, als die es 1914 gegründet worden war.

Wie die Spitze des Wehrwirtschaftsamts war auch die IfW-Leitung selbst nach dem schnellen Sieg über Polen nicht von einem Erfolg der Blitzkriegstrategie überzeugt. Entsprechend orientierte sich das Institut an der von Thomas eingenommenen Außenseiterposition und damit an der Leitlinie einer *Tiefenrüstung*. Die eigene Produktion sollte durch genügende Exportkapazitäten außenwirtschaftlich abgesichert sein.[184] Bezüglich des Beispiels Norwegen führte dies dazu, dass das IfW eine stärkere Arbeitsteilung vorschlug, um die „Ergänzungsmöglichkeiten in ganz Kontinentaleuropa"[185] möglichst auszunutzen. Mit seinen Vorschlägen für eine Entwicklung der norwegischen Wirtschaft – und einem damit verbundenen erhöhten Importbedarf für deutsche „qualifizierte Industriewaren"[186] – konnte sich das Institut aber nicht durchsetzen. Dieses Eintreten für eine wirtschaftliche Kooperation in einem von Deutschland dominierten Kontinentaleuropa darf aber nicht zu dem Trugschluss verleiten, die Kieler Ökonomen hätten in ihrer Auftragsforschung andere Ziele verfolgt als primär den größtmöglichen wirtschaftlichen Vorteil des „Dritten Reiches" und sekundär den größtmöglichen wirtschaftlichen Schaden für die Kriegsgegner.

II Die kurzfristige Perspektive: Sicherung von kriegswichtigen Rohstoffen und Fertigungskapazitäten bei der Besetzung (Februar bis April 1940)

Bereits ab Oktober 1939 erarbeitete das Wehrwirtschaftsamt Erkundungspläne bezüglich Dänemark und Norwegen.[187] Die IfW-Berichte aus dem November und Dezember dieses Jahres sind als Teil dieser systematischen Vorbereitung der Wehrmacht auf mögliche Angriffspläne der Führung zu werten. Ab Dezember 1939 setzte dann die Phase der konkreten Planung des Angriffs und der Besetzung ein. Die Mitarbeiter des Wehrwirtschaftsamts betrieben nun eine systematische Sammlung von Informationen. Sie begannen mit einer Auswertung von Statistischen Jahrbüchern und anderem veröffentlichten Material, selbst angefertigten und turnusmäßig aktualisierten Übersichten wie die „Zusammenstellungen über die Wehrwirtschaft Norwegens und Dänemarks" sowie vertrauliche Quellen, beispielsweise aus dem Auswärtigen Amt.[188] Zu

---

183 IfW: Die Exportkraft Großdeutschlands..., Nov. 1939, S. 5, in: BA-MA, RW 19/4055.
184 Vgl. Lübbers (2010), 39.
185 IfW: Die Exportkraft Großdeutschlands..., Nov. 1939, S. 22, in: BA-MA, RW 19/4055.
186 Ebd., S. 21.
187 KTB des Wehrwirtschaftsamts, 24.10.1939, in: BA-MA, RW 19/243, Bl. 54.
188 Erfahrungsbericht „Einsatz der Wehrwirtschaftsorganisationen in Dänemark und Norwegen", August 1940, in: BA-MA, RW 19/723.

den wichtigsten Fragen gehörte dabei, wie der Zugriff auf Rohstoffe und Fertigungskapazitäten bei der Besetzung optimal realisiert werden könne.[189]

Mit der Einbeziehung des sehr engagierten und fähigen Majors Neef am 8. März 1940 nahm die wehrwirtschaftliche Vorbereitung weiter Fahrt auf.[190] Auf seine Initiative hin wurden verstärkt staatliche und private Forschungseinrichtungen mit der Beschaffung von Information beauftragt. Bereits in der zweiten Märzwoche reiste Predöhl für eine „Besprechung laufender Arbeiten" zum Wehrwirtschaftsamt nach Berlin, ebenso wie der Chef des HWWI Hausleiter, mehrere Vertreter der Volkswirtschaftlichen Abteilung der IG Farben sowie Carl Duisberg vom Gmelin-Institut.[191] Ende des Monats wurden schließlich auch noch das IfK und weitere Institute mit Forschungsaufträgen eingedeckt.[192] Einige Stellen bearbeiteten nur die Themen ihrer jeweiligen fachlichen Spezialisierung. So konzentrierten sich beispielsweise das Gmelin-Institut und die IG Farben auf Gutachten und Materialsammlungen zu den norwegischen Bodenschätzen und den Auslandsbeteiligungen an norwegischen Unternehmen. Die Wirtschaftsforschungsinstitute IfW, HWWI und IfK betätigten sich dagegen als Generalisten und deckten eine breitere Themenpalette ab.[193] Schließlich unternahmen Mitarbeiter des Wehrwirtschaftsamts Anfang April 1940 eine Reise nach Kiel zum IfW, nach Hamburg zum HWWI und nach Lübeck (möglicherweise zur Nordischen Gesellschaft), um ihre Versorgung mit Informationen zu optimieren.[194]

Wie in Tabelle 14 dargestellt, lieferte das IfW der Wehrmacht in den ersten Monaten des Jahres 1940 detaillierte Informationen zu Norwegens Schiffbauindustrie und Seehäfen (Januar 1940), zur Holz- und Metallindustrie und zum Bergbau (alle Februar 1940), zur Mineralölversorgung und zu Tankanlagen sowie zu Mühlen und Silos (beide März 1940) und schließlich zur Textilindustrie (April 1940).[195] Diese Materialien besaßen keine inhaltliche Tiefe, sondern es wurden lediglich in aufbereiteter Form statistische Angaben über den jeweiligen Wirtschaftsbereich geliefert. Fast allen wurde ein Verzeichnis der wichtigsten Firmen und Standorte der jeweiligen Branche beigegeben, im Fall des Schiffbauberichts eine genaue Beschreibung der Werften und Hafenanlagen und im Fall des Mineralölberichts eine Karte zu den Standorten der wichtigsten Einfuhrhäfen und Angaben zu den Tankanlagen. Dies erklärt ihren großen Umfang, verglichen mit den in Abbildung 12 dargestellten Seitenzahlen der Italien-Berichte.

---

189 Vgl. Schröter (1999), S. 146 – 147.

190 Vgl. Robert Bohn (2000), S. 139.

191 KTB des Wehrwirtschaftsamts, Woche bis 11.03.1940, in: BA-MA, RW 19/244.

192 KTB des Wehrwirtschaftsamts, 29.03.1940, in: Ebd., Bl. 83. Zu den weiteren Beauftragten zählten Spezialinstitute wie das Reichsinstitut für ausländische und koloniale Forstwirtschaft.

193 Die entsprechenden Berichte sind in den Beständen des Wehrwirtschaftsamts in BA-MA, RW 19 zu finden. Das IfK erstellte beispielsweise Berichte wie „Der Einfluss des Krieges auf den Aussenhandel der Feindstaaten und der Neutralen. Skandinavische Länder", Februar 1940, und „Die Ernährungswirtschaft in Dänemark, Norwegen und Schweden", Mai 1940.

194 KTB des Wehrwirtschaftsamts (Wi VIIa2), Woche bis 09.04.1940, in: BA-MA, RW 19/244, Bl. 93.

195 Die Berichte befinden sich in: BA-MA, RW 19/4004 – 4010.

Es ist anzunehmen, dass den IfW-Mitarbeitern aufgrund dieser plötzlichen Vielzahl an Forschungsaufträgen zu Norwegen und auch Dänemark klar war, dass ihre Berichte und Materialien zur Angriffsvorbereitung genutzt wurden. Predöhl gab dies nach dem Krieg zu: „Oft konnten wir aus den Aufträgen auf Pläne schließen, die zum mindesten im Wehrwirtschaftsstab erwogen wurden."[196] Die vom IfW gelieferten Informationen waren geeignet, der Wehrmacht in dreierlei Weise zu helfen. Erstens konnte sie bei der Eroberung des Landes besser Prioritäten setzen und Verzögerungen bei der Einnahme jener Anlagen minimieren, bei denen die Gefahr bestand, dass sie von zurückweichenden norwegischen Truppen oder den Arbeitern zerstört oder beschädigt werden könnten. So ist beispielsweise in der vom IfW gelieferten Aufstellung der Tankanlagen durch einen Mitarbeiter des Wehrwirtschaftsamts die Höhe der Benzinvorräte markiert worden. Zweitens konnten die eigenen Truppen besser instruiert werden, welche Gebäude und Infrastrukturanlagen besonders wertvoll waren und die deshalb beim Angriff auf keinen Fall in Mitleidenschaft gezogen werden sollten. Drittens musste sich das neu eingerichtete Reichskommissariat Norwegen nicht erst langwierig einen Überblick über die übernommene Volkswirtschaft verschaffen, sondern konnte sie schneller für deutsche Zwecke nutzbar machen. Laut Robert Bohn hatte der Wehrwirtschaftsstab, der zumindest in der Anfangszeit der Besatzung einen wirtschaftspolitischen Einfluss ausüben konnte, gut vorbereitete Pläne besessen.[197] Der Anteil des IfW an dieser Vorbereitung ist wegen des Quellenmangels nicht genauer bestimmbar. Gemessen an der Zahl der überlieferten Dokumente in den Beständen des Wehrwirtschaftsamts scheint es allerdings zu den bedeutenderen Informationslieferanten gezählt zu haben.

12.7 Vorbereitung deutscher Angriffskriege: Das Beispiel Sowjetunion

Die Einbindung des IfW in die wehrwirtschaftliche Vorbereitung der Angriffe auf Dänemark und Norwegen gibt Anlass zur These, das Institut sei auch in die Vorbereitung des Überfalls auf die Sowjetunion eingebunden worden. Verstärkt wird diese Vermutung durch die Tatsache, dass Thomas in den wirtschaftlichen Belangen dieser „Operation Barbarossa" eine zentrale Rolle einnahm und auch dabei wieder auf das IfW zurückgegriffen haben könnte. Entsprechend ist auch – ohne Belege – behauptet worden, das IfW habe sich monatelang „mit der Vorbereitung des Krieges gegen die Sowjetunion beschäftigt".[198] In diesem Kapitel werte ich die Forschungsarbeiten des Instituts für das Wehrwirtschaftsamt bis zum Ende der ersten Phase des deutschen Angriffs auf die Sowjetunion im Winter 1941/42 aus, um die genannte These zu

196 Predöhl: Zur Geschichte des IfW (ca. 1953), S. 37, in: HS IfW.

197 Vgl. Robert Bohn (2000), S. 139.

198 Dieckmann (1992), S. 165. Auch Petersen, der sich auf die Ostaktivitäten" des IfW hatte konzenrtieren wollen, liefert keine Belege. Petersen (2009), S. 59.

überprüfen. Mögliche Auslöser für Auftragsarbeiten könnten der Hitler-Stalin-Pakt im August 1939, Thomas' Kenntnisnahme über den grundsätzlichen Entschluss zum Angriff im August 1940 sowie der Überfall selbst im Juni 1941 gewesen sein.

Predöhl und Thomas waren beide vergleichsweise gut über die Sowjetunion und ihr industrielles Potential informiert. Predöhl hatte sie 1931 besucht und war zu dem Schluss gekommen, dass sich dort ein beeindruckender industrieller Aufbau vollziehe. Auch von der kollektivierten Agrarproduktion mit ihrer treibstoffverschlingenden Maschinenlastigkeit, die sie in eine Abhängigkeit zu Öllieferungen aus dem Kaukasus brachte, zeigte er sich begeistert.[199] Er merkte aber an, dass die staatliche Planung einigen politischen Motivationen unterworfen sei, die als wirtschaftlich ineffizient zu bewerten seien. Hierzu zählte Predöhl die aus militärpolitischen Gründen zu diesem frühen Zeitpunkt bereits begonnene Verschiebung der Industrieansiedlungen ins östliche Hinterland.[200] Thomas hatte als einer der letzten Reichswehroffiziere ebenfalls die Sowjetunion besuchen können und zwar im Zusammenhang mit den dort im Mai 1933 durchgeführten Tests deutscher Panzer und chemischer Waffen.[201] Auch auf ihn machte „die gewaltige Wirtschaftskraft, die Tiefe des Landes mit seiner Fülle an Menschen und Rohstoffen"[202] einen tiefen Eindruck. Wie Predöhl hatte auch er die wachsende Macht der Sowjetunion sowie das vor Angriffen einer europäischen Macht geschützte wirtschaftliche Potential östlich des Urals erkannt.

Predöhl und Thomas vertraten somit beide die Ansicht, von allen Staaten hätten nur die USA und die Sowjetunion das Potential zu einer „Vollautarkie"[203] und damit die Möglichkeit, Krieg zu führen ohne auf Importe angewiesen zu sein.[204] Bereits 1933 versuchte Thomas in einem Treffen mit Hitler diesen – vergeblich – von diesen Fakten zu überzeugen.[205] Auch in den folgenden Jahren bewirkten seine Ermahnungen bei Hitler, Göring und Wilhelm Keitel wenig. Fixiert auf das nationalsozialistische Weltbild und ihre Wunschvorstellungen hielten diese an ihrer Vorstellung fest, mit einer Besetzung des westlichen Teils der Sowjetunion sei dem Land die ökonomische Basis entzogen und es würde zusammenbrechen.

Der Hitler-Stalin-Pakt vom 23. August 1939 hatte für Thomas eine freudige Überraschung dargestellt.[206] Seine Warnungen vor einem Zwei-Fronten-Krieg allgemein sowie vor einem Angriff auf die Sowjetunion im Besonderen waren immer auch mit Forderungen nach einer ökonomischen Kooperation verbunden gewesen. Sie könne

---

199 Predöhl (1932), S 458 – 463. Predöhl reiste offenbar bis nach Stalingrad, Charkow und in den Kaukasus.

200 Ebd., S 466.

201 Vgl. Rolf-Dieter Müller (1984), S. 255.

202 Birkenfeld (1966), S. 2.

203 Predöhl (1934a), S. 7.

204 Vgl. Lübbers (2010), S. 44.

205 Hitler jedoch war diesen Argumenten gegenüber nicht offen und erachtete die Sowjetunion nicht zum Aufbau einer kraftvollen Wirtschaft fähig. Vgl. Birkenfeld (1966), S. 8.

206 Vgl. Lübbers (2010), S. 32 – 33.

als Rohstofflieferant ein Partner für die, auch von Schacht oder Vertretern der Industrie geforderte, blockadesichere und auf Tiefenrüstung ausgerichtete deutsche Kriegswirtschaft darstellen.[207] Umgehend konsultierte das Wehrwirtschaftsamt sein Netzwerk von öffentlichen und privaten Forschungseinrichtungen, um sich über die neue wirtschaftsstrategische Situation und das Potential der Sowjetunion als Handelspartner zu informieren. Das IfW lieferte sehr rasch bereits im September 1939 einen Bericht über „Das russische Wirtschaftspotential und die Möglichkeit einer Intensivierung der deutsch-russischen Handelsbeziehungen" nebst Materialanhang.[208] Noch im selben Monat folgte ein weiterer Bericht über die „Planumstellung Russlands als notwendige Voraussetzung zur Intensivierung der deutsch-russischen Handelsbeziehungen unter Berücksichtigung der gegenwärtigen kriegerischen Verwicklungen" und im Oktober dann eine Zusammenstellung von Zeitschriftenaufsätzen über die russische Wirtschaft.[209]

Angesichts der grundsätzlichen Übereinstimmung von Thomas und Predöhl ist die Kernaussage des IfW-Berichts über das russische Wirtschaftspotential wenig überraschend. Die sowjetische Wirtschaft sei „für die Blockadefestigkeit des Großdeutschen Reiches (einschl. Protektorat Böhmen und Mähren) in einem längeren Wirtschaftskrieg gegen das Britische Weltreich und Frankreich mit seinem Kolonialreich mit evtl. offener oder geheimer wirtschaftlicher Hilfe durch die Vereinigten Staaten von Amerika von entscheidender Bedeutung".[210] Besonders wichtig sei es deshalb gewesen, dass es den Westmächten nicht gelungen sei, die Sowjetunion „als Schlußstein in das System der Einkreisungsfront einzubauen".[211] Im Hauptteil des Berichts werden drei thematische Schwerpunkte gesetzt: Nahrungsmittel, die industrielle Rohstoffbasis sowie die Frage des Transports. In allen drei Themenbereichen stellte das IfW explizit kriegsstrategische Überlegungen an und betrachtete die Handelsmöglichkeiten mit der Sowjetunion nie isoliert, sondern immer im Hinblick auf das Ziel eines von Deutschland dominierten Europa.

An den Agrarprodukten der Sowjetunion hatte Deutschland aus Sicht des IfW „*zunächst* keinen kriegswirtschaftlich vordringlichen Bedarf".[212] Die südosteuropäischen und die skandinavischen Staaten seien in der Lage, besser, billiger, schneller und sicherer zu liefern. Langfristig könne jedoch die „Agrarreserve Russlands" für die

207 Vgl. Rolf-Dieter Müller (1984), S. 255 und S. 294. Vgl. Teichert (1984), S. 194–195.
208 IfW: Das russische Wirtschaftspotential und die Möglichkeit einer Intensivierung der deutsch-russischen Handelsbeziehungen, September 1939, in: BA-MA, RW 19/4032. Der Materialanhang ist zu finden in: BA-MA, RW 19/4031 sowie in der ZBW, C 28449.
209 Materialsammlungen, Berichte und Gutachten des Instituts für Weltwirtschaft an der Universität Kiel. Anfang 1938 bis Januar 1945, o.D., in: ZBW, D 5645. IfW: Kriegswirtschaftliche Forschungsarbeiten seit September 1939, Juli 1940, in: BA, R 4901/14813. Beide Auftragsarbeiten sind nicht überliefert.
210 IfW: Das russische Wirtschaftspotential und die Möglichkeit einer Intensivierung der deutsch-russischen Handelsbeziehungen, September 1939, S. 1, in: BA-MA, RW 19/4032.
211 Ebd.
212 Ebd., S. 19. Hervorhebung im Original.

„Blockadefestigkeit" von entscheidender Bedeutung sein,[213] insbesondere wenn man das Land dazu bewegen könne, seine Produktion mehr auf den deutschen Bedarf auszurichten.[214] Im Januar 1940 ging das IfW näher auf diesen Themenbereich ein und verfasste einen Bericht zur „Versorgung Großdeutschlands und des neutralen Europas mit Getreide (Weizen, Roggen, Gerste, Hafer, Mais) im Kriege", der unter anderem dem Wehrwirtschaftsamt zugesandt wurde.[215] Zu diesem Zeitpunkt dauerte der „Sitzkrieg" im Westen bereits einige Monate an und eine noch längere Blockade Deutschlands sowie der von ihm dominierten kontinentaleuropäischen Staaten war zu erwarten. Erneut wurde nur eine geringe Abhängigkeit von Übersee festgestellt und damit den Feindmächten nur geringe Chancen eingeräumt, „die Getreideversorgung Deutschlands und der wirtschaftlich mit ihm zusammenarbeitenden neutralen Nachbarländer zu untergraben oder auch nur empfindlich zu schwächen".[216]

Das IfW errechnete, dass die russische Produktion nur in geringem Ausmaß benötigt würde und deshalb eine „Getreidereserve" darstelle, von dessen Gesamtproduktion Europa gegenwärtig nur etwa 2 – 3% importieren müsste.[217] Zwar wurde auf die starken Schwankungen in der sowjetischen Agrarproduktion hingewiesen. Die Kieler Ökonomen zeigten sich jedoch zuversichtlich, in der Sowjetunion werde es „dem Staat, der ja alle Machtmittel in der Hand hat, nicht schwer fallen, durch eine im einzelnen nur geringe Verbrauchsbeschränkung Getreidemengen freizumachen".[218] Bei den jüngsten Ausfuhrsteigerungen von Getreide an Deutschland habe die Sowjetunion diese Zuverlässigkeit als Handelspartner bereits demonstriert. Was das IfW mit dem Euphemismus „Verbrauchsbeschränkung" umschrieb, war die Zuversicht, dass das sowjetische Regime in Jahren mit unterdurchschnittlichen Ernten der Bevölkerung einen umso höheren Anteil ihrer ohnehin knappen Nahrungsmittel mit diktatorischer Gewalt wegnehmen würde, um diesen dann an Deutschland zu verkaufen. Der besondere Vorteil der Sowjetunion als Handelspartner sei eben, dass die Staatsführung auf die Schwankungen der agrarischen Produktion und ein mögliches Ausbleiben eines Exportüberschusses mit der „Eindämmung oder Ausdehnung des heimischen Verbrauchs je nach den staatspolitischen Notwendigkeiten"[219] reagieren würde. Damit bezog das IfW den staatlich verordneten Hunger der sowjetischen Bevölkerung, der ja beispielsweise im Fall der Ukraine einige Jahre zuvor bereits mehrere

---

213 Ebd.

214 Im Oktober 1939 wurde in einem anderen Bericht angemerkt, die Getreidezufuhren für die dänische Viehwirtschaft könnten statt aus Südosteuropa zumindest teilweise auch aus Russland erfolgen. Vgl. IfW: Der Rückgang der tierischen Veredelungsproduktion ..., Oktober 1939, in: BA-MA, RW 19/3936, Bl. 23.

215 IfW: Die Versorgung Großdeutschlands und des neutralen Europas mit Getreide (Weizen, Roggen, Gerste, Hafer, Mais) im Kriege, Januar 1940, in: BA-MA, RW 19/4053. Zu den Empfängern zählten auch das RWM und der Reichskommissar beim Oberprisenhof.

216 Ebd., Vorbemerkung.

217 Ebd., S. 31 und S. 33.

218 Ebd., S. 22.

219 Ebd.

Millionen Todesopfer gefordert hatte,[220] in seine wirtschaftlichen Kalkulationen mit ein. Die betroffenen Menschen wurden in dieser extrem technokratischen Perspektive als bloßer Produktionsfaktor und Verfügungsmasse behandelt, ohne ein inhärentes Recht auf Leben. Es war dies kein Hunger*plan*, aber eine Hunger*kalkulation*.[221] Das IfW demonstrierte damit, dass es in der wirtschaftswissenschaftlichen Forschung bezüglich der Sowjetunion auch in Kiel keinen Platz für moralische Grenzen gab.

In Bezug auf industrielle Rohstoffe kam das IfW zu dem bündigen Ergebnis, dass auch hier der deutsche Einfuhrbedarf im Verhältnis zur russischen Produktion sehr gering sei. Allein dem Manganerz (für die Stahlproduktion) und Mineralöl (verarbeitetes Erdöl) käme ein „kriegswirtschaftliches Gewicht"[222] zu. Bei ersterem sei ein Ersatz der ausgefallenen Importe aus Südamerika wünschenswert. In Bezug auf Mineralöl erklärte das IfW, dass zwar theoretisch erhebliche Ergänzungsmöglichkeiten mit der Sowjetunion bestünden, dass aber Rumänien als Handelspartner attraktiver wäre.[223] Dies sollte sich als zutreffend erweisen, denn dessen Erdöl machte in den kommenden Jahren den Großteil der entsprechenden deutschen Einfuhren aus.[224] Dazu trug ganz wesentlich die politische Nähe des faschistischen Rumäniens zum NS-Regime bei, die es deutschen Firmen erlaubt hatte, sich weitgehend der wichtigsten in Rumänien tätigen Ölgesellschaft zu bemächtigen. Schon im April 1939 hatte das IfW dringend geraten, das „gesamtpolitische Einvernehmen"[225] mit Rumänien aufrecht zu erhalten, um für optimale Handelsbedingungen zu sorgen. Einem engeren Warenaustausch mit der Sowjetunion stand jedoch vor allem die Transportfrage entgegen, welcher das IfW große Bedeutung beimaß.

Das IfW betonte, selbst wenn die Sowjetunion ihren Export von anderen Empfängern auf Deutschland umlagern würde und selbst wenn sie die eigene Produktion ausweiten und dem deutschen Bedarf anpassen würde, müsste immer noch „das Transportproblem im Lande als ungelöst betrachtet werden".[226] Die bestehenden Transportwege des Mineralöls aus der Kaukasusregion über das Schwarze Meer und das Mittelmeer seien beispielsweise militärisch kaum zu schützen. Neue Strecken wiederum, so vom Schwarzen Meer durch Russland hindurch in die Ostsee und von dort nach Deutschland, müssten erst mit massiven Investitionen in die Infrastruktur geschaffen werden. Das mit dem Hitler-Stalin-Pakt verbundene deutsch-sowjetische

220 Vgl. Applebaum (2017).
221 Ein im Januar 1945 verfasster Bericht eines Ernährungswirtschaftlichen Ausschusses, für den Hahns Ernährungswirtschaftliche Forschungsstelle sowie das IfW als Berater und Materiallieferanten tätig gewesen waren, bezeichnete diese Getreideausfuhren der Sowjetunion als „überwiegend ‚Hunger-Exporte'". E. Michael und Dr. F. von Poll: Der Weltmarkt der agrarischen Hauptprodukte, Januar 1945, in: BA, R 3101/32129, Bl. 70.
222 IfW: Das russische Wirtschaftspotential..., Sept. 1939, S. 31, in: BA-MA, RW 19/4032.
223 Ebd., S. 6.
224 Vgl. Eichholtz (2006b), S. 39.
225 IfW: Stand und wehrwirtschaftliche Bedeutung der rumänischen Getreidewirtschaft, April 1939, in: BA-MA, RW 19/4025, Bl. 22, im Original unterstrichen.
226 IfW: Das russische Wirtschaftspotential..., Sept. 1939, S. 37, in: BA-MA, RW 19/4032.

Handelsabkommen wurde im Februar 1940 erweitert.[227] Offenbar als Reaktion darauf erstellte das IfW im darauffolgenden März „Statistische Materialien über die russische Ausfuhr wichtiger Waren“.[228] Weder die Arbeit selbst noch der Auftraggeber ist rekonstruierbar, aber es ist zu vermuten, dass sie dem Wehrwirtschaftsamt zugeleitet worden ist.

Im August 1940 wurde Thomas über die Pläne zum Angriff auf die Sowjetunion informiert und instruierte daraufhin sein Wehrwirtschaftsamt, die entsprechende Informationssammlung und wirtschaftliche Analyse zu forcieren.[229] In Absprache mit Göring begann er bereits im Herbst mit dem Aufbau einer neuen Wehrwirtschaftsorganisation und richtete schließlich im Februar 1941 den Arbeitsstab „Oldenburg“ ein. Dieser sollte sich auf die wirtschaftliche Ausbeutung der Sowjetunion vorbereiten, die ohne Zeitverlust nach dem deutschen Überfall anlaufen sollte.[230] Zu den Ergebnissen zählte unter anderem eine Studie der sowjetischen Wehrwirtschaft aus dem März 1941 („Rote Mappe“), die einen Überblick über die Rüstungsbetriebe, Rohstoffvorkommen und die Infrastruktur gab. Zu den weiteren während des Überfalls verwendeten Materialien gehörte auch eine im Mai 1941 vom „Wirtschaftsinstitut für die Oststaaten“ fertiggestellte Karte von etwa 10.000 sowjetischen Betrieben.[231]

Das IfW stellte allerdings die im Herbst 1939 und Winter 1939/40 geleistete Forschung zur sowjetischen Wirtschaft fast zur Gänze ein. Vom Frühjahr 1940 bis zum Überfall am 22. Juni 1941 lieferte das IfW lediglich eine einzige Auftragsarbeit an eine militärische Stelle, die sich speziell mit der Sowjetunion beschäftigte. Dabei handelte es sich um eine Analyse der „Möglichkeiten des Tankschiffverkehrs vom Schwarzen Meer bis zum Mittelländischen Meer“, die am 28. April 1941 an Donners FfW gesandt wurde.[232] Diese Forschungsstelle war ihrerseits an den wirtschaftlichen Vorbereitungen zum Überfall beteiligt und gab diesen Bericht offenbar in Auftrag, um Möglichkeiten zum Abtransport des Öls aus der zur Eroberung ausersehenen Kaukasusregion gegeneinander abzuwägen.[233] Die Ausführungen und die gewählten Formulierungen geben allerdings keinen Hinweis darauf, dass für den Bearbeiter im IfW etwas anderes als die deutsch-russische Handelsverträge die Berechnungsgrundlage bildeten. Der Bericht ging in Kopie dem RWM zu und es ist möglich, dass er auch an das Wehrwirtschaftsamt gesandt wurde. Aus dem Fehlen jeglicher weiterer im Auftrag von militärischen oder sonstigen staatlichen Stellen angefertigter Berichte oder Materia-

227 Vgl. Volkmann (2003), S. 316 – 317.

228 Materialsammlungen, Berichte und Gutachten des Instituts für Weltwirtschaft an der Universität Kiel. Anfang 1938 bis Januar 1945, o.D., vermutlich 1945, in: ZBW, D 5645.

229 Vgl. Thomas (1966) S. 229.

230 Vgl. Lübbers (2010), S. 69.

231 Vgl. Wochenberichte Wehrwirtschaftsamt, BA-MA, RW 19/245, Bl. 15 und Bl. 147.

232 Vgl. IfW: Möglichkeiten des Tankschiffverkehrs vom Schwarzen Meer bis zum Mittelländischen Meer, 28. April 1941, in: RGVA Moskau, F. 1458K, p. 3, d. 735, e. 1. Datum angegeben in: „Fertiggestellte Arbeiten der Abteilung ‚Marktforschung und Statistik‘“ (01.1941 – 06.1944), in: HS IfW, Hs Allg. 21.

233 Vgl. Coppi (1994), S. 113.

lien des IfW ist der Schluss zu ziehen, dass das IfW weder wissentlich noch unwissentlich in die Vorbereitung des Angriffs auf die Sowjetunion einbezogen war. Was könnten die Gründe für dieses überraschende Ergebnis sein? Zentral ist vermutlich, dass dem IfW bis zur Einrichtung der Abteilung für Ostforschung unter dem 1942 angeworbenen Fachmann Oskar Anderson auf Osteuropa spezialisierte Fachkräfte ebenso fehlten wie – trotz Bemühungen seitens der Institutsleitung[234] – eine nennenswerte Zahl von Mitarbeitern mit Kenntnissen slawischer Sprachen.[235] Genau diese waren jedoch in der Begleitforschung für die Angriffsplanung gefragt und das IfW konnte den Mangel nicht mehr, wie noch im Herbst 1939, mit seinen Verkehrsexperten auffangen. Anderson verschwendete nach seiner Anstellung in Kiel denn auch keine Zeit und besuchte das Wehrwirtschaftsamt umgehend im Juli 1942, um Forschungsaufträge für seine Abteilung zu akquirieren.[236]

Im Gegensatz zum IfW lieferte die bezüglich der Sowjetunion besser aufgestellte Volkswirtschaftliche Abteilung der IG Farben dem Wehrwirtschaftsamt ab Sommer 1940 eine große Menge an Berichten, u.a. über dessen Sprengstoffproduktion (Juni 1940), Wirtschaftsbeziehungen mit den Ostsee-Staaten (Juli 1940), Maschinenindustrie (September 1940) oder Zementfabriken (April 1941).[237] Ähnlich waren die Gründe wohl bezüglich der Nichteinbeziehung des IfW in die Vorbereitung des Angriffs auf Polen 1939 gelagert gewesen. Das Wehrwirtschaftsamt achtete grundsätzlich darauf, jeweils die besten Experten zu beauftragen, seinerzeit beispielsweise im Juni 1939 das Institut für Osteuropäische Wirtschaft mit einem Bericht über die polnische Rüstungsindustrie.[238] Eine gewisse Rolle spielte möglicherweise auch, dass das Wehrwirtschaftsamt in der Organisation der „Operation Barbarossa“ trotz der nominell zentralen Rolle von Thomas bald marginalisiert wurde.[239] Das Oberkommando des Heeres, einer der anderen potentiellen Auftraggeber für Russlandforschungen, war dagegen kaum an einer Kooperation mit dem IfW interessiert und vergab über die gesamte Zeit des Zweiten Weltkriegs nur einige wenige Forschungsaufträge.[240]

Auch im ersten Jahr nach dem Überfall erfolgte von Seiten des IfW keine umfangreiche Forschung über die Sowjetunion, die auf eine direkte oder indirekte Mitwirkung an der umgehend anlaufenden Ausbeutung des von der Wehrmacht einge-

---

234 Predöhl bot für seine Mitarbeiter ab 1940 drei Russischkurse an. „Umlauf“, 27.04.1940, in: ZBW-Archiv, 470, Bl. 113. Die Nachfrage war jedoch gering. Ebd., Bl. 153.

235 Anfang 1940 meldete das IfW beispielsweise, dass es sich außer Stande sehe, russische Zeitungen auszuwerten. KTB Wehrwirtschaftsamt Wi VI, 14.01.1940, in: BA-MA, RW 19/ 244, Bl. 14.

236 Wochenberichte des Wehrwirtschaftsamts, Woche bis 31.7.42, in: BA-MA, RW 19/401.

237 Siehe Karteikästen 1–2 betreffend den Bestand BA-MA, RW 19.

238 Wochenbericht des Wehrwirtschaftsamts, 19.06.1939, in: BA-MA, RW 19/237, Bl. 298.

239 Vgl. Lübbers (2010), S. 83.

240 Materialsammlungen, Berichte und Gutachten des Instituts für Weltwirtschaft an der Universität Kiel. Anfang 1938 bis Januar 1945, o.D., in: ZBW, D 5645 sowie IfW: Kriegswirtschaftliche Forschungsarbeiten seit September 1939, Juli 1940, in: BA, R 4901/14813.

nommenen Gebietes schließen ließe.[241] Von Bedeutung ist einzig ein Bericht des Seeverkehrsexperten Heeckt vom Januar 1942, der die im September 1939 bereits formulierten Gedanken über einen Ausbau der vorhandenen Wasserstraßen vom Schwarzen Meer bis in die Ostsee vertiefte.[242] Der Auftraggeber dieses Berichts ist unbekannt, aber dem Wehrwirtschaftsamt dürfte mindestens eine Kopie zugegangen sein. Die technischen Möglichkeiten zum Transport von Nahrungsmitteln, Öl, Metallen und sonstigen Gütern aus der Ukraine schilderte Heeckt als günstig, insbesondere über die Memel und Dnjepr oder via Weichsel und Dnjepr. War es im Herbst 1939 noch um eine Verstärkung des Handels zwischen dem Deutschen Reich und der Sowjetunion gegangen, so handelte es sich nun um eine vorbereitende Planungsstudie über die fortgesetzte Ausbeutung der unterworfenen Menschen und der Rohstoffe der jüngst eroberten Gebiete. Heeckt verstand (und legitimierte) dieses Vorhaben jedoch als Fortsetzung und Vollendung einer seit vielen Jahrhunderten bestehenden Tradition.[243] Er setzte die geplante Ausbeutung mit den Aktivitäten der Hanse und der Normannen im späten und frühen Mittelalter gleich. Es gelte, die seinerzeitige Intensivierung des Handels auf den Flüssen und den Aufbau eigener staatlicher Strukturen zu wiederholen. Unbestreitbar und zeittypisch hatte Heeckt ein extrem selektives und ideologisch geprägtes Geschichtsverständnis. Bemerkenswerter ist jedoch, dass er die ideologische Hauptmotivation für den Angriff und den beabsichtigten Vernichtungscharakter des Kriegs völlig ausblendete. In der Einleitung versicherte Heeckt damit sich selbst und seinen Lesern, dass der Krieg gegen die Sowjetunion in einer langen westeuropäischen Tradition stünde und wirtschaftlich rational sei. Offenbar brauchte es diese Selbstvergewisserung, um einen Beitrag zur Planung leisten zu können.

12.8 Der Militärisch-Industrielle Komplex: Kriegsmittel und Kriegsziel Erdöl

Spätestens im Zweiten Weltkrieg war das „Dritte Reich" zu einem hochgradig „bellifizierten" Kriegerstaat geworden.[244] Eine Analyse der Forschung des IfW im Auftrag der Wehrmacht darf deshalb nicht auf die unmittelbare Tätigkeit für das Wehrwirtschaftsamt beschränkt bleiben, sondern muss auch jene Bereiche des *Militärisch-In-*

---

241 Überliefert ist eine kleinere Zusammenstellung statistischer Materialien über die Ukraine vom 30. Juni 1941, die – wahrscheinlich in direkter Reaktion auf den deutschen Überfall – von der RGI in Auftrag gegeben worden war und dem Wehrwirtschaftsamt nur in Kopie zuging. IfW: Statistische Materialien über Westukraine (ehem. Polen) und Ostukraine (UdSSR), 30.06.1941, in: BA-MA, RW 19/ 4029.

242 Heeckt: Die Verbindung der Ostsee mit dem Schwarzen Meer durch die Wasserstraßen, Januar 1942, in: ZBW, C 6308.

243 Ebd., S. 1–3.

244 Zur „Bellifizierung": Reichherzer (2012), S. 413–426.

dustriellen Komplexes berücksichtigen, in die Wehrwirtschaftsgeneral Thomas involviert war. Ein geeignetes Beispiel stellt das Forschungsobjekt Erdöl dar. Zur Sicherung der Versorgung mit diesem Rohstoff wurde im März 1941 die Kontinentale ÖL-Aktiengesellschaft (Konti Öl) gegründet. Eichholtz beschreibt sie folgendermaßen: „Naziregime und großes Kapital, auf Welteroberung und ein gewaltiges Erdölimperium abzielend, schufen mit der Konti Öl eine Art ‚Modell für eine neue herrschende Klasse'".[245] Die Konti Öl wurde von Göring protegiert und ihre Führung wurde in die geheimen militärische Vorhaben in diese einbezogen, auch und gerade in die „Operation Barbarossa".[246] Errichtet wurde sie vor allem auf Initiative des Vierjahresplans und des sehr eng mit ihm verbundenen IG Farben Konzerns, finanziert von Instituten wie Dresdner Bank (mit dem Aufsichtsratsmitglied Karl Lindemann, auch Chef der IfW-Fördergesellschaft) und der Deutschen Bank. Im Aufsichtsrat waren Militärs wie General Thomas und Großbankiers wie Hermann J. Abs (später ab 1957 Chef der IfW-Fördergesellschaft) vertreten.[247] Die Aufgabe der Konti Öl bestand vor allem aus der Ausbeutung der gesamten eroberten sowjetischen Ölproduktion, wofür sie einen gigantischen militärtechnischen Apparat zur Verfügung gestellt bekam.[248] Ihr Machtanspruch beschränkte sich jedoch nicht auf dieses Aufgabengebiet und so war sie auch an der Ölproduktion und dem Ölhandel anderer Staaten interessiert, insbesondere in Rumänien und im Nahen Osten.

Die junge Konti Öl entfaltete schnell eine enorme Aktivität und einen großen Informationsbedarf. Von Dezember 1941 bis April 1942 beauftragte sie das IfW mit der Erstellung von etwa zwei Dutzend Materialien über den Treibstoff- bzw. Mineralölaußenhandel von (in chronologischer Reihenfolge) Griechenland, Bulgarien, Ungarn, Italien, der Türkei, Jugoslawien, Albanien, Rumänien, der Schweiz, Ägypten, Irak, Iran, Palästina, den drei baltischen Staaten und Burma.[249] Von August bis September 1942 lieferte das IfW der Konti Öl außerdem Übersichten über die Wirtschaftsstruktur der ölproduzierenden Staaten Ägypten, Irak, Iran, Palästina und „Syrien-Libanon". Für die restliche Kriegszeit ist nur noch ein weiterer Bericht verzeichnet, der die neuen technischen Entwicklungen bei der Gewinnung und Verarbeitung von Ölschiefer in Schweden beschreibt.[250] Alle diese Zusendungen wurden von der Abt. für Marktforschung zusammengestellt und dürften im IfW keinen großen Aufwand erfordert haben, zumal man teilweise auf alte, für das Wehrwirtschaftsamt erstellte Berichte zurückgreifen konnte. Ferner erfolgten im Zeitraum von November 1941 bis Mai 1944 regelmäßig kleinere Beratungsleistungen und Materialzusendungen durch die Abt. für Marktforschung. Was das IfW für die Konti Öl nicht leistete, war die Lieferung von Informationen über die Sowjetunion. Hier war die Firma selbst besser über die ak-

245 Eichholtz (2006b), S. 48.
246 Vgl. Ebd., S. 61.
247 Vgl. Gall (2004). Abs wurde 1957 Präsident der IfW-Fördergesellschaft.
248 Vgl. Eichholtz (2006b), S. 117 und S. 128
249 Fertiggestellte Arbeiten der Abteilung „Marktforschung und Statistik", in: HS IfW, Hs Allg. 21.
250 IfW: Gewinnung und Verarbeitung von Ölschiefer in Schweden, 1943, in: ZBW, C 14780.

tuelle Situation orientiert.[251] Zweitens erarbeitete das IfW für die Konti Öl keine *Berichte* mit wissenschaftlichem Gehalt oder Handlungsempfehlungen. Abgesehen von italienischen Plänen zu einer Eigenversorgung, von Schiller als „utopisch“[252] bezeichnet, beschäftigte sich das IfW in diesen Arbeiten mit drei Möglichkeiten der Achsenmächte zur Beschaffung des kriegswichtigen Öls, dem Import aus der Sowjetunion, Rumänien und dem Mittleren Osten.

Schon in seinem Bericht über das russische Wirtschaftspotential aus dem September 1939 ging das IfW näher auf die Frage des Imports von Erdöl ein. Für die Militärs war dieser Rohstoff ein unverzichtbares Kriegs*mittel* und seine Beschaffung zugleich eines der wichtigsten Kriegs*ziele*.[253] In Kiel war man skeptisch und glaubte nicht an die Möglichkeit einer raschen Ausweitung der Produktion im Kaukasus.[254] Vor allem jedoch wurde der Transport von Beginn an als eines der entscheidenden Probleme angesehen und immer wieder hervorgehoben. Weil die bisherigen Seewege durch das Mittelmeer nicht militärisch abgesichert werden könnten, müsste der Transport über neue bzw. ausgebaute Routen über Flüsse und Schienen erfolgen. Insbesondere wurde ein Transport über die innerrussischen Flüsse nach Leningrad und von dort über die Ostsee nach Deutschland befürwortet. Ein entsprechendes Gutachten des IfW über „Die Versorgung Großdeutschlands und Kontinentaleuropas mit Mineralölerzeugnissen während der gegenwärtigen kriegerischen Verwicklungen“ aus dem Februar 1940 wurde dem Wehrwirtschaftsamt, dem Stabsamt Göring sowie zehn weiteren Stellen zugeleitet.[255] Würden solche Routen nicht geschaffen und würden nicht erhebliche Investitionen in den Ausbau der Tankerflotte und den Bestand an Eisenbahntankwagen unternommen, wären jegliche Vorkommen in Rumänien, im Kaukasus oder auch im Irak für Deutschland wertlos. Thomas war derselben Ansicht und stellte bereits im Frühjahr 1939 klar, dass selbst eine Eroberung einer unzerstörten kaukasischen Erdölproduktion eine Versorgung Deutschlands nicht garantieren würde, weil das Problem des Transports immer noch überwunden werden müsse.[256]

Thomas behielt in den Jahren 1940 und 1940 seine pessimistischen Ansichten bei. Auch Reichsfinanzminister Schwerin von Krosigk, mit dem IfW durch seine Mitgliedschaft in der Fördergesellschaft verbunden, warnte Mitte April 1941 in einem Schreiben an Göring sowohl vor der russischen Strategie der „Verbrannten Erde“ als

251 Vgl. Knigge (2007), S. 78 – 81.

252 Schiller: Die Selbstversorgungsmöglichkeiten und die versorgungspolitischen Maßnahmen Italiens auf dem Gebiete der Mineralölwirtschaft, Mai 1940, in: BA-MA, RW 19/3979, Bl. 8.

253 Vgl. Eichholtz (2006b), S. 15.

254 IfW: Das russische Wirtschaftspotential..., Sept. 1939, S. 36, in: BA-MA, RW 19/4032.

255 IfW: Die Versorgung Großdeutschlands und Kontinentaleuropas mit Mineralölerzeugnissen während der gegenwärtigen kriegerischen Verwicklungen, Februar 1940, insb. S. 36 – 39, in: BA-MA, RW 19/3897.

256 Thomas' Vortrag im Auswärtigen Amt am 24.05.1939, Nürnberger Dokument EC 28, in: IMT, Bd. 36, S. 124. Ich danke Dr. Gert C. Lübbers für diesen Hinweis.

auch vor den enormen Schwierigkeiten im Transportwesen.[257] Wie oben beschrieben nahm sich Heeckt dieses Themas im Januar 1942 erneut an und lotete Möglichkeiten des Warentransports vom Schwarzen Meer bis zur Ostsee aus.[258] Dabei sollte es vor allem um den Transport von Nahrungsmitteln und Rohstoffen aus der besetzten Ukraine gehen. Der deutschen Kriegsmaschine gelang dies jedoch nur in geringem Maße und damit erreichte sie weder eine wehrwirtschaftliche Stützung der enormen militärischen Expansion noch einen Einbau in den anvisierten „Europäischen Großraum".

Allein schon aufgrund seiner näheren geografischen Lage stellten die Erdölvorkommen Rumäniens aus Sicht des IfW eine zuverlässigere Quelle dar. Schon im Juli 1939 hatte Casper festgestellt, das Land zählte zum „natürliche(n) Großraum"[259] Deutschlands. Für eine Ausweitung des Handels müssten zwar ebenfalls zusätzliche Investitionen in die Infrastruktur erfolgen, aber die Donau sowie die bestehenden Schienenwege böten gute Voraussetzungen.[260] Um dem Wehrwirtschaftsamt mehr Informationen über das rumänische Eisenbahnwesen zu liefern und den zur Befriedigung deutscher Importinteressen bestehenden hohen Ausbaubedarf aufzuzeigen, verfasste Stoltzenberg im Juni 1940 eine entsprechende Auftragsarbeit.[261] Eine Materialiensammlung über den rumänischen Außenhandel und weitere Aspekte der rumänischen Wirtschaft sowie ein Bericht zur rumänischen Treibstoffwirtschaft wurden vom IfW in den nachfolgenden Monaten erstellt.[262]

Das IfW beschränkte sich nicht auf die Transportfrage, sondern gab auch Ratschläge, wie das Deutsche Reich seinen machtpolitischen Einfluss ausüben solle, um die Produktionen und die Handelsströme im eigenen Sinne zu dirigieren. Erstens müsse man das eigene Potential vollständig ausschöpfen und die eroberten polnischen Quellen ausbeuten.[263] Zweitens müsse man den italienischen Verbündeten drängen, „seinen Ölbedarf noch stärker in außereuropäischen Gebieten"[264] zu decken, damit Deutschland bei den europäischen Anbietern besser zum Zuge käme. Drittens müsse „erreicht werden, dass Rumänien und besonders Sowjetrussland ihre gesamte Ausfuhr an Mineralölen steigern."[265] Viertens müssten deutsche Konzerne ihre Besitzanteile an rumänischen Ölproduzenten steigern.

---

257 Vgl. Lübbers (2010), S. 123–124 und Eichholtz (2006b), S. 58.

258 Vgl. Heeckt: Die Verbindung der Ostsee ..., Januar 1942, in: ZBW, C 6308

259 Casper: Probleme der wirtschaftlichen Neuordnung Rumäniens, Juli 1939, S. 10, in: ZBW, IV 4470.

260 IfW: Die Versorgung Großdeutschlands ..., Feb. 1940, S. 35–36, in: BA-MA, RW 19/3897.

261 Stoltzenberg: Das Eisenbahnwesen Rumäniens, Juni 1940, in: ZBW, C 6415.

262 IfW: Der rumänische Außenhandel, Juni 1940, in: ZBW, C 28472; BA-MA, RW 19/4022; IfW: Rumäniens Treibstoffwirtschaft, September 1940, in: ZBW, IV 4470.

263 IfW: Die Versorgung Großdeutschlands und Kontinentaleuropas mit Mineralölerzeugnissen während der gegenwärtigen kriegerischen Verwicklungen, Februar 1940, insb. S. 40, in: BA-MA, RW 19/3897.

264 Ebd., S. 39.

265 Ebd., S. 40.

Mit der „Machtergreifung“ des deutschfreundlichen Ion Antonescu in Rumänien im September 1940 verbesserten sich die Möglichkeiten, auf politischem Wege und durch eine Erhöhung der deutschen Beteiligungen an rumänischen Erdölfirmen und am rumänischen Verkehrsnetz auf Kosten britischer Firmen Einfluss zu nehmen. Als im Januar 1941 das neue rumänische Regime näher an Deutschland rückte und ihm bei einem Angriff auf die Sowjetunion seine Hilfe versprach, verstärkten deutsche Verbände wie die Wirtschaftsgruppe Kraftstoffindustrie und die RGI ihre entsprechenden Bemühungen. Um besser informiert zu sein, bestellten sie beim IfW Materialien über die rumänische Ölproduktion, bzw. ihren Export.[266]

Im Herbst 1940 bemühten sich Meinhold und Casper in Aufsätzen im *Wirtschaftsdienst*, der wachsenden deutschen Kontrolle über die rumänische Ölförderung eine wissenschaftliche Legitimation zu verleihen.[267] Weil dem Land eigene Investoren fehlten, läge es in seinem eigenen Interesse, deutsches Fremdkapital ins Land zu lassen. Protektionistische Nationalisierungsgesetze wie jenes, das eine über 50 % rumänische Beteiligung an Firmen in der Erdölwirtschaft vorschreibe, behinderten laut Meinhold nicht nur die Erfüllung deutscher Importbedürfnisse, sondern den angeblich von deutschem Kapital unterstützten Ausbau der rumänischen Wirtschaft.[268] Sogar den für wirtschaftspolitische Kontrolle entscheidenden festen Zugriff des rumänischen Staates auf die Transportwege wollte Meinhold lockern, auch dies vorgeblich, um weitere Investitionen zu ermöglichen. Casper assistierte mit seinem festen Glauben, dass Deutschland der „gegebene Partner für den Wirtschaftsaufbau“[269] sei. Mit diesen Beiträgen versuchten die Kieler Ökonomen die machtpolitischen Interessen Deutschlands als unbestreitbare wirtschaftliche Sachnotwendigkeiten darzustellen. Die von der deutschen Politik, Wirtschaft und Wissenschaft betriebene Initiative war erfolgreich und das „Dritte Reich“ konnte sich der wichtigsten rumänischen Ölgesellschaften bemächtigen. In den Jahren 1941–1943 lag der rumänische Anteil am gesamten deutschen Ölimport bei über 80 %.[270]

Im Gegensatz zur Situation in Rumänien waren die deutschen Bemühungen um den Import von Öl aus dem Mittleren Osten größtenteils vergebens. In den ersten Kriegsjahren hatte sich unter anderem das Wehrwirtschaftsamt um einen Zugriff auf die reichen Vorkommen im damals noch neutralen Iran bemüht. Über die enge Beratung der Militärs durch die Industrie und die Wirtschaftswissenschaft bei ihren Verhandlungen geben die Wochenberichte Auskunft. So fanden beispielsweise am 13. Dezember 1939 mit den Vertretern Irans Gespräche statt, bei denen es offenbar um den Import von Öl im Gegenzug für Kriegsgerätelieferungen Deutschlands gehen

266 Fertiggestellte Arbeiten der Abteilung „Marktforschung und Statistik“, in: HS IfW, Hs Allg. 21.
267 Vgl. Meinhold (1940b) und Casper (1940).
268 Ähnlich auch in dem vermutlich von Casper oder Meinhold verfassten Bericht über Rumäniens Treibstoffwirtschaft, September 1940, S. 15–16, in: ZBW, IV 4470.
269 Casper (1940), S. 985.
270 Vgl. Eichholtz (2006b), S. 39.

sollte.[271] Das IfW, das im Vormonat bereits eine Übersicht über die wirtschaftlichen Kräfte Irans abgeliefert hatte,[272] wurde noch am selben Tag mit einer Ausarbeitung über „den jetzigen Stand der iranischen Ausfuhrmonopole“[273] beauftragt.[274] Für das Institut stellte Bräunlich fest, dass „wenn Deutschland sich auf längere Zeit hin seine auswärtige Ölbasis verbreitern will, die Erbohrung neuer Quellen in Nordiran einen gangbareren Weg [...] bieten.“[275] Allerdings sei auch hier die Transportfrage zentral, denn angesichts der Kriegslage könne ein Handel im großen Stil nur über Irans Nordgrenze via Russland erfolgen.[276] Das Wehrwirtschaftsamt befasste sich in den folgenden Monaten weiter mit der Frage und bekam vom IfW zusätzliches Informationsmaterial geliefert, im April 1940 beispielsweise eine grafische Aufbereitung der Vorkommen und Verarbeitungsstätten in der Erdölwirtschaft im Mittleren Osten.[277]

Nach den großen militärischen Erfolgen des Jahres 1940 geriet der Nahe und Mittlere Osten noch stärker in das deutsche Blickfeld. Das Wehrwirtschaftsamt gab beim IfW eine große Überblicksstudie zu Palästina in Auftrag, die im November und Dezember 1940 von Schiller fertiggestellt wurde. Dieser vertrat die Ansicht, die Ölvorkommen im Mittleren Osten seien in Reichweite gerückt und Palästina sollte nun aufgrund seiner geographischen Lage ein wichtiges „Transitland für irakisches Erdöl“[278] darstellen. Der Konti Öl schienen diese Erdölvorräte des Irak aufgrund ihrer technisch leichten Förderbarkeit besonders attraktiv und Aufsichtsmitglied Carl Krauch, der auch Aufsichtsratsvorsitzender der IG Farben sowie Chef des wissenschaftspolitisch einflussreichen Reichsamts für Wirtschaftsausbau war, machte sich unter anderem am 27. Januar 1942 bei Göring für einen Vormarsch der deutschen Truppen dorthin stark.[279] Die oben bereits aufgelisteten Materialien des IfW über den „Mineralölaussenhandel Iraks seit 1933“ (14. Januar 1942) und „Zahlen zur Wirtschaftsstruktur Iraks“ (7. Juli 1942) waren Teil des Bemühens der Konti Öl um umfassende Informationen.[280] Auch das Auswärtige Amt wies ab 1941 verstärkt auf die Bedeutung des irakischen Öls für die Kriegsführung im Nahen Osten und für den Angriff auf die Sowjetunion hin, insbesondere durch Fritz Grobba, ehemaliger Botschafter in Bagdad und nun Arabien-Bevollmächtigter.[281] Die Alliierten waren sich

271 Wochenberichte Wehrwirtschaftsamt, 13. und 14.12.1939, in: BA-MA, RW 19/243, Bl. 119–120.

272 Bräunlich: Die wirtschaftlichen Kräfte Irans, November 1939, in: BA-MA, RW 19/3865.

273 Wochenberichte Wehrwirtschaftsamt, 13.12.1939, in: BA-MA, RW 19/243, Bl. 119.

274 Am Tag zuvor hatte bereits ein Mitarbeiter des IG Farben-Konzerns das Wehrwirtschaftsamt aufgesucht, um seine Einschätzung über die Lieferfähigkeiten des Iran abzugeben. Ebd.

275 Bräunlich: Die wirtschaftlichen Kräfte Irans, November 1939, in: BA-MA, RW 19/3865, Bl. 58–59.

276 Ebd, Bl. 84.

277 IfW: Die Erdölwirtschaft des Vorderen Orients, April 1940, in: ZBW, C 6212. Erneut wurden hier die Transportschwierigkeiten und die Engpässe bei der notwendigen Raffination des Rohstoffs angesprochen.

278 Schiller: Die wirtschaftlichen Kräfte Palästinas IV, Nov. bis Dez. 1940, S. 1, in: ZBW, C 25442.

279 Vgl. Knigge (2007), S. 79.

280 Fertiggestellte Arbeiten der Abteilung „Marktforschung und Statistik“, in: HS IfW, Hs Allg. 21.

281 Vgl. Eichholtz (2006b), S. 72.

allerdings ebenfalls der Bedeutung dieser Ölquellen bewusst und so hatten britische Truppen im April 1941 Teile des Irak besetzt und seiner deutschfreundlichen Regierung die Anerkennung verweigert. Von Mitte bis Ende Mai unternommene Versuche der Achsenmächte, Waffen an die verbündeten Iraker zu senden, scheiterten ebenso wie die Entsendung einer militärischen Delegation unter der Leitung Grobbas und mit Beteiligung des Wehrwirtschaftsamts.[282] Letzteres hatte in diesem Zusammenhang beim IfW eine Neubearbeitung eines alten Berichts über „Die wirtschaftlichen Kräfte Iraks" in Auftrag gegeben, die das IfW am 24. Mai 1941 ablieferte.[283] Am 27. Juni folgte noch eine Zusammenstellung des IfW über die Außenhandelsstatistik des Landes. Der verschleierte Tauschhandel von erbeuteten englischen Waffen für irakisches Öl hätte nach dem Plan Grobbas von der Firma des IfW-Fördergesellschaftspräsidenten Lindemann abgewickelt werden sollen, der daran sehr interessiert gewesen war.[284]

Kurz nach dem Angriff britischer Truppen reiste Grobba Anfang Mai in den Irak und gab sich zur Tarnung als Franz Gehrke aus, den Leiter der Handelsauskunftsststelle der Reichsstelle für den Außenhandel und ehemaligen IfW-Mitarbeiter.[285] Gehrke war in jenen Monaten unter anderem mit der „Entjudung der Auslandsvertretungen deutscher Firmen"[286] beschäftigt. In einem Brief an seinen alten Kollegen Lotsch teilte er dies freimütig mit. Der Zeitpunkt dieses Briefverkehrs lässt vermuten, dass das IfW seine im Auftrag des Wehrwirtschaftsamts zusammengestellten Materialien über den Irak auch Gehrke sowie Grobba zukommen ließ. Von Seiten des Auswärtigen Amts wiederum war vor allem Oskar Wingen, Leiter des für die Reichsstelle für den Außenhandel zuständigen Referats X in der Wirtschaftspolitischen Abteilung, für die Kooperation mit Grobba zuständig.[287] Auch Wingen war ein ehemaliger Mitarbeiter des IfW, das um die Aufrechterhaltung von engen Kontakten zu jenen ehemaligen Studierenden und Mitarbeitern bemüht war, die in führende Personen in die Verwaltung und die Wirtschaft gelangt waren.[288]

---

282 Vgl. Ebd., S. 62 – 80.

283 Fertiggestellte Arbeiten der Abteilung „Marktforschung und Statistik", in: HS IfW, Hs Allg. 21.

284 Vgl. Tillmann (1965), S. 187.

285 Weil Gehrke als Funktionär des zivilen Außenhandels bekannt war, hoffte Grobba seinen Plan verschleiern zu können, französische Waffen in Syrien zu kaufen und in den Irak zu bringen. Vgl. Grobba (1967), S. 234, ferner: Knigge (2007), S. 44. Der echte Gehrke hatte 1906 in Tübingen eine Dissertation über den deutschen Ölhandel verfasst und dort wahrscheinlich Harms kennen gelernt, der ihn 1917 – 1922 als Leiter der Nachrichtenabteilung im IfW beschäftigte. Anschließend wurde Gehrke Direktor des *Wirtschaftsdienstes*, dem Nachfolger der *Kriegswirtschaftlichen Nachrichten*. Anschließend war er eine Zeit lang als Vertreter des Auswärtigen Amts in Bagdad tätig gewesen. Vgl. Grobba (1967), S. 236.

286 Gehrke an Lotsch, 27.06.1941, in: BA, R 9-I/3182. Belege für Gehrkes Engagement bei den „Arisierungen" u. a. in: BA, R 9-I/616 und 617 überliefert.

287 Vgl. Volkmann (2003), S. 107.

288 Adressenliste der ehemaligen Mitglieder des Instituts für Weltwirtschaft, Nov. 1938, in: BAK, N 1256/3.

Hoffnungen auf einen deutschen Zugriff auf die Ölquellen des Mittleren Ostens keimten im Sommer 1942 wieder auf, als Erwin Rommels Truppen bis nach Ägypten vordrangen. Seine Kalkulation war, sich durch die Offensive Ölquellen zu sichern und die eigene Mobilitätsbeschränkung aufzuheben.[289] Die Wehrmacht verbreitete sogar Hoffnungen, Truppen könnten über den Kaukasus nach Süden vorstoßen. Am 10. Juli 1942 trafen sich die Chefs der Konti Öl mit Göring, um Vorbereitungen für die Ausnutzung der Ölquellen des Nahen- und Mittleren Ostens zu treffen.[290] Der deutsche Konzern überschätzte ebenso wie Churchill und Roosevelt die Kräfte Rommels und seiner italienischen Verbündeten.[291] Um sich zu informieren vergab die Konti Öl Aufträge zur Zusammenstellung von Materialien zur Wirtschaftsstruktur Iraks, Irans und Ägyptens sowie Palästinas und Syrien-Libanons an das IfW. Die Abt. für Marktforschung lieferte diese im August und September 1942 ab.[292] Ferner erteilte das IfW der Konti Öl in jenen Monaten durchgängig kleinere Auskünfte und sandte Zeitungsausschnitte zu. Nach dem Scheitern der deutschen Offensive brach die Konti Öl ihre Planungen ab und seit Herbst 1942 erfolgten keine Aufträge mehr an das IfW.

12.9 Eine Außenstelle des Wehrwirtschaftsamts: Die „Arbeitsgruppe Kiel“

Dem IfW-Direktor war seit Kriegsbeginn klar, dass nicht nur die Erhaltung der Fachkräfte unabdingbar war, sondern auch die stete Erneuerung und Erweiterung des in der Bibliothek und im Wirtschaftsarchiv gesammelten Materials. Den entsprechenden Apparat wollte er unter allen Umständen aufrechterhalten, selbst wenn dies zu Lasten der Forschungskapazität gehen sollte.[293] Für das IfW hatte der Beginn beider Weltkriege in dieser Hinsicht zugleich große Probleme und große Chancen bedeutet. Problematisch war, dass die für das Weltwirtschaftsinstitut so überlebenswichtige Akquise von Büchern, Zeitungen, Zeitschriften, Gesetzen, Verordnungen, Grauer Literatur etc. aus dem Ausland im September 1939 – ebenso wie zuvor im August 1914 – schlagartig erheblich schwieriger wurde. Insbesondere betraf dies natürlich das nun feindliche Ausland. Zum Problem der Beschaffung trat noch dasjenige des Besitzes, denn eine ganze Reihe von ausländischen Zeitungen war von der Gestapo verboten worden.

Bereits im Ersten Weltkrieg hatte sich allerdings gezeigt, dass diese Einschränkungen zugleich eine Chance darstellen konnte. Das von Harms ab 1915 erfolgreich aufgebaute Geschäftsmodell basierte auf der Idee, das IfW zu einer „Weltwirtschaft-

289 Vgl. Knigge (2007), S. 95.
290 Vgl. Ebd., S. 81–82.
291 Vgl. Ebd., S. 98–99.
292 Fertiggestellte Arbeiten der Abteilung „Marktforschung und Statistik“, in: HS IfW, Hs Allg. 21.
293 Predöhl an REM, 29.12.1939, in: BA, R 4901/14813, Bl. 263–288.

lichen Zentralstelle"[294] zu machen, in der deutsche Wirtschaftsbehörden und die Privatindustrie ihre bislang in Eigenregie betriebenen Materialsammlungen konzentrieren sollten.[295] Das Institut konnte auf dieser Grundlage seine *Kriegswirtschaftlichen Nachrichten* erstellen, eine in deskriptiver Form gehaltene Aufbereitung des im IfW eingehenden Materials über wirtschaftspolitische Maßnahmen und Entwicklungen im Ausland sowie die wirtschaftliche Dimension von Kriegsereignissen. Das rasche Anwachsen der IfW-Fördergesellschaft und damit der Abonnenten der *Kriegswirtschaftlichen Nachrichten* belegen die Effizienz und die Effektivität dieser Sammlung und konzentrierten Auswertung der in Deutschland verfügbaren Informationen für die Nutzer. Das IfW wiederum erhielt in den Kriegsjahren nicht weniger, sondern mehr Zeitungen, Zeitschriften etc. als vorher. Dieses Wachstum konnte natürlich nur auf Kosten anderer Institute und Wirtschaftsarchive erfolgen, die den Konkurrenzkampf um diese Sonderstellung verloren hatten.[296] Im Jahr 1939 orientierte sich Predöhl an diesem historischen Vorbild und reklamierte für das IfW eine Monopolposition als „Zentralstelle weltwirtschaftlichen Forschungsmaterials".[297]

Schnell zeigte sich, dass mit dem Beginn des Zweiten Weltkriegs aus finanziellen und organisatorischen Gründen viele Zeitungen, Fachzeitschriften und Büchern nur in jeweils einem Exemplar nach Deutschland geholt werden konnten. Auch die Wehrmacht war an einer Konzentration dieser spärlicher eingehenden offenen Quellen (*Open Source Intelligence*) über die internationale Wirtschaft interessiert, um die eigene Belieferung mit Informationen möglichst effizient zu gestalten. Die Frage war nun, an welchem Ort diese zentralisierte Sammlung geschehen sollte. Die Sondergruppe N des Wehrwirtschaftsamts, das sich seine Zuständigkeit unter anderem durch eine Kooperation mit der Gestapo gesichert hatte, entschied sich deshalb im Oktober 1939 für das IfW sowie für das HWWI.[298] Nach Hamburg sollten vor allem ausländische Fachzeitschriften gehen, während Kiel insbesondere ausländische amtlichen Publikationen sowie ebenfalls eine Reihe von Fachzeitschriften erhielt. Im Wirtschaftsarchiv des IfW wurde gleich ein „Z-Archiv" eingerichtet, in dem die verbotenen Zeitungen gesammelt wurden. Während also andere Wirtschaftsforschungsinstitute einen einschneidenden Rückgang an Druckschriften aus dem Ausland verkraften mussten, profitierten das IfW und das HWWI von der kriegsbedingten Konzentration. Diese Arbeitsteilung scheint ohne nennenswerte Reibungen funktioniert zu haben. Sie hatte insofern einen Präzedenzfall, als das IfW bereits im Jahr 1917 mit dem Vorläufer des HWWI, der Zentralstelle des Kolonialinstituts, eine Zusammenarbeit in der Materialaufbereitung vereinbart hatte.

---

294 Harms (1915a), Bl. 87.

295 Hierzu ausführlicher: Take (2015).

296 Das IfW ist also eine Ausnahme von Van Eylls Befund, dass beide Weltkriege langfristige negative Auswirkungen auf die Wirtschaftsarchivistik hatten. Vgl. Van Eyll (1969), S. 177.

297 Predöhl an REM, 29.12.1939, in: BA, R 4901/14813, Bl. 278.

298 Sondergruppe N an Wi IaM (Chefgruppe), 30.10.1939, in: BA-MA, RW 19/231, Bl. 13 – 14.

Das Ausmaß des ihnen von der Wehrmacht zugeteilten Materials war während der gesamten Kriegszeit sehr groß. Noch im Mai 1944 sandten beispielsweise die Abwehr ca. 1200 und die „Wehrmachtzeitschriftenstelle" ca. 300 Zeitungen und Zeitschriften an die Sondergruppe N, die das Material wiederum zur Auswertung fast ausschließlich nach Kiel und Hamburg weiterleitete.[299] Die Entscheidung der Wehrmacht hatte eine Signalwirkung, denn sie stärkte die Attraktivität dieser beiden Standorte auch für andere potentielle Kooperationspartner. Das Reichspropagandaministerium entschied sich beispielsweise noch im Herbst 1939, die von ihm kontrollierten ausländischen ökonomischen Fachzeitschriften zur Aufbewahrung und Auswertung ebenfalls an das IfW zu übersenden.[300] Ab Januar 1944 lagerte die Sondergruppe N zusätzlich auch die Auswertung der angloamerikanischen und skandinavischen Tagespresse nach Kiel und Hamburg aus.[301] Diese war bis dahin in Berlin durch den kriegsverpflichteten Wirtschaftsprofessor Günter Schmölders geleistet worden.

Die Entscheidung der Wehrmacht für Kiel und Hamburg ist erklärungsbedürftig. Sie war ja mit einer Absage an namhafte Konkurrenten verbunden. Zu diesen gehörte die Preußische Staatsbibliothek in Berlin, die unter anderem mit ihrer Lage in der Nähe des Wehrwirtschaftsamts einen bedeutenden Standortvorteil vorzuweisen hatte.[302] Als Begründung gab das Wehrwirtschaftsamt an, dass an den beiden gewählten Orten ohnehin bereits die deutschlandweit vollständigsten Sammlungen bestehen würden und man deshalb dort die Kräfte am effizientesten bündeln könnte.[303] Ebenfalls war von Bedeutung, dass IfW und HWWI während der Inspizierung durch die Militärs eine außergewöhnlich hohe Bereitschaft zur Kooperation demonstrierten.[304] Mit der Materialzuweisung war die Einrichtung von „Arbeitsgruppen" verbunden, also Außenstellen des Nachrichtendienstes des Wehrwirtschaftsamts. Predöhl sagte nun zu, die „Arbeitsgruppe Kiel" kostenlos im IfW unterzubringen. Dies bezog sich wahrscheinlich nicht nur auf die Bereitstellung von Arbeitsplätzen im Institut, sondern auch auf die Unterbringung in den Gästezimmern im benachbarten Kollegienhaus.[305] Solch einen Service konnte kein anderes Institut bieten.

Mit der „Arbeitsgruppe Kiel" hatte das Wehrwirtschaftsamt, wie Predöhl es ausdrückte, „ein besonderes Kommando in das Institut gelegt, um laufend über den Materialeingang unterrichtet zu werden."[306] Sie wurde zunächst von Dr. Leonhard

---

299 KTB Wehrwirtschaftsamt, Wi VIII, Woche bis 27.05.1944, in: BA-MA, RW 19/459, Bl. 16. Zu den Empfängern gehörte auch ein Experte für chemische Kampfstoffe (Dr. Daecke aus Ratzeburg).

300 Predöhl an REM, 29.12.1939, in: BA, R 4901/14813, Bl. 279.

301 KTB Wehrwirtschaftsamt, Wi VIII, Woche bis 22.01.1944, in: BA-MA, RW 19/458, Bl. 14.

302 KTB Wehrwirtschaftsamt, Wi VIII, Eintrag vom 27.09.1939, in: BA-MA, RW 19/243, Bl. 21.

303 Wi VIIIa an Wi IaM (Chefgruppe), 30.10.1939, in: BA-MA, RW 19/231, Bl. 13–14.

304 KTB Wehrwirtschaftsamt, Wi VIII, Woche bis 29.10.1939, in: BA-MA, RW 19/243, Bl. 72.

305 „Prof. Predöhl gibt seine Zustimmung und wird die fragliche Arbeitsgruppe kostenlos unterbringen." KTB Wehrwirtschaftsamt, Wi VIII, 06.11.1939, in: Ebd., Bl. 80. Ferner HWWA an Wehrwirtschaftsamt VIIIb, 05.08.1942, in: BA-MA, RW 19/1338, Bl. 172.

306 Predöhl an REM, 29.12.1939, in: BA, R 4901/14813, Bl. 279.

Euler geleitet, dem nach seiner Einberufung im Jahr 1941 Emil Metzkes nachfolgte.[307] Die „Arbeitsgruppe Kiel" war etwa halb so groß wie die acht Mitarbeiter umfassende „Arbeitsgruppe Hamburg" und lieferte einen etwa halb so großen Output. Bis mindestens 1944 bekam sie im IfW drei Räume zur Verfügung gestellt, was für eine Aufrechterhaltung der vier Stellen spricht.[308] Sie produzierte pro Quartal etwa 600 – 900 kleinere Zusammenstellungen von Statistiken auf Basis des untersuchten Nachrichtenmaterials sowie Kopien von Zeitschriftenartikeln, die sie den Länderreferaten des Wehrwirtschaftsamts zusandte. Für die entsprechenden Kopierkosten mussten die Militärs etwa 3.000 RM pro Jahr extra an die IfW-Bibliothek zahlen, welcher die Fotokopiereinrichtungen gehörten.[309] Predöhl mochte großzügig sein, aber Gülich war auf eigene Einnahmen für seine Bibliothek bedacht. Zur Arbeitsleistung muss noch hinzugerechnet werden, dass „die Arbeitsgruppen des Öfteren zu schnell zu erledigenden Auskünften herangezogen"[310] wurden, was auch telefonisch geschehen konnte.

Die „Arbeitsgruppen" Kiel und Hamburg wurden eng von der Sondergruppe N des Wehrwirtschaftsamts geführt, die ihnen präzise Angaben zur Arbeitstechnik machte und auch Erkundungspläne aufgab. Als beispielsweise Anfang des Jahres 1943 die Wirtschaft der USA und England in den Mittelpunkt der Betrachtung rücken sollte, wurden sie angewiesen, bei dem Quellenstudium insbesondere auf Angaben zu „Arbeitseinsatz, Lohnentwicklung, Verpflegung der Arbeiterschaft, Verkehrsengpässe und Mangel an Schiffsbesatzungen"[311] zu achten. Die Zusammenstellungen der „Arbeitsgruppe Kiel" waren inhaltlich so breit gefächert wie die Forschungsaufträge an das IfW und reichten von Statistiken über die dänische Viehproduktion und Zeitungsausschnitten über die rumänische Eisenbahn bis zu amerikanischen Tonerde-Werken.[312]

Die Einrichtung der „Arbeitsgruppe Kiel" bedeutete nicht nur eine wesentliche Erweiterung der Palette an Dienstleistungen des IfW für das Wehrwirtschaftsamt,

---

307 Euler hatte in Kiel studiert, war 1938 als Hilfsarbeiter im IfW angestellt worden und arbeitete bis zum WiSe 1939/40 in der Gruppe Verkehrspolitik, wo er auch seine Dissertation verfassen konnte. Ferner leitete Euler bis zum Kriegsbeginn die Akademische Auslandsstelle e.V. Lebenslauf, in: Leonhard Euler: Die strukturelle Entwicklung des Eisenbahnbaus in den verschiedenen Ländern 1840 – 1936, Kiel 1940, in: CAU UB, TU40 4349. Leiter der „Arbeitsgruppe Hamburg" wurde der Diplomingenieur Bielfeld, der 1943 die Sondergruppe N übernahm.

308 KTB Wehrwirtschaftsamt, Wi VIII, Woche bis 22.01.1944, in: BA-MA, RW 19/458, Bl. 14.

309 Diese Zahlungen waren zusätzlich zum Werkvertrag zwischen IfW und Wehrwirtschaftsamt zu entrichten. Die Summe ist eine Schätzung, basierend auf überlieferten Monatsrechnungen der IfW-Bibliothek in: BA-MA, RW 19/1338.

310 KTB Wehrwirtschaftsamt Sondergruppe N, 01.07–30.09.1944, in: BA-MA, RW 19/460, Bl. 5.

311 KTB Wehrwirtschaftsamt Wi Ausl. Va und Vb, Woche bis 02.02.1943, und KTB Wehrwirtschaftsamt, Wi Ausl. Va, Woche bis 22.01.1943, beide in: BA-MA, RW 19/421.

312 „Inl. 1/III d" an Bielfeld, 15.11.1944, in: BA-MA, RW 19/1338, Bl. 13, Arbeitsgruppe Kiel an Bielfeld, 17.05.1944, Bl. 29, und Fwi Amt/Ausl. N an Arbeitsgruppe Kiel, 04.09.1944, in: BA-MA, RW 19/1053, Bl. 200.

sondern vertiefte die Kooperation auch. Für das Institut bedeutete dies sowohl eine sofortige *Ausweitung* der eingehenden Druckschriften wie auch eine zusätzliche *Sicherung* des Materialzugangs. Nun waren es Mitarbeiter des Wehrwirtschaftsamts selbst, die ihrer Zentrale meldeten, falls die benötigten Zeitschriften oder Ähnliches in geringerem Umfang oder langsamer das IfW erreichten. Im Wehrwirtschaftsamt wurde in solchen Fällen dem „Wiederausbau der Nachrichtenverbindungen und der Beschleunigung der Zuleitung des Nachrichtenmaterials"[313] eine hohe Priorität eingeräumt. Das deutet bereits auf den hohen Wert der „Arbeitsgruppe Kiel" für die Militärs hin. In den Handakten der einzelnen Abteilungen des Wehrwirtschaftsamts, die im Bestand BA-MA, RW 19 überliefert sind, tauchen die Zusendungen der „Arbeitsgruppen" Kiel und Hamburg so oft auf, dass diese zu den Hauptmaterialien ihrer praktischen Arbeit gezählt werden müssen. Sie wurden von den Sachbearbeitern komplementär zu den anderen Informationsquellen verwendet, wie beispielsweise den Berichten und Materialien von Forschungseinrichtungen wie dem IfW, Meldungen der Wehrwirtschaftsstäbe in den besetzten Gebieten, Spionageberichten der Abwehr, Aufklärungsberichten der Luftwaffe etc.[314] Auch geht aus dem Schriftverkehr hervor, dass die „Arbeitsgruppen" Aufgaben übernahmen, die sich mit jenen der Abteilung Abwehr in der Wehrmacht überschnitten und damit in den Kernbereich der militärischen Feindaufklärung fielen.[315]

Im Bemühen dem Wehrwirtschaftsamt eine breite Palette an Dienstleistungen anzubieten, war im IfW unmittelbar nach Beginn des Kriegs Anfang September 1939 die Erstellung von „Wehrwirtschaftschroniken"[316] begonnen worden. Dabei handelte es sich um eine „lückenlose chronikalische Aufnahme der kriegswirtschaftlichen Massnahmen sämtlicher Länder vom Beginn des Krieges an".[317] Konkret bedeutete dies eine nach thematischen Rubriken geordnete und laufend aktualisierte Sammlung von Zeitungsartikeln über die Wirtschaft verschiedener Länder.[318] Deutlich war hier das Vorbild des „Ausschnittsarchivs" der *Kriegswirtschaftlichen Nachrichten* aus dem Jahr 1918 erkennbar. Die Mitglieder der Fördergesellschaft sowie einige militärische Stellen hatten damit eine regelmäßig aktualisierte Chronik des Wirtschaftskriegs zur Verfügung gestellt bekommen.[319] Die Mitarbeiter des Wehrwirtschaftsamts bevorzugten es im Zweiten Weltkrieg jedoch, über die eigenen Arbeitsgruppen vor Ort mit solchem Material versorgt zu werden. Im Dezember 1939 wurde deshalb gebeten, die

---

313 KTB Wehrwirtschaftsamt, Sondergruppe N, 01.01–31.03.1944, in: BA-MA, RW 19/458, Bl. 7.

314 Siehe z.B. Handakte der Wehrwirtschaftsamt, Abt. 1/West II, in: BA-MA, RW 19/5001; Vorbemerkung in „Die wehrwirtschaftliche Entwicklung der Vereinigten Staaten von Amerika bis 31. Dezember 1943", in: BA-MA, RW 19/4812; Die Angaben über US-Lieferungen an die Sowjetunion in BA-MA, RW 19/7112 und 7113.

315 Hinweis auf einen Konflikt zwischen der Sondergruppe N und der Abwehr, in: KTB Wehrwirtschaftsamt Sondergruppe N, Woche bis 08.04.1944, in: BA-MA, RW 19/459, Bl. 7.

316 KTB Wehrwirtschaftsamt, Wi VIII, 15.12.1939, in: BA-MA, RW 19/243, Bl. 121.

317 Predöhl an REM, 06.09.1939, in: BA, R 4901/14813, Bl. 186.

318 Wehrwirtschaftschronik der USA (abgeschlossen am 21.12.1939), in: BA-MA, RW 19/6942.

319 IfW an Reichsmarineamt, 07.02.1918, in: BA-MA, RM 3/9853, Bl. 13ff.

entsprechende Arbeit einzustellen.[320] Dieses gescheiterte Dienstleistungsangebot ist gleichwohl ein weiterer Beleg für die Eigeninitiative des IfW in seiner Kooperation mit militärischen Stellen. Das Wehrwirtschaftsamt bemächtigte sich nicht des Instituts, sondern dieses machte seinerseits Kooperationsangebote, die von den Militärs angenommen oder abgelehnt wurden.

12.10 Beteiligung an „wehrwirtschaftlichen Forschungstrupps“

Es ist zu fragen, ob das IfW über seine Verbindungen zu militärischen und zivilen Stellen von der Beraubung ausländischer Bibliotheken, Archive und Behörden profitierte bzw. ob sich Institutsmitarbeiter wie der Bibliothekar Wilhelm Gülich daran beteiligten. Im Zweiten Weltkrieg wurde eine ganze „Flut mit Kulturraub beauftragter Organisationen“[321] gegründet. Auch das Wehrwirtschaftsamt beteiligte sich an solchen Beutezügen. Einer der frühesten wurde von einem „Sonderkommando Frankreich“ durchgeführt, das noch deutlich vor Ende der Kampfhandlungen im Frühjahr 1940 damit begann, in Frankreich nach Quellen über die Wirtschaft des Landes zu suchen und diese nach Deutschland zu transportieren. Dieses Engagement setzte sich nachweislich bis mindestens 1941 fort und wurde auf weitere besetzte westeuropäische Länder ausgeweitet.[322] Um das Sonderkommando möglichst effektiv zu machen, wurden ihm wirtschaftswissenschaftlich geschulte Experten beigegeben. Bis zum 23. August 1940 gehörte hierzu auch der Leiter der „Arbeitsgruppe Kiel“, Euler.[323] Nach seiner Rückkehr aus Frankreich verblieb Euler noch für sieben Wochen im Wehrwirtschaftsamt in Berlin, um bei der Sichtung und Auswertung der Akten mitzuwirken. Von Juli bis Ende Oktober 1940 war mit Brückner noch mindestens ein weiterer IfW-Ökonom in diese erste Auswertungsphase involviert, ebenso wie Experten von den IG Farben und weiteren Institutionen. Das primäre Erkenntnisinteresse betraf naheliegender Weise die französische Rüstungsproduktion.[324]

Zu den weiteren Organisationen zählte auch das „Sonderkommando Künsberg“,[325] das im Juni und Juli 1940 Materialien verschiedener französischer Ministerien im Umfang von mehreren LKW-Ladungen raubte und zum Auswärtigen Amt nach

---

320 KTB Wehrwirtschaftsamt, Gruppe Wi VIII, 15.12.1939, in: BA-MA, RW 19/243, Bl. 121.

321 Hartung (1997), S. 55. Am bekanntesten ist der „Einsatzstab Rosenberg“, der ab 1940 einen gewaltigen Strom von im In- und Ausland geraubtem Material nach Berlin lenkte. Vgl. Manasse (1997).

322 Siehe die Leutnant Sonnenburg betreffenden Einträge im KTB des Wehrwirtschaftsamts, in: BA-MA, RW 19/245. Besprechung Matzky, Sonnenburg und Thomas im Juli 1941, in: BA-MA, RW 19/165, Bl. 290. Unklar ist, ob Sonnenburg mit der „Gruppe Archivwesen“ der deutschen Militärverwaltung kooperierte. Vgl. Roth (1989b).

323 KTB Wehrwirtschaftsamt, Wi Vb, 23.08.1940, in: BA-MA, RW 19/244, Bl. 221.

324 KTB Wehrwirtschaftsamt, Wi Vb, 27.08.1940 und 11.10.1940, in: Ebd., Bl. 233 und Bl. 289. KTB Wehrwirtschaftsamt, Wi VIII, Woche bis 07.09.1940, Bl. 237

325 Für einen Überblick zum Sonderkommando von Eberhard Freiherr von Künsberg, siehe: Conze, Frei, Hayes und Zimmermann (2010), S. 214 – 220.

Berlin sandte. Darunter waren unter anderem Akten des Außenministeriums und des ihm angeschlossenen Blockadeministeriums, des französischen Prisengerichtshofes, der britischen Botschaften und Konsulate sowie englische und französische Geheimverträge.[326] Als Teil der sich in der zweiten Jahreshälfte 1941 anbahnenden Kooperation des Sonderkommandos Künsberg mit dem Wehrwirtschaftsamt wurde diesem ein Teil dieser Bestände überlassen. Die Militärs wiederum beauftragten das IfW mit der Auswertung und sandten die Beuteakten nach Kiel weiter. Predöhl wählte als Bearbeiter die Forschungsgruppe Lösch aus, welche die Beuteakten sichtete und auf dieser Basis eine Reihe von Berichten verfasste (siehe Kapitel 13.7). Diese Tätigkeit war offenbar komplementär zu jener der Wiener Raumforscher, die sich zeitgleich mit der Auswertung des in Südosteuropa durch das Sonderkommando Künsberg erbeuteten Materials beschäftigten.[327]

Der Angriff auf die Sowjetunion ermöglichte dann im Sommer 1941 neue Raubzüge. Das Sonderkommando Künsberg, nun zusätzlich der Waffen-SS unterstellt und mit etwa 360 Mitarbeitern ausgestattet, machte davon ausgiebig Gebrauch.[328] Weil Moskau und Leningrad nicht erobert wurden und deshalb viele der besonders interessanten Ministeriumsakten unerreichbar blieben, wurde ab Ende 1941 im bis dahin besetzten Gebiet „alles geplündert, was Aufschluß über die sowjetischen Wirtschaftsunternehmen geben konnte. Mit dieser ‚Beute' konnte Künsberg die zahlreichen Forschungsinstitute, die mit dem Sonderkommando in Kontakt standen, bedienen."[329] Ob das IfW ebenfalls zu diesen Instituten gehörte, ist nicht rekonstruierbar. Es ist aber möglich, dass die Kieler direkt oder indirekt, beispielsweise über die Wiener Südosteuropagesellschaft, Zugang zu diesem Raubgut erhielten.[330] Dazu gehörte auch wirtschaftsstatistisches Material aus den geographischen und geologischen Instituten Kiews.[331] Zu den ersten Tätigkeiten der IfW- Abteilung für Ostforschung gehörte wiederum die Erstellung einer Kartothek über das landwirtschaftliche Potential der Sowjetunion. Möglicherweise konnten Anderson und seine Mitarbeiter dabei auf das Raubgut des Sonderkommandos Künsberg zurückgreifen.

Weil das die Sowjetunion betreffende Informationsmaterial für das Wehrwirtschaftsamt sowie seine per Werkvertrag gebundenen Partner immer schwieriger auf den bisherigen Wegen zu bekommen war, wurde entschieden, dass „neue Formen der Quellenerschliessung gefunden werden mussten."[332] Im Herbst 1941 hatte auch der

326 Vgl. Anja Heuss (2000), S. 289 – 297.

327 Vgl. Petra Svatek: „Das südöstliche Europa als Forschungsraum". Wiener Raumforschung und „Lebensraumpolitik", in: Flachowsky, Hachtmann und Schmaltz (Hg.) (2016), S. 106

328 Vgl. Hartung (1997) und Anja Heuss (1997).

329 Ebd., S. 549. Heuss nennt als Beispiele die Volksdeutschen Forschungsgemeinschaften und die Südostdeutsche Forschungsgemeinschaft.

330 Belegbar ist, dass das IfW mindestens im Jahr 1942 geheime Forschungsberichte der SOEG über die Mineralölversorgung erhielt. Siehe beispielsweise ZBW, IV, 5963.

331 Vgl. Anja Heuss (1997), S. 547.

332 KTB Wehrwirtschaftsamt, Gruppe Wi VIII, 01.07 – 30.09.1942, in: BA-MA, RW 19/455, Bl. 6.

mit der Ausbeutung der eroberten Gebiete befasste Wirtschaftsstab Ost den Beschluss gefasst, jegliches wissenschaftlich wertvolle Material zu rauben. Mit der Durchführung wurde der Leiter der Sondergruppe N beauftragt, der dafür einen „wehrwirtschaftlichen Forschungstrupp"[333] bildete. Dieser sollte ab Mai 1942 nach Kiew und in andere Städte in der Sowjetunion reisen, um selbst Material zu suchen sowie das vom Sonderkommando Künsberg zusammengeraffte Material zu sichten. Dies umfasste unter anderem Bestände von Bibliotheken aller Art und Akten des sowjetischen Geheimdienstes, des Militärs sowie ziviler Forschungseinrichtungen.[334]

Dem „Forschungstrupp" sollten außer den Militärs der für die Sowjetunion zuständigen Gruppe im Wehrwirtschaftsamt und des Wirtschaftsstabes Ost auch Mitarbeiter des HWWI, des Gmelin-Instituts sowie des IfW angehören. Im Januar 1942 fand hierzu im Wehrwirtschaftsamt eine Besprechung statt, bei der das Kieler Institut durch Gülich vertreten wurde. Er war besonders am Vorhaben interessiert und bat aufgrund seiner guten Kontakte zur SS darum, im „Forschungstrupp" der entsprechende zentrale Verbindungsmann sein zu dürfen.[335] Dies rief eine heftige Gegenreaktion bei Hausleiter hervor, der fürchtete, sein HWWI könnte bei der Verteilung des Raubgutes übervorteilt werden. Er intervenierte bei dem ihm gut bekannten Six, der Mitglied des Kuratoriums seines Instituts war und für den er laufend eine ganze Reihe von Diensten erledigte, und sprach sich gegen Gülich aus.[336] Damit hatte er Erfolg und so musste das IfW zum Bedauern des Wehrwirtschaftsamts seine Zusage für die Beteiligung am „Forschungstrupp" zurückziehen.[337] Bei dieser Entscheidung spielten Skrupel bezüglich des Umgangs mit Beuteakten oder geraubtem Gütern von sowjetischen Bibliotheken oder wissenschaftlichen Einrichtungen oder auch Hemmungen über eine zu enge Kooperation mit militärischen Stellen oder der SS keine Rolle. Es war Gülichs Gier, die das IfW in einen Konflikt mit dem rivalisierenden Hamburger Institut getrieben hatte. Dieser wurde verloren, weil Hausleiter noch besser vernetzt war.

12.11 Literaturbeschaffung mit allen Mitteln

Die ZBW lässt gegenwärtig die Frage untersuchen, ob seinerzeit Raubgut in die Bibliothek des IfW gelangte.[338] Reichlich spät schließt sie sich damit dem Trend der im letzten Jahrzehnt verstärkten Beschäftigung mit der Geschichte deutscher Museen und

333 Siehe hierzu Schroeder (2008).

334 Vgl. das von Anja Heuss aufgelistete Beutegut, dass die in Kiew tätige Gruppe des Sonderkommandos Künsberg raubte, Heuss (1997), S. 546 – 548.

335 Vgl. „Gülich, Wilhelm", in: Habermann, Klemmt und Siefkes (1985), S. 100 – 101.

336 Vgl. Schroeder (2008), S. 305 – 306.

337 KTB Wehrwirtschaftsamt, Wi VIII, 01.07 – 30.09.1942, in: BA-MA, RW 19/455, Bl. 6.

338 Erste Ergebnisse eines Projekts vom beauftragten Provenienzforscher Norman Köhler untermauern den Raubgutverdacht. Eine Veröffentlichung ist für 2020 geplant.

Bibliotheken an.[339] Zu nennen sind beispielsweise die Bemühungen der Staatsbibliothek Berlin zu Recherche und Restitution von NS-Raubgut in den eigenen Beständen.[340] Der Raubgutverdacht für die ZBW erfährt eine Zuspitzung durch den Befund, dass die IfW-Bibliothek mit der Wehrmacht sowie mit dem RSHA der SS besondere Konditionen hatte aushandeln können. Seit Kriegsbeginn war sie die von der Wehrmacht gegenüber Konkurrenten wie eben dieser Staatsbibliothek bevorzugte Sammelstelle, an der zwecks Devisenersparnis die Auslandspublikationen konzentriert werden sollten.[341] Im Gegenzug war Gülich bereit, seine Sammeltätigkeit nach den Wünschen von General Thomas und seinen Mitarbeitern auszurichten. Im November 1939 erhielt er beispielsweise vom Wehrwirtschaftsamt eine detaillierte Liste über Rohstoffe und Kolonialprodukte, die er dann bei seiner Materialakquise besonders berücksichtigte.[342] Möglicherweise war das IfW auch die einzige Stelle, die vom RSHA die Erlaubnis erhielt, wirtschafts- und sozialwissenschaftliche Literatur aus dem feindlichen Ausland zu beziehen.[343]

In seinen emsigen Bemühungen zur Beschaffung von Material für die IfW-Bibliothek unternahm Gülich während des Zweiten Weltkriegs eine beträchtliche Zahl an Auslandsreisen. Diese führten ihn in die neutrale Schweiz (mindestens 1941 und 1944) sowie in das ebenfalls neutrale Schweden (1943 und vermutlich 1944).[344] Diese Reisen waren vor allem deshalb wichtig, um den Bezug von Büchern, Zeitschriften, Zeitungen etc. aus den Ländern der Alliierten auszubauen, der ansonsten nur auf teurem Kaufwege via Portugal und via der Türkei gelang. Gülich reiste allerdings nicht nur in neutrale, sondern auch in besetzte Staaten. Nachweisbar sind Fahrten in die Niederlande und nach Belgien vom 6. bis zum 29. Juli 1940,[345] nach Paris im März 1941 in Kooperation mit dem dortigen Deutschen Institut, um „die wehrwirtschaftlich wichtigen Bestände des Instituts zu ergänzen",[346] sowie nach Dänemark und Schweden im Herbst 1943.[347] Die Quellenlage lässt zumindest einen näheren Blick auf die zuerst genannte Reise zu.

---

339 Vgl. beispielsweise Knoche und Schmitz (2011) und Babendreier (2013), früher bereits u.a. Vodosek und Komorowski (Hg.) (1989 und 1992).

340 Vgl. Pudler (2000).

341 KTB Wehrwirtschaftsamt, Wi VIII, 27.09.1939, in: BA-MA, RW 19/243, Bl. 21.

342 Gülich: Bericht über meine Dienstreise nach Holland und Belgien vom 6. bis 29. Juli 1940, 03.09.1940, S. 53, in: ZBW-Archiv, 496.

343 Entsprechend äußerte sich die langjährige Bibliothekarin Frieda Otto in einem Brief an Gisela v. Busse, 02.09.1982, in: ZBW-Archiv, 443.

344 Vgl. Personalakte Gülich, in: LASH, Abt. 47, Nr. 6610. Ferner 1943 in die Schweiz, im Frühjahr 1944 nach Schweden, im Herbst 1944 erneut in die Schweiz und nach Schweden.

345 Vgl. Gülich: Bericht über meine Dienstreise nach Holland und Belgien vom 6. bis 29. Juli 1940, 03.09.1940, S. 53, in: ZBW-Archiv, 496.

346 Predöhl an Karl Epting (Leiter des Deutschen Instituts in Paris), 15.03.1941, in: LASH, Abt. 47, Nr. 6610, Bl. 15.

347 Vgl. Predöhl an Bernhard Rust (REM), in: LASH, Abt. 47, Nr. 6610, Bl. 41a.

Bereits wenige Wochen nach dem deutschen Angriff auf Belgien und die Niederlande am 10. Mai 1940 bat Gülich das Wehrwirtschaftsamt dorthin reisen zu dürfen, um „fehlende Literatur sowohl für das Institut wie für das OKW zu beschaffen."[348] Die Wehrmacht unterstützte das Vorhaben unter anderem durch Erteilung eines Passierscheins und so konnte Gülich nach intensiver und kurzer Vorbereitung bereits am 6. Juli aufbrechen. Über seine Reise erstattete er Anfang September einen ausführlichen Bericht, den er in zwanzigfacher Ausfertigung als Manuskript drucken ließ.[349] Es handelte sich dabei also nicht nur um den obligatorischen Rechenschaftsbericht für das REM, sondern die Exemplare sollten noch vielen weiteren Empfängern als Erfahrungs- und Orientierungsbericht zugehen. Gülich verstand sich als Pionier für „die Pflege der weiteren Beziehungen [deutscher Stellen] zu holländischen und belgischen Stellen" und ermächtigte sich zu einer umfangreichen Betätigung, die ich hier nacheinander betrachte: Kauf und Tausch, Raub, Öffentlichkeitsarbeit und Spionage.

Kauf und Tausch: Gülich besuchte auf seiner Reise eine Vielzahl von Buchhandlungen, Unternehmen, Bibliotheken sowie staatlichen Einrichtungen. Folgende Erfahrung war dabei eine Ausnahme: „Manche [niederländische] Ministerien wollten keine Tauschbeziehungen, wollten nicht schenken und wollten nicht verkaufen."[350] An den meisten Orten war man dagegen bereit, entweder die eigenen Publikationen und Dubletten gegen jene des IfW zu tauschen oder aber Gülich jenes Material zu verkaufen, an dem dieser oder das Wehrwirtschaftsamt interessiert war. Hierzu hatte Gülich extra mehrere tausend Reichsmark in Devisen vom RWM erhalten. Er beschrieb selbst, dass viele Niederländer und Belgier durchaus erkannten, dass seine Reise im Interesse des NS-Regimes lag, dass sie sich aber – nicht zuletzt durch Gülichs Aktivitäten selbst – zur Kollaboration gedrängt fühlten. Der Generaldirektor des belgischen statistischen Amtes, Jules Carpentier, sah sich beispielsweise selbst vor die Alternative gestellt, entweder mit dem IfW eine Tauschbeziehung einzugehen oder aber eine Beschlagnahmung durch die Wehrmacht zu erleiden. Gülich erhöhte den Druck, indem er Carpentier eine Liste des gewünschten Materials mit der Aufforderung übergab, die entsprechenden Drucksachen dem deutschen Rüstungsinspekteur Oberst Udo Franssen zu übergeben, der es dann prompt an das IfW weiterleitete.[351]

Ein weiterer Grund zur Kollaboration lag in der teils jüdischen Abstammung der von Gülich aufgesuchten Menschen, so beispielsweise bei Eugen Hess, Leiter der Volkswirtschaftlichen Abteilung der Continentalen Handelsbank zu Amsterdam. Über ihn schrieb Gülich:

348 KTB Wehrwirtschaftsamt, Gruppe Wi VIII, Woche bis 24.06.1940, in: BA-MA, RW 19/244.
349 Gülich: Bericht über meine Dienstreise, 03.09.1940, in: ZBW-Archiv, 496.
350 Ebd., S. 33.
351 Vgl. Ebd., S. 35.

> Herr Hess sah klar und scharf die Situation, in der die Judenschaft in Europa sich befindet. Er, der sich ja vollkommen klar darüber war, was das auch für sein persönliches Schicksal bedeutet, sprach darüber, als ob es ihn nichts anginge, so als ob er seinen eigenen Leichnam [!] seziere.[352]

Hess empfand aufgrund seiner jüdischen Abstammung offenbar Todesangst und erhoffte sich durch die Kollaboration mit Gülich Schutz. Deshalb empfing er diesen „mit ungewöhnlicher Liebenswürdigkeit, erklärte sich zu jeder Hilfe bereit".[353] Nach eigenen Angaben behagte Gülich dieses Hilfsangebot nicht und er schlug es aus. Irgendeine Hilfe für Hess scheint er allerdings ebenfalls nicht geleistet zu haben, nicht einmal eine positive Schilderung im überlieferten Bericht. Von diesem Bericht gingen wahrscheinlich mindestens zwei Exemplare an die mit der Besatzung Belgiens und der Niederlande befassten deutschen Militärbehörden sowie möglicherweise an weitere Institutionen wie das Auswärtige Amt, das Reichspropagandaministerium etc. Das weitere Schicksal von Hess ist unbekannt.[354]

Raub: Auf seiner Reise konnte Gülich ein hervorragendes Netz von engen Kontakten nutzen und ausbauen. Dazu gehörten, erstens, die niederländischen und belgischen Institutionen, zu denen er vielfach seit vielen Jahren Kauf- und Tauschbeziehungen unterhielt. Zweitens waren die deutschen Institutionen daran beteiligt, welche die Verwaltung und Ausbeutung der betreffenden Staaten unternahmen. Engen Kontakt hatte Gülich beispielsweise zu SS-Obersturmbannführer Albert Prinzing, rechte Hand von Franz Alfred Six in der Abteilung für Forschung und Auswertung im SD,[355] und zu SS-Hauptsturmführer Karl Hass, „der ein Einsatzkommando der SS bzw. Geheimen Staatspolizei für Bibliotheken und Buchhandlungen"[356] leitete. Beide hatte er spätestens über ihre Funktionen am DAWI kennen gelernt.[357] Gülich traf auch den SS-Sturmbannführer Wilhelm Spengler, der als Mitglied der Abteilung Kultur in Ohlendorfs Amt III (Deutsche Lebensgebiete – SD-Inland) im RSHA zeitgleich einen Raubzug in den Niederlanden unternahm.[358] Der bereits erwähnte Rüstungsinspekteur Franssen, der Gülich bei der Logistik half, war dem IfW über dessen Funktion als Leiter in der Amtsgruppe Wehrwirtschaft im OKW bekannt sowie ferner, weil er vor dem Ersten Weltkrieg Harms' Vorlesungen in der Marineakademie gehört hatte.[359]

In Brüssel besuchte Gülich auch die Geheime Feldpolizei (Direktor Erich Vogel), die ihm von Beschlagnahmungen der Bestände in der örtlichen Dependance der

---

352 Ebd., S. 42.

353 Ebd., S. 41.

354 Anders als die beiden jüdischen Geschäftsführer der Bank hatte Hess nicht rechtzeitig vor dem deutschen Angriff flüchten können. Vgl. Schröter (2001), S. 113.

355 Vgl. Hachmeister (1998), S. 241–242.

356 Gülich: Bericht über meine Dienstreise, 03.09.1940, S. 4, in: ZBW-Archiv, 496.

357 Vgl. Ebd., S. 4–5. Gülich kannte Prinzing möglicherweise schon länger, denn dieser hatte zu Beginn der 1930er Jahre am IfW studiert und war in den Jahren 1938–1940 im HWWI tätig gewesen. Vgl. Prinzing, Albert, in: Keiper und Kröger (2008), S. 517–518.

358 Vgl. Gülich: Bericht über meine Dienstreise, 03.09.1940, S. 5, in: ZBW-Archiv, 496.

359 Vgl. Ebd., S. 10.

großen englischen Buchhandelsfirma Smith & Son berichtete. Gülich wurde umgehend aktiv und erreichte, dass ihn ein Angehöriger der Abwehrstelle Belgien (Oberleutnant Kleinschmidt, ehemals Mitarbeiter der IG Farben und deshalb vielleicht dem IfW bereits bekannt) sowie in einem weiteren Fall ein anderer Soldat bei Besuchen dieser Buchhandlung begleiteten.[360] Er entnahm ihr Material im Umfang von 32 Paketen, die er in einem von Franssen gestellten Auto abtransportierte. Eine Gegenleistung wurde nicht vereinbart, sondern das Material als „Geschenk" verbucht. Wegen der unmittelbaren Bedrohungssituation durch die Gegenwart der Soldaten ist der Tatbestand des Raubes erfüllt.[361] Da keine Restitution bekannt ist, dürfte sich das Raubgut noch heute in der ZBW befinden.

Gülich war nicht nur an Publikationen, sondern auch an Grauer Literatur interessiert. Da er Schwierigkeiten hatte belgische Amtsdrucksachen durch Kauf oder Tausch zu erwerben, suchte er die zu dieser Zeit geschlossene und verwaiste Bibliothek des belgischen Parlaments auf. Unterstützt vom Kulturreferenten in der Militärverwaltung (Historiker Werner Reese, aufgewachsen und studiert in Kiel) stahl er dort Parlamentspapiere der letzten Vorkriegsjahre.[362] Da die Suche nach Drucksachen zur Kolonie Belgisch-Kongo Gülich besonders wichtig war, sie sich allerdings als langwierig gestaltete, vereinbarte er mit Reese sowie der Mitarbeiterin einer privaten Buchhandlung (Bernaerts), dass diese weitersuchen und ihm das Diebesgut möglichst schnell nach Kiel nachsenden sollten. Ferner besuchte Gülich die Bibliothek des ebenfalls geschlossenen belgischen Kolonialministeriums und empfahl dem deutschen Militär, dort Akten sowie Bücher zu stehlen. Das Wehrwirtschaftsamt hatte ihm aufgetragen, insbesondere nach Kartenmaterial über die belgische Kolonie zu suchen. Ein deutscher Offizier zeigte Gülich entsprechende von einem „Arbeitsstab für Kartographie und Vermessungswesen" beschlagnahmte Karten, von denen er einige nach Kiel mitnahm.[363] Diese Karten befinden sich noch heute in der ZBW.[364] Gülich drängte offenbar auf Eile, weil das Wehrwirtschaftsamt möglichst rasch aufbereitete Materialien zum Kongo erhalten wollte. Das IfW erfüllte diese Wünsche prompt und fügte einer im Juni 1940 erstellten Übersicht über „Produktion und Ausfuhr kriegswirtschaftlich wichtiger Güter aus Belgisch-Kongo" bereits im August 1940 einen Ergänzungsbericht über „Grundlagen und Steigerungsmöglichkeiten der Produktion wich-

---

360 Vgl. Ebd., S. 10 – 12.

361 Raub kann definiert werden als Wegnahme einer fremden beweglichen Sache unter Anwendung oder Androhung von Gewalt in der Absicht, sie sich oder einem Dritten rechtswidrig zuzueignen. Strafgesetzbuch § 249, 1.

362 Gülich: Bericht über meine Dienstreise, 03.09.1940, S. 34 – 35, in: ZBW-Archiv, 496.

363 Ebd., S. 55. Im Zugangsbuch sind diese Karten als „Geschenk" verbucht und als Herkunft lediglich „Dienstr. Dr. G." angegeben. Zugangsbuch K 1940/41 – 1961, Eintragung für 22.8.40, in: ZBW-Archiv, 247.

364 Siehe beispielsweise ZBW, K 2226 und K 2227. Später erhielt das IfW wohl Nachsendungen von diesem „Arbeitsstab", vgl. Zugangsbuch K 1940/41 – 1961, Eintragung für 15.5.41, in: ZBW-Archiv, 247.

tiger Erzeugnisse sowie die Verkehrslage des Landes“ an.[365] Das von Gülich in Belgien gestohlene Material wurde in Kiel also unverzüglich für die Kriegsforschung genutzt.

Öffentlichkeitsarbeit: Gülich wollte auf seiner Reise auch Öffentlichkeitsarbeit betreiben. So wirkte er nach eigenen Angaben auf Buchhandlungen und Bibliotheken ein, nicht mehr solche Literatur anzubieten, in welcher der Nationalsozialismus angegriffen werde.[366] Auch versuchte er niederländische Bibliothekare zu überzeugen, dass die NS-Wissenschaftspolitik harmlos sei und nicht tiefer eingreife werde als der niederländische Staat selbst. Dies war eine Lüge, denn im Bericht riet er dazu, die Zensur nach Möglichkeit zu verschärfen. Dabei schlug er vor, nicht einfach mit staatlichen Verboten auf ausländische Bibliothekare einzuwirken, weil dies Widerstand hervorrufen könnte. Stattdessen sollten nichtstaatliche Stellen eine „Beratung“[367] übernehmen – er dachte da ganz offensichtlich an Fachleute wie ihn selbst –, die durch subtilen Druck effektiver einen Gehorsam erwirken konnten. Seine eigene Reise betrachtete er als schulbuchmäßiges Beispiel und bescheinigte sich im Reisebericht einen durchschlagenden Erfolg.

Des Weiteren achtete Gülich darauf, von seiner Reise auch solches Material mitzunehmen, das zwar keinen wirtschaftswissenschaftlichen Wert hatte, sich seiner Ansicht nach aber für antibritische Propaganda eignete. Er kündigte an, einen Teil der von Smith & Son geraubten Bücher der „Kieler Arbeitsgemeinschaft über die Kriegs- und Greuelpropaganda unserer Feinde im [Ersten] Weltkrieg und heute“[368] zur Verfügung zu stellen. Diese interdisziplinäre Arbeitsgemeinschaft war erst wenige Monate zuvor als Teil der „Aktion Ritterbusch“ begründet worden und das IfW war mindestens durch W.G. Hoffmann an ihr beteiligt.

Spionage: Gülich nutzte seine vergleichsweise unverdächtige Position als Zivilist dafür, Informationen zu sammeln und im Bericht ausführlich wiederzugeben. Meist führte er die genauen Namen der Ansprechpartner der jeweiligen Institutionen auf und vermerkte, ob diese kooperativ waren. In einigen Fällen macht er auch Anmerkungen über ihre politischen Ansichten und ihre religiöse Herkunft. Über den Geschäftsführer einer Buchhandlung in Amsterdam äußerte er beispielsweise: „Herr Kern, anscheinend nicht arisch, war unfreundlich.“[369] Viele weitere Passagen wären zu nennen, darunter auch eine dreiseitige Liste der Zeitschriftenauslage von Smith & Son, die Gülich mit der Intention beifügte, diese Buchhandlung bei der deutschen Militärverwaltung anzuschwärzen.[370]

Näher möchte ich an dieser Stelle lediglich näher auf Gülichs Urteil zum Internationaal Instituut voor Sociale Geschiedenis (IISG) in Amsterdam eingehen. Über

---

365 Beide Berichte sind überliefert in: ZBW, C 28378, und in: BA-MA, RW 19/3801–3802.

366 Gülich: Bericht über meine Dienstreise nach Holland und Belgien vom 6. bis 29. Juli 1940, 03.09. 1940, S. 25, S. 45–46, in: ZBW-Archiv, 496.

367 Ebd., S. 46.

368 Ebd., S. 30.

369 Ebd. S. 15.

370 Ebd., S. 64–66.

dieses sozialgeschichtliche Institut schrieb er, dass dessen „Literatur über das Neue Deutschland und den Nationalsozialismus im wesentlichen Tendenzliteratur jüdischen Gepräges sei“.[371] Trotzdem sprach er sich gegen eine „Auflösung“ des seit dem 15. Juli 1940 vom SD geschlossenen Instituts aus, weil der Gründungsdirektor Nicolaas Posthumus und die Bibliothekarin Annie Adama van Scheltema-Kleefstra bereits „innerlich umlernen“[372] würden. Das traf nachweislich nicht zu. Posthumus und Scheltema-Kleefstra, die seit Jahren bemüht waren, Bücher und Privatunterlagen (darunter von Karl Marx, Michail Bakunin und Leo Trotzki) in ganz Europa vor dem Zugriff der deutschen, sowjetischen und spanischen Diktatoren zu retten, setzten diese Aktivitäten auch nach der Besetzung der Niederlande fort.[373] Aufgrund der Quellenlage ist es nicht möglich zu entscheiden, ob die beiden es geschafft hatten Gülich zu täuschen oder ob dieser um ihre anti-nationalsozialistische Haltung wusste und log, um sie und die Bestände des IISG zu schützen.[374] Möglicherweise wollte Gülich auch seinem Freund und vorübergehenden Reisebegleiter Prinzing helfen, der Anstrengungen unternahm, die Archiv- und Bibliotheksbestände des IISG dem Zugriff der DAF und dessen Arbeitswissenschaftlichen Instituts zu entziehen und als Beute dem SD und damit dem DAWI zuzuschanzen.[375] Sieger im Kampf der NS-Institutionen um das IISG war allerdings schließlich der „Einsatzstab Rosenberg“.[376]

Gülich wandte also im Zweiten Weltkrieg bei dem Materialerwerb alle ihm zur Verfügung stehenden Mittel an. Dazu zählte die von der Wehrmacht unterstützte Beraubung eines belgischen Ministeriums sowie einer privaten Buchhandlung in Belgien. Wie die sofortige Verwendung solchen Materials in Forschungsberichten für das Wehrwirtschaftsamt zeigt, war es besonders wertvoll. Auch konnte er von seinen guten Beziehungen zur SS und zum DAWI profitieren. Auch die Reise nach Paris im März 1941 muss unter einen dringenden Raubgutverdacht gestellt. Einer der dortigen Kooperationspartner, der Leiter des Deutschen Instituts Karl Epting, beteiligte sich zu dieser Zeit an dem im großen Stil vorgenommenen Raub französischer Kulturgüter und auch an der Beraubung von Bibliotheken.[377] In quantitativer Hinsicht scheinen jedoch der Kauf und der Tausch die hauptsächlichen Erwerbungsarten gewesen zu sein. Teils profitierte Gülich auch hier von der Bedrohungslage, die durch die deutsche Besatzung geschaffen wurde. Predöhls in den frühen 1950er Jahren geäußerte Versi-

371 Ebd., S. 38.

372 Ebd. Vgl. Roth (1989a), S. 5.

373 Vgl. https://socialhistory.org/en/about/history-iish [zuletzt abgerufen am 09.05.2019]. Roth spricht von einer „political, moral, and intellectual integrity of the men and women working at the IISH“. Roth (1989a), S. 22.

374 In der IfW-Bibliothek verfügte Gülich selbst über sozialistische Literatur, die er ab 1942 bei einem befreundeten Regimekritiker auslagerte. Siehe Kapitel 14.1

375 Vgl. Roth (1989a), S. 5 – 6.

376 Vgl. Manasse (1997), S. 69 – 73.

377 Vgl. Michels (1993), S. 56 – 57. Epting gehörte ebenso wie Gülich zu Six' Netzwerk. Der Leiter der wissenschaftlichen Abteilung des Deutschen Instituts, Karl-Heinz Bremer, hatte bis 1940 am Aufbau des Kieler Instituts für Politik und Internationales Recht mitgewirkt. Vgl. ebd., S. 73.

cherung, man habe bei der Akquise „in jedem Fall auch in den besetzten Gebieten im Einvernehmen mit den ausländischen Stellen“[378] gehandelt, erweist sich als unwahr. Gülich zeigte ebenso wie der Direktor der Berliner Staatsbibliothek, Adolf Jürgens,[379] und andere Bibliothekare auch eine kriminelle Energie und nutzte die durch die nationalsozialistischen Eroberungskriege geschaffenen Möglichkeiten zum Ausbau der eigenen Bibliothek. Das Wehrwirtschaftsamt profitierte von dieser hervorragenden Informationsgrundlage im IfW und unterstützte das Institut sowie dessen Bibliothekar entsprechend.

12.12 Enger personeller Austausch

Auch wenn das IfW sich 1942 nicht am „wehrwirtschaftlichen Forschungstrupp“ beteiligte, lässt sich ein hohes Maß von personellen Verflechtungen zwischen IfW und Wehrwirtschaftsamt während des Zweiten Weltkriegs nachweisen. Allein für das Jahr 1940 sind mit Schlote, Schiller, Herbert Bräunlich, Brückner und Gustav-Herbert Horn gleich fünf Fälle rekonstruierbar.[380] Als langjähriger Leiter der Forschungsgruppe Exportindustrie und anderer Abteilungen, war Schlote Ende der 1930er Jahre zweifellos eine zentrale Kraft in der Auftragsforschung des IfW. In die Erledigung der Aufträge des Wehrwirtschaftsamts war er von Beginn an eingebunden und vertrat das Institut auch nach außen.[381] Noch im Jahr 1938 hatte er eine Monographie über den britischen Außenhandel publiziert, die ebenfalls im Ausland hohe Anerkennung gefunden hatte.[382] Dieses Expertenwissen interessierte die Militärs und sie warben ihn ab. Schlote reizten die neuen Aufgaben so sehr, dass er sogar ein höher dotiertes Angebot des Reichsnährstandes ablehnte.[383] Anfang Januar 1940 übernahm er die für Großbritannien zuständige Gruppe im Wehrwirtschaftsamt und bekam später auch noch die Zuständigkeit für den Außenhandel der USA übertragen.[384] In Thomas' Amt dürfte er als wertvoller Ansprechpartner für das IfW tätig gewesen sein. Ab 1944 fungierte Schlote darüber hinaus als Verbindungsoffizier des Wehrwirtschaftsamts zum Rüstungsministerium und es ist zu erwarten, dass er hier auf Basis von Unterlagen, die unter anderem vom IfW geliefert wurden, am „Schlagkraftvergleich“ der Achsenmächte und der Alliierten beteiligt gewesen war (siehe Kapitel 13.8).

---

378 Predöhl: Zur Geschichte des IfW (ca. 1953), S. 39, in: HS IfW.

379 Vgl. hierzu die detaillierten Rekonstruktionen von Briel (2013).

380 Ferner war im Wehrwirtschaftsamt noch Bazil H. Wevell von Krüger beschäftigt, der 1921 von Harms promoviert worden war. Adressenliste der ehemaligen Mitglieder des Instituts für Weltwirtschaft, Nov. 1938, in: BAK, N 1256/3.

381 Z. B. Wochenberichte des Wehrwirtschaftsamts, 22.11.1939, in: BA-MA, RW 19/243, Bl. 96.

382 Schlote (1938) sowie mit Unterstützung der Rockefeller Foundation angefertigt: Schlote (1952).

383 Predöhl an REM, 29.12.1939, in: BA, R 4901/14813, Bl. 276.

384 Wochenberichte des Wehrwirtschaftsamts, Woche bis 06.01.1940, in: BA-MA, RW 19/245, Bl. 5 sowie den Stellenplan in: BA-MA, RW 19/455, Bl. 26.

Vom 17. Mai bis Ende Juni 1940 wurde auch die „erstklassige Kraft“[385] Karl Schiller vorübergehend zum Wehrwirtschaftsamt abkommandiert. Schiller war der Nachfolger Schlotes auf dessen Stelle im IfW gewesen, die „ausschließlich für Forschungszwecke benötigt [wird], und zwar unter den gegenwärtigen Verhältnissen für dringende kriegswirtschaftliche Arbeiten.“[386] Vor dem Hintergrund des erwarteten Kriegseintritts Italiens unterstützte Schiller in diesen Wochen das Wehrwirtschaftsamt bei dessen Analyse der italienischen Wirtschaft.[387] Belegt ist, dass er im Mai 1940 mindestens vier Auftragsarbeiten mit insgesamt mindestens 67 Seiten Umfang zur italienischen Papier- und Lebensmittelindustrie sowie der Versorgungslage Italiens auf dem Gebiet von NE-Metallen und Mineralöl abgeliefert hat.[388] Diese Berichte waren Teil einer intensiven Forschungstätigkeit des IfW über Italien von April bis Juni 1940. Das Institut insgesamt hatte allein in diesem Zeitraum 22 Italien betreffende Arbeiten erstellt (siehe Abbildung 12).

Es ist nicht plausibel, dass Schillers kurzfristige Tätigkeit im Wehrwirtschaftsamt sonderlich „über seine sonstigen Tätigkeiten hinausgegangen“[389] ist, wie der Schiller-Biograph Torben Lütjen spekuliert. Naheliegender ist, dass in dieser besonders ereignisreichen Phase mit den Feldzügen in Norwegen, in den Benelux-Ländern und gegen Frankreich sowie mit dem Kriegseintritt Italiens die Kooperation zwischen IfW und Wehrmacht einfach besonders reibungslos und schnell erfolgen sollte. Entsprechend wurde es wohl von Seiten des Wehrwirtschaftsamts als praktisch angesehen, einen weiteren Kieler Ökonomen bei sich in Berlin vor Ort zu haben. Bemerkenswert ist diese Phase vor allem deshalb, weil sie die Behauptung des späteren Bundeswirtschaftsministers Schiller, in Kiel „wie unter einer Käseglocke“[390] nach außen abgeschottet gearbeitet zu haben, eindeutig widerlegt. Ende der 1980er Jahre verwies Schiller auf einer Festveranstaltung des IfW ausgerechnet auf Berichte wie jenen über die „Selbstversorgungsmöglichkeiten Italiens“, um die angebliche Unverfänglichkeit

---

385 Wochenberichte Wehrwirtschaftsamt, Woche bis 20.05.40, in: BA-MA, RW 19/244, Bl. 134. Vgl. Lütjen (2007), S. 78 – 79.

386 Kurator Sitzler an REM, 13.10.1939, in: BA, R 4901/14813, Bl. 189.

387 Am 21. April 1940 beschloss Mussolini den Kriegseintritt, am 30. Mai informierte er Deutschland und am 10. Juni schließlich erklärte er Frankreich und Großbritannien den Krieg. Formal war Schiller zur Gruppe IV (Westeuropa) des Wehrwirtschaftsamts abkommandiert, diese wurde aber teilweise mit der Gruppe III (Südosteuropa) zusammengelegt, die Italien abdeckte.

388 Schiller: Die Lebensmittelindustrie Italiens, Mai 1940, in: ZBW, C 6505, Schiller: Die italienische Papierindustrie, Mai 1940, in: ZBW, C 6507, Schiller: Die Selbstversorgungsmöglichkeiten und die versorgungspolitischen Maßnahmen Italiens auf dem Gebiete der Mineralölwirtschaft, Mai 1940, in: BA-MA, RW 19/3979 und Schiller: Die Selbstversorgungsmöglichkeiten und die versorgungspolitischen Maßnahmen Italiens auf dem Gebiet der NE-Metalle und sonstigen Mineralien, Mai 1940, in: BA-MA, RW 19/3987.

389 Lütjen (2007), S. 78.

390 Karl Schiller: Ansprache, in IfW (Hg.) (1989), S. 50. Wortgleich auch in einem Interview mit Janssen aus demselben Jahr, zitiert in Janssen (2012), S. 168. Ähnlich zuvor bereits 1968, vgl. Seeliger (1968), S. 92 – 97.

seiner einstigen Kriegsforschung zu belegen.[391] Es kann jedoch kein Zweifel bestehen, dass Schiller seine eigenen Fähigkeiten sowie den in der Bibliothek und im Wirtschaftsarchiv des IfW gesammelten Wissensbestand einsetzte, um in engster Kooperation mit dem Wehrwirtschaftsamt die deutschen Militärs über die wirtschaftliche Leistungsfähigkeit des faschistischen Verbündeten im Rahmen der von beiden Staaten angestrebten Angriffskriege zu informieren.

Noch während Schiller vorübergehend im Wehrwirtschaftsamt tätig war, wechselte der junge Dr. Herbert Bräunlich Mitte Juni 1940 fest dorthin.[392] Nach einer Lehre in der Dresdner Bank und einem Studium in Hamburg hatte er erst seit einem Jahr im IfW gearbeitet, in dieser Zeit aber bereits eine ganze Reihe an Forschungsberichten verfasst. Diese hatten insbesondere den Mittleren Osten betroffen und so war es naheliegend, dass er in jene Gruppe VI des Amts eintrat, die unter anderem für Asien zuständig war. Damit waren im Frühsommer 1940 gleich drei IfW-Mitarbeiter fest oder vorübergehend im Wehrwirtschaftsamt beschäftigt und konnten dort ihre in Kiel erworbene Fachexpertise einbringen. Aber nicht nur Thomas glaubte, dass die Tätigkeit im IfW eine gute Vorbereitung für die Arbeit in seinem Amt sein könnte, sondern Predöhl sah dies umgekehrt ebenso. An Bräunlich, dessen Wechsel er selbst vermittelt hatte, schrieb Predöhl: „Was Sie dort [im Wehrwirtschaftsamt] an Erfahrung sammeln, werden Sie später, wenn Sie Lust haben, zu uns zurückzukommen, in unserer Forschung sicher gut verwenden können."[393]

Ferner ist für das Jahr 1940 noch Dr. Herbert Brückner zu nennen, der von Juli bis Ende Oktober im Wehrwirtschaftsamt beschäftigt war. Nach einem Studium in Kiel war er ab 1935 im IfW als Assistent tätig gewesen, dann Ende 1939 eingezogen und im Feldzug gegen Frankreich eingesetzt worden.[394] Durch seine anschließende Tätigkeit im Wehrwirtschaftsamt bewies er seine Fähigkeiten, sodass er im Herbst 1940 mit einer Uk-Stellung an das IfW zurückkehren konnte. Dort wurde er bald nach seiner Rückkehr zum Abteilungsreferenten befördert und leitete schließlich ab Juli 1944 die Abt. für Marktforschung.

Die Personalwechsel konnten jedoch auch in die umgekehrte Richtung verlaufen, wie das Beispiel Gustav-Herbert Horns belegt. Horn war ein aus einer Überseekaufmannsfamilie stammender Jurist, der als eingezogener Soldat beim Angriff auf die Niederlande im Mai 1940 verwundet worden war und während der Genesungszeit im IfW eine Dissertation über „Die wirtschaftliche Verflechtung Südamerikas mit den

391 Schiller: Ansprache, in IfW (Hg.) (1989), S. 50.

392 Dr. Herbert Bräunlich, seit August 1939 im IfW, übernahm den Posten von Dr. Hellmer. KTB der Gruppe Wi VIII, 31.05.1940 und Woche bis 18.06.1940, in: BA-MA, RW 19/244, Bl. 151 und Bl. 167.

393 Predöhl an Bräunlich, 02.07.1940, in: HS IfW, NL Bräunlich. Eine Rückkehr Bräunlichs ist nicht belegt.

394 Vgl. KTB des Wehrwirtschaftsamts, in: BA-MA, RW 19/244, Bl. 187. Brückner hatte am „Feldzug im Westen" teilgenommen und kehrte am 28.10.1940, also nur kurz nach Euler, an das IfW zurück. Siehe BA, R 4901/14813, Bl. 385 und 387.

USA und Europa“ hatte anfertigen dürfen.[395] Predöhl hätte Horn gern im Institut gehalten, konnte ihm jedoch keine Uk-Stellung verschaffen. Das Wehrwirtschaftsamt war ebenfalls an dessen im IfW erworbenen Fähigkeiten interessiert und setzte ihn in der Sondergruppe N für die Auswertung von süd- und nordamerikanischen Zeitungen und Zeitschriften ein.[396] Im Zuge der verstärkten Auslagerung von Tätigkeiten des ab 1942 zugunsten des Speer-Ministeriums an Bedeutung verlierenden Wehrwirtschaftsamts auf das IfW wechselte Horn im Juni 1943 zurück nach Kiel und fertigte nun aus der Abt. für Marktforschung heraus Arbeiten für die Wehrmacht an. Unter anderem erstellte er Berichte über den „Beitrag Cubas zur Versorgung der Feindmächte mit Nahrungsmitteln und Rohstoffen“, über die wehrwirtschaftliche Bedeutung Mittelamerikanischer Länder sowie über die „wirtschaftliche Durchdringung Afrikas durch die USA“.[397] Nach dem Krieg setzte Horn seine Karriere fort, unter anderem als Direktor des Statistischen Landesamtes Schleswig-Holsteins und im Innenministerium.

Michael Geyer weist darauf hin, dass es im deutschen Militärapparat untypisch war, über die Unterstützung von externen Forschungsinstituten hinaus auch selbst Wissenschaftler einzustellen. Seiner Ansicht war das Wehrwirtschaftsamt eine Institution, in der Militärs und Zivilisten außergewöhnlich gut kooperierten.[398] Die Kriegstagebücher und die Wochenberichte des Amts lassen die Vermutung zu, dass der Personalaustausch mit keinem Ökonomieinstitut so rege war wie mit dem IfW. Die hier genannten Beispiele zeigen zudem, dass es sich dabei meist um hoch qualifizierte Mitarbeiter gehandelt hat. Neben den beiden immerhin frisch promovierten Bräunlich und Horn waren dies mit Schlote und Schiller zwei Gruppenleiter mit langjähriger Erfahrung und mit Brückner ein Mitarbeiter mit „annähernd Forschungsgruppenleiterqualitäten“.[399]

---

395 Horn war auf dieselbe Schule gegangen wie Predöhl (Johanneum Hamburg) und hatte in den 1930er Jahren in Hamburg nicht nur Jura, sondern auch Wirtschaftswissenschaften studiert. Vgl. Lebenslauf, in: Gustav-Herbert Horn: Die wirtschaftliche Verflechtung Südamerikas mit den USA und Europa, 1941, in: CAU UB, TU41 3506.

396 Geschäftsverteilungsplan Wi/Ausl VIII, in: KTB, 01.07–30.09.1942, in: BA-MA, RW 19/455, Bl. 9.

397 Der Bericht Horns „Der Beitrag Cubas zur Versorgung der Feindmächte mit Nahrungsmitteln und Rohstoffen“ (11.10.1943) ist im Nachlass von Lösch im StAH erwähnt. Der Bericht „Die wehrwirtschaftliche Bedeutung der Republiken Guatemala, El Salvador, Honduras, Nicaragua, Costa Rica, Panama“, 14.02.1944, findet in: BA-MA, RW 19/1338, Bl. 261 Erwähnung. Überliefert ist der Bericht „Die wirtschaftliche Durchdringung Afrikas durch die USA, unter besonderer Berücksichtigung der Rohstoffquellen, 1. Teil: Die afrikanische Kautschukproduktion und die USA“, Okt. 1944, in: BA-MA, RW 19/3781, und ZBW, C 28383.

398 Vgl. Geyer (1984), S. 314–316.

399 Predöhl an Bernhard Rust, 04.03.1941, in: BA, R 4901/14814, Bl. 29.

12.13 Zwischenergebnis

Predöhl gab nach Kriegsende zu, die IfW-Leitung habe selbstbewusst im Vertrauen auf die besonderen Kompetenzen des Instituts agieren können, sie sei über den Kontext ihrer Kriegsforschungen gut informiert gewesen und sie sei mit der Verwendung der eigenen wissenschaftlichen Arbeit durch die Wehrmacht einverstanden gewesen.[400] Ich habe in meiner Recherche keine Quelle gefunden, auf deren Basis dieses Urteil angefochten werden könnte. Die Selbstbestimmtheit des IfW zeigt sich vor allem darin, dass wesentliche Schritte zur Kooperation mit dem Wehrwirtschaftsamt sowie die Einladung von Thomas nach Kiel im Winter 1938/39 vom IfW ausgingen. Wie bei konkurrierenden Instituten auch, lag die wichtigste Gegenleistung in der Vermeidung einer Schließung des Instituts sowie im Erhalt des wissenschaftlichen Personals durch Uk-Stellungen für den in Kürze erwarteten Kriegsfall. Im Gegensatz zum Ersten Weltkrieg, als erst mit einem Jahr Verzögerung die Kriegsforschung aufgenommen und das Institut revitalisiert wurde, konnten dies im Zweiten Weltkrieg unverzüglich erreicht werden. Als das REM spontan die meisten Universitäten und auch die Universität Kiel schloss, konnte man auf das neue zentrale Projekt des IfW verweisen, nämlich „umfangreiche wehrwirtschaftliche Untersuchungen für das Oberkommando der Wehrmacht".[401] So wurde schnell die Erlaubnis für die „*volle* Weiterführung des Betriebs des Instituts für Weltwirtschaft"[402] erreicht und die Forschungstätigkeit musste nie unterbrochen werden.[403]

Die durch die Kriegsforschung erworbenen Drittmittel in Höhe von etwa 10 % des IfW-Etats waren hingegen nur von sekundärer Bedeutung. Ein weiterer Nutzen der Kooperation lag darin, dass der Ausbau und die Aktualisierung der Bestände der Bibliothek und des Wirtschaftsarchivs des IfW zu eigenen Interessen des Wehrwirtschaftsamtes wurden. Ohne die Versorgung mit den neuesten Büchern, Zeitschriften und Zeitungen hätten weder die Kieler Ökonomen die Forschungsaufträge noch die „Arbeitsgruppe Kiel" ihre Tätigkeit durchführen können. Die Akquise erstreckte sich vor allem auf offene Quellen und erfolgte größtenteils mit herkömmlichen Methoden. Nachweislich wurden dem IfW aber auch vom Wehrwirtschaftsamt geraubte (französische) Akten zur Auswertung zur Verfügung gestellt und Gülich raubte auch selbst in Kooperation mit der Wehrmacht in Belgien Ministeriumsakten sowie Literatur aus einer privaten Buchhandlung. Mit dieser sowohl quantitativen als auch qualitativen Sicherung des personellen und sachlichen Apparates wurde langfristig die Fortexistenz des Instituts gesichert – unabhängig vom Ausgang des Kriegs.

Das IfW war dasjenige wirtschaftswissenschaftliche Institut, mit dem das Wehrwirtschaftsamt im Zweiten Weltkrieg am intensivsten kooperierte. Die Zusammenar-

---

400 Predöhl: Zur Geschichte des IfW (ca. 1953), S. 37, in: HS IfW.
401 Predöhl an REM, 06.09.1939, in: BA, R 4901/14813, Bl. 186.
402 Breuer an Klingelhöfer, 07.10.1939, in: Ebd., Bl. 254. Hervorhebung im Original.
403 Zur Schließung der Universität Kiel 1939: Wiener (2013), S. 177–180. Briefverkehr zur Wiedereröffnung in: LASH, Abt. 47, Nr. 2081.

beit erstreckte sich über die längste Zeitdauer, von 1938 bis ins Jahr 1945 hinein, und das IfW erhielt auch die höchsten Geldbeträge. Eine der beiden „Arbeitsgruppen" wurde in Kiel eingerichtet, der Personalaustausch war mit keinem anderen Institut derart eng und schließlich entschied das Amt im Frühjahr 1942, die Wehrwirtschaftliche Forschungsstelle aufzulösen und den Großteil ihrer Aufgaben auf das IfW zu übertragen. Dies belegt die Zufriedenheit von General Thomas, seinen Nachfolger sowie deren Untergebenen mit den erhaltenen Forschungsarbeiten und Materialzusammenstellungen. Die Grundlage hierfür stellte dar, dass die Haltung des IfW und seines Direktors Predöhl mit den wirtschaftsstrategischen Ausrichtungen des Wehrwirtschaftsamts kompatibel war. Thomas war zwar ein stramm nationalkonservativer Militär, aber kein fanatischer Nationalsozialist. Wie Predöhl sah er sich als fachlicher Experte, der das Regime stabiler und effizienter zu machen hatte. Dass sie inhaltliche Positionen teilten, beispielsweise zur Notwendigkeit einer starken deutschen Exportindustrie und der Existenz einer hohen Widerstandskraft der Sowjetunion, war auch deshalb von Bedeutung, weil „die ständige Suche nach äußerer Bestätigung"[404] offenbar einer der zentralen Charakterzüge von Thomas war. Entsprechend erwartete er von den Forschungsberichten des IfW grundsätzlich keine Argumente, die seine eigenen bisherigen Ansichten wesentlich verändert hätten, sondern Untermauerung und Ergänzung durch eine Vielzahl detaillierter Informationen. Somit war das IfW für Thomas ein guter akademischer Partner in Fragen der wirtschaftswissenschaftlichen Aufklärung und der strategischen kriegswirtschaftlichen Beratung.

In der Auftragsarbeit war der Anteil der höchsten Produktkategorie, also der Berichte, eher gering. Materialien, Ausschnitte und kleinere Auskünfte wurden in viel größerem Ausmaß geliefert. In den großteils überlieferten Berichten wurden jedoch durchaus elaborierte Konzepte entworfen und wirtschaftspolitische Empfehlungen formuliert. In den Forschungen zu Dänemark versuchte das IfW beispielsweise 1939 und 1940 die künftige Funktion der Landwirtschaft dieses Landes in der angestrebten Europäischen Großraumwirtschaft mitzubestimmen. Dass Berichte dieser Art keine größere praktische Wirkung entfalteten, lag nicht an Qualitätsmängeln oder an einem fehlenden Willen des Instituts, sondern resultierte aus der begrenzten Durchsetzungsfähigkeit des Kooperationspartners. Das Wehrwirtschaftsamt vermochte es im „organisierten Chaos" der NS-Herrschaft nicht, eine ausreichende Machtstellung zu erlangen.

Dass es sich bei der Forschungstätigkeit des IfW um *Wissenschaft* handelte, ist nicht zu bestreiten. Es war zwar keine *innovative* Wissenschaft, aber, wie Ash schreibt, „Innovation ist nicht der einzige und nicht einmal immer der vorrangige Zweck der Wissenschaftspolitik. Ressourcenmobilisierung für aktuelle Zielsetzungen ist vorrangig;"[405] Eine passende Kategorie für die im Auftrag des Wehrwirtschaftsamts erarbeiteten tiefergehenden Berichte stellt der damals populäre und recht neue Begriff

404 Peter (2011), S. 255.
405 Ash (2002), S. 50.

der *Wehrwissenschaft* dar, wenn man darunter „all studies of the technique required to achieve [...] a peacetime economy brought to, and maintained in, a state of preparedness for war“[406] versteht. Das erste Beispiel hierfür war der Bewerbungsbericht aus dem Mai 1938, ein wirtschaftspolitisches Strategiepapier zur Kriegsvorbereitung. Auch Wiel, Leiter der Wehrwirtschaftlichen Forschungsstelle, sah es als sein Ziel an, „die Wirtschaft des Staates in Krieg und Frieden so auszurichten und zu lenken, daß sie am besten die Wehrkraft des Landes stärkt.“[407] Obwohl das IfW für diese Zwecke wissenschaftliche Forschung betrieb und 1942 auch Wiels Aufgabenbereiche mitübernahm, wurde der Begriff *Wehrwissenschaft* im Institut selbst nicht verwendet.[408] Man bestand hier auf der Fiktion einer sauberen Aufgabenteilung zwischen Wissenschaft und Wehrmacht. Zudem dachte man immer noch in den alten Disziplingrenzen und verstand sich als Ökonomen und nicht als *Wehrwissenschaftler*. Dies sollte mit der sorgfältigen Wahl der Begriffe deutlich gemacht werden.

Quantitativ wurde die Auftragsforschung des IfW von vielen Materialzusammenstellungen dominiert, die zwar faktenmäßig korrekt sein mussten, jedoch darüber hinaus keine wissenschaftlichen Ansprüche erfüllten. Sie fanden, wie die exemplarische Analyse der Norwegen betreffenden Arbeiten 1939/40 zeigt, in der mittelfristigen Planung und in der kurzfristigen Vorbereitung des Angriffs und der Besetzung des Landes Verwendung. Dies war nicht nur der Institutsleitung, sondern auch den Mitarbeitern bewusst. Dass Predöhl dies zu Beginn der 1950er Jahre in einem vertraulichen Brief an seinen Nachfolger zugab, erklärt sich aus dem gesellschaftlichen Klima im Nachkriegsdeutschland. Als Ende der 1960er zum ersten Mal in der Öffentlichkeit ein kritischer Blick auf die Kriegsforschung des IfW versucht wurde, verteidigte Predöhl sich scharf und ohne Schuldbewusstsein: „Wollen Sie etwa dem Institut oder gar einem seiner jungen Assistenten [gemeint ist Karl Schiller] im Jargon der Besatzungsmacht den Vorwurf machen, sie hätten sich an der Vorbereitung von Angriffskriegen beteiligt?“[409]

Diese Frage ist keineswegs abstrus, wie von Predöhl nahegelegt, und muss differenziert beantwortet werden. Im Falle Norwegens besaß das IfW aus Sicht des Wehrwirtschaftsamts ausreichende Kompetenzen und wurde deshalb in die Vorbereitung des Angriffskriegs miteinbezogen. Im Fall der Sowjetunion jedoch besaß das Institut offenbar nicht die notwendige wissenschaftliche Expertise und das Quellenmaterial. Daraus erklärt sich, dass das IfW anders als konkurrierende Forschungsinstitute bei der Vorbereitung der „Operation Barbarossa“ keine Rolle gespielt hat. Dieser Mangel wurden jedoch durch die Einrichtung der Abteilung für Ostforschung behoben, die dann ab Sommer 1942 eine entsprechende Zuarbeit für das Wehrwirtschaftsamt aufnahm. Entsprechend lag das Ausbleiben einer Russlandforschung

406 Stern (1960), S. 274.

407 Paul Wiel (1938), S 5.

408 Der Begriff „Wehrwissenschaft“ tauchte z. B. im *WA* nur wenige Male an unbedeutenden Stellen auf.

409 „Stellungnahme von Professor Andreas Predöhl“, in Seeliger (1968), S. 73.

unmittelbar vor dem Juni 1941 nicht an einer mangelnden Bereitschaft des IfW. Ihm wurden vielmehr zu diesem Zeitpunkt nicht die notwendigen Kompetenzen zugeschrieben.

In den letzten beiden Kriegsjahren waren sowohl Wehrwirtschaftsamt wie auch IfW in deutlich geringerem Maße an der Kooperation interessiert. Die Wehrmacht befand sich zunehmend in Rückzugskämpfen und der Bedarf an Forschungsberichten und -materialien über das Ausland sank. Auf der anderen Seite war das IfW vom Rüstungsministerium zu einem kriegswichtigen Betrieb erklärt worden und damit weniger auf die Uk-Stellungen angewiesen. Ferner hatte sich die finanzielle Situation so stark gebessert, dass es genügend Spielraum besaß, um in die Aufnahme von Kooperationen mit weiteren Partnern zu investieren. Eine Diversifizierung schien vor allem deshalb angebracht, weil das Wehrwirtschaftsamt nach dem Ausscheiden von Thomas 1942 und den damit verbundenen permanenten Umstrukturierungen als instabiler und an Bedeutung nachlassender Auftraggeber erschien.

Im April 1944 erläuterte Predöhl dem Verwaltungsrat der Fördergesellschaft diese Neuorientierung. Die Zusammenarbeit mit dem Wehrwirtschaftsamt habe sich in der Vergangenheit „als Schrittmacher ausgewirkt und das Institut in vielen anderen Beziehungen vorwärtsgebracht.“[410] Damit meinte er vor allem das gestiegene Renommee und das erweiterte Netzwerk. Man habe sich durch die Kriegsforschung als unverzichtbares „Instrument für die wissenschaftliche Vorbereitung von Maßnahmen der Wirtschaftspolitik und der Wirtschaftspraxis“ etabliert. Als Belege könnten hierfür die vielen Auftragsarbeiten des IfW angeführt werden, die vom Wehrwirtschaftsamt an das RWM, das Stabsamt Göring und viele andere Stellen weitergeleitet worden sind. Trotz dieses Lobes der jahrelangen engen Kooperation, betonte Predöhl die Autonomie des Instituts und seine Abkehr von der Fixierung auf das Wehrwirtschaftsamt. Das IfW sei „nach wie vor eine freie akademische Forschungsstätte, die für alle wirtschaftspolitischen Führungsinstanzen arbeitet, die sich des Instituts zu bedienen fähig und willens sind.“[411] Damit war das zu dieser Zeit getätigte Werben um das Rüstungsministerium und das RWM als neue Kooperationspartner gemeint. Letzteres ersetzte dann in der letzten Kriegsphase das Wehrwirtschaftsamt als den wichtigsten Forschungsauftraggeber des IfW.

410 Bericht des Direktors des Instituts für Weltwirtschaft an den Verwaltungsrat der Förderungsgesellschaft, 03.04.1944, in: BA, R 4901/14814, Bl. 370.
411 Ebd.

13 Die Forschungsgruppe August Lösch (1940 – 1945)

13.1 Mythos: „anti-Nazi" August Lösch

Viele Ökonomen und Historikern haben sich zu August Lösch (15.10.1906 – 30.5.1945) geäußert. Er soll ein „incautiously outspoken anti-Nazi"[1] mit einer „konsequenten liberalen Gesinnung"[2] gewesen sein, ein „in jeder Beziehung große(r) Mann"[3], der in Kiel am „Rande der Legalität"[4] arbeitete und an dessen „wissenschaftstheoretischen Einstellung und der politischen Haltung [...] kein Zweifel bestehen"[5] könne. Teils wird er sogar als Märtyrer des Widerstands erwähnt.[6] Einsprüche wurden nur wenige geäußert.[7] Diese Legendenbildung ist von zwei Seiten vorangetrieben worden: Zunächst einmal von Lösch selbst, der zu Kriegsende Briefe an seine prominenten Freunde Joseph Schumpeter, Hans Singer und Wolfgang Stolper geschrieben hatte, in denen er eindringlich von seinem angeblichen Martyrium und seiner Opposition gegen den Nationalsozialismus berichtete.[8] Auch Löschs Witwe verbreitete im In- und Ausland die Kunde von Verhaftungen und der angeblich daraus resultierenden tödlichen Schwächung.[9] Die Ausländer wiederum traten später mit besonderer Autorität als Zeugen für Löschs Lauterkeit auf.[10] Die zweite Quelle der Legendenbildung waren IfW-Mitarbeiter wie beispielsweise Zottmann, der als vorrangiger Institutsgeschichtsschreiber später häufig diesem „aufrechten Gegner jeder Tyrannei und Unterdrückung [...] mit Liebe und Verehrung"[11] gedachte. Diese Darstellungen begannen unmittelbar

---

1 Funck: Concluding remarks, in: Funck, Kulinski, u. a. (2007), S. 408.

2 Hagemann, in: Goldschmidt (Hg.) 2005, S. 18. Ähnlich: Hagemann (2010), S. 420

3 Riegger (1971), S. 10. Der seinerzeitige Student Giersch urteilte: „Walther Hoffmann war der Schnellste, Predöhl der Einflussreichste und August Lösch der Eindrucksvollste im Lehrkörper." Giersch: Eine Vita aus Wille und Fügung, Manuskript, o.D., S. 38. Ich danke Volker Giersch für die Übersendung des Manuskripts.

4 Janssen (2012), S. 168.

5 Mackensen (1990), S. 416. Ähnlich: Todt (2014), S. 204.

6 „Lösch verstarb 1945 geschwächt von mehreren Gefängnisaufenthalten." Christian Fleck (2007), S. 114.

7 Vgl. Dieckmann (1992), S. 165 – 67; Kegler (2015), S. 217 – 220. Abwägend: Bröcker (2014), S. 223 – 230.

8 „Ich habe für meine Überzeugung Leben, Freiheit und Gesundheit eingesetzt, hatte zahllose Demütigungen, Hunger, Zensur, Arretierung, betrug, Zurücksetzung, Sabotage meiner Arbeit zu ertragen." Lösch an Schumpeter, 01.05.1945, in: StAH, NL Lösch, Box XXI. Vgl. Lösch an Hans Singer, 01.05. 1945, in: Ebd. Als Ortsangabe nannte Lösch im Singer-Brief Ratzeburg, während er für den Brief an Schumpeter das dramatisierende „Auf der Flucht" wählte. Ein Auszug des Briefs an Stolper vom 4. Mai 1945 ist abgedruckt in: Stolper (2007), S. 387 – 389.

9 Auszug aus Schreiben von Marga Lösch, 16.06.1946, in: RAC, RF, fellowship recorder cards, RG 10.2, Disciple 5, August Lösch.

10 Z. B. Stolper (1954), S. VII-XI; Stolper in: Riegger (1971), S. 53 – 57; Stolper (2007).

11 Zottmann: Erinnerungen an August Lösch, in Riegger: (1971), S. 32.

https://doi.org/10.1515/9783110658873-013

nach Löschs Tod und gingen in ihrer Wirkung über ein bloßes Gedenken weit hinaus. Sie exkulpierten nämlich zugleich Löschs Kollegen, allen voran Zottmann selbst.[12] Sie passten auch gut zu dem unter maßgeblicher Beteiligung Schillers und Predöhls entwickelten Narrativ, das IfW sei ein von Letzterem protegierter Schutzraum für Nicht-Nazis gewesen.[13]

So wirkmächtig war die Deutung, dass sie auch von solchen Wirtschaftshistorikern übernommen wurde, die nicht im Verdacht stehen, die Rolle einzelner Ökonomen oder Instituten im Nationalsozialismus verharmlosen zu wollen. Löschs Motive für seine Anstellung im IfW wurden beispielsweise folgendermaßen erklärt: „Hier kann er die finanzielle Absicherung seiner Familie mit einem vom Wohlwollen der Nazi-Diktatur unabhängigen wissenschaftlichen Arbeiten verbinden."[14] Bis in die Gegenwart hinein wird Lösch als „Der Lichtblick" des Instituts dargestellt, als ein etwas weltfremder und in politischen Dingen naiver Mensch, dessen vollkommene wissenschaftliche Integrität in Kiel geschützt worden sei.[15] Dies hat eine zentrale Bedeutung für die tradierte IfW-Geschichtsschreibung. „Das dunkle Kapitel (1933 – 1945)"[16] soll neben Schatten auch etwas Licht gehabt haben. Das Institut seinerzeit zu führen sei eine „Gratwanderung" gewesen, man habe eben politische Zugeständnisse machen müssen, um seinen wissenschaftlichen Kern zu schützen. Diesen Kern soll der überhöhte August Lösch personifizieren. Deshalb war es nach seinem Tod so wichtig zu behaupten, er sei von nationalsozialistischem Gedankengut völlig unbeeinflusst geblieben und habe sich weder direkt noch indirekt an Verbrechen beteiligt.

Meine Absicht mit diesem Kapitel ist es, den Mythos Lösch und das „Licht-und-Schatten"-Narrativ zu dekonstruieren, um so zu einem besseren Verständnis der Rolle des IfW im Zweiten Weltkrieg zu gelangen. Dabei geht es mir nicht darum, einem Menschen, der in extremen Zeiten vor eigentlich unmögliche Entscheidungen gestellt war, moralische Verfehlungen nachzuweisen. Ich möchte im Gegenteil zu einer geschichtswissenschaftlich haltbaren Deutung gelangen, die Lösch gerechter wird als die bis in die Gegenwart fortgesponnene Legende. Dafür ist es nötig, die bisher ignorierte Gruppe Lösch, die als einzige Forschungsgruppe nach ihrem Leiter benannt war, in die Betrachtung einzubeziehen. Sie existierte für die vergleichsweise lange Dauer von knapp fünf Jahren von 1940 bis Mitte 1944 und lebte im Länderreferat USA bis in die letzten Kriegsmonate fort.[17] Dieser konzentrierte Blick auf eine bestimmte

12 Anton Zottmann: Dr. habil. August Lösch gestorben am 30. Mai 1945, in: WA 62, 1949, S. 28 – 34. Siehe auch Gülich: Grabansprache gehalten am Sarge von August Lösch, in StAH, NL Lösch, Box XII.

13 Karl Schiller: Ansprache, in IfW (Hg.) (1989), S. 50. Ähnlich Stoltzenbergs Persilschein für Predöhl von 25.05.1946, in: LASH, Abt. 460, Nr. 4182.

14 Vgl. Heertje (2001), S. 90.

15 Vgl. Czycholl (2014), S. 68 – 69.

16 Ebd., S. 45 – 70.

17 Zottmanns irreführende Beschreibung: „Obwohl er […] viel eher für eine ungebundene wissenschaftliche Arbeit prädestiniert war […], gliederte sich Lösch mit großer Selbstüberwindung in den

Gruppe trägt zu einem umfassenderen Bild der Forschungs- und Beratungstätigkeit des Instituts bei. Unter anderem möchte ich folgende Fragen beantworten: Was für Themen wurden behandelt, welche wurden in fremdem Auftrag und welche aus eigenem Antrieb begonnen? Was wussten Lösch und seine Mitarbeiter über den Kontext und die intendierten Verwendungszwecke ihrer Auftragsarbeiten? Wie eigenständig agierte die Gruppe im Verhältnis zur Institutsleitung und zu den Auftraggebern? Welche Initiativen erfolgten zur Einwerbung von Aufträgen und auf welche Weise wurden sie ausgeführt? Beteiligte sich die Gruppe Lösch an der Öffentlichkeitsarbeit im Sinne des Regimes? Welche Aussagen lassen sich über die Einstellung gegenüber der NS-Ideologie und der NS-Politik treffen?

Die Quellenlage ist günstig, denn im Nachlass Löschs im Stadtarchiv Heidenheim ist heute ein großer Teil jener Unterlagen erhalten, die sich zum Zeitpunkt seines Todes in seinem Ratzeburger Arbeitszimmer befanden. Auch weil er wegen dreimaliger Ausbombung in Kiel keine Wohnung mehr besaß,[18] befindet sich darin viel Schriftverkehr. Darüber hinaus war Lösch ein begeisterter Statistiker, sodass diverse Tabellen über den Output sowie die Arbeitszeiten seiner Mitarbeiter für verschiedene Projekte Auskunft geben. Dieser Nachlass ist noch nicht erschlossen oder je wissenschaftlich ausgewertet worden. Da auch viele Gutachten im Nachlass bzw. in den Beständen der Bundesarchive und der ZBW erhalten sind, ist ein Großteil der wissenschaftlichen Produktion der Forschungsgruppe nicht nur rekonstruierbar, sondern auch einsehbar.

Zunächst stelle ich Lösch als Person und seinen Lebensweg bis zum Wechsel nach Kiel vor. Anschließend gebe ich einen Überblick über seine theoretischen Arbeiten im Krieg, wozu neben kleineren Aufsätzen und Rezensionen vor allem das 1940 erstmalig und 1944 in überarbeiteter Auflage erschienene Hauptwerk „Die räumliche Ordnung der Wirtschaft“ zählt. Dabei gehe ich auch auf die Wertschätzung und praktische Bedeutung ein, die dieses Werk noch während des Zweiten Weltkriegs erfahren hat. Es folgt eine Vorstellung der Mitglieder der Forschungsgruppe. In den anschließenden Kapiteln wird in grober Chronologie die Forschungstätigkeit für die wichtigsten Auftraggeber untersucht: Das Wehrwirtschaftsamt, das Auswärtige Amt, das Planungsamt des Rüstungsministeriums sowie schließlich in den letzten Kriegsmonaten das RWM.

Rahmen der kollektiven Forschungsarbeiten ein.“ Anton Zottmann: Dr. habil. August Lösch gestorben am 30. Mai 1945, in: WA 62, 1949, S. 31.

18 Lösch an Schumpeter, 01.05.1945, in: StAH, NL Lösch, Box XXI.

13.2 Mensch: „ein wissenschaftlicher Kopf, der seinem Volk etwas nützen [...] will“

August Lösch als Sohn eines Kaufmanns geboren, wuchs aber ohne diesen bei seiner Mutter und seinem Großvater in Heidenheim (Brenz) auf. Vier Charakterzüge sind in den Tagebüchern aus der Schulzeit nachweisbar, die er sein gesamtes Leben lang behielt: eine große emotionale Verbundenheit zu seiner schwäbischen Heimat, eine starke christlich-protestantische Religiosität, ein tiefes Vertrauen in die Wissenschaft als etwas grundsätzlich Gutes sowie schließlich ein beträchtlicher Ehrgeiz, der nicht nur darauf gerichtet war eine hohe Position zu erreichen, sondern auch, einen Beitrag für die Menschheit zu leisten. Die turbulenten politischen Ereignisse seiner Jugend wie beispielsweise die Ruhrbesetzung bewegten ihn sehr und weckten in ihm einen Abscheu gegen bewaffnete Konflikte sowie eine Sehnsucht nach einer politisch gemäßigten und vom Bürgertum dominierten Gesellschaft, deren Mitglieder in der Lage waren, „objektiv zu denken“.[19] Nach dem Realgymnasium absolvierte er eine zweijährige Lehre in einer Fabrik, schloss die kaufmännische Prüfung 1927 mit Auszeichnung ab[20] und konnte im Anschluss mit Unterstützung der Studienstiftung des deutschen Volkes Wirtschaftswissenschaften studieren, zunächst in Tübingen, dann in Kiel, Freiburg und zuletzt in Bonn. Zu seinen prägendsten Lehrern gehörten vor allem Eucken, Schumpeter, Arthur Spiethoff und Robert Wilbrandt, Kiel betreffend nannte er ferner die Astwikmitarbeiter Löwe, Colm und Neisser.[21] Zu seinen Kommilitonen im Schumpeter-Kreis zählten u. a. Stolper und Singer sowie spätere IfW-Mitarbeiter wie Günther Harkort und Christa Hasenclever.[22]

Sein Studium betrieb Lösch mit enormer Energie, angetrieben vom Ehrgeiz, in jene akademischen Kreise aufzusteigen, deren Vertreter seiner Ansicht nach die Aufgabe hätten, die geistige politische Führung des Landes zu übernehmen. Seiner Ansicht nach war die Weimarer Republik nicht etwa deshalb in einer tiefen Krise, weil ihr aktive Demokraten fehlten, sondern weil die politischen Führungspositionen nicht nach dem Kriterium der sachlichen Befähigung besetzt seien. Weil sich jeder im Prozess der Willensbildung zu Wort melden könne, entstehe ein empfindliches Defizit bei dem eigentlich notwendigstem, dem Sachverstand.[23] Ulrich Beck hat in einem solchen Vertrauensverlust weiter Bevölkerungsteile in die Demokratie und dem Hinarbeiten auf eine „nicht parlamentarisch gebundene Elitendiktatur“[24] die aus-

19 Tagebucheintrag August Lösch, 18.03.1923, in: StAH, NL Lösch, Box XXI.

20 Zeugnis der Handels-Hochschule Heidenheim, 21.03.1927, in: Ebd.

21 Lebenslauf Lösch, in: StAH, NL Lösch, Box XI.

22 Vgl. Stolper: Begegnung mit August Lösch, in: Riegger (1971), S. 53. Harkort: 1934 – 1936 im IfW tätig, 1937 Promotion bei Predöhl; Hasenclever: 1933-mind. 1945 im IfW tätig, 1933 Promotion bei Predöhl.

23 Lösch: Politische Bildung, unveröffentlichtes Manuskript, 15.06.1929, in: StAH, NL Lösch. Voran steht ein Zitat Nietzsches: „Das Beste soll herrschen, das Beste will auch herrschen! Und wo die Lehre anders lautet – da fehlt es am Besten.“

24 Beck (2016), S. 32.

schlaggebenden Faktoren für die nationalsozialistische Machteroberung erkannt. Die heftigen (wirtschafts-)politischen Auseinandersetzungen jener Zeit riefen in Lösch zudem eine ebenfalls seinerzeit verbreitete Sehnsucht nach nationaler Geschlossenheit hervor. Zu nennen ist hier beispielsweise eine kleine Denkschrift zur Reparationsfrage, in der er zwei Lösungsmöglichkeiten diskutierte. Die erste, „zäh und schweigend den beispiellosen Tribut zu entrichten“, sei nicht hinnehmbar und man müsse stattdessen den ehemaligen Kriegsgegnern „ein hartnäckiges Nein“ entgegensetzen.[25] Diese zweite Möglichkeit könne über das Ökonomische hinaus zwar weitere große Nachteile mit sich bringen, habe aber „den unschätzbaren Gewinn, der darin liegt, dass Deutschland wieder einen Stolz und einen Willen hat [...] *Einen* Willen!“[26]

Bereits im Mai 1930, ein Jahr, bevor er sein Diplom erwarb, machte Lösch sich daran, den eigenen Anspruch auf eine intellektuelle Führungsrolle einzulösen und verfasste eine Schrift über ein heiß diskutiertes Thema, den Geburtenrückgang. Er reichte sie für den Karl-Helfferich-Preis ein und gewann diese nach einem der führenden deutschnationalen und antisemitischen Politiker der frühen Weimarer Republik benannte Auszeichnung. Mit dem Preisgeld veröffentlichte er 1932 eine erweiterte Version der Schrift als Dissertation im Eigenverlag. Entschieden wandte er sich darin gegen die seinerzeit im Kaiserreich und noch immer in rechten Kreisen vorherrschende Auffassung, der gegenwärtige Geburtenrückgang sei etwas Schlechtes. Er steigere nämlich den individuellen Wohlstand, er führe zu einem Rückgang sozialer Spannungen und wirke damit der Radikalisierung der Politik entgegen und schließlich würde er im gegenwärtigen Ausmaß auch keine kulturellen Nachteile hervorrufen.[27] Mit seiner Forderung nach einer qualitativ und nicht quantitativ ausgerichteten Bevölkerungspolitik lag Lösch in der Nähe der in den 1920er Jahren von linksliberalen Kreisen bemühten Rationalisierung der Familienpolitik, die nicht auf eine Steigerung der Reproduktionsrate fixiert war, sondern den Kindern bessere Fürsorge angedeihen lassen wollte.[28]

Für Lösch war eine weitere positive Folge des Geburtenrückgangs die Steigerung des militärischen Potentials. Die Soldaten eines wachstumsärmeren Volks seien nämlich „nicht nur besser durchgebildet, intelligenter, sondern auch wehrwilliger, weil selbst die Ärmsten etwas zu verlieren haben.“[29] Zu einem abschließenden Urteil,

---

25 Lösch: Mehr Stolz! Eine Bemerkung zur Reparationspolitik von August Lösch, o.D., in: StAH, NL Lösch.

26 Ebd. Hervorhebung im Original.

27 Lösch (1932, Bd. 1), S. 69 – 70.

28 Vgl. Usborne (2011), S. 146 – 151. Im Gegensatz dazu war beispielsweise Heberle von der Schädlichkeit des Geburtenrückgangs überzeugt. Vgl. Heberle (1935), S. 692. Vgl. auch Stolper (1997), S. 113. Der Rassist Mackenroth warnte sogar: die „weiße Rasse“ gerate gegen die „gelbe Rasse“ (Asiaten) ins Hintertreffen. Mackenroth: Vortrag vor der Verwaltungsakademie der Nordmark, WiSe 1935/36, in: LASH, Abt. 309, Nr. 38002.

29 Lösch (1932, Bd. 2), S. 69.

ob eine zunehmende Bevölkerungsdichte die Kriegswahrscheinlichkeit steigere, gelangte er nicht. Ausdrücklich jedoch verneinte er aber, dass ein Bevölkerungswachstum die Wahrscheinlichkeit steigere, einen Krieg zu gewinnen, und schloss mit dem Fazit: „Das internationale Wettgebären ist ebenso unwürdig wie unklug."[30] Ebenso wie der späteren nationalsozialistischen Familienpolitik stand er auch jenen Ansichten fern, wie sie beispielsweise sein künftiger Kollege Mackenroth verbreiten sollte. Dieser wollte eine „rassische Gegenauslese in den letzten Jahrzehnten des Kapitalismus" erkannt haben und schlug vor, ihr mit „Euthanasie" entgegenzuwirken.[31]

Auch nach der Machtübernahme der Nationalsozialisten zeigte Lösch die Bereitschaft, die Bevölkerungsentwicklung nicht nur abstrakt zu diskutieren, sondern sich auch in die tagesaktuelle sozialpolitische Debatte einzuschalten. So publizierte er beispielsweise im März 1934 in der Zeitschrift *Deutscher Lebensraum – Blätter für neue deutsche Raum- und Bevölkerungspolitik* einen kurzen Aufsatz zur Rolle des Ersten Weltkriegs für die Bevölkerungsentwicklung. Er kam darin zu dem Schluss, die „Menschenverluste" seien für Deutschland „unverhältnismäßig groß" gewesen.[32] Damit lieferte er den an einer Revision des Versailler Vertrages interessierten Kreisen, für die diese hochideologisch geführte Zeitschrift ein Medium des Austauschs darstellte, propagandistisch verwertbares statisches Material. Darüber hinaus stellte Lösch aber auch einen langfristigen Trend einer Abschwächung der Bevölkerungszunahme vor. Damit widersprach er einmal mehr der *Logik* jener, die angesichts der angeblichen „Überbevölkerung" eine Sachnotwendigkeit der Eroberung neuer Gebiete östlich der Reichsgrenzen propagierten.[33] Den *Willen* zu „mehr Raum!", den er bei den Mitarbeitern der umgehend nach der Machtübernahme der Nationalsozialisten im April 1933 gegründeten Zeitschrift *Deutscher Lebensraum* als Grundton erkannte, begrüßte er jedoch.[34]

Bis in die späten 1930er Jahre blieb Lösch seinem ersten Forschungsthema treu, auch mit seiner bis Sommer 1935 in Bonn und Harvard ausgearbeiteten Habilitationsschrift „Bevölkerungswellen und Wechsellagen".[35] Erkennbar war er daran interessiert, den ideologisch stark aufgeladenen Diskurs auf einem hohen wissenschaftlichen Niveau zu führen und damit nicht nur zu aus akademischer Sicht interessanten

---

30 Ebd., S. 84.

31 Mackenroth: Material zur Vorlesung „Deutsches Wirtschaftsleben", in: AUB, Sammlung Schmid (NL Mackenroth), A.I.3.1.1.5.

32 Beide Zitate in: Lösch (1934), S. 48. Auf dieses Urteil konnte er freilich nur kommen, weil er sich auf einen Vergleich mit Frankreich beschränkte und andere Kriegsgegner außen vor ließ.

33 Vgl. z. B. Paul Mohr: Die Bevölkerungsbewegung in Deutschland, in: Deutscher Lebensraum, März 1934, S. 48 – 49. Bereits zuvor hatte Lösch die wirtschaftlichen Nachteile von Gebietseroberungen zur Abmilderung eines „Bevölkerungsdrucks" herausgestellt. Vgl. Lösch (1932, Bd. 2), S. 83 – 84.

34 Lösch: Besprechung zu: Deutscher Lebensraum (Blätter für deutsche Raum- und Bevölkerungspolitik. Heft 1 u. 2), in: Schmollers Jahrbuch 47 (4), August 1933, S. 157 – 158, Zitat S. 158.

35 Lösch (1936).

Erkenntnissen, sondern letztlich auch zu einer besseren Sozialpolitik zu gelangen.[36] Dabei nahm er allerdings in Kauf, den Verfechtern einer radikalen nationalsozialistischen Politik statistisches Datenmaterial zur Verfügung zu stellen und damit ihre Handlungsfähigkeit zu verbessern. Die vielseitige Verwendbarkeit und hohe Qualität des von Lösch gelieferten Materials und der von ihm entwickelten Berechnungsverfahren fand in Fachkreisen Anerkennung, auch im IfW.[37] Lösch beachtete dabei nicht, dass die Staatsführung in ihrer Weltsicht festgelegt war. Diese Position erläuterte beispielsweise der Reichsfinanzminister Schwerin von Krosigk in seinem Kieler Vortrag aus dem November 1935. Ein Volk, das in seiner Zahl nicht wachse, sei notwendigerweise „tot".[38] Es handle sich nicht um ein Thema, bei dem wirtschaftliche Argumente eine Rolle spielen könnten.

Anfang des Jahres 1933 arbeitete Lösch an einer von der Rockefeller Foundation finanzierten Gemeinschaftsarbeit zur Handelspolitik in der gegenwärtigen Weltwirtschaftskrise mit und genoss die Freiheit und die intellektuellen Austauschmöglichkeiten, die Nachwuchswissenschaftlern seines Kalibers vom deutschen Universitätssystem geboten wurden.[39] Der Machtübernahme der Nationalsozialisten, lehnte er aus einer ganzen Reihe von Gründen ab. Die überlieferten Briefe und Tagebuchfragmente legen nahe, dass ihn vor allem der Antisemitismus,[40] die Eingriffe in Persönlichkeitsrechtsrechte, die Einschränkung der akademischen Freiheit sowie die Wissenschaftsfeindlichkeit eines Teils der Nationalsozialisten bewegte. Allerdings stellte er auch fest: „Mancher alte Traum wird mir heute erfüllt".[41] Ähnlich wie Harms und viele andere auch, scheint Lösch die Hoffnung gehabt zu haben, Vertreibungen und Bücherverbrennungen seien nur vorübergehende „plebejische Begleiterscheinungen" und das von ihm seit seiner Kind- und Studienzeit Ersehnte, nämlich „Zucht im Innern und Stolz nach außen", werde die deutsche Gesellschaft von nun an prägen.[42] Auch wenn er die von oben betriebene Gleichschaltung ablehnte, so verstand er es dennoch als seine Aufgabe, weiterhin für die Nation tätig zu sein, und konnte sich nicht zu einem antifaschistischen Widerstand durchringen.[43] Grundsätzlich war also die Bereitschaft zu einer Selbstmobilisierung und im gewissen Rahmen zu einer Selbstgleichschaltung vorhanden, nicht aus ideologischer Übereinstimmung mit der NS-

---

36 Vgl. Mackensen (1990), insb. S. 425.

37 Siehe Rezension Mackenroths (1937c), insb. S. 23*.

38 Graf Schwerin von Krosigk: Nationalsozialistische Finanzpolitik, Kieler Vorträge 41, 1936, S. 7.

39 Erwin v. Beckerath: Bericht über die Gemeinschaftsarbeiten, 19.12.1932, in: RAC, RF, RG 1.1, s. 717.S, b. 20, f. 188.

40 Stolper berichtet von einer Widerstandshandlung gegen eine antisemitische Handlung eines SS-Mannes im Frühjahr 1933. Vgl. Stolper: Begegnung mit August Lösch, in: Riegger (1971), S. 56–57. Dies lässt sich jedoch mit keiner zweiten Quelle belegen und wurde offenbar von Lösch auch nicht in seinem Tagebuch erwähnt. Ferner lehnte Lösch Eingriffe in die eigene Religionsfreiheit ab. Vgl. Tagebucheinträge Lösch, Juni 1933, abgedruckt in: Riegger (1971), S. 82.

41 Lösch an Schumpeter, 08.06.1933, Abschrift dieses Briefes, in: StAH, NL Lösch, Box XIII.

42 Beide Zitate ebd.

43 Siehe hierzu z. B. einen Tagebucheintrag aus dem April 1933, in: Riegger (1971), S. 77.

Ideologie, sondern aufgrund nationalen Pflichtgefühls.[44] Erleichtert wurde ihm dies, da er einige Ziele des neuen Regimes teilte, so beispielsweise den erleichterten wirtschaftlichen Austausch auf dem Kontinent,[45] der freilich unter dem Vorzeichen einer deutschen Vorherrschaft hergestellt werden sollte.

Löschs zu Beginn des NS-Regimes im Stillen getätigte Ankündigung, er werde „auf eine Karriere verzichten",[46] darf nicht unkritisch als Tatsachenbeschreibung übernommen werden. Immerhin habilitierte er sich 1936 in Bonn und profilierte sich in den folgenden Jahren durch Veröffentlichungen, sodass ihm später im IfW immerhin die Leitung einer Forschungsgruppe übertragen wurde. Den einem Wissenschaftler seines Kalibers offenstehenden Weg zu einer Professur verfolgte er aber nicht und verzichtete damit auf die Eigenständigkeit als Ordinarius ebenso wie auf jenen Platz hoch oben auf dem Katheder, nach dem er sich gesehnt hatte.[47] Zum Zeitpunkt seiner Habilitation war durch die neue Reichshabilitationsordnung vom Dezember 1934 die Venia Legendi bereits vom Titel des Dr. habil. getrennt worden.[48] Damit wäre für Lösch die Dozentur nicht nur mit einer charakterlichen und politischen Begutachtung, sondern auch mit einer ideologischen Schulung und Prüfung in einer Dozentenakademie sowie mit der Aufnahme von ausdrücklich den Nationalsozialismus unterstützenden Passagen in seine Veröffentlichungen verbunden gewesen.[49] Das war für ihn ebenso wenig hinnehmbar wie ein Eintritt in die NSDAP oder in eine sonstige nationalsozialistische Vereinigung.[50]

Von 1934 bis Ende 1939 war Lösch offenbar nur lose mit seiner Heimatuniversität Bonn verbunden und scheint von dort kaum ein Einkommen bezogen zu haben. Unterstützt wurde er u. a. von dem Freiburger Paul-Stelzmann-Fond[51] und von seinem Freund Eucken. Vor allem aber finanzierte ihm die Rockefeller Foundation zwei lange Forschungsaufenthalte in den USA von November 1934 bis Dezember 1935 und von November 1936 bis Februar 1938. Ausgehend von der Harvard University, wo er erneut

---

44 Einen Aufsatz mit dem Titel „Neigung oder Pflicht" (o.D.) begann Lösch mit einem Zitat von Kant: „We are not in this world to be happy, but to do our duty." In: StAH, NL Lösch, Box XIII. Vgl. auch Tagebucheinträge Lösch und Brief an Schumpeter, Oktober 1933, abgedruckt in: Riegger (1971), S. 83 – 84.

45 Lösch und Diez: Die zoll- und währungspolitischen Probleme einer Annäherung Dänemarks an den großdeutschen Wirtschaftsraum, Dez. 1940, S. 24, in: StAH, NL Lösch.

46 Lösch, zitiert nach: Riegger (1971), S. 10.

47 Tagebucheintrag Lösch, Sommer 1932, in: Ebd., S. 77.

48 Vgl. Göllnitz (2016), S. 54.

49 Die Fakultät diskutierte aber immerhin eine mögliche Dozentur Löschs im Herbst 1942, Protokoll der Sitzung vom 12.12.1942, in: LASH, Abt. 47.5, Nr. 11, Bl. 43.

50 Zu nennen ist lediglich eine freiwillige Betätigung als Gruppenführer beim Wehrsport. Vgl. Lösch an Schumpeter, 08.06.1933, Kopie der Abschrift des Briefes, in: StAH, NL Lösch, Box XIII. Während seiner Zeit in Kiel hegte Lösch offenbar Hoffnungen, die Stufe der Privatdozentur überspringen zu können und ohne sie zum Professor berufen zu werden. Vgl. Eucken an Lösch, 14.04.1941, in: StAH, NL Lösch, Box XIV.

51 Vgl. Lösch (1940), S. IV. Offenbar war Paul Stelzmann Teil des weiten Korruptionsnetzwerks der NSDAP. Auskunft von Frau Irmgard Eberth, Förderverein Esche-Museum e.V., 11.01.2018.

in den Zirkel um Schumpeter eintreten konnte, reiste er in diesen Jahren zu verschiedenen Forschungsinstituten und Universitäten.[52] In Deutschland nutzte er wiederum bevorzugt „die ausgezeichneten Arbeitsmöglichkeiten"[53] des IfW und nahm auch an Institutsveranstaltungen teil.[54] Bis Herbst 1939 konnte er so als freier Wissenschaftler tätig bleiben und sein Opus Magnum fertigstellen: „Die räumliche Ordnung der Wirtschaft. Eine Untersuchung über Standort, Wirtschaftsgebiete und internationalen Handel".

Es ist glaubhaft, dass Lösch in den USA eine Professur hätte erhalten können, diese Möglichkeit aber „wegen seiner tiefen Verbundenheit zu seiner Heimat"[55] ablehnte. Er tauschte die in Amerika vorhandene akademische Freiheit gegen eine Anstellung in Deutschland, die ihn der Geldsorgen entledigte und eine Eheschließung mit seiner langjährigen Verlobten Marga Müller ermöglichte.[56] Warum er sich für das so weit von seiner schwäbischen Kernheimat entfernte Kiel entschied, ist nicht eindeutig bestimmbar. Die Vertrautheit mit den hervorragenden Forschungsgrundlagen in der Bibliothek und dem Wirtschaftsarchiv des IfW sowie die dortige vergleichsweise große Freiheit in der Wahl wissenschaftlicher Methoden sind die wahrscheinlichsten Gründe. Predöhl hatte ihm bereits zu einem früheren Zeitpunkt eine Anstellung angeboten und zeigte sich sehr daran interessiert, Lösch an sein Institut zu holen.[57] Dieser war nicht nur überaus talentiert und arbeitseifrig, sondern darüber hinaus gerade dabei, sich als einer der führenden Raumwirtschaftstheoretiker zu etablieren und damit genau in jenem Forschungsfeld, an dem Predöhl selbst besonders interessiert war.[58] Ferner besaß Lösch eine hohe Reputation bei der Rockefeller Foundation, an deren Unterstützung Predöhl selbst 1939/40 noch perspektivisch interessiert blieb, sowie hervorragende Verbindungen zu angloamerikanischen Ökonomen. Am 15. Januar 1940 begann Lösch seine Tätigkeit am IfW, zunächst als „Referent zur besonderen Verwendung",[59] bald darauf als Forschungsgruppenleiter.

Lösch hatte bereits vor der Sudetenkrise im Jahr 1938 erkannt und im Privaten kritisiert, dass Hitler einen Krieg herbeiführen werde.[60] Trotzdem war er in Deutschland geblieben. Dies war typisch, bei den Raumwissenschaftlern gab es „– ganz im Unterschied zu anderen Fachgebieten – keine Tradition der Emigration".[61] Indem er die ihm offenstehenden Alternativen nicht ergriff, brachte er sich die Zwangssituation, in einer mehr oder weniger selbstbestimmten Form einen Beitrag zur deutschen

52 RAC, RF, fellowship recorder cards, RG 10.2, Disciple 5, August Lösch.
53 Lösch (1940), S. IV.
54 Zottmann: Erinnerungen an August Lösch, in: Riegger (1971), S. 18.
55 Ebd., S. 24. Siehe hierzu auch die abgedruckten Tagebucheinträge ab 1933, in: Ebd.
56 Am 28. Juni 1944 wurde die gemeinsame Tochter Fleur geboren.
57 Predöhl an Lösch, 02.12.1939, in: StAH, NL Lösch, Box XIV.
58 Ferner teilte Predöhl die Begeisterung für Löschs Mentor Schumpeter. Vgl. Predöhl an Morgenstern, 05.01.1949, zitiert in Hesse (2010), S. 343.
59 Predöhl: An alle Dienststellen, 13.01.1940, in: ZBW-Archiv, 470, Bl. 102.
60 Tagebucheinträge Lösch, 1938, abgedruckt in: Riegger (1971), S. 99–100.
61 Strubelt (2009), S. 11.

Kriegsanstrengung leisten zu müssen. Für die Anstellung im IfW hatte er sich in Kenntnis der Tatsache entschieden, dass man dort in staatlichem Auftrag Kriegsforschung betrieb und er darin eingebunden werden würde.[62] Lösch war offenbar die meiste Zeit unzufrieden mit seinen Tätigkeiten im IfW. Er klagte, es werde ihm nicht genug Zeit für theoretische Arbeiten gelassen, durch die anonyme Herausgabe von Auftragsarbeiten könne er seine Reputation nicht erhöhen und die staatliche Wissenschaftspolitik sei zu wenig leistungsorientiert. Wirtschaftsforschungsinstitute würden in Wirklichkeit „lediglich der wirklichen Forschung die Mittel entziehen".[63] In einer an das REM adressierten Denkschrift aus dem Juli 1942, bei der allerdings unklar ist, ob sie dort ankam, schilderte er das Dilemma, vor das er sich dadurch gestellt sah: „Gerade ein wissenschaftlicher Kopf, der seinem Volk etwas nützen, und nicht nur für den Augenblick bestechen will, wird sich deshalb die Frage vorlegen, ob er nicht ein schöpferisches Hungerleben einer einträglichen Unproduktivität vorziehen soll."[64] Lösch entschied sich für einen Verbleib im Institut und damit aus seiner Sicht für die Erfüllung des vor seit langer Zeit selbst auferlegten Gebots, in Krisenzeiten „Opfer zu bringen für die Zukunft der Nation."[65] Zur Institutsleitung hatte er entsprechend eine spannungsgeladene Beziehung.[66] Laut seiner Frau Marga war dieses schlechte Verhältnis zu Predöhl, zu F. Hoffmann und zum Direktorialassistenten F. Meyer später der Grund dafür, dass sie nach dem Krieg lange um eine Witwenrente habe betteln müssen.[67] Sogar in seinem Vorwort zur 1944 erschienenen zweiten Auflage seiner „Räumlichen Ordnung" kritisierte Lösch indirekt das IfW und gab darin sogar eine Bewerbungsannonce auf.[68] Er betonte jedoch, das Institut – wo er vor dem lebensgefährlichen Militärdienst geschützt war – erst nach Kriegsende verlassen zu wollen.

Trotz dieser Spannungen erledigte Lösch seine Arbeit mit großem Eifer und zur Zufriedenheit seines Vorgesetzten. Für das Jahr 1941 erhielt er beispielsweise eine Zahlung für geleistete Überstunden in Höhe von etwa anderthalb Monatsgehältern.[69]

---

62 Predöhl schrieb ihm in seiner Zusage, „es würde sich wahrscheinlich Ihre Tätigkeit etwas anders gestalten müssen, als wir das ursprünglich gedacht hatten, weil wir ja an ganz aktuelle Aufgaben gebunden sind." Predöhl an Lösch, 02.12.1939, in: StAH, NL Lösch, Box XIV.

63 Lösch an Schumpeter, 01.05.1945, in: StAH, NL Lösch, Box XXI.

64 Riegger (1971), S. 107 – 108. In den eingesehenen Ministeriumsakten ist dieser Brief nicht überliefert, fand ab zumindest in der Fakultät Verbreitung und ist u. a. im Nachlass Schillers überliefert, in: BAK, N 1229/24 III.1.

65 Lösch (1932, Bd. 1), S.72.

66 Als Predöhl eine Woche nach Löschs Tod am 5. Juni 1945 einen Betriebsappell in Ratzeburg machte, versäumte er es dem verstorbenen Kollegen zu gedenken und schrieb auch der Witwe kein Kondolenzschreiben. Vgl. F. Hoffmann an W.G. Hoffmann, 11.06.1945 und W.G. Hoffmann an Predöhl, beide in: LASH, Acc. 172/17 (NL Walther G. Hoffmann).

67 Siehe Briefe Marga Löschs an Schiller, 1946, in: BA, N 1229/2.

68 Als Adresse nannte er bezeichnenderweise nicht seine Kieler Anschrift, sondern Heidenheim. Lösch (1944), S. VI.

69 Vgl. Predöhl an REM, 20.11.1943, in: BA, R 4901/14814, Bl. 315. Lösch war der Ansicht, im IfW über die gesamte Kriegszeit hinweg der fleißigste Wissenschaftler gewesen zu sein. Vgl. Tagebucheintrag Lösch, Januar 1945, abgedruckt in: Riegger (1971), S. 115.

Predöhl schlug ihn im Juli 1944 ebenso wie andere Forschungs- und Abteilungsleiter für ein Kriegsverdienstkreuz vor: „August Lösch hat die schwierigsten und umfangreichsten Forschungen [...] für kriegswirtschaftliche Zwecke durchgeführt."[70] Später legte er nach: „Lösch steht, was die Qualität der wehrwirtschaftlichen Gutachten betrifft, an der Spitze der wissenschaftlichen Mitarbeiter des Instituts."[71] Weil Predöhl insistierte, konnten Widerstände der NSDAP überwunden werden und Lösch erhielt die Auszeichnung schließlich am 13. Februar 1945. Dies beschäftigte ihn emotional, denn er wusste, wer sich auszeichnen lässt, der lässt sich kaufen. Bereits die Verleihung der Ehrensenatorwürde der Uni Kiel für Max Planck durch den Rektor Predöhl ein Jahr zuvor hatte in ihm eine starke Reaktion ausgelöst und er war verbittert darüber gewesen, dass sein schwäbischer Landsmann als „Schaustück" nach Kiel geholt worden sei.[72] Gleichwohl nahm Lösch das Kriegsverdienstkreuz aus der Hand Predöhls entgegen und rechtfertigte dies vor sich selbst, er sei überrumpelt worden und habe es umgehend im Müll entsorgt.[73] Aus der wütenden Anmerkung, er habe es „[a]ls Letzter von allen"[74] erhalten, lässt sich aber ein Bedürfnis nach Anerkennung schließen, das Lösch auch gegenüber dem nationalsozialistischen Regime hegte und das selbst in dieser letzten Kriegsphase. Seiner Ansicht nach galt es, eine unausgesprochene Vereinbarung einzuhalten. Er würde seine ganze Kraft als Experte der Nation zur Verfügung stellen und sogar mehr arbeiten als jeder andere im Institut. Dafür verlangte er aber in politischer Hinsicht in Ruhe gelassen und mit Respekt behandelt zu werden.

Nach dem Umzug nach Ratzeburg wohnte Lösch zunächst in einer dortigen Oberschule. Im Herbst 1944 wurden seiner Forschungsgruppe Arbeitszimmer im Katasteramt zugewiesen, wo er auch übernachtete. Dorthin wurde nach Kriegsende offenbar die Infektionsabteilung des Krankenhauses verlegt, woraufhin Lösch sich mit Scharlach ansteckte.[75] Nach kurzer Krankheit starb er in der Nacht zum 30. Mai 1945.[76] Ein Mangel an medizinischer Versorgung und Nahrungsmitteln sowie eine aus der Euphorie über die neugewonnene Forschungsfreiheit resultierende Überarbeitung haben möglicherweise zu seiner Anfälligkeit für die Krankheit beigetragen. Als letzte Veröffentlichung erschien auf Initiative seiner Witwe im *Weltwirtschaftlichen Archiv* im

70 Predöhl: Vorschläge für die Verleihung des Kriegsverdienstkreuzes, 14.07.1944, in: LASH, Abt 47, Nr. 2133.

71 Predöhl an Erich Burck (Dekan der Philosophischen Fakultät), 15.01.1945, in: Ebd.

72 Beide Zitate in: Tagebucheintrag Lösch, 23.01.1944, zitiert nach Riegger (1971), S. 112. Predöhl gefiel vermutlich besonders, dass Planck auch nach 1933 betont hatte, die Wissenschaft solle immer die Anwendbarkeit ihrer Forschungen im Auge behalten. Vgl. Hachtmann (2010), S. 194.

73 Tagebucheintrag Lösch, 13.02.1945, zitiert nach Riegger (1971), S. 117. Wie bei allen Tagebucheinträgen Löschs, ist auch hier der Inhalt und die Datierung mangels Zugang zum Original nicht überprüfbar.

74 Ebd.

75 Vgl. Zottmann: Erinnerungen an August Lösch, in: Riegger (1971), S. 27.

76 „Blätter aus dem Tagebuch von Lieselotte Indre Korscheya", in: StAH, NL Lösch, Box XIII.

Jahr 1949 posthum der Aufsatz „Theorie der Währung".[77] Wie auch bei seiner Beschäftigung mit der „Geographie der Preise" und dem „Wesen und Nutzen wirtschaftlicher Großräume", handelte es sich um eine jener theoretischen Arbeiten, denen Lösch in Kiel nicht ausreichend Zeit hatte widmen dürfen.[78]

13.3 Theoretiker: „nicht beschreiben, was ist, sondern zeigen, was sein soll"

Parallel und im Anschluss zu seinen Arbeiten zur Bevölkerungsentwicklung beschäftigte Lösch sich mit einer Reihe weiterer Themen.[79] Von weitaus größter Bedeutung waren dabei seine theoretischen Überlegungen zur räumlichen Dimension der Wirtschaft. Aus Sicht des Kieler Regionalökonomen Johannes Bröcker ist Lösch „der deutsche Raumwirtschaftstheoretiker mit dem nachhaltigsten Einfluss in der internationalen Literatur, weit über die ökonomische Disziplin hinaus."[80] Das von Lösch nach eigenen Angaben seit seiner Studienzeit verfolgte Ziel war es, einen *spatial turn* der Wirtschaftswissenschaften herbeizuführen. Sein Anspruch war revolutionär. Es gelte, „die ganze ökonomische Theorie unterm räumlichen Aspekt neu zu schreiben."[81] Diesem Vorhaben dienten bereits seine ab 1934 unternommenen Forschungsreisen im Rahmen der Stipendien der Rockefeller Foundation und es übten die US-amerikanische Wirtschaft als Anschauungsmaterial sowie die dortigen amerikanischen und die emigrierten deutschen Ökonomen einen nicht zu unterschätzenden Einfluss auf ihn aus.

Lösch stand – anders als Predöhl – nicht in der Tradition der deutschen Standorttheoretiker, sondern ging völlig neue Wege.[82] Ihm ging es um mehr als nur um eine Analyse der Wirkungen exogener Faktoren, wie beispielsweise Rohstoffvorkommen, auf die Wirtschaft.[83] In seinem 1940 erschienenen und 1944 erneut aufgelegten Hauptwerk „Die räumliche Ordnung der Wirtschaft" untersuchte er zum ersten Mal, wie sich eine *inhomogene* Wirtschaftsstruktur bilden könne, wenn man von einem in

77 Lösch (1949). Siehe hierzu: Marga Lösch an Schiller, 02.03.1946, in: BAK, N 1229/2.

78 Veröffentlichungen August Löschs, in: Riegger (1971), S. 133 – 135.

79 Zu Löschs Beiträgen zu Währungsfragen, jüngst: Bieri (2019).

80 Bröcker (2014), S. 223. Entsprechend auch bereits Bartels (1979), S. 267, 270 – 271.

81 Lösch (1940), S. III. Das Handwörterbuch der Raumordnung bescheinigt ihm Erfolg: „Erst die seit den 1940er Jahren entwickelte *Raumwirtschaftstheorie* (A. LÖSCH, W. ISARD, E. V. BÖVENTER) erweiterte die neoklassischen Gleichgewichtsmodelle durch die Einbeziehung der räumlichen Dimension, primär durch die explizite Berücksichtigung von Distanzen, die nach ihrer Transformation in Transportkosten als monetäre Größen in die Gleichgewichtsmodelle einbezogen werden können." Hans H. Blotevogel: Raum, in: ARL (Hg.) (2005), S. 836.

82 Vgl. Bröcker (2014), S. 225.

83 Es sollte also nicht bloß die Wirkung von Raumstrukturmerkmalen erster Natur (z. B. Topografie) auf die Merkmale zweiter Natur (z. B. Bevölkerungsverteilung) untersuchen werden. Vgl. Bröcker und Hayo Hermann: Grundzüge der Raumstruktur, in: Bröcker und Fritsch (2012), S. 38.

Bezug auf Rohstoffverteilung usw. *homogenen* Raum ausgehe. Zentral war dabei die Annahme, dass es auf das Zusammenspiel von zentrifugalen (agglomerierenden) Kräften, also beispielsweise economies of scale oder knowledge spillovers, und zentripetalen Kräften, insbesondere Raumüberwindungskosten, ankäme.[84] Löschs Theorie nach würden sich im Optimalfall Verbrauchs- bzw. Erzeugungszentren mit sechseckigen Marktgebieten formieren, die in ihrer Pluralität ein Netz bildeten.[85] In einer höheren Abstraktionsebene würden sich weitere sechseckige Netze aus solchen Subnetzen (Gütergruppen-Netzen) bilden, die den gesamten Globus umspannten (siehe Abbildung 13).

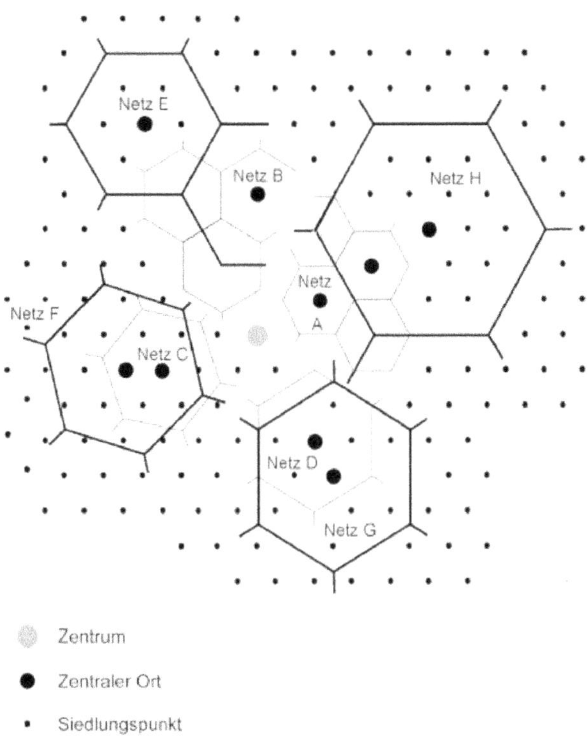

Abbildung 13: Marktnetze verschiedener Maschengrößen in der „idealen Landschaft"
Quelle: Christiane Krieger-Boden: Raumwirtschaftstheorie, in: ARL (2005), S. 901. Lösch (1940), S. 82.

84 Vgl. Bröcker: Endogene Erklärung der Wirtschaftslandschaft I: Zentrale-Orte-Theorie, in: Bröcker und Fritsch (2012), S. 103.

85 Lösch (1940), S. 90. Das Sechseck sei die die optimale Form, weil nur minimale Raumüberwindungskosten entstünden. Eine Analogie bestünde in der hexagonalen Struktur der Bienenwaben, die den Wachsverbrauch minimierten. Ebd. S. 71.

Wie bereits bei seiner Beschäftigung mit der Bevölkerungstheorie in den 1930er Jahren wollte Lösch die Wirkung seiner Arbeiten zur Raumwirtschaftstheorie nicht auf akademische Elfenbeintürme beschränken. Nach Erkenntnis zu streben war für ihn nur der erste Schritt auf dem Weg zur wirtschaftspolitischen Gestaltung, das galt auch für die gesamte Kriegszeit.[86] Entsprechend zeigte er sich sehr befriedigt über das gesteigerte „praktische Interesse"[87] an solchen raumwirtschaftlichen Forschungen, verglichen mit der Zeit der Weimarer Republik. Die mit den massiv gesteigerten Staatseingriffen geschaffenen neuen Umsetzungsmöglichkeiten begeisterten Lösch und weckten in ihm einen technokratischen Ehrgeiz. Der Staat solle eine umfassende Ordnungspolitik betreiben und darüber hinaus in gewissem Rahmen auch Wirtschaftsprozesse direkt lenken. Gleichwohl blieb er der staatlichen Kompetenz zum Mikromanagement gegenüber skeptisch und bewahrte sich mit seiner Wertschätzung der Privatinitiative ein bedeutendes Maß wirtschaftsliberalen Gedankenguts.[88] Sofern der Staat die Ordnung vorgäbe, könnten die Individuen zum Wohle des Ganzen durchaus ihren Gewinninteressen nachgehen.[89] Wenn Lösch auch eine wissenschaftlich fundierte umfassende Raumordnungspolitik forderte, so teilte er gleichwohl nicht den von einigen Nationalsozialisten behaupteten Allmachtanspruch des Staates auf die persönliche Lebensgestaltung.

Löschs „räumliche Ordnung" war außerordentlich erfolgreich. Mit der Sammlung aller positiven Beurteilungen konnte er ein über 50 Seiten dickes Buch füllen.[90] Lob wurde sowohl von einer großen Zahl von Wirtschaftswissenschaftlern geäußert, darunter Predöhl, F. Meyer, Erich Schneider, Carl Brinkmann, Walter Christaller, Eucken und Spiethoff,[91] wie auch von „Praktikern", so beispielsweise von dem im Institut für Deutsche Ostarbeit im Generalgouvernement tätigen Meinhold und dem Leiter der RfR, Hermann Muhs. Negative Urteile gab es wenige an der Zahl, darunter aber einen Angriff von Hans Ritschl. Dieser kritisierte vor allem Löschs „rationalistischen" Ansatz und seine formalisierende mathematische Betrachtungsweise sowie eine ungenügende Kritik am Marktmechanismus und damit eine mangelnde Forderung nach Beschränkung der Privatinitiative.[92] Lösch verteidigte sich sorgfältig und

---

86 Lösch (1940), S. 335 und (²1944), S. 364.

87 Lösch (1940), S. III.

88 „Daß die ungeheuren Kräfte der Freiwilligkeit, wenn sie nur richtig geleitet werden, einen Bundesgenossen der staatlichen Wirtschaftsführung bilden, erspart dieser die übermenschliche Aufgabe, alles bis ins Kleinste planen zu müssen." Ebd., S. 335.

89 Vgl. auch Lösch (1941), S. 3*.

90 „August Lösch: Die räumliche Ordnung der Wirtschaft. Urteile über die erste Auflage (Jena 1940), 1943", in: StAH, NL Lösch, Box XV.

91 „Ein unverkennbar geniales Buch [...]." Brinkmann: Rezension zu Lösch: Die räumliche Ordnung der Wirtschaft, in: FinanzArchiv 8 (1), 1941, S. 210 – 212

92 Vgl. Hans Ritschl: Aufgabe und Methode der Standortslehre, in: WA 53, 1941, S. 115*-125*, Zitat S. 116*.

zugleich leidenschaftlich.[93] Sein entideologisierender mathematischer Ansatz sei „keine Frage der Weltanschauung, sondern der Gründlichkeit."[94] Damit behauptete er seinen Anspruch auf die Rolle eines unpolitischen Experten. Aus seiner nicht durchgängigen, sondern nur fallweisen Betonung der Notwendigkeit staatlicher Lenkung ließe sich keine Festlegung zwischen den Extremen Freiheit und Planung ableiten, sondern ein der Thematik angemessener Pragmatismus. In den USA wurde Löschs Werk ebenfalls in gewissem Maße rezipiert, auch wenn eine Übersetzung zunächst nicht durchgeführt werden konnte.[95] Die von Lösch dort geknüpften Kontakte halfen der Verbreitung enorm und seine Freunde Edgar M. Hoover und Stolper publizierten 1954 schließlich eine englische Ausgabe.[96] Die Verbreitung entlang dieser persönlichen Kanäle trug jedoch auch dazu bei, dass im Ausland der politische Kontext nicht mitberücksichtigt wurde. „Die [seinerzeitigen] Besprechungen werten die vorgestellten Ansätze ohne Kenntnis der Reform-, Siedlungs-, und Kolonisationsdiskurse in Deutschland als rein theoretische Beiträge zu raumwirtschaftlichen Grundfragen der Stadtgenese."[97]

Von allen in Deutschland tätigen Ökonomen und Geographen stand Christaller Lösch wissenschaftlich am nächsten.[98] Beide hatten mit der seit Thünen bestehenden und von Alfred Weber vertieften Konzentration auf die Produktionsseite gebrochen und absatzorientiert ihre geometrische Systemen von Marktnetzen entwickelt.[99] Es verband sie der innovative Gedanke, Städte als Bestandteile hierarchischer Systeme zu betrachten und die Forderung, sie entsprechend als Zentren verschiedener Ordnung in wirtschaftspolitischen Planungen zu behandeln. Über den Durchbruch der von ihnen beiden geforderten primär räumlichen Sicht auf die Wirtschaft, gerade ab 1939 bei den in den eroberten Ostgebieten tätigen Planern, war auch Christaller

93 Siehe hierzu den Ritschl betreffenden Schriftverkehr zwischen Lösch und Eucken, in: StAH, NL Lösch, Box XIV.

94 Lösch (1941), S. 5*.

95 Edgar M. Hoover schrieb beispielsweise: „The author has drawn much enlightenment and inspiration from the work of the late August Lösch, which will soon become available in English translation." Hoover (1948), preface. Eine Zusammenfassung seiner Argumente hatte Lösch bereits vor dem Krieg in *The Southern Economic Journal* veröffentlicht, vgl. Lösch (1938).

96 Lösch (1954). Stolper war der Meinung, die englische Ausgabe sei besser als das Original. Stolper (1997), S. 112–113. Erneut gab es überschwängliches Lob. Martin Beckmann: The Economics of Location, in: Kyklos 8 (4), 1955, S. 416–421.

97 Kegler (2015), S. 382. Christallers Hauptwerk wurde erst 1966 übersetzt, vermutlich weil er nicht über so gute Kontakte wie Lösch verfügte und möglicherweise ferner, weil er nicht dessen amerikanische Beispiele verwandte.

98 Abgesehen von seinen Lehrern Spiethoff und Eucken erwähnte Lösch mit Christaller nur einen einzigen in Deutschland tätigen Ökonomen. Lösch (1940), S. III-V. Lösch zitierte auch niemanden häufiger als Christaller. Vgl. Todt (2014), S. 197. Von der reichen Literatur zu Christaller und seinem Modell der „Zentralen Orte" ist insbesondere die Monografie von Kegler (2015) zu empfehlen.

99 Vgl. Christiane Krieger-Boden: Raumwirtschaftstheorie, in: ARL (Hg.) (2005), S. 900–901.

hocherfreut.[100] Es unterschied sie unter anderem, dass Löschs Wettbewerbsgedanke bei Christaller fehlte und dieser die „Zentralen Orte" der verschiedenen Hierarchiegrade nicht einer Standortkonkurrenz aussetzen, sondern vollständig staatlicher Planung unterwerfen wollte.[101] Während Lösch bemüht wirtschaftswissenschaftlich ausgerichtet war, führte Christaller in seinem Ordnungsmodell neben dem „Versorgungs- und Marktprinzip" auch ein „politisch-soziales Prinzip" auf.[102] Er wollte die bestmögliche wirtschaftliche Ordnung mit der optimalen Verwaltungsordnung in Einklang bringen und damit eine ganzheitliche Regionalplanung ermöglichen. Praktisch äußerte sich dieser Unterschied beispielsweise in der Berechnung der Siedlungsgrößen. Lösch wollte hier ausschließlich die wirtschaftlichen Bedarfszahlen miteinbeziehen. Christaller hingegen legte sich bei seinen „Gruppendörfern" auf die Zahl von 2.500 Einwohnern fest, was der Basis einer NSDAP-Ortsgruppe entsprach.[103] So sollte eine vollständige Gleichschaltung von Partei und Gemeinde erreicht werden.

Die Raumforschung Löschs und Christallers ist als „wirtschaftsgeographisch-technokratische" Richtung bezeichnet und von einer zweiten, „völkisch-organischen" Richtung abgegrenzt worden.[104] Zu deren prominentesten Vertretern werden Hans Weigmann, Wirtschaftsprofessor an der Universität Berlin, Friedrich Bülow, Leiter der Hauptabteilung Wissenschaft in der RAG und Mitglied der Herausgebergruppe der Zeitschrift *Raumforschung und Raumordnung*,[105] sowie Walter Geisler, Geograph an der Reichsuniversität Posen, Leiter des RAG-Arbeitskreises „Zentrale Orte" und Mitarbeiter im RKF-Planungsstab von Konrad Meyer, gezählt. Die beiden Richtungen trennte aber kein Grundsatzstreit, sondern es handelte sich eher um Spannungen, die aus der Unterschiedlichkeit eines Entwicklungsperspektiven modellierendem Ansatzes einerseits und „einer traditionell als Landeskunde arbeitenden, beschreibenden Geographie" andererseits bestanden.[106] Sie pflegten einen engen und konstruktiven Austausch. Lösch und Weigmann diskutierten beispielsweise im Herbst 1941 Vor- und Nachteile wirtschaftlicher Großräume.[107] Dass die Lösch-Christaller-Richtung wissenschaftlich innovativer war und mit weniger ideologisch gefärbter Terminologie auskam, bedeutet keineswegs, dass sie einen schwächeren Gestaltungsanspruch gehabt hätte. So klagte beispielsweise Christaller gegenüber Lösch im Februar 1942, Bülow verstünde nicht,

> daß Mathematik und Geometrie Handwerkszeug oder Ausdrucksmittel sind, und daß die Politik gerade solchen exakten Darstellungen bedarf, wenn die ihre Ziele verfolgen will. [...] Was würde

100 Walter Christaller: Raumtheorie und Raumordnung, in: Archiv für Wirtschaftsplanung 1 (1), 1941, S. 118.

101 Vgl. Todt (2014).

102 Ferner existierte für Christaller noch das „Verkehrsprinzip". Kegler (2015), S. 54–58, S. 380.

103 Vgl. Jureit (2012), S. 306–307.

104 Vgl. insbesondere Gutberger (1996), S. 203.

105 Betreffend Bülow, siehe Rieter (2010), S. 92–106 und (2014), S. 298–310.

106 Vgl. Kegler (2015), S. 212–226, Zitat S. 223. Vgl. auch Fehn (2008).

107 Vgl. Briefverkehr zwischen Weigmann und Lösch 1941–1942, in: StAH, NL Lösch, Box XIV.

> ein Generalstäbler des Heeres sagen, wenn ihm nur schöne Worte geboten würden von Mut und Tapferkeit – er will berechenbare Wirklichkeiten haben als Grundlage, wenn er einen Feldzugsplan entwirft. [...]: Und so ist es heute in der Raumplanung: sie ist kein Generalstab, sondern bestenfalls ein Motor.[108]

Diese im Zitat zum Ausdruck kommende *Bellifizierung* der Raumforschung und die Analogie der Raumplanung mit der militärischen Planung eines Generalstabs war im Zweiten Weltkrieg weit verbreitet.[109] Auch Muhs hatte bereits vor dem Krieg Planungsbehörden wie die ab 1941 von ihm geleitete RfR als „großen Generalstab der öffentlichen Verwaltung“[110] bezeichnet. Für die zur Mitarbeit aufgerufenen Wissenschaftler war dies ein Versprechen auf eine weitreichende Umsetzung der von ihnen entworfenen Pläne und auf Anwendung der von ihnen entwickelten Techniken. Endlich schienen jene radikal-rationalen Utopien in Reichweite, denen bereits seit den 1920er Jahren Menschen des gesamten politischen Spektrums gehuldigt hatten.[111] Die Erreichung einer sozialen Harmonie war vor dem Hintergrund der enormen Spannungen dieser Zeit so attraktiv gewesen, dass selbst konservative Menschen wie Lösch für solche Zukunftsplanungen anfällig wurden.[112]

Offenbar hatte Lösch bereits bei seinem Wechsel an das IfW vorgehabt, von dort aus mit der RAG zu kooperieren.[113] Eine erste Auftragserteilung an seine Forschungsgruppe erfolgte jedoch erst Ende 1941 und hatte den schließlich Mitte September 1942 an Bülow gesandten Bericht „Probleme der Wirtschaftsplanung in Ostafrika“ zum Ergebnis (siehe Kapitel 11.7).[114] Ein engerer Kontakt mit der RfR scheint sich erst ergeben zu haben, als Lösch sich im Frühjahr 1942 mit der Bitte um eine Neuauflage seines Buchs „Die räumliche Ordnung“ an sie wandte. Er reiste mehrmals nach Berlin zu Besprechungen mit verschiedenen Referenten (u. a. Erwin Muermann,[115] Gerhard Isenberg) sowie schließlich Ende November 1942 auch mit Leiter der RfR, Hermann Muhs. Sie alle beschäftigten sich intensiv mit Löschs Buch und sie alle

---

108 Christaller an Lösch, 24.02.1942, in: StAH, NL Lösch, Box XIII. Bülow warf Christaller, und mittelbar auch Lösch, u. a. vor, mit einer „mathematisch-naturwissenschaftlichen Grundhaltung“ die Idee einer „natürlichen Ordnung“ des Raumes mit eigenen Gesetzen zu vertreten. Siehe: Bülow: Zur Problematik des Raumbegriffs, in: Archiv für Wirtschaftsplanung 1 (1), 1941, S. 148 bzw. 149.

109 Vgl. Kegler (2015), S. 225. Zum Begriff Bellifizierung: Reichherzer (2012).

110 Hermann Muhs: Die Raumordnung in der nationalsozialistischen Staatspolitik, in: Raumforschung und Raumordnung 1 (13), Okt. 1937, S. 522.

111 Vgl. Heinemann und Wagner: Einleitung, in: Heinemann und Wagner (Hg.) (2006), S. 15.

112 Hierzu schreibt van Laak: „Arthur Moeller van den Bruck brachte das geistige Zentrum der ‚Konservativen Revolution‘ der 1920er Jahre auf eine prägnante Formel, als er meinte, es gelte Zustände zu schaffen, deren Erhaltung sich lohne.“ van Laak (2003), S. 76.

113 Predöhl an Lösch, 02.12.1939, in: StAH, NL Lösch, Box XIV.

114 Vgl. Lösch an Bülow, 12.09.1942, in: StAH, NL Lösch, Box I. Bearbeiter war Lenschow.

115 Muermann bekleidete zeitweise eine hohe Funktion im Amt für Raumordnung des Distrikts Krakau im Generalgouvernement. Vgl. Esch (1998), S. 41.

reagierten sehr positiv.[116] Nicht nur wurde Lösch eine zweite Auflage bewilligt, die dann 1944 erschien, sondern er wurde auch damit beauftragt, bestimmte in seinem Buch angerissene Fragen weiterzubearbeiten.

Das plötzlich wachsende Interesse der Raumplaner an Löschs Hauptwerk stand in enger Verbindung zu den deutschen Eroberungen in Ostmittel- und Osteuropa. Löschs geometrische Modelle waren so streng organisiert und hätten einen so starken Umbau der Wirtschaft verlangt, dass eine weitgehende Umsetzung gegen die Widerstände im Altreich nur schwer durchführbar gewesen wäre. Er selbst hatte sich bei der Konzeption ja auch nicht an den „komplizierteren deutschen", sondern „an den durchsichtigeren amerikanischen Verhältnissen" orientiert.[117] Der Grund aber, warum die USA einen „durchsichtigeren" Wirtschaftsaufbau besaßen, deren Wirklichkeit annäherungsweise Beispiele für die von Lösch vorgestellten Theorien lieferte, war, dass die ab dem 16. Jahrhundert neu auf den Kontinent strömenden Siedler einen völligen Neuaufbau hatten angehen können. In Verbindung mit dem Genozid an der bisherigen Bevölkerung waren rücksichtslos die historisch gewachsenen wirtschaftlichen und sozialen Strukturen zerschlagen worden.[118] Die nationalsozialistischen Raumplaner vom Schlage Muhs und die konkret an der Umsetzung beteiligten Sachbearbeiter wie Meinhold gingen davon aus, in den eroberten Gebieten östlich des Altreichs ebenfalls einen Zustand „nahe der tabula rasa"[119] vorzufinden. Deshalb entwickelte Muhs ein so großes Interesse an Löschs theoretischer Arbeit und ermöglichte ihre Verbreitung:

> Die Ausführungen von Dr. Lösch werden gerade für die Zukunft wertvoll werden; denn bei den Planungen in unerschlossenen großen Räumen wird man stärker von rationalen, unter Umständen mathematisch unterbauten Grundsätzen ausgehen müssen als im engräumigen Altreich, wo die Planungen zumeist durch die geschichtlich gewordene Siedlungsstruktur vorgezeichnet sind. Das Werk bildet für die Reichsstelle für Raumordnung und für die mir nachgeordneten Dienststellen eine wichtige Grundlage.[120]

Die eroberten Räume im Generalgouvernement, im Warthegau etc. waren tatsächlich groß, jedoch nach jahrtausendlanger Besiedlung keineswegs „unerschlossen". Um den gewünschten Zustand der *tabula rasa* herzustellen, mussten erst Millionen Menschen vertrieben oder umgebracht werden. Dieses Vorhaben wurde vom NS-Re-

---

116 Vgl. Briefwechsel Lösch-Isenberg, 1942, in: StAH, NL Lösch, Box XIV. Vgl. auch Lösch: Tagebucheinträge Dezember 1942 und Januar 1943, in: Riegger (1971), S. 109 – 110.

117 Beide Zitate in: Lösch (1940), S. V.

118 In einer Nachkriegsvorlesung von Mackenroth hieß es zu diesem Thema: „die weiße Ausdehnung hat bestimmte innere Notwendigkeiten, vor denen die moralisierenden Amerikaner und Engländer nicht im geringsten zurückgewichen sind." Vorlesung Wirtschafts- und Sozialgeschichte (SoSe 1947, 49, 51, 54), in: AUB, Sammlung Schmid (NL Mackenroth), A.I.3.1.1.5.

119 Helmut Meinhold: Lösch: Die räumliche Ordnung der Wirtschaft, in: Die Burg 3 (3), Juli 1942, S. 360. Hervorhebung GT.

120 Abschrift von Muhs an Wirtschaftsstelle des Deutschen Buchhandels, 03.07.1942, in: StAH, NL Lösch, Box XXI.

gime rasch begonnen und „der eroberte Raum gleichsam vor den Augen der Nutznießer brutal entleert."[121] Die dadurch ermöglichte Raumplanung verfolgte im Wesentlichen zwei Zwecke, ein hohes Maß an sozialer Kontrolle zu etablieren und mittels der gebauten Umwelt die nationalsozialistische Weltanschauung zu artikulieren und zu realisieren.[122]

Lösch war wegen des Interesses der Raumplaner an seinen Theorien und seiner Mitarbeit überglücklich. Nach seinem Treffen mit Muhs notierte er im Dezember 1942 in sein Tagebuch:

> In jeder Hinsicht eine Genugtuung. Er habe mein Buch gelesen [...]. Er möchte, daß ich's nun für die Praxis ausweite [...]! Es komme ihm darauf an, daß die spezifisch wirtschaftlichen (nicht etwa die außerwirtschaftlichen!) Gesichtspunkte herausgearbeitet werden. Ich solle nicht beschreiben, was *ist*, sondern zeigen, was sein *soll*.[123]

Löschs ehrgeiziger Anspruch lag nicht in der Erfassung der Gegenwart oder in einer bloß deskriptiven Analyse der Wirtschaft. Nachdem er in seinem Hauptwerk herausgefunden hatte, wie die maximale Rationalität beschaffen war, wollte er nun den Planern Anweisungen geben, was sie bei ihrem Vorhaben der radikalen Neuordnung zu beachten hätten. Dabei war er wie stets peinlich darauf bedacht, nicht in die Niederungen der Politik herabzusteigen und weltanschauliche Überlegungen einbeziehen zu müssen. Er wurde allerdings auch nicht zu einer Herausarbeitung von solchen „außenwirtschaftlichen Gesichtspunkten" gedrängt. Die Verantwortlichen waren zufrieden mit seiner Beschränkung auf seine Kernkompetenz. Was Lösch leisten sollte, war, erstens, eine Überarbeitung seines Hauptwerks für eine zweite Auflage, die als Leitfaden „für die Reichsstelle für Raumordnung und für die mir [Muhs] nachgeordneten Dienststellen eine wichtige Grundlage"[124] bieten sollte. Zu dem gleichen Zweck sollte er, zweitens, ab Sommer 1943 drei Gutachten verfassen über „Die Gesetzmäßigkeiten bei der Standortwahl gewerblicher Betriebe", „Die Bedeutung der Kosten der Entfernung bei Absatz und Bezug in der Kalkulation der gewerblichen Betriebe" und die Kosten der „Zusammenballung der Menschen und Betriebe".[125] Hierzu erhielt Lösch auch eine erste Abschlagszahlung von 1.000 RM, konnte jedoch aufgrund der ihm von der IfW-Leitung übertragenen Forschungsaufträge für andere Stellen bis zu seinem Tod keines dieser Gutachten mehr fertigstellen. Ferner hatte Lösch bereits ab Anfang des Jahres 1941 für den in der Vierjahresplan-

121 Jureit (2012), S. 353.
122 Vgl. Gutberger (1996), S. 44–45.
123 Tagebucheintrag von Lösch, Dezember 1942, zitiert nach Riegger (1971), S. 109. Hervorhebung im Original. Er war so enthusiastisch, dass seine Mutter ihn ermahnte, sich den Erfolg „nicht in den Kopf steigen" zu lassen. 28.12.1942, in: StAH, NL Lösch, Box XIV.
124 Abschrift von Muhs an Wirtschaftsstelle des Deutschen Buchhandels, 03.07.1942, in: StAH, NL Lösch, Box XXI.
125 Lösch an Muhs, 26.01.1943, in: StAH, NL Lösch, Box XIV. Als Bearbeiter des dritten Gutachtens war Mülhaupt vorgesehen.

behörde angesiedelten Reichskommissar für die Preisbildung verschiedene Gutachten über die wirtschaftliche Anbindung der eroberten Ostgebiete verfasst.[126] Eine aus eigenem Antrieb erstellte „Beurteilung des west-östlichen Preisgefälles" aus dem Juni 1942 sandte er in Kopie auch der RfR zu.[127]

Lösch zeigte sich also an einer konkreten „Anwendung meiner Raumtheorie auf Wirtschaftspraxis und Landesplanung"[128] sehr interessiert. Er wollte sich aber gemäß seinem Wissenschaftsverständnis auf die Lieferung theoretischer Grundlagen und empirischer Analysen beschränken und sich nicht in die konkreten Planungen einbringen. Im Rahmen der typischen modernen Arbeitsteilung standen genügend andere Experten bereit, um dies zu übernehmen. Einer der bekanntesten Planer war Christaller, ein Berater von Konrad Meyers Institut für Agrarwesen und Agrarpolitik, der als inoffizieller Vertreter der Meyer geleiteten Hauptabteilung Planung und Boden im RKF fungierte und auch der geistige Taktgeber im RAG-Arbeitskreis „Zentrale Orte" war.[129] Christallers im geistigen Austausch insbesondere mit Lösch entwickelten Konzepte waren grundlegend für die „Ostraumplanung" und auch im Generalplan Ost stößt man auf die „Zentralen Orte". Er funktionierte „hervorragend als Experte zur Neuordnung der von den Nationalsozialisten okkupierten Ostgebiete."[130]

Die mit Beteiligung von Christaller entworfenen Pläne zur ökonomischen Ausbeutung des ab Sommer 1941 eroberten Gebietes wurden „noch vor der ‚Endlösung der Judenfrage' formuliert, und sahen vor, weit mehr Menschen umzubringen."[131] Aus Löschs Nachlass ist ersichtlich, dass er mit Christaller in brieflichem Kontakt stand und dass dieser, ebenso wie K. Meyer,[132] aufmerksam Löschs Veröffentlichungen studierte. Lösch wiederum scheint ebenfalls gut über die unter maßgeblicher Mitwirkung Christallers durchgeführten konkreten Raumplanungen informiert gewesen zu sein. In die zweiten Auflage der „Räumlichen Ordnung" nahm er beispielsweise ein ausdrückliches Lob einer Raumordnungsskizze von 1941 für das Gebiet um die Stadt Kutno im in der Wojewodschaft Lódz im Warthegau auf, die „nicht nur in der Sache, sondern auch der Darstellung nach so vollkommen in unser [Löschs] System passt".[133] Hier griff er zielsicher ein drastisches Beispiel heraus, denn diese Wojewodschaft sollte besonders stark umgebaut und der Bevölkerungsaustausch in außergewöhnlich

126 Briefverkehr von Lösch, Predöhl und Casper mit Peter Graf Yorck von Wartenburg und Franz Rompe (beide Reichskommissariat für die Preisbildung), in: StAH, NL Lösch, Box XXII.

127 Offenbar hatte Lösch versucht, im Vorfeld einer Sitzung des Preiskommissariats durch ein „kurzes grundsätzliches Gutachten" Einfluss auszuüben. Lösch an Rompe, 01.07.1942, in: Ebd. Der Bericht ist überliefert in: Ebd. Box IV sowie in: BA, R 113/597.

128 Lösch an Schumpeter, 01.05.1945, in: StAH, NL Lösch, Box XXI.

129 Vgl. Kegler (2015), S. 12 – 13.

130 Venhoff (2000), S. 46 – 47. Als solcher spielt Christaller auch in den Forschungen zur NS-Raumplanung häufig eine wichtige Rolle, z. B. in: Hartenstein (1998), S. 206 – 212.

131 Gerlach (1995), S. 9.

132 Noch Jahrzehnte später hob Meyer Löschs Arbeiten lobend hervor. Vgl. Konrad Meyer (1971), S. 112.

133 Lösch (1944), S. 93.

großem Ausmaß betrieben werden.[134] Lösch betonte bei dieser Gelegenheit, Christallers Arbeit sei „die beste, die ich kenne [...]. Sie hat die Planung im Osten sichtlich beeinflußt."[135] Die von ihm selbst favorisierte geometrische sechseckige hierarchische Ordnung läge „dem Einzelfall angepasst, der Neugliederung im Osten weitgehend zugrunde."[136] Lösch schrieb, er habe in den Jahren seit 1940 die von ihm entworfene wirtschaftstheoretische Betrachtungsweise „an manchen theoretisch oder praktisch aktuellen Fragen erproben [können]. Ob es sich um Großraum und Grenzziehung, Städtebau und Neusiedlung [...] handelt – überall erweist sie sich fruchtbar."[137]

Löschs Bereitschaft zur Mitwirkung an der Raumplanung blieb bis ins letzte Kriegsjahr hinein konstant, wie das letzte RAG-Forschungsprogramm für das Jahr 1944 belegt. In der Projektgruppe „Siedlungsstruktur" wollte er die Bearbeitung des ersten von 13 Einzeltiteln übernehmen: „Wirtschaftliche Grundregeln für die räuml. Ordnung im Hinblick auf die Umquartierung."[138] Auch hier zeigt sich die Arbeitsteilung, gemäß der er sich gut mit Christaller ergänzte. Konkrete politische Erwägungen sollte Lösch nicht anstellen, weil Christaller in derselben Projektgruppe die „Bedeutung des Verwaltungsaufbaues für die räumliche Ordnung der Landschaften"[139] herausarbeitete. Ferner war es nicht notwendig, sich Gedanken über jenes Ausmaß an Gewalt zu machen, das zur Durchführung der „Umquartierung" eingesetzt werden sollte. Auch dafür sollte Lösch nicht zuständig sein. Es ist nicht mehr zu rekonstruieren, ob sich diese Projektgruppe noch konstituieren bzw. die einzelnen Bearbeiter ihre jeweiligen Themen noch beginnen konnten.

Es ist meiner Ansicht nach zulässig Lösch zu jenen Ökonomen zu zählen, die „*zusammen* die wissenschaftliche Basis der gesamten GPO [Generalplan Ost] -Planung des RKF"[140] bildeten. Dass Lösch sich, anders als beispielsweise Christaller, nicht stärker in die praktische Planung einbringen wollte, darf nicht darüber hinwegtäuschen, dass hinter seinen Theorien ein Gestaltungsanspruch steckte, den er arbeitsteilig in die Wirtschafts- und Sozialpolitik des „Dritten Reichs" zu integrieren gedachte. Von den Raumplanern wurden Beiträge dieser Art nachgefragt, weil sie sich davon eine Effizienzsteigerung bei der Erreichung ihrer nationalsozialistischen Ziele erhofften. Die wissenschaftliche Qualität von Löschs Überlegungen und seine Bereitschaft, diese durch die Verwendung einer einfachen Sprache und die Vermeidung mathematischer Formeln für die in der Verwaltung tätigen Praktiker optimal aufzubereiten, lässt vermuten, dass Lösch bei längerer deutscher Kontrolle über die Gebiete einen solchen effizienzsteigernden Beitrag geleistet hätte.

134 Vgl. Esch (1998), S 95.
135 Lösch (1944), S. 93.
136 Ebd.
137 Ebd., S. VI.
138 Isenberg: Bericht über die Bearbeitung des Forschungsprogramms 1944, 29.06.1944, in: BA, R 113/74.
139 RAG-Forschungsprogramm 1944, aufgestellt am 15.11.1944, in: BA, R 113/74.
140 Gutberger (1996), S. 355. Hervorhebung im Original

Um Löschs raumwirtschaftstheoretische Arbeiten im Zweiten Weltkrieg einschätzen zu können, ist abschließend zu fragen, was dieser über den Kontext der Raumplanung und Bevölkerungspolitik in den eroberten Gebieten im Osten wusste und dachte. Machte er sich bewusst, dass der Neubau in der beabsichtigten Totalität nicht ohne die Massenvernichtungen und -Vertreibungen möglich war und diese teils ausdrücklich, meist jedoch unausgesprochen voraussetzte?[141] War ihm klar, dass die Pläne und die dahinterstehenden ideologischen und wirtschaftsrationalen Theorien nicht nur zum Aufbau des Neuen, sondern auch als Legitimation für die Vernichtung des Alten benötigt wurden? Dieser Fragen möchte ich mich mit der gebotenen Vorsicht annehmen. Lösch war, das geht aus seinen Tagebuchnotizen, aus seinen Veröffentlichungen und auch aus ausnahmslos allen Beurteilungen seines Charakters hervor, nicht nur ein hochintelligenter, sondern auch ein eigenständiger Denker. Er war in der Lage und auch willens, Ereignisse in ihre Kontexte einzuordnen und politische Aussagen zu dekonstruieren. Wenn also K. Meyer im Vorwort zu der oben zitierten Planungsstudie über den Warthegau schrieb, vor dem konstruktiven Neuaufbau müsse es zunächst „um die *Eindeutschung der neuen Gebiete, um die Ordnung, Gestaltung und Entfaltung von Raum und Landschaft als künftige Heimat deutscher Menschen*“[142] gehen, dann konnte Lösch wissen, was damit gemeint war. Die deutsche Propaganda hatte mehr als deutlich gemacht, dass die betroffenen Menschen in Ostmittel- und Osteuropa in höchst brutaler Weise behandelt werden würden. Er hatte selbst gehört, wie der Gauleiter des Warthegaus, Arthur Greiser, im Juni 1942 in seinem Kieler Vortrag gegen „das polnische Untermenschentum“[143] gehetzt und keinen Zweifel an seinem Willen gelassen hatte, eine extreme Gewaltherrschaft errichten zu wollen.[144] Es muss Lösch klar gewesen sein, warum seine Theorien ausschließlich für die Planungen im Osten nachgefragt wurden und nicht für die eroberten Gebiete Nord- und Westeuropas. Die dortige Bevölkerung rangierte nämlich in der nationalsozialistischen Weltanschauung höher und konnte deshalb gemäß dieser rassistischen Logik nicht in der für einen totalen Neuaufbau notwendigen umfassenden Weise vertrieben oder getötet werden.

Lösch war nicht einmal darauf angewiesen, seine Informationen aus der gelenkten deutschen Presse zu beziehen. Er konnte, erstens, Zeitungen der Alliierten und Neutralen lesen, in denen spätestens in der zweiten Hälfte des Krieges detaillierte und glaubhafte Berichte über die Massenmorde zu lesen waren. Zweitens konnte er durch Berichte von Bekannten davon erfahren, wie grausam die slawische Zivilbevölkerung behandelt wurde. Sein ehemaliger Mitarbeiter Helmut Langeloh, der als

141 Vgl. Raphael (2001), S. 27.

142 Konrad Meyer: Zur Einführung, in: RKF (Hauptabteilung Planung und Boden) (Hg.): Planung und Aufbau im Osten, Berlin: Deutsche Buchhandlung, 1941. Die Studie gelangte im Oktober 1941 in die IfW-Bibliothek (ZBW, D 4867). Hervorhebung im Original.

143 Die Nordische Rundschau und die Lübecker Zeitung berichteten übereinstimmend am 11. 06. 1942 bzw. 12. 06. 1942, dass Greiser diesen Ausdruck verwendete.

144 Arthur Greiser: Der Aufbau im Osten, Kieler Vorträge 68, 1942 [10. Juni 1942].

Wehrmachtssoldat in der Blockade von Leningrad eingesetzt wurde, berichtete ihm beispielsweise, dass sich in der Stadt „die Lebensmittelknappheit fühlbarer bemerkbar"[145] mache und die Verlustrate bei etwa 1:100 liege. Anders als bei Löschs verbürgter Gegnerschaft zum Antisemitismus gibt es keinen Hinweis darauf, dass er in einer ähnlichen Opposition zu dem gegen die slawische Bevölkerung gerichteten Rassismus stand. Im Gegenteil, es liegt ein Hinweis vor, dass er diesen teilte. In einem vermutlich 1940 verfassten, in einem für Lösch eher untypischen, salopp-propagandistischem Stil gehaltenen Essay über die Wirtschaftskraft der USA schrieb er:

> Ich sagte schon, daß außer der Elite auch der Abschaum Europas nach Amerika ausgewandert ist. Dieser Abschaum bildet die Millionen Mitglieder zählende amerikanische Unterwelt, die einfach an der Arbeit der anständigen Leute schmarotzt. Das wird noch schlimmer werden, weil die germanische Eliteschicht, die bisher das Land geführt und zusammengehalten hat, zahlenmäßig immer mehr ins Hintertreffen gerät [...], teils weil die Einwanderer jetzt im Gegensatz zu früher hauptsächlich aus dem Osten und Süden Europas kommen.[146]

In welchem Zusammenhang dieser Text verfasst wurde, ist nicht rekonstruierbar. Ich werte ihn gleichwohl als ein weiteres Indiz dafür, dass Lösch eine starke Geringschätzung für Menschen und Menschengruppen mit vergleichsweise geringem Bildungsgrad und geringer Produktivität hegte. Damit war er offen für jenen „modernen" Rassismus, den Planer wie Muhs, dessen RfR-Mitarbeiter oder auch Meinhold auf verschiedenen Hierarchieebenen in praktische Politik umzusetzen suchten.[147] In einer anderen, ebenfalls nicht kontextualisierbaren Denkschrift zeigte Lösch eine Nähe zu völkischem Gedankengut. Er beschäftigte sich darin mit den Auswanderungswellen der vergangenen Jahrhunderte und klagte, dabei seien die Deutschen in anderen Völkern „untergegangen":

> Unsere politische Zerrissenheit war schuld daran, dass durch all die mächtigen Bewegungen der Völkerzüge, Ostkolonisation und neueren Auswanderung so wenig politisch gesicherter Lebensraum unserem Volkstum gewonnen wurde. Unsere politische Ohnmacht war schuld daran, dass dieses tüchtige und wachsende Volk immer wieder in den alten Stand zurückgeworfen wurde: ein Volk ohne Raum zu sein.[148]

---

145 Langeloh an Lösch, 19.12.1941, in: StAH, NL Lösch, Box XIV.

146 August Lösch: Ist Amerika wirklich so reich?, S. 14–15. Zwei aufeinander aufbauende Entwürfe dieses Gutachtens befinden sich im StAH, NL Lösch, Box XV und Box XXI. Einer ist datiert auf das Jahr 1940. Noch im Oktober 1937 schrieb Lösch in seinem Tagebuch, es sei das „angelsächsische Element" gewesen, was die amerikanische Gesellschaft zusammengehalten habe, zitiert nach: Riegger (1971), S. 98.

147 Vgl. Dieckmann (1992), S. 185. Betr. Meinhold, siehe Esch (1998), S. 97–98.

148 „Die Erweiterung unseres Lebensraumes im Lauf der Geschichte von August Loesch", o.D., S. 3, in: StAH, NL Lösch, Box IV. Die im Original fehlenden Umlaute deuten auf die Abfassung auf einer amerikanischen Schreibmaschine in den Jahren 1934–1938 hin.

Um die deutschen Verbrechen adäquat beschreiben zu können, erfand Raphael Lemkin 1944 den Begriff des Genozids.[149] Anders als bei der später entwickelten und heute allgemein gebräuchlichen Definition,[150] wollte Lemkin damit eine zweischrittige Politik beschreiben. Erstens wird die Lebensweise eines Volkes, das in einem eroberten Gebiet lebt, zerstört. Zweitens wird entweder diesen *Menschen* oder aber diesem *Gebiet* das Volkstum des Eroberers aufgezwungen. Die deutschen Behörden, darunter das auch mit der RfR vernetzte RKF, hatten deutlich gemacht, dass nach der Logik des propagierten Kampfes der Völker um den Raum, die als minderwertig bezeichneten Menschen keine Existenzberechtigung für das eroberte Gebiet mehr besäßen. Sie wurden nicht einmal mehr für Wert befunden, „eingedeutscht" zu werden. Die Pläne für das eroberte Gebiet sahen einen sowohl kulturell wie auch rassenbiologisch homogenen Raum vor. Dass der Staat aus wirtschaftlichen Gesichtspunkten grundsätzlich an einer Homogenität der „Völker und Rassen" in dem von ihm kontrollierten Gebiet interessiert sein und darauf hinwirken sollte, dass nicht „allzu verschiedenartige Menschen zusammenkommen", hatte Lösch bereits 1940 in seiner *Räumlichen Ordnung* anerkannt.[151] Die nationalsozialistische Raumplanung bezog nun einen großen Teil der eingesessenen nichtdeutschen Bevölkerung gar nicht in ihre Entwürfe mit ein und setzte dadurch Vertreibungen und Massenmorde voraus. Mit seiner geistigen Kapazität und den ihm zur Verfügung stehenden Informationen muss es ihm möglich gewesen sein, die Logik dieses Genozids zu erkennen. Muhs und seine Kollegen äußerten sich zur Zielsetzung ihrer Raumforschung und -planung oft und eindeutig.[152] Selbst wenn Lösch keine Einzelheiten und nicht das volle Ausmaß kannte, hätte er die gewaltige Bösartigkeit des Vorhabens doch erkennen können.[153] Lösch hat vielleicht sogar noch den Begriff des Genozids gelernt, denn dieser wurde bereits einige Monate vor Ende des Krieges in der US-amerikanischen Presse verwendet, die Lösch als Leiter des Länderreferats Amerika zu lesen verpflichtet war.[154]

149 Vgl. Power (2013), S. 40 – 45.

150 Vgl. Convention on the Prevention and Punishment of the Crime of Genocide, Artikel II, in: https://www.ohchr.org/en/professionalinterest/pages/crimeofgenocide.aspx [letzter Zugriff: 09.05.2019].

151 Lösch (1940), S. 219, dort auch beide Zitate. Bei dieser Gelegenheit wies Lösch lobend auf die jüngere amerikanische Politik hin, was ich als Zustimmung für die rassistischen „Jim Crow" Gesetze werte.

152 Entsprechende Zitate sind zusammengestellt in: Hartenstein (1998), S. 203 – 205.

153 Dasselbe Urteil ist im Übrigen auf den Völkermord an den afrikanischen Herero und den Nama im Jahr 1904 zu übertragen, der in einem Bericht seiner Forschungsgruppe von 1944 verharmlost wurde. Ilse Michaelis: Die wirtschaftlichen Kräfte Südwestafrikas, April 1944, S. 4, in: ZBW, C 28376.

154 Vgl. Power (2013), S. 44 – 45.

13.4 Die Forschungsgruppe: Mitglieder und Arbeitsorganisation

Die Forschungsgruppe Dr. Lösch entstand de facto mit der Übernahme des ersten Forschungsauftrags im Januar 1940.[155] Es handelte sich um die einzige Gruppe im Institut, die nicht nach einem Forschungsbereich, sondern nach ihrem Leiter benannt wurde. Gerade in der Anfangszeit waren die Zugehörigkeiten noch locker, sodass einzelne Mitglieder auch in anderen Gruppen aushalfen und zudem andere IfW-Mitarbeiter wie beispielsweise Meinhold kurzzeitig unter Löschs Leitung tätig waren. Tendenziell wuchs die Gruppe und erreichte wahrscheinlich kurz vor ihrer Auflösung im Juni 1944 ihre Maximalgröße mit circa acht wissenschaftlichen und fünf nichtwissenschaftlichen Mitarbeitern (siehe Tabelle 15). Mit der Auslagerung nach Ratzeburg löste sie sich weitgehend auf und funktionierte in den letzten Kriegsmonaten vor allem als Länderreferat Amerika weiter. Außer Lenschow, der 1942 als Assistent Mackenroths nach Straßburg ging, verließ offenbar kein Mitarbeiter freiwillig Löschs Gruppe bzw. das IfW überhaupt. Carl Diez schied aus, weil er einen gesundheitlichen Zusammenbruch erlitt,[156] Helmut Langeloh und vermutlich auch Heinz Löfke wurden zur Wehrmacht eingezogen.

Tabelle 15: Mitglieder der Forschungsgruppe Lösch

Name	Lebensdaten	Mitgliedschaft in Gruppe
	Wissenschaftliche Mitglieder	
Carl G. Diez	?	Mind. Juni 1940 – ca. Dez. 1940
Dr. Gustav-Herbert Horn	1911 – mind. 1980	Ab Sept. 1944
Helmut Langeloh	?	Anfang 1940 – Max. Ende 1940
Dr. Gerhard Lenschow	1912 – mind. 1976	Anfang 1940 – Januar 1942
Dr. Heinz Löfke	1913 – 1943	Mind. Januar 1941 – Dez. 1941
Dr. Ilse Michaelis	?	02.01.1942 – mind. Juni 1944
Dr. habil. Ludwig Mülhaupt	1912 – 1997	Anfang 1940 – mind. Juni 1944
Dr. Albert Schiessel	1912 – ?	Ab 1944 – mind. Juni 1944
Dr. Gisela von Stoltzenberg	1895 – 1990	1944 – 1945
Dr. Dr. Rudolf Walder	1914 – mind. 1965	Mind. März 1943 – Mind. August 1944
Dr. Dr. Anton Zottmann	1908 – mind. 1973	Mind. März 1943 – Aug. 1944

155 In einem Rundschreiben von Predöhl vom 16. Januar 1940 ist die Gruppe bereits erwähnt, siehe StAH, NL Lösch, Ordner „Verschiedenes“. Laut späteren Quellen erhielt Lösch erst im April bzw. im Dezember 1940 den offiziellen Status eines Forschungsgruppenleiters. Vgl. Predöhl an REM, 19.05. 1944, in: BA, R 4901/14814, Bl. 396; Karteikarte Lösch, in: StAH, NL Lösch, Box XXI.

156 Predöhl an REM, 31.12.1940, in: BA, R 4901/14814, Bl. 9. Diez wechselte Anfang 1941 nach Freiburg und wurde dort promoviert.

Nichtwissenschaftliche Mitglieder		
Elisabeth Becker	?	? – Dez. 1943
Hedwig Drewes (ab 13.10.1944: Hedwig Gosch)	?	Mind. 1943 – Mind. Juni 1944
Hildegard Hingeberg	?	Mind. 1944 – 1945
Lieselotte I. Korscheya	1923 – 2014	27.03.1941 – 1945
Elfriede E. Niebuhr	1920 – ?	15.10.1941 – Mind. Juni 1944
Margarete Upleger	1897 – 1946	? – Mind. Juni 1944
Olga von Zastrow	1925 – ?	ca. Herbst 1944 – 1945

Die Gruppe Lösch war mit hoher Qualität besetzt. Die meisten wissenschaftlichen Mitarbeiter waren promovierte, doppelt promovierte oder sogar habilitierte Kräfte und sie alle hatten bereits Erfahrung in anderen IfW-Forschungsgruppen gesammelt. Schiessel hatte beispielsweise seit 1939 nicht weniger als 49 Materialien im Auftrag des Wehrwirtschaftsamts und des RWM ausgearbeitet, während Stoltzenberg in den etwa vier Jahren vor Eintritt in die Gruppe Lösch insgesamt 16 umfassende Berichte geschrieben hatte. Horn war sogar ein halbes Jahr als Referent im Wehrwirtschaftsamt tätig gewesen und nahm entsprechend eine führende Rolle in der Zuarbeit für das Militär ein.[157] Aufgrund des hohen Humankapitals bemühte Predöhl sich besonders um Uk-Stellungen, sodass die Gruppe nicht an Personalmangel litt. Eine offenbar drohende Einziehung von Lösch Ende 1941 konnte rasch abgewendet werden, sodass er gar keinen Kriegsdienst zu leisten hatte.[158] „Sauberer" als andere Institutsabteilungen waren Löschs Mitarbeiter nicht. Mit Zottmann war auch hier ein NSDAP-Mitglied und mit Mülhaupt sogar ein SS-Mitglied tätig. Letzterer war offenbar ein Hundertprozentiger. Ein von ihm wegen mangelnden Lerneifers angeschwärzter Student wurde von Predöhl von der Universität geworfen und dem Arbeitseinsatz gemeldet.[159] Soweit rekonstruierbar, war Mülhaupt das einzige Forschungsgruppenmitglied, das nach dem Krieg im Entnazifizierungsverfahren nennenswerte Schwierigkeiten erfuhr. Erst Ende 1948 durfte er wieder in das IfW eintreten und setzte ab 1960 seine Karriere als Ordinarius in Münster fort. Auch einige weitere Forschungsgruppenmitarbeiter blieben bis in die 1960er oder 1970er im IfW (u. a. Lenschow, Walder, Zottmann) oder blieben eng mit dem IfW verbunden, wie der spätere Direktor des Statistischen Landesamtes Schleswig-Holstein, Horn.

157 Im März 1944 reiste Horn beispielsweise für eine Besprechung über einen Auftrag für die Gruppe Lösch zum Wehrwirtschaftsamt und brachte Wünsche für Materialzusendungen nach Kiel vor. KTB, Wehrwirtschaftsamt, Sondergruppe N, Woche bis 11.03.1944, in: BA-MA, RW 19/458, Bl. 23

158 Briefverkehr Löschs mit seiner Mutter, in: StAH, NL Lösch, Box XIV.

159 Vgl. Göllnitz (2018), S. 494 – 495.

Im Zeitraum von März 1940 bis August 1944 erstellte die Gruppe Lösch etwa 30 Forschungsarbeiten. Zu den Auftraggebern zählte vor allem das Wehrwirtschaftsamt (16 Berichte) und die Forschungsstelle für Wehrwirtschaft (1) sowie ferner das Auswärtige Amt (5), die RfR und die ihr untergeordnete RAG (2, möglicherweise 4), das RWM (2) sowie eine nicht näher bezeichnete Fachgruppe Lebensmittel, der Reichskommissar beim Oberprisenhof, der Reichskommissar für die Preisbildung sowie das Planungsamt im Rüstungsministerium (je 1). Mindestens ein Drittel dieser Berichte ging mehreren Empfängern zu. So erhielt beispielsweise das Planungsamt eine Kopie von fast allem, was seit 1943 unter Löschs Leitung produziert wurde. Die Quellenlage ist außerordentlich gut. Alle Berichte können einem oder einer Gruppe von Mitarbeitern zugeordnet werden, 83 % sind in einem oder mehreren Archiven bzw. in der ZBW überliefert und für die bis November 1943 erstellten Berichte ist sogar die jeweilige Bearbeitungsdauer rekonstruierbar. Dann änderte Lösch die Arbeitszeiterfassung seiner Mitarbeiter, sodass für die Monate von August 1943 bis Juni 1944 die Gesamtarbeitsleistung der Gruppe sowie der Anteil der wichtigsten Auftraggeber angegeben werden kann (siehe Abbildungen 14 und 15).

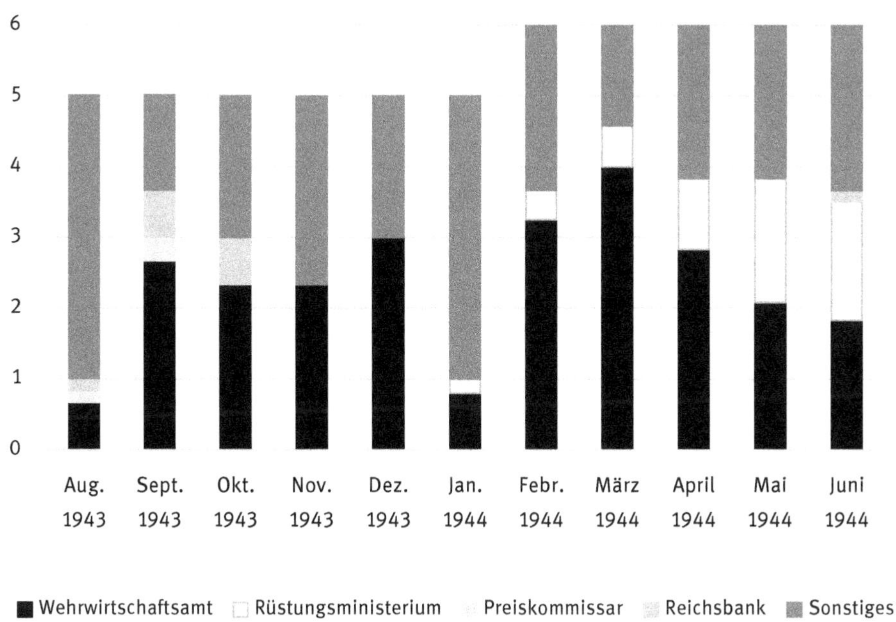

Abbildung 14: Arbeitsverteilung der wissenschaftlichen Mitarbeiter der Gruppe Lösch pro Auftraggeber (Aug. 1943 – Juni 1944)
Eine Einheit auf der Ordinate entspricht dem Äquivalent einer vollen Stelle. Quelle: StAH, NL, Lösch.

Diese Verteilung belegt die hohe Bedeutung des Wehrwirtschaftsamts als Auftraggeber für die Gruppe Lösch noch bis in den Sommer 1944 hinein. Sie zeigt auch den hohen Anspruch der Arbeiten für das Rüstungsministerium, die im Gegensatz zu den

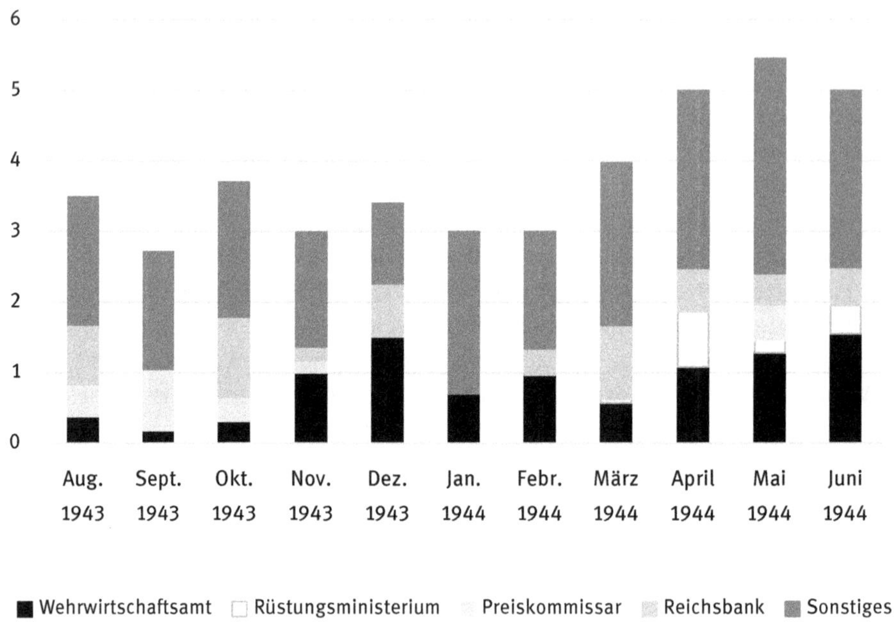

Abbildung 15: Arbeitsverteilung der „Hilfskräfte" der Gruppe Lösch pro Auftraggeber (Aug. 1943 – Juni 1944)

Materialzusammenstellungen für die Reichsbank großteils von den wissenschaftlichen Mitarbeitern und nicht von den „Hilfskräften" durchgeführt wurden. Zu beachten ist auch das hohe Maß an Flexibilität, das von allen Mitarbeitern verlangt wurde. Die meisten wissenschaftlichen Mitarbeiter arbeiteten in einem Monat parallel an zwei oder drei Aufträgen und die nichtwissenschaftlichen Mitarbeiterinnen wurden häufig zu vier oder noch mehr Projekten innerhalb und auch außerhalb der Gruppe Lösch herangezogen. Unter die Kategorie Verschiedenes fallen neben Krankheiten und Urlaub als große Posten die sonstigen Tätigkeiten für andere IfW-Abteilungen und Lehrtätigkeiten sowie Unterbrechungen durch Bombenalarm und Aufräumarbeiten. Zottmann, der stellvertretende Gruppenleiter in dieser späten Phase, beschrieb rückblickend das Arbeiten unter dem Termindruck der Auftragsarbeiten als „Hetzjagd".[160] Er gab auch einen Einblick in die Arbeitsweise der Gruppe. Nach seiner Schilderung wurde Lösch, wie allen Gruppenleitern, ein hohes Maß an Selbständigkeit gelassen und er sei bemüht gewesen, diese Freiheit an seine Mitarbeiter weiterzureichen.[161] In der Forschungsgruppe sei man mit Herzblut bei der Sache gewesen, habe ausgiebig über die Arbeiten diskutiert und sei durch viele Vorträge und gemeinsame Mahlzeiten eng mit dem Rest des Instituts verbunden gewesen. Überzeu-

160 Zottmann: Erinnerungen an August Lösch, in: Riegger (1971), S. 20.
161 Ebd., S. 19 – 22.

gend berichtet Zottmann auch von Löschs starkem Bedürfnis nach Anerkennung für die geleistete Arbeit, der die von der Institutsleitung vorgegebene Anonymisierung im Weg stand. Aus seiner Sicht sollten in der Forschungsgruppe nicht bloß die Aufgaben stupide abgearbeitet, sondern durch innovatives wirtschaftswissenschaftliches arbeiten Neuland betreten werden. Auf einen Bericht über die Produktivität der amerikanischen Arbeiter vom April 1944 war er offenbar besonders stolz, denn entgegen den Vorschriften versah er das an das Wehrwirtschaftsamt versandte Exemplar mit einer Angabe der Verfasser.[162] Der überlieferte Briefverkehr sowie die Kriegstagebücher des Wehrwirtschaftsamts lassen erkennen, dass Lösch häufig selbst mit den Auftraggebern in Kontakt stand. Angebahnt wurde die Kooperation, wie im Fall des Auswärtigen Amts oder des Rüstungsministeriums, wohl meist von der Institutsleitung, die dann Lösch die anschließende Kommunikation zur Absprache von Einzelheiten übertrug. Nur selten kommunizierten dagegen Löschs Mitarbeiter selbst mit den Kooperationspartnern.

13.5 „Kann England ausgehungert werden?"

Der erste Forschungsschwerpunkt der Gruppe Lösch lag auf der Außenwirtschaft der westeuropäischen Alliierten, insbesondere des nach dem raschen Sieg über Frankreich im Sommer 1940 verbliebenen Kriegsgegners England. Bis August 1940 waren das Wehrwirtschaftsamt und die FfW ihre ausschließlichen Auftraggeber. Damit reihte sich die Gruppe Lösch sofort in die Forschungstätigkeit des Instituts im Auftrag der Wehrmacht ein. Diese hatte zuvor bereits unter anderem Berichte und Materialien zur Holzversorgung Großbritanniens und Frankreichs (Okt. 1939), zum Import Großbritanniens (Nov. 1939), zu den „Auswirkungen einer Blockade der Zufuhr aus den Ostseeländern und Norwegen auf die britische Versorgungslage" und zum Kohlenbergbau Großbritanniens (beide Dez. 1939) umfasst.[163] Das Wehrwirtschaftsamt nutzte das IfW ebenso wie viele andere wissenschaftliche und nichtwissenschaftliche, zivile und militärische Institutionen, um „mosaikartig"[164] die für die Kriegswirtschaft sowie den Wirtschaftskrieg benötigten Informationen zu sammeln.

162 Zottmann und Walder: Die amerikanischen Arbeitsreserven III: Die Produktivität der amerikanischen Arbeit, April 1944, in: BA-MA, RW 19/6970.

163 Materialsammlungen, Berichte und Gutachten des Instituts für Weltwirtschaft an der Universität Kiel. Anfang 1938 bis Januar 1945, o.D., in: ZBW, D 5645 sowie BA-MA, RW 19/3958. Spätestens seit März 1939 beteiligte man sich konkret an Überlegungen zum Wirtschaftskrieg gegen England. IfW: Die aussenhandelsmäßige Verflechtung und wirtschaftliche Bedeutung der dänischen Landwirtschaft, März 1939, in: BA-MA, RW 19/3934, Bl. 32.

164 Major v. Payr: Die Erkundung der materiellen Wehrkraft der grossen europäischen und aussereuropäischen Staaten und die sich daraus ergebenden Vorbereitungen für den Wirtschaftskrieg, 24.03. 1944, in: BA-MA, RW 19/1505, Bl. 6.

In Bezug auf Großbritannien dienten die Erkundigungen im Wesentlichen drei Zwecken: Der Führung des Wirtschaftskriegs, dem der Chef des Wehrwirtschaftsamts eine besonders hohe Bedeutung zumaß,[165] der Planung von Bombardierungen sowie der Vorbereitung einer Invasion (das immer wieder verschobene „Unternehmen Seelöwe"). Es ist zu vermuten, dass das Kieler Institut mit seinen Arbeiten zu Vorhaben in allen drei Bereichen beitrug. Die Ausarbeitungen der Abt. für Marktforschung über die englische Margarineindustrie, Textilindustrie sowie die feinmechanische und optische Industrie aus dem April 1940 könnten beispielsweise in die im darauffolgenden Monat abgeschlossene „Aufführung von zu zerstörenden England-Objekten" eingeflossen sein, die das Wehrwirtschaftsamt dem Führerhauptquartier zusendete.[166] Die Gruppe Lösch sollte sich jedoch anspruchsvolleren Aufgaben zuwenden und tiefergehende Analysen zur britischen Rohstoff- und Nahrungsmittelversorgung anstellen. Diese beiden Bereiche gehörten zu den Schwerpunkten im Erkundungsplan des Wehrwirtschaftsamts zur Führung des Wirtschaftskriegs.[167]

In seiner ersten Auftragsarbeit untersuchte Lösch unter Mitarbeit von Langeloh, Lenschow, Meinhold und Mülhaupt die „Handelsverträge und -abkommen Großbritanniens und Frankreichs untereinander und mit den neutralen Staaten".[168] Lösch gab genaue Richtlinien vor, nach denen seine Mitarbeiter die Verträge systematisch auswerteten und so konnte in nur fünf Wochen bis März 1940 ein Bericht erstellt werden. Neben dem Wehrwirtschaftsamt und der FfW ging er ebenfalls dem RWM zu und wurde im Herbst 1940 von Predöhl auch an das Auswärtigen Amt weitergereicht.[169] In gedrängter Form, aber gleichwohl gestützt auf überzeugende Belege und Statistiken, erklärte Lösch, dass Großbritannien ohne größere finanzielle oder transportmäßige Probleme in der Lage sei, wie im Ersten Weltkrieg immense Importe für die eigene Kriegswirtschaft heranzuziehen. Diese Einfuhren müssten dabei nicht einmal, wie die eigene deutsche Propaganda fälschlicherweise behauptete, durch eine Steigerung der eigenen Exporte finanziert werden. Vielmehr habe die geschickt betriebene britische Handelspolitik die eigenen Produktivkräfte schonen können.

Offenbar wurden aus Sicht Predöhls die deutschen Aussichten im Wirtschaftskrieg gegen England in zu düsteren Farben gemalt. Dieser ließ seinen Direktorialassistenten F. Meyer in die Zusammenfassung des Berichts einen Zusatz einfügen, der in klarem Widerspruch zur eigentlichen Grundaussage stand. Darin wurde behauptet, dass, anders als im vorangegangenen Krieg, diesmal nicht der gigantische Indu-

165 Vgl. Lübbers (2010), S. 231.

166 Vgl. v. Payr: Die Erkundung der materiellen Wehrkraft, 24.03.1944, in: BA-MA, RW 19/1505. Berichte in: ZBW, C 6522 sowie BA-MA, RW 19/39060 und 19/3955.

167 Vgl. v. Payr: Die Erkundung der materiellen Wehrkraft, 24.03.1944, in: BA-MA, RW 19/1505, Bl. 10.

168 Lösch: Die Handelsverträge und -abkommen Großbritanniens und Frankreichs untereinander und mit den neutralen Staaten, März 1940, in: StAH, NL Lösch, Box XV. Ebenfalls in: BA-MA, RW 19/3901 und RGVA Moskau, F. 1458K, p. 25, d. 25.

169 Predöhl an Wilmanns (Auswärtiges Amt, Informations-Abteilung), 02.12.1940, in: StAH, NL Lösch, Box XIV, Mappe A.

striekörper der USA hinter England stünde. Entsprechend sei das Land auf Rohstofflieferungen angewiesen, was die heimische Rüstungsindustrie vor große Schwierigkeiten stelle und zudem Transportprobleme hervorrufe.[170] Predöhl ging es nicht darum, den Informationsgehalt von Löschs Gutachten zu senken, denn gestrichen wurde nichts. Er wollte lediglich, „aus institutspolitischen Gründen",[171] wie Lösch verbittert anmerkte, das Fazit ambivalenter gestalten und das Institut dadurch vor möglichen Anschuldigungen des Defaitismus absichern. Es handelt sich um den einzigen erhaltenen Beleg für eine direkte Zensur eines Auftragsgutachtens durch die Institutsleitung im „Dritten Reich" überhaupt. Für die quellenmäßig überdurchschnittlich gut erfassbare Tätigkeit der Forschungsgruppe Lösch lässt sich auch mit einiger Sicherheit sagen, dass es der einzige Eingriff dieser Art gewesen ist. Lösch selbst war noch Monate später wütend darüber, dass seine an „die militärische Leitung"[172] gerichtete Warnung vor der wirtschaftlichen Stärke Großbritanniens und dem Ausmaß der zu erwartenden Hilfe von Übersee und insbesondere den USA abgeschwächt worden war. Aus seiner Ablehnung der deutschen militärischen Aggression ist zu schließen, dass er gehofft hatte, sein Bericht könne ein Faktor gegen eine Ausweitung bzw. Verlängerung des Krieges sein. Da das Wehrwirtschaftsamt unter der Leitung von General Thomas grundsätzlich an unzensierten Informationen interessiert war, ist fraglich, ob Predöhl einen wirklichen Anlass zu dieser Vorsichtsmaßnahme hatte. Lösch war nämlich weder in Bezug auf seine Botschaft noch auf seine eindeutige Formulierungsweise ein Ausnahmefall. Bereits Ende August 1939 hatte beispielsweise der DIW-Präsident Wagemann den Militärs auf die Frage, zu welchem Anteil die USA den Einfuhrbedarf Englands im Krieg decken könne, schriftlich geantwortet, dies sei zu über 90 % der Fall.[173]

Abgesehen von einem kleineren Berichten über „Die Familienunterstützung der zum Militärdienst Einberufungen in England und Frankreich" (Mai 1940, nicht erhalten) beschäftigte sich Lösch in den folgenden Monaten bis in die Phase der sogenannten Luftschlacht um England hinein ausschließlich mit einer ausführlichen Analyse der englischen Nahrungsmittelversorgung.[174] Im Juni 1940 erstellte er unter Mitarbeit von Diez einen Vorbericht, im Juli und August wurden dann nach 14 Wochen

---

170 Lösch: Die Handelsverträge und -abkommen Großbritanniens und Frankreichs untereinander [...], März 1940, S. 24, in: StAH, NL Lösch, Box XV. Auf S. 17 ist ebenfalls ein Satz eingefügt und in diesem Exemplar im Nachlass Löschs ebenfalls durchgestrichen worden.

171 Handschriftliche Anmerkung von Lösch in: Ebd., S. 24. Siehe ebenfalls den Brief an den befreundeten Amerikakenner August Fehling: „1940 hatte ich in meinem ersten Bericht eine kleine Chance, die militärische Leitung darauf [auf die Stärke der USA] hinzuweisen. ‚Aus institutspolitischen Gründen' wurde dies ins Gegenteil verdreht." Zitiert nach Riegger (1971), S. 103.

172 Lösch an Fehling, Dezember 1940, zitiert nach Riegger (1971), S. 103.

173 Wagemann an Oberkommando der Marine, 26.08.1939, weitergeleitet an Wehrwirtschaftsamt, in: BA-MA, RW 19/4985.

174 Ferner betreute Lösch noch Lenschow bei der Erstellung von: Die Ausfuhrkapazität der kanadischen Industriewirtschaft im jetzigen Krieg, Frühjahr 1940, in: RGVA Moskau, F. 1458K, p. 23, d. 81 und d. 82.

Arbeitszeit der Hauptbericht sowie eine Materialbeilage an das Wehrwirtschaftsamt gesandt.[175] Predöhl war von diesen Arbeiten so begeistert, dass er sie später mehrmals hervorhob und noch drei Jahre später gegenüber dem Rüstungsministerium als beispielhaft für die Leistungsfähigkeit des IfW anpries.[176]

Die Kernfrage des Wehrwirtschaftsamts wurde von Lösch ohne die bei vielen anderen Institutsmitarbeitern üblichen sprachlichen Ummantelungen ganz offen auf den Punkt gebracht: „Kann England ausgehungert werden?“[177] Im Ersten Weltkrieg hatte sich das Institut bereits unter der Leitung von Harms derselben Frage angenommen und öffentlich sowie detailliert in vertraulichen Berichten an die OHL positiv beantwortet. Lösch äußerte sich dagegen im Sommer 1940 sehr pessimistisch und erfuhr nun auch keinen zensorischen Eingriff Predöhls mehr. Zunächst einmal erging Lösch sich in einem ausführlichen Lob des britischen Modells einer weitgehenden Einbindung in die internationale Arbeitsteilung und bezeichnete es als wirtschaftlich und machtpolitisch kluge Entscheidung, seit der Mitte des 19. Jahrhunderts verstärkt einen großen Teil der Nahrungsmittelerzeugung in andere Länder ausgelagert zu haben. In der anschließenden, auf dem reichen statistischen Fundus des IfW beruhenden Analyse stellte er zunächst fest, dass die britischen Vorräte und Rationalisierungs- sowie Einsparmaßnahmen so groß seien, dass die Ernährung selbst ohne Einfuhren für fast ein Jahr gesichert sei. Die Blockade der Zufuhr aus dem von Deutschland beherrschten Kontinentaleuropa spiele keine entscheidende Rolle. Die Produktion in Übersee sei nämlich groß genug, sodass angesichts der vorhandenen finanziellen und handelspolitischen Voraussetzungen (siehe den Vorgängerbericht) als limitierender Faktor auf absehbare Zeit einzig der benötigte Schiffsraum übrig bliebe. Dieser sei aber vergleichsweise gering. Nur etwa fünf Prozent der gesamten britischen Handelsflotte würden genügen, um die Ernährung der Insel dauerhaft zu sichern.[178]

Lösch fasste seine Überlegungen und Berechnungen in einer abschließenden Tabelle zusammen. Diese gab dem Wehrwirtschaftsamt eine Orientierung darüber, wie hoch die Versenkungsraten durch die eigene Marine und Luftwaffe sein müsste, um innerhalb bestimmter Zeiträume die Bevölkerung des Kriegsgegners zu dem gewünschten Punkt der Aushungerung zu bringen.[179] So schätzte er, es würde über drei Jahre dauern, wenn man die britische Flotte um 500.000 Bruttoregistertonnen (1 BRT= 2,83 Kubikmeter) pro Monat verkleinern würde (Versenkungen abzüglich Neubauten und Neuerwerbungen). Man könne nur dann innerhalb der kürzest möglichen Frist

175 Lösch: Die englische Nahrungsmittelversorgung (mit statistischer Beilage), Juli und August 1940, in: ZBW, E 118; StAH, NL Lösch, Box XV; BA-MA, RW 19/3959 und 19/3951 (Vorbericht).

176 Vgl. Predöhl: Denkschrift über die Mitarbeit des IfW beim Planungsamt, 09.10.1943, in: BA, R 3/4041, Bl. 3. Diese Berichte waren auch ein maßgebliches Argument für die Verleihung des Kriegsverdienstkreuzes an Lösch. Predöhl an Burck, 15.01.1945, in: LASH, Abt 47, Nr. 2133.

177 Lösch: Die englische Nahrungsmittelversorgung, Juli 1940, S. 37–38, in: ZBW, E 118.

178 Ebd., S. 34.

179 Ebd., S. 37.

von 13 Monaten das Ziel erreichen, wenn eine Quote von mindestens 4.500.000 BRT erzielt würde. Die realen Versenkungszahlen lagen in diesen Sommermonaten aber bei nur 200 – 300.000 (metrischen) Tonnen[180] und selbst im effektivsten Kalenderjahr 1942 sollten nie siebenstellige Monatswerte erreicht werden.[181] Erkennbar ging es Lösch darum, die deutsche Militärführung von der erwogenen Option eines Aushungerungsplans durch einen großangelegten Wirtschaftskrieg abzubringen. Damit verfolgte er eine diametral umgekehrte Position wie seinerzeit Harms, der auf Basis seiner Analysen 1917 zu einem „Wetthungern“[182] geraten hatte. Lösch glaubte offenbar, dies durch einen Appell an die Vernunft unter Verwendung von reichlichen statistischen Belegen und einer zugespitzten Darstellungsform am effektivsten erreichen zu können. Im Bemühen, seine Argumentation möglichst robust zu machen, scheute er nicht davor zurück, sich auf die Vernichtungslogik seiner Adressaten einzulassen. Die von ihm angegebenen Aushungerungszeitpunkte seien finale Angaben, vor denen bereits großes Leid einiger Teile der Bevölkerung liegen würde, insbesondere der Kinder.

Ob bzw. wie Löschs Argumente und Berechnungen Eingang in die Führung des Wirtschafts- und des Luftkriegs oder in die bis Anfang Oktober 1940 noch ernsthaft betriebenen Vorbereitungen zu einer Invasion Eingang gefunden haben, ist nicht rekonstruierbar. Aus vier Gründen ist allerdings zu vermuten, dass Vor- und Hauptbericht sowie die Materialbeilage mit genauer Auflistung des Umfangs, der Waren und der Routen der britischen Nahrungsmittelimporte keineswegs umgehend in den Schubladen der Militärs verschwanden. Erstens hatte das Wehrwirtschaftsamts ein halbes Jahr zuvor in ähnlicher Weise beim IfW einen Vor- und Hauptbericht zur Frage der Umlagerung französischer Importe in Auftrag gegeben.[183] Die Beschäftigung damit hatte sich nicht auf untergeordnete Referate beschränkt, sondern unter Beteiligung der Chefgruppe stattgefunden.[184] Zweitens konnte es das Amt anders als bei früheren Angriffsplanungen erreichen, Ende Juli 1940 in der Vorbereitung der wirtschaftlichen Aspekte der „Operation Seelöwe“ als Schaltzentrale eingesetzt zu werden.[185] Drittens leitete Lösch später seine Ausarbeitungen an die ehemaligen IfW-Mitarbeiter Hahn, mittlerweile Leiter der Ernährungswirtschaftlichen Forschungsstelle, und Schüttauf, nun in der Studiengesellschaft für deutsche Wirtschaftsordnung beschäftigt, weiter.[186]

180 Vgl. Hewitt (2008), S. 139.

181 Inkl. neutraler und verbündeter Schiffe. Vgl. Roskill (1956), S. 485.

182 Harms: Der uneingeschränkte U-Bootkrieg und die Nahrungsmittelversorgung Englands, in: *Kriegswirtschaftliche Nachrichten*, Sondernr. 3, 05.03.1917, S. 27, in: ZBW, Y 2224

183 Vgl. IfW: Möglichkeiten der Umleitung des seewärtigen Güterverkehrs der nord-französischen Häfen über die Atlantikhäfen von Brest bis Bayonne, Vorbericht und Hauptbericht im September bzw. Oktober 1939, in: BA-MA, RW 19/5141 und 19/3961.

184 Stb W Wi IaL an IaM1, 30.10.1939, in: BA-MA, RW 19/231, Bl. 4.

185 Vgl. Thomas (1966), S. 226 – 227.

186 Lösch an Hahn, 06.02.1941 und Lösch an Schüttauf, 02.09.1941, in: StAH, NL Lösch, Ordner „Verschiedenes“. Hilfsbereit teilte Lösch Schüttauf mit: „Falls Sie zu dem Bericht oder zu den Berechnungen noch irgendwelche Auskünfte wünschen, stehe ich Ihnen gern zur Verfügung.“

Beide waren ebenfalls eng in die Beratung des Wehrwirtschaftsamts und anderer staatlicher Stellen eingebunden. Viertens war ein thematisch eng verwandter IfW-Bericht zur „Bedeutung der Ostseeblockade für Englands Nahrungsmittelversorgung" aus dem Mai 1940 nicht weniger als 13 Stellen zugeleitet worden, darunter neben dem Wehrwirtschaftsamt auch den Oberkommandos der Marine und des Heeres sowie dem Stabsamt des preußischen Ministerpräsidenten Görings, der auch Oberbefehlshaber der Luftwaffe war.[187] In Bezug auf die pessimistische Beurteilung der Wirkung der europäischen Kontinentalsperre gegen England im Nahrungsmittelbereich war hier dieselbe Position wie in Löschs Bericht vertreten worden. Ein Unterschied bestand jedoch im Tenor. Während Lösch in möglichst entmutigender Weise die Schwierigkeiten des Wirtschaftskrieges schilderte, hatte der nicht mehr rekonstruierbare Autor dieses kurz zuvor verfassten IfW-Berichts aus seiner Analyse den Schluss gezogen, es bestünde die Notwendigkeit einer möglichst weitgehenden Blockade des Atlantiks und damit einer Ausweitung des Kriegs gegen die britische Zivilbevölkerung.[188] Diese Haltung nahm ebenfalls der Befehlshaber der U-Boote, Karl Dönitz, ein. Auch ihm könnten Löschs Gutachten zugegangen sein. Dönitz teilte jedenfalls dessen Einschätzung über die in kurzer Frist nur geringen Chancen und äußerte Anfang September 1940 zu dem schwebenden Plan einer Aushungerung Englands, dieser habe erst nach einem Ausbau der deutschen Marine im kommenden Jahr Aussicht auf Erfolg.[189]

Die Forschungsgruppe Lösch, nicht jedoch das Institut als solches, beendete im August 1940 die Belieferung des Wehrwirtschaftsamts mit Informationen über die britische Wirtschaft. Von Januar bis April 1941 wurden beispielsweise Materialzusammenstellungen über wichtige Rüstungsfirmen Großbritanniens abgeliefert,[190] ergänzt von Mai bis August 1941 durch Übersichten über die Öl und Fett verarbeitende Industrie, die regionale Verteilung der britischen Industrie sowie Verzeichnisse und teils auch Lagepläne von Firmen des Maschinen- und Kraftfahrzeugbaus.[191] Die Weiterverwendung durch das Wehrwirtschaftsamt für die Beratungen auf der obersten militärischen Ebene über Luftangriffe und die Wirtschaftskriegführung, beispielsweise in zwei am 4. April und 10. Juni 1941 erstellten Berichten über die englische Rüstungsindustrie, ist zu vermuten.[192] Ferner flossen wie üblich die Zusendungen der

---

187 IfW: Kriegswirtschaftliche Forschungsarbeiten seit September 1939, Juli 1940, S. 11, in: BA, R 4901/14813.

188 IfW: Die Bedeutung der Ostseeblockade für Englands Nahrungsmittelversorgung, Mai 1940, S. 15, in: ZBW, C 28470 und BA-MA, RW 19/3953.

189 Halder: Kriegstagebuch (1963), Eintrag für den 5. Sept. 1940, S. 89.

190 BA-MA, RW 19/3938 – 3945.

191 BA-MA, RW 19/3937, 3946 – 3950, 3954, 3956 – 3957; Duplikate teils in: ZBW, C 28419 und C 6266.

192 Stellungnahmen des Wehrwirtschaftsamts an Wehrmachtführungsstab (u. a.) betreffend England von Januar 1939 bis Oktober 1942, o.D., in: BA-MA, RW 19/1505, Bl. 33.

„Arbeitsgruppe Kiel“ in die laufenden Aktualisierungen aller Informationen über Großbritannien ein.[193]

Die Gruppe Lösch wurde nicht in diese eher anspruchslose Tätigkeit eingebunden, stellte sich jedoch zur Verfügung, sofern schwierigere Fragen anstanden.[194] Im Januar 1941 wandte sich der Reichskommissar beim Oberprisenhof mit einer Frage zur „Lebensmittelzwangsbewirtschaftung in England“[195] an das IfW. Man habe von der besonderen Kompetenz des Kieler Instituts erfahren und wollte nun nicht nur die einschlägigen Berichte zugesandt bekommen, sondern darüber hinaus einen neuen Auftrag erteilen. Löschs Stellung als Forschungsgruppenleiter war spätestens zu diesem Zeitpunkt bereits so gefestigt, dass er selbständig sowohl über die inhaltlichen wie auch über die finanziellen Aspekte des Auftrags verhandelte. Pro Arbeitswoche verlangte Lösch 175 RM, sodass die Gesamtkosten 525 RM betrugen.[196] Die Summe dürfte in etwa seinem eigenen Gehalt entsprochen haben und ist damit als Aufwandsentschädigung zu bezeichnen. Dies ist ein Beleg dafür, dass die Motivation für die Auftragsforschung der Gruppe Lösch – wie auch bei der übrigen Kriegsforschung des IfW – nicht primär finanzieller Natur war.

Löschs Gegenüber Hartwig Schlegelberger, Marinerichter und Sohn des Staatssekretärs im Reichsjustizministerium,[197] erhoffte sich von Lösch ein Gutachten betreffend die Frage, inwiefern nicht nur Waffen, Munition und sonstige eindeutig dem international gültigen Prisenrecht unterliegende Waren als Kriegsbeute behandelt, sondern auch Lebensmittel als „bedingtes Banngut“[198] eingestuft und beschlagnahmt werden dürften. Sobald ihre anderweitigen Aufträge es erlaubten, machten sich Lösch und seine Mitarbeiter Lenschow und Löfke Anfang März 1941 an die Arbeit und stellten den (nicht überlieferten) Bericht innerhalb von drei Wochen fertig. Es ist zu vermuten, dass Schlegelberger die gewünschten detaillierten Angaben über den Grad und den Umfang der britischen Nahrungsmittelbewirtschaftung erhielt.[199] Diese Bewirtschaftung war bereits zu Beginn des Krieges von der deutschen Justiz als Begründung genommen worden, um Nahrungsmittel in die Banngutliste aufzunehmen.[200] Anders als bei den Militärs soll aber im Prisenhof differenziert im Einzelfall entschieden worden sein und es ist offenbar kein einziges Urteil rekonstruierbar, „das

193 Beispielsweise in die turnusmäßig aktualisierten „Großen Ausarbeitungen“, KTB Wehrwirtschaftsamt Wi V, Woche bis 20.09.1941, in: BA-MA, RW 19/245, Bl. 207.

194 Zusammenstellungen wie jene von Lenschows zur britischen Chemieindustrie aus dem März 1940 (ZBW, C 6292) fanden nicht im Rahmen der Gruppe Lösch statt.

195 Reichskommissar beim Oberprisenhof an IfW, 25.01.1941, in: StAH, NL Lösch.

196 Schlegelberger an IfW, 01.03.1941, in: StAH, NL Lösch, Ordner „Verschiedenes“.

197 Die Richtertätigkeit des späteren stellvertr. schleswig-holsteinischen Ministerpräsidenten Schlegelberger wurden ab den 1960er Jahren kontrovers diskutiert. Vgl. Bästlein (2008) und Sebastian Lehmann (2009).

198 Reichskommissar beim Oberprisenhof an IfW, 08.02.1941, in: StAH, NL Lösch.

199 Ein Indiz für die Sorgfalt der Bearbeitung ist, dass Lösch zusätzlich Fotokopien der wichtigsten Quellen einsandte. Lösch an Reichskommissar beim Oberprisenhof, 26.03.1941, in: StAH, NL Lösch.

200 Vgl. Dietz (1979), S. 211–212.

die Feindbestimmung von bedingtem Banngut aus dem Tatbestand der öffentlichen Bewirtschaftung abgeleitet hätte".[201] Es handelte sich hier also wahrscheinlich um einen ernsthaften wissenschaftlichen Bericht und nicht um ein Gefälligkeitsgutachten.

13.6 „jene Form sublimierter Propaganda, die noch im Bereich der Wissenschaft liegt"

Im Lauf des Jahres 1940 beschäftigten sich Lösch und seine Forschungsgruppenmitarbeiter ebenfalls in einigen kleinen Aufsätzen mit der Versorgungslage Großbritanniens und mit seiner Strategie im Wirtschaftskrieg. Als Publikationsorgane wurden insbesondere der *Wirtschaftsdienst*, an dessen Herausgabe sich das IfW neuerdings wieder beteiligte, sowie das *Weltwirtschaftliche Archiv* genutzt. In diesen Beiträgen äußerten sie sich lobend zur deutschen Kriegsführung. So bezeichnete Lösch beispielsweise die kürzlich erfolgte Besetzung Dänemarks und Norwegens als „das kühne deutsche Unternehmen"[202] und er stützte auch die offizielle Version, mit dem eigenen Angriff lediglich einem englischen Vorhaben zuvorgekommen zu sein. In der für die Mythenbildung um Lösch maßgeblichen Gedenkschrift von 1971 sind die beiden entsprechenden Beiträge in die Literaturliste nicht aufgenommen worden.[203] Im Einklang mit der NS-Propaganda war die Gruppe Lösch bemüht, die britischen Versorgungsprobleme und den Niedergang seiner Position im Welthandel hervorzuheben („Transportproblem ersten Ranges",[204] „außerordentliche Belastung",[205] „Der englische Welthandel weicht dem Großraumhandel"[206]). Dabei wurden gewisse Probleme wie eine Stauung bei den britischen Westhäfen infolge der Bedrohung der Kanalhäfen durch die deutsche Marine oder der zusätzliche Frachtraumbedarf infolge der Sperrung des Mittelmeers prophezeit.[207] Diesen war jedoch in den zeitgleich erstatteten vertraulichen Gutachten keine wesentliche Bedeutung zugemessen worden.[208] Gleichwohl sind keine krassen Widersprüche zwischen den Veröffentlichungen und den Gutachten der Gruppe Lösch und anderer IfW-Forschungsgruppen nachweis-

---

201 Vgl. Ebd., S. 219.

202 Lösch: Verschärfte Gegenblockade, in Wirtschaftsdienst, 25 (17), 26.04.1940, S. 333.

203 Ich beziehe mich auf Lösch: „Verschärfte Gegenblockade" und „Die neue Kontinentalsperre", beide in: Wirtschaftsdienst 25, S. 332 – 333 bzw. S. 461 – 462. Ansonsten scheint die Literaturliste vollständig zu sein und es sind dort auch ähnlich kurze Beiträge aus anderen Fachzeitschriften aufgeführt. Vgl. Riegger (1971), S. 133 – 135.

204 Lösch: Verschärfte Gegenblockade, in Wirtschaftsdienst, 25 (17), 26.04.1940, S. 333.

205 Lösch: Die neue Kontinentalsperre, in Wirtschaftsdienst, 25 (24), 14.06.1940, S. 461

206 Lenschow: Die Bedeutung Englands und der Vereinigten Staaten in ihrem Einfluss auf die kanadische Wirtschaft, in: Wirtschaftsdienst 25 (50), 13.12.1940, S. 1027.

207 Lösch: Die neue Kontinentalsperre, in Wirtschaftsdienst, 25 (24), 14.06.1940, S. 462

208 Lösch: Die englische Nahrungsmittelversorgung, Juli 1940, S. 32 – 33, in: ZBW, E 118.

bar.[209] So wurden beispielsweise die reichlichen britischen Umlagerungsmöglichkeiten in der Nahrungsmittelversorgung öffentlich eingestanden. Lösch kritisierte sogar vorsichtig eine vom Propagandaapparat des Auswärtigen Amts verbreitete Schrift des Ernährungsexperten Hans von der Decken. Dieser habe seine negative Beurteilung der künftigen britischen Möglichkeiten des Agrarimports nicht hinreichend belegt.[210]

Einen Kontrast bot Meinhold, der zwar nie fest zur Gruppe Lösch gehörte, jedoch an der Analyse der britischen Handelsverträge mitgewirkt hatte. Einen Monat nach ihrer Fertigstellung behauptete er in einem Beitrag im *Wirtschaftsdienst*, die Westmächte würden eine Propaganda- und Handelsoffensive in Südosteuropa verfolgen, mit dem Ziel, die Wirtschaftsbeziehungen der betreffenden Länder zu Deutschland zu sabotieren.[211] Dies widersprach nun eindeutig dem geheimen Bericht. Hier war nämlich festgestellt worden, dass die Westmächte weder auf eine Steigerung ihres Exportgeschäfts hinarbeiten würden, noch sich in bedeutendem Maße Importe aus neutralen Staaten mit der Intention sicherten, die deutsche Versorgungssituation zu erschweren.[212] Im Bemühen, eine Propagandaleistung zu erbringen, war Meinhold im Gegensatz zu Lösch bereit, sich von der Faktenbasis zu lösen.[213]

Die Veröffentlichungen aus der Gruppe Lösch erfolgten im Jahr 1940 offenbar noch aus eigenem Antrieb und ohne eine konkrete Absprache mit staatlichen Stellen. Dies änderte sich, als Predöhl am Ende des Jahres das verstärkte Interesse des Auswärtigen Amts wecken konnte. Er hatte ihm neben einigen anderen Schriften auch ein Exemplar des Lösch-Berichts über die Handelsverträge Englands und Frankreichs zugeschickt und eine sehr positive Reaktion der für Propagandaaktivitäten zuständigen Informationsabteilung sowie ferner der Wirtschaftsabteilung erhalten. Neben einem steten Strom kleinerer Forschungsarbeiten und Zusendungen[214] vergab das

209 Lösch betonte beispielsweise: „für England bedeutet die kommende Holznot eine Gefahr.“ Lösch: Verschärfte Gegenblockade, in Wirtschaftsdienst, 25 (17), 26.04.1940, S. 333. Diese Einschätzung deckt sich mit einem früheren Bericht. Vgl. IfW: Die Holzversorgung Großbritanniens und Frankreichs und die kriegswirtschaftliche Belastung der neutralen Nordischen Länder, Okt. 1939, in: BA-MA, RW 19/4753, Bl. 17.

210 Ferner korrigierte Lösch die Angabe v.d. Deckens über die britische Weizenproduktion um 100 % (!) nach oben. Besprechung von: Decken, Hans v. d.: Die englische Ernährungslage im Frieden und im Kriege, in: WA 52, 1940, S. 29*-31*.

211 Meinhold (1940a).

212 U.a. hieß es: „Nur in ganz wenigen Fällen, bei rumänischem Erdöl und Weizen, einigen griechischen Rohstoffen [...] haben sich die Westmächte Lieferungskontingente gesichert, die [...] die deutsche Versorgung erschweren sollen.“ Lösch: Die Handelsverträge und -abkommen Großbritanniens und Frankreichs untereinander und mit den neutralen Staaten, März 1940, in: StAH, NL Lösch, Box XV, S. 23.

213 Vgl. in diesem Zusammenhang auch: Lösch: Die englischen Zwangskredite, in: Die Bank 1940, S. 567–569.

214 Zu den größere Posten gehörten zu dieser Zeit u. a.: „Liste mit Titeln sozialpolitischer Literatur aus den letzten Jahren“, 16.12.1940, „Versorgungsbilanz d. Ostasiatischen Raumes“ (im November 1940 im Auftrag des Wehrwirtschaftsamts erstellt), 05.02.1941, „Stand und Möglichkeiten der Energieversorgung des südosteuropäischen Raumes“, 17.04.1941, „Die Ernährungswirtschaftliche Versorgungslage

Auswärtige Amt im Januar 1941 zwei größere Aufträge an das IfW, welche die US-amerikanische Wirtschaft sowie die englische Handelspolitik betrafen. Sobald es um die konkrete inhaltliche Absprache ging, übertrug Predöhl die Verhandlungen an Lösch, dessen Forschungsgruppe die Aufträge ausführen sollte. Löschs Gegenüber war Werner Wilmanns. Die beiden kannten einander noch aus der gemeinsamen Studienzeit in Bonn,[215] was sich in einem unkomplizierten Umgang im Schriftverkehr, in Telefonaten und mindestens bei einer persönlichen Besprechung niederschlug.

Die Geschichte des ersten Auftrags ist rasch erzählt. Die Gruppe Lösch sollte die Rüstungswirtschaft der USA auf Schwachstellen untersuchen, die dann vom Propagandaapparat des Auswärtigen Amts ausgeschlachtet werden konnten.[216] In jeweils zwei Arbeitswochen stellten die Mitarbeiter Lenschow und Löfke bis Mitte Februar 1941 Materialien zur Leistungsfähigkeit des amerikanischen Schiffbaus, des Flugzeugbaus und der Werkzeugmaschinenindustrie zusammen.[217] Lösch war über den intendierten Verwendungszweck orientiert und zeigte sich einverstanden. Wiederholt bot er die Zusammenstellung weiterer Materialien oder eines tiefergehenden Berichts an.[218] Wilmanns war aber zunächst mit der Verwertung der erhaltenen Materialien ausgelastet.[219]

Die zweite größere Forschungsarbeit der Gruppe Lösch für das Auswärtige Amt war komplexer und wird im Folgenden ausführlicher behandelt. Wilmanns hatte auch hier seinen Auftrag eindeutig formuliert. Es ging ihm um eine möglichst baldige Aktualisierung der ein Jahr zuvor im Auftrag des Wehrwirtschaftsamts erstellten Übersicht über die britische Handelspolitik „auf den heutigen Stand und die möglichst klare Herausarbeitung alles dessen, was an diesen Verträgen für die Partner unangenehm ist".[220] Der Verwendungszweck des Berichts sollte darin bestehen, ihn „den mit der Führung von Handelsverträgen im Ausland betrauten Herren zur Weitergabe an ihre ausländischen Verhandlungspartner zur Verfügung zu stellen".[221] England sollte als Handelspartner diskreditiert und damit gleichzeitig Deutschland entstig-

---

Portugals" und „Forstwirtschaft Portugals", beide 22.04.1941 und „Gutachten über Manuskript von [Anton] Zischka", 23.04.1941. Siehe Vgl. Journal der Informationsabteilung des Auswärtigen Amts, 1940, Nr. 13533 und 1941, Nr. 963, 3800, 3848 und Nr. 4212, in: PA AA sowie „Fertiggestellte Arbeiten der Abteilung ‚Marktforschung und Statistik'" (01.1941–06.1944), in: HS IfW, Hs Allg. 21.

215 Wilmanns an Lösch, 10.09.1941, in: StAH, NL Lösch, Ordner „Verschiedenes".

216 Schriftverkehr in: StAH, NL Lösch, Box XIV, Mappe A sowie Ordner „Verschiedenes".

217 Gutachten und Berichte der Forschungsgruppe Dr. Lösch, in: Ebd. Das IfW erhielt insgesamt 757 RM für diese drei Auftragsarbeiten. Kopien wurden auch an das RWM versandt und sind deshalb überliefert in: RGVA Moskau, F. 1458K, p. 23, d.71.

218 Lösch an Wilmanns, 08.02.1941 und 15.02.1941, in: StAH, NL Lösch, Ordner „Verschiedenes".

219 Wilmanns an Lösch, 27.02.1941, in: Ebd. Erst im September 1941 nahm Wilmanns Löschs Angebot auf und fragte nach Informationen über Rohstoffpreise in den USA, die er auch prompt bekam. Vgl. Wilmanns an Lösch, 10.09.1941 und Antwort vom 26.09.1941, in: Ebd.

220 Wilmanns an Predöhl, 07.01.1941, in: StAH, NL Lösch, Box XIV, Mappe A. Diese Passage ist (vermutlich von Lösch) markiert worden.

221 Ebd.

matisiert werden, um eine höhere Kooperationsbereitschaft der ausländischen Eliten für das Projekt des „Europäischen Großraums" herzustellen. Dieses Vorhaben wies in seiner Zielsetzung wie auch in der anvisierten Zielgruppe große Schnittmengen mit der übrigen im IfW betriebenen Öffentlichkeitsarbeit auf.

Wilmanns sandte der Gruppe Lösch eine große Zahl an internationalen Verträgen und sonstigen Informationen zu, die das hauptsächliche Quellenmaterial dargestellt zu haben scheinen. Hierfür betrieb er einen hohen Aufwand und setzte den vollen Apparat des Auswärtigen Amtes ein.[222] Er verbot aber das Zitieren einer bedeutenden Zahl dieser teils der Öffentlichkeit nicht zugänglichen Verträge, sofern Lösch nicht eine „unverfängliche Quellenangabe"[223] finden konnte. Es durfte gegenüber den künftigen Lesern die Rolle des Auswärtigen Amts als Auftraggeber des Berichts keinesfalls verraten werden. Andernfalls würde er genau jenen propagandistischen Wert verlieren, den ihm das Renommee des sich gegenüber dem Ausland betont unpolitisch gebenden IfW verleihen sollte.

Unter Mitarbeit von Löfke erarbeitete Lösch in 14 Arbeitswochen bis Mitte April 1941 den Bericht „Die neuen Methoden der englischen Handelspolitik" sowie bis Ende April einen dazugehörigen Materialteil.[224] Mit 2.400 RM wurde auch diese Arbeit gerade einmal die Personalkosten deckend vergütet. Zwar hielten sowohl Wilmanns wie auch sein für Großbritannien zuständige Kollege aus der Handelspolitischen Abteilung des Auswärtigen Amts die Analyse für „hervorragend" bzw. „ausgezeichnet",[225] aber es gab dennoch Unstimmigkeiten. Wilmanns wollte die politische Botschaft des Berichts zuspitzen, ihn zu einer richtigen „Kampfschrift" umformulieren und dachte offenbar auch daran, ihn selbst oder durch die mit dem Auswärtigen Amt eng verbundene „Deutsche Informationsstelle" zu publizieren. Predöhl jedoch war entschieden anderer Meinung. Er erklärte dem Auswärtigen Amt seine eigene Vorstellung von der Rolle des IfW in der Öffentlichkeitsarbeit des „Dritten Reichs", die er in der Tat seit Jahren konsequent gegenüber dem REM, dem Reichspropagandaministerium und allen weiteren Stellen verfolgte. Sein Institut leiste ausschließlich zwei Dinge: Erstens stelle man bereitwillig sämtlichen staatlichen Stellen Quellenmaterial sowie Analysen zur Verfügung, mit deren Hilfe sie ihre Propaganda betreiben könnten. Zweitens würde man Veröffentlichungen mit unbestreitbarem wissenschaftlichen Gehalt publizieren, auf die sich dann professionelle Propagandisten in ihren Kampfschriften stützen könnten. Er beschäftige Akademiker und keine Journalisten. Entsprechend

222 Unter anderem wurden Informationen von Gesandtschaften in Paris, Moskau und Valparaiso eingeholt. Briefverkehr zwischen Lösch und Wilmanns, Februar bis August 1941, in: StAH, NL Lösch, Ordner „Verschiedenes". Journal der Informationsabteilung des Auswärtigen Amts, 1941, Nr. 4374 und Nr. 6251, in: PA AA.

223 Wilmanns an Lösch, 11.02.1941, in: StAH, NL Lösch, Ordner „Verschiedenes".

224 Lösch und Löfke: Die neuen Methoden der englischen Handelspolitik (mit Materialbeilage), April 1941, in: ZBW, C 6855. Der Materialteil ist nicht überliefert.

225 Wilmanns an Predöhl, 07.05.1941 und 25.06.1941, in: StAH, NL Lösch, Ordner „Verschiedenes". Beide Adjektive sind – vermutlich von Lösch – markiert worden.

könne und wolle man nicht selbst agitieren, sondern konzentriere sich in den Publikationen auf „jene Form sublimierter Propaganda, die noch im Bereich der Wissenschaft liegt."[226] Hieraus erkläre sich auch die aus Sicht Wilmanns bestehende mangelnde Nachdrücklichkeit der politischen Botschaft im Lösch-Bericht.[227]

Die Position des IfW wurde akzeptiert und so erschien der Bericht weitgehend unverändert mit nur einem zusätzlich in das Fazit eingefügten Absatz im September 1941 im *WA*, zu Löschs Verdruss allerdings weitgehend ohne den von Wilmanns zensierten Materialteil.[228] Das Auswärtige Amt war zufrieden und ließ sich 500 Abzüge zusenden. Aus der heutigen Betrachtung wirkt der Aufsatz allerdings wenig „sublim", sondern eher plump und an einigen Stellen sogar gehässig.[229] Lösch schilderte, dass England im 19. Jahrhundert auf seine Flotte gestützt der Welt jenes Freihandelssystem aufgezwungen habe, in dem es dann zum globalen Hegemon aufgestiegen sei. Die gegenwärtige Handelspolitik sei nun ein klares Zeichen dafür, dass diese wirtschaftliche und militärische Machtstellung zerbröselt sei und – dieser Punkt war ihm besonders wichtig –, dass England seine wirtschaftspolitischen Ideale verraten und damit seine Identität aufgegeben habe. Die Errichtung eines Wirtschaftsgroßraums sei das nicht nur von Deutschland, sondern in Wahrheit auch das von England verfolgte Ziel. Der Unterschied sei nur, dass Letztere dies aus politischen Gründen nicht zugeben wollen würden. Damit wirkte der Aufsatz eindeutig auf das vom Auswärtigen Amt gewünschte Ziel einer Diskreditierung Englands und einer Entstigmatisierung des „Dritten Reichs" hin. Lösch führte sogar eine spezifische Anweisung Wilmanns aus dem Mai 1941 aus und hob in einem zusätzlichen Absatz hervor, dass nicht die Umstände seit dem Ersten Weltkrieg diese Entwicklung eingeleitet hätten, sondern dass sie einer grundsätzlich veränderten Geisteshaltung entsprungen sei.[230] Teils wortgleich wiederholte Lösch diesen Absatz in einem Artikel in der *Frankfurter Zeitung*, in dem er England zudem als ein einziges großes „Notstandsgebiet" bezeichnete.[231] Die Botschaft war klar. Die Moral der Engländer sei gebrochen, der Niedergang unaufhaltsam, das einst so mächtige Empire besiegbar.

Vertrat Lösch nun in dem Artikel aus dem September 1941 seine eigene Meinung oder wider besseres Wissen die Botschaft seines Auftraggebers? Ein Vergleich mit

---

226 Predöhl an Wilmanns, 12.05.1941, in: Ebd.

227 Wilmanns an Predöhl, 07.05.1941, in: Ebd.

228 Lösch (unter Mitarb., von Lenschow, Löfke, Meinhold, Mülhaupt und Langeloh): Die neuen Methoden der englischen Handelspolitik. Aus dem Institut für Weltwirtschaft, in: WA 54 (2), September 1941, S. 312 – 348.

229 Z. B.: „Es ist ein überaus eindrucksvolles Schauspiel, wie England Stück für Stück den Überzeugungen entgegenhandelt, die es ein Jahrhundert lang mit Eifer verfochten hat." Lösch: Die neuen Methoden der englischen Handelspolitik, in: WA 54, 1941, S. 338.

230 Wilmanns an Predöhl, 07.05.1941, in: StAH, NL Lösch, Ordner „Verschiedenes". Siehe Lösch: Die neuen Methoden der englischen Handelspolitik, in: WA 54, 1941, S. 338 – 339. Der Absatz fehlt in: Lösch und Löfke: Die neuen Methoden der englischen Handelspolitik, April 1941, in: ZBW, C 6855.

231 Lösch: Neues Wirtschaftsdenken in England, in: Frankfurter Zeitung und Handelsblatt, Nr. 313 – 314, 22.06.1941, S. 7.

anderen Veröffentlichungen und geheimen Gutachten macht deutlich, dass Letzteres zu einem substantiellen Anteil der Fall war. So wurde beispielsweise die warnende Schilderung aus dem März 1940 über das englische Geschick in der Gestaltung internationaler Handels- und Kreditverträge nun ins Gegenteil verkehrt. Argumente, die er früher als Beleg für eine Stärkung der englischen Position angeführt hatte, etwa die Ausschaltung der deutschen Konkurrenz auf den überseeischen Märkten durch die Seeblockade, tauchten im veröffentlichten Artikel plötzlich nicht mehr auf. Auch ging er in keiner Weise auf die von ihm zeitgleich im *Nauticus* geäußerte Überzeugung ein, dass in wirtschaftlicher und politischer Hinsicht „rein kontinentalen Reichen viel engere Schranken"[232] gesetzt seien als ozeanisch orientierten Reichen. Damit gab Lösch den Lesern des *WA* den – in seinen Augen falschen – Eindruck, die Voraussetzungen Deutschlands zur Errichtung eines „Großraums" seien denen Großbritanniens ebenbürtig. Lösch stand aber immerhin soweit hinter den Aussagen des Aufsatzes, dass er ihn nicht nur veröffentlichte, sondern auch umgehend ein Exemplar an seinen Freund und Mentor Eucken sandte. Die Verschleierung der Beauftragung durch das Auswärtige Amt scheint er jedoch auch ihm gegenüber aufrechterhalten zu haben.[233]

An die Forschungen über die englische Lage im Wirtschaftskrieg im Auftrag des Wehrwirtschaftsamts aus dem Vorjahr schloss sich also 1941 eine propagandistische Auswertung für das Auswärtige Amt an. Die Gruppe Lösch war bemüht, auf den vorgegebenen Verwendungszweck hinzuarbeiten. Sie wurde dabei nicht dazu gezwungen, den von Predöhl gezogenen Rahmen der IfW-Öffentlichkeitsarbeit zu sprengen. Als das Auswärtige Amt später nochmal versuchte, Lösch zu einer antienglischen Publikation in einem Organ der „Deutschen Informationsstelle" zu bewegen, konnte er dies problemlos ablehnen.[234] Dies war vorausschauend, denn im Ausland hatte man schnell erkannt, dass diese Stelle unter dem Mantel der Wissenschaft eine koordinierte Propagandaaktivität entfaltete.[235] Den Anschein der Objektivität zu wahren, war aber aus Sicht Predöhls die Grundlage für Wirkungsmöglichkeiten des Instituts. Löschs Aufsatz gab zwar vor ein wissenschaftliches Forschungsergebnis zu sein, war aber tatsächlich eine Propagandaschrift. Der ausschließliche Zweck lag in einer politischen Beeinflussung der Leser, wofür der Entstehungskontext bewusst verschleiert wurde. Damit wurde die Gruppe Lösch zu ei-

232 Lösch: Die Leistung der Seeschiffahrt im Vergleich zu den Leistungen der übrigen Gütertransportmittel (Binnenschiffahrt, Eisenbahn, Kraftfahrzeug und Flugzeug), in: Nauticus, 1941, S. 326–336, Zitat S. 332.

233 Euckens Antwort vom 6. Oktober 1941, in: StAH, NL Lösch, Box XIV.

234 Schriftverkehr zwischen Heinz Lehmann und Lösch, März 1943, in: StAH, NL Lösch, Box XIV. Von den Kieler Ökonomen ließ sich nur Heyde auf die Informationsstelle ein und publizierte 1940 bzw. 1941 im Junker und Dünnhaupt Verlag in Berlin die Monografie „Die Lage des Deutschen Arbeiters" bzw. „La Situación del Obrero Alemán".

235 Mortimer Taube: The Publishing Activities of the Deutsche Informationsstelle, in: Library of Congress – Quarterly Journal of Current Acquisitions 2 (1), Nov. 1944, S. 86–90.

nem Teil der intensiven Kooperation zwischen dem Institut und dem Auswärtigen Amt in Sachen Öffentlichkeitsarbeit.

Diese Betätigung wurde noch einige Zeit fortgesetzt.[236] In enger Absprache mit dem Auswärtigen Amt publizierte Lenschow im nachfolgenden Novemberheft 1941 des *WA* eine ausführliche Rezension einer bereits zweieinhalb Jahre zuvor veröffentlichten Monografie des britischen Ökonomen Colin Clark über die sowjetische Wirtschaft. Darin widersprach er Clarks statistischen Angaben über einen kürzlich erfolgten ökonomischen Aufschwung. Die sowjetische Rüstungsindustrie habe das „fundamentale Problem", nicht über eine ausreichende gesamtwirtschaftliche Grundlage zu verfügen.[237] Noch ausdrücklicher äußerten sich andere IfW-Mitarbeiter in dem für eindringlichere Propaganda vorgesehenen *Wirtschaftsdienst*.[238] Auch die Wirtschaftskraft Englands wurde fortgesetzt angezweifelt. Löfke stellte beispielsweise im Dezember 1941 eine Monografie zur Wirtschaft Kanadas fertig, die vom NSDAP-Propagandisten Siegfried Faßbender herausgegeben wurde.[239] Darin prophezeite Löfke – wie übrigens auch Lenschow bereits ein Jahr zuvor –[240] eine baldige Annexion des Dominion Kanada durch die USA, was dem Vereinigten Königreich einen wirtschaftlich wichtigen Teil seines Kolonialreiches entziehen würde.

13.7 Auswertung französischer Beuteakten

Über eine Kooperation mit dem sogenannten Sonderkommando Künsberg erlangte das Wehrwirtschaftsamt im Sommer 1941 Zugriff auf einen großen Bestand von französischen Akten. Diese wurden zügig weiterverteilt, um eine möglichst fachkundige Sichtung und Auswertung zu ermöglichen. Neben Stellen wie der RGI (Wirtschaftsgruppe Chemische Industrie, Fachgruppe Waffenindustrie)[241] erhielt auch das IfW umfangreiche Zusendungen. Die Bearbeitung wurde der Gruppe Lösch zugewiesen, die für das Wehrwirtschaftsamt bereits im März 1940 mit der Auswertung der englischen und französischen Handelsverträge eine entsprechende Kompetenz bewiesen hatte. Seitdem hatte sich die Gruppe eher nebenher in kleineren Arbeiten für verschiedene Auftraggeber mit Frankreich beschäftigt. Für das Reichswirtschaftsministerium waren im Oktober 1940 Informationen über französische Kapitalanlagen im

236 Noch im März 1944 forderte F. Meyer die Institutsmitarbeiter auf, solches Material dem Auswärtigen Amt weiterzuleiten, das sich vielleicht propagandistisch verwerten ließe. Meyer: Umlauf, 18.03. 1944, in: StAH, NL Lösch, Ordner „Verschiedenes".

237 Lenschow: Besprechung von: Clark, Colin: A critique of russian statistics. London 1939, in: WA 54, Nov. 1941, S. 136*-143*, Zitat S. 143*.

238 Heeckt: Die aussenwirtschaftliche Versorgungslage der UdSSR, in: Wirtschaftsdienst 27, 20.02. 1942, S. 110 – 112.

239 Löfke (1942).

240 Lenschow: Die Bedeutung Englands und der Vereinigten Staaten in ihrem Einfluss auf die kanadische Wirtschaft, in: Wirtschaftsdienst 25 (50), 13.12.1940, S. 1025 – 1027.

241 KTB Wehrwirtschaftsamt, Wi Ausl. III/IV, 1.7 – 30.9.1942, in: BA-MA, RW 19/433.

Ausland zusammengestellt worden, die der ehemalige IfW-Mitarbeiter und nunmehrige RWM-Oberregierungsrat Donner dringend benötigte.[242] Hans Kuntze, Leiter des Wirtschaftsressorts unter dem sehr einflussreichen Pariser Botschafter Otto Abetz, hatte parallel einige Informationen zu französischen Beteiligungen an Großunternehmen in Oberschlesien erhalten.[243] Ferner hatte Lösch im Januar 1941 für die Wirtschaftsgruppe Lebensmittelindustrie der RGI umfangreiche und übersichtlich aufbereitete Informationen über die Lebensmittelindustrie der besetzten und der unbesetzten Zone Frankreichs zusammengestellt.[244]

Die im Herbst 1941 vom Wehrwirtschaftsamt erhaltenen „Beuteakten", die im IfW auch stets als solche bezeichnet wurden, entstammten vor allem den französischen Blockade-, Rüstungs-, Kriegs-, Luftfahrt- und Marineministerien sowie ferner den Außen-, Handels- und Arbeitsministerien etc.[245] Sie waren bereits vorsortiert und selektiert, nicht nach Kiel gelieferte Akten konnten aber bei Bedarf vom Wehrwirtschaftsamt nachgeordert werden. Lösch stellte für seine Mitarbeiter einen Plan zur Sichtung und Zusammenfassung des Materials auf, um einen Überblick zu erhalten und inhaltliche Grundzüge erkennen zu können. Insbesondere durch die extra neu in die Gruppe eingetretene Ilse Michaelis wurden Übersetzungen des reichlich vorhandenen Schriftverkehrs und der vielen französischen Dokumente erstellt. Dazu zählte brisantes Material, wie beispielsweise ein Bericht des Ministerpräsidenten Édouard Daladier an seine Minister über eine Besprechung mit dem britischen Premierminister Neville Chamberlain zur Kooperation im Wirtschaftskrieg, Instruktionen über die Anwendung internationaler Abkommen etc. Ferner erhielt die Gruppe Lösch von deutschen Militärs angefertigte Listen und vorläufige Berichte über den Inhalt der Beuteakten, erste Auswertungen (z. B. zur Tätigkeit der französischen Einkaufsmission in Italien), Statistiken über die französische Blockade und den Außenhandel sowie, auch dies streng geheim, Zugang zur deutschen Außenhandelsstatistik.[246] Weitere Informationen konnten beim hauseigenen Wirtschaftsarchiv eingeholt werden.

Lösch erklärte seinen Mitarbeitern im maßgeblichen Arbeitsplan vom 1. Dezember 1941, die ihnen übertragene Aufgabe sei es, auf Basis des Materials „ein Gesamtbild über den französischen Handelskrieg zu gewinnen".[247] Dies umfasse alle Maßnahmen zur wirtschaftlichen Schädigung Deutschlands (Blockade), zur Begünstigung Frank-

242 Notiz zu „Staatsgespräch" zwischen Gülich und Donner, 13.09.1940, in: StAH, NL Lösch, Ordner „Verschiedenes". Den in vier Arbeitswochen von Lösch, Diez und Lenschow bis Ende Oktober erstellte Bericht „Französische Kapitalanlagen im Ausland" habe ich in keinem der von mir besuchten Archive finden können. Möglicherweise befindet er sich in: RGVA Moskau, F. 1458K, p. 5, d. 168.

243 Vgl. Ray (2000), S. 296. Diez: Französisches Kapital in Oberschlesien, 15.10.1940, in: StAH, NL Lösch, Ordner „Verschiedenes".

244 Lösch: Die französische Lebensmittelindustrie, 16.01.1941, in: ZBW, IV 3687.

245 Neues Stichwortverzeichnis für die Ordnung der französischen Beuteakten im Wi-Rü-Amt beim O.K.W. (Stand Sept. 1941), in: StAH, NL Lösch.

246 Siehe Dokumente und Auflistungen in: Ebd.

247 Lösch: Richtlinien vom 1.12.41 für die Bearbeitung der französischen Beuteakten, S. 1, in: StAH, NL Lösch.

reichs sowie zur Abwehr von deutschen Angriffen im Wirtschaftskrieg im Zeitraum von September 1939 bis zum deutschen Sieg im Juni 1940. Lösch stand selbst in einem direkten Austausch mit dem Wehrwirtschaftsamt, dem er zumindest in der Anfangszeit zwei Mal wöchentlich Auskunft über die Fortschritte des Projekts gegeben zu haben scheint.[248] Weil die Sichtung und Analyse sehr sorgfältig durchgeführt wurde und auch weil die sprachkundigen und fest eingeplanten Sachbearbeiter Löfke und Lenschow das IfW im Januar 1942 überraschend verließen, dauerte es ein halbes Jahr, bis die ersten Berichte fertiggestellt werden konnten (siehe Tabelle 16).

Tabelle 16: Auswertung französischer Beuteakten im Auftrag des Wehrwirtschaftsamts[249]

Verfasser und Titel	Datum	Bearbeitungszeit	Umfang
Lösch: Die Bezahlung der französischen Kriegseinfuhr (September 1939 bis Juni 1940)	Mai 1942	1 Woche	nicht überliefert
Stoltzenberg: Die französische Devisenbewirtschaftung als Mittel zur Finanzierung der Kriegseinfuhr. Ein vorläufiger Arbeitsbericht auf Grund der Beuteakten, der französischen Devisengesetze und von Pressemeldungen	Juni 1942	7 Wochen	19 Seiten
Michaelis und Lösch: Die Organisation der französischen Einfuhr im Kriege	August 1942	21 Wochen	nicht überliefert
Mülhaupt: Die französische Blockade I. Die Organisation. Ein vorläufiger Arbeitsbericht auf Grund der Beuteakten, der einschlägigen Gesetze sowie von Pressemeldungen	September 1942	8 Wochen	34 Seiten + 4 Anlagen
Mülhaupt: Die französische Blockade II. Die Durchführung. Ein vorläufiger Arbeitsbericht auf Grund der Beuteakten, der einschlägigen Gesetze sowie von Pressemeldungen	Oktober 1942	16 Wochen	86 Seiten + 5 Anlagen
Mülhaupt: Die Organisation der britischen Blockade (Das Ministry of Economic Warfare) Auf Grund insbesondere der französischen Beuteakten und einiger sonstiger Meldungen	Juni 1943	14 Wochen	61 Seiten + 9 Anlagen

Die überlieferten Berichte der Forschungsgruppe Lösch sprachen ein vernichtendes Urteil, sowohl was die französische Devisenbewirtschaftung („mangelhafte Vorbe-

248 Ebd., S. 4.

249 Quellen: Gutachten und Berichte der Forschungsgruppe Dr. Lösch, o.D., in: StAH, NL Lösch; Materialsammlungen, Berichte und Gutachten des Instituts für Weltwirtschaft an der Universität Kiel, o.D., in: ZBW, D 5645; Überlieferte Berichte in: BA-MA, RW 19/3952, 19/5153, 19/5154 und 19/5163.

reitung", „verhängnisvolle(r) Langsamkeit")[250] als auch die Organisation der französischen Blockade („am englischen Vorbild geklebt", „an eigener Initiative hat fehlen lassen")[251] betraf. Die Bearbeiter beschränkten sich jedoch nicht auf eine umfassende Rekonstruktion und Bewertung, sondern arbeiteten auch heraus, wie die französische Verwaltung der Kriegswirtschaft sowie die Durchführung des Wirtschaftskriegs hätte verbessert werden können. Dies war erkennbar darauf angelegt, dem Wehrwirtschaftsamt Hinweise zu einer Optimierung der eigenen Organisation zu geben. Auffällig ist, dass es sich zumeist um „vorläufige Arbeitsberichte" handeln sollte. An einer noch weitergehenden Analyse der kurzlebigen französischen Wirtschaftskriegführung hatte das mittlerweile einer neuen Leitung unterstellte Wehrwirtschaftsamt im Jahr 1943 offenbar kein Interesse mehr.

Die Auswertung der Beuteakten wurde erst im Juni 1943 abgeschlossen, als Mülhaupt seine Beschreibung der Organisation und Funktionsweise des britischen Ministry of Economic Warfare fertigstellte. Löschs Anweisungen ausführend war auch er erkennbar um Aktualität bemüht, weshalb er zusätzlich zu den Akten neue Pressemeldungen heranzog. Gleichwohl war, wie er auch deutlich machte, der Großteil des zur Verfügung stehenden Quellenmaterials veraltet und lückenhaft, was ihm meist nur eine Rekonstruktion des Zustands bis März 1940 erlaubte. Bezeichnend ist Mülhaupts Angabe zur Größe des Ministeriums, die im Oktober 1939 610 Mitarbeiter betragen habe.[252] Diese Zahl traf aber weder für die seinerzeitige Größe zu, noch lag sie ansatzweise in der Nähe des gegenwärtigen Bestands vom Sommer 1943 (900 bzw. 1.300 Mitarbeiter).[253] Mülhaupt umriss zwar zutreffend den weitreichenden Aufgabenbereich des Studienobjekts und erkannte auch einige wichtige organisatorische und strategische Grundzüge, wie beispielsweise die zentrale Bedeutung der United Kingdom Commercial Corporation oder die eifrigen britischen Versuche zur Ablenkung der bisherigen türkischen Exporte nach Deutschland.[254] Gleichwohl ist fraglich, ob der von ihm gegebene Überblick und die veralteten bzw. falschen Informationen für das Wehrwirtschaftsamt oder andere mit der deutschen Wirtschaftskriegführung befasste Stellen einen Wert gehabt haben. Es scheint kaum vorstellbar – kann aber gleichwohl nicht ausgeschlossen werden –, dass es die Verantwortlichen in der Spanne von fast

250 Stoltzenberg: Die französische Devisenbewirtschaftung als Mittel zur Finanzierung der Kriegseinfuhr. Ein vorläufiger Arbeitsbericht auf Grund der Beuteakten der französischen Devisengesetze und von Pressemeldungen, Juni 1942, S. 19, in: BA-MA, RW 19/5163.

251 Mülhaupt: Die französische Blockade II. Die Durchführung. Ein vorläufiger Arbeitsbericht auf Grund der Beuteakten, der einschlägigen Gesetze, sowie von Pressemeldungen, Okt. 1942, S. 86, in: BA-MA, RW 19/5154.

252 Mülhaupt: Die Organisation der britischen Blockade (Das Ministry of Economic Warfare) Auf Grund insbesondere der französischen Beuteakten und einiger sonstiger Meldungen, Juni 1943, S. 4, in: ZBW, C 28381.

253 Vgl. Nechama Janet Cohen Cox: The Ministry of Economic Warfare and Britain's conduct of economic warfare, 1939 – 1945, King's College London, 2001, S. 52.

254 Mülhaupt: Die Organisation der britischen Blockade, Juni 1943, S. 42 – 45, in: ZBW, C 28381. Hierzu: Cox: The Ministry of Economic Warfare, 2001, S. 275 – 286.

vier Kriegsjahren versäumt haben könnten, sich einen Überblick über den Aufbau und die Funktionsweise ihres britischen Widerparts zu verschaffen. Ferner ist rätselhaft, warum Mülhaupt sich bis Herbst 1942 ganz auf das geschlagene Frankreich konzentrierte und sich erst anschließend mit dem noch aktiven Kriegsgegner beschäftigte. Gleichwohl muss der Schluss gezogen werden, dass das Wehrwirtschaftsamt mit der Arbeit der Forschungsgruppe Lösch zufrieden war. Von September 1943 bis in den Sommer 1944 hinein blieb dieses Amt der wichtigste Auftraggeber der Gruppe und veranlasste in dieser Zeit die Ausarbeitung von fünf weiteren Berichten.[255]

13.8 „Informationsstützpunkt" für das Planungsamt des Rüstungsministeriums

Die von Unzulänglichkeiten und Kompetenzstreitigkeiten geprägte deutschen Wirtschaftsverwaltung wurde bis Herbst 1943 reorganisiert.[256] Das hatte große Auswirkungen auf die Prozesse der Informationsgewinnung und -verbreitung, die auch für das IfW bedeutsam wurden. Sieger der Auseinandersetzung war eindeutig das von Speer geführte Reichsministerium für Rüstung und Kriegsproduktion (kurz: Rüstungsministerium), das seine Kontrolle auf beträchtliche Teile der zivilen Produktion ausweiten konnte. Hierfür verleibte es sich im September die komplette Hauptabteilung II (Industrie) des RWM mitsamt ihrem Leiter Hans Kehrl ein. Sie wurde in *Planungsamt* umbenannt, was Speers Anspruch auf weitreichende Lenkung der deutschen und kontinentaleuropäischen Wirtschaft unterstrich. Das RWM unter dem führungsschwachen Funk blieb noch mit der Versorgung der Bevölkerung sowie der Bearbeitung grundsätzlicher wirtschaftspolitischer Fragen befasst. Als neue Mitarbeiter kamen dort im November 1943 der (gesundheitlich angegriffene) Staatssekretär Franz Hayler sowie dessen energischer Stellvertreter Otto Ohlendorf als neuer Leiter der Hauptabteilung II hinzu.[257] Seine Position als Leiter der Inlandsabteilung des SD behaltend, spielte Ohlendorf eine Schlüsselrolle bei dem Vorhaben, im RWM „eine ideologische und machtpolitische Gegenposition der SS zum Rüstungsministerium"[258] aufzubauen. Als „grundsätzlicher Verfechter einer liberaleren Marktwirtschaft auf festen, ordnungspolitischen Grundlagen",[259] der sich u. a. vom Konsumforscher Lud-

255 An den Vorbericht über die „amerikanischen Arbeitsreserven" aus dem März 1943 anschließend handelte es sich um einen entsprechenden Haupt- und einen Nachtragsbericht sowie Berichte zur Wirtschaftskraft Südwestafrikas, zur Entwicklung der Erdölwirtschaft im Nahes Osten sowie zum Rekrutierungspotential der USA, siehe BA-MA, RW 19/3788, 6966, 6969 – 6970, 6973 und ZBW, C 6212.

256 Vgl. zu diesem Abschnitt: Fremdling (2016a), S. 271 – 283, Rolf-Dieter Müller (1999a und 1999b), Roth (1999) und immer noch wertvoll: Herbst (1982), 253 – 291.

257 Vgl. Sowade (1999), S. 196.

258 Rolf-Dieter Müller (1999a), S. 349.

259 Hentschel (1996), S. 39.

wig Erhard beraten ließ,[260] machte Ohlendorf es sich auch zur Aufgabe, eine Wirtschaftsordnung zu konzipieren, die in der Nachkriegszeit implementiert werden sollte. Predöhl bewarb das IfW erfolgreich sowohl beim Rüstungsministerium wie auch bei seinem ehemaligen Mitarbeiter Ohlendorf im RWM. In beiden Fällen spielte die Forschungsgruppe Lösch bei den anschließend übertragenen Auftragsarbeiten eine zentrale Rolle.

Das Interesse Predöhls an einer Zuarbeit für das Planungsamt war naheliegend, denn Speer und Kehrl hatten es damit geschafft, jene „Schaltzentrale der deutschen Kriegswirtschaft“[261] einzurichten, zu der General Thomas einst sein Wehrwirtschaftsamt hatte ausbauen wollen. Das Planungsamt sollte aber nicht nur „Informationszentrum“, sondern auch „eine Art Informationsbörse“ werden.[262] Dadurch erreichte Kehrl jene enorm hohe Bereitschaft von zivilen und militärischen, öffentlichen und privaten Institutionen zur bilateralen Kooperation und zur multilateralen Mitarbeit in Arbeitskreisen, mit der auch im Rahmen des „organisierten Chaos“ (Dieter Rebentisch) des NS-Regimes eine vergleichsweise effektive Verwaltung möglich war. Ebenso wie Thomas setzte auch Kehrl in hohem Maße auf Fachleute und zeigte eine starke Neigung, wirtschaftswissenschaftliche Institute heranzuziehen. Die von Rolf Wagenführ geleitete Hauptabteilung V (Planstatistik) des Planungsamts bestand beispielsweise ausschließlich aus DIW-Mitarbeitern, die Kehrl aufgrund ihrer schnellen und umfassenden Bereitstellung von Statistiken über die deutsche Wirtschaftsproduktion als seine „Geheimwaffen“[263] bezeichnete.

Am 9. Oktober 1943, nur wenige Wochen nach Gründung des Planungsamts, sandte Predöhl seine Bewerbung für eine Mitarbeit des IfW ein.[264] Es handelte sich um das übliche Angebot, das beispielsweise auch das Wehrwirtschaftsamt erhalten hatte. Nach einer Probephase würde das Planungsamt sich durch einen langfristigen Werkvertrag binden und könnte im Gegenzug laufend Aufträge erteilen, die das Institut dann je nach Bedarf und Dringlichkeit kurz- oder langfristig bearbeiten würde. Die Kernkompetenz läge dabei nicht in der Belieferung mit Einzelinformationen, sondern in problemorientierter wissenschaftlicher Forschung und in systematischen Auskünften über das Ausland. Als Werbematerial sandte Predöhl dem Planungsamt vier alte Auftragsgutachten des IfW für das Wehrwirtschaftsamt zu, darunter die in der Gruppe Lösch angefertigte Berechnung über die Möglichkeit zur Aushungerung Englands und die Auswertung der britischen Handelsverträge. Militärische Terminologie nutzend fasste Predöhl die anvisierte Stellung des IfW mit dem Begriff des „Informationsstützpunkts“ zusammen, dem sich Kehrls Mitarbeiter bedienen könnten. Kehrl nahm das Angebot an und bereits für den November 1943 ist das erste

260 Vgl. Ebd., S. 35.
261 Rolf-Dieter Müller (1999a), S. 344.
262 Beide Zitate in: Kehrl (1973), S. 319.
263 Ebd.
264 Predöhl: Denkschrift über die Mitarbeit des Instituts für Weltwirtschaft an der Universität Kiel beim Planungsamt, 09.10.1943, in: BA, R 3/4041, Bl. 2–3.

Auftragsgutachten nachweisbar. Es handelte sich um eine von Lösch verfasste „Stellungnahme zur Ausarbeitung des Statistischen Reichsamts vom Juli 1943 über: Das Menschenpotential der Mächtegruppen".[265] Sie ist nicht überliefert, mit einiger Sicherheit kann aber angenommen werden, dass Lösch hier vor allem eine Einschätzung über die US-amerikanischen Arbeitsreserven abgegeben hat. Einen entsprechenden (Vor-)Bericht zum Arbeitseinsatz in den USA mitsamt einer Prognose für die künftige Entwicklung hatte er gemeinsam mit seinen Mitarbeitern Rudolf Walder und Zottmann bereits im März 1943 im Auftrag des Wehrwirtschaftsamts erstellt.[266] Im Januar bzw. Februar 1944 folgten der Hauptbericht sowie ein Nachtragsbericht über die Produktivität der amerikanischen Arbeiter.[267] Das Wehrwirtschaftsamt erlaubte dem IfW im März 1944, Kopien dieser drei Berichte ebenfalls dem Planungsamt zuzusenden.[268] Diese Erlaubnis hing eng mit der zeitgleichen Einrichtung der „Wissenschaftlichen Beratungsstelle" zusammen, über welche die Forschungen des IfW und insbesondere der Gruppe Lösch für das Planungsamt sowie das Wehrwirtschaftsamt von nun an liefen.

Die „Wissenschaftliche Beratungsstelle" war mit der Maßgabe eingerichtet worden, jegliche im Reich geleistete Erforschung der Wirtschaftskraft der Kriegsgegner zu bündeln.[269] Sie war in der Leitungsgruppe des Planungsamts angesiedelt und wurde bald vom ehemaligen HWWA-Mitarbeiter Werner Bosch geleitet. Hier sollten, erstens, alle beteiligten Stellen Zugriff auf anderswo erarbeitete Forschungsergebnisse erhalten. Zweitens sollte die Forschung rationalisiert und Doppelarbeit vermieden werden und drittens sollten sich die Bearbeiter absprechen, um so die Qualität der Entscheidungsgrundlagen zu erhöhen. Während in der Historiographie die Bedeutung der Konzentration von Planung und Erfassung aller von Deutschland kontrollierten Produktionskräfte unter führender Beteiligung der de facto wiedervereinigten DIW und Statistischem Reichsamt umfassend und pointiert herausgestellt worden ist („Kommandozentrale ökonomischer Expertise"[270]), hat die Reorganisation der Aus-

265 Siehe Gutachten und Berichte der Forschungsgruppe Dr. Lösch, o.D., in: StAH, NL Lösch.

266 Lösch, Walder und Zottmann: Die amerikanischen Arbeitsreserven I: Vorbericht: Der Arbeitseinsatz in USA anfangs 1943 und seine mutmaßliche Entwicklung bis Jahresabschluss, März 1943, in: BA-MA, RWD 16/131.

267 Lösch, Walder und Zottmann: Die amerikanischen Arbeitsreserven II: Hauptbericht, Jan. 1944, in: BA-MA, RW 19/6969 sowie Dieselben: Die amerikanischen Arbeitsreserven III: Nachtragsbericht: Die Produktivität der amerikanischen Arbeit, April 1944, in: BA-MA, RW 19/6970.

268 Wehrwirtschaftsamt an IfW, 21.03.1944, in: StAH, NL Lösch, Ordner „Verschiedenes", und Lösch an Bielinski (Planungsamt), 13.06.1944, in: Ebd., Box XVIII.

269 Besprechung über die Aufgabenstellung der Wissenschaftlichen Beratungsstelle, 10.03.44, in: BA-MA, RW 19/4986.

270 Adam Tooze: Wirtschaftsstatistik im Reichswirtschaftsministerium, in seinem Statistischen Reichsamt und im Institut für Konjunkturforschung, in: Holtfrerich (Hg): (2016), S. 420.

landsaufklärung bisher zu wenig Beachtung gefunden.[271] Dabei ist es absolut bemerkenswert, was diese zur Tarnung bloß als „Wissenschaftliche Beratungsstelle“ bezeichnete Stelle des Planungsamts leisten konnte.[272] Es kamen nun zum ersten Mal das Wehrwirtschaftsamt, das Amt Ausland/Abwehr, des SD im RSHA, die Marine, das Forschungsamt der Luftwaffe (der machtvolle Geheimdienst Görings)[273] und das Auswärtige Amt an einen Tisch, um ihre Informationen planmäßig auszutauschen und gemeinsam auszuwerten. Das IfW war als einzige wissenschaftliche Stelle seit der ersten Sitzung dabei.[274] Namentlich als Mitarbeiter wurden Predöhl und Lösch geführt.[275] Neben der omnipräsenten Volkswirtschaftlichen Abteilung der IG Farben und dem MWT wurde in der Folge eine Reihe weiterer Forschungseinrichtungen herangezogen, darunter die von Hahn geleitete, ehemals im IfW angesiedelte Ernährungswirtschaftliche Forschungsstelle, die Erkenntnisse über die Nahrungsmittelversorgung der Feindmächte beitrug.[276] Mit dem als Verbindungsoffizier des Wehrwirtschaftsamts partizipierenden Schlote war ein weiterer Ökonom mit langer Kieler Vergangenheit beteiligt. Unter diesen wissenschaftlichen Einrichtungen war jedoch das IfW eindeutig in der führenden Position.[277] Organisiert wurde der Austausch in insgesamt 19 Arbeitskreisen, die sich mit Themenbereichen wie Arbeitseinsatz, Mineralöl, Außenhandel und Pachtleihverkehr beschäftigten.[278]

Die Mitarbeit der Gruppe Lösch in der „Wissenschaftlichen Beratungsstelle“ begann mit besagter Verbreitung der im Auftrag des Wehrwirtschaftsamts erarbeiteten Erkenntnisse über die US-amerikanischen Arbeitsreserven. Parallel hatte der Leiter der Abteilung für Ostforschung im Auftrag des Planungsamts einen (aus Quellenmangel wenig ergiebigen) Bericht über „die Möglichkeit der Berechnung des russischen Menschenpotentials“ verfasst.[279] Beides diente der Vorbereitung einer ersten Arbeitskreissitzung Anfang April 1944 zu dem Thema „Arbeits- und Kräfteeinsatz in den USA, in GB und der UdSSR“.[280] Weitere Berichte wurden u. a. von dem späteren

---

271 Das liegt sicher auch daran, dass Kehrl sie selbst in seiner Autobiografie nur kurz erwähnte, vgl. Kehrl (1973), S. 323 – 324. Während Herbst (1982, S. 440 – 442) sie noch auf drei Seiten behandelte (*too little, too late*), ging Rolf-Dieter Müller (1999a, S. 347) nicht näher auf sie ein.

272 Kehrl an Keitel, 23.03.1944, in: BA, R 3/1954, Bl. 179.

273 Vgl. Irving (1999).

274 Protokoll zur Besprechung über die Aufgabenstellung der Wissenschaftlichen Beratungsstelle, 10.03.44, in: BA-MA, RW 19/4986.

275 Liste der Mitarbeiter der Wissenschaftlichen Beratungsstelle, o.D. [vermutlich ca. Juni 1944] in: BA, R 3/1954.

276 Wissenschaftliche Beratungsstelle an Kehrl, 19.05.1944, in: BA, R 3/1954, Bl. 163.

277 Vgl. Eichholz (2003, Bd. 3), S. 525. Vgl. auch: Kehrl an Keitel, 23.03.1944, in: BA, R 3/1954, Bl. 179.

278 Vgl. Herbst (1982), S. 440 – 441.

279 Anderson: Über die Möglichkeit der Berechnung des russischen Menschenpotentials, März 1944, in: ZBW, C 8634. Laut Aufschrift wurde er am 9. März an Friedrich Dorn gesandt, den Generalreferenten für Sonderaufgaben im Planungsamt.

280 Bericht über die Sitzung zum Thema: Arbeits- und Kräfteeinsatz in den USA, in GB und der UdSSR, 04.04.1944, in: BA-MA, RW 19/4986. Teilnehmer u. a.: Hans Langelütke (Sitzungsleiter), Planungsamt, Wehrwirtschaftsamt, RSHA, Luftwaffe, RWM, Statistisches Reichsamt, August Lösch.

IfW-Mitarbeiter Gerhard Teich eingebracht, damals noch im Amt IV (SD-Ausland) des RSHA sowie im zugehörigen Wannsee-Institut tätig.[281] Teich war es auch, der in der Diskussion die Forschungsergebnisse des laut Protokoll offenbar eher stillen Sitzungsteilnehmers Lösch hervorhob. Diese waren nämlich absolut bemerkenswert. Löschs Forschungsgruppe hatte errechnet, dass die USA durch eine Verschärfung der Mobilisierung sowie eine Erhöhung der Wochenarbeitszeit ohne größere Probleme das Äquivalent von über elf Millionen neuen Arbeitskräften für seine Kriegswirtschaft heranziehen könnte.[282] Einen Silberstreifen am Horizont gäbe es nicht, denn die Streiks, die in der deutschen Presse ausgeschlachtet wurden, spielten in Wirklichkeit keine Rolle. Damit war die Gruppe Lösch aber noch nicht fertig. Sie schloss ihren Bericht mit der Behauptung, die Nettoproduktivität eines US-amerikanischen Industriearbeiters betrage 239 % seines deutschen Gegenübers, in einigen wichtigen Bereichen wie z. B. der Stahlverarbeitung sei das Verhältnis sogar noch ungünstiger. In einem Nachtragsbericht bestätigte die Gruppe Lösch die Ergebnisse. Die amerikanische Industrie sei 2,5-mal, die Landwirtschaft immerhin noch 1,5-mal so produktiv.[283] In diesen Berechnungen und Analysen konnte Lösch erkennbar seine in eigener Anschauung erworbenen Kenntnisse der USA ebenso nutzen wie die methodischen Fähigkeiten, die er bei seinen bevölkerungswissenschaftlichen Arbeiten in den frühen 1930er Jahren entwickelt hatte.

Bemerkenswerter Weise unterließen es Lösch und seine Mitarbeiter, in den Berichten irgendwelche Zweifel an der überragenden amerikanischen Wirtschaftskraft zu säen. Zwar war völkischer Unsinn, wie etwa Bentes einstige Behauptung, die „überkommene Lebensart" im „Land ohne Mittelalter" gehe nun seinem unvermeidlichen Niedergang entgegen, ohnehin nicht zu erwarten.[284] Aber auch eigene frühere Gedanken über die Schwierigkeiten einer Wiedereingliederung der Millionen von Arbeitslosen der 1930er Jahre, die hohen Streikverluste oder die wirtschaftlichen Schäden durch das organisierte Verbrechen, die Lösch früher einmal (zu einem nicht rekonstruierbaren Zweck) verschriftlicht hatte, wiederholte er nicht einmal andeutungsweise.[285] Selbst auf Mängel in der amerikanischen Organisationsfähigkeit ging er nicht ein, obwohl er hierzu beispielsweise durch einen Kieler Vortrag des noch bis 1942 in den USA als Wirtschaftskorrespondent arbeitenden ehemaligen IfW-Mitarbeiter Herbert Gross gut informiert war.[286] Ich vermute deshalb, dass Lösch mit diesen

281 Vgl. Leide (2011).

282 Lösch, Walder und Zottmann: Die amerikanischen Arbeitsreserven II: Hauptbericht, Jan. 1944, S. 117–119, in: BA-MA, RW 19/6969. Wagemann teilte grundsätzlich die Meinung Löschs und äußerte sich im vertraulichen Rahmen ebenso offen. Protokoll zur Sitzung des DIW-Verwaltungsausschusses, 08.11.1944, in: BA, R 3/156

283 Lösch, Walder und Zottmann: Die amerikanischen Arbeitsreserven III: Nachtragsbericht: Die Produktivität der amerikanischen Arbeit, April 1944, S. 25, in: BA-MA, RW 19/6970.

284 Beide Zitate in: Bente (1939), S. 23.

285 Lösch: Ist Amerika wirklich so reich?, o.D., ca. 1940, S. 14–15, in: StAH, NL Lösch, Box XV.

286 Gross: Wirtschaftspolitische Tendenzen in den Vereinigten Staaten von Amerika, Kieler Vorträge 71, 1943.

Berichten erneut, wie seinerzeit in der Frage der ernährungswirtschaftlichen Widerstandskraft Englands, der politischen und militärischen Führung eine Warnung vor der Stärke des Gegners zukommen lassen wollte. Wie bereits im Sommer 1940 – und anders als noch im März desselben Jahres – konnte Lösch seine Botschaft unzensiert an den Empfänger senden.[287] Es ist zu vermuten, dass Predöhl Löschs Auffassung teilte, es sei gefahrlos möglich, dem großen Leserkreis der Berichte in der „Wissenschaftlichen Beratungsstelle“ ungefilterte Informationen zur Verfügung zu stellen. Kehrls Interesse war eindeutig entsprechend gelagert und er wollte auch seinerseits realistische Einschätzungen nach oben weiterleiten. Im Planungsamt sah man das Verhältnis der Arbeitsproduktivität sogar noch etwas ungünstiger als in der Gruppe Lösch.[288] In Memoranda an die politische Führung, in persönlichen Gesprächen mit Speer und in (bezeichnenderweise nur einem einzigen) Vortrag bei Hitler versuchte Kehrl sachlich über den Ernst der Lage zu informieren und hoffte entsprechende Entscheidungen, etwa einen Sonderfrieden mit der Sowjetunion, herbeizuführen.[289] Entsprechend positiv fielen auch die Reaktionen auf Löschs Gutachten aus. Das Wehrwirtschaftsamt bedankte sich für die „gründliche Behandlung“, die „von hohem Wert“ sei und gab Ende Mai einen thematisch verwandten Bericht über das militärische Rekrutierungspotential der USA in Auftrag, der ebenfalls im Planungsamt zirkulierte.[290] Auch waren es diese Analysen zum „Feindpotential“, die als Begründung für die Verleihung des Kriegsverdienstkreuzes für Lösch und Zottmann herangezogen wurden.[291]

Neben den Berechnungen zu den Arbeitskräftereserven waren die Pacht-Leih-Lieferungen an die Sowjetunion sowie dessen Rüstungspotential Themen, die im Planungsamt von besonderem Interesse waren.[292] Zu den Wissenschaftlern, die mindestens einen Bericht beitrugen und mindestens einmal an einer Sitzung teilnahmen, gehörte der Leiter der IfW-Abt. für Marktforschung, Brückner.[293] In diesem Fall ist einmal jener Ablauf rekonstruierbar, der auch für die Arbeit der Gruppe Lösch vermutet werden kann. Die „Wissenschaftliche Beratungsstelle“ verfasste auf Basis

287 Predöhl hatte sogar selbst einmal – und dies sogar auf dem Tiefpunkt der Weltwirtschaftskrise – die USA zum „führenden Wirtschaftsgebiet der Gegenwart“ erklärt. Predöhl (1933), S. 168.

288 Vgl. Herbst (1982), S. 444.

289 Vgl. Kehrl (1973), zum Vortrag bei Hitler: S. 370–376. Vgl. auch Rolf-Dieter Müller (1999b), S. 124.

290 Beide Zitate in: Wehrwirtschaftsamt an Lösch, 26.02.1944, in: BA-MA, RW 19/1338, Bl. 50. Siehe auch Lösch, Walder und Zottmann: Das amerikanische Rekrutierungspotential, fertiggestellt bis 4. August 1944, in: BA-MA, RW 19/6966. Siehe hierzu den Vermerk über die Besprechung vom 25.05. 1944, in: BA-MA, RW 19/4986.

291 . Predöhl: Vorschläge für die Verleihung des Kriegsverdienstkreuzes, 14.07.1944, in: LASH, Abt 47, Nr. 2133.

292 Vermerk über Besprechung zwischen Planungsamt, Wehrwirtschaftsamt und Luftwaffe, 18.03. 1944, in: BA-MA, RW 19/4986. Vgl. Kehrl (1973), S. 324.

293 Vgl. Brückner: Umfang und Zusammensetzung der lend-lease-Lieferung an die Sowjetunion, November 1944, in: BA, R 3/4041, Bl. 204–215. Vgl. Protokoll zur Besprechung der Wissenschaftlichen Beratungsstelle am 10.11.1944, in: BA, R 3/1954, Bl. 85–87.

der vom IfW, dem bald darauf ins IfW eingegliederten Breslauer Osteuropa-Institut und anderen Stellen erhaltenen Informationen einen zusammenfassenden Bericht.[294] Diesen sandte Kehrl sowohl an Speer sowie kurz darauf ebenfalls an Hitlers Sekretär Martin Bormann und schließlich auch an Himmler.[295]

An die Erforschung der Wirtschaftskraft der Kriegsgegner anschließend wurde kurz nach der alliierten Landung in der Normandie im Sommer 1944 der Versuch eines „Schlagkraftvergleichs" zwischen den Alliierten und den Achsenmächten gemacht.[296] Aufgrund der überlegenen wirtschaftsstatistischen Erfassung der angloamerikanischen Verwaltung sowie des gesteigerten Aufklärungspotentials der „Wissenschaftlichen Beratungsstelle" ergab sich eine Situation, in der, so DIW-Direktor Wagemann, „wir heute – so paradox es klingen mag – über die Verhältnisse bei unseren westlichen Gegnern besser unterrichtet sind als über die Verhältnisse in Deutschland."[297] Noch relativ einfach zu erfassen war die eigene Stahlproduktion, die das Wehrwirtschaftsamt zur Grundlage des Vergleichs machen wollte. Rückblickend beschrieb der beteiligte Wagenführ, dass man zu einer Relation von 1:1,7 gelangt sei, was aber die tatsächliche Unterlegenheit noch beschönigt habe.[298] Zwar drangen die teils schöngerechneten, vor allem aber auch die ungeschönten Berichte der Gruppe Lösch und der anderen genannten Institutionen via „Wissenschaftliche Beratungsstelle" bis zum gemeinsamen Ausschuss „Zentrale Planung" der Spitzen des Rüstungsministeriums, des RWM sowie der Vierjahresplanorganisation vor.[299] Aus der wissenschaftlich belegten Erkenntnis der Unterlegenheit wurde aber von der politischen Führung keine Konsequenz gezogen. Es ist allerdings zu vermuten, dass die mit der Wirtschaftskriegführung befassten Institutionen auf der operativen Ebene durchaus von Speers und Kehrls Initiative und dem verbesserten Informationsmanagement profitierten. Ab 1944 gab es jedoch kaum noch die Möglichkeit, diese Kenntnisse auch zu nutzen.

In den letzten Kriegsmonaten zeigte sich dann die Aussichtslosigkeit der Anstrengungen der „Wissenschaftlichen Beratungsstelle" in aller Deutlichkeit. Exemplarisch ist die wichtige Frage der Treibstoffversorgung, der man sich bereits seit einiger Zeit gewidmet hatte. Auf Anregung des Wehrwirtschaftsamts waren bei Forschungsinstituten zudem Aktualisierungen entsprechender älterer Berichte in Auftrag gegeben worden. Daran beteiligte sich auch die Gruppe Lösch, die ein vier Jahre zuvor erarbeitetes Gutachten zur „Entwicklung der Erdölwirtschaft im Nahen

294 Wissenschaftliche Beratungsstelle an Kehrl, 16.10.1944, in: Ebd., Bl. 121.

295 Kehrl an Speer, 23.10.1944, Kehrl an Fröhling, 08.11.1944, Kehrl an Himmler, 10.11.1944, in: Ebd., Bl. 120, 98 und 73.

296 Die Initiative ging wohl vom Wehrwirtschaftsamt aus. Vgl. Bosch an Kehrl, 23.08.1944, in: Ebd., Bl. 146.

297 Wagemanns, zitiert nach: Protokoll zur Sitzung des DIW-Verwaltungsausschusses, 08.11.1944, in: BA, R 3/156

298 Vgl. Wagenführ (2006 [1954]), S. 84 – 87.

299 Vgl. Kehrl (1973), S. 324. Einen Überblick zur Planungsorganisation in der zweiten Kriegshälfte gibt Fremdling (2016a), S. 277 – 280.

Osten" auf den neuesten Stand brachte.[300] Wie mittlerweile gewohnt, war das Ergebnis verheerend. Die Erdölproduktion im Nahen Osten habe sich erheblich vergrößert und durch eine energische Politik sowie eine effiziente Organisation hatten sich die USA die Vorkommen nutzbar gemacht. Das Vorgehen habe zu keiner größeren Rivalität mit dem britischen Verbündeten geführt, sondern sei mit diesem eng abgestimmt und Großbritannien sogar willkommen. Ferner seien die USA nicht einmal auf die dortige Produktion angewiesen, sondern betrieben die Ausbeutung zur Schonung der eigenen Reserven. Unter Beteiligung des IfW wurde bis Mitte Januar in der „Wissenschaftlichen Beratungsstelle" ein Bericht über „Die Mineralölversorgung der Feindmächte 1944" erstellt und umgehend an Speer, Himmler, Keitel und auch an Dönitz als den Chef der Seekriegsleitung gesandt.[301] Speer wollte Dönitz dazu bewegen, die Jagdaktivitäten der U-Boote auf die alliierten Tanker zu konzentrieren, um dadurch die Mineralölversorgung zu unterbrechen und einen wirkungsvollen Versorgungsengpass zu erzeugen. Dönitz jedoch winkte ab. Die U-Boote könnten nicht mehr strategisch vorgehen, sie müssten abschießen, was sie vor die Rohre bekämen.[302] Eine planvolle Führung des Wirtschaftskrieges war nicht mehr möglich, der Wert der Auslandsaufklärung gleich null. Für das Jahr 1945 ist entsprechend keine Aktivität des IfW für das Rüstungsministerium mehr rekonstruierbar.

13.9 Ländermappen für das Reichswirtschaftsministerium

Über die große Bedeutung des RWM in den letzten Kriegsmonaten schrieb Predöhl rückblickend: „Ohlendorf und sein Ministerium sind es gewesen, die das Institut in Ablösung der Wehrmacht über die letzte Runde gebracht haben."[303] Trotz der Kompetenzverluste handelte es sich immer noch um ein machtvolles Ministerium und die von Predöhl seit 1934 vorausschauend aufrechterhaltenen guten Beziehungen zu Ohlendorf, der nun „in einigen Parteikreisen bereits als der kommende ‚starke Mann' der Wirtschaft"[304] galt, zahlten sich aus. Über die enge Verbindung zu SD-Inland konnte das RWM einen weitreichenden Einfluss ausüben, der wesentlich dazu beitrug, dass das protegierte IfW in der Endphase des Krieges keinen Mitarbeiter an

300 Mülhaupt: Die Entwicklung der Erdölwirtschaft im Nahen Osten seit Kriegsbeginn. Als Nachtrag zu unserem Bericht über die Erdölwirtschaft des Vorderen Orients vom April 1940, Mai 1944, in: ZBW, C 6857. Zu den sonstigen Aktualisierungen gehörte Stoltzenbergs „Die industrielle Entwicklung Palästinas", Mai 1944, in: ZBW, C 25442.

301 Siehe Briefe Speers an Himmler, Keitel und Dönitz, alle 17.01.1945, in: BA, R 3/1954. Auf die Beteiligung des IfW deutet auch die Existenz des Geheimgutachtens „Zur Mineralölwirtschaft der Welt (Stand Ende 1944)" vom 12. Dezember 1944 in der ZBW (Signatur: C 10703) hin. Vermutlich von einem Institutsmitarbeiter ist sie 1953 in die Bibliothek abgegeben worden.

302 Dönitz an Speer, 25.01.1945, in: BA, R 3/1954, Bl. 30.

303 Predöhl: Zur Geschichte des IfW (ca. 1953), S. 43, in: HS IfW.

304 Rolf-Dieter Müller (1999a), S. 350.

die Wehrmacht oder den Volkssturm verlor.[305] Ohlendorfs besonderes wirtschaftspolitisches Engagement galt nicht der Steigerung der Rüstungsanstrengungen, die er gleichwohl befürwortete, sondern „Planungen zur Wirtschaftsordnung der *Nach*kriegszeit."[306] Hierzu organisierte er u. a. vom Frühjahr 1944 bis Anfang 1945 einen umfassenden Gedankenaustausch mit Vertretern der Privatwirtschaft und der Wirtschaftswissenschaft, in den auch Predöhl und Donner einbezogen wurden.[307] Entsprechend nahm Predöhl im Herbst 1944 auch an einer „SD-Soziologentagung" teil, bei der in Opposition zu der zentralistischen Planung des Rüstungsministeriums über die anzustrebende künftige Wirtschaftsordnung gesprochen wurde.[308] Organisiert wurde sie vom Leiter des Leipziger Instituts für Wirtschaftsforschung Willy Lück, der den auf eine planvolle Ordnungspolitik abzielenden wirtschaftswissenschaftlichen Ansichten Löschs nahestand und mit diesem einen engen Austausch gepflegt hatte.[309]

Ebenso wie Kehrl glaubte auch Ohlendorf die eigenen Ansprüche nur erfüllen zu können, sofern er über die notwendige Wissensbasis verfügte. Entsprechend wollte er das RWM zum „Wirtschafts*forschungs*ministerium" ausbauen.[310] In Nachahmung der Volkswirtschaftlichen Abteilung der IG Farben richtete er in seiner Hauptabteilung II ein Volkswirtschaftliches Referat ein, dessen Leitung er Lück übertrug. Ähnlich wie im Planungsamt sollten Forschungsinstitute, das Statistische Reichsamt, Verbände und Unternehmen zusammenkommen, um eine „Totalerfassung und Sammlung sämtlicher Wirtschaftsdaten und wirtschaftswissenschaftlicher Forschungsergebnisse"[311] zu erreichen und für das RWM nutzbar zu machen. Einige entsprechende Auskünfte und Materialaufbereitungen des IfW sind erhalten.[312] Auch wurden einige Forschungsaufträge nach Kiel vergeben, an deren Bearbeitung auch die Gruppe Lösch beteiligt war.[313]

---

305 Predöhl: Zur Geschichte des IfW (ca. 1953), S. 44, in: HS IfW. Auch andere Institute wie das DIW oder das Leipziger Weltwirtschaftsinstitut sicherten sich so ihr Überleben. Vgl. Roth (1999), S. 583 – 584. Das IfW unterstützte den Volkssturm aber durch Überlassung eines Raums und einer Schreibkraft. Predöhl an Kurator Uni Kiel, 12.02.1945, in: LASH, Abt. 47, Nr. 3824.

306 Rolf-Dieter Müller (1999a), S. 350. Hervorhebung im Original.

307 Vgl. Herbst (1982), S. 445 – 448.

308 Vgl. Roth (1999), S. 580 – 581; Gutberger (1996), S. 441. Als Veranstaltungsort diente Ohlendorfs Berliner SD-Hauptquartier. Es handelte sich um jene Villa, in der die Wannseekonferenz stattgefunden hatte.

309 Siehe den erhaltenen Briefverkehr zwischen Lück und Lösch, 1941 – 1943, in: StAH, NL Lösch, Box XIV. Aufgrund politischer Angriffe war Lück von der Leipziger Handelshochschule an dieses Institut gewechselt, wo er als Experte tätig sein konnte und keinen Angriffen ausgesetzt war. Vgl. Mantel (2009), S. 431 – 432.

310 Im Folgenden stütze ich mich insb. auf Fremdling (2016a), S. 301 – 318.

311 Ebd., S. 304.

312 Siehe beispielsweise die RWM-Akten in: BA, R 3101/34175 – 34176.

313 Mülhaupt: Die Entwicklung der Preussischen Staatsbank 1941 – 1943, Dez. 1944, in: ZBW, C 6514. Ferner u. a.: Heeckt: Die Entwicklung der Welthandelstonnage vom Herbst 1939 bis Ende 1944,

In Bezug auf Themen wie deutsche Versorgungsengpässe, Rohstoffbilanzen, Planungsdenkschriften etc. war allerdings das DIW deutlich intensiver mit Forschungsarbeiten eingespannt.[314] Dies war naheliegend, denn die Kernkompetenz des IfW betraf ja nicht Deutschland, sondern die internationale Wirtschaft. Entsprechend war für die Kieler Ökonomen neben Ohlendorf auch dessen Kollege Gustav Schlotterer von besonderer Bedeutung, der die Auslandsabteilung des RWM leitete. Als hochrangiger SS-Offizier und führender Mitarbeiter im Wirtschaftsstab Ost hatte auch er an den gigantischen Verbrechen in der Sowjetunion mitgewirkt, vor allem durch die radikale wirtschaftliche Ausbeutung der eroberten Gebiete. Schlotterer besaß ebenfalls einen auf Totalität ausgerichteten Informationsanspruch, den er und Ohlendorf u. a. durch den Ausbau der RWM-Bücherei sowie vor allem durch die Einrichtung eines möglichst allumfassenden Archivs einlösen wollten.[315] Die Bücherei wurde ausgiebig von Gülich beraten, dessen IfW-Bibliothek als Vorbild fungierte und außerdem den Ministeriumsmitarbeitern für die Übergangszeit laufend Bücher zur Verfügung stellte. Als besonderen Dank wollte Ohlendorf Gülich das seltene Kriegsverdienstkreuz I. Klasse verleihen.[316] Der Aufbau und die Einrichtung der systematischen Ordnung des RWM-Archivs erfolgte ebenfalls in enger Abstimmung mit dem IfW, in diesem Fall vertreten durch Lotsch.[317] Mindestens seit Februar 1944 wurde in diesem Zusammenhang auch die Anlegung von sogenannten Ländermappen angestrebt.[318] Zunächst war offenbar angedacht gewesen, diese von den Länderreferaten in Schlotterers Abteilung anlegen zu lassen.[319] Es dauerte noch ein halbes Jahr, bis die Entscheidung zur Auslagerung dieser Aufgabe getroffen und das IfW dann mit der Ausarbeitung eines entsprechenden Konzepts beauftragt wurde.

Die Grundzüge konnten dann rasch geklärt werden. Das IfW würde eine systematische Ordnung für die Mappen entwickeln und durch laufende Ergänzungen und Aktualisierungen sukzessive für das RWM einen riesigen Wissensbestand über alle gewünschten Länder der Welt aufbauen.[320] Um die Übersichtlichkeit zu gewährleisten, sollten in einem ergänzenden Archiv bei dem Institut in Ratzeburg Halbfabrikate, ausgesondertes Material sowie Unterlagen von nur peripherem Interesse gesammelt werden, auf die das RWM bei Bedarf ebenfalls zugreifen konnte. Obwohl dieses Vorgehen mit dem „Ausschnittarchiv für die Weltwirtschaftlichen Nachrichten" aus dem

Dez. 1944, in: ZBW, C 6541. Außerdem gingen dem RWM einige ältere IfW-Berichte zu, siehe BA, R 3101/21402.

314 Arbeitsbericht des Deutschen Instituts für Wirtschaftsforschung (April 1943 bis Juni 1944) und Arbeitsprogramm, Juli 1944, in: BA, R 3101/32126, Bl. 33–40 und Bl. 41–48.

315 Lücks Arbeitsbericht betr. August bis Oktober 1944, 21.10.1944, in: BA, R 3101/32121, Bl. 49.

316 Vermerk von Lück, 09.09.1944, in: BA, R 3101/32120, Bl. 2. Eine Verleihung ist jedoch nicht belegt. Gülich bekam nachweislich im Januar 1945 das Kriegsverdienstkreuz II. Klasse.

317 Lück an Ohlendorf, 02.09.1944, in: BA, R 3101/32121, Bl. 37.

318 Rundschreiben Gustav Schlotterer, 04.02.1944, in: HS IfW, Hs WiA 6.

319 Hauptreferatsinternes Rundschreiben Schlotterers, März 1944, in: BA, R 3101/33644, Bl. 44

320 Fritz W. Meyer: Zum Aufbau des Dienstes für das RWM, 23.09.1944, in: HS IfW, Hs WiA.

Ersten Weltkrieg einen unverkennbaren Vorgänger besaß,[321] benötigte das IfW fast drei Monate, bis es die Systematik schließlich Mitte Dezember 1944 fertiggestellt hatte. Lösch schilderte die Genese in seinem Tagebuch:

> Nachdem die andern sich zwei Monate lang damit rumgequält und nichts Befriedigendes zustande gebracht hatten, schlug ich vor, ich wollte eine neue Systematik entwerfen. In drei Tagen war sie fertig. [...] Danach brauchte ich sechs Wochen, um meinen Entwurf gegen alle Änderungswünsche durchzusetzen. [...] Dann ging mein Entwurf mit einem Begleitbrief des Instituts an den Staatssekretär Ohlendorf als ein Gutachten, ‚in dem sich der ganze Sachverstand des Instituts vereinigt habe'.[322]

Die Gliederung trug in der Tat deutlich Löschs Handschrift. Wie auch bei seinen Auftragsgutachten waren die Formulierungen präzise, der Aufbau in hohem Maße rational und mit insgesamt 865 Gliederungspunkten auch sehr kleinteilig.[323] Wollte ein RWM-Mitarbeiter beispielsweise etwas über die Einflussnahme der deutschen Streitkräfte auf die spanische Wirtschaft wissen, so musste er der folgenden Kette folgen: Ländermappe Spanien, 2. Teil: Wirtschaft, D. Außenwirtschaft, III. Gliederung nach Ländern, a) Verkehr mit dem Reich, 3. Deutscher Einfluß auf die Wirtschaft des anderen Landes, aa) Einfluß durch Staatsstellen, § 4. Durch die Wehrmacht (Gliederungspunkt 779). Allem voran stellte Lösch die Abschnitte „Raum" und „Bevölkerung", während die Kategorie „Politik (Staat)" erst dahinter folgte.

Die Bevölkerung sollte nicht nur in Bezug auf Sozialstruktur oder Religionszugehörigkeiten beschrieben werden, sondern auch auf „Volkstum, Volkscharakter, weltanschauliche Grundeinstellung", auf ihre „völkische Gliederung" sowie auf ihre „rassische Gliederung". Vermutlich sollte hiermit die Nachfrage des Kunden bedient werden, denn eine „praktische Verwendbarkeit als Nachschlagewerk"[324] war die ausdrückliche Leitmaxime. Am Beispiel der erhaltenen niederländischen Ländermappe lässt sich rekonstruieren, dass hierbei nationalsozialistische Rassetheorien Anwendung fanden. Jan Breedvelt, ein jüngst eingestellter holländischer IfW-Mitarbeiter, hielt sich in seiner Beschreibung an die Typologie des „Rassenpabstes" Hans F. K. Günther.[325] Auch bezüglich Frankreich war von „dinarischen" und „fälischen"

---

321 Anleitung zur Errichtung eines Ausschnittsarchivs, Februar 1918, in: BA-MA, RM 3/9853, Bl. 14 – 21.

322 Lösch: Tagebucheintrag, Febr. 1945, zitiert nach Riegger (1971), S. 116. Die Darstellung scheint korrekt zu sein. Predöhl schrieb am 19.12.1944 an Ohlendorf, die Systematik sei „unter Heranziehung alles irgendwie erreichbaren Sachverstandes sehr sorgfältig durchgearbeitet" worden. BA, R 3101/33420, Bl. 43.

323 Systematische Gliederung der Ländermappen des Instituts für Weltwirtschaft an der Universität Kiel, in: Ebd., Bl. 1 – 15. Im Februar 1945 folgte noch ein alphabetisches Register.

324 Siehe Kommentar zur anliegenden Systematik, in: Ebd., Bl. 16 – 17.

325 Breedvelt: Ländermappe Niederlande, Rassische Gliederung, 11.01.1945, in: BA, R 3101/33427, Bl. 39. Greiser an Gülich, 10.07.1945, in: LASH, Abt. 47, Nr. 6610, Bl. 80.

Rassen die Rede und es wurde festgehalten, dass in keinem anderen Land „das Problem der Rassenmischung so verwickelt“[326] sei.

Inhaltlich schwankten die Ländermappen zwischen relevanten Meldungen und banalen Beschreibungen. Eine Beschreibung des Kongresses der Labour Party oder der neuesten britischen Rekrutierungsanordnungen war sicherlich wertvoll,[327] die Erklärung, bei Britannien handele „es sich um ein dem europäischen Kontinent nach Nord-Westen vorgelagertes Inselreich“,[328] eher weniger. Das IfW war erkennbar um Aktualität bemüht, was sich in eklektischen ersten Zusendungen niederschlug, die erkennbar davon getrieben waren, welche Zeitungen, Zeitschriften und sonstige Meldungen das IfW in den letzten Kriegsmonaten erreichten. Die Nachricht von einem finnisch-sowjetischen Handelsvertrag erhielt das RWM beispielsweise nur zwei Wochen nach der Unterzeichnung.[329] Fraglich ist dagegen, welchen Nutzen das Ministerium Ende Februar 1945 aus einer Beschreibung der britischen Zahnkrankheiten ziehen konnte.[330] Das RWM unternahm seinerseits Anstrengungen, dem IfW den Zugang zu offenen Quellen und zu vertraulichem Material zu erleichtern. Dabei ist aber zu bezweifeln, dass es wie beabsichtigt noch zu einem engeren Austausch mit dem DIW (gegen Wagemanns Widerstand) oder zu einer Einsichtnahme in das Geheimarchiv des Wehrwirtschaftsamts kam.[331]

Für die Erstellung der Ländermappen wurde fast das gesamte IfW eingesetzt und zum Teil reorganisiert. Ähnlich wie im Ersten Weltkrieg wurden nun die Forschung in einzelne Länderreferate aufgeteilt.[332] Dabei übernahm Lösch das Referat Amerika, seinem ehemaligen Forschungsgruppenmitarbeiter Zottmann wurde im August 1944 das Referat „Großbritannien und Brit. Empire“[333] übertragen. Obwohl Lösch durch die Arbeit der vergangenen Jahre über reichlich Material verfügte, scheint er – ganz im Gegensatz zu Zottmann – keine einzige Lieferung beigetragen zu haben. Auffällig abwesend ist auch eine Ländermappe zur Sowjetunion. Hierfür hatte Predöhl nicht die Abteilung für Ostforschung eingeteilt, die neben ihren Raumforschungsarbeiten andere Ländermappen wie jene über Rumänien zu übernehmen hatte, sondern die jüngst in das IfW eingetretenen Mitarbeiter des aufgelösten Osteuropa-Instituts von H. J. Seraphim. Im Frühjahr 1945 erhielt das IfW aber offenbar kaum noch die Sowjet-

---

326 IfW: Ländermappe Frankreich, Rassische Gliederung, 11.01.1945, in: BA, R 3101/33426, Bl. 44.
327 Zottmann: Ländermappe Großbritannien, Politische Parteien sowie Wehr und Krieg, 09.02.1945, in: BA, R 3101/33425, Bl. 23–25.
328 IfW: Ländermappe Großbritannien, Lage, 14.02.1945, in: Ebd., Bl. 6.
329 IfW: Ländermappe Finnland, Handelsvertrag, 14.02.1945, in: BA, R 3101/33422, Bl. 10.
330 IfW: Ländermappe Großbritannien, Physische Eigenschaften, 23.02.1945, in: BA, R 3101/33425, Bl. 21.
331 Lück an Ohlendorf, 05.09.1944 und 02.11.1944, in: BA, R 3101/32121, Bl. 17 und Bl. 56.
332 Im Ersten Weltkrieg sollten Länderabteilungen zu den *Kriegswirtschaftlichen Nachrichten* beitragen. Vgl. Rundschreiben Diederichsen, 14.03.1917, in: LASH, Abt. 395, Nr. 112.
333 Zottmann an Greiser, 26.03.1945, in: LASH, Abt. 47, Nr. 7446, Bl. 57.

union betreffende Quellen,[334] sodass eine entsprechende Ländermappe nicht mehr in Angriff genommen werden konnte.

Die Belieferung des RWM wurde im Januar 1945 aufgenommen und konnte noch bis März fortgesetzt werden. Zu mindestens 22 Ländern erfolgten insgesamt mindestens 68 Lieferungen, was einer Größenordnung von grob geschätzt etwa 1000 (angebrochenen) Seiten entsprach.[335] Es konnte also nur ein kleiner Teil des Projekts realisiert werden. Die Tatsache, dass eine einzige Ländermappe zur Vollständigkeit ca. 865 Seiten hätte umfassen müssen, gibt Aufschluss über die Gigantomanie des Vorhabens.[336] Hinzu kommt noch, dass die Ländermappen ja nie abgeschlossen gewesen wären, sondern beständiger Aktualisierung bedurft hätten. Selbst wenn das Vorhaben deutlich früher begonnen und daher in ein fortgeschrittenes Stadium gelangt wäre, scheint zweifelhaft, dass der Ertrag den großen Aufwand gerechtfertigt hätte. Die Bildung der Länderreferate bedeutete die Fortsetzung einer Entwicklung, die zu Beginn des Jahres 1940 mit der Einrichtung der Abteilung für Marktforschung und Statistik eingesetzt hatte. Um den Bedarf privater und vor allem staatlicher Stellen nach schneller Belieferung mit Informationen erfüllen zu können, sah die IfW-Führung sich gezwungen, den wissenschaftlichen Anspruch der eigenen Forschungstätigkeit verstärkt zurückzustellen. Zu Kriegsende wurden nun fast alle der eindeutig überqualifizierten wissenschaftlichen Kräfte in die Sammel- und Aufbereitungstätigkeit eingespannt, die ehedem der exklusive Aufgabenbereich des Wirtschaftsarchivs gewesen war.

13.10 Zwischenergebnis

Die Gruppe Lösch besaß einige Besonderheiten, die sie von den anderen IfW-Forschungsgruppen unterschied. Dazu gehört ihre lange Existenz von 1940 bis Sommer 1944, die möglich war, weil August Lösch weder eingezogen wurde, noch die Fortsetzung seiner Karriere als Universitätsprofessor anstrebte. Dies gestattete die Durchführung langfristig angelegter Projekte, wie die sich über knapp ein Jahr hinziehende Auswertung französischer Beuteakten ab Herbst 1941 und die daran anschließende Analyse der US-amerikanischen Arbeitsreserven von 1943 bis Frühjahr 1944. Im Vergleich zur übrigen Kriegsforschung handelte es sich dabei oft um wis-

334 Rundschreiben F. Meyer, 06.04.1945, in: StAH, NL Lösch, Ordner „Verschiedenes".

335 Argentinien (4 Lieferungen), Australien (4), Belgien (1), Britisch-Indien (4), Bulgarien (1), China (3), Tschunking-China (3), Dänemark, (2), Finnland (2), Frankreich (5), Großbritannien, (3), Iran (5), Irischer Freistaat (5), Kanada (?) Niederlande, (4), Norwegen (1), Rumänien (5), Schweden (4), Schweiz (1), Spanien (2), Südafrika (4), Türkei (5). Einige Ländermappen erhalten in: BA, R 3101/33422 – 33432 sowie in: RGVA Moskau, F. 1458K, p. 11, d. 8; p. 14, d. 150; p. 23, d. 84;, p. 25, d. 86 – 89; p. 28, d. 34; p. 35, d. 1140 – 1141; p. 45, d. 12.

336 Es konnten durchaus mehrere Gliederungspunkte gesammelt auf einer Seite behandelt werden, zugleich erforderten aber andere Gliederungspunkte jeweils mehrere Seiten.

senschaftlich anspruchsvollere Arbeiten, die von einem qualitativ auffallend gut besetzten Mitarbeiterstab bewältigt wurden. Trotzdem war sie in vielen wichtigen Punkten eben auch eine gewöhnliche Forschungsgruppe. Sie deckte mit ihren Forschungen das übliche breite Themenspektrum ab und bei fast allen Aufträgen lag ein direkter Bezug zum Krieg vor. Es ist dabei – ebenso wie auch bei den übrigen, quellenmäßig schwerer greifbaren Gruppen – nicht ein einziger Fall rekonstruierbar, in dem Lösch oder einer seiner Mitarbeiter die Durchführung eines ihnen übertragenen Auftrags abgelehnt hätten. Mit einem Anteil von ca. 50 % der insgesamt etwa 30 erstellen Berichte und Materialien war das Wehrwirtschaftsamt der wichtigste Auftraggeber für die Gruppe Lösch, wie es in dieser Zeit ja auch der wichtigste Kooperationspartner des IfW überhaupt war. Schließlich ist mit Ausnahme des „Karriereverweigerers“ Lösch die politische „Belastung“ der Gruppe als eher typisch zu bezeichnen, denn sie wies NSDAP-Mitglieder und auch ein SS-Mitglied auf. Für viele Mitarbeiter handelte es sich um eine karrierefördernde Station. Mülhaupt empfahl sich beispielsweise für eine Habilitation, Zottmann erhielt im Anschluss sein eigenes Länderreferat sowie bald darauf die Redaktionsabteilung und auch Walder konnte seinen beruflichen Aufstieg beginnen, der ihn in der Nachkriegszeit in die Leitung der zentralen IfW-Abteilung für Wirtschaftsforschung führte.

Die in diesem Kapitel unternommene Analyse der Forschungsgruppe des bisher lediglich als Einzelperson und nur im Hinblick auf seine Veröffentlichungen betrachteten Lösch ergibt ein komplexes Bild. Von ihrer Gründung an war die Gruppe mit Begleitforschungen zu den Angriffskriegen der Wehrmacht befasst und lieferte dabei zufriedenstellende Ergebnisse ab, sodass sie immer wieder bis Sommer 1944 mit Aufträgen bedacht wurde. Über bloße Informationsaufbereitungen hinaus erstellte sie anspruchsvolle Berichte, die der militärischen Führung eine bessere Einschätzung des wirtschaftlichen Potentials der Gegner England und USA ermöglichten, und bot auch umfangreiche Untersuchungen zur französischen Wirtschaftskriegsführung. Hierbei wurde vor allem mit geraubten Ministerialakten gearbeitet, was nicht als problematisch angesehen wurde. Ebenso skrupellos wurde die Verheimlichung des vom Auswärtigen Amt zur Verfügung gestellten Quellenmaterials für den im Herbst 1941 im *Weltwirtschaftlichen Archiv* veröffentlichten Aufsatz zur englischen Handelspolitik gehandhabt. Diese im staatlichen Auftrag durchgeführte Propagandaleistung fügte sich nahtlos in die von Predöhl vorgegebene Strategie der Kulturpolitik des IfW ein. Lösch tat dies keineswegs zähneknirschend, sondern versicherte sich selbst seines reinen Gewissens: „Ich habe nichts veröffentlicht, was ich nicht nach reiflicher Prüfung für wahr hielt.“[337] Über die Verwendungszwecke seiner Auftragsarbeiten sowie die Motive der Raumplanungsfunktionäre bei der Unterstützung einer zweiten Auflage seines theoretischen Hauptwerks „Die räumliche Ordnung“ war er gut orientiert. Lösch hatte Zugang zu geheimen Informationen, unterhielt spätestens ab 1941 selbst Kontakt zu den verschiedenen Auftraggebern und nahm auch persönlich an min-

337 Tagebucheintrag Lösch, 1943, zitiert nach Riegger (1971), S. 110.

destens einem Arbeitstreffen der „Wissenschaftlichen Beratungsstelle“ teil. Hier zeigte er bereits die Bereitschaft zur Zusammenarbeit mit ranghohen SS-Offizieren, ebenso dann später bei den RWM-Ländermappen für Ohlendorf und Schlotterer.

Bei einer Bewertung dieser Tätigkeiten ist allerdings der Kontext miteinzubeziehen. Es ist verständlich, dass Lösch aufgrund seiner Verbundenheit zu seiner Familie und seiner Heimat die ihm offenstehende Möglichkeit der Emigration in die USA nicht nutzen wollte. Ebenso verständlich ist es, dass er die wirtschaftswissenschaftliche Betätigung als seinen zentralen Lebensinhalt nicht aufgeben wollte. Aufgrund seiner Verweigerung ausdrücklicher politischer Zugeständnisse, etwa durch einen Parteieintritt oder Ergebenheitsadressen, blieb ihm daher als eine von nur wenigen Möglichkeiten die Betätigung im akademischen Mittelbau eines universitären An-Instituts. Die Ausschnitte aus seinem Tagebuch sowie verschiedene in seinem Nachlass überlieferte Schriftstücke belegen glaubhaft eine dauerhafte und tief empfundene Gegnerschaft zu wichtigen Bestandteilen der NS-Ideologie wie dem Antisemitismus und der Abschaffung der meisten Grundrechte, zur politischen Führung sowie zu dem Beginn und der weiteren Eskalation des Krieges. Entsprechend nutzte er beispielsweise auch die Forschungsaufträge zur englischen Nahrungsmittelversorgung sowie zum amerikanischen Rüstungspotential, um eindrücklich auf die Stärke der Kriegsgegner hinzuweisen. Dies sollte offenbar als Argumentationsmaterial für eine Verkürzung oder Eindämmung des Massensterbens dienen. Bezeichnend ist auch Löschs Aufatmen im Mai 1945. Zu Recht erachtete er die vergangenen fünf Jahre als aus wissenschaftlicher Sicht weitgehend verschenkte Zeit und wollte sich endlich wieder der Grundlagenforschung widmen und jene theoretischen und empirischen Arbeiten durchführen bzw. beenden, für die ihm die Kriegsforschungen nicht genügend Zeit übrig gelassen hatten.[338]

In der Gesamtbetrachtung bleibt damit ein Spannungsverhältnis zwischen Löschs selbstempfundener Opposition zum Nationalsozialismus und seiner umfangreichen Betätigung im Dienst für die Wehrmacht, verschiedene Reichsministerien und weitere Stellen, die alle an der Umsetzung nationalsozialistischer Ziele mitwirkten. Gerade deshalb ermöglicht insbesondere eine Betrachtung der Persönlichkeit Löschs ein besseres Verständnis der Geschichte des IfW im Nationalsozialismus. In seiner Forschungsgruppe wurde nicht bloß Dienst nach Vorschrift gemacht, sondern mit Überstunden und aus Selbstinitiative erwachsenden Vorschlägen ein besonderes Engagement geleistet. Löschs Frustration über die vorgeschriebene Anonymität belegt einen Stolz auf die eigene wissenschaftliche Leistung in der Auftragsforschung. Dieses Verlangen nach Anerkennung, das in der Erlaubnis zur Neuauflage der „räumlichen

338 Ein posthum veröffentlichtes Fragment „Theorie der Währung“ war bereits 1942 weitgehend fertiggestellt. Lösch (1949), S. 35. Weitere Projekte, die in älteren Aufträgen der RAG bzw. des Reichspreiskommissars gründeten, waren ebenfalls bereits in einem fortgeschrittenen Stadium. Darunter eine empirische Studie zur betriebswirtschaftlichen Bedeutung der Entfernung sowie der Ursachen und Wirkungen von geographischen Preisunterschieden. Lösch an Schumpeter, 01.05.1945, in: StAH, NL Lösch, Box XXI.

Ordnung“ sowie in den positiven Reaktionen aus Wissenschaft und Verwaltung teilweise auch befriedigt wurde, trug zu Löschs Kooperationsbereitschaft bei. Aus der Begeisterung über die neuen Möglichkeiten der wirtschaftsrationalen Raumplanung in den eroberten Gebieten östlich des Altreichs ist wohl zu erklären, dass er seine Gegnerschaft zu den deutschen Eroberungskriegen nicht in einem fundamentalen Widerspruch zu seiner wissenschaftlichen Beratung der Besatzungs- und Ausbeutungsherrschaft sah. Weiterhin ist zu beachten, dass bei einigen seiner zeit- und milieutypischen Überzeugungen Anknüpfungspunkte zur NS-Politik vorhanden waren. Dazu zählten eine seit langem bestehende antidemokratische Grundhaltung, eine Sehnsucht nach nationaler Geschlossenheit, ein Patriotismus, der gegen die Regierung gerichtete Widerstandshandlungen ausschloss, die Übereinstimmung mit Politikzielen wie einer Revision des Versailler Vertrags, eine offenbar latente Geringschätzung der als wirtschaftlich ineffizient beurteilten Völker Osteuropas sowie schließlich eine Begeisterung für die neuen Mitwirkungsmöglichkeiten der Wissenschaft. Hier waren besonders die radikalen sozial- und raumplanerischen Absichten des Regimes in den eroberten mittelosteuropäischen Gebieten attraktiv, die eine Verwendung der von Lösch herausgearbeiteten wirtschaftstheoretischen Erkenntnisse erwarten ließen.

Als Lösch unmittelbar nach Kriegsende die Jahre des „Dritten Reichs“ reflektierte, erging er sich in Selbstgerechtigkeit.[339] Der Versailler Vertrag und keineswegs allein das deutsche Volk seien für die Machtübernahme Hitlers verantwortlich. Die lange Dauer des Krieges sei ebenfalls zum Teil den Alliierten anzulasten. Dem einzelnen Deutschen – also auch Lösch selbst – könne kein Vorwurf wegen der Enthaltung von Oppositionshandlungen gemacht werden. Selbst zu diesem Zeitpunkt, als das NS-Regime Vergangenheit und die politische Zukunft der deutschen Nation wieder offen war, blieb Lösch in den alten Freund-Feind-Schemata verhaftet: „Uns bekämpften sie [die westlichen Alliierten], weil ihnen unsere *andere* Art aus der Nähe zu bedrohlich schien. Mit Russland alliierten sie sich, weil es, obwohl *ganz anders*, so weit entfernt war. Nun, da wir vernichtet sind, steht dieser Riese vor ihrer Tür.“[340]

Lösch, dessen Tod wenige Wochen nach der von ihm als großes Glück empfundenen Befreiung vom Nationalsozialismus durchaus als tragisch zu bezeichnen ist, erhielt zu Recht eine besondere Aufmerksamkeit in der Auseinandersetzung mit der Geschichte des IfW. Die Gründe hierfür waren allerdings die falschen, denn er taugt keineswegs als Beleg für das bisher gepflegte Licht-und-Schatten-Narrativ. An seiner Persönlichkeit und Lebensgeschichte lässt sich vielmehr eben dieses Narrativ widerlegen und zeigen, dass es keinen unversehrten wissenschaftlichen Kern des IfW gegeben hat. Im Gegenteil, das *ganze* Institut stellte seine wissenschaftlichen Fähigkeiten zur Verfügung und an eben diesen war das NS-Regime interessiert. Politische Ergebenheitsadressen zu unterlassen war keine Widerstandshandlung, sondern

339 Lösch: Tagebucheintrag 20.05.1945, in: Riegger (1971), S. 119.
340 Ebd. Hervorhebung im Original.

wurde akzeptiert, sofern die Arbeitsleistung stimmte. Mit August Lösch konnte selbst ein Gegner der nationalsozialistischen Ideologie, ein eigenständiger Denker und ein hervorragender Ökonom mit vielen internationalen Kontakten und Freundschaften für das Regime mobilisiert werden.

14 Brüche und Kontinuitäten (1944 – 1950)

14.1 Umzug nach Ratzeburg und Kriegsende

Die durchgängig hohe Leistungsfähigkeit der Forschung sowie das weitgehend reibungslose Funktionieren der Bibliothek und des Wirtschaftsarchivs bis zum Kriegsende erwecken den Anschein, das IfW sei vom Luftkrieg kaum beeinflusst worden. Das Gegenteil war jedoch der Fall, denn die Stadt Kiel war mit einer halben Million Bomben stark betroffen und in der Umgebung des Instituts blieb nur jedes siebte Gebäude unbeschädigt.[1] Ab 1942 rückten die Einschläge näher, aber erst als die Universitätsbibliothek durch einen Treffer fast die Hälfte ihres Bestandes verlor,[2] erhielt Gülich die Erlaubnis zur Evakuierung der IfW-Bibliothek. Diese war weitgehend abgeschlossen, als im Januar 1944 eine Bombe den Nordflügel des Hauptgebäudes traf und erhebliche Schäden verursachte.[3] Nun endlich gestattete Predöhl auch die Auslagerung der unverzichtbaren Kataloge der Bibliothek und der umfangreichen Bestände des Wirtschaftsarchivs. Als dann das Institut im Juli und August 1944 bei drei weiteren Luftangriffen getroffen und dabei der Südflügel sowie das Kollegienhaus vollständig zerstört wurden, gingen nur mehr das Kriegsarchiv aus dem Ersten Weltkrieg sowie Verwaltungsakten verloren.[4] Jetzt wurden auch die Forschungsabteilungen evakuiert, sodass ab Herbst 1944 lediglich ein kleiner Verwaltungsstab in Kiel verblieb.[5]

Neuer Standort wurde das im Südosten Schleswig-Holsteins gelegene Ratzeburg.[6] Für diese – von Gülich und nicht Predöhl getroffene – Wahl gab es gute Gründe.[7] Günstig war Ratzeburgs Lage an der Bahnstrecke nach Berlin, wodurch die Kommunikationswege zu den Auftraggebern, insbesondere zum RWM, in dieser Zeit sich verschlechternder Bedingungen verkürzt werden konnten.[8] Die Kleinstadt war zwar unbedeutend genug, um nicht bombardiert zu werden, aber zugleich groß genug, um den Platzbedarf des IfW einigermaßen befriedigen zu können. So belegten die Institutsleitung sowie einige Forschungsgruppen die örtliche Oberschule, die Biblio-

1 Vgl. Oddey: Die Kieler Hafenindustrie im Zweiten Weltkrieg, in: Oddey und Riis (2000), S. 62.

2 Vgl. Else M. Wischermann: Geschichte und Gegenwart der Universitätsbibliothek, in: Auge (2015), S. 804.

3 Lösch: Tagebucheintrag, 04.01.1944, in: Riegger (1971), S. 111.

4 Vgl. Zottmann (1964), S. 55. Menschen kamen offenbar bei keinem der Angriffe zu Schaden.

5 Vgl. Ebd., S. 120. Im SoSe 1945 zog auch das Staatswissenschaftliche Seminar nach Ratzeburg, wo offenbar noch einige Vorlesungen abgehalten wurden.

6 Ratzeburg gehörte damit zu den wichtigsten der 18 Auslagerungsorte der Universität Kiel. Vgl. Wiener (2013), S. 211. Die Bestände des Wirtschaftsarchivs befanden sich zunächst in Bad Segeberg und kamen im Oktober 1944 teils ebenfalls nach Ratzeburg. Weitere Orte zur Unterbringung der Bibliothek waren Drült, Albsfelde, Schretstaken und Mölln. Otto (1964), S. 88.

7 Gülich: Zur Frage der Rückverlegung der Bibliothek des Instituts für Weltwirtschaft nach Kiel, 25.09.1945, S. 1, in: HS IfW, Hs Allg. M 34.

8 Ohlendorf bzw. Lück reisten mindestens vier Mal zum IfW. BA, R 3101/32121.

https://doi.org/10.1515/9783110658873-014

theksleitung zog in ein Kaffeegeschäft, die Redaktion arbeitete in einem Gasthaus und Lösch lebte und arbeitete im Katasteramt.[9] Von Predöhl unterhaltene Kontakte zur örtlichen NSDAP-Kreisleitung, in die er seine Mitarbeiter bewusst einbezog, halfen, potentielle Widerstände gegen die Unterbringung zu ersticken.[10] Vor allem gab es in der Stadt jedoch einen Dom mit anschließendem Domkloster, wo sich die umfangreichen Bibliotheksbestände geschlossen unterbringen ließen.[11] Proteste der Kirchenvertreter verhallten im Reichsministerium für die kirchlichen Angelegenheiten, denn dessen Minister Muhs, in Personalunion ebenfalls Leiter der RfR und als solcher ein wichtiger Auftraggeber des IfW, unterstützte die Auslagerung.[12]

Die Auslagerung der Bibliothek war mit einem enormen Aufwand verbunden. Dieser wurde aber von Gülich und seinen Mitarbeitern so geschickt durchgeführt, dass die Bücher fast durchgängig benutzbar waren.[13] Nach dem Krieg ist die Unversehrtheit der Bestände hervorgehoben und als zentrales Argument eingesetzt worden, um Kritik am Verhalten des Instituts im „Dritten Reich“ auszuschließen.[14] Ebenso wie die besondere Unterstützung des NS-Regimes beim Ausbau der Bibliothek eine Gegenleistung und Grundlage für die kriegswichtige Forschung des Instituts darstellte, darf aber auch bei der Evakuierung nicht ausgeklammert werden, welchen Zwecken sie dienen sollte. Predöhl und Gülich erhielten nur deshalb die politische Unterstützung von Muhs, die Finanzierung des REM,[15] personelle Unterstützung vom Kriegsgefangenenlager Schleswig[16] und organisatorische Hilfe von Ohlendorf,[17] weil diese Personen und Stellen die Fortsetzung der Auftragsforschung und der Bücherausleihe als wichtigen Beitrag zur Kriegsführung ansahen.

Zu beachten ist, dass die Motive Gülichs und Predöhls keineswegs deckungsgleich waren. Letzterer wollte nach Möglichkeit die Kräfte des Instituts für das Regime mobilisieren und war auch um die Propagandawirkung bedacht. Deshalb hatte er als Institutsdirektor und als Universitätsrektor lange gezögert, das Institut sowie auch die

9 Daneben nutzten die Mitarbeiter noch eine Reihe weiterer Geschäfte und wohnten zur Untermiete in diversen Privatwohnungen. Vgl. Gülich an Fernsprechamt Lübeck, 15.10.1944, in: ZBW-Archiv, 499.

10 Meier (NSDAP-Kreisleitung Lauenburg) an Predöhl, 08.09.1944, in: Ebd. Mindestens ein Mal wies Predöhl alle Mitarbeiter an, zu einer NSDAP-Versammlung zu kommen Predöhl: An alle Dienststellen, 05.10.1944, in: ZBW, 470.

11 Grundrisse und Aufstellungspläne in: BA, R 5101/22889, Bl. 92–94.

12 In Absprache mit Gülich kam ein Gutachter zu dem Schluss: „Die Aufgaben des Instituts für Weltwirtschaft sind heute für die gesamte Kriegführung von einer derart hohen Bedeutung, daß gegenüber der Notwendigkeit, seine Arbeit sicherzustellen, Bedenken [...] zurücktreten müssen.“ Prof. Hiecke, 30.07.1943, in: Ebd., Bl. 96.

13 Gülich: Zur Frage der Rückverlegung der Bibliothek des Instituts für Weltwirtschaft nach Kiel, 25.9. 1945, in: ZBW-Archiv, 409.

14 Zottmann (1964), S. 54; Otto, in: Ebd., S. 88. Auch Baade, in IfW (1951), S. 10.

15 Allein die erste Auslagerung 1942 hatte etwa 16.000 RM gekostet. Predöhl an REM, 11.02.1943, in: BA, R 4901/14814. Bl. 284.

16 Gülich setzte zwei sowjetische Kriegsgefangene bei der Anfertigung von Regalen ein. Gülich an Kriegsgefangenen-Mannschafts-Stammlager X A, 8.12.1944 und 19.12.1944, in: ZBW-Archiv, 499.

17 Gülich an Oberst Gluth, 07.11.1944, in: Ebd.

Rechts- und Staatswissenschaftliche Fakultät aus Kiel zu evakuieren.[18] Bis zum Sommer 1944 betonte er, die Universität dürfe die Stadt „schon aus moralischen Gründen“[19] nicht verlassen.[20] Gülich ging es dagegen primär darum, die Bibliothek über die Kriegszeit hinweg bis zu dem von ihm erwarteten Sieg der Alliierten zu erhalten. Spätestens seit 1942 bereitete er sich auf die Zeit nach dem Ende des NS-Staates vor und unterhielt hierfür Kontakte zu Sozialdemokraten in Hamburg. Mit dieser Gruppe stand auch der nahe Ratzeburg angesiedelte Getreidehändler Rudolf Michelsen in Verbindung, in dessen Silos Gülich als eine der ersten Auslagerungsmaßnahmen sozialistische und gewerkschaftliche Literatur untergebracht hatte.[21] Darüber hinaus versorgte Gülich die Widerstandsgruppe mit Informationen über das Ausland und nutzte so seine Bibliothek zur Unterstützung von Planungen für eine künftige demokratische Ordnung.[22] Dieses Engagement bedeutete ein lebensgefährliches Risiko, das bei einer Bewertung von Gülichs Verhalten miteinbezogen werden muss.[23] Zugleich behielt er jedoch auch in der zweiten Kriegshälfte seine fachliche Unterstützung für Six (DAWI), Ohlendorf (RWM) und andere fest in der NS-Ideologie verankerte Akteure unvermindert aufrecht.

Widerstände aus den Reihen der Institutsmitarbeiter gegen den Umzug scheint es nicht gegeben zu haben. Viele waren wohl froh dem Bombenhagel zu entkommen und die Mehrzahl dürfte sowieso die bisherige Wohnung in Kiel verloren haben.[24] Nun waren endlich wieder lange Konzentrations- und Schlafphasen möglich und anders als insbesondere im Januar in den späteren Sommermonaten des Jahres 1944 musste nun kaum noch Zeit für Aufräumarbeiten aufgewendet werden.[25] Gleichwohl wurden, wie überall im Reich, die Lebensumstände zunehmend schwieriger. Die Besorgung von Nahrungsmitteln und Heizmaterial, die Aufrechterhaltung von Nachtwachen und diverse weitere Beschäftigungen reduzierten die 53 Stunden Wochenarbeitszeit erheblich. Um den Versorgungsmängeln zu begegnen, intensivierte die Institutsverwaltung ihre zentrale Planung – übrigens in einer keineswegs zufälligen Parallele

---

18 Während Prof. Larenz sowie ca. 20 Jurastudierende an die Greifswalder „Auffanguniversität“ wechselten (Vorholz (2000), S. 145–147), gingen die Kieler Ökonomen alle nach Ratzeburg, wo auch Lehrveranstaltungen stattfanden.

19 Predöhl im September 1944, zitiert nach Cornelißen (2014), S. 15.

20 „Wir wollen aber beileibe die Fakultät nicht evakuieren, sondern werden warten, bis wir ausgebombt werden.“ Predöhl an Hans Brandt, 20.08.1943, in: LASH, Abt 47, Nr. 2131. Das Rektorat wurde offenbar erst nach Schleswig evakuiert, nachdem Predöhl es abgegeben hatte. Vgl. Hofmann (1965), S. 114.

21 Rudolf Michelsen an IfW, 13.07.1943, in: ZBW, 499.

22 Vgl. Siegfried (1992), S. 193 und S. 439; Holger Martens (1998), S. 224 und S. 551.

23 Danker und Lehmann-Himmel ordnen Gülich innerhalb der Grundorientierung „angepasst/ambivalent“ dem Typ „Jongleur“. Danker und Lehmann-Himmel (2017), S. 274.

24 Lösch wurde beispielsweise gleich drei Mal ausgebombt. Vgl. Riegger (1971), S. 111–112, 114. Predöhls Direktorwohnung war im Juli 1944 zerstört worden. Predöhl an Mentzel, 06.08.1944, in: BA, R 4901/14814, Bl. 386.

25 Zottmann schilderte die Schwierigkeit, zwischen „fast pausenlosen Luftalarmen“ zu arbeiten. (1964), S. 21–22.

zum Rüstungsministerium. Neben Regularien zu gemeinsamen Bäder- und Gymnastikstunden, zur individuellen und kollektiven Essenszubereitung, zu Verdunkelungen usw. wurden beispielsweise gemäß „§8 Abs. 3 der Anordnung II/43" genaueste Vorgaben zur sparsamen Verwendung des Schreibpapiers gemacht.[26] Bei der wöchentlichen Sammlung für die Wäscherei war es den Männern und Frauen erlaubt, genau eine Unterhose bzw. einen „Schlüpfer" abzugeben.[27]

Auf Kosten der Lebensqualität und Privatsphäre konnte die Funktionalität des Institutsbetriebs einigermaßen aufrechterhalten werden. Bis mindestens in den Januar 1945 hinein blieb sogar der Wissenschaftliche Club aktiv und lud Redner von außerhalb ein.[28] Dann rückte jedoch die Front von beiden Seiten rasch näher. Angst bereitete insbesondere die Rote Armee, vor der bereits die Breslauer Kollegen vom Osteuropa-Institut geflohen waren. Im Februar gliederte Predöhl dieses Institut unter der Leitung H. J. Seraphims „kurzerhand an das unsere an, bereitete ihm damit eine Wirkungsstätte im benachbarten Dorf Salem und reihte ihn in mein U.K.-Kontingent ein".[29] Mit Todor Zotschew blieb mindestens ein Mitarbeiter dieses Instituts, das sich in den vergangenen Jahren in die Beratung der Kriegsforschung und der Besatzungsherrschaft eingebracht hatte und mit dem man bereits seit längerem in Verbindung stand,[30] langfristig im IfW.[31] Neben weiteren Flüchtlingen kehrte auch Helmut Meinhold aus dem Generalgouvernement zurück. Im IfW durfte er seine akademische Karriere fortsetzen, die er einige Jahre zuvor für die Tätigkeit als Sozial- und Raumplaner im besetzten Polen unterbrochen hatte.[32]

Im April 1945 war unklar, ob entgegen den Absprachen der Alliierten vielleicht doch die sowjetischen Truppen Ratzeburg zuerst erreichen würden. Lösch beobachtete: „Alle Welt hier möchte von den Engländern erobert werden."[33] Besonders nervös wurde der exponierte Predöhl, der am 10. April sein Rektorat an den Prorektor Holzlöhner abgab. Damit lenkte er geschickt die Aufmerksamkeit von sich ab und konnte es in den folgenden Monaten zunächst vermeiden, seiner Posten als Professor

---

26 Rundschreiben von Greiser, 04.08.1943, in: StAH, NL Lösch.

27 Rundschreiben von Kraft, 18.01.1945, in: Ebd.

28 Zu den mutmaßlich letzten Rednern gehörten Otto Scheel (17.01.1945: Deutschland, England und die Niederlande) und Gert von Eynern (19.01.1945: Probleme der Wirtschaftsplanung). Einladungen Predöhls, in: Ebd.

29 Predöhl: Zur Geschichte des IfW (ca. 1953), S. 46, in: HS IfW.

30 Zum Osteuropa-Institut: Grobelý (1973). Kooperiert hatten beide Institute u. a. in der Tätigkeit für die „Wissenschaftliche Beratungsstelle" des Rüstungsministeriums. Predöhl (1943) veröffentlichte auch in den *Ostraum-Berichten*.

31 Zotschew (geb. 1916 in Ostretz, Bulgarien, als Todor Donkow Zočev), heiratete 1950 die IfW-Bibliothekarin Hiltrud Schüler und blieb bis in die 1970er Jahre hinein als Bulgarienexperte im Institut. Lebenslauf Zotschew, in: LASH, Abt. 811, Nr. 16754.

32 Am 12.05.1944 bestand Meinhold in Kiel die Habilitationsprüfung. Seine im Dez. 1943 eingereichte Arbeit behandelte die „Industrialisierung des Generalgouvernements", in: CAU UB, TH 10906. Ferner kam 1945 auch Oskar Andersons Bruder Walter aus Königsberg und erhielt eine Gastprofessur in Kiel.

33 Tagebucheintrag Lösch, 18.04.1945, abgedruckt in: Riegger (1971), S. 117.

und IfW-Direktor enthoben zu werden. Der Preis war freilich, dass er einem Mann die Verantwortung über die Kieler Universität übertrug, der sich als Mediziner im KZ Dachau an Menschenversuchen beteiligt und an der Ermordung von Dutzenden Menschen unmittelbar mitgewirkt hatte.[34] Als weitere Selbstschutzmaßnahme verbrannte Predöhl Schriftverkehr und weitere belastende Unterlagen.[35] Ebenso wie sein Stellvertreter Greiser und ein großer Teil der Institutsmitarbeiter flüchtete er aus Angst vor der Roten Armee am 29. April 1945 aus Ratzeburg und kehrte erst Wochen später und dann auch nur für kurze Besuche zurück.[36] Predöhl übernahm also weder für seine Mitarbeiter, die sich teils auf eigene Faust auf den Weg gen Westen machten und teils in Ratzeburg blieben, noch für die Bestände der Bibliothek oder des Archivs Verantwortung. Das Machtvakuum füllte Gülich, der gemeinsam mit den meisten Bibliotheksmitarbeitern in Ratzeburg ausgeharrt hatte und in den nachfolgenden Monaten die Leitung dieses Hauptstandorts des Instituts beanspruchte.[37] Der resultierende Kampf um die Führung erschwerte die Bewältigung der aus dem Übergang in die Nachkriegszeit entstehenden Probleme beträchtlich.

14.2 Führungskämpfe und personelle Kontinuität

Nach Kriegsende waren die aus finanziellen Gründen gebotenen Kündigungen der Auslöser für eine erste Auseinandersetzung zwischen Predöhl und Greiser auf der einen und Gülich auf der anderen Seite. Dabei ging es auch um die künftige Organisation des IfW und die Bedeutung der in den letzten Jahren außerordentlich gewachsenen Bibliotheksabteilung.[38] Zunächst schien Predöhl weiterhin bestimmen und seinen Einfluss sogar noch ausdehnen zu können. Gestützt auf hervorragende Verbindungen zu Hamburger Kaufleuten und zum neu ernannten schleswig-holsteinischen Oberpräsidenten Otto Hoevermann betrieb er eine Angliederung des Komplexes aus HWWA, HWWI und der Auswertungsstelle der Technischen und Wirtschaftlichen Weltfachpresse an das IfW.[39] Der geschlossene Widerstand der Hamburger Institutsmitarbeiter verhinderte aber dieses Vorhaben, sodass Predöhl Ende August 1945 nach einer nur drei

34 Vgl. Mish: „Führer der Universität". Die Kieler Rektoren in der NS-Zeit, in: Cornelißen und Mish (2009), S. 53–54. Holzlöhner beging zwei Monate später Selbstmord.

35 Predöhl: Betrifft: Denkschrift des Heinz Krüger, 15.06.1948, in: LASH, Abt. 460, Nr. 4182. Vgl. auch Gülich an Schleswig-Holsteinisches Innenministerium, 18.10.1948, in: Ebd.

36 Gülich an Greiser, 03.07.1945, in: LASH, Abt. 47, Nr. 6610, Bl. 77.

37 Predöhl hatte Gülich „für die Dauer meiner Abwesenheit die Leitung der Ausweichstelle Ratzeburg" übertragen. Predöhl an Gülich, 29.04.1945, in: Ebd., Bl. 76.

38 Der entsprechende Schriftverkehr ist überliefert in: Ebd. F. Hoffmann schlug sogar vor, die Bibliothek vom IfW zu trennen. F. Hoffmann: Die Zukunft des Instituts für Weltwirtschaft, 17.12.1945, S. 7–8, in: LASH, Acc. 172/17 (NL Walther G. Hoffmann).

39 Hoevermanns Unterstützung ist dokumentiert in: LASH, Abt. 47, Nr. 3826.Gemeinsam mit W.G. Hoffmann bemühte Predöhl sich um die Entlassung der meisten Mitarbeiter der Hamburger Stellen. Vgl. W.G. Hoffmann an F. Hoffmann, 29.06.1945, in: LASH, Acc. 172/17 (NL Walther G. Hoffmann).

Monate langen und weitgehend wirkungslosen Amtszeit vom Posten des kommissarischen Direktors des HWWA zurücktreten musste.[40] Damit wurde auch Schiller weitgehend beschäftigungslos, der in der Nachfolge W.G. Hoffmanns als in Hamburg angesiedelter Redaktionssekretär des IfW die Leitung der dortigen Dienststelle hätte übernehmen sollen.[41]

Gülich versuchte es den Hamburgern gleichzutun und, gestützt auf seine Kontakte in die Sozialdemokratie und zum Hochschulreferenten im Landeskultusministerium, Predöhl auch aus der Leitung des IfW zu verdrängen. Als Hoevermann Mitte November maßgeblich auf Betreiben der SPD vom britischen Militärgouverneur entlassen wurde,[42] stand der Weg schließlich offen. Aus den Beständen der Bibliothek übergab Gülich der Militärregierung einen Teil des reichlich vorhandenen belastenden Materials zu Predöhl, darunter die Rede des Gauleiters des Warthegaus, Arthur Greiser, inklusive der An- und Abmoderation Predöhls. Mit Verweis auf diese neuen Informationen enthob die Militärregierung Predöhl am 28. November 1945, einen Tag nach der Feier zur Wiedereröffnung der Kieler Universität, seiner Ämter als Universitätsprofessor und IfW-Direktor.[43] Einige Monate später konnte Gülich auch die Entlassung Greisers bewirken.[44] Unabhängig vom Führungsstreit war bereits Mülhaupt kurz nach Kriegsende aufgrund seiner SS-Mitgliedschaft verhaftet worden.[45] Erst nach Predöhls Entlassung wurde Mülhaupts Stelle anderweitig vergeben – ausgerechnet an Lenschow, der zwischenzeitlich in Hamburg tätig gewesen war, dort aber vom Schulsenator ein Verbot für jegliche wissenschaftliche Betätigung erhalten hatte.[46] Mit insgesamt nur drei Entlassungen aus politischen Gründen und weitgehend ohne sonstige Einschränkungen überstand das IfW den Übergang in die Nachkriegszeit vergleichsweise problemlos. Zum Vergleich: Das HWWA wurde vorübergehend geschlossen, ein Teil der Bibliotheksbestände wurde ihm entnommen, in den Räumen wurden Sol-

---

40 Vgl. Leveknecht (1998), S. 35.

41 Aus dem Kriegsdienst zurückgekehrt war Schiller vom 19. Juli 1945 bis April 1947 nominell Leiter der IfW-Redaktionsabteilung. Vor allem jedoch organisierte er sich hier seine eigene Nachkriegskarriere und beteiligte sich an Planungen zum Wiederaufbau Hamburgs. Vgl. Schiller: Abschlussbericht über die Hamburger Redaktionsabteilung und Forschungsaußenstelle, April 1947, in: BAK, N 1229/4. Vgl. Lütjen (2007), S. 95 – 114.

42 Vgl. Holger Martens (1999).

43 Wilcox an Rektor Creutzfeld, 28.11.1945, in: LASH, Abt. 47, Nr. 6912. Offiziell wirksam wurde die Entlassung erst am 1. Dezember. Creutzfeld an Kurator Uni Kiel, 01.12.1945, Ebd. Zur Wiedereröffnung der Universität: Cornelißen (2014).

44 Greiser konnte aber ein angekündigtes Dienststrafverfahren vermeiden und eine Rente beziehen. Siehe Greisers Personalakte, in: LASH, Abt. 47, Nr. 7203. Greiser wiederum warf Gülich sexuelle Übergriffe auf Bibliotheksmitarbeiterinnen vor. Greiser an Gülich, 13.12.1945, in: LASH, Abt. 47, Nr. 6610, Bl. 95.

45 Fehling an Lenschow, 20.03.1946, in: LASH, Abt. 47, Nr. 5110.

46 Senator für Schulverwaltung Hamburg an Lenschow, 13.08.1945, in: LASH, Abt. 47, Nr. 6811, Bl. 53 – 54.

daten einquartiert, belasteten Mitarbeitern wurde der Zugang verwehrt und der ehemalige Direktor Hausleiter wurde drei Jahre lang interniert.[47]

Friedrich Hoffmann übernahm von März 1946 bis zu seiner Emeritierung im September 1947 die kommissarische Leitung des IfW. Von Oktober 1947 bis Anfang April 1948 folgte ihm Harald Fick. Beide besaßen keine Ambitionen, diesen Posten dauerhaft zu übernehmen, aber Streitigkeiten zwischen der Rechts- und Staatswissenschaftlichen Fakultät und der Landesregierung sowie die Zersplitterung des IfW mit dem auf Eigenständigkeit drängenden Bibliothekar Gülich erschwerten die Berufung eines Nachfolgers.[48] Ernsthaft im Gespräch waren in chronologischer Folge: Der Agrarwirtschaftler Constantin von Dietze,[49] der ehemalige Kieler Statistikexperte Paul Hermberg,[50] der in die USA emigrierte Politikwissenschaftler Arnold Bergstraesser[51] und der einst in Kiel promovierte Volkswirtschaftler Wilhelm Kromphardt.[52] In einem Hauruckverfahren setzte die sozialdemokratische Landesregierung schließlich zum 9. April 1948 Fritz Baade als neuen kommissarischen IfW-Direktor ein. Baade, selbst ebenfalls Sozialdemokrat, bewegte sich Zeit seines Lebens stets an der Grenze zwischen der akademischen und der politischen Welt.[53] In dieser Hinsicht glich er Ferdinand Friedensburg (CDU), der die Präsidentschaft über das DIW (1945–1968) ab 1946 mit dem Posten des stellvertretenden Bürgermeisters Berlins und dann ab 1952 ebenfalls mit einer Mitgliedschaft im Bundestag verband.[54] Im Verwaltungsrat der IfW-Fördergesellschaft war Friedensburg seit der Neukonstituierung dieses Gremiums im Juni 1951 vertreten, als erster Direktor eines anderen Forschungsinstituts überhaupt.

Baade war bis zu seiner Berufung nach Kiel insbesondere für seine Mitwirkung am Entwurf des Woytinsky-Tarnow-Baade-Plans zur Überwindung der Arbeitslosigkeit im Jahr 1932 bekannt.[55] Sein 1912 begonnenes und wegen des Ersten Weltkriegs lange unterbrochenes Studium der klassischen Philologie, Theologie, Medizin und Volkswirtschaft in Berlin, Heidelberg, Münster und Göttingen hatte er zwar 1922 mit einer Promotion zum Dr. rer. pol. abgeschlossen. Seitdem war er jedoch an keiner

---

47 Vgl. Leveknecht (1998), S. 34–37.

48 Sowohl Hoffmann wie auch Fick waren in Führungskämpfe verwickelt. Ersterer erreichte am 20. März 1946 vom Oberpräsidenten, Predöhl das Betreten des IfW zu verbieten, und Fick bemühte sich im September 1947 vergeblich, Gülich die Leitung über die Bibliothek zu entziehen. Siehe Dokumente in: HS IfW, Hs Allg. M 34.

49 Vgl. Schriftverkehr in: LASH, Acc. 172/17 (NL Walther G. Hoffmann). Dietze war ein Kandidat der Fakultät, die ebenfalls Oskar Morgenstern und Erwin v. Beckerath vorschlug. Vgl. Protokolle der Fakultätssitzung 1945–1948, in: LASH, Abt. 47.5, Nr. 11.

50 Schiller an F. Hoffmann, 08.04.1947, in: BA, N 1229/4.

51 Protokolle der Fakultätssitzungen, 19.06.1946 und 24.07.1946, in: LASH, Abt. 47.5, Nr. 11, Bl. 84–90.

52 Noch im Februar 1948 galt Kromphardt als der designierte IfW-Direktor. Vgl. Fehling an Van Sickle, 15.02.1948, in: BAK, N 1106/5. Kromphardt lehnte jedoch ab, weil Gülich nicht zurücktrat.

53 Vgl. Kurzbiografie Fritz Baade, in: Hagemann und Krohn (1999), S. 16–19.

54 Vgl. Nützenadel (2005), S. 93.

55 Vgl. Hagemann und Ege (2012), S. 23–24.

deutschen Universität tätig gewesen. Die fehlende Habilitation wurde von seinen Professorenkollegen als Mangel angesehen und das IfW unter seiner Leitung teils abfällig als „Baadeanstalt" bezeichnet.[56] 1935 war Baade in die Türkei emigriert, 1946 war er weiter in die USA gezogen und hatte sich von dort aus für deutsche Interessen eingesetzt, insbesondere für Nahrungsmittellieferungen und gegen Demontagen.

Die Kieler Fakultät war von der Entscheidung für Baade überrumpelt worden. Einer festen Einsetzung ab dem 1. Juli 1948 wollte sie sich zunächst entgegenstellen, die Landesregierung konnte aber mit dem Versprechen auf ein fünftes Wirtschaftsordinariat ihre Zustimmung gewinnen.[57] Neben Baade und Fick waren diese Lehrstühle besetzt mit Erich Schneider, der anderthalb Jahre nach seiner Berufung schließlich im Januar 1946 nach Kiel gewechselt war, sowie mit Predöhl und Mackenroth, deren Entnazifizierungsverfahren sich bis 1947 bzw. 1948 hingezogen hatten.[58] Apl. Professuren hatten Savelsberg und Hugo Böker inne, als Honorarprofessoren lehrten wie bisher Heyde und Gülich, als Dozenten fungierten F. Meyer, Meinhold und Lenschow.[59] Der Wechsel auf dem Posten des IfW-Direktors war somit eine (prominente) Ausnahme von der ansonsten typischen Kontinuität in den Wirtschaftswissenschaften an der Universität Kiel.[60] Auch ein Blick auf die Mitarbeiter des IfW im Juni 1948 zeigt, dass neues Personal lediglich in Form von jüngeren Ökonomen in die Forschungsabteilungen einzog. Auf die Abteilungsleiterebene rückten nur solche Wissenschaftler nach, die mindestens seit dem Krieg im Institut tätig gewesen waren. Im Verhältnis dazu waren die Zäsuren durch die Machtübernahme der Nationalsozialisten 1933/34 und selbst nach dem Ersten Weltkrieg einschneidender gewesen. Baade setzte dieser Kontinuität keinen Widerstand entgegen und hatte dafür auch, im Gegensatz zu befreundeten Sozialdemokraten wie Ernst Reuter, im Exil keine Entnazifizierungspläne geschmiedet.[61]

56 Dieser Name spielte auf die frühere Nutzung des Institutsgeländes als Seebadeanstalt an.

57 Protokolle der Fakultätssitzungen des Jahres 1948, in: LASH, Abt. 47.5, Nr. 11.

58 Entnazifizierungsakten in: LASH, Abt. 460, Nr. 4182 (Predöhl) und Abt. 460.19, Nr. 220 (Mackenroth). Predöhl wurde jedoch ausdrücklich verboten, je wieder IfW-Direktor zu werden. Education Branch der brit. Militärregierung an Rektor Mangoldt, 24.10.1947, in: LASH, Abt. 47, Nr. 6912. Ein Umbruch geschah erst in den Jahren 1953 – 55, als Predöhl nach Münster wechselte und Fick/Gerfin sowie Mackenroth starben.

59 Vorlesungsverzeichnis der Universität Kiel, SoSe 1949, in: www.uni-kiel.de/journals [zuletzt abgerufen am 23.04.2019].

60 Die Juristen der ehemaligen „Kieler Schule" benötigten demgegenüber deutlich länger, um wieder an die Universitäten zurückkehren zu können. Vgl. Wiener (2013), S. 230 – 232.

61 Vgl. Kristina Meyer (2015), S. 29.

Tabelle 17: Die wissenschaftlichen Mitarbeiter des IfW im Juni 1948[62]

Direktor: Fritz Baade Direktorialassistent: Fritz Meyer	
Materialbeschaffung, -verwaltung und -veröffentlichung	**Forschung**
Bibliothek Wilhelm Gülich (Leiter), Otto Iden, Gertrud Savelsberg (beide Dezernenten), Viktor v. Crousaz, Paul Dilis, Hedwig Lund, Frieda Otto	**Allgemeine Forschung** Hugo Böker, Hugo Heeckt, Rudolf Walder (alle Leiter), Lore Belling, Ursula Born, Fritz Grotius, Ulrich Küntzel, Ruth Lange, Günter Nowel, Gerhard Pfeiffer, Kurt Schmidt, Todor Zotschew
Wirtschaftsarchiv Fritz Lotsch (Leiter), Karl Dwenger, Hildegard Weichert	**Abt. für allg. Marktforschung und Statistik** Rudolf Walder (Leiter), Josef Bonner, Roman Muziol
Redaktion Anton Zottmann (Leiter), Ingrid Alnor	**Abt. für Agrarwissenschaft** Hugo Böker (Leiter), Hilde Wander
	Nachrichtenabteilung Emil Metzkes
	Abt. für Wiederaufbau Karl Dwenger
	Sonderaufgaben Gerhard Lenschow

14.3 Vergangenheitspolitik: „Wir überspringen diesen Zeitabschnitt"

Eine kritische Beschäftigung mit dem eigenen Verhalten im „Dritten Reich" wurde von den langjährigen IfW-Mitarbeitern weder angestrebt, noch wurde sie vom neuen Direktor Baade eingefordert. Vergangenheitspolitisch bewegte man sich im Rahmen des seinerzeit in der Bundesrepublik Üblichen.[63] Entsprechend war die weitgehende personelle Kontinuität auch mit organisatorischen und wissenschaftlichen Kontinuitäten verbunden. Eine Passage in einem Aufsatz Baades von 1967 über die Geschichte der Wirtschaftsforschung ist symptomatisch für den Umgang mit der Institutsvergangenheit in den folgenden Jahrzehnten:

> In den ‚1000 Jahren' der Nazi-Herrschaft hat sich die Wirtschaftspolitik in keiner Weise um Forschungsergebnisse der Wirtschaftswissenschaft gekümmert. Wir überspringen diesen Zeitab-

62 Quelle: Auflistung in: HS IfW, Hs Allg. M 3.
63 Hierzu: Frei (2012).

> schnitt und wenden uns der Lage des Deutschlands zu, das aus dem Zusammenbruch des Nationalsozialismus hervorgegangen ist.[64]

Der Mantel des Schweigens reichte vom unbelasteten Direktor an der Spitze des Instituts bis hinunter zu den NS-sozialisierten Nachwuchskräften.[65] In den Entnazifizierungsverfahren bescheinigten sich die Wissenschaftler erfolgreich gegenseitig, „das Banner objektiver Wissenschaft gegen Nazi-Einflüsse hochgehalten“[66] zu haben, und konnten binnen kurzer oder mittlerer Frist ihre Karrieren fortsetzen. So durfte beispielsweise Meinhold im IfW bleiben und wurde später Ordinarius in Frankfurt. Mülhaupt wurde von Baade wieder eingestellt und erhielt später ebenfalls den Ruf auf eine Professur.[67] Predöhl gelangte 1953 über das Netzwerk ehemaliger Kieler Rechts- und Staatswissenschaftler nach Münster, wo er erneut zu einem bedeutenden Institutsdirektor aufsteigen konnte.[68] Maßgeblich geholfen hatte ihm dabei sein Schüler W.G. Hoffmann, der auch für die von ihm geleitete Sozialforschungsstelle in Dortmund an der Universität Münster ein prominentes „Who was who im NS-Wissenschaftsbetrieb“[69] rekrutierte.

Durch die beständige Anrufung des seit Jahrzehnten verankerten Objektivitätsparadigmas konnte das Eingeständnis einer Mitverantwortung oder gar einer Schuld an den NS-Verbrechen vermieden werden. Nicht nur die deutschen Spruchkammern, auch die im Vergleich zu den Amerikanern eher nachsichtige britische Besatzung akzeptierte die künstliche Trennung zwischen Forschung und Planung auf der einen und der Umsetzung der Politik auf der anderen Seite. Mitchell Ash hat dies überspitzt die „technokratische Unschuld“ genannt.[70] Auf diese angebliche Unschuld konnten sich sogar solche Wissenschaftler berufen, die im Vergleich zum IfW deutlich konkreter an der Implementierung von Planungen beteiligt waren.[71] Deutsche wie auch alliierte Behörden tolerierten die durchsichtigen Entschuldigungsmuster der alten Wissenschaftseliten, weil sie glaubten, auf deren Expertenwissen und Fähigkeiten

64 Baade (1967), S. 329.

65 Vgl. beispielsweise den Brief der 23-jährigen Diplomvolkswirtin Ruth Lange an W.G. Hofmann, 19.12.1945, in: LASH, Acc. 172/17 (NL Walther G. Hoffmann).

66 Predöhl an Rektor Universität Hamburg betr. Lenschow, 21.08.1945, in: LASH, Abt. 47, Nr. 6811, Bl. 56.

67 Baade: An alle Mitarbeiter, 06.12.1948, in: ZBW-Archiv, 417, Bl. 45.

68 Zu diesem Netzwerk gehörten u. a. Predöhl, W.G. Hoffmann, H.J. Seraphim, Karl Michaelis und der junge Harald Jürgensen. In Münster übernahm Predöhl das Direktorat des Instituts für Verkehrswissenschaft, von 1965 bis 1969 war er Gründungspräsident des Deutschen Übersee-Instituts in Hamburg. Einen guten Blick auf die Sozialforschungsstelle der Universität Münster in Dortmund, die von 1946 bis 1960 von W.G. Hoffmann geleitet wurde, bietet Adamski (2009).

69 David Hamann: Gunther Ipsen und die völkische Realsoziologie, in: Fahlbusch und Haar (2010), S. 196.

70 Vgl. Ash (1995), Zitat S. 923.

71 Darunter Konrad Meyer. Vgl. Mäding: Weiße Flecken – einige Vorüberlegungen zu einer kritischen Erforschung der Fachgeschichte, in: Mäding und Strubelt (2009), S. 7.

angewiesen zu sein. Wessen Karriere trotzdem kurzzeitig unterbrochen wurde, der reagierte meist mit Selbstgerechtigkeit. Predöhl beispielsweise strickte an seiner ganz persönlichen Dolchstoß-Legende.[72] Auch Mackenroth sah vor allem sich und das ganze deutsche Volk in einer Opferrolle: „But after the termination of hostilities, when this moral warfare against Germany and everything German began, making everyone of us responsible for the KZ-outrages and [...] heaping remorse upon remorse on us, it was sometimes beyond my moral powers, not to feel bitterness."[73]

Als W.G. Hoffmann später einmal New York besuchte, glaubte er, den Kontakt zu den 1933 dorthin emigrierten ehemaligen Kollegen ohne eine Entschuldigung oder Erklärung wiederherstellen zu können. Adolph Lowe, mittlerweile Direktor des Institute of World Affairs, war entsprechend empört.[74] Weil solche Verhaltensmuster typisch waren und Angebote zur Wiedergutmachung oder Rückkehr an die Vertriebenen weitgehend ausblieben, war die Remigration deutschsprachiger Wirtschaftswissenschaftler nach 1945 gering.[75] So begründete Neisser seine kategorische Ablehnung einer Rückkehr nach Deutschland damit, er würde dort nun politisch noch isolierter sein als selbst vor 1933.[76] Anders als im Fall des HWWA, wo einschneidende Änderungen von der englischen Besatzung erzwungen wurden, kehrte nach Kiel keiner der einst Vertriebenen zurück, nicht einmal für eine Gastprofessur.[77]

Auch wurden keine ernsthaften Anstrengungen zu einer Reform des IfW unternommen, obwohl es hierzu Überlegungen gegeben hatte. Auf Anfrage der schleswig-holsteinischen Landesregierung hatte Lowe 1947 einige Notwendigkeiten formuliert. Dazu zählte die Entlassung eines jeden Institutsmitarbeiters, der zwischen 1933 und 1945 eine verantwortungsvolle Position innegehabt hatte, sowie die Einrichtung eines mit in- und ausländischen Wissenschaftlern besetzten Kuratoriums, das künftig die wissenschaftlichen Leitlinien bestimmen und die Tätigkeiten des Instituts kontrollieren würde.[78] Im IfW stießen solche Vorschläge auf taube Ohren. Wenn man während

72 Predöhl an Lotsch, 31.12.1945, in: LASH, Abt. 47, Nr. 7286, Bl. 68.

73 Mackenroth an George Catlin, 16.01.1947, in: AUB, Sammlung Schmid (NL Mackenroth), B.II.1.3 – 6. Ähnlich wetterte er auch in Vorlesungen gegen den Grundgedanken der Entnazifizierung, siehe Manuskript zu „Religion und soziale Ordnung", in: Ebd., Ordner „Mackenroth nach 1945". Mackenroth hatte persönlich durchaus ein schreckliches Schicksal erlitten, denn seine Frau und alle seine Kinder waren bei einem Luftangriff getötet worden. Eine Beschreibung dieses grauenhaften Erlebnisses lieferte er in: Mackenroth (1948).

74 Vgl. Krohn (1987), S. 224. Noch Jahrzehnte später schrieb Lowe zu Recht: „Alle Nachkriegsadministratoren in Kiel haben bisher unter einer totalen Amnesie gelitten. Niemand dort erinnert sich, daß das Institut eine Forschungsgeschichte hatte, ehe Hitler an die Macht kam." Lowe (1989), S. 79.

75 Vgl. Hagemann (2010).

76 Vgl. Luckmann (1988), S. 365.

77 Immerhin wurde Gerhard Colm 1954 für einen Kieler Vortrag eingeladen und war 1964 der erste Empfänger des Harms-Preises.

78 Lowe an Joseph Willits, 15.07.1947, in: RAC, RF, RG 1.1, s. 717.S, b. 20, f. 183. Heute besitzt das IfW als Stiftung des Öffentlichen Rechts des Landes Schleswig-Holstein einen Stiftungsrat, der insb. mit Vertretern von Ministerien und der Kieler Universität besetzt ist, sowie einen Wissenschaftlichen

des „Dritten Reichs“ sauber geblieben war und wenn die Wirtschaftswissenschaften am Aufstieg und an den Verbrechen des Nationalsozialismus keine Schuld trugen, dann waren auch keine personal- oder wissenschaftspolitischen Konsequenzen zu ziehen. Zwar gelangten auch Schiller und Kollegen zu der Ansicht, „dass ein mehr demokratischer Zug in die Verwaltung eines so großen Körpers gebracht werden muss“.[79] Angesichts des Totalversagens des auf die individuelle moralische Integrität gestützten deutschen Wissenschaftswesens im Allgemeinen und des IfW im Besonderen in den zwölf Jahren ab 1933 wirkt es allerdings absurd, worin sich Schillers Forderungen erschöpften, nämlich in regelmäßigen Abteilungsleiterbesprechungen. Ebenso wie die alte Struktur der deutschen Ordinarienuniversität nicht reformiert wurde, änderte sich auch nichts Grundlegendes im Aufbau und an den Machtstrukturen des IfW.

14.4 Nachkriegsforschung und Netzwerke

Mit dem Kriegsende waren schlagartig jegliche Drittmittel weggefallen und damit die Gehaltsgrundlage für über die Hälfte der immerhin noch 112 Institutsmitarbeiter.[80] Da eine wesentliche Verkleinerung des Instituts von den Abteilungsleitern nicht gewünscht und mangels eines mit Autorität ausgestatteten Direktors auch nicht durchsetzbar war, blieb im Sommer 1945 die Fortsetzung der bisherigen Finanzierungsstrategie durch eine erneute Konzentration auf die Auftragsforschung notwendig.[81] Zwar verfassten Schiller und F. Hoffmann programmatische Denkschriften, in der sie die bisherige Fokussierung auf Auftragsarbeiten als „Fehlentwicklung“[82] bezeichneten bzw. die Umstellung „von der unmittelbaren Befruchtung der Praxis auf wirkliche wahre wissenschaftliche Fragestellungen“[83] forderten. Konsequenzen zeitigte dies aber nicht. Die gewaltigen Kriegszerstörungen, die weitgehende Unterbrechung überregionaler wirtschaftlicher Austauschbeziehungen und die Integration der Flüchtlinge riefen bei Unternehmen, Handelskammern, den Lokal- und Landesverwaltungen sowie bei den alliierten Militärregierungen einen enormen Bedarf nach wirtschaftswissenschaftlicher Beratung hervor, dem sich die IfW-Mitarbeiter nicht verschließen wollten. Es blieb deshalb bis zur Ankunft Baades weitgehend den mit

Beirat. Vgl. Satzung des Instituts für Weltwirtschaft an der Universität Kiel vom 14. Juni 2013, in: https://www.ifw-kiel.de/das-ifw/satzung.pdf, letzter Zugriff: 24.11.2017.

79 Schiller: Vorschlag zum Wiederaufbau des Instituts für Weltwirtschaft an der Universität Kiel, S. 7, in: BAK, N 1229/24.

80 Greiser an Kurator, 03.08.1945 und IfW: Ausführungen, Mai 1946, beide in: LASH, Abt. 47, Nr. 3824.

81 Bis Anfang Juli 1945 waren noch keine bezahlten Aufträge hereingekommen. Vgl. Greiser an Gülich, 10.07.1945, in: LASH, Abt. 47, Nr. 6610, Bl. 79.

82 Schiller: Vorschlag zum Wiederaufbau des Instituts für Weltwirtschaft an der Universität Kiel, S. 9, in: BAK, N 1229/24.

83 F. Hoffmann: Die Zukunft des Instituts für Weltwirtschaft, 17.12.1945, S. 8, in: LASH, Acc. 172/17 (NL Walther G. Hoffmann).

dem Institut nur lose verbundenen Ordinarien Schneider und Mackenroth überlassen, den Anschluss an die internationale Wirtschaftswissenschaft wiederherzustellen und Grundlagenforschung zu betreiben.[84]

Zur Bewältigung der Beratungsnachfrage war das IfW geeignet wie keine andere Stelle in der britischen Zone. Mit einem Umfang von knapp zwei Millionen Ausschnitten (Stand 1951) war das Wirtschaftsarchiv unversehrt über den Krieg gekommen, anders als die Archive vieler Firmen und sonstigen Körperschaften. Ebenso war auch die Bibliothek nicht nur intakt, sondern durchgängig benutzbar geblieben. Weil die Universitätsbibliothek durch einen Bombenangriff fast die Hälfte ihrer Bestände verloren hatte,[85] besaß das IfW auf absehbare Zeit die größte Bibliothek in Schleswig-Holstein und war nicht nur für die Universität, sondern für die ganze Region von großer Bedeutung. Schließlich verfügte das Institut durch seine fließbandartig betriebene Kriegsforschung einen erfahrenen Mitarbeiterstab, der in der Erstellung von Schnellgutachten geschult war. Mit der Ankunft Baades begann dann eine erneute Expansionsphase, wodurch das IfW bis in die frühen 1950er Jahre hinein mit dann etwa 200 Mitarbeitern das mit Abstand größte deutsche Wirtschaftsforschungsinstitut blieb, deutlich vor dem neuen Münchener ifo-Institut, dem HWWA, dem DIW und dem RWI.[86]

Es scheinen keine wesentlichen Probleme bei der Vernetzung und bei der Gewinnung von Auftraggebern bestanden zu haben. Gülich besaß beispielsweise als Landrat (ab 1946), führendes Landtagsmitglied (ab 1947), Landesfinanzminister (1949–1950) und Bundestagsmitglied (ebenso wie Baade ab 1949) hervorragende Verbindungen zur bald sozialdemokratisch geführten Landesregierung sowie zum Kieler Oberbürgermeister Andreas Gayk. Von den städtischen Wirtschaftsverwaltungen bis hin zu den späteren Bundesministerien waren viele Stellen mit ehemaligen Studierenden und Mitarbeitern durchsetzt, die eine Einbindung des Instituts förderten und Gutachten zur Vorbereitung ihres Verwaltungshandelns in Auftrag gaben.[87] Bald

84 Über Mackenroth ist behauptet worden, er sei in seinem neuen Arbeitsschwerpunkt der Bevölkerungssoziologie der „Richtungsgeber und auch Retter" gewesen. Henßler und Schmid (2007), S. 9. Eine solche positive Wertung ist nicht haltbar, vgl. Gutberger (2006), S. 104–149. Mackenroth bewahrte sich u. a. seine seit langem gehegte Befürwortung eugenischer Maßnahmen und seine rassistische Weltsicht bis in die Nachkriegszeit hinein. Siehe z. B. Mackenroth (1953), S. 250–260, 408–413. Siehe auch die Vorlesungsmanuskripte in seinem Nachlass im AUB (Sammlung Schmid). Zur Bedeutung des „Mackenroth-Theorems", siehe Elsner (1992), S. 92–95.

85 Vgl. Else M. Wischermann: Geschichte und Gegenwart der Universitätsbibliothek, in: Auge (2015), S. 804.

86 Protokoll der Sitzung des Verwaltungsrats der IfW-Fördergesellschaft, 21.06.1951, in: Besitz IfW (Sander). Hesse nennt nur 128 bzw. 152 Mitarbeiter. Vgl. Hesse (2010), S. 139 bzw. (2016b), S. 419. Nach Hesse hatte das ifo-Institut zur gleichen Zeit 103/100 Mitarbeiter, das HWWA 94, das DIW 92/66, und das RWI 41/21.

87 Siehe z. B. Heinrich Dabelstein: Kieler Wirtschaftsaufbau und Wirtschaftsförderung: Rechenschaftsbericht des Referats Wirtschaftsaufbau und Wirtschaftsförderung im Stadtwirtschaftsamt", August 1947, S. 19, in: ZBW, A 23467. Im Bundeswirtschaftsministerium konnten Keiser und Meinhold bis zu ihrer Entlassung 1951 bzw. 1952 wichtige Stellen besetzen. Vgl. Stahmer (2010), S. 185–186. Von

waren Kieler Ökonomen auch in den wissenschaftlichen Beiräten vieler Bundesministerien vertreten, insbesondere im Wirtschaftsministerium.[88] Dem ebenfalls in die SPD eingetretenen Schiller wurde im Juli 1946 auf Betreiben des umtriebigen Hamburger Sozialdemokraten Erich Klabunde sogar die Leitung einer Kommission zur Erarbeitung einer „Denkschrift zur künftigen Entwicklung Hamburgs“ übertragen.[89] Neben diesen neuen und in ihrer Bedeutung für das IfW kaum zu überschätzenden Verbindungen blieben aber auch eine Reihe alter Netzwerke bestehen. So war beispielsweise Hermann von Mangoldt, von seinem Spezi Predöhl während dessen Rektorat überhaupt erst als Direktor des Instituts für Politik und internationales Recht nach Kiel geholt, als erster schleswig-holsteinischer Innenminister und anschließend als Universitätsrektor ein einflussreicher Verbündeter. Auch in der Raumforschung gab es nach 1945 mit der in Hannover angesiedelten Akademie für Raumforschung und Landesplanung als unmittelbarem RAG-Nachfolger ein hohes Maß an Kontinuität,[90] sodass das IfW alte Kanäle zum Informations- und Ressourcenaustausch weiternutzen konnte.

Nach einer vergleichsweise kurzen Unterbrechung stellte das IfW ab September 1945 wieder eine Flut an Auftragsgutachten zu unterschiedlichsten Themen fertig. Teilweise beschäftigte man sich wieder mit den Weltmärkten (z. B. für Büromaschinen und für Agrarprodukte), oft musste man sich jedoch mit Themen aus der nächsten Umgebung begnügen. Der Seeverkehrsexperte Heeckt beispielsweise, der kurz nach der Besetzung Dänemarks und Norwegens Statistiken zur Werftindustrie der nordischen Länder zusammengestellt und nach dem Überfall auf die Sowjetunion über eine Kanalverbindung vom Schwarzen Meer zur Ostsee geforscht hatte, erarbeitete nun ein Gutachten über die Eisenbahnstrecke Geesthacht-Tesperhude und sammelte Daten über die Zulassungsregularien von Kraftfahrzeugen.[91] Eine Liste mit 39 größeren Untersuchungen aus den zwei Jahren bis November 1947 zeigt, wie das IfW sich nicht nur mit einer Bestandsaufnahme der neuen wirtschaftlichen Voraussetzungen befasste, sondern auch Versuche unternahm zu bestimmen, welche Wirtschaftskraft Deutschland bis Mai 1945 verloren gegangen war. Einige der ersten Berichte behandelten den Beitrag des Auslands bzw. der ausländischen Schifffahrt zum „Kriegspotential Deutschlands“ und den ehemaligen „Anteil der Ostgebiete am Volksvermö-

1948 – 1956 brachte das IfW offenbar nicht weniger als 24 Nachwuchsmitarbeiter im Auswärtigen Amt, im Bundesverband der deutschen Industrie und weiteren Stellen unter. Baade (1956), S. 11.

88 Dazu gehörten Herbert Giersch (ab 1960, IfW-Präsident ab 1969) und Horst Siebert (ab 1983, IfW-Präsident ab 1989). Ferner die im IfW ausgebildeten W.G. Hoffmann, Schiller (beide ab 1948), F. Meyer (ab 1950) und Meinhold (ab 1952). Vgl. Hesse (2016b), S. 415 – 416. Ferner: Harald Fick/Gerfin (Beirat des Finanzministeriums), Predöhl (Verkehrsministerium) und Schneider (Ministerium für wirtschaftliche Zusammenarbeit).

89 Vgl. Lütjen (2007), S. 95 – 114, insb. S. 105.

90 Vgl. die Beiträge von Ariane Leendertz (Raumforschung, Raumplanung und NS-Vergangenheit) und Wolfgang Hofmann (Raumplaner zwischen NS-Staat und Bundesrepublik) im Sammelband von Mäding und Strubelt (2009). Vgl. auch Kübler (2007).

91 Die Gutachten von 1949 bzw. 1947 sind zu finden in: ZBW, C 6335 und C 6330.

gen".[92] Das Institut gelangte zu der Erkenntnis, man könne sich aus dem verbliebenen Staatsgebiet nicht ernähren. Da man der festen Überzeugung war, dass die polnische „Wirtschaftsweise" grundsätzlich schlechter sei als die eigene, „wird Deutschland sich unter keinen Umständen damit abfinden können, wenn der Deutsch-Osten endgültig an Polen fallen sollte".[93] Die eigene politische Stoßrichtung machte das IfW mit solchen Schlussfolgerungen mehr als deutlich. Den Schwerpunkt der Tätigkeit bildeten jedoch Berichte, welche die drei Themen Wiederaufbau der Städte, wirtschaftliche Integration der Flüchtlinge und Neukonzeption der Industrie miteinander verbanden. Zumeist wurde dabei folgende Argumentation vertreten: Deutschland habe auf seinem Staatsgebiet zu viele Bewohner, für die nicht genug Nahrungsmittel im Inland produziert werden könnten. Deshalb müsste das wenige zur Verfügung stehende Kapital schwerpunktmäßig für den Aufbau einer spezialisierten Exportindustrie verwendet werden, mit deren Erlösen man die notwendigen Nahrungsmittelimporte bezahlen könne. Die Ressourcenzuteilung müsse auf diese Zielrichtung planmäßig ausgerichtet werden und andere Industriezweige, die nachrangige inländische Konsumbedürfnisse befriedigten, diskriminieren.

Auch wenn der geographische Rahmen im Vergleich zur Kriegszeit nun enger begrenzt war, weckten die mit der existentiellen Krise verbundene weitreichende staatliche Planungsmacht sowie die aus der Zerstörung erwachsenden Gestaltungsmöglichkeiten dennoch das Interesse der Ökonomen. Meinhold, den bereits die durch den Massenmord und die Massenvertreibungen in Polen herbeigeführte *tabula rasa* fasziniert hatte, äußerte angesichts der zerstörten deutschen Städte ähnliche euphorische Empfindungen. Ein radikaler Modernisierer seines Formats hatte ja früher nur davon träumen können, „ganze Städte einreißen zu können, um sie zweckmässiger, gesünder und schöner wieder aufzubauen. Überall hemmte ihn das Vorhandene [...]".[94] Diese Hemmungen fielen nun fort, der totalitären Planung schien die Bahn geschlagen. Meinhold gehörte auch zu jenen Ökonomen, denen die aktuellen sozialen Probleme bekannt vorkamen. Bereits ein Jahr vor Schiller hatte er einige Vorschläge zum Wiederaufbau Hamburgs unterbreitet und hier ausdrücklich eine vergleichbare „Überbevölkerung"[95] erkannt wie an seiner alten Arbeitsstätte im besetzten Polen. Nun hatte er es allerdings mit einer deutschen Bevölkerung zu tun, mit Menschen also, die in seinem rassistischen Weltbild eine Lebensberechtigung besaßen. Ent-

92 „Aufstellung über die im Institut für Weltwirtschaft an der Universität Kiel seit Kriegsende 1945 fertiggestellten Untersuchungen", Nov. 1947, in: HS IfW, Pbl allg. Berichte in ZBW nicht überliefert.

93 IfW: Gedanken zum deutschen Agrarproblem unter besonderer Berücksichtigung der Ostgebiete, 1946, S. 32, in: ZBW, C 20231.

94 Meinhold: Der wirtschaftliche Wiederaufbau der deutschen Städte, Mai 1946, S. 1, in: ZBW, D 6607.

95 Meinhold: Grundlinien des industriellen Wiederaufbaues von Groß-Hamburg, Nov. 1945, S. 5, in: ZBW, D 5612.

sprechend empfahl er nun nicht, wie noch im Juli 1941, Bevölkerungsteile „weit nach Osten aussiedeln“[96] bzw. verhungern zu lassen.

Gleichwohl schielten Meinhold und einige seiner Kollegen – wie bereits in den Kriegsforschungen zu Ostmittel- und Südosteuropa – erneut darauf, ob nicht jetzt wieder einmal eine Chance gekommen war, radikal die Zerschlagung alter Strukturen und angeblicher Fortschrittshemmnisse zu fordern. Im IfW vertrat man die Meinung, das Überangebot an räumlich ungebundenen und deshalb als flexibles Arbeitsheer einsetzbaren Flüchtlingen sei nicht nur als Belastung anzusehen, sondern könne auch eine positive Wirkung entfalten. Dies sei nämlich dann der Fall, so der Flüchtlingsreferent Friedrich Edding, „if it leads to a breakdown of all those old traditional and parochial restrictions which curtail free competition, and if it promotes the employment of all ability where it will produce the most economic benefit.“[97] Die Krise schien zu günstig, um sie nicht zu nutzen. Die Forderung nach Chancengerechtigkeit für die Flüchtlinge wurde mit einem Appell zu einer Durchrationalisierung der deutschen Wirtschaft und zu einem auf internationale Wettbewerbsfähigkeit ausgerichteten strukturellen Umbau verbunden.

Wirtschaftswissenschaftliche Forschung und die Verfolgung einer politischen Agenda lagen auch nach Baades Amtsantritt eng beieinander. Von den eigenen Einflussmöglichkeiten auf die internationale öffentliche Meinung überzeugt, bewarb der neue Direktor das IfW als wirkungsvolles Instrument in der Öffentlichkeitsarbeit bei den deutschen Unternehmern: „Denn in einer Zeit, wo das amtliche Deutschland noch kaum eine Stimme in der Welt hat, wird das wissenschaftliche Deutschland in noch viel stärkerem Maße und mit noch größerem Gewicht als früher berufen sein, für Deutschland in der Welt zu sprechen.“[98] Bereits während seines Aufenthaltes in den USA hatte Baade sich vehement für amerikanische Nahrungsmittellieferungen eingesetzt und führte diesen Kampf gegen den „deutschen Hunger“ auch von Kiel aus öffentlichkeitswirksam fort.[99] Über Hilfslieferungen hinaus forderte er auch Unterstützung bei der schnellstmöglichen Annäherung zu einer Selbstversorgung Westeuropas im Nahrungsmittelbereich. Falls nämlich die Vereinigten Staaten einmal nicht in der Lage sein sollten, „Europa mit Essen zu verteidigen“[100], besäße sonst die Sowjetunion die Möglichkeit, mithilfe eigener Nahrungsmittellieferungen die Kontrolle über Westeuropa zu erlangen. Zum wiederholten Mal erscholl also die Forderung nach

---

96 Meinhold: Die Erweiterung des Generalgouvernements nach Osten, Juli 1941, in: BA, R 52-IV/144a, Bl. 5.

97 Edding (1951), S. 36. Ähnlich bereits: Edding, Hornschu und Wander (1949), S. 35.

98 Entwurf eines Werbeschreibens um Fördergesellschaftsmitglieder, o.D. (vermutlich 1951), in: Protokolle, Mitgliederversammlung + Verwaltungsratssitzung 1947–1960, in: Besitz IfW (Sander).

99 Möglicherweise sollte der „deutsche Hunger“ als feststehender Ausdruck geprägt werden, ähnlich wie die „German Angst“. Siehe Baade (1948) und die auf Basis dieser Dokumentensammlung erschienenen Zeitungsartikel in: HS IfW, Hs Pbl E.

100 Baade: The critical quantities of food and fuel in the struggle for Europe, confidential subcommittee No. 2 print, US-Committee on Foreign Affairs, Juli 1947, S. 1, in: ZBW, A 24687.

einer annäherungsweisen Nahrungsmittelautarkie (West-)Europas. Diesmal aber nicht in Vorbereitung auf einen Angriffskrieg, sondern als Defensivwaffe im Kalten Krieg und zur Stabilisierung der politischen Lage im Inland. Das ganze Ausmaß der im Winter 1946 bestehenden Sorge vor „einer weitgehenden Radikalisierung der Politik und Wirtschaft Rest-Deutschlands“[101] hatte das IfW seinerzeit nur in einem vertraulichen Gutachten deutlich gemacht.

Vehement bekämpften Baade und seine Mitarbeiter auch den Morgenthau-Plan sowie jegliche sonstigen Vorhaben zur Demontage der deutschen Industrie.[102] Besonderer Einsatz wurde im Kampf gegen eine Zerschlagung der IG Farben gezeigt. Dieser gigantische Chemie- und Rüstungskonzern war nicht nur eine entscheidende Stütze für die nationalsozialistische Kriegs- und Vernichtungspolitik gewesen, sondern hatte mittels seiner wirtschaftlichen Macht und seiner leistungsfähigen Volkswirtschaftlichen Abteilung, die seit 1929 von Berlin aus über die Entwicklungen im Ausland Auskunft gegeben hatte, auch politischen Einfluss ausüben können.[103] Mit dem IfW hatte der Konzern bereits vor dem Krieg in der Öffentlichkeitsarbeit und während des Krieges in Bezug auf die Südostforschung kooperiert. Bis mindestens in den Sommer 1944 hinein hatte das Institut den IG Farben auch laufend mit Auskünften zur Seite gestanden.[104] Hermann Gross (1903 – 2002), der während des Zweiten Weltkriegs als leitender Mitarbeiter in der Volkswirtschaftlichen Abteilung die Konzernführung beraten und sich insbesondere in die Ausbeutung Südosteuropas eingebracht hatte, wurde 1946 im IfW angestellt.[105] In den folgenden anderthalb Jahrzehnten sollte er hier gemeinsam mit Zotschew der führende Südosteuropaexperte werden.[106] Zunächst aber erstellte Gross eine Reihe von Gutachten und Materialien, mit denen er seinen ehemaligen Arbeitgeber möglichst vor Enteignungen und Entschädigungsansprüchen bewahren wollte.[107] Hilfreich war, dass die im Bundes-

---

101 IfW: Das deutsche Flüchtlingsproblem in seinen wirtschaftlichen und sozialen Zusammenhängen, nur für den Dienstgebrauch, März 1946, S. 42, in: ZBW, IV 2911.

102 Der Morgenthau-Plan hätte zur Folge, „etwa die Hälfte der Bevölkerung von Westdeutschland durch Hunger auszurotten.“ Baade (1948), S. 5. Baade und Emmet (1948). Ein Vorwort trug Herbert Hoover bei, seit 1925 Ehrendoktor der Universität Kiel.

103 Vgl. Jeffreys (2011), S. 281.

104 Liste: Fertiggestellte Arbeiten der Abteilung „Marktforschung und Statistik“, in: HS IfW, Hs Allg. 21.

105 Anstellung zunächst in der IfW-Bibliothek, ab Okt. 1948 als wiss. Dezernent in der Forschung. Vgl. Baade: Umlauf bei allen Dienststelle, 28.10.1948, in: ZBW-Archiv, 417, Bl. 43. Gross hatte zuvor u. a. die Wiener Zweigstelle der IG Farben geleitet und war 1943 an der dortigen Hochschule für Welthandel zum apl. Professor ernannt worden. In Kiel wurde ihm im März 1949 ebenfalls eine apl. Professur übertragen.

106 Gross blieb bis 1962 im IfW, wechselte dann auf eine ordentliche Professur nach München. Vgl. www.gelehrtenverzeichnis.de [zuletzt abgerufen am 23.04.2019].

107 Siehe u. a.: Gross: Ein Beitrag zur Aufteilung der I.G. Farbenindustrie AG, 1949, in: ZBW, C 6176; Engl. Übersetzung 1950, in: C 7576; Material zur Aufteilung, Juli 1950, in: C 6986; Untersuchung über die Kapitalstruktur repräsentativer Aktiengesellschaften der westdeutschen chemischen Industrie in den Jahren 1948 – 1950, 1952, in: C 8872.

wirtschaftsministerium für die Entflechtung der IG Farben zuständigen Sachbearbeiter zwei alte Kollegen von ihm waren.[108]

Gestützt auf das Renommee des IfW und auf die alten Netzwerke konnte Gross seine Argumente wirksam einbringen und dadurch einen Beitrag dazu leisten, dass die Westmächte und die Bundesregierung äußerst großzügig mit dem Konzern umgingen.[109] Die Nachfolgefirmen, darunter die BASF und die Bayer AG, durften einen bedeutenden Teil des vor und während der Kriegsjahre unrechtmäßig erworbenen Besitzes behalten.[110] Auf diesem Erbe aufbauend waren sie innerhalb kurzer Zeit auf dem Weltmarkt wettbewerbsfähig und konnten riesige Gewinne erwirtschaften.[111] Die IG-Veteranen und neuen Vorstandsvorsitzenden der beiden genannten Firmen, Bernhard Timm und Ulrich Haberland, traten umgehend in den Verwaltungsrat der IfW-Fördergesellschaft ein und unterstützten damit einen akademischen Fürsprecher ihrer Interessen.[112] Das war eine kluge Investition, denn im Nachkriegsdeutschland konnte die Wirtschaftswissenschaft ihren Status der Objektivität behaupten und galt „als Garant für eine interessenpolitisch nicht korrumpierte Wirtschaftspolitik."[113] Zu den Ökonomen mit großem Einfluss in der neuen „Expertenkultur in der Bundesrepublik" und mit hoher Medienpräsenz zählten auch die späteren IfW-Direktoren bzw. Präsidenten Erich Schneider (1961 – 1968) und Herbert Giersch (1969 – 1989).[114] 1962 wurde BASF-Chef Timm sogar Präsident der Fördergesellschaft und löste auf diesem Posten Hermann J. Abs ab, den finanzpolitischen Sprecher der „Deutschland AG". Abs hatte als Multifunktionär bereits im „Dritten Reich" führende Positionen in Firmen wie der eng mit den IG Farben verflochtenen Konti Öl innegehabt, die ebenfalls zu den regelmäßigen Kunden des IfW gehört hatte.[115] Entsprechend war er beispielsweise ebenso wie Lindemann, seinem Vor-Vorgänger als IfW-Fördergesellschaftspräsidenten, und Predöhl auch ein Mitglied des von Herbst 1944 an für einige Monate bestehenden Arbeitskreises für Außenwirtschaftsfragen gewesen.[116] Die seit dem Ersten Weltkrieg bestehende Zusammenarbeit zwischen dem IfW und der exportorientierten

---

108 Einer von ihnen hatte in Bezug auf den Überfall auf die Sowjetunion die Interessen der IG im Wirtschaftsstab Ost des Wehrwirtschaftsamts vertreten. Vgl. Peer Heinelt: Die Entflechtung und Nachkriegsgeschichte der I.G. Farbenindustrie AG, 2008, S. 14 – 15, in: http://www.wollheim-memorial.de/files/994/original/pdf_Peer_Heinelt_Die_Entflechtung_und_Nachkriegsgeschichte_der_IG_Farbenindustrie_AG.pdf [zuletzt abgerufen am 23.04.2019].

109 Vgl. Plumpe (1990), S. 746 – 749. Gerühmt wurde dies durch Vogel (1963), S. 5 – 6.

110 Zur Gründung und dem Erfolg der Nachfolgefirmen der IG Farben, siehe Stokes (2009). Obwohl sie also den Krieg verloren hatten, gewannen sie den Frieden. Vgl. Schneckenburger (1988), S. 116 – 118.

111 Vgl. Borkin (1979), S. 141 – 146.

112 Protokoll der konstituierenden Sitzung des Verwaltungsrats der Fördergesellschaft. 21.06.1951, in: Besitz IfW (Sander).

113 Hesse (2016b), S. 390.

114 Vgl. Nützenadel (2005), S. 13. Offenbar wurde nur der Titel geändert, ohne dass sich etwas an der Stellung des Inhabers gewandelt hätte.

115 Vgl. Gall (2004). Abs gehörte auch zu den Mitbegründern der BASF im Jahr 1952.

116 Vgl. Ötsch und Pühringer (2015), S. 48.

Großindustrie, die nun in entschlossener Verfolgung einer Expansionsstrategie nach der Überwindung der bestehenden Restriktionen verlangte,[117] erwies sich bis in die Bundesrepublik hinein für beide Seiten als nützlich und wurde entsprechend über die politischen Zäsuren hinweg aufrechterhalten.

Die Fiktion der „Stunde Null“ ist mittlerweile auch in der wirtschaftshistorischen Forschung so ausgiebig dekonstruiert worden, dass Bücher mit Titeln wie „Netzwerke der deutschen Wirtschaft 1942–1966“[118] bereits in der Populärwissenschaft angekommen sind. Ein wenig beachteter Bestandteil der Debatte um „Speers Kindergarten“, also um die Frage, ob in der zweiten Hälfte des Zweiten Weltkriegs eine neue und enger vernetzte Generation von Wirtschaftslenkern in Führungspositionen vorstieß und dann die Nachkriegsjahrzehnte prägte, betrifft die wirtschaftswissenschaftliche Politikberatung. Eine Betrachtung der Beziehungen des IfW zu den übrigen Wirtschaftsforschungsinstituten ist hier von Interesse. Die von Seiten des Planungsamts im Rüstungsministerium Anfang 1944 realisierte verstärkte Vernetzung der Institute im Rahmen der „Wissenschaftlichen Beratungsstelle“ wurde in der Nachkriegszeit durch bi- und multilaterale Kooperationen fortgesetzt. Einen festen Rahmen erhielt sie dann 1949 mit der Arbeitsgemeinschaft wirtschaftswissenschaftlicher Forschungsinstitute (ARGE), die ein Kartell zur Verteilung der staatlichen Zuschüsse und der Forschungsaufgaben bildete.[119] Auf Vorschlag des IfW wurde die Finanzierung nach dem seit den späten 1930er Jahren eingeübten Modell gehandhabt. Ein jährlicher Pauschalbetrag sollte anstelle einzelner Werkverträge die einzelnen Gutachten und Auskünfte abgelten.[120] Vorbehaltlich der noch ausstehenden Forschung zur Nachkriegsgeschichte der übrigen Wirtschaftsforschungsinstitute scheint es jedoch nicht angebracht, hier von „Kehrls Kindergarten“ zu sprechen. Von Seiten des IfW war mit dem Institutsdirektor Baade ein Ökonom führend beteiligt, der seine ausgiebige Erfahrung in der Politikberatung gerade nicht im „Dritten Reich“ gesammelt hatte, sondern als Leiter der Forschungsstelle für Wirtschaftspolitik des Allgemeinen Deutschen Gewerkschaftsbunds und der Reichsforschungsstelle für landwirtschaftliches Marktwesen in der Weimarer Republik sowie später in der Emigration als Berater der türkischen Regierung. Baade hatte in den 1920er Jahren auch an der großen Wirtschaftsenquete mitgewirkt, die ebenfalls als eines der Vorbilder für die ARGE diente.

Bereits 1947 stellten IfW, RWI (Leiter: Paul Wiel, zuvor bis 1942 Leiter der Wehrwirtschaftlichen Forschungsstelle), die Sozialforschungsstelle Dortmund (Leiter: W.G. Hoffmann) sowie die 1941 nach dem Vorbild des IfW gegründete Forschungsstelle für allgemeine und textile Marktwirtschaft in Münster die Gemeinschaftsarbeit „Deutsche

117 Vgl. Abelshauser: Deutsche Wirtschaftspolitik, in: Abelshauser (2016), S. 523.

118 Grunenberg (2006). Nützenadel erkennt beispielsweise bei der angewandten Konjunkturforschung „eher das Bild eines langsamen Übergangs denn eines scharfen Bruchs“. Nützenadel (2005), S. 93.

119 Vgl. Hesse (2010), S. 138–139.

120 Vgl. Hesse (2016b), S. 419.

Wirtschaft und Industrieplan" fertig.[121] Ein weiterer Meilenstein war 1950 die Studie „Lebensfähigkeit und Vollbeschäftigung", zusammen erarbeitet von IfW, DIW, RWI und dem Bremer Ausschuss für Wirtschaftsforschung (BAW). Die Studien wiederholten die seit dem Herbst 1945 vom IfW permanent betonte überragende Bedeutung des Exports für die Lösung der deutschen Wirtschaftsprobleme.[122] Eine Vollbeschäftigung könne beispielsweise nur dann erreicht werden, wenn man den Auslandsabsatz mindestens verdreifache.[123] Deutschland könne die gewachsene Bevölkerung nicht aus dem eigenen Staatsgebiet ernähren, das Land sei „ohne ein ausreichendes Exportvolumen und die damit gegebene Einfuhrfinanzierung nicht lebensfähig".[124] Eine entsprechende staatliche Förderung der Industrie, insbesondere eine Deckung ihres Rohstoffbedarfs, und der Abbau von Handelsrestriktionen sei unbedingt notwendig. In der Presse wurde gerade diese zweite Studie, die als Planungsgrundlage für die Zeit nach dem Auslaufen des Marshallplans gedacht war, stark rezipiert.[125]

Zu den wichtigsten Adressaten der Beratungsleistung zählte die von Ludwig Erhard geleitete Verwaltung für Wirtschaft des Vereinigten Wirtschaftsgebiets in Frankfurt bzw. das daraus entstandene Bundeswirtschaftsministerium. Auch hier kamen wieder alte Verbindungen zum Tragen, so zu den ehemaligen IfW-Mitarbeitern Günther Keiser[126] und Meinhold, die einige Jahre lang als Leiter bzw. stellvertretender Leiter des wichtigen Referats Grundsatzfragen der Wirtschaftspolitik tätig waren. In Frankfurt richtete das IfW extra eine Verbindungsstelle ein und verteilte laufend neuestes Informationsmaterial, darunter zwei Mal in der Woche die „Marshall-Plan-Informationen".[127] Auf Betreiben des im Frankfurter Bipartite Control Office der Alliierten tätigen Paul Hermberg, in den frühen 1920er Jahren erster Leiter der IfW-Statistikabteilung, konnten als ein Teilerfolg mittels statistischer Tricks die Zuwendungen aus dem Marshallplan erhöht werden.[128]

Der Marshallplan sollte nicht nur beim Wiederaufbau der Nationalökonomien der einzelnen westeuropäischen Staaten helfen, sondern sie auch enger miteinander

---

121 Von Seiten des IfW waren insb. Rudolf Walder und Helmut Keunecke beteiligt. IfW et al. (1947).

122 Siehe z. B. Meinhold: Der wirtschaftliche Wiederaufbau der deutschen Städte, Mai 1946, S. 21 – 23, in: ZBW, D 6607; Meinhold: Der Wirtschaftsplan vom 26.III.1946, o.D. S. 41 – 43, in: D 5760; IfW (im Auftrag der Handelskammer Hamburg): Aufgaben und Möglichkeiten der deutschen Aussenwirtschaft, Sept. 1946, in: A 22203; IfW: Economic Breakdown and Reconstruction-Work in Kiel, Dez. 1946, in: D 5743.

123 Gemeinsame Veröffentlichung von IfW, DIW, RWI und BAW (1950), S. 9.

124 IfW et al. (1947), S. 268.

125 Sammlung von Zeitungsausschnitte in: HS IfW, Hs Pbl G L u V.

126 Nach seiner Vertreibung aus dem IfW im Sommer 1933 hatte sich das ehemalige SPD-Mitglied Keiser als Wirtschaftsjournalist für die Zeitschriften „Bankwirtschaft" und „Bankarchiv" betätigt und zu Kriegsende die Statistische Abteilung der Wirtschaftsgruppe Privates Bankgewerbe geleitet.

127 Lotsch an Verwaltungsrat des Vereinigten Wirtschaftsgebietes, 19.03.1949, in: BAK, Z 13/1252. Die entsprechenden Informationen erhielt das IfW auch von seiner „Verbindungsstelle New York", die aus Frau Edith Baade-Wolff bestand. Grotius an Schniewind, 08.12.1948, in: BAK, Z 14/87.

128 Vgl. Stahmer (2010), S. 185.

verknüpfen.[129] Das Vorhaben der europäischen wirtschaftlichen Integration war aber weder eine neuartige Idee, noch mussten die Bemühungen bei null beginnen. Bereits während des Zweiten Weltkriegs war ein entsprechender Umbau der Wirtschaftsstruktur begonnen worden.[130] Rufe nach einem europäischen Handelsblock hatte es in den vergangenen Jahrzehnten aus allen politischen Richtungen gegeben und es fiel vielen Akteuren aus Politik, Wirtschaft und Wissenschaft leicht, zu gegebener Zeit von einer verpönten Richtung zur nächsten überzuwechseln. Die liberalen Imperialisten des Kaiserreichs, unter ihnen der IfW-Gründer Harms, hatten Naumanns Mitteleuropaplan unterstützt, die SPD war in ihrem Heidelberger Programm von 1925 für die „Schaffung der europäischen Wirtschaftseinheit, für die Bildung der Vereinigten Staaten von Europa“[131] eingetreten und auch aus den Reihen der Nationalsozialisten erschollen, wie oben beschrieben, diverse Großraum-Pläne. Zeitgenossen hatten natürlich erkannt, dass zu den Zielen von NS-Propagandisten wie Daitz die Errichtung einer zentralen machtpolitischen Führung gehört hatte und dass diese entsprechend in den Stellungnahmen von Ökonomen wie Predöhl vorausgesetzt worden war.[132] Dennoch regte sich kein Unbehagen, als Institutionen und Personen wie das IfW und Predöhl sich flexibel von der Unterstützung des nationalsozialistischen Großraums abwandten und nun wie selbstverständlich mit alten wirtschaftlichen Argumenten die neue Integration ausdrücklich mit dem Ziel der Sicherung des Friedens zwischen gleichberechtigten europäischen Staaten unterstützten.[133]

Für das IfW war die Westintegration mit Marshallplan, Schuman-Plan und Montan-Union ein Gottesgeschenk. Vorbei war die Zeit der Beschäftigung mit der Eisenbahnstrecke nach Geesthacht oder dem Kieler Fischmarkt.[134] Nun konnten die Ökonomen wieder im großen Stil Denkschriften zu internationalen Themen verfassen und auf den eigenen Informationszugang gestützt wichtiges statistisches Material bereitstellen.[135] Der traditionelle Einsatz für eine Überwindung des bilateralen Charakters der Wirtschaftsbeziehungen zugunsten eines echten integrierten Marktes mit innereuropäischem Freihandel konnte sogar wie eine Fortsetzung des Engagements aus der ersten Hälfte der 1940er Jahre wirken. Wäre es möglich, den jeweiligen politischen Kontext auszublenden, so könnte man die entsprechenden Stellungnahmen Predöhls, beispielsweise aus dem Jahr 1942, und Baades aus der Nachkriegszeit so verstehen, als ob sie dieselben wirtschaftlichen Ziele anstrebten.[136] Das IfW nahm auch bald wieder die Rolle als eines der führenden wirtschaftswissenschaftlichen und

129 Vgl. Abelshauser (2016), S. 516–517.
130 Vgl. Sandkühler (2012), S. 436.
131 SPD (1925), S. 69.
132 So beispielsweise die frühe Analyse von Niehans (1945), S. 204–205.
133 Siehe z. B. Mackenroth und Predöhl (1948), S. 34–36. Vgl. Volkmann (2003), S. 29–31.
134 Zottmann: Kiel als Stützpunkt der Hochseefischerei und Fischmarkt, Feb. 1947, in: ZBW, D 5770.
135 Siehe z. B. Muziol (Nov. 1947) und Peter Quante: Die landwirtschaftliche Erzeugung in den Marshallplan-Ländern, o.D. vermutlich 1949, in: ZBW, A 23864.
136 Siehe beispielsweise Baade (1949), S. 15–16 und Predöhl (1942a), S. 129.

wirtschaftspolitischen Debattenforen ein. Rasch konnten Redner wie Karl Albrecht, Leiter der Volkswirtschaftlichen Abteilung des Bundesministeriums für den Marshallplan, und Walter Hallstein, Staatssekretär im Auswärtigen Amt, gewonnen werden. Dabei kooperierten Baade und sein Vorgänger Predöhl so eng und harmonisch miteinander, dass dieser versuchte, jenen von seinem Wechsel nach Münster im Jahr 1953 abzubringen.[137] Die Beiträge und Diskussionen wurden in der neuen Folge der Reihe *Kieler Vorträge* (ab 1951) sowie den neubegründeten *Kieler Studien* (ab 1949) veröffentlicht. Über die Debatte zur europäischen Wirtschaftspolitik konnte das IfW auch Anschluss an die internationale Wissenschaftsgemeinde finden. Besuche hochrangiger Ökonomen wie William Beveridge im August 1946 und Claude W. Guillebaud im Januar 1947, deren Vorträge in den *Kieler Veröffentlichungen* (kurzlebig 1947 – 1948) publiziert wurden, halfen bei der Rehabilitierung des IfW. Mitte der 1950er Jahre zog Baade zufrieden eine Zwischenbilanz. In allen drei Bereichen Forschung, Beratung und Lehre sei das IfW wieder hervorragend aufgestellt.[138]

137 Personalakte Andreas Predöhl (1952 – 1953), in: LASH, Abt. 811, Nr. 12397.
138 Baade (1956).

15 Resümee

15.1 Wissenschaftliches Selbstverständnis, Vernetzung und Zäsuren

In einer konstitutionellen Monarchie und auf dem Höhepunkt der ersten Phase der Globalisierung gegründet, überstand das IfW alle Zäsuren der deutschen Geschichte in der ersten Hälfte des 20. Jahrhunderts: Den Beginn und das Ende zweier Weltkriege, die Hyperinflation und die Weltwirtschaftskrise sowie die aufeinander folgenden Wechsel der Staatsform zur Weimarer Republik, zum NS-Regime, zur Besatzungszeit und zur Bundesrepublik. Für den langjährigen Institutsdirektor Andreas Predöhl und seine Mitarbeiter war klar, worauf dieser Erfolg begründet war: „Tradition und Kontinuität haben dem Institut über Kriege, Revolutionen und Wirtschaftskrisen hinweggeholfen."[1] Einigkeit herrschte auch über das Wesen dieser Kontinuität. Es sei das Festhalten an dem vom Gründer Bernhard Harms verankerten Prinzip der „Unabhängigkeit der exakten wissenschaftlichen Forschung"[2] gewesen, was das Überleben des IfW ermöglicht habe. Von einer solchen Unabhängigkeit kann aber zu keinem Zeitpunkt in der Institutsgeschichte gesprochen werden. Bereits kurz nach der Gründung stand es unter der Protektion des Kaiserbruders Prinz Heinrich und diente entsprechend nicht nur dem Wissenschaftsfortschritt, sondern auch der Ausdehnung der deutschen Machtstellung. Der weitere Aufstieg im Ersten Weltkrieg gelang durch die Befriedigung der Informationsbedürfnisse der exportorientierten Industrie, die wissenschaftliche Blüte in der zweiten Hälfte der Weimarer Republik wurde durch Einbindung in die Enquete zur Verbesserung der Wettbewerbsfähigkeit auf dem Weltmarkt gefördert und die Erholung zu Beginn von Predöhls Direktorat war mit der Ausrichtung der anwendungsorientierten Grundlagenforschung auf die Zwecke des NS-Regimes verknüpft. Das IfW war also stets politischen Einflüssen und Zwängen ausgesetzt und entsprechend mit wechselndem Erfolg bemüht, sich durch Kooperationen mit verschiedenen Personen und Institutionen Handlungsspielräume zu verschaffen. Bis zum Ende des Zweiten Weltkriegs waren diese Spielräume mit der nahezu vollständigen Konzentration auf das Reichswirtschaftsministerium, das sowohl die Fortexistenz der Institution wie auch das Überleben der einzelnen Mitarbeiter durch den Schutz vor der Einziehung zum Kriegsdienst bzw. Volkssturm sicherte, auf ein Minimum gesunken.

Das IfW war seit seiner Gründung nicht durch eine *tatsächliche* Unabhängigkeit und „Objektivität" der Wissenschaft geprägt gewesen, sondern durch eine *Fiktion* derselben. Was Harms in Reaktion auf den Werturteilsstreit seinen Schülern beigebracht hatte, war die Notwendigkeit einer Selbstbeschränkung auf „Tatsachen und

1 Predöhl an Lotsch, 31.12.1945, in: LASH, Abt. 47, Nr. 7286, Bl. 68.
2 Zottmann (1964), S. 66.

https://doi.org/10.1515/9783110658873-015

Tatsachenverbindungen"[3] sowie die Überzeugung von einer angeblichen wesensmäßigen Verschiedenheit von Wissenschaft und Politik. Dabei handelte es sich weder um ein reflektiertes noch um ein zu dieser Zeit untypisches Konzept. In den frühen 1920er Jahren ausgebildete Doktoranden und Mitarbeiter wie Predöhl, Bente, Gülich, Lotsch, Greiser usw., die maßgeblich die Geschichte des IfW im „Dritten Reich" bestimmen sollten, gingen von einer völligen Verantwortungsfreiheit der Wissenschaft aus. Solange man auf wissenschaftliche Erkenntnisse hinarbeite, mithin also eine Wahrheitsfindung anstrebe, sei selbst eine Kooperation mit hochideologisierten Akteuren nicht zu beanstanden. Auch nach 1945 wurde diese Geisteshaltung beibehalten und weiterverbreitet, wie eine Rede Walther G. Hoffmanns anlässlich einer Feier seiner nach dem Vorbild des IfW gegründeten Sozialforschungsstelle exemplarisch belegt:

> Was die Sozialwissenschaft leisten kann, ist die analytische Aufrollung der Spannungsprobleme und eventuell in einigen Fällen die Darlegung von theoretischen Lösungsmöglichkeiten. Dabei muß es dem Handelnden überlassen bleiben, wieweit er davon Gebrauch machen will. Arzt und Anwalt können ihren Patienten bzw. Klienten nur Mittel und Wege aufzeigen, die der Fragende nutzen muss, um zu einem gegebenen Ziel zu gelangen. [...] Ein Universitätsinstitut wäre wahrlich schlecht beraten, wenn es die Rolle derer übernehmen wollte, die für die politische Willensbildung berufen sind.[4]

Solche medizinischen Metaphern lesen sich heute mit Unbehagen, denn darin hatten sich beispielsweise wenige Jahre zuvor auch jene bewegt, welche die Eugenik als einen Kernbestandteil der nationalsozialistischen Sozialpolitik gegenüber dem „Volkskörper" unterstützt hatten. Tatsächlich hinkt der Vergleich an einer ganz entscheidenden Stelle. Während Mediziner über den hippokratischen Eid verfügen und Anwälte sich den geltenden Regeln des Rechtswesens zu unterwerfen haben, hat jeder Sozialwissenschaftler nur seine ganz eigene Weltsicht. Hoffmann gehörte zu jenen, die dies verleugneten, und er hatte seinen Opportunismus durch den Austritt aus der SPD Ende 1932 und den Eintritt in die SA 1933 sowie in die NSDAP 1937 auch eindrucksvoll demonstriert. Wie die meisten der in Kiel tätigen Ökonomen war er in alle politische Richtungen anschlussfähig und stellte nach 1933 sein Expertenwissen dem NS-Regime bereitwillig zur Verfügung. Anders verhielt sich dies mit einem Großteil der Mitarbeiter der Statistikabteilung Astwik und der Volkswirtschaftlichen Zentralstelle, die im Frühjahr 1933 zum Teil wegen ihrer jüdischen Abstammung, zum Teil jedoch auch wegen ihrer pro-demokratischen Haltung attackiert und vertrieben worden waren. Mit Ausnahme eines Verbindungsmanns zur SA, der seine untergeordnete Stellung im IfW 1936 verließ, scheinen die übrigen Kollegen sich nicht maßgeblich an den Vertreibungen beteiligt zu haben. Über eine Solidarisierungsaktion der Sekretärinnen und die fruchtlosen Interventionsversuche des bald darauf seines Amtes enthobenen und versetzten Harms bei den Behörden hinaus ist allerdings auch keine

3 Harms (1915a), S. 18. Ebenfalls in Predöhls Gutachten der Rhein-Kommission (1930), S. XVI.
4 W.G. Hoffmann (1952), S. 335–336.

Bereitschaft zu aktivem oder passivem Widerstand rekonstruierbar. Ebenso wenig gab es ein Bemühen um eine materielle oder emotionale Unterstützung der Vertriebenen oder nach 1945 ein Schuldeingeständnis bzw. Angebote zur Wiedergutmachung. Die Beteiligung Predöhls am personellen Umbau der Rechts- und Staatswissenschaftlichen Fakultät als Dekan belegt exemplarisch das Fehlen von Hemmungen, durch bereitwillige Kooperation die eigene Position abzusichern und darüber hinaus die neu entstandenen Aufstiegsmöglichkeiten zu nutzen.

Das nur einige Monate dauernde Direktorat Jens Jessen bis Februar 1934 spielte für die Entwicklung des IfW keine entscheidende Rolle – und ist trotzdem bedeutsam. Jessens Versuch, über die personelle Besetzung hinaus auch den organisatorischen Aufbau des IfW zu ändern, das Institut stärker als zuvor auf die Lehre auszurichten und als einer jener klassischen *Mandarine* aufzutreten, die eine geistige Vordenkerposition beanspruchten, scheiterte rasch und spektakulär. Damit hätte er die innovative und in Reaktion auf die Bedürfnisse der modernen Wissensgesellschaft geschaffene Konzeption des Instituts mit seiner Verbindung eines Forschungsstabes mit einem großangelegten Wirtschaftsarchiv und einer in Quantität und Qualität herausragenden sozialwissenschaftlichen Bibliothek geschwächt. Obwohl Jessen knapp 20 Jahre jünger war, repräsentierte sein Vorgänger Harms einen moderneren Gelehrtentyp. Durch seine religiöse und politische Toleranz sowie seine konstruktive Mitarbeit an der Wirtschaftspolitik der Weimarer Republik hatte er sich zwar in den Augen der in den Monaten der Machtübernahme in der Wissenschaftspolitik maßgeblichen, hochideologisierten Nationalsozialisten disqualifiziert. Der von Harms eingeübte Führungsstil als Manager eines Expertenteams blieb aber für die an einer Beratung durch praxisorientierte Ökonomen interessierten Instanzen des NS-Regimes attraktiv. Als Predöhl anbot, diese Ausrichtung wiederherzustellen und die geballte Fachkompetenz des IfW zu mobilisieren, um durch anwendungsorientierte Forschung und Beratung zu einem effizienten Ausgleich zwischen wirtschaftsrationalen Notwendigkeiten und der auf die nationalsozialistischen Ziele ausgerichteten Politik beizutragen („Völkisches Optimum"), wurde er als neuer Direktor eingesetzt und konnte diese Position weitgehend unangefochten bis 1945 ausfüllen.

Im Bemühen um eine Sicherung seiner Stellung strebte Predöhl nach einem guten Verhältnis zu den traditionellen Stakeholdern des Instituts, also zum REM, zum von Popitz geleiteten preußischen Finanzministerium, zum Reichsfinanzministerium und zur Fördergesellschaft, dessen von Jessen umgestalteter Verwaltungsrat weitgehend unverändert blieb. Darüber hinaus erweiterte Predöhl seinen Handlungsspielraum erheblich, indem er das IfW in ein weitgefächertes Netzwerk von Kooperationspartnern einflocht. Dazu gehörten mit der Notgemeinschaft und der Rockefeller Foundation eine nationale und eine ausländische Stiftung, regionale und nationale Verwaltungsbehörden wie die Landesplanung Schleswig-Holstein und das Reichsverkehrsministerium, private Firmen wie die Glanzstoff GmbH und Staatsfirmen wie die Volkswagenwerk GmbH. Diese auf Autonomie abzielende Strategie wurde weder in Opposition zum Regime verfolgt, noch widersprach sie nationalsozialistischen Interessen. Von der für die Mitte der 1930er Jahre beobachteten doppelten Ressourcenverschiebung[5] zuungunsten der universitären Einrichtungen und innerhalb der Disziplinen zuungunsten der Geisteswissenschaften war das IfW entsprechend nicht betroffen. Im Gegenteil, die anwendungsorientierten Grundlagenforschungen, die beispielsweise im Fall des von Schiller und Mackenroth geleiteten Großprojekts zu den Agrarregulierungen ausdrücklich die Entwicklung einer in der Praxis nutzbaren „wirtschaftspolitische[n] Technologie"[6] zum Ziel hatten, sorgten für eine fortgesetzt steigende staatliche Finanzierung. Gleichwohl wurden durch Auftragsforschungen und Beratungsleistungen parallel die Drittmittel erhöht. Bei den dadurch ermöglichten Anstellungen per Privatdienstvertrag besaß Predöhl große Freiräume und nutzte diese, um unbeeinflusst von externen Stellen wie dem NS-Dozentenbund die Forschungsgruppen des Instituts mit hochqualifiziertem Personal zu bestücken. Nicht-fachliche Kriterien wie Geschlecht, Herkunft und auch die politische Orientierung spielten eine vergleichsweise geringe Rolle, sofern die Bereitschaft zur konstruktiven Mitarbeit in den Forschungsprojekten vorhanden war.

Über Erfahrungswerte aus dem Ersten Weltkrieg verfügend, als dem IfW zunächst die meisten männlichen Mitarbeiter entzogen und der Betrieb entsprechend einige Monate lang stillgelegt worden war, antizipierte Predöhl während der deutschen Eskalationspolitik im Jahr 1938 die Notwendigkeit, zusätzlich zu den bisherigen materiellen und immateriellen Ressourcen künftig auch über Uk-Stellungen zu verfügen. Hierfür wurde sorgfältig die Kooperation mit dem Wehrwirtschaftsamt des OKW vorbereitet und bereits einige Monate vor Beginn des Zweiten Weltkriegs zum beiderseitigen Vorteil aktiviert. Weil das Wehrwirtschaftsamt an einer offenen und wissenschaftlich fundierten Auslandsberatung interessiert war und eine ähnliche wirtschaftsstrategische Ausrichtung besaß, war das leistungsfähige und hochkooperative IfW dasjenige wirtschaftswissenschaftliche Institut, mit dem es während des Zweiten Weltkriegs am intensivsten zusammenarbeitete. Die Informationen und Expertisen gingen nicht nur in die Führung des Wirtschaftskrieges ein, sondern auch in die Vorbereitung von Angriffskriegen. Weil Predöhl aber den Status als „freie akademische Forschungsstätte, die für alle wirtschaftspolitischen Führungsinstanzen arbeitet"[7], aufrechterhalten wollte, bemühte er sich, nach Möglichkeit sein diversifiziertes Netz von Kooperationspartnern aufrechtzuerhalten. Neben den einzelnen Waffengattungen und diversen Reichsministerien gehörten dazu unter anderem die Reichsgruppe Industrie und ihre Wirtschaftsgruppen, die bereits erwähnten Firmen Glanzstoff und Volkswagen sowie auch die während der Vorbereitung auf den Überfall auf die Sowjetunion gegründete Kontinentale Öl-AG. Als dann das Wehrwirtschaftsamt im Zuge des Umbaus der deutschen Kriegswirtschaft ab Sommer 1942 an Einfluss verlor, wendete Predöhl sich verstärkt dem Rüstungsministerium und später dem RWM als

5 Vgl. Hachtmann (2010), S. 197–198.

6 Mackenroth: Einführung, in Schiller (1940a), S. XVII.

7 Bericht des Direktors des Instituts für Weltwirtschaft über die Tätigkeiten des Instituts in den Jahren 1941–1943 an den Verwaltungsrat der Förderungsgesellschaft, 03.04.1944, in: BA, R 4901/14814, Bl. 370.

den neuen Partnern zu, welche dem IfW die benötigte finanzielle Absicherung, den Erhalt der Gebäude und Anlagen sowie vor allem den Schutz vor Einberufungen verschaffen konnten.

Von der britischen Militärregierung wurde Predöhl zwar vorübergehend seiner Stellung als Universitätsprofessor enthoben und dauerhaft vom Posten des IfW-Direktors ausgeschlossen. Diese Entscheidung fiel allerdings erst ein halbes Jahr nach Kriegsende, als er bereits alliierte Forschungsaufträge akquiriert hatte. Nicht nur der späte Zeitpunkt, sondern auch die Begründung ist auffällig, denn hierfür wurden nicht die unter seiner Leitung durchgeführten Kriegsforschungen herangezogen, sondern primär die von ihm geleisteten Beiträge zur Kriegspropaganda. Es handelte sich nicht um einen klaren, von oben verordneten Bruch in der Geschichte des Instituts, sondern um einen Eingriff mit begrenzter Wirkung. Die bei den Alliierten, bei den von ihnen eingesetzten Landes- und Lokalverwaltungen sowie ferner auch in der Privatwirtschaft vorhandene Nachfrage nach Informationen und wissenschaftlicher Beratung, die das Institut auf den unversehrt gebliebenen Apparat aus Wirtschaftsarchiv und Bibliothek gestützt bedienen konnte, ermöglichten eine personelle und organisatorische Kontinuität. Nach einer Übergangszeit gelangte mit Fritz Baade im Jahr 1948 zum ersten (und einzigen) Mal ein Parteipolitiker an die Spitze des IfW. Dies bedeutete aber keinen Abschied vom demonstrativen Expertentum als Grundhaltung des Instituts. In den wissenschaftlichen Gutachten wurden weiterhin politische und persönliche Motivationen nicht transparent dargestellt. Die gegen die Zerschlagung der IG Farben gerichteten Expertisen waren hier ein extremer Fall.

Die weitgehende Kontinuität hatte zweifellos negative Komponenten, beispielsweise die Weiterbeschäftigung des in rassistischer und totalitärer Planung geübten Helmut Meinhold. Allerdings wurden aber durch die unmittelbare Wiederaufnahme des Beratungsgeschäfts im IfW, wie in weiten Teilen der Wirtschaftswissenschaften allgemein, die alten Eliten umgehend in den Aufbau des neuen Staatswesens eingebunden. Damit konnte, erstens, deren Opposition gegen die maßgeblich von außen, nämlich von den westalliierten Besatzungsmächten und teils auch von den zurückkehrenden Emigranten wie Baade, vorangetriebene demokratische Ordnung entgegengewirkt werden. Zweitens wurden die unbestreitbar vorhandenen fachlichen Kenntnisse und Fähigkeiten für die Bewältigung der Nachkriegsprobleme und den Wiederaufbau mobilisiert, der dann in Westdeutschland mit außerordentlichem Erfolg gelang. In fachlicher Hinsicht hatten die personellen und organisatorischen Kontinuitäten im IfW nach 1945 also ebenso eine positive Wirkung wie bereits 1918/19, als das IfW sich rasch von einer inhaltlichen und propagandistischen Unterstützung der Monarchie und der Militärdiktatur der OHL zu einer konstruktiven Rolle in der jungen Weimarer Republik umorientierte. Bei aller Sympathie für Adolph Lowes nach dem Krieg vorgebrachte Forderung, alle Mitarbeiter zu entlassen, die zwischen 1933 und 1945 eine verantwortliche Position besetzt hatten, müssen die Vorteile des Ausbleibens einer solchen politischen Säuberung durchaus in Betracht gezogen werden. Anders verhielt sich dies mit dem Bereich der Vergangenheitspolitik. Hier führte die Fundamentalopposition zum Entnazifizierungsprozess und das typische Ausbleiben einer Aufarbeitung und einer Reflexion über die eigene Rolle und Verantwortung dazu, dass keine Lehren gezogen wurden. Wenn die Bundesrepublik ähnlich wie die Weimarer Republik gescheitert und von einem totalitären Regime abgelöst worden wäre, so hätte es erneut ausschließlich am Charakter der einzelnen Mitarbeiter gelegen, ob sie erneut eine konstruktive Rolle in diesem Staatswesen gespielt und ihm bei der Erreichung seiner Ziele geholfen hätten.

15.2 Wirtschaftspolitische Ausrichtung und Öffentlichkeitsarbeit

Anders als ursprünglich von Harms erträumt, wurde im IfW kein „System der praktischen und theoretischen Weltwirtschaftslehre“[8] entwickelt, welches dann die künftige Forschungstätigkeit bestimmt hätte. Es wurde lediglich ein kleinster gemeinsamer Nenner etabliert, den auch seine Nachfolger Jessen und Predöhl teilten, nämlich die Befürwortung einer möglichst weitgehenden Einbindung in den internationalen Handel als Weg zur Steigerung des deutschen Wohlstands. Diese Grundhaltung ließ sich mit den unterschiedlichsten politischen Positionen verknüpfen, was auch Harms bereits demonstriert hatte. Mit einer ähnlichen wirtschaftsrationalen Argumentationsweise hatte er vor dem Ersten Weltkrieg den imperialen Flottenbau und die Ausdehnung des Macht- und Wirtschaftsbereichs durch den Erwerb von Kolonien unterstützt wie nach dem Krieg eine Kompromisslösung zur Regelung der Reparationsansprüche des Versailler Vertrags, als es ihm weniger um die Höhe der Zahlungsverpflichtungen ging als um eine Beseitigung der bestehenden Hindernisse für den deutschen Außenhandel.

Predöhl war ähnlich pragmatisch. Als nach der Machtübernahme der Nationalsozialisten der deutsche Außenhandel staatlich kontrolliert, nach Möglichkeit beschnitten und der Überseehandel auf einige naheliegende und im angestrebten Kriegsfall erreichbare und kontrollierbare Staaten konzentriert werden sollte, initiierte er 1935 das Forschungsprojekt „Marktregulierung und Marktordnung“. Ziel waren nicht nur Analysen zu einer Steigerung des Selbstversorgungsgrades durch Importsubstituierung, sondern darüber hinaus die Weiterentwicklung des primitiven Systems bilateraler Tauschgeschäfte durch optimierte Techniken zur Erschließung neuer Exportmöglichkeiten. Die seinerzeit verbreiteten Autarkieforderungen waren zwar keineswegs nur Rhetorik und fanden durchaus einen Niederschlag in der Wirtschaftspolitik. Gleichwohl schloss die Ablehnung der Abhängigkeit von strategisch wichtigen Einfuhren und die damit verbundene verstärkte Konzentration auf Rohstoffsynthetisierung und Agrarproduktion nicht aus, dass auch einige Akteure auf ein solches industrielles Wachstum setzten, das ausdrücklich nicht alleine auf den Rüs-

8 Harms: Rede zur Eröffnung des Staatswissenschaftlichen Instituts, 24.02.1911, in: BA-MA, RM3/10063, Bl. 238. Entsprechend überarbeitete Harms nie seinen 1912 verfassten „Versuch der Begründung einer Weltwirtschaftslehre“.

tungssektor beschränkt sein sollte. Dazu gehörte der Wehrwirtschaftsgeneral Georg Thomas, der unter Berufung auf Predöhl eine Stärkung des Industriegüterexports forderte, um den Kurs der Aufrüstung und ernährungswirtschaftlichen Kriegsvorbereitung langfristig abzusichern. Entsprechend ergaben sich für das IfW Möglichkeiten, auf den alten Forschungsfeldern aktiv zu werden. Zu nennen sin insbesondere die ab 1938 im großen Stil unternommenen Marktanalysen, mit denen evaluiert werden sollte, ob der neu entwickelte Volkswagen das Potential besaß, zu einem solchen Exportprodukt zu werden.

Predöhl begrüßte, wie seinerzeit auch Harms, die erneute Eroberung von Kolonien. Als dies nach der Besetzung Frankreichs und den ersten Eroberungen in Nordafrika in Reichweite zu rücken schien, wurden im Auftrag der RAG entsprechend einige vorbereitende Planungsstudien zum Zweck einer möglichst effektiven und nachhaltigen wirtschaftlichen Ausbeutung angefertigt. Eine viel größere Begeisterung weckten allerdings die Pläne für die sogenannte Europäische Großraumwirtschaft. Hier schien nun auf militärischem Weg die Überwindung der bilateral organisierten Außenwirtschaft zugunsten eines freien Handels innerhalb eines vom nationalsozialistischen Deutschland kontrollierten Machtbereichs möglich. In handelspolitischer Hinsicht handelte es sich um einen Kompromiss, der, wie Harms es einmal abwertend ausgedrückt hatte, „zwischen Volkswirtschaft und Weltwirtschaft steht“[9]. Die exportorientierte Großindustrie ließ sich auf diesen Kompromiss ein. Ihr wurde ein privilegierter Marktzugang sowie teils auch weitreichende Ausbeutungsmöglichkeiten auf dem Kontinent als Ersatz für die Anbindung an den weltweiten Handel geboten. Um diese Möglichkeiten zu nutzen, holten Firmen wie die IG Farben, die Konti Öl und Glanzstoff Auslandsinformationen aus dem IfW ein, das für Beratungen bereitwillig zur Verfügung stand. Neben der machtpolitischen Komponente spielten auch rassistische und antisemitische Motivationen eine Rolle. Mit der von Werner Daitz gegründeten Großraumgesellschaft wurde einer der entsprechenden Propagandaakteure in begrenztem Maße von Predöhl und seinen Mitarbeitern unterstützt. Die Öffentlichkeitsarbeit des IfW beschränkte sich jedoch zumeist auf betont wirtschaftswissenschaftliche Stellungnahmen, während die spezifisch nationalsozialistischen Argumentationsmuster arbeitsteilig von anderen Personen und Institutionen eingebracht wurden. Damit sollte das spezifische Legitimationspotential als akademische Institution mobilisiert werden, um die Reichweite der NS-Propaganda zu erweitern. Im regionalen und nationalen Rahmen folgte nach der Ernennung Predöhls zum Rektor und dem Ausbleiben eines schnellen Sieges über die Sowjetunion im Herbst 1941 eine Zäsur in der Öffentlichkeitsarbeit der Universität und des IfW. Nun wurde die Einbindung der Institutsmitarbeiter deutlich erhöht.

Auf internationalem Parkett warb Predöhl in den 1930er Jahren, unterstützt von seinen Professorenkollegen Fick, Mackenroth und Bente, für Deutschland als Handelspartner. Die Ziele der Außenpolitik wurden verharmlost und durch Veranstal-

9 Harms (1927), S. 243. Zu diesem Zeitpunkt lehnte Harms jede Alternative zum freien Welthandel ab.

tungen wie die in Kooperation mit der IG-Farben veranstalteten „Auslandstreffen" während der Kieler Wochen 1938 und 1939 der Anschein einer friedlichen Kooperationsbereitschaft aufrechterhalten. In enger Absprache mit dem REM trug das IfW so zu der „vorübergehenden Normalisierung der internationalen Wissenschaftskontakte"[10] bei. Mit dem Jahreswechsel 1940/41 erfolgte hier ebenfalls eine Zäsur, nach welcher der bisherige Rechtfertigungsmodus verlassen und zu einem aktiven Werben um Kooperation der europäischen Eliten am Großraumprojekt gewechselt wurde.

Der Umgang Predöhls und seines engen Vertrauten W.G. Hoffmann mit den Veranstaltungsformaten und Zeitschriften des IfW sowie ab Ende 1941 auch der Universität Kiel war differenziert. Wichtigstes Organ blieb das *Weltwirtschaftliche Archiv*, dessen Abhandlungen bis Kriegsende in den meisten Bänden zu über 40 % von ausländischen Autoren stammten. Von der sonst in Diktaturen üblichen Tendenz einer Einschränkung internationaler Kontakte[11] oder gar einem „Rückzug in den Käfig der ideologischen und wirtschaftlichen Autarkie"[12] kann hier keine Rede sein. Das IfW hielt mit dieser Zeitschrift, den Reisen Predöhls, seiner Professorenkollegen und des Bibliothekars Gülich, den Einladungen von Ausländern und den Teilnahmen an internationalen Kongressen entgegen dem allgemeinen Trend in der Tat „ein Fenster zur Weltwirtschaft"[13] offen. Dies geschah jedoch keineswegs in Opposition zum Regime, wie Baade mithilfe dieser Metapher hatte behaupten wollen, sondern mit Billigung des Auswärtigen Amts. Das Amt vergab mindestens einmal auch einen Auftrag für einen Propagandaartikel, der dann von der Gruppe Lösch verfasst und veröffentlicht wurde. Es war abgesprochen, den fruchtbaren internationalen wissenschaftlichen Austausch nicht zu verbauen und einen Kommunikationskanal mit den ausländischen wirtschaftswissenschaftlichen und wirtschaftlichen Eliten aufrechtzuerhalten.

Parallel zur angestrebten Herrschaft über den europäischen *Wirtschafts*großraum und über Afrika als den „primären wirtschaftlichen Ergänzungsraum"[14], unterstützte das IfW auch den „*wissenschafts*imperialistischen Hegemonieanspruch des ‚Dritten Reiches' auf Europa und die angrenzenden Weltregionen"[15]. Anders als das DIW, das sich in den eroberten Ländern ein Netz von „Außenstellen" aufbaute und zusammenraubte, lehnte Predöhl aber Angebote zur Expansion des IfW (u. a. in den Warthegau) ab und sprach sich sogar vorsichtig gegen die Okkupation ausländischer Forschungseinrichtungen aus. Es solle nicht nur seinem Institut der Status als un-

10 Hachtmann (2007), S. 1221.

11 Vgl. Grüttner (2003), S. 266.

12 Ulrich Wengenroth: Die Flucht in den Käfig: Wissenschafts- und Innovationskultur in Deutschland 1900 – 1960, in: vom Bruch und Kaderas (2002), S. 54.

13 Fritz Baade: Bernhard Harms und das Institut für Weltwirtschaft, in: IfW (1951), S. 10.

14 Stoltzenberg: Probleme der Wirtschaftsplanung in Tropisch-Mittelafrika, Mai 1942, S. 5, in: ZBW, C 6553.

15 Hachtmann: Unter „Deutscher Führung im Grosseuropäischen Raum". Trends nationalsozialistischer Wissenschaftsexpansion seit 1938, in: Hachtmann, Flachowsky, Schmaltz (2016), S. 38. Hervorhebung GT.

abhängiges universitäres Institut erhalten bleiben, sondern darüber hinaus wünsche er auch, so teilte er dem REM mit, „in den Ländern unseres künftigen Grossraumes akademische Gegenspieler vorzufinden."[16] Diese Positionierung Predöhls, der im Kriegsverlauf durch fleißig akkumulierte Posten sowie Kooperationen mit dem SD und dem NS-Dozentenbund (Otto Ohlendorf, Gustav Scheel) weiter an Einfluss gewann, stellt die Disziplin der Wirtschaftswissenschaften betreffend ein gewichtiges Argument gegen die These eines Masterplans „einer von Deutschland dominierten ‚Großraum*wissenschaft*'"[17] dar.

Die Strategie der Führung des *Weltwirtschaftlichen Archivs* muss im Zusammenhang mit anderen Fachzeitschriften wie der *Zeitschrift für die gesamte Staatswissenschaft* (Herausgeber ab 1935: Predöhl, Bente, Huber) und dem *Wirtschaftsdienst* (1940 – 1943 herausgegeben vom HWWI und IfW) gesehen werden. Nur weil diese stärker auf das Inland und expliziter auf die Unterstützung der NS-Politik ausgerichtet waren, durfte das *WA* sein Niveau und seinen internationalen Charakter halten. Ferner bot sich das IfW mit dem Veranstaltungs- und Publikationsformat *Kieler Vorträge* auch als Plattform an, auf der führende (Wirtschafts-)Politiker ihre Botschaften verbreiten durften. Dass extrem antisemitische und rassistische Beiträge von Rednern wie dem Leiter des Warthegaus, Arthur Greiser, und dem Präsidenten der IHK Lódz, Karl Weber, in der publizierten Form ein wenig entschärft wurden, um die akademische Reputation des IfW nicht zu sehr zu beschädigen, kann nicht entlastend gewertet werden. Ab 1942 brachten sich IfW-Mitarbeiter durch Beiträge in den *Kieler Blättern* sowie in den neuen *Frontsoldatenbriefen* deutlich stärker in die Kriegspropaganda ein. Auch hier wurde aber auf Wissenschaftlichkeit und ein hohes Niveau geachtet, um die Propaganda des NS-Regimes nicht zu imitieren, sondern zu ergänzen und ihre Reichweite zu erhöhen.

15.3 Forschungsthemen und Methoden

Wenn sich im Deutschland der 1930er Jahre tatsächlich „eine wissenschaftlich fundierte neue Wirtschaftslehre"[18] mit einem theoretischen Gehalt entwickelt haben sollte, dann trug das IfW jedenfalls nach den Vertreibungen des Jahres 1933 dazu keinen wesentlichen Anteil mehr bei. Predöhl hatte den Posten als Direktor ausdrücklich mit dem Anspruch angetreten, mit den Forschungen des Instituts kurz- oder zumindest mittelfristig für die Wirtschaftspolitik des Regimes von Nutzen zu sein. Diese Ausrichtung auf eine praktische Verwendbarkeit bestimmte die Forschungsprogramme der zahlreichen ab Ende 1934 neugegründeten Forschungsgruppen und -Abteilungen. Sie wurde auch ziemlich konsequent durchgesetzt, denn die wissen-

16 Predöhl an Dahnke, 27.07.1940, in: BA, R 4901/3029, Bl. 115.
17 Editorial, in: Hachtmann, Flachowsky, Schmaltz (2016), S. 15. Hervorhebung im Original.
18 Janssen (2012), S. 27.

schaftlichen Mitarbeiter und auch die Mehrzahl von Predöhls Professorenkollegen, sowie ferner eine Reihe von Doktoranden, wurden nicht erst im Krieg, sondern auch bereits in der zweiten Hälfte der 1930er Jahre in die Gemeinschaftsforschungen eingespannt.

Der Mangel an Freiräumen für eigenständige Denkarbeit frustrierte die nicht nur an anwendungs-, sondern auch erkenntnisorientierter Grundlagenforschung interessierten Mitarbeiter wie z. B. August Lösch. Dieser zog zu Kriegsende ein vernichtendes Fazit: „Der wichtigste Effekt von Instituten ist, dass sie lediglich der wirklichen Forschung die Mittel entziehen."[19] Sein unmittelbar vor dem Wechsel nach Kiel fertiggestelltes innovatives Hauptwerk „Die räumliche Ordnung" hatte er entsprechend lediglich in einer kaum überarbeiteten zweiten Auflage herausbringen können. Dem neben der Abarbeitung von Forschungsaufträgen entstandenen Aufsatz „Theorie der Währung" – kürzlich als eines der Beispiele bezeichnet, warum sich auch heute noch eine Beschäftigung mit der Tradition des deutschen Wirtschaftsdenkens lohne –[20] konnte er ebenfalls nicht ausreichend Zeit widmen und ihn auch nicht mehr selbst publizieren. Dabei wurde das IfW, anders als beispielsweise das stärker ideologisch ausgerichtete und entsprechend wissenschaftlich weitgehend wertlose Institut für Großraumforschung,[21] immerhin von einem Direktor geführt, der bis zum Frühjahr 1944 der Meinung war, das eigene Beratungsgeschäft mit einer „freien wissenschaftlichen Forschung"[22] unterfüttern und den in der Auftragsforschung gewissermaßen abgezehrten Wissensbestand auffüllen zu müssen. Erst mit der Erstellung der Ländermappen für das REM, letztlich eine auf Wirtschaftsthemen konzentrierte Enzyklopädie, wurde im letzten halben Jahr des Kriegs der Anspruch auf Generierung neues Wissens aufgegeben.

Die Themenpalette der Grundlagenforschung der 1930er Jahre und auch das ab 1939 für das Wehrwirtschaftsamt und einige weitere Auftraggeber intensivierte Beratungsgeschäft waren breit gestreut. Inmitten der konkurrierenden Auslandsforschungsinstitute, die sich auf verschiedene geographische Regionen spezialisierten, und dem DIW, welches die Deutschland sowie die sukzessive besetzten Staaten betreffende Wirtschaftsforschung dominierte, lag die Stärke des IfW darin, sich gerade nicht auf eine Region oder einen Wirtschaftssektor zu spezialisieren. In seiner Ausrichtung sollte es ein Generalinstitut bleiben, das mit seinem geschulten Stab sowohl die großen weltwirtschaftlichen Zusammenhänge analysieren wie auch auf Basis seines gesammelten Wissens detaillierte Auskünfte über Themen und Orte jeder Art

19 Lösch an Schumpeter, 01.05.1945, in: StAH, NL Lösch, Box XXI.

20 Vgl. Bieri (2019).

21 Die Ausrichtung vom Leiter Walter Thoms ist wohl zu Recht als „pseudo-wissenschaftlich" zu beurteilen. Siehe Brintzinger (1996), S. 235. Ausführlich zum Institut für Großraumforschung: Schultes (2010), S. 437–453.

22 Bericht des Direktors des Instituts für Weltwirtschaft über die Tätigkeiten des Instituts in den Jahren 1941–1943 an den Verwaltungsrat der Förderungsgesellschaft, 03.04.1944, in: BA, R 4901/14814, Bl. 370.

geben konnte.[23] Gewann eine bisher nur schwach abgedeckte Region an Interesse, wie beispielsweise die 1941 angegriffene Sowjetunion, so wurden rasch Mitarbeiter angeworben, bzw. in diesem Fall gleich eine ganze Abteilung für Ostforschung, um über die entsprechenden Fach- und Sprachkenntnisse zu verfügen.

Mit der Eskalation des Krieges wurden auch die Forschungen und die wirtschaftspolitischen Vorschläge entgrenzt und radikalisiert. So kalkulierte beispielsweise Karl Caspers Studie zum Ausbau der Weichsel aus dem April 1940 mit einem wirtschaftlichen Wachstumspotential im jüngst eroberten Gebiet von mindestens 30 % und nahm dafür in Kauf, dass 30.000 Polen „umgesiedelt" werden sollten. Ging es bei Caspers RAG-Projekt im Einklang mit den deutschen Plänen um die Etablierung einer deutschen Kontrolle durch wirtschaftspolitische Umgestaltung und Anbindung des betreffenden Gebiets, so verfolgte Hugo Heeckts im Januar 1942 fertiggestellte Analyse eines Ausbaus der Wasserstraßen zwischen Ostsee und Schwarzem Meer einen anderen Zweck. Hier handelte es sich nun um die Einrichtung einer Ausbeutungsinfrastruktur, um geraubte Nahrungsmittel und Rohstoffe sicher und im großen Stil aus der Ukraine abtransportieren zu können. Auch Hungerkalkulationen wurden, wie bereits im Ersten Weltkrieg, im Rahmen der Begleitforschung zur Führung des Wirtschaftskriegs durchgeführt. Lösch ging es dabei aber um eine realistische Darstellung der großen Widerstandskraft Englands, um so einer weiteren Eskalation entgegenzuwirken. Bei den Forschungen zu der bereits im April 1939 identifizierten „Getreidereserve"[24] in Südosteuropa sind dagegen keine ethisch vertretbaren Motive erkennbar. Hier wurden Ausbeutungspotentiale ausgelotet und es blieb unbestimmt, ob den betreffenden Menschen ein Existenzminimum gelassen werden sollte.

Bei aller thematischen Diversität teilten die Auftragsarbeiten aus dem Zweiten Weltkrieg sowie auch die Forschungen der zweiten Hälfte der 1930er Jahre doch zwei Eigenschaften. Dies war zum Ersten eine extreme Empirielastigkeit. Der Großteil der Arbeitszeit wurde nicht für Denk-, sondern für Fleißarbeit aufgewandt. Das eindrücklichste Beispiel ist das mehrjährige Projekt zu den Marktregulierungen und Marktordnungen in der Weltagrarwirtschaft. Darin mussten sich die meisten Mitarbeiter mit dem Sammeln von Statistiken zu wirtschaftlichen Entwicklungen und der Rekonstruktion wirtschaftspolitischer Entscheidungen bescheiden. Einzig der Forschungsgruppenleiter Karl Schiller durfte in größerem Stil abstrahierende Analysen vornehmen – aber auch das erst nach einer zeitraubenden Zusammenfassung der bis dahin produzierten 3200 Seiten an Länderberichten. Ebenso waren auch die wirtschaftsgeschichtlichen Forschungen zur britischen Industrialisierung und Außenhandel (Werner Schlote und W.G. Hoffmann) und die Arbeiten der Ernährungsstatistischen Abteilung (Walter Hahn) in methodischer Hinsicht nicht innovativ, sondern standen in der Tradition der Historischen Schule.

23 „Vertraulich. Das Institut für Weltwirtschaft an der Universität Kiel", 1938, S. 4, in: HS IfW.
24 IfW: Stand und wehrwirtschaftliche Bedeutung der rumänischen Getreidewirtschaft, April 1939, in: BA-MA, RW 19/4025, Bl. 22.

Zweitens ging es bei den Projekten fast aller Gruppen nicht um grundsätzliche Erkenntnisse über wirtschaftliche Mechanismen, sondern konkret um die Evaluation staatlicher Lenkungsmöglichkeiten, die sogenannte „wirtschaftspolitische Technologie"[25]. Hahns Leistung in den Jahren 1932–1934 bestand beispielsweise nicht aus Beiträgen zur ernährungswirtschaftlichen Theorie, sondern aus der Entwicklung und exemplarischen Durchführung von Berechnungsmethoden für die deutsche „Bodenleistung", durch welche der maximale Selbstversorgungsgrad bestimmbar wurde. Nach dem rasch gescheiterten Versuch Jens Jessens zu einer stärker ideologischen Ausrichtung des IfW stellte Predöhl diese bereits unter Harms vorhandene instrumentelle Perspektive auf die Wissenschaft wieder her – und damit früher als an anderen Orten, wo eine solche verstärkte Wertschätzung der praxisbezogenen Sozialwissenschaft erst ab 1936 bzw. mit Kriegsbeginn erfolgte.[26] Die hierzu notwendige Entlassung der meisten von Jessen mitgebrachten „Göttinger Sieben" gelang schnell, die vorsichtige Ausgrenzung des auf eine völkische Ökonomie drängenden Reinhold Bethke dauerte etwas länger.

Die Institutsmitarbeiter waren zwar durch die Zuordnung zu den Forschungsgruppen auf bestimmte Themen festgelegt, besaßen aber in der praktischen Umsetzung ihrer Forschungstätigkeit große Freiheiten. Eine inhaltliche Mehrstimmigkeit wurde ausdrücklich geduldet, sodass sich beispielsweise in den Vorschlägen für die künftige Raumplanung Afrikas und des besetzten Polen diametrale Widersprüche auftaten. Eine Zensur durch den Direktor lässt sich nur für einen einzigen Fall nachweisen, nämlich für einen frühen Bericht der Gruppe Lösch. Anders als beispielsweise im AwI der DAF oder im nicht realisierten Umgestaltungsplan Jessens waren die internen Prozesse im IfW nicht „gleichgeschaltet" und in standardisierte kleinteilige Prozesse zerlegt, sodass die einzelnen Wissenschaftler weitgehend eigenständig ihre Berichte anfertigen durften. Aus den daraus entstehenden Möglichkeiten, sich weiterzuentwickeln und die eigene Leistungsfähigkeit zu beweisen, ergaben sich Aufstiegschancen.

In Kombination mit einer stark leistungsorientierten Personalpolitik, in der Faktoren wie die frühere politische Orientierung, die Nationalität und auch das Geschlecht eine im Vergleich zum sonstigen Universitätswesen unterdurchschnittliche Bedeutung zukam, ergaben sich dadurch auch für Frauen gewisse Aufstiegsmöglichkeiten. Abweichend vom Trend verfügte das IfW bereits vor Beginn des Zweiten Weltkriegs und der damit verbundenen Verknappung an verfügbarem männlichen Personal über einige Gruppenleiterinnen und brachte mit Gertrud Savelsberg im Jahr 1944 auch vergleichsweise früh eine (außerplanmäßige) Wirtschaftsprofessorin hervor. Es gibt keine Hinweise darauf, dass diese Frauen in ihren Doktorarbeiten oder ihren anschließenden Forschungen irgendeine Sonderrolle eingenommen hätten.

---

25 Mackenroth: Einführung, in: Schiller (1940a), S. XVII.

26 Vgl. Grüttner (2000), S. 573.

Aufgrund der permanenten personellen Wechsel zwischen den flexibel eingerichteten und aufgelösten Forschungsgruppen und dem von der Institutsleitung geförderten intensiven gedanklichen Austausch im Wissenschaftlichen Club und insbesondere bei den Kieler Vorträgen ist das IfW als ein Denkkollektiv im Sinne Ludwik Flecks zu bezeichnen.[27] In den wirtschaftswissenschaftlichen Analysen war die Wahrnehmung (Denkstil) zumeist auf einige bestimmte Faktoren ausgerichtet: Standortbedingungen, Geografie, Entfernungen und die Infrastrukturvoraussetzungen standen zumeist am Anfang und Ende der Darstellungen. Die reichlichen statistischen Angaben in den Hauptteilen und den Anhängen konzentrierten sich auf die Produktionsvolumina bzw. Produktionspotentiale für bestimmte Güter. Folgt man Quinn Slobodians Kategorisierung der sich ab etwa 1900 in Deutschland herausbildenden Sichtweisen auf die Weltwirtschaft, dann folgte das IfW eindeutig weiterhin der aus der Historischen Schule stammenden und bereits von Harms vorangetriebenen *panoramic vision*.[28] Der demgegenüber von der *chronophotographic vision* mit größter Aufmerksamkeit verfolgten Entwicklung der Preise als Variable im Studium der Wirtschaft wurde dagegen weniger Aufmerksamkeit geschenkt. Das IfW wäre in seinen Forschungszugängen und seiner Methodik wesentlich breiter aufgestellt gewesen, wenn nicht die meisten Astwik-Mitarbeiter (u. a. der Finanztheoretiker Hans Neisser) vertrieben und wenn innovativen Ökonomen wie Lösch (u. a. in der Verfolgung seiner empirischen Studien zu Preisentwicklungen) größere Freiräume gestattet worden wären.

15.4 Wirkung der Forschungs- und Beratungstätigkeit

Zur obersten Riege der Wirtschaftspolitiker des NS-Regimes unterhielt das IfW viele Kontakte. Der Reichswirtschaftsminister Funk, der Reichsfinanzminister Schwerin von Krosigk, der einflussreiche Staatssekretär im Reichsernährungsministerium Backe und der preußische Finanzminister Popitz waren alle langjährige Mitglieder des Verwaltungsrats der Fördergesellschaft und teils als Redner im IfW zu Gast. Eingeladen wurden darüber hinaus der Reichsbankpräsident Schacht, der Wehrwirtschaftsgeneral Thomas, der Präsident der Reichswirtschaftskammer Pietzsch, der Reichskommissar für Preisbildung und Gauleiter Schlesiens, Wagner, und Arthur Greiser sogar zwei Mal, einmal davon in seiner Funktion als Leiter des Warthegaus. Weitere Kontakte wurden unter anderem zum Salzburger Gauleiter Scheel und insbesondere zu Lohse, Gauleiter und Oberpräsident in Schleswig-Holstein sowie später im Reichkommissar für das Ostland, gepflegt. Vom Vierjahresplanchef Göring ist immerhin ein Grußwort für das 50. Heft des *Weltwirtschaftlichen Archivs* überliefert. Diese Kontakte dienten vor allem der Vernetzung zum Austausch materieller und

27 Vgl. Ludwik Fleck (2010 [1935]), S. 54
28 Vgl. Slobodian (2015), S. 331–332.

immaterieller Ressourcen sowie der Öffentlichkeitsarbeit. Das IfW befand sich also auf dem Radar dieser Führungspersönlichkeiten, eine direkte inhaltliche Beeinflussung wurde aber von ihnen weder nachgefragt, noch wurde er von den Institutsmitarbeitern oder ihrem Direktor Predöhl beabsichtigt. Dieser hatte erkannt, dass die Spitzen von Partei, Wirtschaft und Wehrmacht nicht daran dachten, grundsätzliche Entscheidungen an akademische Vordenker abzugeben.[29] Entsprechend war die Stellung seines Instituts gemäß dem Konzept des „Völkischen Optimums" darauf ausgerichtet, nicht den Kurs, sondern eher die praktische Umsetzung der Politik zu beeinflussen und effizienter zu machen.

Im Zentrum dieser Arbeit stand deshalb die Vernetzung des IfW mit der zweiten und dritten Riege der Wirtschaftspolitik. Zu nennen sind hier insbesondere der Leiter der Landesplanungsgemeinschaft in Schleswig-Holstein und Landeshauptmann Schow, der Leiter der Reichsstelle für Raumordnung Muhs, der Volkswagengeschäftsführer Lafferentz, der Präsident des Werberats der Deutschen Wirtschaft und später ebenfalls Leiter der Auslandsabteilung im Propagandaministerium Hunke, der Leiter der Forschungsstelle für Wehrwirtschaft im Vierjahresplan Donner, der Leiter des Planungsamts im Rüstungsministerium Kehrl und der Unterstaatssekretär im RWM Ohlendorf. Diese Personen sowie die ihnen untergeordnete Ministerialbürokratie verfolgten die öffentlich geführten Fachdiskurse, an denen sich das IfW durch Beiträge und Bereitstellung seiner Publikationsorgane beteiligte, und sie waren es auch, die Planungsgutachten, Analysen und Materialzusammenstellungen beim Institut in Auftrag gaben und deren Inhalte gegebenenfalls nutzten und weiterleiteten. Möglichkeiten der Einflussnahme ergaben sich dabei sowohl auf indirektem wie auch auf direktem Weg.

Durch Beteiligung an der Entwicklung von technischen Instrumenten und Konzepten, wie beispielsweise den Indices zur Messung und Definition der „Notstandsgebiete", konnte wirtschaftspolitisches Handeln beeinflusst und durch die Identifizierung von „Problemen" ein Handlungsdruck erzeugt werden.[30] Ein exemplarischer Fall dieser Art war Predöhls Kategorisierung von Südosteuropa als einem Gebiet „landwirtschaftlicher Überschußbevölkerung"[31]. Indem er die Region in sein raumwirtschaftliches System aufnahm und ihr den Status als Peripherie zuwies, legte er nahe, dass das Zentrum, also das Deutsche Reich, das wirtschaftlich gebotene Überordnungsverhältnis auch politisch herstellen sollte. Auf den Herrschaftsanspruch Hitlers im Allgemeinen und die Entscheidung zur Ausbeutung Südosteuropas im Besonderen übte Predöhl sicherlich keinen Einfluss mehr aus. Die entsprechende Positionsfindung, teils geprägt durch Herrschaftskonzepte wie den seinerzeit auch von Harms befürworteten „Mitteleuropaplan", war bereits früher geschehen. Was das IfW in den späten 1930er und frühen 1940er Jahren aber gleichwohl leistete, war, das

29 Vgl. Raphael (2001), S. 37.
30 Vgl. Hesse (2016b), S. 398.
31 Predöhl (1942a), S. 136–137.

allgemeine Meinungsspektrum zu beeinflussen. Zur Umsetzung seiner Politik war das NS-Regime auf die Mitwirkung oder zumindest auf die Passivität weiter Teile der Bevölkerung sowie auch eines nicht zu vernachlässigenden Anteils der ausländischen Eliten und Bevölkerungen angewiesen. Hier hatte die In- und Auslandspropaganda des Instituts mit seinen wirtschaftsrational erscheinenden Argumenten zumindest in den Augen des Auswärtigen Amts und des Propagandaministeriums einigen Erfolg und wurde entsprechend finanziell und organisatorisch gefördert. Das IfW blieb dabei eigenständig und beteiligte sich beispielsweise nicht an der Stützung eines der zentralen vom Nationalsozialismus konstruierten sozialwirtschaftlichen Probleme, der sogenannten Raumnot. Aber nicht nur die Identifikation von Problemen, sondern auch das Aufzeigen neuer Möglichkeiten konnte einen radikalisierenden Effekt haben. Entsprechend ist die von der Reichsstelle für Raumforschung ausdrücklich als theoretischer Leitfaden für die praktische Raumplanung unterstützte zweite Auflage von Löschs „Die räumliche Ordnung der Wirtschaft“ zu werten, das gewaltige wirtschaftsrationale Optimierungspotentiale aufzeigte. Diese waren geeignet, in Kombination mit politischen und rassistischen Motivationen die Entschlossenheit zur Zerstörung der bisherigen Strukturen in den eroberten Gebieten östlich des Altreichs zu stärken.

Eine zweite und direktere Einflussmöglichkeit bestand aus expliziten Handlungsvorschlägen, welche das IfW in Form von Planungsexpertisen und Auftragsgutachten machte. Um bei dem Beispiel Südosteuropa zu bleiben: Hier wurden in Auftragsgutachten und auf wirtschaftswissenschaftlichen Tagungen, insbesondere nach dem Überfall auf Jugoslawien im Jahr 1941, weitreichende Vorschläge zur Beseitigung von Modernisierungsbarrieren gemacht. Dazu gehörte eine zwangsweise Umstrukturierung der Betriebe, eine Umwälzung und Konzentration der Besitzverhältnisse in der Landwirtschaft, eine Steigerung der Sparquote durch verordnete Senkung des Konsums mit nach unten offener Grenze etc.[32] Das IfW formulierte nicht als einzige Stelle solche Ideen und es handelte sich auch selten um die radikalsten ihrer Art. Indem das Institut aber ausdrücklich vom Standpunkt der wirtschaftlichen Vernunft aus argumentierte, entwickelte es eine hohe Überzeugungskraft und konnte Zweifler nicht nur von der Notwendigkeit, sondern auch von der Durchführbarkeit solcher Maßnahmen überzeugen. Mit der engen Anbindung an Akteure wie die Südosteuropagesellschaft, die RAG und die Landesplanungsgemeinschaft Schleswig-Holstein war das IfW in einer Position, in der es auf eine Wirksamkeit seiner Ideen und Hinweise auf die praktische Wirtschaftspolitik hoffen durfte. Zwar beschafften sich die verschiedenen Stellen des NS-Regimes teilweise nur deshalb wissenschaftliche Gutachten, um über zusätzliches Argumentationsmaterial in den Machtkämpfen gegen rivalisierende Instanzen zu verfügen. Ein aufrichtiges Interesse an den Meinungen

---

32 Siehe Predöhls Beitrag zu den Thesen der Arbeitstagung des Vereins deutscher Wirtschaftswissenschaftler in Weimar, Okt. 1941, in: BA, R 4901/3029; W.G. Hoffmann: Die Intensivierungsmöglichkeiten in der europäischen Landwirtschaft. I. Teil, März 1943, in: BA, R 164/100.

der Experten darf jedoch gleichwohl als verbreitet angenommen werden. Ein Mangel an Quellen behindert häufig den Versuch, die Spur der Verwendung der IfW-Gutachten weiterzuverfolgen. Eine der Ausnahmen stellen die Auftragsgutachten zur dänischen Viehwirtschaft für das Wehrwirtschaftsamt dar. Hier ist für den Herbst 1939 eine Fachkonferenz rekonstruierbar, in welcher die sehr optimistischen Ergebnisse des IfW mit denen anderer Forschungsinstitute abgeglichen und von den Militärs in ihren anschließenden Planungen zur Deckung der deutschen Versorgung („Fettlücke") zugrunde gelegt wurden. Auch ist zu bemerken, dass viele Gutachten und Analysen allein deshalb eine nur geringe oder auch gar keine Wirkung entfalteten, weil der Beginn bzw. die sukzessiven Ausweitungen des Zweiten Weltkriegs keine Ressourcen zur Umsetzung übrigließ (z. B. Export des Volkswagens) oder weil aufgrund der Kriegsniederlage nicht genug Zeit zur Verfügung stand (z. B. Ausbau der Weichsel).

Die vermutlich größte Wirkung entfaltete die ab den späten 1930er Jahren in großem Stil aufgenommene und dann im Krieg intensivierte Beratungstätigkeit des IfW aber nicht durch Suggestion oder offene Empfehlung bestimmter Maßnahmen, sondern durch die Bereitstellung von Informationen. Die Kooperationspartner besaßen zwar zum Teil eigene Forschungskapazitäten (z. B. Wehrwirtschaftliche Forschungsstelle der Wehrmacht, Volkswirtschaftliche Abteilung der IG Farben, Volkswirtschaftliches Referat des RWM), waren aber dennoch in hohem Maße auf externe Institute angewiesen. Das Wehrwirtschaftsamt baute 1942 seine Kapazitäten sogar ab, da das IfW in der Lage war, den künftigen wirtschaftswissenschaftlichen Forschungsbedarf alleine abzudecken. Mit der innerhalb des deutschen Machtbereichs größten sozialwissenschaftlichen Fachbibliothek, dem ebenfalls bis ins Jahr 1945 hinein mit Material auch aus dem neutralen und feindlichen Ausland versorgten Wirtschaftsarchiv sowie einem bis Kriegsende leistungsfähigen Mitarbeiterstab für die Materialauswertung und Forschung ermöglichte das IfW den oben genannten Instanzen der Wirtschaftsverwaltung, der Privatwirtschaft und des Militärs eine effektivere Verfolgung ihrer jeweiligen Interessen.

Eine neue Stufe erreichte die Auftragsforschung mit der Gründung der „Wissenschaftlichen Beratungsstelle" durch das Planungsamt des Rüstungsministeriums zu Beginn des Jahres 1944. Sie war als Informationsbörse konzipiert, die den Prozess der Informationsgewinnung grundsätzlich reorganisieren sollte. Unter anderem sollten Aufträge nun nicht mehr isoliert an die Institute vergeben und die Ergebnisse nicht mehr nur in Einzelfällen und vorrangig entlang persönlicher Beziehungen mit anderen Stellen ausgetauscht werden. Es partizipierten neben militärischen Stellen aller Waffengattungen, Geheimdiensten und Ministerien mit dem MWT auch ein eng mit dem Staat verwobener Zusammenschluss der deutschen Wirtschaftskonzerne, mit der Konti Öl eine Verkörperung des Militärisch-Industriellen Komplexes des „Dritten Reichs", mit der Volkswirtschaftlichen Abteilung der IG Farben eine in alle Richtungen vernetzte privatwirtschaftliche Forschungseinrichtung und mit der 1935 aus dem IfW hervorgegangenen Ernährungswirtschaftlichen Forschungsstelle ein vom Reichsernährungsministerium absorbiertes universitäres Institut. Auch wenn es sich, wie so häufig, um ein extrem ambitioniertes Vorhaben handelte, dessen volles Potential nicht realisiert werden konnte, war die Richtung klar. Das sich bereits verdichtende informelle Netzwerk zwischen Stellen der Wirtschaftsverwaltung, Privatwirtschaft, SS, Militär und Wirtschaftsforschung sollte institutionalisiert und weiter ausgebaut werden, um Ressourcen zu sparen und die Effektivität zu steigern. Das IfW mit seinen besonderen Kompetenzen in der Auslandsaufklärung durch Auswertung offener Quellen und in der wirtschaftswissenschaftlichen Analyse sollte dabei ebenso einen integralen Bestandteil bilden wie das DIW in der Erforschung der eigenen Wirtschaftskraft. Es ist deshalb angemessen, nicht nur in Bezug auf die Rüstungstechnik,[33] sondern auch in Bezug auf die Wirtschaft von einem *militärisch-industriell-akademischen Komplex* zu sprechen.

15.5 Handlungsspielräume und Verantwortung

Der eng mit dem IfW zusammenarbeitende Kieler Soziologe Rudolf Heberle beobachtete nach der Machtübernahme der Nationalsozialisten und den Vertreibungen des Jahres 1933 verschiedene Verhaltensweisen: Es habe eine ganze Reihe stiller Oppositioneller gegeben, aber auch frühere NS-Gegner, die bewusst mit ihren alten Standpunkten gebrochen hätten, ferner „Spießer“, die anfangs vom plebejischen Nationalsozialismus abgestoßen gewesen waren, aber nun eine bürgerliche Form unterstützten, einige „alte nationalsozialistische Studenten“ sowie „frischgebackene Nazis“, die im Institut den Hitler-Gruß verwendet hätten.[34] Zwar traten einige IfW-Mitarbeiter und auch fast alle Wirtschaftsprofessoren der NSDAP bei. Die meisten taten es aber, wie auch der Direktor Predöhl, aus Opportunismus oder um sich abzusichern, wie W.G. Hoffmann. Eine Übereinstimmung mit den wesentlichen Kernbestandteilen der nationalsozialistischen Ideologie dürfte nur bei einer Minderheit vorgelegen haben, zu der beispielsweise Gerhard Mackenroth gehörte. Mackenroth ist aber nicht deshalb 1934 von Predöhl nach Kiel geholt worden, weil er offensiv seine Forderungen auf Reinheit der Nordischen Rasse vertreten und seinem Antisemitismus Ausdruck verliehen hätte. Was ihn in den Augen des IfW-Direktors auszeichnete, war, dass er sich auch als überzeugter Nationalsozialist dazu entschied, das Buch eines ausländischen jüdischen Ökonomen ins Deutsche zu übersetzen, dass er trotz völkischer Überlegenheitsgefühle enge Kontakte ins Ausland pflegen und von der Rockefeller Foundation Gelder einwerben konnte, dass er seine politischen Überzeugungen zwar in Universitätsvorlesungen und in Vorträgen vor deutschen Verwaltungsbeamten äußerte, sich in seinen Veröffentlichungen aber zurückhielt und mit der Selbstbeschränkung auf das Wissenschaftliche seine akademische Reputation wahrte. Entsprechend konnte Mackenroth also später in seinem Entnazifizierungs-

33 Vgl. Helmut Maier (2002), S. 256–259.
34 Vgl. Heberle (1965), S. 438–440.

verfahren auf Auseinandersetzungen mit dem NS-Dozentenbund verweisen und gewisse Belege für die Behauptung anführen, „auch unter dem Nationalsozialismus unverbrüchlich für meine wissenschaftlichen Überzeugungen eingestanden zu sein."[35] Mitarbeiter wie der Redaktionssekretär Reinhold Bethke, der eine Durchideologisierung der Wirtschaftswissenschaft forderte, oder wie der nicht primär an Wissenschaft, sondern an einer politischen Karriere interessierte Otto Ohlendorf, verließen das IfW dagegen bald nach dem Scheitern Jessens und der Etablierung seines Nachfolgers Predöhl.

Vollkommen anders war der Fall von August Lösch gelagert. Sein Tagebuch und verschiedene in seinem Nachlass überlieferte Schriftstücke belegen glaubhaft eine dauerhafte und tief empfundene Gegnerschaft zu wichtigen Bestandteilen der NS-Ideologie wie dem Antisemitismus und der Abschaffung der Grundrechte, zur politischen Führung sowie zu dem Beginn und der weiteren Eskalation des Krieges. Gleichwohl übernahm er im IfW die Leitung einer Forschungsgruppe und brachte sich mit großem Eifer in die Kriegsforschung ein. Innerhalb seiner Gruppe und in der Beratung externer Stellen arbeitete er mit überzeugten Nationalsozialisten zusammen, fertigte im Auftrag des Auswärtigen Amts einen Aufsatz an, der Propagandazwecken dienen sollte, und empfand die Nachfrage nach seinen Wirtschaftstheorien aus der mit einem Genozid verbundenen Raumplanung in den eroberten Ostgebieten als großes Glück.

Mackenroth und Lösch stellen die Extreme des Spektrums der IfW-Mitarbeiter im Untersuchungszeitraum dar. Überzeugte Nationalsozialisten wurden nur dann eingestellt, wenn sie sich der im Institut vertretenen Objektivitätsvorstellung unterwarfen und die wissenschaftlichen Standards beachteten. Regimeskeptiker durften ebenfalls nach Kiel kommen, aber nur sofern sie akzeptierten, dass sie ihre Arbeitskraft in anwendungsorientierte Grundlagenforschungen und in Auftragsforschungen einbringen mussten, die sich an den Interessen des „Dritten Reich" orientierten. Damit stellte das IfW einen Idealfall für die nationalsozialistische Wissenschaftspolitik dar. Diese befand sich, wie in den meisten Diktaturen,[36] in einem Zielkonflikt zwischen einer zu starken ideologischen Kontrolle der Universitäten und damit einer Einschränkung ihrer wissenschaftlichen Leistungsfähigkeit einerseits und andererseits einer zu großen wissenschaftlichen Autonomie, in der sich die Universitäten nicht stark genug im Sinne des Regimes einsetzen. Das Kieler Institut blieb weitgehend selbständig und konnte seine Forschungen auf einem recht hohen Niveau fortsetzen, weil es nach den Vertreibungen der jüdischen und der bekennend demokratischen Mitarbeiter keine Einbußen seiner Leistungsfähigkeit mehr erlitt.[37] Zugleich mobilisierten sich die verbliebenen und die neu eingestellten Ökonomen aber bei der Wahl

35 Selbst verfasster Lebenslauf Mackenroths, in: LASH, Abt. 460.19, Nr. 220.

36 Vgl. Grüttner (2003), S. 266–267.

37 Durch eine massive Erhöhung des Personals in der zweiten Hälfte der 1930er Jahre und ein bis dahin nie erreichtes Wachstum der Bibliothek wurde die Leistungsfähigkeit des IfW sogar beträchtlich erweitert.

ihrer Themen, ihrer Erkenntnisinteressen und ihrer Kooperationspartner in einem hohen Maße selbst und trugen so dazu bei, das NS-Regime zu stabilisieren und ihm zu einer effektiveren Verfolgung seiner Interessen zu verhelfen.

Aus einem Mangel an Ego-Dokumenten sind die vielfältigen und sich über die Zeit wandelnden Motivationen der Institutsmitarbeiter häufig nicht genau bestimmbar. Mit Blick auf das DIW und das IfW schreibt Rainer Fremdling beispielsweise entsprechend summarisch:

> Somit waren es neben weitverbreiteter nationalsozialistischer Gesinnung opportunistische Beweggründe, institutionelle und vor allem persönliche Überlebensstrategien, die zur Mitarbeit im RWM oder an anderen Stellen im Räderwerk des nationalsozialistischen Herrschaftssystems motivierten und damit zu Verstrickungen bis hin zur indirekten oder gar direkten Teilhabe an den Verbrechen des Regimes (Ohlendorf) führten.[38]

In den ersten beiden Fällen lässt sich eine Verantwortung zweifelsfrei herstellen. Neben den Verfechtern der nationalsozialistischen Ideologie selbst waren es die Opportunisten, die entscheidend dazu beigetragen haben, dass das NS-Regime nicht rasch zusammenbrach, sondern bis zu seinem von außen herbeigeführten Ende im Jahr 1945 im Innern stabil blieb. Menschen wie Predöhl, der als Dekan bei der Umgestaltung der Fakultät mitwirkte, Hermann Bente, der sofort die Professur des zwangsversetzten Rektors Skalweit übernahm, und Anton Fleck, der als Direktorialdezernent jede behördliche Anordnung reibungslos weiterleitete und sich damit für ein Ordinariat in Greifswald empfahl, haben an der Etablierung des „Dritten Reichs" mitgewirkt. Keinem der IfW-Wissenschaftler kann zugestanden werden, was Mackenroth später zu beanspruchen suchte: „Ich bin im Jahre 1933 der Partei beigetreten, weil ich damals eine gesunde und saubere Entwicklung innen- und außenpolitisch für möglich hielt und für umso wahrscheinlicher, je mehr Menschen guter Gesinnung der Partei beitraten."[39] Es war bereits vor der Machtübernahme klar – und wurde danach umgehend in aller Deutlichkeit bestätigt –, dass der Nationalsozialismus eine antisemitische und rassistische Ideologie war, unter der die Demokratie abgeschafft, radikale Einschnitte in alle Freiheitsrechte gemacht und gewaltsame Exklusionsmaßnahmen aus der propagierten Volksgemeinschaft sowie eine aggressiv auf Expansion ausgerichtete Außen- und Militärpolitik verfolgt werden würden. Die fünf Überfälle auf das IfW im April 1933 machten sofort deutlich, dass es eine „saubere" Wissenschaftspolitik nicht geben würde.

Das volle Ausmaß der Verbrechen des sich später weiter radikalisierenden Regimes war für die wenigsten absehbar. Als diese Verbrechen dann aber verübt wurden, waren die wissenschaftlichen Mitarbeiter des IfW darüber außerordentlich gut informiert. Erstens waren sie als universitär ausgebildete Geisteswissenschaftler im eigenständigen Denken geschult worden und sowohl in der Lage, politische Aussagen

---

38 Fremdling (2016a), S. 318.

39 Mackenroth: Lebenslauf, in: Entnazifizierungsakte Mackenroth, in: LA SH, Abt. 460.19, Nr. 220.

zu dekonstruieren, als auch die einzelnen tagespolitischen Ereignisse einzuordnen und dadurch die größeren Zusammenhänge zu verstehen. Es musste ihnen deshalb beispielsweise klargeworden sein, dass die von ihnen im Auftrag der Wehrmacht durchgeführten Forschungen zu Norwegen im Winter 1939/40 der Vorbereitung eines Angriffskriegs gedient hatten. Sie hörten, wie der Gauleiter des Warthegaus 1942 bei seinem Kieler Vortrag gegen „das polnische Untermenschentum"[40] hetzte und seine Politik erläuterte, und sie lasen Planungsstudien wie jene von Konrad Meyer, die ganz konkret und ausdrücklich den Genozid gestalteten.[41] Ein Mitarbeiter wie Lösch besaß alle intellektuelle Voraussetzungen, um zu verstehen, warum seine Theorien ausschließlich für die Planungen im Osten nachgefragt wurden und nicht für die eroberten Gebiete Nord- und Westeuropas. Die dortige Bevölkerung rangierte nämlich in der nationalsozialistischen Weltanschauung höher und konnte deshalb gemäß der rassistischen Logik nicht in der für einen totalen Neuaufbau notwendigen umfassenden Weise vertrieben oder getötet werden. Zweitens hatten die IfW-Mitarbeiter, insbesondere im Zweiten Weltkrieg, privilegierten Zugang zu Wissensquellen, denn deren Auswertung und Aufbereitung war schließlich ihre Aufgabe. In Absprache mit der Wehrmacht und der Gestapo gehörten dazu die sonst in Deutschland verbotenen Zeitschriften und Zeitungen aus dem Ausland, beispielsweise die New York Times. Darin konnten sie bereits 1942 von dem Einsatz von Gaskammern lesen und auch das volle Ausmaß des Holocausts mit seinen siebenstelligen Ermordungsziffern wurde dort bekannt gegeben.[42] Dass die Ökonomen in diesem Regime eine konstruktive Rolle spielten und es stützten, dass sie ihre Fähigkeiten der Verwaltung, dem Militär, teils sogar der SS zur Verfügung stellten und so bei der Durchführung ihrer Verbrechen mitwirkten, müssen sie realisiert haben.

Je nach Lebenssituation und Qualifikation verfügten die untersuchten Personen in unterschiedlichem Maße über Handlungsspielräume. Auch hier ist die exemplarische Betrachtung von Lösch aufschlussreich. Im Dezember 1937 befand er sich auf Forschungsreise in den USA, ein lediger Mann ohne Verpflichtungen, ausgestattet mit Sprachkenntnissen, hervorragenden Verbindungen, einem Jobangebot und der Voraussicht, dass Deutschland bald einen verheerenden Krieg beginnen werde.[43] Gleichwohl kehrte er zurück, ließ sich nach Kriegsbeginn im zu diesem Zeitpunkt bereits vorrangig für die Wehrmacht tätigen IfW anstellen und brachte sich damit in die Situation, fleißig Auftragsforschung betreiben zu müssen, um sich dadurch seine Uk-Stellung zu sichern. Der Astwik-Mitarbeiter Walter Egle, dem 1934 dieselbe Option

40 Die Nordische Rundschau und die Lübecker Zeitung berichteten übereinstimmend am 11.06.1942 bzw. 12.06.1942, dass Greiser diesen Ausdruck verwendete.

41 Siehe Kapitel 13.3. Konrad Meyer: Zur Einführung, in: RKF (Hauptabteilung Planung und Boden) (Hg.): Planung und Aufbau im Osten, Berlin: Deutsche Buchhandlung, 1941. Die Studie gelangte im Oktober 1941 zum IfW (ZBW, D 4867).

42 Poles Ask U.S. to Seize Nazis, in: New York Times, 10.07.1942; Allies Describe Outrages on Jews, in: New York Times, 20.12.1942.

43 Lösch an L., Dez. 1937, abgedruckt in: Riegger (1971), S. 98–99.

offenstand, hatte sich demgegenüber trotz einer persönlich schwierigeren Situation für den Verbleib im Ausland entschieden. Aber auch unterhalb des drastischen Schritts der Emigration waren in den ersten sechs Jahren des „Dritten Reichs" reichliche Handlungsalternativen vorhanden, um sich weniger produktiv im Sinne des Regimes zu verhalten und auf die bestehenden Aufstiegschancen zu verzichten. In den Jahren des Zweiten Weltkriegs und insbesondere in der Zeit ab den verstärkten Einziehungen nach dem Überfall auf die Sowjetunion ist es dann für die Mitarbeiter des IfW ungleich schwerer gewesen, Distanz zu halten. Hier handelte es sich nun um individuelle Überlebensstrategien. Viele Mitarbeiter und allen voran der Direktor Predöhl engagierten sich jedoch in einem weit über die Sicherung der Uk-Stellung hinaus notwendigen Maß. Den moralischen Anspruch des Institutsgründers Bernhard Harms, den er im Frühjahr 1926, als der organisatorische und architektonische Aufbau abgeschlossen war und das Institut in voller Blüte stand, erhoben hatte, „daß lieber die Mauern dieser schönen Stätte in Schutt zerfallen mögen, als daß je ein Leiter des Instituts dessen wissenschaftliche Unabhängigkeit antasten lasse: sei es durch Private, sei es durch Regierungen oder Parteien"[44], erfüllte das IfW in den Jahren 1933–1945 nicht.

44 Harms: Ansprache gehalten anläßlich der Besichtigungsfeier am 21. März 1926, S. 15, in: ZBW, B 6588.

Abkürzungsverzeichnis

Abt.	Abteilung
a.o.	außerordentlich
apl.	außerplanmäßig
ARGE	Arbeitsgemeinschaft wirtschaftswissenschaftlicher Forschungsinstitute
ARL	Akademie für Raumforschung und Landesplanung
Astwik	Abteilung für Statistische Weltwirtschaftskunde und internationale Konjunkturforschung im Institut für Weltwirtschaft
AUB	Archiv der Otto-Friedrich-Universität Bamberg
AwI	Arbeitswissenschaftliches Institut
BA	Bundesarchiv, Berlin
BAK	Bundesarchiv, Koblenz
BA-MA	Bundesarchiv – Abteilung Militärarchiv, Freiburg
BASF	Badische Anilin- & Soda-Fabrik AG
BAW	Bremer Ausschuss für Wirtschaftsforschung
BRT	Bruttoregistertonne
CAU UB	Universitätsbibliothek der Christian-Albrechts-Universität zu Kiel
DAAD	Deutscher Akademischer Austauschdienst
DAC	Deutscher Auslands-Club
DAF	Deutsche Arbeitsfront
DAWI	Deutsches Auslandswissenschaftliches Institut
DDR	Deutsche Demokratische Republik
DFG	Deutsche Forschungsgemeinschaft
DIW	Deutsches Institut für Wirtschaftsforschung (bis Juni 1941: IfK)
FfSHW	Forschungsstelle für Schleswig-Holsteinische Wirtschaft am Staatswissenschaftlichen Seminar der Universität Kiel
FfW	Forschungsstelle für Wehrwirtschaft im Vierjahresplan
GStA PK	Geheimes Staatsarchiv Preußischer Kulturbesitz, Berlin
HS IfW	Hausarchiv des Instituts für Weltwirtschaft
HWWA	Hamburgisches Welt-Wirtschafts-Archiv
HWWI	Hamburgisches Welt-Wirtschafts-Institut
IfK	Institut für Konjunkturforschung
IfW	Institut für Weltwirtschaft an der Universität Kiel
IG Farben	Interessengemeinschaften Farbenindustrie Aktiengesellschaft
IHK	Industrie- und Handelskammer
InSoSta	Institut für Sozial- und Staatswissenschaften an der Universität Heidelberg
ISC	International Studies Conference
ISRES	Institut Scientifique de Recherches Économiques et Sociales
Konti Öl	Kontinentale Öl-Aktiengesellschaft
KTB	Kriegstagebuch
LASH	Landesarchiv Schleswig-Holstein, Schleswig
LPG S-H	Landesplanungsgemeinschaft Schleswig-Holstein
MWT	Mitteleuropäischer Wirtschaftstag
NL	Nachlass
NSDAP	Nationalsozialistische Deutsche Arbeiterpartei
OHL	Oberste Heeresleitung
OKW	Oberkommando der Wehrmacht
PA AA	Politisches Archiv des Auswärtigen Amts

https://doi.org/10.1515/9783110658873-016

RAC	Rockefeller Archive Center
RAG	Reichsarbeitsgemeinschaft für Raumforschung
REM	Reichsministerium für Wissenschaft, Erziehung und Volksbildung
RfR	Reichsstelle für Raumordnung
RGI	Reichsgruppe Industrie
RGVA	Russisches Staatliches Militärarchiv
RKF	Reichskommissariat für die Festigung des deutschen Volkstums
RM	Reichsmark
RMEuL	Reichsministerium für Ernährung und Landwirtschaft
RSHA	Reichssicherheitshauptamt
RWI	Rheinisch-Westfälisches Institut für Wirtschaftsforschung
RWM	Reichswirtschaftsministerium
SD	Sicherheitsdienst des Reichsführers SS
SHLB	Schleswig-Holsteinische Landesbibliothek
SOEG	Südosteuropagesellschaft e.V.
SPD	Sozialdemokratische Partei Deutschlands
SS	Schutzstaffel
StAH	Stadtarchiv Heidenheim
UAB	Universitätsarchiv Basel
UdSSR	Union der Sozialistischen Sowjetrepubliken
Uk	Unabkömmlich
USA	Vereinigte Staaten von Amerika
WA	Weltwirtschaftliches Archiv
WPA	Wirtschaftspolitische Abteilung der NSDAP
ZBW	Deutsche Zentralbibliothek für Wirtschaftswissenschaften
ZgS	Zeitschrift für die gesamte Staatswissenschaft

Tabellenverzeichnis

Abbildungsverzeichnis

Quellen- und Literaturverzeichnis

I Unveröffentlichte Quellen

Archiv der Otto-Friedrich-Universität Bamberg (AUB)

Sammlung Schmid (Nachlass Gerhard Mackenroth)

Bundesarchiv, Berlin (BA)

NS 5-VI	Deutsche Arbeitsfront
NS 6	Partei-Kanzlei der NSDAP
NS 8	Kanzlei Rosenberg
NS 15	Der Beauftragte des Führers für die Überwachung der gesamten geistigen und weltanschaulichen Schulung und Erziehung der NSDAP
NS 18	Reichspropagandaleiter der NSDAP
R 2	Reichsfinanzministerium
R 3	Reichsministerium für Rüstung und Kriegsproduktion
R 9-I	Reichsstelle für den Außenhandel
R 16	Reichsnährstand
R 26-I	Beauftragter für den Vierjahresplan
R 33-I	Zentralhandelsgesellschaft Ost
R 43-II	Reichskanzlei (1919–1945)
R 52-IV	Institut für deutsche Ostarbeit
R 57-NEU	Deutsches Auslands-Institut
R 63	Südosteuropa-Gesellschaft
R 73	Notgemeinschaft der Deutschen Wissenschaft / Deutsche Forschungsgemeinschaft
R 113	Reichsstelle für Raumordnung
R 164	Reichsarbeitsgemeinschaft für Raumordnung
R 1501	Reichsministerium des Innern
R 3101	Reichswirtschaftsministerium
R 3601	Reichsministerium für Ernährung und Landwirtschaft
R 3901	Reichsarbeitsministerium
R 4901	Reichsministerium für Wissenschaft, Erziehung und Volksbildung
R 4902	Deutsches Auslandswissenschaftliches Institut
R 5101	Reichsministerium für die kirchlichen Angelegenheiten
R 8023	Deutsche Kolonialgesellschaft
R 8033	Osteuropainstitut Breslau
R 8043	Deutsche Stiftung
R 8128	IG Farbenindustrie AG
R 8136	Reichskreditgesellschaft AG
R 8138	Deutscher Soda- und Ätznatronverband

Bundesarchiv Koblenz (BAK)

N 1106	Nachlass August Wilhelm Fehling
N 1171	Nachlass Friedrich Saemisch

https://doi.org/10.1515/9783110658873-017

N 1229 Nachlass Karl Schiller
N 1256 Nachlass Ludwig Kattenstroth
N 1262 Nachlass Johannes Popitz
Z 13 Direktorialkanzlei des Verwaltungsrates des Vereinigten Wirtschaftsgebietes
Z 14 Der Berater für den Marshallplan beim Vorsitzer des Verwaltungsrates des Vereinigten Wirtschaftsgebietes

Bundesarchiv – Abteilung Militärarchiv, Freiburg (BA-MA)

RM 2 Kaiserliches Marinekabinett
RM 3 Reichsmarineamt
RM 28 Oberbefehlshaber der Ostseestreitkräfte
RW 19 Wehrwirtschafts- und Rüstungsamt
RWD 16 Wehrwirtschafts- und Rüstungsamt – Amtsdrucksachen

Universitätsbibliothek der Christian-Albrechts-Universität zu Kiel (CAU UB)

TU Manuskripte eingereichter Dissertationen
TH Manuskripte eingereichter Habilitationen

Geheimes Staatsarchiv Preußischer Kulturbesitz, Berlin (GStA PK)

I. HA Rep. 76 Preußisches Ministerium der geistlichen, Unterrichts- und Medizinalangelegenheiten (Kultusministerium)
I. HA Rep. 151 Preußisches Finanzministerium
VI. HA, Nl C.H. Becker Nachlass Carl Heinrich Becker
VI HA, Nl F. Schmidt-Ott Nachlass Friedrich Schmidt-Ott

Hausarchiv des Instituts für Weltwirtschaft an der Universität Kiel (HS IfW)

Bestand nur schlecht erschlossen (Angaben jeweils in Fußnoten)

Landesarchiv Schleswig-Holstein, Schleswig (LASH)

Abt. 47 Christian-Albrechts-Universität Kiel
Abt. 47.5 Rechts- und Staatswissenschaftliche Fakultät der Universität Kiel
Abt. 301 Oberpräsidium der Provinz Schleswig-Holstein
Abt. 309 Regierung zu Schleswig
Abt. 399.65 Nachlass Hinrich Lohse
Abt. 399.79 Nachlass Hermann Bente
Abt. 415 Verfilmung von Quellen aus anderen Archiven
Abt. 460 Entnazifizierungsakten
Abt. 691 Ministerium für Wirtschaft des Landes Schleswig-Holstein
Abt. 811 Kultusministerium des Landes Schleswig-Holstein
Acc. 172/17 Nachlass Walther G. Hoffmann

Politisches Archiv des Auswärtigen Amts, Berlin (PA AA)

RZ 201 Zentralbüro der Politischen Abteilung
RZ 507 Hochschulen

Rockefeller Archive Center, Sleepy Hollow (New York), USA (RAC)

RF Rockefeller Foundation
LSRM Laura Spelman Rockefeller Memorial

Russisches Staatliches Militärarchiv, Moskau (RGVA)

F. 1458 Reichswirtschaftsministerium

Schleswig-Holsteinische Landesbibliothek, Kiel (SHLB)

CB 54 Nachlass Ferdinand Tönnies
CB 175 Nachlass Anton Fleck

Stadtarchiv Heidenheim (StAH)

NL Lösch Nachlass August Lösch (Bestand nicht erschlossen)

Stadtarchiv Kiel (StAK)

41972 Kulturamt der Stadt Kiel

Universitätsarchiv Basel (UAB)

NL 198 Nachlass Julius Landmann

Archiv der Deutschen Zentralbibliothek für Wirtschaftswissenschaften, Kiel (ZBW-Archiv)

Diverse Signaturen aus dem kleinen Bestand der ehemaligen Bibliothek des IFW

Deutsche Zentralbibliothek für Wirtschaftswissenschaften, Kiel (ZBW)

Unveröffentlichte Berichte und sonstige Manuskripte des IfW

II Veröffentlichte Quellen und Literatur

Werner Abelshauser (Hg.): Das Bundeswirtschaftsministerium in der Ära der Sozialen Marktwirtschaft. Der deutsche Weg der Wirtschaftspolitik, Berlin und Boston 2016.

Wolfgang Abendroth: Die deutschen Professoren und die Weimarer Republik, in: Jörg Tröger (Hg.): Hochschule und Wissenschaft im Dritten Reich, Frankfurt a.M. und New York 1986, S. 11–25.

Jens Adamski: Ärzte des sozialen Lebens, die Sozialforschungsstelle Dortmund 1946–1969, Essen 2009.

Allgemeiner Studentenausschuß der Universität Kiel (Hg.): Stiftung zum Gedenken an die Opfer der nationalsozialistischen Machtergreifung an der Christian-Albrechts-Universität zu Kiel. Gedanken zur Einrichtung der Stiftung und Dokumentation, 1982.

Birgitta Almgren, Jan Hecker-Stampehl und Ernst Piper: Alfred Rosenberg und die Nordische Gesellschaft – Der 'nordische Gedanke' in Theorie und Praxis, in: Nordeuropaforum, 2/2008, S. 7–51.

Götz Aly: Hitlers Volksstaat. Raub, Rassenkrieg und nationaler Sozialismus, Frankfurt a.M., 2. Aufl. 2006.

Götz Aly und Susanne Heim: Ein Berater der Macht: Helmut Meinhold oder der Zusammenhang zwischen Sozialpolitik und Judenvernichtung, Hamburg 1986.

Götz Aly und Susanne Heim: Vordenker der Vernichtung. Auschwitz und die deutschen Pläne für eine neue europäische Ordnung, Hamburg 1991.

Götz Aly und Horst Kahrs (Hg.): Modelle für ein deutsches Europa: Ökonomie und Herrschaft im Großwirtschaftsraum. Berlin 1992.

Andrej Angrick: Otto Ohlendorf und die SD-Tätigkeit der Einsatzgruppe D, in: Michael Wildt (Hg.): Nachrichtendienst, politische Elite, Mordeinheit: der Sicherheitsdienst des Reichsführers SS, Hamburg 2003, S. 267–302.

Akademie für Raumforschung und Landesplanung (Hg.): Handwörterbuch der Raumordnung, Hannover 2005.

Anne Applebaum: Red Famine: Stalin's War on Ukraine, New York 2017.

Mitchell Ash: Verordnete Brüche – Konstruierte Kontinuitäten. Zur Entnazifizierung von Wissenschaftlern und Wissenschaften nach 1945, in: Zeitschrift für Geschichtswissenschaft 43 (10), 1995, S. 903–923.

Mitchell Ash: Wissenschaft und Politik als Ressourcen für einander, in: Rüdiger vom Bruch und Brigitte Kaderas (Hg.): Wissenschaften und Wissenschaftspolitik. Bestandsaufnahmen zu Formationen, Brüchen und Kontinuitäten im Deutschland des 20. Jahrhunderts, Stuttgart 2002, S. 32–51.

Mitchell Ash: Wissenschaftswandlungen und politische Umbrüche im 20. Jahrhundert – was hatten sie miteinander zu tun?, in: Rüdiger vom Bruch, Uta Gerhardt und Aleksandra Pawliczek (Hg.): Kontinuitäten und Diskontinuitäten in der Wissenschaftsgeschichte des 20. Jahrhunderts, Stuttgart 2006.

Mitchell Ash und Josef Ehmer (Hg.): Universität – Politik – Gesellschaft, Göttingen 2015.

Oliver Auge (Hg.): Christian-Albrechts-Universität zu Kiel: 350 Jahre Wirken in Stadt, Land und Welt, Kiel 2015.

Oliver Auge und Martin Göllnitz: Die Christian-Albrechts-Universität und ihre Geschichtsschreibung, in: Christiana Albertina 78 (2014), S. 38–58.

Stefan Aust und Thomas Ammann: Die Porsche-Saga: eine Familiengeschichte des Automobils, Köln 2016.

Fritz Baade (Hg.): Amerika und der deutsche Hunger. Dokumente aus USA vom Morgenthau- zum Marshall-Plan, Braunschweig 1948.

Fritz Baade: Der europäische Longterm-Plan und die amerikanische Politik, Kieler Studien 1, 1949.

Fritz Baade: Die Aufgaben und Arbeiten des IfW an der Universität Kiel, Kiel 1956.

Fritz Baade: Der Einfluß der Wirtschaftsforschung auf die Wirtschaftspolitik in Deutschland in den letzten 53 Jahren, in: Carl Böhret und Dieter Grosser (Hg.): Interdependenzen von Politik und Wirtschaft. Beiträge zur politischen Wirtschaftslehre. Festgabe für Gert von Eynern, Berlin 1967, S. 317–340.

Fritz Baade und Christopher Emmet: Destruction at our expense. How dismantling factories in Germany helps inflation in the United States and sabotages the Marshall Plan, New York 1948.

Jürgen Babendreier: Nationalsozialismus und bibliothekarische Erinnerungskultur, Wiesbaden 2013.

Herbert Backe: Um die Nahrungsfreiheit Europas. Weltwirtschaft oder Großraum, Leipzig 1942.

Uwe Bahnsen: Karl Schiller, Hamburg 2008.

Johannes Bähr: Der Goldhandel der Dresdner Bank im Zweiten Weltkrieg, Leipzig 1999.

Avraham Barkai: Nazi economics: ideology, theory, and policy, New Haven 1990.

Dietrich Bartels. Raumordnungsforschung an der Universität Kiel. Gegenwart einer Kieler Tradition, in: Karlheinz Paffen und Reinhard Stewig (Hg.): Die Geographie an der Christian-Albrechts-Universität 1879–1979, Kiel 1979, S. 265–277.

Klaus Bästlein: Der Fall Hartwig Schlegelberger, in: Grenzfriede 55 (3), 2008, S. 289–304.

Kurt Bauer: Schlagring Nr. 1. Antisemitische Ausschreitungen an der Universität Wien von den 1870er- bis in die 1930er-Jahre, in: Regina Fritz, Grzegorz Rossoliński-Liebe und Jana Starek (Hg.): Alma mater antisemitica: akademisches Milieu, Juden und Antisemitismus an den Universitäten Europas zwischen 1918 und 1939, Wien 2016, S. 137–160.

Rainald K. Bauer: In memoriam Oskar Anderson, IFO-Studien: Zeitschrift für empirische Wirtschaftsforschung 6, 1960, 1/2, S. 1–5

Achim Bay: Der nationalsozialistische Gedanke der Großraumwirtschaft und seine ideologischen Grundlagen. Darstellung und Kritik, Erlangen-Nürnberg 1962.

Ulf Beckmann: Von Löwe bis Leontief. Pioniere der Konjunkturforschung am Kieler Institut für Weltwirtschaft, Marburg 2000.

Erwin von Beckerath: Bemerkungen zu den verkehrswissenschaftlichen Forschungen von Andreas Predöhl: in: Harald Jürgensen (Hg.): Gestaltungsprobleme der Weltwirtschaft. Andreas Predöhl aus Anlaß seines 70. Geburtstages gewidmet, Göttingen 1964, S. 13–21.

Hermann Bente: Kapitalabwertung und Wirtschaftskrise, Tübingen 1932.

Hermann Bente: Zur Problematik eines Systems der deutschen Außenhandelspolitik, in: Friedrich-List-Gesellschaft (Hg.): Deutsche Agrarpolitik im Rahmen der inneren und äusseren Wirtschaftspolitik: Verhandlungen der Konferenz von Oeynhausen 11.–14. Februar 1933, Bd. 4, Berlin 1933, Nr. XVII, S. 1–27.

Hermann Bente: Landwirtschaft und Bauerntum. Eine Einführung in die deutsche Agrarpolitik, Berlin 1937.

Hermann Bente: Weltwirtschaft, Weltwirtschaftslehre, Weltwirtschaftliches Archiv: Betrachtungen zum 50. Bande der Zeitschrift des Instituts für Weltwirtschaft, in: Weltwirtschaftliches Archiv 50, 1939, S. 3–32.

Lutz-Arwed Bentin: Johannes Popitz und Carl Schmitt: Zur wirtschaftlichen Theorie des totalen Staates in Deutschland, München 1972.

Volker R. Berghahn: Elitenforschung und Unternehmensgeschichte – Rückblick und Ausblick, in: Volker R. Berghahn, Stefan Unger und Dieter Ziegler (Hg.): Die deutsche Wirtschaftselite im 20. Jahrhundert. Kontinuität und Mentalität, Essen 2003, S. 11–29.

Reinhold Bethke: Gesetz und Gestaltung. Über die Einheit und Grenze der Wirtschaftstheorie, Jena 1935.

Reinhold Bethke: Lebendige Wissenschaft. Über den Sinn der weltanschaulichen Begründung und die Fragekraft der Jugend, Tübingen 1936.

David S. Bieri: Money in Space: August Lösch's Monetary Theory and its Relevance for the Regional Economics of Distribution, in: Volker Caspari (Hg.): Studien zur Entwicklung der ökonomischen Theorie, Berlin, im Erscheinen [2019].

Wolfgang Birkenfeld: Einleitung, in: Birkenfeld (Hg.): Geschichte der deutschen Wehr- und Rüstungswirtschaft (1918–1943/45), Boppard am Rhein 1966.
Reinhard Blomert, Hans Ulrich Eßlinger und Norbert Giovannini (Hg.): Heidelberger Sozial- und Staatswissenschaften zwischen 1918 und 1958, Marburg 1997.
Christine Blumenberg-Lampe: Das wirtschaftliche Programm der ‚Freiburger Kreise': Entwurf einer freiheitlich-sozialen Nachkriegswirtschaft. Nationalökonomen gegen den Nationalsozialismus, Berlin 1973.
Ingrid Bohn, Corinne Grabosch, Waltraut Siebke, Verena Staack und Kristina Wolff: Wissenschaftlerinnen an der Christiana Albertina. Zu den Lebens- und Arbeitszusammenhängen der ersten Kieler Hochschullehrerinnen – Fragestellungen und biographische Skizzen, in: Demokratische Geschichte 14, 2001, S. 15–54.
Robert Bohn: Reichskommissariat Norwegen. „Nationalsozialistische Neuordnung" und Kriegswirtschaft, München 2000.
Thomas M. Bohn: Bulgariens Rolle im „wirtschaftlichen Ergänzungsraum" Südosteuropa. Hintergründe für den Beitritt zum Dreimächtepakt am 1. März 1941, in: Christoph Dieckmann und Christian Gerlach (Hg.): Besatzung und Bündnis: deutsche Herrschaftsstrategien in Ost- und Südosteuropa, Berlin 1995, S. 111–128.
Hans-Jürgen Bömelburg: Das Osteuropa-Institut in Breslau 1930–1940. Wissenschaft, Propaganda und nationale Feindbilder in der Arbeit eines interdisziplinären Zentrums der Osteuropaforschung in Deutschland, in: Michael Garleff (Hg.): Zwischen Konfrontation und Kompromiß: Oldenburg Symposium „Interethnische Beziehungen in Ostmitteleuropa als historiographisches Problem der 1930er/1940er Jahre", München 1995.
Martin Gerhard Bongards: Raumplanung als wissenschaftliche Disziplin im Nationalsozialismus. Marburg 2004.
Moritz J. Bonn: Eine neue Wissenschaft?, in: Archiv für Sozialwissenschaft 3 (3), 1911, S. 842–852.
Knut Borchardt und Hans Otto Schötz (Hg.): Wirtschaftspolitik in der Krise: die (Geheim-)Konferenz der Friedrich List-Gesellschaft im September 1931 über Möglichkeiten und Folgen einer Kreditausweitung, Baden-Baden 1991.
Joseph Borkin: Die unheilige Allianz der I.G. Farben. Eine Interessengemeinschaft im Dritten Reich, Frankfurt und New York 1979.
Klaus Bosholm: Der Weg der Kieler Universität ins Dritte Reich (1928–1933), Examensarbeit, Kiel 1983.
Gideon Botsch: „Politische Wissenschaft" im Zweiten Weltkrieg. Die „Deutschen Auslandswissenschaften" im Einsatz 1940–1945, Paderborn 2006.
Cornelia Briel: Beschlagnahmt, erpresst, erbeutet: NS-Raubgut, Reichstauschstelle und Preußische Staatsbibliothek zwischen 1933 und 1945, Berlin 2013.
Klaus-Rainer Brintzinger: Die Nationalökonomie an den Universitäten Freiburg, Heidelberg und Tübingen 1918–1945: eine institutionenhistorische, vergleichende Studie der wirtschaftswissenschaftlichen Fakultäten und Abteilungen südwestdeutscher Universitäten, Frankfurt a.M. 1996.
Klaus-Rainer Brintzinger: Die nationalsozialistische Gleichschaltung des InSoSta und die Staats- und Wirtschaftswissenschaftliche Fakultät 1934–1945, in: Reinhard Blomert, Hans Ulrich Eßlinger und Norbert Giovannini (Hg.): Heidelberger Sozial- und Staatswissenschaften zwischen 1918 und 1958, Marburg 1997, S. 55–81.
Bernhard vom Brocke: Der deutsch-amerikanische Professorenaustausch. Preußische Wissenschaftspolitik, internationale Wissenschaftsbeziehungen und die Anfänge einer deutschen auswärtigen Kulturpolitik vor dem Ersten Weltkrieg, in: Zeitschrift für Kulturaustausch 31 (2), 1981, S. 128–182.
Bernhard vom Brocke: Die Kaiser-Wilhelm-Gesellschaft im Kaiserreich / in der Weimarer Republik, in: Rudolf Vierhaus und Bernhard vom Brocke: Forschung im Spannungsfeld von Politik und

Gesellschaft. Geschichte und Struktur der Kaiser-Wilhelm-/Max-Planck-Gesellschaft, Stuttgart 1990, S. 17–162 / S. 197–355.

Johannes Bröcker: Lösch and economic geography after 1990, in: Ulrich Blum, Rolf H. Funck, Jan S. Kowalski, Antoni Kuklinski, Werner Rothengatter (Hg.): Space – structure – economy: a tribute to August Lösch, Baden-Baden 2007, S. 211–228.

Johannes Bröcker: Deutsche Raumwirtschaftstheoretiker in der Zeit von 1933 bis 1945, in: Hans-Michael Trautwein (Hg.): Die Entwicklung der Raumwirtschaftslehre von ihren Anfängen bis in die Gegenwart, Berlin 2014, S. 207–238.

Johannes Bröcker und Michael Fritsch (Hg.): Ökonomische Geographie, München 2012.

Rüdiger vom Bruch, Uta Gerhardt und Aleksandra Pawliczek (Hg.): Kontinuitäten und Diskontinuitäten in der Wissenschaftsgeschichte des 20. Jahrhunderts, Stuttgart 2006.

Rüdiger vom Bruch und Brigitte Kaderas (Hg.): Wissenschaften und Wissenschaftspolitik. Bestandsaufnahmen zu Formationen, Brüchen und Kontinuitäten im Deutschland des 20. Jahrhunderts, Stuttgart 2002.

Hermann Brügelmann (Hg.): Politische Ökonomie in kritischen Jahren. Die Friedrich List-Gesellschaft e.V. von 1925–1935, Tübingen 1956 [1936].

Karen Bruhn: Der deutsche Professor in der NS- und Nachkriegszeit – Eine Typologie anhand des Kieler Fallbeispiels, in: Mitteilungen der Gesellschaft für Schleswig-Holsteinische Geschichte 91 (2016), S. 56–59.

Christoph Buchheim: Die besetzten Länder im Dienste der deutschen Kriegswirtschaft während des Zweiten Weltkriegs: ein Bericht der Forschungsstelle für Wehrwirtschaft, in: Vierteljahrshefte für Zeitgeschichte 34 (1), 1986, S. 117–145.

Martin Bukert: Die Ostwissenschaften im Dritten Reich. Teil 1: Zwischen Verbot und Duldung. Die schwierige Gratwanderung der Ostwissenschaften zwischen 1933 und 1939, Wiesbaden 2000.

Martin Busse: Der Erbhof im Aufbau der Volksordnung: ein Beispiel für das Verhältnis von Gesamtordnung und besonderer Ordnung, Kiel, Univ., Habil.-Schr., 1936.

Martin Busse: Wirtschaftspolitische Praxis und Rechtsbildung, Stuttgart und Berlin 1941.

Felix Butschek: Eine Wurzel der Sozialpartnerschaft. Die Konjunkturforschung zwischen den Kriegen, in: WIFO Monatsberichte 6/2012, S. 451–459.

Uwe Carstens: Ferdinand Tönnies. Friese und Weltbürger, Norderstedt 2005.

Karl Casper: Zur Frage der Beobachtung des Auslandsmarktes, in: Vereinigte Glanzstoff-Fabriken (Hg.): Marktforschung als Gemeinschaftsaufgabe für Wissenschaft und Wirtschaft, Festgabe für Conrad Herrmann, Wuppertal 1939, S. 59–70.

Karl Casper: Probleme der wirtschaftlichen Neuordnung Rumäniens, in: Wirtschaftsdienst 25 (48), 1940, S. 982–985.

Karl Casper und Fritz W. Meyer: Die Volkseinkommenszahl als Maßstab regionaler Wohlstandsunterschiede erprobt am Beispiel der Nordmark, in: Konrad Meyer (Hg.): Volk und Lebensraum. Forschungen im Dienste von Raumordnung und Landesplanung, Heidelberg 1938, S. 40–54.

Johannes Houwink ten Cate: Die rüstungswirtschaftliche Ausnutzung Westeuropas während der ersten Kriegshälfte, in: Gerhard Otto und Johannes Houwink ten Cate (Hg.): Das organisierte Chaos. „Ämterdarwinismus" und „Gesinnungsethik": Determinanten nationalsozialistischer Besatzungsherrschaft, Berlin 1999, S. 173–198.

Michaela Christ: Gewalt in der Moderne. Holocaust und Nationalsozialismus in der soziologischen Gewaltforschung, in: Michaela Christ und Maja Suderland (Hg.): Soziologie und Nationalsozialismus: Positionen, Debatten, Perspektiven, Berlin 2014, S. 332–364.

Etienne Coenen: La „Konjunkturforschung" en Allemagne et en Autriche, 1925–1933, Louvain 1964.

Gerhard Colm: Essays in Public Finance and Fiscal Policy, New York 1955.

Gerhard Colm: Weltwirtschaftliche Forschung im Zeitalter der Koexistenz, Bernhard-Harms-Vorlesungen, Heft 1, Kiel 1964.

Gerhard Colm und Hans Neisser (Hg.): Kapitalbildung und Steuersystem. Verhandlungen und Gutachten der Konferenz von Eilsen, 2 Bände, Berlin 1930.

Eckart Conze, Norbert Frei, Peter Hayes und Moshe Zimmermann: Das Amt und die Vergangenheit. Deutsche Diplomaten im Dritten Reich und in der Bundesrepublik, München, 2. Aufl. 2010.

Hans Coppi: Die Rote Kapelle im Widerstand gegen den Nationalsozialismus, Berlin 1994.

Christoph Cornelißen: Zur Wiedereröffnung der Christian-Albrechts-Universität im Jahr 1945 – einige Momentaufnahmen, in: Christoph Cornelißen (Hg.): Wissenschaft im Aufbruch. Beiträge zur Wiederbegründung der Kieler Universität nach 1945, Essen 2014, S. 12 – 31.

Christoph Cornelißen und Carsten Mish: Kiel. 10. Mai 1933 auf dem Wilhelmplatz, in: Julius Schoeps und Werner Treß (Hg.): Orte der Bücherverbrennung in Deutschland 1933, Hildesheim 2008, S. 527 – 543.

Christoph Cornelißen und Carsten Mish (Hg.): Wissenschaft an der Grenze. Die Christian-Albrechts-Universität im Nationalsozialismus, Essen 2009.

Gustavo Corni und Horst Gies: Brot. Butter. Kanonen: Die Ernährungswirtschaft in Deutschland unter der Diktatur Hitlers, Berlin 1997.

Earlene Craver: Patronage and the Directions of Research in Economics: The Rockefeller Foundation in Europe, 1924 – 1938, in: Minerva. Review of Science, Learning and Policy 24, 1986, S. 205 – 222.

Harald Czycholl: 100 Jahre Institut für Weltwirtschaft. Vom Königlichen Institut zum globalen Forschungszentrum, Hamburg 2014.

Kurt Dahlmann: Kieler Gelehrten-Köpfe. 52 Portraits von Wissenschaftlern an der Christian-Albrechts-Universität, Kiel 1953.

Theodor J. Dams: „Machtergreifung?" – Kontinuitäten und Brüche bei Institutionen und Persönlichkeiten der Agrar- Siedlungs- und Raumordnungspolitik, in: Heinrich Mäding und Wendelin Strubelt (Hg.): Vom Dritten Reich zur Bundesrepublik: Beiträge einer Tagung zur Geschichte von Raumforschung und Raumplanung, Hannover 2009, S. 161 – 187.

Jörn Danker: Die Kieler Woche im Wandel: die Neugründung der Kieler Woche nach dem Zweiten Weltkrieg, Kiel 1990.

Uwe Danker: Der schleswig-holsteinische NSDAP-Gauleiter Hinrich Lohse. Überlegungen zu seiner Biografie, in: Michael Ruck und Karl Heinrich Pohl (Hg.): Regionen im Nationalsozialismus, Bielefeld: Verlag für Regionalgeschichte, 2003, S. 91 – 120.

Uwe Danker: Volksgemeinschaft und Lebensraum: Die Neulandhalle als Historischer Lernort, Neumünster 2014.

Uwe Danker und Sebastian Lehmann-Himmel: Landespolitik mit Vergangenheit. Geschichtswissenschaftliche Aufarbeitung der personellen und strukturellen Kontinuität in der schleswig-holsteinischen Legislative und Exekutive nach 1945, Husum 2017.

Uwe Danker und Astrid Schwabe: Schleswig-Holstein und der Nationalsozialismus, Neumünster 2005.

Olivier Desarzens: Nachrichtendienstliche Aspekte der „Weserübung" 1940, Osnabrück 1988.

Christoph Dieckmann: Wirtschaftsforschung für den Großraum. Zur Theorie und Praxis des Kieler Instituts für Weltwirtschaft und des Hamburger Welt-Wirtschafts-Archivs im „Dritten Reich", in: Modelle für ein deutsches Europa. Ökonomie und Herrschaft im Großwirtschaftsraum, Berlin 1992, S. 146 – 238.

Christoph Dieckmann: Überlegungen zur deutschen Besatzungsherrschaft in Osteuropa 1941 – 1944: das Beispiel Litauen, in: Annaberger Annalen 5, 1997, S. 26 – 46.

Christoph Dieckmann: Deutsche Besatzungspolitik in Litauen 1941 – 1944, Göttingen 2011.

Christoph Dieckmann: Christoph Dieckmann: Das Scheitern des Hungerplans und die Praxis der selektiven Hungerpolitik im deutschen Krieg gegen die Sowjetunion, in: Christoph Dieckmann und Babette Quinkert (Hg.): Kriegführung und Hunger: 1939 – 1945; zum Verhältnis von militärischen, wirtschaftlichen und politischen Interessen, Göttingen 2015, S. 88 – 122.

Christoph Dieckmann und Christian Gerlach (Hg.): Besatzung und Bündnis: deutsche Herrschaftsstrategien in Ost- und Südosteuropa, Berlin 1995.
Heinrich Dietz: Kriegsrechtliche Probleme im Umkreis des Prisenrechts. Völkerrechtliche Untersuchungen im Anschluss an die deutsche Prisenjudikatur des Zweiten Weltkriegs, Würzburg, Univ. Diss., 1979.
Günther Dillner: Das Roosevelt-Agrarexperiment, in: Weltwirtschaftliches Archiv 48, 1938, S. 11*-16*.
Günther Dillner: Verkehrsfragen im Südostraum, in: Wirtschaftsdienst 26, 1941, S. 398–400.
Jeanne Dingell: Zur Tätigkeit der Haupttreuhandstelle Ost, Treuhandstelle Posen 1939 bis 1945, Frankfurt a.M. 2003.
Thomas Ditt: „Stoßtruppfakultät Breslau": Rechtswissenschaft im „Grenzland Schlesien" 1933–1945, Tübingen 2011.
DIW (Hg.): Beiträge zur empirischen Konjunkturforschung: Festschrift zum 25jährigen Bestehen des Deutschen Instituts für Wirtschaftsforschung (Institut für Konjunkturforschung), Berlin 1950.
Erich Döhring: Geschichte der juristischen Fakultät 1665–1965, Neumünster 1965.
Wilhelm Dohrn: Der deutsche Personenkraftwagenmarkt nach der Wirtschaftskrisis, in: Weltwirtschaftliches Archiv 44, 1936, S. 613–632.
Wilhelm Dohrn: Das Problem des Standorts und der Verlagerung der deutschen Personen-Kraftwagenindustrie, Kiel, Univ., Diss., 1937.
Otto Donner: Die Grenzen der Staatsverschuldung, in: Weltwirtschaftliches Archiv 56, 1942, S. 183–226.
Andrew Donson: Youth in the Fatherless Land: War Pedagogy, Nationalism, and Authority in Germany 1914–1918, Cambridge 2010.
Renate Dopheide: Kiel, Mai 1945: Britische Truppen besetzen die Kriegsmarinestadt, Kiel 2007.
Leo Drescher: Der „Agrarzyklus" und sein Einfluß auf die landwirtschaftliche Preispolitik Deutschlands, in: Jahrbuch für Nationalökonomie und Statistik 140, 1934, S. 404–419.
Leo Drescher: Die Entwicklung der Agrarproduktion Großbritanniens und Irlands seit Beginn des 19. Jahrhunderts, in: Weltwirtschaftliches Archiv 41, 1935, S. 270–294.
Leo Drescher: Landwirtschaftliche Planung als Merkmal neuer Agrarpolitik (Vorlesung vom 13.07.1935), in: Schmollers Jahrbuch 60, 1936a, S. 33–48.
Leo Drescher: Landwirtschaft und Agrarpolitik der Vereinigten Staaten von America bis zur Agricultural Adjustment Administration, Jahrbuch für Nationalökonomie und Statistik 143, 1936b, S. 163–192.
Leo Drescher: Drescher: Agrarökonomik und Agrarsoziologie: über die Aufgaben und Grenzen der Agrarwissenschaften; ein Vergleich zwischen der Entwicklung in Deutschland und der in den Vereinigten Staaten von Amerika, Jena 1937
Petra Düwel: Wilhelm Gülich als Bibliothekar. Unter besonderer Berücksichtigung seiner Bedeutung für die Entwicklung der Bibliothek des Deutschen Bundestages (Hausarbeit), Köln: Fachhochschule für Bibliotheks- und Dokumentationswesen, 1994.
Kurt Düwell: Staat und Wissenschaft in der Weimarer Epoche. Zur Kulturpolitik des Ministers C.H. Becker, in: Historische Zeitschrift, Beihefte, Neue Serie 1, Beiträge zur Geschichte der Weimarer Republik, 1971, S. 31–74
Silke Dyk und Alexandra Schauer: „... daß die offizielle Soziologie versagt hat": Zur Soziologie im Nationalsozialismus, der Geschichte ihrer Aufarbeitung und der Rolle der DGS, Wiesbaden, 2. Aufl. 2015.
Michael Ebi: Export um jeden Preis: die deutsche Exportförderung von 1932–1938, Stuttgart 2004
Astrid M. Eckert: Kampf um die Akten: Die Westalliierten und die Rückgabe von deutschem Archivgut nach dem Zweiten Weltkrieg, Stuttgart 2004.

Jörn Eckert: Was war die Kieler Schule?, in: Franz Jürgen Säcker (Hg.): Recht und Rechtslehre im Nationalsozialismus, Ringvorlesung der Rechtswissenschaftlichen Fakultät der Cristian-Albrechts-Universität, Baden-Baden 1992, S. 37 – 70.

Jörn Eckert: Die Juristische Fakultät im Nationalsozialismus, in: Hans-Werner Prahl (Hg.): Uniformierung des Geistes. Universität Kiel im Nationalsozialismus, Bd. 1, Kiel 1995, S. 51 – 81.

Jörn Eckert: Die Kieler Rechts- und Staatswissenschaftliche Fakultät – „Stoßtruppfakultät", in: Uwe Danker und Herbert Ostendorf (Hg.): Die NS-Strafjustiz und ihre Nachwirkungen, Baden-Baden 2003, S. 21 – 56.

Jörn Eckert: „Hinter den Kulissen". Die Kieler Rechtswissenschaftliche Fakultät im Nationalsozialismus, in: Christiana Albertina 58, 2004, S. 18 – 32.

Dietrich Eichholtz: Geschichte der deutschen Kriegswirtschaft 1939 – 1945, München 2003.

Dietrich Eichholtz: Die „Neuordnung" des europäischen „Großwirtschaftsraumes": Deutsche Pläne und Realität, in: Joachim Lund (Hg.): Working for the New Order: European Business under German Domination, 1939 – 1945. Odense 2006a, S. 13 – 28.

Dietrich Eichholtz: Krieg um Öl. Ein Erdölimperium als deutsches Kriegsziel 1938 – 1943, Leipzig 2006b.

Friedrich Edding: The Refugees as a Burden, A Stimulus, and a Challenge to the West German Economy, Den Haag 1951.

Friedrich Edding, Hans-Erich Hornschu und Hilde Wander: Das deutsche Flüchtlingsproblem: neue Unterlagen zur Beurteilung der Bevölkerungsstruktur und der regionalen Lastenverteilung, Kiel 1949.

Rainer S. Elkar: Studieren in Kiel: eine historisch-politische Zeitreise von den Anfängen bis zur Gegenwart, Husum 2015.

Gine Elsner: „...in gewisser Hinsicht war Robert Ley der deutsche William Beveridge" – Zur Diskussion über Modernisierungselemente in der nationalsozialistischen Sozialpolitik, in: „1999" 7 (4), 1992, S. 83 – 100.

Jürgen Elvert: Mitteleuropa!: deutsche Pläne zur europäischen Neuordnung (1918 – 1945), Stuttgart 1999.

Marc Engels: Die „Wirtschaftsgemeinschaft des Westlandes". Bruno Kuske und die wirtschaftswissenschaftliche Westforschung zwischen Kaiserreich und Bundesrepublik, Aachen 2007.

Karl-Dietrich Erdmann: Wissenschaft im Dritten Reich, Veröffentlichungen der Schleswig-Holsteinischen Universitätsgesellschaft Neue Folge – Nr. 45, Kiel 1967.

Ludwig Erhard: Voraussetzungen und Prinzipien der Marktforschung, in: Vereinigte Glanzstoff-Fabriken (Hg.): Marktforschung als Gemeinschaftsaufgabe für Wissenschaft und Wirtschaft, Festgabe für Conrad Herrmann, Wuppertal 1939, S. 29 – 44.

Michael G. Esch: „Gesunde Verhältnisse". Deutsche und polnische Bevölkerungspolitik in Ostmitteleuropa, Marburg 1998.

Walter Eucken: Wissenschaft im Stile Schmollers, in: Weltwirtschaftliches Archiv 52, 1940, S. 468 – 506.

Klara van Eyll: Voraussetzungen und Entwicklungslinien von Wirtschaftsarchiven bis zum zweiten Weltkrieg, Köln 1969

Michael Fahlbusch, Mechtild Rössler und Dominik Siegrist: Geographie und Nationalsozialismus. 3 Fallstudien zur Institution Geographie im Deutschen Reich und der Schweiz, in: Kasseler Schriften zur Geographie und Planung 51, 1989.

Michael Fahlbusch: Wissenschaft im Dienst der nationalsozialistischen Politik? Die „Volksdeutschen Forschungsgemeinschaften" von 1931 – 1945, Baden-Baden 1999.

Michael Fahlbusch: Im Dienste des Deutschtums in Südosteuropa. Ethnopolitische Berater als Tathelfer für Verbrechen gegen die Menschlichkeit, in: Mathias Beer und Gerhard Seewann:

Südostforschung im Schatten des Dritten Reiches. Institutionen – Inhalte – Personen, München 2004, S. 175–214.
Michael Fahlbusch und Ingo Haar (Hg.): Völkische Wissenschaften und Politikberatung im 20. Jahrhundert: Expertise und „Neuordnung“ Europas, Paderborn 2010.
Paul Fechter: Menschen und Zeiten. Begegnungen aus fünf Jahrzehnten, Gütersloh, 2. Aufl. 1949.
Klaus Fehn: „Ballungsräume“ und „Notstandsgebiete“: Kernräume und Peripherien in der nationalsozialistischen Raumordnung, in: Siedlungsforschung. Archäologie – Geschichte – Geographie 22, 2004, S. 119–143.
Klaus Fehn: Walter Christaller und die Raumplanung in der NS-Zeit, in: Siedlungsforschung. Archäologie – Geschichte – Geographie 26, 2008, S. 125–134.
Harald Fick: Finanzwirtschaft und Konjunktur, Jena 1932.
Harald Fick: Der öffentliche Haushalt in Krise, Depression und Aufschwung der Wirtschaft, in: Jahrbücher für Nationalökonomie und Statistik 139, 1933, S. 556–569.
Harald Fick: Finanzpolitik als Mittel zur Konjunkturpolitik, in: Bankarchiv 23 (19), 1. Juli 1934, S. 395–400.
Harald Fick: Voraussetzungen und Entwicklung der Devisenmarktregulierung, Zeitschrift für die gesamte Staatswissenschaft 97, 1937, S. 445–461.
Harald Fick: Die Achse als europäischer Wirtschaftsfaktor, in: Schmollers Jahrbuch für Gesetzgebung, Verwaltung und Volkswirtschaft im Deutschen Reiche 65, 1941a, S. 257–280.
Harald Fick: Die geldpolitische Entwicklung im Ausland seit dem Weltkrieg, in: Deutsche Geldpolitik, Schriften der Akademie für Deutsches Recht: Gruppe Wirtschaftswissenschaft Nr. 4, Berlin, 1941b, S. 463–498.
Harald Fick: Aktuelle geldpolitische Probleme, in: Zeitschrift für die gesamte Staatswissenschaft 104, 1944 [15.04.1943], S. 225–236.
Fritz Fischer: Griff nach der Weltmacht. Die Kriegszielpolitik des kaiserlichen Deutschland 1914/18, Düsseldorf, 3. Aufl. 1964.
Thomas Erdmann Fischer: Die Anfänge des Frauenstudiums in Deutschland. Das Beispiel der Universität Kiel, Trier 1996.
Wolfram Fischer: Deutsche Wirtschaftspolitik 1918–1945, Opladen, 3. Aufl. 1968.
Sören Flachowsky: Von der Notgemeinschaft zum Reichsforschungsrat: Wissenschaftspolitik im Kontext von Autarkie, Aufrüstung und Krieg, Stuttgart 2008.
Sören Flachowsky: „Werkzeug der deutschen Kriegsführung“. Die Forschungspolitik der deutschen Forschungsgemeinschaft und des Reichsforschungsrates zwischen 1920 und 1945, in: Karin Orth und Willi Oberkrome (Hg.): Die Deutsche Forschungsgemeinschaft 1920–1970: Forschungsförderung im Spannungsfeld von Wissenschaft und Politik, Stuttgart 2010, S. 53–69.
Sören Flachowsky, Rüdiger Hachtmann und Florian Schmaltz (Hg.): Ressourcenmobilisierung. Wissenschaftspolitik und Forschungspraxis im NS-Herrschaftssystem, Wallstein 2016.
Christian Fleck: Transatlantische Bereicherungen: zur Erfindung der empirischen Sozialforschung, Frankfurt a.M. 2007.
Ludwik Fleck: Entstehung und Entwicklung einer wissenschaftlichen Tatsache. Einführung in die Lehre vom Denkstil und Denkkollektiv, Frankfurt a.M., 10. Aufl. 2015 [1935].
Jana Forsmann: Testfall für die „Großen Drei“. Die Besetzung Irans durch Briten, Sowjets und Amerikaner 1941–1946, Köln u.a. 2009.
Nadine Förster: Der Nationalökonom Hans-Jürgen Seraphim zwischen Demokratie und Diktatur (1927 bis 1962), in: Hans-Ulrich Thamer, Daniel Droste und Sabine Happ (Hg.): Die Universität Münster im Nationalsozialismus. Kontinuitäten und Brüche 1920 und 1960, Münster 2012, S. 1113–1152.
Claudia Frank: Der „Reichsnährstand“ und seine Ursprünge: Struktur, Funktion und ideologische Konzeption, Hamburg 1987.

Günther Franz (Hg.): Raumordnung und Landesplanung im 20. Jahrhundert, Hannover 1971.
Norbert Frei: Vergangenheitspolitik: die Anfänge der Bundesrepublik und die NS-Vergangenheit, München 2012.
Rainer Fremdling: Wirtschaftsstatistik 1933–1945, in: Albrecht Ritschl (Hg.): Das Reichswirtschaftsministerium in der NS-Zeit. Wirtschaftsordnung und Verbrechenskomplex, Berlin und Boston 2016a, S. 233–318.
Rainer Fremdling: Zur Bedeutung nationalsozialistischer Statistiken und Statistiker nach dem Krieg – Rolf Wagenführ und der United States Strategic Bombing Survey (USSBS), in: Jahrbuch für Wirtschaftsgeschichte 57 (2), November 2016b, S. 589–613.
Rainer Fremdling und Reiner Stäglin: Verschleierung mit Statistik: Kriegswirtschaftliche Desinformation im Nationalsozialismus, in: Vierteljahrschrift für Sozial- und Wirtschaftsgeschichte 99 (3), 2012, S. 323–335.
Rainer Fremdling und Reiner Stäglin: Das Deutsche Institut für Wirtschaftsforschung im 2.Weltkrieg – Wirtschaftsforschung und wirtschaftspolitische Beratung von 1939 bis 1945, DIW-Working Paper, März 2016a, in: www.diw.de/sixcms/detail.php?id=diw_01.c.552282.de [zuletzt abgerufen am 23.04.2019].
Rainer Fremdling und Reiner Stäglin: Wirtschaftsforschung in der Weimarer Republik und im Nationalsozialismus Materialien zur Geschichte des Instituts für Konjunkturforschung (IfK) und des Deutschen Instituts für Wirtschaftsforschung (DIW) von 1925 bis 1945, Dezember 2016b, in: www.researchgate.net/publication/311713608 [zuletzt abgerufen am 23.04.2019].
Rainer Fremdling und Toni Pierenkemper: Wirtschaft und Wirtschaftspolitik in Deutschland – 75 Jahre RWI – Leibniz-Institut für Wirtschaftsforschung e.V. 1943–2018, Berlin 2018.
Carl Freytag: Deutschlands „Drang nach Südosten“. Der Mitteleuropäische Wirtschaftstag und der „Ergänzungsraum Südosteuropa“ 1931–1945, Göttingen 2012.
Friedrich-List-Gesellschaft (Hg.): Deutsche Agrarpolitik im Rahmen der inneren und äusseren Wirtschaftspolitik: Verhandlungen der Konferenz von Oeynhausen 11.–14. Februar 1933, Bd. 1–4, Berlin 1933.
Paul Fröhlich: Der Wehrwirtschaftsstab und die Illusion einer „straffen Organisation“ 1934 bis 1939/40, in: Oliver Werner (Hg.): Mobilisierung im Nationalsozialismus Institutionen und Regionen in der Kriegswirtschaft und der Verwaltung des ›Dritten Reiches‹ 1936 bis 1945, Paderborn 2013, S. 87–102.
Rolf. H. Funck, A. Kulinski u. a. (Hg.): Space – Structure – Economy. A Tribute to August Lösch, 2. überarbeitete und erweiterte Auflage, Baden-Baden 2007 [1986].
Birte Gaethke und Manuela Junghölter: Zwischen Krise und Kommerz. Kiel als Messestadt in den Zwanzigerjahren, Husum 2011.
Lothar Gall: Der Bankier. Hermann Josef Abs. Eine Biografie, München 2004.
Eduard Gaugler und Peter Mantel: Internationale Kontakte der deutschen Betriebswirtschaftslehre im Dritten Reich, in: Michael-Jörg Oesterle und Joachim Wolf (Hg.): Internationalisierung und Institution, Wiesbaden 2005, S. 449–480.
Christian Gerlach: Die deutsche Agrarreform und die Bevölkerungspolitik in den besetzten sowjetischen Gebieten, in: Christoph Dieckmann und Horst Kahrs (Hg.): Besatzung und Bündnis. Deutsche Herrschaftsstrategien in Ost- und Südosteuropa, Berlin 1995.
Christian Gerlach: Krieg, Ernährung, Völkermord. Forschungen zur deutschen Vernichtungspolitik im Zweiten Weltkrieg, Hamburg 1998.
Christian Gerlach: Kalkulierte Morde: die deutsche Wirtschafts- und Vernichtungspolitik in Weißrußland 1941 bis 1944, Hamburg 1999.
Katja Gesche: Kultur als Instrument der Außenpolitik totalitärer Staaten. Das Deutsche Ausland-Institut 1933–1945, Köln 2006.
Michael Geyer: Aufrüstung oder Sicherheit. Die Reichswehr in der Krise der Machtpolitik 1924–1936, Wiesbaden 1980.

Michael Geyer: National Socialist Germany: The Politics of Information, in: Ernest R. May (Hg.): Knowing One's Enemies. Intelligence Assessment before the Two World Wards, Princeton 1984, S. 310–346.

Geoffrey J. Giles: Students and National Socialism in Germany, Princeton 1985.

Frank Glatzel: Raumforschung als Voraussetzung für die Lenkung von Wirtschaft und Siedlung, in: Monatshefte für NS-Sozialpolitik 8 (5/6), 1941, S. 52–55.

Nils Goldschmidt (Hg.): Wirtschaft, Politik und Freiheit. Freiburger Wirtschaftswissenschaftler und der Widerstand, Tübingen 2005.

Martin Göllnitz: Wissenschaftspolitik im Spannungsfeld von akademischer Tradition und Ideologie. Die nationalsozialistische Dozentenakademie der Universität Kiel (1934–1936), in: Zeitschrift für Geschichtswissenschaft 64 (1), 2016, S. 50–72.

Martin Göllnitz: Der Student als Führer? Handlungsmöglichkeiten eines jungakademischen Funktionärskorps am Beispiel der Universität Kiel (1927–1945), Ostfildern 2018.

Walter Görlitz: Regierte der Kaiser? Kriegstagebücher, Aufzeichnungen und Briefe des Chefs des Marine-Kabinetts Admiral Georg Alexander von Müller 1914–1918, Göttingen 1959.

Fritz Grobba: Männer und Mächte im Orient. 25 Jahre diplomatischer Tätigkeit im Orient, Göttingen 1967.

Andělín Grobelý: Die Breslauer Ost- und Südosteuropaforschung – Eine staatsmonopolistische Einrichtung zur Unterstützung der faschistischen Expansion 1938 bis 1945, in: Jahrbuch für Wirtschaftsgeschichte 14 (3), 1973, S. 43–68.

Hermann Gross: Südosteuropa. Bau und Entwicklung der Wirtschaft, Leipzig 1937.

Hermann Gross: Zur Geschichte der wirtschaftswissenschaftlichen Südosteuropa-Forschung, in: Osteuropa-Wirtschaft 24, 1979, S. 123–130.

Ernst Günther Gründel: Die Sendung der jungen Generation. Versuch einer umfassenden revolutionären Sinndeutung der Krise, München 1932.

Nina Grunenberg: Die Wundertäter. Netzwerke der deutschen Wirtschaft 1942 bis 1966, München 2006.

Michael Grüttner: Wissenschaftspolitik im Nationalsozialismus, in: Doris Kaufmann (Hg.): Geschichte der Kaiser-Wilhelm-Gesellschaft im Nationalsozialismus. Bestandsaufnahme und Perspektiven der Forschung, Göttingen 2000, S. 557–585.

Michael Grüttner: Die deutschen Universitäten unter dem Hakenkreuz, in: Michael Grüttner und John Connelly (Hg.): Zwischen Autonomie und Anpassung. Universitäten in den Diktaturen des 20. Jahrhunderts, Paderborn 2003, S. 67–100.

Michael Grüttner: Universität und Wissenschaft in der nationalsozialistischen Diktatur, in: Hans Jörg Sandkühler (Hg.): Philosophie im Nationalsozialismus, Hamburg 2009, S. 31–55.

Michael Grüttner: Die Berliner Universität zwischen den Weltkriegen 1918 – 1945, in: Heinz-Elmar Tenorth (Hg.): Geschichte der Universität Unter den Linden Bd. 2, Berlin 2012.

Michael Grüttner, Rüdiger Hachtmann, Konrad Jarausch, Jürgen John, Matthias Middell (Hg.): Gebrochene Wissenschaftskulturen. Selbstverständnis und Praxis deutscher Universitäten im 20. Jahrhundert, Göttingen 2010.

Claude W. Guillebaud: The economic recovery of Germany: from 1933 to the incorporation of Austria in March 1938, London 1939.

Wilhelm Gülich: Die Bibliothek des IfW. Voraussetzungen und Grundlagen weltwirtschaftlicher Forschung, in: Weltwirtschaftliches Archiv 50, 1939, S. 145–231.

Hansjörg Gutberger: Volk, Raum und Sozialstruktur. Sozialstruktur- und Sozialraumforschung im „Dritten Reich", Münster 1996.

Hansjörg Gutberger: Bevölkerung, Ungleichheit, Auslese. Perspektiven sozialwissenschaftlicher Bevölkerungsforschung in Deutschland zwischen 1930 und 1960, Wiesbaden 2006.

Moritz Peter Haarmann: Wirtschaft – Macht – Bürgerbewusstsein: Walter Euckens Beitrag zur sozioökonomischen Bildung, Wiesbaden 2015.

Alexandra Habermann, Rainer Klemmt, Frauke Siefkes: Lexikon deutscher wissenschaftlicher Bibliothekare 1925–1980, Frankfurt a.M. 1985.

Lutz Hachmeister: Der Gegnerforscher. Die Karriere des SS-Führers Franz Alfred Six, München 1998.

Rüdiger Hachtmann: Wissenschaftsmanagement im „Dritten Reich“: Geschichte der Generalverwaltung der Kaiser-Wilhelm-Gesellschaft (2 Bände) Göttingen 2007.

Rüdiger Hachtmann: Die Wissenschaftslandschaft zwischen 1930 und 1949: Profilbildung und Ressourcenverschiebung, in: Michael Grüttner, Rüdiger Hachtmann, Konrad Jarausch, Jürgen John, Matthias Middell (Hg.): Gebrochene Wissenschaftskulturen. Selbstverständnis und Praxis deutscher Universitäten im 20. Jahrhundert, Göttingen 2010, S. 193–205.

Rüdiger Hachtmann: Elastisch, dynamisch und von katastrophaler Effizienz – Anmerkungen zur Neuen Staatlichkeit des Nationalsozialismus, in: Wolfgang Seibel und Sven Reichardt (Hg.): Der prekäre Staat. Herrschen und Verwalten im Nationalsozialismus, Frankfurt a.M. 2011, S. 29–73.

Rüdiger Hachtmann: Allerorten Mobilisierung? Vorschläge, wie mit Schlagworten in der Sozial- und Gesellschaftsgeschichte der NS-Diktatur umzugehen ist, in: Oliver Werner (g.), Mobilisierung im Nationalsozialismus. Institutionen und Regionen in der Kriegswirtschaft und der Verwaltung des „Dritten Reiches“ 1936 bis 1945, Paderborn 2013, S. 69–83.

Jens Hacker: Kiel, eines der ostwissenschaftlichen Zentren in der Bundesrepublik: der Ausbau der Osteuropa-Forschung und -Lehre in Kiel, in: Wirtschaftswissenschaftliche Südosteuropa-Forschung: Grundlagen und Erkenntnisse [Hermann Gross zum 60. Geburtstag], München 1963, S. 145–172.

Harald Hagemann: (Hg.): Zur deutschsprachigen wirtschaftswissenschaftlichen Emigration nach 1933, Marburg 1997.

Harald Hagemann: Emil Lederer (1882–1939): Economical and Sociological Analyst and Critic of Capitalist Development, in: Peter Koslowski (Hg.): The Theory of Capitalism in the German Economic Tradition. Historism, Ordo-Liberalism, Critical Theory, Solidarism, Berlin/Heidelberg 2000, S. 26–51.

Harald Hagemann: Widerstand und Emigration. Die Lage der deutschsprachigen Nationalökonomie nach 1933 und die Lage der Freiburger Wirtschaftswissenschaftler, in: Nils Goldschmidt (Hg.): Wirtschaft, Politik und Freiheit. Freiburger Wirtschaftswissenschaftler und der Widerstand, Tübingen 2005, S. 3–24.

Harald Hagemann: Weltklasse für sieben Jahre. Die Konjunkturabteilung des Instituts für Weltwirtschaft 1926–1933, in: Christiana Albertina 67, Nov. 2008, S. 52–70.

Harald Hagemann: European émigrés and the ‚Americanization‘ of economics, in: The European Journal of the History of Economic Thought, 18 (5), 2011, S. 643–671.

Harald Hagemann: Die Remigration deutschsprachiger Wirtschaftswissenschaftler nach 1945, in: Christian Scheer (Hg.): Die deutschsprachige Wirtschaftswissenschaft in den ersten Jahrzehnten nach 1945, Berlin 2010, S. 399–449.

Harald Hagemann und Ragip Ege: The modernisation of the Turkish University after 1933: The contributions of refugees from Nazism, European Journal of Economic Thought 19 (6), 2012, S. 1–32.

Harald Hagemann und Claus-Dieter Krohn (Hg.): Biographischen Handbuch der deutschsprachigen wirtschaftswissenschaftlichen Emigration nach 1933, München 1999.

Walter Hahn: Die statistische Analyse der Konjunkturschwingungen: eine Einführung, Jena 1929.

Walter Hahn: Die Versorgung Deutschlands und seiner Wirtschaftsgebiete mit Nahrungs- und Futtermitteln, in: Weber (Reichsernährungsministerium) (Hg.): Deutschlands Nahrungs- und Futtermittelversorgung, Berlin 1933, S. 49–113.

Walter Hahn: Der Erkenntniswert des Kettenschlusses in der Außenhandelstheorie, in: Weltwirtschaftliches Archiv 39, 1934, S. 80–93.

Walter Hahn: Die kriegswirtschaftliche Verteilung des Anfalles an Nahrungs- und Futtermitteln im Weltkrieg, in: Kriegswirtschaftliche Jahresberichte 1936, S. 25–37.

Walter Hahn: Der Ernährungskrieg. Grundsätzliches und Geschichtliches, Gemeinschaftsarbeit der Ernährungswirtschaftlichen Forschungsstelle, Hamburg 1939.

Walter Hahn: (in Verbindung mit Otto Flößner und Jonas Schmidt): Die Ernährungswirtschaft Europas in den Jahren 1936 – 1938, Jena 1942.

Franz Halder: Kriegstagebuch Bd. 2, bearb. von Hans-Adolf Jacobsen, Stuttgart 1963.

Frank Halfmann: Eine „Pflanzstätte bester nationalsozialistischer Rechtsgelehrter": Die juristische Abteilung der Rechts- und Staatswissenschaftlichen Fakultät, in: Heinrich Becker, Hans-Joachim Dahms und Cornelia Wegeler (Hg.): Die Universität Göttingen unter dem Nationalsozialismus. Das verdrängte Kapitel ihrer 250jährigen Geschichte, München 1998, S. 102–155.

Notker Hammerstein: Die Deutsche Forschungsgemeinschaft in der Weimarer Republik und im Dritten Reich. Wissenschaftspolitik in Republik und Diktatur 1920–1945, München 1999.

Gerd Hardach: Walther G. Hoffmann. Pionier der quantitativen Wirtschaftsgeschichte, in: Geschichte und Gesellschaft 11 (1985), S. 541–546.

Bernhard Harms: Ferdinand Lassalle und seine Bedeutung für die deutsche Sozialdemokratie, Jena 1909.

Bernhard Harms: England und Deutschland, Revidierter Sonderabdruck aus der „Deutschen Revue", Berlin 1910.

Bernhard Harms: Das Staatswissenschaftliche Institut an der Universität Kiel. Unter besonderer Berücksichtigung seiner „Abteilung für Seeverkehr und Weltwirtschaft". Rede gehalten bei der Eröffnungsfeier am 24. Februar 1911, Jena 1911a.

Bernhard Harms: Weltwirtschaftliche Aufgaben der deutschen Verwaltungspolitik: zugleich als ein Beitrag für die Reform des Konsulatswesens, Jena 1911b.

Bernhard Harms: Volkswirtschaft und Weltwirtschaft. Versuch der Begründung einer Weltwirtschaftslehre, Jena 1912.

Bernhard Harms: Zur Wiederanknüpfung und Pflege der weltwirtschaftlichen Beziehungen Deutschlands, Kiel 1915a.

Bernhard Harms: Freie Meere, in: Akademischer Hilfsbund (Hg.): Unter deutschen Eichen. Vierte Liebesgabe Deutscher Hochschüler, Cassel 1915b, S. 141–150.

Bernhard Harms: Die Zukunft der Weltwirtschaft: Vortrag gehalten am 27. Oktober 1916 in der außerordentlichen Mitgliederversammlung der Gesellschaft zur Förderung des Instituts für Seeverkehr und Weltwirtschaft an der Universität Kiel; im großen Sitzungssaale des Hauses der Abgeordneten zu Berlin, Kiel 1916.

Bernhard Harms: Völkerrechtliche Sicherungen der wirtschaftlichen Verkehrsfreiheit in Friedenszeiten, Jena 1918.

Bernhard Harms: Französische Kulturpropaganda in den Vereinigten Staaten von Amerika. An die Freunde des Instituts für Weltwirtschaft und Seeverkehr an der Universität Kiel, Kiel 1924.

Bernhard Harms: Die Weltwirtschaftskonferenz, Vortrag gehalten am 7. Februar 1927, in: Bernhard Harms (Hg.): Vom Wirtschaftskrieg bis zur Weltwirtschaftskonferenz. Weltwirtschaftliche Gestaltungstendenzen im Spiegel gesammelter Vorträge, Jena 1927, S. 317–359.

Bernhard Harms: Das Institut für Weltwirtschaft und Seeverkehr an der Universität Kiel, in: Albrecht Mendelssohn Bartholdy, Ludolph Brauer und Adolf Meyer (Hg.): Forschungsinstitute, ihre Geschichte, Organisation und Ziele, Hamburg 1930, S. 305–323.

Bernhard Harms: Universitäten, Professoren und Studenten in der Zeitenwende, vornehmlich vom Standpunkt der Staatswissenschaften, Jena 1936.

Michael A. Hartenstein: Neue Dorflandschaften. Nationalsozialistische Siedlungsplanung in den „eingegliederten Ostgebieten" 1939 bis 1944, Berlin 1998.

Ulrike Hartung: Raubzüge in die Sowjetunion: das Sonderkommando Künsberg 1941–1943, Bremen 1997.
Michael Hascher: Politikberatung durch Experten: das Beispiel der deutschen Verkehrspolitik im 19. und 20. Jahrhundert, Frankfurt a.M. 2006.
Dietrich Hauschildt: Vom Judenboykott zum Judenmord. Der 1. April 1933 in Kiel, in: Erich Hoffmann und Peter Wulf (Hg.): „Wir bauen das Reich". Aufstieg und erste Herrschaftsjahre des Nationalsozialismus in Schleswig-Holstein, Neumünster 1983, S. 335–360.
Frank-Rutger Hausmann (Hg.): Die Rolle der Geisteswissenschaften im Dritten Reich 1933–1945, München 2002.
Frank-Rutger Hausmann: The „Third Front". German Cultural Policy in Occupied Europe, 1940–1945, in: Michael Fahlbusch und Ingo Haar (Hg.): German Scholars and Ethnic Cleansing. 1919–1945, New York 2005, S. 213–235.
Frank-Rutger Hausmann: „Deutsche Geisteswissenschaft" im Zweiten Weltkrieg. Die „Aktion Ritterbusch" (1940–1945), 3. erweiterte Ausgabe, Heidelberg 2007.
Rudolf Heberle: Soziografie, in: Schmollers Jahrbuch 53 (2), 1929, S. 95–114.
Rudolf Heberle: Einkommensgestaltung und Geburtenbeschränkung, in: Soziale Praxis. Zentralblatt für Sozialpolitik und Wohlfahrtspflege 44 (24), 1935, 13.06.1935, S. 690–698.
Rudolf Heberle: Die Abwanderung aus Schleswig-Holstein nach Hamburg-Altona, in: Jahrbücher für Nationalökonomie und Statistik 147, 1938, S. 158–182.
Rudolf Heberle: Zur Soziologie der nationalsozialistischen Revolution: Notizen aus dem Jahre 1934, in: Vierteljahrshefte für Zeitgeschichte 13 (4), 1965, S. 438–445.
Rudolf Heberle: Soziologische Lehr- und Wanderjahre, in: Kölner Zeitschrift für Soziologie und Sozialpsychologie 28, 1976, S. 197–211.
Rudolf Heberle und Fritz Meyer: Die Großstädte im Strome der Binnenwanderung. Wirtschafts- und bevölkerungswissenschaftliche Untersuchungen über Wanderung und Mobilität in deutschen Städten, Leipzig 1937
Heeckt: Der internationale Wettbewerb in der Ostseeschiffahrt vor und nach dem Krieg, in: Wirtschaftsdienst 26 (25/26), 1941, S. 515–516.
Arnold Heertje (Hg.): Vademecum zu einem Klassiker der Standorttheorie, Düsseldorf 2001.
Helmut Heiber: Universität unterm Hakenkreuz. Teil 1 und 2: Der Professor im Dritten Reich. Bilder aus der akademischen Provinz, München 1991.
Susanne Heim: „Vordenker der Vernichtung" Wissenschaftliche Experten als Berater der nationalsozialistischen Politik, in: Doris Kaufmann (Hg.): Geschichte der Kaiser-Wilhelm-Gesellschaft im Nationalsozialismus. Bestandsaufnahme und Perspektiven der Forschung, Bd. 1, Göttingen 2000, S. 77–91.
Susanne Heim (Hg.): Autarkie und Ostexpansion. Pflanzenzucht und Agrarforschung im Nationalsozialismus, Göttingen 2002.
Susanne Heim: Kalorien, Kautschuk, Karrieren. Pflanzenzüchtung und landwirtschaftliche Forschung in Kaiser-Wilhelm-Instituten 1933–1945, Göttingen 2003.
Susanne Heim, Carola Sachse und Mark Walker (Hg.): The Kaiser Wilhelm Society under National Socialism, Cambridge 2009.
Wolfgang Hein und Robert Kappel: Raum, Welt, Wirtschaft: Andreas Predöhl – eine deutsche Wissenschaftlerkarriere, GIGA Working Paper, 252/2014, August 2014.
Isabel Heinemann und Patrick Wagner (Hg.): Wissenschaft – Planung – Vertreibung. Neuordnungskonzepte und Umsiedlungspolitik im 20. Jahrhundert, Stuttgart 2006.
Horst-Alfred Heinrich: Politische Affinität zwischen geographischer Forschung und dem Faschismus im Spiegel der Fachzeitschriften. Ein Beitrag zur Geschichte der Geographie in Deutschland 1920 bis 1945, Giessen 1991.
Emil Helfferich: Ein Leben, als Ms. gedruckt, Hamburg 1964.

Patrick Henßler: Rassenparadigma und Sozialhygiene in Gerhard Mackenroths wissenschaftlichen Arbeiten und Vorlesungen der Jahre 1933–1943, in: Historical Social Research 31, 2006, S. 101–130.

Patrick Henßler und Josef Schmid: Absage an die Natur, in: Rainer Mackensen und Jürgen Reulecke (Hg.): Das Konstrukt „Bevölkerung" vor, im und nach dem „Dritten Reich", Wiesbaden 2005.

Patrick Henßler und Josef Schmid: Bevölkerungswissenschaft im Werden: die geistigen Grundlagen der deutschen Bevölkerungssoziologie, Wiesbaden: VS, 2007.

Volker Hentschel: Ludwig Erhard. Ein Politikerleben. München und Landsberg 1996.

Ulrich Herbert: Best. Biographische Studien über Radikalismus, Weltanschauung und Vernunft 1903–1989, Bonn 1996.

Ludolf Herbst: Der Totale Krieg und die Ordnung der Wirtschaft. Die Kriegswirtschaft im Spannungsfeld von Politik, Ideologie und Propaganda 1939–1945. Stuttgart 1982.

Marcel Herzberg: Raumordnung im nationalsozialistischen Deutschland, Dortmund 1997.

Jan-Otmar Hesse: Wirtschaft als Wissenschaft. Die Volkswirtschaftslehre in der frühen Bundesrepublik, Frankfurt und New York 2010.

Jan-Otmar Hesse: Die Frankfurter Wirtschafts- und Sozialwissenschaftliche Fakultät zwischen 1933 und 1945, in: Bertram Schefold (Hg.): Wirtschafts- und Sozialwissenschaftler in Frankfurt am Main, Marburg 2016a, S. 445–466.

Jan-Otmar Hesse: Wissenschaftliche Beratung der Wirtschaftspolitik. Das Bundeswirtschaftsministerium und die Volkswirtschaftslehre, in: Werner Abelshauser (Hg.): Das Bundeswirtschaftsministerium in der Ära der Sozialen Marktwirtschaft. Der deutsche Weg der Wirtschaftspolitik, Berlin und Boston 2016b, S. 390–481.

Anja Heuss: Die „Beuteorganisation" des Auswärtigen Amtes. Das Sonderkommando Künsberg und der Kulturgutraub in der Sowjetunion, in: Vierteljahreshefte für Zeitgeschichte 45 (4), 1997, S. 535–556.

Anja Heuss: Kunst- und Kulturgutraub: eine vergleichende Studie zur Besatzungspolitik der Nationalsozialisten in Frankreich und der Sowjetunion, Heidelberg 2000.

Geoff Hewitt: Hitler's Armada: the German Invasion Plan, and the Defence of Great Britain by the Royal Navy, April-October 1940, Barnsley 2008.

Ludwig Heyde: Presse, Rundfunk und Film im Dienste der Volksführung, Dresden 1943.

Gerhard Hirschfeld und Tobias Jersak (Hg.): Karrieren im Nationalsozialismus. Funktionseliten zwischen Mitwirkung und Distanz, Frankfurt und New York 2004.

Matthias Hochstätter: Karl Schiller – eine wirtschaftspolitische Biographie, Hannover 2006.

Dirk Henning Hofer: Karl Konrad Werner Wedemeyer: (1870–1934); ein Juristen- und Gelehrtenleben in drei Reichen, Frankfurt am Main 2010.

Friedrich Hoffmann: Das Wirtschaftsleben Schleswig-Holsteins, in: Die Braunschweiger GNC-Monatsschrift, 1921, 5, S. 302–308.

Walther G. Hoffmann: Stadien und Typen der Industrialisierung: ein Beitrag zur quantitativen Analyse historischer Wirtschaftsprozesse, Jena 1931.

Walther G. Hoffmann: „Ein Index der industriellen Produktion für Großbritannien seit dem 18. Jahrhundert" in: Weltwirtschaftliches Archiv 40, 1934, S. 383–398.

Walther G. Hoffmann: Wachstum und Wachstumsformen der englischen Industriewirtschaft von 1700 bis zur Gegenwart, Jena 1940a.

Walther G. Hoffmann: Probleme der englischen Kriegsfinanzierung, in: Weltwirtschaftliches Archiv 51, 1940b, S. 570–594.

Walther G. Hoffmann: Die englische Wirtschaftswissenschaft im Dienste der Kriegsvorbereitung und Kriegspropaganda, in: Kieler Blätter, 1940c, H. 3/4, S. 335–340.

Walther G. Hoffmann: Voraussetzungen und Formen der wirtschaftlichen Integration, in: Wirtschaftsdienst 26, 1941, S. 688–691.

Walther G. Hoffmann: Sozialforschung als Aufgabe, in: Soziale Welt 3 (4), 1952, S. 323–337.

Walther G. Hoffmann: Walther G. Hoffmann: British Industry, 1700–1950, übersetzt von W. O. Henderson; W. H. Chaloner, Oxford 1955.
Walther G. Hoffmann: The growth of industrial economies, Manchester: Manchester University Press, 1958.
Walther G. Hoffmann: Stadien und Typen der Industrialisierung, in: Weltwirtschaftliches Archiv 103, 1969, S. 321–327.
Erich Hofmann: Die Christian-Albrechts-Universität in preußischer Zeit, in: Erich Hofmann, Rudolf Jaeger, Friedrich A. Schmidt-Künsemüller (Hg.): Allgemeine Entwicklung der Universität, Neumünster 1965, S. 9–115.
Carl-Ludwig Holtfrerich (Hg): Das Reichswirtschaftsministerium der Weimarer Republik und seine Vorläufer. Strukturen, Akteure, Handlungsfelder, Berlin und Boston 2016.
Pauline Hopf: Zur Zinstheorie von J.M. Keynes, Coburg 1939.
Kurt Bernhard Hopfinger: The Volkswagen Story, Cambridge (MA) 1971.
Wolfram Hoppenstedt: Gerhard Colm. Leben und Werk (1897–1968), Stuttgart 1997.
Edgar M. Hoover: The Location of Economic Activity, New York, Toronto, London 1948.
Walther Hubatsch: „Weserübung". Die deutsche Besetzung von Dänemark und Norwegen 1940, Göttingen 1952.
Arnulf Huegel: Kriegsernährungswirtschaft Deutschlands während des Ersten und Zweiten Weltkriegs im Vergleich, Konstanz 2003.
IFW (Hg.): Das Königliche Institut für Seeverkehr und Weltwirtschaft an der CAU zu Kiel. Kaiser Wilhelm Stiftung. Festsitzung anläßlich der Eröffnungsfeier am 20. Februar 1914, Jena 1914.
IFW (Hg.): Handelskrieg und Wirtschaftsexpansion. Überblick über die Maßnahmen und Bestrebungen des feindlichen Auslandes zur Bekämpfung des deutschen Handels und zur Förderung des eigenen Wirtschaftslebens, Jena 1917.
IFW (Hg.): Die Feier der Grundsteinlegung für das neue Haus des Instituts für Seeverkehr und Weltwirtschaft an der Christian-Albrechts-Universität zu Kiel, Kaiser Wilhelm Stiftung, am 9. Febr. 1918: die Reden und Ansprachen, Jena 1918.
IFW (Hg.): Die Feier der Einweihung des wiederaufgebauten Institutsgebäudes, verbunden mit einer Gedenkfeier für den Begründer des Instituts Bernhard Harms am 22. Juni 1951. Die Reden und Ansprachen, Kiel 1951.
IFW (Hg.): Festreden anlässlich der Feier des 75-jährigen Bestehens am 20. Februar 1989, Kiel 1989.
IfW et al. (Hg): Deutsche Wirtschaft und Industrieplan, Essen 1947.
IfW, DIW, RWI und BAW (Hg.): Lebensfähigkeit und Vollbeschäftigung: ein Beitrag zur Frage des wirtschaftlichen Wiederaufbaus in Westdeutschland, Bonn und Kiel 1950.
Max Ilgner: Exportsteigerung durch Einschaltung in die Industrialisierung der Welt, Kieler Vorträge 53, 29.01.1938.
David Irving: Das Reich hört mit: Görings Forschungsamt: der geheimste Nachrichtendienst des Dritten Reiches, London 1999.
Volker Jacob: Wilhelm Spiegel 1876–1933. Ein politisches Leben – ein ungesühnter Tod, in: Mitteilungen der Gesellschaft für Kieler Stadtgeschichte 77 (3), 1993, S. 109–140.
Rudolf Jaeger: Die Baugeschichte der Universität, in: Erich Hofmann, Rudolf Jaeger, Friedrich A. Schmidt-Künsemüller (Hg.): Allgemeine Entwicklung der Universität (= Geschichte der Christian-Albrechts-Universität 1665–1965), Neumünster 1965, S. 117–202.
Harold James: Deutschland in der Weltwirtschaftskrise 1924–1936, Stuttgart 1988.
Hauke Janssen: Nationalökonomie und Nationalsozialismus. Die deutsche Volkswirtschaftslehre in den dreißiger Jahren, Marburg, 4. Auflage 2012.
Diarmuid Jeffreys: Weltkonzern und Kriegskartell: das zerstörerische Werk der IG Farben, München 2011.
Jens Jessen: „Nationalsozialismus", in Wörterbuch der Volkswirtschaft, 4. Aufl. Bd. 3, 1933a, S. 341–354.

Jens Jessen: „Reparationen", in: Wörterbuch der Volkswirtschaft, 4. Aufl. Bd. 3, 1933b, S. 35–95.

Jens Jessen: „Weltwirtschaft", in: Wörterbuch der Volkswirtschaft, 4. Aufl. Bd. 3, 1933c, S. 981–994.

Jens Jessen: Das Lebenswerk von Bernhard Harms, in: Schmollers Jahrbuch 64, 1940, S. 1–18.

Erich Albert Kautz: Das Standortproblem der Seehäfen (Zugl.: Kiel, Univ., Diss., 1930), Probleme der Weltwirtschaft 58, Jena 1934.

Manfred Jessen-Klingenberg: Universität und Land. Geschichte der Schleswig-Holsteinischen Universitäts-Gesellschaft 1918–1968, Kiel 1971.

Manfred Jessen-Klingenberg: Die Schleswig-Holsteinische Universitäts-Gesellschaft 1933–1945, Intrigen, Krisen, Kriegseinsatz, in: Hans-Werner Prahl, Hans-Christian Petersen und Sönke Zankel (Hg.): UNI-Formierung des Geistes: Universität Kiel im Nationalsozialismus. Bd. 2, Kiel 2007, S. 61–98.

Werner Jochmann: Im Kampf um die Macht. Hitlers Rede vor dem Hamburger Nationalclub von 1919, Frankfurt 1960.

Karl Jordan: Christian-Albrechts-Universität Kiel 1665 bis 1965, Neumünster 1965.

Ulrike Jureit: Das Ordnen von Räumen. Territorium und Lebensraum im 19. und 20. Jahrhundert, Hamburg 2012.

Ryszard Kaczmarek: Die deutsche wirtschaftliche Penetration in Polen (Oberschlesien), in: Richard J. Overy, Gerhard Otto und Johannes Houwink ten Cate (Hg.): Die „Neuordnung" Europas. NS-Wirtschaftspolitik in den besetzten Gebieten, Berlin 1997, S. 257–272.

Doris Kaufmann (Hg.): Geschichte der Kaiser-Wilhelm-Gesellschaft im Nationalsozialismus. Bestandsaufnahme und Perspektiven der Forschung, Bd. 1 und 2, Göttingen 2000.

Karl R. Kegler: Deutsche Raumplanung. Das Modell der „zentralen Orte" zwischen NS-Staat und Bundesrepublik, Paderborn 2015.

Hans Kehrl: Krisenmanager im Dritten Reich. 6 Jahre Frieden – 6 Jahre Krieg. Erinnerungen, Düsseldorf 1973.

Gerhard Keiper und Martin Kröger: Biographisches Handbuch des deutschen Auswärtigen Dienstes 1871–1945. Herausgegeben vom Auswärtigen Amt, Historischer Dienst, Bd. 3: L–R. Paderborn 2008.

Stefan Kiekel:Die deutsche Handelsschifffahrt im Nationalsozialismus: Unternehmerinitiative und staatliche Regulierung im Widerstreit 1933 bis 1940/41, Bremen 2010.

Peter Klein: Die „Gettoverwaltung Litzmannstadt" 1940 bis 1944, Hamburg 2009.

Hein Klemann und Sergei Kudryashov: Occupied Economies. An Economic History of Nazi-occupied Europe, 1939–1945, London 2012.

Volker Klemm: Agrarwissenschaften in Deutschland. Geschichte – Tradition. Von den Anfängen bis 1945, St. Katharinen 1992.

Birgit Kletzin: Europa aus Rasse und Raum. Die nationalsozialistische Idee der Neuen Ordnung, Münster 2002.

Carsten Klingemann: Das „Institut für Sozial- und Staatswissenschaften" an der Universität Heidelberg zum Ende der Weimarer Republik und während des Nationalsozialismus, in: Jahrbuch für Soziologiegeschichte 1, 1990, S. 79–120.

Ulrich Kluge: Agrarwirtschaft und ländliche Gesellschaft im 20. Jahrhundert, München 2005.

Wilhelm Knelangen und Tine Stein (Hg.): Kontinuität und Kontroverse. Die Geschichte der Politikwissenschaft in Kiel, Essen 2013.

Jobst Knigge: Deutsches Kriegsziel Irak. Der deutsche Griff auf den Nahen Osten im Zweiten Weltkrieg. Über Kaukasus und Kairo zum Öl des Orients. Pläne und Wirklichkeit, Hamburg 2007.

Michael Knoche und Wolfgang Schmitz (Hg.): Wissenschaftliche Bibliothekare im Nationalsozialismus. Handlungsspielräume, Kontinuitäten, Deutungsmuster, Wiesbaden 2011.

Hans-Georg Knothe, Jürgen Regge und Irene Vorholz: Die Juristische (Rechts- und Staatswissenschaftliche) Fakultät 1815 – 2005, in: Dirk Alvermann und Karl-Heinz Spieß (Hg.): Universität und Gesellschaft. Festschrift zur 550-Jahrfeier der Universität Greifswald 1456 – 2006, Leipzig 2006, S. 165 – 287.
Hans Köhler: Das Hamburgische Welt-Wirtschafts-Archiv: Geschichte einer wissenschaftlichen Anstalt, Hamburg 1959.
Roman Köster: Die Wissenschaft der Außenseiter. Die Krise der Nationalökonomie in der Weimarer Republik, Göttingen 2011.
Werner Krause: Wirtschaftstheorie unter dem Hakenkreuz, Ost-Berlin 1969.
Rolf Krengel: Das Deutsche Institut für Wirtschaftsforschung (Institut für Konjunkturforschung) 1925 bis 1979, Berlin 1986.
Claus-Dieter Krohn: Wissenschaftstheorien als politische Interessen. Die akademische Nationalökonomie 1918 – 1933, Frankfurt a.M. 1981.
Claus-Dieter Krohn: Wissenschaft im Exil. Deutsche Sozial- und Wirtschaftswissenschaftler in den USA und die New School for Social Research, Frankfurt a.M. 1987.
Claus-Dieter Krohn: Der Philosophische Ökonom. Zur intellektuellen Biographie Adolph Lowes, Marburg 1996.
Claus-Dieter Krohn: Deutsche Wissenschaftsemigration seit 1933 und ihre Remigrationsbarrieren nach 1945, in: Rüdiger vom Bruch und Brigitte Kaderas (Hg.): Wissenschaften und Wissenschaftspolitik. Bestandsaufnahmen zu Formationen, Brüchen und Kontinuitäten im Deutschland des 20. Jahrhunderts, Stuttgart 2002, S. 437 – 452.
Claus-Dieter Krohn: „Weimar" in Amerika: Vertriebene deutsche Wissenschaftler an der New School für Social Research in New York, in: Hartmut Lehmann und Otto Gerhard Oexle (Hg.): Nationalsozialismus in den Kulturwissenschaften, Band 2, Göttingen 2004, S. 289 – 304.
Katrin Kroll: Kieler Woche, Neumünster 2007.
Christina Kruse: Die Volkswirtschaftslehre im Nationalsozialismus. Freiburg 1988.
Alfred Kube: Außenpolitik und „Großraumwirtschaft". Die deutsche Politik zur wirtschaftlichen Integration Südosteuropas 1933 bis 1939, in: Helmut Berding (Hg.): Wirtschaftliche und politische Integration in Europa im 19. und 20. Jahrhundert, Göttingen 1984, S. 185 – 211.
Andreas Kübler: Raumordnung in Deutschland. Untersuchung zur Geschichte ihrer Institutionalisierung von Beginn bis Mitte des 20. Jahrhunderts, in: Andreas Kübler (Hg.): Chronik Bau und Raum. Geschichte und Vorgeschichte des Bundesamtes für Bauwesen und Raumordnung, Tübingen und Berlin 2007, S. 292 – 327.
Michael Kunczik: Geschichte der Öffentlichkeitsarbeit in Deutschland, Köln [u. a.] 1997.
Friedrich A. Schmidt-Künsemüller: Die Universitätsbibliothek, in: Erich Hofmann, Rudolf Jaeger, Friedrich A. Schmidt-Künsemüller (Hg.): Allgemeine Entwicklung der Universität (= Geschichte der Christian-Albrechts-Universität 1665 – 1965), Neumünster 1965, S. 203 – 262.
Erich Kurlander: Otto Scheel. National Liberal, Nordic Prophet, in: Michael Fahlbusch und Ingo Haar: German Scholars and Ethnic Cleansing. 1919 – 1945, New York 2005, S. 200 – 212.
Martin Kutz: Kriegserfahrung und Kriegsvorbereitung, Die agrarwirtschaftliche Vorbereitung des Zweiten Weltkriegs in Deutschland vor dem Hintergrund der Weltkrieg-I-Erfahrung, in: Zeitschrift für Agrargeschichte und Agrarsoziologie 32, 1984, S. 59 – 83.
Dirk van Laak: Zwischen ‚organisch' und ‚organisatorisch'. ‚Planung' als politische Leikategorie zwischen Weimar und Bonn, in: Burkhard Dietz, Helmut Gabel und Ulrich Tiedau (Hg.): Griff nach dem Westen. Die „Westforschung" der völkisch-nationalen Wissenschaften zum nordwesteuropäischen Raum (1919 – 1960), Münster 2003, S. 67 – 90.
Dirk van Laak: Technokratie im Europa des 20. Jahrhunderts – eine einflussreiche „Hintergrundideologie", in: Lutz Raphael (Hg.): Theorien und Experimente der Moderne. Europas Gesellschaften im 20. Jahrhundert, Wien [u. a.] 2012, S. 101 – 128.

Oliver Landmann: Theoretische Grundlagen für eine aktive Krisenbekämpfung in Deutschland 1930–1933, in: Gottfried Bombach, Netzband, Ramser und Timmermann (Hg.): Der Keynesianismus III. Die geld- und beschäftigungstheoretische Diskussion in Deutschland zur Zeit von Keynes. Dokumente und Analysen, Berlin [u. a.] 1981, S. 215–420.

Ariane Leendertz: Raumforschung, Raumplanung und NS-Vergangenheit: Forschungsstand, Deutungen, Kontinuitäten, in: Heinrich Mäding und Wendelin Strubelt (Hg.): Vom Dritten Reich zur Bundesrepublik: Beiträge einer Tagung zur Geschichte von Raumforschung und Raumplanung, Hannover 2009, S. 21–38.

Sebastian Lehmann: Kreisleiter der NSDAP in Schleswig-Holstein. Lebensläufe und Herrschaftspraxis einer regionalen Machtelite. Bielefeld 2007.

Sebastian Lehmann: Kreisleiter und Parteiorganisation der NSDAP in Kiel, in: Mitteilungen der Gesellschaft für Kieler Stadtgeschichte 84, 2008, S. 115–152.

Sebastian Lehmann: Der Fall Schlegelberger – Dreifache Vergangenheitspolitik?, in: Harald Schmid (Hg.): Erinnerungskultur und Regionalgeschichte. München 2009, S. 191–226.

Sebastian Lehmann: Einleitung, in: Sebastian Lehmann, Robert Bohn und Uwe Danker (Hg.): Reichskommissariat Ostland. Tatort und Erinnerungsobjekt, Paderborn 2012, S. 9–34.

Henry Leide: „Wir schätzen nicht den Menschen nach seiner Vergangenheit ein". Die Anwerbungspraxis des MfS im Westen, in: Horch & Guck 74, 2011, S. 22–25.

Gerhard Lenschow: Struktur und Probleme afrikanischer Kolonialwirtschaften. Dargestellt am Beispiel Kenias, in: Weltwirtschaftliches Archiv 53, 1941, S. 571–626.

Gerhard Lenschow: Die Verkehrswirtschaft als strukturgestaltender Faktor in afrikanischen Agrarkolonien. Mit besonderer Berücksichtigung Tanganjikas, in: Koloniale Rundschau, 33 (1), 1942, S. 5–20.

Helmut Lethen: Verhaltenslehren der Kälte. Lebensversuche zwischen den Kriegen, Frankfurt a.M. 1994.

Helmut Leveknecht: 90 Jahre HWWA. Von der Zentralstelle des Hamburgischen Kolonialinstituts bis zur Stiftung HWWA. Eine Chronik, Hamburg 1998.

Wei Li: Deutsche Pläne zur europäischen wirtschaftlichen Neuordnung. Weltwirtschaft, kontinentale Autarkie und mitteleuropäische Wirtschaftsintegration, Hamburg 2007.

Karsten Linne: „Weiße Arbeitsführer" im „Kolonialen Ergänzungsraum". Afrika als Ziel sozial- und wirtschaftspolitischer Planungen in der NS-Zeit, Münster 2002.

Vgl. Löfke: Kanadas Wirtschaft zwischen USA. und dem Empire, herausgegeben von Siegfried Faßbender als Band 4 der „Wirtschaftsschlaglichter", Bad Oeynhausen 1942 [Dez. 1941].

Hans-Dietrich Loock: Quisling, Rosenberg und Terboven. Zur Vorgeschichte und Geschichte der nationalsozialistischen Revolution in Norwegen, Stuttgart 1970.

August Lösch: Was ist vom Geburtenrückgang zu halten?, 2 Bände, Heidenheim 1932.

August Lösch: Die Bevölkerungsbilanz des Krieges, in: Deutscher Lebensraum: Zeitschrift für neue deutsche Raum- und Bevölkerungspolitik 2, März 1934, S. 47–48.

August Lösch: Bevölkerungswellen und Wechsellagen, Jena 1936.

August Lösch: The nature of economic regions, in: The Southern Economic Journal 5, 1938, S. 71–78.

August Lösch: Die räumliche Ordnung der Wirtschaft. Eine Untersuchung über Standort, Wirtschaftsgebiete und internationalen Handel, Jena 1940.

August Lösch: Um eine neue Standorttheorie: Eine Auseinandersetzung mit Ritschl, in: Weltwirtschaftliches Archiv 54, 1941, S. 1*-11*.

August Lösch: Die räumliche Ordnung der Wirtschaft, 2. neu durchgearb. Aufl., Jena 1944.

August Lösch: Theorie der Währung. Ein Fragment, in: Weltwirtschaftliches Archiv 62, 1949, S. 35–88.

August Lösch: The economics of location, übers v. William H. Woglom und Wolfgang F. Stolper, New Haven 1954.

Walther Lotz: Zum Streit über die Weltwirtschaftslehre, in: Archiv für Sozialwissenschaft und Sozialpolitik 38, 1914, S. 212–217.
Adolph Lowe: Konjunkturtheorie in Deutschland in den zwanziger Jahren, in: Bertram Schefold (Hg.): Studien zur Entwicklung der ökonomischen Theorie VIII, Berlin 1989, S. 75–86.
Gert Carsten Lübbers: Wehrmacht und Wirtschaftsplanung für das Unternehmen „Barbarossa". Deutsche Ausbeutungspolitik in den besetzten Gebieten der Sowjetunion während des Zweiten Weltkrieges, Diss. Universität Münster, 2010.
Benita Luckmann: New School-Varianten der Rückkehr aus Exil und Emigration, in: Ilja Srubar (Hg.): Exil, Wissenschaft, Identität. Die Emigration deutscher Sozialwissenschaftler 1933–1945, Frankfurt a.M. 1988, S. 353–378.
Joachim Lund: Collaboration in Print: the ‚Aktion Ritterbusch' and the failure of German intellectual propaganda in occupied Denmark, 1940–1942, in: Scandinavian Journal of History 37 (3), 2012, S. 329–354.
Hans Luther: Wirtschaftsfragen der Gegenwart, in: Kieler Vorträge 38, Jena: Fischer, 1932.
Hans Luther: Politiker ohne Partei: Erinnerungen, Stuttgart 1960.
Torben Lütjen: Karl Schiller (1911–1994). „Superminister" Willy Brandts, Bonn 2007.
Gerhard Mackenroth: Neue Formen der Weltwirtschaft, in: Weltwirtschaftliches Archiv 41, 1935 [23.11.1934], S. 1–19.
Gerhard Mackenroth: Der Marktordnungsgedanke in der Weltlandwirtschaft, in: Zeitschrift für die gesamte Staatswissenschaft 97, 1937, S. 611–628.
Gerhard Mackenroth: Bericht über den Vierjahresplan, in: Jahrbücher für Nationalökonomie und Statistik 148, 1938, S. 697–726.
Gerhard Mackenroth: Die deutsche Wirtschaftsentwicklung im Spiegel englischer Fachliteratur, in: Weltwirtschaftliches Archiv 49, 1939a, S. 101–117.
Gerhard Mackenroth: Wirtschaftspolitik als Verfassungsproblem: der Konflikt von Marktregulierungspolitik und liberaler Staatsidee in den angelsächsischen Ländern, in: Zeitschrift für die gesamte Staatswissenschaft 99, 1939b, S. 64–86.
Gerhard Mackenroth: Einführung (Die Forschungsgruppe „Marktordnung und Aussenwirtschaft" im Institut für Weltwirtschaft), in: Karl Schiller: Marktregulierung und Marktordnung in der Weltagrarwirtschaft, Jena 1940, S. V-XXXIV.
Gerhard Mackenroth: Out of the Ruins (Dresden 1945), Oxford 1948.
Gerhard Mackenroth: Bevölkerungslehre. Theorie, Soziologie und Statistik der Bevölkerung, Berlin 1953.
Gerhard Mackenroth und Franziska Krebs: Die Wirtschaftsverflechtung des Britischen Weltreichs, Berlin 1935.
Gerhard Mackenroth und Andreas Predöhl: Deutschland und die wirtschaftliche Einheit Europas. Ökonomisches Manifest zum Marshall-Plan, Hamburg 1948.
Reiner Mackensen: August Lösch – ein deutscher Bevölkerungswissenschaftler 1932–1945, in: Zeitschrift für Bevölkerungswissenschaft 16, 1990, S. 415–433.
Czeslaw Madajczyk: Die Okkupationspolitik Nazideutschlands in Polen 1939–1945, Berlin: Akademie, 1987.
Czeslaw Madajczyk: Vom Generalplan Ost zum Generalsiedlungsplan, München 1994.
Heinrich Mäding und Wendelin Strubelt (Hg.): Vom Dritten Reich zur Bundesrepublik: Beiträge einer Tagung zur Geschichte von Raumforschung und Raumplanung, Hannover 2009.
Helmut Maier: „Unideologische Normalwissenschaft" oder Rüstungsforschung? Wandlungen naturwissenschaftlich-technologischer Forschung und Entwicklung im „Dritten Reich", in: Rüdiger vom Bruch und Brigitte Kaderas (Hg.): Wissenschaften und Wissenschaftspolitik. Bestandsaufnahmen zu Formationen, Brüchen und Kontinuitäten im Deutschland des 20. Jahrhunderts, Stuttgart 2002, S. 253–262.

Matthias Maier: Institutionen der außeruniversitären Grundlagenforschung. Analyse der Kaiser-Wilhelm-Gesellschaft und der Max-Planck-Gesellschaft, Wiesbaden 1997.

Peter M. Manasse: Verschleppte Archive und Bibliotheken. Die Tätigkeit des Einsatzstabes Rosenberg während des Zweiten Weltkrieges, St. Ingberg 1997.

Peter Mantel: Betriebswirtschaftslehre und Nationalsozialismus. Eine institutionen- und personengeschichtliche Studie, Wiesbaden 2009.

Helmut Marcon und Heinrich Strecker (Hg.): 200 Jahre Wirtschafts- und Staatswissenschaften an der Eberhard-Karls-Universität Tübingen. Leben und Werk der Professoren. Die Wirtschaftswissenschaftliche Fakultät der Universität Tübingen und ihre Vorgänger (1817–2002), Stuttgart 2004.

Claus-Nis Martens: Walther Schoenborn (1883–1956): ein Staatsrechtslehrer in den verfassungsrechtlichen Epochen unseres Jahrhunderts, Frankfurt am Main [u. a.] 1990.

Holger Martens: Die Geschichte der Sozialdemokratischen Partei Deutschlands in Schleswig-Holstein 1945 bis 1959, Malente 1998.

Holger Martens: Hoevermanns Berufung war ein Fehler. Die britische Militärregierung korrigiert die Besetzung des Oberpräsidentenamtes, in: Demokratische Geschichte 12, 1999, S. 191–206.

Harald Mattfeld: Nationalsozialistischer Einfluß auf die Wirtschaftswissenschaften in Hamburg, in: Eckart Krause, Ludwig Huber und Holger Fischer (Hg.): Hochschulalltag im „Dritten Reich", Die Hamburger Universität 1933–1945, Teil II, Berlin und Hamburg 1991, S. 991–1016.

Manfred Mautner Markhof und Franz Nemschak: Zum 25-jährigen Bestand des Österreichischen Instituts für Wirtschaftsforschung, Wien 1952.

Manfred Mautner Markhof und Franz Nemschak: 40 Jahre Österreichisches Institut für Wirtschaftsforschung 1927–1967, Wien 1967.

Hans Mayer: Redebeitrag zu Rath: Die Wendung zur Volkswirtschaft als Aufgabe volkswirtschaftlicher Theorie, in: Weltwirtschaftliches Archiv 50, 1939, S. 415–427.

Helmut Meinhold: Die handelspolitische Propagandaoffensive der Westmächte in Südosteuropa, in: Wirtschaftsdienst 25 (16), 1940a, S. 312–313.

Helmut Meinhold: Erdöl und Erdölinteressen in Rumänien, in: Wirtschaftsdienst 25 (39), 1940b, S. 745–747.

Lothar Mertens: Die „Notgemeinschaft der deutschen Wissenschaft/Deutsche Forschungsgemeinschaft" im Dritten Reich 1933–1936, in: Frank-Rutger Hausmann (Hg.): Die Rolle der Geisteswissenschaften im Dritten Reich 1933–1945, München 2002, S. 21–37.

Fritz Meyer: Methoden zur Ermittlung von Notstandsgebieten, Kiel 1937.

Fritz Meyer: 25 Jahre Institut für Weltwirtschaft an der Kieler Universität, in: Kieler Blätter, 1939a, H. 1/2, S. 231–233.

Fritz Meyer: Devisenbewirtschaftung als neue Währungsform, in: Weltwirtschaftliches Archiv, 49, 1939b, S. 415–472.

Fritz Meyer: Die Sicherung der autonomen Wirtschaftsentwicklung im Bereich der Außenwirtschaft, in: Weltwirtschaftliches Archiv 53, 1941, S. 321–369.

Imke Meyer (Hg.): Aus der Geschichte lernen? Universität und Land vor und nach 1945. Eine Ringvorlesung im Wintersemester 1994/95, Kiel 1995.

Konrad Meyer (Hg.): Volk und Lebensraum. Forschungen im Dienste von Raumordnung und Landesplanung, Heidelberg, Berlin und Magdeburg 1938.

Konrad Meyer: Die Reichsarbeitsgemeinschaft für Raumforschung, in: Günther Franz (Hg.): Raumordnung und Landesplanung im 20. Jahrhundert, Hannover 1971, S. 103–116.

Kristina Meyer: Die SPD und die NS-Vergangenheit 1945–1990, Göttingen 2015.

Eckard Michels: Das Deutsche Institut in Paris 1940–1944. Ein Beitrag zu den deutsch-französischen Kulturbeziehungen und zur auswärtigen Kulturpolitik des Dritten Reiches, Stuttgart 1993.

Karl Milford: Zur Entwicklung der Volkswirtschaftslehre an der Universität Wien von 1763 bis 1976, in: Karl Anton Fröschl et al. (Hg.): Reflexive Innensichten aus der Universität. Disziplinengeschichten zwischen Wissenschaft, Gesellschaft und Politik, Göttingen 2015, S. 341–354.

Carsten Mish: „Führer der Universität“. Die Kieler Rektoren in der NS-Zeit, in: Christoph Cornelißen und Carsten Mish (Hg.): Wissenschaft an der Grenze. Die Universität Kiel im Nationalsozialismus, Essen 2009, S. 33–55.

Yoshiro Miwa: Japan's economic planning and mobilization in wartime, 1930s-1940s: the competence of the state, New York 2015.

Tadahisa Mizuno: Andreas Predöhl's theory of the integration of economic and political space, in: International journal of economics and finance 7 (3), 2015, S. 57–67.

Hero Moeller: *Liberalismus, in: Jahrbücher für Nationalökonomie und Statistik* 162, 1950, S. 214–240.

Hero Moeller: Besprechung von H. Brügelmann: Politische Ökonomie in kritischen Jahren. Die Friedrich-List-Gesellschaft e.V. von 1925 bis 1935, in: Zeitschrift für Nationalökonomie 21, 1961, S. 154–156.

Hans Mommsen und Manfred Grieger: Das Volkswagenwerk und seine Arbeiter im Dritten Reich, Düsseldorf 1996.

Rudolf Morsey: Gelehrter, Kulturpolitiker und Wissenschaftsorganisator in vier Epochen deutscher Geschichte – Georg Schreiber (1882–1963), in: Bastian Hein, Manfred Kittel, Horst Möller (Hg.): Gesichter der Demokratie, München 2012, S. 7–19.

Otto Most: Räume und Menschen. Weltpolitische Betrachtungen, in: Weltwirtschaftliches Archiv 52, 1940, S. 223–250.

Ludwig Mülhaupt: Japan und der ostasiatische Großwirtschaftsraum, in: Wirtschaftsdienst 25 (44), 01.11.1940, S. 902–904.

Gottfried Müller: Raumplanung, in: ARL (Hg.): Handwörterbuch der Raumforschung und Raumordnung, Hannover 1970, S. 2542–2554.

Rolf-Dieter Müller: Das Tor zur Weltmacht. Die Bedeutung der Sowjetunion für die deutsche Wirtschafts- und Rüstungspolitik zwischen den Weltkriegen, Boppard am Rhein 1984.

Rolf-Dieter Müller: Albert Speer und die Rüstungspolitik im Totalen Krieg, in: Bernhard Kroener (Hg.): Das Deutsche Reich und der Zweite Weltkrieg, Bd. 5 (2), Kriegsverwaltung, Wirtschaft und personelle Ressourcen: 1942–1944/45, Stuttgart 1999a, S. 273–773.

Rolf-Dieter Müller: Der Manager der Kriegswirtschaft. Hans Kehrl: Ein Unternehmer in der Politik des „Dritten Reiches“, Essen 1999b.

Maximilian Müller-Jabusch (Hg): Handbuch des öffentlichen Lebens: Staat, Politik, Wirtschaft, Verkehr, Kirche, Presse, Bildungswesen, Gemeindewesen, Verbände, Ausland, Statistik, 6. Ausgabe, Leipzig 1931.

Herfried Münkler: Der Große Krieg. Die Welt 1914–1918, Berlin 2013.

Roman Muziol: Europäische Aussenhandelsverflechtung und Marshallplan, Kiel 1947.

Gunnar Myrdal: An international economy. Problems and Prospects, New York 1956.

Anne C. Nagel: Anspruch und Wirklichkeit in der nationalsozialistischen Hochschul- und Wissenschaftspolitik, in: Jürgen Reuleke und Volker Roelcke (Hg.): Wissenschaft im 20. Jahrhundert: Universitäten in der modernen Wissenschaftsgesellschaft, Stuttgart 2008, S. 245–261.

Anne C. Nagel: Hitlers Bildungsreformer: das Reichsministerium für Wissenschaft, Erziehung und Volksbildung 1934–1945, Frankfurt a.M. 2012.

Jürg Niehans: Der Gedanke der Autarkie im Merkantilismus von einst und im Neomerkantilismus von gestern, Zürich 1945.

Ernst Niekisch: Hitler – ein deutsches Verhängnis, Berlin 1932.

Nordische Gesellschaft (Hg.): Deutschland und der Norden. Gemeinsame Wege zur Kontinentalwirtschaft, Lübeck 1941.
Alexander Nützenadel: Stunde der Ökonomen: Wissenschaft, Politik und Expertenkultur in der Bundesrepublik 1949–1974, Göttingen 2005.
Willi Oberkrome: Konsens und Opposition. Max Sering, Constantin von Dietze und das „rechte Lager" 1920–1940, in: Zeitschrift für Agrargeschichte und Agrarsoziologie 55 (2), 2007, S. 10–22.
Willi Oberkrome: Ordnung und Autarkie. Die Geschichte der deutschen Landbauforschung, Agrarökonomie und ländlichen Sozialwissenschaft im Spiegel von Forschungsdienst und DFG (1920–1970), Stuttgart 2009.
Markus Oddey und Thomas Riis (Hg.): Zukunft aus Trümmern. Wiederaufbau und Städtebau in Schleswig-Holstein nach dem Zweiten Weltkrieg, Kiel 2000.
Thomas Olechowski, Tamara Ehs und Kamila Staudigl-Ciechowicz (Hg.): Die Wiener Rechts- und Staatswissenschaftliche Fakultät, 1918–1938, Göttingen 2014.
OMGUS: Ermittlungen gegen die Dresdner Bank (bearb. von der Hamburger Stiftung für Sozialgeschichte des 20. Jahrhunderts), Nördlingen 1986 [1946].
Karin Orth und Willi Oberkrome (Hg.): Die Deutsche Forschungsgemeinschaft 1920–1970: Forschungsförderung im Spannungsfeld von Wissenschaft und Politik, Stuttgart 2010.
Walter Ötsch und Stephan Pühringer: Marktradikalismus als Politische Ökonomie Wirtschaftswissenschaften und ihre Netzwerke in Deutschland ab 1945, Institute for Comprehensive Analysis of Economy Working Paper 38, 2015.
Frieda Otto: Die Bibliothek des Instituts für Weltwirtschaft. Von der wirtschaftswissenschaftlichen Seminarbibliothek zur sozialwissenschaftlichen Forschungsbibliothek, in: IfW (Hg.): Institut für Weltwirtschaft an der Universität Kiel 1914–1964, Kiel 1964, S. 67–115.
Elke Pahl-Weber: Die Reichsstelle für Raumordnung und die Ostplanung, in: Mechtild Rössler und Sabine Schleiermacher (Hg.): Der „Generalplan Ost": Hauptlinien der nationalsozialistischen Planungs- und Vernichtungspolitik, Berlin 1993, S. 148–153.
Gerhard Paul: Landunter. Schleswig-Holstein und das Hakenkreuz, Münster 2001.
Richard Passow: Die Schleswig-Holstein-Abteilung des Staatswissenschaftlichen Seminars an der Universität Kiel, in: Die Braunschweiger GNC-Monatsschrift, 1921, 5, S. 299–301.
Roland Peter: General der Infanterie Georg Thomas, in: Gerd R. Ueberschär (Hg.): Hitlers militärische Elite, Darmstadt, 2. Auflage 2011, S. 248–257.
Hans-Christian Petersen: Expertisen für die Praxis: Das Kieler Institut für Weltwirtschaft 1933–1945, in: Christoph Cornelißen und Carsten Mish (Hg.): Wissenschaft an der Grenze. Die Universität Kiel im Nationalsozialismus, Essen 2009, S. 57–79.
Dietmar Petzina: Vierjahresplan und Rüstungspolitik, in: Friedrich Forstmeier und Hans-Erich Volkmann (Hg.): Wirtschaft und Rüstung am Vorabend des Zweiten Weltkrieges, Düsseldorf 1975, S. 65–80.
Hanns Piegler: Deutsche Forschungsstätten im Dienste der Nahrungsmittelfreiheit. Ein Handbuch im Auftrage des Forschungsdienstes, Neudamm 1940.
Irmgard Pinn: Soziologie an der Technischen Hochschule Aachen in den zwanziger und dreißiger Jahren. Anmerkungen zur Institutionalisierungsgeschichte des Faches, in: Institut für Soziologie der RWTH Aachen (Hg.): Gesellschaft-Technik-Kultur. 25 Jahre Institut für Soziologie der RWTH Aachen 1962–1987, Aachen 1988, S. 19–70.
Gottfried Plumpe: Die I.G. Farbenindustrie AG. Wirtschaft, Technik und Politik 1904–1945, Berlin 1990.
Heiko Pollmeier: Arisierung, in: Wolfgang Benz, Hermann Graml und Hermann Weiß: Enzyklopädie des Nationalsozialismus, München 2007, S. 415–416.

Claude Ponsard: August Lösch: A famous, but ignored economist, in: Ulrich Blum, Rolf H. Funck, Jan S. Kowalski, Antoni Kuklinski, Werner Rothengatter (Hg.): Space – structure – economy: a tribute to August Lösch, Baden-Baden 2007, S. 151–159.

Dagmar Pöpping: Giselher Wirsings „Zwischeneuropa“. Ein deutsches Föderationsmodell zwischen Ost und West, in: Reinhard Blomert, Hans Ulrich Eßlinger und Norbert Giovannini (Hg.): Heidelberger Sozial- und Staatswissenschaften zwischen 1918 und 1958, Marburg 1997, S. 349–368.

Theodore M. Porter: Trust in numbers. The pursuit of Objectivity in Science and Public Life, Princeton 1995.

Hans-Georg Pott: Das „unpolitische Institut“: Zum Kieler Institut für Weltwirtschaft, in: Arbeitskreis zur Erforschung des Nationalsozialismus in Schleswig-Holstein (AKENS) – Info Nr. 4, 1984, S. 13–17.

Samantha Power: „A Problem from Hell“: America and the Age of Genocide, New York 2013.

Hans-Werner Prahl (Hg.): UNI-Formierung des Geistes: Universität Kiel im Nationalsozialismus. Bd. 1, Kiel 1995.

Hans-Werner Prahl, Hans-Christian Petersen und Sönke Zankel (Hg.): UNI-Formierung des Geistes: Universität Kiel im Nationalsozialismus. Bd. 2, Kiel 2007.

Andreas Predöhl: Das Standortsproblem in der Wirtschaftstheorie, in: Weltwirtschaftliches Archiv 21, 1925, S. 294–321.

Andreas Predöhl: The theory of location in its relation to general economics, in: Journal of political economy 36, 1928a, S. 371–390.

Andreas Predöhl: Die örtliche Verteilung der amerikanischen Eisen- und Stahlindustrie, in: Weltwirtschaftliches Archiv 27, 1928b, S. 239–292.

Andreas Predöhl: Die Industrialisierung Russlands, in: Weltwirtschaftliches Archiv 36, 1932, S. 456–475.

Andreas Predöhl: Andreas Predöhl: Die Vereinigten Staaten von Amerika und die Weltwirtschaft, in: Auslandsstudien 8, 1933, S. 143–168.

Andreas Predöhl: Staatsraum und Wirtschaftsraum, in: Weltwirtschaftliches Archiv 39, 1934a, S. 1–12.

Andreas Predöhl: Das Weltwirtschaftliche Archiv; seine Aufgaben in der veränderten National- und Weltwirtschaft, in: Weltwirtschaftliches Archiv 40, 1934b, S. 219–224.

Andreas Predöhl: Staatsraum und Wirtschaftsraum. Rede, gehalten anläßlich der Feier des Reichsgründungstages am 18. Januar 1934 unter dem Rektorat von K.L. Wolf, in: Kieler Universitätsreden, Neue Folge, Heft II, Kiel 1935a, Kiel.

Andreas Predöhl: Gesamte Staatswissenschaft und exakte Wirtschaftstheorie, in: Zeitschrift für die gesamte Staatswissenschaft 95, 1935b, S. 102–115.

Andreas Predöhl: Memorandum on the relations between currency instability and tariff (and allied) changes, in: Joint Committee of the Carnegie Endowment for International Peace and the International Chamber of commerce (Hg.): Separate Memoranda from the Economists, Paris 1936, S. 147–158.

Andreas Predöhl: Weltwirtschaft vom völkischen Standpunkt. Vortrag gehalten in der Gesellschaft der Kaufleute im Hansischen Hochschulring zu Hamburg am 2.11.1937, Hamburg 1937a, S. 5–19.

Andreas Predöhl: Deutschland und die Weltwirtschaft, Vortrag auf der Pariser Studienfahrt der DWG, 09.-15.10.1937, in: Max Roscher (Hg.): Warum Weltwirtschaft?, Berlin 1937b, S. 215–220.

Andreas Predöhl: Wirtschaftswissenschaft und Wirtschaftspraxis, in: Vereinigte Glanzstoff-Fabriken (Hg.): Marktforschung als Gemeinschaftsaufgabe für Wissenschaft und Wirtschaft, Festgabe für Conrad Herrmann, Wuppertal 1939a, S. 5–12.

Andreas Predöhl: Redebeitrag zu Rath: Die Wendung zur Volkswirtschaft als Aufgabe volkswirtschaftlicher Theorie, in: Weltwirtschaftliches Archiv 50, 1939b, S. 405 – 414.

Andreas Predöhl: Die praktischen Aufgaben der deutschen Wirtschaftswissenschaft und das Institut für Weltwirtschaft an der Universität Kiel, in: Deutschlands Erneuerung 24, März 1940a, S. 31 – 38.

Andreas Predöhl: Die sogenannten Handelshemmnisse und der Neuaufbau der Weltwirtschaft, in: Weltwirtschaftliches Archiv 52, 1940b, S. 194 – 222.

Andreas Predöhl: Die sogenannten Handelshemmnisse und der Neuaufbau der Weltwirtschaft, in: Jahresbände der Wissenschaftlichen Akademien des NSD-Dozentenbundes 1939/40, 1940c, S. 127 – 137.

Andreas Predöhl: Großraum, Autarkie und Weltwirtschaft, in: Das neue Europa: Beiträge zur nationalen Wirtschaftsordnung und Grossraumwirtschaft, Dresden: Meinhold, 1941a, S. 158 – 166.

Andreas Predöhl: Das Problem des wirtschaftlichen Lebensraumes, in: Bulgarisch-deutsches Akademikertreffen vom 8.-14. 06. 1941 in Leipzig, in: Jahrbuch des Auslandsamtes der Deutschen Dozentenschaft, 1941b, H. 1, S. 111 – 116.

Andreas Predöhl: Stabilisierung und Weltwirtschaft, in: Das neue Europa. Vorträge gehalten auf der Tagung des Vereins Deutscher Wirtschaftswissenschaftler, Leipzig 1942a, S. 119 – 139

Andreas Predöhl: Rede anläßlich der Rektoratsübernahme am 30. Januar 1942, in: Kieler Blätter, 1942b, S. 1 – 12.

Andreas Predöhl: Das Institut für Weltwirtschaft an der Universität Kiel, in: Hans-Jürgen Seraphim (Hg.): „Ostraum-Berichte" Neue Folge 1943, Heft 1, 1943, S. 102 – 114.

Andreas Predöhl: Außenwirtschaft. Weltwirtschaft, Handelspolitik und Währungspolitik, Göttingen 1949.

Andreas Predöhl: Notstandsgebiete und Weltwirtschaft, in: Wirtschaftsdienst: Zeitschrift für Wirtschaftspolitik 32 (1), 1952, S. 17 – 21.

Andreas Predöhl: Bernhard Harms und die Lehre der Weltwirtschaft, in: Predöhl: Gustav Cassel, Joseph Schumpeter, Bernhard Harms. Drei richtungsweisende Wirtschaftswissenschaftler. Aufsätze. Göttingen 1972, S. 49 – 77.

Andreas Predöhl und Harald Fick: Memorandum on the experiences of countries applying foreign exchange control, in: Joint Committee of the Carnegie Endowment for International Peace and the International Chamber of commerce (Hg.): Separate Memoranda from the Economists, Paris 1936, S. 258 – 287.

Heike Pudler: Recherche, Nachweis und Restitution von NS-Raubgut in der Staatsbibliothek zu Berlin. Ein Werkstattbericht, in: Stefan Alker, Christina Köstner und Markus Stumpf (Hg.): Bibliothek in der NS-Zeit. Provenienzforschung und Bibliotheksgeschichte, Göttingen 2008, S. 75 – 88.

Peter-Rüdiger Puf (Schriftl.): In Memoriam Andreas Predöhl (1893 – 1974), Göttingen 1975.

Bärbel Pusback: Die Kameral- und Staatswissenschaften an der Universität Kiel bis zum Ende des 19. Jahrhunderts, in Norbert Waszek (Hg.): Die Institutionalisierung der Nationalökonomie an deutschen Universitäten, St. Katharinen 1988.

Ellen Quittner-Bertolasi: Hat das Steigen der Rohstoffpreise zu einer Entflechtung der internationalen Verschuldung geführt?, in: Weltwirtschaftliches Archiv 44, 1936a, S. 213 – 232.

Ellen Quittner-Bertolasi: Die öffentlichen Auslandanleihen des Londoner Kapitalmarktes von 1794 bis 1934, in: Weltwirtschaftliches Archiv 44, 1936b, S. 580 – 612.

Joachim Radkau: Entscheidungsprozesse und Entscheidungsdefizite in der deutschen Außenwirtschaftspolitik 1933 – 1940, in: Geschichte und Gesellschaft 2 (1), 1976, S. 33 – 65.

Irene Raehlmann: Arbeitswissenschaft im Nationalsozialismus: Eine wissenschaftssoziologische Analyse, Wiesbaden 2005.

Lutz Raphael: Die Verwissenschaftlichung des Sozialen als methodische und konzeptionelle Herausforderung für eine Sozialgeschichte des 20. Jahrhunderts, in: Geschichte und Gesellschaft 22 (2), 1996, S. 165–193.
Lutz Raphael: Radikales Ordnungsdenken und die Organisation totalitärer Herrschaft: Weltanschauungseliten und Humanwissenschaftler im NS-Regime, in: Geschichte und Gesellschaft 27 (1), 2001, S. 5–40.
Klaus Wilhelm Rath: Die Wendung zur Volkswirtschaft als Aufgabe volkswirtschaftlicher Theorie, in: Weltwirtschaftliches Archiv 50, 1939, S. 378–404.
Hermann Rauschning: Men of Chaos, New York 1942.
Roland Ray: Annäherung an Frankreich im Dienste Hitlers?: Otto Abetz und die deutsche Frankreichpolitik 1930–1942, München 2000.
Tobias Reibstein: Erfolgsfaktoren internationaler Marktbearbeitungsstrategien in der Automobilindustrie: eine Historieninventur am Beispiel der Marke Volkswagen, Wiesbaden 2016.
Frank Reichherzer: „Alles ist Front!“: Wehrwissenschaften in Deutschland und die Bellifizierung der Gesellschaft vom Ersten Weltkrieg bis in den Kalten Krieg, Paderborn 2012.
Bruni W. Reimann: Die „Selbst-Gleichschaltung“ der Universitäten 1933, in: Jörg Tröger (Hg.): Hochschule und Wissenschaft im Dritten Reich, Frankfurt a.M. und New York 1986, S. 38–52.
Tore Rem: Knut Hamsun. Die Reise zu Hitler, Berlin 2016.
Rhein-Kommission: Die deutsche Rheinschiffahrt. Gutachten der Rhein-Kommission über die Lage der Rheinschiffahrt und der in ihr beschäftigten Arbeitnehmer, Berlin 1930.
Bernhard Rieger: The people's car: a global history of the Volkswagen Beetle, Cambridge (MA) 2013.
Roland Riegger (Hg.): August Lösch in Memoriam, Heidenheim 1971.
Heinz Rieter: Die Anfänge der Wirtschaftswissenschaft an der FU Berlin, in: Christian Scheer (Hg.): Die deutschsprachige Wirtschaftswissenschaft in den ersten Jahrzehnten nach 1945, Berlin 2010, S. 25–200.
Heinz Rieter: Ökonomen im Dienste der nationalsozialistischen Raumplanung und Raumforschung“, in: Hans-Michael Trautwein (Hg.): Die Entwicklung der Raumwirtschaftslehre von ihren Anfängen bis in die Gegenwart, Berlin 2014, S. 239–332.
Heinz Rieter und Matthias Schmolz: The ideas of German Ordoliberalism 1938–45: pointing the way to a new economic order, in: The European Journal of the History of Economic Thought, 1 (1), 1993, S. 87–114.
Fritz Ringer: Decline of the German Mandarins: the German Academic Community, 1890–1933, Cambridge (MA) 1969.
Milan Ristović: Zwischen Interessenkonflikt und Zusammenarbeit: Die (politisch-)wirtschaftlichen Institutionen für Südosteuropa während des Zweiten Weltkriegs (MWT, SOEG, SA RGI), Vortrag auf dem Symposium „Vor-und Gründungsgeschichte der Südosteuropa-Gesellschaft: Kritische Fragen zu Kontexten und Kontinuitäten“, 16./ 17. Dezember 2013, in: http://www.sogde.org/wp-content/uploads/2015/05/sog_geschichte_ristovic.pdf [zuletzt abgerufen am 23.04.2019].
Albrecht Ritschl (Hg.): Das Reichswirtschaftsministerium in der NS-Zeit. Wirtschaftsordnung und Verbrechenskomplex, Berlin und Boston 2016.
Paul Ritterbusch: (Hg.): Festschrift zum 275jährigen Bestehen der Christian-Albrechts-Universität Kiel, Leipzig 1940.
Paul Ritterbusch und Hanns Löhr (Hg.): Die Universität Kiel und Schleswig-Holstein: Reden und Vorträge zur „Woche der Universität Kiel“ (14. bis 21. Juni 1937), Neumünster 1937.
Max Roscher (Hg.): Warum Weltwirtschaft?, Berlin 1937.
Monika Rosengarten: Die Internationale Handelskammer. Wirtschaftspolitische Empfehlungen in der Zeit der Weltwirtschaftskrise 1929–1939, Berlin 2001.

Stephen W. Roskill: The war at sea: 1939 – 1945, Bd. 2: The Period of Balance, London 1956.
Mechtild Rössler: Die Institutionalisierung einer neuen Wissenschaft im Nationalsozialismus: Raumforschung und Raumordnung 1935 – 1945, in: Geographische Zeitschrift 75, 1987, S. 177 – 194.
Mechtild Rössler: Wissenschaft und Lebensraum. Geographische Ostforschung im Nationalsozialismus, Hamburg 1990.
Mechtild Rössler: Die „Hochschularbeitsgemeinschaft für Raumforschung" an der Hamburger Universität 1934 bis 1945, in: Eckart Krause, Ludwig Huber und Holger Fischer (Hg.): Hochschulalltag im „Dritten Reich", Die Hamburger Universität 1933 – 1945, Teil II, Berlin und Hamburg 1991, S. 1035 – 1048.
Mechtild Rössler: Mechtild Rössler: Geography and Area Planning under National Socialism, in: Margit Szollosi-Janze (Hg.): Science in the Third Reich, Oxford 2001, S. 59 – 78.
Mechtild Rössler und Sabine Schleiermacher (Hg.): Der „Generalplan Ost": Hauptlinien der nationalsozialistischen Planungs- und Vernichtungspolitik, Berlin 1993.
Karl Heinz Roth: The International Institute of Social History as a pawn of Nazi social research – New documents on the IISH during German occupation rule from 1940 to 1944, in: International Review of Social History 34, Supplement, 1989a, S. 1 – 88.
Karl Heinz Roth: Eine höhere Form des Plünderns. Der Abschlußbericht der „Gruppe Archivwesen" der deutschen Militärverwaltung in Frankreich 1940–1944, in: 1999. Zeitschrift für Sozialgeschichte des 20. und 21. Jahrhunderts 4 (2), 1989b, S. 79–122,
Karl Heinz Roth: Zur biographischen Typologie der Mitarbeiter des Arbeitswissenschaftlichen Instituts der Deutschen Arbeitsfront, S. 9 – 15, in: Hamburger Stiftung für Sozialgeschichte des 20. Jahrhunderts (Hg.): Sozialstrategien der Deutschen Arbeitsfront. Teil B, Abteilung 3: Begleitband mit Kommentar und Register, München [u. a.] 1992.
Karl Heinz Roth: Intelligenz und Sozialpolitik im ‚Dritten Reich'. Eine methodisch-historische Studie am Beispiel des Arbeitswissenschaftlichen Institut der Deutschen Arbeitsfront, München 1993.
Karl Heinz Roth: Wirtschaftliche Vorbereitungen auf das Kriegsende und Nachkriegsplanungen, in: Dietrich Eichholtz (Hg.): Geschichte der deutschen Kriegswirtschaft 1939 – 1945, Bd. 3 (2), Berlin 1999, S. 509 – 611.
Matthias Rücker: Wirtschaftswerbung unter dem Nationalsozialismus. Rechtliche Ausgestaltung der Werbung und Tätigkeit des Werberats der deutschen Wirtschaft, Frankfurt a.M. 2000.
Jörg Rudolph: „Sämtliche Sendungen sind zu richten an: ..." Das RSHA-Amt VII „Weltanschauliche Forschung und Auswertung" als Sammelstelle erbeuteter Archive und Bibliotheken, in: Michael Wildt (Hg.): Nachrichtendienst, politische Elite, Mordeinheit: der Sicherheitsdienst des Reichsführers SS, Hamburg 2003, S. 204 – 240.
Jens Ruppenthal: Kolonialismus als „Wissenschaft und Technik". Das Hamburgische Kolonialinstitut 1908 bis 1919, Stuttgart 2007.
Claire Russell: Die Marktordnung im Reichsnährstandsgewerbe, in: Zeitschrift für die gesamte Staatswissenschaft 96, 1936, S. 695 – 730.
Claire Russell: Die Praxis des Zwangskartellgesetzes, in: Zeitschrift für die gesamte Staatswissenschaft 97, 1937, S. 499 – 548.
Carola Sachse (Hg.): „Mitteleuropas" und „Südosteuropa" als Planungsraum. Wirtschafts- und kulturpolitische Expertisen im Zeitalter der Weltkriege, Göttingen 2010.
Adelheid von Saldern: Das „Harzburger Modell", in: Thomas Etzemüller (Hg.): Die Ordnung der Moderne. Social Engineering im 20. Jahrhundert, Bielefeld 2009, S. 303 – 330.
Thomas Sandkühler: Europa und der Nationalsozialismus. Ideologie, Währungspolitik, Massengewalt, in: Zeithistorische Forschungen 9 (3), 2012, S. 428 – 441.
Gertrud Savelsberg: Der internationale Frauenschutz und das Problem der Frauenarbeit, Kiel 1924.
Jonas Scherner und Eugene N. White (Hg.): Paying for Hitler's War: The Consequences of Nazi Hegemony for Europe, Cambridge 2016.

Veit Scherzer: Das Auszeichnungssystem der Wehrmacht, Bayreuth 2015.

Christoph Scheuplein: Wirtschaftliches Maximum, völkisches Optimum: Raumwirtschaftstheorie und -politik bei Andreas Predöhl, in: Heinrich Mäding und Wendelin Strubelt (Hg.): Vom Dritten Reich zur Bundesrepublik: Beiträge einer Tagung zur Geschichte von Raumforschung und Raumplanung, Hannover 2009, S. 84–106.

Karl Schiller: Über die Agrarpolitik der Vereinigten Staaten von Amerika, in: Weltwirtschaftliches Archiv 39, 1934, S. 603–611.

Karl Schiller: Arbeitsbeschaffung und Finanzordnung in Deutschland, Berlin 1936.

Karl Schiller: Weltmarktpreisanstieg und agrare Marktregelungen, in: Zeitschrift für die gesamte Staatswissenschaft 97, 1937, S. 629–647.

Karl Schiller: Marktregulierung und Marktordnung in der Weltagrarwirtschaft, Jena 1940a.

Karl Schiller: Agrare Marktregulierungen und Kriegswirtschaft, in: Wirtschaftsdienst 18, 1940b, S. 349–351.

Karl Schiller: Von Handelsverträgen zu Wirtschaftsverträgen, in: Gesellschaft für Europäische Wirtschaftsplanung und Grossraumwirtschaft (Hg.): Das neue Europa. Vorträge gehalten auf der Tagung des Vereins Deutscher Wirtschaftswissenschaftler, Leipzig 1941, S. 200–212.

Werner Schlote: Entwicklung und Strukturwandlungen des englischen Außenhandels von 1700 bis zur Gegenwart, Jena 1938.

Werner Schlote: British overseas trade: from 1700 to the 1930s, übersetzt von W. O. Henderson und W. H. Chaloner, Oxford 1952.

Regina Schlüter-Ahrens: Der Volkswirt Jens Jessen – Leben und Werk, Marburg 2001.

Josef Schmid (Hg.): Bevölkerungswissenschaft. Die „Bevölkerungslehre" von Gerhard Mackenroth – 30 Jahre danach, Frankfurt & New York 1985.

Hermann Schmidt: Die Struktur der französischen Bankwirtschaft, Jena 1940.

Karl-Heinz Schmidt: Raumforschung 1930–1950: Von der Standorttheorie zu einer Theorie der wirtschaftlichen Raumordnung?, in: Hans-Michael Trautwein (Hg.): Die Entwicklung der Raumwirtschaftslehre von ihren Anfängen bis in die Gegenwart, Berlin 2014, S. 161–186.

Alfred Sohn-Rethel: Industrie und Nationalsozialismus. Aufzeichnungen aus dem „Mitteleuropäischen Wirtschaftstag", Berlin 1992.

Günter Schmölders: In Memoriam Jens Jessen (1895–1944), in: Schmollers Jahrbuch für Gesetzgebung, Verwaltung und Volkswirtschaft 69, 1949, S. 3–14.

Gustav Schmoller: Besprechung von: Harms, Bernhard: Ferdinand Lassalle und seine Bedeutung für die deutsche Sozialdemokratie, in: Jahrbuch für Gesetzgebung, Verwaltung und Volkswirtschaft im Deutschen Reich, Jg. 35, Leipzig 1911, S. 2036–2040.

Artur Schneckenburger: Die Geschichte des I.G.-Farben-Konzerns. Bedeutung und Rolle eines Großunternehmens, Köln 1988.

Mark C. Schneider: Volkswagen: eine deutsche Geschichte, München, Berlin 2016.

Helmut Schnitter: Die Rolle des „Wehrwirtschaftsstabes" bzw. „Wirtschaftsrüstungsamtes" bei der Vorbereitung der Aggressionen Hitlerdeutschlands (1939 bis 1941), in: Historischen Kommission der DDR und der UdSSR (Hg.): Der deutsche Imperialismus und der Zweite Weltkrieg, Bd. 3, Berlin 1962, S. 217–224.

Klaus Scholder: Die Mittwochsgesellschaft. Protokolle aus dem geistigen Deutschland 1932–1944, Berlin 1982.

Hermann Schöler: Ferdinand Lassalle als Schutzpatron einer nationalen Arbeiterpartei?. Eine sozialwissenschaftliche und politische Streitschrift gegen Professor Dr. Bernhard Harms, Berlin 1910.

Roland Schönfeld: Deutsch-südosteuropäische Wirtschaftsbeziehungen in der Zwischenkriegszeit Der Mitteleuropäische Wirtschaftstag, in: Südosteuropa Mitteilungen 28 (2), 1988, S. 128–140.

Hans-Jürgen Schröder: Deutsche Südosteuropapolitik 1929–1936, in: Geschichte und Gesellschaft 2 (1), 1976, S. 5–32.

Werner Schroeder: „Zusammenholung russischer Literatur an Ort und Stelle". Der „Forschungstrupp Ost" in der Sowjetunion 1941–1943, in: Stefan Alker, Christina Köstner und Markus Stumpf (Hg.): Bibliothek in der NS-Zeit. Provenienzforschung und Bibliotheksgeschichte, Göttingen 2008, S. 303–314.

Harm G. Schröter: Administrative Ansätze nationalsozialistischer Großraumwirtschaft – die Fälle Norwegen und Dänemark, in: Gerhard Otto und Johannes Houwink ten Cate (Hg.): Das organisierte Chaos. „Ämterdarwinismus" und „Gesinnungsethik": Determinanten nationalsozialistischer Besatzungsherrschaft, Berlin 1999, S. 143–172.

Harm G. Schröter: Die Continentale Handelsbank zu Amsterdam 1919–1940. Vom Institut für Fluchtkapital zur deutschen Konzernbank, in: Bankhistorisches Archiv 27 (2), 2001, S. 102–114.

Kilian Peter Schultes: Die Staats- und Wirtschaftswissenschaftliche Fakultät der Universität Heidelberg 1934–1946, Heidelberg 2010.

Hermann Schumacher: Staatswissenschaften, in: Gustav Abb (Hg.): Aus fünfzig Jahren Deutscher Wissenschaft, Berlin 1930, S. 136–158.

Joseph Alois Schumpeter: Geschichte der ökonomischen Analyse, Bd. 2, Göttingen 2009.

Ernst Schuster: Von der Verantwortung der Wissenschaft für das politische Schicksal Deutschlands. Eine Rede gehalten zur Reichsgründungsfeier der Universität Tübingen am 18. Januar 1925, Tübingen 1925.

Alexander Werner Schüttauf: Die Landwirtschaft der Tschechoslowakei vor und nach dem Münchener Abkommen, in: Internationale Agrar-Rundschau, Oktober/November 1938, S. 13–24.

Klaus Schwabe: Deutsche Hochschullehrer und Hitlers Krieg (1936–1940), in: Martin Broszat und Klaus Schwabe (Hg.): Die deutschen Eliten und der Weg in den Zweiten Weltkrieg, München 1989, S. 291–333.

Rolf Seeliger (Hg.): Braune Universität. Deutsche Hochschullehrer gestern und heute. Dokumentation mit Stellungnahmen, Heft 6, München 1968.

Detlef Siegfried: Zwischen Einheitspartei und „Bruderkampf". SPD und KPD in Schleswig-Holstein 1945/46, Kiel 1992.

Detlef Siegfried: Das radikale Milieu. Kieler Novemberrevolution, Sozialwissenschaft und Linksradikalismus 1917–1922, Wiesbaden 2004.

Detlef Siegfried: Revolution und Sozialforschung: linke Sozialwissenschaftler am Kieler Institut für Weltwirtschaft, in: Alexander Gallus (Hg.): Die vergessene Revolution von 1918/19, Göttingen 2010, S. 140–160.

August Skalweit: Die deutsche Kriegsernährungswirtschaft, Berlin 1927.

Quinn Slobodian: How to see the world economy: statistics, maps, and Schumpeter's camera in the first age of globalization, in: Journal of Global History 10 (2), 2015, S. 307–332.

Ronald Smelser, Enrico Syring, Rainer Zitelmann (Hg.): Die braune Elite II. 21 weitere biographische Skizzen, Darmstadt, 4. Auflage 1999.

Hans-Karl Soeken: Prof. Dr. Wilhelm Gülich, in: Nachrichten für Dokumentation 11 (3), 1960, S. 173.

Bernd Sösemann: Einführung, in: Bernd Sösemann (Hg.): Propaganda. Medien und Öffentlichkeit in der NS-Diktatur Bd. 1, Stuttgart 2011, S. XVII-CXLVI.

Hanno Sowade: Otto Ohlendorf – Nonkonformist, SS-Führer und Wirtschaftsfunktionär, in: Ronald Smelser, Enrico Syring, Rainer Zitelmann (Hg.): Die braune Elite II. 21 weitere biographische Skizzen. Darmstadt, 2. Auflage 1999, S. 188–200.

SPD: Das Heidelberger Programm. Grundsätze und Forderungen der Sozialdemokratie, Berlin 1925.

Carsten Stahmer: Organisatorischer Neuanfang und erste Berechnungen. Frühgeschichte der Volkswirtschaftlichen Gesamtrechnungen in Westdeutschland, in: Wirtschaft und Statistik 2/2010, S. 179–195.
Walter M. Stern: Wehrwirtschaft: A German Contribution to Economics, in: The Economic History Review, New Series, 13 (2), 1960, S. 270–281.
Reinhold Stisser: Der niederländische Kraftfahrzeugmarkt unter besonderer Berücksichtigung der deutschen Absatzmöglichkeiten, in: Weltwirtschaftliches Archiv 44, 1936, S. 372–408.
Reinhold Stisser: Die deutsche Kraftfahrzeugindustrie, ihre Exportprobleme und ihre Wettbewerbslage auf dem Weltmarkt, in: Weltwirtschaftliches Archiv 48, 1938, S. 142–177.
Irene Stoehr: Berliner Agrarökonomen im „Dritten Reich“: Von Max Sering zu Konrad Meyer – ein „machtergeifender“ Generationswechsel in der Agrar- und Siedlungswissenschaft, Working Paper der HU Berlin Nr. 59, 2001.
Irene Stoehr: Von Max Sering zu Konrad Meyer – ein „machtergeifender“ Generationswechsel in der Agrar- und Siedlungswissenschaft, in: Susanne Heim (Hg.): Autarkie und Ostexpansion. Pflanzenzucht und Agrarforschung im Nationalsozialismus, Göttingen 2002, S. 57–90.
Raymond G. Stokes: Divide and Prosper. The Heirs of I.G. Farben under Allied Authority 1945–1951, Huddersfield 2009.
Wolfgang F. Stolper: August Lösch in memoriam, in: August Lösch: The economics of location, übers v. William H. Woglom und Wolfgang F. Stolper, New Haven (CN) 1954, S. 7–11.
Wolfgang F. Stolper: Facts without Planning, in: Hagemann (Hg.): Zur deutschsprachigen wirtschaftswissenschaftlichen Emigration nach 1933, Marburg 1997, S. 95–125.
Wolfgang F. Stolper: „August Lösch: The Record of a Friendship“, in: Ulrich Blum, Rolf H. Funck, Jan S. Kowalski, Antoni Kuklinski, Werner Rothengatter (Hg.): Space – structure – economy: a tribute to August Lösch, Baden-Baden 2007 [1986], S. 379–390.
Wendelin Strubelt: Unselige Kontinuitäten – Eindrücke und Erfahrungen bei der Lektüre der Zeitschrift „Raumforschung und Raumordnung“. 1936–1953, in: Heinrich Mäding und Wendelin Strubelt (Hg.): Vom Dritten Reich zur Bundesrepublik: Beiträge einer Tagung zur Geschichte von Raumforschung und Raumplanung, Hannover 2009, S. 10–20.
Jutta Sywottek: Mobilmachung für den totalen Krieg. Die propagandistische Vorbereitung der deutschen Bevölkerung auf den Zweiten Weltkrieg, Opladen 1976.
Gunnar Take: „Die Objektivität ist durch sein Wesen verbürgt“. Bernhard Harms’ Gründung des Kieler Instituts für Weltwirtschaft und sein Aufstieg im Ersten Weltkrieg, in: Demokratische Geschichte 26, 2015, S. 13–74.
Gunnar Take: Heimatfronten im Visier der Wissenschaft: Wirtschaftsexperten, Kriegsalltag und die Totalisierung des Ersten Weltkriegs, in: Christian Stachelbeck (Hg.): Materialschlachten 1916, Ereignis, Bedeutung, Erinnerung, Paderborn 2017a, S. 361–376.
Gunnar Take: American support for German Economists after 1933: The Kiel Institute and the Kiel School in Exile, in: Social Research: An International Quarterly 84 (4), 2017b, S. 809–830.
Gunnar Take: „One of the bright spots in German economics“. Die Förderung des Kieler Instituts für Weltwirtschaft durch die Rockefeller Foundation, 1925–1950, in: Jahrbuch für Wirtschaftsgeschichte 59 (1), 2018a, S. 251–328.
Gunnar Take: Die Universität Kiel im April 1933. Nationalsozialistische Wissenschaftspolitik „von unten“ und „von oben“, in: Demokratische Geschichte 29, 2018b, S. 77–98.
Gunnar Take: „Der geistige Kampf“. Öffentlichkeitsarbeit und Propaganda von Kieler Wissenschaftlern im Zweiten Weltkrieg, in: Informationen zur Schleswig-Holsteinischen Zeitgeschichte 59, 2019, S. 56–79.
Klaus Taschwer: Nachrichten von der antisemitischen Kampfzone. Die Universität Wien im Spiegel und unter dem Einfluss der Tageszeitungen, 1920–1933, in: Margarete Grandner und Thomas König (Hg.): Reichweiten und Außensichten. Die Universität Wien als Schnittstelle

wissenschaftlicher Entwicklungen und gesellschaftlicher Umbrüche, Göttingen 2015, S. 99–126.

Eckart Teichert: Autarkie und Großraumwirtschaft in Deutschland 1930–1939: außenwirtschaftspolitische Konzeptionen zwischen Wirtschaftskrise und Zweitem Weltkrieg, München 1984.

Karl Thalheim: Die Weltwirtschaft neuer Ordnung, in: Das neue Europa. Vorträge gehalten auf der Tagung des Vereins Deutscher Wirtschaftswissenschaftler, Berlin: Meiner, Leipzig 1942, S. 167–199.

Peter Theiner: „Mitteleuropa"-Pläne im Wilhelminischen Deutschland, in: Helmut Berding (Hg.): Wirtschaftliche und politische Integration in Europa im 19. und 20. Jahrhundert, Göttingen 1984, S. 128–148.

Heinz Tillmann: Deutschlands Araberpolitik im zweiten Weltkrieg, Berlin 1965.

Horst Todt: Die Struktur des Wirtschaftsraumes: Eine vergleichende Betrachtung der Konzeptionen von Walter Christaller und August Lösch, in: Hans-Michael Trautwein (Hg.): Die Entwicklung der Raumwirtschaftslehre von ihren Anfängen bis in die Gegenwart, Berlin 2014, S. 187–206.

Adam Tooze: Thesen zur Geschichte des IfK / DIW 1925 – 1945, DIW-Diskussionspapier Nr. 82, Berlin, November 1993.

Adam Tooze: Weimar's statistical economics: Ernst Wagemann, the Reich's Statistical Office, and the Institute for Business-Cycle Research, 1925 – 1933, in: The economic history review 52 (3), 1999, S. 523–543.

Adam Tooze: Statistics and the German State, 1900–1945: Cambridge 2001.

Adam Tooze: The wages of destruction: the making and breaking of the Nazi economy, London 2006.

Ludovic Tournès: L'Institut scientifique de recherches économiques et sociales et les débuts de l'expertise économique en France (1933–1940), in: Genèses 2006/4, Nr. 65, S. 49–70.

Hans-Michael Trautwein (Hg.): Die Entwicklung der Raumwirtschaftslehre von ihren Anfängen bis in die Gegenwart, Berlin 2014.

Günther Trittelvitz: Kartellpolitik und Raumordnung, in: Berichte zur Raumforschung und Raumordnung 2, Leipzig 1940 [01.1938].

Henry Ashby Turner (Hg.): Hitler aus nächster Nähe. Aufzeichnungen eines Vertrauten 1929–1932, Frankfurt a.M. 1978.

Henry Ashby Turner: Otto Wagener – Der vergessene Vertraute Hitlers, in: Ronald Smelser und Enrico Syring und Rainer Zitelmann (Hg.): Die Braune Elite II, 21 weitere biographische Skizzen, Darmstadt 1993, S. 243–253.

Ralph Uhlig: Vertriebene Wissenschaftler der Christian-Albrechts-Universität zu Kiel (CAU) nach 1933: zur Geschichte der CAU im Nationalsozialismus; eine Dokumentation Frankfurt am Main [u. a.] 1991.

Ralph Uhlig: Zur Vertreibung der Kieler Wissenschaftler von der Christian-Albrechts-Universität nach 1933, in: Zeitschrift der Gesellschaft für Schleswig-Holsteinische Geschichte 118, 1993, S. 211–240.

Cornelie Usborne: Social body, racial body, woman's body. *Geburtenpolitik in Deutschland, 1912–1945 : Diskurse, Politik und Praxis*, in: Historical Social Research, 36 (2), 2011), S. 140–161.

Michael Venhoff: Die Reichsarbeitsgemeinschaft für Raumforschung (RAG) und die reichsdeutsche Raumplanung seit ihrer Entstehung bis zum Ende des Zweiten Weltkrieges 1945 (Arbeitsmaterial der ARL Nr. 258), Hannover 2000.

Peter Vodosek und Manfred Komorowski (Hg.): Bibliotheken während des Nationalsozialismus, Bd. 1 und 2, Wiesbaden 1989 und 1992.

Rudolf Vogel: Hermann Gross – Forschung, Lehre, Leben, in: Theodor Zotschew (Hg.): Wirtschaftswissenschaftliche Südosteuropa-Forschung. Grundlagen und Erkenntnisse, München 1963, S. 1–8.

Hans-Erich Volkmann: Zur rüstungsökonomischen Bedeutung und großraumwirtschaftlichen Motivation der Eingliederung der Sudetengebiete und Böhmen-Mährens in das Deutsche Reich, in: Studia Historiae Oeconomicae 14, 1979, S. 161–186.

Hans-Erich Volkmann: Ökonomie und Expansion. Grundzüge der NS-Wirtschaftspolitik. Ausgewählte Schriften, München 2003.

Irene Vorholz: Die Rechts- und Staatswissenschaftliche Fakultät der Ernst-Moritz-Arndt-Universität Greifswald: von der Novemberrevolution 1918 bis zur Neukonstituierung der Fakultät 1992, Köln [u. a.] 2000.

Johannes Vossen: Der politische Systemwechsel von 1933 und seine Auswirkungen auf die Hochschulpolitik, in: Sabine Schleiermacher und Udo Schagen (Hg.): Wissenschaft macht Politik. Hochschule in den politischen Systembrüchen 1933 und 1945, Stuttgart 2009, S. 19–27.

Rolf Wagenführ: Die deutsche Industrie im Kriege 1939–1945, Berlin, 3. Aufl. 2006 [1945].

Rolf Walkenhaus: Gab es eine „Kieler Schule"? Die Kieler Grenzlanduniversität und das Konzept der „politischen Wissenschaften" im Dritten Reich, in: Wilhelm Bleek und Hans J. Lietzmann (Hg): Schulen in der deutschen Politikwissenschaft, Opladen 1999, S. 159–182.

Rainer Waßner: Rudolf Heberle. Soziologie in Deutschland zwischen den Weltkriegen, Hamburg 1995.

Max Weber: Die „Objektivität" sozialwissenschaftlicher und sozialpolitischer Erkenntnis, in: Max Weber: Methodologische Schriften, Frankfurt a.M. 1968 [1904], S. 1–64.

Hans Wehberg: Bernhard Harms, in: Die Friedens-Warte, Okt. 1933, S. 279–280.

Nicolai Wehrs: Demokratie durch Diktatur, in: Gisela Bock; Daniel Schönpflug (Hg.): Friedrich Meinecke in seiner Zeit: Studien zu Leben und Werk, Stuttgart 2006, S. 95–118.

Heinz-Dietrich Wendland: Wege und Umwege. 50 Jahre erlebter Theologie 1919–1970, Gütersloh 1977.

Eugen Wendler: Die Friedrich-List-Gesellschaft (FLG) und der Nationalsozialismus, in: List-Forum für Wirtschafts- und Finanzpolitik 31 (3), 2005, S. 197–214.

Berndt-Jürgen Wendt: Südosteuropa in der nationalsozialistischen Großraumwirtschaft, Eine Antwort auf A.S. Milward, in: Gerhard Hirschfeld und Lothar Kettenacker (Hg.): Der „Führerstaat": Mythos und Realität: Studien zur Struktur und Politik des Dritten Reiches, Stuttgart 1981, S. 414–428.

Berndt-Jürgen Wendt: Großdeutschland. Außenpolitik und Kriegsvorbereitung des Hitler-Regimes, München 1987.

Oliver Werner (Hg.): Mobilisierung im Nationalsozialismus. Institutionen und Regionen in der Kriegswirtschaft und der Verwaltung des ›Dritten Reiches‹ 1936 bis 1945, Paderborn 2013, S. 217–233.

Andrea Wettmann: Heimatfront Universität. Preußische Hochschulpolitik und die Universität Marburg im Ersten Weltkrieg, Köln 2000.

Wolfgang E. Wicht: Glanzstoff: zur Geschichte der Chemiefaser, eines Unternehmens und seiner Arbeiterschaft, Neustadt/Aisch 1992.

Matthias Wieben: Studenten der Christian-Albrechts-Universität im Dritten Reich. Zum Verhaltensmuster der Studenten in den ersten Herrschaftsjahren des Nationalsozialismus, Frankfurt a.M. 1994.

Paul Wiel: Krieg und Wirtschaft. Wirtschaftskrieg – Kriegswirtschaft – Wehrwirtschaft, Berlin 1938.

Christina Wiener: Kieler Fakultät und 'Kieler Schule': die Rechtslehrer an der Rechts- und Staatswissenschaftlichen Fakultät zu Kiel in der Zeit des Nationalsozialismus und ihre Entnazifizierung, Baden-Baden 2013.

Alexander Wierzock und Sebastian Klauke: Das Institut für Weltwirtschaft und Seeverkehr als Wegbereiter einer Politikwissenschaft aus Kiel?, in: Wilhelm Knelangen und Tine Stein (Hg.): Kontinuität und Kontroverse. Die Geschichte der Politikwissenschaft in Kiel, Essen 2013, S. 293–323.

Michael Wildt: Generation des Unbedingten: das Führungskorps des Reichssicherheitshauptamtes, Hamburg 2002.

Michael Wildt: Volksgemeinschaft als Selbstermächtigung. Gewalt gegen Juden in der deutschen Provinz 1919–1939, Hamburg 2007.

Elmar Edmund Winter: Das Gülich-System und sein Standort im Rahmen einer formalen Theorie des realen Kataloges: dargestellt am Aufbau des Sachkataloges der Bibliothek des Instituts für Weltwirtschaft an der Universität Kiel. Frankfurt a.M. 1975.

Peter Wulf: Vom Konservativen zum Widerständler. Wilhelm Ahlmann (1895–1944). Eine biografische Skizze, in: Zeitschrift für Geschichtswissenschaft 59 (1), 2011, S. 5–26.

Peter Wulf: Jens Jessen und das „Institut für Weltwirtschaft und Seeverkehr" 1933/34, in: Mitteilungen der Gesellschaft für Kieler Stadtgeschichte 89 (1), 2016, S. 45–56.

Anton Zottmann: Die Wirtschaftspolitik Friedrichs des Großen; Mit besonderer Berücksichtigung der Kriegswirtschaft, Leipzig und Wien 1937.

Anton Zottmann: Die Entwicklung des Instituts für Weltwirtschaft von der Gründung bis zur Gegenwart, in: IfW (Hg.): Institut für Weltwirtschaft an der Universität Kiel 1914–1964, Kiel 1964, S. 1–66.

Todor D. Zotschew: Landvolk in Bulgarien, in: Neues Bauerntum 35, 1943, S. 229–233.

Konrad Zweig: The origins of the German Social market economy, London 1980.

Personenregister

https://doi.org/10.1515/9783110658873-018

Dank

An erster Stelle möchte ich meinen Eltern Ulrike und Michael danken, die mir nicht nur mein gesamtes Studium ermöglichten, sondern auf deren unschätzbare Unterstützung und Rat ich auch während der Promotion immer zählen konnte. Großzügige Hilfe und Interesse an meiner Forschung fand ich auch stets bei meiner Oma Rosi Take und bei meinem Opa Hans-Joachim Gätje, denen ich ebenfalls gerne danken möchte. Das Promotionsvorhaben wurde ganz wesentlich durch ein dreijähriges Stipedium der Friedrich-Ebert Stiftung finanziert. Das Institut für Weltwirtschaft sowie dessen Fördergesellschaft beteiligten sich an der Finanzierung des Drucks beziehungsweise von Archivreisen. Die Drucklegung wurde ferner von der Axel Springer Stiftung unterstützt.

Großen Dank schulde ich Herrn Prof. Uwe Danker für die Betreuung meiner Forschung. Ich konnte mich stets an ihn wenden und seine Anmerkungen zu Gesamtkonzeption und Gliederung sowie seine detaillierte Kritik an einzelnen Kapiteln haben die Arbeit sehr verbessert. Weitere nützliche Hinweise und Anmerkungen erhielt ich von meinem Zweitgutachter Prof. Johannes Bröcker von der Universität Kiel, Prof. Harald Hagemann, Dr. Oliver Werner, Dr. Sebastian Lehmann-Himmel, Dr. Peter Labatzke sowie von der Doktoranden-AG um Dr. Thorsten Harbeke, Silvester Kreisel, Sebastian Lotto-Kusche und Christina Sachs. Frau Dr. Dagmar Bickelmann danke ich für die hervorragende Betreuung im Landesarchiv Schleswig. Herr Bernhard Klein eröffnete mir einen optimalen Zugang zum Hausarchiv des IfW.

Gunnar Take — Sommer 2019

https://doi.org/10.1515/9783110658873-019

www.ingramcontent.com/pod-product-compliance
Lightning Source LLC
LaVergne TN
LVHW080801011026
849160LV00015B/1504